教育部面向21世纪
信息管理与信息系统系列教材

商务智能
理论与实践

林　强◎编著

中国人民大学出版社
·北京·

教育部面向21世纪信息管理与信息系统系列教材
编委会

总　序

自1997年教育部调整专业目录以来，新组成的“信息管理与信息系统”专业得到了非常迅速的发展。据统计，设置这个专业的高等学校已经接近500所。随着信息化建设的进一步深化，社会各界对于信息管理人才的需求越来越多，要求越来越高。特别是电子商务和电子政务的兴起、物流管理的发展以及首席信息官（CIO）的出现，使得这种需求的增长趋势更为引人注目。这表明，“信息管理与信息系统”作为管理科学的一个重要分支，不但没有由于某些泡沫的破灭而销声匿迹，而且健康地、稳步地、越来越快地向前发展。培养这方面的专业人才已经成为信息时代不可缺少的一个重要方面。

当初由5个分别来自工学、管理学等不同门类的学科组成“信息管理与信息系统”这个新学科的时候，曾有不少同志对之表示过疑虑：这些背景不同、来源不同的学科能够形成一个有确定内涵、有统一培养目标和学科体系的新学科吗？几年来的事实已经给出了肯定的回答。信息化建设的实践已经表明，信息技术的巨大潜力只有同各行各业的具体业务紧密地、有机地结合在一起，才能充分地发挥出来。它与商业，特别是营销活动的有机结合，派生出了越来越广泛的电子商务；它与政府工作的具体实际相结合，引出了方兴未艾的电子政务；如此等等。现代信息技术这支“利箭”必须切实瞄准各行各业的业务需求这个“的”，做到“有的放矢”，才能真正发挥作用。现代信息技术造就了“利箭”本身，但是并没有回答如何做到“有的放矢”。正因为如此，近20年来，许多学校苦于没有合适的教材，而只是简单地用计算机专业的部分教材，加上管理专业的若干教材，形成了所谓“拼盘式”的教学方案，并没有实现交叉与融合的初衷。出现这种情况的原因，在于我们对信息管理的内涵与实质还没有深入理解。简单地把“矢”和“的”罗列出来，还没有达到“有的放矢”的高度。要做到“有的放矢”，必须认真地研究和认识人们做事的规律。这就是美国著名学者赫伯特·西蒙提倡的“关于人为事物的科学”，也正是我国著名学者许国志先生提倡的“事理学”。具体到教材来说，要求我们针对“有的放矢”的要求，编写具有本专业特色的、能够真正回答如何做到“有的放矢”的教材。这种教材的立足点在于如何在各行各业用好信息技术，而不是信息技术本身，与介绍“矢”本身的教材是有根本区别的。这就是我们组织编写这套教材的出发点。

从20多年的实践中，我们深深地体会到信息管理与信息系统这个新专业具有的特点：综合性、实践性、新颖性。从传统的学科分类体系看，这个专业确实有点“不三不四，非驴非马”，然而这正是它的特色与生命力所在，它在实践中的发展非常迅速，以致人们常常困惑于新名词、新概念的层出不穷，然而，这也正是它与社会实践相互促进、相互影响的具体表现。当今时代（包括技术与社会）确实变化太快，理论研究与学科建设不得不追着实践跑步前进。这也许可以为这 20 多年来一直困扰着这个专业的种种议论和非议找到一点根源和缘由。

当然，这并不等于为理论研究的不足找借口，也不等于这个专业根本就没有理论，或者不需要理论思维。恰恰相反，实践的源头活水为人类深入认识和掌握“事理学”的规律提供了持续不断的推动力和取之不尽的营养和素材。我们相信，以信息化建设的伟大实践为背景和基础，信息管理与信息系统这个专业一定会继续迅速健康地成长，逐步走向成熟和完善，最终成为人类知识宝库中一个有机的、不可缺少的部分。

基于上述认识，我们对于“信息管理与信息系统”专业教材的理解就与一般的专业有所不同。在内容的选择上，我们把视野放得比较宽。作为综合性、交叉性、实践性非常突出的一个学科，开阔学生的眼界是非常重要的。我们的信条是：“不是给学生金条，而是给学生点金的手指；不是给学生将来要用的具体知识，而是为学生终身的主动学习打好基础。”具体地说，对于现代信息技术的各个领域，让学生对将来可能用到的“利箭”有广泛的了解；对于当今社会应用信息技术比较广泛的各个领域，让学生对于目标，即“的”有所了解和准备；对于科学的认识论和方法论，是为学生如何做到“有的放矢”做准备的。因此，首先，我们考虑了从计算机、通信等基本技术到信息安全、数据挖掘等一系列课程；其次，我们考虑了企业的信息管理、电子商务、电子政务以及物流管理等方面的内容；最后，主要是系统科学的内容。简单地说，就是这三个方面构成了我们这个学科的三大支柱。

与此相关，本套教材的另一个特殊的地方就是它的使用方法。我们绝不认为任何一个学校的“信息管理与信息系统”专业，包括我们自己学校的这一专业，都必须开设这里列出的所有课程。我们认为，各学校必须根据自己的具体情况和环境，有重点、有选择地设计符合自己学校的教学计划。教育是实事求是的、需要因势利导的艺术。教条和僵化与培养创新型人才是水火不容的。我们希望尽可能多地为各位老师提供充分的选择余地，而不是设置新的条条框框。

另外，需要说明的是有关教学方法。从前面的说明很自然地引出，我们的教学方法必须简明扼要、突出实践。每门课程的时间短一些，开设的课程多一些，少讲一点，多练一点。所谓突出实践，包括两个方面：直接联系社会实践，充分利用实验条件。在有条件的课程和章节，尽可能多地为学生创造直接接触和了解最新的社会实践的机会。同时，大力建设实验室，为学生动手提供现代技术（包括教育技术）支持的平台和环境。关于这方面，我们正在准备另外一套课程和教材。

总之，这个学科是相当年轻的、相当不成熟的。我们编写这套教材并不是表明我们已经有了完全成熟的想法，而是为了总结已有的认识，与同行共勉和交流，共同推动这个学科的发展。因此，我们真诚地期待着同行和社会各界的批评意见，因为只有通过集思广益、互相切磋，才能逐步形成比较成熟的、新的学科体系，这是人类认识发展的规律，也是任何新学科成长的必由之路。

中国人民大学　信息学院

陈禹

2005年5月29日　于北京

序　言

商务智能的产生和发展是现代信息技术突飞猛进并与商业领域不断碰撞和融合的必然结果。在日益激烈的社会经济竞争环境中，越来越多的企业开始意识到数据决策和智能决策的重要性，开始将商务智能作为提高企业竞争力的重要工具。与之相对应，各行各业对商务智能技术和人才的需求不断增长，许多大学的计算机专业、工商管理专业开始将其列为必修课程；许多著名的计算机公司也纷纷加入商务智能的研究和开发行列。

概括地说，商务智能是企业利用现代信息技术发现商务知识和规律、改善决策水平、采取有效行动、完善商务流程、提升绩效和增强综合竞争力的智慧和能力。信息技术与商业的融合降低了企业的成本，提升了决策效率和精准性，也促进了许多新兴业态的衍生和发展。信息技术与商业领域的深度融合是大势所趋，将使信息技术更有效地服务用户、贡献社会、服务于实体经济。

本书从理论与现实相结合的角度阐明商务智能的基本原理，分别从原理解析、分析实践、操作实践、理论提高四个方面对商务智能这一学科进行了全面系统的剖析。其中原理解析部分着重讲述了商务智能的主要方法及原理；分析实践部分详细介绍了如何将商务智能的方法与商业实践相结合；操作实践部分详细介绍了如何借助计算机工具实现商务智能的原理和分析方法；理论提高部分对商务智能以尽可能多的维度展开介绍，对其与新技术结合和对商业发展的推动作用进行系统性的阐述。

本书结构安排如下：第一章介绍了商务智能的概念和发展历史；第二章和第三章从识别主题和明确问题以及确定数据类型、数据来源的角度对商务智能的起始阶段进行系统叙述；第四章介绍了大数据在商务智能中的功能和代表性产品，强调了其基础地位；第五章分析了商务智能的数据仓库和联机分析处理技术，阐明了其在底层数据与上层知识发现之间的连接关系；第六章、第七章、第八章和第九章沿着知识发现的流程对数据挖掘的原理和代表性的方法进行了系统叙述；第十章和第十一章分别阐述了统计学和人工智能的原理和代表性的方法以及它们与数据挖掘的区别与联系；第十二章以 Web 挖掘为例系统详细地介绍了复杂类型的数据挖掘的原理与方法；第十三章分析了商务智能发展的新趋势并强调了商务智能思维的培养。

由于编著者水平有限，本书存在不足之处，敬请广大读者批评指正，以便不断修改、完善和提高。另外，本书在编写过程中参考和借鉴了许多前人的研究成果、教材、著作和网络文献。由于时间紧加之部分网络文献作者来源不详，导致未能列出这些成果的所有出处，在此向各类文献的作者表示诚挚的敬意、歉意和由衷的感谢。

《商务智能理论与实践》特别适合作为经济学、金融学、计算机科学与技术、电子商务、信息管理与信息系统等专业的大学本科、专科教材，同时也适合作为量化投资人员、经济管理人员以及计算机软件人员的培训教材。

中国人民大学出版社对本书的出版给予了极大支持，在此表示感谢。

林强

目　录

第一章

商务智能概述

导入案例

很早以前，作为一种实业，物流公司和普通人的联系并不紧密。直到淘宝网成了全球第一大电商网站，当当网、京东网群雄并起，网店和实体店分庭抗礼，人们网购货物后不可避免地开始直接接触物流公司，物流公司才真正走进了大众的视野。

京东用了5年时间在全国范围内部署了一整套物流体系，这使京东快递成为全国速度最快、服务最周到的快递。快递公司和交通运输业的关系最为密切，快递公司搜集的数据中含有大量交通运输业的数据。以往快递公司的大数据应用集中在怎样将数据应用于优化内部车队调度方面，比如UPS（联合包裹服务公司）开发出一套软件，专门用于研究哪条线路是最省时省力的。实践证明，许多老司机都不是这一软件的对手，它每年能够为UPS节省数百万美元的油费。这种应用虽然神奇，但究其本质，仍属于将公司的内部数据应用于内部需求，没有达到跨行业应用的范畴。

其实，物流公司和经济有密切的联系。在经济发达的地方，京东的物流中心就多；在经济落后的地方，京东的物流中心就少。不仅是京东物流，其他物流公司也必然符合这一规律。物流公司的物流数据还记录了每种产品的流动情况和每个地区的经济状况。因此，物流公司的数据十分真实、生动地刻画了各地区、各行业的发展趋势。

掌管货物流动的物流公司是实业界的一分子，和掌管金钱流动的金融界并不相干。但是京东快递这种有丰富数据的公司给物流服务和金融服务的协同提供了机会，数据分析师做出的第一个尝试就是使用物流数据来评价客户的信用。物流公司的数据能够分析出非常准确的公司运营信息，某公司在某时间段内能卖出多少货物，这是非常有效的公司运营信息。不仅如此，在网购平台上也能直接获取消费者评价信息。而消费者评价信息和公司运营信息又会影响银行信贷信息。因此，京东的数据能够增加公司运营信息和消费者评价信息的准确度，同时提升这两者在客户信用评价系统中的重要程度。

此外，物流公司的数据也能够提高客户信用评价系统的评价速度。传统的客户信用评价系统需要客户提供各类资质证明，还需要雇用人力来检验这些证明的可靠性，工作是非常烦琐的，一次评价需要至少5个工作日。而物流公司的数据在平日里就勾勒出了每个公司的经营状况，当需要评价公司信用时，公司运营信息是随手可得的，因此大大简化了信用评价的步骤，有些小额贷款申请只需几小时便可给出答复。

与京东类似，随着企业的创立和发展，数据开始产生、积累和增长，这些数据最初以单据等原始凭证的方式记录下来，一般称之为产品流数据。随着计算机技术的发展，这些单据形式的商务往来数据又以计算机数据的形式保存和积累下来，一般称之为信息流数据。为了发挥历史数据的作用，有效地分析、处理和应用这些信息流数据，一个新的概念——商务智能出现了。商务智能又称商业智能（business intelligence，BI），它将现代经济社会中企业积累的信息流数据进行有效的分析利用，快速准确地提供决策依据，帮助企业做出明智的经营决策。

随着时代的发展，企业必须像京东那样对瞬息万变的市场做出迅速反应，进行有效决策，而决策的正确性与及时性都必须建立在全面、准确、及时的信息基础上，从数据中发现商业知识的能力已经成为支撑现代企业建立竞争优势的不可或缺的条件。商务智能的出现为解决这一问题提供了理论基础和技术选择。商务智能利用计算机和通信等现代科技，搜集、整理、分析和分享企业信息，扩大信息的受众范围，增加信息的价值，为企业及时、准确地进行决策提供服务。商务智能的出现使企业的内部决策方式发生了巨大的变化，缩短了企业内部决策的时间，提高了决策的效率。商务智能可以使企业做出领先竞争对手的正确决策，提高决策质量，更深入和长远地分析问题。商务智能可以进行风险预警，给企业带来巨大利益。同时，商务智能能够整合信息孤岛，整体分析问题，帮助企业开源节流，从而增加利润，大大减少企业生产过程中的资源浪费，有效降低企业成本，提高员工的工作效率，提升人员价值。

当今社会信息技术飞速发展，经济全球化趋势日益明显，市场竞争日趋激烈。在这样的市场环境中，企业管理者能否利用好信息快速有效地做出决策直接关系到企业的生死存亡。因此越来越多的企业提出对商务智能的需求，商务智能的出现和快速发展成为必然趋势。

一、商务智能的概念

1989 年美国的霍华德·德雷斯纳（Howard Dresner）首次提出了“商务智能”这一名词，将商务智能描述为“使用基于事实的决策支持系统来改善业务决策的一套理论与方法”。他认为商务智能是使企业在竞争市场中保持领先地位的关键所在，正确的商务决策来自准确及时的信息，而不是决策者的直觉。当时定义的商务智能由数据仓库（或数据集市）、查询报表、数据分析、数据挖掘、数据备份和恢复等部分组成，数据一般来自企业的客户关系管理（customer relationship management，CRM）和供应链管理（supply chain management，SCM）等业务系统。1996 年高德纳集团（Gartner Group）将商务智能进一步描述为：商务智能描述了一系列概念和方法，通过应用基于事实的支持系统来辅助商业决策的制定。商务智能解决方案的积极倡导者美国 IBM 公司认为商务智能是“利用已有的数据资源做出更好的商业决策，它包括数据访问、数据和业务分析，以及发现新的商业机会”。

从企业管理的角度看，商务智能是一种用于商务决策支持的解决方案。管理就是决策，知识支撑决策。决策需要知识，知识离不开信息。知识更多地表现为经验、学习的结晶。学习的过程是不断地对信息进行加工处理。信息的采集、处理、传输与利用贯穿着决策的各个过程。信息在企业经营管理中的重要性仅次于人才，已成为第二大要素。所以商务智能是对企业信息的科学管理，它在战略管理、营销管理、客户关系管理和风险管理等方面发挥作用，通过有价值的信息帮助企业的各级决策人员获得知识、制定科学合理的决策、采用有效的商务行动来提升企业的管理运营能力和综合市场竞争力。

从计算机应用的角度看，商务智能是企业在信息化建设发展到一定阶段，充分利用企业积累的海量信息资源，更好地从中获取有价值的信息的一种必然选择。商务智能是从事务处理系统（transaction processing system，TPS）、经理信息系统（executive information system，EIS）、管理信息系统（management information system，MIS）和决策支持系统（decision support system，DSS）等演变过来的，是一个渐进复杂的演变过程，目前仍处在不断发展中。

从信息系统的角度看，商务智能是指运用以数据仓库、联机分析处理和数据挖掘为主的多项技术来对企业的各种应用系统所产生的大量结构化、半结构化和非结构化的企业历史数据实施采集、存储、管理、查询和综合分析等操作，从不同角度分析、构建知识模型，获取有价值的商业信息，协助企业决策者面对瞬息万变的商业环境做出快速反应和制定更科学、更正确的商业决策的分析平台。

从数据分析的角度看，为了在竞争中占得优势地位，必须识别和应用隐藏在数据中的知识。商务智能是为了解决商业活动中遇到的各种问题，利用各种信息系统进行的高质量和有价值的信息搜集、分析和处理过程，它利用数据仓库技术系统地储存和管理客户数据，并通过各种数据统计分析工具对客户数据进行分析，提供各种分析报告，如客户价值评价、客户满意度评价、服务质量评价、营销效果评价、未来市场需求预测等，为企业的各种经营活动提供决策信息。由于企业数据量十分庞大，商务智能要求有一个可靠的大型数据库充当后盾。另外，数据的质量问题也变得十分重要。

综合上述观点，从广义上讲，商务智能是帮助企业提高决策能力和运用数据能力的概念、方法、过程以及软件的集合，其主要目标是将企业所掌握的信息转换成竞争优势，提高企业的决策能力、决策效率和决策准确性。从狭义上讲，商务智能是决策人员以企业中的数据仓库为分析对象，经过各式各样的查询分析工具、联机分析处理工具或者数据挖掘工具加上决策人员的行业经验或知识，利用现代信息技术搜集、管理和分析结构化和非结构化的商务数据和信息，创造并累积商务知识和见解，改善商务决策水平，采取有效的商务行动，完善各种商务流程，提升商务绩效，增强企业综合竞争力的智慧和能力。

商务智能的服务涉及企业战略、组织、功能、技术、业务这五个层面，通过它们可以把企业整合成一个信息工厂，在商务智能的价值链中实现从数据到信息、知识、智能、利润的价值增值，从而使企业取得竞争优势。同时在问题和决策之间有信息的反馈机制，保证战略的决策和执行能够适应环境的变化。

商务智能的体系结构主要由数据源系统、商务智能工具系统、商务智能应用系统、知识获取和行动系统四部分组成。数据源系统包括前后端 OLTP（on-line transaction processing,

联机事务处理)、电子商务系统和外部信息提供者等。它们不仅是数据源，而且是知识和行动的操作对象。商务智能工具系统包括数据仓库模型和构造工具、访问工具、决策支持工具OLAP (on-line analytical processing，联机分析处理) 和数据挖掘工具。商务智能应用系统包括人力资源管理、运营管理、财务管理、客户资源管理、供应链管理、企业资源计划管理的分析和报告。知识获取和行动系统包括企业知识管理门户、商业信息、建议和行动。

商务智能的支撑技术主要有数据仓库、联机分析处理以及数据挖掘。数据仓库是为企业所有级别的决策制定过程提供支持的各种类型数据的战略集合。它是出于分析和决策支持的目的而创建的数据存储系统。联机分析处理是操作储存在静态数据仓库内的资源的技术。它通过快速、一致、交互式的界面用各种不同的方式呈现多维数据，供不同层面的使用者使用。数据挖掘是指从大量数据中通过算法搜索隐藏于其中的信息的过程。数据挖掘通常与计算机科学有关，并通过统计、联机分析处理、情报检索、机器学习、专家系统和模式识别等诸多方法来实现上述目标。

基于商务智能形成的解决方案在企业经营中的作用主要表现在如下三个领域：

(1) 市场营销关系。通过有效的交流和良好的服务维持客户对企业来讲是至关重要的。商务智能通过帮助企业完成客户划分、客户获得、交叉销售、客户保留等工作，使企业的目标、人员、商务处理流程和基础设施集中到根据客户的需要来定制产品、服务以及“面对面”的客户交流方面。

(2) 盈利性分析。商务智能解决方案可以帮助企业分析利润的来源、各类产品对利润总额的贡献程度、广告费用是否与销售成正比等。

(3) 成本控制。商务智能能够帮助企业确定在哪些对业务影响最小的领域减少成本，而减少成本的决策可基于详细的目标历史数据。

通过上述对商务智能这一概念的分析可以看出，商务智能是先进信息技术与创新管理理念的结合体。商务智能的实质是从数据中有效地提取信息，从信息中发现知识，为商务决策和战略发展服务。这一过程也被称为信息供应链，其目的是把初始的操作型数据变成决策时所使用的商务信息。目前学术界对商务智能的定义尚未统一，还没有一个权威的定义。综合各种观点，为方便陈述，本书采用在《三位一体的商务智能 (BI)——管理、技术与应用》[①] 一书中作者对商务智能的定义：商务智能是企业利用现代信息技术搜集、管理和分析结构化和非结构化的商务数据和信息，创造和累积商务知识和见解，改善商务决策水平，采取有效的商务行动，完善各种商务流程，提升各方面商务绩效，增强综合竞争力的智慧和能力。

对此定义中各关键词语的解释如下：

(1) 企业：组织机构或实体。企业机构或非企业结构，比如政府部门和公用事业单位

---

① 王茁，顾洁．三位一体的商务智能 (BI)——管理、技术与应用．北京：电子工业出版社，2004.

等，都应该能够利用商务智能。

（2）现代信息技术：能保证从不同的数据源提取有用的数据，对数据进行清理以保证数据的质量，将经转换重构后的数据存入数据仓库或数据集市（这时数据变为信息），然后寻找合适的查询、分析、报告工具以及数据挖掘工具对信息进行处理（这时信息变为辅助决策的知识），最后将知识呈现于用户面前的技术。

（3）搜集：管理和分析数据的前提。数据既包括企业资源计划、客户关系管理、供应链管理和电子商务等系统提供的内部结构化数据，也包括外部数据市场调研报告、人口统计报告、顾客信用报告等非结构化数据。

（4）管理：对数据的储存、提取、清洗、转换、装载、整合等工作，其目的主要是为了提高数据的质量和安全性。

（5）分析：包括数据查询、数据报告、多维分析、数据挖掘和高级统计分析。

（6）结构化：结构化的数据主要是指储存于各个交易系统背后的关系数据库中的数据，通常都是以表格的形式存在和展现。传统的商务智能概念只包括这种结构化的、可定量的数据。

（7）非结构化：以零散的文件形式存在和展现的，通过文件管理和内容管理软件来进行存储。

（8）商务数据和信息：包括一切可能对商务产生影响的、直接和间接的数据和信息。

（9）创造和累积商务知识和见解：商务智能的第一层目的和功能，也是最直接的目的和功能，“知识和见解”正是“智能”得名的由来。

（10）改善商务决策水平：商务智能的更高一层目的和功能，企业能否利用好这一功能、实现这一目的在很大程度上取决于领导者的意识和胸襟以及企业文化中决策科学化和民主化的成分。

（11）采取有效的商务行动：采取有效的商务行动是创造和累积商务知识和见解，改善商务决策水平的目的和动力。

（12）完善各种商务流程：残缺、散乱、僵化、低效的商务流程是企业的顽疾，商务智能能够为这一顽疾的诊断和治疗做出一定的贡献，优化后的自动化的商务流程反过来也会促进商务智能的发展。

（13）提升各方面商务绩效：商务智能在企业内部的最高目的和作用，有效的商务智能系统和技术能够帮助企业提升各方面商务绩效，包括财务的和非财务的、前台的和后台的、企业内的和供应链内的、组织的和个人的。

（14）增强综合竞争力：商务智能在企业外部的最高目的和作用。

简而言之，商务智能是企业将订单、库存、交易账目等形式的产品流转换为以计算机数据为载体的信息流，再基于信息流对自身业务经营做出明智的决策和行动的工具。

二、商务智能的作用

概括地说，商务智能具有如下作用：

（1）整合信息孤岛，整体分析问题。

商务智能可以将企业信息化的数据孤岛整合起来，提供一个全局的视图，让决策者更加全面地看待问题，减少决策失误的风险。

（2）提高决策质量，深入分析问题。

商务智能能够将数据转换为知识进而辅助决策，能够使决策者作决策时更加迅速准确，能够给企业注入新的革命性的管理思想。

决策者可以根据商务智能提供的钻取功能对数据结果追根溯源，使问题的分析不止步于表面结果，发掘数据中包含的机会，即如何以更低的成本、更快的速度、更高的质量完成任务。这使管理者可以不断地以创新来获得差异化的竞争优势。

（3）数据挖掘预测，长远分析问题。

商务智能系统的预测功能使企业看问题更长远，决策更具前瞻性。商务智能会根据对积累的大数据进行挖掘，得到数据中的潜在的规律或趋势，进而做出下一步预测。

（4）帮助企业开源节流、增加利润。

IDC（International Data Corporation，国际数据公司）的一项针对全球 20 个国家 2 000 多家大中型企业进行的调查研究显示，企业如果能采用一套完整的大数据解决方案（包括数据采集、整合、筛选、分析、分享），而不仅是单个数据管理技术，在未来四年中将从其数据资产中发掘出额外 60%的数据红利。

（5）帮助企业进行风险预警。

企业可以在商务智能系统中设置数据报警阈值，一旦数据超标，系统会以各种手段通知管理员，使企业风险可控，减少安全漏洞。

（6）提高员工的工作效率。

在没有商务智能之前，员工要写大量复杂的 SQL 语句，制作大量报表以满足业务要求，决策者在面对大量报表数据时也感到头疼。而商务智能则彻底改变了这种现状，使业务人员可以轻松地进行数据分析，使决策者可以自在地查看分析结果，及时查看与决策有关的数据。

借助过去、现在和未来三个时间点，可以把商务智能的应用分为三个阶段（如图 1 - 1 所示）：

（1）报告：感知发生了什么。

该阶段利用联机事务处理技术，主要围绕企业的基本业务和生产过程的自动化，对数据和信息进行加工处理，回答如“发生了什么”等问题。

（2）分析：分析为什么会发生。

该阶段利用联机分析处理技术，主要完成对企业的分析和控制功能，对数据和信息进行回溯、分维、切片和 What-if 分析，从而回答“为什么会发生”的问题。

（3）预测：预测将发生什么。

该阶段利用数据挖掘、决策支持和知识发现等技术，主要围绕企业的战略、经营策略和竞争优势，对数据和信息进行挖掘、整理和分析，以回答“将发生什么”的问题。

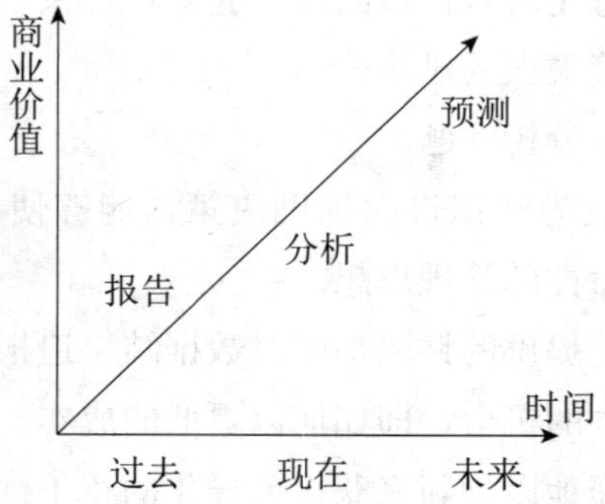

图 1－1　商务智能的三个应用阶段

商务智能作为一种提高企业智能的手段，能够增强企业竞争力，为企业带来价值，所以正在吸引越来越多的企业应用它。目前应用商务智能的行业主要包括银行业、保险业、证券业、电信业、制造业、医疗业和零售业等，尤其是金融业、电信业和零售业等比较成熟的行业。

1. 金融业

金融业是较早引入商务智能的行业之一。即使是在企业信息化起步较晚的中国，很多金融企业也拥有较完整的业务处理系统，并实现了业务数据的大集中，为实施商务智能项目提供了基础。商务智能可以给金融企业带来如下价值：

（1）整合金融企业资源，进行成本控制、获利分析和绩效评估；

（2）评估、模拟、分析与控制市场风险、信用风险以及运营风险；

（3）开发、保留和利用金融顾客关系，发展增值服务和个性化服务。

具体来说，在保险业，商务智能可以分析投保人、险种等历史数据，使保险公司合理设定储备金数额，分析赔偿金的标准；分析保险客户的需求、消费特征；进行风险分析和损益判断；根据客户的心理提供个性化服务等。在银行业、金融业和证券业，商务智能可以分析客户的当前和长期收益，并能根据一年或更长时间的成本和销售数据调整市场活动，为高利润销售和银行合作打下基础；按客户等级和类型建立信贷发放模型；提供早期警告避免客户出现信贷危机，提供信贷情形好转或恶化时的信贷管理方法，提供更精确的组合业务评估；预测信贷政策变化造成的影响，以减少信贷损失，提高客户忠诚度。

2. 电信业

电信业竞争日益激烈，电信运营商面临的问题也与日俱增，既要减少服务成本，又要不断升级服务、创新技术与防范风险，从而增加运营收入，快速应对市场动态变化。在这种情况下，商务智能是必然的选择。目前，中国移动、中国联通和中国电信等国内主要电信运营商相继建设大规模的业务分析系统，以便从运营数据中获得反映市场状况的有效信息，适时推出新业务，争夺有限的客户资源，减少客户流失率。目前的电信业已经从单纯地提供通话服务演变为提供综合电信服务，如传真、图像传输、电子邮件、Web 数据传输以及其他数据通信服务。电信、互联网和各种其他方式的通信的融合是目前的大势所趋。而且随着许多国家对电信业的开放和新兴计算机与通信技术的发展，电信市场正在迅速扩张并且竞争愈发激烈。因此，利用数据挖掘技术来帮助理解商业行为、确定电信模式、捕捉盗用行为、更好地利用资源和提高服务质量是非常有必要的。基于数据挖掘的商务智能在电信行业中主要用于以下层面：电信数据的多维分析、盗用模式分析和异常模式识别、多维关联和序列模式分析、客户描述和定位及需求预测等。

3. 零售业

零售业是商务智能的主要应用领域，因为零售业积累了大量销售数据，包括顾客购买历史记录、货物进出记录等。其数据量在不断地迅速膨胀，特别是在电子商务便捷、流行的今天。如今，许多商店都有自己的网站站点，顾客可以方便地在线购买产品。一些企业甚至只有线上商店，没有线下实体店。零售数据为数据挖掘提供了丰富的资源。零售数据挖掘有助于识别顾客购买行为，发现顾客购买模式和趋势，改进服务质量，取得更好的顾客保持力和满意程度，设计更好的商品运输与分销策略，减少企业成本。商务智能在零售业中主要用于以下层面：数据仓库的设计与构造，销量、顾客、商品、时间和地区的多维分析、促销活动的效果分析，顾客的忠诚度分析、商品推荐等。

实施商务智能系统是一项复杂的系统工程，整个项目涉及企业管理、运作管理、信息系统、数据仓库、数据挖掘、统计分析等众多门类的知识。因此，用户除了要选择合适的商务智能软件工具外，还必须按照正确的实施方法才能保证项目成功。商务智能系统的实施步骤可分为：

（1）需求分析。

需求分析是实施商务智能系统的第一步，在其他活动开展之前必须明确地定义企业对商务智能的期望和需求，包括需要分析的主题，各主题可能查看的角度（维度），需要发现企业哪些方面的规律，用户明确的需求等。

（2）识别和确定数据源。

商务智能的数据来自多种数据源，包括电子商务数据、交易处理数据以及相关的外部数据等。比如从交易处理应用软件中获取订单信息、顾客信息和商品信息，从电子商务网站中获取访问和点击信息，还可以从账务系统中获得账务信息，从市场部门获得市场信息。

（3）数据仓库建模。

通过对企业需求的分析建立企业数据仓库的逻辑模型和物理模型，并规划好系统的应用架构，将企业各类数据按照分析主题进行组织和归类。

（4）数据抽取。

在数据仓库建立后必须将数据从业务系统抽取到数据仓库，在抽取的过程中通过数据集成和存储管理将数据转换、清洗、过滤及与其他相关信息合并，然后存储在集中的仓库中，以适应分析的需要。

（5）建立商务智能分析报表。

商务智能分析报表需要专业人员按照用户制定的格式进行开发，用户也可自行开发（开发方式简单快捷）。

（6）用户培训和数据模拟测试。

对于分离型的商务智能系统，最终用户的使用是相当简单的，只需要点击操作就可针对特定的商务问题进行分析。

（7）系统改进和完善。

任何系统都必须是不断完善的。商务智能系统更是如此，在用户使用一段时间后可能会提出更多的、更具体的要求，这时需要再按照上述步骤对系统进行重构或完善。

商务智能系统在技术与功能上都已不同于已经具有较长历史、为大家所熟悉的企业管理信息系统，商务智能系统具有以下一些比较优势：

（1）在不断提供完善的技术的同时，商务智能系统还提供整体的解决方案，即系统整体的设计思想，这一设计思想已将未来的决策分析需求纳入系统。

（2）利用分类技术将信息消费者使用的决策支持对象分门别类，帮助业务人员解决每天业务运转可能出现的各种主要问题，从而简化对业务信息的访问。从技术上说，就是按照维度与层次对主题建立数据分析模型。

（3）支持对所有形式的业务信息进行访问，而不仅仅是支持对存储在数据库、数据仓库中的数据的访问。

（4）为企业提供了强大的报表功能，如在同一时间显示多个不同业务指标的记分卡式多指标报表、用户按维度分类分析并做比较的关键绩效指标（key performance indicator，KPI）报表、固定需求的状况报表以及即时报表。而且，对所有报表都具有良好的管理和分发机制。

新一代企业管理软件中的商务智能系统功能主要包括以下几种：

（1）业务过滤和处理。商务智能系统自动识别什么是普通业务，什么是特例业务。对普通业务能够按事先设定好的方法进行处理，过滤出的特例留给人来处理。商务智能系统还能够通过用户的设置不断地学习新的普通业务的特征及其处理方法。

（2）运筹。管理工作实际上就是在不断寻找各项工作的动态平衡点，企业的计划工作就是依照各种平衡点来制订工作的指导方针。随着企业外部环境的复杂化，企业各种平衡点的约束条件日益增多，企业的计划工作变得日趋困难。以往的管理系统中制作的计划往往都是单约束条件的，新型的商务智能系统在制订计划时必须考虑多维约束条件和多种目标任务的并存。

（3）数据分析。商务智能系统能够自动对大量数据信息的分析结果做出判断，对于超出正常值范围的异常状况给出解释说明，并分析异常情况将会产生的影响，给出应对措施。

（4）决策支持。商务智能系统利用数据仓库技术提供各级企业决策需要的系统环境。在市场瞬息万变、企业竞争越来越激烈的情况下，缺少了商务智能系统的支持，企业的决策是无法迅速反应和有效做出的，这已经成为不争的事实。

三、商务智能与相关概念

企业资源计划（enterprise resource planning，ERP）管理是指建立在信息技术的基础上，以系统化的管理思想识别和规划企业资源，为企业的决策层和员工提供决策手段的管理平台。通过使用 ERP 系统，企业的相关业务功能能够自动实时更新，管理人员可以实时掌握业务细节，从而根据这些信息及时制订不同的计划。为了发挥 ERP 系统中的数据资源的作用，企业需要在 ERP 系统之上建立一个商务智能系统，从而把对 ERP 系统的投资效益最大化，从其中的数据获得更高的价值，商务智能系统与 ERP 系统相结合可以为企业带来更多好处，比如能够增强企业的决策能力，促进企业的监控能力等。

在当今全球化竞争日益激烈的环境下，企业必须"以客户为中心"。客户关系管理分为运营和分析两个层面，运营型 CRM 的发展总是先于分析型 CRM。运营型 CRM 的发展促进了企业客户互动的能力，并且捕捉到相关的活动的客户数据。运营型 CRM 通过降低运营成本为企业带来效益，分析型 CRM 则是通过拉动企业的收入增长而实现效益，直接驱动企业收入和效益的增长。CRM 整体解决方案不但能够完成客户数据的采集、业务处理的流程化等运营型 CRM 的管理功能，而且引入了数据仓库、数据挖掘等相关技术，能够进行相关数据分析，为营销和服务提供部门级辅助决策支持，并能够为高层管理人员提供全局性的辅助决策支持，实现了运营与分析的互动。CRM 把销售和服务等数据整合在一起，再将这些运营数据和外来的市场数据进行整合和转换，载入数据仓库，运用 OLAP 和数据挖掘等技术从数据仓库分析和提取相关规律和发展趋势，让客户信息只是在整个企业内部得到有效的流转和共享，并进一步转化为企业的战略规划、科学决策以及对业务流程的辅助支持，以提高在所有渠道中和客户交互的有效性和针对性，实现企业利润最大化。

由于供应链管理活动需要并将产生大量数据，企业必须利用商务智能工具整合并分析这些数据，以改进供应链管理过程中的决策，提高经营效率和客户满意度。从供应链管理系统的数据搜集系统中提取数据并加以分析能够帮助企业识别运营趋势，针对供应链流程做出更有效的决策。供应链的数据分析能够帮助企业找到原材料，同时评估供应商，从而更加有效地制造产品，更好地评估客户需求，以更有竞争力的价格向客户提供产品。

四、商务智能的技术组成

狭义上，商务智能系统的体系结构主要由数据仓库、联机分析系统和数据挖掘三部分组成。广义上，商务智能系统还包括作为大数据处理基础的分布式系统以及近年来发展迅速的人工智能技术。

数据仓库是处理海量数据的基础，是商务智能系统的核心构架之一，它主要包括数据提取模块、数据清洗模块、数据转换模块，以实现数据的提取、净化、过滤及数据标准化。

数据仓库是一个面向主题的、集成的、时变的数据集合，用于支持管理者制订决策及应用商务智能系统。数据仓库的主要功能是为企业决策支持系统、经理信息系统、智能服务提供所需要的信息，把企业日常运营中分散的、不一样的、不易获取的数据经归纳整理后转换为集中的、可随时访问的深层信息。目前企业信息系统的数据由基于运行操作的数据库管理系统管理，但是基于决策的数据库和基于运行操作的数据库在数据来源、数据内容、数据模式、服务对象、访问方式、事务管理乃至物理存储等方面都有不同的特点和要求，因此直接在基于运行操作的数据库上建立决策支持系统不合适。数据仓库是企业内部各单元的运作数据和事务数据的中央仓库，这些数据经过归化、平衡、协调和编辑，通过进行分析梳理而为最终用户专门设计，使最终用户可以针对任何一个经营单位和企业去存取市场数据和信息。数据仓库有能力对整个企业各部门传送过来的各种信息进行统一和综合，实际上是数据存储和管理的一次革新。

数据分析是体现系统智能的关键，一般采用联机分析处理和数据挖掘技术。联机分析处理不仅进行数据汇总、聚集，同时还提供切片、切块、钻取和旋转等数据分析功能，用户可以方便地对海量数据进行多维分析。联机分析处理是共享多维信息的、针对特定问题进行联机数据访问和分析的快速软件技术。它通过对信息的多种可能的观察形式进行快速、稳定一致和交互性的存取，允许管理人员对数据进行深入观察。决策数据是多维数据，多维数据就是决策的主要内容。联机分析处理专门用于支持复杂的分析操作，侧重于对决策人员和高层管理人员的决策支持，可以根据分析人员的要求快速、灵活地进行大数据量的复杂的查询处理，并且以一种直观易懂的形式将查询结果提供给决策人员，以便他们准确掌握企业的经营状况，了解对象的需求，制订正确的方案。联机分析处理具有灵活的分析功能和直观的数据操作，分析结果可以可视化，从而使用户对大量复杂数据的分析变得轻松而高效，以利于迅速做出正确的判断。它可用于证实人们提出的复杂的假设，其结果是以图形或者表格的形式表示的对信息的总结。

数据挖掘的目标是挖掘数据背后隐藏的知识，通过关联分析、聚类分析等方法建立分析模型，预测企业未来的发展趋势和面临的问题。数据挖掘又称数据库中的知识发现，是目前人工智能领域研究的热点问题，所谓数据挖掘是指从数据库中的大量数据中揭示出隐含的、先前未知的并有潜在价值的信息。数据挖掘是一种决策支持过程，它主要基于机器学习、模式识别、统计学、数据库、可视化技术等，高度自动化地分析企业的数据，做出归纳性的推理，从中挖掘出潜在的模式，帮助决策者调整市场策略，减少风险，做出正确的决策。数据挖掘主要包括数据准备、规律寻找和规律表示三个步骤。数据准备是从相关的数据源中选取所需的数据并整合成用于数据挖掘的数据集；规律寻找是用某种方法将数据集所含的规律找出来；规律表示是尽可能以用户可理解的方式将找出的规律表示出来。目前，随着数据挖掘技术的发展，比如非结构化数据挖掘、Web 数据挖掘、空间数据挖掘、流媒体数据挖掘等高级数据挖掘技术的日渐成熟，数据挖掘在商务活动中的应用越来越多。

五、商务智能的发展

商务智能的发展是一个渐进的复杂的过程，它经历了事务处理系统、经理信息系统、管理信息系统和决策支持系统等阶段，最终演变成今天的商务智能。

事务处理系统向经理信息系统、管理信息系统、决策支持系统和商务智能系统提供了所需要的基础数据。经理信息系统有选择地向管理人员和执行人员提供关于业务状况的信息。管理信息系统帮助管理人员了解日常业务，并进行高效的控制、组织和计划。决策支持系统允许决策者查询储存于关系数据库中的任何问题，甚至储存于不同计算机系统或网络的数据库中的有关数据，并以多样化的格式提交给决策者；决策支持系统还支持深入分析，支持最优化的和启发式的方法。

随着互联网的出现，在决策支持系统基础上发展商务智能成为必然，在决策支持系统基础上进一步发展起来的商务智能能够向用户提供更为复杂的商务信息，可以更为方便地定制各种报表和图表，能够向行政管理人员、技术人员和普通员工提供个性化的多维信息，使分析处理信息的能力和信息的利用率大为提高。在此基础上，可以进一步解决企业决策时需要了解的各种问题，并帮助企业更快更好地做出决策。

目前，商务智能被越来越多的企业管理者所认识，已经成为很多行业信息化建设的重中之重。

欧美企业有大约 70%部署了商务智能，虽然并不一定把它当做全公司范围的、战略性的计划。美国和欧洲的企业对商务智能工具的使用略有不同，美国企业用商务智能做在线处理比欧洲企业多，而欧洲企业用商务智能进行高级分析比美国企业多。

商务智能在中国的发展还处于起步阶段，大部分企业对商务智能还缺乏必要的了解。从 2004 年开始，中国商务智能应用市场保持了超过 40%以上的年增长率。据 IDC 最新预测：目前商务智能解决方案在中国的市场价值将达到约 4.38 亿美元，增幅为 41%，超过业界平均水平 3 倍，这说明中国商务智能正处于蓬勃发展的上升期。总体情况概述如下：

(1) 商务智能的市场分布。

垂直市场：投入商务智能应用的所有企业中大企业占到 50%。

平行市场：目前仍以电信业、金融业、银行业、证券业的企事业单位用户为主，统计、税务、工商等政府部门用户对商务智能的需求也比较迫切。

区域市场：华北区、华东区、华南区占到市场份额的90%。

（2）商务智能的应用情况。

固定报表：目前中国市场上的商务智能应用主要停留在这个层面。

OLAP分析：建立各主题分析所需的综合分析、统计分析运算及相应的多维结构，然后在多维模型中分析，可完成大到多级业务综合分析，小到针对某一个领域的指标多角度分析。

数据挖掘：一个萃取和展现新知识的流程。通过分析具体数据，发现确定有效的、新颖的、有潜在使用价值的、以往不为人知的、最终可理解的信息，为企业良好运营和决策部门做出重要决定提供帮助。

分析应用：与业务信息系统结合，成为组件，例如在企业绩效管理方面。在这方面，有些公司的商务智能项目已经成功上线，有些公司正在建设，但是有更多的企业信息化水平较低，想要成功实施商务智能项目仍需要一段时间的准备和酝酿。

（3）商务智能产品的销售模式。

中国商务智能市场不断成熟，对商务智能产品的渠道的技术实力和服务能力提出了更高的要求。渠道建设需要一个较长的过程。对大部分国外商务智能产品的厂商来说，随着加大渠道拓展力度，加快渠道整合步伐，商务智能产品的厂商的各类渠道的销售能力有所加强。对于国内商务智能产品的厂商来说，仍然是以集成商业项目的形式为主，形成自主产品的厂商较少。在OLAP和前端展现方面国内拥有众多的厂商，目前正在进行渠道建设，加强市场推广力度。

（4）市场公关。

商务智能领域的专业媒体主要有中国商务智能网。除此之外，其他媒体可以分为两类，一类是IT及信息化媒体；另一类是行业网站，比如金融业或电信业等的行业网站。目前商务智能产品的厂商在市场推广方面广告投放较少，公关软文和活动为主要市场推广手段。

商务智能市场发展趋势和技术发展趋势主要包括如下方面：

（1）日益旺盛的市场需求是商务智能发展的动力。近两年商务智能技术与决策支持思想陆续被应用到各个行业中，对商务智能软件市场的发展产生了积极的影响，国际市场上商务智能技术的成熟度不断提高。同样，中国市场上的产品成熟度也不断提高，产品结构趋于完善。

（2）国际性的企业并购和重组仍在继续。商务智能行业的企业并购仍在继续，同时将会有更多的企业成长起来。

(3) 商务智能在中小企业将逐步扩大市场份额。尽管中小企业信息化管理起步较晚，但中小企业越来越重视自身的发展。因此中国中小企业逐渐呈现出对管理软件的旺盛需求，这必将成为未来中国商务智能市场非常重要的一部分。

(4) 价格偏高是影响商务智能大范围普及的制约因素。大部分中小企业用户并不能承受国外产品较高的价格门槛，性价比高的产品因此在市场中受到青睐。

(5) 国内外的报表厂商将向商务智能靠拢。目前的报表厂商不断增强自身的技术实力，有些产品已经具备 OLAP 功能，能够满足基本的智能展现需求。未来几年，报表厂商将逐渐进入商务智能市场，对于商务智能的普及做出重要贡献。

在未来的发展上，商务智能的技术发展将聚焦于以下三个方面：

(1) 支撑技术。基于关系数据库的数据仓库将是未来的一个发展方向，数据仓库的平台性能将得到很大改善，数据挖掘方法和算法研究将更加深入，专门用于知识发现的数据挖掘语言有望进一步向标准化发展。另外，数据挖掘与数据分析将实现融合和互补，从而使分析操作更加智能化，挖掘操作目标。

(2) 体系结构。系统协同性和开放性将进一步提高。企业能够利用合作伙伴的数据仓库进行决策分析活动，智能应用过程及结果发放至互联网。

(3) 应用系统。笼统的智能系统成为概念，更加凸显专业化和行业化的特点。根据每个领域的关注重点和分析模型，提供针对具体企业进行扩展的解决方案。各种商业分析模型、数据挖掘算法集成到分析应用中，进而解决不同部门的需要。

六、商务智能使用举例

（一）物流企业的商务智能分析

随着信息技术的高速发展，物流企业积累的数据量剧增，从大量的物流数据中提取有用的知识成为物流企业的当务之急。

物流企业的数据挖掘流程如图 1-2 所示：

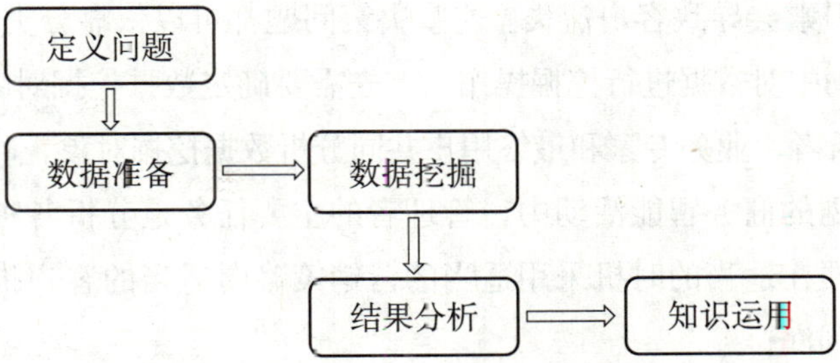

图 1-2 物流企业的数据挖掘流程

(1) 定义问题。

物流企业首先应该明确自身需求，清晰地定义各种物流业务现阶段的问题，并确定数据挖掘的目的。

（2）数据准备。

首先物流企业在大型数据库和数据仓库目标中提取数据挖掘的目标数据集进行数据选择；其次进行数据的预处理，包括检查数据的完整性及数据的一致性，填补丢失的域，删除无效数据等。

（3）数据挖掘。

物流企业根据数据功能的类型和数据的特点选择相应的算法，在净化和转换过的数据集上进行数据挖掘。

（4）结果分析。

物流企业对数据挖掘的结果进行解释和评价，转换成能够最终被理解的知识。

（5）知识运用。

物流企业将分析所得到的知识集成到物流业务信息系统的组织结构中，然后根据挖掘出的知识做出物流业务的决策。

比如利用关联分析发现物流客户的关联采购需求。一个托运货物的货主很可能同时有包装货物、流通加工等物流业务需求。利用这种知识可以采取积极的物流运营策略，扩展物流客户采购物流服务的范围，吸引更多的物流客户。

（二）超市的商务智能分析

超市经常遇到这样一些问题：在营销策划的不同分类中存在哪些活跃的因素？这些因素之间是否存在相关性？对营销策划最感兴趣的分类有哪些？不同的分类有哪些层次？围绕这些营销策划决策问题，选择合适的分类模型就可以构成支持商务智能的挖掘模型。因此超市营销策划决策经常要对客户进行分类，客户分类模型可以将客户根据其不同特征分成若干个不同类别。如果已经了解这些不同类别客户对不同营销策略的接受程度，就可以用分类模型来预测某一新客户是否会接受某一营销策略。根据客户对营销方案的接受状况，可以将客户分成接受营销、不接受营销两类。分类模型在数据挖掘中可以作为预测模型来使用，例如，为什么同样的产品今年和去年的销售量会不同？哪些因素会导致客户购买某种产品？哪些因素会导致客户流失？这些决策问题都可以依靠分类模型来解决。

在商务智能活动中对数据进行挖掘操作，首先需要确定数据挖掘对象。为此，需要商务智能用户即业务分析者、业务专家和最终用户共同分析数据挖掘对象，确定数据挖掘项目。

在超市营销策划的商务智能活动中，管理者的主要任务是分析各种营销策略对不同产品促销的影响，以便在适当的时机采用适当的营销策略向适当的客户推销适当的产品，从而谋求企业的最大利润。

一般超市营销策略的评价方向主要有门市、产品、营销策略、日期和客户五个，即用五个维度进行营销策略分析。而分析的营销状况则是产品的销售量、销售额、产品的成本和销售利润这样几个度量信息。但是在对超市销售的产品营销策略的评价中，仅有这样几个信息还不能够完整地、细致地刻画出营销策略的价值。超市营销策略的价值评价还可以从销售量增长率、销售额增长率、利润增长率、营销策略门市影响率以及营销策略时间影响率等比率方面进行分析。增加的这些新变量不仅可以深刻、清晰地描述营销策略的影响力，而且有时可以从中寻找到一些对评价对象影响力更大的变量或因素。

由此可见，在数据挖掘对象分析中需要关注挖掘对象的分析方向（维度）、挖掘对象的表达值、挖掘对象的变化值等。

确定了商务智能用户的挖掘对象以后，就要进一步明确挖掘模型的分析目标变量，即衡量数据挖掘状况的度量值，而这些度量值可以说明数据挖掘是否获得成功。挖掘模型的度量值可以按照这样一些步骤来完成：搜集企业的关键战略领域报表，识别企业信息量化的度量指标，对这些度量指标进行编码，识别数据挖掘解决业务问题的度量指标，对度量指标设定基线。

用于评价超市营销策略效果的数据挖掘度量指标可以是购买产品的客户百分比、对营销策略响应的客户数、客户购买产品的平均量、某一时间段内购买产品的总量或总金额、产品销售的利润率。在确定了度量指标后，还要设置这些度量指标的当前值，以便通过数据挖掘分析采取营销策略后的状况。

上述两个案例大致勾勒出了商务智能分析中的步骤和方法。更具体的步骤和方法将在后续章节依次展开。

七、产品流与商贸企业创新

商务智能是商贸企业创新的重要方向，如前所述，其实质是产品流与信息流的结合。产品流既包括产品流通的输入环节，也包括产品流通的输出环节。因此，产品流对产品流通的影响或作用也相应地体现在输入和输出这两个环节。这就为基于产品流对产品流通环节以及与产品流通环节相关的企业的创新与变革进行研究和分析提供了思路。

在市场经济条件下，商贸企业面临着激烈的市场竞争。由于门槛较生产企业低，所以商贸企业业务的模仿性较工业企业更加容易，服务的竞争也容易趋于同质化，产品结构难以形成自己的实质特色。在这种情形下，如何寻求创新、寻求商贸企业的生存与发展呢？从产品流角度看，一种路径是将产品流通的核心竞争力从传统产品流通端向产品生成端传导，让产品流在流通环节的输出端反向控制输入端，即将在产品生产端的推动力作用下推送到产品流通端的情况再反馈给产品生产端，将以生产为中心的业务模式转变为以市场需求为中心的业务模式，从而借助产品流的变化对产品设计与生产的方向进行优化和调整，进而使产品流通端形成更为强大的产品流拉动，又进一步促进生产的发展，由此形成现代商业企业的竞争优势。

另一种路径是提高企业流通环节自身的竞争力。流通环节竞争力的提高应从服务、管理、技术等方面进行创新。

服务方面的创新，从产品流角度看，一是增加产品的销售渠道，比如与电商结合实现网上购物；二是增强产品流的稳定度，即用户的黏性，比如针对顾客需求提供相应的服务或改进服务。管理方面的创新，从产品流角度看，是指优化商贸企业价值链中的组织结构，做到分工明确，权责分明，增强组织结构对市场经济的适应性，同时采用制度性、结构性和人际关系等多种协调方式，实现组织一体化，使产品流在商贸企业价值链中高效顺畅地穿行，降低运营成本。技术方面的创新从产品流角度看是指注重对先进管理技术的消化吸收，以降低成本为目标提高运营收益和运营效率。比如通过互联网、移动互联网等技术扩大产品的传播范围，加快产品的销售速度。再比如通过对销售时点系统（point of sales system，POS）、管理信息系统（management information system，MIS）等技术的运用，实现产品流对产品设计与生产的实时指导，对服务项目的设置、产品的陈列方式、节日的营销计划等进行有价值的辅助决策。

产品流在企业流通端的拉动源是客户的订单。客户订单的变化代表着客户需求或市场需求的变化；或者说客户需求或市场需求在商业流通中的实体形式就是客户订单或市场订单。订单的增加或减少意味着产品流的增大或减小；订单内容的变化蕴含着产品流内容的变化。

随着信息科技的不断发展和市场竞争的日趋激烈，产品流通过计算机和网络以信息流的形式呈现出来，同时企业迫切需要打破使用传统管理信息系统的理念，引入商务智能来辅助中高层管理人员制定决策，加强企业综合运营能力和市场竞争力。企业都希望能够从浩如烟海的商务数据以及其他相关的物流业务数据中发现带来巨额利润的商机。只有那些利用先进的信息技术成功地搜集、分析、理解信息并依据信息进行决策的物流企业才能获得竞争优势，才是物流市场的赢家。因此，越来越多的物流管理者开始借助商务智能技术来发现物流运营过程中存在的问题，找到有利的物流解决方案。

总之，商务智能是一个年轻且充满希望的研究领域，商业利润的强大驱动力将会不停地推动其发展。每年都有新的方法和模型问世，人们对它的研究也日益广泛和深入。在我国加入世界贸易组织后，企业在将市场扩大到全球的同时也要面对来自全球的更多更强的竞争对手，可以说挑战与机遇并存。因此企业必须采用快速的智能分析手段实现对市场的定位和细分，对客户进行更深层次的研究，以更强的姿态迎接挑战，追求更精准的正确决策，规避可能的风险，获得更大的利益。

讨论题

请讨论商务智能在狭义上和广义上的区别与联系。

思考题

1. 如何理解商务智能的定义？
2. 从企业管理、计算机应用和信息系统设计的不同角度如何理解商务智能？
3. 列举在企业管理中通过商务智能解决的常见问题。

第二章

产品流与企业管理

导入案例一

上市公司小天鹅 A（000418. SZ）以客户订单指导生产，使企业在家电销售整体下滑的情况下，收入和利润增长迅猛。

在 2005—2013 年的八年时间内，我国洗衣机的产销量均实现了翻番，产量从2 674.6 万台增至 5 702 万台，销量从 2 741 万台增至 5 593.5 万台。但进入 2014 年后，由于补贴政策的陆续退出，洗衣机市场开始出现增速放缓甚至负增长。客户订单表征商业运营中的产品流情况。为适应市场形势的变化，在激烈的市场竞争中生存和发展，小天鹅用客户订单倒逼生产的优化和变革，推出了能够快速满足市场产品需求的“T＋3”客户订单制，即要求从客户下单到产品到达客户的周期由过去的 28 天缩小为 12 天。要实现这一目标，对于产品流所联结的生产端来说并不容易，在物料配送、研发、供应链、生产等方面都要挖掘潜力，进行改进和优化。据小天鹅的负责人介绍，原先一天生产三五个型号，现在一个客户有可能需要十几个型号，有的客户还需要快销，这时候对工厂的要求就从原来的单纯的企业式生产变成了由客户订单指导生产，客户订单要在两三天内被快速满足，这就倒逼企业去改变和提升。小天鹅经过几年的探索和改造，产品生产实现了预期目标。“T＋3”模式使小天鹅生产的重心随着产品流转移到市场一线，推动了企业从研发制造到产销价值链的改革，促进了小天鹅的转型升级，也为小天鹅带来了收入和利润的增加。

如果说客户订单是产品流在企业流通端的拉动源，那么产品则是产品流在生产端的推动源。由于商贸企业的利润是生产企业的让渡利润，因此产品流在被推送过程中经过的中间环节的多少直接影响商贸企业的收入与利润。

导入案例二

炊具行业的龙头企业苏泊尔在 2014 年年度报告中首次提出，在电子商务快速发展的浪潮下，苏泊尔将加快发展电子商务，进一步提高专业化运营能力。2016 年，这份对未来发展的展望已转变为其销售渠道的重要组成部分，电商渠道在苏泊尔整体销售中的占比持续提升，电子商务取得高速增长，在天猫“双十一”的大促中多个品类获得销售冠军。与之类似，厨卫领域的龙头企业华帝股份在 2013 年就实现了网购收入的大幅增长，较 2012 年同期增长 188.02%，在 9 家主流 B2C 平台的销售量占同类产品销售量的 13.20%。美的集团从产品、政策、人才等方面加大电商投入，采用多种方式，大力拓展电商渠道，推动规范电商管理。2013 年美的电商销售额近 40 亿元，同比增长超过 160%。空调领域的龙头企业格力电器 2015 年全面发力，结合已有的成熟电商渠道如京东、天猫、苏宁、国美等，共同推动格力整体电商业务快速发展。格力旗下的 27 家销售公司先后自建区域性的格力电商平台或入驻京东、天猫、苏宁等第三方电商渠道，抢乘电商东风，线下线上强强联合。2015 年格力在天猫的销售额占所有空调品牌近 50%的份额。2015 年“双十一”当天成为空调产品的销售冠军，最终成交额近 3 亿元。

通过上述实例可以看出产品生产与产品流通通过产品流联结在一起，通过产品流进行闭环控制，有助于企业的产品设计与生产贴近市场需求；同时服务、管理和技术是实现闭环控制的目的和手段。

如上一章概述所述，商务智能是建立在产品流数据基础上的。学习商务智能需要对这一底层基础进行学习和了解，以便更好地确定商务智能决策与分析的对象或主题。

一、产品流与交换经济

物质交换是自然界的基本交换之一。产品交换从自然性质上来说是物质交换。这是通常意义上的交换，也是交换最基本的含义，所以交换是经济社会中一种不仅常见而且基本的经济形式，即交换经济。交换经济是指人们根据其各自的特长进行专业化生产，然后拿自己生产的产品去换取自己需要的产品。交换大大提高了整个社会的生产能力，同时人们也从这种交换中获得各自的利益。为了有效地进行交换，买卖双方就要接触。交换经济存在的原因是不同市场主体之间资源禀赋不一样或者分工不一样。

一个经济社会面临的基本问题是：生产什么产品和生产多少？如何生产？为谁生产？这几个问题的核心是资源配置。人们通过交换实现社会资源的分配，经济社会通过交换经济将短缺资源配置给最需要的生产者和消费者。社会资源通过市场交换的方式进行配置，形成产品流，所以产品流是交换经济的物理表现，也是联结产品生产和产品流通的纽带。本章尝试从产品流这一新的视角出发审视产品生产和产品流通这两个交换经济的组成部分并对其发展过程中的现象做出分析和解释，目的是为从一个新的视角进行产业分析提供思路和帮助。

产品流对交换经济分析能够起到什么帮助作用呢？要回答这个问题，首先要从产品流的含义谈起。产品流是指在生产商与消费者之间建立起的产品交易模式，是产品的物理流动，涉及采购、生产、仓储、运输等。其管理重点是以最经济、最有效的方式采购、制造、运输和销售产品。供应链之所以存在，就是因为有产品流。从交换经济的定义可以看出，产品流是指生产过程中代表原材料、半成品或成品的物品流通与交换。产品流是交换的物理实现，是交换经济的表现形式。它为交换经济提供了一种可观察的测量方式，是实现资源精准、高效匹配的分析依据，是减少信息不对称的手段。产品流目前已经成为现代经济系统中的基本流量之一。与产品流类似的两个名称是物流和商流，前者是指为了满足客户需要而对产品、服务以及相关信息从产地到消费地的高效、低成本流动和储存进行的规划、实施与控制过程。后者是指物品在流通中发生形态变化的过程，即由货币形态转化为产品形态，以及由产品形态转化为货币形态的过程，随着买卖关系的发生，产品所有权发生转移。从概念的综合性和覆盖度来看，产品流更好地概括了交换经济中从产品生产到产品流通的整个过程。本章将从产品流入手，对交换经济中的产品生产和产品流通进行分析，并将其具化为对产业中的生产企业和商贸企业的分析。

二、交换经济中的产业分析——生产企业

从狭义上讲，生产企业是指将采购的原材料进行加工转化为实物产品产出的企业。从广义上讲，凡是将输入经过处理转化为输出的企业都属于生产企业。生产企业的主要特征是对产品进行加工、装配或处理并实现增值。按此定义，购入原材料产出设备的工业企业是产品生产企业，购入原材料产出农产品的农业企业也是产品生产企业，存在创造、改进过程的科技公司也是产品生产企业。

从发展历史看，生产企业可以分为以下三种类型：

（1）以生产企业为中心的生产。

这种类型的生产一般表现为备货型生产，又称按库存生产。在这种生产类型中，客户对最终产品规格没有什么具体建议或要求，生产商生产的产品并不是针对特定客户定制的，而是根据单一层次的固定清单或配方生产的。根据生产时的产品批量，按库存生产又可分为小批量生产和大批量生产。在这种类型的生产过程中，生产商可能需要负责整个产品系列的原料，并且在生产线上跟踪和记录原料的使用情况。此外，生产商还要在长时期内关注质量问题，以避免某一类型产品的质量逐步退化。

属于此种生产类型的生产企业的特点是：产品在生产过程中的连续性强，生产企业负责全部生产流程，生产成本高；输出的产品在产业链中层次较低、更新周期缓慢、复杂程度不高。许多产品一般是企业内部其他工厂的原材料。由于生产产业链可以在单一企业内部完成，没有产品流的展开空间。

（2）以产品为中心的生产。

这种类型的生产一般表现为订货型生产。在这种生产类型中，客户类群对零部件或产品的某些配置会给出某些具有共性的具体要求，使同种产品开始呈现多类型特征。为满足这些要求，生产商开始根据客户的要求提供为客户直接装配定制的产品。这种类型要求生产厂商必须保持一定数量的零部件的库存，以便当客户订单到来时，可以迅速按订单装配出产品并发送给客户。同时为了提高反应的敏捷性和满足产品的功能复杂性，生产的协作性开始加强。为此，需要运用某些类型的配置系统，以便迅速获取并处理订单数据，然后按照客户需求组织产品的生产。

属于此种生产类型的生产企业的特点是：由于生产开始由多个企业协作完成，组装企业在产业链中的地位提升、生产成本降低、更新周期加快；并且伴随着产品生产过程具备了展开空间，产品形态在空间转移中发生改变，呈现出流动性特征。

（3）以客户为中心的生产。

这种类型的生产一般表现为设计型生产，是订货型生产的一种高级形式。在这种生产类型下，产品按照某一特定客户的要求来设计，支持客户化的设计是该生产流程的重要功能与组成部分。由于产品是为特定客户量身定制，所以这些产品可能生产批量有限。在这种生产类型中，由于产品的生产批量小，如果可以使用一些经常用到而且批量较大的部件，则可以有效降低生产成本。但是如果设计工作与最终产品非常复杂，或者生产过程中的每一项工作都需要特殊处理，则会极大提高生产成本。除此之外，在离散化的生成过程中，不同的子部分可能是由各种不同类型的分包商（包括内部的与外部的）完成的。为了使一个大型产品或项目的各个子部分能够在最后阶段精确地匹配在一起，以及由不同的人在不同的地方生产的不同子部分能够最终组合成为一个复杂的产品或项目，需要用先进的方式来完成总体协调与管理控制工作。

总的来说，现代生产企业目前的盈利模式有如下三种：

（1）生产模式。

这种企业主要以持续性的生产为主营业务，自建营销部门或者为代理商和品牌运营公司供货。产品的销售渠道对这类企业的生存和发展非常重要。作为纯生产型的企业，规模成本优势是其生存的唯一方式。因此这类生产企业要面对和解决的有两个突出问题：一是保持巨大的产品生产流量，保证规模成本优势，从而获利；二是要有稳定而且与生产能力相匹配的产品出货渠道。这两个问题决定了这类企业处在产业链的底端，话语权弱，同时隐含着资金链断裂的高风险。该模式作为作坊式的生存业态存在更合理，对于有一定规模的生产企业不宜作为主要发展模式考虑。

（2）代工模式。

代工模式是指与指定品牌合作，又称“贴牌”或 OEM（original equipment manufacturer，原始设备制造商）。在这种模式下，品牌拥有者不直接生产产品，而是掌握核心的开发、设计技术或控制销售渠道，为了实现产量和销量或为了赢得市场竞争的时间优势，它通过合同订购的方式委托生产厂家生产，并将所订产品低价买断然后直接贴上自己的品牌商标。承接这种加工任务的制造商被称为 OEM 厂商，它生产的产品就是 OEM 产品。

代工模式的存在和发展与产品流形成的成本即生产成本密切相关。当生产成本较低具有竞争优势时，具备规模和产业链优势的 OEM 厂商会因主流而存在；如果生产成本上升，则它们会失去竞争力，发生产品流量向低成本区域转移。

（3）品牌运营模式。

这种模式是前两种发展模式的一种高级模式，在这种模式中，生产只作为转型时不放弃生产环节产生的利润、降低转型风险而存在的辅助形式，其核心业务将从单纯的生产向建立品牌转变，即由生产企业转变为系统服务型企业。

随着企业向品牌运营型转变，其在产业链中的地位也将从较低端的生产者向高端延伸。这种模式让生产企业具有知名度，形成了较为固定的客户群，可以确立企业在市场中的地位，从而就有了生产的主动权，易于形成产品生产和产品销售的良性循环，形成较大的产业链竞争优势，甚至还可以进一步夺取产业链上游生产者的利润空间。

三、产品流与生产企业创新

生产企业的创新应当能够引领企业的发展，增强企业的竞争力和应对激烈的市场竞争的能力。通过产品流的定义可以看出，产品流包含生产过程中代表原材料、半成品或成品的物品的流通与交换。因此，产品流对产品生产的影响或作用也相应地体现在这些环节中。这就为基于产品流对与产品生产环节相关的企业的创新进行研究和分析提供了思路。

在现实经济生活中，总体来看，生产企业的三种盈利模式是长期共存的，但对每个生产企业个体来说，会根据企业发展阶段的不同而有所转变。成为提供系统服务的品牌运营型企业是生产企业转型升级的发展方向。按照前面生产企业的类型分析不难看出，成为品牌运营型企业的一个重要前提是提升企业生产的产品的竞争力，从以生产为中心的企业向以客户为中心的企业转变，通过离散化生产过程打开原料或产品流动的空间，从而使各个环节分别优化、分别降低成本，最终使降低总成本成为可能；同时加强与客户的联系，尽可能满足客户对产品的需求，增强生产的柔性，使产品具有很好的市场适应性，从而实现由大规模生产向定制化生产的转变。

1. 生产的离散化

由生产企业的定义可以看出，从产品流输入到产品流输出的生产加工过程是生产企业非常重要的一个环节。从以生产为中心，到以产品为中心，再到以客户为中心，中间的生产加工过程的特点根据产品流的连续性和间断性可以分为连续性生产与离散性生产两种类型；连续性生产是指待加工的原材料形成的产品流均匀、连续地按一定的工艺顺序运动，在运动中不断改变形态和性能，最后形成产品的生产。离散性生产是指待加工的原材料形成的产品流离散地按一定的工艺顺序运动，在运动中不断改变形态和性能，最后形成产品的生产。相比于连续性的生产过程，离散性的生产过程更具灵活性、更贴近产品需求端、复杂程度更高、优化控制的空间更大、产品竞争性也更强、更有利于向品牌运营型转变。

因为生产离散化而分解的不同的子部分可能是由各种不同类型的分包商（包括内部的与外部的）来完成的，为了使一个大型产品或项目的各个子部分能够在最后阶段精确地匹配在一起，以及由不同的人在不同的地方生产的不同子部分能够最终组合成为一个复杂的产品或项目，需要用先进的方式来完成总体协调与管理控制工作。

标准化是解决上述因为产品流的离散化而产生的协调性和一致性问题的有效方法。标准化可以规范市场的生产活动，促进产品在技术上的相互融合。产品流在空间上的发展促使生产的社会化程度提高。生产协作变得越来越重要，其范围越来越广泛。许多产品的生产往往涉及几十个、几百个甚至上万个企业，协作点遍布全省、全国甚至全世界，成为一个空间跨度巨大的生产系统。这样一个复杂的生产系统，客观上要求必须在技术上使生产活动和产品保持高度一致。这就必须通过制定和执行统一的技术标准、工作标准和管理标准，使无论空间跨度有多大，生产离散化程度有多高，物品在各生产部门和企业内部各生产环节间流动时都能运行流畅、高效，保证整个生产有条不紊、无障碍地运行。

从产品流角度看，企业生产的标准化主要表现在生产技术标准化、流程标准化和管理标准化。

（1）生产技术标准化。

生产作业的标准包括国家标准、行业标准以及企业标准。

生产技术标准化首先是指产品规格的标准化，即对产品外观指标、性能指标具有统一而严格的规定且必须符合国家标准或行业标准。其次是指生产作业的标准化，即将作业方法的每一个操作程序和每一个动作进行分解，以科学技术、规章制度和实践经验为依据，以安全、质量效益为目标，对作业过程进行改善，从而形成一种优化作业程序，逐步达到安全、准确、高效、省力的作业效果。

生产技术的标准化因其规范性和统一性能够提高生产效率、降低生产损耗、减少浪费，也就等于直接或间接地降低了生产成本；同时提高了生产柔性。基于生产技术的标准化使得当客户提出需要的产品规格时，企业很快就可以根据客户提供的数据来提供产品。

（2）流程标准化。

流程标准化主要体现在三个方面：规范化、文件化、相对固定。流程标准化是企业发展的必然趋势，与生产作业的标准化类似，它为企业建立了一种柔性的业务流程，使整个企业像一条生产线一样，可以快捷灵活地调节生产情况。标准化的工作流程为生产企业提供了一个安全的工作环境并保证生产的高质量，能让企业更简单地确认出现问题时的责任以及改进时的关键点。

（3）管理标准化。

管理标准化与生产技术标准化和流程标准化相对应，主要是对制定、修订和贯彻实施标准进行计划、组织、指挥、协调和监督，以保证标准化任务的完成。它使企业的各项标准化工作相互联系和制约，共同构成一个有机整体。通过计划，确定标准化活动的目标；通过组织，建立实现目标的手段；通过指挥，建立正常的工作秩序；通过协调，使各方面工作和谐地开展；通过监督，检查计划实施的情况，纠正偏差。

2. 柔性生产

从产品流的角度看，柔性生产使产品流的组成保持相对稳定，生产企业可以以较低的成本和较高的敏捷性应对外部市场环境和需求的变化。

柔性生产与20世纪20年代的刚性生产相对应。刚性生产是以生产为中心生产类型的典型表现形式。在卖方市场的市场环境下，刚性生产推崇“少品种大批量生产”的生产模式，这一模式的生产效率高，单件产品成本低，但它是以损失产品的多样化、掩盖产品个性为代价的。随着经济的不断发展，刚性生产表现出成本增加、库存过量、适应市场的灵敏度低等不足。刚性生产的缺点恰是柔性生产的优点。二者相比较，柔性生产的灵活度更高、反应更快、优化控制的空间更大、盈利模式也更有利于向品牌运营型转变。

模块化是增强企业生产柔性的有效方法。模块化生产是指将复杂的生产进行多块的简单化分解，再由分解后的各个模块集成生产的动态模式。它的特点是：

(1) 专业化是模块化生产方式形成的前提条件。

模块化是在传统分工的基础上进一步将各个细分部分按照功能原则重新聚合的过程，这种思想体现在模块化生产方式中就是：产品被分解成独立的模块，这些模块可以在不同的专业化企业中独立地被设计、制造，而这种“独立性”正好可以使各模块生产企业的核心竞争力得到强化。

(2) 规模经济是模块化生产方式形成的动力。

模块化尤其是模块化设计的广泛应用是企业在技术、产品上的一大创新，模块化生产方式正是利用模块的标准化及通用化，通过模块化设计、模块化制造、模块化装配，通过产品的多变性与零部件标准化的有效结合，通过模块的批量生产，在满足顾客定制需求的同时实现了规模经济，降低了企业成本。

(3) 需求的多样化与个性化是模块化生产方式形成的必要条件。

应用模块化生产方式，通过模块化设计、模块化制造、模块化装配可实现大规模定制的高效、低成本生产。通过对产品进行合理的功能模块划分，利用模块的相似性来减少产品结构和制造结构的变化，最终借助模块的选择和模块间的组合达到在保持产品多样性的同时控制产品成本的目的；通过将顾客的个性化需求渗透到产品的设计阶段，从开始的设计阶段到最后的交付阶段，整个生产过程都体现了顾客的个性化需求，大大提高了顾客满意度；模块化制造、模块化装配缩短了产品的生命周期，有效地缩短了产品上市的时间。

(4) 基于多品种流水线的模块化装配。

模块化装配，即先通过零部件的组合装配出具有不同功能的模块，再根据产品的结构、功能选择满足要求的模块，通过模块的组合装配出满足顾客要求的产品。因此，模块化装配的基本单元是独立的模块。企业的装配线多是基于顾客订单的装配线，装配过程具有动态性。

以制造企业为例。制造企业是从事工业生产经营活动或提供工业性劳务的一种经济组织。在市场经济条件下，制造企业作为市场交换的主体，为在市场竞争中赢得一席之地，其生产运营必须符合市场发展需求，预知市场发展趋势，以技术创新为中心，形成自己鲜明的特点。

日本的制造业运作管理模式可以统称为丰田管理模式（Toyota production system，TPS）。尽管各个企业有所不同，但都是大同小异，没有本质差别。

日本制造业的丰田管理模式经历了一个发展过程，丰田公司创始人丰田喜一郎 1927 年就提出了生产物流中的生产产品零件“及时到位”的思想，基于这种思想，他提出要多利用专用机械和组装工具（这后来成为建立生产线上小的加工中心和使用成组技术的基础），零部件提前喷漆和提前进行辅助安装（某些零部件的总成，如发动机总成、变速箱总成、摩托车车把总成等），后来这种思想演变成模式，被称为“及时生产”或“即时生产”，即 JIT（just in time）。1954 年丰田公司又提出利用“看板”作为反映生产物流的工具，用“看板”反映生产线的物流需求，将其提供给供应商、企业内部各部门和各工序。所以很多人在提到日本的企业管理时，又称之为“看板管理”。今天人们在大金、雅马哈、日产、本田看到的“看板”已经实现了信息化——用计算机软件来控制物流和分配资源。1954 年以后，丰田管理模式逐渐在日本制造业占据了绝对的主导地位，目前日本的制造业仍以此为核心竞争力享誉全球。另外，丰田管理模式有很大的柔性特点，即在管理上尽量不以企业内职能部门为中心，而是以生产流程为中心配置人、财、物，这样就打破了部门分隔，使组织结构具有很大弹性。

丰田管理模式在生产上也体现了柔性的特点：尽可能采用标准化零部件，减少非标数量，在模具、工具上体现通用性，对特别的专用零部件要么“外包”，要么作为公司的“核心竞争力”产品给予单独对待，而大量零部件基本上达到“标准化、系列化、通用化”。这样一方面可以节省成本，另一方面使生产线容易调整，从而使企业能够充分适应市场的变化。

另外，丰田管理模式利用成组技术（即把具有相似工艺要求的设备有目的地放在同一空间）组成生产线上若干个小的加工中心，从而减少设备的浪费和人员的走动，便于调整生产品种，形成柔性生产线；用每个程序的标准化达到零部件的“零废品”；用制造“总成”化，达到缩短生产准备时间的目的；用生产线立体化作业布置，达到减少零部件搬运和人员走动的目的；用标准化零部件放置箱和充分利用各种颜色，达到员工对零部件安装的快速准确识别。

在上述丰田的案例中，企业通过管理零部件细化了产品的生产，将生产的物流具化为零部件的流动，通过物流的扩展展开了价值链，为寻求最优的成本控制提供了求解空间。

而零部件的标准化、系列化和通用化使得企业的生产柔性大大增强，提高了市场竞争的应对空间。

产品流和生产企业结合的过程推动了 ERP 系统和 SCM 系统的发展。

ERP 系统是以管理会计为核心的信息系统，识别和规划企业资源，从而获取客户订单，完成加工和交付，最后得到客户付款。换言之，它将企业内部所有资源整合在一起，对采购、生产、成本、库存、分销、运输、财务、人力资源进行规划，从而达到最佳资源组合，取得最佳效益。ERP 系统应用创建在信息技术基础上的系统化管理思想，为企业决策层及员工提供决策运行手段。

ERP 的概念是著名产业科技研究单位高德纳集团在 20 世纪 90 年代初期依据信息技术的发展及 SCM 所提出的，以推断制造业管理信息系统的发展趋势。它由 20 世纪 70 年代的物料需求计划（material requirement planning，MRP）、80 年代的制造资源计划（manufacturing resource planning Ⅱ，MRP Ⅱ）逐渐演变而成。

ERP 应用成功的标志是：（1）系统运行集成化，软件的运作跨越多个部门；（2）业务流程合理化，各级业务部门根据完全优化后的流程重新构建；（3）绩效监控动态化，绩效系统能即时反馈以便纠正管理中存在的问题；（4）管理改善持续化，企业建立一个可以不断自我评价和不断改善管理的机制。

SCM 是指使供应链运作达到最优化，令供应链从采购开始到满足最终客户的成本最少的所有过程。SCM 系统是全方位的企业管理应用软件，以帮助企业实现业务运作的自动化，将企业与外界供应商和制造商联系起来。它配合供应链中各实体的业务需求，使操作流程和信息系统紧密配合，做到各环节无缝衔接，形成物流、信息流、单证流、商流和资金流五流合一的领先模式，实现整体供应链可视化、管理信息化、整体利益最大化、管理成本最小化，从而提高总体水平。

供应链最早来源于彼得·德鲁克（Peter F. Drucker）提出的“经济链”，后经由迈克尔·波特（Michael E. Porter）发展成为“价值链”，最终演变为“供应链”。

公司采用供应链管理的目的有三个意义：

（1）提升客户的最大满意度（提高交货的可靠性和灵活性）；

（2）降低公司的成本（减少库存，降低生产及分销的费用）；

（3）企业整体“流程品质”最优化（去除错误成本，消除异常事件）。

通过建立供应商与制造商之间的战略合作关系，可以达到以上目标。

供应链管理是企业的有效性管理，表现了企业在战略和战术上对企业整个作业流程的优化，整合并优化了供应商、制造商、零售商的业务效率，使产品以正确的数量和正确的品质在正确的地点以正确的时间和最佳的成本进行生产和销售。

四、交换经济中的产业分析——商贸企业

商贸企业（或企业的产品流通与销售部门，下同）是指通过买进货物，然后转手卖给

别人的方式从中获取利润的企业。商贸企业并不对买入的货物进行加工再生产以得到更大的利润。从商贸企业的定义可以看出，生产企业和商贸企业的本质区别是有无货物的加工程序。有则为生产企业，没有则为商贸企业。

与生产企业通过对原材料加工生产出符合社会生产和人民生活需要的产品不同，商贸企业的基本业务是产品的购、销、运、存，即商贸企业主要是通过对产品的购进、销售、运输和储存业务完成产品的流通过程，实现由生产领域到消费领域的转移。上述四个业务环节构成了产品流在产品流通中的整体运动过程。产品流通过程中的购进、销售、运输和储存这四个基本环节打开了产品流的空间，也建立了产品流通环节价值链。这四个环节在流通过程中各自处于不同的地位，起着不同的作用。合理组织产品流通的四个基本环节是实现流通的基本要求，是提高流通经济效益的重要途径，也是商贸企业的基本职能。

由于在上述流通过程中产品一般不进行加工或只进行浅度加工，其使用价值和外部形态一般不发生变化，产品在上述流通实现的产品流中实现产品使用价值的运动和价值形态的变化，因此，商贸企业的“商业利润”主要来自产品流所连接的另一端的生产企业的让渡。让渡利润是商贸企业利润的基本形式和最主要的组成部分。在产品流所贯穿的整个价值链中，由于商贸企业为生产企业实现了产品销售，为生产企业节约了产品流通费用、降低了销售成本、加速了资金的周转，因此，生产企业就需要让渡一部分利润给商贸企业，作为商业利润的源泉。让渡利润是由产品在流通环节中的价格差额具体实现的。

从产品流视角分析，根据产品流通中产品流的拓扑模式可以将商贸企业的模式分为零售企业模式和批发企业模式两种类型。

零售企业模式的拓扑结构是直接的点对点的结构，即生产企业直接作为商贸企业向最终消费者销售其产品及相关服务。批发企业模式的拓扑结构是间接的多级结构，是指生产企业将产品销售给后手的再销售购买者或者生产者，而购买者将购进的产品用于再销售或投入生产过程。后一种结构增大了产品流的空间，有利于产业链的展开，为商贸企业优化成本控制提供了更大的求解空间。

从上述商贸企业的特点和模式可以看出，商贸企业主营业务的实质就是产品流通环节的实现。因此，产品流对产品流通环节的变革与创新在现实经济生活中的表现就是商贸企业的变革与创新。

五、产品流与商务智能

现代企业与产品流相关的系统包括 ERP、SCM 和 CRM。这些系统在各自的领域的确对生产和销售的发展起到了积极作用，但它们与商务智能之间是什么关系呢？

如图 2-1 所示，商务智能是架构在 ERP、SCM 和 CRM 之上的。

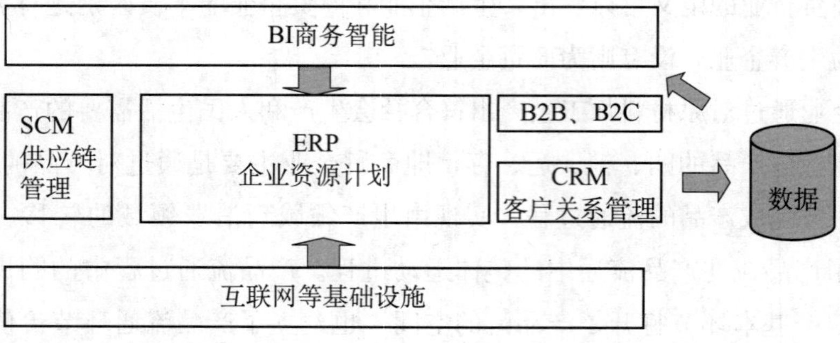

图 2-1　BI、ERP、SCM、CRM 关系图

商务智能能够使行业用户在现有 ERP 之上再创建一个“虚拟”企业。行业用户可将现有的数据仓库资源整合到一个分布式的商务智能网络环境当中。

CRM 在实施的过程中会生成大量的数据，如客户行动记录、商机信息、订单信息等。在这一数据的洪流中，应该如何更快速便捷地获取隐藏在数据背后的价值，从而更好地辅助企业决策者制定战略决策，是现代企业经营者所关注的焦点。在 CRM 基础之上，商务智能注重对数据的分析能力，从而更好地挖掘经营数据，帮助决策者更好地做出战略决策。商务智能与CRM 形成一种优势互补，帮助公司更好地将战略、决策、执行连贯起来，并获取深度的可用信息。

商务智能从 SCM 中提取数据、分析数据，为整个 SCM 提供完整的视图，为 SCM 中的决策提供依据。商务智能能够为供应链提供以下基本服务：改善数据的可见度，使库存水平降低；分析客户服务水平，识别供应链管理中的关键问题；更好地理解客户需求，提高预测的准确性；分析运输绩效，利用高效的运输服务减少运输成本；改善供应链关系，加强与供应链伙伴的合作，提高供应链的竞争力。

总的来说，SCM、ERP 和 CRM 是从企业生产、销售和经营的某一方面对企业进行认识和管理，而商务智能从整体上对企业生产、销售和经营的各个方面进行认识和管理，避免了由只关注某一方面而导致的管理决策的片面性。

研究商务智能、开发商务智能的目的是为了能够在企业经营管理中发现问题和解决问题。如图 2-2 所示，商务智能是包括从识别商务主题到知识呈现，再到采取行动的系统工程。本书后面的章节详细介绍了图 2-2 中的从数据中提取信息、知识发现和知识呈现的过程。本章所阐述的产品流与交换经济的关系，产品流在生产企业和商贸企业中的作用，对于图 2-2所示的识别商务主题、明确问题、确定数据、确定数据源和采取行动具有重要作用。

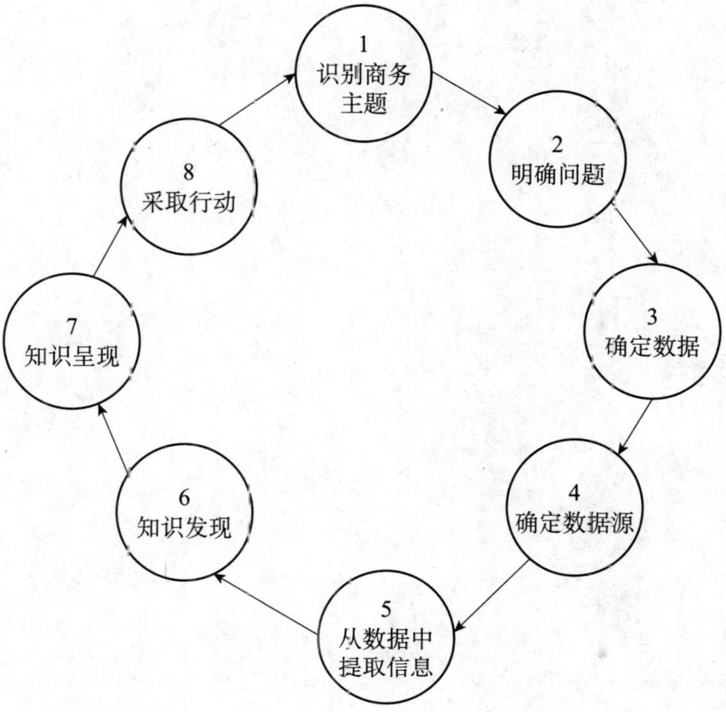

图 2-2　商务智能的完整过程

讨论题

理解产品流与交换经济对学习商务智能的作用。

思考题

1. 如何理解交换经济?
2. 简述商务智能在生产企业创新中的作用。
3. 简述商务智能在商贸企业创新中的作用。

第三章

信息流与产业

导入案例

2016年4月26日，阿里巴巴旗下的金融服务公司“蚂蚁金服”宣布完成了B轮45亿美元融资，蚂蚁金服的总市值达到600亿美元，这使蚂蚁金服成了全世界第二大私人科技公司。

蚂蚁金服为什么会如此受到资本市场的热捧呢？可以从其旗下诸多品牌中选择两个一窥端倪。一个是芝麻信用，一家信用评估及信用管理机构，它可以对个人信用进行评分，得分越高意味着信用状况越佳。它通过网上消费数据，资金支付结算数据，水、电、煤气数据，社交关系数据等在信用历史、行为偏好、履约能力、身份特质、人际关系五个特征上对用户肖像进行勾勒，并由此对用户的信用情况进行判断。另一个是网商银行，它是2015年6月银监会批准的中国首批5家民营银行之一。与芝麻信用类似，网商银行依靠阿里巴巴电子商务平台积累和沉淀的数据为中小企业进行画像，利用网商的线上数据对中小企业的肖像进行勾勒，并由此对企业的信用情况进行评估，从而提供无抵押、低门槛、快速便捷的融资服务和进行贷款的风险控制。据统计，阿里巴巴旗下的天猫商城和淘宝网在2015年“双十一”的交易额突破900亿元，移动端交易额升至600多亿元，作为支付手段的支付宝每秒钟处理的交易量达到8.59万笔，累计完成7.1亿笔支付。庞大的交易额背后也意味着庞大的数据积累，这无疑为网商银行的业务开展提供了有力支撑。

通过对上面两个品牌的透视可以看出，蚂蚁金服既是一家服务于中小企业和个人的金融公司，也是一家具有浓厚互联网特色的数据公司。人们在网络上的那些产品交易数据和社会生活数据向蚂蚁金服鲜活地勾勒出了人们的肖像，使人们仿佛穿越网络向蚂蚁金服走来，也使原本看似模糊的企业或个人信息开始变得清晰、对称起来，使信贷的风险变得容易识别也便于控制。

无独有偶，同样是互联网行业巨头的腾讯也开始在基于信息的业务中积极布局。腾讯利用其积累的社交数据开发了可以进行人脸识别、欺诈评测的反欺诈产品和用于信用评分的信用评级产品，以服务于消费金融、小额信贷或银行、保险公司等传统金融机构。

在更深层次上分析，阿里巴巴、腾讯等互联网巨头在企业发展战略上的这些布局表示后电商时代其实是一个用数据说话的时代，是一个通过大数据对用户进行精准画像的时代，是一个通过数据的量化描述预测风险、控制风险的时代，是一个通过数据由过去单纯地追求“量”向精准地追求“质”进行转变的时代。推动着互联网经济重新定义和洗牌的大数据在这个时代俨然成了具有高增长率的多样化信息资产。

20世纪80年代，阿尔文·托夫勒（Alvin Toffler）在其著作《第三次浪潮》（*The Third Wave*）中将大数据称为“第三次浪潮的华彩乐章”。30多年后，历史的发展证明了他的这一预言。通过大数据分析可以从数据中发现有趣的模式或者说从数据中获取更深层次的知识。当它以人为服务对象的时候，它显著地提升了人类的决策水平，前面阿里巴巴和腾讯在企业发展战略上的布局就是一个很好的例证；当它以计算机为服务对象的时候，它显著地提升了计算机的认知能力。

互联网的本质就是电子化和信息化，传播速度快是它的基本特点，它就像一条高速公路，给信息提供一个飞速前进的道路基础。互联网思维的本质是信息化思维。信息化思维主要体现在三个方面，一是信息的采集，二是信息的传播，三是信息的利用。基于互联网和移动互联网的商务应用，重点也是这些商务应用中的信息采集、信息传播和信息利用。基于互联网和移动互联网的信息流与前面所述的产业的结合，使产业的经济活动以数据的形式记录下来。从信息化思维的角度看，形成信息的采集、传播和利用，并进一步以知识的形式呈现出来，推动了商务智能的产生，扩大了交换经济的作用范围，提高了交换效率，降低了交换成本，改变了产品的生产方式和交易方式，使其由过去的以产品为中心向以客户为中心转变，并带来了决策方式和方法的深刻变革。

一、互联网与移动互联网

21 世纪的一个重要特征就是数字化、网络化和信息化，21 世纪是一个以网络为核心的信息时代。网络现已成为信息社会的命脉和发展知识经济的重要基础。网络的早期发展形式是指互联网，目前随着移动互联网的发展，移动互联网越来越成为网络或互联网的代名词。

互联网由若干节点（node）和连接这些节点的链路（link）组成。连接在互联网上的计算机都被称为主机（host）。网络把许多计算机连接在一起。互联网则把许多网络连接在一起。

互联网的发展从单个网络 ARPANET 开始。1983 年 TCP/IP 协议成为 ARPANET 上的标准协议。所以现在人们把 1983 年作为互联网的诞生时间。第二阶段的特点是建成了三级结构的互联网即主干网、地区网和校园网（或企业网）。第三阶段的特点是逐渐形成了多层次互联网服务提供者（Internet service provider，ISP）结构的互联网。互联网的迅猛发展始于 20 世纪 90 年代。由欧洲原子核研究组织 CERN 开发的万维网 WWW（World Wide Web）被广泛使用在互联网上，大大方便了广大非网络专业人员对网络的使用，成为互联网指数级增长的主要驱动力。

从互联网的工作方式上看，可以划分为以下两部分：

（1）边缘部分，由所有连接在互联网上的主机组成。这部分是用户直接使用的，用来进行通信（传送数据、音频或视频）和资源共享。

（2）核心部分，由大量网络和连接这些网络的路由器组成。这部分是为边缘部分提供服务的（提供连通性和交换）。

处在互联网边缘的部分就是连接在互联网上的所有主机。这些主机又被称为互联网端点系统（end system）。

在网络边缘的端点系统中运行的程序的工作方式通常可划分为两大类：客户/服务器方式（client/server，C/S）和浏览器/服务器方式（browser/server，B/S）。

在上述两种架构下，客户端不需要特殊的硬件和很复杂的操作系统。客户端被用户调用后运行，在准备通信时主动向远的服务器发起通信（请求服务）。因此，客户程序必须知道服务器程序的地址。

在上述两种结构下，服务器端一般需要强大的硬件和高级的操作系统支持。服务器端程序是一种专门用来提供某种服务的程序，可同时处理多个远地或本地客户的请求。系统启动后便自动调用并一直不断地运行着，被动地等待并接受来自各地的客户的通信请求。因此，服务器程序不需要知道客户程序的地址。

网络用于计算机之间的数据传送，而不是为了打电话。网络能够连接不同类型的计算机，不局限于单一类型的计算机。

从网络体系结构来看，相互通信的两个计算机系统必须高度协调工作才行，而这种“协调”是相当复杂的。“分层”可将庞大而复杂的问题转化为若干较小的局部问题，而这些较小的局部问题就比较易于研究和处理。

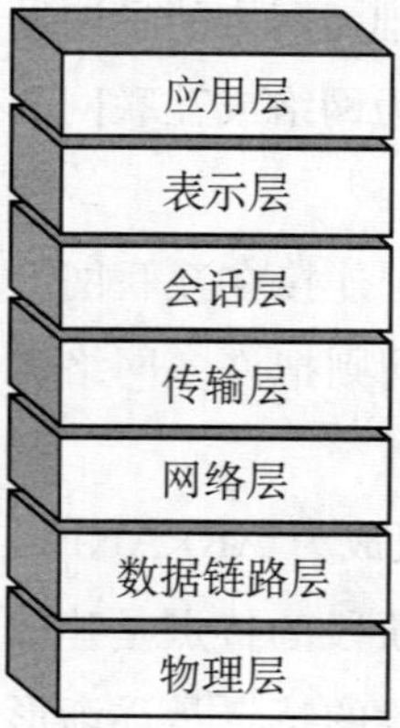

图 3-1　OSI 模型

计算机网络的体系结构是计算机网络的各层及其协议的集合。国际标准化组织 ISO 提出了开放系统互连（OSI）模型。OSI 模型是计算机网络体系结构发展的产物，其模型如图 3-1 所示。它的基本内容是开放系统通信功能的分层结构。这个模型把开放系统的通信功能划分为七个层次，从邻接物理媒体的层次开始，分别赋予 1～7 层的顺序编号，相应地称之为物理层、数据链路层、网络层、传输层、会话层、表示层和应用层。每一层的功能是独立的。它利用其下一层提供的服务并为其上一层提供服务，而与其他层的具体实现无关。

移动互联网是指采用智能终端通过无线网络或移动网络访问的互联网。与传统互联网相比，移动互联网强调了智能终端的接入方式和无线网络的通信模式。无线世界研究论坛认为移动互联网是自适应的、个性化的、能够感知周围环境的，它给出的移动互联网参考模型如表 3-1 所示。各种应用通过开放的应用程序接口（API）获得用户交互支持或移动中间件支持，移动中间件层由多个通用服务元素构成，包括建模服务、存储服务、移动数据管理、配置管理、服务发现、事件通知和环境监测等。互联网协议簇主要有 IP 服务协议、传输协议、机制协议、联网协议、控制和管理协议等，同时还负责网络层到数据链路层的适配功能。操作系统完成上层协议与下层资源之间的交互。硬件则是指组成终端和设备的器件单元。与互联网相比较，移动互联网带来的不仅仅是访问形式的变化，更多的是技术基础、思维方式和商业模式的变化。

表 3-1　无线世界研究论坛定义的移动互联网参考模型

<table>
<tr><td colspan="2">各种 APP</td></tr>
<tr><td colspan="2">开放的 API</td></tr>
<tr><td rowspan="2">用户交互支持</td><td>移动中间件</td></tr>
<tr><td>互联网协议簇</td></tr>
<tr><td colspan="2">操作系统</td></tr>
<tr><td colspan="2">计算机与通信硬件</td></tr>
</table>

随着互联网和移动互联网技术的发展，互联网端点系统开始呈现出各种各样的形态，但是不管产品是何形态，其功能在本质上都是提供了记录数据的工具和采集信息的途径。

二、数据、信息和知识

互联网、移动互联网的发展使得人类的经济活动越来越多地与网络相结合，也使得网络上留下了越来越多的印迹，即产生并存储了越来越多的数据。

数据是对客观事物的记录，用数字/文字、图形/图像、音频/视频等符号表示。数据经过数字化后能够被计算机存储、处理和输出。数据本身是没有意义的。数据经过解释并赋予一定的意义之后，便成为信息。

信息是经过某种加工处理后的数据，是反映客观事物规律的一些数据。数据是信息的载体，信息是对数据的解释。同一事物的信息对于不同的个人或群体具有不同的意义。事物运动、数据和信息之间的关系如图 3-2 所示：

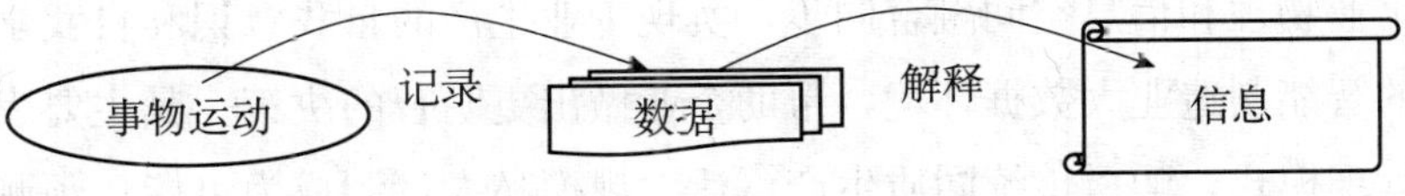

图 3-2　事物运动、数据和信息之间的关系

知识是对信息内容进行提炼、比较、挖掘、分析、概括、判断和推论。知识是人们对客观世界的规律性的认识。知识是有规律性的信息，一般表示为关系、表达式或过程，能指导行动、发挥作用。经济合作与发展组织（OECD）将知识分为以下四类：

（1）知道什么的知识（know-what，即事实知识），关于事实方面的知识。

（2）知道为什么的知识（know-why，即原理知识），关于事物的客观原理和规律性的知识。

（3）知道怎样做的知识（know-how，即技能知识），用于改变世界的知识。

（4）知道有谁的知识（know-who，即人际知识），知道谁能做哪些事的知识，即人际交往知识。

四种类型的知识可划分成两大类别：显性知识（理论知识）和隐性知识（实践知识）。

显性知识（理论知识）是指可以通过正常的语言方式传播的知识，以书本、报纸、杂志、计算机知识库等形式存储，便于交流、共享和转移。事实知识和原理知识属于显性知识。这类知识适用范围大、通用性强。

隐性知识（实践知识）是指隐含的经验类知识，它是个人或组织经过长期积累而拥有的知识，通常不易用言语表达，传播给别人比较困难。技能知识和人际知识属于隐性知识。

要从数据中提取信息，要从信息中发现知识，要求有一个坚固可靠的大型数据库作后盾，建立这样一个数据库的任务是极其艰巨的。数据的质量问题也是令人头疼而又不可以掉以轻心的。虽然数据是宝贵的财富，但因为信息隐藏在数据中，并不易被识别，为了在竞争中占得优势地位，必须识别和应用隐藏在所搜集的数据中的信息。

目前，对互联网的应用更多地体现在互联网信息的连接和共享上，或者说信息采集和信息传播上，比如随着银行等传统金融机构的信息化建设，对用户交易信息的采集和验证变得越来越方便；再比如随着 P2P、众筹等新型金融机构的产生，资金的供给方和资金的需求方信息传播得越来越快捷。但是信息的应用特别是知识的应用目前正处于起步阶段，比如有代表性的智能投资顾问的发展。

三、信息流对产业带来的变革

（一）信息流对产品生产带来的变革

信息流对产品生产带来的变革的本质是工业创新要以用户需求为转型的核心驱动，借助互联网的灵活和广阔，结合大数据行业的数据管理与分析技术，通过信息系统和决策支持系统，让工业物理和信息空间融合同步，实现工业生产的自我意识和自我学习，形成预测监控系统的智能制造业大数据环境，帮助企业做出更明智的决策。其主要表现为：革新生产设备的管理模式；颠覆传统同质生产，让大规模私人订制成为可能；预测市场；跨界精准制作等。

短短几年间，大数据技术席卷了整个产业界。生产企业通过对物联网、互联网，对各种媒体所生成的各类数据进行汇总，根据大量数据研究其相关性，寻找规律和模式，使企业更好地适应变化。

智能供应链的建立是一个很好的例子。智能供应链建立在高度自动化的数据分析技术和管理平台上，通过信息技术与运营技术的结合而形成，帮助生产企业从烦琐低效的手动工作中解放出来，构建供应链智能中心。智能供应链除了目前具有的智能支出分析、物料数据分类等功能外，还应加速与移动互联网、大数据、云计算、物联网等方面技术的融合，利用先进的数据分析和预测工具，对实时需求进行预测与分析，增强商业运营及用户体验，实现更为复杂的供应链。

以福特汽车公司为例，“数据将让你自由”是其首席执行官艾伦·穆拉利于2007年就任福特汽车公司CEO后常说的一句话。数据分析已经渗透进福特汽车公司的每一个活动中，从预测产品的价格到理解消费者真正需要什么，从公司应该为客户生产哪种车型到这种车型应该采购哪些零部件，再到是否要新增轿车和卡车的车型等。背后支持这些活动的就是福特汽车公司近200名大数据和分析专家，他们分别来自不同学科，工作在福特称之为卓越分析中心的部门，他们会参与福特汽车公司各个部门的活动，包括营销、研发以及信贷服务等。

自2007年以来，这些分析专家在公司的各种战略调整和战术决策中起到了重要的作用。比如，决定哪些品牌和型号的汽车要停产，到底应该在哪里采购零部件和原材料，以及如何让经销商调整它们的库存以提高销量等。要做到把合适的车交给合适的经销商，福特汽车公司需要整合和分析多个数据流，包括它已经生产并售出的车的相关数据、已经销售但还在库存中没有被提走的车的相关数据，以及在公司网站搜寻的汽车相关配置的数据等。然后，再把这些数据与经济数据（包括就业率等）相结合来预测整车的销售情况。

目前，福特汽车公司在数据分析上的投资收益主要集中在三个方面：确定客户想要什么，管理车辆的复杂性，以及将恰当配置的汽车交付给合适的经销商，确保在特定地理区域用户可以买到想要的车。

福特汽车公司的分析专家说，他们才刚刚开始触及一点儿大数据。在汽车行业，大数据的下一个应用前沿是车辆本身产生的数据流。由车辆产生的数据量是巨大的。比如福特的插电式混合动力汽车油耗108英里/加仑，而它每小时能生成25GB的数据。福特目前提供三种混合动力汽车。所有车都配备了嵌入式调制解调器，客户可以选择开启，从而把车辆相关数据传回制造商。福特会搜集客户的每一次充电信息以知道客户的车在哪里充电，开了多远，其中多少里程是由电力驱动，多少里程是由汽油驱动，以及他们是否经常出行。这些数据都会帮助福特更好地设计下一个产品。数据分析使福特可以更好地了解客户。如果汽车生产厂商可以知道人们如何使用它们的车以及如何谈论它们的产品，再看看这些信息如何与其内部业务流程进行结合，汽车生产厂商就能做很多事情。

与大数据分析相结合的工作虽然复杂，实现起来有不少难度，但对于福特汽车公司而言，最起码已经起步，并且福特汽车公司已经把自己的未来紧紧地与大数据分析联系到了一起。

（二）信息流对产品流通带来的变革

从商业发展史来看，商业经营方式的每一次重大革命都与科学技术的进步息息相关，超市的兴起、连锁经营的发展、无店铺销售的出现无一不依赖于科技的发展。由于计算机和网络技术的应用，流通业一体化趋势加强，现代商贸企业的组织化程度不断提高，规模不断扩大。商业在传统观念中被认为是劳动密集型行业，但是现代商业领域的技术含量在逐渐增大。大量现代商贸企业开始应用条码技术、自动化技术、网络技术、多媒体技术、图像图形技术、自动监控技术、物流配送技术等信息技术改造传统的经营管理方式，提高商业运营效率，减少经营管理费用。在商贸企业价值链中，劳动力的贡献在减少，信息技术对企业的贡献在显著增加。从实质上看，现代商贸企业已成为信息密集型企业，主要依赖信息流动来获得竞争优势和实现经营目标。

和生产企业一样，商贸企业也面临着竞争战线的前移。竞争的核心阵地逐渐前移至信息处理和流通方面。只有更快更准确的信息处理、更迅速的信息流动、更及时的订货、更合理的产品结构、更顺畅的物流、更迅速的资金流通，才能形成现代商贸企业的竞争优势。

在市场经济体制下，商贸企业必须非常审慎地根据市场需求组织进货，其过程可以表示为：需求—采购—交换，即根据市场需求决定产品采购，向生产商订货，然后再进行批发和零售。从商贸企业商务过程来看，可以划分为市场需求统计—制订产品采购计划—实现产品采购—增加产品库存—将产品配送到商场—产品销售—售后跟踪（或服务）等环节。而在这一系列过程中，电子工具与人的结合几乎可以在每个环节发挥积极的作用。

由于商贸企业没有生产环节，所以其电子商务活动几乎覆盖了企业的整个经营管理活动，是利用电子商务最多的企业。通过电子商务，商贸企业可以更及时地获取消费者信息，准确订货，并通过电子网络促进销售，从而提高效率，降低成本，获得更大效益。在当今社会，若不采用电子商务，商贸企业将很难参与竞争，甚至很难生存。

相比传统企业营销，电子商务环境下商贸企业市场营销的特点发生了很大变化，主要表现在：

（1）产品交易的形式发生了变化。传统的市场营销是在有形的市场上进行交易，交易双方面对面洽谈业务，而电子商务营销通过互联网传递信息，在网上完成交易活动。

（2）营销策略发生了变化。传统的市场营销有完善的促销方式，但电子商务营销由于销售方式发生了变化，传统的营销策略已经不适合或不能满足需要，应建立适用于电子商务营销的营销策略。

（3）产品交易的对象发生了变化。传统的市场营销有特定的交易对象，而电子商务营销针对的是网络客户，客户群体发生了变化，电子商务客户有独特的消费心理和消费需求。

（4）产品交易的范围发生了变化。从交易的地域来看，电子商务营销比传统营销有着更广泛的范围，可以在全球范围内销售产品。但电子商务营销的产品有一定的限制，并非所有产品都适合在网上销售。

（5）交易双方的交流方式发生了变化。电子商务营销利用电子化手段传递信息，交易双方交流顺畅，使客户在营销过程中的地位得到提高。电子商务营销是一种互动式的定制营销，企业可以根据客户的要求改进产品设计，引导客户消费。

上述五种表现在实际的商务运营中可以划分为如下两个阶段：

（1）网络营销运营阶段。

营销运营是一个系统工程，涉及很多方面，需要结合企业自身的实际情况，对市场进行需求分析，然后有针对性地进行推广，并做好营销过程的数据统计，包括展示量、浏览量、咨询量、客户偏好、订单、售后服务、转换率、成本等，再加上 CRM 产生的销售数据、采集指标，就可以进行数据汇总分析。根据这些数据可以不断地完善营销工作，并且为第三阶段的品牌运营打下基础。

目前常见的网络营销手段有网络广告、搜索引擎、网盟推广、B2B 平台推广、官网 SEO 优化、其他广告（免费广告）、销售促进、站点推广和关系营销等。

1）网络广告。

网络广告已经形成了一个很有影响力的产业市场，因此企业的首选促销形式就是网络。网络广告类型很多，根据形式不同可以分为旗帜广告、电子邮件广告、电子杂志广告、新闻组广告、公告栏广告等。网络广告主要是借助网上知名站点、免费电子邮件和一些免费公开的交互站点（如新闻组、公告栏）发布企业的产品信息，对企业和产品进行宣传推广。网络广告作为有效、可控制的促销手段，被许多企业用于网上促销。

2）搜索引擎。

目前国内的搜索引擎的营销手段以关键词竞价排名（按点击付费）为主，这种广告模式的优点如下：

A. 见效快：出价后关键词可以马上进入搜索结果前 10 名。

B. 关键词数量无限制：可以在后台设置无数的关键词进行推广，如铝扣板厂家、铝扣板定做、铝扣板、铝天花厂家等。

C. 可针对区域进行广告投放，如对重庆、北京进行重点投放。

缺点：排名变化大，竞争大的词单价高，恶意点击造成成本浪费。不过根据目前的百度指数分析，有些行业，比如上面例子中的铝扣板行业还不算是搜索引擎竞争激烈的行业，先入还是有优势的。

3）网盟推广。

网盟推广是比较全面、精准、持续的新一代广告系统，凭借领先的互联网大数据分析及投放技术，依托国内最大的网络联盟体系，让企业广告拥有很强的覆盖能力。网盟推广也是网络营销经常用到的推广方式。

4）B2B 平台推广。

国内目前的 B2B 平台最大的是阿里巴巴，然后还有中国制造、环球资源。这几个平台都有国际站。B2B 平台自身也有广告系统、竞价排名和固定展位。

5）官网 SEO 优化。

SEO（search engine optimization，搜索引擎优化）是指在了解搜索引擎自然排名机制的基础上，对网站进行内部及外部的调整优化，改进网站在搜索引擎中的关键词自然排名，获得更多流量，从而达成网站销售及品牌建设的目标。

其实就算没有 SEO 这个概念，在网站运营过程中对网站结构的优化随着用户体验的提升和网站内容的不断更新也可能达到 SEO 的效果。

6）其他广告（免费广告）。

在网络运营的过程中，我们除了用商业广告作为重要的推广方式，还可以使用任何一种可能增加我们产品或企业曝光率的平台，如百度知道、词条、地图以及第三方平台的免费信息发布等。

7）销售促进。

销售促进就是企业利用可以直接销售的网络营销站点，采用一些销售促进方法，如价格折扣、有奖销售、拍卖销售等方式，宣传和推广产品。

8）站点推广。

站点推广利用网络营销策略扩大站点的知名度，吸引上网者访问网站，起到宣传和推广企业以及企业产品的效果。站点推广主要有两大类方法：一类是通过改进网站内容和服务吸引用户访问，起到推广效果；另一类是通过网络广告宣传推广站点。前一类方法费用较低，而且容易稳定顾客访问流量，但推广速度比较慢；后一类方法可以在短时间内扩大站点知名度，但费用不菲。

9）关系营销。

关系营销是借助互联网的交互功能使用户与企业保持密切关系，培养顾客忠诚度，提高企业收益率。

（2）品牌运营阶段。

品牌运营是从多个维度考验企业综合运营能力，比如企业形象打造、产品质量、客户服务、品牌认知、营销策略等。

品牌营销的首要任务是在消费者心目中建立清晰的品牌认知，也就是说，品牌要和其他同类产品形成清晰的区分。要建立这种区分，我们首先要知道消费者最需要什么，或者用一句话打动客户并让客户记忆深刻。

其实在前面的营销运营中，我们已经为品牌运营打下了一些基础，比如优化后的企业形象、官方网站、统一的产品标准、数据分析基础、广告效果评估等，有了这些就可以进一步加大优质广告的投放力度（这个阶段可能会涉及一些门户网站、视频网站等网络媒体的广告投放），加深客户认知。

互联网广告可以与传统广告采用统一的广告形象和统一的客户认知，在通过电视媒体、报纸、合作赞助进行宣传的同时，可以引导线下广告客户通过终端进入官网，持续加强品牌形象。

网络运营部不仅负责网站运营、网络营销策划，还负责采集企业所有的运营数据并进行分类总结，在需要的时候进行数据分析，为管理者决策充当数据支撑。

以乐购（TESCO）公司为例，乐购公司是英国最大的零售公司，也是世界三大零售商之一。这家英国超市巨人基于信息流进行精准营销和品牌运营，从客户行为分析中获得了巨大的利益。它通过客户的购买历史记录来建立模型，预测客户未来的购物清单，进而设计促销活动和个性服务，让客户源源不断地为之买单。从其会员卡的客户购买记录中，乐购可以了解某个客户是什么类别的，如速食者、单身、有上学的孩子等。这样的分类可以提供很大的市场收益，比如，通过电子邮件或信件寄给客户的促销信息可以变得十分个性化，店内的促销也可以根据周围人群的喜好、消费的时段变得更加具有针对性，从而增加产品的流通。这样的做法使乐购获得了丰厚的收益，仅市场宣传一项就能帮助乐购每年节省 3.5 亿英镑的费用。

乐购每个季度会为顾客量身定做 6 张优惠券，其中 4 张是客户经常购买的产品，而另外 2 张则是根据该客户以往的消费行为数据分析，他极有可能在未来会购买的产品。仅在 1999 年，乐购就送出了 14.5 万份面向不同的细分客户群的购物指南杂志和优惠券组合。更妙的是，这样的低价无损公司整体的盈利水平。通过追踪这些短期优惠券的回笼率，了解到客户在所有门店的消费情况，乐购还可以精确地计算出投资收益。虽然发放优惠券吸引顾客其实已经是很老套的做法了，而且许多促销活动实际只是在掠夺公司未来的销售额，然而，依赖于扎实的数据分析而定向发放优惠券的乐购却可以维持每年超过 1 亿英镑的销售额增长。

乐购建有会员数据库，通过已有的数据就能找到那些对价格敏感的客户，然后在公司可以接受的最低成本水平上，为这类顾客倾向购买的产品确定一个最低价。这样的好处如下：一是吸引了这部分顾客；二是不必在其他产品上浪费钱降价促销。乐购这家连锁超市在其数据仓库中搜集了 700 万部冰箱的数据。通过对这些数据进行分析，实行更全面的监控并主动维修以降低整体能耗，乐购可以做到精准运营。

基于信息来打造简单商业是目前商贸企业的发展趋势。结合信息以及商业需求，给大众提供简化、明了、易懂的产品组合，让顾客不用费太多脑筋在产品选择上，这种指导性商业行为其实也是体验消费的构成部分。如果坚持下去且得到公众认同，这种类似商业傻瓜型的购买行为会带来强大的消费黏性，其独特体验感有可能成为企业的核心竞争力。

以上对信息流给产业带来变革的表现形式进行了阐述。这些表现形式更深层次的含义是：这些源于产品生产和产品流通、基于互联网、移动互联网形成的信息流形成了一个虚拟化的数字空间。这个数字空间中存放的是数据，承载的是信息，蕴含的是知识。

四、知识发现的过程

如上所述，知识发现是信息技术自然演化的结果，也是对数据逐级认识的结果，从数据搜集到数据存储和检索、数据库事务处理等数据管理，再到对涉及数据分析与信息处理的知识的理解。数据的丰富增强了对功能更强的数据分析工具的需求，而通过数据挖掘、统计分析和人工智能进行数据分析，可以发现重要的规律、模式，消除数据与信息的鸿沟。

知识发现属于高层次的主动式自动发现方法，是指从数据中提取正确的、有用的、未知的和综合的信息并用它进行决策的过程。

如图 3-3 所示，知识发现与数据采集与 OLTP、大数据基础和数据仓库与 OLAP 相衔接，实现了从数据到信息再到知识的跨越。

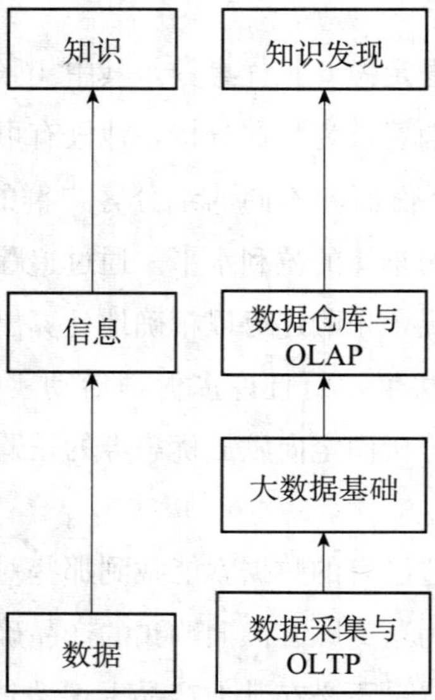

图 3-3　数据与知识发现

知识发现是从存放在数据库、数据仓库或其他信息库中的大量数据中挖掘有趣知识的过程。除了数据挖掘之外，在一些文献资料中还有知识挖掘、知识提取、数据/模式分析、数据考古和数据捕捞等提法，其含义与知识发现相同。

如图 3-4 所示，概括地说，知识发现包含如下 7 个步骤：

(1) 数据清理：消除噪声或不一致性。

(2) 数据集成：多种数据源组合在一起。

(3) 数据选择：从数据库中检索和分析与任务相关的数据。

(4) 数据变换：数据变换或统一成适合挖掘的形式，如汇总或聚集操作。

(5) 数据挖掘：使用智能方法提取数据模式。

(6) 模式评估：根据某种兴趣度量，识别表示知识的真正有趣的模式。

(7) 知识表示：使用可视化和知识表示技术，向用户提供挖掘到的知识。

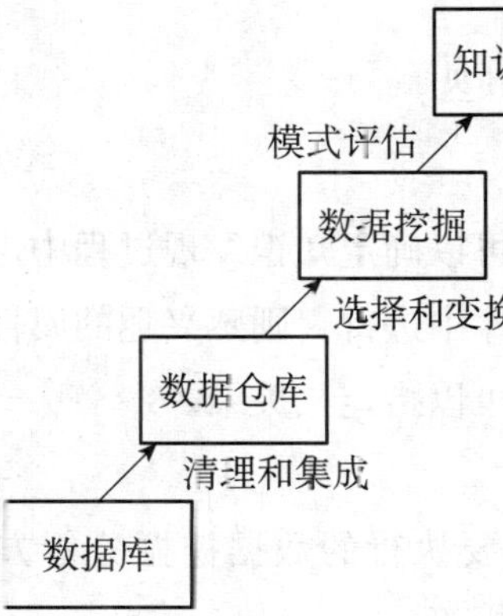

图 3-4　知识发现的步骤

一般数据挖掘系统的主要成分包括数据库、数据仓库或其他信息库，数据库或数据仓库服务器，知识库，数据挖掘引擎，模式评估模块和图形用户界面。

需要强调的是，上述 7 个步骤是有先后次序的，在实践过程中，可以循环往复进行调整。前 4 个步骤被称为数据预处理阶段，这一阶段在整个数据挖掘过程中占很高的时间比重，有些时候，占据了整个知识发现过程 40%～70%的工作量。优质的数据预处理将为后面的数据挖据带来极大便利，有利于尽快发现有趣的知识和规则。

作为一个年轻的领域，知识发现的方法正处在不断发展和演进之中，如图 3-5 所示，除数据挖掘技术之外，知识发现还包括传统的统计分析和人工智能技术。在知识发现中，人工智能的地位与数据挖掘并行，可以认为是除数据挖掘之外的另一种知识发现的途径。

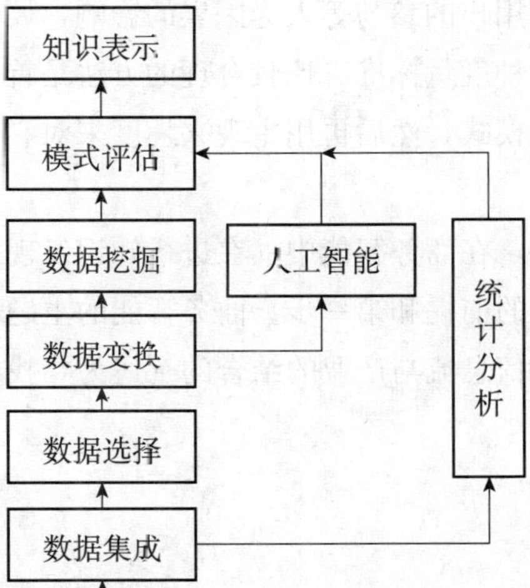

图 3-5　知识发现的步骤与途径

五、知识发现涉及的问题

1. 任务相关的数据

通过对知识发现主题的理解，可以确定知识发现过程中需要考虑的感兴趣的属性或维度。如果知识发现的过程是在数据库中进行，则感兴趣的属性是相关属性；如果知识发现的过程是在多维立方体上进行，则可以指定相关维。

2. 要挖掘的知识类型

确定要挖掘的知识类型，说明要执行的数据挖掘分析方法，比如特征分析、关联分析、分类分析、聚类分析和演变分析等。

3. 背景知识

对商务智能来说，对商务领域背景知识的理解对确定数据挖掘的主题、选择任务相关的数据和确定要挖掘的知识类型是非常有用的。

4. 概念分层

基于商务智能分析的主题，概念分层定义了一组由底层概念集到高层概念集的映射，概念分层结构通常由系统用户、领域专家或知识工程师自动发现或进行统计分析而得到。

5. 模式兴趣度度量

模式兴趣度度量用于将不感兴趣的模式从知识中分开。该度量可以用于指导挖掘过程，或在挖掘之后，评估发现的模式。不同类型的知识需要不同的兴趣度度量。例如，对于关联规则，兴趣度度量包括支持度和置信度，它们以用户指定的阈值规则为标准确定兴趣的界限。客观兴趣度主要根据模式或规则的形式和数据库中的数据进行定义，属于数据驱动。主观兴趣度还要考虑用户的参与等人为因素的影响，属于用户驱动。应综合使用客观兴趣度和主观兴趣度这两种度量标准。比较合理的方法是首先用客观兴趣度作为第一级过滤器，选出潜在感兴趣的模式，然后再用主观兴趣度来对它们进行第二级筛选，得到用户真正感兴趣的知识。

通过上述分析可以看出，在商务智能中，在进行知识发现之前确定分析的主题是十分重要的，它构成了知识发现的前提和第一步。商务智能的主题非常繁杂，第二章以产品流为纽带的产业情况和本章对信息流与产业的结合的阐述为寻找和确定要分析的主题提供了思路。

讨论题

信息与知识对产业变革和创新的作用表现在哪里？

思考题

1. 如何理解数据、信息和知识之间的关系？

2. 如何理解数据、信息和知识与商务智能的关系?

3. 如何理解商务智能与企业创新的关系?

4. 如何理解知识发现的过程?

5. 主题分析在知识发现中的作用是什么?

6. 在商务智能中如何确定要分析的主题?

第四章

大数据基础

导入案例

亚马逊是全球最早提出云计算概念，并将云计算应用于中小企业的领导企业之一。2006 年，亚马逊推出云计算的初衷是让自己闲置的 IT 设备发挥有价值的运算能力。当时亚马逊已经建成了庞大的 IT 系统，但这个系统是按照销售高峰期（如美国圣诞节前后）的需求来建立的，所以在大多数时候，很多硬件资源是被闲置的。与此同时，更多的企业需要这样的硬件资源，但又没有钱去做前期投入。于是亚马逊首先推出简单云计算服务（simple storage service，S3），出租闲置的计算能力。亚马逊向大量中小企业提供 IT 系统基础架构。目前亚马逊提供了一个名为 EC2（elastic compute cloud，弹性计算云）的云计算服务。纳斯达克证券交易所和《纽约时报》都是该服务的客户。《纽约时报》将 4T 的新闻报道放在亚马逊的云计算平台上，纳斯达克证券交易所也将股票的历史交易数据放在亚马逊的云计算平台上。40 万家企业是它的云计算客户。

一个完全使用云计算来提供企业级软件服务的公司是 Salesforce。Salesforce 公司是由前 Oracle 公司的 Marc Benioff 创建的，是通过互联网提供企业软件服务的先驱。该公司建立了基于互联网的 CRM 业务结构。Salesforce 公司除了自己提供云服务之外，还为其他企业提供云计算平台。比如，JobScience 在其平台上实现了自己的招聘服务。星巴克、戴尔、西门子等都是 Salesforce 云计算平台的客户。

除此之外，很多大型 IT 公司都在迅速地部署云计算。微软、IBM、谷歌等都建立了自己的云平台。

大数据是现实世界的记录，反映了现实世界的现状。商务大数据中包含着经济生活中的规律，也包含着人类在商业社会中的行为。在数据中找出这些规律和行为，用于商务决策将会取得显著的效果。但是，大数据决策主要问答“有什么”和“是什么”的问题，并不直接回答“为什么”和“怎么办”的问题。在问答“为什么”和“怎么办”的问题上，要回到事物的本源，从对现实世界中产品流、资金流的理解上找答案。

大数据目前尚无统一定义，通常认为大数据是指无法在一定时间范围内用常规软件工具进行捕捉、管理和处理的数据集合，是需要新的处理模式才能具有更强的决策力、洞察发现力和流程优化能力的海量、高增长和多样化的信息资产。大数据主要包括生产数据、商业数据、金融数据、社交网络数据、传感器数据、通信数据、网络文本数据等。这些数据都是在人类社会信息化过程中形成的。可以简单概括地认为：

大数据＝海量数据＋复杂类型数据

IBM 把大数据概括为 4 个 V，即 volume（大量化）、variety（多样化）、velocity（高速化）、veracity（真实性），强调大数据呈现价值稀疏性的特点。大数据的本质使人们可以从大量信息中学习到从少量信息中无法获取的东西。人们将利用越来越多的数据来理解事情和做出决策。

一、大数据技术基础

大数据从技术上看与云计算有着紧密的联系。大数据必然无法用单台计算机进行数据处理，物理上必须采用分布式架构。云计算利用远处的数据中心，通过互联网向客户提供存储、计算和其他服务，这种方式能让企业更快开始使用新程序，成本比客户自己安装数据中心的传统方式要低得多。

支持云计算的两种基础技术是网络服务资源虚拟化和分散的信息处理。

网络服务资源虚拟化要求同时处理来自多个用户的处理请求，有必要增加响应请求的处理能力，因此就需要很多服务器。以前是采用增设服务器的做法解决这个问题，这会使数据中心的维护和运行花费大量的经费。要想解决这个问题，需要在一台服务器上实现多台理论上（虚拟化）的服务器，这样的虚拟技术对于云计算是不可或缺的。云计算服务器通过虚拟化技术，在响应各种各样用户必要的信息处理请求时将资源分开处理。这使在云计算服务器应用的场合，当服务器 A 所响应的业务量、用户数目、数据量等达到一定限度时，在服务器 A 上运行的处理可以转移到其他虚拟化的服务器上，如服务器 B 或 C 上。

分散的信息处理是指原本在一台服务器上要花费大量时间的大规模处理任务，在采用云计算后，会被分散到很多服务器上共同进行处理，最后将各个服务器返回的结果进行统一，并返回给提出处理请求的最原始的用户。在数据中心存储的物理服务器和大量虚拟服务器共同将用户的请求分散处理。

云计算的典型特征是 IT 服务化，也就是将传统的 IT 产品通过互联网以服务的形式交付给用户。对应于传统 IT 中的“硬件”，“软件”和“（应用）软件”，云计算中有 IaaS、PaaS 和 SaaS 三种服务。IaaS（Infrastructure-as-a-Service，基础设施即服务）通过网络向用户提供计算机（物理机和虚拟机）、存储空间、网络连接、负载均衡和防火墙等基本硬件资源，用户在此基础上部署和运行各种软件，包括操作系统和应用程序。PaaS（Platform-as-a-Service，平台即服务）一般为开发者提供操作系统、多种编程语言、数据库管理系统和 Web 服务器，用户在此平台上部署和运行自己的应用。用户不能管理和控制底层的基础设施，只能控制自己部署的应用。SaaS（Software-as-a-Service，软件即服务）是一种通过互联网提供软件的模式，用户无须购买软件，而是通过提供商租用基于 Web 的软件来管理企业经营活动。云提供商从云端安装和运行应用软件，云用户通过云客户端（通常是 Web 浏览器）使用软件。云用户不能管理应用软件运行的基础设施和平台，只能使用所提供的应用程序。

大数据的特色在于对海量数据进行分布式数据挖掘，它必须依托云计算的分布式处理系统。分布式处理系统是指可以对数据进行分布式处理的系统。分布式处理系统可以极大地缩短数据处理时间，提高响应速度，在实际生活中具有极其广泛的用途。

分布式处理（distributed processing）和并行处理（parallel processing）是为了提高并行处理速度采用的两种不同的体系架构。并行处理是利用多个功能部件或多个处理机同时工作来提高系统性能或可靠性的计算机系统，这种系统至少包含指令级或指令级以上的并行。分布式处理则是将不同地点的，或具有不同功能的，或拥有不同数据的多台计算机通过通信网络连接起来，在控制系统的统一管理控制下，协调地完成大规模信息处理任务的计算机系统。

从物理上看，分布式存储技术、分布式计算技术构成了底部基础层的大数据的关键技术。首先，分布式存储技术为大数据的分析和应用提供了底层数据架构支撑，是大数据处理和应用的基础。具体包括底层的分布式文件系统、在此基础上建立的各种分布式数据库、NoSQL 存储方案、内存数据库等。其次，对数据的分析是大数据处理流程中的关键部分。实时的大型数据集分析需要像 MapReduce 一样的框架来向数十台、数百台或甚至数千台电脑分配工作。基于存储和计算的分布式、并行化结构，可以展开各种数据分析应用，比如社会网络分析、自然语言理解、个性化推荐、媒体分析检索等，并通过可视化技术显示给数据用户，满足不同的商业需求。

二、分布式存储技术

分布式存储系统，又称分布式文件系统，是指将数据分散存储在多台独立的设备上。传统的网络存储系统采用集中的存储服务器存放所有数据，存储服务器成为系统性能的瓶颈，也是可靠性和安全性的焦点，不能满足大规模存储应用的需要。分布式网络存储系统采用可扩展的系统结构，利用多台存储服务器分担存储负荷，利用位置服务器定位存储信息，它不但提高了系统的可靠性、可用性和存取效率，还易于扩展。

分布式存储的代表技术包括元数据管理、系统弹性扩展技术、存储层级内的优化技术、针对应用和负载的存储优化技术等。

在大数据环境下，元数据的体量也非常大，元数据的存取性能是整个分布式文件系统性能的关键。常见的元数据管理可以分为集中式和分布式元数据管理架构。集中式元数据管理架构采用单一的元数据服务器，实现简单，但是存在单点故障等问题。分布式元数据管理架构则将元数据分散在多个节点上，解决了元数据服务器的性能瓶颈等问题，提高了元数据管理架构的可扩展性，但实现较为复杂。另外，还有一种无元数据服务器的分布式架构，通过在线算法组织数据，不需要专用的元数据服务器。但是该架构对数据一致性的保障很困难，实现较为复杂。文件目录遍历操作效率低下，并且缺乏文件系统全局监控管理功能。

在大数据环境下，数据规模和复杂度的增加往往非常迅速，对系统的扩展性能要求较高。实现存储系统的高可扩展性首先要解决两个方面的重要问题，即元数据的分配和数据的透明迁移。元数据的分配主要通过静态子树划分技术实现，后者则侧重数据迁移算法的优化。此外，大数据存储体系规模庞大，节点失效率高，因此还需要完成一定的自适应管理功能。系统必须能够根据数据量和计算的工作量估算所需要的节点个数，并动态地将数据在节点间迁移，以实现负载均衡；同时在节点失效时，数据必须可以通过副本等机制进行恢复，不能对上层应用产生影响。

在构建存储系统时，需要基于成本和性能来考虑，因此存储系统通常采用多层不同性价比的存储器件组成存储层次结构。大数据的规模大，因此构建高效合理的存储层次结构可以在保证系统性能的前提下降低系统能耗和构建成本。利用数据访问局部性原理，可以从两个方面对存储层次结构进行优化。从提高性能的角度，可以通过分析应用特征，识别热点数据并对其进行缓存或预取，通过高效的缓存预取算法和合理的缓存容量配比提高访问性能。从降低成本的角度，采用信息生命周期管理方法，将访问频率低的冷数据迁移到低速廉价的存储设备上，可以在小幅牺牲系统整体性能的基础上，大幅降低系统的构建成本和能耗。

传统数据存储模型需要支持尽可能多的应用，因此需要具备较好的通用性。大数据具有大规模、高动态及快速处理等特性，通用的数据存储模型通常并不是最能提高应用性能的模型。而大数据存储系统对上层应用性能的关注远远超过对通用性的追求。针对应用和负载来优化存储，就是将数据存储与应用耦合。简化或扩展分布式文件系统的功能，根据特定应用、特定负载、特定的计算模型对文件系统进行定制和深度优化，使应用达到最佳性能。这类优化技术在谷歌、脸书等互联网公司的内部存储系统上管理超过千万亿字节级别的大数据，能够达到非常高的性能。

计算机的文件系统在最初设计时，仅仅是为局域网内的本地数据服务的。计算机通过文件系统管理、存储数据。但是在信息爆炸的时代，人们可以获取的数据呈指数级增长，单纯通过增加硬盘个数来扩展计算机文件系统的存储容量的方式在容量大小、容量增长速度、数据备份、数据安全等方面的表现都并不令人满意。分布式文件系统可以有效解决数据的存储和管理难题：将固定于某个地点的某个文件系统扩展到任意多个地点/多个文件系统，众多的节点组成一个文件系统网络。每个节点可以分布在不同的地点，通过网络进行节点间的通信和数据传输。人们在使用分布式文件系统时，无须关心数据是存储在哪个节点上或者是从哪个节点获取的，只需要像使用本地文件系统一样管理和存储文件系统中的数据。分布式文件系统将服务范围扩展到了整个网络，不仅改变了数据的存储和管理方式，也拥有了本地文件系统所无法具备的数据备份、数据安全等优点。分布式文件系统的上述特性奠定了大数据处理的底层架构，成为大数据处理底层的关键技术。

判断一个分布式文件系统是否优秀，通常从以下三个方面考虑：

（1）数据的存储方式。例如有 1 000 万个数据文件，可以在一个节点存储全部数据文件，在其他 N 个节点上每个节点存储 1 000/N 万个数据文件作为备份；或者平均分配到 N 个节点上存储，每个节点上存储 1 000/N 万个数据文件。无论采取何种存储方式，目的都是为了保证数据的存储安全和方便获取。

（2）数据的读取速率，包括响应用户读取数据文件的请求、定位数据文件所在的节点、读取实际硬盘中数据文件的时间、不同节点间的数据传输时间以及一部分处理器的处理时间等。各种因素决定了分布式文件系统的用户体验。分布式文件系统中数据的读取速率不能与本地文件系统中数据的读取速率相差太大，例如在本地文件系统中打开一个文件需要 2 秒，而在分布式文件系统中在各种因素的影响下用时超过 10 秒，这样就会严重影响用户的使用体验。

（3）数据的安全机制。由于数据分散在各个节点中，必须采取备份、镜像等方式保证节点在出现故障的情况下能够进行数据恢复，确保数据安全。

分布式文件系统的设计基于客户机/服务器模式。一个典型的网络可能包括多个供多用户访问的服务器。另外，对等特性允许一些系统扮演客户机和服务器的双重角色。例如，用户可以“发表”一个允许其他客户机访问的目录，一旦被访问，这个目录对客户机来说就像使用本地驱动器一样，下面是三种基本的分布式文件系统：

1. 网络文件系统

网络文件系统（network file system，NFS）最早由太阳微系统公司作为 TCP/IP 网上的文件共享系统开发。太阳微系统公司估计大约有超过 310 万个系统在运行 NFS，大到大型计算机，小至 PC 机，其中至少有 80%的系统是非 Sun 平台。

NFS 是一个分布式的客户机/服务器文件系统。NFS 的实质在于用户间计算机的共享。用户可以联结到共享计算机并像访问本地硬盘一样访问共享计算机上的文件。管理员可以建立远程系统上文件的访问，并使用户感觉不到他们是在访问远程文件。

NFS 的设计目标是允许用户像访问本地文件一样访问其他系统上的文件，支持无盘工作站，降低网络开销，简化应用程序对远程文件的访问，使得不需要因访问这些文件而调用特殊的过程，使用一次一个服务请求以使系统能从已崩溃的服务器或工作站上恢复，采用安全措施保护文件，使其免遭偷窃与破坏，使 NFS 协议可移植和简单，以便它们能在许多不同计算机上实现，包括低档的 PC 机。

大型计算机、小型计算机和文件服务器在运行 NFS 时，都为多个用户提供了一个文件存储区。工作站只需要运行 TCP/IP 协议来访问这些系统和位于 NFS 存储区内的文件。

NFS 的部分功能包括：

（1）服务器目录共享。服务器广播或通知的共享目录通常被叫做出版或出口目录。有关共享目录和谁可访问它们的信息被放在一个文件中，由操作系统在启动时读取。

（2）客户机访问。在共享目录上建立一种链接和访问文件的过程叫做装联（mounting），用户将网络用作一条通信链路来访问远程文件系统。

（3）NFS的一个重要组成是虚拟文件系统（VFS），它是应用程序与低层文件系统间的接口。

2. AFS

Andrew文件系统（Andrew file system，AFS）的结构与NFS相似，由卡内基-梅隆大学信息技术中心（ITC）开发，现由ITC前职员组成的Transarc公司负责开发和销售。AFS较NFS有所增强。DFS（distributed file system，分布式文件系统）是AFS的一个版本。AFS是专门为在大型分布式环境中提供可靠的文件服务而设计的。它通过基于单元的结构生成一种可管理的分布式环境。一个单元是某个独立区域中文件服务器和客户机系统的集合，这个独立区域由特定的机构管理。通常代表一个组织的计算资源。用户可以和同一单元中的其他用户方便地共享信息，也可以和其他单元内的用户共享信息，这取决于那些单元中的机构所授予的访问权限。AFS的主要进程包括：

（1）文件服务器进程。这个进程响应客户工作站对文件服务的请求，维护目录结构，监控文件和目录状态信息，检查用户的访问。

（2）基本监察（BOS）服务器进程。这个进程运行于有BOS设定的服务器。它监控和管理运行其他服务的进程并可自动重启服务器进程，而不需人工帮助。

（3）卷宗服务器进程。此进程处理与卷宗有关的文件系统操作，如卷宗生成、移动、复制、备份和恢复。

（4）卷宗定位服务器进程。该进程提供了对文件卷宗的位置透明性。即使卷宗被移动了，用户也能访问它而不需要知道卷宗移动了。

（5）鉴别服务器进程。此进程通过授权和相互鉴别提供网络安全性。用一个鉴别服务器维护一个存有口令和加密密钥的鉴别数据库。

（6）保护服务器进程。此进程基于一个保护数据库中的访问信息，使用户和组获得对文件服务的访问权。

（7）更新服务器进程。此进程将AFS的更新和任何配置文件传播到所有AFS服务器。

AFS还配有一套用于差错处理、系统备份和AFS分布式文件系统管理的实用工具程序。例如，SCOUT定期探查和搜集AFS文件服务器的信息。信息在给定格式的屏幕上被提供给管理员。设置多种阈值向管理员报告一些将发生的问题，如磁盘空间将用完等。另一个工具是USS，可创建基于带有字段常量模板的用户账户。Ubik提供数据库复制和同步服务。一个复制的数据库是一个其信息放于多个位置的系统以便于本地用户更方便地访问这些数据信息。同步机制保证所有数据库的信息是一致的。

3. KFS文件库

KFS文件库（KASS file system，KFS）是开始软件自主研发的基于JAVA的纯分布式文件系统，功能类似于DFS、GFS、Hadoop，通过HTTP Web为企业的各种信息系统提供底层文件存储及访问服务，搭建企业私有云存储服务平台。

KFS 文件库功能上具有以下特点：

（1）高性能和高可靠性。支持通过增加服务器实现高并发、大存储量、大吞吐量，且有效避免单点故障。

（2）可作为多个系统之间的文件共享存放平台，多个系统均可远程访问 KFS 文件库，避免文件孤岛。

（3）文件得到有效保护，多副本方式有效防止文件因单点故障导致无法及时访问或丢失、损坏的问题。

（4）支持广域网异地分布式存储，控制流与数据流分离，有效解决在多网点办公环境下公司文档集中管理、分散访问的问题，极大地优化了文档管理模式与传输速度。

KFS 文件库技术上具有以下特点：

（1）完全基于 JAVA 实现，支持跨平台部署。

（2）可独立运行，也可内嵌至任何支持 JAVA 的 Web 容器中运行。

（3）不依赖任何第三方程序，也不依赖任何数据库。

（4）二次开发非常简单。客户端只需发送简单的 HTTP 请求至 KFS 服务器的指定 URL 地址，即可完成 KFS 功能的远程调用。开发人员可以通过 IE 浏览器完成所有的 KFS 功能调用。

（5）提供了丰富的功能。与操作系统提供的文件操作功能比较，KFS 文件库技术提供了丰富的高级功能，如版本管理、文件删除恢复、文件副本、文件日志、事件驱动等。

（6）系统高可靠性。优异的架构、无单点故障的设计、集群同步的支持、信息流与数据流的分离设计和多副本机制等从多方面保障了整个系统的高可靠性和可用性。

（7）系统高可扩展性。系统通过简单配置即可实现文件存储空间的扩展，可通过扩展名称服务器集群来提高名称服务器的并发性能，可通过增加副本文件来实现存储服务器的 I/O 吞吐量扩展。

（8）支持跨广域网文件存储。由于文件有多项副本存在，支持多项副本存储在不同城市的数据服务器，以实现各地快速访问文件的目的。

如果文件的访问仅限于一个用户，那么分布式文件系统就很容易实现。可惜的是，在许多网络环境中这种限制是不现实的，必须采取并发控制来实现文件的多用户访问，表现为如下几个形式：

（1）只读共享。任何客户机只能访问文件，而不能修改它，这实现起来很简单。

（2）受控写操作。采用这种方法，可由多个用户打开一个文件，但只有一个用户进行修改，而该用户所做的修改并不一定出现在其他已打开此文件的用户的屏幕上。

（3）并发写操作。这种方法允许多个用户同时读写一个文件，但这需要操作系统做大量的监控工作以防止文件重写，并保证用户能够看到最新信息。这种方法即使实现得很好，但许多环境中的处理要求和网络通信量也可能使它变得不可接受。

三、分布式计算技术

分布式计算是一种和集中式计算相对的计算方法。随着计算技术的发展，有些应用需要非常强的计算能力才能完成，如果采用集中式计算，需要耗费相当长的时间来完成。分布式计算将该应用分解成许多小的部分，分配给多台计算机进行处理。这样可以节约整体计算时间，大大提高计算效率。

分布式计算是一门计算机科学，它研究如何把一个需要非常巨大的计算能力才能解决的问题分成许多小的部分，然后把这些部分分配给许多计算机进行处理，最后把这些计算结果综合起来得到最终的结果。

以前需要非常强的计算能力才能解决的问题都应该由超级计算机解决。但是，超级计算机的造价和维护费用非常昂贵。随着科学技术的发展，一种廉价的、高效的、维护方便的计算方法分布式计算应运而生。

在分布式计算环境下，一些本身非常复杂但很适合被划分为大量更小的计算片段的问题被提出来，研究机构通过大量艰辛的工作开发出计算用服务端和客户端。服务端负责将计算问题分成许多小的计算部分，然后把这些部分分配给许多联网参与计算的计算机进行并行处理，最后将这些计算结果综合起来得到最终的结果。随着参与者和参与计算的计算机的数量的不断增加，计算变得非常迅速，这一方案被实践证明是可行的。目前一些较大的分布式计算项目的处理能力已经可以达到甚至超过目前世界上速度最快的巨型计算机。比如，由美国加州大学伯克利分校主持发起、由美国国家科学基金会赞助的 BOINC 分布式计算平台就是其中的优秀代表。该平台能够把许多不同的分布式计算项目联系起来统一管理，并对计算机资源进行统一分配，对统计评分系统进行统一管理。

四、大数据产品实例：Hadoop

Hadoop 是一个综合分布式处理技术与分布式文件系统的优秀的云计算系统架构，具有可靠性、高效性、容错性、可扩展性和低成本性等特点，由 Apache 基金会开发。作为目前大数据领域最受欢迎的技术之一，用户借助 Hadoop 可以在不了解分布式底层细节的情况下开发分布式程序，充分利用集群的威力进行高速运算和存储。

Hadoop 的框架最核心的设计就是 Hadoop 分布式文件系统（Hadoop distributed file system，HDFS）和 MapReduce 编程框架。HDFS 为海量数据提供了存储式存储技术，而 MapReduce 为海量数据提供了分布式计算框架。Hadoop 开源项目的组成如图 4-1 所示。

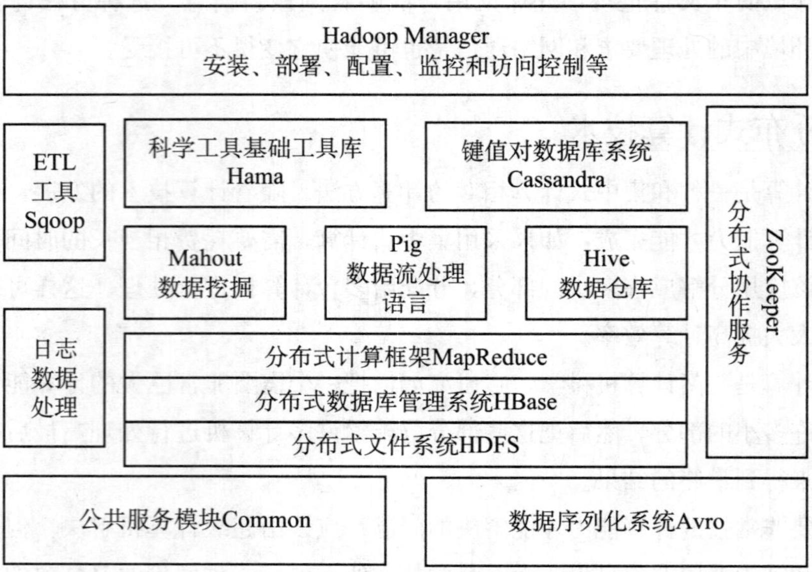

图 4-1　Hadoop 开源项目的组成

1. HDFS

HDFS 具有如下技术特点：

(1) 故障的检测和自动快速恢复。

硬件故障是常态，而不是异常。整个 HDFS 系统将由数百或数千个存储着文件数据片段的服务器组成。实际上它里面有非常巨大的组成部分，每一个组成部分都很可能出现故障，这就意味着 HDFS 里总是有一些部件是失效的，因此，故障的检测和自动快速恢复是 HDFS 一个很核心的设计目标。

(2) 数据访问。

运行在 HDFS 之上的应用程序必须流式地访问它们的数据集，它不是运行在普通文件系统之上的普通程序。HDFS 被设计成适合批量处理的，而不是用户交互式的。重点是数据吞吐量，而不是数据访问的反应时间，POSIX 的很多硬性需求对于 HDFS 应用都是非必需的，去掉 POSIX 一小部分关键语义可以获得更好的数据吞吐量。

(3) 大数据集。

运行在 HDFS 之上的程序有很大量的数据集。典型的 HDFS 文件大小是 GB 到 TB 的级别。所以，HDFS 被调整成支持大文件的。它应该提供很高的聚合数据带宽，一个集群支持数百个节点，一个集群还应该支持千万级别的文件。

(4) 简单一致性模型。

大部分 HDFS 程序对文件操作需要的是一次写多次读取的操作模式。一个文件一旦创建、写入、关闭之后就不需要修改了。这个假定简化了数据一致性问题并使高吞吐量的数据访问变成可能。一个 MapReduce 程序或者网络爬虫程序可以完美地适合这个模型。

（5）移动计算比移动数据更经济。

在靠近计算数据所存储的位置的地方进行计算是最理想的状态，尤其是在数据集特别巨大的时候。这样做消除了网络的拥堵，提高了系统的整体吞吐量。一个假定就是迁移计算到离数据更近的位置比将数据移动到离程序运行更近的位置要更好。HDFS 提供了接口，让程序将自己移动到离数据存储更近的位置。

（6）异构软硬件平台间的可移植性。

HDFS 被设计成可以简便地实现平台间的迁移，这将推动需要大数据集的应用更广泛地采用 HDFS 作为平台。

（7）名字节点和数据节点。

HDFS 是一个主从结构，一个 HDFS 集群是由一个管理文件命名空间和调节客户端访问文件的主服务器的名字节点和其他数据节点共同组成，通常一个节点一台机器来管理对应节点的存储。HDFS 对外开放文件命名空间并允许用户数据以文件形式存储。

内部机制将一个文件分割成一个或多个块，这些块被存储在一组数据节点中。名字节点用来操作文件命名空间的文件或目录操作，如打开、关闭、重命名等。它同时确定块与数据节点的映射。数据节点负责来自文件系统客户的读写请求。数据节点同时还要执行块的创建、删除和来自名字节点的块复制指令。

名字节点和数据节点都是运行在普通机器之上的软件，机器一般都是 GNU/Linux 系统，HDFS 是用 JAVA 编写的，任何支持 JAVA 的机器都可以运行名字节点或数据节点，利用 JAVA 语言的超轻便型，很容易将 HDFS 部署到大范围的机器上。典型的部署是由一个专门的机器来运行名字节点软件，集群中的其他每台机器运行一个数据节点实例。体系结构不排斥在一个机器上运行多个数据节点的实例，但是实际的部署不会有这种情况。

集群中只有一个名字节点极大地简化了系统的体系结构。名字节点是仲裁者和所有 HDFS 元数据的仓库，用户的实际数据不经过名字节点。

在文件命名上，HDFS 支持传统的继承式的文件组织结构。一个用户或一个程序可以创建目录、存储文件到很多目录之中。文件系统的名字空间层次和其他的文件系统相似。可以创建、移动文件，将文件从一个目录移动到另外一个目录，或重命名。HDFS 还没有实现用户的配额和访问控制。HDFS 还不支持硬链接和软链接。然而，HDFS 结构不排斥在将来实现这些功能。

名字节点维护文件系统的命名空间，任何文件命名空间的改变和属性都被名字节点记录。应用程序可以指定文件的副本数，文件的副本数被称作文件的复制因子，这些信息由命名空间负责存储。

在数据复制上，HDFS 被设计成能可靠地在集群中大量机器之间存储大量文件，它以块序列的形式存储文件。文件中除了最后一块，其他块都有相同的大小。属于文件的块为了故障容错而被复制。块的大小和复制数是以文件为单位进行配置的，应用可以在文件创建时或者之后修改复制因子。HDFS 中的文件是一次写的，并且任何时候都只有一个写操作。

名字节点负责处理所有与块复制相关的决策。它周期性地接受集群中数据节点的心跳和块报告。一个心跳的到达表示这个数据节点是正常的。一个块报告包括该数据节点上所有块的列表。

块副本存放位置的选择严重影响 HDFS 的可靠性和性能。副本存放位置的优化是 HDFS 区分于其他分布式文件系统的特征，这需要精心调节和大量经验。机架敏感的副本存放策略是为了提高数据的可靠性、可用性和网络带宽的利用率。副本存放策略的实现是这个方向上比较原始的方式。短期的实现目标是要把这个策略放到生产环境下进行验证，了解更多它的行为，为以后测试研究更精致的策略打好基础。

HDFS 运行在跨越大量机架的集群之上。两个不同机架上的节点是通过交换机实现通信的，在大多数情况下，相同机架上机器间的网络带宽优于不同机架上的机器。

在开始的时候，每一个数据节点自检它所属的机架 ID，然后在向名字节点注册的时候告知它的机架 ID。HDFS 提供接口以便很容易地挂载检测机架标示的模块。一个简单但不是最优的方式就是将副本放置在不同的机架上，这就防止了在机架故障时丢失数据，并且在读数据的时候可以充分利用不同机架的带宽。这个方式均匀地将复制分散在集群中，这就简单地实现了组建故障时的负载均衡。然而这种方式增加了写的成本，因为写的时候需要跨越多个机架传输文件块。

默认的 HDFS 文件块放置策略在最小化写开销和最大化数据可靠性、可用性以及总体读取带宽之间进行了一些折中。一般情况下复制因子为 3，HDFS 的副本放置策略是将第一个副本放在本地节点，将第二个副本放到本地机架上的另外一个节点，将第三个副本放到不同机架上的节点。这种方式减少了机架间的写流量，从而提高了写的性能。机架故障的概率远小于节点故障。这种方式并不影响数据可靠性和可用性，并且它确实减少了读操作的网络聚合带宽，因为文件块仅存在两个不同的机架，而不是三个。文件的副本不是均匀地分布在机架当中，1/3 在同一个节点上，1/3 在同一个机架上，另外 1/3 均匀地分布在其他机架上。这种方式提高了写的性能，并且不影响数据的可靠性和读性能。

为了尽量减小全局的带宽消耗读延迟，HDFS 尝试返回给一个读操作离它最近的副本。假如在读节点的同一个机架上就有这个副本，就直接读这个，如果 HDFS 集群跨越多个数据中心，那么本地数据中心的副本优先于远程的副本。

在启动的时候，名字节点进入一个叫做安全模式的特殊状态。安全模式不允许发生文件块的复制。名字节点接受来自数据节点的心跳和块报告。一个块报告包含数据节点所拥有的数据块的列表。

每一个块有一个特定的最小复制数。当名字节点检测到这个块已经大于最小复制数时，它就被认为是安全地复制了，当达到配置的块安全复制比例时（加上额外的 30 秒），名字节点就退出安全模式。它将检测数据块的列表，将小于特定复制数的块复制到其他数据节点。

HDFS 的命名空间是由名字节点来存储的。名字节点使用叫做 editlog 的事务日志来持久记录每一个对文件系统元数据的改变，如在 HDFS 中创建一个新的文件，名字节点将会在 editlog 中插入一条记录来记录这个改变。类似地，改变文件的复制因子也会向 editlog 中插入一条记录。名字节点在本地文件系统中用一个文件来存储这个 editlog。整个文件系统命名空间，包括文件块的映射表和文件系统的配置都被存储在一个叫做 fsimage 的文件中，fsimage 也被存放在名字节点的本地文件系统中。

名字节点在内存中保留一个完整的文件系统命名空间和文件块的映射表的镜像。这个元数据被设计成紧凑的，这样 4GB 内存的名字节点就足以处理非常大的文件数和目录。当名字节点启动时，它将从磁盘中读取 fsimage 和 editlog，将 editlog 中的所有事务应用到 fsimage 的仿内存空间，然后将新的 fsimage 刷新到本地磁盘中。

数据节点将 HDFS 数据存储到本地的文件系统中。数据节点并不知道 HDFS 文件的存在，它在本地文件系统中以单独的文件存储每一个 HDFS 文件的数据块。数据节点不会将所有的数据块文件存放到同一个目录中，而是启发式地检测每一个目录的最优文件数，并在适当的时候创建子目录。在本地同一个目录下创建所有的数据块文件不是最优的，因为本地文件系统可能不支持单个目录下巨额文件的高效操作。当数据节点启动的时候，它将扫描它的本地文件系统，根据本地文件产生一个所有 HDFS 数据块的列表并报告给名字节点，这个报告被称为块报告。

（8）通信协议。

Hadoop 中所有的通信协议都是在 TCP/IP 协议之上构建的。一个客户端和指定 TCP 配置端口的名字节点建立连接之后，它和名字节点之间通信的协议是客户端协议。数据节点和名字节点之间通过数据节点协议通信。

RPC（remote procedure call，远程过程调用）抽象地封装了客户端协议和数据节点协议。按照设计，名字节点不会主动发起一个 RPC，它只是被动地对数据节点和客户端发起的 RPC 做出反馈。

（9）异常处理编辑。

HDFS 的主要目标就是在存在故障的情况下也能可靠地存储数据。三个最常见的故障是名字节点故障、数据节点故障和网络断开。

一个数据节点周期性地发送一个心跳包到名字节点。网络断开会造成一组数据节点子集和名字节点失去联系。名字节点根据缺失的心跳信息判断故障情况。名字节点将这些数据节点标记为死亡状态，不再将新的输入输出请求转发到这些数据节点上，这些数据节点上的数据将对 HDFS 不再可用，可能会导致一些块的复制因子降低到指定的值。

名字节点检查所有需要复制的块，并复制它们到其他数据节点上。重新复制在有些情况下是不可或缺的，例如数据节点失效、副本损坏、数据节点磁盘损坏或者文件的复制因子增大。

从数据节点上取一个文件块有可能是坏块，坏块的出现可能是由于存储设备错误、网络错误或者软件漏洞。HDFS 客户端实现了 HDFS 文件内容的校验。当一个客户端创建一个 HDFS 文件时，它会为每一个文件块计算一个校验码并将校验码存储在同一个 HDFS 命名空间下一个单独的隐藏文件中。当客户端访问这个文件时，它根据对应的校验文件来验证从数据节点接收到的数据。如果校验失败，客户端可以选择从其他拥有该块副本的数据节点获取这个块。

fsimage 和 editlog 是 HDFS 的核心数据结构。这些文件的损坏会导致整个集群的失效。因此，名字节点可以配置成支持多个 fsimage 和 editlog 的副本。任何 fsimage 和 editlog 的更新都会同步到每一份副本中。

同步更新多个 editlog 副本会降低名字节点的命名空间事务交易的速率。但是这种降低是可以接受的，因为 HDFS 程序中会产生大量的数据请求，而不是元数据请求。在名字节点重新启动时，选择最新一致的 fsimage 和 editlog。

名字节点对于一个 HDFS 集群是单点失效的。假如名字节点失效，就需要人工干预。目前还不支持自动重启和到其他名字节点的切换。

（10）数据组织。

HDFS 的设计是用于支持大文件的。运行在 HDFS 上的程序也是用于处理大数据集的。这些程序仅写一次数据，一次或多次读数据请求，并且这些读操作要求满足流式传输速度。HDFS 中典型的块的大小是 64MB，一个 HDFS 文件可以被切分成多个 64MB 大小的块，如果需要，每一个块可以分布在不同的数据节点上。

一个客户端创建一个文件的请求并不会立即转发到名字节点。实际上，一开始 HDFS 客户端将文件数据缓存在本地的临时文件中。应用程序的写操作被透明地重定向到这个临时本地文件。当本地文件堆积到一个 HDFS 块大小的时候，客户端才会通知名字节点。名字节点将文件名插入文件系统层次中，然后为它分配一个数据块。名字节点构造包括数据节点 ID（可能是多个，副本数据块存放的节点也有）和目标数据块标识的报文，用它回复客户端的请求。客户端收到后将本地的临时文件刷新到指定的数据节点数据块中。本地临时文件中未上传的残留数据被转送到数据节点，客户端可以通知名字节点文件已经关闭。此时，名字节点将文件的创建操作添加到持久化存储中。假如名字节点在文件关闭之前死掉，文件就丢掉了。

上述流程是在认真考虑了运行在 HDFS 上的目标程序之后被采用的。这些应用程序需要流式地写文件。如果客户端对远程文件系统进行直接写入而没有任何本地的缓存，就会对网速和网络吞吐量产生很大的影响。

当客户端写数据到 HDFS 文件中时，如上所述，数据首先被写入本地文件中，假设 HDFS 文件的复制因子是 3，当本地文件堆积到一定大小的数据，客户端从名字节点获得一个数据节点的列表。这个列表也包含存放数据块副本的数据节点。当客户端刷新数据块到第一个数据节点，第一个数据节点开始以 4KB 为单元接收数据，将每一小块都写到本地库中，同时将每一小块都传送到列表中的第二个数据节点。同理，第二个数据节点将小块数据写入本地库中同时传给第三个数据节点，第三个数据节点直接写到本地库中。一个数据节点在接前一个节点数据的同时，还可以将数据流水式地传递给下一个节点。

HDFS 提供由应用程序访问的多种方式，自然地，HDFS 为程序提供 JAVA API，为 C 语言包装的 JAVA API 也是可用的，还有一个 HTTP 浏览器可以浏览 HDFS 中的文件，通过 WebDAV 协议访问 HDFS 库的方式也正在构建中。

HDFS 允许用户数据组织成文件和文件夹的方式，它提供一个叫做 DFSShell 的接口，使用户可以和 HDFS 中的数据交互。命令集的语法跟其他用户熟悉的 shells（bash，csh）相似。

2. MapReduce

MapReduce 是一个高性能并行化的计算平台，是由成百上千的普通商用服务器组成的分布式并行计算集群。MapReduce 还是一个能自动完成计算任务的并行计算框架，自动给集群节点分配任务，并统计计算结果。其中 Map 和 Reduce 实现了基本的并行计算任务。

（1）数据划分和任务调度。

系统为每个数据块分配相应的计算节点，数据块与计算任务对应。根据具体情况分配和调度计算节点（Map 程序与 Reduce 程序），同时系统还会监控这些节点的执行状态。

（2）计算位置与数据靠近。

数据分析放在数据块上处理可以在很大程度上减少大量的数据通信（将计算推送给数据），当数据块不可用时，尽可能从数据块所在的机柜寻找其他备份可用节点，就可以有效地减少通信延迟。

（3）系统优化。

数据处理的大量中间结果直接由 Reduce 程序处理会增加数据通信压力，因此在 Map 阶段会进行一定的合并处理，对 Map 程序输出的中间结果使用适当的策略进行键值对归并处理，相关的数据被发送到同一个 Reduce 程序。

（4）出错检测和恢复。

出于成本考虑，实际运行环境常以低端商用服务器构成大规模 MapReduce 计算集群，数据节点硬件（主机、磁盘、内存等）出错和软件出错是常态。检测并隔离出错节点，调度分配新的任务节点执行的计算任务也是 MapReduce 的基本功能。同时，为了保证数据存储的可靠性，系统采用多备份冗余存储机制，及时检测和恢复出错数据。

下面首先以 Apriori 算法为例，介绍基于 MapReduce 计算框架生成分布并行 Apriori 算法的过程。

（1）生成局部的频繁项集。将大事务数据库 D 切分成相同大小的 n 个数据块，然后将这些数据块发送到 m 个工作节点（$m\leqslant n$），对每个数据块并行使用 Apriori 算法，分别产生局部频繁项集。

（2）生成全局频繁项集。把所有局部频繁项集进行合并，组合成全局候选的频繁项集。局部频繁项集可能不是 D 的频繁项集，对 D 进行再次扫描，计算每一个全局候选频繁项集的支持度，最终得到 D 的频繁项集。

然后再以多元线性回归分析在大样本处理时为例，介绍多元线性回归分析如何使用 MapReduce 计算框架进行分布式并行化改进：

把 n 个样本分成 m 组（$m\leqslant n$），即：

$$X=\begin{bmatrix}X_1\\X_2\\\vdots\\X_m\end{bmatrix},Y=\begin{bmatrix}Y_1\\Y_2\\\vdots\\Y_m\end{bmatrix}$$

$$X^TX=[X_1^T,\quad X_2^T,\quad \cdots,\quad X_m^T\quad]\begin{bmatrix}X_1\\X_2\\\vdots\\X_m\end{bmatrix}=\sum_{i=1}^{m}X_i^TX_i$$

$$X^TY=[X_1^T,\quad X_2^T,\quad \cdots,\quad X_m^T\quad]\begin{bmatrix}Y_1\\Y_2\\\vdots\\Y_m\end{bmatrix}=\sum_{i=1}^{m}X_i^TY_i$$

$$\hat{\beta}=(X^TX)^{-1}X^TY=\left(\sum_{i=1}^{m}X_i^TX_i\right)^{-1}\left(\sum_{i=1}^{m}X_i^TY_i\right)$$

在进行大样本的多元线性回归时，只要把样本分块，然后使用 Map 程序并行计算每组的 $X_i^TX_i$ 和 $X_i^TY_i$，最后使用 Reduce 程序代入上述公式即可计算回归系数 $\hat{\beta}$。

3. 其他工具

HBase 是高可靠性和高性能的面向列、可伸缩的分布式数据库管理系统。HBase 是一个分布式可扩展的非关系数据库，利用 HDFS 作为其文件存储系统，能够对结构化、半结构化甚至非结构化的海量数据进行实时读写。

Hive 是基于 Hadoop 的数据仓库，用于管理存储在 HDFS 和 HBase 中的数据，提供数据抽取、转换、存储和查询分析等功能，使用类似 SQL 的 HiveQL 查询语言，HiveQL 语言在底层实现时会被转换成相应的 MapReduce 程序执行。

Pig 是 Yahoo 提供的开源项目，一个数据流处理工具。通过高层抽象语言 Pig Latin，复杂的数据分析任务被转化为 Pig 操作上的数据流脚本，并在执行时被自动转化为

MapReduce 任务链。

Mahout 是基于 Hadoop 的数据挖掘工具库，提供经典的机器学习和数据挖掘的并行化算法类库，包含聚类分析、分类分析、关联分析、推荐引擎等常见的机器学习和数据挖掘算法。除此之外，Mahout 还提供数据输入和输出、数据集成等工具。

Sqoop 是 SQL-to-Hadoop 的缩写，一个关系数据交换工具，可以实现关系数据库与 HDFS、HBase 和 Hive 的数据转换和批量导入。Sqoop 充分利用了 MapReduce 的并行化优点，快速处理数据交换过程。

ZooKeeper 是分布式协调服务框架，用于解决分布式环境中的一致性问题。ZooKeeper 提供系统可靠性维护、数据状态同步、统一命名服务、分布式应用配置项管理等功能，从而实现分布式环境下系统可靠性管理和数据状态的维护。

五、其他产品

1. Spark

Spark 是加州大学伯克利分校 AMP 实验室所开源的类 Hadoop MapReduce 的通用并行框架，Spark 拥有 Hadoop MapReduce 所具有的优点，但不同于 MapReduce 的是，任务中间输出结果可以保存在内存中，从而不再需要读写 HDFS，因此 Spark 能更好地适用于数据挖掘与机器学习等需要迭代的 MapReduce 的算法。

Spark 是一种与 Hadoop 相似的开源集群计算环境，但是两者之间还存在一些不同之处，这些有用的不同之处使 Spark 在某些工作负载方面表现得更加优越，换句话说，Spark 启用了内存分布数据集，除了能够提供交互式查询外，它还可以优化迭代工作负载。

Spark 是在 Scala 语言中实现的，它将 Scala 用作其应用程序框架。与 Hadoop 不同，Spark 和 Scala 能够紧密集成，其中的 Scala 可以像操作本地集合对象一样轻松地操作分布式数据集。

尽管创建 Spark 是为了支持分布式数据集上的迭代作业，但是实际上它是对 Hadoop 的补充，可以在 Hadoop 文件系统中并行运行。通过名为 Mesos 的第三方集群框架可以支持此行为。Spark 可用来构建大型的、低延迟的数据分析应用程序。

Spark Streaming 是构建在 Spark 上处理流式数据的框架，基本的原理是将流式数据分成小的时间片段（几秒），以类似 batch 批量处理的方式来处理这一小部分数据。Spark Streaming 构建在 Spark 上，一方面是因为 Spark 的低延迟执行引擎（100ms＋），虽然比不上专门的流式数据处理软件，但也可以用于实时计算；另一方面，相比基于 record 的其他处理框架（如 Storm），一部分窄依赖的 RDD（resilient distributed dataset，分布式数据集）可以从源数据重新计算，达到容错处理的目的。此外，小批量处理的方式使它可以同时兼容批量和实时数据处理的逻辑和算法，方便了一些需要使用历史数据和实时数据联合分析的特定应用场合。

2. YARN

Apache Hadoop YARN（Yet Another Resource Negotiator，另一种资源协调者）是一种新的 Hadoop 资源管理器，它是一个通用资源管理系统，可为上层应用提供统一的资源管理和调度，它的引入为集群在利用率、资源统一管理和数据共享等方面带来了巨大好处。YARN 最初是为了修复 MapReduce 实现里的明显不足，并对可伸缩性（支持一万个节点和二十万个内核的集群）、可靠性和集群利用率进行了提升。

YARN 从某种意义上来说应该算是一个云操作系统，它负责集群的资源管理。在操作系统之上可以开发各类应用程序，例如批处理 MapReduce、流式作业 Storm 以及实时型服务 Storm 等。这些应用可以同时利用 Hadoop 集群的计算能力和丰富的数据存储模型，共享同一个 Hadoop 集群和驻留在集群上的数据。此外，这些新的框架还可以利用 YARN 的资源管理器，提供新的应用管理器实现。

YARN 的基本思想是将 JobTracker 的两个主要功能（资源管理和作业调度/监控）分离，主要方法是创建一个全局的 ResourceManager（RM）和若干个针对应用程序的 ApplicationMaster（AM）。这里的应用程序是指传统的 MapReduce 作业或作业的 DAG（有向无环图）。

YARN 分层结构的本质是 RM。这个实体控制整个集群并管理应用程序向基础计算资源的分配。RM 将各个资源部分（计算、内存、带宽等）精心安排给基础 NodeManager（YARN 的节点代理）。RM 还与 AM 一起分配资源，与 NodeManager 一起启动和监视它们的基础应用程序。AM 承担了以前 TaskTracker 的一些角色，RM 承担了 JobTracker 的角色。

AM 管理一个在 YARN 内运行的应用程序的每个实例。AM 负责协调来自 RM 的资源，并通过 NodeManager 监视容器的执行和资源使用（CPU、内存等的资源分配）。从 YARN 角度讲，AM 是用户代码，因此存在潜在的安全问题。YARN 假设 AM 存在错误或者甚至是恶意的，因此将它们当做无特权的代码对待。

NodeManager 管理一个 YARN 集群中的每个节点。NodeManager 提供针对集群中每个节点的服务，从监督对一个容器的终生管理到监视资源和跟踪节点健康。MRv1 通过插槽管理 Map 和 Reduce 任务的执行，而 NodeManager 管理抽象容器，这些容器代表可供一个特定应用程序使用的针对每个节点的资源。YARN 使用 HDFS 层。它的主要 NameNode 用于元数据服务，而 DataNode 用于分散在一个集群中的复制存储服务。

要使用一个 YARN 集群，首先需要来自包含一个应用程序的客户的请求。RM 协商一个容器的必要资源，启动一个 AM 来表示已提交的应用程序。通过使用一个资源请求协议，AM 协商每个节点上供应用程序使用的资源容器。在执行应用程序时，AM 监视容器直到完成。当应用程序完成时，AM 从 RM 注销其容器，执行周期就完成了。

YARN 有集中式和双层调度两种架构。集中式调度器（monolithic scheduler）的特点是：资源的调度和应用程序的管理功能全部放到一个进程中完成，开源界典型的代表是MRv1 JobTracker的实现。这样的设计缺点很明显，扩展性差：首先，集群规模受限；其次，新的调度策略难以融入现有代码，比如之前仅支持MapReduce作业，现在要支持流式作业，而将流式作业的调度策略嵌入中央调度是一项很难的工作。

双层调度器是为了克服集中式调度器的不足而采用的一种解决之道，它可被看做是一种分而治之的机制或者是策略下放机制：双层调度器仍保留一个经简化的集中式资源调度器，但与具体任务相关的调度策略则下放到各个应用程序调度器完成。这种调度器的典型代表是Mesos或YARN。Mesos调度器由两部分组成，分别是资源调度器和框架（应用程序）调度器，其中，资源调度器负责将集群中的资源分配给各个应用程序，而框架（应用程序）调度器负责将资源进一步分配给内部的各个任务，用户很容易将一种框架或者系统接入Mesos。

双层调度器的特点是：各个框架调度器并不知道整个集群资源的使用情况，只是被动地接受资源；资源调度器仅将可用的资源推送给各个框架，而由框架自己选择是使用还是拒绝这些资源；一旦框架接受新资源，再进一步将资源分配给其内部的任务，进而实现双层调度。

讨论题

讨论大数据技术与商务智能的关系。

思考题

1. 如何解释大数据与云计算的关系？
2. 分布式系统包括哪些关键技术？
3. 介绍一款经典的分布式系统产品。

第五章

数据仓库与 OLAP

导入案例

喜达屋酒店与度假村国际集团是全球领先的酒店休闲公司，在近 100 个国家拥有 1 112家酒店，拥有 154 000 名雇员。喜达屋拥有并管理酒店、度假村和住宅，旗下拥有几大品牌，例如瑞吉、豪华精选、W 酒店、威斯汀、艾美、喜来登、福朋、雅乐轩和源宿等。喜达屋开创了业内领先的忠诚计划——喜达屋优先顾客（Starwood preferred guest，SPG）。该计划允许成员赢取积分，成员可以在任何日期兑换住宿、客房升级、航空公司飞行服务。喜达屋还拥有喜达屋分时度假公司，该公司是首个通过别墅和品牌特权为顾客提供世界级度假体验的公司。

公司在全球不断扩张，在过去的几年中喜达屋管理的酒店数量显著增长，尤其是在亚太地区，对酒店和顾客等重要业务信息的需求不断上升。喜达屋在全球的所有酒店都使用单一的企业数据仓库检索酒店管理所需的重要数据，例如营业额、预订情况和费率结算报表。此外，喜达屋的管理人员在数据仓库中生成重要的日常运营报告，提供给不同的业务职能部门使用。喜达屋的企业数据仓库几乎跨越了所有业务领域，因此这不仅对集中预订和消费信息来说非常重要，而且对客户忠诚项目来说也是至关重要的。客户忠诚项目依赖于所有的顾客信息、销售信息、顾客服务以及经理、分析师和主管运营所需要的其他数据。

一、引言

数据仓库与 OLAP 为企业的分析决策提供了强大的支持，正确、及时的决策是企业生存和发展的最重要环节。现在，越来越多的企业认识到，要想在竞争中取胜，获得更大的收益，必须利用网络、数据仓库等计算机技术，深层次地挖掘、分析当前和历史的生产业务数据以及相关的环境数据，自动、快速地获取其中有用的决策信息，为企业提供快速、准确和方便的决策支持。决策支持就是采用数据仓库技术，充分利用企业内部已存在的海量数据，挖掘出有价值的知识和规则，将客观翔实的数据经验和企业决策者宝贵的自身经验结合起来，支持企业决策。通过对企业生产和计划的完成情况及相关环境数据进行多角度、多层次的分析，决策支持可以使企业的决策者及时掌握企业的运行情况和发展趋势，并对制订生产计划和长远规划提供理论指导，提高企业的管理水平和竞争优势。

OLAP 是基于数据仓库的一种主要的应用，提供了一种数据分析机制。OLAP 模型是一个进行决策分析的多维立方体模型，可以从不同的角度去评估一个决策主题，包括建立分析模型、获取数据、分析操作、展示分析结果等。OLAP 需要使用数据仓库中的模型元数据。数据仓库中的模型元数据包括逻辑模式和物理模式，前者可以使用户在逻辑模式上进行分析，后者可以帮助用户获取所需要的数据。数据仓库建立的目的就是提供一种存储分析数据、获取分析数据的信息决策框架。数据仓库中的数据存储主要是为 OLAP 操作服务的。

二、从数据库到数据仓库

随着社会经济的发展，信息化已经成为各个产业的必然需求。数据作为信息的载体，其管理技术也在飞速发展。数据管理的功能主要包括对数据的分类、组织、编码、存储、检索和维护。近半个世纪以来，数据管理技术经历了三个发展阶段，分别是人工管理阶段、文件系统阶段和数据库系统阶段。数据仓库是数据库技术的进一步发展。数据库系统阶段起始于 20 世纪 60 年代后期。这一时期计算机软硬件飞速发展，信息急剧膨胀，由此带来的就是数据库系统的出现。数据库系统按照某种数据模型来组织数据，数据集中存放在数据库中，实行统一控制。1969 年 IBM 开发了第一个数据库系统库。这是一个层次数据库系统，在数据库发展史上具有重大意义。同年，美国数据系统语言委员会下属的数据库任务组在其报告中定义了数据库操作语言、模式定义语言和子模式定义语言的概念。20 世纪 70 年代初，IBM 下属的 San Jose 研究所的 E. F. 科德（E. F. Codd）发表了题为《大型共享数据库数据的关系模型》的论文。他在论文中提出了关系数据模型理论，包括其中的关系代数和关系演算，在理论上确立了完整的关系理论、数据依赖理论和关系数据库设计理论，在实践上，诞生了许多著名的关系数据库系统，如 System R、INGRES 等。因此 E. F. 科德也被称为关系数据库之父。

关系数据库发展至今，在各个行业都取得了辉煌的成果，长期以来都作为数据管理的主要手段，其作用主要是进行事务处理。经过数十年的发展，这些数据库中已经保存了大量的数据。随着技术的进步，人们希望计算机能够做更多的工作，除了能进行传统的事务处理外，还希望计算机能够辅助决策，进行一些分析型的工作。而在事务处理的数据环境下让计算机进行分析型的操作是很难做到的。数据库适于存储高度结构化的日常事务细节数据，而决策型数据多为历史性、汇总性或计算性数据，多表现为静态数据，不需直接更新，但可周期性刷新。决策型数据是多维的，分析内容复杂。在事务处理环境中，决策者可能并不关心具体的细节信息，在决策分析环境中，如果这些细节数据量太大，一方面会严重影响分析效率，另一方面会分散决策者的注意力。

另外，当事务型处理环境和分析型处理环境在同一个数据库系统中时，事务型处理对数据的存取操作频率高，操作处理的时间短，而分析型处理可能需要连续运行几个小时，从而消耗大量系统资源。

决策型数据的数据量大，这些数据有来自企业内部的，也有来自企业外部的。来自企业外部的数据又可能来自不同的数据库系统，在分析时如果直接对这些数据进行操作会造成分析的混乱。对于外部数据中的一些非结构化数据，数据库系统常常无能为力。

数据仓库就是在此环境下产生的。与传统的事务型数据库相比，数据仓库是对数据库数据进行再加工，形成一个综合、面向分析的环境。著名的数据仓库专家拉尔夫·金博尔（Ralph Kimball）说：“我们花了 20 多年的时间把数据放入数据库，如今是把它们取出来的时候了。”

数据仓库（data warehouse，可缩写为 DW 或 DWH）综合了多种信息技术的运算环境，将全企业的运行数据汇集到一个系统中，再将其转换成面向主题的形式，使终端用户可以从历史角度对其进行查询和分析。

第一个数据仓库是美国计算机服务公司为沃尔玛建立的。1996 年，加拿大的 IDC 公司调查了 62 家建立了数据仓库的欧美企业，结果表明，数据仓库为企业带来了巨大的收益。早期的数据仓库大都采用当时流行的客户机/服务器结构。近年来分布式对象技术飞速发展，整个数据仓库体系结构从功能上划分为若干个分布式对象，这些分布式对象不仅可以直接用于建立数据仓库，还可以在应用程序中向用户提供调用的接口。IBM 的实验室在数据仓库方面已经进行了 10 多年的研究，并将研究成果发展为商用产品。其他数据库厂商在数据仓库领域也纷纷提出了各自的解决方案。以 1991 年比尔·恩门（Bill Inmon）出版《建立数据仓库》（*Building the Data Warehouse*）为标志，数据仓库开始加速发展。比尔·恩门被誉为“数据仓库之父”。

数据仓库是一个从多个数据源进行数据采集的信息存储库，基于一个一致的模式进行存放。数据仓库通过数据清理、数据变换、数据集成、数据装入和定期数据刷新过程来构造。数据仓库系统由管理系统、数据仓库、分析工具三个部分组成（见图 5-1）。在整个系统中，数据仓库居于核心地位，是信息挖掘的基础；管理系统负责管理整个系统的运作；分析工具则是整个系统发挥作用的关键，包含用于完成实际决策问题所需的各种查询检索工具、多维数据的 OLAP 工具、数据挖掘工具等，以实现决策支持的各种要求。

数据仓库是一个面向主题的、集成的、稳定的、时变的数据集合，支持管理部门的决策。

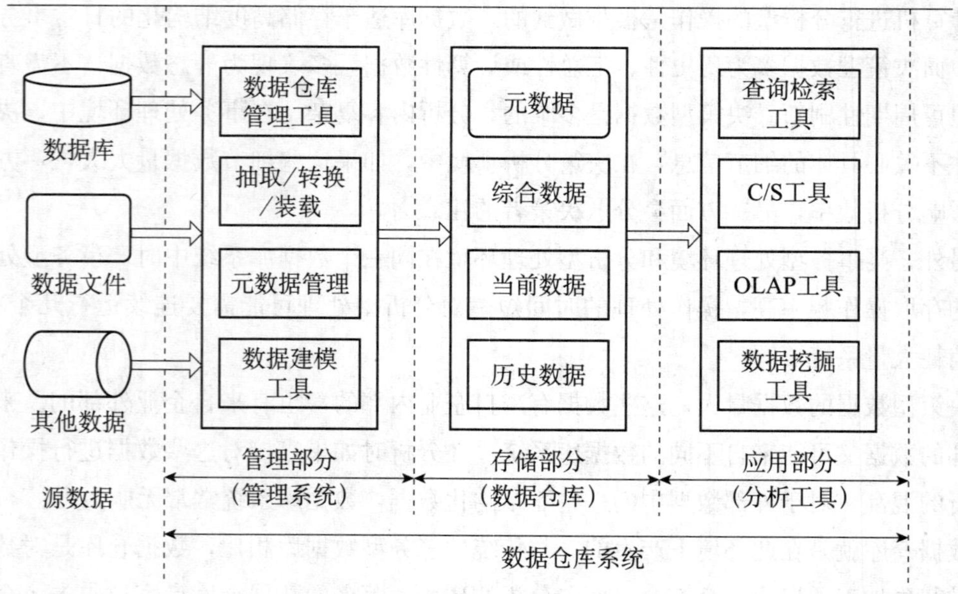

图 5-1　数据仓库系统结构

面向主题的：数据仓库中的数据是按照各种主题来组织的。数据仓库关注决策者的数据建模与分析，而不是构造组织机构的日常操作和事务处理。因此，数据仓库排除对于决策无用的数据，提供特定主题的简明视图。

主题在数据仓库中的物理实现是一系列的相关表，这不同于面向应用环境。如保险公司的数据按照应用组织可能分为汽车保险、生命保险、意外保险等，而数据仓库是按照客户、政策、保险金和索赔来组织数据的。面向主题的数据组织方式可在较高层次上对分析对象的数据给出完整、一致的描述，能完整、统一地刻画各个分析对象所涉及的企业的各项数据以及数据之间的联系，从而适应企业各个部门的业务活动特点和企业数据的动态特征，从根本上实现数据与应用的分离。

集成的：通常构造数据仓库是将多个异种数据源如关系数据库、一般文件和联机事务处理记录集成在一起。使用数据清理和数据集成技术，确保命名约定、编码结构、属性度量的一致性。

数据仓库中的数据是从原有分散的源数据库中提取出来的，其每一个主题所对应的源数据在原有的数据库中有许多冗余和不一致，且与不同的应用逻辑相关。为了创建一个有效的主题域，必须将这些来自不同数据源的数据集成起来，使之遵循统一的编码规则。

稳定的：数据仓库内的数据有很长的时间跨度，通常是 5～10 年。数据仓库中的数据反映的是一段时间内历史数据的内容，是不同时点的数据库快照的集合，以及基于快照进行统计、综合和重组的导出数据。它主要供企业高层决策分析之用，所涉及的数据操作主要是查询，一般情况下并不进行修改操作。数据仓库中的数据是不可实时更新的，仅当超过规定的存储期限时才将其从数据仓库中删除。

稳定的也称非易失的，数据仓库总是物理上分离存放数据。通常它只需要两种数据操作：数据的初始化装入和数据访问。

时变的：数据存储从历史的角度（例如过去 5～10 年）提供信息。数据仓库中的关键结构隐式或显式地包含时间元素。许多商业分析要求对发展趋势做出预测，对发展趋势的分析需要访问历史数据。因此数据仓库必须不断捕捉 OLTP 数据库中变化的数据，生成数据库的快照，经集成后增加到数据仓库中去，另外，数据仓库还需要随着时间的变化删去过期的、对分析没有帮助的数据，并且还需要按规定的时间段增加综合数据。

数据仓库主要有三个方面的作用：

第一，数据仓库提供了标准的报表和图表功能，其中的数据来源于不同的多个事务处理系统，因此，数据仓库的报表和图表是关于整个企业集成信息的报表和图表。

第二，数据仓库支持多维分析，多维分析通过把一个实体多项重要的属性定义为多个维度，使用户能方便地汇总数据集，简化了数据的分析处理逻辑，并能对不同维度的数据进行比较，而维度则表示了对信息的不同理解角度。应用多维分析可以在一个查询中对不同阶段的数据进行纵向或横向比较，这在决策过程中非常有用。

第三，数据仓库是数据挖掘技术的关键基础，数据挖掘技术是在已有数据中识别数据的模式，帮助用户理解现有的信息，并在已有信息的基础上对未来的状况做出预测。

在信息安全上，可以采取如下八个步骤对数据仓库进行保护：

（1）发现。

使用发现工具发现敏感数据的变化。

（2）漏洞和配置评估。

评估数据库配置，确保它们不存在安全漏洞。这包括验证在操作系统上安装数据库的方式（比如检查数据库配置文件和可执行程序的文件权限），以及验证数据库自身内部的配置选项（比如多少次登录失败之后锁定账户，或者为关键表分配何种权限）。

（3）加强保护。

通过漏洞评估，删除不使用的所有功能和选项。

（4）变更审计。

通过变更审计工具加强安全保护配置，这些工具能够比较配置的快照（在操作系统和数据库两个级别上），并在发生可能影响数据库安全的变更时立即发出警告。

（5）数据库活动监控。

通过及时检测入侵和误用来限制信息暴露，实时监控数据库活动。

（6）审计。

必须为影响安全性状态、数据完整性或敏感数据查看的所有数据库活动生成和维护安全、防否认的审计线索。

（7）身份验证、访问控制和授权管理。

必须对用户进行身份验证，确保每个用户拥有完整的责任，并通过管理特权来限制对数据的访问。

（8）加密。

使用加密来以不可读的方式呈现敏感数据，这样攻击者就无法从数据库外部对数据进行未授权访问。

数据集市又称数据市场，是一个从操作的数据和其他为某个特殊的专业人员团体服务的数据源中搜集数据的仓库。

从范围上来说，数据集市是从企业范围的数据库、数据仓库或者是从更加专业的数据仓库中抽取出来的。它在分析、内容、表现以及易用方面迎合了专业用户群体的特殊需求。它的用户希望数据是由他们熟悉的术语表现的，是一组特定的、针对某个主题域、部门或用户分类的数据集合。

数据的获取与整合又称 ETL（extract，transact，load），是在确定好数据集市模型并对数据源进行分析后，按照分析结果，从应用系统中抽取出与主题相关的原始业务数据，转换为与数据集市一致的格式，并装载到数据集市中的过程。

如果说数据仓库的模型设计是一座大厦的设计蓝图，数据是砖瓦的话，那么ETL就是建设大厦的过程。在整个项目中最难的部分是用户需求分析和模型设计，而ETL规则设计和实施则是工作量最大的，约占整个项目的60%～80%。

元数据是描述数据仓库内数据的结构和建立方法的数据，可将其按用途的不同分为两类：技术元数据和商业元数据。数据仓库的所有数据都要通过元数据来管理和控制。元数据描述关于源数据的说明，包括源数据的来源、源数据的名称、源数据的定义、源数据的创建时间等对源数据进行管理所需要的信息。

源数据的来源说明源数据是从哪个系统、哪个历史数据、哪个办公数据、哪个网页、哪个外部系统抽取而来。源数据的说明指出源数据在数据仓库中的作用、数据类型和长度等。

技术元数据是数据仓库的设计和管理人员用于开发和日常管理数据仓库的常用数据，包括数据源信息、对数据转换的描述、数据仓库内对象和数据结构的定义、数据清理和数据更新时所用的规则、源数据到目的数据的映射、用户访问权限、数据备份历史记录、数据导入历史记录和信息发布历史记录等。

商业元数据从商业业务的角度描述了数据仓库中的数据，包括：业务主题的描述；包含的数据、查询和报表。

元数据为访问数据仓库提供了一个信息目录，这个目录全面描述了数据仓库中都有什么数据、这些数据是怎么得到的和怎么访问这些数据，它是数据仓库运行和维护的中心，数据仓库服务器利用它来存储和更新数据，用户通过它来了解和访问数据。

三、从OLTP到OLAP

随着数据仓库技术的发展，相关的分析工具也随之发展。其中联机分析处理（OLAP）和数据挖掘（DM）都是基于数据仓库的分析工具。

企业的数据处理大致分为两类：一类是事务型处理，又称操作型处理，是指对数据库的联机操作处理OLTP。事务型处理是用来协助企业对响应事件或事务的日常商务活动进行处理。它是事件驱动、面向应用的，通常是对一个或一组记录的增、删、改以及简单查询等（大量、简单、重复和有例行性）。

在事务型处理环境中，数据库要求能支持日常事务中的大量事务，用户对数据的存取操作频率高且每次操作处理的时间短。

另一类是分析型处理，即OLAP。一般针对某些主题的历史数据进行分析，支持管理决策，用于管理人员的决策分析，例如DSS、EIS和多维分析等。它帮助决策者分析数据以查看趋向、判断问题。

分析型处理经常要访问大量历史数据，支持复杂的查询。分析型处理过程中经常用到外部数据，这部分数据不是由事务型处理系统产生的，而是来自其他外部数据源。

20世纪60年代，关系数据库之父E. F. 科德提出了关系模型，促进了OLTP的发展

（数据以表格的形式而非文件方式存储）。1993 年，E. F. 科德提出了 OLAP 概念，认为 OLTP 已不能满足终端用户对数据库查询分析的需要，SQL 对大型数据库进行的简单查询也不能满足终端用户分析的要求。用户的决策分析需要对关系数据库进行大量计算才能得到结果，而查询的结果并不能满足决策者的需求。因此，E. F. 科德提出了多维数据库和多维分析的概念，即 OLAP。

OLAP 是目前 RDBMS（关系数据库管理系统）不可缺少的功能，可以作为一个独立的 OLAP 服务器实现，也可以集成在 RDBMS 中。

OLAP 是使分析人员、管理人员或执行人员能够从多种角度对从原始数据中转化出来的、能够真正为用户所理解的、真实反映企业维特性的信息进行快速、一致、交互的存取，从而获得对数据的更深入了解的一类软件技术。（OLAP 委员会的定义。）

OLAP 的目标是满足决策支持或多维环境下特定的查询和报表需求，它的技术核心是“维”这个概念，因此 OLAP 也可以说是多维数据分析工具的集合。

OLAP 具有如下四个典型特征：

（1）快速性：用户对 OLAP 的快速反应能力有很高的要求。

（2）可分析性：OLAP 系统应能处理任何逻辑分析和统计分析。

（3）多维性：系统必须提供对数据分析的多维视图和分析。

（4）信息性：OLAP 系统应能及时获得信息，并且管理大容量的信息。

随着数据仓库的发展，OLAP 也得到了迅猛发展。建立数据仓库的目的是支持管理中的决策制定过程，而 OLAP 作为一种多维查询和分析工具，是数据仓库功能的自然扩展，也是数据仓库中的大容量数据得以有效利用的重要保障。OLAP 技术利用数据仓库中的数据进行联机分析，它利用多维数据集和数据聚集技术对数据仓库中的数据进行组织和汇总，用联机分析和可视化工具对这些数据进行迅速评价，将复杂的分析查询结果快速返回用户。

由此可以看出，数据仓库侧重于存储和管理面向决策主题的数据，而 OLAP 主要是进行多维数据分析，这与数据仓库的多维数据组织正好形成相互结合、相互补充的关系。因此，OLAP 技术与数据仓库的结合可以较好地解决传统决策支持系统既需要处理大量数据又需要进行大量数值计算的问题，进而满足决策支持或多维环境特定的查询和报表需求。

OLAP 中的几种基本的对数据立方体的分析方法是切片、切块、钻取和旋转。

（1）切片。

切片是在多维数据立方体上的某一维上选定一个维成员值的操作，即在多维数组中选定一维并取其一成员，所得的多维数据立方体子集被称为一个切片。

（2）切块。

切块是在多维数据立方体上的某一维上选定一个以上的维成员的操作，即限制多维数组的某一维的取值范围。

(3) 钻取。

在OLAP的分析操作中，钻取又分为上卷和下探。上卷是指通过维的概念分层向上攀升或者通过维归约在数据立方体上进行汇总。下探是上卷的逆操作，可以沿维的概念分层向下或者引入新的维或者维的层次来实现。

(4) 旋转。

旋转是一种视图操作，通过改变行维、列维或者维之间的嵌套次序来实现，从而把立方体以不同的视角呈现出来。

总之，OLAP支持复杂的分析操作，侧重于对决策人员和高层管理人员的决策支持，可以根据分析人员的要求快速、灵活地进行大量数据的复杂查询处理，并且以一种直观易懂的形式将查询结果提供给决策人员，以便他们准确掌握企业的经营状况，了解对象的需求，设计正确的方案。OLAP的主要特点是直接仿照用户的多角度思考模式，预先为用户组建多维的数据模型，在这里，维指的是用户的分析角度。例如对销售数据的分析，时间周期是一个维度，产品类别、分销渠道、地理分布、客户群类也分别是一个维度。一旦多维数据模型建立完成，用户可以快速地从各个分析角度获取数据，也能动态地在各个角度之间切换或者进行多角度综合分析，具有极大的分析灵活性。这也是OLAP被广泛关注的根本原因，它在设计理念和真正实现上都与旧有的管理信息系统有着本质的区别。

数据仓库系统除了OLAP外，还可以采用传统的报表，或者采用数理统计和人工智能等数据挖掘手段，所以，OLAP应用实际上只是数据仓库系统的一部分。

OLAP按照其存储器的数据存储格式可以分为关系OLAP（relational OLAP，ROLAP）、多维OLAP（multidimensional OLAP，MOLAP）和混合型OLAP（hybrid OLAP，HOLAP）三种类型。

ROLAP将分析用的多维数据存储在关系数据库中并根据应用的需要有选择地定义一批实视图作为表也存储在关系数据库中。不必将每一个SQL查询都作为一个实视图保存，只定义那些应用频率比较高、计算工作量比较大的查询为实视图。对每个针对OLAP服务器的查询，优先利用已经计算好的实视图来生成查询结果以提高查询效率。同时用作ROLAP存储器的RDBMS也针对OLAP做出了相应的优化，比如并行存储、并行查询、并行数据管理、基于成本的查询优化、位图索引、SQL的OLAP扩展等。

MOLAP将OLAP分析所用到的多维数据物理上存储为多维数组的形式，形成“立方体”的结构。维的属性值被映射成多维数组的下标值或下标的范围，而总结数据作为多维数组的值存储在数组的单元中。由于MOLAP采用了新的存储结构，从物理层实现起，因此又称物理OLAP。相比之下，ROLAP主要通过一些软件工具或中间软件实现，物理层仍采用关系数据库的存储结构，因此又称虚拟OLAP（virtual OLAP）。

由于MOLAP和ROLAP有着各自的优点和缺点，且它们的结构迥然不同，这给分析人员设计OLAP结构提出了难题。为此一个新的OLAP结构——混合型OLAP（HO-

LAP）被提出，它能把 MOLAP 和 ROLAP 两种结构的优点结合起来。迄今为止，对 HOLAP 还没有一个正式的定义。但很明显，HOLAP 结构不应该是 MOLAP 与 ROLAP 的简单组合，而是这两种结构技术优点的有机结合，能满足用户各种复杂的分析请求。

四、系统架构图

如图 5-2 所示，数据仓库与 OLAP 的关系包括三部分内容：

（1）数据层。实现对企业操作数据的抽取、转换、清洗和汇总，形成信息数据，并存储在企业级的中心信息数据库中。

（2）应用层。通过 OLAP，实现对数据的分析。

（3）表现层。通过前台分析工具，将查询报表、统计分析、多维联机分析和数据发掘的结论展现在用户面前。

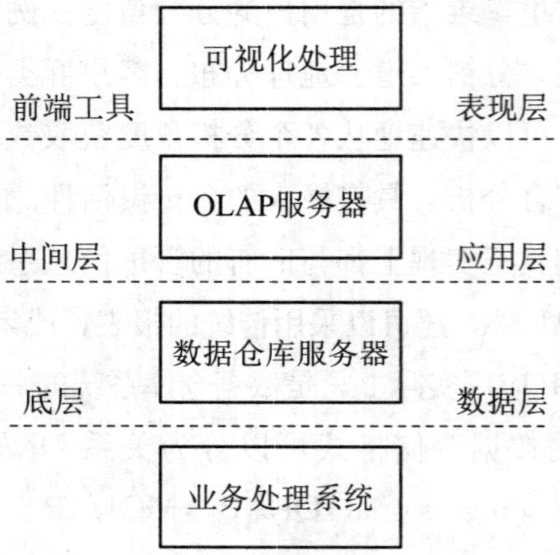

图 5-2　数据仓库与 OLAP 的关系

如上所述，数据仓库支持 OLAP、数据挖掘和决策分析。OLAP 从数据仓库中的综合数据出发，提供面向分析的多维模型，并使用多维分析的方法从多个角度、多个层次对多维数据进行分析，使决策者能够以更加自然的方式来分析数据。数据挖掘则以数据仓库和多维数据库中的数据为基础，发现数据中的潜在模式并进行预测。如图 5-2 所示，数据仓库通常采用三层结构：

（1）底层：数据仓库服务器。

（2）中间层：OLAP 服务器。

（3）顶层：前端工具。

五、多维数据模型

数据仓库和 OLAP 基于多维数据模型，这种模型将数据看做数据立方体形式。数据立方体由维和事实定义，允许从多维角度对数据进行建模和观察。

一般地，维是一个单位想要记录的透视或实体。每一个维都有一个表与之相关联。该表被称为维表，它进一步描述维。维表可以由用户或专家设定，或者根据数据分布自动产生和调整。

1. 关系型 OLAP

顾名思义，关系型 OLAP 是以关系数据库为基础的。唯一特别之处在于 OLAP 中的数据结构组织方式。通常，多维数据模型围绕中心主题组织。该主题用事实表表示。事实是用数值度量的。事实表包括事实的名称或度量，以及每个相关维表的关键字。在此基础上，多维数据模型的实现形式有星形模式、雪花模式和星系模式。

星形模式：最常见的模式。星形模式包括：一个大的中心表（事实表），它包含大批数据并且不冗余；一组小的附属表（维表），每维一个。这种模式图很像星光四射的样子，维表显示在围绕中心表的射线上（见图 5－3）。

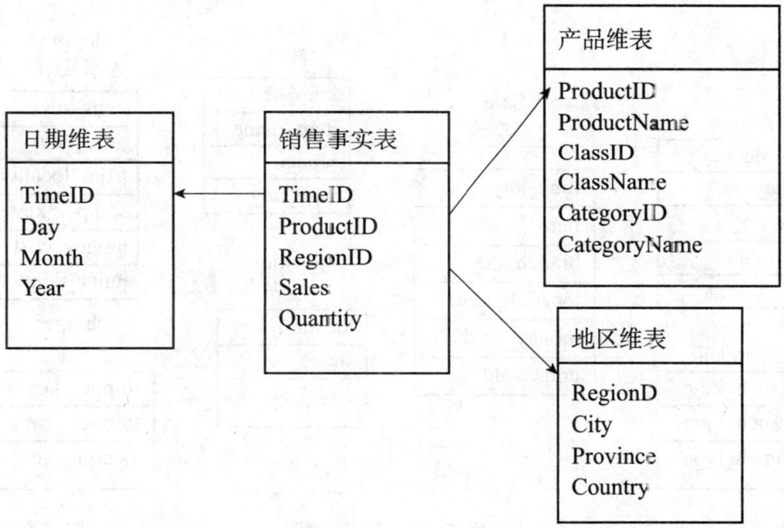

图 5－3 星形模式

雪花模式：雪花模式是星形模式的变种，其中某些维表是规范化的，因而把数据进一步分解到附加的表中，结果模式图形成类似于雪花的形状（见图 5－4）。

星系模型：对于数据仓库，通常使用星系模型，因为它能对多个相关的主题建模（见图 5－5）。

在上述模式下，无论原来的业务数据的数据结构为何，只要原业务数据能够整理成为以上模式，则无论业务人员据此提出任何问题，都可以用 SQL 语句进行表连接或汇总，从而实现数据查询和解答。（当然，有一些现成的 ROLAP 前端分析工具是可以自动根据以上模型生成 SQL 语句的。）无论采用星形模式、雪花模式还是星系模式，关系型 OLAP 都具有以下特点：

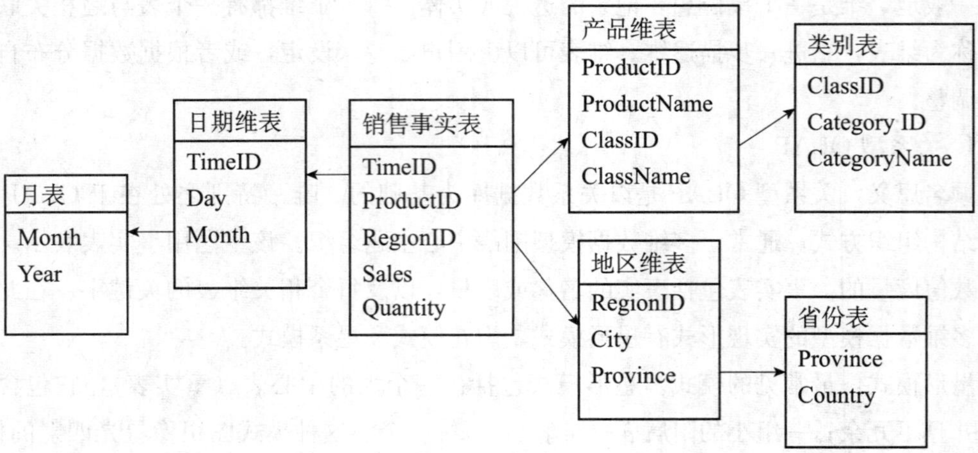

图 5-4　雪花模式

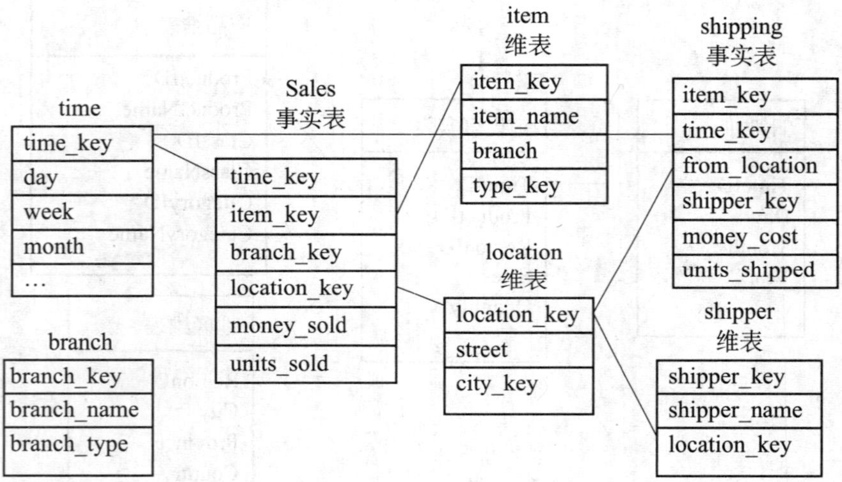

图 5-5　星系模式

（1）数据结构和组织模式需要预先设计和建立。

（2）数据查询需要进行表连接，这在查询性能测试中往往是影响速度的关键。

（3）数据汇总查询（例如查询某个品牌的所有产品销售额）需要进行 Group by 操作，虽然实际得出的数据量很少，但查询时间变得更长。

（4）为了改善数据汇总查询的性能，可以建立汇总表，但汇总表的数量与用户分析的角度数目和每个角度的层次数目密切相关。例如，用户从 8 个角度进行分析，每个角度有 3 个汇总层次，则汇总表多达 3^8 个。

可以对常用汇总数据建立汇总表，对不常用汇总数据进行 Group by 操作，这样来取得性能和管理复杂度之间的平衡。

2. 多维 OLAP

多维 OLAP 实际上是用多维数组的方式对关系数据表进行处理。

MOLAP 首先对事实表中的所有外键进行排序，并将排序后的具体指标数值一一写进虚拟的多维立方体中。当然，虚拟的多维立方体只是为了便于理解而构想的，MOLAP 实际的数据存储在数据文件中，其数据放置的顺序与虚拟的多维立方体按 x、y、z 坐标展开的顺序是一致的。同时，为了查找数据方便，MOLAP 需要预先建立维度索引，这个索引被放置在 MOLAP 的概要文件中。

概要文件是 MOLAP 的核心，相当于 ROLAP 的数据模型设计。概要文件包括所有维的定义（包括复杂的维度结构）以及各个层次的数据汇总关系（例如在时间维，日汇总至月，月汇总至季度，季度汇总至年），这些定义往往从关系型维表中直接引入即可。概要文件也包括分析指标的定义，因此可以在概要文件中包含丰富的衍生指标，这些衍生指标由基础指标计算推导出来。

一旦概要文件定义好，MOLAP 系统就可以自动安排数据存储的方式和进行数据查询。从 MOLAP 的数据文件与 ROLAP 的事实表的对比可以看出，MOLAP 的数据文件完全不需要记录维度的外键，在维度比较多的情况下，这种数据存储方式大大节省了空间。

但是，当数据相当稀疏，虚拟的多维立方体中很多数值为空时，MOLAP 的数据文件需要对相关的位置留空，而 ROLAP 的事实表却不会存储这些记录。为了有效地解决这一问题，MOLAP 采用了稀疏维和密集维相结合的处理方式。

在实际应用中，不可能所有分析的维度都是密集的，也绝少存在所有分析的维度都是稀疏的，因此稀疏维和密集维并用的模式几乎主导了所有的 MOLAP 应用。而稀疏维和密集维的定义全部集中在概要文件中，因此，只要预先定义好概要文件，所有的数据分布就自动确定了。

六、数据仓库与 OLAP 应用举例

（一）公司的财务数据仓库设计

对于公司来说，由“时间”“公司名称”“盈利能力”可以组成一个三维的盈利能力立方体。时间轴由每个具体的年度组成，公司轴由具体的公司名称组成，盈利能力由选取的指标总资产收益率、净资产收益率、销售净利率、营业利润率组成，具体如图 5－6 所示。多维数据集是一种结构，包含了一个或者多个度量，还包含了由维度层次结构形成的聚合，以及一个或者多个维度从层次结构中提取出来时所形成的聚合。在图 5－6 所示的多维数据集内，每个度量都是三个维度的成员交叉，比如 O 点描述了公司 A 在 2017 年的总资产利润率的值。

公司的财务数据仓库包括一个事实表和四个维表，分别由指标维表、时间维表、公司维表和行业维表组成。根据指标的系统性、敏感性、可度量性原则选取了财务指标。指标维表由指标编号和表 5－1 中所选取的 14 个财务指标组成，时间维表由时间编号、年度、半年度和季度组成。公司维表由选取的多家数据较齐全的上市公司编号、公司代码和公司简称组成。行业维表由行业编号和行业名称组成。

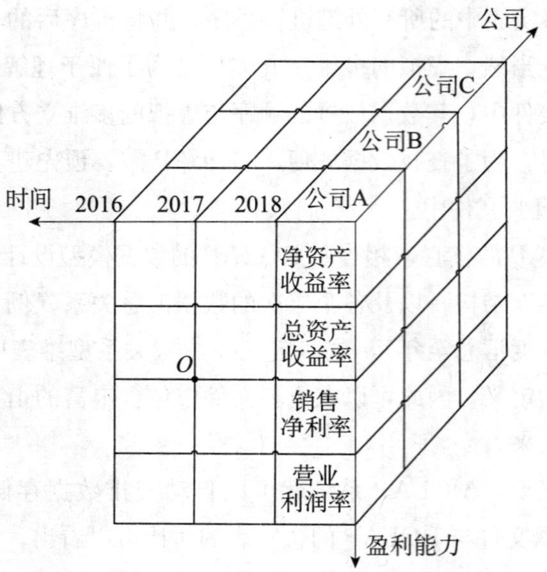

图 5-6 盈利能力多维数据立方体

表 5-1 选取的财务指标

评价方向	指标名称
偿债能力	流动比率
	速动比率
	资产负债率
营运能力	总资产周转率
	应收账款周转率
	固定资产周转率
	存货周转率
盈利能力	销售净利率
	净资产收益率
	营业利润率
	总资产收益率
发展能力	总资产同比增长率
	净利润同比增长率
	资本积累率

OLAP 系统围绕构造维度、层次结构和多维数据集的数据进行创建，这样可以使用户很容易地按照需要分割组合信息，使用多种方式查看数据。具体包括：(1) 切片和切块。在多维数据结构中，按二维进行切片，按三维进行切块，可查询到所需数据。例如，特定年份的盈利能力构成多年数据的一个切片，多个切片叠合起来即为切块。(2) 旋转。旋转是改变页面显示的维方向，比如行和列之间的交换。(3) 钻取。钻取是改变维的层次，变换分析的粒度，包括上卷和下探，上卷是指由低层次向高层次数据的查看，即维度的减少，例如从半年度数据向年度数据的汇总；下探是由高层次数据向低层次数据的查看，即维度的增加，例如从季度数据向半年度数据的深入。

（二）面向财务分析的多维数据模型设计

传统财务数据查询主要面向应用，属于一种支持日常操作的事务处理，没有分析所查询的数据信息的能力，决策者也无法在分析大量历史数据的基础上多维度地比较、分析某个主题的相关数据。而财务分析中应用数据挖掘技术体现出了序列导向及多维度的特点，从而有效提高了财务信息的应用能力。利用多维度数据模型进行财务分析是体现出数据的多维度特点的好方法。

财务报表数据多维分析系统以各行业所有公司财务报告中的事务型数据为研究对象，通过编制程序对这些财务历史数据进行集成、转换、清理和抽取，将其按照财务主题重新组织成面向分析评价的数据仓库，然后在 OLAP 服务器中构建基于数据仓库的多维数据模型，并结合财务分析方法中的比率综合评价法，应用切片、切块、钻取等多维分析方法，最后实现了从不同角度、不同侧面对该地区公司的经营和财务状况进行分析与评价。

财务分析的主要目的是改善经营管理，提高公司的经济效益，保证会计信息资料的可靠性，以保证公司财产的安全性、完整性。比如某生态园林公司需要投入大量资金完善生产基础设施，并保证现场作业的有序，如有必要还要投资于公司产品周边附属产业的发展，因此财务决策的重要性不言而喻，而在财务决策中应用数据挖掘技术十分有必要。

图 5－7 为财务分析的星形模型。事实表里面主要包含两方面的信息：维和度量，维的具体描述信息记录在维表，事实表中的维属性只是一个关联到维表的键，并不记录具体信息；度量一般都会记录事件的相应数值，比如这里的产品的分析方法、分析内容等。维表中的信息一般是可以分层的，比如时间维的日期、月份、季度、年度等，这类分层的信息可满足事实表中的度量在不同的粒度上完成聚合。

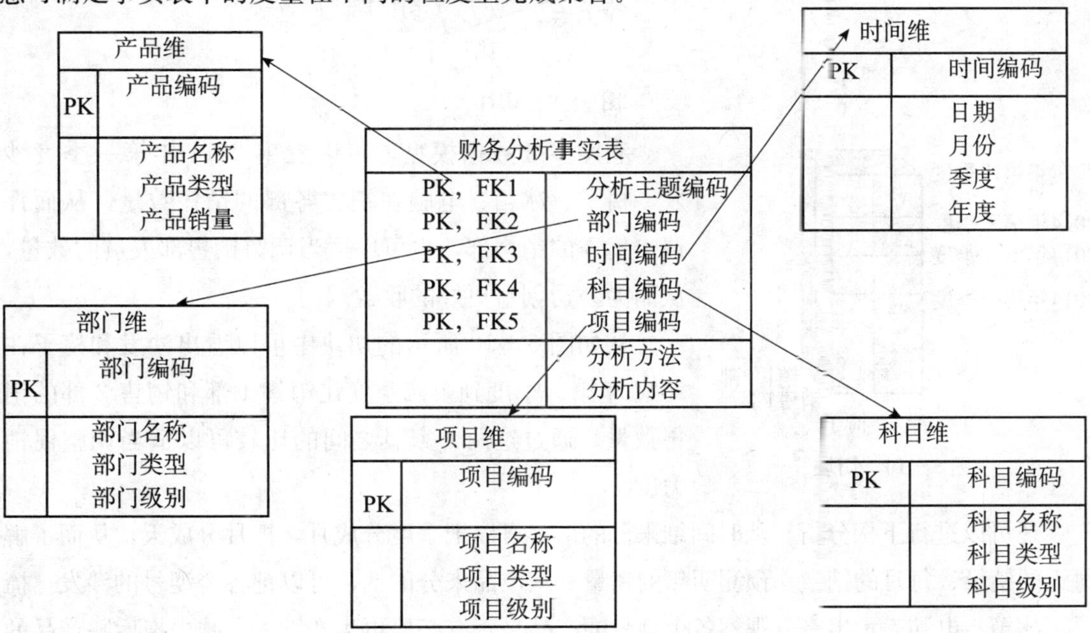

图 5－7　星形结构

多维数据仓库中的维度层次划分基本确定了每维垂直的汇总路径。数据按照这些汇总路径进行汇总。当沿其中任何一条路径自上而下进行分析时，即实现了下探分析，反之即为上卷分析。如果将某一路径与不同方向的其他若干路径任意组合，这就是面和块的切割分析。例如，从图 5－8 可以看出，由时间、产品、部门组成的数据立方体，是财务分析的重要依据。

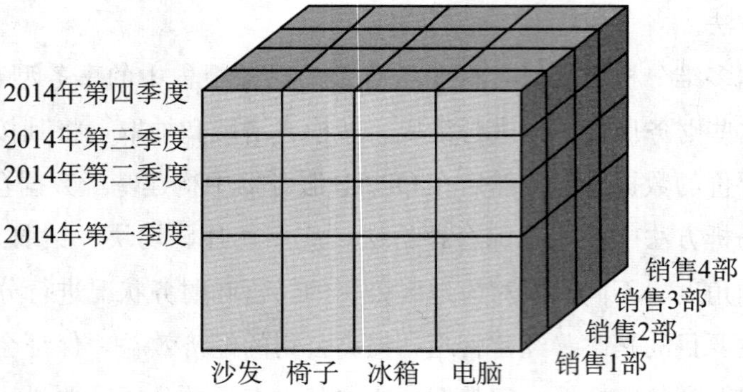

图 5－8　数据立方体

然后进行切片，得到如图 5－9 所示的切片。

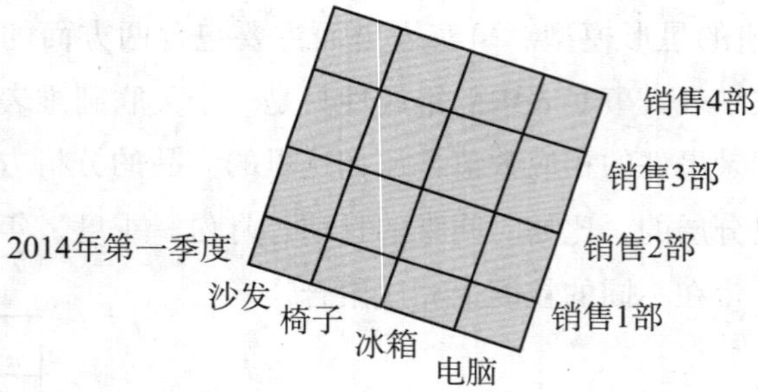

图 5－9　切片

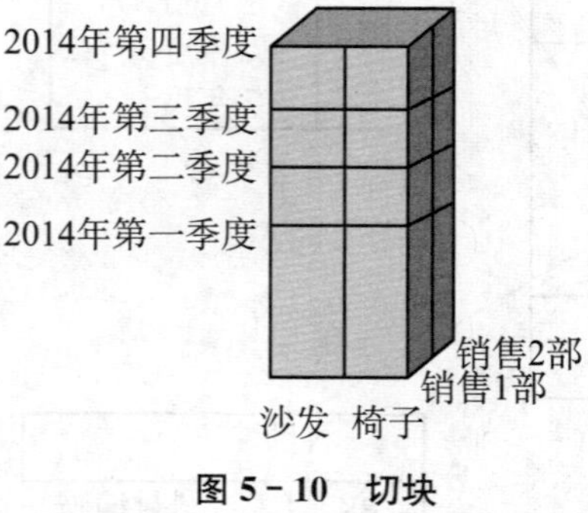

图 5－10　切块

利用多维数据模型，可以看出 2014 年第一季度沙发、椅子、冰箱、电脑在销售各部的销售数量，从而评选出优秀的销售部，也可以适当调整销售部人员的数量，从而为公司创造更好的收益。

从如图 5－10 所示的切块中可以看出沙发和椅子在 2014 年第一季度到第四季度在销售 1 部和销售 2 部的销售数量，通过这两个家具之间的比较可以适当调整促销力度。

还可以进行下探分析。从时间维来分的话，可以把季度分成月，把月分成天，从而了解每天的销量、每月的销量，预测明年的销量。从产品来分的话，可以把各个型号的沙发、椅子、冰箱、电脑表示出来，观察各个型号的产品是否有必要再生产下去，减少拖后腿产品的产量或者将其淘汰。也可以在公司资金允许的情况下创造新产品，增加公司的商誉。

也可以进行上卷分析。从时间维上可以查看 2011—2014 年的销量，总结公司这四年的销售情况，对公司的现状也可以进一步分析。从产品维可以分为电器和家具，看哪种类型的东西更畅销，调整产业结构，增加产量，增加畅销类物品。

多维数据分析实现了自由切块、切片、钻取、旋转等操作，数据操作快速、方便。在实际建立多维数据模型的过程中，一方面，数据仓库的数据内容、结构、粒度和其他物理设计需要根据用户的反馈信息不断调整完善；另一方面，应用环境发生重大变化或者新技术出现，都有可能导致用户的应用需求发生重大变化，使现有系统不能满足用户要求，需要重新设计系统，开始一个新的生命周期。所以说数据仓库的建立是运用一套有效的数据仓库建立方法不断反复循环的过程。

七、实践

（一）利用 SQL Server 2005 进行数据仓库和 OLAP 实践

SQL Server 2005 在商务智能方面提供了三大服务和一个工具来实现系统的整合。其中，SSAS 是从数据中实现智能的关键，通过这种服务，可以构建数据立方体，也就是多维数据集，然后进行 OLAP 实践。首先对 OLAP 的多维数据结构进行设计，包括对维度和多维数据集的设计；然后创建维度和多维数据集，系统采用 SSAS 做分析服务器；最后利用 SSRS 展示查询数据。

1. 生成多维数据集

多维数据集建立在数据源视图的基础上，通过设置事实表和维度表，系统会自动检测层次结构，这些都是和原始财务数据中的逻辑结构相符的。在完成向导后，可以查看建立的多维数据集结构。

2. 创建报表和前端展示

如果说 SSAS 对数据进行了相应的分析，创建了数据立方体和 OLAP 所需的数据库，那么报表和 Excel 展示应该属于商务智能体系中的前端展示部分，需要使用 SSRS 报表服务来实现。例如查询某行业某年度表示盈利能力的财务指标，可先选择数据仓库中的所有公司 2007—2009 年的净资产收益率、总资产收益率、销售净利率和营业利润率，然后在查询生成器中设置相应的查询条件，将查询结果导入 Excel 中。可以很清晰地看出，净资产收益率最高的公司，其自有资本获取收益的能力最强，运营效率最好，并且其他三项财务指标也高，说明公司盈利能力很强，且具有稳定性和持久性。这只是一个简单的展示过程，另外财务人员可以通过设置查询条件简单、方便地调用自己所需要的报表，利用构造的 MDX 语句，实现上卷、下探、切块、切片、旋转等 OLAP 运算。在盈利能力的各项指标中，数据透视表能更形象地展示数据，因为数据实时更新，这样的图表更能支持财务决策，充分体现商务智能辅助有效决策的目标。

（二）利用 SPSS 进行 OLAP 实践

SPSS 中的 OLAP 过程是这样的：

对于按一个或多个分组变量所分的组，计算所考察的连续变量的合计、均值以及其他基本统计量，并且以分层的方式输出结果，表中每一层依据一个分组变量输出结果。在建立或打开一个数据文件后，就可以进行 OLAP 了。

首先打开数据文件，然后选择“分析”→“报告”→“OLAP 立方”命令，打开“OLAP 立方体”对话框，如图 5－11 所示：

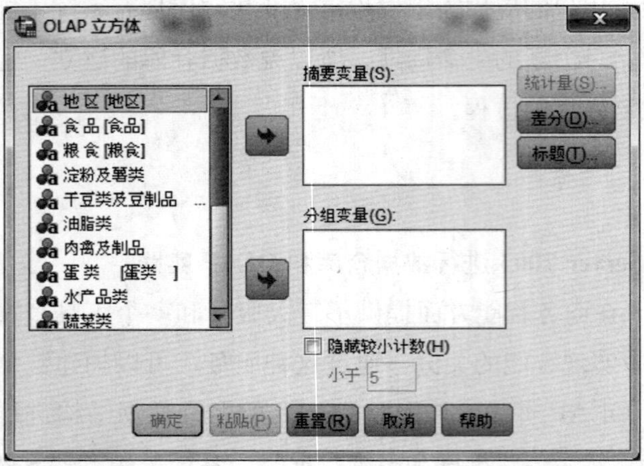

图 5－11　OLAP 立方体

“OLAP 立方体”对话框的左边列表框中是所有变量列表，右边包含两个列表框，即“摘要变量”和“分组变量”列表框。

进入“摘要变量”列表框中的变量要求是数值变量，SPSS 程序将自动对该列表框中的变量做摘要分析。从左侧的源变量列表框中选择取值有限的数值型或字符型变量进入“分组变量”列表框，SPSS 程序将自动按照每个分组变量的类别进行分组分析。

需要说明的是，这里的分组变量在实际运算过程中并不起到分组的作用，而仅仅是确定进入统计过程的观测量的范围。

分别选择了摘要变量和分组变量之后，单击“统计量”按钮，打开如图 5－12 所示的“OLAP 立方：统计量”对话框。在该对话框中可以选择需要输出的统计量。

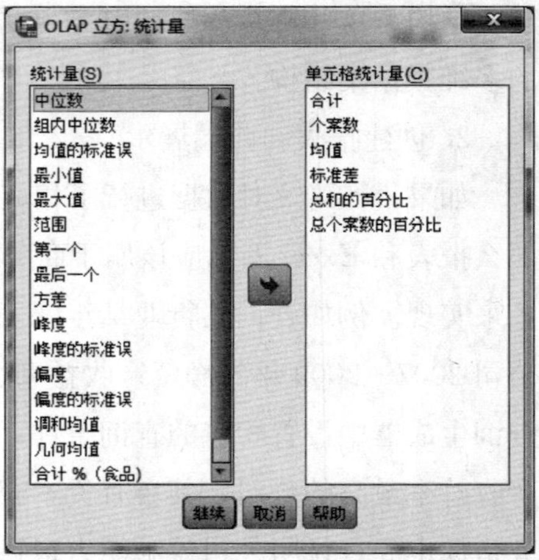

图 5－12　“OLAP 立方：统计量”对话框

讨论题

讨论数据仓库与大数据技术的关系。

思考题

1. 什么是数据仓库？数据仓库有什么特点与好处？
2. 比较 OLTP 与 OLAP。
3. ETL 在数据仓库中的作用是什么？
4. 比较数据仓库与数据集市。

第六章

数据预处理

导入案例

某互联网公司作为买卖双方的交易平台，其最终的价值体现在买卖双方在该平台上达成交易（从而真正让买卖双方双赢）。现在，管理层希望针对在线成交的卖家（群体）形成一个分层进化的视图，其基本目标就是从免费注册的卖家开始，通过该视图粗略地、有代表性地勾画出卖家一步步成长乃至最终达成交易的全过程。这里的每一层都有一个或几个有代表性的重要指标门槛，顺着不同的门槛逐步进化。越往上走，人群越少，越有可能成为有交易的卖家，而最后一层将是近 30 天来有交易的卖家。

这个分层模型的主要价值体现在可以让管理层、决策层对交易卖家的成长、进化、过滤的过程有清晰、直观的把握，并且可以从中直观地了解影响卖家交易的一系列核心因素，以及相应的大致门槛阈值，也可以让具体的业务部门直观地了解培养成交卖家，让卖家能在线成交的主要因素，以及相应的运营抓手。

数据预处理（data preprocessing）是指在数据挖掘之前对数据进行的一些处理工作。数据预处理的原因是现实世界中的数据通常是不完整、不一致的脏数据，无法直接进行数据挖掘或挖掘结果并不令人满意。为了提高数据挖掘的质量，有必要进行数据预处理。数据预处理为数据挖掘过程提供干净、准确、简洁的数据，提高了数据挖掘的效率和准确性。如图 6－1 所示，没有高质量的数据，就没有高质量的挖掘结果，高质量的决策必须依赖于高质量的数据。

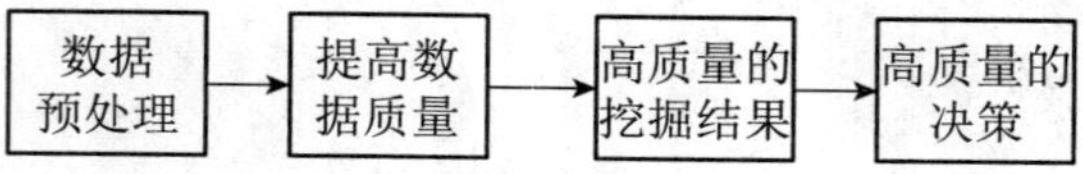

图 6－1　数据预处理的作用

一、数据预处理的步骤

数据预处理有多种方法，按照在数据预处理过程中的先后次序可以分为以下四个步骤：数据清理、数据集成、数据选择和数据变换。这四个步骤涉及的数据处理技术在数据挖掘之前使用，可以大大提高数据挖掘的质量，减少实际挖掘所需要的时间。

1. 数据清理

数据清理通过填写缺失的值、光滑噪声数据、识别或删除离群点并解决不一致性来“清洗”数据，主要达到如下目标：格式标准化，清除异常数据，纠正错误数据，清除重复数据。

数据清理的原因在于数据通常存在质量问题，所谓数据多了，数据来源多了，什么问题都可能会有。常见的数据质量问题包括：

（1）空缺数据。

某些属性的内容缺失、某些数据在当时被认为是不必要的或者由于误解、检测设备失灵导致相关数据没有被记录下来等情况都可能导致空缺数据的产生。空缺值一般可结合实际情况，用忽略元组、人工填写空缺值、使用一个全局常量填充空缺值、使用属性的平均值填充空缺值、使用与给定元组属同一类的所有样本的平均值填充空缺值和使用最可能的值填充空缺值等方法解决。

（2）噪声数据。

噪声数据的来源包括：数据中存在错误、异常（偏离期望值）；数据采集设备存在问题；在数据录入过程中发生人为的或计算机造成的失误；数据在传输过程中发生错误；由于命名规则或数据代码不同而引起数据不一致。

噪声是一个测量变量中的随机错误或偏差。对于噪声通常采用数据平滑技术去除噪声，包括分箱、聚类和回归的方法。

分箱的方法是指把待处理的数据按照一定的规则放进一些箱子中，考察每一个箱子中的数据，采用某种方法分别对各个箱子中的数据进行处理。其中，箱子是指按照属性值划分的子区间，如果一个属性值处于某个子区间范围内，就称把该属性值放进这个子区间代表的“箱子”里。

分箱的方法示例如下。在分箱前对记录集按目标属性值的大小进行排序。客户收入属性“income”排序后的值（单位：元）为：800，1 000，1 200，1 500，1 500，1 800，2 000，2 300，2 500，2 800，3 000，3 500，4 000，4 500，4 800，5 000。

例 1：统一权重（等深）分箱法。

按记录行数分箱，每箱具有相同的记录数，每箱记录数被称为箱的权重，又称箱子的深度。

采用统一权重分箱法，设定权重（箱子的深度）为 4，分箱结果如下：

箱 1：800　1 000　1 200　1 500

箱 2：1 500　1 800　2 000　2 300

箱 3：2 500　2 800　3 000　3 500

箱 4：4 000　4 500　4 800　5 000

例 2：统一区间（等宽）分箱法。

在整个属性值的区间上平均分布，即每个箱的区间范围是一个常量，即箱子的宽度。

采用统一区间分箱法，设定区间范围（箱子的宽度）为 1 000 元，分箱结果如下：

箱 1：800　1 000　1 200　1 500　1 500　1 800

箱 2：2 000　2 300　2 500　2 800　3 000

箱 3：3 500　4 000　4 500

箱 4：4 800　5 000

例 3：用户根据需要自定义区间。

如将客户收入划分为 1 000 元以下、1 000～2 000 元、2 000～3 000 元、3 000～4 000 元和 4 000 元以上几组，分箱结果如下：

箱 1：800

箱 2：1 000　1 200　1 500　1 500　1 800　2 000

箱 3：2 300　2 500　2 800　3 000

箱 4：3 500　4 000

箱 5：4 500　4 800　5 000

数据平滑方法又具体包括：

①按箱平均值平滑。

对同一箱子中的数据求平均值，用平均值替代该箱子中的所有数据。

②按箱中值平滑。

取箱子的中值，用中值替代箱子中的所有数据。

③按箱边界平滑。

用距离较小的边界值替代箱中的每一个数据。

聚类的方法是指将物理的或抽象对象的集合分组为不同的簇，其中，簇是指一组数据对象集合。同一簇内的所有对象具有相似性，不同簇之间的对象具有较大的差异性。通过聚类的方法，不仅可以找出类别的特征，还可以找出并清除那些落在簇之外的值（孤立点），这些孤立点可被视为噪声。换句话说，孤立点可以通过聚类的方法检测。

相似或相邻近的数据聚合在一起形成聚类集合，而那些位于这些聚类集合之外的数据，自然而然就被认为是异常数据。

回归的方法是指发现两个相关的变量之间的变化模式，通过使数据适合一个函数来平滑数据，即利用拟合函数对数据进行平滑。

（3）不一致数据。

不一致数据的来源包括：数据内涵出现不一致（如作为关键字的同一时间编码出现不同值）；历史记录或对数据的修改被忽略；对于有些事务数据的记录不一致；数据集成可能造成的数据不一致。

对于不一致数据可以采用人工干预更正，可用知识工程工具来检测和修正违反限制和规则的数据。

（4）重复数据。

某些属性虽然名称不同但含义相同，或者某些数据重复记录都会导致重复的产生。对于重复的数据可以采用人工干预更正，也可以用知识工程工具来检测和修正违反限制和规则的数据。

（5）高纬度数据。

维度的增加不仅会增加待发掘的知识与规则的复杂度，而且会增加数据的规模，增加数据处理的复杂度。高纬度数据可以通过人工干预，也可以通过知识工程工具降维。

为达到数据清理的目的，数据选择应参考如下原则：

（1）尽可能赋予属性名和属性值明确含义。

（2）统一多数据源的属性值编码。

（3）去除唯一属性。

（4）取出重复属性。

（5）去除可以忽略的字段。

（6）合理选择关联字段。

2. 数据集成

将多个数据源中的数据结合起来并统一存储，建立数据仓库的过程实际上就是数据集成。海量数据集往往涉及多个数据源，因此，在数据挖掘之前需要合并这些数据源存储的数据，如果原始数据的形式不符合数据挖掘算法的需要，就要按集成的要求进行数据变换。因此，数据集成是将多个数据源中的数据结合起来存放在一个一致的数据仓库中。这些数据源可以包括多个数据库、数据立方体或一般文件。

3. 数据选择

数据选择又称数据归约。数据挖掘用到的数据量非常大，对大规模数据库中的内容进行复杂的数据分析通常需要耗费大量时间，这就常常使这样的分析变得不现实、不可行。数据归约技术可以用来得到数据集的归约表示，它比原数据小得多，但仍然接近于保持原数据的完整性，并且由此得到的结果与归约前的结果相同或几乎相同。比如可以通过聚集、删除冗余特性或聚类方法来压缩数据。

数据归约的方法有很多，但无论采用什么方法，都要坚持如下两个归约标准：

（1）用于数据归约的时间不应当超过或“抵消”在归约后的数据上挖掘节省的时间。

（2）归约得到的数据比原数据小得多，但可以产生相同或几乎相同的分析结果。

常用的数据归约策略有：

（1）数据立方体聚集。

数据立方体聚集的方法是指将 n 维数据立方体聚集为 $n-1$ 维数据立方体，如图 6 - 2 所示。

在上例中，聚集后的数据量明显减少，但没有丢失分析任务所需的信息。

（2）维归约。

用于数据分析的数据可能包含数以千计的属性，但其中大部分属性与要分析的主题不相关，是冗余的。维归约通过删除不相关的属性（或维）减少数据量。维归约基本采用属性子集选择方法。属性子集选择的目标是找出最小属性集，使数据类的概率分布尽可能地

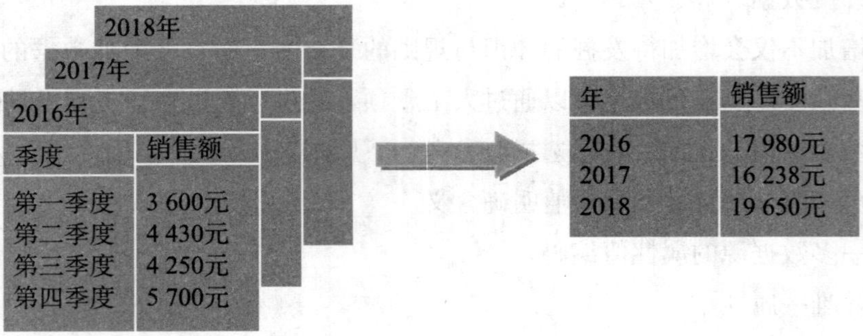

图 6-2 数据立方体聚集

接近使用所有属性的原分布。比如，在考察顾客是否会在商场购买某商品时，顾客的电话号码很可能与挖掘任务无关，应该可以去掉。

维归约的数学描述是：d 个属性有 2^d 个可能的子集，通过穷举搜索找出属性的最优子集可能是不现实的。这时通常使用压缩搜索空间的启发式算法，这些算法是贪心算法，在搜索属性空间时，总是做看上去是最优的选择。其含义是由局部最优选择推导全局最优选择。在实际应用中，贪心算法是有效的，并可以逼近最优解。

属性子集选择的基本启发式算法包括：逐步向前选择、逐步向后删除、向前选择与向后删除的结合以及决策树归纳。

逐步向前选择是指由空集开始，选择属性集中最好的属性，并将其添加到该集合中。随后每次迭代，将原属性集剩下的属性中的最好的属性添加到该集合中。比如：

初始属性集：{A1，A2，A3，A4，A5，A6}

初始归约集：{ }

⇒ {A1}

⇒ {A1，A4}

⇒归约后的属性集：{A1，A4，A6}

逐步向后删除是指由整个属性集开始，每一步删除尚在属性集中的最坏的属性。比如：初始属性集：{A1，A2，A3，A4，A5，A6}

⇒ {A1，A3，A4，A5，A6}

⇒ {A1，A4，A5，A6}

⇒归约后的属性集：{A1，A4，A6}

向前选择与向后删除的结合是指每一步选择一个最好的属性，并在剩余属性中删除一个最坏的属性。这里需要说明的是：以上三种方法通过事先设定一个阈值来确定是否停止属性选择。

在上述三种方法中，属性的选择与删除可以基于专家经验，也可以基于事实调查与分析。

决策树归纳是指采用决策树算法，如 ID3 和 C4.5。决策树归纳构造一个类似流程图的结构，其每一个内部节点表示一个属性上的测试，每个分枝（非树叶）对应于测试的一个输出；每个外部节点（树叶）表示一个判定类。在每个节点，算法选择“最好”的属性，将数据划分成类。决策树归纳在第七章会有详细介绍。

维归约的方法也常被用来进行事物的特征提取，即通过选取最小的特征属性集合，使得到的数据挖掘结果与所有特征参加数据挖掘的结果相近或完全一致。

（3）数据压缩。

数据压缩是指应用数据编码或变换得到原数据的归约或“压缩”表示。数据压缩包括无损数据压缩技术和有损数据压缩技术两种。前者是指原数据可以由压缩数据重新构造而不丢失任何信息所采用的压缩技术；后者是指只能重新构造原数据的近似表示所采用的数据压缩技术。

主成分分析（principal component analysis，PCA）是一种常用的数据压缩方法，该方法通过将原来的数据投影到一个较小的空间进行数据压缩。

正则表达式（regular expression）也是一种常用的数据压缩方法，它描述了一种字符串匹配的模式，可以用来检查一个串是否含有某种子串、将匹配的子串替换或者从某个串中取出符合某个条件的子串等。

（4）数值归约。

数值归约就是通过选择替代的、较小的数据表示形式来减少数据量，主要有有参方法和无参方法两类。有参方法是指使用一个模型来评估数据，使只需要存放参数，而不是实际数据，如回归和对数线性模型等。无参方法是指使用存放数据归约表示，如直方图、聚类、抽样等。回归和对数线性模型是指可以用回归和对数线性模型来近似给定数据。线性回归对数据建模，使之适合一条直线。对数线性模型近似离散的多维概率分布。基于较小的方体形成数据立方体的格，该方法可以用于估计具有离散属性集的基本方体中每个单元的概率。

直方图使用分箱近似分布，是一种流行的数据归约形式。属性A的直方图将属性的数据划分为不相交的子集或桶。桶安放在水平轴上，而桶的高度是该桶所代表的值的频次。如果每个桶只代表单个属性值-频次对，则该桶为单桶。通常，桶表示给定属性的一个连续区间。

聚类技术将数据元组视为对象。它将对象划分为群或类（如图6－3所示），使在一个类别中的对象类似，但与其他类别中的对象不类似。通常，类似性基于距离，用对象在空间中的接近程度定义。聚类的质量可以用直径表示，直径是一个聚类中两个任意对象的最大距离。

质心距离是聚类质量的另一种度量，它的定义为聚类质心到每个聚类对象的平均距离。在数据归约时，用聚类划分的群替换实际数据。

抽样是指用数据的较小随机样本（子集）表示大的数据集，它可以作为一种数据归约技术使用。

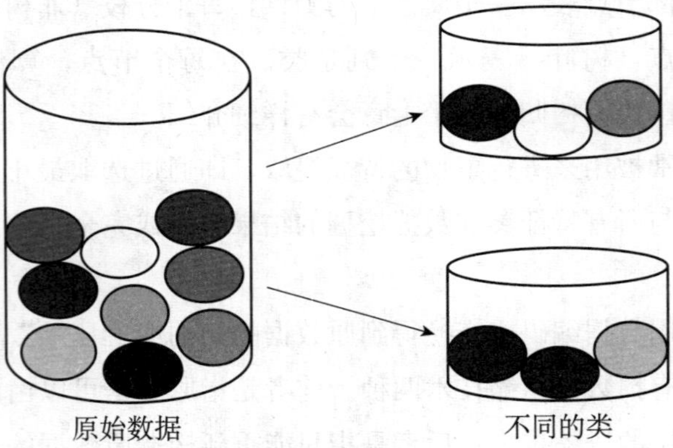

图 6-3　用聚类技术表示实际数据

假定大的数据集 D 包含 N 个元组，则常用的对 D 的抽样有：不放回简单随机抽样、放回简单随机抽样、系统抽样和分层抽样等，如图 6-4 所示。

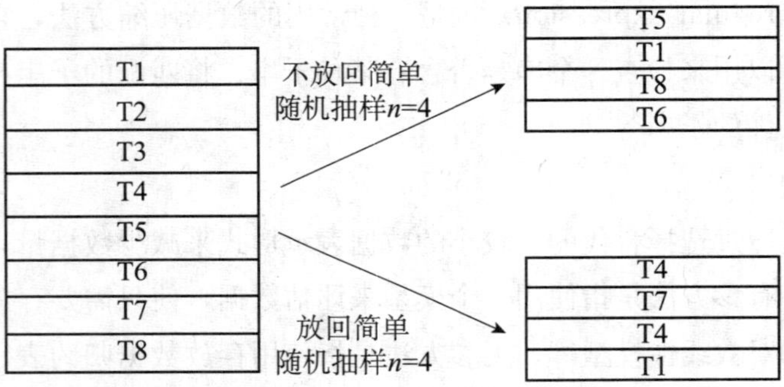

（a）放回和不放回简单随机抽样

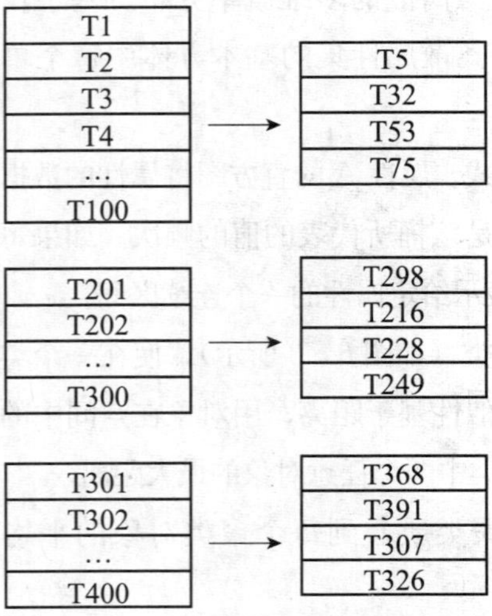

（b）系统抽样

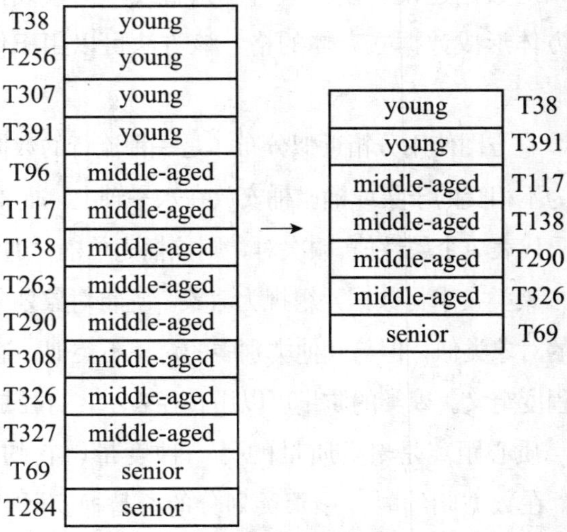

（c）分层抽样

图 6-4　抽样举例

（5）离散化技术和概念分层。

通过将属性域划分为区间，离散化技术可以用来减少给定的连续属性值的个数。区间的标号可以替代实际的数据值。许多离散化技术都可以递归使用，以便提供属性值的分层或多分解划分，即概念分层。

属性值一般分为三种类型：名称型，即无序集合中的值；序数型，即有序集合中的值；连续型，即实数。

离散化技术是指通过将属性（连续取值）域值范围分为若干区间来帮助减少一个连续（取值）属性的取值个数。概念分层定义了一组由低层次概念集到高层次概念集的映射。它允许在各种抽象级别上处理数据，从而在多个抽象层上发现知识，用较高层次的概念替换低层次的概念，以此来减少取值个数。虽然一些细节在数据泛化过程中消失了，但这样的泛化数据或许会更易于理解、更有意义。在处理后的数据集上进行数据挖掘显然效率更高。概念分层结构可以用树来表示，树的每个节点代表一个概念（如图 6－5 所示）。

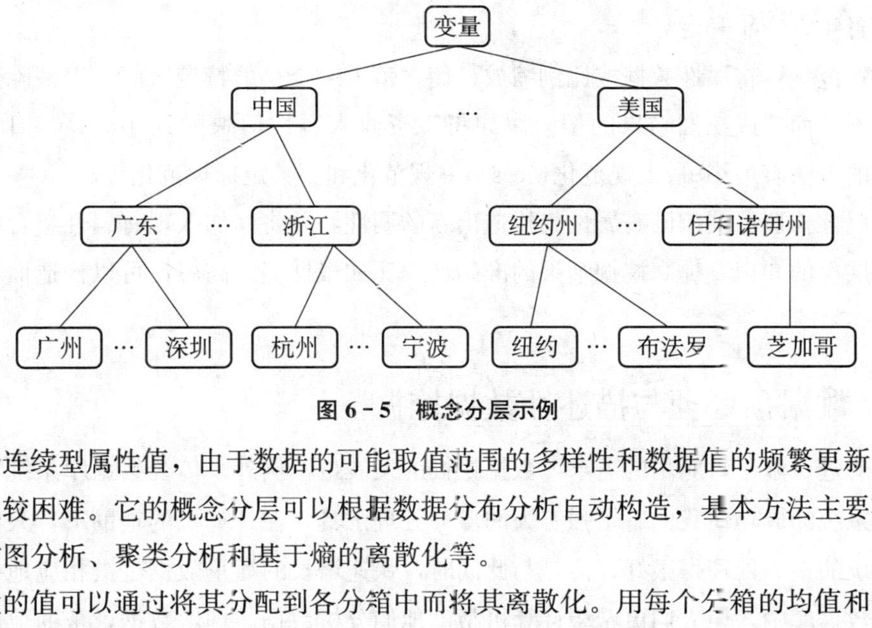

图 6－5　概念分层示例

对于连续型属性值，由于数据的可能取值范围的多样性和数据值的频繁更新，概念分层一般比较困难。它的概念分层可以根据数据分布分析自动构造，基本方法主要有分箱分析、直方图分析、聚类分析和基于熵的离散化等。

属性的值可以通过将其分配到各分箱中而将其离散化。用每个分箱的均值和中位数替换每个分箱中的值（利用均值或中位数进行平滑）。循环应用这些操作处理每次的操作结果，就可以获得一个概念层次树。

循环应用直方图分析方法处理每次的划分结果，最终自动获得多层次概念树，而当达到用户指定层次水平后划分结束。最小间隔大小也可以帮助控制循环过程，其中包括指定一个划分的最小宽度或每一个层次每一划分中数值的个数等。

聚类算法可以将数据集划分为若干类或组。每个类构成了概念层次树的一个节点；每个类还可以进一步分解为若干子类，从而构成更低水平的层次。当然类也可以合并起来构成更高层次的概念水平。

4. 数据变换

通过平滑聚集、数据概化、规范化等方式将数据转换成适用于数据挖掘的形式。在此过程中，可以通过改进距离度量，改进挖掘算法的精度和有效性。

数据变换将数据转换成适合挖掘的形式，主要包括：

(1) 平滑：去除数据中的噪声，可采用分箱、聚类和回归等方法。这些方法前面已经详细介绍，这里就不再赘述。

(2) 聚集：对数据进行汇总，比如每天销售额（数据）可以进行合计操作以获得每月或每年的总额。常见的操作函数有 avg()，count()，sum()，min()，max() 等。聚集的方法可以用来构造数据立方体。

(3) 数据概化：使用概念分层，用高层概念替换低层“原始”数据，即用更抽象（更高层次）的概念来取代低层次的或数据层的数据对象。比如，街道属性可以泛化到更高层次的概念，如城市、国家。同样对于数值型的属性，如年龄属性，可以映射到更高层次的概念，如青年、中年和老年。

(4) 规范化：将属性数据按比例缩放，使之落入一个小的特定区间，以消除数值型属性因大小不一而造成挖掘结果的偏差。如将工资收入属性值映射到［－1.0，1.0］范围内。常见的方法有最小-最大规范化、z-score 规范化和小数定标规范化等。

(5) 属性构造：利用已有属性集构造出新的属性，并将其加入现有属性集合中以帮助挖掘更深层次的知识，提高挖掘结果的准确性。比如根据宽、高属性可以构造面积这样一个新属性。

二、数据预处理与描述性数据挖掘

技术的进步源于对应用的需求，数据挖掘的发展也不例外。传统数据库系统特别是关系数据库系统的成功使我们有了强有力的事务处理工具，在计算机的辅助下，人们可以方便地将传统的事务处理得很好，但是与此同时，快速增长的海量数据也被相应地搜集、存放在大型数据库中，使人们更希望计算机帮助他们分析数据、理解数据，帮助他们基于丰富的数据做出决策，做人力所不能及的事情。于是，数据挖掘——从大量数据中用非平凡的方法发现有用的知识——就成了一种自然的需求。正是这种需求引起了人们的广泛关注，导致了数据挖掘研究的蓬勃发展。

从数据分析的角度，数据挖掘可以分为两类：预测性数据挖掘和描述性数据挖掘。预测性数据挖掘是指通过分析数据建立一个或一组模型，并试图预测新数据集的行为。描述性数据挖掘则以简洁概要的方式描述数据，并提供数据的有趣的一般性质。二者都是数据挖掘的重要任务。

数据预处理过程中所涉及的数据的选择与提取构成了描述性数据挖掘阶段模式识别

中的重要方法，也是模式识别中重要而困难的一个环节。数据的选择与提取是通过降低特征维数来分析各种特征的有效性并选出其中最有代表性的特征，这是模式识别的关键一步。

数据的选择与提取具有三大类特征：物理特征、结构特征和数学特征。物理特征和结构特征是指易于被人的直觉感知，但有时难于定量描述，因而不易被用于机器判别。举个简单的例子，人们在日常对话中可以形容一个人是否有胡须、什么发型、什么脸型，可这些特征仁者见仁，智者见智，没有固定的标准，这些便属于物理特征与结构特征。数学特征则是易于用机器定量描述和判别的特征，如基于统计的特征。特征的选择与提取与具体问题有很大的关系，目前没有理论能给出对任何问题都有效的特征选择与提取方法。

数据的选择与提取是两类提取有效信息、压缩特征空间的方法。特征选择是从原始特征中挑选出一些最有代表性、分类性能最好的特征。特征提取是指用映射（或变换）的方法把原始特征变换为较少的新特征。

特征提取一般用数学方法进行压缩，特征选择一般根据物理特征或结构特征进行压缩。

三、数据预处理与孤立点分析

谈到孤立点分析，就不得不复习一下聚类的认识。将物理或抽象对象的集合分成由类似的对象组成的多个类的过程被称为聚类。由聚类所生成的簇是一组数据对象的集合，这些对象与同一个簇中的对象彼此相似，与其他簇中的对象相异。聚类分析又称群分析，它是研究（样品或指标）分类问题的一种统计分析方法。聚类分析起源于分类学，但是聚类不等于分类。聚类与分类的不同在于聚类所要求划分的类是未知的。

在商务上，聚类能帮助市场分析人员从客户基本库中发现不同的客户群，并且用购买模式来刻画不同的客户群的特征，在汽车保险单持有者的分组，以及根据房屋的类型、价值和地理位置对一个城市中的房屋的分组等方面也可以发挥作用。聚类也能用于对 Web 上的文档进行分类，以发现信息。

对孤立点的研究很大程度上是基于对聚类的研究，可以说同时进行孤立点分析比只研究聚类更有意义。人们通过聚类和孤立点分析可以识别密集或稀疏的区域，从而发现全局的分布模式，以及数据属性间有趣的相互关系。孤立点分析更大程度上诠释了数据挖掘的重要含义。

那么什么是孤立点呢？在数据分析与挖掘领域，孤立点是指数据集中的那些小模式数据，它可能是由度量或执行错误所导致的，也可能是固有数据变异的结果，总之，它是与大多数数据特征不一致的数据。

一般的孤立点挖掘中存在两个基本任务：一是在给定的数据集合中定义什么样的数据可以被认为是不一致的；二是找到一个有效的方法来挖掘这样的孤立点。基于聚类的基本思想就是将孤立点挖掘的过程转换成聚类的过程。首先将数据集利用已经成熟的模型进行聚类分析，使数据集形成簇，而那些不在簇中的样本点即被视为孤立点并进行再处理（见图 6-6）。

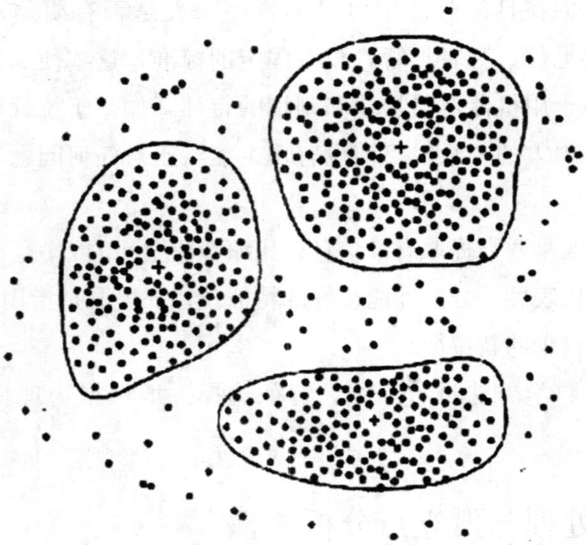

图 6-6　聚类中的孤立点

四、描述性数据挖掘和孤立点分析应用举例

（一）Web 文本挖掘

当今时代，网络信息成为人们不可缺少的信息资源。面对如此众多复杂的资源，人们越来越关注如何开发和利用这些资源。数据挖掘就是从大量的、不完全的、有噪声的、模糊的、随机的数据中提取隐含在其中的、人们事先不知道的、但又潜在有用的信息和知识的过程。Web 资源中许多信息是以文本的形式呈现给用户的，所以对于 Web 文本的分析和处理成了一项关键技术。由于所面对的是海量的、异构的、分散的 Web 文本，所以对在 Web 文本中提取的信息必须进行归类。但是 Web 文本是半结构的或无结构的，所以首先必须将其转化为结构性的，对 Web 文本进行分析发现，可以用从文本中提取出来的大量的特征项来区分 Web 文本，这对于 Web 文本归类起着至关重要的作用。

基本的特征提取思想是提取 Web 文本中出现的词条及其权值（加权平均数中每个数的频数）。特征提取主要是识别文本中词项的意义，提取过程是自动的，而且提取的多数是文本集中表示的概念，从文本中抽取一些能代表文本内容的词条，通过分析这些特征词，达到分析 Web 文本内容的目的。文本的区分是用从文本中提取出来的特征项的属性来进行区分，特征项的提取一般分为两种，一种是对一般特征项的提取，主要是分析一些出现频率较高的名词；一种是对名字、日期、数字等专有特征项的提取。

根据 HTML 文档的特点，标题和特征信息较多的文本对于 Web 文本的归类起到非常重要的作用，所以对标题和特征信息较多的文本赋予较高的权值。每类专有特征项都有自己明显的特点，根据这些特点可以将其提取出来，如名字有名字识别算法，日期有日期识别算法，数字有数字识别算法，术语有术语识别算法等。

下面以名字识别算法为例，简单介绍提取算法。

可以将名字看成一个字符串，中文姓名可以分为姓和名两个部分，虽然汉字非常多，但是可作为姓氏的汉字一般是固定的，为可以作为姓氏的汉字建立一个姓氏数据库，凡出现在姓氏数据库中的字被称为姓氏用字；同时也为名字建立名字数据库，凡出现在名字数据库中的字被称为名字用字；有一些字譬如“死”“啊”等是名字中一般不会使用的，也将它们放在一个数据库中，凡出现在其中的字均属于姓名停用字。对于双字词组中符合以下条件的将其归为一类，称其为普通用词：①出现在分词字典中的非姓名用词；②首字为动词，尾字为虚词；③首字为虚词，尾字为动词；④首字为动词，尾字为方位词；⑤首字为数字，尾字为量词；⑥不是多字词的前两个字。

如果给定的是一篇 Web 文本，只要将搜索的范围扩大到 Web 文本范围，不断地从 Web 文本中搜索可以作为姓氏的用字，将处于停用词或标点符号之间的子串从句子中提取出来，反复调用编写的程序，逐个判断某个字在文中是不是作为姓氏用字使用。名字识别算法类似于姓氏提取，在此不再做过多的讨论。

中文姓名主要是由字组成，所以查找的对象以字为主，而英文姓名主要是由词组成，英文的词与词之间是以空格分隔的，所以在搜索单词时，在本分析的基础上对程序稍做改动即可实现。

（二）信用卡诈骗识别系统

生活中有很多事情已经实现了孤立点分析，例如常见的信用卡诈骗识别系统。

根据孤立点的结构以及它与剩下的数据之间的关系，可以将孤立点分为三类：

（1）Ⅰ类孤立点。在一个给定的数据实例集合中，一个单独的偏远实例被称为Ⅰ类孤立点。这是最简单的孤立点，是大部分孤立点检测算法检测的重点。检测这类孤立点的技术主要分析一个单独的数据实例与剩下的所有数据实例之间的关系。

在信用卡诈骗识别系统中，每一个数据表示一个信用卡交易，假设每个数据实例仅有两个特征，分别是时间和交易金额，那么如图 6－7 所示，O_1、O_2、O_3 落在正常区域外，因此它们属于此类孤立点。

（2）Ⅱ类孤立点。这一类孤立点是由给定数据集中的一个特定环境中的一个单独的数据实例的出现引起的。与Ⅰ类孤立点一样，这些孤立点也是单独的数据实例。不同之处在于Ⅱ类孤立点在另一个不同的环境可能就不是一个孤立点了，因此Ⅱ类孤立点是相对一个环境而言的。

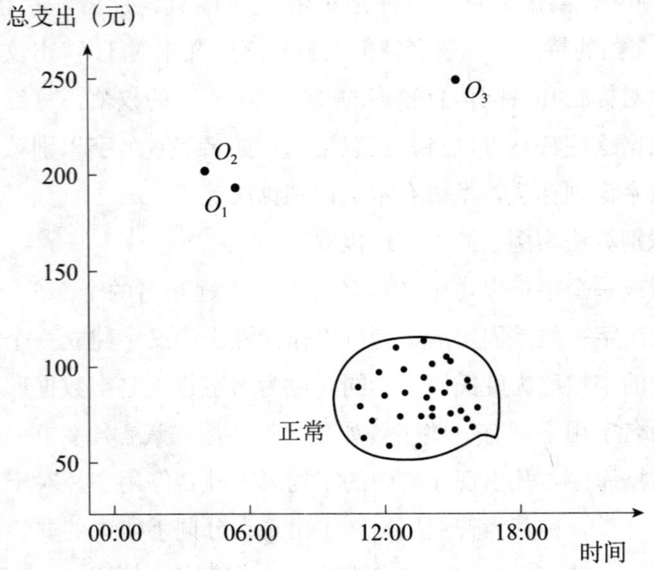

图 6－7　Ⅰ类孤立点

Ⅱ类孤立点检测在时间序列数据和空间数据中很流行。例如图 6－8 中显示了一个温度时间序列数据，它表示一个地区在过去几年每个月的温度。t_1 处的最低温度在冬天是正常的，而相同的值在夏天（t_2）就是孤立点。这在信用卡诈骗识别系统的例子中也有体现。一个人可能在一个加油站花了大约 10 美元，而他可能在一个奢侈品店花大约 100 美元。在奢侈品店花 100 美元是正常的行为，而在加油站花 100 美元就会被认为是孤立点，因为它不符合在这个环境下的个人正常行为。

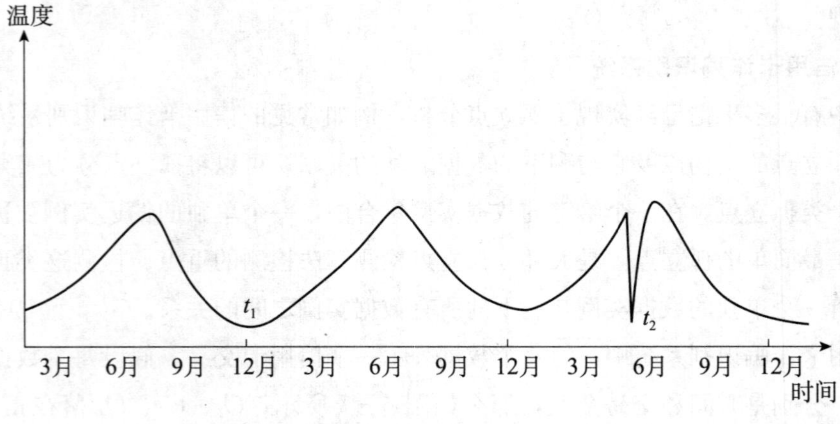

图 6－8　Ⅱ类孤立点

（3）Ⅲ类孤立点。Ⅲ类孤立点的出现是因为一个数据实例的子集相对于整个数据集是偏远的。在Ⅲ类孤立点中，单独的数据实例本身不是孤立点，但它们一起作为一个子结构出现是异常的。这类孤立点仅当数据有空间或顺序特性的时候才有意义。如图 6－9 中所列举的一个人的心电图，较长时间持续的直线是Ⅲ类孤立点，因为同样低的值持续了一个不正常的时间段。

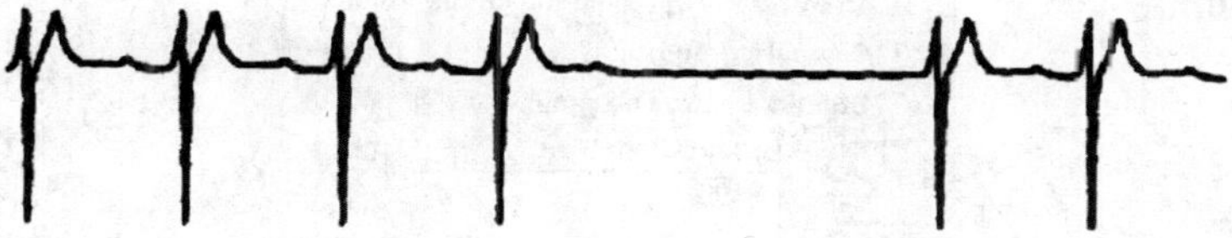

图 6-9　心电图

在信用卡诈骗识别系统的例子中也有体现Ⅲ类孤立点。一个人在一个加油站进行一笔正常的交易，紧接着在附近的杂货铺，然后又在附近的便利店也都进行了交易。一个新的信用卡交易序列表示在加油站进行了交易，然后又在相同的加油站进行了相似的三笔交易，这将表明存在潜在的信用卡盗窃。

Ⅰ类孤立点可以在任何类型的数据中被检测到，而Ⅱ类孤立点以及Ⅲ类孤立点则需要数据的形式为序数形式或者建立空间结构才可以被检测。在个别情形下，Ⅰ类孤立点是很有意义的，但在特定的情形下，Ⅱ类、Ⅲ类孤立点会更有意义。不过目前存在的算法主要还是Ⅰ类孤立点检测算法，针对Ⅱ类、Ⅲ类孤立点的检测还比较少。

五、实践

1. SPSS

（1）数据清洗。

排序："Data"—"Sort Cases"。将记录按 ID 变量排序，有利于查找、修改（见图6-10）。

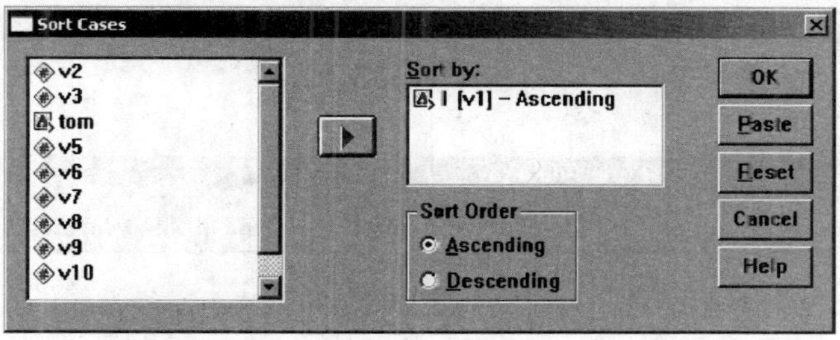

图 6-10　排序

记录拆分："Data"—"Split File"（见图 6-11）。将一个数据文件按某个或多个拆分变量进行排序，得到分组的效果。

缺失值处理："Transform"—"Replace Missing Values"（见图 6-12）。

（2）数据集成。

纵向合并方法："Data"—"Merge Files"—"Add Cases"。共有的变量自动匹配，出现在"Variables in New Working Data File"中（见图 6-13）。

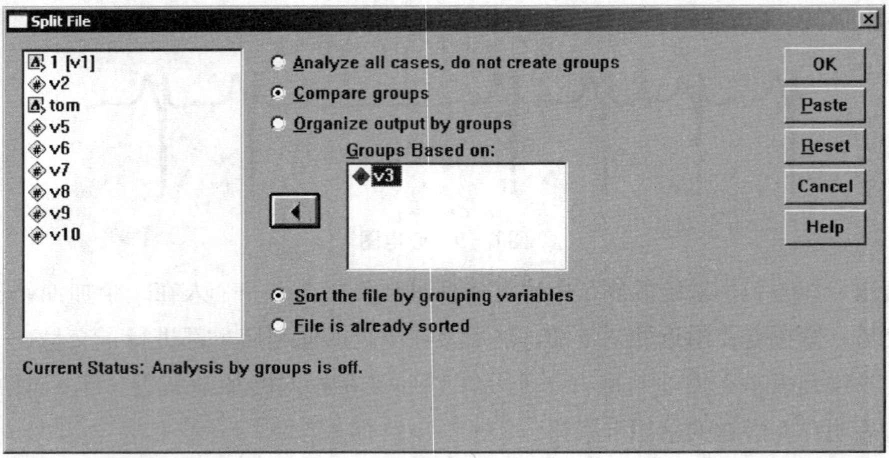

图 6－11　记录拆分

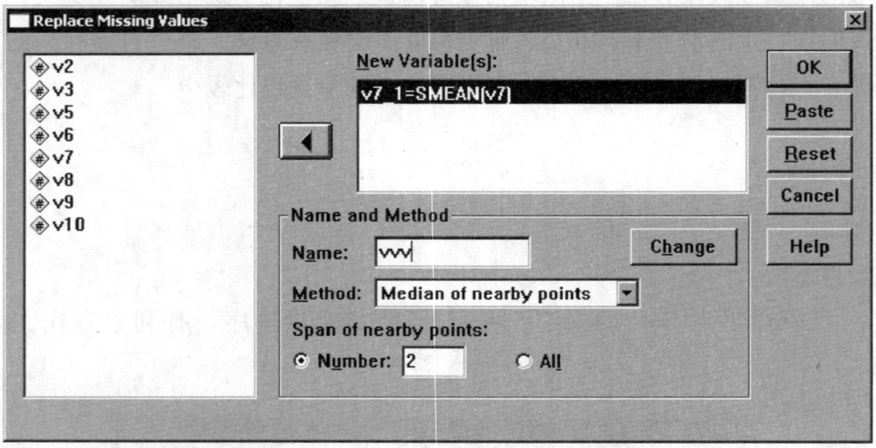

图 6－12　缺失值处理

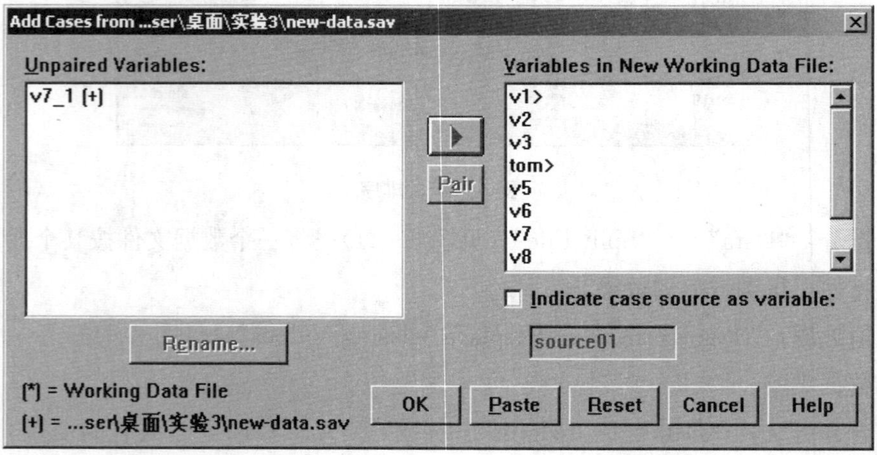

图 6－13　纵向合并

横向合并的方法："Data"—"Merge Files"—"Add Variables"（见图 6－14）。

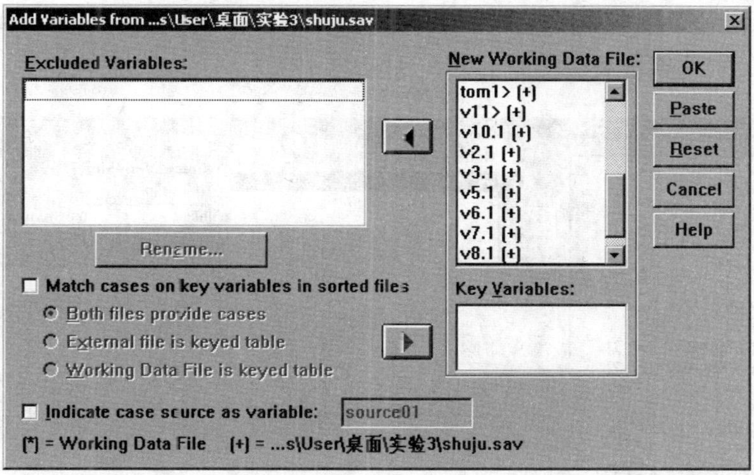

图 6-14　横向合并

（3）数据转换。

通过“Transform”菜单对变量进行变换。比如通过“Compute Variable”，可以根据用户给出的 SPSS 算法表达式以及函数，计算出新的结果，将其存到指定的 SPSS 变量中（见图 6-15）。

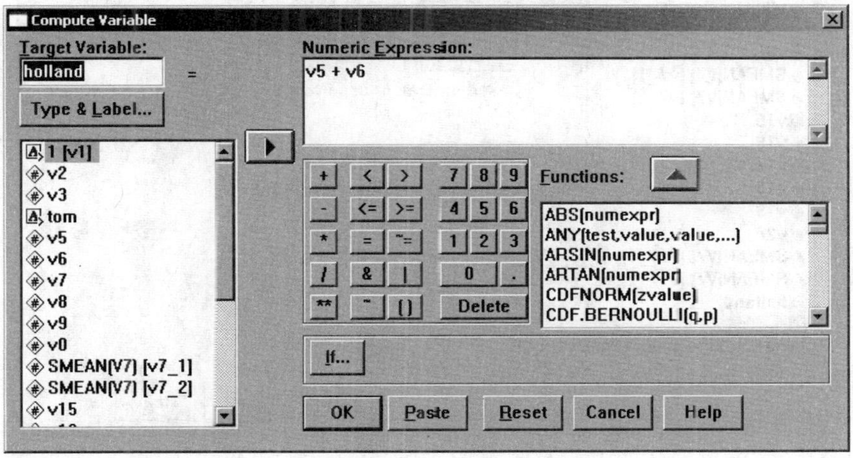

图 6-15　变量变换 1

比如通过“Recode into Different Variables”，将个案数据概括成若干个组，对原始数据进行进一步概括和总结（见图 6-16）。

（4）数据选择。

记录筛选：“Data”—“Select Cases”。可以按要求筛选出数据集的一部分。既可以使用组合条件进行筛选，也可以直接在数据集中进行抽样。选取方式包括：选取方式一，“All cases”，选择全部个案；选取方式二，“If condition is satisfied”，选择符合一定条件的个案；选取方式三，“Random sample of cases”，随机选取个案；选取方式四，“Based on time or case range”，选取某一范围的全部个案；选取方式五，“Use filter variable”，删除该变量取值为 0 或为系统缺失值的个案（见图 6-17）。

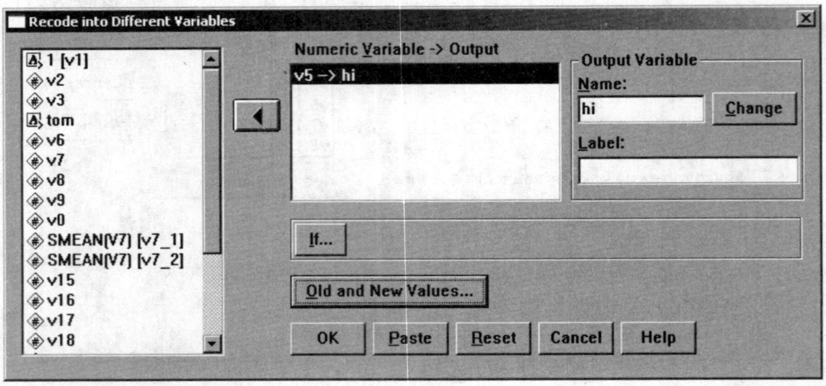

图 6-16　变量变换 2

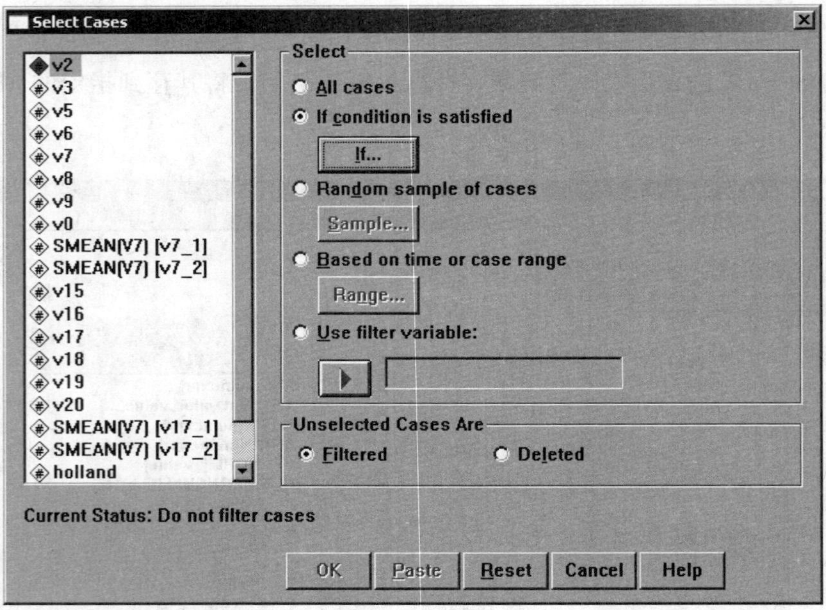

图 6-17　数据选择

2. Weka

Weka 专门提供了如图 6-18 所示的选择属性面板，需要设定两个对象——属性评估器即“Attribute Evaluator”和搜索方法即“Search Method”。

在属性评估器中确定使用什么方法为每个属性子集分配一个评估值，如图 6-19 所示。

在搜索方法中设置执行什么风格的搜索（如图 6-20 所示）。Weka 允许用户分别选择评估方法和搜索方法，如果用户选择的组合不恰当，就会产生一个错误消息，用户可通过日志查看错误消息。

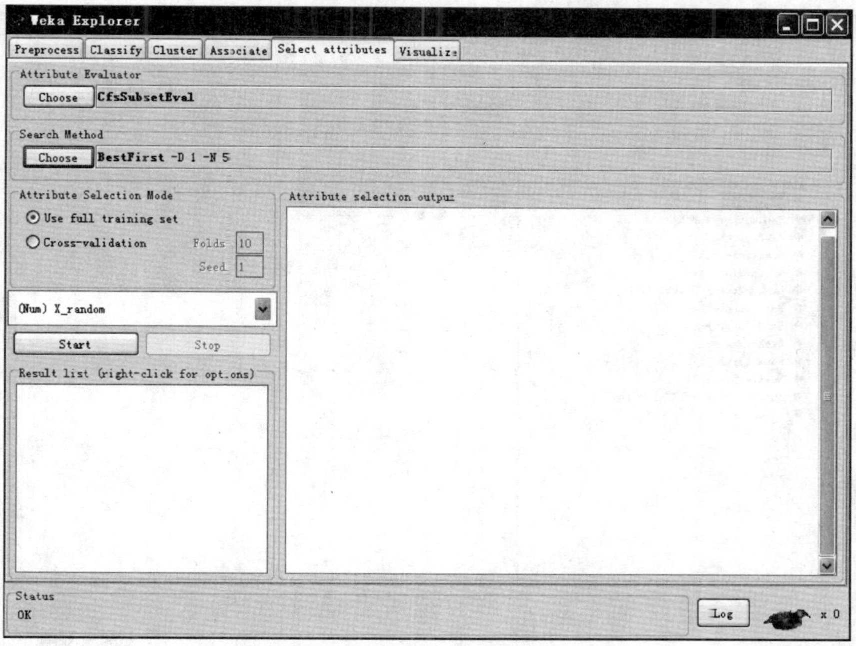

图 6-18　Weka 选择属性面板

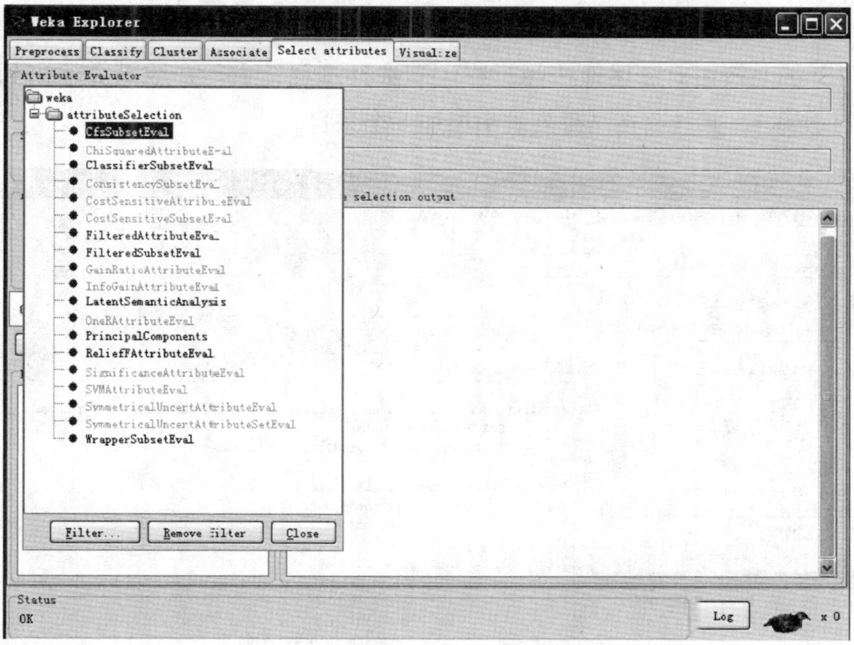

图 6-19　属性评估器

在“Attribute Selection Mode”（属性选择模式）中有以下两个选项：

（1）“Use full training set”（使用完整的训练集）。使用完整的训练集，以确定属性子集的评估值。

（2）“Cross-validation”（交叉验证）。由交叉验证来确定属性子集的评估值。

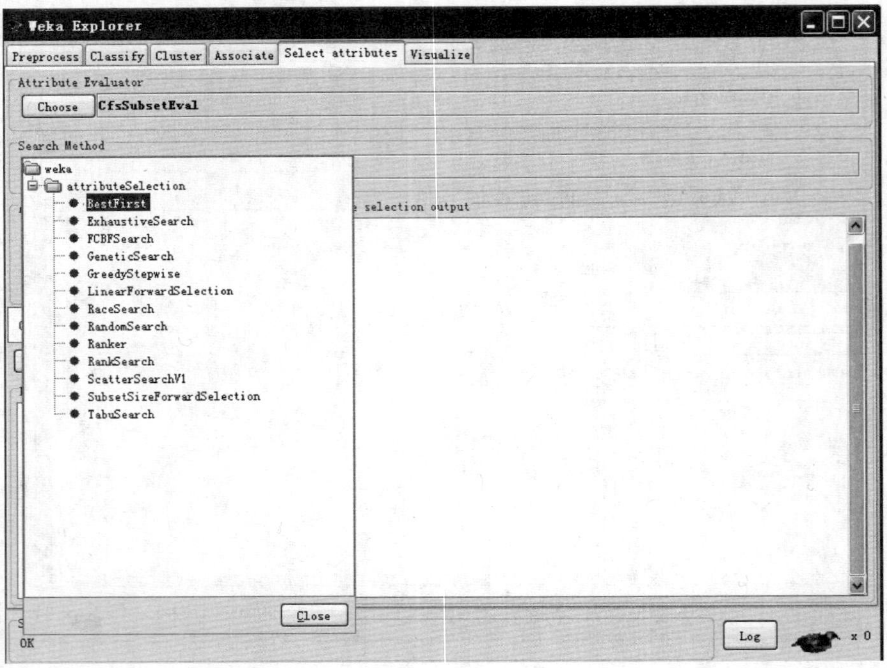

图 6-20　搜索方法

“Attribute Selection Mode”下边有一个下拉列表框，可用于设定哪个属性为类别属性。

单击“Start”按钮启动属性选择过程，当选择过程结束后，结果会输出到结果区域（如图 6-21 所示），并且会在结果列表中添加一个条目。

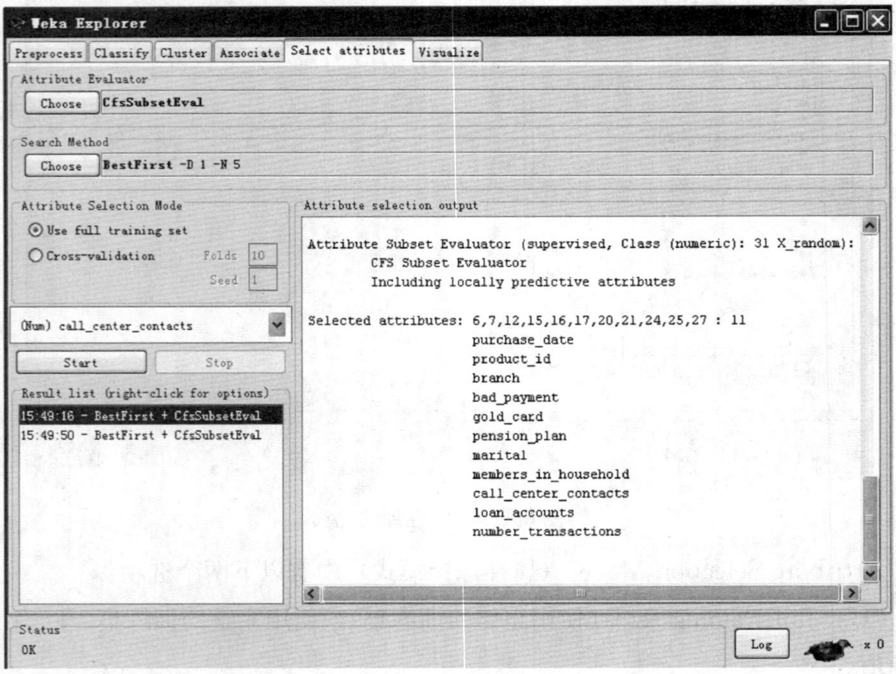

图 6-21　属性选择结果

讨论题

讨论描述性数据挖掘的实现。

思考题

1. 简述数据预处理在知识发现中的作用。
2. 简述数据预处理的内容。
3. 简述数据预处理与孤立点分析的关系。
4. 简述孤立点分析的应用。

第七章

分类规则

导入案例

金融是现代经济的核心，银行则是现代金融的支柱。现代商业银行在社会经济发展过程中发挥着筹集融通资金、引导资产流向、提高资金运用效率和调节社会总需求的作用。

风险管理是商业银行经营过程中的核心，是商业银行健康发展的重中之重。存贷款业务是商业银行经营过程中最重要的组成部分之一，贷款业务是商业银行盈利的主要手段，因此，贷款风险成为商业银行的主要风险，需要积极应对。贷款风险是指银行将款项贷给借款人后，因借款人不能如期偿还而使银行蒙受损失的可能性。它不仅包括借款人到期无法还贷的实际风险，也包括由借款人的信用降低或还贷能力下降而导致的潜在违约风险。贷款风险管理的目的是实现贷款风险与盈利的最优化平衡。

使用分类技术对已获得的某商业银行的真实贷款信息样本进行纵向挖掘。经过数据获取、集成、预处理，建立贷款风险的决策树评级模型，以此为基础，得出贷款的风险评级，帮助商业银行风险管理部门预测贷款的风险。该基本流程如图 7－1 所示：

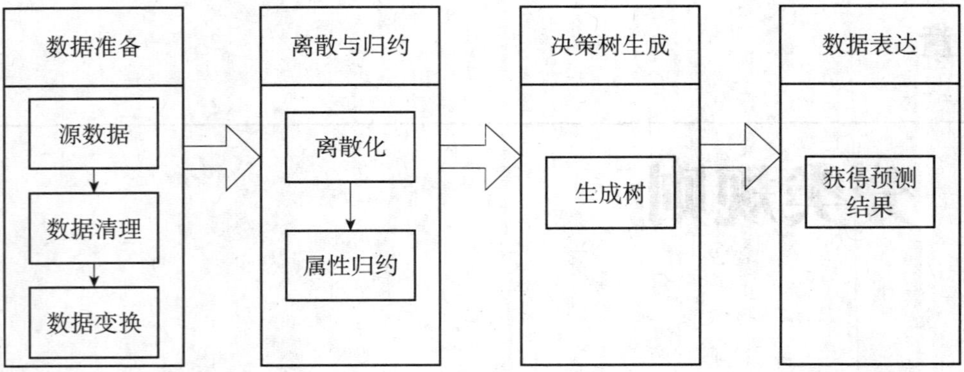

图 7－1　建立贷款风险的决策树评级模型的基本流程

分类具有广泛的应用，例如医疗诊断、信用卡的信用分级、图像模式识别等。研究者可以利用分类的特点，将其扩展到更多的行业。通过分析训练数据样本，可以产生关于类别的精确描述。这种类别通常由分类规则组成，可以用来对未来的数据进行分类和预测。分类是一种重要的数据分析形式，它提取刻画重要数据类的模型。这种模型就是分类器。通过分类分析可以帮助我们更好地全面理解数据，不管是分类提取出来的最终规则，还是分类的整个过程，都能提取出对挖掘者十分有意义的信息。

一、基本概念

分类是数据挖掘的主要内容之一，是一种重要的数据分析形式，它通过分类模型和规则，将数据库中的数据项映射到某个给定的类别中。

数据分类包括两个步骤：

（1）学习：建立一个模型，描述给定的数据类集或概念集（简称训练集）。通过分析由属性描述的数据库元组来构造模型。学习模型可用分类规则、决策树和数学公式的形式给出。

（2）分类：使用模型对测试数据进行分类。每个元组属于一个预定义的类，由类标号属性确定。用于建立模型的元组集被称为训练数据集，其中每个元组被称为训练样本。如果给出了类标号，则该步骤被称为有监督的学习（分类）。如果训练样本的类标号是未知的，则称之为无监督的学习（聚类）。

分类常用如下标准进行评估：

（1）准确率：模型正确预测新数据类标号的能力。

（2）速度：产生和适用模型花费的时间。

（3）稳健性：有噪声数据或空缺值数据时模型正确分类或预测的能力。

（4）伸缩性：对于给定的大量数据，有效地构造模型的能力。

（5）可解释性：对模型的理解和观察的层次。

二、常用的分类方法

（一）决策树分类

决策树是一种由节点和有向边组成的层次结构，采用自上向下递归的分支方式构造。树的最顶层节点是根节点，内部节点表示在一个属性上的测试，每个分支代表一个测试输出，叶节点代表类的分布。决策树分类擅长处理非数值型数据，免去了很多数据预处理工作，优点在于直观性和易理解性，是目前使用较为广泛的分类技术。

决策树方法是一种归纳学习方法。其代表 ID3 算法是由昆兰（Quinlan）首先提出的，具有描述简单、分类速度快的优点，适合大规模数据处理，绝大多数决策树算法都是在它的基础上加以改进而实现的。ID3 算法利用特征增益大小作为分枝属性选择的启发式函数，选择信息增益最大的特征作为分枝属性来建立决策树，然后把决策树转化为规则，利用这些规则可以对事例进行分类。除了 ID3 算法，后面又发展出 C4.5、CART、Assistant、Sliq、Sprint 算法等。决策树方法的缺点是对于大型数据库的可伸缩性问题，以及在对非平衡数据进行分类时，剪枝会造成精确率的降低。

决策树算法的训练过程如图 7－2 所示。

1）设 S 是 s 个样本数据的集合。假定类标号属性具有 m 个不同的值，定义 m 个不同的类 C_i（$i=1, 2, \cdots, m$）。设 s_i 是类 C_i 中的样本数。对一个给定的样本分类，所需要的期望信息如下：

$$I(s_1, s_2, \cdots, s_m) = -\sum_{i=1}^{m} p_i \log_2 p_i$$

其中 p_i 是任意样本属于 C_i 的概率，并用 $\frac{s_i}{s}$ 估计。

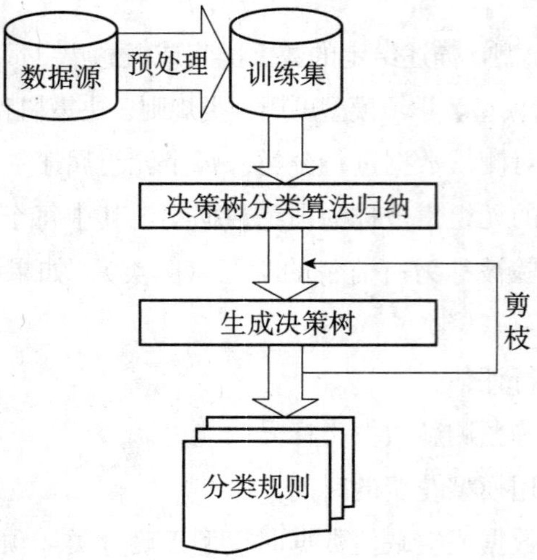

图 7-2　决策树算法的训练过程

2）设属性 A 具有 v 个不同的值 $\{a_1, a_2, \cdots, a_v\}$。用属性 A 将 S 划分为 v 个子集 $\{S_1, S_2, \cdots, S_v\}$，设 s_{ij} 是子集 S_j 中类 C_i 的样本数。由 A 划分成子集的熵表示如下：

$$E(A)=\sum_{j=1}^{v}\frac{S_{1j}+S_{2j}+\cdots+S_{mj}}{s}I(s_{1j}, s_{2j}, \cdots, s_{mj})$$

3）在 A 分枝将获得的信息增益表示为：

$$Gain(S,A)=I(s_1, s_2, \cdots, s_m)-E(A)$$

例如：使用决策树算法，根据顾客年龄、收入、是否为学生、信用等级来判定用户是否会购买软件，数据见表 7-1。

表 7-1　用于决策树算法的源数据

ID	年龄	收入	是否为学生	信用等级	是否购买软件
1	小于 30 岁	高	否	一般	否
2	小于 30 岁	高	否	良好	否
3	30～40 岁	高	否	一般	是
4	大于等于 40 岁	中	否	一般	是
5	大于等于 40 岁	低	是	一般	是
6	大于等于 40 岁	低	是	良好	否
7	30～40 岁	低	是	良好	是
8	小于 30 岁	中	否	一般	否
9	小于 30 岁	低	是	一般	是
10	大于 40 岁	中	是	一般	是
11	小于 30 岁	中	是	良好	是
12	30～40 岁	中	否	良好	是
13	30～40 岁	高	是	一般	是
14	大于等于 40 岁	低	否	良好	否

对源数据使用决策树算法中的经典算法 ID3。

首先，计算给定样本分类的信息增益：

$$I(s_2, s_2)=I(9, 5)=-(\frac{9}{14}\times\log_2\frac{9}{14}+\frac{5}{14}\times\log_2\frac{5}{14})=0.940$$

其次，计算每个属性的熵。例如，考察并计算年龄属性的每个样本是否购买软件的分布，根据分布计算期望信息：

$$E(\text{年龄})=\frac{5}{14}I(s_{11}, s_{21})+\frac{4}{14}I(s_{12}, s_{22})+\frac{5}{14}I(s_{13}, s_{23})=0.694$$

所以，这种划分的信息增益是：

$$Gain(\text{年龄})=I(s_1, s_2)-E(\text{年龄})=0.246$$

同样可以计算其他属性的信息增益，得到年龄属性的信息增益最大并将其作为测试属性。用年龄属性来标记节点，并对每个属性值引出分枝。

按照上述方法依次向下整理出完整的决策树，如图 7-3 所示：

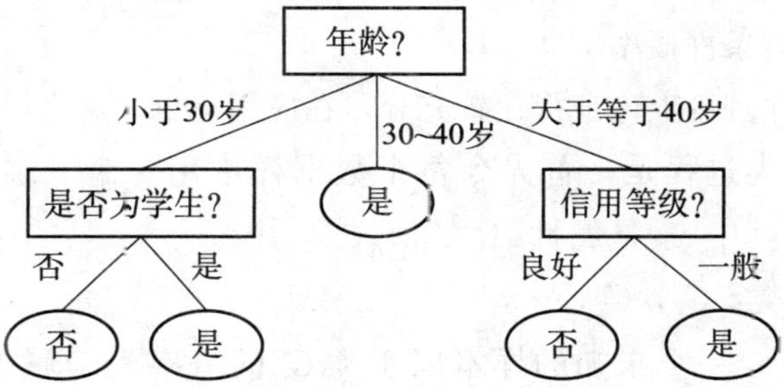

图 7-3　决策树

将最终决策树转换成 IF-THEN 分类规则：

R1：IF 年龄在 30～40 岁，THEN 可能会购买软件。

R2：IF 年龄小于 30 岁 AND 是学生，THEN 可能会购买软件。

R3：IF 年龄大于等于 40 岁 AND 信用等级一般，THEN 可能会购买软件。

（二）贝叶斯分类

贝叶斯分类是一种统计学方法，它基于贝叶斯后验概率定理，主要应用分为类条件独立的朴素贝叶斯和表示属性集间依赖关系的贝叶斯信念网络。贝叶斯信念网络是描述数据变量之间概率关系的图形模型，用一个带有概率注释的有向无环图表示，它适合处理不完整数据，对有属性缺失的实例可以通过对该属性中的可能取值的概率求和或求积分来加以处理，在图像处理、文字处理、支持决策方面都有很多应用。

朴素贝叶斯分类算法是贝叶斯算法中的一种，它是一种十分简单的分类算法，它的思想是：对于给出的待分类项，求解在此项出现的条件下各个类别出现的概率，哪个最大，就认为此待分类项属于哪个类别。在没有其他可用信息的情况下，选择条件概率最大的类别。

和决策树相比，朴素贝叶斯分类器（naive Bayes classifier，NBC）发源于古典数学理论，有着坚实的数学基础和稳定的分类效率。同时，NBC 所需估计的参数很少，对缺失数据不太敏感，算法也比较简单。理论上，NBC 与其他分类方法相比具有最小的误差率。但是实际上并非总是如此，因为 NBC 假设属性之间相互独立，这个假设在实际应用中往往是不成立的，这给 NBC 的正确分类带来了一定的影响。

解决这个问题的方法一般是建立一个属性模型，对于不相互独立的属性，把它们单独处理。例如在中文文本分类识别的时候，可以建立一个字典来处理一些词组。如果发现特定的问题中存在特殊的模式属性，那么就单独处理。

贝叶斯分类利用统计学中的贝叶斯定理来预测类成员的概率，即给定一个样本，计算该样本属于一个特定的类的概率。

假设每个属性之间都是相互独立的，并且每个属性对给定类产生的影响都是一样的。

$$P(h \mid D) = P(D \mid h)P(h)/P(D)$$

先验概率：无条件概率 $P(h)$

后验概率：有条件概率 $P(h \mid D)$

贝叶斯分类方法在理论上论证得比较充分，在应用上也非常广泛。

贝叶斯分类的分类过程是，首先令每个数据样本用一个 n 维特征向量 $X=\{x_1, x_2, \cdots, x_n\}$ 表示，其中 x_k 是属性 A_k 的值。

所有样本分为 m 类：C_1，C_2，…，C_m。

如果在条件 X 下，一个未知的样本属于类 C_i 的概率大于属于其他类的概率，即 $P(C_i \mid X) > P(C_j \mid X), 1 \leqslant j \leqslant m, j \neq i$，则贝叶斯分类将把该样本归为类 C_i。

根据贝叶斯定理：

$$P(C_i \mid X) = P(X \mid C_i)P(C_i)/P(X)$$

由于 $P(X)$ 为常数，只需要 $P(X \mid C_i)P(C_i)$ 最大即可。类的先验概率可以用 $P(C_i) = s_i/s$ 计算，其中 s_i 是类 C_i 中的训练样本数，而 s 是训练样本总数。

同时，为了降低计算的复杂度，可以做一个假定：假定属性值相互条件独立。这样一来，概率 $P(x_1 \mid C_i)$，$P(x_2 \mid C_i)$，…，$P(x_n \mid C_i)$ 由训练样本估值：$P(x_k \mid C_i) = s_{ik}/s_i$，$1 \leqslant k \leqslant n$。$s_{ik}$ 是在属性 A_k 上具有值 x_k 的类 C_i 的样本数，s_i 是 C_i 中的样本数。

贝叶斯方法的薄弱环节在于，实际上类别总体和各类样本的概率分布函数（或密度函数）常常是未知的。为了获得它们，就要求样本足够大。另外，贝叶斯方法要求表达文本的主题词相互独立，这样的条件在实际文本中一般很难满足，因此该方法往往在效果上难以达到理论上的最优情况。

例如：假定某商场顾客数据库标记类的训练集如表 7-2 所示：

表 7-2　　某商场顾客数据库标记类的训练集

ID	age	income	engineer	credit _ rating	buys _ computer
1	youth	high	no	fair	no
2	middle _ aged	high	no	excellent	no
3	middle _ aged	high	no	fair	yes
4	senior	medium	no	fair	yes
5	senior	low	yes	fair	yes
6	senior	low	yes	excellent	no
7	middle _ aged	low	yes	excellent	yes
8	youth	medium	no	fair	no
9	youth	medium	yes	fair	yes
10	senior	medium	yes	fair	yes

针对上面的训练集，如果使用朴素贝叶斯分类，请分析 X=(age=youth，income=medium，engineer=yes，credit _ rating=fair)的分类。

求解过程：

P(buys _ computer=yes)=6/10=0.6

P(buys _ computer=no)=4/10=0.4

P(age=youth | buys _ computer = yes)=1/6=0.167

P(age=youth | buys _ computer = no)=2/4=0.5

P(income=medium | buys _ computer=yes)=3/6=0.5

P(income=medium | buys _ computer=no)=1/4=0.25

P(engineer=yes | buys _ computer =yes)=4/6=2/3=0.67

P(engineer=yes | buys _ computer=no)=1/4=0.25

P(credit _ rating=fair　buys _ computer=yes)=5/6=0.83

P(credit _ rating=fair　buys _ computer=no)=2/4=0.5

$P(X$ | buys _ computer=yes)=P(age=youth | buys _ computer=yes)×P(income=medium | buys _ computer=yes)×P(engineer=yes | buys _ computer=yes)×P(credit _ rating=fair | buys _ computer=yes)=0.167×0.5×0.67×0.83=0.046

$P(X$ | buys _ computer = no)=0.5×0.25×0.25×0.5=0.016

$P(X$ | buys _ computer = yes) P(buys _ computer=yes)=0.046×0.6=0.027 6

$P(X$ | buys _ computer = no) P(buys _ computer=no)=0.4×0.016=0.006 4

因为 0.027 6>0.006 4，所以对样本 X，基于朴素贝叶斯分类预测其类别为 buys _ computer=yes。

(三) 神经网络

神经网络由一组相连的节点和有向链构成，结构上可以划分为输入层、输出层和隐含层，在面对大量非线性、时序性与噪声普遍存在的数据时，具有承受力强、准确率高和测试样例分类速度快的优点；而缺点是训练神经网络耗时时间长，不易操作。

神经网络的学习体现在神经网络权值的逐步计算（包括反复迭代或累加）上，主要有三种神经网络模型：前向神经网络、后向神经网络和自组织网络。在数据挖掘领域，主要采用前向神经网络提取分类规则。

从神经网络中挖掘规则主要有以下两种倾向：

①网络结构分解的规则提取。它以神经网络隐层节点和输出层节点为研究对象，把整个网络分解为许多单层子网的组合，这样研究较简单的子网，便于从中挖掘知识。

②由神经网络的非线性映射关系提取规则，这种方法直接从网络输入和输出层入手，不考虑网络的隐层结构，避免了基于结构分解的规则提取算法的不足。相似权值法以及在此基础上的CSW算法（将网络输入扩展到连续值取值）是其中典型的两种算法。但是神经网络规则提取还存在诸多问题，如进一步降低算法的复杂度，提高所提取规则的可理解性及算法的适用性等。

后向神经网络是1986年由以鲁梅尔哈特（Rumelhart）和麦克勒兰德（McCelland）为首的科学家小组提出的，是一种按误差逆传播算法训练的多层前馈网络，是目前应用最广泛的神经网络模型之一。后向神经网络能学习和储存大量的输入-输出模式映射关系，而无须事前揭示描述这种映射关系的数学方程。它的学习规则是使用最速下降法，通过反向传播来不断调整网络的权值和阈值，使网络的误差平方和最小。

后向神经网络即误差反向传播算法的学习过程由信息的正向传播和误差的反向传播两个过程组成。输入层各神经元负责接收来自外界的输入信息，并传递给中间层各神经元；中间层是内部信息处理层，负责信息变换，根据对信息变换能力的需求，中间层可以设计为单隐层或者多隐层结构；最后一个隐层传递到输出层各神经元的信息，经进一步处理后，完成一次学习的正向传播处理过程，由输出层向外界输出信息处理结果。当实际输出与期望输出不符时，进入误差的反向传播阶段。误差通过输出层，按误差梯度下降的方式修正各层权值，向隐含层、输入层逐层反传。周而复始的信息正向传播和误差反向传播过程是各层权值不断调整的过程，也是神经网络学习训练的过程，此过程一直进行到网络输出的误差减少到可以接受的程度，或者达到预先设定的学习次数为止。典型的神经网络结构如图7-4所示。

神经网络分类算法的重点是构造阈值逻辑单元，一个阈值逻辑单元是一个对象，它可以输入一组加权系数的量，对它们进行求和，如果这个和达到或者超过了某个阈值，就输出一个量。如有输入值 X_1，X_2，…，X_n 和它们的权系数 W_1，W_2，…，W_n，求和计算出的 $X_i \times W_i$ 产生了激发层 $a = X_1 \times W_1 + X_2 \times W_2 + \cdots + X_i \times W_i + \cdots + X_n \times W_n$，其中 X_i 是各条记录出现的频率或其他参数，W_i 是在实时特征评估模型中得到的权系数。神经网络是基于经验风险最小化原则的学习算法，有一些固有的缺陷，比如层数和神经元个数难以确定，容易陷入局部极小，还有过学习现象，这些缺陷在支持向量机算法中可以得到很好的解决。

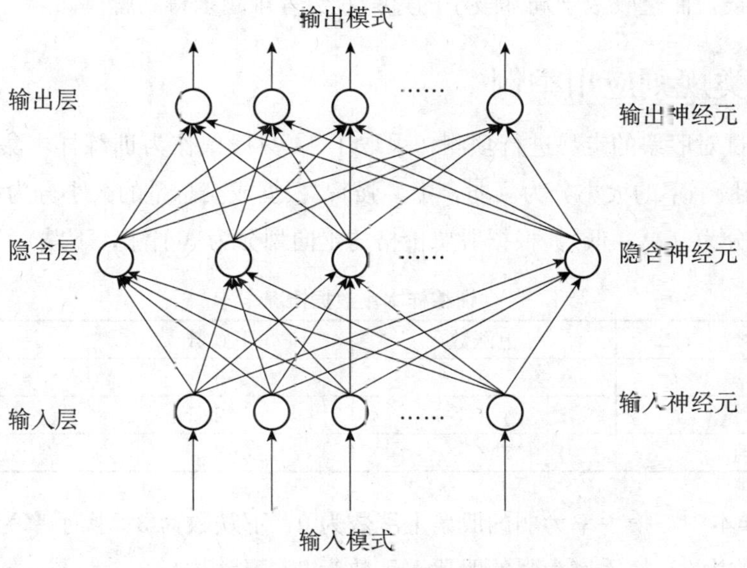

图 7-4 典型的神经网络结构

(四)支持向量机

支持向量机(support vector machine,SVM)是 20 世纪 90 年代中期在统计学习理论基础上发展起来的一种新型机器学习方法。支持向量机采用结构风险最小化准则训练学习机器,它建立在严格的理论基础之上,较好地解决了非线性、高维数、局部极小等问题,成为继神经网络研究之后机器学习领域新的研究热点。支持向量机从提出、被广泛重视到现在只有几年时间,其中还有很多尚未被充分解决的问题,在应用方面还具有很大的潜力。因此,支持向量机是一个十分值得大力研究的领域。

支持向量机可以自动寻找出那些对分类有较好区分能力的支持向量,由此构造出的分类器可以最大化类与类的间隔,因而有较好的适应能力和较高的分准率。该方法只需要由各类域的边界样本的类别来决定最后的分类结果。

支持向量机算法的目的在于寻找一个超平面 $H(d)$,该超平面可以将训练集中的数据分开且与类域边界的沿垂直于该超平面方向的距离最大,故支持向量机算法亦被称为最大边缘算法。待分样本集中的大部分样本不是支持向量,移去或者减少这些样本对分类结果没有影响,支持向量机算法对小样本情况下的自动分类有着较好的分类结果。

需要说明的是,在支持向量机算法的使用过程中,由于求解过程的复杂性,通常会与遗传算法结合使用。遗传算法是模拟生物进化过程的全局优化方法,将较劣的初始解通过一组遗传算子进行选择、交叉、变异,在求解空间按一定的随机规则迭代搜索,直到求得问题的最优解。遗传算法具有的隐含并行性、易于和其他模型结合等性质,使它涉足于数据挖掘领域,它的作用表现在以下几个方面:①将它和支持向量机、后向神经网络算法结合进行训练提取规则;②用于分类系统的设计,目前研究的重点是一些基本设计方法,如编码方式、信任分配函数的设计以及遗传算法的改进等。遗传算法用于数据挖掘存在的问题是算法较复杂，而且收敛于局部极小的过早收敛等难题未得到解决。

三、分类规则应用举例

本实例尝试对股票的走势进行预测，采取了 14 只股票作为训练样本集，数据情况见表 7-3。根据换手率的大小分为（弱，中，强）；根据成交总量的大小分为（高，低）；根据股价活力值分为（高，低）。根据股票价格的走向划分为（上涨，下跌）。

表 7-3 训练样本集数据情况

属性	上涨数	下跌数	总例数
换手率	9	5	14
成交总量	4	2	6
活力值	2	3	5

在 14 个样本中，换手率为弱的股票上涨数为 0，下跌数为 3；换手率为中的股票上涨数为 4，下跌数为 2；换手率为强的股票上涨数为 2，下跌数为 3。

下面采用 ID3 算法根据表中的数据对股票的走势问题进行分析。股票价格的走向划分为两类，因此这是一个二分类问题，即 $c=2$。因而股票价格走向的期望信息可记为：

$$I(s_1,s_2)=-\left(\frac{9}{14}\log_2\frac{9}{14}+\frac{5}{14}\log_2\frac{5}{14}\right)=0.94$$

因而根据换手率划分成子集的熵或期望信息如下：

$$E(\text{换手率})=\frac{5}{14}\times\left(-\frac{2}{5}\log_2\frac{2}{5}-\frac{3}{5}\log_2\frac{3}{5}\right)+\frac{6}{14}\times\left(-\frac{2}{6}\log_2\frac{2}{6}-\frac{4}{6}\log_2\frac{4}{6}\right)+\frac{3}{14}\times 0=0.74$$

换手率的信息增益如下：

$$G(\text{换手率})=0.94-0.74=0.2$$

与之类似，其他属性都能计算得到信息增益。在形成决策树时，只需按照信息增益由大到小对决策变量排序，从信息增益较大的变量开始进行决策，就可以形成如图 7-5 所示的决策树。

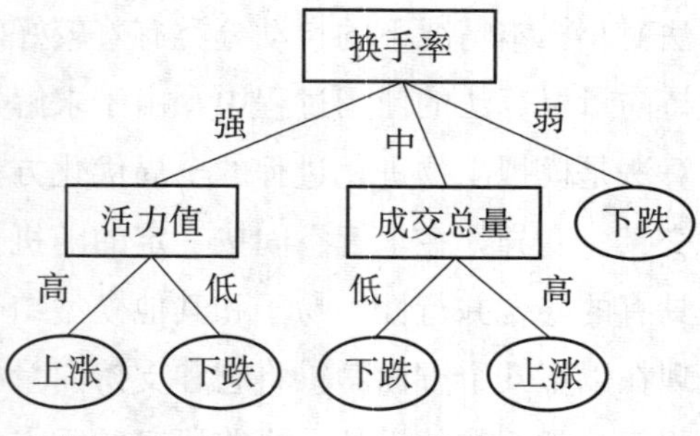

图 7-5 决策树

根据需求，可以对其进一步剪枝，把非目标类的树叶剪掉，从中可明显看出有关股票价格涨跌的规则。

以上利用分类规则对股票走势进行了预测，实际上股票走势还会受到许多其他因素的干扰，使用上述结果进行预测具有一定的局限性。

四、实践

1. SPSS

以 SPSS Modeler 为例。

通过“源”打开和输入数据，然后通过“字段选项”选择类型，并将数据源与类型连接（见图 7－6）。

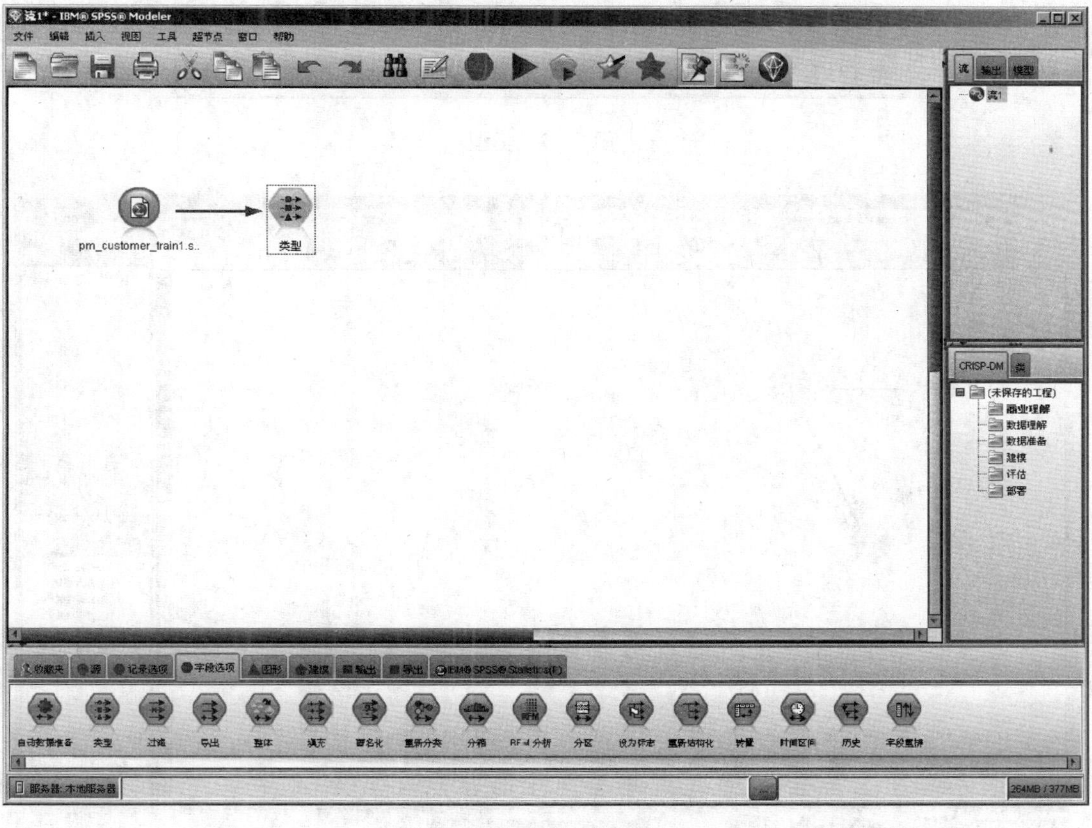

图 7－6　SPSS Modeler

在“类型”中对变量的角色进行设定，比如将其设定为分类的目标变量，或者将某些变量删除，将角色设定为无（见图 7－7）。

添加“选择”，与设定的类型连接（见图 7－8）。

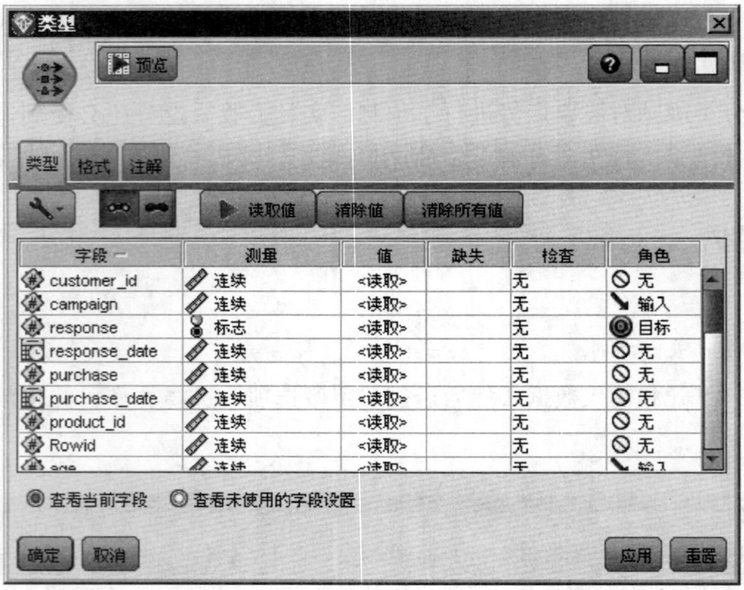

图 7-7　类型

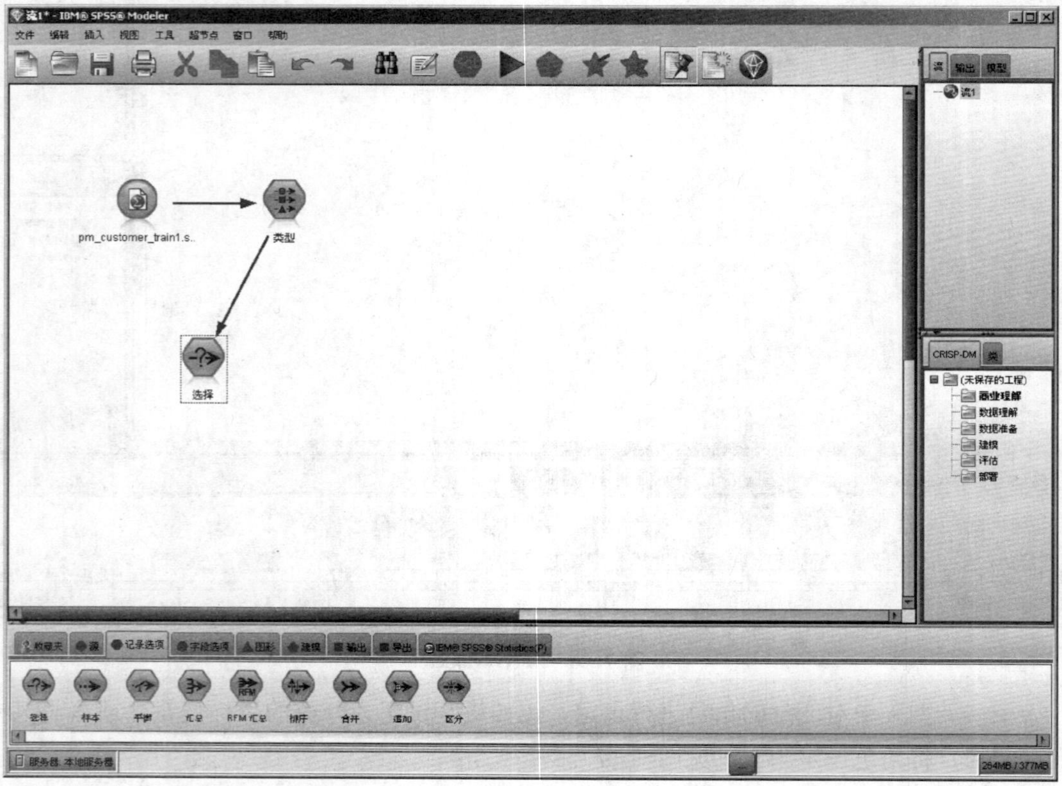

图 7-8　选择

通过“建模”选择分类器，比如选择“自动分类器”（见图 7-9）。

在“自动分类器”中选择各种具体的分类器（见图 7-10）。

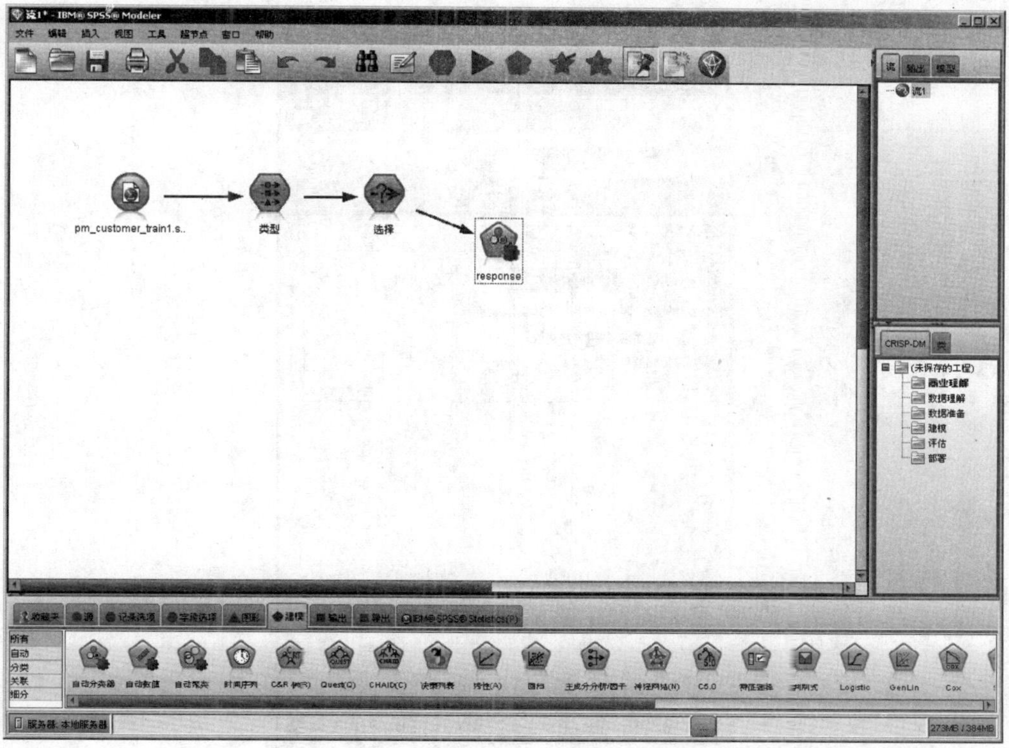

图 7－9　选择“自动分类器”

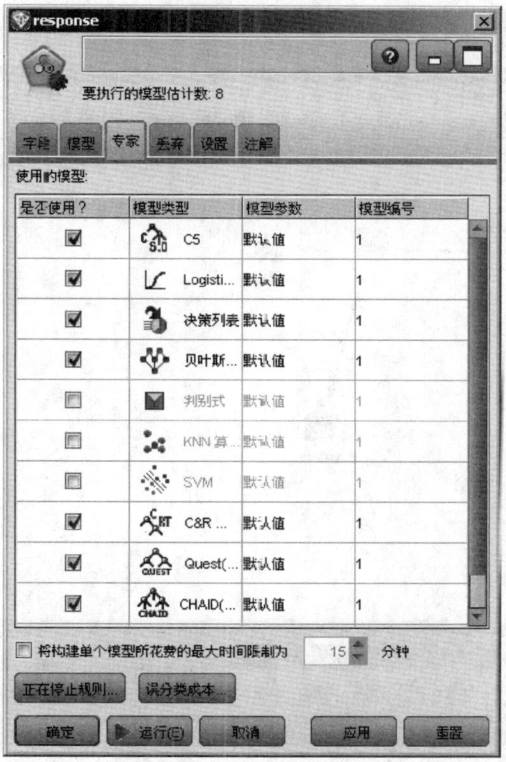

图 7－10　选择各种具体的分类器

设定置信度的方式如图 7－11 所示。

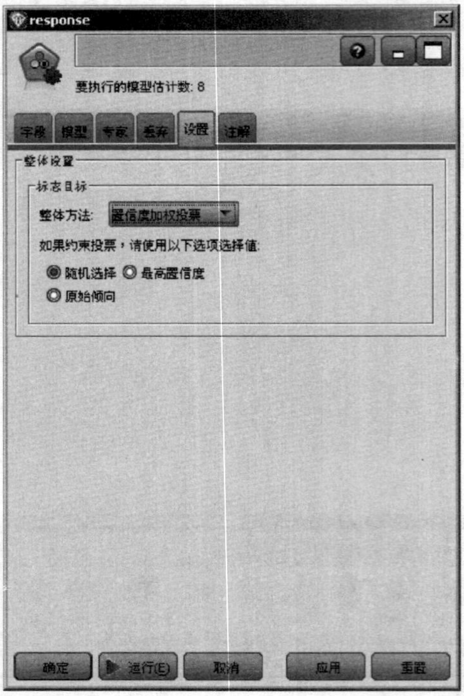

图 7－11　设定置信度

点击“运行”，分类结果如图 7－12 所示。

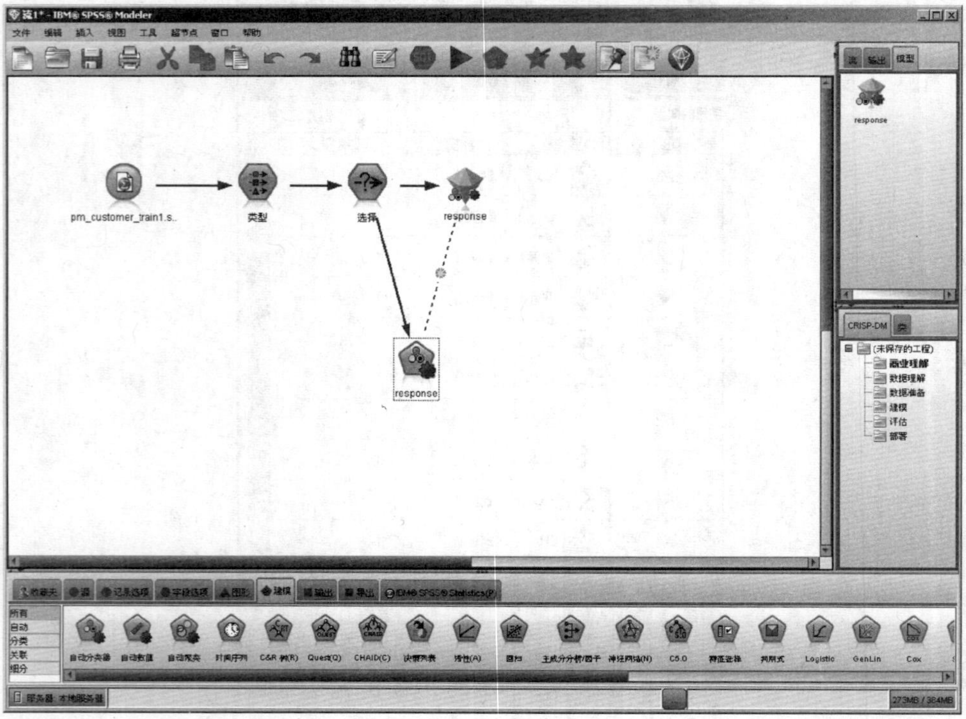

图 7－12　分类结果

2. Weka

利用 Weka 软件进行决策树分析。在图 7-13 的界面中点击“Explorer”按钮，进入“Weka Explorer”界面，如图 7-14 所示。点击“Open file...”，打开“. csv”格式的数据文件。

图 7-13　Weka GUI Chooser

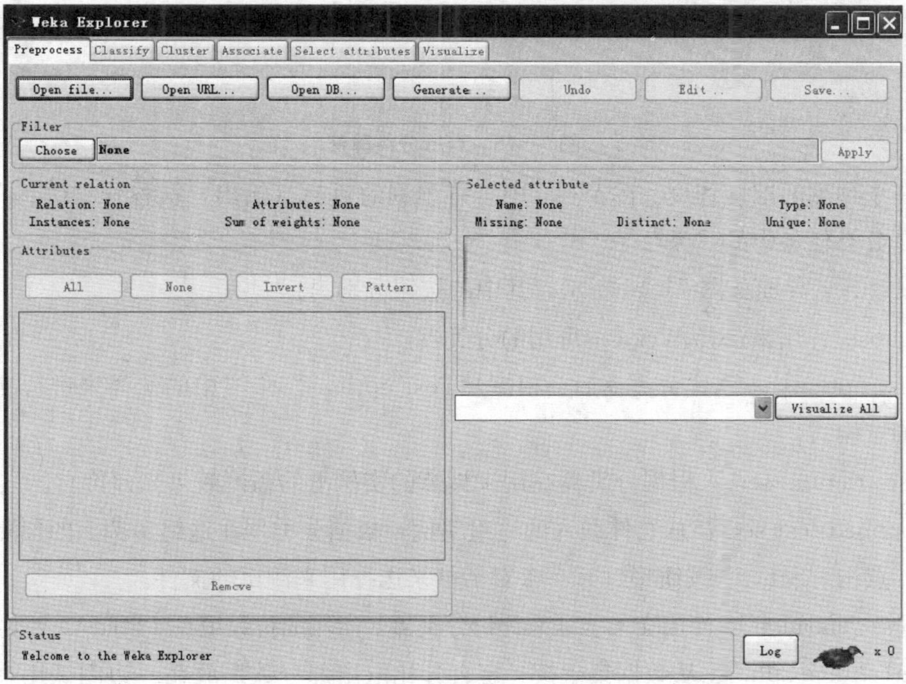

图 7-14　Weka Explorer

点击图 7-15 中的“Classify”选项卡，打开“Choose”，选择“Classifier”中的分类算法。

Weka 把分类算法放在“Classify”选项卡中，根据一个样本（在 Weka 中称其为实例）的一组特征（输入变量），对目标进行预测。为了实现这一目的，需要有一个训练数据集，这个数据集中每个实例的输入和输出都是已知的。观察训练集中的实例，可以建立起用于预测的模型。有了这个模型，就可以对新的输出未知的实例进行预测。衡量模型的

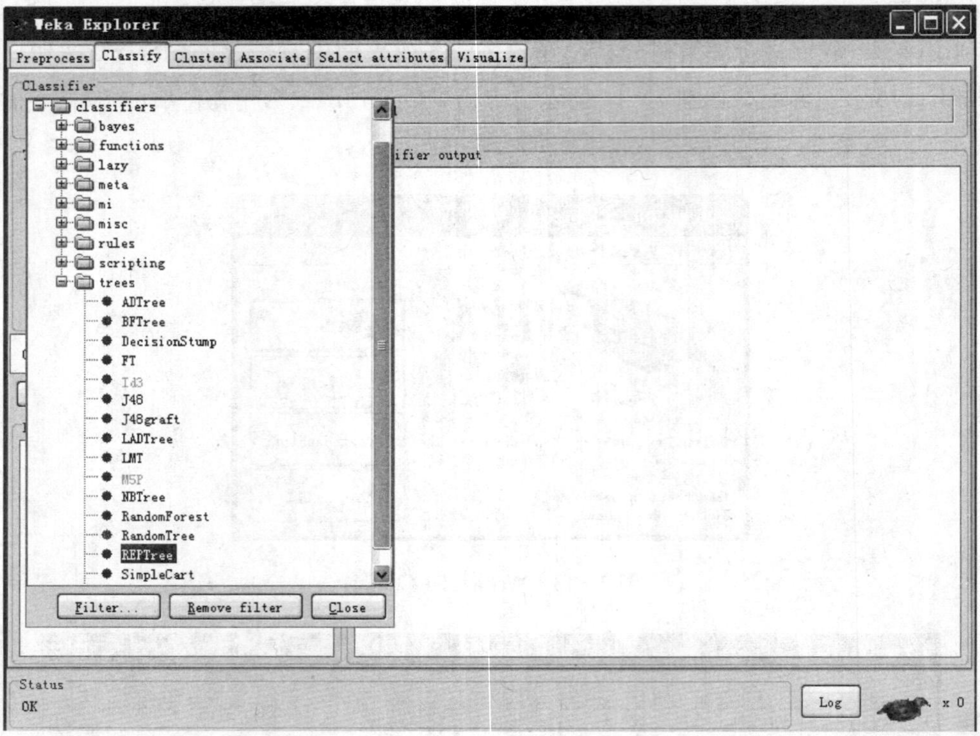

图 7-15　选择分类算法

好坏就在于预测的准确程度。在 Weka 中，待预测的目标（输出）被称作“Class”属性，这应该是分类任务中的“类”。

“Classify”界面如图 7-16 所示，其中的按钮分别为：

“Choose”：用来选择 Weka 中可用的分类器。

“Test options”：选定分类器后会根据“Test options”一栏中的选择来进行测试，共有四种测试模式：

“Use training set”：根据分类器在用来训练的实例上的预测效果来评价它。

“Supplied test set”：从文件载入的一组实例，根据分类器在这组实例上的预测效果来评价它。点击“Set...”按钮将打开一个对话框来选择用来测试的文件。

“Cross-validation”：使用交叉验证来评价分类器，所用的折数填在“Folds”文本框中。

“Percentage split”：从数据集中按一定百分比取出部分数据放在一边测试用，根据分类器在这些实例上的预测效果来评价它。取出的数据集由“%”一栏中的值决定。

Weka 中的分类器被设计成经过训练后可以预测一个“Class”属性，也就是预测目标。有的分类器只可用来学习分类型的“Class”属性；有的则只可用来学习数值型的“Class”属性（回归问题）；还有的两者都可以学习。数据集中的最后一个属性被默认为“Class”属性。如果想训练一个分类器，让它预测一个不同的属性点，点击“Test options”栏下方的那一栏，会出现一个属性的下拉列表以供选择。

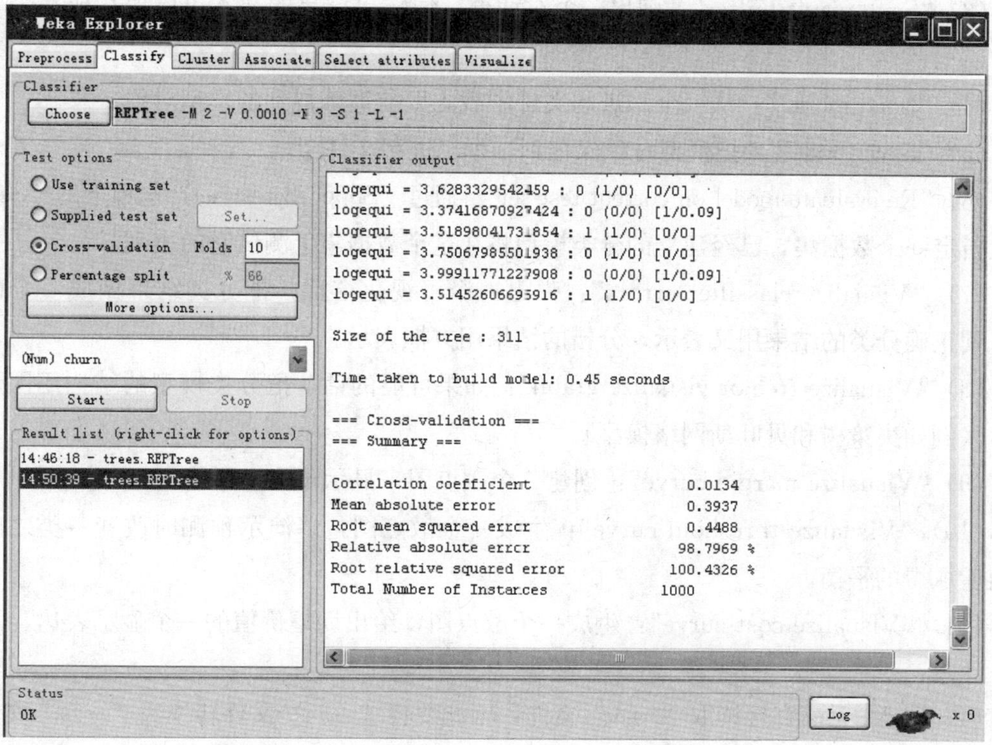

图 7-16　"Classify"界面

在分类器、测试选项和"Class"属性都设置好以后点击"Start"按钮就可以开始学习过程。在训练结束后，右边的"Classifier output"区域会显示测试结果，"Result list"栏中会出现一个新的条目。

分类器输出文本分析：

（1）"Run information"：给出了学习算法各选项的一个列表，包括学习过程中涉及的关系名称、属性、实例和测试模式。

（2）"Classifier model（full training set）"：用文本表示的基于整个训练集的分类模型。

（3）"Summary"：一列统计量，描述了在指定测试模式下分类器的准确程度。

（4）"Detailed accuracy by class"：更详细地给出了关于每一类的预测准确度的描述。

（5）"Confusion matrix"：给出了预测结果中每个类的实例数，其中矩阵的行是实际的类，矩阵的列是预测得到的类，矩阵元素就是相应测试样本的个数。

结果列表：在训练了若干分类器之后，结果列表中也就包含了若干个条目。左击这些条目可以在生成的结果之间进行切换。右击某个条目会弹出一个菜单，包括如下选项：

（1）"View in main window"：在主窗口中显示该结果（就像左击该条目一样）。

（2）"View in separate window"：打开一个独立的新窗口来显示结果。

(3)"Save result buffer":弹出一个对话框,使输出结果的文本可以保存成一个文本文件。

(4)"Load model":从一个二进制文件中载入以前训练得到的模型对象。

(5)"Save model":把模型对象保存到一个二进制文件中。

(6)"Re-evaluate model on current test set":通过"Supplied test set"选项下的"Set..."按钮指定一个数据集,已经建立的分类模型将在这个数据集上测试它的表现。

(7)"Visualize classifier errors":弹出一个可视化窗口,把分类结果做成一个散点图。其正确分类的结果用叉表示,分错的结果用方框表示。

(8)"Visualize tree or visualize graph":如果可能的话,把分类模型的结构用图形来表示(例如决策树和贝叶斯网络模型)。

(9)"Visualize margin curve":创建一个散点图来显示预测边际值。

(10)"Visualize threshold curve":生成一个散点图,以演示预测时改变各类之间的阈值后取得的平衡。

(11)"Visualize cost curve":生成一个散点图,给出期望价值的一个显示表达。

注意:

(1)Weka无法直接读取".sav"文件,因此要将".sav"文件转换为".csv"文件。

(2)Weka无法直接识别中文,因此要将文件的变量名称中所包含的中文改为英文。

讨论题

分类问题的实质是什么?有哪些常用的分类算法?如何评价分类算法的性能?

思考题

1. 表7-4为购买汽车的顾客分类训练样本集。假设顾客的属性即家庭经济状况、信用级别和月收入之间条件独立,则对于某顾客(测试样本),已知其属性集 $X=\{$一般,优秀,1.2万元$\}$,利用朴素贝叶斯分类器计算这位顾客购买汽车的概率。

表7-4　购买汽车的顾客分类训练样本集

序号	家庭经济状况	信用级别	月收入	购买汽车
1	一般	优秀	1万元	是
2	好	优秀	1.2万元	是
3	一般	优秀	0.6万元	是
4	一般	良好	0.85万元	否
5	一般	良好	0.9万元	否

续前表

序号	家庭经济状况	信用级别	月收入	购买汽车
6	一般	优秀	0.75 万元	是
7	好	一般	2.2 万元	是
8	一般	一般	0.95 万元	否
9	一般	良好	0.7 万元	是
10	好	良好	1.25 万元	是

2. 使用软件为表 7-5 中的给定数据建立决策树。

表 7-5　　练习数据

GMAT	GPA	GMAT 定量评分	决策
650	2.75	35	否
580	3.50	70	否
600	3.50	75	是
450	2.95	80	否
700	3.25	90	是
590	3.50	80	是
400	3.85	45	否
640	3.50	75	是
540	3.00	60	?
690	2.85	80	?
690	4.00	65	?

第八章

聚类

导入案例

随着市场经济的不断发展，使用信用卡变得越来越方便、快捷，因而信用卡逐渐被大众广泛使用。但是，在使用信用卡进行消费的过程中，恶意透支、骗取财物、直接套现等不良现象屡屡发生，并且透支的次数和金额也在不断增大，这对我国的金融秩序造成了极为恶劣的影响。

为了进一步避免出现恶意透支，就需要加强对这种风险的控制，在方便信用卡用户的同时，使其转化为发卡银行的效益，尽全力将风险降到最低，使利益最大化。因此，这就要求对现有客户进行实时分析，对可能会造成恶意透支的客户提高警惕，阻止他们套现或透支下去，减少损失。

从数据挖掘的角度来说，可以从现有的恶意透支的客户黑名单中，运用数据挖掘中的聚类分析算法，对其中的每个字段进行聚类，得出造成恶意透支的主观因素，分析其相似性，从而得出共同特征，以便对现有的信用卡客户的数据记录进行分析，对前来办理信用卡的新客户进行预测，预测他们将来可能造成恶意透支的概率，对于风险较高的客户的权值进行重新设置，或是采取提示和加强催款力度的方法，尽量避免恶意透支的出现。

与分类规则不同，在进行聚类前并不知道将要把数据划分成几个组和什么样的组，也不知道根据哪些空间区分规则来定义组。其目的旨在发现空间实体的属性间的函数关系，挖掘的知识用以属性名为变量的数学方程来表示。聚类技术正在蓬勃发展，涉及范围包括数据挖掘、统计学、机器学习、空间数据库技术、生物学以及市场营销等领域，聚类分析已经成为数据挖掘研究领域中一个非常活跃的研究课题。

学习聚类必须首先了解簇。簇是数据对象的集合，同一个簇中的对象彼此相似，与其他簇中的对象相异。聚类是指根据“物以类聚”原理将本身没有类别的样本聚集成不同的簇，并且对每一个这样的簇进行描述的过程。它的目的是使属于同一个簇的样本之间彼此相似，而使不同簇的样本足够不相似。

一、基本概念

聚类是将物理或抽象对象的集合分成相似的对象类的过程。同一类簇内的实体是相似的，不同类簇的实体是不相似的；同一类簇是测试空间中点的汇聚，同一类簇的任意两个点之间的距离小于不同类簇的任意两个点之间的距离；同一类簇可以描述为一个包含密度相对较高的点集的多维空间中的连通区域，它们借助包含密度相对较低的点集的区域与其他区域（类簇）相分离。

因此，聚类分析把数据集分成簇，使簇内数据尽量相似，簇间数据尽量不同，或者说聚类分析是把数据集分解或划分成多个类或组，使同一组中的数据比较相似，不同组的数据差别较大。通过聚类，可以识别数据之间的相似程度，从而发现数据集的分布模式和数据的属性之间的相互关系。

聚类的严格数学描述如下：被研究的样本集为 E，类 C_i 定义为 E 的一个非空子集，即 $C_i \in E$ 且 $C_i \neq \varnothing$。聚类的结果就是满足 $C_1 \cup C_2 \cup C_3 \cup \cdots \cup C_k = E$ 和 $C_i \cap C_j = \varnothing$（对任意 $i \neq j$）两个条件的类 C_1，C_2，C_3，…，C_k 的集合。由第一个条件可知，样本集 E 中的每个样本必定属于某一个类；由第二个条件可知，样本集 E 中的每个样本最多只属于一个类。

聚类分析的基本思想是：认为研究的数据集中的数据之间存在不同程度的相似性，根据数据的几个属性，找到能够度量它们之间相似程度的量，把一些相似程度较大的归为一类，另一些相似程度较大的归为另一类。

如前所述，聚类和分类不同，分类是事先知道要分成几类，通过对数据集进行学习得到分类器，从而完成对新数据的分类，这就是有监督的学习。比如对于在一个教室的人，我们可以得知的是按照性别可以分为男女两类，这就是分类。聚类是无监督学习，事先我们不知道要分成几类，聚类就是将没有类标志的数据聚集成有意义的类。仍以在一个教室的人为例，如果按照所学专业进行归类，便不确定可以分为几类，这就是聚类。或者说，分类就是按照某种标准给对象贴标签，再根据标签来归类。聚类是事先没有标签而通过某种分析找出事物之间存在聚集性的过程。分类是事先定义好类别，类别数不变。分类器需要由人工标注的分类训练语料训练得到。聚类则没有事先预定的类别，类别数不确定。聚类不需要人工标注和预先训练分类器，类别在聚类过程中自动生成。分类适合类别或分类体系已经确定的场合，比如按照国家图书馆分类法分类图书；聚类则适合不存在分类体系、类别数不确定的场合，一般作为某些应用的前端，比如搜索引擎结果的聚类等。

在解决实际问题时，聚类分析中的数据有时会通过变换采用数据矩阵和相异度矩阵这两种典型的数据结构。

数据矩阵可以说是一个二维空间的数据关系表，是描述对象与属性结构的一种数据表达方式，在数据矩阵中，每一列表示的是对象的一个属性，而每一行表示的是一个数据对象。图 8-1 所示是一个 $n \times p$ 的数据矩阵，表示的是 n 个对象的 p 个属性。

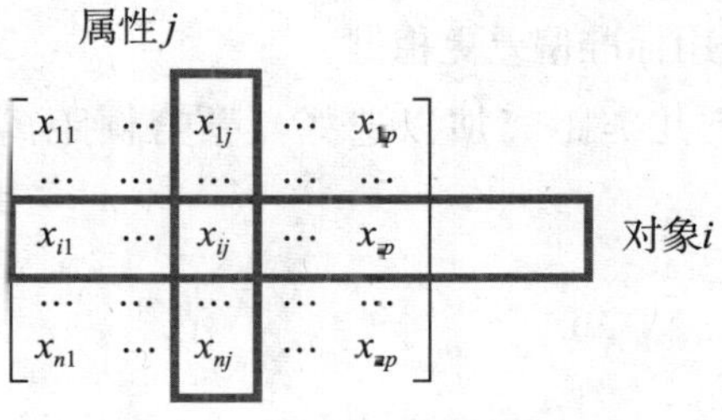

图 8-1 数据矩阵

相异度矩阵是描述对象与对象的结构的一种数据表达方式，是由 n 个数据对象两两之间的相异度构成的一个 n 阶矩阵，由于相异度矩阵是对称的结构，所以可以省略对称部分的数据，写成上三角或下三角的形式（见图 8－2）。

$$\begin{bmatrix} 0 & & & & \\ d(2,1) & 0 & & & \\ d(3,1) & d(3,2) & 0 & & \\ \vdots & \vdots & \vdots & & \\ d(n,1) & d(n,2) & \cdots & \cdots & 0 \end{bmatrix} \qquad \boxed{\begin{array}{l} d(i,\ j)=d(j,\ i) \\ d(i,\ i)=0 \end{array}}$$

图 8－2　相异度矩阵

在相异度矩阵中，每一个元素 $d(i,\ j)$ 表示对象 i 和对象 j 之间的相异度，是一个非负的数值，并且对象 i 和对象 j 越相似，$d(i,\ j)$ 就越接近 0；反之，对象 i 和对象 j 越不相似，$d(i,\ j)$ 就越大。

关于 $d(i,\ j)$ 的计算要考虑数据类型和距离两个因素。

聚类分析中的数据类型包括区间标度变量、二元变量、分类变量、序数型变量、比例型变量和混合型变量。

区间标度变量是一种粗略线性标度的连续度量，如重量和高度，经度和纬度等。为了避免对度量单位选择的依赖性，数据应当进行标准化。度量标准化，一种选择就是将原来的度量转换为无单位变量。比如给定一个变量 f 的度量值，计算绝对偏差的平均值：

$$s_f=\frac{1}{n}(|x_{1f}-m_f|+|x_{2f}-m_f|+\cdots+|x_{nf}-m_f|)$$

其中，

$$m_f=\frac{1}{n}(x_{1f}+x_{2f}+\cdots+x_{nf})$$

计算标准度量值（z-score）：

$$z_{if}=\frac{x_{if}-m_f}{s_f}$$

使用绝对偏差的平均值比使用标准偏差更稳健。

相异度距离可以用以下几类距离加以选择：曼哈顿距离、欧氏距离和明科夫斯基距离。

（1）曼哈顿距离。

$$d(i,\ j)=\sum_{k=1}^{m}|x_{ik}-x_{jk}|$$

$d(i,\ j)$ 表示的是研究对象 i 到研究对象 j 的距离，x_{ik} 和 x_{jk} 分别表示研究对象 i 和研究

对象 j 的第 k 个属性值。

(2) 欧式距离。

最著名的度量标准是 m 维特征空间的欧氏距离：

$$d(i,j)=\left[\sum_{k=1}^{m}(x_{ik}-x_{jk})^2\right]^{1/2}$$

其中，x_{ik} 表示第 i 个数据的第 k 个指标的观测值，x_{jk} 表示第 j 个数据的第 k 个指标的观测值，$d(i,j)$ 为第 i 个数据与第 j 个数据之间的欧氏距离。$d(i,j)$ 越小，则第 i 个数据与第 j 个数据就越相似。

(3) 明科夫斯基距离。

$$d_{ij}(q)=\left[\sum_{k=1}^{m}(p_k\left|x_{ik}-x_{jk}\right|)^q\right]^{1/q}$$

其中，$q\geqslant 1$。明科夫斯基距离是欧氏距离的一般形式，当 $q=2$ 时即为欧氏距离，当 $q=1$ 时即为曼哈顿距离。p_k 表示权重。由于它的选择具有主观性、任意性，因此其研究结果不免偏颇。

二元变量使用两个状态"0"或"1"表示变量的"空"与"存在"。例如图 8-3 表示两个对象的二元变量，"1"表示病人抽烟、喝酒、感冒等状态，"0"表示病人不抽烟、不喝酒、没感冒等状态。每个对象有 p 个变量，且 $p=a+b+c+d$。

		对象 j 1	0	合计
	1	a	b	$a+b$
对象 i	0	c	d	$c+d$
	合计	$a+c$	$b+d$	p

图 8-3 两个对象的二元变量

如果一个二元变量的两个状态是同等价值的，具有相同的权重，可以任取其中一种状态编码为 1 或者 0。对于对称的二元变量，采用简单匹配系数来评价两个对象之间的相异度。

$$d(i,j)=\frac{b+c}{a+b+c+d}$$

如果二元变量的两个状态不是同样重要的，则称该二元变量是不对称的。根据惯例，将比较重要通常也是出现概率比较小的状态编码为 1，将另一种状态编码为 0。

对于非对称的二元变量，采用 Jaccard 系数来评价两个对象之间的相异度，Jaccard 系数的计算公式如下：

$$d(i,j)=\frac{b+c}{a+b+c}$$

例如：采用 Jaccard 系数来评价表 8-1 中两个对象之间的相异度。

表 8-1　　二元变量

Name	Gender	Fever	Cough	Test-1	Test-2	Test-3	Test-4
Jack	M	Y	N	P	N	N	N
Mary	F	Y	N	P	N	P	N
Jim	M	Y	P	N	N	N	N

在表 8-1 中，Gender 是一个对称的二元变量，其他为非对称的二元变量。将值 Y 和 P 编码为 1，值 N 编码为 0，假设对象间的距离只基于非对称变量计算，根据 Jaccard 系数计算得：

$$d(\text{Jack, Mary})=\frac{0+1}{2+0+1}=0.33$$

$$d(\text{Jack, Jim})=\frac{1+1}{1+1+1}=0.67$$

$$d(\text{Jim, Mary})=\frac{1+2}{1+1+2}=0.75$$

分类变量是二元变量的推广，可以应用于多于两个的状态值。例如，颜色是一个分类变量，可能有红、黄、绿、蓝等颜色。

分类变量计算相异度的方法如下：

方法 1：简单匹配方法。假设 m 是匹配的数目，p 是全部变量的数目。则：

$$d(i, j)=\frac{p-m}{p}$$

方法 2：使用二元变量。为每一个状态创建一个新的二元变量，可以用非对称的二元变量来编码标称变量。

序数型变量的 m 个状态可以是以有意义的序列排序，也可以是离散的。离散的序数型变量类似于分类变量，除了它的 m 个状态是以有意义的序列排序的，比如职称。连续的序数型变量类似于区间标度变量，但是它没有单位，值的相对顺序是必要的，而其实际大小并不重要。

序数型变量计算相异度的方法如下：假设 f 是用于描述 n 个对象的一组序数变量之一，第 i 个对象的 f 值为 x_{if}，变量 f 有 M_f 个有序的状态，表示秩评定 1，…，M_f，将 x_{if} 用对应的秩 $r_{if}\in\{1, \cdots, M_f\}$ 代替，每个变量的值域映射到 [0, 1] 上，使得每个变量都有相同的权重。这通过用 z_{if} 替代 r_{if} 来实现。

$$z_{if}=\frac{r_{if}-1}{M_f-1},\ r_{if}\in\{1, \cdots, M_f\}$$

或者用区间标度变量的任意一种距离计算方法来计算。

混合型变量是指一个数据库包含了所有上述所列的区间标度变量、对称二元变量、非对称二元变量等几种类型的变量。

混合型变量描述的对象之间计算相异度的方法常用的有：将变量按类型分组，对每种类型的变量进行单独的聚类分析；或者将所有类型的变量一起处理，只进行一次聚类分析。

聚类分析所要做的就是将 m 维空间上的 n 个点加以分类。这个分类的度量标准就是距离。距离是样本之间相似程度的度量，是聚类分析的基础。

一般根据样本之间的一个距离度量标准可以确定类间的距离度量标准，这些度量标准对评价一个聚类过程的质量是必不可少的，它们也是聚类算法的一个组成部分。广泛应用于类 C_i 和 C_j 的距离度量标准是：

（1）单连接：$D_{min}(C_i, C_j)=\min|p_i-p_j|$，其中，$p_i\in C_i$，$p_j\in C_j$。

（2）全连接：$D_{max}(C_i, C_j)=\max|p_i-p_j|$，其中，$p_i\in C_i$，$p_j\in C_j$。

（3）质心：$D_{mean}(C_i, C_j)=|m_i-m_j|$，其中 m_i 和 m_j 是 C_i 和 C_j 的质心（均值）。

（4）平均：$D_{avg}(C_i, C_j)=\sum\sum|p_i-p_j|/(n_i\times n_j)$，其中，$p_i\in C_i$ 和 $p_j\in C_j$，且 n_i 和 n_j 是类 C_i 和 C_j 中的样本数。

二、聚类的过程

（1）数据准备，包括特征标准化和降维（数据或称之为样本或模式）。

（2）特征选择，从最初的特征中选择最有效的特征，并将其存储于向量中。

（3）特征提取，通过对所选择的特征进行转换，形成新的突出特征。

（4）聚类，选择合适特征类型的某种距离函数（或构造新的距离函数）进行接近程度的度量，然后执行聚类或分组。

（5）聚类结果评估，对聚类结果进行评估，主要方法包括外部有效性评估、内部有效性评估及相关性评估。

数据挖掘对聚类的评估要求包括：

（1）可伸缩性。

（2）处理不同类型属性的能力。

（3）发现任意形状的聚类。

（4）用于决定输入参数的领域知识最小化。

（5）处理噪声数据的能力。

（6）对于输入记录的顺序不敏感。

（7）高维性。

（8）基于约束的聚类。

（9）可解释性和可用性。

三、分析方法

在样本空间 X 的聚类算法中，假设每一个样本 $\boldsymbol{x}_i\in X$（$i=1, 2, \cdots, n$），$\boldsymbol{x}_i=\{x_{i1}$，

x_{i2}，…，x_{im}}，m 的值是样本的维数（特征），n 是样本空间 X 中的样本数。对于特定的聚类问题，一个算法产生的簇可能有许多性质，最重要的一条性质就是“较高的簇内相似度，较低的簇间相似度”。

由于相似度是定义一个聚类的基础，所以同一特征空间的两个簇的相似度的度量标准对大多数聚类算法都是必不可少的。一般不是计算两个样本间的相似度，而是用特征空间中的距离作为度量标准来计算两个样本间的相异度。

相异度即距离的度量标准，用 $d(\boldsymbol{x}, \boldsymbol{x}')$，$\forall\ \boldsymbol{x}, \boldsymbol{x}' \in X$ 来表示。当 $\boldsymbol{x}$ 和 $\boldsymbol{x}'$ 相似时，距离 $d(\boldsymbol{x}, \boldsymbol{x}')$ 很小；当 $\boldsymbol{x}$ 和 $\boldsymbol{x}'$ 不相似时，距离 $d(\boldsymbol{x}, \boldsymbol{x}')$ 很大。可以假定：

$$d(\boldsymbol{x}, \boldsymbol{x}') \geqslant 0,\ \forall\ \boldsymbol{x}, \boldsymbol{x}' \in X$$

距离的度量标准也具有对称性：

$$d(\boldsymbol{x}, \boldsymbol{x}') = d(\boldsymbol{x}', \boldsymbol{x})$$

在聚类分析过程中通常存在孤立点，孤立点是指数据集中与其他点显著不同的样本点。孤立点可能是由测量误差造成的，也可能是由数据固有的可变性造成的。

当存在孤立点时，许多聚类技术的效果都不理想，一些数据挖掘算法试图将孤立点对最终模型的影响降到最小，或者在预处理阶段去除它们。在实际去除孤立点时一定要谨慎，因为如果去除的数据是正确数据的话，就会导致重要的隐藏信息的丢失，一些数据挖掘应用集中在孤立点的检测上，这是数据分析的必然结果。

孤立点检测或孤立点挖掘是指在数据集中标识出孤立点的过程。发现孤立点后利用聚类或其他数据挖掘算法可以去除它们。许多孤立点检测是基于统计技术的，通常假设数据集服从一个已知的分布，然后通过不一致性检验来检测出孤立点，但是由于现实世界中的数据集不一定服从简单的数据分布，所以这种方法对于真实数据是不适用的。另外，大多数统计检验都使用单属性数值，而现实世界中的数据集都是多属性的。采用基于距离测度的检测技术可能是一条可行的途径。

从基本思路上看，聚类方法有三大类：系统聚类法、分解法以及动态法（快速聚类法）。

系统聚类法是在给出样本间的距离和类与类间的距离的定义的基础上，先将每个样本各自当做一类，计算出各类（各样本）间的距离，再将最近的两类合并，依此类推，每次减少一类，直到最后将全部样本合成一类。分解法恰好相反，先将全部样本当成一类，然后适当地将其分为两类，再分为三类，直到最后每个样本各自成为一类。

以上两种方法计算量较大，需要的内存较多，通常只适用于样本量不太大的情况。

当样本量较大时，可以使用动态法。它的基本思想是：先确定若干个中心，然后将样本逐个输入，看看样本能归属于哪类，如果可以归属于已有的某个类，则归之，且对该中心稍做调整；否则可以建立新类，并调整原有的归属及中心计算新的各类的中心；如此继续，直到每个样本皆有归属为止。这种方法可以大大提高计算速度，但由于初始中心的个数及位置的选取、样本输入的顺序都可能对最后结果有影响，因而不如前两种方法可靠。

目前在文献中存在大量聚类算法，按照聚类算法所采用的上述基本思想将它们分为五类，即层次聚类算法、分割聚类算法、基于约束的聚类算法、机器学习中的聚类算法以及用于高维数据的聚类算法，如图 8－4 所示。

- 聚类
  - 层次聚类算法
    - 聚合聚类：Single-Link，Complete-Link，Average-Link
    - 分解聚类
  - 分割聚类算法
    - 基于密度的聚类
    - 基于网格的聚类
    - 基于图论的聚类
    - 基于平方误差的迭代重分配聚类：概率聚类、最近邻聚类、K-medoids、K-means
  - 基于约束的聚类算法
  - 机器学习中的聚类算法
    - 人工神经网络方法
    - 基于进化理论的方法：模拟退火、遗传算法
  - 用于高维数据的聚类算法
    - 子空间聚类
    - 联合聚类

图 8－4　聚类算法分类

（1）层次聚类算法。

层次聚类算法通过将数据组织成若干组并形成一个相应的树状图来进行聚类，它又可以分为两类，即自底向上的聚合聚类和自顶向下的分解聚类。聚合聚类的策略是先将每个对象各自作为一个原子聚类，然后对这些原子聚类逐层聚合，直至满足一定的终止条件；分解聚类则与前者相反，它先将所有的对象都看成一个类，然后将其不断分解，直至满足终止条件。

对于聚合聚类算法来讲，根据度量两个子类的相似度时所依据的距离不同，又可将其分为基于 Single-Link、Complete-Link 和 Average-Link 的聚合聚类。Single-Link 在这三者中应用最为广泛，它根据两个类中相隔最近的两个点之间的距离来评价这两个类之间的相似度，而后两者则分别依据两类中数据点之间的最远距离和平均距离来进行相似度评价。

（2）分割聚类算法。

分割聚类算法是另外一种重要的聚类方法。它先将数据点集分为 k 个初始划分，然后从这 k 个初始划分开始，通过重复的控制策略使某个准则最优化以达到最终的结果。这类方法又可分为基于密度的聚类、基于网格的聚类、基于图论的聚类和基于平方误差的迭代重分配聚类。

（3）基于约束的聚类算法。

真实世界中的聚类问题往往是具备多种约束条件的，然而由于在处理过程中不能准确表达相应的约束条件、不能很好地利用约束知识进行推理以及不能有效利用动态的约束条件，使得这一方法无法得到广泛的推广和应用。这里的约束可以是对个体对象的约束，也

可以是对聚类参数的约束，它们均来自相关领域的经验知识。该方法的一个重要应用在于对存在障碍数据的二维空间数据进行聚类。COD（clustering with obstructed distance）就是处理这类问题的典型算法，其主要思想是用两点之间的障碍距离取代一般的欧氏距离来计算其间的最小距离。

（4）机器学习中的聚类算法。

机器学习中的聚类算法是指与机器学习相关、采用了某些机器学习理论的聚类方法，它主要包括人工神经网络方法以及基于进化理论的方法。自组织映射（self organizing map，SOM）是利用人工神经网络进行聚类的较早尝试，它也是向量量化方法的典型代表之一。该方法具有两个主要特点：它是一种递增的方法，即所有的数据点是逐一进行处理的；它能将聚类中心点映射到一个二维平面上，从而实现可视化。

在基于进化理论的聚类方法中，模拟退火的应用较为广泛，SINICC 算法就是其中之一。在模拟退火中经常使用到微扰因子，其作用等同于把一个点从当前的聚类重新分配到一个随机选择的新类别中，这与 K-means 中采用的机制有些类似。遗传算法也可以用于聚类处理，它主要通过选择、交叉和变异这三种遗传算子的运算不断优化可选方案，从而得到最终的聚类结果。

（5）用于高维数据的聚类算法。

高维数据聚类是目前多媒体数据挖掘领域面临的重大挑战之一。对高维数据聚类的困难主要源于以下两个方面：高维属性空间中那些无关属性的出现使得数据失去了聚类趋势；高维使数据之间的区分界限变得模糊。除了降维这一最直接的方法之外，对高维数据的聚类处理还包括子空间聚类以及联合聚类等。

CACTUS 采用了子空间聚类的思想，它基于对原始空间在二维平面上的投影进行处理。CLIQUE 也是用于数值属性数据的一个简单的子空间聚类方法，它不仅同时结合了基于密度和基于网格的聚类思想，还借鉴了 Apriori 算法，并利用 MDL（minimum description length）原理选择合适的子空间。

四、基于 K-means 算法的聚类规则

K-means 算法是很典型的基于距离的聚类算法，采用距离作为相似性的评价指标，即认为两个对象的距离越近，其相似度就越大。该算法认为簇是由距离靠近的对象组成的，因此把得到紧凑且独立的簇作为最终目标。

K-means 聚类算法的优点主要在于：

（1）算法快速、简单。

（2）对大数据集有较高的效率并且是可伸缩性的。

（3）时间复杂度近于线性。K-means 聚类算法的时间复杂度是 $O(nkt)$，其中 n 代表数据集中对象的数量，t 代表算法迭代的次数，k 代表簇的数目。

K-means 算法接受输入量 k；然后将 n 个数据对象划分为 k 个类以便使得所获得的聚类满足同一类中的对象相似度较高、不同类中的对象相似度较低。聚类相似度是利用各聚类中对象的均值所获得的一个“中心对象”（引力中心）来进行计算的。

K-means 算法的工作过程如下：

首先从 n 个数据对象任意选择 k 个对象作为初始聚类中心；而对于剩下的其他对象，则根据它们与这些聚类中心的相似度（距离），分别将它们分配给与其最相似的（聚类中心所代表的）类；然后再计算每个新类的聚类中心（该类中所有对象的均值）；不断重复这一过程，直到标准测度函数开始收敛。一般采用均方差作为标准测度函数。该聚类具有以下特点：各类本身尽可能紧凑，而各类之间尽可能分开。

K-means 算法是一种较典型的逐点修改迭代的动态聚类算法，其要点是以误差平方和为准则函数，逐点修改类中心。

五、K-means 算法的改进

K-medoids 算法是对 K-means 算法的改进，主要是为了解决 K-means 算法中可能出现的数量上占比小但度量上差距比较大的值对均值点定位的影响。

K-medoids 算法不采用簇中对象的平均值作为参照点，而是选用簇中位置最中心的对象，即中心点作为参照点。K-medoids 算法采用 K-medoids 聚类代价函数确定参考点。

K-medoids 聚类代价函数：为了判定一个非代表对象 O_{random} 是不是当前一个代表对象 O_j 的好的替代，对于每一个非代表对象 p，考虑下面四种情况：

第一种情况：p 当前隶属于代表对象 O_j。如果 O_j 被 O_{random} 代替，且 p 离 O_i 最近，$i \neq j$，那么 p 被重新分配给 O_i（见图 8－5）。

第二种情况：p 当前隶属于代表对象 O_j。如果 O_j 被 O_{random} 代替，且 p 离 O_{random} 最近，那么 p 被重新分配给 O_{random}（见图 8－6）。

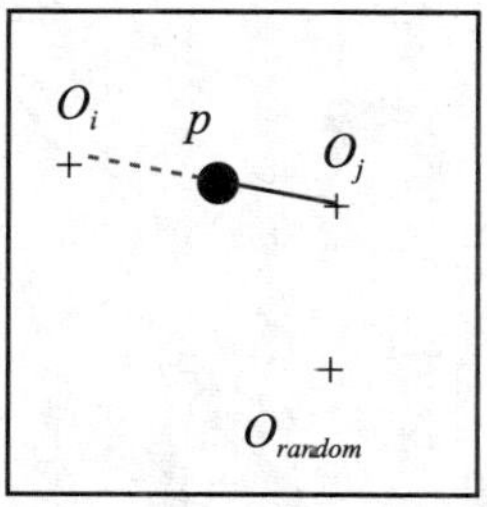

图 8－5　p 被重新分配给 O_i

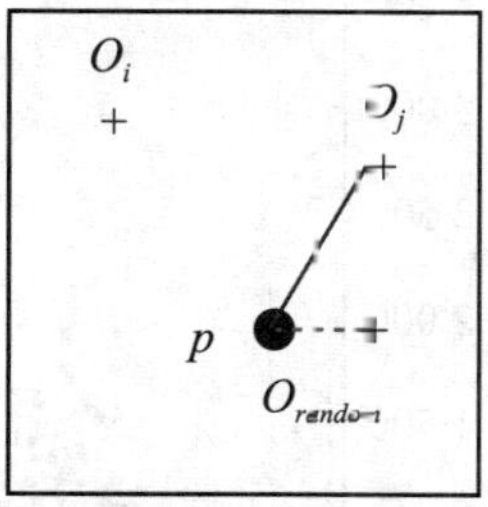

图 8－6　p 被重新分配给 O_{random}

第三种情况：p 当前隶属于 O_i，$i \neq j$。如果 O_j 被 O_{random} 代替，而 p 仍然离 O_i 最近，那么对象的隶属不发生变化（见图 8－7）。

第四种情况：p 当前隶属于 O_i，$i \neq j$。如果 O_j 被 O_{random} 代替，且 p 离 O_{random} 最近，那么 p 被重新分配给 O_{random}（见图 8-8）。

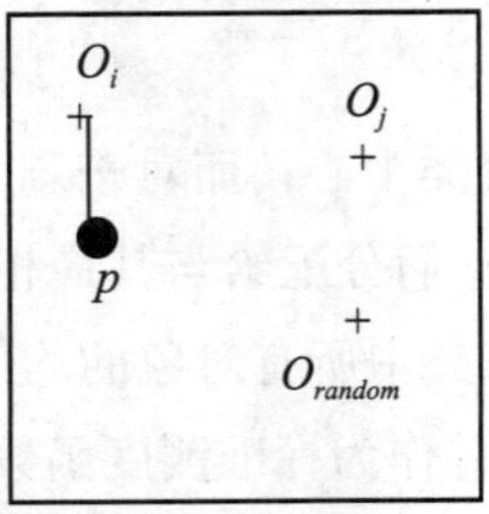

图 8-7　不发生变化

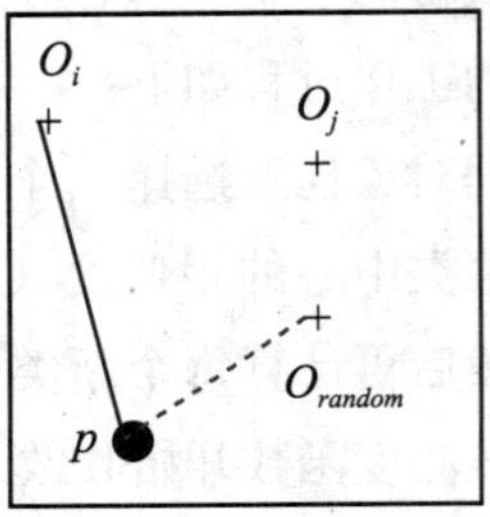

图 8-8　p 被重新分配给 O_{random}

围绕中心点划分（partitioning around medoids，PAM）算法是最早提出的 K-medoids 算法之一，其设计思想是：

（1）为每个簇任意选择一个代表对象（中心点）。

（2）剩余的对象根据其与代表对象的距离被分配给与其最近的一个簇。

（3）反复用非代表对象来替换代表对象，以提高聚类的质量。

与 K-means 算法相比，当存在噪声和孤立点时，PAM 比 K-means 算法更稳健。这是因为中心点不像平均值那么容易被极端数据影响。

六、聚类分析应用举例

分析如图 8-9 所示的信用卡恶意透支的客户的信息，选择年龄和收入作为分析的两大属性。

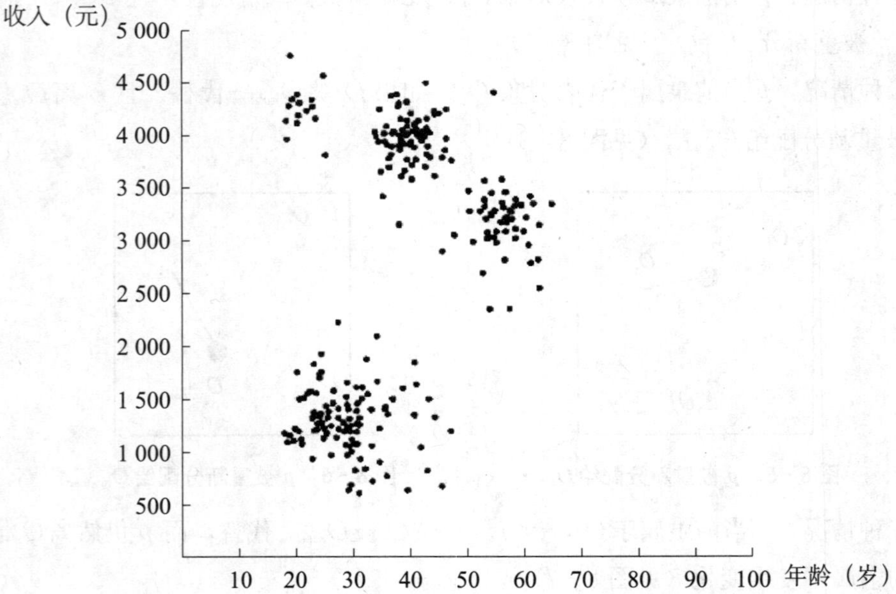

图 8-9　数据源

针对这些数据样本点，采用 K-means 聚类算法对其进行聚类分析，将参数 K 设置为 4，并根据欧氏距离计算出每两个点之间的距离。聚类分析的结果如图 8-10 所示：

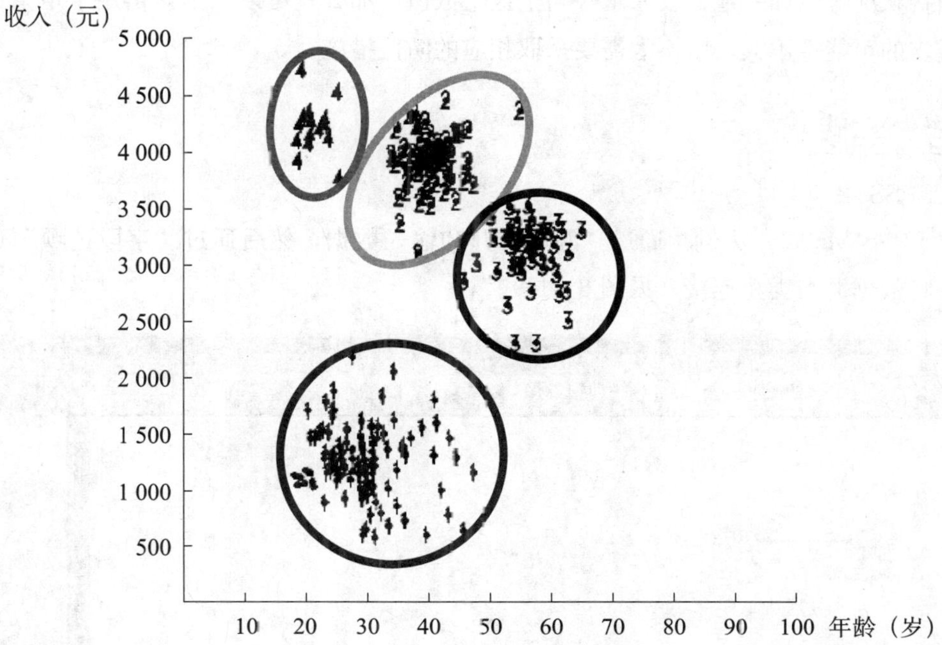

图 8-10　聚类结果

根据得出的聚类结果，可以对参与聚类的数据对象进行进一步分析，也就是对这些客户进行分析，如表 8-2 所示：

表 8-2　聚类结果分析

类	质心	高密度点的年龄	高密度点的收入
第一簇	（25 岁，1 400 元）	22 岁＜年龄＜37 岁	980 元＜收入＜1 800 元
第二簇	（40 岁，4 000 元）	35 岁＜年龄＜43 岁	3 800 元＜收入＜4 300 元
第三簇	（57 岁，3 350 元）	52 岁＜年龄＜61 岁	3 000 元＜收入＜3 480 元
第四簇	（22 岁，4 250 元）	18 岁＜年龄＜25 岁	4 100 元＜收入＜4 350 元

第四簇数据由于样本数量少且密度低，将其作为异常点去除。由剩余的三个簇可以形成如下信用卡恶意透支预测模型：

（1）年龄在 22～37 岁的人群，收入范围是 980～1 800 元；

（2）年龄在 35～43 岁的人群，收入范围是 3 800～4 300 元；

（3）年龄在 52～61 岁的人群，收入范围是 3 000～3 480 元。

也就是说，如果信用卡申请人的年龄在 22～37 岁，其收入水平如果在 1 400 元左右，那么就可以推测该信用卡申请人恶意透支的可能性较大，所以就需要银行对客户信用卡的使用提出一些要求并采取一些必要的措施来防范，比如直接对其进行提醒或警告，甚至限制其消费状况等。如果他的收入水平高于这个数值，那么就可以认为该信用卡申请人存在恶意透支的可能性不大，就不太需要采取相应的防范措施。

七、实践

1. SPSS

以 SPSS Modeler 为例。通过“源”打开和输入数据，然后通过“字段选项”选择类型，并将数据源与类型连接（见图 8－11）。

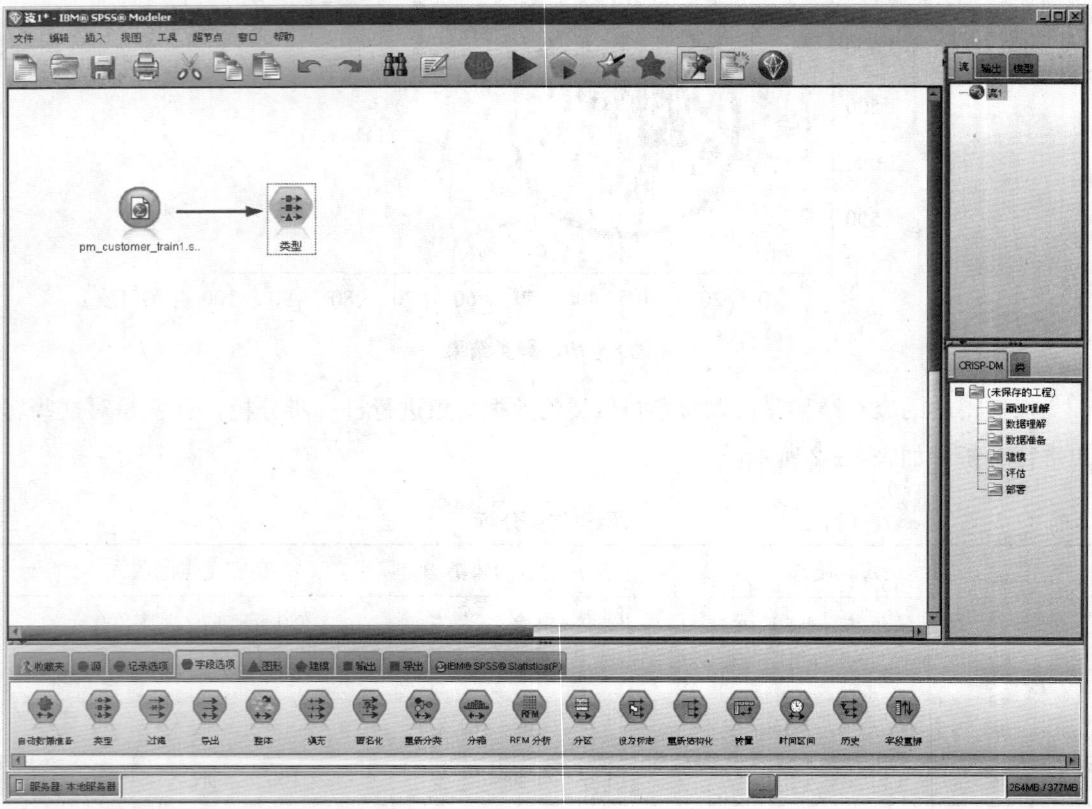

图 8－11　将数据源与类型连接

通过“建模”选择聚类器，比如选择“K-Means”（见图 8－12），连接后，点击“运行”。

2. Weka

利用 Weka 软件进行聚类分析。进入“Weka Explorer”界面（见图 8－13），点击“Open file...”，打开“.csv”格式的数据文件。

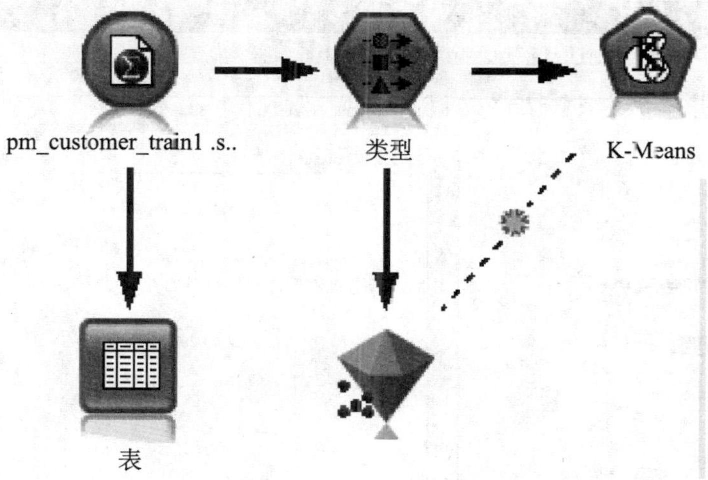

图 8-12 选择聚类器

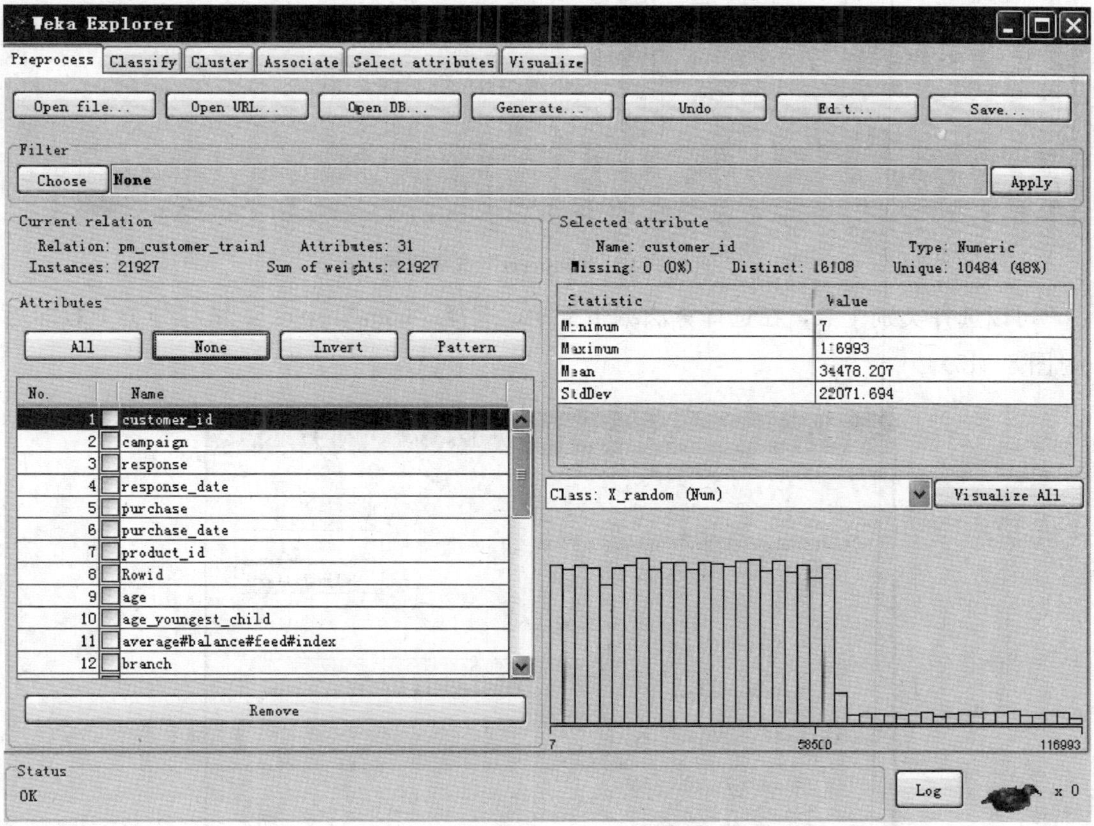

图 8-13 “Weka Explorer”界面

选择标签并点击“Cluster”选项卡，打开“Choose”，选择“Clusterer”中的聚类算法，比如“SimpleKMeans”（见图 8-14）。

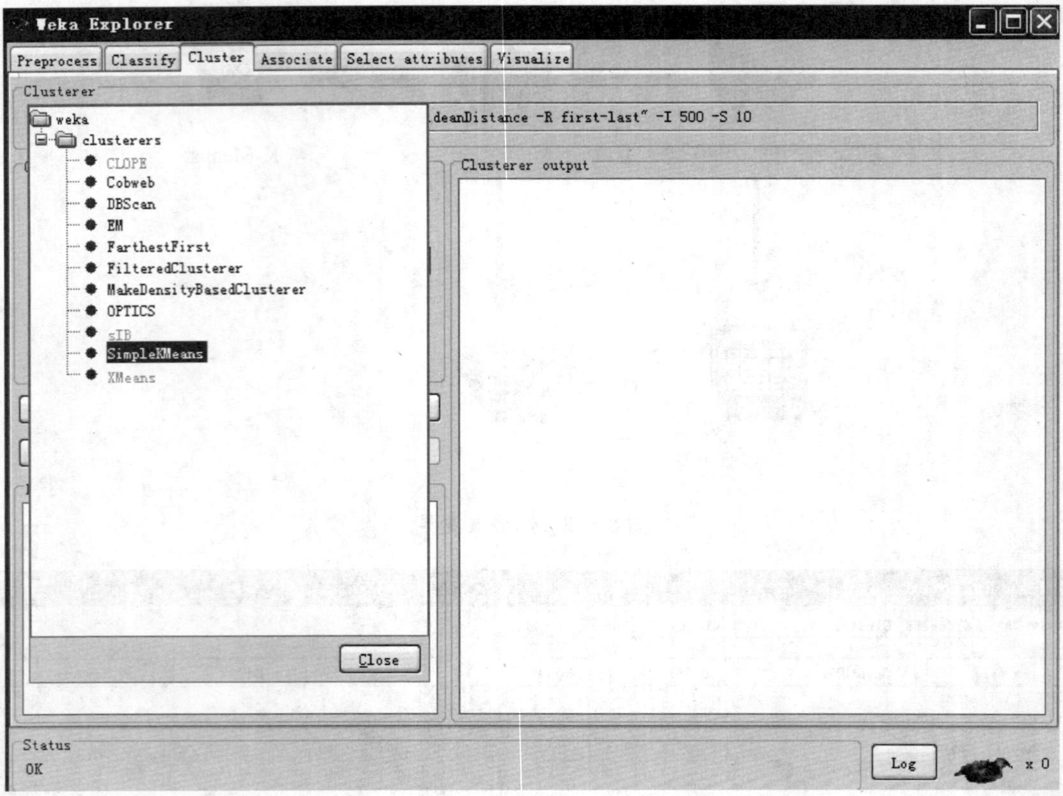

图 8-14 "Clusterer"选择界面

可以选择类别个数，在选择算法编辑框中，选择"numClusters"，填写分类个数即可（见图 8-15）。

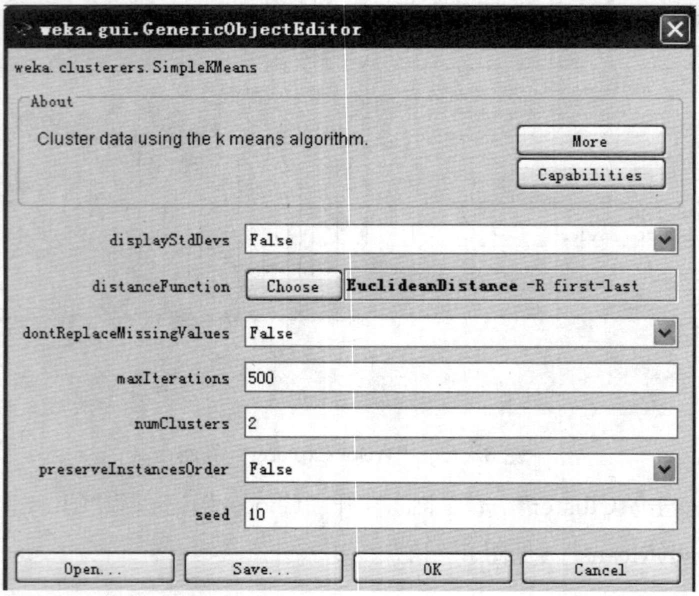

图 8-15 选择算法编辑框

"Cluster mode"一栏用来决定依据什么来聚类以及如何评价聚类的结果。在图 8－16 中，前三个选项和分类的情况是一样的——"Use training set"、"Supplied test set"和"Percentage split"——区别在于现在的数据是要聚到某个类中，而不是将其预测为某个指定的类别。第四个模式"Classes to clusters evaluation"是要比较所得到的类与在数据中预先给出的类吻合得怎样。和"Classify"界面一样，下方的下拉框是用来选择作为类别的属性的。

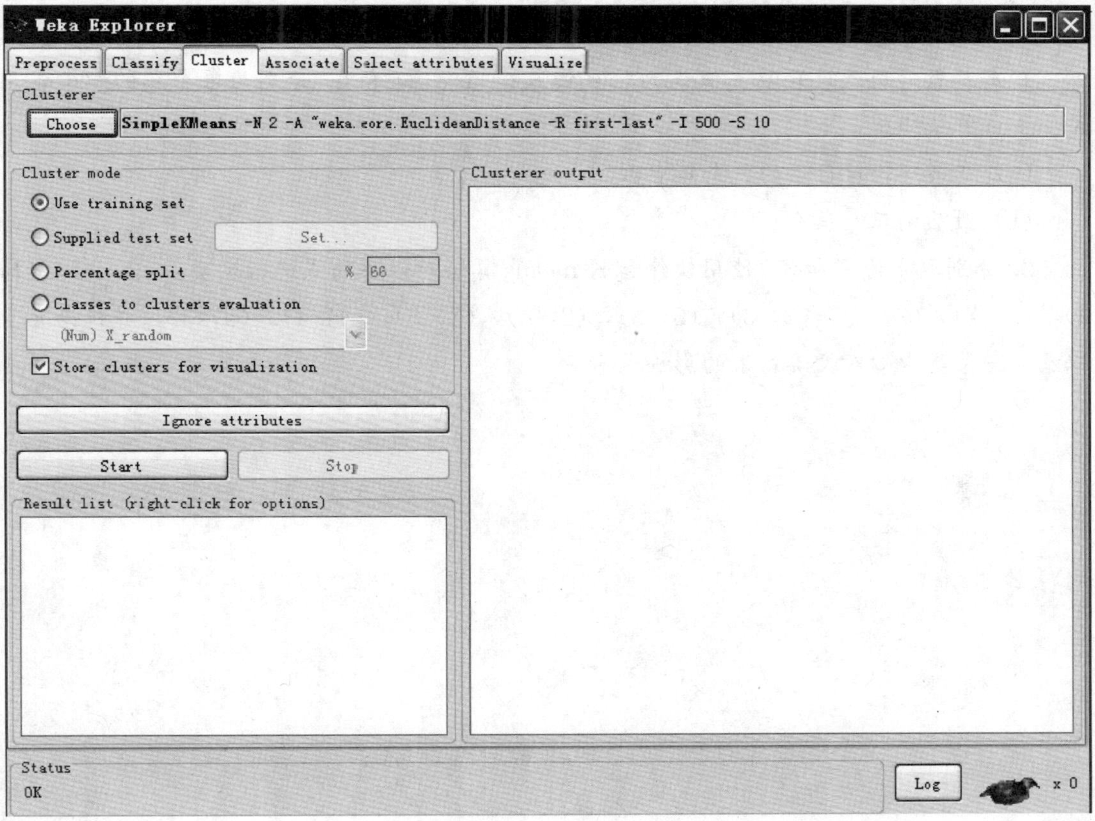

图 8－16 "Cluster"界面

在"Cluster mode"之外有一个"Store clusters for visualization"的勾选框，该框决定了在训练完算法后可否对数据进行可视化。对于非常大的数据集，内存可能成为瓶颈，不勾选这一项应该会有帮助。

在对一个数据集聚类时，经常会遇到某些属性被忽略的情况。"Ignore attributes"可以弹出一个小窗口，选择哪些是需要忽略的属性。点击窗口中的单个属性将使它高亮显示，按住 SHIFT 键可以连续选择一串属性，按住 CTRL 键可以单个选择。点击"Select"按钮决定接受所做的选择。在下一次聚类算法运行时，被选的属性将被忽略。

讨论题

聚类问题的实质是什么？有哪些常用的聚类算法？如何评价聚类算法的性能？

思考题

1. 假设数据挖掘的任务是将如下的八个点［用（x，y）代表位置］聚为三个簇：A_1(2，10)、A_2(2，5)、A_3(8，4)、B_1(5，8)、B_2(7，5)、B_3(6，4)、C_1(1，2)、C_2(4，9)。距离函数采用欧氏距离。假设初始我们选择 A_1、B_1 和 C_1 分别为每个簇的中心，用 K-means 算法给出：

(a) 在第一轮执行后的三个簇中心。

(b) 最后的三个簇。

2. 分别取 k 为 2 和 3，使用软件和 K-means 算法对以下的点进行聚类：(2，1)，(1，2)，(2，2)，(3，2)，(2，3)，(3，3)，(2，4)，(3，5)，(4，4)，(5，3)，并讨论 k 值以及初始聚类中心对聚类结果的影响。

第九章

关联规则

导入案例

关联规则挖掘技术目前已经被广泛应用于西方金融行业中，它可以成功预测银行客户的需求。一旦获得了这些信息，银行就可以改善自身的营销策略。现在银行天天都在开发新的与客户沟通的方法。各银行在自己的 ATM 上捆绑了顾客可能感兴趣的本行产品信息，供使用本行 ATM 的用户了解相关信息。如果数据显示，某个高信用限额的客户更换了地址，这个客户很有可能新购买了一栋更大的住房，因此可能需要更高的信用限额、更高端的新信用卡，或者需要一个住房改善贷款，这些产品都可以通过信用卡账单邮寄给客户。当客户打电话进行咨询的时候，数据库可以有力地帮助电话销售代表。销售代表的电脑屏幕上可以显示出客户的特点，同时也可以显示出顾客会对什么产品感兴趣。

关联是指两个或多个变量之间存在某种规律性，但是关联不代表具有因果关系。关联规则是在同一事件中出现的不同项目的相关性，关联分析是挖掘关联规则的过程。

关联是数据库中存在的一类重要的可被发现的知识。关联可被分为简单关联、时序关联、因果关联。关联分析的目的是找出数据库中隐藏的关联网。

一、基本概念

关联规则是形如 $X \Rightarrow Y$ 的蕴含式，其中，X 和 Y 分别被称为关联规则的左边项（left-hand-side，LHS 或 antecedent）和后继（right-hand-side，RHS 或 consequent）。

关联规则的定义为：假设 I 是项的集合。给定一个事务数据库 D，其中每个事务（transaction）T 是 I 的非空子集，即每一个交易都与唯一的标识符 TID（transaction ID）对应。

关联规则可以表示为：

$$R: X \Rightarrow Y$$

其中：X 属于 I，Y 属于 I，并且 $X \cap Y = \varnothing$，它表示如果项集 X 在某一事务中出现，则必然会导致项集 Y 也会在同一事务中出现，X 被称为规则的先决条件，Y 被称为规则的结果。

关联规则中有几个重要的数值：

支持度：关联规则在数据库中的支持度是指事务数据库中事务同时包含 X、Y 的百分比，即概率。项集 X 的支持度描述了项集 X 的重要性。

最小支持度（minimum support）：表示发现关联规则要求数据项必须满足的最小支持门限值，记为 min _ sup，它表示数据项集在统计意义下的最低重要性。只有满足最小支持度的数据项集才有可能在关联规则中出现。支持度大于最小支持度的数据项集被称为频繁项集，简称频集，反之，被称为非频繁项集。

置信度：事务数据库在已经包含 X 的情况下，包括 Y 的百分比，即条件概率。规则的置信度描述了规则的可靠程度。

最小置信度（minimum confidence）：表示关联规则所必须满足的最小置信度门限值，记为 min_conf，它表示关联规则的最低可靠性。

举例说明。表 9-1 是表示顾客购买记录的数据库 D，它包含 6 个事务。项集 $I=\{$网球拍，网球，运动鞋，羽毛球$\}$。令 $X=\{$购买网球拍$\}$，$Y=\{$购买网球$\}$。事务 1，2，3，4，6 包含网球拍，事务 1，2，6 同时包含网球拍和网球，$X\cap Y=3$，$D=6$，支持度 $(X\cap Y)/D=0.5$；$X=5$，置信度 $(X\cap Y)/X=0.6$。若给定最小支持度 $\alpha=0.5$，最小置信度 $\beta=0.6$，则认为购买网球拍和购买网球之间存在关联（强关联规则）。

表 9-1　　表示顾客购买记录的数据库 D

TID	网球拍	网球	运动鞋	羽毛球
1	1	1	1	0
2	1	1	0	0
3	1	0	0	0
4	1	0	1	0
5	0	1	1	1
6	1	1	0	0

按照不同情况，关联规则可以进行如下分类：

(1) 基于规则中处理的变量的类别，关联规则可以分为布尔型和数值型。

布尔型关联规则处理的值都是离散的、种类化的，它显示了这些变量之间的关系；而数值型关联规则可以和多维关联规则或多层关联规则结合起来，对数值型字段进行处理，将其进行动态分割，或者直接对原始数据进行处理，当然数值型关联规则中也可以包含种类变量。例如：性别＝女⇒职业＝秘书，这是布尔型关联规则；性别＝女⇒收入＝2 300元，收入是数值型的，所以这是一个数值型关联规则。

(2) 基于规则中数据的抽象层次，可以分为单层关联规则和多层关联规则。

在单层关联规则中，所有变量都没有考虑到现实的数据是具有多个不同的层次的；而在多层关联规则中，对数据的多层性已经进行了充分考虑。例如：IBM 台式机⇒Sony 打印机，这是一个细节数据上的单层关联规则；台式机⇒Sony 打印机，这是一个较高层次和细节层次之间的多层关联规则。

(3) 基于规则中涉及的数据的维数，关联规则可以分为单维的和多维的。

单维关联规则只涉及数据的一个维，如用户购买的物品；多维关联规则要处理的数据将会涉及多个维。换句话说，单维关联规则是处理单个属性中的一些关系；多维关联规则是处理各个属性之间的某些关系。例如：啤酒⇒尿布，这条规则只涉及用户购买的物品；

性别＝女⇒职业＝秘书，这条规则就涉及两个字段的信息，是两个维上的一条关联规则。

二、关联规则的相关概念

设 $I=\{i_1, i_2, \cdots, i_m\}$ 是 m 个不同项目的一个集合，每个 $i_k(k=1, 2, \cdots, m)$ 被称为数据项（item），数据项的集合 I 被称为数据项集（item-set），简称项集，其元素个数被称为数据项集的长度，长度为 k 的数据项集被称为 k 维数据项集，简称 k-项集（k-item-set）。

事务 T 是数据项集 I 上的一个子集，每个事务均有唯一的标识符 TID 与之相连，不同事务的全体构成了全体事务集 D（即事务数据库）。

反映支持度和置信度的四个特性为：

（1）有用性：这是定义模式兴趣度的一个重要因素，用一个实用函数（如支持度）来评估，关联模式的支持度是模式为真的任务相关的元组（或事务）所占的百分比。同时满足最小置信度门限值和最小支持度门限值的关联规则被称为强关联规则，并被认为是有趣的。具有较低支持度的规则多半是噪声的、少见的或异常的。

（2）确定性：每个发现的模式都应有一个表示其有效性的确定性度量，这个确定性度量是事务的置信度。

（3）新颖性：新颖的模式是那些提供新信息或提高给定模式集性能的模式。检测新颖性的另一种策略是删除冗余模式。

（4）简洁性：模式的简洁性的客观度量可以看做模式结构的函数，用模式的二进位位数、属性数或模式中出现的操作符数来定义。规则长度是一种简洁性的度量指标，对于用合取范式（即合取谓词的集合）表达的规则，规则长度也可以简单地定义为规则中合取符的个数。

三、挖掘过程

关联规则的挖掘过程（见图 9－1）主要包括两个阶段：第一阶段先找出所有的频繁项集；第二阶段由频繁项集产生强关联规则。另外在挖掘出关联规则后还要对它进行评价。

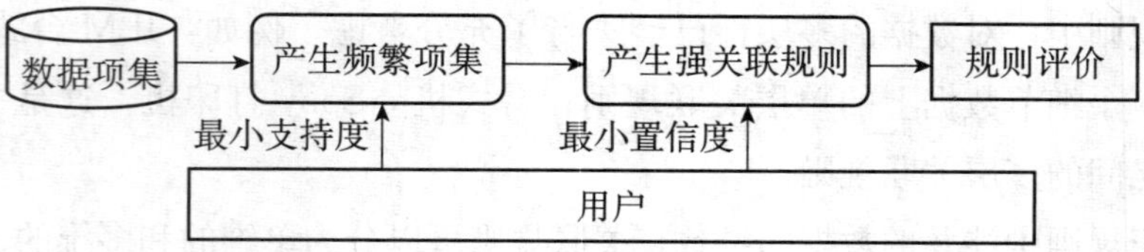

图 9－1　挖掘过程

关联规则挖掘的第一阶段必须从原始资料集合中找出所有频繁项集。频繁的意思是某一项目组出现的频率相对于所有记录而言必须达到某一水平。项目组出现的频率被称为支持度，以一个包含 A 与 B 两个项目的 2-项集为例，可以求得包含{A，B}项目组的支持度，若支持度大于等于所设定的最小支持度门限值时，则{A，B}被称为高频项目组。一个满足最小支持度的 k-项集则被称为高频 k-项目组（frequent k-itemset），一般表示为 large k 或 frequent k。算法从高频 k-项目组再产生高频 $k+1$ 项目组，直到无法再找到更长的频繁项集为止。

关联规则挖掘的第二阶段是要产生强关联规则。从高频项目组产生关联规则是利用前一步骤的高频 k-项目组来产生规则，在最小置信度的条件门限下，若一规则所求得的置信度满足最小置信度，则称此规则为强关联规则。例如：经由高频 k-项目组{A，B}所产生的规则 A⇒B，计算其置信度，若置信度大于等于最小置信度，则称 A⇒B 为强关联规则。

四、常用算法

（一）Apriori 算法

Apriori 算法是一种最有影响力的挖掘布尔型关联规则频繁项集的算法，它是基于两阶段频繁项集思想的递推算法。该关联规则在分类上属于单维、单层、布尔型关联规则。该算法已经被广泛应用到商业、网络安全等各个领域。

该算法的基本思想是：首先找出所有的频繁项集，这些项集出现的频繁性至少和预定义的最小支持度一样。然后使用第一步找到的频繁项集产生期望的强关联规则，只有那些大于用户给定的最小置信度的规则才被留下来。

该算法可能产生大量候选集，可能需要重复扫描数据库，这是 Apriori 算法的两大缺点。

具体算法如下：

找出频繁“1 项集”的集合，该集合记作 L_1。L_1 用于找出频繁“2-项集”的集合 L_2，而 L_2 用于找 L_3，如此继续下去，直到不能找到“k-项集”。找每个 L_k 都需要一次数据库扫描。

该算法的核心思想是连接和剪枝。连接是自连接，原则是保证前 $k-2$ 项相同，并按照字典顺序连接。剪枝是使任一频繁项集的所有非空子集也必须是频繁的。反之，如果某个候选的非空子集不是频繁的，那么该候选肯定不是频繁的，从而可以将其删除。

简单地讲，发现频繁项集的过程为：扫描—计数—比较—产生频繁项集—连接—剪枝—产生候选项集，重复以上步骤，直到不能发现更大的频繁项集。

产生关联规则的过程为：

（1）对于每个频繁项集 L，产生 L 的所有非空子集；

（2）对于 L 的每个非空子集 S，如果

$P(L)/P(S) \geqslant$ 最小置信度

则输出强关联规则。

Apriori 算法的性质：频繁项集的所有非空子集都是频繁的。

证明：设项集 r 是频繁的，即 $P(r) \geqslant$ 最小支持度。对项集 r 的任一非空子集 p，$p \subset r$。对事务 t，如果 $r \subset t$，则 $p \subset r \subset t$，即包含项集 r 的事务同时也包含项集 p。因此，项集 p 出现的频率不会小于项集 r 出现的频率，即 $P(p) \geqslant P(r)$。又因为 $P(r) \geqslant$ 最小支持度，所以 $P(p) \geqslant$ 最小支持度，即项集 p 是频繁的。

推论：若 k-项集的某个非空子集不是频繁的，则该 k-项集也不是频繁的。推论是 Apriori 性质的逆否命题。推论说明了这样一个事实，如果一个集合不能通过测试，则它的所有超集也不能通过相同的测试。Apriori 算法正是利用这样的事实来压缩搜索空间的。

由 L_{k-1} 找 L_k，要经过两个步骤：连接和剪枝。连接就是通过 L_{k-1} 与自己连接产生候选 k-项集的集合。该候选项集的集合被记作 C_k。剪枝就是对 C_k 中的各项集出现的次数计数，将 C_k 中不满足最小支持度的项集删除，所有满足最小支持度的项集构成 L_k。如果根据连接的结果直接进行数据库扫描，计算量太大，因为连接的结果集可能很大。而 Apriori 算法利用推论进行修剪则去掉了很多无用的计算，大大提高了扫描的效率。

例：设包含 4 个事务的事务数据库如表 9－2 所示，各事务按字典次序存放，最小支持度为 60%，最小置信度为 80%，按 Apriori 算法求强关联规则。

表 9－2　　事务数据库

客户购买记录	购买商品
1	{F，A，D，B}
2	{D，A，C，E，B}
3	{C，A，B，E}
4	{B，A，D}

求解过程如下。每个事务的支持度见表 9－3。

表 9－3　　支持度

项集	支持度
{A}	100%
{B}	100%
{C}	50%
{D}	75%
{E}	50%
{F}	25%

根据最小支持度 60%得到频繁项集 L_1，见表 9-4。

表 9-4　频繁项集 L_1

项集	支持度
{A}	100%
{B}	100%
{D}	75%

连接产生候选集，见表 9-5。

表 9-5　候选集

项集
{A，B}
{A，D}
{B，D}

计算支持度，见表 9-6。

表 9-6　候选集的支持度

项集	支持度
{A，B}	100%
{A，D}	75%
{B，D}	75%

全部满足最小支持度，连接产生新的候选集，见表 9-7。

表 9-7　新的候选集

项集	支持度
{A，B，D}	75%

最终得到一个频繁项集 {A，B，D}。接下来列出 {A，B，D} 可产生的关联规则，计算规则的置信度，找出强关联规则（见表 9-8）。

表 9-8　关联规则与置信度

规则	置信度	规则	置信度
$A^B \Rightarrow D$	75%	$A \Rightarrow B^D$	75%
$A^D \Rightarrow B$	100%	$B \Rightarrow A^D$	75%
$B^D \Rightarrow A$	100%	$D \Rightarrow A^B$	100%

根据最小置信度 80%，得到三个强关联规则：$A^D \Rightarrow B$，$B^D \Rightarrow A$，$D \Rightarrow A^B$。

（二）FP 增长算法

针对 Apriori 算法重复扫描事务数据库带来了很大开销的问题，韩家炜（J. Han）等提出了频繁模式增长（frequent pattern growth）算法，简称 FP 增长算法。该算法采用分而治之的策略，在经过第一遍扫描之后，把数据库中的频集压缩进一棵频繁模式树（FP-tree，简称 FP 树），同时依然保留其中的关联信息，随后再将 FP 树分化成一些条件库，每个库和一个长度为 1 的频集相关，然后再对这些条件库分别进行挖掘。当原始数据量很大的时候，也可以结合划分的方法，使得一个 FP 树可以放入主存中。实验表明，FP 增长算法对不同长度的规则都有很好的适应性，同时在效率上较 Apriori 算法有巨大的提高。

例：设包含 9 个事务的事务数据库如表 9－9 所示，最小支持数为 2，按 FP 增长算法求强关联规则。

表 9－9　事务数据库

TID	项目
1	I1，I2，I5
2	I2，I4
3	I2，I3
4	I1，I2，I4
5	I1，I3
6	I2，I3
7	I1，I3
8	I1，I2，I3，I5
9	I1，I2，I3

第一步：构造 FP 树。

描述事务数据库得到频繁 1-项集，见表 9－10。

表 9－10　频繁 1-项集

I1	I2	I3	I4	I5
6	7	6	2	2

按支持数递减排序频繁 1-项集，见表 9－11。

表 9－11　按支持数递减排序

I2	I1	I3	I4	I5
7	6	6	2	2

重新调整事务数据库，见表 9－12。

表 9-12　　重新调整事务数据库

TID	项目
1	I2，I1，I5
2	I2，I4
3	I2，I3
4	I2，I1，I4
5	I1，I3
6	I2，I3
7	I1，I3
8	I2，I1，I3，I5
9	I2，I1，I3

创建根节点和频繁项目表，见图 9-2。

Item-name	Node-head
I2	Null
I1	Null
I3	Null
I4	Null
I5	Null

图 9-2　创建根节点和频繁项目表

加入第一个事务（I2，I1，I5），见图 9-3。

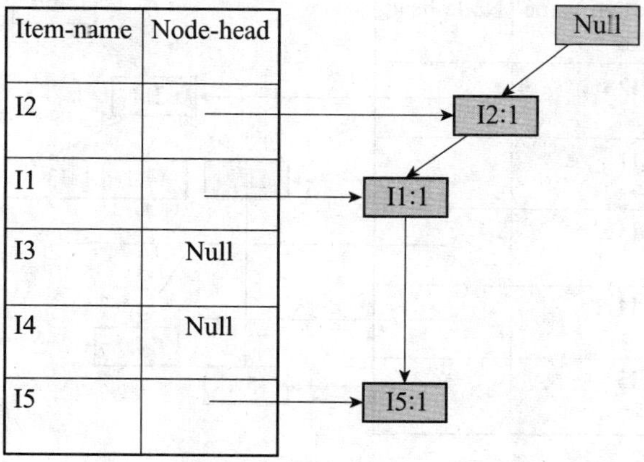

图 9-3　加入第一个事务（I2，I1，I5）

加入第二个事务（I2，I4），见图 9-4。

加入第三个事务（I2，I3），见图 9-5。

加入第四个事务（I2，I1，I4），见图 9-6。

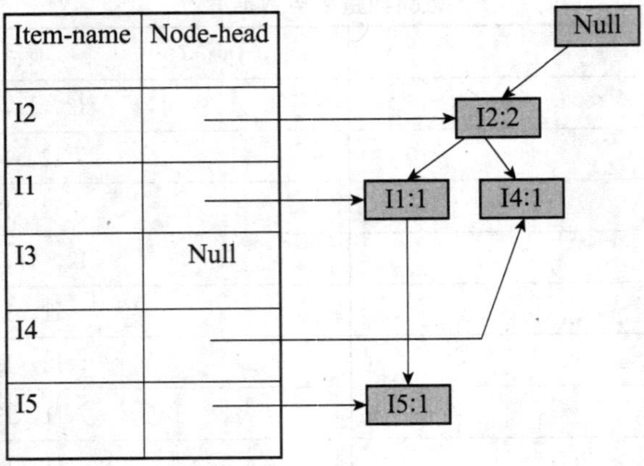

图 9-4　加入第二个事务（I2，I4）

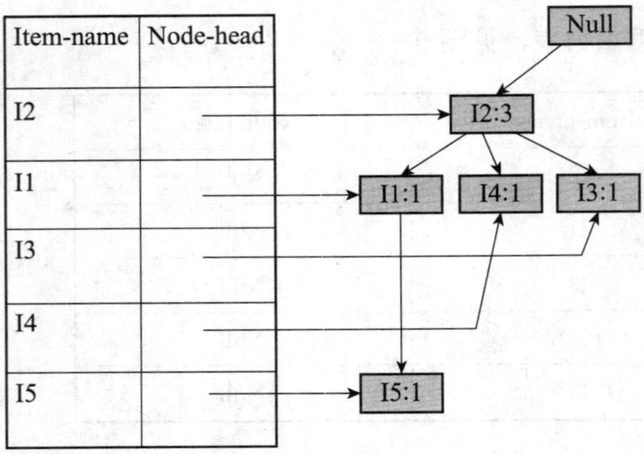

图 9-5　加入第三个事务（I2，I3）

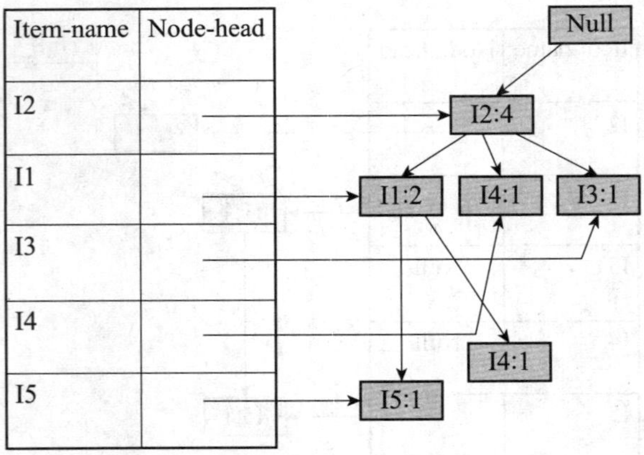

图 9-6　加入第四个事务（I2，I1，I4）

加入第五个事务（I1，I3），见图 9-7。

加入第六个事务（I2，I3），见图 9-8。

加入第七个事务（I1，I3），见图 9-9。

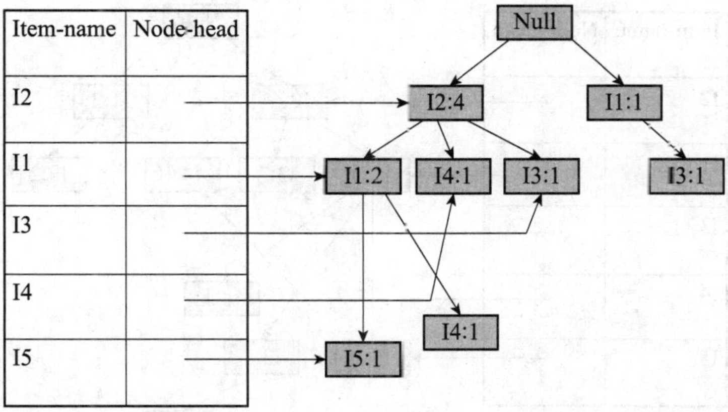

图 9－7 加入第五个事务（I1，I3）

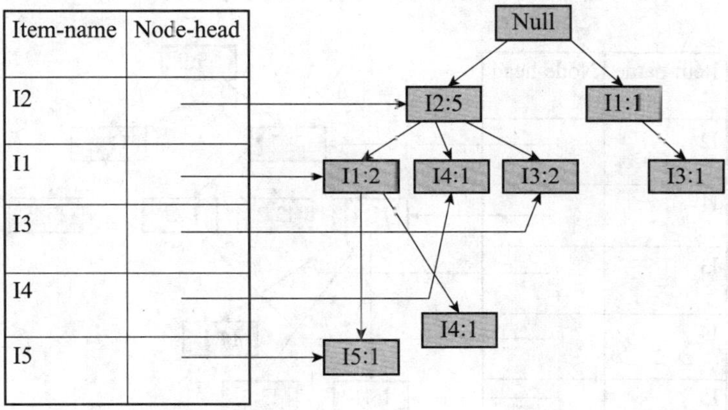

图 9－8 加入第六个事务（I2，I3）

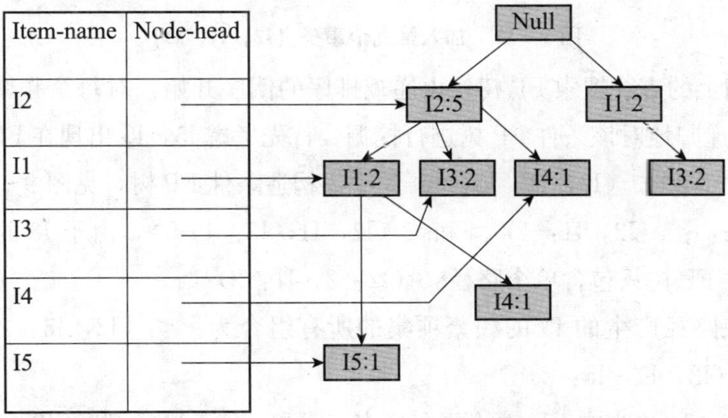

图 9－9 加入第七个事务（I1，I3）

加入第八个事务（I2，I1，I3，I5），见图 9－10。

加入第九个事务（I2，I1，I3），最后形成的 FP 树见图 9－11。

第二步：利用 FP 树产生频繁项集。

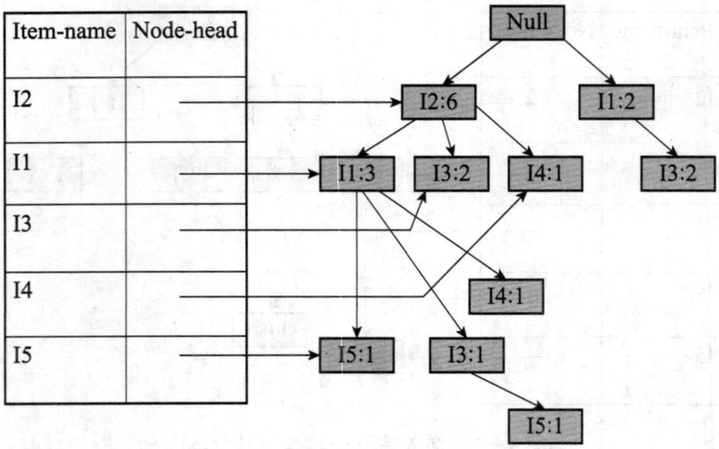

图 9-10　加入第八个事务（I2，I1，I3，I5）

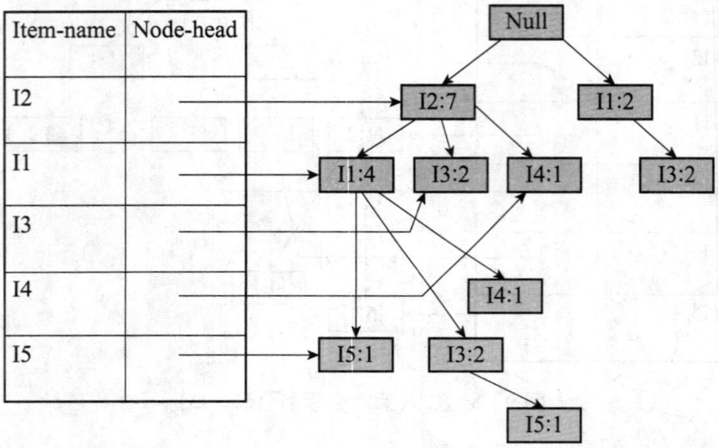

图 9-11　加入第九个事务（I2，I1，I3）

采用自底向上的方式搜索 FP 树，由递减排序的倒序开始，对每个频繁 1-项集构造条件 FP 树，然后递归地对该条件 FP 树进行挖掘。首先考虑 I5，I5 出现在 FP 树的两个分支＜（I2，I1：1）＞和＜（I2，I1，I3：1）＞中，构造条件 FP 树，见图 9-12。此处 I5 的前缀路径有两条：＜（I2，I1：1）＞和＜（I2，I1，I3：1）＞，由于 I3 的支持数只有 1，因此生成的条件 FP 树只包含单个路径＜（I2：2，I1：2）＞。

由此得到该路径产生的 I5 的频繁项集的所有组合为：＜（I2，I5：2）＞、＜（I1，I5：2）＞和＜（I2，I1，I5：2）＞。

接着考虑 I4，I4 出现在 FP 树的两个分支＜（I2，I1：1）＞和＜I2：1＞中，构造条件 FP 树，见图 9-13。

得到 I4 频繁项集：＜（I2，I4：2）＞。

然后考虑 I3，I3 出现在 FP 树的三个分支＜（I2，I1：2）＞、＜I2：2＞和＜I1：2＞中，构造条件 FP 树，见图 9-14。

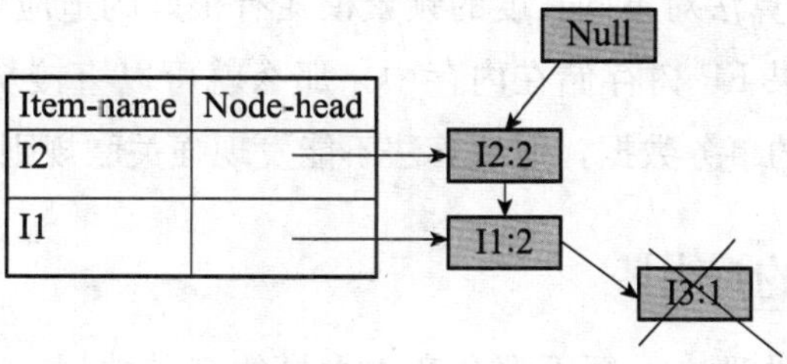

图 9-12 构造条件 FP 树（1）

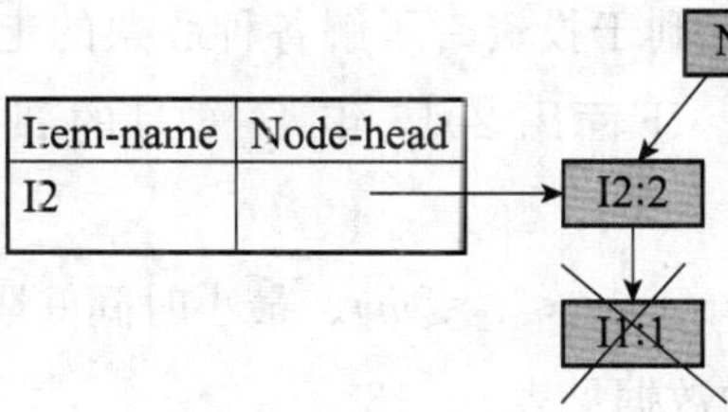

图 9-13 构造条件 FP 树（2）

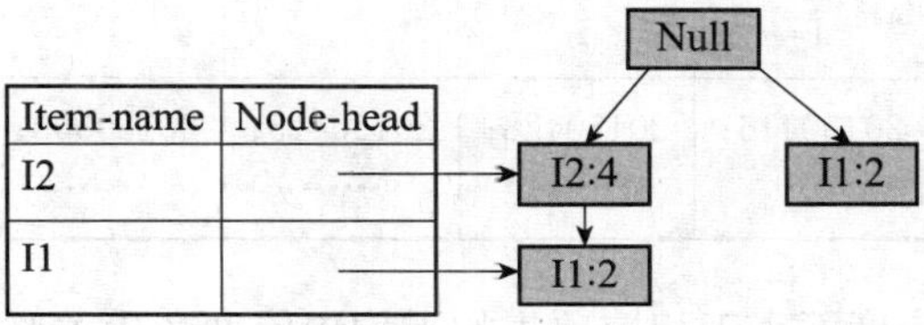

图 9-14 构造条件 FP 树（3）

由于此树不是单一路径，因此需要递归挖掘 I3，得到 I1 出现在 FP 树的分支＜（I2：2）＞，构造条件 FP 树，见图 9-15。

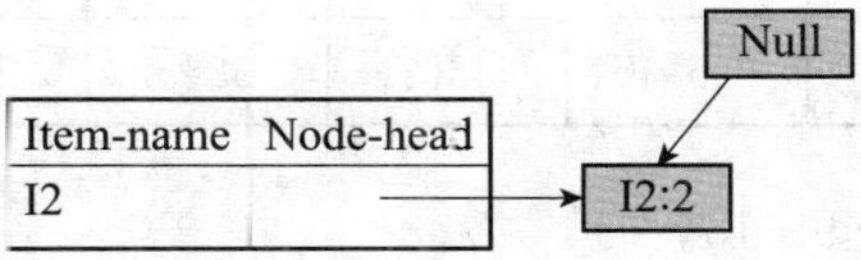

图 9-15 构造条件 FP 树（4）

得到 I3 的频繁项集＜（I2，I3：4），（I1，I3：4），（I2，I1，I3：2）＞。

最后考虑 I1，得到＜（I2：4）＞，构造条件 FP 树，见图 9-16。

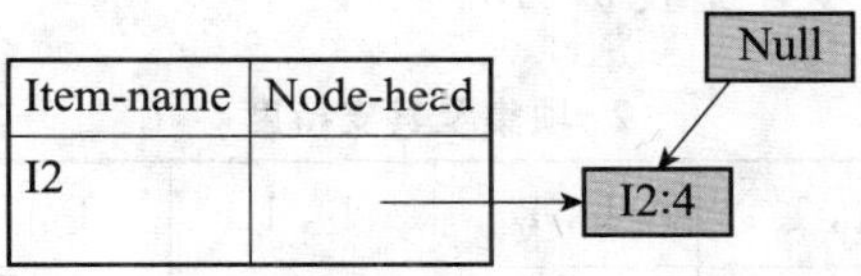

图 9-16 构造条件 FP 树（5）

得到 I1 的频繁项集＜（I2，I1：4）＞。

研究表明，FP增长算法对不同长度的频繁模式有很好的适应性，在效率上较Apriori算法有较大的提高。如果FP树存储在内存中，那么就可以直接从内存中提取频繁项集，而不必重复扫描硬盘上的事务数据，但该算法不能发现强关联规则。

五、关联规则的应用

在股票交易的事务处理中，每天都会产生大量的交易数据。上市公司之间由于存在合作、竞争等关系，因此某些股票价格在一定时间内会出现相似或相反的趋势。挖掘这些数据或股票之间的关联规则有利于投资者了解各种股票的走势及股票之间的关系，帮助投资者做出正确的投资决策。下面用2015年4—6月的部分沪深上市股票进行举例说明。

在指定时间区间 $Q[t_1, t_2]$ ($1 \leqslant t_1 \leqslant t_2 \leqslant m$)、最小时间间隔和最小涨幅后，可以对股票数据进行预处理。预处理后的数据见表9-13。

表9-13　预处理后的数据

股票代号	I_1	I_2	I_3	I_4	I_5	I_6	I_7
上涨日期	20150421；……	20150416；……	20150428；……	20150415；……	20150508；……	20150509；……	20150512；……

利用频繁项集的置信度不小于相应项集的平均置信度产生关联规则。计算每列的支持度，见表9-14。

表9-14　每列的支持度

股票代号	I_1	I_2	I_3	I_4	I_5	I_6	I_7	平均
支持度	52%	53%	45%	48%	52%	50%	52%	50.29%

确定频繁1-项集，见表9-15。

表9-15　频繁1-项集

股票代号	I_1	I_2	I_5	I_7

然后选2-项集及其支持度，见表9-16。

表9-16　2-项集及其支持度

代号组合	I_1，I_2	I_1，I_5	I_1，I_7	I_2，I_5	I_2，I_7	I_5，I_7	平均
支持度	35%	37%	38%	34%	35%	40%	36.5%

确定频繁2-项集，见表9-17。

表 9-17 频繁 2-项集

代号组合	I_1，I_5	I_1，I_7	I_5，I_7

3-项集及其支持度见表 9-18。

表 9-18 3-项集及其支持度

代号组合	I_1，I_5，I_7
支持度	23%

以上是股票频繁项集的发现过程。在发现频繁项集的过程中，候选项的项集平均支持度为前面各项值的平均值，把它作为最小支持度。在频繁项集发现之后，在进行关联规则的挖掘时，其置信度的处理和支持度的处理相似。不同之处是平均置信度为左边项数和右边项数都相同的规则的平均，如规则（I_5，I_7）⇒（I_1）表示有两个左边项数和一个右边项数，所有的两个左边项数和一个右边项数的规则的置信度的平均值为此类规则的最小置信度，不小于此数值的置信度所对应的规则为关联规则。

上述挖掘结果中置信度比较大的规则是（I_1，I_5）⇒（I_7），（I_1，I_7）⇒（I_5）这两条规则。它们的支持程度分别为 89%、94%。从这样高的规则支持程度能够看出，数据挖掘的结果的确是频繁发生的规则。

六、实践

1. SPSS

在 SPSS Modeler 中使用 Apriori 了解购物篮内容的关系以生成关联规则。首先通过“源”打开和输入数据，然后通过“字段选项”选择类型，并将数据源与类型连接。然后选择要在此建模过程中使用的字段，编辑“类型”节点，将所有产品类别的角色设置为两者，并将所有其他角色设置为无（见图 9-17）。（双向表示该字段可以是结果模型的输入或输出。）

指定了用于建模的字段后，将 Apriori 节点附加到“类型”节点并编辑它，选择选项只显示值为真的标志变量，然后在 Apriori 节点上单击“运行”，如图 9-18 所示。结果包含可以查看的关联规则，如图 9-19 所示。

2. Weka

利用 Weka 软件进行关联分析。进入“Weka Explorer”界面，点击“Open file...”，打开“.csv”格式的数据文件（见图 9-20）。

选择标签并点击“Associate”，打开“Choose”（如图 9-21 所示）。

选择“association”中的“Apriori”（见图 9-22），点击“Start”即可。

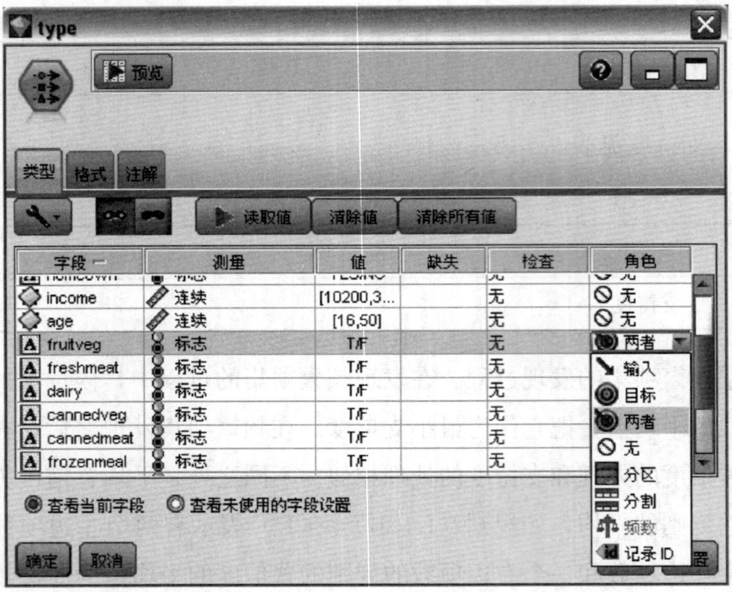

图 9-17　设置角色

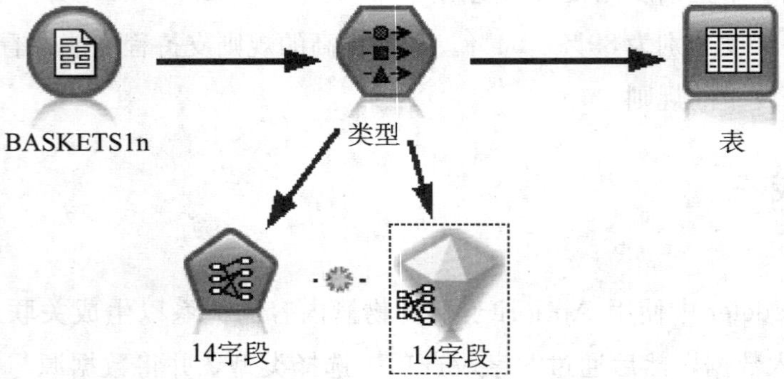

图 9-18　建模

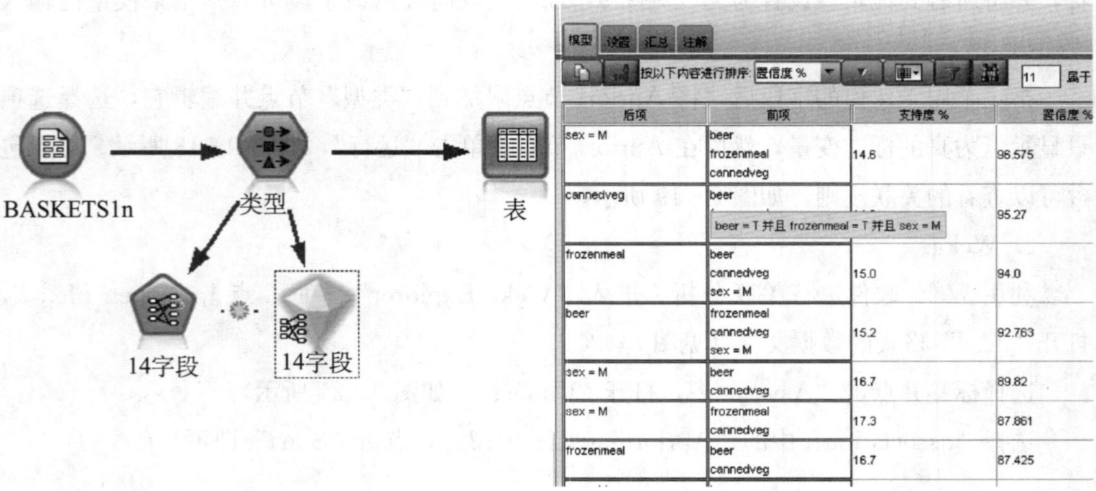

图 9-19　结果

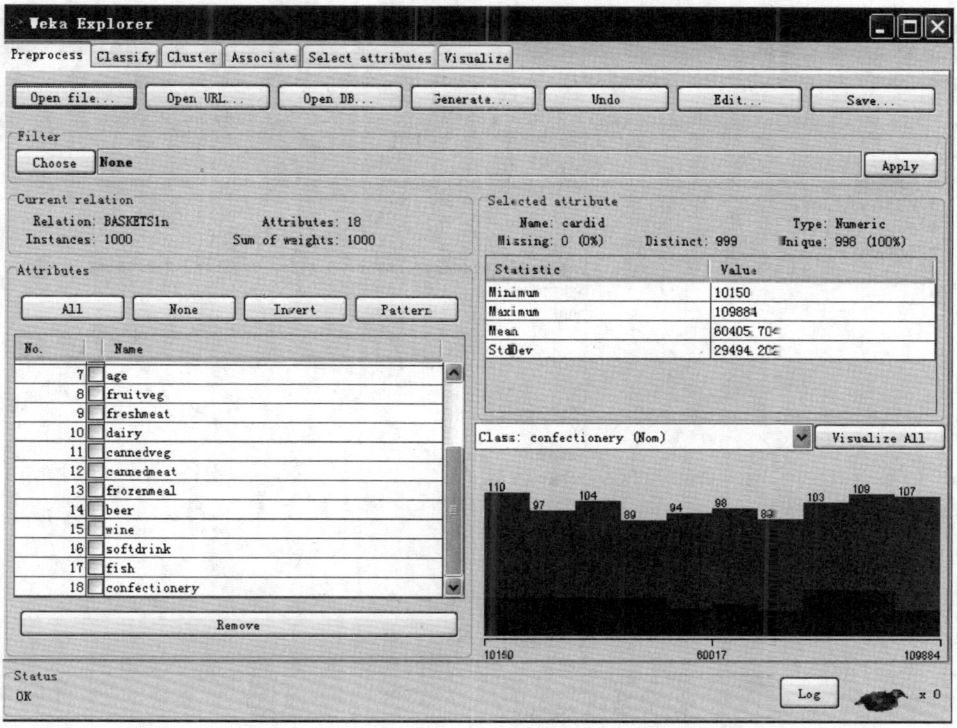

图 9－20　“Weka Explorer”界面

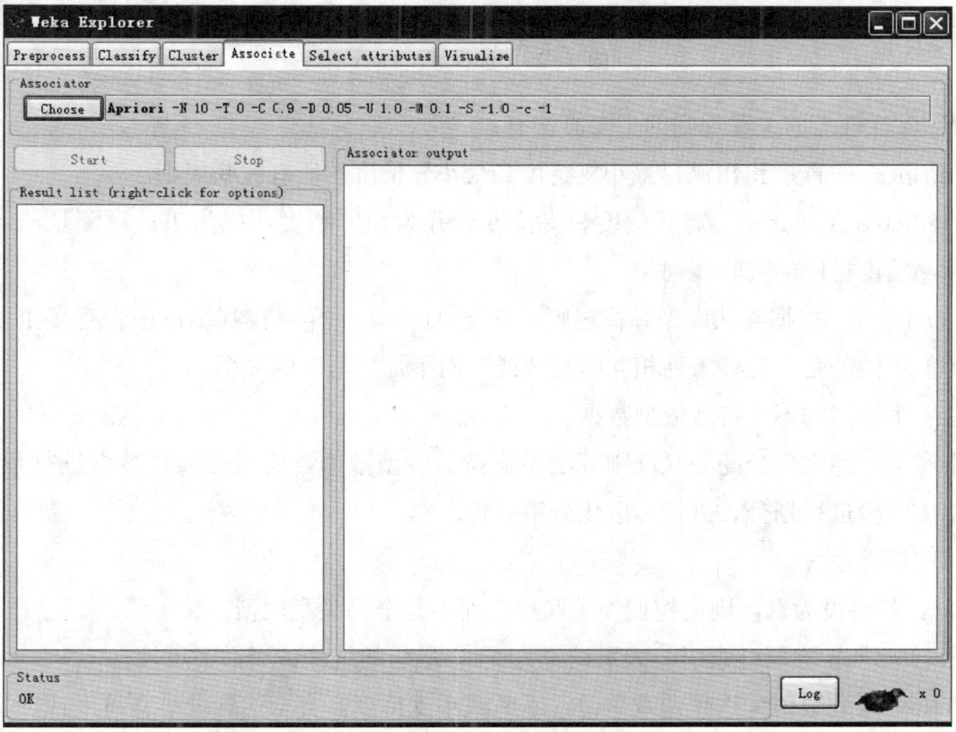

图 9－21　“Associate”界面

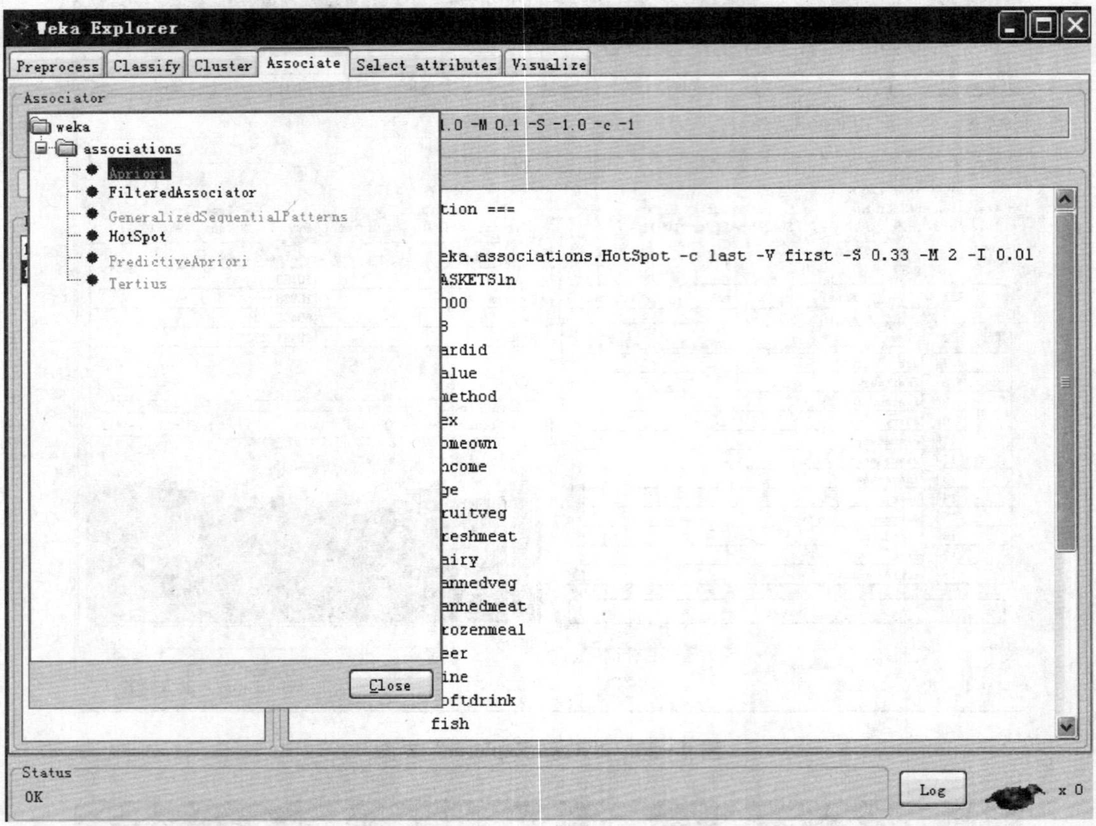

图 9-22　选择“Apriori”

Weka 软件上的关联规则的主要算法有：

Apriori——能够得出满足最小支持度和最小置信度的所有关联规则。

PredictiveApriori——将置信度和支持度合并为预测精度，成为单一度测量法，找出经过预测精度排序的关联规则。

Tertius——根据确认度来寻找规则，它与 Apriori 一样寻找其结论中含有多重条件的规则，但不同的是，这些条件相互间是“或”而不是“与”的关系。

这三个算法均不支持数值型数据。

事实上，绝大部分的关联规则算法不支持数值型数据，所以必须将数据进行预处理，将数据按区段进行划分，进行离散化分箱处理。

算法属性设置：

car：如果设为真，则会挖掘类关联规则而不是全局关联规则。

classindex：类属性索引。如果设置为-1，最后的属性被当做类属性。

delta：以此数值为迭代递减单位，不断减小支持度，直至达到最小支持度或产生满足数量要求的规则。

lowerBoundMinSupport：最小支持度下界。

metricType：度量类型，设置对规则进行排序的度量依据，可以是置信度（类关联规则只能用置信度进行挖掘）、提升度、平衡度、置信度。

minMtric：度量的最小值。

numRules：要发现的规则数。

outputItemSets：如果设置为真，会在结果中输出项集。

removeAllMissingCols：移除全部为缺失值的列。

significanceLevel：重要性测试（仅用于置信度）。

upperBoundMinSupport：最小支持度上界，从这个值开始迭代减小最小支持度。

verbose：如果设置为真，则算法会以冗余模式运行。

讨论题

关联分析的基本思想是什么？

思考题

1. 在如表 9 - 19 所示的数据集中，假设最小支持数和最小支持度分别为 2 和 65%，找出其中的频繁项集并使用 Apriori 算法提取所有的强关联规则。

表 9 - 19　　购物篮

事务	购买产品
1	{牛奶，啤酒，尿布}
2	{面包，黄油，牛奶}
3	{牛奶，尿布，饼干}
4	{面包，黄油，饼干}
5	{啤酒，饼干，尿布}
6	{牛奶，尿布，面包，黄油}
7	{面包，黄油，尿布}
8	{啤酒，尿布}
9	{牛奶，尿布，面包，黄油}
10	{啤酒，饼干}

2. 对于如表 9 - 20 所示的序列数据库，假设最小支持度为 20%，使用软件通过 Apriori 算法提取关联规则。

表 9-20　　顾客购物序列数据库

顾客标识	顾客购物序列
1	＜30，90＞
2	＜{10，20}，30，{40，60，70}＞
3	＜{30，50，70}＞
4	＜30，{40，70}，90＞
5	＜90＞

第十章

统计学

导入案例

梅西百货公司成立于1858年，于1920年在全美奠定了品牌基础，成为知名度较高的公司。1920年后，梅西百货公司收购了多家服装和家政品牌，这些自营品牌占据梅西百货公司全部品牌的40%，为梅西百货公司带来了一半以上的利润。每种产品究竟能卖多少件是零售商们非常关心的一个问题，如果能够提前知道每个地区未来的销量有多少，就能够合理安排库存，进而节约成本。梅西百货公司的网上商城和移动APP能够搜集每种产品的用户搜索次数，形成产品搜索次数和销量的线性回归图。更进一步，可以形成关于库存、顾客评价和销量的回归曲面。基于回归图和回归曲面所展示的所有因素之间的关系可以形成回归方程。基于回归方程，梅西百货公司可以轻易地预测每种产品的未来销量。不仅可以用来规划库存和物流，同时也可以帮助它将销量好的产品放在顾客容易注意到的地方，将销量差的产品打折促销或与其他产品捆绑销售。根据不同的问题，梅西百货公司可以写出不同的回归方程，进而从消费者数据中发现不同的信息。

从发展历史看，统计分析与之前讨论的数据挖掘方法在很多情况下同根同源，很多数据挖掘方法都起源于统计学。从知识发现的目的看，统计分析无论是在描述性数据挖掘还是在预测性数据挖掘上都是前面介绍的数据挖掘方法的有益补充，或者可以认为统计分析方法是数据挖掘方法的一个组成部分。

统计学可以分为两大类，一类是描述统计学，一类是推论统计学。把一些数据搜集到一起，作图、作表、求平均值或者看倾向性叫做描述统计学。从总体取出一部分样本，通过样本的特点去推论总体的特点叫做推论统计学。这一体系与前面提到的描述性数据挖掘和预测性数据挖掘在目标上十分相近。所以统计学为我们认识事物的特征和预测事物的发展提供了另外一种途径和方法。

统计学理论体系庞大，本书第六章数据预处理中用到的均值、方差、分布等方法描述了数据的集中趋势、离中趋势、偏态和峰态，它们都属于统计学的范畴。本章只选取了与数据预处理和数据挖掘紧密相关的内容进行介绍，以进一步说明统计学与数据挖掘之间的关系。

一、主成分分析

主成分分析通过正交变换将一组可能存在相关性的变量转换为一组线性不相关的变量，转换后的这组变量被称为主成分。主成分分析可以用作数据预处理中数据选择的方法。主成分分析可以利用变量的相关关系对变量的个数或者说数据的维度进行约简，从大量的变量或维度中找出少数的代表来对原数据集进行高度概括和描述。

主成分分析可通过下面的例子来理解。9 个样本、6 个变量的数据集如表 10－1 所示。

表 10－1　　数据集

ID	V_1	V_2	V_3	V_4	V_5	V_6
1	66	60	71	83	80	78
2	78	76	77	63	71	56
3	68	64	48	64	66	58
4	81	68	76	75	73	62
5	75	71	81	83	80	75
6	77	83	76	61	70	63
7	67	72	66	51	66	56
8	76	70	58	71	85	72
9	84	99	78	42	68	51

为了约简数据，能否把这个数据集中的 6 个变量用一两个综合变量来表示呢？这一两个综合变量包含多少原来的信息呢？

先考虑最简单的情况，即只有两个维度或只有两个变量，将这两个变量按习惯用平面直角坐标系中的坐标轴表示，每个样本值都对应于这两个坐标轴的两个坐标值。如果画出总体轮廓，可以看出这些数据形成一个椭圆形状的点阵（这在二维正态的假定下是可能的），该椭圆有一个长轴和一个短轴，并且在短轴方向上数据变化很少。在牺牲一定精确度进行约简的情况下，可以忽略短轴的变化，而从长轴的方向解释这些点的变化，这样就完成了由二维到一维的降维。

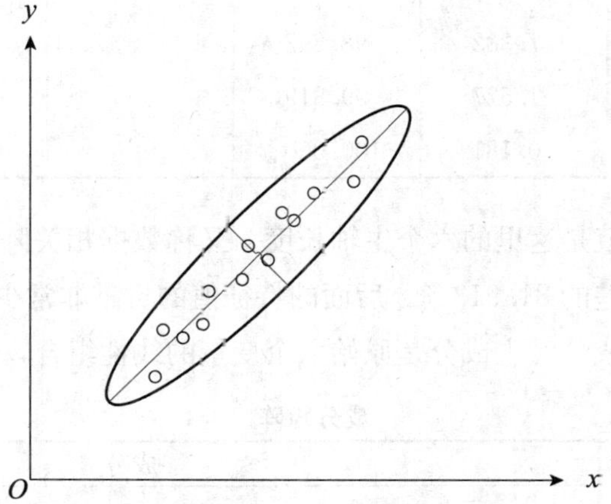

图 10－1　从二维到一维的降维

当坐标轴和椭圆的长短轴平行时，代表长轴的变量就描述了数据的主要变化，而代表短轴的变量就描述了数据的次要变化。但是，坐标轴通常并不和椭圆的长短轴平行。因此，需要寻找椭圆的长短轴，并进行变换，使新变量和椭圆的长短轴平行。如果长轴变量代表了数据包含的大部分信息，就用该变量代替原先的两个变量（舍去次要的一维），降维就完成了。椭圆的长短轴相差得越大，降维也越有道理。明白了二维变量的情况，像上面例子中所述的 6 维甚至更多维变量的情况就不难理解了，它也是一个高维的椭球，首先把高维椭球的主轴找出来，再用代表大多数数据信息的最长的几个轴作为新变量，这样，主成分分析就基本完成了。

正如二维椭圆有两个主轴、三维椭球有三个主轴一样，有几个变量，就有几个主轴。和二维情况类似，高维椭球的主轴也是互相垂直的。这些互相正交的新变量是原先变量的线性组合，叫做主成分。选择越少的主成分，降维就越好。被选的主成分所代表的主轴的信息量之和占了所有主轴信息量总和的大部分。有些文献建议所选的主轴总信息量占所有主轴信息量之和的大约 85%即可。

从数学角度来说，主成分分析要寻找方差最大的方向，即使向量 $\boldsymbol{X}$ 的线性组合 $\boldsymbol{A}^T\boldsymbol{X}$ 的方差最大的方向 $\boldsymbol{A}$。$\mathrm{Var}(\boldsymbol{A}^T\boldsymbol{X})=\boldsymbol{A}^T\mathrm{Cov}(\boldsymbol{X})\boldsymbol{A}$；由于 $\mathrm{Cov}(\boldsymbol{X})$未知，于是用 $\boldsymbol{X}$ 的样本相关阵 $\boldsymbol{R}$ 来近似。要寻找向量 $\boldsymbol{A}$ 使得 $\boldsymbol{A}^T\boldsymbol{R}\boldsymbol{A}$ 最大（注意相关阵和协方差阵差一个常数），这涉及相关阵和特征值。主成分个数的选择要看贡献率。

对于前面的数据，软件处理结果见表 10－2。

表 10－2　　被解释的总方差

成分	初始特征值			提取平方和载入		
	合计	方差的%	累积%	合计	方差的%	累积%
1	2.922	48.704	48.704	2.922	48.704	48.704
2	1.993	33.209	81.913	1.993	33.209	81.913
3	0.543	9.047	90.960			
4	0.440	7.332	98.292			
5	0.092	1.527	99.819			
6	0.011	0.181	100.000			

这里的初始特征值就是这里的六个主轴长度，又称数据相关阵的特征值。前两个主成分特征值累积占了总方差的 81.913%。后面的特征值的贡献非常少。

怎么解释这两个主成分？主成分是原始六个变量的线性组合，这由表 10－3 给出。

表 10－3　　成分矩阵[a]

	成分	
	1	2
V_1	0.003	0.864
V_2	−0.517	0.747
V_3	0.216	0.809

续前表

	成分	
	1	2
V_4	0.945	0.083
V_5	0.897	0.161
V_6	0.954	−0.015

提取方法：主成分。
a. 已提取了 2 个成分。

这里每一列代表一个主成分作为原变量的线性组合的系数（比例）。比如第二主成分为 V_1、V_2、V_3、V_4、V_5、V_6 这六个变量的线性组合，系数（比例）为 0.864，0.747，0.809，0.083，0.161，−0.015。

如用 x_1、x_2、x_3、x_4、x_5、x_6 分别表示原先的六个变量，而用 y_1、y_2、y_3、y_4、y_5、y_6 表示新的主成分，那么第一主成分和第二主成分为：

$$y_1=0.003x_1-0.517x_2+0.216x_3+0.945x_4+0.897x_5+0.954x_6$$

$$y_2=0.864x_1+0.747x_2+0.809x_3+0.083x_4+0.161x_5-0.015x_6$$

这些系数被称为主成分载荷（loading），它表示主成分和相应的原变量的相关系数。比如 y_2 表示式中 x_1 的系数为 0.864，这就是说第二主成分和 x_1 变量的相关系数为 0.864。

相关系数（绝对值）越大，主成分对该变量的代表性也越大。

二、因子分析

与主成分分析类似，因子分析也是一种可用于数据预处理的方法。主成分分析寻找椭球的所有主轴。原先有几个变量，就有几个主成分。而因子分析是事先确定要找几个成分，这几个事先确定的成分叫做因子。除此不同之外，因子分析还多一道工序——因子旋转，这个步骤可以使结果更好。

主成分分析与因子分析在数学上的区别如下：

主成分分析的形式如下：

$$y_1=a_{11}x_1+a_{12}x_2+\cdots+a_{1p}x_p$$

$$y_2=a_{21}x_1+a_{22}x_2+\cdots+a_{2p}x_p$$

……

$$y_p=a_{p1}x_1+a_{p2}x_2+\cdots+a_{pp}x_p$$

因子分析的形式如下：

$$x_1-\mu=a_{11}f_1+a_{12}f_2+\cdots+a_{1m}f_m+\varepsilon_1$$

$$x_2-\mu=a_{21}f_1+a_{22}f_2+\cdots+a_{2m}f_m+\varepsilon_2$$

……

$$x_p-\mu=a_{p1}f_1+a_{p2}f_2+\cdots+a_{pm}f_m+\varepsilon_p$$

$(m<p)$

$$f_1=\beta_{11}x_1+\beta_{12}x_2+\cdots+\beta_{1p}x_p$$

$$f_2=\beta_{21}x_1+\beta_{22}x_2+\cdots+\beta_{2p}x_p$$

……

$$f_m=\beta_{m1}x_1+\beta_{m2}x_2+\cdots+\beta_{mp}x_p$$

例如对于主成分分析例子中的数据，因子分析结果如表 10-4 所示。

表 10-4　　旋转成分矩阵[a]

	成分	
	1	2
V_1	0.048	0.863
V_2	−0.478	0.773
V_3	0.257	0.797
V_4	0.948	0.035
V_5	0.904	0.115
V_6	0.952	−0.064

提取方法：主成分。

旋转法：具有 Kaiser 标准化的正交旋转法。

a. 旋转在 3 次迭代后收敛。

这个表说明了六个变量和因子的关系。用 x_1，x_2，x_3，x_4，x_5，x_6 来表示 V_1，V_2，V_3，V_4，V_5，V_6 变量，这样因子 f_1 和 f_2 与这些原变量之间的关系是［注意：和主成分分析不同，这里把成分（因子）写在等号的右边，把原变量写在左边；但相应的系数还是主成分和各个变量的线性相关系数，也称为因子载荷］：

$$x_1=0.048f_1+0.863f_2$$

$$x_2=-0.478f_1+0.773f_2$$

$$x_3=0.257f_1+0.797f_2$$

$$x_4=0.948f_1+0.035f_2$$

$$x_5=0.904f_1+0.115f_2$$

$$x_6=0.952f_1-0.064f_2$$

这里第一个因子主要和 x_4、x_5 和 x_6 有很强的正相关关系，而第二个因子主要和 x_1、x_2 和 x_3 有很强的正相关关系。从这个例子可以看出，因子分析的结果比主成分分析解释性更强。这些系数所形成的散点图见图 10-2：

可以直观地看出每个因子代表了一类事物。

计算因子得分。可以根据输出结果算出每个维度的第一个因子和第二个因子的大小，即算出每个维度的因子得分 f_1 和 f_2（见表 10-5）。

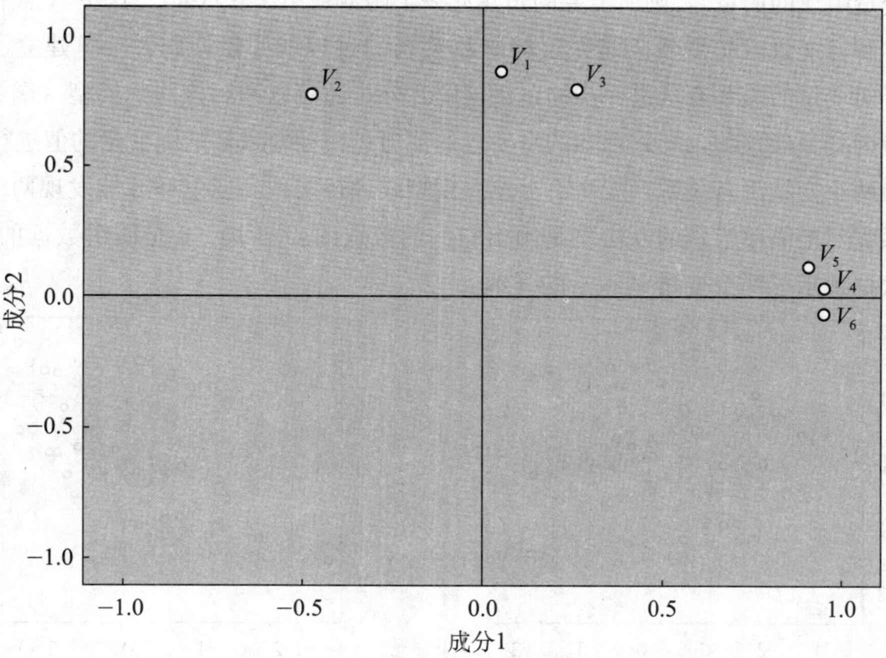

图 10－2　散点图

表 10－5　成分得分系数矩阵

	成分	
	1	2
V_1	0.023	0.433
V_2	−0.158	0.384
V_3	0.095	0.402
V_4	0.325	0.025
V_5	0.311	0.065
V_6	0.326	−0.024

第一和第二主因子（习惯上用字母 f 来表示因子）可以按照如下公式表示，该函数可计算因子得分。

$$f_1=0.023x_1-0.158x_2+0.095x_3+0.325x_4+0.311x_5+0.326x_6$$

$$f_2=0.433x_1+0.384x_2+0.402x_3+0.025x_4+0.065x_5-0.024x_6$$

可以看出，主成分分析和因子分析都依赖于原始变量的相关性，变量间相关性越好，降维效果越好；变量间独立性越好，降维效果越差。

三、相关分析和回归分析

相关分析和回归分析既是用于描述性数据挖掘的方法，也是常用于预测性数据挖掘的手段。

假如用 Y 表示因变量或响应变量，用 X 表示其他可能与 Y 有关的变量（X 也可能是由若干变量组成的向量)，则所需要的是建立一个函数关系 $Y=f(X)$。这里 X 被称为自变量，又称解释变量或协变量。建立这种函数关系的过程就叫做回归。一旦建立了回归模型，除了对变量的关系有了进一步的定量理解之外，还可以利用该回归模型（函数）通过自变量对因变量做预测，即用已知的自变量的值通过模型对未知的因变量的值进行估计。

如果两个变量没有关系，就谈不上建立模型或进行回归。但怎样才能发现两个变量有没有关系呢？最简单直观的办法就是画出它们的散点图。图 10－3 是四组数据的散点图，每一组数据表示了两个变量 x 和 y 的样本。

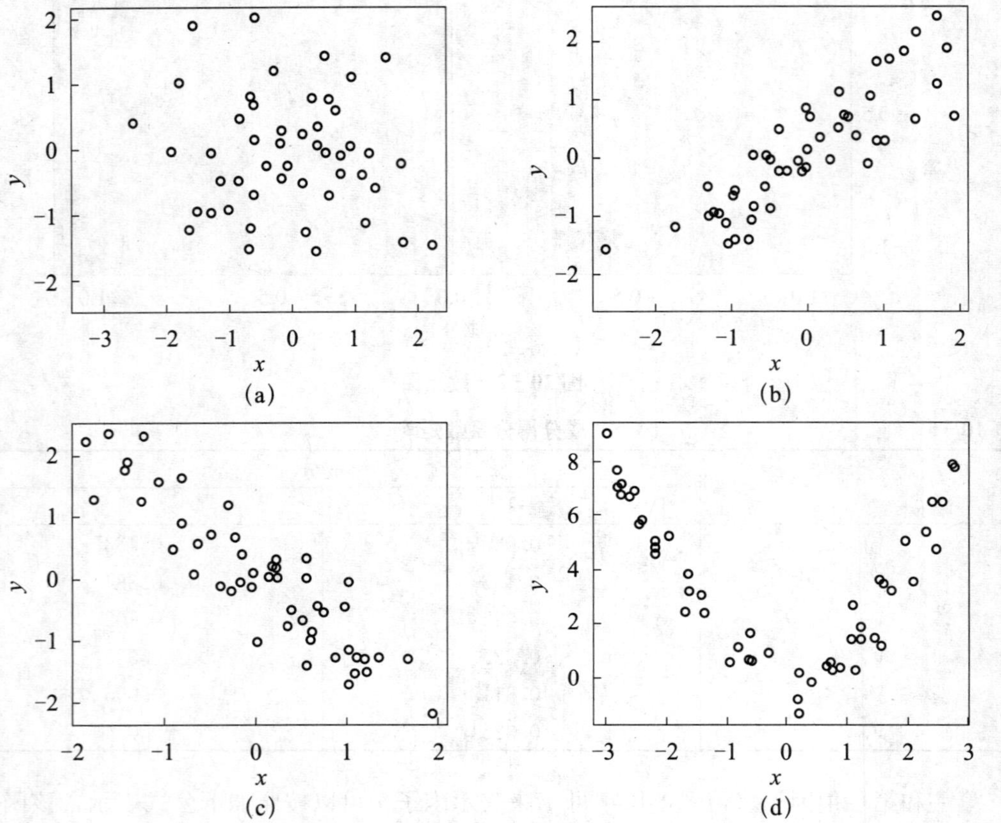

图 10－3　变量关系图

图 10－3（a）表示变量间不存在相关关系，图 10－3（b）表示变量间存在正相关关系，图 10－3（c）表示变量间存在负相关关系，图 10－3（d）表示变量间存在相关但非线性关系。

在数学上，这种相关性可通过如下度量进行量化描述。

Pearson 相关系数又称相关系数或线性相关系数。它一般用字母 r 表示。其计算方法如下所示：

$$r_{XY}=\frac{\mathrm{Cov}(X,\ Y)}{\sigma_X\sigma_Y}=\frac{E[\ (X-\mu_X)\ (Y-\mu_Y)\ ]}{\sigma_X\sigma_Y}$$

$$=\frac{E(XY)-E(X)\ E(Y)}{\sqrt{E(X^2)-E^2(X)}\sqrt{E(Y^2)-E^2(Y)}}$$

它是由两个变量的样本得到的，是一个描述线性相关强度的量，取值范围为－1～1。当两个变量有很强的线性相关关系时，相关系数接近 1（正相关）或－1（负相关），而当两个变量不那么线性相关时，相关系数就接近 0。

Kendall 等级相关系数的度量原理是把所有样本点配对［如果每一个点由 x 和 y 组成的坐标（x，y）代表，一对点就是诸如（x_1，y_1）和（x_2，y_2）的点对］，然后看每一对点中的 x 和 y 的观测值是否同时增加（或减少）。比如由点对（x_1，y_1）和（x_2，y_2）可以算出乘积（x_2-x_1）（y_2-y_1），如果它大于 0，则说明 x 和 y 同时增加或同时减少，称这两点协同，否则就是不协同。如果样本中协同的点数目多，两个变量就更加相关一些；如果样本中不协同的点数目多，两个变量就不太相关。

Spearman 秩相关系数和 Pearson 相关系数的定义有些类似，只不过在定义中把点的坐标换成各自样本的秩（即样本点的大小“座次”）。Spearman 秩相关系数的取值范围也是－1～1，也有类似的解释。通过它也可以进行不依赖于总体分布的非参数检验。计算公式如下所示：

$$\rho_s=1-\frac{6\sum d_i{}^2}{n(n^2-1)}$$

计算过程是：首先对（X, Y）中的两个变量 X 和 Y 进行排序，然后记下排序以后的位置（X', Y'），（X', Y'）的值被称为秩次，秩次的差值就是上面公式中的 d_i，n 就是数据的个数。

上面的三种对相关程度的度量都是在其值接近 1 或－1 时相关，而在接近 0 时不相关。到底如何才能够称为“接近”呢？这很难一概而论。但在计算机输出中都有和这些相关度量相应的检验和 p 值，可以根据这些结果来判断是否相关。

Logistic 回归属于非线性回归，是一种用于预测性数据挖掘的方法，常用于对数据的分类分析。

对于独立变量 x_1，x_2，…，x_n，变量 y 等于 1 的概率定义如下：

$$P(y=1\mid x_1,\ x_2,\ \cdots,\ x_n)=\frac{e^{-(a_1x_1+a_2x_2+\cdots+a_nx_n+\mu)}}{1+e^{-(a_1x_1+a_2x_2+\cdots+a_nx_n+\mu)}}$$

四、统计学的应用

某航空公司的客户数据如图 10－4 所示。采用回归的方法对客户是否流失进行预测，构建对客户流失的预测模型，帮助企业制定和采取不同的客户保留策略，以促进航空公司的健康发展。

搜集数据并依次分析数据的各个属性，初步发现要挖掘的知识目标可能与表 10－6 所示的属性有相关关系。

MEMBER_NO	FFP_DATE	FIRST_FLIGHT_DATE	GENDER	FFP_TIER	age	LOAD_TIME	FLIGHT_CO	FLIGHT_COUNT_QTR_1	FLIGHT	F	F	F	F	FLI
'00000001	31-Mar-2000 00:00:00	13-Jan-2001 00:00:00	男	4	40	01-Apr-2008 00:00:00	3	0	0	0	0	0	3	0
'00000002	31-Mar-2000 00:00:00	21-Feb-2001 00:00:00	男	4	52	01-Apr-2008 00:00:00	24	1	5	7	0	2	5	4
'00000003	07-Apr-2000 00:00:00	07-Apr-2000 00:00:00	女	4	52	01-Apr-2008 00:00:00	9	2	2	0	2	0	0	1
'00000004	10-Aug-2000 00:00:00	17-Oct-2000 00:00:00	男	4	45	01-Apr-2008 00:00:00	12	0	2	2	4	1	0	2
'00000005	07-Feb-2002 00:00:00	11-Sep-2002 00:00:00	男	4	57	01-Apr-2008 00:00:00	3	1	1	0	0	0	0	1
'00000006	16-Sep-2004 00:00:00	24-Dec-2006 00:00:00	男	4	44	01-Apr-2008 00:00:00	3	0	0	1	0	0	0	0
'00000007	28-Apr-2005 00:00:00	16-Aug-2005 00:00:00	男	4	52	01-Apr-2008 00:00:00	2	1	0	1	0	0	0	0
'00000008	09-Mar-2006 00:00:00	27-May-2006 00:00:00	男	4	63	01-Apr-2008 00:00:00	8	1	0	1	0	1	2	3
'00000009	31-Aug-2006 00:00:00	09-Apr-2007 00:00:00	男	4	47	01-Apr-2008 00:00:00	6	0	0	0	0	5	0	1
'00000010	29-Sep-1999 00:00:00	29-Sep-1999 00:00:00	女	5	45	01-Apr-2008 00:00:00	54	2	10	6	6	7	4	10
'00000011	23-Jan-2003 00:00:00	07-Mar-2003 00:00:00	男	4	41	01-Apr-2008 00:00:00	24	5	5	6	2	3	0	1
'00000012	30-Jan-2003 00:00:00	16-Oct-2005 00:00:00	男	4	47	01-Apr-2008 00:00:00	13	2	0	2	0	4	3	1
'00000013	30-Jan-2003 00:00:00	25-Aug-2003 00:00:00	女	4	42	01-Apr-2008 00:00:00	10	1	0	1	1	3	3	1
'00000014	13-Feb-2003 00:00:00	20-Oct-2003 00:00:00	男	4	47	01-Apr-2008 00:00:00	13	9	3	0	1	0	0	0
'00000015	25-Apr-2003 00:00:00	08-May-2007 00:00:00	女	4	33	01-Apr-2008 00:00:00	3	0	0	0	0	3	0	0
'00000016	12-Jun-2003 00:00:00	18-Aug-2003 00:00:00	男	4	37	01-Apr-2008 00:00:00	19	3	1	2	2	5	0	4
'00000017	25-Mar-2004 00:00:00	03-Dec-2006 00:00:00	男	4	54	01-Apr-2008 00:00:00	13	0	0	1	3	0	0	4
'00000018	15-Apr-2004 00:00:00	12-Oct-2004 00:00:00	男	4	40	01-Apr-2008 00:00:00	3	3	0	0	0	0	0	0
'00000019	20-May-2004 00:00:00	16-Sep-2004 00:00:00	女	4	44	01-Apr-2008 00:00:00	2	2	0	0	0	0	0	0
'00000020	08-Jul-2004 00:00:00	02-Aug-2004 00:00:00	男	4	52	01-Apr-2008 00:00:00	30	0	3	0	4	8	7	6
'00000021	10-Mar-2005 00:00:00	23-Dec-2005 00:00:00	女	4	72	01-Apr-2008 00:00:00	4	0	0	2	0	0	0	2
'00000022	27-Feb-2002 00:00:00	27-Feb-2002 00:00:00	女	4	55	01-Apr-2008 00:00:00	7	0	3	2	2	0	0	0
'00000023	10-Nov-2005 00:00:00	12-Dec-2005 00:00:00	女	4	33	01-Apr-2008 00:00:00	6	2	0	2	0	0	0	0
'00000024	26-Jan-2006 00:00:00	16-Sep-2006 00:00:00	男	4	47	01-Apr-2008 00:00:00	2	0	1	1	0	0	0	0
'00000025	28-Jan-2000 00:00:00	28-Jan-2000 00:00:00	男	4	44	01-Apr-2008 00:00:00	2	0	0	0	0	0	1	1
'00000026	30-Sep-2003 00:00:00	14-Aug-2005 00:00:00	男	4	31	01-Apr-2008 00:00:00	4	2	2	0	0	0	0	0
'00000027	29-Oct-2003 00:00:00	31-Jul-2006 00:00:00	男	4	41	01-Apr-2008 00:00:00	2	0	1	0	0	0	1	0
'00000028	04-Nov-2003 00:00:00	29-May-2004 00:00:00	男	4	43	01-Apr-2008 00:00:00	24	1	9	3	5	3	0	2
'00000029	11-Nov-2003 00:00:00	02-Oct-2007 00:00:00	男	4	35	01-Apr-2008 00:00:00	3	0	0	0	0	0	0	3
'00000030	11-Nov-2003 00:00:00	28-Nov-2007 00:00:00	女	4	48	01-Apr-2008 00:00:00	3	0	0	0	0	0	0	2
'00000031	11-Nov-2003 00:00:00	21-Jan-2004 00:00:00	男	4	32	01-Apr-2008 00:00:00	5	0	0	3	0	0	0	1
'00000032	18-Nov-2003 00:00:00	12-Feb-2007 00:00:00	男	4	30	01-Apr-2008 00:00:00	7	0	0	0	1	1	2	1
'00000033	24-Nov-2003 00:00:00	15-Jan-2004 00:00:00	男	4	33	01-Apr-2008 00:00:00	4	1	2	0	0	0	1	0
'00000034	24-Nov-2003 00:00:00	14-Sep-2006 00:00:00	男	4	41	01-Apr-2008 00:00:00	3	0	1	1	0	0	0	1
'00000035	01-Dec-2003 00:00:00	17-Dec-2003 00:00:00	男	4	48	01-Apr-2008 00:00:00	46	2	9	8	7	8	2	2

图 10-4　某航空公司的客户数据

表 10-6　　　　**选定的变量**

性别为男	GENDER＝男
会员卡级别	FFP_TIER
飞行次数	FLIGHT_COUNT
观测窗口第一季度基本积分	BASE_POINTS_SUM_QTR_1
观测窗口第二季度基本积分	BASE_POINTS_SUM_QTR_2
观测窗口第三季度基本积分	BASE_POINTS_SUM_QTR_3
观测窗口第四季度基本积分	BASE_POINTS_SUM_QTR_4
观测窗口第五季度基本积分	BASE_POINTS_SUM_QTR_5
观测窗口第六季度基本积分	BASE_POINTS_SUM_QTR_6
观测窗口第七季度基本积分	BASE_POINTS_SUM_QTR_7
观测窗口第八季度基本积分	BASE_POINTS_SUM_QTR_8
第二年精英资格积分	ELITE_POINTS_SUM_YR_2
第一年总票价	EXPENSE_SUM_YR_1
第二年总票价	EXPENSE_SUM_YR_2
观测窗口总飞行公里数	SEG_KM_SUM
观测窗口中第二年其他积分 （合作伙伴、促销、外航转入等）	ADD_POINTS_SUM_YR_2
积分兑换次数	EXCHANGE_COUNT

利用观测窗口两年内八个季度的总飞行次数计算出目标属性 decision：用户是否流失。先进行数据预处理。

缺失值处理。

（1）忽略元组。当缺少很多数据时，通常就会忽略该元组。一般情况下，除非某元组有多个属性缺失值，否则，该方法不是很有效。

（2）人工填写缺失值。但是当数据集很大、缺失值很多时，人工填写缺失值可能行不通。

（3）使用一个全局常量值填充缺失值，该方法简单，但是并不十分可靠。

（4）使用属性的均值填充缺失值。

（5）使用最可能的值填充缺失值：可使用回归、KNN 等方法。

在 Weka 的“Preprocess”中的“Selected attribute”中可以看出数据集中选中属性的名字、类型和缺失数量（比例）等。如图 10－5 所示。

Selected attribute

Name: age　　Type: Numeric

Missing: 420 (1%)　　Distinct: 84　　Unique: 7 (0%)

Statistic	Value
Minimum	6
Maximum	110
Mean	42.476
StdDev	9.886

图 10－5　Selected attribute 窗口

通过“weka. filters. unsupervised. attribute. replaceMissingValues”，用属性均值对缺失项进行回填，通过标准差检验的方式剔除异常数据。结果如图 10－6 所示。

Selected attribute

Name: age　　Type: Numeric

Missing: 0 (0%)　　Distinct: 85　　Unique: 7 (0%)

Statistic	Value
Minimum	5
Maximum	110
Mean	42.476
StdDev	9.853

图 10－6　数据填充和剔除后的结果

用户飞行数据是该航空公司的会员在整个观测窗口（两年）的行为数据，删除那些不满足在整个观测窗口的用户的飞行数据（即从会员入会时间到观测窗口截止时间不满两年的用户飞行数据），以确保挖掘出的知识对用户是否流失的预测更加准确、可靠。

有些数据属性对数据挖掘任务是没有意义的，这些属性的加入会大大影响数据挖掘的效率，甚至还可能导致挖掘结果的偏差，因此，有效地缩减数据是很有必要的。

（1）目标属性：通过对挖掘目标和数据集中的各个属性进行分析，创建一个目标属性 decision。将各个实例观测窗口中第二年的乘机次数与第一年的乘机次数相减，得到负值时认为该用户流失并设 decision＝0，反之则认为该用户没有流失并设 decision＝1。可以使用 Weka 中自带的“weka. filters. unsupervised. attribute. AddExpression”过程进行分析。"AddExpression"：通过将一个确定的数学函数应用到现有属性，生产一个新的属性。也可以使用 Excel 中相应的函数进行计算。

(2) 对于用户飞行数据中一些对数据挖掘没有意义的数据，进行直接删除操作，以提高数据挖掘的效率。例如：会员卡号、入会时间、第一次飞行日期、工作地所在城市、工作地所在省份、工作地所在国家、观测窗口的结束时间、第一年精英资格积分、观测窗口内最后一次飞行日期、观测窗口内第一次乘机时间至观测窗口始端时长、最后一次乘机时间至观测窗口末端时长、平均乘机时间间隔、观测窗口内最大乘机间隔、数据导出时间、非乘机的积分变动次数等。

(3) 为了使数据挖掘得出的结果对用户流失的预测更加准确，对用户飞行数据中相对于目标属性冗余的数据进行选择性的剔除。

(4) 有些数据跨度大，在进行建模前需要将其标准化，可采用"weka. filters. unsupervised. attribute. standardize"过程。

在数据预处理后进行回归建模。

回归分析是一种常常使用的用于预测的统计方法。虽然目标属性是分类型的，但是数据集中的各个属性都为数值型的，且跨度比较大，所以回归建模很有优势。

本例选择 Weka 中的 LinearRegression () 方法建模，可采用如下过程："weka. classifier. functions. LinearRegression"，所得结果如下：

decision＝－0.008 6 GENDER＝男＋0.004 3 FFP _ TIER－0.043 7 FLIGHT _ COUNT－0.037 7 BASE _ POINTS _ SUM _ QTR _ 1－0.029 4 BASE _ POINTS _ SUM _ QTR _ 2－0.009 7 BASE _ POINTS _ SUM _ QTR _ 3－0.009 5 BASE _ POINTS _ SUM _ QTR _ 4＋0.014 5 BASE _ POINTS _ SUM _ QTR 5－0.005 9 BASE _ POINTS _ SUM _ QTR _ 6－0.015 6 BASE _ POINTS _ SUM _ QTR _ 7－0.017 BASE _ POINTS _ SUM _ QTR _ 8－0.049 2 ELITE _ POINTS _ SUM _ YR _ 2－0.273 9 EXPENSE _ SUM _ YR _ 1＋0.424 EXPENSE _ SUM _ YR _ 2＋0.017 5 SEG _ KM _ SUM＋0.004 5 ADD _ POINTS _ SUM _ YR _ 2＋0.013 4 EXCHANGE _ COUNT＋0.525 9

相关系数 (correlation coefficient) 0.575 8

平均绝对误差 (mean absolute error) 0.373 7

均方根误差 (root mean squared error) 0.408 5

总案例数量 (total number of instances) 35 543

准确率为 0.575 8，准确率较低。

下面使用测试实例，对构建的模型进行测试。在 Weka 中的"Supplied test set"中选中测试数据集，开始进行测试，所得结果如下：

相关系数 0.578 8

平均绝对误差 0.375 4

均方根误差 0.407 8

总案例数量 11 848

准确率为 0.578 8。

保存测试结果，并将其打开，我们将看到属性中增加了一个 predicteddecision 变量，即为通过建立的模型得到的目标变量 decision。如图 10－7 所示。

20: predicteddecision Numeric	21: decision Numeric
0.203575	0.0
0.564583	1.0
0.49327	0.0
-0.065046	0.0
0.416644	0.0
0.564835	1.0
0.551427	1.0
0.642496	1.0
0.138282	0.0
1.44948	1.0
0.90677	1.0
0.384195	0.0
0.443801	0.0
0.609972	1.0
0.429424	0.0
0.563156	1.0
0.382576	0.0
-0.277852	0.0
0.315735	0.0
0.600102	0.0
-0.203577	0.0

图 10－7 predicteddecision 与 decision 属性

为了提高准确率，使用 Weka 的“Associate”（属性的关联规则）以及“Select Attribute”（属性选择）对属性进行进一步分析。

客户流失预测分析：

通过对客户飞行数据使用回归分析方法，可以发现该航空公司客户流失的一些客观因素并利用得到的规则对客户是否流失进行预测。

（1）根据线性回归模型，对客户是否流失影响最大的因素是年总票价，这与我们的主观判断是相似的。而接下来和客户是否流失有关的属性有飞行次数、观测窗口各个季度的基本积分、第二年精英资格积分、观测窗口总飞行公里数以及积分兑换次数等。

（2）依据该线性回归模型，我们得出客户的性别、会员卡级别以及观测窗口中第二年其他积分（合作伙伴、促销、外航转入等）对客户流失的预测不会有太大的影响。这就使我们在预测客户是否流失时提高了时间效率和准确性。

模型存在的一些问题：

（1）结果中的各个季度的基本积分对于客户是否流失的预测与我们的主观判断存在差异。按照我们的主观判断，六七八季度的积分前面的系数应为正值，结果有些出入，所建的模型有待改进。

（2）模型的准确率较低，有待提高。例如存在一些会员在观测窗口没有任何乘机记录即各个属性的值均为零的情况，这类客户应为流失客户，但通过以上模型可以看出，该类客户会被认为是非流失客户。

虽然建立的模型的准确率有待提高，但是该航空公司也可根据该模型，针对流失客户的客观因素，采取相应的措施来吸引客户，在确保尽量不流失自己会员的基础上，吸引更多的优质客户。只有这样，企业才能从残酷的市场竞争中脱颖而出，拥有属于自己的市场。

该航空公司可以采取以下措施：从 EXPENSE_SUM_YR_2 和 EXPENSE_SUM_YR_1 之前的系数－0.2739 和 0.424 可以看出，EXPENSE_SUM_YR_2 的值越大，客户流失的概率就会越小，所以航空公司可以对刚开始乘机的客户采取相应的优惠政策，比如会员入会后前几个月的票价参与打折活动。

五、实践

1. SPSS

以 SPSS 为例，选“分析”—“降维”—“因子分析”进入主对话框（见图 10－8）。

图 10－8 因子分析

把 V_1、V_2、V_3、V_4、V_5、V_6 选入变量，然后点击“抽取”（见图 10－9），在“方法”下拉列表中选择一个方法，如图 10－10 所示。

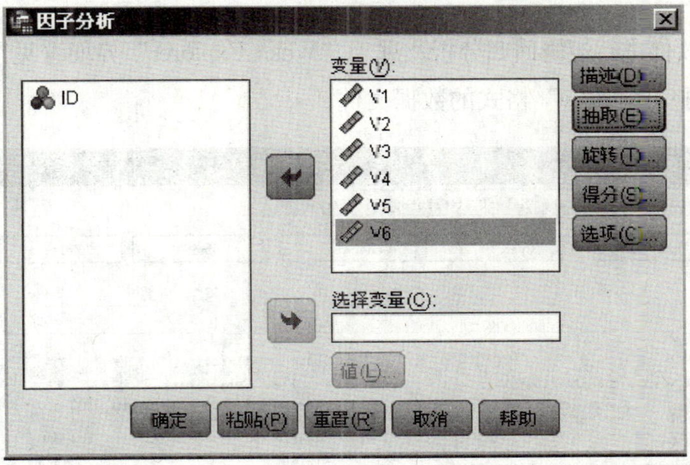

图 10－9 抽取

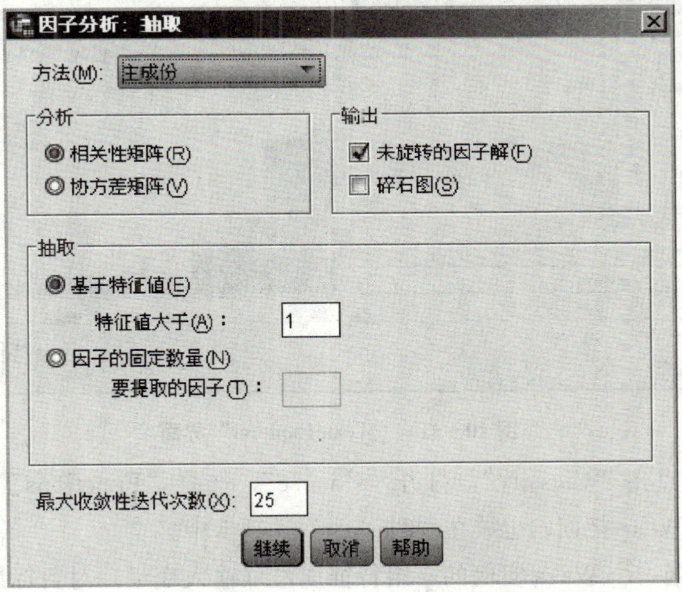

图 10－10 选择方法

下面的选项可以随意，比如可以选择画碎石图，另外在“抽取”栏可以按照特征值的大小选主成分（或因子），也可以选定因子的数目。

之后回到主对话框（点击“继续”）。然后点击“旋转”，再在该对话框的“方法”中选择一个旋转方法。在“输出”栏选“旋转解”（以输出和旋转有关的结果）和“载荷图”（以输出载荷图），之后回到主对话框。

如果要计算因子得分，就要点击“得分”，再选择“保存为变量”（因子得分就会作为变量保存在数据中的附加列上）和计算因子得分的方法（比如回归）；要想输出因子得分系数矩阵，就要选择“显示因子得分系数矩阵”；之后回到主对话框。随后点击“确定”即可。

2. Weka

利用 Weka 软件进行逻辑回归分析。进入“Weka Explorer”界面（见图 10 - 11），点击“Open file...”，打开“. csv”格式的数据文件。

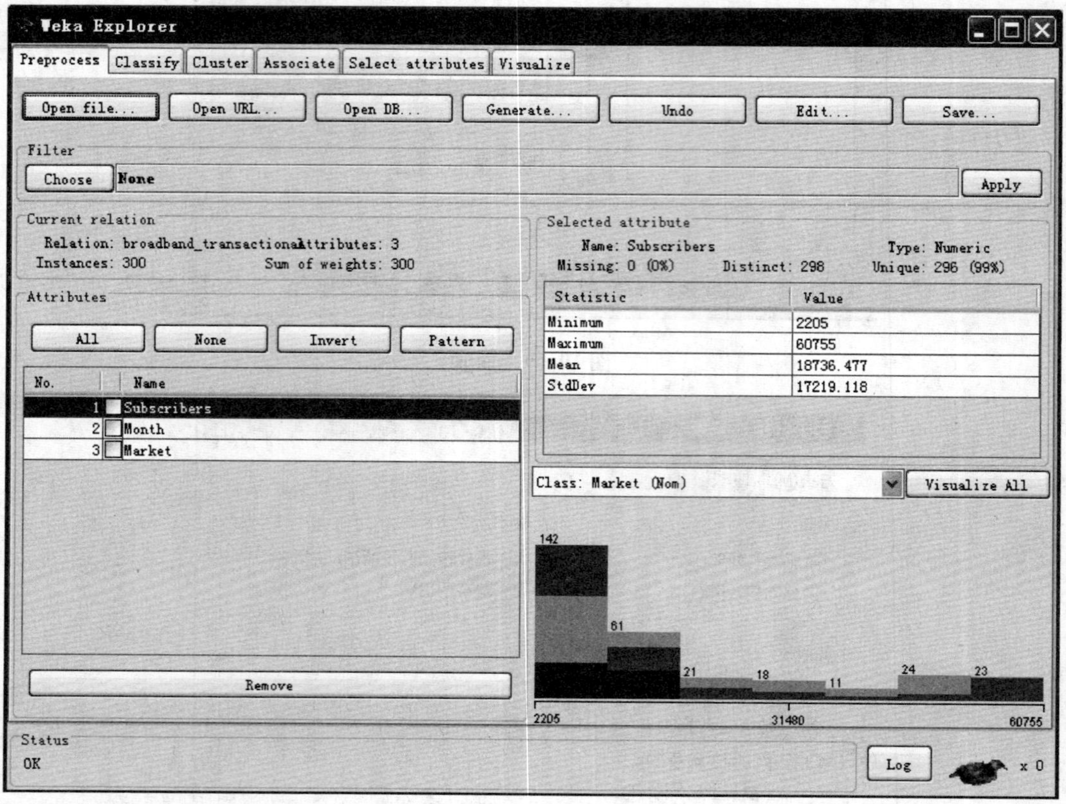

图 10 - 11 “Weka Explorer”界面

选择标签并点击“Classify”，打开“Choose”，选择“Functions”中的“Logistic”（见图 10 - 12）。Weka 把回归也放在“Classify”选项卡中。

我们希望根据一个 Weka 实例的一组特征属性（输入变量）对目标属性（类别属性，输出变量）进行分类预测。为了实现这一目的，我们需要有一个训练数据集，这个数据集中每个实例的输入和输出都是已知的。观察训练集中的实例，可以建立起用于预测的回归模型。有了这个模型，就可以对新的未知实例进行分类预测。衡量模型的好坏主要在于预测的准确程度。

Weka 中提供了四种模型评估方法，如下所示。

Using training set：使用训练集评估。

Supplied test set：使用测试集评估。

Cross-validation：交叉验证。

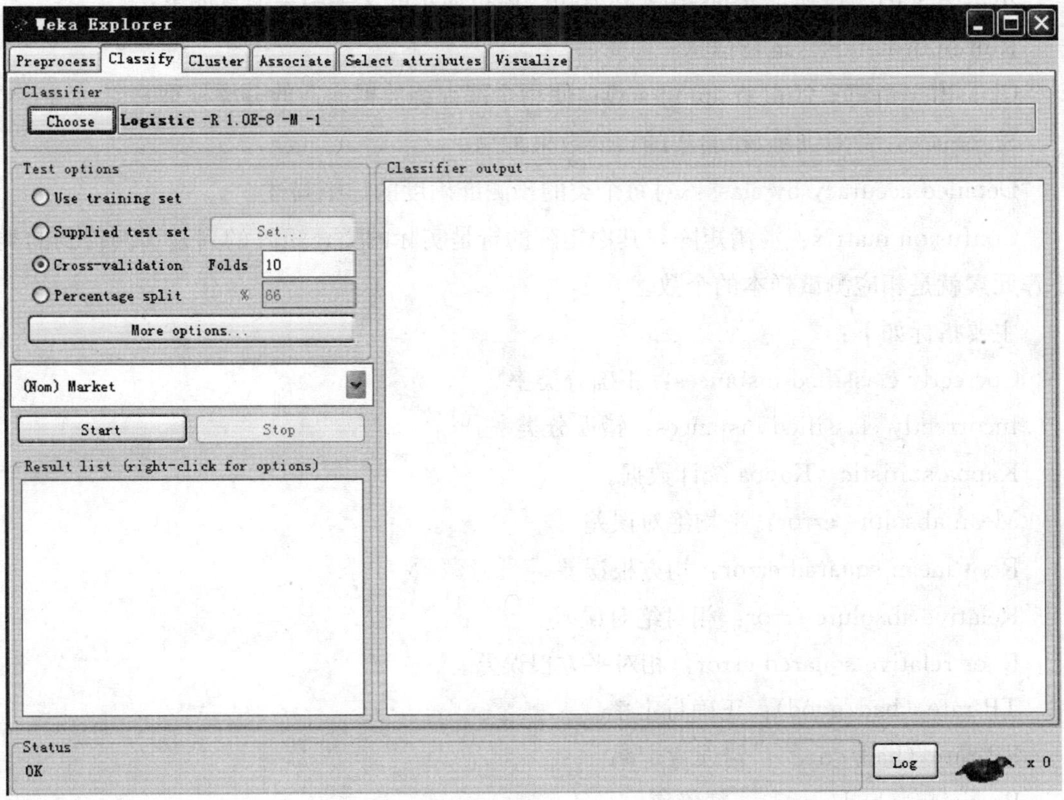

图 10－12　“Classify”选项卡

Percentage split：保持方法，使用一定比例的训练实例进行评估。

点击“More options...”按钮可以设置更多的测试选项：

Output model：输出基于整个训练集的分类模型，从而模型可以被查看、可视化等。该选项默认被选中。

Output per-class stats：输出每个类别的精确率/反馈率（precision/recall）和正确/错误（true/false）统计量。该选项默认被选中。

Output evaluation measures：输出熵估计度量。该选项默认没有被选中。

Output confusion matrix：输出分类器预测结果的混淆矩阵。该选项默认被选中。

Store predictions for visualization：记录分类器的预测结果，使得它们能被可视化表示。

Output predictions：输出测试数据的预测结果。注意在交叉验证时，实例的编号不代表它在数据集中的位置。

Cost-sensitive evaluation：误差将根据一个价值矩阵来估计。“Set...”按钮用来指定价值矩阵。

Random seed for x val / % split：指定一个随机种子，当出于评价的目的需要分割数据时，它被用来随机化数据。

单击“Start”按钮，“Classifier output”窗口显示的文字结果信息如下：

Run information：运行信息。

Classifier model（full training set）：使用全部训练数据构造的分类模型。

Summary：针对训练/检验集的预测效果汇总。

Detailed accuracy by class：对每个类的预测准确度的详细描述。

Confusion matrix：混淆矩阵，其中矩阵的行是实际的类，矩阵的列是预测得到的类，矩阵元素就是相应测试样本的个数。

主要指标如下：

Correctly classified instances：正确分类率。

Incorrectly classified instances：错误分类率。

Kappa statistic：Kappa 统计数据。

Mean absolute error：平均绝对误差。

Root mean squared error：均方根误差。

Relative absolute error：相对绝对误差。

Root relative squared error：相对平方根误差。

TP rate（bad/good）：正确肯定率。

FP rate（bad/good）：错误肯定率。

Precision（bad/good）：精确率。

Recall（bad/good）：反馈率。

F-measure（bad/good）：F 测量。

Time taken to build model：建模花费的时间。

讨论题

讨论统计学与数据挖掘的区别与联系。

思考题

1. 表 10-7 是某产品多次价格变动与销售量的数据，请利用回归分析求出价格 x 与销售量 y 之间的关系（提示：x 与 y 的关系大致为抛物线，先变换为线性回归问题再求解）。

表 10-7　　价格变动与销售量的数据

价格 x	1.2	1.8	3.1	4.9	5.7	7.1	8.6	9.8
销售量 y	4.5	5.9	7.0	7.8	7.2	6.8	4.5	2.7

2. 使用软件用逻辑回归的方法为表 10-8 中的数据建立分类器。

表 10-8　　练习数据

GMAT	GPA	GMAT 定量评分	决策
650	2.75	35	否
580	3.50	70	否
600	3.50	75	是
450	2.95	80	否
700	3.25	90	是
590	3.50	80	是
400	3.85	45	否
640	3.50	75	是
540	3.00	60	?
690	2.85	80	?
690	4.00	65	?

第十一章

人工智能

导入案例

客服机器人是一种全新的智能工具，可以 24 小时在线实时回复用户的提问，因此如果企业将客服机器人作为人工客服的补充，那么其为公众服务的能力相较传统的人工客服可以得到明显提高。

客服机器人可通过一定的载体，如 Web、IM、WAP/SMS 等，结合图片、文字甚至音视频等媒体给用户最完整的回复，让用户在交流中解决问题。在客户服务中心已经高度发达的欧美国家，相当多的企业已经实施了客服机器人服务系统，采用人工智能技术为企业和政府的用户提供便捷、准确和高质量的服务，有效地配合客户服务中心，提高客户满意度。

在针对当前具有大规模智能需求的企业进行深入研究之后，人工智能技术基于机器人智能引擎系统推出了面对企业和政府的各类智能客服机器人及解决方案，可以在低投入的基础上为用户提供优质高效的服务。

人工智能作为一门前沿交叉学科，其定义一直存有不同的观点。《人工智能——一种现代方法》将已有的一些人工智能定义分为四类：像人一样思考的系统、像人一样行动的系统、理性地思考的系统、理性地行动的系统。维基百科上定义人工智能就是机器展现出的智能，即只要是某种机器，具有某种或某些智能的特征或表现，都应该算作人工智能。《大英百科全书》则限定人工智能是数字计算机或者数字计算机控制的机器人在执行智能生物体才有的一些任务上的能力。百度百科定义人工智能是研究、开发用于模拟、延伸和扩展人的智能的理论、方法、技术及应用系统的一门新的技术科学，将其视为计算机科学的一个分支，指出其研究包括机器人、语言识别、图像识别、自然语言处理和专家系统等。本章将对人工智能做一个概括介绍，随后重点阐述人工智能与之前各章介绍的机器学习典型方法之间的联系。

一、人工智能概述

（一）人工智能的特征

（1）由人类设计，为人类服务，本质为计算，基础为数据。从根本上说，人工智能系统必须以人为本，这些系统是人类设计出的机器，按照人类设定的程序逻辑或软件算法通过人类发明的芯片等硬件载体来运行或工作，其本质体现为计算，通过对数据的采集、加工、处理、分析和挖掘，形成有价值的信息流和知识模型，为人类提供延伸人类能力的服务，实现对人类期望的一些“智能行为”的模拟，在理想情况下必须体现服务人类的特点，而不应该伤害人类，特别是不应该有目的性地做出伤害人类的行为。

（2）能感知环境，产生反应，与人交互，与人互补。人工智能系统应能借助传感器等器件产生对外界环境（包括人类）进行感知的能力，可以像人一样通过听觉、视觉、嗅觉、触觉等接收来自环境的各种信息，对外界输入产生文字、语音、表情、动作（控制执行机构）等必要的反应，甚至影响到环境或人类。借助于按钮、键盘、鼠标、屏幕、手势、体态、表情、力反馈、虚拟现实、增强现实等方式，人与机器可以产生互动，使机器设备越来越“理解”人类乃至与人类共同协作、优势互补。这样，人工智能系统能够帮助人类做人类不擅长、不喜欢但机器能够完成的工作，而人类则适合于去做更需要创造性、洞察力、想象力、灵活性、多变性乃至用心领悟或需要感情的一些工作。

（3）有适应特性，有学习能力，有演化迭代，有连接扩展。人工智能系统在理想情况下应具有一定的自适应特性和学习能力，即具有一定的随环境、数据或任务的变化而自适应调节参数或更新优化模型的能力；并且，能够在此基础上通过与云、端、人、物越来越广泛深入的数字化连接扩展，实现机器客体乃至人类主体的演化迭代，使系统具有适应性、稳健性、灵活性、扩展性，以应对不断变化的现实环境，从而使人工智能系统在各行各业产生丰富的应用。

（二）人工智能参考框架

目前，人工智能领域尚未形成完善的参考框架。因此，本章基于人工智能的发展状况和应用特征，从人工智能信息流动的角度出发，提出一种人工智能参考框架（如图 11－1 所示），力图搭建较为完整的人工智能主体框架，描述人工智能系统总体工作流程，不受具体应用所限，适用于通用的人工智能领域需求。

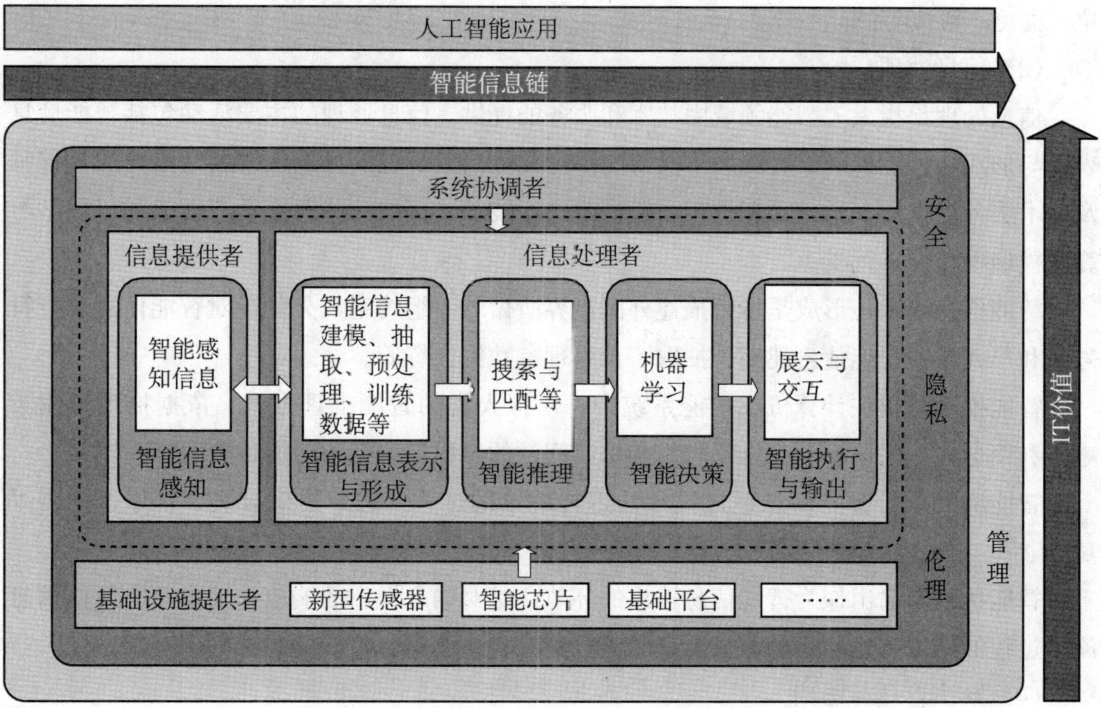

图 11－1　人工智能参考框架

人工智能参考框架提供了基于“角色—活动—功能”的层级分类体系，从“智能信息链”（水平轴）和“IT 价值链”（垂直轴）两个维度阐述了人工智能系统框架。“智能信息链”反映从智能信息感知、智能信息表示与形成、智能推理、智能决策到智能执行与输出的一般过程。在这个过程中，智能信息是流动的载体，经历了“数据—信息—知识—智慧”的凝练过程。“IT 价值链”指从人工智能的底层基础设施、信息（提供和处理技术实现）到系统的产业生态过程，反映人工智能为信息技术产业带来的价值。此外，人工智能系统还有其他非常重要的框架构件：安全、隐私、伦理和管理。人工智能系统主要由基础设施、信息源、信息处理和系统管理与协调四大模块组成。

（1）基础设施。

基础设施为人工智能系统提供计算能力支持，实现与外部世界的沟通，并通过基础平台实现支撑。计算能力由智能芯片（CPU、GPU、ASIC、FPGA 等硬件加速芯片以及其他智能芯片）等硬件系统开发商提供；与外部世界的沟通通过新型传感器制造商提供；基础平台包括分布式计算框架提供商及网络提供商等，提供平台保障和支持，包括云存储和计算、互联互通网络等。

（2）信息源。

信息源是指在人工智能领域智能信息的来源。通过知识信息感知过程由数据提供商提供智能感知信息，包括原始数据资源和数据集。原始数据资源的感知涉及图像、语音、文本的识别，还涉及传统设备的物联网数据，包括已有系统的业务数据以及力、位移、液位、温度、湿度等感知数据。

（3）信息处理。

信息处理是指人工智能领域中技术和服务的提供。信息处理的主要活动包括智能信息表示与形成、智能推理、智能决策及智能执行与输出。智能信息处理者通常是算法工程师及技术服务提供商，通过计算框架、模型及通用技术，例如一些深度学习框架和机器学习算法模型等功能进行支撑。

智能信息表示与形成是指为描述外围世界所做的一组约定，分阶段对智能信息进行符号化和形式化的智能信息建模、抽取、预处理、数据训练等。

智能推理是指在计算机或智能系统中，模拟人类的智能推理方式，依据推理控制策略，利用形式化的信息运行机器思维和求解问题的过程，典型的功能是搜索与匹配。

智能决策是指智能信息经过推理后进行决策的过程，通常提供分类、排序、预测等功能。

智能执行与输出作为智能信息输出的环节，是对输入做出的响应，输出整个智能信息流动过程的结果，包括运动、显示、发声、交互、合成等。

（4）系统管理与协调。

系统管理与协调模块的功能是配置和管理人工智能参考框架中的其他角色来执行一个

或多个功能，并维持人工智能系统的运行。同时，该模块承担系统管理活动，包括软件调配、资源管理等内容，管理的功能是监视各种资源的运行状况，应对出现的性能故障，使各系统组件透明、可观。

（5）安全、隐私、伦理。

安全、隐私、伦理覆盖了人工智能领域的四个主要角色，对每个角色都有重要的影响作用。同时，安全、隐私、伦理处于管理角色的覆盖范围之内，与全部角色和活动都建立了相关联系。在安全、隐私、伦理模块，需要通过不同的技术手段和安全措施，构筑全方位、立体化的安全防护体系，保护人工智能领域参与者的安全和隐私。

（6）人工智能应用。

人工智能应用是指人工智能在各个领域的应用，是对人工智能整体解决方案的封装，将智能信息决策产品化，实现落地应用，其应用领域主要包括：智能制造、智能交通、智能家居、智能医疗、智能安防等。

在技术上，信息处理者中的智能信息表示与形成、智能推理和智能决策与商务智能有共同之处并且能够为商务智能提供新的实现途径，这也是本章重点介绍的内容。

（三）人工智能技术发展趋势

人工智能技术在以下方面的发展趋势明显，是人工智能学习与研究值得重点关注的方向。

（1）技术平台开源化。

开源的学习框架对人工智能，特别是深度学习影响巨大。开源的学习框架使得开发者可以“站在巨人的肩膀上”，直接使用已经研发成功的深度学习工具，降低二次开发的成本，提高开发效率。目前产业界已经充分认识到通过开源技术建立产业生态是抢占产业制高点的重要手段。通过技术平台的开源化，可以扩大技术规模，整合技术和应用，有效布局人工智能全产业链。随着以谷歌为代表的产业巨头布局开源人工智能生态，未来将有更多的软硬件企业参与人工智能的开源生态。

（2）专用智能向通用智能发展。

当前的人工智能发展主要集中在专用智能方面，具有领域局限性。随着科技的发展，各领域之间相互融合、相互影响，需要一种范围广、集成度高、适应能力强的通用智能。通用人工智能具备执行一般智慧行为的能力，可以将人工智能与感知、知识、意识和直觉等人类的特征互相连接，减少对领域知识的依赖性，提高处理任务的普适性。通用智能的发展将使人工智能的生命力更强、涵盖的领域更广。

（3）智能感知向智能认知方向迈进。

人工智能的主要发展阶段包括运算智能、感知智能、认知智能，这一观点得到业界的广泛认可。第一阶段的人工智能聚焦于运算智能，强调机器的快速计算能力和记忆存储能力。第二阶段，也就是当前阶段的人工智能聚焦于感知智能，即与对外界环境的感知相结合，使机器具有视觉、听觉、触觉等感知能力。随着类脑科技的发展，人工智能必然向认知智能时代迈进，即让机器能理解、会思考。

二、人工智能关键技术

人工智能包含的关键技术有很多，包括机器学习、自然语言处理、知识表示、自动推理、计算机视觉、机器人学等。如前所述，本章主要介绍与商务智能联系紧密的机器学习技术，在商务智能与人工智能之间建立起连接的桥梁。同时作为补充，从决策支持的角度介绍自动推理技术，以丰富商务智能的技术手段。

（一）机器学习

机器学习是一门涉及统计学、系统辨识、逼近理论、神经网络、优化理论、计算机科学、脑科学等诸多领域的交叉学科，研究计算机怎样模拟或实现人类的学习行为，以获取新的知识或技能。重新组织已有的知识结构，使之不断改善自身的性能是人工智能技术的核心。基于数据的机器学习是现代智能技术中的重要方法之一，研究从观测数据（样本）出发寻找规律，利用这些规律对未来数据或无法观测的数据进行预测。根据学习模式、学习方法以及算法的不同，机器学习存在不同的分类方法。

（1）根据学习模式将机器学习分类为监督学习、无监督学习和强化学习等。

监督学习是利用已标记的有限训练数据集，通过某种学习策略或方法建立一个模型，实现对新数据或实例的标记（分类）或映射，最典型的监督学习算法包括回归和分类。监督学习要求训练样本的分类标签已知，分类标签精确度越高，样本越具有代表性，学习模型的准确度越高。监督学习在自然语言处理、信息检索、文本挖掘、手写体辨识、垃圾邮件侦测等领域获得了广泛应用。

无监督学习是利用无标记的有限数据描述隐藏在无标记数据中的结构或规律，最典型的无监督学习算法包括单类密度估计、单类数据降维、聚类等。无监督学习不需要训练样本和人工标注数据，便于压缩数据存储、减少计算量、提升算法速度，还可以避免正、负样本偏移引起的分类错误问题。无监督学习主要用于经济预测、异常检测、数据挖掘、图像处理、模式识别等领域，例如组织大型计算机集群、社交网络分析、市场分割、天文数据分析等。

强化学习是智能系统从环境到行为映射的学习，以使强化信号函数值最大。由于外部环境提供的信息很少，强化学习系统必须靠自身的经历进行学习。强化学习的目标是学习从环境状态到行为的映射，使智能体选择的行为能够获得环境最大的奖赏，使外部环境对学习系统在某种意义下的评价为最优，它在机器人控制、无人驾驶、下棋、工业控制等领域获得成功应用。

（2）根据学习方法可以将机器学习分为传统机器学习和深度学习。

传统机器学习从一些观测（训练）样本出发，试图发现不能通过原理分析获得的规律，实现对未来数据行为或趋势的准确预测。相关算法包括逻辑回归、隐马尔科夫算法、支持向量机算法、K 近邻算法、三层人工神经网络算法、Adaboost 算法、贝叶斯算法以及决策树算法等。传统机器学习平衡了学习结果的有效性与学习模型的可解释性，为解决有限样本的学习问题提供了一种框架，主要用于有限样本情况下的模式分类、回归分析、概率密度估计等。传统机器学习方法共同的重要理论基础之一是统计学，在自然语言处理、语音识别、图像识别、信息检索和生物信息等许多计算机领域获得了广泛应用。

深度学习是建立深层结构模型的学习方法，典型的深度学习算法包括深度置信网络、卷积神经网络、受限玻尔兹曼机和循环神经网络等。深度学习又被称为深度神经网络（层数超过 3 层的神经网络）。深度学习作为机器学习研究中的一个新兴领域，由欣顿（Hinton）等人于 2006 年提出。深度学习源于多层神经网络，其实质是给出一种将特征表示和学习合二为一的方式。深度学习的特点是放弃了可解释性，单纯追求学习的有效性。经过多年的摸索和研究，已经产生了诸多深度神经网络模型，其中卷积神经网络、循环神经网络是两类典型的模型。卷积神经网络常被应用于空间性分布数据；循环神经网络在神经网络中引入了记忆和反馈，常被应用于时间性分布数据。深度学习框架是进行深度学习的基础底层框架，一般包含主流的神经网络算法模型，提供稳定的深度学习 API，支持训练模型在服务器和 GPU、TPU 间的分布式学习，部分框架还具备在包括移动设备、云平台在内的多种平台上运行的移植能力，从而为深度学习算法带来前所未有的运行速度和实用性。目前主流的开源算法框架有 TensorFlow、Caffe/Caffe2、CNTK、MXNet、Paddle-paddle、Torch/PyTorch、Theano 等。

（3）机器学习的常见算法还包括迁移学习、主动学习和演化学习等。

迁移学习是指当在某些领域无法取得足够多的数据进行模型训练时，利用从另一领域的数据获得的关系进行学习。迁移学习可以把已训练好的模型参数迁移到新的模型指导新模型训练，可以更有效地学习底层规则、减少数据量。目前的迁移学习技术主要在变量有限的小规模应用中使用，如基于传感器网络的定位、文字分类和图像分类等。未来迁移学习将被广泛应用于解决更有挑战性的问题，如视频分类、社交网络分析、逻辑推理等。

主动学习通过一定的算法查询最有用的未标记样本，并交由专家进行标记，然后用查询到的样本训练分类模型来提高模型的精度。主动学习能够选择性地获取知识，通过较少的训练样本获得高性能的模型，最常用的策略是通过不确定性准则和差异性准则选取有效的样本。

演化学习对优化问题性质要求极少，只需能够评估解的好坏即可，适用于求解复杂的优化问题，也能直接用于多目标优化。演化算法包括粒子群优化算法、多目标演化算法等。目前针对演化学习的研究主要集中在演化数据聚类、对演化数据更有效的分类，以及提供某种自适应机制以确定演化机制的影响等。

在之前的几章中，以神经网络、支持向量机、逻辑回归等为例，对机器学习中有代表性的监督学习进行了介绍，以主成分分析、K-means聚类为例对于机器学习中有代表性的无监督学习进行了介绍，为学习深度学习等各项建立在机器学习基础之上的新技术奠定了基础。本章除了对机器学习与前面几章的关系进行阐述之外，还对前面几章未涉及的人工智能中的自动推理技术进行介绍。

（二）自动推理

自动推理的基本内容包括逻辑推理、知识推理和搜索技术。逻辑推理方法是指人们在逻辑思维过程中，根据现实材料按逻辑思维的规律、规则形成概念、做出判断和进行推理的方法。

谈逻辑推理首先要谈形式逻辑。形式逻辑是研究人的思维形式及其规律的科学。它属于“符号处理”范畴。形式逻辑主要研究三个问题：形成概念、做出判断、进行推理。概念反映事物的特有属性和它的取值；判断是对概念的肯定或否定；推理是从一个或几个判断推出一个新判断的思维过程。

逻辑推理分为从一般现象到个别（特殊）现象的演绎推理、从个别（特殊）现象到一般现象的归纳推理、从个别（特殊）现象到个别（特殊）现象的类比推理三大类。演绎推理的核心是假言推理。假言推理是以假言判断为前提，对该假言判断的前件或后件的推理。归纳推理包括数学归纳法和枚举归纳推理。类比推理是指如果两个（或两类）事物在某些属性上相同，那么推断它们在另一个属性上也可能相同的推理。

在上述三种逻辑推理形式中，演绎推理的前提和结论有必然联系，只要前提为真，结论一定为真。归纳推理和类比推理的前提和结论不能保证有必然联系，它们具有或然性。这样推理的结论未必是可靠的，需要经过严格的验证和证明，使之形成新的理论。

知识推理是指在计算机或智能系统中，模拟人类的智能推理方式，依据推理控制策略，利用形式化的知识进行机器思维和求解问题的过程。智能决策的知识推理过程是通过推理机来完成的，所谓推理机就是智能系统中用来实现推理的程序。推理机的基本任务就是在一定控制策略的指导下，搜索知识库中可用的知识，与数据库匹配，产生或论证新的事实。搜索和匹配是推理机的两大基本任务。

优秀的推理机应符合如下基本要求：（1）高效率的搜索和匹配机制；（2）可控制性；（3）可观测性；（4）启发性。因此，智能决策的知识推理包括两个基本问题：一是推理方法；二是推理的控制策略。推理方法研究的是推理过程中前提与结论之间的逻辑关系，以及在非精确性推理中不确定性的传递问题。从方式上分，可分为演绎推理和归纳推理；从确定性上分，可分为精确推理和不精确推理。控制策略的采用是为了限制和缩小搜索的空间，使原来的指数型困难问题在多项式时间内求解。从问题求解角度来看，控制策略又称求解策略，它包括推理策略和搜索策略两大类。知识推理的控制策略包括：

（1）推理策略。主要包括正向推理、反向推理和混合推理。正向推理又称事实驱动或数据驱动推理，其主要优点是比较直观，允许用户提供有用的事实信息，是产生式专家系统的主要推理方式之一。反向推理又称目标驱动或假设驱动推理，其主要优点是不必使用与总目标无关的规则，且有利于向用户提供解释。正反向混合推理可以克服正向推理和反向推理问题求解效率较低的缺点。基于神经网络的知识推理既可以实现正向推理，又可以实现反向推理。在研制结构选型智能设计系统时，应结合具体情况选择合适的推理策略。

（2）搜索策略。搜索策略主要包括盲目搜索和启发式搜索，前者包括深度优先搜索和宽度优先搜索等搜索策略；后者包括局部择优搜索法（如盲人爬山法）和最好优先搜索法（如有序搜索法）等搜索策略。

搜索技术是用搜索方法解答问题的技术，常表现为系统设计或为达到特定目的而寻找恰当或最优方案的各种系统化的方法。当缺乏关于系统或这些参数的足够知识时，很难直接达到目的，例如博弈、定理证明、问题求解之类的情形。因此，搜索技术也是人工智能的一个重要内容。

（三）基于知识推理的专家系统

前面的章节对机器学习中的经典方法及应用案例进行了详细介绍。下面以专家系统为例对自动推理的应用进行介绍。

专家系统是利用大量的专家知识，运用知识推理的方法来解决各特定领域中的实际问题的计算机程序系统。计算机专家系统这样的软件能够达到人类专家解决问题的水平。

从专家系统的定义可以看出，专家系统的突出特点是：专家系统需要大量的知识，这些知识属于规律性知识，它可以用来解决千变万化的实际问题。

如图 11－2 所示，专家系统是从数据库处理技术演进而来的。对比数据库检索，数据库中存放的记录可以看成是事实性知识。如果把检索数据库记录看成是推理的话，它也是一种知识推理。它与专家系统的不同之处在于：数据库系统中的知识只包含事实性知识，不包含规律性知识；数据库处理中的推理是对已有记录的检索，如果记录不存在，则检索不到，数据库处理不能适应变化，推理不出新事实。

数值计算——→数据处理——→知识处理
（算法）　（数据库处理）　（推理）

图 11－2　专家系统演进过程

同样如图 11－2 所示，专家系统与数值计算也有渊源，对比数值计算，数值计算是用算法解决实际问题，对不同的数据可以算出不同的结果。如果把数据看做知识、算法看做推理的话，它也是一种知识推理。它与专家系统的不同之处在于：算法（推理过程）是固定形式的，算法一经确定，推理过程就固定了，而专家系统的推理是不固定形式的，随着问题的不同，推理过程也不一样。另外，数值计算只能处理数值，不能处理符号。

从上面的分析可见，数值计算、数据处理是知识处理的特定情况，知识处理则是它们的发展。

概括地说，知识处理具有如下特点：

（1）知识包括事实和规则（状态转变过程）。

（2）适合于符号处理（如微积分求解）。

（3）推理过程是不固定形式的（推导过程中每次选用的规则知识是变化的）。

（4）能得出未知的事实（如推导出新的微分公式）。

专家系统的结构可以概括为：

专家系统＝知识库＋推理机

专家系统的核心是知识库和推理机。

从上述结构可以看出，专家系统的核心是知识库和推理机，如图 11－3 所示。

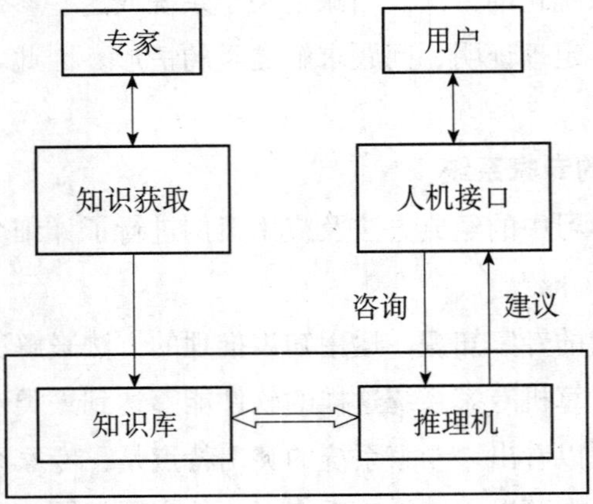

图 11－3　专家系统结构

目前，用产生式规则知识形式建立的专家系统是最广泛和最流行的。产生式规则知识形式的推理机的原理是：

产生式规则知识形式的推理机＝搜索＋匹配（假言推理）

在推理过程中一边搜索，一边匹配。匹配需要找事实。这个事实一是来自规则库中别的规则，一是来自向用户提问。在匹配时会出现成功或不成功，对于不成功的将引起搜索中的回溯和由一个分枝向另一个分枝的转移，可见在搜索过程中包含了回溯。

推理中的搜索和匹配过程，如果进行跟踪和显示就形成了向用户说明的解释机制。好的解释机制不显示那些对于失败路径的跟踪。

产生式规则知识一般表示为：

IF　A　THEN　B

或：

如果 A 成立则 B 成立

或：

A→B

产生式规则知识有如下特点：

（1）相同的条件可以得出不同的结论（有时允许，有时不允许），如：

A→B A→C

（2）相同的结论可以由不同的条件得到，如：

A→G B→G

（3）条件之间可以由“与”（AND）连接，也可以由“或”（OR）连接，如：

A∧B→G

A∨B→G（相当于 A→G，B→G）

（4）一条规则中的结论可以是另一条规则中的条件，如：

F∧B→Z C∧D→F

其中，F 在前一条规则中是条件，在后一条规则中是结论。

由于以上特点，规则知识集能做到：

（1）描述和解决各种不同的灵活的实际问题（由前三个特点形成）。

（2）把规则知识集中的所有规则连成一棵“与”“或”推理树（知识树），即这些规则知识集之间是有关联的（由后两个特点形成）。

规则库中的各条规则之间一般来说都是有联系的，即某条规则中的前提是另外一条规则中的结论。按逆向推理思想把知识库所含的总目标（它是某些规则的结论）作为根节点，按规则的前提和结论展开成一棵树的形式。这棵树一般被称为推理树或知识树，它把知识库中的所有规则都联结起来。

由于联结时有“与”关系和“或”关系，从而构成了“与”“或”推理树。这样的推理树是逆向推理树，是以目标节点为根节点展开的。

例如，若有知识库为：

A∨(B∧C)→G

(I∧J)∨K→A

X∧F→J

L→B

M∨E→C

W∧Z→M

P∧Q→E

画出“与”“或”推理树（如图 11-4 所示）：

用规则的前提和结论形式画出推理树的一般形式，如图 11-5 所示。

该“与”“或”推理树的特点是：

（1）每条规则对应的节点分枝有“与”关系、“或”关系。

（2）树的根节点是推理树的总目标。

（3）相邻两层之间有一条或多条规则连接。

（4）每个节点可以是单值，也可以是多值。若节点是多值的，各值对应的规则将

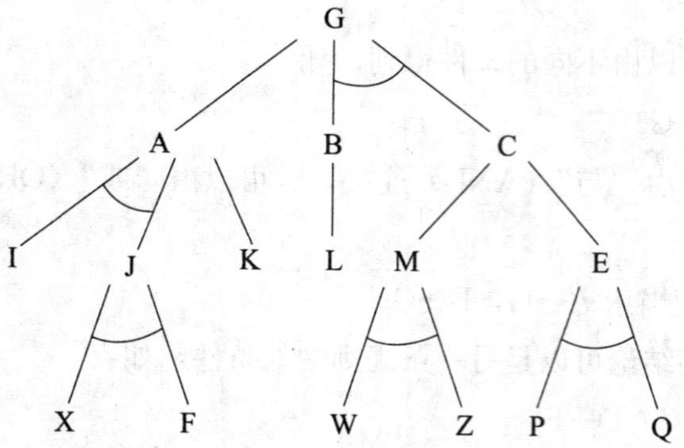

图 11-4 “与”“或”推理树

（注：两斜线中间的弧线表示“与”关系，无弧线表示“或”关系。）

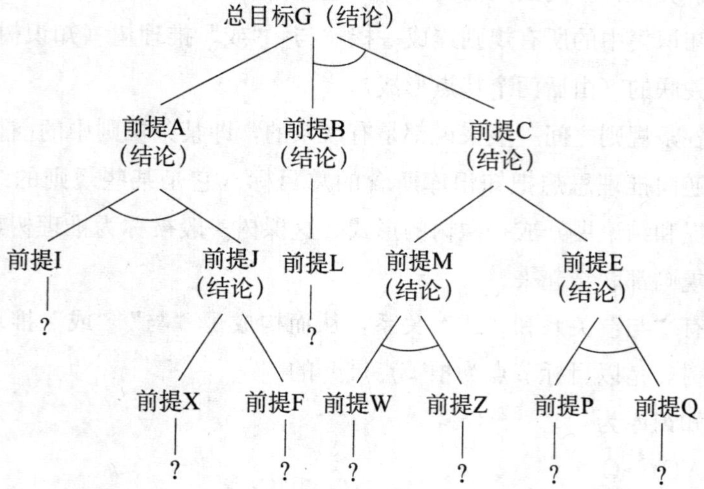

图 11-5 推理树的一般形式

不同。

(5) 所有的叶节点都安排向用户提问，或者把它的值直接放在事实数据库中。

逆向推理过程在推理树中的反映为推理树的深度优先搜索过程。从上例可见，每个节点有两种可能，即“是”和“否”，叶节点为“否”是由用户回答形成的。中间节点为“否”是由叶节点为“否”，回溯时引起该节点为“否”。对中间节点的否定，若当该节点还有其他“或”条件分枝时，不能立即确定该节点为“否”，必须再搜索另一分枝，当另一分枝回溯为“是”时，该节点仍为“是”。中间节点只有在所有“或”条件分枝的回溯值均为“否”时，才能最后确定为“否”。

解释机制是专家系统中的重要内容。它把推理过程显示给用户，让用户知道目标是如何被推导出来的。消除用户对目标结论的疑虑。解释机制有两种实现方法：一种是推理过程的全部解释；一种是推理过程中正确路径的解释。具体算法不在此介绍。

(四) 不确定性推理

1. 事实的不确定性

事实的不确定性一般用可信度 CF（certainty factor）表示，它的取值范围为：

$$0 \leqslant CF \leqslant 1$$

2. 规则的不确定性

规则反映了客观事物的规律性。在大量的实际问题中，专家掌握的规则大多是经验性的，而不是精确的。

3. 推理的不确定性

由于事实和规则的不确定性，从而产生了结论的不确定性。它反映不确定性的传播过程。

4. 不确定性推理的依据

MAYCIN 系统不确定性计算公式的简化如下：

(1) 将 $-1 \leqslant CF \leqslant 1$ 改为 $0 \leqslant CF \leqslant 1$。

(2) 将含“或”连接规则的拆成多条规则。例如：

$$A \vee B \rightarrow G$$

拆成：

$$A \rightarrow G$$

$$B \rightarrow G$$

不同前提下可信度的计算公式如下：

(1) 当前提中是“与”连接规则时，结论可信度的计算公式如下：

规则形式：

$$\text{IF} \quad E_1 \wedge E_2 \wedge \cdots \wedge E_N \quad \text{THEN} \quad H \quad CF(R)$$

结论 H 的可信度为：

$$CF(H) = CF(R) \times MIN\{CF(E_1), CF(E_2), \cdots, CF(E_N)\}$$

(2) 当前提中是“或”连接规则时，结论的可信度计算公式如下：

规则形式：

$$\text{IF} \quad E_1 \text{ OR } E_2 \quad \text{THEN} \quad H \quad CF(R)$$

把它转化成等价的两条规则，即：

$$\text{IF} \quad E_1 \quad \text{THEN} \quad H \quad CF(R)$$

$$\text{IF} \quad E_2 \quad \text{THEN} \quad H \quad CF(R)$$

如果已知两条规则形式如下：

$$\text{IF} \quad E_1 \quad \text{THEN} \quad H \quad CF(R_1)$$

$$\text{IF} \quad E_2 \quad \text{THEN} \quad H \quad CF(R_2)$$

则结论 H 的可信度计算分别为：

$CF_1(H)=CF(R_1)\times CF(E_1)$

$CF_2(H)=CF(R_2)\times CF(E_2)$

合并为：

$CF(H)=CF_1(H)+CF_2(H)-CF_1(H)\times CF_2(H)$

对于三条规则，如：

IF　E_1　THEN　H　$CF(R_1)$

IF　E_2　THEN　H　$CF(R_2)$

IF　E_3　THEN　H　$CF(R_3)$

先按两条规则合并方法计算出：

$CF_{12}(H)=CF_1(H)+CF_2(H)-CF_1(H)\times CF_2(H)$

再将它和第三条规则合并：

$CF(H)=CF_{12}(H)+CF_3(H)-CF_{12}(H)\times CF_3(H)$

其中，

$CF_3(H)=CF(R_3)\times CF(E_3)$

公式的特性如下：

(1) $CF(H)\geqslant CF_1(H)$，$CF(H)\geqslant CF_2(H)$。

(2) $CF(H)\leqslant 1$。

一般规定推理过程中的阈值为0.2。当CF＜0.2时，置CF＝0，当CF≥0.2时，CF才有意义。

5. 推理过程说明

不确定性推理和确定性推理是有区别的。除了有可信度的差别外，推理过程也有差别。

对于不确定性推理，当某个结论的可信度不为1时（即CF≠1），对于相同结论的其他规则仍然要进行推理，求该结论的可信度，并和已计算出的该结论的可信度进行合并。

例如，有两条相同结论的规则：

R_1：$A\rightarrow G$

R_2：$B\wedge C\rightarrow G$

对于确定性推理过程，先引用规则 R_1，提问A。当回答为“是”时，推得结论G成立，这样就不再搜索 R_2 对结论G进行推理。

对于不确定性推理过程，这两条规则均含可信度。

R_1：$A\rightarrow G$　CF(0.8)

R_2：$B\wedge C\rightarrow G$　CF(0.9)

在推理时，先引用规则 R_1，提问A，当回答为“是”时，还要给定可信度，设为CF(0.7)，按公式求得G的可信度为：

$CF_1(G)=0.8\times0.7=0.56$

由于G的可信度不为1，还必须对结论G的其他规则进行推理。再引用规则R_2，提问B和C。设回答B为“是”，有CF(0.7)，回答C为“是”，有CF(0.8)，计算G的可信度为：

$CF_2(G)=0.9\times MIN\{0.7, 0.8\}=0.63$

合并G的可信度为：

$CF(G)=CF_1(G)+CF_2(G)-CF_1(G)\times CF_2(G)$

$=0.56+0.63-0.56\times0.63=0.84$

要说明一点，当某个证据用户回答为“否”时，不用给可信度，它的可信度CF=0。

例如，有如下规则集和可信度：

R_1：$A\wedge B\wedge C\rightarrow G$　CF(0.8)

R_2：$D\vee E\rightarrow A$　CF(0.7)

R_3：$J\wedge K\rightarrow B$　CF(0.8)

R_4：$P\vee Q\rightarrow C$　CF(0.9)

R_5：$F\vee(R\wedge S)\rightarrow D$　CF(0.6)

已知事实及可信度：

F(0.4)，R(0.5)，S(0.6)，E(0)，J(0.4)，K(0.6)，P(0)，Q(0.4)

对总目标G进行推理求解。

解：

第一步：把规则分解为只含“与”（∧）连接的规则，消去“或”（∨）连接的规则：

R_1：$A\wedge B\wedge C\rightarrow G$　CF(0.8)

R_{21}：$D\rightarrow A$　CF(0.7)

R_{22}：$E\rightarrow A$　CF(0.7)

R_3：$J\wedge K\rightarrow B$　CF(0.8)

R_{41}：$P\rightarrow C$　CF(0.9)

R_{42}：$Q\rightarrow C$　CF(0.9)

R_{51}：$F\rightarrow D$　CF(0.6)

R_{52}：$R\wedge S\rightarrow D$　CF(0.6)

第二步：用规则连成推理树，如图11-6所示。

第三步：利用推理树进行逆向推理，从总目标G开始按树进行深度优先搜索和回溯。其推理解释过程为：

(1) 引用R_1规则，求A。

(2) 引用R_{21}规则，求D。

(3) 引用R_{51}规则，求F。提问F。回答为“是”，有CF(0.4)。计算D的可信度为：

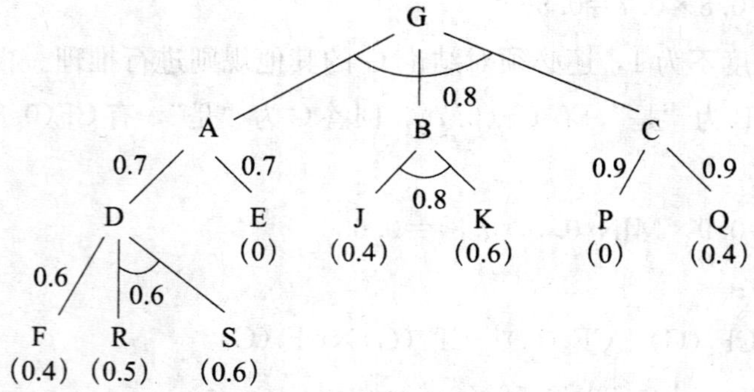

图 11-6　生成的推理树

$$CF_1(D)=0.4\times0.6=0.24$$

R_{51}规则成功。

（4）引用 R_{52} 规则，求 R 和 S。

提问 R，回答为“是”，有 CF(0.5)。

提问 S，回答为“是”，有 CF(0.6)。

$$CF_2(D)=0.6\times MIN\{0.5,\ 0.6\}=0.3$$

R_{52}规则成功。

合并 D 节点的可信度为：

$$CF(D)=0.24+0.3-0.24\times0.3=0.468\approx0.47$$

（5）回溯到规则 R_{21}，计算 A 的可信度。

$$CF_1(A)=0.47\times0.7=0.329\approx0.33$$

R_{21}规则成功。

（6）引用 R_{22} 规则，求 E。

提问 E，回答是“否”，即 CF(0)，计算 A 的可信度：

$$CF_2(A)=0\times0.7=0$$

R_{22}规则失败。

合并 A 的可信度为：

$$CF(A)=0.33+0-0.33\times0=0.33$$

（7）回溯到 R_1 规则，求 B。

（8）引用 R_3 规则，求 J 和 K。

提问 J，回答为“是”，有 CF(0.4)。

提问 K，回答为“是”，有 CF(0.6)。

计算 B 的可信度：

$$CF(B)=0.8\times MIN\{0.4,\ 0.6\}=0.32$$

R_3 规则成功。

(9) 回溯到 R_1 规则求 C。

(10) 引用 R_{41} 规则，求 P。

提问 P，回答为“否”，即 CF(0)，计算 C 的可信度：

$$CF_1(C)=0.9\times0=0$$

R_{41} 规则失败。

(11) 引用 R_{42} 规则，求 Q。

提问 Q，回答为“是”，有 CF(0.4)，计算 C 的可信度：

$$CF_2(C)=0.9\times0.4=0.36$$

R_{42} 规则成功。

合并 C 的可信度为：

$$CF(C)=0+0.36-0\times0.36=0.36$$

(12) 回溯到 R_1 规则：

$$CF(G)=0.8\times MIN\{0.33, 0.32, 0.36\}=0.256$$

R_1 规则成功。

总目标 G 成立的可信度为 0.256。

三、实践

神经网络是深度学习的基础，本节介绍如何利用 SPSS 和 Weka 软件对机器学习中的代表性技术神经网络进行分析。

1. SPSS

SPSS Modeler 中神经网络的使用可参考第七章分类器的使用。

2. Weka

进入“Weka Explorer”界面（见图 11－7），点击“Open file...”（如图 11－8 所示），打开“. csv”格式的数据文件。

图 11－7　进入“Weka Explorer”界面

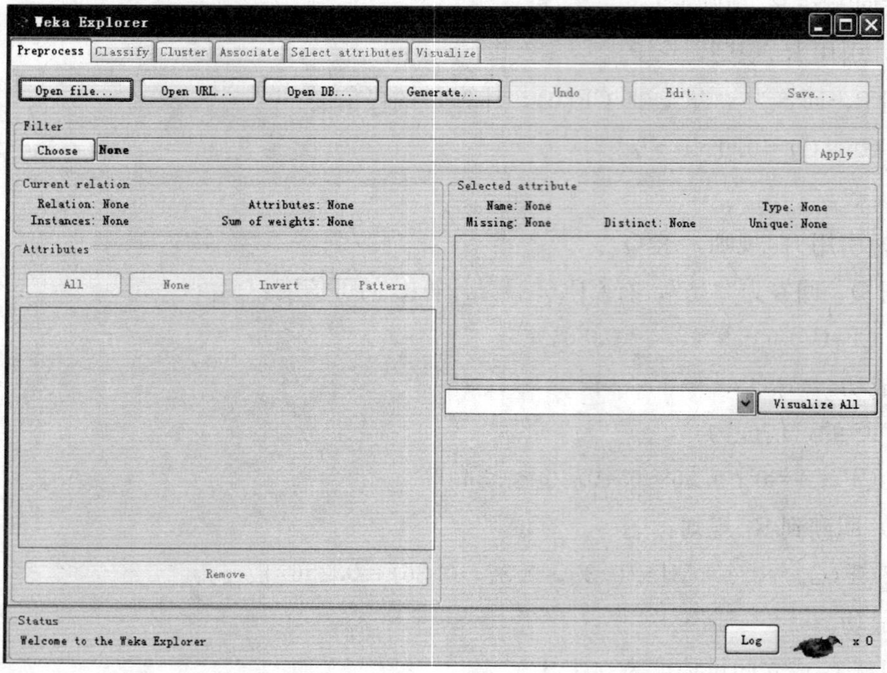

图 11-8　点击"Open file..."按钮

选择标签并点击"Classify"（见图 11-9），打开"Choose"，选择"Classify"中的"Functions"下的"MultilayerPerceptron"，进入参数设置，并将"GUI"的值设置为"True"（见图 11-10）中的选项。

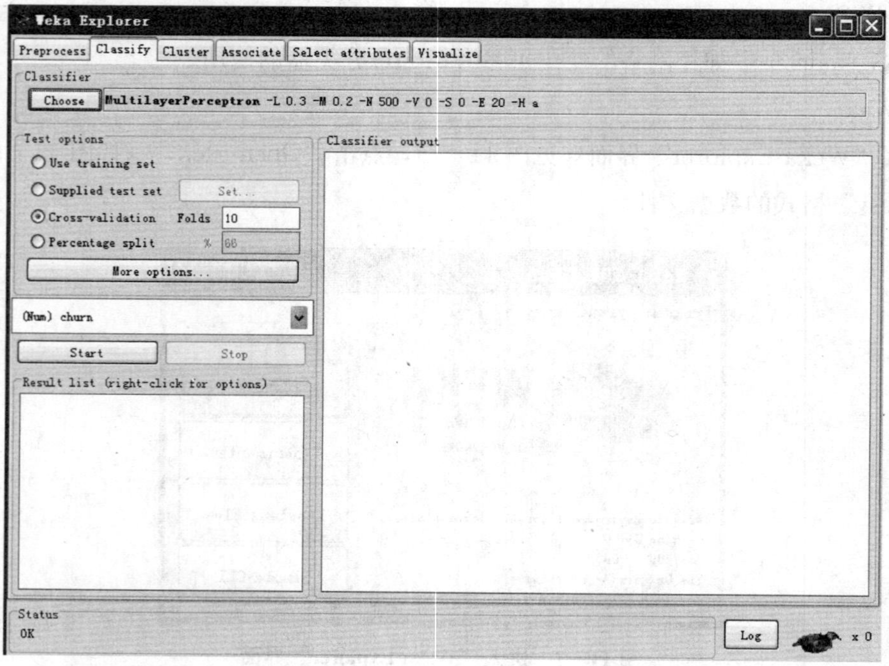

图 11-9　"Classify"选项卡

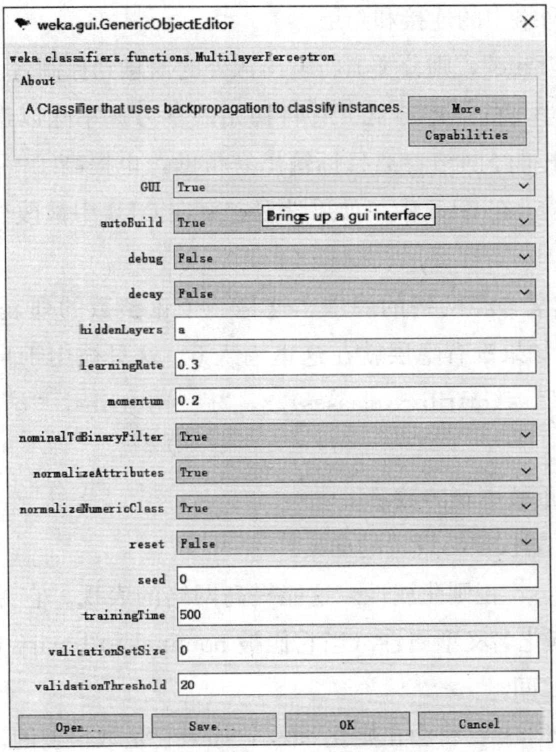

图 11-10 编辑器

Weka 中的神经网络使用多层感知器实现 BP 神经网络。BP 神经网络在 Weka 中是分属这个部分的。MultilayerPerceptron 是一个使用了反向传播的分类器。

网络中的节点是 Sigmoid 的，除了类别是数值属性的，这时输出节点变成了 unthresholded linear units。

弹出的 GUI 界面允许在神经网络训练的过程中暂停和做一些修改。

添加一个节点：单击左键（节点将被自动选择，以保证没有其他的节点被选择）。

选中一个节点：单击左键。

连接一个节点：首先选中一个起始节点，然后点击一个结束节点或者空白区域（这将创建一个新节点并与起始节点连接）。在连接后节点的状态将保持不变。

删除连接：选择一个连接的节点并且右键单击另一个节点。

删除节点：右键单击一个节点。

取消选择：左键单击节点或者在空白区域右键单击。

标签（label）提供的原始输入（raw input）在左边，红色的节点是隐层（hidden layers），橙色的节点是输出节点（output nodes）。

在右边的标签展示的是输出节点表示的类别。要注意的是，对于一个数值属性的类别来说，输出节点将自动地做成一个 unthresholded 的线性单元。

神经网络参数设置界面如图 11-10 所示。其中几个具体参数如下：

autoBuild：添加网络中的连接和隐层。

debug：设置为“True”，则分类器将输出额外的信息到控制台。

decay：这将导致学习的速率降低。它将初始的学习速率除以迭代次数去决定当前的学习速率。这对于停止神经网络背离目标输出有帮助，也提高了一般表现。要注意的是，衰退的学习速率不会显示在 GUI 中。如果学习速率在 GUI 中被改变，这将被视为初始的学习速率。

hiddenLayers：定义神经网络的隐层。这是一个正整数的列表。“1 for each hidden layer”，用逗号分隔。如果没有隐层就在这里输入 0。这只被用于自动构建设置了隐层的模型。也有通用符“a”＝(attribs＋classes)/2，“i”＝attribs，“o”＝classes，“t”＝attribs＋classes

learningRate：权重被更新的数量。

momentum：当更新权重时设置的动量。

normalizeAttributes：正则化属性。这能提高网络的表现。它并不依赖于类别是不是数值型的。它也会正则化名义型属性（当它们被 nominal to binary filter run 过后），这样名义型属性在－1～1 之间。

normalizeNumericClass：将会正则化 class，如果它是数值型的。这也可以提高网络的效果，将 class 正则化到－1～1。注意这仅仅是内部的，输出会被转换回原始的范围。

reset：这将允许网络用一个更低的学习速率复位。如果网络偏离了答案，则它将会自动地用更低的学习速率复位并且重新训练。只有当 GUI 没有被设置的时候，这个选项才是有效的。注意如果这个网络偏离了答案并且没有被允许重置，它将在训练的步骤失败并且返回一个错误信息。

seed：用于初始化随机数的生成。随机数被用于设定节点之间连接的初始权重，并且用于 shuffling 训练集。

trainingTime：训练的迭代次数。如果设置为非 0，那么这个网络能够终止得比较早。

validationSetSize：validation set 的百分比，训练将持续，直到它观测到在 validation set 上的误差已经一直在变差，或者训练的时间已经到了。如果 validationSetSize 设置的是 0，那么网络将一直训练，直到达到迭代的次数。

validationThreshold：用于终止 validation testing。这个值用于决定在训练终止前在一行内的 validation set error 可以变差多少次。

神经网络结果如图 11－11 所示。

图下方的值解释如下：

num of epochs：设置进行多少轮训练。

learning rate：学习率。

momentum：当更新权重时设置的动量。

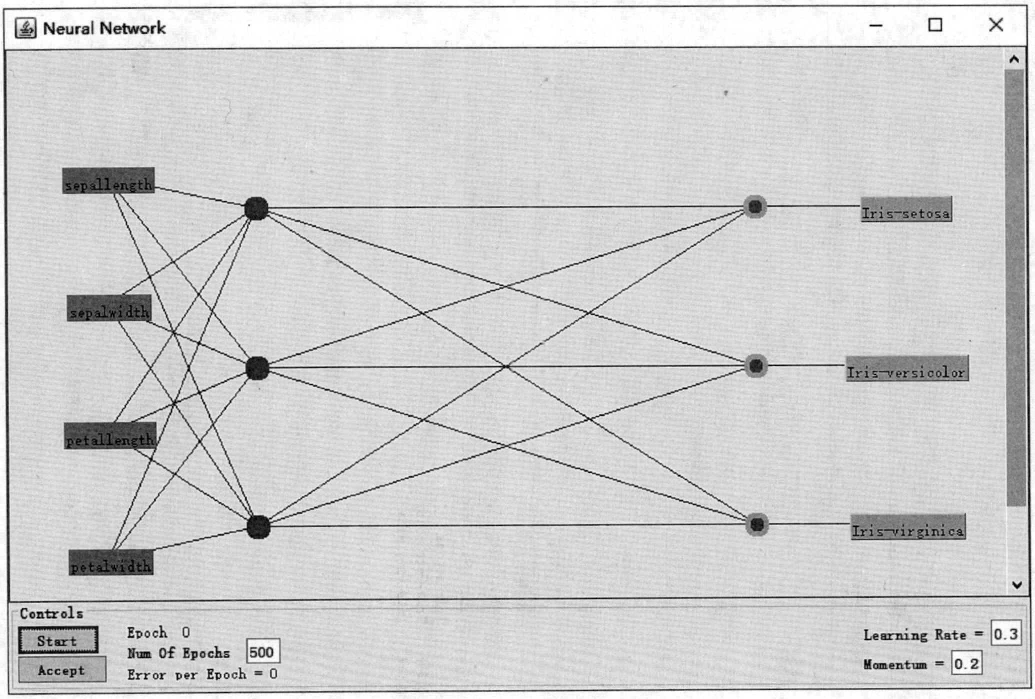

图 11-11　神经网络结果

error per epoch：每个 epoch 的错误率。

训练结果示例如图 11-12 所示。

讨论题

讨论商务智能与人工智能的区别与联系。

思考题

1. 若有如下规则集：

$A \lor B \lor C \rightarrow G$

$D \land E \rightarrow A$

$F \rightarrow B$

$H \lor P \rightarrow C$

$Q \rightarrow E$

已知事实 D、Q、F、P 的答案均为“是”，H 的答案为“否”，请用逆向推理树求证目标 G。

2. 什么是机器学习？机器学习有哪些类别？各类的基本思想分别是什么？

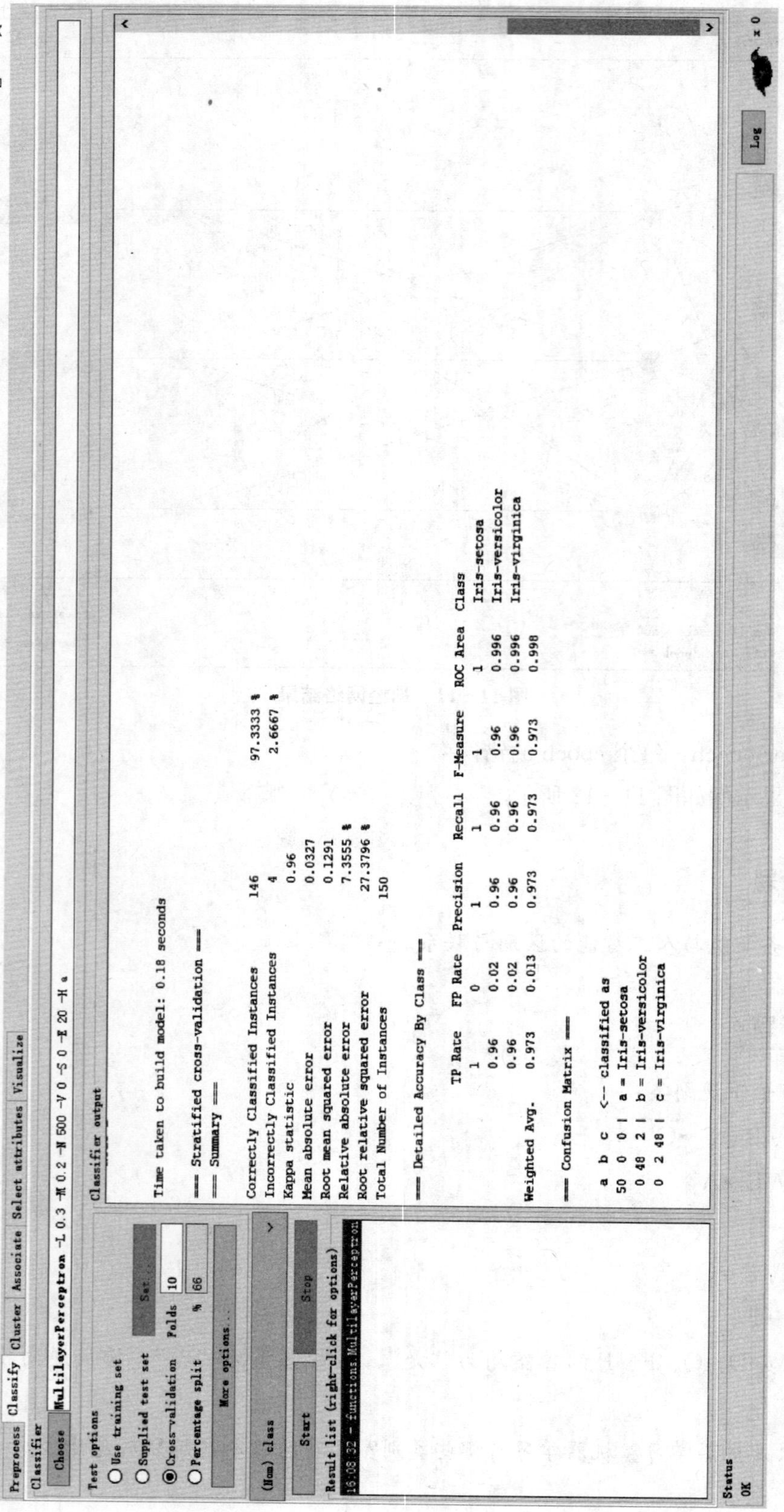

图11-12　训练结果示例

第十二章

复杂类型的数据挖掘

导入案例

Web搜索引擎是一种专门的计算机服务器，可在Web上搜索信息。通常，用户查询的搜索结果用列表形式返回给用户。采样可以包含网页、图像和其他类型的文件。有些搜索引擎也搜索和返回公共数据库中的数据或开放的目录。搜索引擎不同于网络目录，因为网络目录是人工编辑管理的，而搜索引擎是按算法运行的，或者是算法和人工输入的混合。

Web搜索引擎本质上是大型数据挖掘应用。搜索引擎全方位地使用各种数据挖掘技术，包括爬行（例如决定应该爬过哪些页面和爬行频率）、索引（例如选择被索引的页面和决定构建索引的范围）和搜索（例如确定如何排列各个页面、加载何种广告、如何把搜索结果个性化或使之“环境敏感”）。

搜索引擎对数据挖掘提出了巨大的挑战。第一，它们必须处理大量并且不断增加的数据。通常，这种数据不可能使用一台或几台机器处理。搜索引擎常常需要使用由数以千计甚至数以万计的计算机组成的计算机云，协同挖掘海量数据。

第二，Web搜索引擎通常需要处理在线数据。搜索引擎也可以在海量数据集上离线构建模型。为了做到这一点，它可以构建一个查询分类器，基于查询主题把搜索查询指派到预先定义的类别。无论模型是不是离线构建的，模型的在线应用都必须足够快，以便回答用户的实时查询。

第三，Web搜索引擎需要在快速增长的数据流上维护增量和更新模型。在这种情况下，查询分类器需要不断地维护增量，因为新的查询不断出现，并且预先定义的类别和数据分布可能已经改变。大部分已有的模型训练方法都是离线的和静态的，应用于这种环境具有很大的局限性。

第四，Web搜索引擎常常需要处理出现次数不多的查询。有些搜索引擎想要提供环境敏感的推荐，也就是说，当用户提交一个查询时，搜索引擎试图使用用户的简况和他的查询历史推断查询的环境，以便快速地返回更加个性化的回答 。然而，尽管整个查询数量是巨大的，但是大部分查询都只是提问一次或几次。对于数据挖掘和机器学习方法而言，这种严重倾斜的数据是一个挑战。

在现实中，数据挖掘会遇到很多复杂的应用，Web挖掘是一个典型的例子。Web挖掘为搜索引擎的个性化服务提供了依据。Web挖掘作为数据挖掘在Web上的应用，它利用数据挖掘技术从与互联网相关的资源和行为中抽取感兴趣的、有用的模式和隐含信息，这涉及Web技术、数据挖掘、计算机语言学、信息学等多个领域，是一项综合技术。当前电子商务、移动电子商务正在企业和商贸领域占据着越来越多的市场份额，在此背景下，Web 挖掘主要用于产品的市场定位和消费分析，以辅助制定市场策略。它还可以被用来分析购物模式、预测销售行情等。目前世界上的主要数据库厂商纷纷开始把 Web 挖掘功能集成到自己的产品中。IBM 公司开发的 QUEST 和 In2telligentMiner 系统可以挖掘客户的购物行为模式。微软公司日前发布了一个基于 XML 的数据访问协议，该协议能使开发商为各类客户和开发平台提供数据分析。XML for Analysis 支持应用开发商将商务智能植入自己的应用。随着联机分析处理和数据挖掘的发展，该协议支持对微软数据源的访问并支持基于 Web 的数据挖掘。另外，网络作为媒体中介提供的舆情数据对企业商务决策所起的作用越来越引起人们的重视。本章以 Web 挖掘为例对此复杂类型的数据挖掘进行分析。

一、Web 挖掘介绍

Web 挖掘的目标是从 Web 的超链接结构、网页内容和使用日志中探寻有用的信息。虽然 Web 挖掘使用了许多数据挖掘技术，但它并不仅仅是传统数据挖掘的一个简单应用。在过去 20 年中，许多新的挖掘任务和算法被相继发明。依据在挖掘过程中使用的数据类别，Web 挖掘任务可以被划分为三种主要类型：Web 内容挖掘、Web 结构挖掘和 Web 使用记录挖掘，如图 12－1 所示：

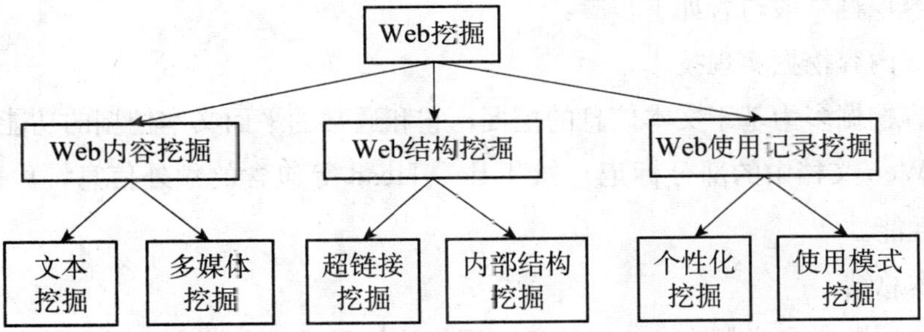

图 12－1　Web 挖掘分类

1. Web 内容挖掘

Web 内容挖掘是从 Web 文档内容及其描述中获取有用知识，是对网页数据进行挖掘，包括网页内容挖掘和搜索结果挖掘。Web 文档通常包含以下几种数据类型：文本、图像、音频、视频、元数据和超链接，主要的挖掘对象是 HTML 文档所包含的半结构化数据和无结构的文本数据。Web 内容挖掘所涉及的数据主要包括两个部分，即网页中的文本数据以及图像和 Flash 等多媒体数据。

2. Web 结构挖掘

Web 结构挖掘是从网页的超链接中发现其结构及其相互关系。通过找到隐藏在一个个页面之后的链接结构模型，对 Web 页面重新分类，也可以用该模型寻找相似的网站。基于超链接的拓扑结构，Web 结构挖掘可以进行网页分类，总结网页和网站的结构，生成诸如网站间相似性、网站间关系的信息。

3. Web 使用记录挖掘

Web 使用记录挖掘又称 Web 日志挖掘，是从用户的访问痕迹中获取有价值的信息，是对 Web 上的日志数据及相关数据的挖掘。这些数据包括：客户端数据、服务器端数据和代理端数据。

Web 使用记录挖掘可分为一般存取路径追踪和专用化追踪。前者是分析一般访问模式和趋势，如 Web 日志挖掘；后者是分析某一时刻每一个用户的访问模式，网站将根据这些模式自动重建结构，如构建自适应站点。

Web 使用记录的挖掘的目的是预测用户的网上行为，比较网站的实际使用与期望的差别，根据用户的兴趣调整网站结构。

二、Web 内容挖掘

Web 内容挖掘是一种很常用的 Web 挖掘方式。如上所述，Web 内容挖掘是指从 Web 文档内容及其描述中的内容信息获取有用的知识。

Web 网站上的数据有其自身的特点，基本可归纳为三个方面：数据量巨大，动态性极强；异构数据库环境；半结构化的数据结构。

Web 内容挖掘一般包含如下步骤：

（1） Web 内容挖掘实现技术。

Web 内容挖掘多为基于文本信息的挖掘，它和通常的平面文本挖掘的功能和方法比较类似。利用 Web 文档中的部分标记，如 Title、Head 等包含的额外信息，可以提高 Web 文本挖掘的性能。

（2） 文本总结。

文本总结是指从文档中抽取关键信息，用简洁的形式对文档内容进行摘要或解释。其目的是对文本信息进行浓缩，给出它的紧凑描述。这样，用户不需要浏览全文就可以了解文档或文档集合的总体内容。

（3） 数据挖掘。

分类是在已有数据的基础上学会一个分类函数或构造出一个分类模型，即通常所说的分类器。

文本聚类。文本聚类把一组文档按照相似性归成若干类别。方法大致可分为层次凝聚法和平面划分法两种类型。

关联规则。发现关联规则的算法通常要经过以下三个步骤：连接数据，做数据准备；给定最小支持度和最小置信度，利用数据挖掘工具提供的算法发现关联规则；可视化显示、理解、评估关联规则。

眼下 Web 内容挖掘研究主要集中在基于文本内容的检索、信息过滤提炼、反复数据消除、数据模式抽取、中间形式表示、异构集成、文本分类和聚类、文档总结和结构提取、数据仓库及 OLAP 等几个方面，尤其是基于 XML 的上述专题研究。

三、Web 日志挖掘

（一）电子商务中的 Web 内容挖掘应用分析

电子商务中的经销商和客户之间通过互联网进行交易。在线访问的每一个客户都会在他的服务器上留下日志文件，通过对这些日志文件进行挖掘，如客户的访问行为、频度、内容、时间等，提取客户相关的知识，展开有针对性的电子商务行为。

面对大量的访问日志，首先要做的就是对数据进行清洗，即预处理，把无关的数据、不重要的数据等处理掉；接着对数据进行事务识别，通过对事务进行划分，就可以根据具体的分析需求选择模式分析技术，如路径分析、关联分析、聚类分析等。通过模式分析，找到有用的信息，再通过 OLAP 的验证，结合客户登记信息，找出有价值的市场信息，或发现潜在的市场。

(1) 路径分析。

这是一种找寻频繁访问路径的方法，它通过对 Web 服务器的日志文件中客户访问站点的访问次数进行分析，挖掘出频繁访问路径。

如图 12-2 所示，一个客户从某一个站点访问到某一个感兴趣的页面后就会经常访问该页面，则从站点到该页面就组成了一条最大向前访问路径。当访问次数与访问所有最大向前访问路径的次数的比达到某一个规定值时，该最大向前访问路径就是该客户的频繁访问路径。通过确定频繁访问路径，可以了解客户对哪些页面感兴趣，从而更好地改进设计，为客户服务。

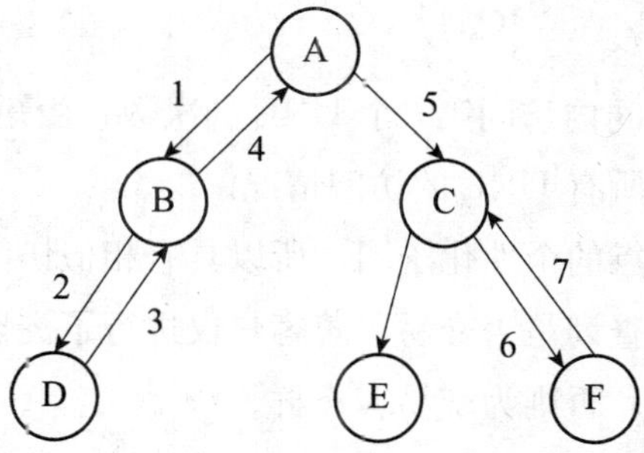

图 12-2　路径分析

(2) 关联分析。

当客户访问某一网页时，一般会通过兴趣词条找出相关的兴趣网页并通过链接继续访问，这种关联产生的数据如果能够按照某种策略进行挖掘分析，统计出客户访问某些页面及兴趣关联页面的比率，就可以很好地组织站点，实施有效的市场策略。为此，需要对页面的节点、节点间的链接、兴趣节点及兴趣节点之间的关联进行说明和定义，找出它们之间的关系。

当兴趣词条的权重 weight＞0.5（其中 weight 表示由兴趣节点转到兴趣节点的权重，0＜weight＜1）时，客户选择浏览该节点的概率就很大。由于兴趣关联规则很多，因此可以将所有兴趣关联规则的集合表示为 R。从 R 中找出有价值的规则作为兴趣知识库中的知识，当客户再次访问时，就可以从兴趣知识库的兴趣关联规则中找出相关的兴趣词条，从而判断客户可能进行的访问链接。

通过兴趣关联规则能找出或判断出客户对网站上各种文件之间访问的相关关系，进而统计或判断出客户访问某些站点的访问比率，更好地调整站点的结构。

（3）聚类分析。

在电子商务的数据挖掘中，对日志的聚类分析是一种很好的挖掘方法。聚类分为对客户群体的聚类和对 Web 页面的聚类。其中对客户群体的聚类在电子商务和为用户提供个性化服务的应用中起着很重要的作用。要想了解客户群体的聚类，首先要对客户的浏览行为进行描述。任何一个服务器日志都可以表示为如下形式 $L=$（IP，UID，URL，TIME）。其中 IP，UID，URL，TIME 分别为客户的 IP 地址、客户的 ID、客户请求的 URL 和相应的浏览时间。因此客户在一段时间内的访问模式为有向图的子图。由此可以建立起 n 个客户 UID 访问 m 个 URL 及相应访问次数的 URL-UID 关联矩阵 $M_{m\times n}$：

$$M_{m\times n}\overbrace{\begin{bmatrix} C_{11} & C_{12} & \cdots & C_{1j} & \cdots & C_{1n} \\ C_{21} & C_{22} & \cdots & C_{2j} & \cdots & C_{2n} \\ \cdots & \cdots & \cdots & \cdots & \cdots & \cdots \\ C_{i1} & C_{i2} & \cdots & C_{ij} & \cdots & C_{in} \\ \cdots & \cdots & \cdots & \cdots & \cdots & \cdots \\ C_{m1} & C_{m2} & \cdots & C_{mj} & \cdots & C_{mn} \end{bmatrix}}^{\text{UID}}\Bigg\}\text{URL}$$

其中，C_{ij} 是 j 客户在一段时间内访问第 i 个 URL 的次数；由矩阵 $M_{m\times n}$ 可以看出，每一列向量表示某客户对该站点中所有 URL 的访问情况。

因为它是客户访问本站点的个性化子图，所以具有相似访问子图的客户即为相似客户群体。根据客户登记数据库查询是否交易，若客户仅进行了浏览而并未与商家交易，那么此相似客户群为潜在客户群；否则为交易客户群。

聚类分析是电子商务中很重要的一个方面，通过分组聚类出具有相似浏览行为的客户，并分析客户的共同特征，更好地帮助电子商务企业了解自己的客户，向客户提供更合适的服务。

（二）Web 结构挖掘

如前所述，Web 结构挖掘是从网页的超链接中发现其结构及其相互关系。Web 结构既包括不同网页之间的超链接结构，也包括一个网页内部的可以用 HTML、XML 表示成的树结构和文档 URL 中的目录路径结构等。Web 页之间的超链接结构中包含了许多有用的信息。从 WWW 的组织结构和链接关系中推导知识。通过对 Web 站点的结构进行分析、变形和归纳，将 Web 页面进行分类，分析一个网页链接和被链接数量以及对象来建立 Web 自身的链接结构模式，确定不同页面间的相似度和关联度信息。定位相关主题的权威站点，可以极大提高检索结果的质量。

PageRank 算法是 Web 结构挖掘中的一种经典算法，由谷歌的创始人提出，目前已成为评价网页权威性的一种重要工具。众多搜索引擎都是采用将该算法和 anchor text 标记、词频统计等因素相结合的方法对检索出的大量结果进行相关度排序，将最权威的网页排在前面。

下面以该算法为例对 Web 结构挖掘进行解释说明。PageRank 算法受论文参考文献引用分析的思想启发，将其借鉴到了网络文档重要性的计算中来，利用网络自身的超链接结构给所有网页确定一个重要性的等级数，当一个网页链接到另一个网页时，就认为一个网页给另一个网页投了一票，从而增加了被链接网页的重要性。最后根据网页的被链接数评定其重要性，以此来帮助实现排序算法的优化，这个重要性的度量指标被称为 PageRank 值。

上述思想虽然有道理，但是简单地因为被投票数多就说网页重要依然不能完全说明问题。所以 PageRank 算法除了考虑网页被链接数量之外，又考虑了为其投票的网页的重要性，投票的网页越重要，其所投票的网页也越重要。

由于链接与被链接形成拓扑以及链接数据表达的重要性，可以考虑用有向图的方法研究 Web 结构挖掘。在这种考虑下，每个网页被抽象为图中的一个节点。这个节点的“出链”被抽象为指向其他节点的一条有向边，而“入链”则是其他节点指向该节点的有向边。因此，现实中的网页结构问题就被抽象成了一张有向图。换句话说，就是用图论中最普通的有向图模型完成了对 Web 结构挖掘问题的建模。由上所述，这种建模基于如下两个假设：

（1）数量假设：一个节点（网页）的入度（被链接数）越大，节点越重要。

（2）质量假设：一个节点（网页）的入度的来源（哪些网页在链接它）越重要，节点越重要。

但在上述假设下就容易出现一个问题：如果一个网页 A 的重要性取决于链接它的网页 B 的重要性，网页 B 的重要性又与链接网页 B 的网页 C 相关，依此类推，似乎无穷无尽，没有边界。为了解决这个问题，算法的提出者提出可以用数学中的随机游走模型解决这个问题，即事物当前的状态只与其上一个状态有关，而与其再之前的状态无关。因此，可以假设，初始状态时，用户访问所有页面的概率相同，每次访问过后，用户会依照当前时刻该页面中给出的链接再以新的相同概率访问链接所指向的页面，通过对这种随机游走模型的概率分析，可以确定停留在哪一个网页上的概率要大一些，概率越大，表示其重要性越高。下面引用一个例子进行说明。

比如图 12－3 中的初始概率向量为（1/4，1/4，1/4，1/4），而因为每个网页都可能存在到其他任何网页的链接，所以可以将这些链接以平均的概率表示成一个概率转移向量。比如在图 12－3 中，网页 A 中有 3 个链接，分别指向 B，C，D，则 A 的概率转移向量为（0，1/3，1/3，1/3），向量的维度依次对应的是网页 A 指向 A，B，C，D 四个网页的概率。

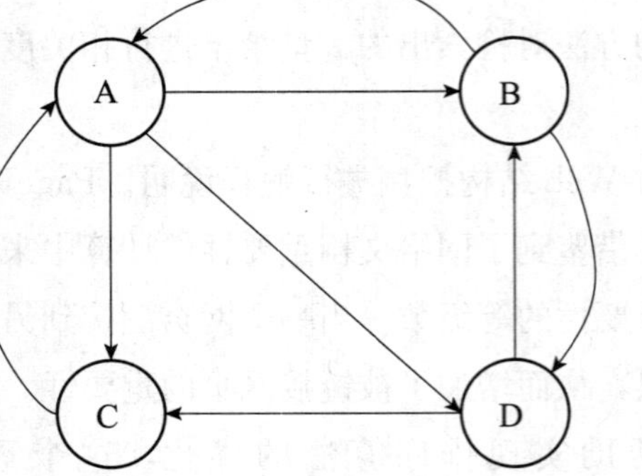

图 12－3　四个网页之间的链接

显然，每个网页都有这样一个概率转移向量，把这些向量转置后（按列放置）合起来就是随机过程中经典的概率转移矩阵，如下所示：

$$\begin{pmatrix} 0 & 1/2 & 1 & 0 \\ 1/3 & 0 & 0 & 1/2 \\ 1/3 & 0 & 0 & 1/2 \\ 1/3 & 1/2 & 0 & 0 \end{pmatrix}$$

不难理解，这种概率转移矩阵的一个显著特征是每个元素≥0，且列之和为 1，表示从当前网页跳转到其他网页的概率的和为 1。记这个矩阵为 T，T_{ij} 表示由网页 i 跳转至网页 j 的概率。

根据这个矩阵能够计算出经过一次网页跳转之后，用户访问到每个网页的概率分布，比如在上例中，经过一次跳转之后，用户访问到各个网页的概率的计算如下：

$$V_1 = T \cdot V_0 = \begin{pmatrix} 0 & 1/2 & 1 & 0 \\ 1/3 & 0 & 0 & 1/2 \\ 1/3 & 0 & 0 & 1/2 \\ 1/3 & 1/2 & 0 & 0 \end{pmatrix} \cdot \begin{pmatrix} 1/4 \\ 1/4 \\ 1/4 \\ 1/4 \end{pmatrix} = \begin{pmatrix} 9/24 \\ 5/24 \\ 5/24 \\ 5/24 \end{pmatrix}$$

其中，T 为概率转移矩阵。同理，可以按照这个方法持续计算到用户第 n 次跳转之后的概率分布，公式如下：

当 $n \to +\infty$ 且概率转移矩阵 T 满足以下 3 个条件时，$\lim\limits_{n\to\infty} V_n$ 最终收敛，保持在一个稳定值附近。

(1) T 为随机矩阵。即所有 $T_{ij}\geqslant 0$，且所有列向量的元素之和为 1，即 $\sum_{i=1}^{n} T_{ij}=1$。

(2) T 是不可约的。所谓不可约是说 T 所对应的图示是强连通的，即图中任何一个节点都可以达到其他任何一个节点，它要求概率转移矩阵不存在某些特殊情况，比如某个列向量都为 0，即有一个网页没有链接到任何其他网页，这类情况的网页被称为终止点；或者是在概率转移矩阵的主对角线上存在一个元素为 1 的情况，即这个网页只链接它自己，这类情况的网页被称为陷阱。

(3) T 是非周期的。所谓周期性，体现在马尔科夫链的周期性上。即若 T 是周期性的，那么这个马尔科夫链的状态就是周期性变化的。因为 T 是素矩阵（素矩阵是指自身的某个次幂为正矩阵的矩阵），所以 T 是非周期的。比如在上面这个例子中，

$$\lim_{n\rightarrow+\infty} V_n=\lim_{n\rightarrow+\infty} T^n V_o=(3/9,\ 2/9,\ 2/9,\ 2/9)^T$$

这表明经过足够多次网页跳转，用户停留在网页 A 的概率要比停留在 B、C、D 的概率高，而后三者基本是等概率的。经过这样的计算得到的每个网页的概率值叫做 PR 值，是评估网页质量的依据。也就是说，在使用搜索引擎时，在保持网页与查询一定相关度的基础上，PR 值可以提供非常不错的排序依据。

现在存在的问题是，上面的所有推导都是建立在理想状态下的，即假设所有网页组成的这个有向图是强连通的。但是实际上，网页形形色色，总有那么一些特殊的网页存在，基本上有两种情况，即之前提到过的终止点和陷阱。在 PageRank 算法中，这会对算法产生恶劣的影响。

终止点是指没有任何出链的网页。可以想象，按照上面这种随机游走模型，用户访问到这个网页后，因为找不到链接，就会不知下一步该怎么办了。比如在图 12－4 中，网页 C 没有出链。在这种情况下，概率转移矩阵在终止点对应的那一列，所有元素都是 0，代入上面的 PR 值计算公式，会发现经过无穷多次跳转后，所有网页的 PR 值都是 0。

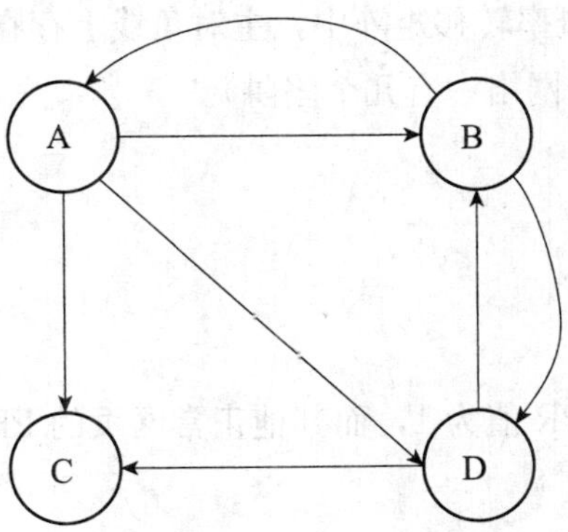

图 12－4　终止点

图 12－4 对应的概率转移矩阵为：

$$\begin{pmatrix} 0 & 1/2 & 0 & 0 \\ 1/3 & 0 & 0 & 1/2 \\ 1/3 & 0 & 0 & 1/2 \\ 1/3 & 1/2 & 0 & 0 \end{pmatrix}$$

可见，对应 C 的第 3 列矩阵元素全为 0，迭代计算 PR 值，最后的结果都是 0。

$$\begin{pmatrix} 1/4 \\ 1/4 \\ 1/4 \\ 1/4 \end{pmatrix} \rightarrow \begin{pmatrix} 3/24 \\ 5/24 \\ 5/24 \\ 5/24 \end{pmatrix} \rightarrow \begin{pmatrix} 5/48 \\ 7/48 \\ 7/48 \\ 7/48 \end{pmatrix} \rightarrow \cdots \rightarrow \begin{pmatrix} 0 \\ 0 \\ 0 \\ 0 \end{pmatrix}$$

这样的计算结果当然是毫无意义的。

陷阱是指只有指向自身链接的网页。在这种情况下，所有随机游走的用户到了这个网页后，就如同进了黑洞一般，一直在里面打转出不来。比如在图 12-5 中，网页 C 只有一条出链，并且还是指向它自己的，这就把 C 变成了陷阱。

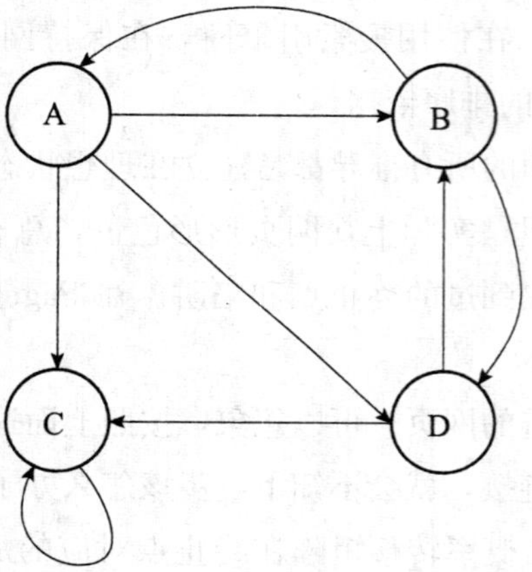

图 12-5　陷阱

在有陷阱的网络对应的概率转移矩阵中，主对角线上存在至少一个为 1 的元素（主对角线存在几个 1，就代表整个网络中有几个陷阱）。

$$\begin{pmatrix} 0 & 1/2 & 0 & 0 \\ 1/3 & 0 & 0 & 1/2 \\ 1/3 & 0 & 1 & 1/2 \\ 1/3 & 1/2 & 0 & 0 \end{pmatrix}$$

在这种情况下，陷阱的 PR 值为 1，而其他正常网页的 PR 值为 0。迭代计算的结果大致如下：

$$\begin{pmatrix} 1/4 \\ 1/4 \\ 1/4 \\ 1/4 \end{pmatrix} \rightarrow \begin{pmatrix} 3/24 \\ 5/24 \\ 11/24 \\ 5/24 \end{pmatrix} \rightarrow \begin{pmatrix} 5/48 \\ 7/48 \\ 29/48 \\ 7/48 \end{pmatrix} \rightarrow \cdots \rightarrow \begin{pmatrix} 0 \\ 0 \\ 0 \\ 1 \end{pmatrix}$$

当然，这种结果也是毫无参考意义的。

在实际使用中，用户在遇到这种问题时，会通过在浏览器中输入新网址的方式离开终止点和陷阱。也就是说，在用户从一个网页转至另一个网页的过程中，会以一定的概率不点击当前网页中的链接，而是访问一个自己重新输入的新地址。在这种情况下，前面的概率转移公式修改如下：

$$V_n = \alpha T V_{n-1} + (1-\alpha) V_0$$

其中，α 为用户继续点击当前网页中的链接的概率，$1-\alpha$ 为用户通过地址栏“逃离”的概率。α 的通常取值为 0.85。经过这样的处理之后，当存在终止点时，迭代的结果为：

$$\begin{pmatrix}1/4\\1/4\\1/4\\1/4\end{pmatrix} \to \begin{pmatrix}0.14\\0.21\\0.21\\0.21\end{pmatrix} \to \begin{pmatrix}0.1\\0.1\\0.1\\0.1\end{pmatrix}$$

当存在陷阱时，迭代的结果为：

$$\begin{pmatrix}1/4\\1/4\\1/4\\1/4\end{pmatrix} \to \begin{pmatrix}0.14\\0.21\\0.21\\0.21\end{pmatrix} \to \cdots \begin{pmatrix}0.1\\0.1\\0.7\\0.1\end{pmatrix}$$

这样就解决了终止点与陷阱的问题。

（三）Web 挖掘应用举例

由于之前各章节对数据挖掘的方法分别进行了介绍，所以这里通过新闻主题检测与跟踪的实例来说明前面分章介绍的方法是怎样在实践中综合应用的。

新闻主题检测与跟踪就是自动在线检测互联网上不断更新的内容所包含的新主题，并追踪那些与讨论目标主题相关的信息片段（如文档和新闻报道）。从非结构和半结构化的 Web 文本中提取用户所需要的信息，以结构化的数据形式提供给用户，应用 Web 文本挖掘技术可以实现对新闻事件进行内容检测与主题跟踪。

这一任务属于 Web 内容挖掘。如前所述，概括地说，其主要方法包括自动获取文档、建立特征集、缩减特征集、提取知识模式、评价模型质量和输出知识模型。

自动获取文档的一种有效方法是使用网络爬虫。网络爬虫是一种沿着网页的相互链接在网络中“爬行”并自动下载资源的程序。网络爬虫作为一种自动获取数据的工具，极大地提高了需要对网络内容进行分析的系统中的信息的丰富性和及时性。

网络爬虫的工作原理如图 12－6 所示。

如第六章介绍的数据预处理，通过特征提取可以简化计算、降低空间维度、防止过分拟合等。提取特征的方法有很多，比如通过词频统计选择特征，通过特征评价函数来进行特征抽取，即根据某个特征评分函数计算各个特征的评分，然后按评分值排序，选取若干

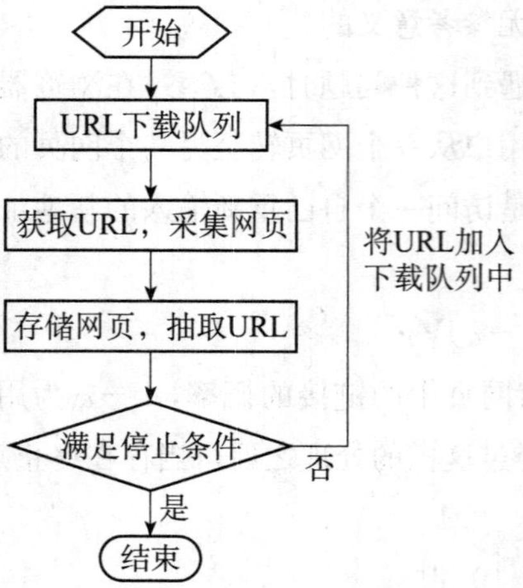

图 12-6　网络爬虫的工作原理

个评分最高的特征。在获取特征后，文档就可以由特征来表示。例如，假设有一个文档集，对于一个特定的文档 d，W_j 是其相应的特征项，即 $d=\{W_1, W_2, W_3, \cdots, W_n\}$，若该特征项在文档中出现，则特征值为 1；反之，则特征值为 0。

在知识提取模式上，新闻事件检测是一个无监督学习过程，目的是从一组新闻集中发现新事件，因为它没有新事件的先验知识，所以考虑采用聚类算法。但是因为事件报道的动态性，因此有些文档可能不能很好地定位到它所属的事件。例如：当两类事件具有很多相同的重要特征词时，就会出现这种情况。在此情形下，仅通过文档向量之间的相似度进行聚类就显得有些力不从心。在新闻事件检测中，由于新闻的时效性，时间是新闻文档中一个不可忽略的要素，所以事件生成过程如果考虑时间因素将会有效提高类别划分的精度。通常，某一新闻事件的报道会有一个持续期，所以文档间时间距离的度量值越小，理论上它属于该事件的可能性就越大。图 12-7 是新闻事件检测流程的示意图。

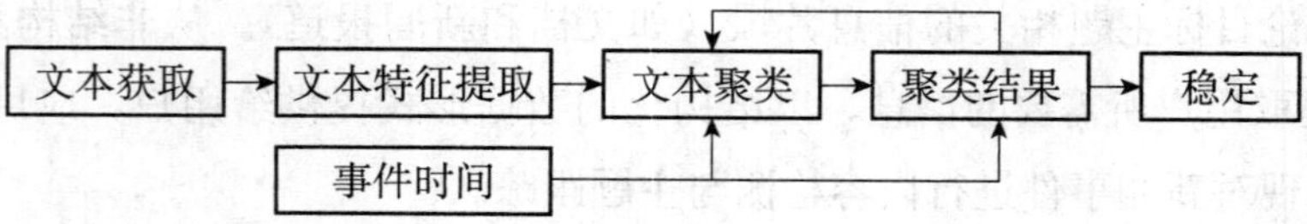

图 12-7　新闻事件检测

通过对持续信息流的不断检测，能够在线检测出新主题，也可实现文本集中新事件的检测。主题检测根据用户指定时间（主题检测排序天数）内的新增文档数量进行主题的排序，同时对排序不在事件窗口（主题检测最大主题个数）内的事件进行淘汰。主题内部会按照相关度对文档进行排序，也会根据相关度（主题检测聚类阈值）和文档时间（主题检测最大保留天数）进行淘汰。

主题事件追踪是将数据源中报告同一主题的新闻组织在一起，对来自热门新闻来源的文档进行追踪，及时感知新生的与当前主题相关的文档，由于传统的信息检索主要针对新闻内容，而不关注新闻发生的时间，因此检索结果只能静态反映新闻事件，不能跟随事件的发展而变化。因此可以以已有同一主题的新闻文本特征作为训练集，同时结合时间这一要素进行训练，得到关于新闻事件的分类器模型。在之后的跟踪过程中，待跟踪主题本身也会随着相关文档的增加而动态变化，从而实现对网络舆情的监控。图 12－8 为主题事件跟踪流程示意图。

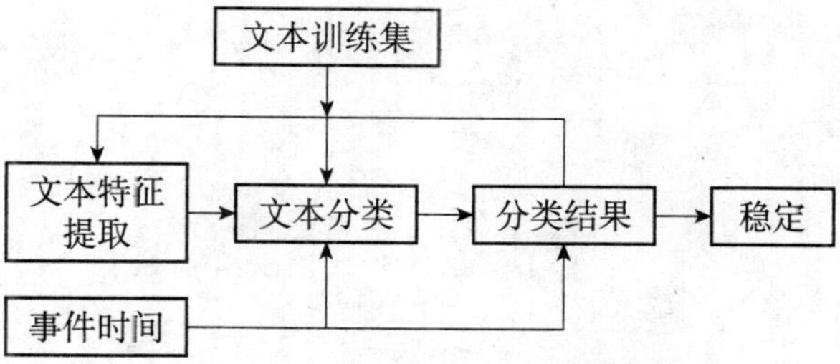

图 12－8　主题事件跟踪

总之，通过将聚类与分类等技术应用到新闻主题的检测与跟踪中，能自动在线检测内容不断更新的网络新闻主题，提高了处理速度，能及时提取更多有价值的信息给用户，将网络热门新闻事件（网络舆情）的有关信息提供给决策者。

讨论题

分析数据挖掘、文本挖掘、Web 挖掘之间的关系。

思考题

1. 用自己的话定义 Web 挖掘，并讨论 Web 挖掘的最流行的应用。
2. Web 挖掘的三种类别是什么？讨论这三种类别的异同点。

第十三章

商务智能的发展与思维培养

导入案例

高德纳集团的调查表明，商务智能项目的投资在2000年时仅排在IT投资类第14位，2007年却突飞猛进，排到了第1位。2007年一系列并购改变了纯商务智能厂商主导市场的格局，未来商务智能市场将出现由IBM、Oracle、SAP等企业主导，专业商务智能厂商SAS、Informatica、Microstrategy等引领的趋势。

商务智能成为企业管理热点的原因是它帮助企业从现有的数据中提炼出更多价值，为企业创造更多利润，而这些价值在很长一段时间里都隐藏在一堆让企业非常头疼的海量数据里。从全球范围来看，商务智能已成为辅助企业决策的高端系统，单纯依赖直觉进行业务决策会导致企业管理水平落后。

商务智能的应用是技术与社会经济的结合，是运用信息技术解决企业运营管理问题的过程。第二章中的图2-2展示了商务智能应用的完整过程，从中可以看出，商务智能在分析中第一步是确定分析的主题，即应用于什么领域、解决什么问题和对要分析的问题有一个初步的分析和判断。合适的主题选择不仅为商务智能的具体应用提供了方向，也为后续步骤的展开提供了合适的起始点。

商务智能主题的选择来自对社会经济、产业和企业运营的理解。本书第二章和第三章从产品流与产业相结合、信息流与产品流相融合的角度，从宏观上为分析问题、确定主题提供了切入的角度。

随着时代的发展，金融资本成为企业的一项重要资源，资金流在企业的管理与运营中发挥着越来越重要的作用。另外，互联网的发展进一步推动了物联网的产生与发展。本章结合商务智能的发展，进一步介绍信息流与资金流、产品流的结合，进一步介绍信息流的丰富来源，为商务智能主题的选择提供更多的维度和更广阔的视野。在此基础上，探讨商务智能思维的建立和培养。

一、信息流与资金流、产品流的结合

信息流与资金流的第一类结合是通过信息技术的发展促进传统金融业技术的创新，比如采用新的管理系统和组合新的生产要素。金融资本的形成与结合之前一样依然基于信用，但从决策支持的角度看，在这一类结合中，信用的取得定性分析居多，专家决策居多；或者虽有部分数学模型，但由于对前提条件的依赖，实用性差，问题的解决主要依赖于人的判断和决策。

信息流与资金流的第二类结合是大数据、云计算、社交网络等新兴互联网技术对传统金融业务的改变。金融与互联网的联姻引发了诸多商业模式变革和服务模式创新，直接推动了金融市场环境、客户需求和服务模式的深刻变化，催生了信息时代的金融新业态。信息技术的发展和广泛应用使减少信息不对称问题成为可能。这一类结合促进了金融业功能的创新，采用了新的生产要素。金融资本的形成依然基于信用，金融资本依然是实业和金融业结合的表现形式，但信用的取得、金融风险的评估或者说业务可信度的评估开始依赖于在数据基础上提炼的信息，由此形成了商务智能应用中一类新的主题。

大部分银行和金融机构都提供丰富多样的银行业务、投资和信贷服务，有些还提供保险和股票投资服务。银行和金融机构搜集的金融数据通常相对完整、可靠，并且质量较高，这大大方便了系统的数据分析和数据挖掘。贷款偿还预测和风险控制是其中典型的应用。

二、基于商务智能的信用评级和风险控制

基于知识发现建立信用评级和风险控制模型是新兴的金融风险控制的重要方法。金融本身催生的新的征信需求也催生了新的征信方式——大数据征信系统。

如图 13－1 所示，我国中央银行的征信系统是通过商业银行、其他社会机构上报的数据，结合身份认证中心的身分审核，提供银行系统信用查询和个人信用报告。其他征信机构和互联网金融公司目前不提供直接查询服务。2006 年 1 月开通运行的央行征信系统，至 2013 年年初，有大概 8 亿人在其中有档案。在这 8 亿人当中，只有不到 3 亿人有与银行或其他金融机构的信贷记录，其中存在大量没有信贷记录的个人。而这些人却有可能在央行征信系统之外的其他机构的数据系统中存有相应的信贷记录。这催生了若干市场化的征信公司，也催生了基于知识发现的风险控制系统。大公司通过大数据挖掘，自建信用评级系统；小公司通过信息分享，借助第三方获得信用评级咨询服务。总的来看，这类风险控制大致分为两种模式，一种是类似于阿里的风险控制模式，采用这一模式的公司通过自身系统大量的电商交易以及支付信息数据建立了封闭系统的信用评级和风险控制模型；另外一种则是众多中小互联网金融公司通过贡献数据给一个中间征信机构，再获得征信信息。

互联网大数据海量且庞杂，充满噪声，哪些大数据是金融企业风险控制所钟爱的有价值的数据类型？图 13－2 揭示了互联网海量大数据中与风险控制相关的数据，以及哪些企业或产品拥有这些数据。

利用电商类网站大数据进行风险控制，阿里金融对于大数据的谋划可谓非一日之功。在很多人还在云里雾里的时候，阿里就已经建立了相对完善的大数据挖掘系统。阿里以电商平台阿里巴巴、淘宝、天猫、聚划算以及支付宝等积累的大量交易支付数据作为最基本的数据原料，再加上客户自己提供的销售数据、银行流水、水电缴纳甚至结婚证等作为辅助数据原料，将整理后的数据输入网络行为评分模型，进行信用评级。

信用卡类网站大数据同样对互联网金融的风险控制非常有价值。申请信用卡的年份、是否通过、授信额度、卡片种类、信用卡还款数额、对优惠信息的关注度等都可以作为信

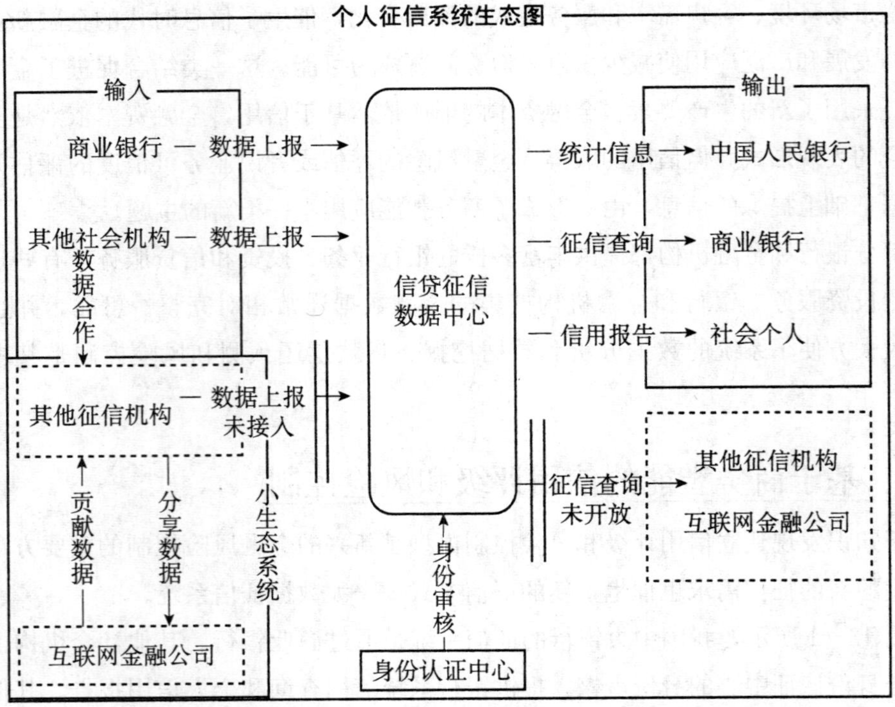

图 13-1　个人征信系统生态图

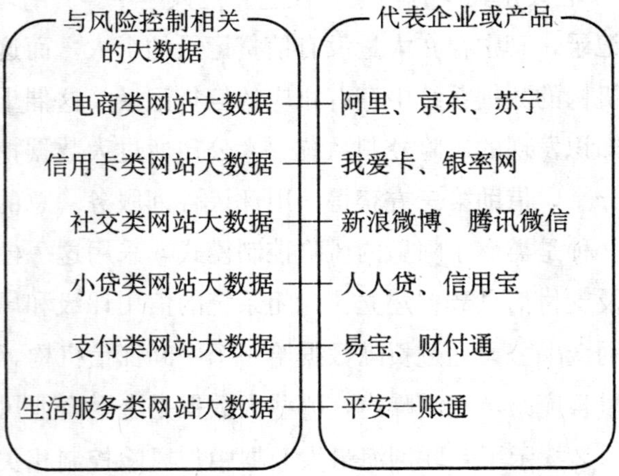

图 13-2　与风险控制相关的大数据及代表企业或产品

用评级的参考数据。

利用社交类网站大数据进行网络借贷的典型案例是美国的 Lending Club。Lending Club 于 2007 年 5 月 24 日在脸书网上开张，通过一个借贷平台，利用社交网络关系数据和朋友之间的相互信任聚集人气。借款人被分为若干信用等级，但是不必公布自己的信用历史。

在国内，2013 年阿里以 5.86 亿美元购入新浪微博 18%的股份，其用意给人很多遐想空间，其中一个目标就在于获得社交类网站大数据，完善大数据类型，阿里已然成为数据全能选手。

小贷类网站积累的信贷大数据包括信贷额度、违约记录等。但单一企业的缺陷在于数据的数量级别低，地域性太强。还有部分小贷类网站通过从线下采集数据转移到线上的方式来完善信用数据。这些特点决定了如果单兵作战必定付出巨大成本。因此，贡献数据、分享数据的模式正逐步被认可，抱团取暖胜过单打独斗。有数据统计小贷类网站平台有几百家，比较知名的有人人贷、拍拍贷、红岭和信用宝等。

第三方支付类网站未来的机遇在于今后有可能基于用户的消费数据做信用分析。支付的方向、每月支付的额度、所购买产品的品牌都可以作为信用评级的重要参考数据。代表产品为易宝、财付通等。

生活服务类网站的大数据如水费、电费、煤气费、有线电视费、电话费、网络费、物业费等则客观真实地反映了个人的基本信息，是信用评级中一类重要的数据类型。代表产品为平安一账通。

基于知识发现的金融风险控制大数据加工过程如图 13－3 所示。

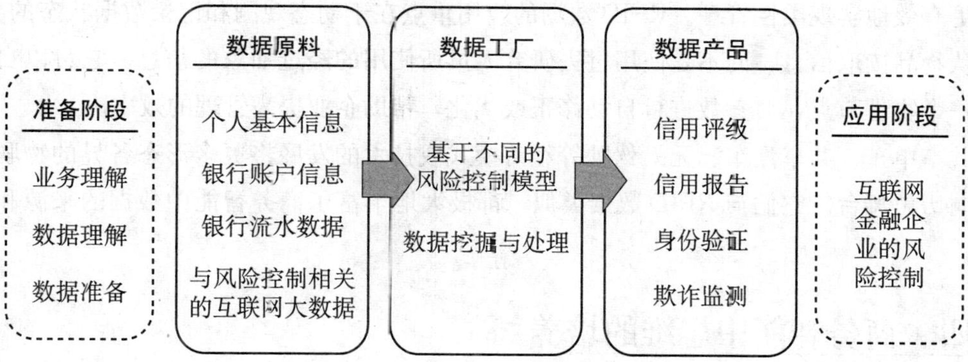

图 13－3　大数据加工过程图

如图 13－3 所示，在进行数据处理之前，对业务和数据的理解非常重要，这决定了要选取哪些数据原料进行数据挖掘，在进入数据工厂之前的工作量通常要占到整个过程的 60%以上。

在数据原料方面，越来越多的互联网在线动态大数据被添加进来。例如一个虚假的借款申请人信息可以通过其网络行为痕迹被识别出来，一个真实的互联网用户总会在网络上留下蛛丝马迹。对征信有用的数据的时效性也非常关键，被征信行业公认的有效的动态数据通常是从现在开始倒推 24 个月的数据。

企业可以通过获得多渠道的大数据原料，利用数学运算和统计学模型进行分析，评估借款者的信用风险。典型的例子是美国的 Zest Finance。这家企业的大部分员工是数据科学家，他们并不特别地依赖于信用担保行业，用大数据分析进行风险控制是 Zest Finance 的核心技术，其原始数据来源非常广泛。Zest Finance 的数据工厂的核心技术和机密是其开发的 10 个基于学习机器的分析模型，这些模型对每位信贷申请人的超过 1 万条原始信息数据进行分析，并得出超过 7 万个可对其行为做出测量的指标，而这一过程在 5 秒钟内就能全部完成。事实上，在美国，征信公司或者大数据挖掘公司的产品不仅被提供给相关企业用于降低金融信贷行业的风险，同时也用于帮助企业做决策判断和市场营销。

三、时间空间数据和信息物理系统数据

作为物与物之间、物与人之间的桥梁，物联网的发展使得时间空间数据和信息物理系统数据迅速增长，为商务决策提供更多、更客观、更实时的数据源。

以电子标签（radio frequency identification，RFID）为例，它通过射频信号自动识别目标对象并对其数据进行登记、储存和管理。

RFID 数据不但包含了物品的编号等信息，还增加了获取的时间和位置，将身份的标识与时间、位置结合起来。RFID 数据分析的意义超越了传统的数据挖掘。与传统的定期计算、脱机计算不同，RFID 数据属于实时传输和处理的类型。RFID 数据分析可以有效地比较理论数据与实际数据的差异，根据实际需要动态修正模型，及时捕获差异，及时响应，更有效地实现柔性管理。RFID 数据的应用重点在于动态观测和记录数据状态的变化，直接从物品读取信息，而不是使用过去研究人员所使用的经过抽象的信息。它可以自动监控每一个物理节点，对参数进行自动修正或优化，帮助企业提高管理的效率。

共享单车、共享汽车、无人驾驶等经济模式或技术的发展将更多形态各异的物联网产品推向历史舞台。它们与 RFID 数据类似，都极大地丰富了商务智能中数据的来源和采集方式。

四、商务智能中思维的培养

（一）信息流思维

如第二章、第三章和本章所述，产品流和资金流在虚拟化的数字空间中的表现形式是数据的记录，但其更重要的价值是基于数据提取的信息。这些信息为人类提高决策的精确性以实现决策的智能性奠定了基础。

信息流思维是指将传统的产业资源和现代的金融资源以数据来反映，通过信息来分析，将数据和信息看做一种重要的决策资源。

在产业领域，信息流思维强调精细化经营，业务开展要以用户为中心，强调用户将需求以数据的形式反馈至研发生产过程，研发生产过程经过信息提取形成产品或服务再传递到销售端，销售端通过接触用户又形成了数据的交互、循环和迭代。这种经过信息流思维改造的生产和商业模式，将对传统产业理论带来深刻的影响，它要求企业必须持续不断地产生数据、关注数据并且实时做出回应，这是未来企业创新创造新商业模式的基础。

在金融领域，信息流思维模式由仅从少数客户身上赚取高额利差的盈利模式开始向从海量用户身上赚取微量服务利润的盈利模式转变，通过微量服务利润加上客户规模优势，

企业的总利润仍然能保持增长。

在经营管理上，信息流思维意味着对企业创新性的持续不断的挑战，当企业通过数据流接近用户的时候，企业必须通过持续创新才能降低个性化服务的成本，成功吸引用户创造规模经济，实现可持续发展。否则，企业在这一市场里无利可图，离开这一市场则有未来被边缘化的风险。客观地说，海量用户的个性化需求并不容易把握，创新也有失败的危险，这就要求企业拥有充足的风险意识，具备顽强的抗风险能力。创造良好的用户体验，建立开放式、平台式的生态系统，为包括中、小、微企业和大众消费群体在内的用户联手提供全方位的服务，将有利于企业建立完善的数据流并在竞争中保持长久的优势地位。

互联网与物联网构成信息流的底层物质技术结构。网络的本质是连接，当网络中的连接达到一定数量时，可以实现从量变到质变，从而涌现出新的特征。如果说互联网实现的是人与人之间的连接，那么物联网所实现的就是人与物之间的连接以及物与物之间的连接。

总之，信息经济对社会经济的改造由技术开始，到生产和消费，再到金融；在商业中的分析也从基于经验的专家决策或基于某些约束条件的模型决策进一步发展到由数据驱动的决策。

（二）智能化思维

如前所述，信息流作为纽带将资金流和产品流联结在一起实现有效的商务智能。其运动过程因为具有基于反馈的探索性，所以具有明显的自组织特征。这就为基于知识建立智能平台、实现企业资源的自动结合和闭环的自动控制提供了可能，这种具有自组织特征的智能经济的发展方向的实质就是智能与社会经济、企业运营管理的深度结合，是知识与产业、金融的进一步融合。

按照战略管理大师迈克尔·波特的观点，每个企业都处在产业链中的某一环节，一个企业要赢得和维持竞争优势不仅取决于其内部价值链，而且取决于在一个大的价值系统（即产业价值链）同其供应商、销售商以及顾客价值链之间的连接。在每一个产业内，企业在产品、信息、资金、技术等方面存在密切的关联。企业在产业内的分工不同，分别处在产业链的不同环节，各自扮演着不同的角色。产业的上下游企业之间存在产品、信息、资金等要素的传递过程，这个过程同时也是价值增值的过程，所以在每一个产业内都有一条价值链，可以称之为产业价值链。产业价值链的形成有效地实现了整个产业链的价值，反映价值的转移和创造。

产业价值链的形态并不是唯一的，针对具体的行业，由于产业的特性，其产业价值链构成往往存在差异性，而且处于动态变化之中。产业价值链的主要特征是：

（1）系统性：产业价值链的各个组成部分相互依存、相互制约，共同构成一个有机的整体。不仅产业的上下游企业之间存在产品、信息、资金等要素的传递过程，而且产业价值链之间也相互交织，呈现出多层次的网络结构特征。

（2）增值性：价值链同时也是增值链。增值性也是产业价值链的一个基本特征。产业内的各个企业分别处在产业链的不同环节，它们创造着价值，传递着价值。下游企业的价值增值环节是在上游企业价值创造的基础上进一步面向新的客户进行价值开发。整个产业价值链的增值性的大小与产业中上下游企业的关联密不可分，也与产业链的末端企业与最终客户的关系紧密相连。整个产业链的增值性最终取决于价值链末端的客户价值能否真正实现。

(3) 价值创造的差异性：根据价值链理论，在整个产业价值链上实际上只有某些特定的价值活动才真正创造价值。这些真正创造价值的经营活动就是整个产业价值链上的“战略环节”。行业的垄断优势就来自这里，抓住了这些战略环节，也就抓住了整个价值链，控制了整个行业。例如某产业价值链中包括研发、设计、制造、仓储、运输、销售、服务等环节，其中产品的研发、设计是关键环节，也是整个产业链中增值最大的环节，而其他诸如制造、销售、服务等环节是非关键环节，在整个产业链中处于次要、从属地位，是非战略环节。

(4) 循环性：产业链中价值的增值是一个不断循环反复的过程。如果一条产业价值链无法实现有效的循环，那么这条产业价值链会面临“死亡”的境地。

通过前面的论述不难看出，围绕产业链和价值链的智能决策正随着信息技术的进步在不断地演进和发展，其趋势是要素的表征越来越数字化、要素间的匹配越来越精准，这为通过计算机代替人类决策提供了可能。而数据仓库、数据挖掘、人工智能、物联网等信息技术的发展正在将这种可能变为现实。产品流、资金流的信息通过多维度数据呈现出来，商业各要素间的复杂匹配和优化设置通过计算机自动迭代完成，对结果的评估、改进和系统参数的升级换代通过大数据分析技术自动完成，从而使得多商务要素之间形成可以智能决策的自组织网络，以自组织的形式自动探索，对变化做出反应并完成优化配置。

总之，商务智能发端于信息技术的发展，作用于促进产业的升级和结构优化。在产品流和资金流的基础上产生了信息流。从数据到信息再到知识，企业的内外部资源通过信息流由连接到融合不断推动着企业运营管理的创新发展，也创造着社会经济新的发展阶段。

讨论题

商务智能中的主题选择有哪些主要的类别？

思考题

1. 简述商务智能在金融领域中的应用。
2. 简述物联网在商务智能中的应用。
3. 怎样理解商务智能思维的培养？

参考文献

[1] 任昱衡，李倩星，米晓飞．数据挖掘：你必须知道的 32 个经典案例．北京：电子工业出版社，2016.

[2] 小天鹅 A：2015 年年度报告．深圳证券交易所网站，2016－03－10.

[3] 小天鹅 A：2016 年年度报告．深圳证券交易所网站，2017－03－09.

[4] 叶碧华，廖芷菁．订单倒逼生产 小天鹅价值链谋变．21 世纪经济报道，2016－04－20.

[5] 苏泊尔 2014 年年度报告．深圳证券交易所网站，2015－03－26.

[6] 苏泊尔 2016 年年度报告．深圳证券交易所网站，2017－03－30.

[7] 华帝股份 2013 年年度报告．深圳证券交易所网站，2014－02－27.

[8] 美的集团 2013 年年度报告．深圳证券交易所网站，2014－04－03.

[9] 格力电器 2015 年年度报告．深圳证券交易所网站，2016－04－29.

[10] 陈文伟．决策支持系统教程（第 3 版）．北京：清华大学出版社，2017.

[11] 杨正洪．智慧城市：大数据、物联网和云计算之应用．北京：清华大学出版社，2014.

[12] 赵卫东．商务智能（第四版）．北京：清华大学出版社，2018.

[13] 拉姆什・沙尔达，杜尔森・德伦，埃弗雷姆・特班．商务智能——数据分析的管理视角．赵卫东，译．北京：机械工业出版社，2015.

[14] 卢辉．数据挖掘与数据化运营实战：思路、方法、技巧与应用．北京：机械工业出版社，2017.

[15] 徐京．航空客运信息挖掘．太普华南杯数据挖掘竞赛论文，2013.

[16] 陈文伟．决策支持系统教程（第 2 版）．北京：清华大学出版社，2013.

[17] Jiawei Han，Micheline Kamber，Jian Pei. 数据挖掘概念与技术（第 3 版）. 范明，孟小峰，译．北京：机械工业出版社，2013.

[18] 迈克尔・波特．竞争优势．夏忠华，译．北京：中国财政经济出版社，1988.

图书在版编目（CIP）数据

商务智能理论与实践/林强编著．—北京：中国人民大学出版社，2019.5
教育部面向21世纪信息管理与信息系统系列教材
ISBN 978-7-300-26846-0

Ⅰ.①商… Ⅱ.①林… Ⅲ.①电子商务-高等学校-教材 Ⅳ.①F713.36

中国版本图书馆CIP数据核字（2019）第055266号

教育部面向21世纪信息管理与信息系统系列教材
商务智能理论与实践
林 强 编著
Shangwu Zhineng Lilun yu Shijian

出版发行	中国人民大学出版社		
社　　址	北京中关村大街31号	**邮政编码**	100080
电　　话	010－62511242（总编室）		010－62511770（质管部）
	010－82501766（邮购部）		010－62514148（门市部）
	010－62515195（发行公司）		010－62515275（盗版举报）
网　　址	http://www.crup.com.cn		
	http://www.ttrnet.com(人大教研网)		
经　　销	新华书店		
印　　刷	北京市鑫霸印务有限公司		
规　　格	185 mm×260 mm　16开本	**版　　次**	2019年5月第1版
印　　张	15.25 插页1	**印　　次**	2019年5月第1次印刷
字　　数	319 000	**定　　价**	36.00元

U0873863

"十二五"普通高等教育本科国家级规划教材

教育部普通高等教育精品教材

新编21世纪公共管理系列教材

—— 学科基础课与方法课系列 ——

公共管理学

第三版·数字教材版

蔡立辉　王乐夫　主编

Public Management

中国人民大学出版社

·北京·

内容简介

由暨南大学蔡立辉教授和中山大学王乐夫教授主编的《公共管理学》一书，是一部广受好评的公共管理导论性教材，自2008年首次出版以来，获得了国内高校师生的广泛认可，先后被评为普通高等教育“十一五”国家级规划教材、教育部普通高等教育精品教材、“十二五”普通高等教育本科国家级规划教材。

本书以习近平新时代中国特色社会主义思想为指导，系统阐述了国家治理的理论内涵，全面展现了“中国之治”的伟大成就，并将课程思政的理念贯穿全书，在构建中国特色公共管理理论方面进行了有益探索。全书由中山大学、武汉大学、南京大学、四川大学、华南理工大学、暨南大学、华南师范大学等高校的多位公共管理学者合作编写而成，在吸收国内外公共管理研究成果的基础上，构建了作为一级学科的公共管理学的知识体系和理论框架。本书首先概述了公共管理学科的基本概念、研究对象、研究方法及理论发展，在此基础上，重点阐述了公共组织、公共领导、公共政策、公共人力资源管理、公共预算管理、政务信息资源管理、应急管理、公共管理技术与方法、公共管理规范、公共部门绩效评估、公共部门改革等内容。

本书是一部极具教学适用性的教材，全书各章安排了本章导读、知识结构图、重点问题、知识链接、本章小结、关键术语、复习思考题、案例分析、参考文献等辅助性内容，以帮助读者更好地学习相关概念、理论和方法。同时，中国人民大学出版社通过旗下的人大芸窗（www.rdyc.cn）数字教材平台为读者提供本书的数字教材，以及教学指南、教材补充案例、延伸阅读、PPT课件、复习思考题及参考答案等配套教学资源，读者可通过本书所附的数字教材卡登录数字教材平台，获取相关教学资源。

作者简介

蔡立辉 暨南大学公共管理学院／应急管理学院院长，二级教授、博士生导师，国家级一流本科专业行政管理学科带头人。曾任中山大学政治与公共事务管理学院教授、博士生导师，兼任全国政策科学研究会副会长、广东省电子政务协会副会长等职，2007年入选教育部“新世纪优秀人才支持计划”。主要从事公共管理理论与方法论、比较政府与政治、政府绩效评估、新技术与公共管理现代化、风险治理与公共危机管理等领域的教学和研究工作。主持国家社科基金重大项目、教育部哲学社会科学研究重大课题攻关项目及其他国家级、省部级研究课题10余项；在《政治学研究》等刊物发表学术论文50余篇，出版学术专著8部；主持国家级精品课程、国家级精品共享课程“政府绩效评估”。

王乐夫 中山大学政治与公共事务管理学院原院长，教授、博士生导师。曾担任中山大学党委副书记、校务委员会副主任、法政学院院长等职，兼任国务院学位委员会公共管理学科评议组第二召集人、教育部高等学校公共管理类学科专业教学指导委员会主任委员、全国公共管理专业学位研究生教育指导委员会副主任委员、中国政治学会副会长等职。主要从事公共管理、领导科学等领域的教学和研究工作。

丁　煌 武汉大学政治与公共管理学院教授、博士生导师。

黄健荣 南京大学政府管理学院原教授、博士生导师。

周敬伟 四川大学公共管理学院教授、博士生导师。

倪　星 华南师范大学政治与公共管理学院教授、博士生导师。

陈天祥 中山大学政治与公共事务管理学院教授、博士生导师。

牛美丽 中山大学政治与公共事务管理学院教授、博士生导师。

吴克昌 华南理工大学公共管理学院教授、博士生导师。

林慕华 暨南大学公共管理学院/应急管理学院教授。

出版说明

现代意义上的公共行政与公共管理研究和教育始于20世纪初。时至今日，随着公共管理职业化的发展，公共行政与公共管理的研究和教育事业在主要发达国家方兴未艾。自20世纪80年代起，为了适应政府改革与公共管理人才培养的需要，我国的公共行政与公共管理研究和教育在经历了发展的挫折之后，开始了恢复和重建的工作。经过多年的发展，特别是公共管理一级学科的设置和我国公共管理硕士（MPA）教育的启动以及高校公共管理类本科专业的大量开设，公共管理已成为当代中国社会科学和管理科学领域的一个充满生机活力、具有远大发展前景的学科。

为了满足广大高校公共管理类专业的教学需要，在历届教育部高等学校公共管理类学科专业教学指导委员会的指导和支持下，中国人民大学出版社自1999年起，陆续出版了"21世纪公共行政系列教材""21世纪公共管理系列教材""21世纪公共事业管理系列教材""公共管理系列教材""公共管理核心课程系列教材""21世纪劳动与社会保障系列教材""21世纪土地资源管理系列教材""21世纪城市规划与管理系列教材"等多个本科系列教材。这些教材被国内高校公共管理类专业广泛选用，并得到了公共管理学界的支持和认可，数十种教材被评为"十五""十一五""十二五"国家级规划教材，普通高等教育精品教材，以及各省市精品教材，为我国公共管理学科发展和人才培养做出了积极的贡献。

我国高等教育改革的进一步深化，以及新技术和新媒体的不断发展，对高校教材提出了更高的要求。为了回应这种要求，我们在广泛调研的基础上，拟对上述系列教材进行整合和提升，推出"新编21世纪公共管理系列教材"，以满足国内高校公共管理一级学科下设的行政管理、公共事业管理、劳动与社会保障、土地资源管理、城市管理、海关管理、交通管理、海事管理、公共关系学等本科专业的教学需要。

"新编21世纪公共管理系列教材"将秉承中国人民大学出版社"出教材学术精品，育人文社科英才"的宗旨，从本科教育的特点出发，从公共管理教育的特点出发，为广大高校公共管理类专业师生提供一套高质量的本科教材。在教材编写和内容安排上，“新编 21 世纪公共管理系列教材”强调基础知识、基本理论和基本技能，同时，也尽可能地体现创新性和前沿性，反映相关领域理论与实践的最新发展情况。

“新编 21 世纪公共管理系列教材”由中国人民大学、中山大学、北京大学、清华大学、复旦大学、厦门大学、武汉大学、浙江大学、吉林大学、东北大学、北京师范大学、山东大学、四川大学、西北大学等数十所国内著名大学的知名学者领衔著述，我们期望通过这种强强联合、优势互补、资源共享的方式，为国内公共管理学界奉上一套体现系统性、权威性、通用性，并兼具创新性、前沿性、启发性的精品教材。

公共管理的实践是不断发展和变化的。随着公共管理实践的不断发展，公共管理学科研究的范围、主题和内容也在不断地发展和变化。我们将紧跟公共管理学科的发展，与所有作者一起，不断对本套教材进行修订和完善。望广大读者给我们反馈信息，对本套教材提出批评和建议，以使我们能够在所有读者和作者的帮助下，与中国公共管理学科共同成长。

中国人民大学出版社

目录

第1章
导　论

本章导读

什么是公共管理？对这个问题的回答是我们对公共管理学科体系理解的基础。国内外学者围绕公共管理的内涵、公共管理是否区别于公共行政的新范式等问题进行了探讨。本章结合国内外学者的研究成果，着重介绍了公共管理学的研究对象、概念体系、学科特征及研究途径。

知识结构图

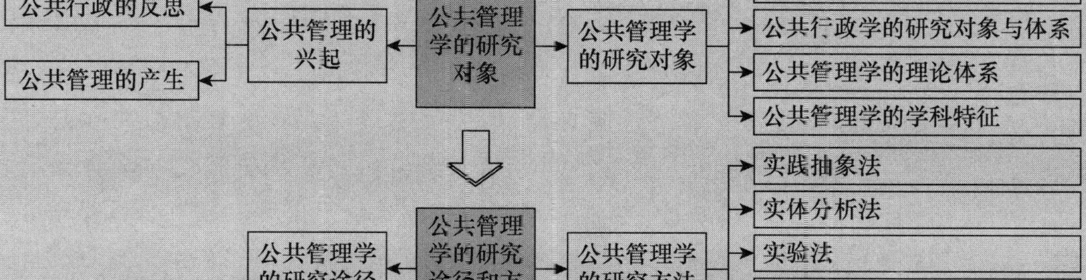

重点问题

- 公共行政与公共管理的关系
- 公共管理学的概念范畴
- 公共管理学的研究对象
- 公共管理学的研究内容
- 公共管理学的研究途径

1.1 公共管理学概述

1.1.1 公共管理的含义

与西方国家不同的是，在我国，公共管理不仅是一种理论形态、一个学科，而且是治国理政、管理公共事务的实践活动。因此，我们只有从公共管理的内涵入手进行阐释，才能从理论上、管理公共事务和提供公共服务的具体活动上、学科意义上准确地理解公共管理。

1991 年，美国召开了第一次全国公共管理学术研讨会（The National Public Management Research Conference）；1993 年，由博兹曼（Barry Bozeman）整理、编辑发表了大会研究成果《公共管理：艺术的现状》（*Public Management*：*The State of the Art*）论文集。1993 年，美国召开了第二次全国公共管理学术研讨会；1996 年，由唐纳德 · F. 凯特尔（Donald F. Kettl）和 H. 布里顿 · 米尔沃德（H. Brinton Milward）整理、编辑发表了大会研究成果《公共管理的现状》（*The State of Public Management*）论文集。这两本论文集对公共管理含义的阐述，至今仍然是非常具有权威的解释。

知识链接 1-1

公共管理对话平台：全美公共管理学术研讨会

进入 20 世纪 90 年代后，公共管理仍然在继续发展，并且吸引了来自政策学派、公共行政、工商管理以及政治学的许多学者。为了促进沟通与对话，并确立公共管理的研究日程，自 1991 年以来，美国公共管理的研究者已经组织了五次全国性的研讨会，每次会议的论文都已正式出版。1991 年会议的论文由博兹曼编辑出版，即《公共管理：艺术的现状》。1993 年会议的论文由凯特尔和米尔沃德编辑出版，即《公共管理的现状》(1996)。1995 年的会议论文由弗雷德里克森（Friederickson）和约翰森（Johnson）编辑出版，即《公共管理改革与创新》（*Public Management Reform and Innovation*，1999）。1997 年会议的论文由布鲁德尼（Brudney）、奥图尔（O'Toole）、雷尼（Rainey）编辑出版，即《改进公共管理》（*Advancing Public Management*，2000）。

资料来源：马骏，郭巍青. 公共管理：新的研究方向. 武汉大学学报（社会科学版），2002 (1).

博兹曼在《公共管理：艺术的现状》的导言“两种公共管理概念”中将政策途径（P途径）和商业途径（B途径）加以综合，认为公共管理途径具有如下特征：第一，既关心战略，又关心过程，但以一种外部的焦点为取向；第二，在强调“硬”知识（管理方法、技术尤其是定量分析技术）的同时，继续关注“软”知识（管理的政治环境、价值等）；第三，以资深公共管理者（中层和高层管理者）为方向；第四，公共管理中的“公共”具有更广泛的含义，非营利组织、私人企业的公共方面都包含于其中；第五，关注理论和规范研究①。

博兹曼在《公共管理：艺术的现状》一书中，通过总结所收录的各篇论文的观点，指出学者们关于公共管理所达成的共识包括：第一，关心规范研究和规范理论；第二，焦点集中在公共管理和公共组织的明确特征尤其是政治影响上；第三，问题焦点甚于过程焦点；第四，强调组织脉络背景和经验知识；第五，关注战略和多元组织问题②。

博兹曼和斯特拉斯曼（Jeffrey D. Strassman）在1990年出版的《公共管理战略》一书被认为是第一部较完整的公共管理教科书。在谈到该书为什么使用“公共管理”而非“公共行政”概念时，他们说原因在于公共管理涉及以往公共行政所无法包含的两个核心问题：一是战略问题，即关于公共组织的外部环境和它们更广泛的使命和目标问题；二是公共管理不仅在政府机构中出现，而且也在其他公共机构的背景中出现，但公共行政总是与官僚机构相联系。他们还认为，公共管理注重组织的外部管理，但公共行政着眼于内部管理③。

唐纳德·凯特尔认为，公共管理运动发展起来的公共管理途径是一种全新的途径，它既不同于以往的公共行政途径，也不同于政策分析中的执行研究途径。凯特尔综合了20世纪80年代公共管理的研究成果，将公共管理的特点归纳为以下几个方面④：

第一，排斥公共行政和政策执行研究。公共管理从一开始就明确拒绝公共行政和政策执行研究这两种传统。这从主要的公共管理学者很少是公共行政学家或政治学家这一点就可以得到说明。公共管理学者来自各种学科背景，倾向于从原有的知识背景出发提出新的见解。他们把公共行政和政策执行研究抛在一边，因为他们认为前者对政策和管理没有多大指导意义，而后者则给人们描绘出一幅政策及项目很少起作用的灰暗、令人失望的图景。其实，公共管理更多的是从商学院的战略研究中成长起来的。

第二，是一种乐观的规范研究领域。与政策执行研究致力于研究取得项目或政策目标不同，公共管理致力于研究如何产生结果。政策执行研究的发起者普雷斯曼（Jeffrey L. Pressman）和威尔达夫斯基（Aaron Wildavsky）在《执行》一书中说：联邦的项目起作用是令人惊奇的事⑤。林恩（Laurence E. Lynn）在《管理公共事务》一书中则说：

① BOZEMAN B. Public management：the state of the art. San Francisco：Jossey-Bass Publishers，1993：5.

② PERRY J L. Public management theory：what is it? what should it be? //BOZEMAN B. Public management：the state of the art. San Francisco：Jossey-Bass Publishers，1993：16-19.

③ BOZEMAN B，STRASSMAN J D. Public management strategies. San Francisco：Jossey-Bass Publishers，1990：4.

④ KETTL D F. Searching for clues about public management：slicing the onion different way//BOZEMAN B. Public management：the state of the art. San Francisco：Jossey-Bass Publishers，1993：55-68.

⑤ PRESSMAN J L，WILDAVSKY A. Implementation. Berkeley：University of California Press，1984.

“政策执行者对于政府绩效的获得是关键的。”①

第三，以高层管理者的战略决策为焦点。公共管理分析的单位是公共部门高层管理者的行为。在公共管理者看来，公共管理是要给公共管理者坚定的支持以便使他们取得成果，高层管理者的工作是决定战略；公共行政主要的任务是寻找行政原则——这些原则很少对实践者有指导作用；政策执行研究则似乎认为执行难以有结果。

第四，通过案例研究来发展知识。公共管理研究通过一种粗糙的演绎方法，通过与商学院相类似的决策案例和公共管理者的个人经验来寻找真知灼见。公共管理者认为，虽然他们难以做出预测和发展出模式，但可以靠观察来了解什么东西能起作用、什么东西不起作用，并从观察中提出管理者所能运用的命题，最终的目标是确定规范，以指导公共管理者的行为。

第五，为管理研究取得与政策研究相同的地位而努力。在公共政策学院中，政策分析已取得支配地位。这不仅是因为经济学往往在其中起主导作用，而且还因为政策被当作更重要的问题，公共管理在政策分析中是次要角色。但是，成功的政策创新表明，它们很少是由政策分析的综合研究所产生的。相反，由于管理者最了解情况，管理实际更为重要。因此，公共管理者自觉地为使管理具有与经济学和政策分析同等的地位而努力。

布里顿·米尔沃德认为，公共管理与社会科学理论有着而且应该有着或紧密或松散的联系，它研究的是基于实践经验的方法（experience-based prescription）和管理技术。公共管理中的所有问题都与绩效和管理有关，绩效的意义在于公共组织或非营利组织如何在各种形势背景条件下改善与提高纳税人所要求的效率与有效性；管理则是指在一个赋予公共管理者充分权力的活动领域中，对公平、关心和责任产生作用的一种新的安排，包括采取私有化、公私合伙和承包等方式②。

詹姆斯·L. 佩里（James L. Perry）在《公共管理理论：它是什么？它应该是什么？》一文中明确提出：“简而言之，公共管理理论应该提供关于公共管理者在各种变化的形势条件下如何做出行为的有用的、实用的普遍性原理。‘有用的和实用的’是表示公共管理理论必须有实用价值和以问题为导向（problem-oriented）。”③ 根据詹姆斯·L. 佩里的观点，公共管理理论就是为了帮助公共管理者实施有效管理的技术，以及提高其在不同情形下的管理应变能力，获得解决问题的普遍实用的原理与方法，以便增加管理绩效。公共管理理论要做到这一点就必须提供行动理论和规范理论：行动理论有助于公共管理者了解或解释他们所处的社会环境背景和潜在干预的功效，规范理论则给予公共管理者思考和认识他们应该如何行动的能力。公共管理研究应将这两种理论有机结合。公共管理理论与公共管理实践的关系，就像“医生和病人”：医治病人的过程包含了诊断、治疗和疗效观察，并依赖于最初的疗效来决定是停止治疗还是继续治疗。如同医生一样，公共管理者寻找各种情形的一般规律，确定因果关系模式，辨别出恰当的行为方式，选取

① LYNN L E. Managing publics business. New York：Basic Books，1981：107.

② KETTL D F，MILWARD H B. The state of public management. Baltimore and London：The Johns Hopkins University Press，1996：307-310.

③ PERRY J L. Public management theory：what is it? What should it be? //BOZEMAN B. Public management：the state of the art. San Francisco：Jossey-Bass Publishers，1993：16-19.

一种合适的行为措施。对于公共管理者来说，这个过程所遇到的不确定性比医生遇到的要多得多。重要的是，理论对于管理绩效的取得有作用，但人们无法对这种作用做出准确预测。

胡德（Hood）认为："公共管理即'国家的艺术'，可以松散地被定义为如何设计和运作公共服务部门并且细化政府执行部门的工作。"①

1991年，雷尼出版了《理解和管理公共组织》一书，这是一本关于公共组织及其管理的综合性教科书。雷尼认为，公共管理学应着重研究如下三个重要问题②：第一，公共组织和管理者的类型之间存在什么样的区别？以往有关公共官僚体制文献的讨论过于一般化，往往集中在公共组织和管理者的共同性质上，低估了它们的不同，也很少加以区别。公共管理已有这方面的尝试性研究，必须大力加强。第二，公共管理所要研究的"政治环境"指的是什么？这些脉络背景如何影响公共组织及其管理？这些脉络背景的关键因素和变量又是什么？既然公共管理被假定是在一种明确的政治和制度的背景中发生的，那么，关于背景的问题就必须弄清楚。第三，说公共部门的管理目标是"模糊不清的"是什么意思？目标模糊又是如何影响公共组织及其管理的？人们往往通过将公共组织和私人组织进行比较，从而得出前者目标模糊的结论，但有调查表明，对于目标清晰和绩效期望问题的回答，公共管理者与工商企业管理者的答案并没有什么大的不同。所以，这个问题必须加以进一步的研究。

林恩在《公共管理中的理论》一文中着重讨论公共管理的概念框架或理论，包括代理关系（委托-代理理论）、市场、等级和小集团、有限理性和认知风格、集体行动的逻辑和博弈论、组织重构、网络模式、垃圾桶模式、管理工具等③。

费利耶（Ewan Ferlie）等人在《行动中的新公共管理》一书中列举了新公共管理必须研究的四个重要且具有争论的主题：第一，公共部门与私人部门之间的差别和相似性；第二，组织变迁；第三，正在变化着的公共管理主体的角色与关系；第四，公共服务组织的战略顶层④。

在国际学术界，有学者认为公共管理已取得与公共行政、政策分析并驾齐驱的地位。欧文·E.休斯（Owen E. Hughes）在《公共管理与行政》一书中认为，公共行政、公共政策和公共管理都是对公共部门的研究，是三种不同的范式或途径。他把从传统公共行政模型转换而来的新范式称为"新公共管理范式"或"管理主义"⑤。他还认为，公共行政、公共政策和公共管理之间也是相关的。然而，在美国公共部门研究中，这三个学派的学者之间的学术联系很少，它们有各自的追随者，有各自的学术会议和杂志⑥。

① HOOD C. The art of the state: culture, rhetoric, and public management. Oxford: Clarendon Press, 1998: 3.

② RAINEY H G. Important research questions//BOZEMAN B. Public management: the state of the art. San Francisco: Jossey-Bass Publishers, 1993: 9-12.

③ LYNN L E. Theory in public management//BOZEMAN B. Public management: the state of the art. San Francisco: Jossey-Bass Publishers, 1993: 13-15.

④ FERLIE E, et al. The new public management in action. Oxford: Oxford University Press, 1997: 33.

⑤ HUGHES W E. Public management and administration (second edition). New York: St. Martin's Press, Inc., 1998: vi.

⑥ Ibid., 7.

事实上，作为一种新范式的“公共管理”，迄今尚未成熟，就连公共管理的主要代表人物胡德也不得不在他的著作《国家的艺术：文化、修辞学和公共管理》中承认，“虽然近些年来公共管理引发了大量的讨论，在世界上有许多关于‘范式变化’的谈论。但是，还没有形成关于分析公共管理的普遍共识或接受的基本知识”①。

从国外学者关于“公共管理”（public management）的论述中我们发现，西方国家的公共管理至今还没有形成一种独立的范式，它是“公共行政”（public administration）中重视公共组织或非营利组织实施公共管理的技术与方法、重视公共项目与绩效的管理、重视公共政策执行的理论派别和分支学科；它是20世纪80年代中后期，在当代社会科学和管理科学的整体化趋势以及公共部门管理实践，特别是新公共管理运动的推动下，以公共部门管理问题的解决为核心、融合多种学科相关知识和方法所形成的一个知识框架。公共管理在实施管理的主体、管理活动的内容与范围、管理目标等一些基本的原则和管理理念方面，仍然与公共行政保持一致。

在我国，随着改革开放的深入推进，政府职能转变之后，越来越多的公共事务管理和公共服务提供，都委托给企业、社会组织来管理和提供，公共事务管理和公共服务提供的主体出现了多元化。同时，随着社会主义市场经济体制的确立和日益发展，出现了利益主体、决策主体的多元化。在这种历史条件下，原有行政管理（政府管理）的学科框架已经不能满足改革开放和社会主义市场经济日益发展的需要，公共管理学科应运而生。1997年国务院学位委员会、国家教育委员会颁布的学科、专业目录，明确规定了公共管理学科，而且公共管理学科是属于管理学门类的一个一级学科，行政管理是公共管理一级学科下的一个二级学科。因此，在我国，公共管理既是一种理论、一种管理活动，更是一个独立的学科。我国目前正处于从全面建成小康社会向全面建设社会主义现代化国家迈进的历史交汇期，习近平新时代中国特色社会主义思想是这个时期我国公共管理学的指导理论，习近平总书记“治国理政”的系列重要论述是中国气派、中国特色公共管理理论的重要组成部分。

综上所述，公共管理是以政府行政组织为核心的多元主体，为了增进公共利益，运用市场化、社会化手段和方法进行公共事务管理和公共服务提供的各种活动的总称。公共管理学是研究以政府行政组织为核心的多元主体进行公共事务管理和公共服务提供的活动及其规律的学问。

1.1.2 公共管理学的概念范畴

范畴（category）就是基本的概念体系。思想体系不同，也就是概念体系不同，或范畴不同。公共管理学的理论体系由公共管理的管理理念和基本范畴（或者基本概念体系）所组成。公共管理学是公共行政学的分支学科，公共行政学的基本范畴及概念体系必然对公共管理学产生重要影响。

公共行政学的基本范畴是公共行政学本质特性最集中的反映。概括起来，“公共”

---

① HOOD C. The art of the state: culture, rhetoric, and public management. Oxford: Clarendon Press, 1998: vi.

(public) 是公共行政学的基本范畴。美国著名公共行政学家德怀特·沃尔多 (Dwight Waldo) 在1955年撰写的《公共行政学研究》(*The Study of Public Administration*) 一书中，先确定了"行政"的含义，然后提出了三个互相联系的问题："什么是'公共'行政？'公共'这一修饰词表示什么特征？公共行政怎样区别于一般行政，种怎样区别于属？"他认为可以从三个方面来理解"公共"的含义：一是可以根据政府、国家之类的词给"公共"下定义，这就涉及主权、合法性、普通福利等法律概念、哲学概念和普通政治理论方面的问题；二是可以按照在某种社会中人们认为有哪些公共职能或公共活动的认识简单地从经验方面给"公共"下定义。这样一来，由于人们认识的不同，很难有统一的规定；三是可以根据政府所执行的职能或活动的常识性方法来定义，但有许多政府行为是不稳定或不确定的。

德怀特·沃尔多利用社会学、人类学等学科概念和结构—功能分析的方法与文化概念分析的方法来理解"公共"的含义。这为我们认识和理解"公共"提供了方法论指导。同时，他的论述还表明"公共"是构成公共行政学最本质的概念，并由这个概念范畴组成了公共行政学的基本概念体系：公共主体，包括以政府为核心的各类公共部门、非营利部门等公共组织以及权威性机构；公共客体，包括公共权力、公共事务、公共秩序、公共利益及其相关的公共政策与政策过程、公共规则、行为规范与绩效评估标准、公共产品、公共服务；公共行为即公共执行行为，包括行使公共权力和提供公共服务的方式、手段与方法。因此，"公共"是公共行政学的基本范畴，公共行政学的其他概念和理论都是由此延伸出来的。

"公共"是公共行政学最基本的范畴，管理主体、管理的目的与性质、管理所肩负与承担的社会公共责任和义务以及活动都充分反映和体现了"公共"。由此所构成的概念体系和管理理念组成了公共行政学思想体系。公共行政学自产生以来，不管出现了多少理论流派，都是围绕"公共"这个核心展开的。公共行政实践所进行的各种改革，也都是围绕公共组织机构的设置，公共组织职能及其行为方式，公共利益的分配，社会保障体系的建立，社会公正和公平的保证，以及政府公共部门与社会公众、市场、社会之间管理体制的重新架构，体制创新，管理理念创新，管理能力提升等方面进行的。因此，从公共行政学的理论研究到公共行政实践，"公共"始终都是公共行政学各类问题的核心。

无论是西方国家把公共管理作为公共行政的分支学科，还是我国把行政管理作为公共管理下的一个二级学科，"公共"理所当然地是公共管理的基本范畴。行政管理（公共行政)、公共政策、公共事务、公共物品、公共服务、公共部门、公共治理，共同构成公共管理学的基本概念范畴体系。

1.1.2.1 公共管理与行政管理（公共行政）

"administration"（行政、管理）和"management"（管理）是两个含义相近的词，以至于人们经常将这两个词互换使用，例如"business administration"（商业管理)、"administrative behavior"（管理行为)。但事实上，这两个概念的含义是有明显差异的。公共行政的概念必须回答和解决由谁来进行公共行政、什么是公共行政活动的内容与范围，以及如何行政这三个问题，即公共行政的主体问题、公共行政的内容与范围问题，以及公共行政的行为方式问题。

在西方国家的学术界，关于公共行政、公共管理之间关系的理解，主要有三种不同的观点：第一，认为公共管理是公共行政的一个学派，认为公共管理在实践上，就是以市场化和企业精神为主要特征的公共行政改革。公共管理在理论上，就是为改革提供支持的理论与观点，主要包括管理主义、新泰勒主义和全面质量管理理论、绩效管理理论等；第二，认为公共管理是公共行政的替代品，将公共管理看作一种不同于公共行政和公共政策的新途径、新范式或新的学科框架，即公共行政—公共政策—公共管理；第三，认为公共管理是公共行政的属概念，公共管理范围更为广泛，公共行政只是其中的一部分。

从目前国际学术界关于公共行政、公共管理的研究来分析，主流的观点认为公共管理作为一种独立的范式还没有出现，公共管理是公共行政的一个分支学派，是关于公共行政的项目设计、组织结构化、政策和管理计划，经由预算系统的资源配置、财政管理、人力资源管理、项目评估和审计的应用方法论方面的总的看法。奥特（J. S. Ott）、海德（Albert C. Hyde）和沙夫里茨（Jay M. Shafritz）在1991年共同主编的《公共管理精华读物》一书中明确指出："公共管理是更广泛的公共行政领域的一个主要部分……公共管理的焦点是作为一种职业的公共行政和作为这种职业实践者的公共管理者……公共管理集中关注那些可以用来将思想和政策转变为行动的管理工具、技术、知识和技巧。这些工具的作用涉及职位分类、招募和选择程序、影响管理、预算分析和规划、监督技巧、长期或战略计划、项目和组织评估、反馈和控制机制（特别是通过信息管理系统的反馈和控制机制）、合同管理、项目管理和组织重构等方面。"① 因此，公共管理是公共行政学中一个涉及技术和方法的子领域，关注的是效率、责任制、目标的获取以及大量的其他管理方法和技术问题。罗森布鲁姆（D. H. Rosenbloom）在《公共行政学：管理、政治和法律的途径》中认为，公共行政是管理的、政治的和法律的理论的应用以及为全社会或社会的一部分履行规制和服务职能而执行立法的和司法的政府法令的过程②。这是一种相当广泛的含义，涵盖了所有的公共部门及其管理活动。

因此，西方学者普遍认为，公共管理是公共行政的一个分支学派，是公共行政中重视公共组织或非营利组织实施公共管理的技术与方法、重视公共项目与绩效的管理、重视公共政策执行的理论派别。它在实施公共管理的主体、公共管理活动的内容与范围、公共管理的目标等一些基本的原则和管理理念方面，仍然与公共行政保持一致。在某种程度和范围内，公共管理与公共行政可以互相替代，但公共管理并不能替代公共行政的全部。我们认为，管理是一个含义更加广泛的概念，行政也是属于管理的一部分。只不过是，行政管理（公共行政）是更高层次的管理，公共管理是执行或实施过程的管理。

公共管理与行政管理（公共行政）之间的差别在于：行政管理（公共行政）更加重

---

① OTT J S，HYDE A C，SHAFRITZ J M. Public management：the essential readings. Chicago：Lyceum Books/Nelson Hall，1991：Ⅸ.

② ROSENBLOOM D H. Public administration：understanding management，politics and law in the public sector. New York：The McGraw-Hill Companies，Inc.，1998：6.

视“设计”，公共管理更加重视实现公共行政目标的具体“运作”过程；行政管理（公共行政）更加强调政治的、法律的和行政的手段，公共管理更加强调管理的、市场化和社会化的手段；行政管理（公共行政）更加关注过程、程序和遵照别人的指示办事以及内部取向，公共管理更加关注结果、对结果的获得负个人责任和外部取向①。公共管理理论吸取了现代经济学和工商企业管理的理论与方法，包括从“理性人”的假设中获得绩效管理的依据；从公共选择与交易成本分析理论中获得政府公共部门应以顾客为导向，提高公共服务的效率、服务质量、公共责任和社会公众满意程度的依据；从成本-效益分析中获得确定政府绩效目标、测量与评估政府绩效的依据；从工商企业管理中吸取管理的具体方法，提出在公共部门的管理中也应引进市场与竞争机制，采取绩效管理、目标管理、战略管理、全面质量管理、流程再造、组织发展、人力资源开发、服务承诺制、决策与执行分开等方法。

公共管理的出现给行政管理（公共行政）注入了新的活力，使行政管理（公共行政）获得了实现其目标的新手段，从而极大地推动了行政管理（公共行政）的自我发展。

1.1.2.2 公共管理与公共产品

为社会提供公共产品和公共服务，是公共管理的重要内容，是公共管理活动满足社会需求的重要目标之一。认识公共产品理论有助于更好地认识和把握公共管理的基本内涵。一方面，公共事务与私人事务更多的是互补，公共事务与私人事务之间是逐步过渡的，即有一个可以称为准公共事务的中间地带；另一方面，公共事务通常是以一定的产品形式来表现和实现的。因此，公共管理活动离不开公共事务的管理、公共产品与公共服务的提供，需要研究的是公共管理采取什么样的提供方式会更加有效。

为社会提供公共产品和公共服务是公共管理的重要职能和目标。公共选择学派的创始人布坎南把公共产品界定为“任何由集体或社会集团决定，为了任何原因通过集体组织提供的产品或服务”。

萨缪尔森等人撰写的《经济学》认为，与来自纯粹的私有物品的效益不同，来自公共产品的效益牵涉一个人以上的不可分割的外部消费效果。相比之下，如果一种产品能够加以分割，因而每一部分能够分别按竞争价格卖给不同的个人，而且对其他人没有产生外部效果的话，那么，这种物品就是私人物品。公共产品常常要求集体行动，而私人物品则可以通过市场被有效率地提供出来②。

斯蒂格利茨的《经济学》认为，公共产品是这样一种物品，在增加一个人对它分享时，并不导致成本的增长（它的消费是非竞争性的），而排除任何个人对它的分享都要花费巨大成本（它是非排他性的）③。

世界银行发布的《1997年世界发展报告：变革世界中的政府》认为，公共产品是指非竞争性的和非排他性的物品。非竞争性是指一个使用者对该物品的消费并不减少它对其他使用者的供应，非排他性是指使用者不能被排除在对该物品的消费之外。这些特征

① 蔡立辉. 公共管理范式：反思与批判. 政治学研究，2002（3）.

② 萨缪尔森，诺德豪斯. 经济学：第12版. 北京：中国发展出版社，1992：1194.

③ 斯蒂格利茨. 经济学. 北京：中国人民大学出版社，1997：147.

使得对公共产品的消费进行收费是不可能的，因而私人提供者就没有提供这种产品的积极性①。

综上所述，公共产品也称为公共商品、公共物品或公共品，是指用于满足社会公共消费需要的物品、劳务或服务，是具有消费的非竞争性和非排他性、自然垄断性以及收费困难等特征的物品。与公共产品相对应的是私人物品，即具有消费上的竞争性和排他性等特征的物品。公共产品的上述特征以及规模效益大、初始投资量大的特点，使得私人企业或市场不愿意提供、难以提供或提供难以做到有效益。因而，公共产品一般由政府或其他公共部门提供，而私人物品的效用边界清楚，市场是提供此类产品的最佳方式。

公共产品可以从不同的角度来加以划分。按照公共产品是否同时具有非排他性和非竞争性，可将公共产品区分为纯公共产品和准公共产品。严格满足和完全具备消费上的非排他性和非竞争性特征的物品是纯公共产品，如国防、公共安全、外交、法规政策、环境保护、基础研究、空间技术等。只具备非排他性和非竞争性两个特点中的一个，另一个不具备或不完全具备，或者虽然两个特点都不完全具备但却具有较大的外部收益的产品是准公共产品。准公共产品是介于纯公共产品和私人物品之间的公共产品。道路、能源、交通、通信、城市公共服务、教育、广播电视、社会保障等都是准公共产品。

按照是否具有形状，可将公共产品区分为有形的公共产品和无形的公共产品。有形的公共产品是指看得见、摸得着的公共产品，如公共设施；无形的公共产品主要是指政府所提供的法律、政策和制度一类的服务。

按照受益范围，可将公共产品区分为全国性公共产品和地方性公共产品。全国性公共产品是指全国范围内居民都受益并由国家或中央政府提供的公共产品或服务，如国防、外交、全国性立法、国家行政事务管理等。地方性公共产品是指一定地区或社区居民受益、由地方政府或地方性公共组织提供的公共产品或服务，如地方性行政管理、地方性法规、城市基础设施、地方政策等。一般来说，全国性的公共产品大多属于纯公共产品，而地方性公共产品则以准公共产品为主，有些实际上已属于俱乐部产品。

关于公共产品及服务的供给方式，以萨缪尔森为代表的福利经济学家认为，由于公共产品具有非排他性和非竞争性的特征，所以通过市场方式提供公共产品，实现排他性是不可能的或者成本是高昂的，并且在规模经济上缺乏效率。在福利经济学家们看来，政府提供公共产品比市场方式即通过私人提供具有更高的效率。20 世纪 60 年代末 70 年代初，新自由主义经济学思潮兴起，它怀疑政府作为公共产品唯一供给者的合理性。戈尔丁、布鲁贝克尔、史密兹、德姆塞茨以及科斯等人从理论和经验两方面论证了公共产品私人供给的可能性。德姆塞茨和戈尔丁则从技术的角度讨论了私人提供公共产品的可能性，即如果存在排他性技术，则私人可以很好地供给某些公共产品。例如，高速公路作为一种准公共产品，在入口处可以设置收费站，因此高速公路可以通过私人投资、私人收费的方式来兴建②。

在认识公共产品时必须注意：第一，由于私有制国家也有公共产品，公有制国家也

---

① 世界银行. 1997 年世界发展报告：变革世界中的政府. 北京：中国财政经济出版社，1997：26.

② 陈振明. 公共管理学. 北京：中国人民大学出版社，2005：6.

有私人物品，因此，公共产品和私人物品的划分不是由社会制度决定的，与社会制度没有必然联系；第二，在不同社会中，由于受社会制度和社会发展程度的影响和制约，公共产品的范围存在着客观的差别，例如，森林、土地、矿产资源等在私有制国家完全可以成为私人物品，公共性并不确定，而在公有制国家则成为公共产品，具有较强的公共性，这点往往是通过法律予以明确规定的；第三，在市场经济条件下，公共管理更强调公共部门的重点不是直接提供公共产品，而是为保证公共产品的有效供给营造环境。

1.1.2.3 公共管理与公共政策

公共政策与公共管理密切相关。一方面，公共政策以调节公共利益为目的，具有公共管理的性质，而且公共政策只有通过公共管理系统才能得到贯彻实施；另一方面，在公共管理过程中，高级管理层常常要制定有关公共政策，而直接运用公共政策来管理公共事务是中、低层公共管理的常见方式。

公共政策与公共管理密切相关，但二者还是有着质的区别。就政策的属性及社会公共事务的内涵而言，公共政策是一种与人类社会的生存和发展相联系的历史现象；就学科而言，公共政策是第二次世界大战后首先在西方兴起的专门学科，是一个独立的研究领域。公共政策是指拥有合法权威的包括立法机关、行政机关、司法机关在内的政府，以及由它们授权的有关机构或部门为了解决公共资源或者社会公共利益的分配等社会问题所做出的正式的决定或安排，这种决定或安排是确立一定社会生活的行为准则和行为依据，通常可以表现为法律、政令、计划、方案、程序等形式。

因此，公共政策与公共管理既相联系又有区别。就二者的区别而言，公共政策与公共管理具有不同的功能。公共政策主要是制定社会生活各方面的秩序和行为规则，它通过对社会的政治、经济和文化等各方面的规定和引导，在总体上为一个社会中人们的生活和社会发展创造必需的环境，是人们生活的一种外在条件。公共管理则是具体通过实施公共管理行为与活动来提高公众的社会生活质量和实现公共利益。

就二者之间的联系而言，公共政策与公共管理的基本属性都是公共性，即关注的都是社会公共利益，涉及的都是社会公共事务领域，都以解决社会公共问题为手段，以提高公众生活质量为目标。虽然两者运行过程的最终结果的表现不同，即公共政策过程的运行表现为观念形态的形成与完善，而公共管理过程的运行表现为客观的物质交换过程，但两者都有一个由确认问题到制订方案，最后实施和评估的相同的过程。因此，公共政策与公共管理有着某些相通或相同的地方，具有密切的联系。

第一，公共政策指出了公共管理的基本方向，是公共管理的必要前提。公共管理的基本特性是公共性，其目标是提高公众基本生活质量，增进社会公共利益。而提高公众的基本生活质量以及评估公共管理的绩效，则必须依赖公共政策。可以说，公共政策使公共管理具有了明确的目的性，公共管理必然也必须在相关公共政策的指导下进行，否则公共管理就会失去管理活动的目标和中心，其公共性也就会在特定的社会中变成抽象的、不可理解的东西。不仅如此，由于公共政策有法律、政令等各种表现形式，因而它还是公共管理机构及人员在进行管理工作，即从目标确立到具体的实施管理中必须遵循的基本准则和要求。它制约着公共管理主体的行为，使公共管理主体必须把社会公众的共同利益放在首位，按照法律和政策的要求从事公共管理活动，即公共管理人员必须依法进行管理。

第二，公共政策具有一定的公共管理职能。公共政策虽然总体上属于观念领域，其自身并不实施管理行为，但是，由于在根本上，社会公共问题的解决和社会生活的有序化离不开公共政策，进而整个社会的经济、文化的进步离不开公共政策的合理制定，而使社会生活秩序化本身就意味着一种宏观的调节和导引，因此，实际上公共政策具有其特定的公共事务管理职能。相较于公共管理而言，公共政策是从宏观角度来调节和控制社会生活的，公共管理则更加偏重依据一定时期的有关法律和大政方针来具体实施对公共事务的管理和实现公共政策。所以，从对社会生活的调节和控制来说，公共政策具有宏观公共管理职能。

第三，公共管理是实现公共政策的基本途径。公共政策本质上是一种指导思想和原则，虽然它具有宏观公共管理职能，但这种管理职能就公共政策本身来说，其功能的发挥还只是表现为对社会公共生活的引导。这种抽象的观念和原则只有落实到具体的行为中才能变为现实。公共政策的现实化过程一般都必须依赖于各种具体的公共管理行为，表现为公共管理过程，所以公共管理是公共政策实现的基本途径。公共管理实现公共政策通常表现为相互关联的两个方面：一方面，相当一部分公共管理活动就是直接针对公共政策的执行和贯彻而设计和进行的，这一部分公共管理的直接目标就是把有关公共政策变为现实；另一方面，一些公共管理部门虽然不直接针对公共政策的实施来设置和运行，但在其进行公共管理活动中，公共政策作为行为准则与指导思想必须融入公共管理机构和人员的行为中，其最终结果也就体现或实现了公共政策。

第四，在一定层面上，公共管理行为与相关公共政策是合二为一的。制定公共政策的主体基本上是包括立法、行政和司法机构在内的国家公共部门，制定和贯彻公共政策是公共部门进行社会公共事务管理的基本内容之一。就公共管理来说，其主体系统包括政府组织与非政府公共组织，而其中的政府是一个广义的政府，即包括立法、行政和司法机构在内的政府。因此，高层级的政府如中央政府和省一级政府乃至市级政府，制定有关公共政策的行为也就是公共管理的行为，其制定有关公共政策的过程，同时也就是一个政府进行公共管理的过程。所以，一般在政府这一层面上，公共管理与公共政策的制定是合二为一的。

1.1.2.4　公共管理与工商企业管理

当代公共管理的一个显著特点就是引入了工商企业管理的一些经验、方法和理论。作为人类社会的管理活动，公共管理与工商企业管理之间存在着相通之处，都必须履行包括计划、组织、指挥、协调、人事、预算和控制等在内的一般的管理职能，但由于管理所要达成的目标不同、管理对象及内容不同、管理行为的依据不同，它们之间又存在着差异。公共管理与工商企业管理是既相联系又相区别的两类管理活动。其差别主要表现在：

1. 管理性质不同

公共管理是国家、政府以及其他公共组织的职能、活动范围，与公共利益相关，具有广泛的社会公众参与，以行使公共权力为基础，是一个公共的事务领域。工商企业管理是工商企业或者个人对从原材料购买、加工生产到销售等活动所进行的管理，是工商企业自己的事，主要遵循市场价值规律，是企业内部的事务领域。因此，与工商企业管理不同，公共管理包括了政府或非政府公共组织的活动，而且公共管理的运作是在政治环境中进行的，具有明显的政治性或公共性的特征。

2. **使命不同**

公共管理以服务公众、实现公共利益和维护公共秩序为目的，工商企业管理以营利为目的。公共管理的服务导向、顾客导向是基于委托-代理而形成的，反映了公共管理的民主、法治理念；工商企业管理的服务导向、顾客导向是基于利润而形成的，是为了在竞争中争得更多的顾客和市场份额以获取更多的利润。

3. **效率意识的强弱不同**

公共管理所需经费大部分来自公共财政预算，公共管理者并没有太多的削减开支和有效运作的诱因，成本-效益的观念和意识差；工商企业运作的经费来源于本企业的生产所得，以获取更多的企业利润为动机，成本-效益的观念和意识强。公共管理提供公共产品，工商企业主要提供私人物品，也参与公共产品的提供。

4. **责任的性质、范围不同**

与工商企业管理相比，公共管理更强调公共责任、社会责任。在工商企业管理中，权威和责任的划分是比较清楚的；在公共管理中，公共管理运作的规模和复杂性、对官僚机构加以政治控制的要求、对一致性和协调的寻求等因素导致了责任机制的扩散，这种扩散加深并复杂化了公共决策的过程。

5. **管理的广泛性、复杂性的程度不同**

就人事管理方面而言，公共组织尤其是政府中的人事管理系统比私人组织中的人事管理系统要复杂和严格得多。一般而言，政府工作人员的雇用和解雇要困难得多。在公共部门，雇用和提拔雇员的功绩系统，包含了几种标准，这往往超出了技术效率的观点。

1.1.2.5 公共治理与善治

1. **公共治理与善治的含义**

“公共治理”（public governance）与“善治”（good governance）是公共管理的核心概念。治理问题是20世纪90年代以来国际社会科学界尤其是公共管理界研究的热点之一。世界银行1992年的报告就以“治理与发展”为标题；经济合作与发展组织（OECD）1996年度公共管理发展报告的题目是“转变中的治理”；《国际社会科学杂志》1998年用了一期来专门探讨治理问题。治理概念的定义繁多，治理可泛指任何一种活动的协调方式，包括最小国家的治理、公司治理、新公共管理、善治、社会-控制系统和自组织网络六种不同的用法。

世界银行在20世纪80年代末用“治理危机”来概括非洲国家在发展过程中面临的主要问题。在这里，治理被等同于单个国家的可统治性，是“为了发展而在一个国家的经济与社会资源的管理中运用权力的方式”。20世纪90年代后，世界银行提出了“善治”口号，合法、法治、负责、透明、有效的政府构成了善治的基本要素，成为规范政治权力的主要标准。有人把治理视为公民社会的“自组织的组织间网络”，认为这是一种没有政府的治理，在公共资源管理、社区服务和跨国的地区性政策网络中普遍存在。全球治理委员会也认为："治理是或公或私的个人和机构管理共同事务的诸多方式的总和。它是使相互冲突或不同利益得以调和并采取联合行动的持续过程。"

2. 我国新时代的社会治理

2013年11月，中国共产党第十八届中央委员会第三次全体会议通过了《中共中央关于全面深化改革若干重大问题的决定》，提出了全面深化改革的总目标是"完善和发展中国特色社会主义制度，推进国家治理体系和治理能力现代化"，第一次提出了社会治理的概念：创新社会治理，必须着眼于维护最广大人民根本利益，最大限度增加和谐因素，增强社会发展活力，提高社会治理水平，全面推进平安中国建设，维护国家安全，确保人民安居乐业、社会安定有序。同时，提出了创新社会治理体制，要从改进社会治理方式、激发社会组织活力、创新有效预防和化解社会矛盾体制、健全公共安全体系等方面着手。

2016年10月，习近平总书记就加强和创新社会治理做出重要指示，强调要继续加强和创新社会治理，完善中国特色社会主义社会治理体系，努力建设更高水平的平安中国，进一步增强人民群众安全感。

习近平总书记在党的十九大报告中提出"打造共建共治共享的社会治理格局"，包括：加强社会治理制度建设，完善党委领导、政府负责、社会协同、公众参与、法治保障的社会治理体制，提高社会治理社会化、法治化、智能化、专业化水平。加强预防和化解社会矛盾机制建设，正确处理人民内部矛盾。树立安全发展理念，弘扬生命至上、安全第一的思想，健全公共安全体系，完善安全生产责任制，坚决遏制重特大安全事故，提升防灾减灾救灾能力。加快社会治安防控体系建设，依法打击和惩治黄赌毒黑拐骗等违法犯罪活动，保护人民人身权、财产权、人格权。加强社会心理服务体系建设，培育自尊自信、理性平和、积极向上的社会心态。加强社区治理体系建设，推动社会治理重心向基层下移，发挥社会组织作用，实现政府治理和社会调节、居民自治良性互动。必须坚持以人民为中心的发展思想，牢固树立和贯彻落实新发展理念，在经济社会的发展进程中不断完善中国特色社会主义社会治理体系。

2019年10月，党的十九届四中全会通过的《中共中央关于坚持和完善中国特色社会主义制度、推进国家治理体系和治理能力现代化若干重大问题的决定》明确提出：社会治理是国家治理的重要方面。必须加强和创新社会治理，完善党委领导、政府负责、民主协商、社会协同、公众参与、法治保障、科技支撑的社会治理体系，建设人人有责、人人尽责、人人享有的社会治理共同体，确保人民安居乐业、社会安定有序，建设更高水平的平安中国。要完善正确处理新形势下人民内部矛盾有效机制，完善社会治安防控体系，健全公共安全体制机制，构建基层社会治理新格局，完善国家安全体系。

2020年10月，党的十九届五中全会通过的《中共中央关于制定国民经济和社会发展第十四个五年规划和二〇三五年远景目标的建议》明确提出：推进国家治理体系和治理能力现代化，完善共建共治共享的社会治理制度，加强和创新社会治理。统筹发展和安全，建设更高水平的平安中国。坚持总体国家安全观，实施国家安全战略，维护和塑造国家安全，统筹传统安全和非传统安全，把安全发展贯穿国家发展各领域和全过程，防范和化解影响我国现代化进程的各种风险，筑牢国家安全屏障。要加强国家安全体系和能力建设，确保国家经济安全，保障人民生命安全，维护社会稳定和安全。在当前复杂多变的环境条件下，尤其要加强我国乡镇街道基层治理，提高基层治理能力。

2022年10月，习近平总书记在党的二十大报告中提出“完善社会治理体系。健全共建共治共享的社会治理制度，提升社会治理效能”。这标志着一套完整的社会治理体系在我国已经形成。

1.2 公共管理学的研究对象

公共管理学的研究对象是要进一步解决公共管理学研究什么的问题，包括从公共管理的产生中进一步认识它与公共行政、公共政策的关系，从公共管理与公共行政学、公共政策的关系中进一步认识公共管理学的特征，从而科学地认识现阶段公共管理的学科定位——分支学科还是独立范式。

1.2.1 公共管理的兴起

1.2.1.1 公共行政的反思

1. 公共行政的发展演进

从历史的观点来看，公共行政学自产生后经历了许多重大发展阶段，形成了许多理论流派。但至今为止构成公共行政学研究背景的文化的、社会的和心理的因素没有变，共同体信念没有变。从19世纪末到20世纪60年代，公共行政学经历了传统公共行政学（traditional public administration）和行为科学公共行政学（behaviorism public administration）两个发展阶段。在这两个发展阶段，虽然使用了不同的概念、理论、方法与研究模型，但公共行政学研究根植于领导艺术、经济效率与政党关系等方面；以管理学为其理论基础，科学管理在公共行政学理论中占据了主导地位①；公务员的专长也受到高度重视。以效率、效益为导向的技术视野是这两个阶段公共行政的标志，而平等与公正的问题在公共行政学理论中没有受到重视。这两个阶段的区别是传统公共行政学着重从制度、体制的构架与研究上寻求提高公共行政效率的途径。所以，威尔逊、泰勒、法约尔、韦伯、古立克、厄威克等着重研究的是公共行政的组织结构与原则，以及分工、层级节制体系、法令规章及工作标准，把专业分工原理广泛地引入公共行政之中，提出了职能化、专业化管理的原理，总结概括出了管理幅度和管理层次原理，倡导“理性化-法律化”的组织形态，强调公共行政运作应以法律为规范。行为科学公共行政学着重从人和组织行为对效率的影响上寻求提高公共行政效率的途径。所以，以巴纳德为代表的社会系统学派，以西蒙为代表的决策理论学派，以博兹曼、凯特尔、普雷斯曼、威尔达夫斯基等为代表的公共政策分析与执行学派综合运用人类学、社会学、心理学等学科方法分析公共行政行为及其活动，使公共行政研究从体制结构的研究转向了行为的研究，将

① FREDERICKSON H G. Social equity and public administration: a symposium. Public administration review, 1974 (34): 1-51.

公共行政所关注的问题由体制结构转移到了公共项目及其产生的结果上。

以经济和效率为公共行政的基本目标，忽视了公共行政所应负的广泛的社会责任，其结果是在前所未有的经济发展时代，长期存在着普遍失业、贫穷、疾病、无知和绝望，从而构成了对现有政治制度的根本威胁，导致了各种社会危机、对政府的不信任和民权运动高涨。政策科学和公共行政学集合在一起，以塔尔科特·柏森斯、卡斯特、罗森茨韦克、高斯、雷格斯等为代表的学者采用系统分析方法，从整个公共行政活动及其与环境的相互作用中探寻公共行政的解决途径和公共行政内部各个部分之间的关系，致力于谋求公共行政与其环境之间及公共行政内部各部分之间的动态的、具体的一致性，以保证公共行政的高效能、高效率。这种研究强调公共行政适应环境的权变观念与生态观念，使公共行政学发展到系统权变公共行政学时期。20 世纪 60 年代后期，以弗雷德里克森为代表的新公共行政学理论（new public administration），发展了社会公平理论，认为经济和效率不是公共行政的核心价值，核心价值应是社会公平，主张将“效率至上”转为“公平至上”；强调公共行政组织变革的终极目标是建立民主行政之模型，强调公共行政的顾客导向，将顾客的需求作为行政组织存在和发展的前提与行政组织设计方案应该遵循的目标。

20 世纪 70 年代出现和兴起的政策科学（policy science）和公共政策分析（public policy analysis），成为公共行政中的主流学派。为了适应公共行政部门对政策执行和政策管理的要求，以普雷斯曼和威尔达夫斯基为主要代表的学者，谋求政策科学、政策分析与公共行政的结合，使政策科学与政策分析转而重点研究政策执行和公共项目，而不再重点研究机构（institution）。

总之，在当代，从科学知识的发展来看，随着信息时代和知识经济的来临，人们从多角度、多侧面来认识公共行政，各学科之间相互交叉、相互渗透的明显趋势导致了公共行政学多元式的综合（merger of pluralism）研究方式①。这种研究方式强调各学科之间理论与方法的互补，运用各学科理论及其研究方法来解释与解决公共行政中实际存在的问题。这些不同的理论与方法都是在同一公共行政学范式下理论研究与实践活动的自我调整。例如：罗森布鲁姆提出公共行政就是运用管理的、政治的和法律的方法来履行对整个社会及各个部分进行规则管理和提供公共服务的职能②；以戴维·奥斯本、特德·盖布勒为代表的企业家政府理论（entrepreneurial government theory），主张把企业或私人部门（也称私营部门）经营的一些成功的管理方法移植到政府公共部门中来；以胡德等为代表的新公共管理理论，从现代经济学和私营管理理论与方法中吸取营养，形成了自己的理论基础。公共管理的 P 途径和 B 途径逐渐汇合，形成了公共管理这个新兴的分支学科。

2. 公共行政的反思

为了迎合工业革命后社会对政府管理效率的需求，作为公共行政学的奠基人，威尔逊认为执行宪法比制定宪法更加困难。为了使政府不走弯路，他把政府划分为两个领域，

---

① RABIN J，HILDRETH W B，MILLER G J. Handbook of public administration. New York：Marcel Dekker，Inc.，1989：21.

② ROSENBLOOM D. Public administrative theory and the separation of powers. Public administration review，1983，43 (3).

即“政治”与“行政”，他认为就政府应当做什么而言，政治领域就是由大多数选举出来的代表来决定各种选择；行政领域就是政府贯彻执行经过合法程序的各种规定，这种执行过程不是政治干预。根据威尔逊的观点，政治与公共政策的形成有关，行政与公共政策的执行有关。在此基础上，他进一步阐发了公共行政应当从政治中分离出来的基本思想：“（1）行政学科应当建立在单一的组织原型的基础上，它能普遍运用于一切政治制度；（2）任何良好的行政科学必须使它自己从政治学领域中分离出来；（3）行政科学的指导价值是效率；（4）有效的公共行政要求政府权力有单一的领导中心。”同时，他还认为建立独立的公共行政学的目的就是“使政府不走弯路，使政府专心处理公务和少做政治干预，加强和纯洁政府的组织机构，为政府的尽职尽责带来美誉”。威尔逊的这些思想奠定了公共行政学的理论基础，并对后来公共行政学的发展产生了重大影响。

虽然理论与实践已证明政治与行政是不可分的，但从功能主义的角度来看，威尔逊关于“政治-行政”二分法（the politics-administration dichotomy）的思想对于公共行政学从政治学中分离出来成为独立的学科和形成公共行政学范式，以及调和发展民主与追求行政效率、行政专业化所产生的冲突具有十分重要的意义。行政效率理论和专业化理论强调的是系统化的规则与内部程序，这在相当大的程度上不同于民主化的监控。在当时的社会条件下，威尔逊所面临的基本难题就是如何调和这两种思想或观念。正是从解决这一基本难题出发，威尔逊提出了把政府划分为“政治”与“行政”两个领域。

继威尔逊之后，1926年，怀特（Leonard White）撰写了美国第一本公共行政学教科书《行政学导论》（*Introduction to the Study of Public Administration*）。这本书的核心观点是：（1）行政是一个单独的过程，无论从哪一级角度看，其基本特征是大致相同的；（2）行政研究应当建立在管理的基础上，而不应当建立在法律的基础上；（3）行政由一门艺术转化为一门科学的趋势日益具有重要意义；（4）行政已经成为，而且将继续是现代政府的中心问题①。怀特的这本书使公共行政学成为一个单独的研究领域，并具有较为完整的学科体系，标志着这门学科的基本形成。但值得提出的是，在美国，公共行政研究与专业培训的增长则是在20世纪30年代和40年代②。

20世纪60年代中期以后，公共行政学明显地表现为两种取向：一种是以弗雷德里克森等人为代表的新公共行政学，它强调民主取向，强调社会公平与公正；另一种是政策分析或政策科学，其根源可以追溯到1951年拉斯韦尔（H. Lasswell）等主编的《政策科学》一书，60年代末和70年代初政策科学迅速成长，在七八十年代成为与公共行政学相抗衡的学派③。美国大学公共政策学院和商学院的推动，特别是前者对政策执行的研究培育出了公共政策途径。

由此可以看出，效率、公平、公正、民主、秩序等共同构成了公共行政的价值体系，从而使公共行政的研究表现出两种价值取向：一种是管理主义的取向，它秉承管理学和

---

① WHITE L. Introduction to the study of public administration. New York: Macmillan Publishers Ltd., 1926.

② STILLMAN II R J. Public administration: concepts and cases (seventh edition). Boston, New York: Houghton Mifflin Company, 2000: 18.

③ 陈振明. 公共管理学. 北京：中国人民大学出版社，2005：10.

经济学的传统，关注效率，强调工具理性；另一种是民主主义的取向，它秉承政治学和法学的传统，关注民主、社会公平，强调对公共权力的制约和限制。公共行政从产生到20世纪60年代，是以管理主义为研究取向的；新公共行政学是以民主主义为研究取向的。20世纪70年代由公共政策学院和商学院发展而来的公共管理分支，表现出强烈的管理主义取向。例如，佩里和克雷默在《公共管理：公共的和私人的观点》一书中在界定什么是公共管理时明确表示，他们关于公共管理的灵感来自威尔逊的“公共行政学研究”，并将威尔逊的思想基础归纳为如下四个方面：(1) 以政府为主要的组织脉络背景；(2) 以执行功能为合适的焦点；(3) 以发现有效管理的原则和技术为发展管理能力的关键；(4) 以比较为该领域研究取得进展的方法①。因此可以说，公共管理学是新泰勒主义的复兴，或者说是古典行政学的回归。

这样，无论是政策分析途径还是公共管理途径，都可以看作对公共行政学途径的补充与发展。在20世纪二三十年代所形成的，并在60年代中期以前一直居于支配地位的公共行政学是建立在科层制理论和“政治-行政”二分法的基础上的，它将自己的研究对象主要集中于行政组织或官僚体制上，以组织的内部为取向，注重机构、过程和程序以及行政原则的研究，并以行政效率为追求的最高目标。在与厄威克合编的《行政科学论文集》中，古利克将公共行政学的基本原则概括为“POSDCORB”，即计划（planning）、组织（organizing）、人事（staffing）、指挥（directing）、协调（coordinating）、报告（reporting）和预算（budgeting）七个原则或原理②。

第二次世界大战后，传统的公共行政学受到了来自各个方面尤其是政治学行为主义的批判。在这些批判者中有西蒙、达尔（Robert A. Dahl）、阿普尔比（Paul H. Appleby）、朗（Norton E. Long）和沃尔多等。行为主义革命从对体制（官僚机构）的研究转向对政治行为的研究，从而使公共行政学失去了在政治学中的中心地位。然而，至今行政学的根基并未真正动摇，新的范式并未确立。尽管西蒙猛烈地抨击行政学的“政治-行政”二分法及其行政原则，并提出一种以决策为中心的行政理论，但他最终并未摆脱行政学框架的束缚。

1.2.1.2 公共管理的产生

20世纪80年代，公共管理途径在美国大学的公共政策学院和商学院逐渐成长起来。博兹曼和凯特尔等学者对此做了清楚的说明。博兹曼指出，在20世纪70年代末的美国大学中，几乎同时出现了两种明显不同的公共管理途径：一种是来自公共政策学院的政策途径，简称为P途径；另一种是来自商学院并受传统公共行政学影响的商业途径，简称为B途径③。

---

① PERRY J L，KRAEMER K L. Public management：public and private perspectives. PaloAlto，CA：Mayfield，1983：1.

② GULICK L，URWICK L. Papers on the science of administration. New York：Institute of Public Administration，1937：13.

③ BOZEMAN B. Two concepts of public management//BOZEMAN B. Pubic management：the state of the art. San Francisco：Jossey-Bass Publishers，1993：1-6.

在博兹曼看来，公共政策分析或政策科学是一种以政策研究为取向，重视定量分析方法尤其是经济学分析手段的一种新学科，公共政策学院在某种程度上是以与旧的公共行政学院决裂的方式创建起来的。然而，这种新学院或新学派很快发现了自己的局限性：停留于政策制定或规划的研究而忽视政策执行的研究；实际的公共部门管理很少要求正式的定量分析或重大的政策设计，而对政策执行或政策管理有更多的要求。公共政策学院需要某些与公共行政学相类似，但又与这个旧的学科有区别的东西。公共管理正是在20世纪70年代开始兴起的执行研究热潮中，作为解决办法而出现的。

普雷斯曼和威尔达夫斯基所发起的政策执行研究，将项目作为基本的分析单位，机构方面的重要性不再由它自身所决定，而是由它与公共项目绩效的相关性所决定。许多从事执行研究的学者将执行研究看作一种新的东西（既不同于政策制定研究，也不同于传统的行政研究）。凯特尔认为，执行研究从两个方面推动了公共管理的形成：（1）执行研究将问题的焦点由组织（尤其是结构和过程）转移到公共项目及其产生的结果上。这种研究焦点的转移具有深刻的含义，即学者们再也不能单一地看待组织及其对公共项目的贡献了。执行研究把项目放到了核心地位并要求研究组织对项目做出贡献。更重要的是，执行研究首次使绩效问题变成了争论的焦点，公共行政学者们不能再自信地假定如果行政人员以正确的方式发起执行并调整行政系统的话，政治家所制定的政策就能产生有效的结果。管理绩效问题超出传统行政学所能解释的范围，这就正如哈格罗夫（Erwin C. Hargrove）所说：在政策方案和政策结果的链条中缺少一个环节，那就是绩效管理。（2）执行研究既超出了公共行政学，也超出了政治学，从而具有了一个更广泛、综合的跨学科基础。这是因为公共行政学的组织焦点留下了一些重要的问题没有解决，参与执行运动的学者们也想从绩效重要性的发现中创立一种新的知识体系，而来自不同学科领域的学者带来了不同的思考方式和知识基础。正是这种由组织结构与过程向项目与绩效的焦点转移的趋势以及不同学科学者的共同努力，促成了公共管理学的兴起①。

在这个过程中，工商企业管理的研究者们为公共管理学的产生做出了贡献。他们将工商管理和经济学的概念、理论和方法应用于公共部门管理的研究中，并仍然关注组织结构和强调以过程为取向，主张在公共部门中引入私人部门的管理经验和模式，并把焦点集中在战略和组织管理上。

1991年在美国召开的公共管理学术研讨会，是公共管理学作为一个新的分支学科产生的标志。大会论文集——《公共管理：艺术的现状》，可以看作公共管理学派的“宣言”。这次会议的主要动机是“把不同公共管理途径的信徒们团结起来”，目的是：（1）评估公共管理学科的现状；（2）发表和交流最新、最好的公共管理研究成果；（3）通过弄清理论、研究和方法论的分歧来推动公共管理的发展；（4）为公共管理学者之间的交流创造便利条件。会议达到了预期的目的，取得了巨大的成功②。

因此，20世纪90年代以后，公共管理学逐步成为与公共行政、公共政策分析共同

---

① KETTLE D F，MILWARD H B. The state of public management. Baltimore：The Johns Hopkins University Press，1996：4.

② BOZEMAN B. Public management：the state of the art. San Francisco：Jossey-Bass Publishers，1993：Ⅻ-ⅩⅣ.

进行公共部门管理研究的三大途径。欧文·E.休斯在《公共管理与行政》一书中认为，公共行政、公共政策和公共管理都是对公共部门的研究，是三种不同的范式或途径，它们之间也是相关的。然而在美国公共部门的研究中，这三个学派的学者之间的学术联系很少，它们有各自的追随者，有各自的学术会议和杂志①。公共管理由于自身的特点以及更适于当代公共管理实践的要求，被部分学者看作代表了公共部门管理研究领域的发展方向，更具生命力，更有前景。

1.2.2 公共管理学的研究对象

1.2.2.1 确定研究对象的基本思路

作为公共行政学的分支学科，公共管理学的研究对象、研究范畴和方法论体系决定了公共管理学研究的固有规律。公共管理学只有按照学术活动的固有规律来开展其研究活动，才能揭示公共管理现象、各种公共管理关系及其发展的规律性。

公共管理学是以公共管理活动为基本对象，研究以政府为核心的公共组织管理什么、如何进行管理、管理中的各种关系及其发展规律的学问。从这个角度看，公共管理学不是对公共行政学的否定，而是对公共行政学的积极发展。从研究对象来说，公共管理学不再像公共行政学那样更多地将自己限制在对政府行政机关的研究上，而是把研究范围扩展到其他非政府的公共组织方面。从研究焦点来说，公共管理学从以往公共行政学的"内部取向"转变为"外部取向"，由重视机构、过程与程序的研究转到重视项目、环境、战略与绩效的研究。从研究方法来说，公共管理学改变了以往以规范研究为主的做法，重视量化方法与案例方法的应用，广泛吸收经济学、管理学和政策分析方法等学科的理论与技术手段。

公共管理学的发展，离不开更开放的学术视野和更广阔的学科发展平台。我们主张公共管理是经济学、管理学乃至社会学等多学科融合的结果，但政治学、行政学仍然是公共管理学的学科基础。切断公共管理学与政治学、行政学的内在联系，极容易导致把公共管理看作纯技术化的"管理主义"倾向。公共管理学应该是价值理性与工具理性的有机统一体，不仅要解决"如何做"的问题，也要解决"为谁做"的问题；不仅要回答在实践中出现的各种公共事务和社会问题如何解决的"管理"问题，同时更要回答"为何做"和"为谁做"的"公共"问题。

由此分析，公共管理学的研究对象，同时也是其服务的对象。这又使公共管理学研究具有了实践功能。公共管理学所包含的每一个理论与方法，都直接或间接地为公共管理实践活动提供了具体的指导，具有重大的咨询参考意义。公共管理学研究的实践性是公共管理学的生命力之所在。公共管理学研究应重视实践、注重现实。但现实并不等于现存。公共管理学不能仅仅局限于只研究现存的东西和现实中所存在的问题，否则，其结果只会远离现实。

---

① HUGHES O E. Public management and administration (second edition). New York: St. Martin's Press, Inc., 1998: 7.

公共管理学研究既遵循学术规范，研究和探讨各种公共管理现象、关系及其发展规律，同时又服务于公共管理的实践活动。因此，公共管理学研究的目标也必然包括两个方面：在学科理论与学科建设方面，研究各种公共管理现象、关系及其发展规律；丰富和发展公共管理学的理论与研究方法；健全和完善公共管理学学科体系与基本范畴体系；健全和完善公共管理学教育体系和人才培养体系，开展公共管理教育和专业人才培养。在为公共管理实践服务方面，公共管理学着力于为公共管理活动解决现实问题提供可供选择的理论与方法，特别是要研究如何推行电子政务和应用信息技术创新公共管理方式、建立电子化政府；研究如何开展绩效管理、建立绩效评估指标体系；研究如何提高管理效率和管理能力、建立和发展公共责任机制；研究作为公共事务管理主体的公共组织，特别是政府组织的结构、功能及其与环境的关系；研究公共管理活动的过程及其环节（如组织、决策、沟通、协调、监控、评估等）；研究如何应用人类所创造的各种科学知识及方法来解决公共事务的管理问题，以促进包括政府在内的各类公共组织更有效地提供公共物品与公共服务，为公共管理实践提供具体操作规程，提供有效的理论与方法指导。

因此，公共管理学是一个研究公共管理活动或公共管理实践的学科，可以将它界定为一门综合地运用多学科知识和方法来研究以政府行政组织为核心的多元主体，通过管理的、市场化、社会化手段进行公共事务管理和公共服务提供及其发展规律的学科，它的目标是促使各类主体尤其是政府行政组织更有效地执行公共政策、提供公共物品、提高公共管理绩效和增进公共利益。

1.2.2.2　公共行政学的研究对象与体系

公共行政学的基本理论是人们对各种行政现象、行政关系及其发展规律的系统认识与说明。由于人们认识与说明的不同，公共行政学的基本理论也就有不同的表达方法。例如，罗伯特·登哈特认为，公共行政学理论来源于公共组织理论、政治学理论、社会学理论、经济学理论、伦理学理论等，由此出发，他把公共行政学理论概括为：（1）政治与行政；（2）官僚机构与民主政治；（3）组织与管理；（4）理论与实践；（5）公共组织理论[①]。

美国杰克·瑞宾（Jack Rabin）等学者编写的《公共行政手册》（*Handbook of Public Administration*）一书中，把公共行政学的基本理论概括为：公共组织理论、公共预算与财政管理理论、公共人事行政理论、联邦与政府间关系理论、公共政策与分析理论、公共决策理论、比较公共行政理论、公共行政的法律规则理论、公共行政教育理论、司法行政理论、行政发展理论、行政环境理论等[②]。

美国詹姆斯·佩里教授在他1996年撰写的《公共行政手册》（*Handbook of Public Administration*）一书中，把公共行政学的基本理论概括为：公共组织理论、行政责任

---

① DENHARDT R B. Five great issues in organization theory//RABIN J，HILDRETH W B，MILLER G J. Handbook of public administration. New York：Marcel Dekker，Inc.，1989：105.

② RABIN J，HILDRETH W B，MILLER G J. Handbook of public administration. New York：Marcel Dekker，Inc.，1989.

理论、公共政策的制定与执行理论、公共预算与财政管理理论、人力资源管理理论、公共行政伦理理论、公共行政技术与方法论①。美国公共行政学者霍尔哲（Holzer）教授和盖布雷林（Gabrielian）博士将100年来美国公共行政学总结为五大理论：诚实、党派及像企业一样的政府、经典管理模式、政治与政策制定、人类行为、项目的有效性②。

与研究对象相联系，关于公共行政的概念，德怀特·沃尔多在他早期作品《什么是公共行政?》中认为，公共行政存在着“两种典型定义：第一，公共行政是为达到政府目的而对人与物质的组织与管理；第二，公共行政是管理国家事务的艺术与科学”。他认为，关于公共行政学是艺术还是科学的争论，其原因在于“‘公共行政’这个词有两种用法”，“一是知识探索的一个领域、一门学科或一种研究；二是一个过程或一种行为——管理公共事务。这两种含义紧密相关，却又各不相同”③。他还认为，公共行政学是“研究公共行政这一特定过程的学问”，而“公共行政就是政府持续不断地活跃着的业务工作，这种业务工作通过一系列组织和管理程序，同法律的执行联系起来”。

F. A. 尼格罗和L. G. 尼格罗认为，公共行政学研究政府的公共行政活动，而公共行政可以被分解为如下内容：“(1) 它是公共机构中的一个协作性集体的努力；(2) 它遍布于三大政府部门（行政、立法和司法）及它们之间的相互关系之中；(3) 它在公共政策的形成过程中发挥重要作用，因而是政治过程的一个部分；(4) 在许多主要方面与私人行政不同；(5) 在为社区服务方面与大量的私人团体和个人有着密切联系。”④

理查德·J. 斯蒂尔曼二世（Richard J. Stillman Ⅱ）编写的公共行政学教材《公共行政：概念与案例》（*Public Administration: Concepts and Cases*），列举了12种关于公共行政的概念，并指出这些公共行政概念中一般都包含了如下几个方面：第一，公共行政是指政府行政部门的活动，当然，它也与立法和司法部门相联系；第二，公共行政必须明确地表达和执行公共政策；第三，公共行政包含着涉及协调人的行为和人的努力的广泛问题；第四，公共行政在许多方面不同于私域管理，第五，公共行政担负着提供公共产品和公共服务的职责；第六，公共行政执行法律的活动必须以法律为基础⑤。

在我国，在公开出版的教科书中，“行政管理”理论一般都包括行政环境理论、行政组织理论、行政领导理论、行政决策理论、行政职能理论、行政执行理论、人事行政理论、财务行政理论、行政法制理论、行政道德理论、行政监督理论、行政发展与改革理论等。

我国的“行政管理”理论与西方公共行政学理论在理论的具体内容上存在较大区别。因此，我们在研究行政管理学的基本理论时，有两个方面的基本任务：一是弄清行政管理学应包含哪些基本理论，二是明确各个基本理论的主要内容。同时，我们也不能把以往行政管理学中各学派的理论观点等同于行政管理学的基本理论。行政管理学的基本理论是对各种行政现象、行政关系及其发展规律的系统认识与说明。因此，各种行政现象、

---

① PERRY J L. Handbook of public administration (second edition). San Francisco: Jossey-Bass Publishers, 1996.

② 张梦中. 美国公共行政学百年回顾（上）. 中国行政管理，2000 (5).

③ 公共行政学经典著作选读. 北京：国家行政学院出版社，1992：273-274.

④ NIGRO F A, NIGRO L G. Modern public administration. New York: Happer & Row Publishers, 1989: 11.

⑤ STILLMAN II R J. Public administration: concepts and cases (seventh edition). Boston, New York: Houghton Mifflin Company, 2000: 3.

行政关系及其发展规律构成行政管理学基本理论的外延；对各种行政现象、行政关系及其发展规律的系统认识与说明构成行政管理学基本理论的具体内容。

我国学术界关于行政、行政管理学的认识可划分为两个阶段。第一个阶段是从20世纪80年代行政管理专业在我国的恢复到1997年国务院学位委员会提出修改研究生专业目录。在这段时间里，我国的行政管理学是作为政治学的一个分支学科进行专业设置的；相关概念如“行政”“行政学”“公共行政”“行政管理”“行政管理学”，在含义上没有明确区别，都是指政府行政机关依法对国家公共事务、政府内部事务和社会公共事务的管理。

知识链接1-2

把行政学的研究提上日程是时候了

“行政”惯指国家立法、司法以外的政务。实际上，任何公共或集体的办事机构，都有行政工作，连立法、司法部门本身也不例外。在许多人的心目中，行政工作是一些事务性工作，是“万金油”式的工种，并没有什么学问。这实在是一种误解。在我们国家里，导致行政效率不高的原因是多方面的，其中就包括行政工作本身的一系列问题。

第一，行政组织问题。设置一个机构，是否必要？列入什么级别为宜？编制如何？职责分工及其与上下左右内外各单位的关系怎样？假如对这些问题考虑欠周，设置不当，就会直接影响行政效率。争功诿过、互相扯皮、公文旅行、无人负责等情况的发生，除与工作人员的精神状态有关外，有时是同组织机构方面的弱点或缺点相联系的。部门林立、机构臃肿、层次繁多、人浮于事、副职虚职过多等现象的出现，亦非偶然。一级领导直辖多少单位，每个单位多少人员，各相对独立的机构分多少层次，各级领导职务需设多少副职等，都有个合理限度。任何轻率决定，都不可取。一个人或单位能兼管的事不必专管，能专管的不必由两个或更多的人或单位分管、共管。分设机构要从真正需要、分工利弊、“运转”过程、实际效果等方面综合权衡。从基层单位到中央各部，动辄扩大编制、添设机构、提高级别和增加层次的做法，不应该再继续下去了。行政机构应如何精简，需要用科学的态度进行研究，以收到预期效果。否则，精简不当，不仅不能提高效率，而且不久事过境迁，可能故态复萌，那实不足以言改革。

第二，人事管理问题。离开干部素质孤立地讨论精简机构，很难切合实际。有的单位大大超编，仍感得力干部不足，兴干部又多又缺之叹。可见，精简机构，提高效率，干部是一个重要因素。干部能否称职、胜任和充分发挥其聪明才智，既与文化程度、业务能力和实践经验有关，也反映出思想作风、责任心、积极性以及健康状况等问题。从干部的挑选、培训、考核、提升、奖惩直到退休等，所有制度和办法，都应当有利于工作的开展，有利于人尽其才。滥竽充数，尸位素餐，通常是由于没有严格的选拔和考核。用什么方法挑选干部，要区别不同的情况。选举对于代表制必不可少，但对专业性和技术性特强的工作未必适用；考试能测基本知识，却不能凭答卷判断道德品质；荐派只要资料可靠、程序严谨，仍然可以采用。重要的是主其事者出于公心，做到弊绝风清。使人适其位、位得其人，是一件复杂、细致的事。若未见其长，反用其短，工作就受损失。人事管理来不得“乱弹琴”，稍有不慎，便有可能埋没和糟蹋人才。

第三，工作方法问题。明确规定各级行政机构和工作人员的职责固然重要，而如何履行其职责，则关系到整个行政“机器”的效能。要做到效率高、“故障”少，手续严而不死，办法活而不乱，不搞烦琐哲学和文牍主义，其中大有考究。民主集中制和群众路线必须坚持，集体领导原则应当遵守。但如何坚持和遵守，存在不同的理解。例如开会，开得好确能集思广益，解决问题。若事无大小，开会成“癖”，领导成员和工作骨干大部分时间泡在会议里，甚至会而不议、议而不决、决而不行、行而不果，那就失时误事。又如领导副职过多，好像是为了加强领导，提高效率，其实未必。副职一多，分工必细。领导成员分兵把守，即使不致事权分散和难以全面协调，也不啻在无形之中增加了层次。对分管的下属单位进行领导，纵未包办代替，也可能助长依赖思想，渐失其正常作用。不知从什么时候起，上级机关局部性的业务会议，常要所属单位领导出席；下属单位开会，常要上级领导到会“作指示”；职能部门分内的事，也要上级领导“亲自”抓或者叫“挂帅”，否则便是不重视。多设副职于是成为应付门面的一项措施。

第四，机关管理问题。这是各单位有共性的工作。不论规模大小，办公室（厅）都是一个部门的总部所在，是领导用以指挥工作的带枢纽性的机关。它联系上下、前后、左右、内外，事关全局。讲提高效率，不能不加强机关管理。倘若其他单位的效率高而办公室的工作松弛或忙乱，其消极影响不难想见。反之，效率高的首脑机关则可对各部门起积极的带动和推动作用。各部门也应当把整顿、改革从领导机关做起。机关工作人员不仅要有好作风，而且要有较强的业务能力、较高的政策水平和较好的工作方法。领导副职减少一些无关宏旨，一个得力的办公室主任在机关管理中却不可少。办公室头绪纷繁，不必列举，处理得好就井井有条，处理不好就手忙脚乱。秘书工作也不是只会摇笔杆的人所能胜任。报载某大学创办了秘书专业，虽然怎么办尚未闻其详，但把这项工作当一回事来学习和研究的精神是可贵的。

上面谈到的几个问题，仅仅是行政学所要研究的部分内容。行政学是政治学的分支，又分出市政学、人事行政学等。要搞好现代化建设事业，就必须建立和健全现代化管理（包括行政管理）和实行社会主义法治（包括行政立法）。这样，我们就需要社会主义的行政学和行政法学。所以，把行政学的研究提上日程是时候了。

资料来源：夏书章．把行政学的研究提上日程是时候了．人民日报，1982-01-29（5）．

第二个阶段是从1997年的研究生专业目录一直到现在。在这段时间里，中国社会主义市场经济和社会改革获得了日益深入的发展，并处于由计划经济体制向市场经济体制过渡的历史转轨时期；国际经济一体化、全球化和社会信息化的趋势日益明显，西方国家以政府改革为核心的新公共管理运动的思想理论大量传入中国。与体制转型的社会现实相联系和受外来新思想的影响，以政府管理为核心内容的行政管理概念已经不适应我国社会发展的要求，改变原有行政管理的主体范围、管理对象范围、管理方式以及行政理念的要求日益强烈。

显然，与公共行政学相比，尽管政府行政机关仍是公共管理学研究的核心主体，但其他公共组织的管理活动也同时纳入了公共管理学的研究范围之中。

1.2.2.3 公共管理学的理论体系

我们按照公共管理主体、公共管理价值、公共管理资源与公共管理手段等基本范畴及其内在逻辑联系建构公共管理学的理论体系。该体系包括公共管理主体理论、公共管理价值与规范、公共资源管理、风险与公共危机管理以及公共管理技术与方法、公共管理改革与发展。具体如下：

一是公共管理主体理论。主要内容包括公共组织理论、公共领导理论。

二是公共管理价值与规范。主要内容包括公共政策、公共管理伦理、公共责任、公共管理法律和公共管理监督。

三是公共资源管理。主要内容包括公共人力资源管理、公共预算与公共财政管理、政务信息资源管理。

四是风险与公共危机管理。主要内容包括风险管控与治理、应急管理。

五是公共管理技术与方法。主要包括传统行政管理方法、当代公共治理新工具（市场化工具、工商管理技术和社会化手段）、战略管理、公共部门绩效评估、流程再造、“互联网+”政务。

六是公共管理改革与发展。主要内容包括公共部门改革、公共治理新模式。

1.2.2.4 公共管理学的学科特征

公共管理途径与公共行政学途径、公共政策途径相比较而言，其基本特征在《公共管理：艺术的现状》和《公共管理的现状》这两本论文集中已经做了相当充分的讨论。凯特尔认为，公共管理运动所发展起来的公共管理途径既不同于公共行政学途径，也不同于政策分析中的执行研究途径。公共管理途径的倡导者试图从案例分析和实践经验中汲取可以广泛应用的经验教训。凯特尔综合了20世纪80年代公共管理学的代表性著作，对公共管理学的学科特征进行了较全面的归纳①。

公共管理学的学科特征主要表现为：

1. 研究对象与范围的特征

公共管理学并不像公共行政学那样，将自己主要局限于政府行政机关特别是官僚机构的研究上，而是把研究对象扩大到立法机关、司法机关等其他政府机关和非营利组织或第三部门甚至私人部门的公共的方面。

2. 跨学科和综合性的特点

公共行政学主要建立在政治学的基础上，尤其是将官僚体制理论和“政治-行政”二分法作为其理论基础；公共管理学的研究者来自不同的学科，他们充分吸收了当代各门学科的理论和方法，特别是更多地依赖于经济学的理论和方法，公共管理学日益与工商管理学相融合。因此，公共管理学具有更广泛的学科知识框架，更具跨学科、综合性的特点。

---

① KETTL D F. Searching for clues about public management：slicing the onion different way//BOZEMAN B. Public management：the state of the art. San Francisco：Jossey-Bass Publishers，1993：55-68.

20世纪70年代以来，政策科学与经济学、工商管理学、政治学以及公共行政学等学科日益相互融合，最终导致公共部门管理领域新途径的出现。公共管理学者来自公共行政学、经济学、政策分析、管理学等学科领域；公共管理学突破了公共行政学的学科界限，把当代经济学、政策科学、管理学、政治学和社会学等学科的相关知识和方法融合到公共管理之中；它在保留传统公共行政学、政策科学的某些主题的基础上，在研究领域及主题上有重大的突破与创新，涉及诸如公共物品、外部性、公共服务供给、理性人、交换范式、制度选择、公共选择、政府失败、多元组织等大量新主题；公共管理学更多地从经济学的途径来研究公共管理尤其是政府管理问题，常常被人们称为“以经济学为基础的新政策管理理论”或“市场导向的公共行政学”。

3. 具体研究问题的特征

公共管理学将研究焦点由传统公共行政学的“内部取向”转变为“外部取向”，从重视机构、过程和程序研究转到重视项目、结果与绩效的研究，这使得战略管理、公共管理的政治环境、项目执行、绩效评估、公共责任制及公共管理伦理这样一些在公共行政学中没有的或不被重视的主题成为公共管理学的核心主题。

同时，公共管理学也涉及大量的公共行政学没有涉及的其他主题，如公共物品、公共选择、集体行动的逻辑、委托-代理、产权、交易成本、交换范式、制度安排与创新、政府失败、准市场、学习型组织、多元组织、认知风格、管理网络、管理工具、成本核算、信息管理系统等。

4. 公共管理学既是实证的，又是规范的

公共管理学既是实证的，重视经验研究，重视从经验中汲取知识和重视以问题为导向；又是规范的，提倡研究“应该不应该”的问题，用以规范公共管理行为。因此，案例分析成为公共管理的一种核心研究方法，这就有别于公共行政学局限于规范研究，囿于普遍适用的“行政原则”的探讨。

5. 更具现实性

公共管理学将自身建立在当代公共部门管理的实践尤其是政府改革的实践基础上，是从这种实践中产生的新理论体系，反过来成为指导这种实践的模式。与公共行政学相比，它更具有现实性。

1.3 公共管理学的研究途径和方法

1.3.1 公共管理学的研究途径

公共行政学在其发展的不同阶段，采取了不同的研究途径或研究方法。早期的公共行政学者主要采用制度或法理的研究途径（形式主义的研究方法），侧重于对政府制度、机构、法规方面的研究；20世纪20年代，受“科学管理革命”的影响，公共行政学采用了所谓的“原则”研究途径，注重对一般的行政管理原则的探索和概括；三四十年代，受政治学“行为主义革命”的影响，公共行政学推崇经验科学的研究方法，把观察、实验、模拟、抽样、访谈、调查一类的方法用于对行政行为的研究；第二次世界大战后尤其是五六十年代之后，公共行政学者广泛地运用运筹学、系统分析、损益分析、案例研究、计算机模拟等新的研究方法及手段。

公共管理学作为公共行政学中的一个分支学科，由于学科背景等方面的差异，在研究取向上展现出不同的风貌，从而显现出不同的研究途径。美国著名学者博兹曼认为，公共管理学研究可分为两种途径：政策途径（P途径）和商业途径（B途径）。

P途径强调的是与政策分析的渊源关系，认为公共管理必须与公共政策的形成与制定密切相关。但P途径的公共管理对政策分析强调计量分析与经济学应用的思路不满，更看重政治和管理的层面。具体地说，P途径的公共管理有如下特征：第一，着眼于高层管理者以及他们所进行的政策研究；第二，重视非量化和实务的取向，推崇通过个案研究来发展相关知识；第三，强调与政策分析结合，进行具有前瞻性、规范性的理论研究。

B途径重视的不再是内部行政管理的机制与过程，而是受管理主义的影响，主张效法企业，以企业管理的方法来提升公共部门的服务质量，新公共管理思潮是其代表。在这一派的理论中，许多概念是直接从企业管理借鉴过来的，如民营化、企业型政府、全面质量管理、绩效评估等。具体来说，B途径的公共管理的特征是：第一，偏爱企业管理的原则；第二，对公、私部门的差异不做严格区分；第三，除了重视策略管理及组织间的管理外，还强调对公共管理的过程进行管理；第四，在研究方法上也偏爱诸如实验设计之类的量化方法。

按照博兹曼的说法，公共管理这两个来源或途径有其各自的体制与职业上的背景或基础，P途径主要来自公共政策学院，并流行于“公共政策分析与管理学会”中，其研究成果（论文）最常见于《公共政策分析与管理》杂志；而B途径主要来自商学院，并为管理科学学院的公共部门管理学部以及美国公共行政学会所使用，其论著最常见于《管理科学评论》《管理科学学院院刊》《公共行政评论》等杂志。博兹曼将这两种途径加以比较，认为两者有某些共同点，如坚持外部取向（关心行政机构以外的东西），强调政治因素在管理中的作用；重视规范研究并关心改善管理绩效，主张从经验中学习，尤其是偏爱案例分析法。这两种途径又各有所长：P途径强调重新认识政策分析对于公共管理的重要性，学习实践者的经验，重视吸取经验教训并加以传播，促进政治执行官与资深管理者的对话；而B途径更强调以研究和理论为取向，应用和融合不同学科的理论、方法和技术，发展一种以公共管理与私人管理的比较为基础的综合框架，注重战略管理，关心过程问题，把焦点集中在职业化的公共管理者而非政治执行官身上①。

作为公共管理的不同组成部分，P途径和B途径之间的差异也是明显的，但它们之间也有很多共同之处。例如：它们的眼光并不局限于行政机关内部，而将关注的焦点放到公共部门与外在环境的关系上；它们都尊重政治因素在管理中扮演的角色，都重视经验性的材料。

公共管理学是一个跨学科、综合性的研究领域，它可以有不同的研究途径、方法或

---

① BOZEMAN B. Public management：the state of the art. San Francisco：Jossey-Bass Publishers，1993：5-6.

观点。首先，公共管理学可以从不同的社会科学学科的框架中来加以研究，在西方（美国）公共管理学的发展中，形成了较有影响的学科途径，如管理学途径、政治学途径、法学途径和经济学途径。其次，可以从某些社会科学的理论、假设或模型出发来研究公共管理过程，由此形成的研究途径更是多种多样。由于研究途径、方法的不同，人们对公共管理过程就会做出不同的描述或解释，从而形成不同的公共管理理论。

戴维·H. 罗森布鲁姆等在《公共行政学：管理、政治和法律的途径》一书中认为，公共行政学的研究主要有三种研究途径，即管理途径（包括传统的管理途径和新公共管理途径）、政治途径和法律途径。他认为，公共行政的研究有三条相对分明的途径，各自对公共行政有不同的阐述。一些人把公共行政视作一种管理行为，认为其与民营部门的运作相类似；另外一些人则强调公共行政的公共性，从而关注其政治的层面；还有一些人注意到了主权、宪法和管制实践在公共行政中的重要性，从而将公共行政视为一种法律事务。三种不同的研究途径对于公共行政的运作，倾向于强调不同的价值和程序、不同的结构安排，也用不同的方法看待公民个人，而每一种途径对于如何发展公共行政的知识也有各自不同的主张。更为复杂的管理途径又可以分为两派：传统的管理途径和当代以改革为导向的新公共管理途径。罗森布鲁姆把这几种研究途径的内容与特征进行了归纳，如表 1-1 所示①。

表 1-1　公共行政学的几种研究途径

特征	视角			
	传统管理途径	新公共管理途径	政治途径	法律途径
价值	效率、效益及经济	成本-收益，顾客的回应性	代表性、回应性及责任性	宪法的诚实和公正、正当法律程序、实质权利、平等保护、公平
组织结构	理想官僚模型	充满竞争的、企业化模型	组织多元主义	行政裁决制（抗辩模式）
对人的认识	非人性化个案，理性人	顾客	群体成员	特定阶层之组成人员，理性人
认知模式	理性-科学主义的	理论推理，经验观察，指标测量，实验	协议，民意，政治争辩	归纳性案例分析，演绎式的法律分析，反复辩论程序
预算	理性（成本-收益）	以绩效为基础，市场驱动	渐进主义（福利分配和负担）	以权利保护为基础(rights funding)
决策观	理性-全面	分散化，降低成本	渐进模式，凑合着过	程序性渐进主义
政府职能特征	执行	执行	立法	司法

公共管理学更多地以经济学为基础，因此，经济学途径已成为公共管理学研究的一个重要途径。它采用经济学的理论假定、概念框架、分析方法及技术来看待公共管理问题。在当代公共管理及公共政策学科中，最有影响的经济学途径是公共选择理论和新制

① 罗森布鲁姆，等. 公共行政学：管理、政治和法律的途径. 北京：中国人民大学出版社，2002：40-41.

度学派。莱恩在《公共部门：概念、模型与途径（第三版）》一书中认为，公共部门中的政策制定与执行的过程是通过来自公共选择、新制度经济学、政策执行、管理与评估等不同领域的模型或途径来进行研究的。

公共选择理论是20世纪70年代发展起来的一种“新政治经济学”或“政治的经济学”理论，80年代以后被广泛地应用于公共管理和公共政策领域。公共选择理论将“经济人”假说、交换范式和方法论个人主义应用到政治和公共政策领域。作为一种公共政策的研究途径，公共选择理论假定：政治行动者个人（不管是决策者还是投票者）都被自利的动机所引导而选择一项对其最有利的行动方案。

新制度主义或新制度学派是一种新的、影响在不断加强的公共政策研究途径。它强调制度在政治生活中的决定性作用，认为制度自身是人类设计的产物，是工具性指向的、个人实现目的的结果；制度之所以在社会中存在，是因为它们可以克服社会组织中的信息障碍和减少交易成本；在社会中，两种能最小化交易成本的组织是市场和等级制（官僚制）组织；作为持续不断的正式或非正式的规则，制度规定行为角色、约束行为和形成期望，因而它们不仅增加或减少交易成本，而且也形成偏好。

1.3.2 公共管理学的研究方法

公共管理学是一门具有实践性、应用性的学科，从学科归属来看，它既是一个独立的研究领域，又是公共行政学的一个重要分支学科。因此，它的研究方法与公共行政学有诸多的相同和相似之处，也有明显的差别。公共管理学的兴起，在方法上的突出特征是强调用跨学科研究途径来研究公共管理问题，提倡以问题为中心的研究方法，既保留了公共行政学的一些行之有效的研究方法，又注意随时吸收当代科学方法的新成果。公共管理学的基本研究方法如下所述。

1.3.2.1 实践抽象法

社会管理是人类社会最基本也是最古老的管理职能，在长期的公共管理实践中，人们已形成一些较稳定、定型化的且行之有效的操作方式或思考方式。因此，如果将这些经验式的程式加以总结、概括和抽象，就可以形成一定的公共管理理论。这种对管理实践进行总结、概括和抽象，以获得新的公共管理理论的方法，就是实践抽象法。

实践抽象法主要是通过分析公共管理人员怎样进行实际操作，如他们如何确立问题，如何搜集信息去分析问题，如何寻求、判别与选择解决问题的种种方案，如何实施最优的方案等，找出公共管理过程或某一个环节中带有规律性的东西，从而抽象出公共管理的理论、原则、方法等，用以指导新的公共管理实践。实践抽象法的基本取向，是从实践中来，再回到实践中去的不断反复。

1.3.2.2 实体分析法

公共管理中的实体分析法，就是在进行公共管理研究时，将公共管理的主体即公共组织，如政府公共部门、非营利组织和准政府组织等，作为一个实体来看待，重点分析该实体存在和发展的前提条件及其与环境的关系，从而获得对这一实体活动的条件和规律等的认识。运用这一研究方法的一个前提条件是要熟悉、了解政府部门和相应的非政府组织及其行为过程，了解法律、政策等要素。例如，制约公共管理机构的主要因素、公共管理机构的目的、所开展的活动、所拥有的资源和权限、所面临的主要问题等。通过对这些基本问题的理解，去分析公共管理机构作为实体性存在的基本状况，获得公共管理的认识和理论。

实际上，实体分析法不仅是研究公共管理的方法，也是公共管理实践中经常使用的工作方法，因为在公共管理中，通过这种实体分析法，往往可以形成一套理论和技术，帮助公共管理人员去分析本部门管理目的、制约因素、资源和权限以及面临的主要问题等方面的情况，从而制定并实施相应的管理方案和措施，提高管理的效率。

1.3.2.3 实验法

实验法的本质是通过设计模拟实验，将事物的各个因素、事物的发展过程再现出来，以找到这种事物在真实世界中的各种数据及面貌。使用这一方法的必备条件是：实验环境必须是经过周密设计并排除与实验无关因素干扰的可控环境，实验按计划有步骤地进行，实验结果通常必须进行科学的统计和分析。为了得出精确、可靠的实验结果，可以进行反复实验和对比实验。

实验法最初来自自然科学。自然科学中的实验分析可以做到精确，社会科学中的实验做不到这一点，因为它涉及人的行为，而人的行为在许多情况下是难以真正准确地加以预测的。因而严格地说，社会科学中的实验分析更多的是一种准实验分析。公共管理学中的实验分析更多的是准实验分析，通过选择某些对象或领域，甚至人为地提供某些条件，推行管理实验或政策试验，以取得经验，再全面推广或铺开。可以采用典型实验法和跟踪实验法进行研究。

1.3.2.4 系统分析法

就其本质而言，系统分析是一种根据客观事物所具有的系统特征，从事物的整体出发，着眼于整体与部分、整体与层次、整体与结构、结构与功能、整体与环境等的相互联系和相互作用，求得优化的整体目标的现代科学方法。公共管理学中使用系统分析法的目的是要帮助人们理解公共管理系统及其与社会环境的关系；鼓励人们同时对公共管理系统的各个组成部分、公共管理过程的各个环节进行研究；引导人们注重这一系统中的结构、层次与功能；促使人们从不同的角度提出问题，开拓新的知识领域。系统分析方法的内容包括整体分析、环境分析、结构分析、层次分析、相关分析等。

20 世纪 60 年代以后发展起来的系统分析法为公共行政学理论与管理知识的汇合、为各种公共行政学理论流派的统一创造了机会。系统分析法给人们提供了一种从整个公共行政活动及其与环境的相互作用中看待公共行政的途径，也为研究公共行政内部各个部分之间的关系提供了指导。同时，系统理论还为公共行政适应环境的权变观念与生态观念提供了基础。运用这种研究方式着重研究的是公共行政与环境之间的相互关系和公共行政内部各部分之间的相互关系等；致力于谋求公共行政与环境之间及公共行政内部各部分之间的动态的、具体的一致性，以保证公共行政的高效能、高效率。在这方面最主要的代表人物是塔尔科特·柏森斯、卡斯特、罗森茨韦克、高斯、雷格斯等。

1.3.2.5 比较分析法

比较分析法，通常是指把所要研究的对象与不同的或相似的事物放在一起做比较，或将研究对象在不同阶段的情况进行比较，通过鉴别事物之间的异同及其制约因素等，加深对事物的认识，找出事物的本质或规律性的东西。相应地，比较分析法可分为横向比较法和纵向比较法。比较分析法的要点是通过对不同事物或同一事物在不同阶段的情况等进行比较，从中找出共同点、本质或规律性的东西。公共管理学中的比较分析要求研究者对不同国家或地区的公共管理系统及过程加以比较，要求对同一个国家或地区在不同历史时期的公共管理系统及过程加以比较，从中既找到公共行政学的一般的或普遍的理论，又发现各国家或地区在不同时期的公共管理特色，从而丰富整个公共管理学的理论及方法理论体系。

比较研究法是公共管理研究和学习中的一个极为常用的方法，尤其是对我国来说，在当今建立社会主义市场经济体制的改革走向深入、加入世界贸易组织（WTO）后进一步改革开放、参与国际经济竞争的背景下，这一方法更为重要。如运用纵向比较法，通过对新中国成立以来不同的历史时期公共管理所包含的特定的社会公共事务管理模式和方法等进行比较，就能从历史演变的角度，对公共管理的不同变化和特点进行分析，寻找出这种变化的历史原因和实质，加深对现阶段公共管理的认识。又如，运用横向比较法，通过对不同国家和地区同一时期或不同时期公共管理系统和过程的分析，可以发现各个国家或地区在不同时期的公共管理特色，尤其是总结发现其成功的经验或失败的教训，从而择优弃劣、取长补短，为提高我国的公共管理水平提供有益的借鉴。

1.3.2.6 多学科融合的综合研究方式

随着数字化时代和知识经济的来临，人们也开始不断地从多角度、多侧面来认识事物，各学科之间相互交叉、相互渗透和融合的趋势越来越明显，新文科建设理念应运而生，从而促进了公共管理学多学科融合的综合研究方式。这种研究方式强调各学科之间理论与方法的综合与互补，运用各学科理论及其研究方法来解释与解决公共管理中实际存在的问题。

1.3.2.7 案例分析法

案例分析的要点是对已经发生的公共管理事件，分析者尽可能从客观、公正的观察者立场加以描写或叙述，以脚本等形式说明一个事件的有关情况，力图再现与事件相关的当事人的观点、所处的环境，供读者评判。这种方法的重点是强调人际关系、政治等因素对管理过程的影响，而不是抽象推理或刻画细节，因而它特别适应公共管理学及工商管理学研究的需要。案例分析既是当代公共管理学的一种重要研究方法，又是当代公共管理学的一种重要教学形式。

本章小结

1. 公共管理是国家或政府的基本职能之一，公共管理学是以政府行政组织为核心的多元主体所进行的公共管理活动为研究对象。它的理论形态随公共管理实践的发展而改变。从20世纪80年代末90年代初开始，原来实行计划经济体制的国家纷纷向市场经济体制转轨，市场经济体制成为全球占压倒性多数的经济体制。我国的公共管理学研究必须紧密结合新时代中国特色社会主义的公共管理实践，研究从全面建成小康社会向全面建设社会主义现代化国家的公共管理现实问题，使公共管理理论更好地为实现国家治理体系和治理能力现代化目标服务。

2. 公共管理学所具有的学科特征并没有超出公共行政学基本理论的特征与范围。作为从一个视角研究公共部门的学科，公共管理学既表现出与公共行政学在一些基本方面的一致，同时与公共行政学、公共政策一道，成为研究公共领域公共部门管理的重要途径。

3. 公共管理学在研究方法上特别强调用跨学科研究途径来研究公共管理问题，提倡以问题为中心的研究方法，多学科融合性、跨学科性和综合性特点明显。另外，实践抽象法、实体分析法、实验法、系统分析法、比较分析法、多学科融合的综合研究方式、案例分析法等也都是公共管理学的一些行之有效的研究方法。

关键术语

公共管理学　公共行政　公共政策　政策途径（P途径）　商业途径（B途径）　“政治-行政”二分法　管理途径　政治途径　法律途径

复习思考题

1. 分析公共管理与公共行政之间的内在联系与差别。

2. 关于公共行政、公共管理的研究，存在着以下几种观点：第一，有人认为公共管理是公共行政的一个学派；第二，有人认为公共管理在实践上就是以市场化和企业精神为主要特征的公共行政改革，在理论上就是为改革提供支持的理论与观点，主要包括管理主义、新泰勒主义、全面质量管理理论、绩效管理理论等；第三，有人认为公共行政已经发展到公共管理范式阶段，公共管理已经成为一个独立的范式。请分析评价以上观点。

3. 关于公共行政的研究，历来存在着两种不同的取向：一种是民主主义取向，它秉承政治学和法学的传统，关注民主、社会公平等价值，强调公共权力的制约和限制；另一种是管理主义取向，它秉承管理学和经济学的传统，关注效率问题，强调公共行政的工具理性。请你分别列举两种不同研究取向的代表人物及其理论观点，并加以分析评价。

4. 比较分析公共行政学研究途径与公共管理学研究途径的差异。

参考文献

1. 蔡立辉. 公共管理范式：反思与批判. 政治学研究，2002 (3).

2. 陈振明. 公共管理学. 北京：中国人民大学出版社，2005.

3. 罗森布鲁姆，等. 公共行政学：管理、政治和法律的途径. 北京：中国人民大学出版社，2002.

4. 公共行政学经典著作选读. 北京：国家行政学院出版社，1992.

5. 莱恩. 公共部门：概念、模型与途径：第3版. 北京：经济科学出版社，2004.

6. 马骏，郭巍青. 公共管理：新的研究方向. 武汉大学学报（社会科学版），2002 (1).

7. 张成福. 公共行政的管理主义：反思与批判. 中国人民大学学报，2001 (1).

8. BOZEMAN B. Public management：the state of the art. San Francisco：Jossey-Bass Publishers，1993.

9. KETTL D F，MILWARD H B. The state of public management. Baltimore and London：The Johns Hopkins University Press，1996.

10. PERRY J L. Handbook of public administration (second edition). San Francisco：Jossey-Bass Publishers，1996.

第2章

公共管理的理论发展

本章导读

关于公共管理是不是一个独立的学科范式，至今还存有较大的分歧。有人认为公共管理和公共行政可以相互替代，用什么名称只反映使用者的偏好，内容并没有本质的区别。例如，美国行政学者梅戈特博士就明确指出："公共行政与公共管理名称之别有时候只是不同大学历史文化特征的反映，没有本质区别。"① 有人认为，"'公共管理'一词涉及的范围似乎比内部行政的范围更加广泛……公共管理不一定……只发生在组织机构的内部。'公共行政'一词几乎完全和政府官僚制结为一体"②。还有人把公共管理视为公共行政下面的一个较低层次的技术性领域③。尽管学界对此概念存在着不同的看法，但我们不难发现，公共管理与公共行政之间具有内在的联系。事实上，当代管理社会公共事务的公共管理职能虽然出现主体多元化的趋势，但在相当长的一个时期里仍然主要是由政府公共部门来承担。本章正是围绕上述问题进行阐述。

中国特色社会主义进入新时代，直面公共治理领域的新实践、新问题，积极回应新时代需求，研究和解决国家重大公共管理领域的复杂问题，服务国家治理体系和治理能力现代化建设，是我国公共管理学科必须面对的重大任务和时代命题；构建中国特色、中国风格、中国气派的公共管理理论体系，是我国公共管理学科未来的发展方向。

---

① 张梦中．美国公共行政（管理）历史渊源与重要价值取向：麦克斯韦尔学院副院长梅戈特博士访谈录．中国行政管理，2000（11）．

② BOZEMAN B，STRAUSSMAN J D. Public management strategies. San Francisco：Jossey-Bass Publishers，1990：4.

③ GRAHAM C B，HAYS S W. Management functions and public administration POSDCORBr evisited//OTT J S，HYDE A C，SHAFRITZ J M. Public management：the essential readings. Chicago：Lyceum Books/Nelson Hall，1991：13.

知识结构图

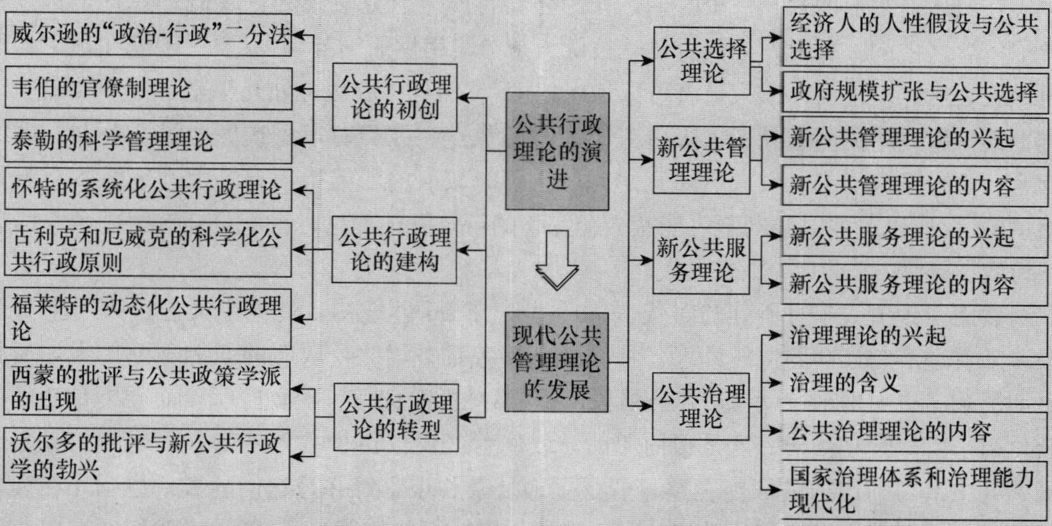

重点问题

- 公共行政、公共管理的历史演进过程及其理论流派
- 公共管理与公共行政的联系与区别
- 管理主义取向与民主主义取向的理论内容与代表人物
- 公共选择理论、新公共管理理论、新公共服务理论和公共治理理论的主要内容

2.1　公共行政理论的演进

公共行政学从 1887 年成为独立的学科以来，经历了发展演进的过程，形成了许多理论流派。20 世纪 80 年代之后，从公共行政学中逐步衍生出公共管理分支。

2.1.1　公共行政理论的初创

公共行政如同其他管理一样，具有十分悠久的历史，无论是在东方国家还是在西方世界，自古都不乏公共行政的思想。然而，早期的这些十分丰富的公共行政思想因缺乏系统性而尚未成为一种学科化的专门理论。公共行政真正作为一个完整的理论体系并成为一门独立的学科，则是到了 19 世纪末 20 世纪初在威尔逊的“政治-行政”二分法和韦伯的官僚制理论基础上并经过科学管理理论而创立起来的。

2.1.1.1　威尔逊的“政治-行政”二分法

威尔逊在《行政学研究》(*A Study of Public Administration*) 一文中详细阐述了

“政治-行政”二分的理论①。

在威尔逊之前的很长一个时期，作为公共行政学研究对象的行政概念一直是包含在政治概念之中的，那时，公共行政“被认为是‘实用性的细节’，只要博士们在理论上取得一致之后，仅仅由办事人员就可以加以处理”。而且“麻烦之处几乎全部集中在政府结构上面，因此结构问题就成了吸引人们思考的焦点。在当时很少或完全没有公共行政的问题，至少没有引起行政官员注意的问题。那时政府的职能很简单，因为生活本身就是简单的”。所以，那时候既不可能有一套完整的行政管理理论，也不可能有一门独立的公共行政学。

然而，到了威尔逊所处的时代——19 世纪末 20 世纪初，资本主义已进入了上升阶段，随着经济和社会的快速发展，社会公共事务日益增多，政府的职能不断扩大，而且更加复杂、更加困难，就像威尔逊所说的那样，“没有任何一种政府职责而今不是变得复杂化起来，尽管它当初一度是很简单的，政府曾经仅仅由少数人主宰，而现今它却由大批的人主宰”。“政府的职能在逐日变得更加复杂和艰难，并且它们的数量也同样在大大增加。行政管理当局把它的手伸向每一处地方以执行新的任务。”如果说我们“在以往许多世纪当中就可以明显地看出政府活动方面的困难在不断汇集起来，那么在我们所处的世纪则是眼看着这些困难正在堆积成无与伦比的高峰”。因此，威尔逊认为，当时的美国仅就文官制度进行改革是不够的，“当号称文官制度改革的运动，在实现它的第一个目标之后，将会进一步努力不只是求得‘人事’方面的改进，并且还要改进我们政府机关的组织机构与工作方法：因为问题很明显，这些机关的组织机构与工作方法，是继‘人事’问题之后，亟须加以改进的对象”，因为“我们的政府正如同一个身强力壮的小伙子一样，其机能已经得到扩张，其身材已经长大，但同时却在动作上变得笨拙了。它的精力和年龄的增长，与它所具有的生活技能相比较，已经彻底不相适应。它得到了力量，但却没有学会灵活地行动的方法。因此，虽然从机构发展的顺利和健康状况方面着眼，跟欧洲诸国相比，我们的优越性是很大的，但现在我们却已经面临着需要进行更加仔细的行政调整和具有更加丰富的行政知识的时刻”。这里，威尔逊清楚地认识到，随着国家经济和社会事务的发展以及政府职能范围的扩大，“与制定一部宪法相比较，贯彻一部宪法变得愈来愈困难了”，政府的行政管理工作迫切地需要有科学的理论予以指导，以力求使政府不走弯路，使政府专心处理公务和少做政治干预，加强和纯洁政府的组织机构，为政府的尽职尽责带来美誉。

为此，威尔逊提出应在对政治与行政这两个概念进行正确区分的基础上将公共行政理论从政治学中分离出来，进行专门的研究。在他看来，“公共行政是政府工作中极为显著的一部分，它就是行动中的政府；它就是政府的执行、政府的操作，就是政府工作中最显眼的部分，并且具有与政府本身同样悠久的经历”。行政不同于政治，“公共行政是置身于‘政治’所特有的范围之外的。公共行政的问题并不属于政治问题。虽然公共行政的任务是由政治加以确定的，但政治却无须自找麻烦地去直接指挥行政管理机构”。“政治是政治家的特殊活动范围，而公共行政则是技术性职员的事情。政策如果没有公共

① 威尔逊. 行政学研究. 国外政治学，1988（6）.

行政的帮助就将一事无成，但公共行政并不因此就是政治。”“公共行政的领域是一种事务性的领域。公共行政作为政治生活的一个组成部分，仅仅与企业办公室所采用的工作方法是社会生活的一部分一模一样，仅仅与机器是制造品的一部分一模一样。但是公共行政却同时又大大高于关注纯粹技术细节的那种单调内容。”所以，威尔逊特别强调，作为一门科学，公共行政学应对行政管理的各个方面开展理论研究，使行政学的理论既有深度又有广度，形成“公共行政比较高深的理论”。在他看来，“行政学研究的目标，在于首先要弄清楚政府能够适当而且成功地承担什么任务，其次要弄清楚政府怎样才能够以尽可能高的效率和尽可能少的金钱或人力上的消耗来完成这些专门的任务”；“行政学的目的就在于把行政方法从经验性实践的混乱和浪费中拯救出来，并使它们深深植根于稳定的原理”。

2.1.1.2 韦伯的官僚制理论

如果说威尔逊在“政治-行政”二分法的基础上提出了建立公共行政学的必要性并大致框定公共行政学研究的独立领域，那么韦伯的官僚制理论则从组织体制的角度为公共行政理论之传统形态的公共行政学的创立提供了理论框架。

韦伯的官僚制理论是基于他对由不同权威结构决定的组织类型的分析而提出和建立的。韦伯认为，任何一种组织都是以某种形式的权威为基础的，在权威制度下，下级把上级发布的命令看作是合法的。“行政管理班子对统治者（或统治者们）的服从，可能纯粹出自习俗，或者纯粹由于情绪，或者受到物质利害关系，或者受到思想动机（价值合乎理性）的约束。这类动机在很大程度上决定着统治的类型。”① 正是根据这种权威合法化的方式并基于三种合法的权威，他区分了“神秘化组织”“传统组织”“合理化-合法化组织”三种不同的组织形态，其中每一种组织形态都意味着其独特的管理机构或管理体制。

在韦伯看来，“神秘化组织”中行使权威是基于领导者个人的人格这种所谓的“超凡魅力”，它以对个人的崇拜、迷信为基础，组织成员对命令的服从仅仅是出于领导者个人的感召力和煽动力。“在魅力型的统治情况下，服从具有魅力素质的领袖本人，在相信他的这种魅力的适用范围内，由于个人信赖模式和楷模榜样而服从他。”② 因此，这种组织内在的基础并不稳固，常出现“人存政举，人亡政息”的现象。而“传统组织”中命令和权威的基础是先例和惯例。“如果一种统治的合法性是建立在遗传下来的（‘历来就存在的’）制度和统治权力的神圣的基础之上，并且也被相信是这样的，那么这种统治就是传统型的。”③ 从前经常发生的事情被看作神圣的东西，并由此确定了各种团体的权利和期望。这种组织类型的权威明显地具有世袭性、封建性和绝对性的特点。至于“合理化-合法化组织”，其权威行使的基础是组织内部的各种规则，人们对权威的服从是由于有了依法建立的等级体系。此时的权威必须在组织中担任一定的领导职务，被领导者对权威的服从实质上是对组织规则的服从，领导者与被领导者之间在法律地位上显然是平等的，各自都要受到组织规则的约束。“在依照章程进行统治的情况下，服从有合法章程

---

① 韦伯. 经济与社会：上卷. 北京：商务印书馆，1997：238.
② 同①241.
③ 同①251.

的、事务的、非个人的制度和由它所确定的上司——根据他的指令的正式合法性和在他的指令的范围内服从他。"①

韦伯认为，在基于三种权威而形成的这三种组织类型中，与传统权威相适应的组织类型效率较差，因为其领导者不是按能力来挑选的，其管理单纯是为了保存过去的传统。基于超凡魅力权威而形成的组织则过于带有感情色彩并且是非理性的，其管理工作不是依据规章而是依据神秘或神圣的启示来进行的。只有合理化-合法化的权威才能作为行政组织的基础。所以，在韦伯看来，只有这种与合理化-合法化权威相适应的组织形式才是"理想的官僚制"，这也是韦伯倍加推崇的组织形式。"纯粹的官僚体制的行政管理，即集权主义的、采用档案制度的行政管理，精确、稳定、有纪律、严肃、紧张和可靠，也就是说，对于统治者和有关的人员来说，言而有信，劳动效益强度大和范围广，形式上可以应用于一切任务，纯粹从技术上看可以达到最高的完善程度。"②

韦伯认为，作为一种理想的行政组织形式，"官僚制"具有以下基本特征：

（1）合理的分工。组织以法规的形式严格根据分工的要求规定每一职位均有特定的权责范围，这样不仅有利于组织成员通过训练掌握专门的技能，更有利于提高组织的工作效率。

（2）层级节制的权力体系。在官僚制组织这样的一个等级实体中，这种层级节制的权力体系可以使组织中的每一个成员都确切地知道从何处取得命令以及把命令传达给何人，它有助于克服组织管理中的混乱现象，提高组织的工作效率。

（3）依照规程办事的运作机制。官僚制组织通常要根据合理、合法的原则制定一整套规则和程序来规范组织及其成员的管理行为，以保证整个组织管理工作的一致性和明确性。

（4）形式正规的决策文书。在实行官僚制的组织中，一切重要的决定和命令都应形成正式文件下达，并且要记录在案，用毕归档，这样既可以防止工作的随意性，又有利于下级组织及其成员明确职责权限，还便于加强必要的控制，以利于组织有效地实现其目标。

（5）组织管理的非人格化。在实行官僚制的组织中，管理工作是以法律、法规、条例和正式文件等来规范人的行为的，公私分明，对事不对人，人们在处理公务时只应考虑合法性、合理性以及有效性，而不应考虑任何私情关系。

（6）适应工作需要的专业培训机制。随着社会的进步和科学技术的发展，建立在高度分工和专业化基础之上的官僚制组织必须为其成员提供各种必需的专业培训，以便使其具备和增强处理事务和解决问题的能力，进而提高其服务数量和质量，从根本上提高组织的工作效率。

（7）合理、合法的人事行政制度。对于官僚制组织的人事行政问题，韦伯用了较多的篇幅予以阐述，其核心思想就是，官僚制组织的人事行政必须遵循任人唯贤、注重实绩、奖勤罚懒、依法办事的基本原则。

---

① 韦伯．经济与社会：上卷．北京：商务印书馆，1997：241.

② 同①248.

其实，韦伯的官僚制理论与威尔逊的“政治-行政”二分法是一致的：政治领域（政策制定）与行政领域（政策执行）之间的区分，是一种在行政过程中积极摒弃非理性因素干扰的努力，它重视行政独立的地位，在行政独立自主的前提下，将职业化、专业技能和功绩制的价值观等理性标准引入行政管理过程，追求行政管理的客观化、科学化和理性化。也就是说，威尔逊的“政治-行政”二分法和韦伯的官僚制理论都认同公共行政的完善取决于从行政公务中积极地排除政治性因素。公共行政的高效运作要依靠来自客观实际的可靠性法规的技术应用，采取一套有逻辑的、严格的和机械性的行为方式。威尔逊的“政治-行政”二分法和韦伯官僚制理论的提出为公共行政学成为一门独立的学科提供了理论支撑。

2.1.1.3　泰勒的科学管理理论

除了“政治-行政”二分法和官僚制理论为公共行政学成为一门独立的学科提供支撑之外，对公共行政的科学化和技术化具有推波助澜作用的还有泰勒的科学管理理论。19世纪末，在以美国为代表的西方发达国家，工业化发展已经达到了相当高的程度：一方面是生产规模和科学技术的迅速发展，社会物质财富迅速增加；另一方面是竞争的日益加剧，人们缺乏管理现代化大工业的方法和技术，劳动生产率增长缓慢，同时劳资关系日趋紧张，工人缺乏生产积极性。如何真正有效地提高劳动生产率，已经成为各个企业共同关心的问题。在这种情况下，人们提出了许多不同的解决办法，有人主张改进机器设备，也有人主张改变工资报酬制度，而泰勒则在长期调查研究的基础上主张实施新的科学化的管理方法和制度，向管理要效率，进而提出了他的科学管理理论。在泰勒看来，科学管理的中心问题是提高劳动生产率，而要提高劳动生产率，就必须在企业推行“科学管理”，包括：实行预先计划；用科学的方法挑选工人；对工人进行科学教育和培训，以使他们掌握标准化的操作方法，使用标准化的工具、机器和材料，在标准化的作业环境中完成经测算规定的工作定额；管理部门和工人之间保持密切友好的合作关系；等等。泰勒所倡导的科学管理理论最终形成了一场波及整个西方工商企业管理界的科学管理运动。

尽管泰勒所开创的科学管理理论是针对企业管理而提出的，但是政治与行政的分离强调行政管理事务的非政治化，使得行政事务在这一点上“仅仅与企业办公室所采用的工作方法是社会生活的一部分一模一样，仅仅与机器是制造品的一部分一模一样”①，也就是说，使得行政领域运用科学管理的原理和原则成为可能。所以，当最初产生于工厂管理实践中的科学管理理论逐步成为企业管理的基本原则之后，也被逐渐运用到政府管理实践之中。泰勒提出的关于建立管理目标、管理控制标准、管理程序化，科学挑选、培训和安排人员，组织分工和协作，明确权责，调动人员积极性，提高工作效率，在管理中使用科学方法等一系列理论和方法，具有一定的普遍性，不仅适用于企业，也适用于政府行政管理。这些理论后来被行政学者概括、改造并上升为行政管理学理论，构成现代行政管理理论的重要组成部分。在泰勒提出科学管理理论不久，不仅美国政府将其

---

①　威尔逊．行政学研究．国外政治学，1988（6）．

提供的科学原理和方法应用于政府的行政管理，精简政府、调整机构，促进了政府工作的改革，提高了行政效率，而且有许多行政管理研究者也开始重视通过科学管理来解决政府行政效率的问题。例如，曾经担任美国全国办公室管理协会会长的威廉·亨·莱芬韦尔（1876—1934）就率先把泰勒的科学管理的原则成功地应用于机关办公室的管理工作中，并发表了许多有关办公室科学管理的著述；泰勒的亲密合作者莫里斯·卢埃林·库克（1872—1960）也曾成功地把科学管理原理运用到市政管理工作中；更为值得一提的是，美国著名行政学家伦纳德·D. 怀特则进一步用科学管理理论研究政府行政管理。无怪乎美国行政学家博兹曼说，科学管理“在公共行政的实践和政府研究中具有很大的影响……由于对科学管理和科学原则的信奉迅速扩展并使其流行的正统做法，公共行政和公共行政人员的影响达到了顶峰……科学管理在1910—1940年期间一直对公共行政起着支配作用”①。

泰勒的科学管理理论不仅与威尔逊的“政治-行政”二分法具有内在的结合点，而且也与韦伯的官僚制理论具有相通的地方。一方面，科学管理理论彻底改变了在此之前管理的非专业性和个性化特征，建立了专业化和普遍化的管理原则和方法。科学管理之前的管理纯粹是一种经验型管理，是受行为习惯支配的管理，缺乏普遍适用的有关如何进行管理的知识体系，没有共同的管理行为准则，对于一位管理人员应该如何行动，没有普遍统一的要求，管理者完全按照自己的想法来决定管理风格，碰到什么问题就解决什么问题。即使存在管理，也被视为局部性问题，不需要普及推广。“人们把能否成功归因于管理人员的个人品质，而不是把成功归因于他们是否掌握了更为广泛的管理原则。认为管理是一种个人的艺术，而不是一种科学；是实践问题，而不是理论问题；是特殊性问题，而不是普遍性问题。”② 从科学管理将个人经验和人格化的管理推向科学的、理性的、专业化的、普遍化的管理这一点来讲，其与理性官僚制在历史上取代非专业化、人格化的非理性的前官僚制，具有相同的功能和意义。此外，科学管理原理在追求“最佳工作方法”、管理标准化和程序化、管理权威和结构的建立以及强调等级控制等方面，与理性官僚制相一致，科学管理原理的层级式管理结构就是官僚制的组织结构。

2.1.2 公共行政理论的建构

公共行政理论初创时期的代表人物如威尔逊、韦伯以及泰勒等人都从不同的侧面，在一定程度上，在各自的领域为公共行政理论的创立做出了巨大的贡献，但是与此同时，我们也应该看到，他们对传统公共行政的研究还不能说是全面的、系统的，他们各自所深入研究的那个领域或者是政府管理的边缘，或者只是政府管理理论中的一个部分。他们的研究成果还只是为公共行政理论体系的最终形成框定范围、积累素材、提示方法和奠定基础。公共行政理论体系的建构任务则主要是通过其后的怀特的系统化公共行政理论框架、古利克和厄威克的科学化公共行政原则以及福莱特的动态化公共行政理论等环

---

① 休斯. 公共管理导论. 北京：中国人民大学出版社，2001：40.

② 雷恩. 管理思想的演变. 北京：中国社会科学出版社，1986：64.

节逐步完成的。

2.1.2.1　怀特的系统化公共行政理论

作为公共行政学的奠基人，伦纳德·D. 怀特坚信公共行政存在着一些具有普遍适用性的理论原则。他第一次运用理论的研究方法对公共行政学问题进行了系统的研究，首次将公共行政学思想系统化、理论化，使之成为一门比较完整的学科体系。怀特认为，在范围广泛的行政事务和纷繁复杂的行政现象中，必须运用科学的方法来建立知识系统和理论原则，以便为政府及其公务员的行政管理和执法活动提供行为规范和理论指导。怀特对公共行政理论的系统化努力主要就体现在他于1926年撰写的《行政学导论》这本著作中，该书共分为21章：前两章讨论了行政的范围、性质、行政学的由来以及行政与各个方面的关系问题；而在该书中间的主体部分，怀特用了15章的较大篇幅重点探讨了组织和人事两大课题，其中有6章内容讨论的是行政组织、中央集权的体制与限度、权力汇一的体制与方法、权力汇一的限度、部门的组织、行政机构的改组等组织问题，而另外的9章则分别对人员问题、人员问题的历史回顾、官纪、人员的招考与考试办法、分级与制定薪俸、升迁与效率记录、惩戒与罢免、退休制度以及公务员制度等人事问题做了分析；在该书的最后4章中，怀特分别讨论了行政条例与规章和行政监督问题，并对行政发展的趋势进行了展望。

综观这本公共行政学理论的重要奠基之作，我们不难发现，怀特通过自己的努力将行政实践的理论总结和各种政府管理研究成果融为一体，颇具特色地提出了建立公共行政学理论体系的四个基本假定。他认为：第一，行政具有共性，“行政为单一之程序，无论何处所见到之重要特质，均大体相同”；第二，管理是公共行政学的实践基础，“行政之研究应始自管理之基础，而不宜始自法律之依据”；第三，公共行政是科学，是实践的技术，即“行政在大体上，仍系一种技术，但于转变之为一科学之重要趋势上，极端重要”；第四，公共行政十分重要，“行政业已成为，且将继续为现代政府问题之中心”①。公共行政学的目的就是追求经济和效率，这四个假定反映了怀特对行政学的基本看法和所采取的基本研究方法。正是在这四个基本假定的基础上，他从行政学的研究对象与范围、行政环境、行政组织、行政协调、人事行政、行政伦理、行政法规以及行政监督等方面对公共行政学的基本理论框架进行了系统的建构。正是由于怀特在《行政学导论》一书中完成了行政学研究系统化这样一个历史性任务，公共行政学才在他手中真正赢得了作为一门独立学科的地位．该书也被公认为世界上第一本公共行政学教科书和公共行政学正式诞生的标志，也正是因为怀特所提出的这一公共行政学理论框架使传统公共行政思想成为系统化、理论化的知识体系，所以他也因此被誉为公共行政学的奠基人。

然而，应当指出的是，尽管怀特开创性地提出了一个系统化的公共行政学理论框架，但他只是提供了公共行政学这门新兴学科的概貌，只是完成了公共行政学理论体系建构的第一步，而相对完整的公共行政学理论体系则是通过古利克和厄威克的科学化公共行政原则以及福莱特的动态化公共行政理论等相关内容的充实而建构起来的。

---

① 怀特．行政学导论．北京：商务印书馆，1947：1-2.

2.1.2.2 古利克和厄威克的科学化公共行政原则

如果说怀特为公共行政学的发展提供了一个系统化的理论框架，那么，古利克和厄威克基于对具体公共行政问题的直接探讨而提出的公共行政原则则大大充实了公共行政学的理论体系。

古利克认为，行政可以被界定为一种价值中立的活动并因此可以成为科学分析的合法主题。他十分渴望将科学方法应用于行政问题，他相信，科学方法和科学精神同样可以应用于对人类行为的研究。就公共行政而言，古利克把科学方法视为“以能力取代无知、以专业人员取代非专业人员、以专家取代杂而不精者、以日益加剧的分化和专门化取代华而不实、以训练有素的行政人员取代训练无素的新手”[①] 的一种途径。在他看来，对行政进行科学研究的目的在于发现“行政原则”或永远不变的“行政规则”。通过提炼和简化，这些原则或规则可以用来解决实际的行政问题。古利克对行政原则的探究是结合其对行政组织结构改革的分析来进行的。古利克认为，行政改革应该有一套新的指导“原则”。美国政府最初所依据的原则源于对行政权力的反感和对代议制的渴望，而经验已经证明这些原则有缺陷。选举许多官员和经常进行选举，既没有产生好的政府也没有产生民主政府；权力制衡系统所导致的不是“更大的驱动力而是更多的制动器”；多头领导的机构使政府系统丧失了负责且有力的领导；不熟练的人已经被证明既不能处理好重要的行政事务，也不能胜任重要的技术工作。为此，古利克强调，现在所需要的是一个既能够制订计划又能够执行民主政策的行政部门。他认为行政改革应该遵循以下指导原则[②]：

第一，相关的工作应该作为一个单元来完成；第二，所有的机构应该合并成一些部门；第三，每一个单元的行政工作都应该由单独的一个根据能力、专业知识和经验选举产生的负责官员来指挥；第四，部门领导的权力与其责任应该相称；第五，每一个大部门的领导都应该有一个负责工作评估的参谋机构；第六，每一种职能的责任都应该归属于一个具体明确的官员；第七，应该减少民选官员的人数；第八，委员会不应该用于行政工作，它们只应该承担准立法职能和准司法职能；第九，所有的行政工作都应该由单一的首长来领导，这个单一的行政首长应该由选民或选民代表直接选举产生并且对他们负责；第十，行政首长应该有权任命和免除部门领导的职务并且有权指挥他们的工作；第十一，行政首长应该有一个研究参谋机构来汇报各部门的工作和探究更好的工作方法。

简言之，行政分支机构应该被整合并置于坚强有力的行政部门领导之下，这些坚强有力的行政部门拥有一个能够对整个工作过程实施有效监督的权威行政首长。古利克宣称，单一的集中领导几乎具有普遍性，而且他还建议不仅应该有权而且就公共部门来说还应该有时间用权。古利克把行政机关所具有的职能总结为“POSDCORB”这个首字母缩略词，这个缩略词的字母代表行政机关的职能，即计划、组织、人事、指挥、协调、报告和预算。在他看来，行政组织应该围绕着这些职能来建立，而且他认为，只有行政

---

① GULICK L. The national institute of public administration. National institute of public administration，1928 (52).

② GULICK L. Principles of administration. National municipal review，1925，14 (7)：400.

机关才应该履行这些职能。

相比之下，厄威克基于古利克的上述观点对公共行政原则的系统化做了更具有普适性的归纳。厄威克一直都致力于探求出更为广泛的公共行政原则并使其获得公认，进而建立起专门的行政管理学的知识体系。在他看来，下列原则对于行政组织的管理都具有普遍适用性：

（1）目标原则。组织目标是组织活动的方向和标准，组织有了目标，其成员才能有所适从，明确清晰的目标既是组织存在的前提，又是其群体凝聚力的基础，所以厄威克早在其 1938 年撰写的《组织的科学原则》一书中就将目标原则作为行政组织管理的重要原则之一提了出来，并认为所有的组织都应当确定一个明确的目标。

（2）人员与组织结构相适应的原则。此原则亦称“为组织机构配备合适人员”的原则。厄威克把组织解释为“决定某种目的（或‘计划’）需要一些什么活动，并把这些活动分配给各个人的小组”。厄威克提醒人们，必须以“一种冷静的、超然的态度”来对待组织，必须没有任何倾向性地确定相应的组织机构，然后再采取步骤“为组织机构配备合适人员”，以使人员适应于组织结构。

（3）“一人管理”原则。也就是在一个组织中应该由一个领导者承担管理职责。厄威克提醒人们不要用委员会来进行管理，在他看来，在一个组织中运用委员会的形式进行管理，不可避免地会导致行动迟缓、笨重累赘、铺张浪费、难以协调和效率低下等不良后果，而“一人管理”原则权力集中、责任明确、指挥统一、行动迅速，有助于行政效率的提高。

（4）“专业参谋和一般参谋”共存的原则。厄威克一方面坚持“一人管理”原则，另一方面也认识到，由于组织规模的扩大和工作量的增加，行政领导者需要越来越多的专家和专业工作者来协助其工作，因此，他主张加强和发展“职能”部门或“参谋”部门。他认为，“专业参谋”主要是作为行政领导者的咨询人员，而不应拥有行政指挥的实权，这些专家只应该通过说服，通过“思想的权威”来取得成果。除了“专业参谋”以外，还必须增加一种“一般参谋”，以便帮助行政领导者承担指挥、控制和协调这些中心职责。这种“一般参谋”的职能不限于提供建议，而是拟订和传达命令、追踪下级工作的进展情况并协助对专业参谋的工作进行协调，而他们本身并不从事任何专业的工作。但是，这种“一般参谋”虽然处理范围很广的问题，而且经常忙于协调和一般领导方面的工作，但重要的一点就是要记住，他们不是以自己的身份，而只是作为上级的代表来进行指挥的，而且他们指挥的内容只限于上级决定的范围之内。厄威克强调指出，这种“一般参谋”的工作宗旨只是在于使行政领导者免除某些事务的负担，使他能够扩大控制幅度并集中精力于最重要的问题。

（5）“授权”原则。也就是行政领导者要能够把某些职权授予下级人员。厄威克在其《行政的要素》一书中曾指出，“缺乏恰当授权的勇气和如何进行授权的知识，是组织失败的最常见原因之一”。他认为，尽可能地授权是行政领导者进行有效工作的最重要条件，而那些陷在琐碎的事务圈子里的行政领导者之所以难于自拔，只能怪他们自己在授权问题上处理不当。

（6）“责权相符”原则。也就是有权必须有责，权责必须相符。厄威克在《行政的要素》一书中指出，只把责任加在某些管理人员身上是不够的，还必须授予他们履行这些责任所必需的权力。他还进一步指出，被授予权力的人必须对下级的所有工作承担个人责任，在各级管理人员中，责任和权力都必须相称。

（7）明确性原则。也就是各种职责都应当有明确清晰的界限，要使从上到下的每一个组织成员都明确地了解并承认各自的职责，而且每一职位的职、权、责以及各个职位之间的相互关系均应以书面的形式确定下来并传达给组织的所有成员。

（8）“控制幅度”原则。控制幅度是指每一个上级直接领导的下属的人数。厄威克认为，一个行政领导者直属的下级人员数量应有一定的限度，宜小不宜大。他在《行政的要素》一书中指出，每一个上级领导者直接领导的下级人员不应超过五人，至多不能超过六人，这是因为领导者所必须监督控制的不仅仅是每一个单一的下属人员，而且还包括各个下属人员之间繁杂的相互关系是否协调。他说，如果下级人员的人数以算术级数增加，那么需要由上级领导者加以注意的下级人员之间相互关系的排列和组合则是以几何级数增加的。所以，行政领导者直接管辖和控制的下属人数不应超过一定的限度。

2.1.2.3 福莱特的动态化公共行政理论

在福莱特之前的很长一个时期，公共行政学界主要关注的是对诸如组织结构、规章制度等所谓“正统”的行政管理问题的研究，而对行政管理中人及其行为因素对行政管理效率所具有的影响缺乏必要的重视。福莱特在坚信一定有若干适用于行政管理各方面的基本原则的前提下发现政府行政官员都面临着诸如组织、领导、控制、权力、参与和冲突等方面的问题，她从人的角度，运用心理学的研究方法对人的问题在行政管理中的重要性进行了探讨。

作为最早系统而深入地研究行政管理中人的问题的学者，福莱特对行政管理中人类行为的心理基础以及群体工作时人们的情感反应很感兴趣。她强烈地感受到人类群体生活对人的行为的影响。她指出，群体生活能使人产生出一种强烈的情感，因而人在群体中的思想和行动，无法再由自己控制。在经常和同伴联系的情况下，人将受群体影响的支配。由此，她指出，群体具有一种“额外价值”，具有一种生命，正是这种价值、这种生命才是社会人行为的真正基础。福莱特还非常重视群体内人际关系的协调，她认为协调是管理的核心。为了做好协调工作，应该遵守“交互联系”的原则、直接接触的原则、早期进行的原则和连续过程的原则。福莱特对人的研究还反映在她对权威问题的看法上，她认为人都是很敏感的，只有在环境的逻辑和事实的需要下，才肯接受权威。然而，组织中上下级关系却并非经常建立在“需要”的基础上，因此很容易伤害人们的感情，为此，权威的运用应纯粹根据情境需要来进行，不能滥用。这就是她所谓的“情境规律”。福莱特还认为，所谓“最终权威”的说法是不正确的，因为每个人在自己的工作范围内都具有“最终权威”，而行政首长手中的最终权威，实际上是许多个小权力的综合。福莱特希望在权威问题上消除大小的意义，消除不必要的滥用，从而使群体、组织内部形成一种真正合作的精神。

其实，福莱特的兴趣主要集中在组织运作的一般问题上，其中最基本的两个问题是：你想让人们做的是什么？如何科学地对人们的工作和社会交往给予控制和引导？为了回答这两个问题，她特别注意对包含在人际关系中的基本动机的分析，尤其是很注意对一个人在他本身所处组织群体中的种种反应做出分析。她的著作试图提供一种全新的行政管理观，其中，组织、权力和领导等问题都是从人的角度来分析的。她是首先意识到使用心理学工具的管理学家之一，尽管心理学在当时还是一门相当新的学科。在她看来，根本的问题在于使人和组织协调起来，管理者必须努力理解这些组织是怎样构成的，它们为什么和怎样结成一个有共同经验和目标的整体，以至于使组织的总目标成为组织所有成员的共同目标。其思想的基本点在于“伙伴关系”这一概念，她主张，在一个民主的社会里，管理的首要任务是创造一种环境和形势，使人们自愿地、主动地合作，这可以说是其理论贡献的核心内容，她的行政管理思想明显地呈现出一种动态性的特征。

然而，如同福莱特批评以前的所谓“正统”的行政管理理论因忽视了管理对象的心理方面而具有片面性一样，她自己在行政管理和一般管理方面的许多主张也同样遭到了各种各样的批评，尽管如此，她对于行政管理理论所做出的贡献还是“创造性的、真正的先见之明”，她在冲突、整合、协调、控制、权威以及领导等方面提出的思想主张使人们不能不承认她在行政管理一般原则的许多方面所做出的有益探索，而且我们也不能不承认其思想和理论的核心是正确的、无可指责的。正如梅特卡夫和厄威克所评价的那样：“她提出的思想观念不仅超出了她所处的时代，也超过了现代思想家。”① 她的研究为人们提供了一种动态的行政管理理论，在正统的行政管理理论和行为主义行政管理理论之间进行了沟通，因而也有人将她视为这两种管理理论之间的过渡人物，视为在公共行政学的“正统”时期与以行为主义行政管理理论为主要特征的批评和转变时期起着连接作用的桥梁。

2.1.3 公共行政理论的转型

20世纪二三十年代被称为公共行政学的“正统时期”，这一时期的行政学者对公共行政学研究通常都持有某些共同的信念，到了20世纪40年代，这种正统的公共行政学便逐渐遭到一些人的批评，其中对于传统公共行政理论向现代公共行政理论的转型最具有决定性影响的批评意见来自著名的公共行政学家赫伯特·A. 西蒙和德怀特·沃尔多。

2.1.3.1 西蒙的批评与公共政策学派的出现

西蒙对传统行政学理论的批判主要是从所谓的“行政原则”和“政治-行政”二分法这两个方面进行的。自威尔逊提出要建立一门独立的行政科学起，许多公共行政学者都在致力于探寻和建立公共行政管理的一般原理或普遍原则，特别是到了20世纪二三十年代，公共行政学界普遍认为行政学是一门科学，从科学研究中可以引出一些行政原则，而且行政学家们曾提出一些至今仍为许多行政学者所提到的行政原则。例如：怀特就坚信公共行政管理存在着一些具有普遍适用性的理论原则；威洛比也曾明确地提道，“在行

① METCALF H C，URWICK L F. Dynamic administration. London：Pitman，1941：9.

政管理方面，存在着某些与构成任何科学的原则相类似的、普遍适用的基本原则”①；而厄威克则更为直接地指出，“正如存在着某些支配着建造桥梁的技术原则一样，也存在着某些支配着人们‘出于任何目的进行交往活动的原则’”②。此外，他还与古利克等人在著名的《行政科学论文集》中提出了行政管理的若干原则。西蒙认为，传统行政学家所提出的每一条行政原则都可以找到另一条看来同样合理的原则，虽然这两条原则导致相反的意见，但是在理论上我们却不能指出哪一条原则是正确的，因此，这些原则如同一般的谚语，虽然它们相互矛盾，但是它们彼此却可以并行不悖，所以这些“行政原则”并非真正的科学原则，它们只能被称为“行政谚语”。西蒙专门以人们常常谈到的“专业分工”、“统一指挥”、“控制幅度”和“根据目标、程序、服务对象、地点划分组织”四项原则为例做了具体阐释。传统的行政学研究方法既然只能总结为谚语，而不能得出行政原则，那么在研究方法上就必须寻求新的途径，即只有提出新的研究方法才能建立真正的行政原则，这便是西蒙将传统的行政原则称为“行政谚语”的真实含义所在。

西蒙对传统公共行政学另一方面的批判是与他所倡导的行为主义研究方法联系在一起的。在学术研究上严格区分事实与价值因素是现代行为主义社会科学家在研究方法上的基本主张，行为主义学派的社会科学家们在学术上所采取的价值中立态度就是以事实与价值的区分为基础的。在行政学研究中，西蒙更是以二者的区别为其方法论的出发点，这种区分本是关于整个学术研究的，但是它在西蒙的行政学方法理论中却有着特殊的意义，即与他所提出政治（政策）与行政的区分具有密切的关系。

早期公共行政学家自威尔逊起都认为政治与行政可以明确区分开，政治是决定应该做什么，即决定政策。西蒙则放弃了这种严格区分的主张，他认为，从决策与执行的观点来区分政治与行政并不妥当，因为行政也必须做决策。在他看来，传统行政学的讨论都只注重“执行”，即“行动”或“做”，而不注重行动或做之前的“决策”。其实，任何实际活动都包括“决策”与“做”两个方面。但是，一般行政学者则不认为行政理论在决策程序与行动程序两个方面应同样注重。这种忽略也许是由于认为决策是限于一般政策的决定，行政学只讨论如何做而无须注重决策。但是实际上决策程序不限于行政组织目标的决定，“决策”与“做”都是遍及整个行政组织的，二者是互相关联、不可分割的。因此，公共行政理论必须同时包括如何有效地做的原则与如何正确地做决策的原则，而且从政府行政机关的实际情况来看，政治（决定政策）与行政（执行政策）也是互相关联而无法严格区分开的。西蒙是从价值与事实之区分的观点来看待政策问题与行政问题的区别的。在他看来，关于判断价值问题与事实问题正确与否的标准是不同的，前者是基于人的主观价值，而后者则是基于客观的、实证的真实性。基于这种观点，西蒙认为政策问题与行政问题的区分与价值——事实的区分有着密切的关系。政策问题与行政问题都包括价值与事实这两种因素，但是，就政策问题而言，价值因素在其中占有重要地位，衡量决策正确与否的标准主要取决于立法人员的主观价值；而对于行政问题来说，事实因素则在其中占据着重要的地位，所涉及的价值问题主要是反映社会价值，所以衡

①② SHAFRITZ J M，HYDE A C. Classics of public administration. Chicago：The Dorsey Press，1987：181.

量其决策正确与否的标准主要在于客观、实证的真实性。西蒙提出这种政策（政治）与行政区分说的目的并不在于将其作为立法机关与行政机关职权的区分准则，而是在于区分政策问题与行政问题的性质，从而确定行政学或行政行为的研究对象。

正是基于对传统行政学在上述两个方面的问题所提出的批评，西蒙试图从行为主义出发，以"决策"为基本概念提出一组概念工具，研究行政学问题，构建一个全新的公共行政学理论体系。寻求新的概念工具是行为主义学派社会科学家的普遍主张，应用新的概念从事实际研究是行为主义学派的学者与传统学者在方法论上的显著差异之一。西蒙认为："在一门科学能够创立原则之前，首先必须具备某些概念……因此，公共行政学理论的首要任务就是要建立一系列能够从理论角度描述行政问题的概念。"① 在他看来，传统行政学"对行政管理的描述患有肤浅、过分简单和不现实的毛病"②，"在这个研究领域里，我们至今还没有充分恰当的语汇和概念方面的工具，当然也就谈不上用它们来现实而深刻地刻画行政组织，哪怕是简单的行政组织……在我们得以建立任何永恒的行政'原则'之前，我们首先要能够在文字描述上精确地说明行政组织的面貌和运转状况"③。为此，他选定"决策"作为基本的概念框架来研究公共行政学，他认为，决策活动是行政活动的典型活动，行政组织目标的实现程度取决于管理者对其下属决策的影响程度，对一个组织状况科学且恰当的描述应该是对组织中每一个人做什么决策以及做决策受到何种影响的描述，决定行政效率高低的最简单办法是看行政组织中每一个人决策的理性程度，行政程序就是决策程序，就是划分组织中每一个人应做哪一部分决策的程序。

作为当代最杰出的行政学家之一，西蒙对传统行政学的批判和对科学研究新方法的探究主要体现在其著名的《行政行为：行政组织决策过程的研究》一书中。美国著名行政学家德怀特·沃尔多认为该书"代表着与行为主义相关联的观点和方法对公共行政学所做的直接而强有力的冲击"④，西蒙在该书中不仅广泛引用了心理学、社会学等其他学科的研究成果，开拓了行政学研究的新视野，使行政学研究由狭隘的单一学科的概念框架迈向了跨学科研究的科际整合之路，而且为后来研究行政现象的学者们提供了一个非常重要的研究途径，即决策研究方法。他使学者们对行政组织的研究焦点由制度、法制、结构等静态层面转变到决策过程这一动态层面。自西蒙提出决策研究途径以来，公共行政学界已日渐正视决策的重要性，甚至有人主张用"公共政策"来取代"公共行政"，这种以公共政策为主导的公共行政学研究潮流已经成为当代公共行政学的主流，以至于衍生出公共政策这个新的公共管理学派，使政策管理成为现代公共管理领域的一个十分重要的研究方向。

---

① SIMON H A. Administrative behavior：a study of decision-making processes in administrative organization. London：Macmillan Publishers Ltd.，1957：37.

② SHAFRITZ J M，HYDE A C. Classics of public administration. Chicago：The Dorsey Press，1987：175.

③ SIMON H A. Administrative behavior：a study of decision-making processes in administrative organization. London：Macmillan Publishers Ltd.，1957：XIV-XVI.

④ 沃尔多. 公共行政学之研究//斯蒂尔曼. 公共行政学：上册. 北京：中国社会科学出版社，1989：21.

2.1.3.2 沃尔多的批评与新公共行政学的勃兴

德怀特·沃尔多是自20世纪40年代开始长期活跃在西方公共行政学舞台上的另一位博学多长、极具影响的行政学家，他对传统公共行政学的批判主要是从以下三个方面进行的：

第一，沃尔多认为，传统行政学的“政治-行政”二分法，无论是作为一种对现实的描述，还是作为一种对行政行为的规定，都是不恰当的。在他看来，这种二分法的目的是试图通过使民选官员负责制定政策而行政人员只是去执行政策来解决官僚制与民主制之间的冲突，于是，民主制本身则被解释为有效地关注公众的需要。但沃尔多认为，传统的公共行政实际上并不符合民主制的理想，尽管民主被视为合乎需要，但它并不是行政所关注的中心问题，而且它也不赞同效率核心原则。传统的行政管理运动反对“离心的民主”，并且试图通过提出政治与行政的分离和将所谓的“集权教条”与“整合原则”作为解决效率问题的方法来实施它自己的“向心的民主”。

“政治-行政”二分法还有一个目的，那就是试图解决价值问题。它认为政治体系要确立价值观并为行政设定目标。沃尔多认为这种观点并不清晰，因为它忽视了行政学应该包括更多复杂现象的愿望，结果，公共行政就有“涉足政策或政治领域”① 的危险。在沃尔多看来，传统行政学家所提出的现实问题并不是政治与行政是否应该分离的问题，而是行政应将其决定价值观和政策的功能扩大到何种程度的问题，然而，传统行政学家并没能为这个问题提供合适的答案。沃尔多自己的观点则是应该鼓励行政权力和政治权力之间的合作而不是分离权力之间的对抗。在这个问题上，沃尔多试图用某种新的观点取代“政治-行政”二分法。在他看来，政治与行政不是可以分离的领域，而是相关的领域甚或就是一个统一的领域。沃尔多并不认为可以解决将政治与行政联系起来的问题，他实际上是表明朝着一种专业观点发展可能是有益的。他认为，这种专业观点应该承认公共行政可以被描述为一套连锁的价值观，而不是一种僵硬的范式或教条，因此它也应该来源于各个方面的思想和方法；这种专业观点应该有一种取自民主价值观的道德成分；而且，这种专业观点应该将经济理性、政治理性以及社会理性的概念同正在发挥重要作用的“公共利益”概念结合起来，以免公共行政失去其道德意味并进而退化为纯粹的“政府行政”。

第二，沃尔多也批评了传统行政学的组织范式。他不仅批评了传统组织理论的理性主义倾向，而且还指出传统行政学过分地强调了组织之间的共性或所谓的原则。就寻求共性而言，沃尔多认为，传统的组织理论忽视了作为“行政实质”的具体性。在他看来，建立组织的目的不应是符合一般的原则，而应是能够解决问题，组织实际上所采取的形式和过程应该适合它所面对的具体情境。沃尔多断言，传统组织理论所规定的一般组织形式和组织过程很难适应具体情境或不断变化的环境。他还认为，传统的组织原则所依据的是一种将科学描述性概念同道德必然性概念结合在一起的规律概念。他说，即使传

---

① WALDO D. The administrative state：a study of the political theory of American public administration. New York：Ronald Press，1948：51.

统的组织原则是以经验观察为基础并且能够告诉我们客观存在的事物，那也未必就能够规定事物应有的存在方式。另外，沃尔多声称传统行政学忽视了组织的非理性和非正式的方面。例如，韦伯的官僚制组织就是如此。在他看来，韦伯过分地强调了官僚制组织的功能方面，忽视了组织的非正式方面和社会情感方面，并且把高于知识的职位奉为等级权威的基础。

第三，沃尔多还反对传统行政学家过于重视效率的做法。在他看来，这种做法的最初目的是想要取代一种说教式的公共行政学研究。不过，沃尔多认为效率概念本身就充满着道德含义，因为对“技术效率”的追求可以转变为对“社会效率”的追求。此外，沃尔多还宣称尽管效率本身不是价值，但是效率只有在自觉持有的价值观念框架内才是有用的概念。就是说，我们必须考虑效率的对象，因为我们不能假定有效地达到“任何”目的都是合乎需要的。

知识链接 2-1

西沃之争的缘起

沃尔多与西蒙对公共行政的本质进行了长达半个世纪的争论，这对公共行政学的发展产生了重大的影响。两人的争论始于沃尔多在1952年第1期《美国政治科学评论》上发表的一篇题为《民主行政理论的发展》论文上的一个引注，该引注对西蒙的逻辑实证主义方法论进行了批评，西蒙在该期刊的下一期即对沃尔多的批评进行反击，从此掀起了长达半个世纪的“西蒙-沃尔多之争”。

沃尔多在《民主行政理论的发展》这篇长达23页，有着47个脚注的论文中，给出了一个似乎是可有可无的脚注，直接把批评的矛头指向了西蒙：“我相信，不存在这样一个可以将价值加以排除的‘事实决策’的领域。决策就是要从备选项中进行挑选，在备选项中进行挑选就是导入价值。赫伯特·西蒙显然对行政学研究做出了杰出的贡献。然而，当他不受他所宣称的方法论的影响时，才做出了这些贡献。”

在随后的第2期《美国政治科学评论》杂志上，西蒙在《民主行政理论的发展：回复与评论》一文中对沃尔多的批评进行了反击，并同时得到了沃尔多的回应。西蒙在文章的开篇直言不讳地说：“对沃尔多关于事实-价值问题的论述感到‘失望’，我相信这个脚注中的断言是不正确的（我希望我的这一自信不会受到责备），并因此希望沃尔多先生会更加特别地指明逻辑上的断裂是在哪儿发生的，指明还有什么是达到我所得出的结论的正确前提和推理思路。”

就此，沃尔多与西蒙两人围绕公共行政学的学科定位、研究方法和价值取向展开了激烈的争论，西蒙主张引入逻辑实证主义，重建一门更加精致、更有效率的行政科学。沃尔多注重将民主等规范价值引入公共行政中，强调公共行政学就是一种政治理论。这场争论一方面正式结束了公共行政学的古典时期，使得公共行政学面临可怕的身份危机；另一方面深刻影响了随后半个多世纪公共行政学的研究走向，其所争论的问题至今依然是公共行政学理论与实践的中心问题。

资料来源：颜昌武，刘云东．西蒙-沃尔多之争：回顾与评论．公共行政评论，2008（2）．

应该说，沃尔多对传统公共行政学的批判，是击中了要害的，它较为准确地指出了传统公共行政学理论的主要缺陷，成为新公共行政学研究的先导。

所谓“新公共行政学”是相对于“传统公共行政学”而言的，它是西方行政学界为了回应20世纪60年代末70年代初以美国为代表的西方国家连续出现的一系列社会、经济与政治危机和此起彼伏的政府改革呼声，特别是传统公共行政理论面临的严峻挑战而形成的一个运用全新的研究方法并且强调以公共行政的“公共”部分为研究重心的公共行政理论流派。与传统的公共行政理论不同，新公共行政学不仅认为公共行政应当以经济、有效的方式为社会提供高质量的服务，而且更强调把社会公平作为公共行政所追求的目标。它包括以下基本内容：

1. 对传统公共行政学“效率至上”观的反思和批判

新公共行政理论主张公共行政不仅是执行政策的工具，而且是对广大民众生活的各个方面都具有决定性影响的重要因素，它担负着广泛的社会责任。传统公共行政理论将效率当作基本价值，强调非人性化和客观化的所谓理性效率，促使组织对人与人之间的互动采取机械性的控制，个人只是惯性地服从并且专注于生产或工作过程，人与人之间变成了工具般地相互操纵，以追求有效率地完成组织目标；而个人则失去了自我反思和自我了解的意识，缺乏创造精神和人格的健康发展，甚至造成组织成员与服务对象之间的疏远和隔离，进而失去了组织应该表现出的社会价值和责任。鉴于传统公共行政理论“效率至上”原则固有的缺陷，新公共行政理论采取解释学和批判理论的模式进行研究，以期超越传统公共行政学的所谓“理性模式”。新公共行政理论主张公共行政组织通过“了解”和理想情境的沟通对话来促使公共行政与其服务对象——公民产生诚挚的互动，以通过增加对广大民众的需求的积极回应来抵消传统公共行政理论下的无效率观，引导社会价值，进而实现公共行政的民主政治责任与义务。也就是说，与传统公共行政理论不同，新公共行政理论强调建立规范价值，关注人民需要，提高社会性效率，以改善人类的生活，实现行政管理工作的最终目标。

2. 对社会公平价值观的提倡

在传统公共行政理论的视野中，经济特别是效率无可置疑是公共行政的出发点和终极目标。新公共行政理论家则认为，实现以较少的投入换取较大的产出即经济和效率目标固然是公共行政的价值追求和目标之一，但绝不是其核心价值，更不是唯一的价值准则和终极目标。传统的公共行政机关在执行立法和提出计划时，常常以牺牲社会的平等来强调效率和节约，与其说它照顾一般利益，倒不如说它照顾特殊利益，它以献身于争取公众福利和民众的面貌出现，但实际上却反其道而行之。新公共行政理论则强调，公共行政的核心价值在于社会公平，在于促进社会所拥有的、以社会公平为核心的基本价值。对于“社会公平”的含义，新公共行政学派做了更为具体的解释，并且将其视为公共行政的“公共目的”，正如弗雷德里克森所言：“社会公平包含着对包括组织设计和管理形态在内的一系列价值取向的选择。社会公平强调政府提供服务的平等性，强调公共管理者在决策和组织推行过程中的责任与义务，强调公共行政的变革，强调对公众要求做出积极的回应而不是以追求行政组织自身需要的满足为目的。……总之，倡导公共行政的社会公平是要推动政治权力以及经济福利转向社会中那些缺乏政治、经济资源支持，处于劣势境地的人。"① 这种新公共行政理论体系将使为全社会，尤其是为社会的最少受惠者提供公平的公共服务这个“社会公平”价值全面运用到当代公共行政的理论与实践中。

3. **对传统“政治-行政”二分法的突破**

我们知道，传统公共行政学的产生是建立在对“政治-行政”二分法的基本假设之上的，它一直将公共行政局限于与政治截然不同的“中立性”的行政领域。对于以此为基础的公共行政学科的发展状况，新公共行政学派极其不满。他们指出，由于传统行政学的“政治-行政”二分法观念使行政学研究局限在一个非常狭窄的领域内，尤其把研究焦点放在行政机关预算、人事、组织以及大量其他的所谓“中性”问题上，相反却很少重视与社会、政治密切相关的政策制定与政策分析等问题的研究，致使公共行政游离于社会政治现实之外，远远不能满足解决社会问题、处理社会危机的需要。

因此，新公共行政学派首先致力于突破传统公共行政的思维框架。他们认为：第一，政治与行政分离只是一种理论虚构，而在现实的政治与行政运行中行政体系游离于政策制定之外的状况根本不存在。事实已经证明，传统的“政治-行政”二分法在现实的政治生活中是行不通的，因为具体的政策方案往往都是由行政机构及其行政人员制定并通过行政机关人力、物力、财力规划得以落实或实施的。这个过程本身无疑就是一种对各种权力、价值、利益进行交换或分配的过程，亦即一种政治决策的过程。在民主社会中，对行政人员决策地位的认识应该采取积极的态度，这样有助于提高行政机关及其行政人员的自觉意识，即除了在执行政策中尽职尽责外，更应以主动的态度设计政策议程，并且善于运用裁量权来发展公共政策，使政策能够更加有效地解决社会问题。第二，公共行政的研究应适应现代社会的要求，跳出研究行政程序的狭窄圈子，用更加广阔的视野、用开放的行政系统观念来研究行政组织运作中遇到的社会问题，尤其是动荡不安时期的相关问题。由于公共政策的形成过程也就是行政组织与相关问题发生联系的过程，因此，新公共行政学将当今与未来公共行政发展的焦点主要定位于如何发展公共政策。在促进公共利益、建构民主行政的目标下，公共政策与行政组织演进、公共政策的制定、公共政策的分析与评估以及公共政策的执行等一系列问题便成为当代公共行政的热门课题，从而引发了政策研究的热潮。

4. **对动态、开放组织观的强调**

与传统的公共行政学注重研究行政组织本身，特别是研究政府内部的组织与管理不同，新公共行政学派把政府的内部行政管理置于次要地位，它运用行政生态学的广阔视角去认识组织的运作和对行政现象进行分解。他们认为，公共行政组织中存在着分配过程、整合过程、边际交换过程和社会情感过程这四种基本的运作过程②。正是基于上述对公共行政组织运作过程的动态、开放的认识，新公共行政学派认为，当代

---

① FREDERICKSON H G. New public administration. Tuscaloosa: The University of Alabama Press, 1980: 6-7.

② SHAFRITZ J M, HYDE A C. Classics of public administration. Chicago: The Dorsey Press, 1987: 429-436.

公共行政发展的动力来源于对行政组织进行变革的需要，因为：第一，公共行政组织是各种公共服务的具体提供者，显然，公共行政组织结构和功能状况与公共服务的质量密切相关；第二，由于传统组织理论所强调的官僚层级制体系与制度规范仍在公共行政组织建设中起重要作用，因而，公共行政组织的结构趋于呆板、僵硬，与激变的社会环境形成巨大反差，使公共行政组织无法对所发生的社会变化做出迅速而有效的反应；第三，现有公共行政组织将自身利益扩张看成组织发展目标，忽视其服务对象——公众的需要，强调组织效率，忽视公民平等、自由的权利，尤以忽视缺乏政治、经济资源支持的最少受惠者权利为甚，这使公共行政组织运行偏离了航道，违背了民主政治的基本准则。

可见，公共行政组织的改革势在必行，而公共行政组织变革正是当代公共行政发展的核心内容。为此，新公共行政学派提出公共行政组织设计方案应该基于以下两个目标：第一，顾客导向的组织形态，即将公众（接受公共服务的顾客）的需求作为组织存在和发展的前提；第二，应变灵活的组织形态，即加大组织结构的弹性，以便能够迅速对外界的刺激做出反应，在新公共行政学派看来，这种“回应”能力是评价现代政府组织结构与功能的重要指标。

综观新公共行政理论的基本内容和学术主张，我们不难发现它不论是在理论研究还是在行政实践方面均对当代公共管理理论的发展做出了重要的贡献，它不仅在研究方法上另辟蹊径，使公共行政科学的面貌焕然一新，而且基于社会公平原则所提出的诸如减少层级节制、分权、参与、民主行政、对社会民众的需求做出积极回应以及面对面的沟通等观念和主张，从公共服务的平等分配、公务员权利的解放、利益与价值代表的多元化、参与观念的增强、内省伦理道德意识的建立以及人事行政的分权化等方面，均对当代西方国家政府及其行政管理产生了重大影响，促使许多国家的政府在参与性、分权化以及变通性等方面进行了一系列行政管理体制的改革，进而推动了新公共管理运动的兴起和新公共管理理论的诞生。

2.2 现代公共管理理论的发展

任何具有生命力和鲜明时代特色的理论，都是对其所处时代重大社会实践的总结，也是对实践问题和要求的回应。一个时期的实践呼唤着这个时期的理论，一个时期的实践主题决定了这个时期的理论主题。在 20 世纪 70 年代后期，适应社会和科学技术发展的要求，公共管理界出现了诸如公共治理、公共选择、管理主义、新联邦主义、新合作主义、后官僚主义、新平民主义等新的思潮和流派。就这些思潮在实践中的影响而言，公共选择理论、新公共管理理论、新公共服务理论和公共治理理论，无疑是现代公共管理的主导理论。

2.2.1　公共选择理论

2.2.1.1　经济人的人性假设与公共选择

公共选择既是一个独立的学术领域，又可以被视为公共管理中的一种思潮或学派。公共选择理论以“自利”为出发点来解释人类的行为。其分析的出发点是：人是理性的自利主义者。一方面，任何个人，不论他是购买商品的消费者，还是提供商品的生产者，或者是某一政治团体的领袖，他的行为动机都是自利的，时刻关注的是自身的利益；另一方面，在行动上，他又是理性的，能够最充分地利用他所能得到的来最大化自身的利益。这种理性的自利主义者，就是我们在这里所说的经济人。如果说市场经济通过私人选择达到帕累托最优，那么政治就是通过公共选择来达到这一目的。公共选择就是运用经济学的分析方法来分析集体行动，也即非市场的决策。公共选择学派突出的贡献就是将政治与市场放在同一历史的大视角来分析问题，认为社会在本质上是一种选择过程，个人在经济市场上进行私人选择，个人同样在政治市场上进行公共选择。

因此，作为一个独立的研究领域，公共选择被解释为“对非市场决策的经济学研究”①。作为公共管理中的一种思潮或流派，公共选择的特点是用经济学方法来研究政府公共管理活动及各个领域公共政策的制定和执行，因此它又被称为“官僚经济学”②。

2.2.1.2　政府规模扩张与公共选择

政府规模扩张是一个历史的过程，随着人类文明程度的不断提高，政府的规模也越来越大，政府所管理的事务也越来越多。现在，政府所及已经远超出了亚当·斯密所说的三项职能。对于政府规模扩张的成因，西方的学者从不同的角度进行了阐述。

1. 瓦格纳、皮考克和维斯曼以及马斯格雷夫和罗斯托的解释

德国经济学家瓦格纳在考察了当时几个先进的工业国家的公共支出后，总结出“政府活动扩张法则”。他认为政府扩张有三个方面的原因：一是随着社会的发展，为了保证市场机制发挥作用所必需的社会“环境条件”，完善法律规章以及维护社会秩序的要求也将随之递增。二是随着社会的发展，政府从事物质生产的经济活动越来越多，随着劳动生产率的提高，规模较大的企业较之规模较小的私营企业更具优势，这一发展促进了政府对生产领域的介入。三是随着社会的发展，社会对公共物品或劳务需求相应增加，而这些活动只有通过政府来提供才能最经济，所以诸如交通、银行、教育、卫生保健、经济社会发展的有关公共基础设施以及社会安全公共服务等项目都被纳入政府职能的范围，这必然增加政府的支出和政府活动的范围。英国学者皮考克和维斯曼用英国1890—1955

---

①　把公共选择作为独立领域进行研究的突出研究成果，主要代表有：缪勒．公共选择．北京：商务印书馆，1992；汪翔，钱南．公共选择理论导论．上海：上海人民出版社，1993；华民．公共经济学教程．上海：复旦大学出版社，1996.

②　美国学者戈伦别夫斯基（Golembiewski）把公共选择作为公共管理的一个流派，并从这个角度提出了公共选择的基本观点。GOLEMBIEWSKI R. Public administration as a developing discipline. New York：Marcel Dekker，1997.

年公共支出的资料对瓦格纳的“法则”进行了验证，结论认为瓦格纳的法则在现代经济条件下仍然是有效的①。

马斯格雷夫和罗斯托则从经济发展阶段的角度分析了政府支出和政府职能扩张的原因。他们认为，在现代化启动的早期阶段，为了给经济和社会发展提供必需的社会基础设施，政府投资往往要在社会总投资中占有较高的比重，这些投资和政府职能的扩张对现代化启动的国家来说是必不可少的条件。当进入经济发展的中期阶段以后，虽然民间投资可以补充或部分替代政府的投资，但是由于市场的失灵，政府的职能因逐步转入对经济的干预而扩展，干预要以公共支出的增加为前提，因此政府支出和职能的扩张随着这一结构性的转变而进一步增长。当经济发展由中期进入成熟阶段，政府职能也转向以教育、保健和社会福利为主的公共服务和支出，这些通过福利再分配的政策性支出和公共服务会大大超过其他公共支出的增长，这将促使政府职能出现结构性扩展。

2. 帕金森定律

帕金森定律揭示了政府机构不断膨胀的两大动力：“一是官员想要增加的是下属而不是对手，二是官员们相互之间制造工作。”② 从官僚体制来看，官僚机构具有高度的垄断性，缺乏竞争，鼓励浪费与低效。同时，官僚机构有高度分化与专业化趋势，一方面使组织更加庞大，另一方面协调组织内个人和分支部门的困难和代价加大，官僚机构的交易成本提高。用数学方式说明帕金森定律为：在任何一个实际上处于和平时期的行政部门中，可以预料其工作人员将按照下列公式增加：

$$X=\frac{2K^m+L}{N}$$

式中，K 是通过任命下属谋求晋升的工作人员数，L 代表任职年龄和退休年龄之间的差异，m 是用于答复部门内部的各种文件的人数，N 是所辖的实际单位数，X 是每年所需要的新的工作人员数。因此，帕金森定律得出了结论：不管政府机构的工作量是否增加，其工作人员和工作机构的数量总会按几何级数增长。

3. 公共选择

公共选择理论为政府规模及其增长提供了另外一种分析路径。正如缪勒所说的那样，“作为政治体制的经济分析，公共选择似乎天生就是回答这些问题的工具”③。公共选择运用各种经济学的理论、模型和方法对政府公共管理活动面临的困境及其原因做出了诊断与分析。

第一，政府机构的关键性特征之一是其产出的非市场性质，允许一个机构对特定服务的提供进行垄断的通常理由是为了避免浪费性的重复生产，但其结果是使这些机构免除了竞争压力而变得没有效率；第二，政府机构产出的质和量难以测定和量度，加上在垄断服务的同时垄断了信息，公众和民意机关难以对它们的工作效率实施有效的监督和控制；第三，公共机构内部的规章制度严格而又死板，缺乏有效的激励机制，从而在公

① 王传纶，高培勇．当代西方财政经济理论：上．北京：商务印书馆，1995：127-129.

② 帕金森．帕金森定律与上升的金字塔//彭和平，竹立家，等．国外公共行政理论精选．北京：中共中央党校出版社，1997：200.

③ 缪勒．公共选择理论．北京：中国社会科学出版社，1999：388.

务员内部形成了逃避风险、不事创新、不求有功但求无过的普遍心态，使公共机构失去了追求效率的内在动力；第四，由于历史原因和技术上的困难，政府预算未能和效率联系起来，于是产生了预算的误导作用：机构负责人视工作绩效为维持和扩大本部门预算的能力，提高效率节省开支只能导致下一年度预算额的削减，其净效应只能是政府规模的巨大扩张；第五，理想的官僚已不复存在，个人主义、利己主义、在追求公共效用时至少部分地追求个人效用的最大化，已成了公务人员的普遍特征。

公共选择在分析了政府面临的问题及其原因的基础上，进一步提出了解决问题的出路。公共选择关注的中心是政府与社会的关系，它认为没有任何逻辑理由证明公共服务必须由政府官僚机构来提供。既然政府内部问题重重而且历次改革收效甚微，那么最好的出路是打破政府的垄断地位，建立公私机构之间的竞争，从而使公众得到自由选择的机会。

具体来说，公共选择理论提出的有关解决问题的主张包括：

第一，组织类型的理性选择。私人企业、非营利性公共机构、半独立性公共公司和政府官僚机构等各种类型的组织都可以提供公共服务。但在特定情况下对特定的服务来说，某一类组织会比其他组织做得更好，由此产生了组织类型的理性选择问题。过去的错误在于过分依赖官僚组织，尽管没有证据表明它在效率和服务质量方面比其他类型组织更胜一筹。

第二，市场机制与个人选择。市场机制主要是竞争机制——公私组织之间、公共组织之间的充分竞争。这种竞争给公众提供了“用脚投票”（自由选择服务机构）的机会。公民由此获得了至高无上的市场权力，就像顾客通过对产品的选择决定企业命运一样，公民对服务机构的选择可以决定单个公共机构的存亡。这必然迫使公共机构竭力改善服务以赢得更多的“顾客”。

第三，分权化。分权化并非公共选择学派首创，但公共选择的分权主张更有其特色：分权可以达到“权威分割”（fragmentation of authority）的程度，而且应允许不同组织之间在职能和管辖区域上的重叠交叉。只有这样，公众才有自由选择的可能。

第四，公共服务组织小规模化。规模小，数量才能多；数量多，选择才会更为便利。对于小到什么程度，公共选择提出了四条标准：便于控制、利于提高效率、政治代表性、体现地方自治。

第五，自由化。自由化的主要表现就是放松管制——包括放松对市场和社会的管制。

公共选择理论为西方国家行政改革提供了重要的理论指导。西方国家行政改革过程中推行的以市场化为取向的改革、重新定位政府职能的改革、放松对市场和社会管制的改革等，都充分体现了“市场价值的重新发现和利用”这一公共选择的核心理论观点①。同时，公共选择理论对于中国社会主义市场经济条件下以确定政府职能及其行为方式、促进政府职能转变、完善公共管理体制为主要内容的行政改革，也具有较大的借鉴意义。

---

① 周志忍．当代国外行政改革比较研究．北京：国家行政学院出版社，1999：24．

2.2.2 新公共管理理论

有人将公共管理与新公共管理视为同义词，并且经常交互使用这两个词。我们并不赞同这种观点，因为无论是从理论的内涵还是外延来看，公共管理与新公共管理都是两个不同的概念，新公共管理理论只是现代公共管理理论的一部分，而不是其全部。

新公共管理最初在很大程度上是一种欧洲的现象，其起源可以追溯到追求行政现代化的改革实践中"管理主义"对韦伯官僚制理论的持续争论。在争论中，管理至上学说占据优势，它从管理学的角度批判官僚主义，推崇私营机构的管理技术，认为分权、放松规制、委托等是医治公共管理机制僵化痼疾的组织原则①。以此为指导的改善公共管理的实践尝试逐渐形成一种相对一致的流派，即新公共管理，它成为指导欧洲各国行政改革的主要理论。

新公共管理的名称有"管理主义""企业化政府""后官僚体制模式""以市场为导向的公共行政"等。它是"管理主义"或"新管理主义"运用于公共部门的结晶，是公共管理的"一场革命"，是一个多维度的宽泛概念，它表明作为公共管理之传统理论形态的公共行政理论正在普遍化为一般管理哲学的理论倾向②。正如台湾学者丘昌泰所评价的那样，"从早期的公共行政到今天的公共管理，其主轴的变化都是环绕着政府与市场角色的转变与调整。公共行政典范强调'政府万能'、强调'公共性'——公共部门即使本身失灵也仍然可以拯救市场失灵，所谓'不可治理性'（ungovernability）往往成为公共部门推卸责任的借口；公共管理典范主张'政府有限'，必须以市场解救政府失灵的现象，私人部门的管理策略可以适用于公共部门，以形成一个企业化政府"③。

知识链接 2-2

管理主义

所谓"管理主义"，是工商企业管理领域长期流行的一套管理哲学，主要包含如下几点核心观念：(1) 社会进程的主要途径在于经济学意义上的生产力的持续增长；(2) 这种生产力的增长以"管理"功能对劳动力要素和复杂的信息技术、组织技术、物质形态商品的生产技术的有效组织为前提；(3) 管理是一项重要的、分离的和特殊的组织功能，在诸如计划、执行和衡量生产力的实质进展方面发挥关键作用，商业的成功越来越依赖于高素质和职业化的管理者；(4) 为履行"关键作用"，管理者必须拥有合理的"管理权限"。

"管理主义"的信条就是"让管理者来管理"，这是良好管理的基本准则。良好的管理可以消除繁文缛节，为人员提供高度的激励，使机构运作良好，有助于认清和消除浪

---

① 国家行政学院国际合作交流部．西方国家行政改革述评．北京：国家行政学院出版社，1998：142.

② HOOD C. Public administration：lost an empire，not yet found a role//LEFTWICK A. New developments in political science：an international review of achievement and prospects. Hants：Edward Elgar，1990：113.

③ 同①25.

费，有助于清楚表明资金的花费去向，将资源集中于最有效的领域，为国家复兴提供基础。管理主义认为，良好的管理可以通过引进私人部门中的良好商业实践在公共部门中实现。20世纪80年代以来，管理主义与公共选择理论、交易成本经济学、委托-代理理论联姻，构成了“新管理主义”，其标准范本就是新公共管理理论。

资料来源：POLLITT C. Managerialism and the public service：the Anglo-American experience. Oxford：Basic Blackwell，1990：7；TERRY L D. Administrative leadership，neo-managerialism，and the public management movement. Public administration review，1998（58）：194－200；KETTL D. The global revolution in public management：driving themes，missing links. Journal of policy analysis and management，1997，16（3）：446-462.

因此，新公共管理理论与公共选择理论一样，都尊崇市场力量、市场作用、市场机制。所不同的是：公共选择关注的焦点是政府与市场和社会的关系，主张减少政府干预，充分发挥市场的力量解决政府面临的困境；新公共管理关注的重点仍然是政府公共部门内部，主张通过引进市场机制来完善政府公共组织。这二者的不同，反映了当代行政改革中存在的两种发展趋势：一是物质私有化（material privatization）——行动责任从国家向市场的转移，二是内部理性化（internal rationalization）——提高公共管理活动的经济效率。“尽管新公共管理也主张政府活动向外部转移，如合同出租等，但它更关注的是公共部门的内部理性化。”①

管理的自由化和市场化是新公共管理蕴含的两大基本理念。第一，管理的自由化②。管理主义认为，公共管理人员是高度专业化的、通晓如何管理的、掌握着信息的个人，因此，新公共管理理论倾向于认为公共官僚制的不良绩效不是缺乏管理能力和不履行职责的结果，而是“坏制度”的结果，是烦冗和不必要的规则、规制及其他约束的结果。由于公共管理人员是“被制度束缚的人”，因此，为改进公共官僚制的绩效，管理者必须从政府繁文缛节的枷锁中解放出来，政治家和其他人必须“让管理者来管理”，要解除规制和分权，使管理过程如预算、人事、采购等合理化。第二，管理的市场化。市场取向的管理有两个基本概念：一是竞争，二是私人部门管理的普遍化。竞争源于新古典经济学的市场效率观念，主要是指在公共部门创立内部市场，由于竞争所带来的高效率和低成本，它被看作改进绩效的可靠战略。管理市场化取向的维护者相信，在市场压力下的公共管理者可以提高其绩效水平。关于私人部门管理的普遍化，新公共管理理论认为，私人部门的管理实践和技术优越于公共部门并且可以运用于公共部门，公私管理之间的区别是一种假象，“管理就是管理”③。关于新公共管理的概括和描述，具有代表性的观点主要如下所述。

波利特（C. Pollitt）在《管理主义和公共服务：盎格鲁和美国的经验》一书中认为，新公共管理主要由20世纪初发展起来的古典泰勒主义的管理原则所构成，即强调商业管

① 周志忍．当代国外行政改革比较研究．北京：国家行政学院出版社，1999：26.

② 关于管理的自由化，在其著作中有详细的论述。LIGHT P C. The tides of reform：making government work 1945—1995. New Haven：Yale University Press，1997.

③ PETERSB G. The future of governing：four emerging models. Lawrence：University Press of Kansas，1996：28.

理的理论、方法、技术及模式在公共管理中的应用①。

胡德将新公共管理看作一种公共部门管理新途径，其特征是：强调明确的责任制，强调产出导向和绩效评估，以准独立的行政单位为主的分权结构，采用私人部门管理、技术、工具并引入市场机制以改善竞争。为此，他将新公共管理的内涵及特征概括为：（1）向职业化管理的转变；（2）标准与绩效测量；（3）产出控制；（4）单位的分散化；（5）竞争；（6）私人部门管理的风格；（7）纪律与节约②。

哈伯德（M. Hubbard）将新公共管理归纳为十大方面：（1）主管的战略角色和战略管理实践的强化；（2）从行政到管理的重点转移，即从执行规则到实现既定目标的转移；（3）人事权由中央人事部门向部门主管的转移，限制工会的权力，打破统一的工资结构；（4）政策制定和执行的分离，即核心部门集中于战略管理和计划，设立独立执行机构来执行政策；（5）绩效工资制；（6）改善财务管理，强化财务控制；（7）以组织规划和评估的形式，把执行机构的运作与其目标更密切地联系起来；（8）加强对运作状况的评估；（9）追求高质量和高标准的顾客服务；（10）改变传统的组织文化，建立新的“心理契约”③。

奥斯本、盖布勒在《改革政府：企业精神如何改革着公营部门》一书中，全面阐述了“企业家政府”理论：“企业家政府”理论是强调运用企业家精神来对政府进行重新塑造的公共管理理论。奥斯本和盖布勒对企业化政府的论述，构成了1993年开始的美国重塑政府改革的理论基础，成为新公共管理理论的精髓。克林顿总统给予该书很高的评价：“美国每一位在任官员应该阅读本书，我们要使政府在90年代充满新的活力，就必须对政府进行改革。该书给我们提供了改革的蓝图。”④

作为一种试图超越传统公共行政理论的现代公共管理理论的组成部分，新公共管理理论因其在一定程度上反映了公共管理发展的规律和趋势，因而对于西方国家的行政改革起到了十分重要的推动和指导作用，特别是作为其思想精髓的企业家政府理论一问世便因其本身所具有的价值在西方国家，尤其是在它的发源地美国产生了重大影响。1993年3月，克林顿宣布了一项为时六个月的计划，对联邦政府的行为进行全面调查研究，并委托副总统戈尔率领一个工作组开展这项工作。1994年9月，戈尔和他的工作组完成了这项使命，并提交了一份长达100多页的调查报告：创建一个花钱少、效率高的政府。从此，揭开了克林顿政府行政改革的序幕。该报告揭露了联邦政府所面临的危机，并详细阐述了解决危机的途径，它清楚地表明了“企业家政府”理论所产生的重要而深刻的影响。正如克林顿和戈尔在其合著的一本书中所阐述的那样：我们不能容忍我们的政府花钱多、效果少的现象继续存在下去了，解决这一问题的办法也不再是多设立些项目或多投入些金钱，我们要从根本上改变我们政府的行为方式——从自上而下的官僚体制转向一种自下而上、简政放权式的企业家政府模式。

---

① POLLITT C. Management and the public service：the Anglo-American experience. Oxford：Basic Blackwell，1990：126.

② HOOD C. A public management for all season?. Public administration，1991（69）：3-19.

③ 周志忍. 当代国外行政改革比较研究. 北京：国家行政学院出版社，1999：28-29.

④ 奥斯本，盖布勒. 改革政府：企业精神如何改革着公营部门. 上海：上海译文出版社，1996：封底说明.

当然，新公共管理理论在其风靡欧美等西方国家之时也遭到了来自多方面的质疑，有不少学者对作为其思想精髓的“企业家政府”理论提出了尖锐的批评。例如，美国学者哈贝尔和格林就批评说，企业家政府模式引用法国经济学家萨伊对企业家概念的定义并试图将这一定义简单地推广为任何人、任何公务员或公共组织可以仿效的行为准则，这是对美国政府及其治理模式的极大偏离，这些偏离将会引起涉及诸如“三权分立”体制中的制度关系、法治、制度稳定与整合、分配效应以及富有活力的政治社群的维持等传统政治问题①。相比之下，另一位著名行政学家古德塞尔对“企业家政府”理论的抨击则更为强烈：难道我们需要一种体制而不惜毁坏现存的制度吗？难道我们需要一种参与而不惜削弱政府的责任？难道我们需要一种竞争而不管是否造成了重复和浪费？难道我们需要一种财务自由而不怕招致公众的怀疑？难道我们要把美国人看作顾客而非公民？难道我们要以市场机制来取代公共利益？难道我们要把纳税人的钱放到私人企业的腰包里吗②？

诚然，理论上的争论往往是各自强调了同一事情的不同侧面，而且任何一种理论在其建立之初，都往往把其观点推向一个极端。尽管“企业家政府”理论的批评者在某些问题上存在着不同的认识乃至误解③，但是他们也的确从不同的侧面揭示了包括“企业家政府”理论在内的新公共管理理论的局限性，他们的这些批评意见对于现代公共管理理论的进一步完善和发展无疑具有极为重要的促进作用。其后的另一种全新的公共管理理论——新公共服务理论正是在对新公共管理理论的种种批评声中催生的。

2.2.3 新公共服务理论

如前所述，新公共管理理论在其风行之时也遭到了来自各个方面的批评，许多学者从不同的侧面对新公共管理理论提出了质疑，例如，福克斯在《作为后现代符号政治的政府再造》一文中就提出新公共管理理论内在地存在着矛盾④；沙克特在《再造政府还是再造我们自己》一书中也对新公共管理理论所倡导的价值观提出了异议⑤；还有人提出新公共管理理论所倡导的公共企业家精神以及特里所谓的“新管理主义”很可能会损害诸如公平、正义、代表制和参与等民主和法治价值⑥。然而，这些对新公共管理理论的异议并没有进一步提出任何可替代的新理论模式，而新公共服务理论正是以美国著名公共管理学家罗伯特·登哈特为代表的一批公共管理学者基于对新公共管理理论的反思，

---

① GREEN R T，HUBBEL L. On governance and reinventing government//WAMSLEY G L，WOLF A F. Refounding democratic public administration. London：Sage Publications，Inc.，1996：38-62.

② 丁煌. 西方行政学说史. 武汉：武汉大学出版社，1999：428-429.

③ 丁煌. 西方企业家政府理论述评. 国外社会科学，1999（6）.

④ FOX C. Reinventing government as postmodern symbolic politics. Public administration review，1996，56（3）：256-261.

⑤ SCHACHTER H L. Reinventing government or reinventing ourselves. New York：State University of New York Press，1997.

⑥ TERRY L D. Why we should abandon the misconceived quest to reconcile public entrepreneurship with democracy. Public administration review，1993，53（4）：393-395；Administrative leadership，neo-managerialism，and the public management movement. Public administration review，1998，58（3）：194-200.

特别是针对作为新公共管理理论之精髓的企业家政府理论缺陷的批判而建立的一种新的公共管理理论。

所谓“新公共服务”，指的是关于公共管理在以公民为中心的治理系统中所扮演的角色的一套理念。作为一种全新的现代公共管理理论，新公共服务理论认为，公共管理已经经历了一场革命。目前，与其说公共行政官员正集中于控制官僚机构和提供服务，倒不如说他们更加关注掌舵而不是划桨的劝告，即他们更加关注成为一个更倾向于日益私有化的新政府的企业家。但是，“当我们急于掌舵时，也许我们正在淡忘谁拥有这条船”。在他们忙于掌舵的时候，他们是否忘记了是谁拥有这条船呢？在新公共服务理论家看来，公共管理者在其管理公共组织和执行公共政策时应该集中于承担为公民服务和向公民放权的职责，他们的工作重点既不应该是为政府航船掌舵，也不应该是为其划桨，而应该是建立一些明显具有完善整合力和回应力的公共机构。具体来说，新公共服务理论包括以下几个方面的基本观点：

1. 政府的职能是服务而不是掌舵

“对于公务员来说，越来越重要的是要利用基于价值的共同领导来帮助公民明确表达和满足他们的共同利益，而不是试图控制或掌控社会新的发展方向。”① 在新公共服务理论家看来，尽管过去政府在为“社会掌舵”方面扮演着十分重要的角色，但当今时代为社会领航的公共政策实际上是一系列复杂的相互作用过程的结果，这些相互作用涉及多重群体和多重利益集团，这些为社会和政治生活提供结构和方向的政策方案是许多不同意见和利益的混合物。现今政府的作用在于，与私营及非营利组织一起，为社区所面临的问题寻找解决办法。其角色从控制转变为议程安排，使相关各方坐到一起，为促进公共问题的解决进行协商、提供便利。在这样一个公民积极参与的社会中，公共官员将要扮演的角色越来越不是服务的直接供给者，而是调停者、中介人甚或裁判员。这些新角色所需要的不是管理控制的老办法，而是做中介、协商以及解决冲突的新技巧。

2. 公共利益是目标而非副产品

“公共行政官员必须促进建立一种集体的、共同的公共利益观念。这个目标不是要找到由个人选择驱动的快速解决问题的方案，确切地说，它是要创立共同的利益和共同的责任。”② 新公共服务理论认为，建立社会远景目标的过程并不能只委托给民选的政治领袖或被任命的公共行政官员。事实上，在确立社会远景目标或发展方向的行为当中，广泛的公众对话和协商至关重要。政府的作用将更多地体现在把人们聚集到能无拘无束、真诚地进行对话的环境中，共商社会应该选择的发展方向。除了这种促进作用，政府还有责任确保经由这些程序而产生的解决方案完全符合公正和公平的规范，确保公共利益居于主导地位。因此，公共行政官员应当积极地为公民能够通过对话清楚地表达共同的价值观念并形成共同的公共利益观念提供舞台，应该鼓励公民采取一致的行动，而不应该仅仅通过促成妥协而简单地回应不同的利益需求。这样，他们就可以理解各自的利益，

---

① 珍妮特·V. 登哈特，罗伯特·B. 登哈特. 新公共服务：服务而不是掌舵. 北京：中国人民大学出版社，2004：134.

② 同①62.

具备更长远、更广博的社区和社会利益观念。

3. **在思想上要具有战略性，在行动上要具有民主性**

“满足公共需要的政策和项目可以通过集体努力和合作过程得以最有效并且最负责任的实施。”① 新公共服务理论认为，为了实现集体意识，下一步就是要规定角色和责任，并且要为实现预期目标而确立具体的行动步骤。而且，这一计划不仅是要确立一种远见，然后再把它交给政府官员去执行，而且是要使所有相关各方都共同参与对一些将会朝着预期方向发展的政策方案的执行过程。在新公共服务理论家看来，通过对公民教育方案的参与以及对公民领袖更广泛的培养，政府可以激发人们重新恢复原本应有的公民自豪感和公民责任感，而且这种自豪感和责任感会进一步发展成为在许多层次都会出现的一种更强烈的参与意愿，在这种情况下，所有相关各方都会共同努力为参与、合作和达成共识创造机会。为此，政治领袖应该扮演一种明确且重要的角色：他们要明确地表示并鼓励对公民责任感的强化，进而支持群体和个人参与社区契约的订立活动。在新公共服务理论家看来，尽管政府不能创造社区，但是，政府，更具体地说，政治领袖却能够为有效的和负责任的公民行动奠定基础。人们必须逐步认识到，政府是开放的并且是可以接近的，否则，就不会有政府；政府是有回应力的，否则，就不会有政府；政府存在的目的在于满足他们的需要，否则，就不会有政府。于是，这里的目标就在于确保政府具有开放性和可接近性，具有回应力，能够为公民服务并且为实现公民权利创造机会。

4. **为公民服务，而不是为顾客服务**

新公共服务理论认为，“公共利益是就共同利益进行对话的结果，而不是个人自身利益的聚集。因此，公务员不是仅仅关注‘顾客’的需求，而是着重关注公民并且在公民之间建立信任和合作关系”②。在新公共服务理论家看来，政府与公民的关系不同于企业与顾客的关系。在公共部门，我们很难确定谁是顾客，因为政府服务的对象不只是直接的当事人。而且，政府的有些顾客凭借其所拥有的更多的资源和更高的技能可以使自己的需求优先于别人的需求。在政府中，公正与公平是其提供服务时必须考虑的一个重要因素，政府不应该首先或者仅仅只关注“顾客”自私的短期利益，相反，扮演着公民角色的人们必须关心更大的社区，必须对一些超越短期利益的事务承担义务，必须愿意为他们的邻里和社区所发生的事情承担个人的责任。换言之，政府必须关注公民的需要和利益。总之，新公共服务理论试图鼓励越来越多的人履行自己的公民义务并希望政府能够特别关注公民的声音。

5. **责任并不简单**

“公务员所应该关注的不仅仅是市场；他们还应该关注法令和宪法、社区价值观、政治规范、职业标准以及公民利益。”③ 我们知道，无论是传统的公共行政理论还是新公共管理理论都倾向于将责任问题简单化。例如，前者将公共行政官员视为只是简单地直接对政治官员负责，后者则认为行政官员应像企业家那样有更多的行动自由，其工作绩效

① 珍妮特·V. 登哈特，罗伯特·B. 登哈特. 新公共服务：服务而不是掌舵. 北京：中国人民大学出版社，2004：99.

② 同①42.

③ 同①114.

的评估主要应从效率、成本-收益以及对市场的回应性等方面进行。然而，新公共服务理论认为，这样的理论模型并未反映当今公共服务的需求和现实，责任问题其实极为复杂，公共行政官员已经受到并且应该受到包括公共利益、宪法法令、其他机构、其他层次的政府、媒体、职业标准、社区价值观念和价值标准、环境因素、民主规范、公民需要在内的各种制度和标准等复杂因素的综合影响，而且他们应该对这些制度和标准等复杂因素负责。

6. 重视人，而不只是重视生产率

“如果公共组织及其所参与其中的网络基于对所有人的尊重而通过合作和共同领导来运作的话，那么，从长远来看，它们就更有可能取得成功。”① 新公共服务理论家在探讨管理和组织时十分强调“通过人来进行管理”的重要性。通常，人们往往将生产力改进系统、过程重塑系统和绩效测量系统视为设计管理系统的工具。新公共服务理论家却认为，从长远的观点来看，这种试图控制人类行为的理性做法在组织成员的价值和利益并未同时得到充分关注的情况下很可能要失败。此外，虽然这些探讨可能会取得一些成果，但是它们却培养不出具有责任心、献身精神和公民意识的雇员或公民。在他们看来，如果要求公务员善待公民，那么公务员本身就必须受到公共机构管理者的善待。新公共服务理论已经充分地认识到公共行政官员的工作不仅极为复杂而且面临着巨大的挑战。他们既不像传统公共行政理论所认为的那样只是一种官僚职业的雇员，也不像新公共管理理论所主张的那样只是市场的参与者，他们的动机和报酬远不只是一个薪水或保障的问题，他们希望与别人的生活有所区别。因此，分享领导权的概念对于为公共雇员和公民提供机会以便他们的言行符合其公共服务的动机和价值至关重要。分享领导权必定会具有相互尊重、彼此适应和互相支持的特点。特别是通过公民或与公民一起来行使领导权可以改变参与者，并且可以把他们的关注焦点转移到更高层次的价值观念上。在这个过程中，公民和公共雇员的公共服务动机同样可以得到承认、支持和补偿。

7. 公民权和公共服务比企业家精神更重要

新公共服务理论认为，“致力于为社会做出有益贡献的公务员和公民要比具有企业家精神的管理者能够更好地促进公共利益，因为后一种管理者的行为似乎表明公共资金就是他们自己的财产”②。在新公共服务理论家看来，新公共管理理论鼓励公共行政官员采取企业家的行为方式和思维方式，这样便会导致一种十分狭隘的目的观，即所追求的目标只是最大限度地提高生产率和满足顾客的需求。新公共服务理论则明确地认识到，公共行政官员不是他们机构和项目的“企业所有者”，政府的所有者是公民。公共行政官员有责任通过担当公共资源的管理员、公共组织的监督者、公民权利和民主对话的促进者、社区参与的催化剂以及基层领导等角色来为公民服务。这便是一种与将公共行政官员视作看重利润和效率的企业所有者大不相同的观点。因此，新公共服务理论家认为，公共行政官员不仅要分享权力，通过公民来工作，通过中介服务来解决公共问题，而且还必须将其在治理过程中的角色重新定位为负责任的参与者，而非企业家。

---

① 珍妮特·V. 登哈特，罗伯特·B. 登哈特. 新公共服务：服务而不是掌舵. 北京：中国人民大学出版社，2004：150.

② 同①80.

应当指出的是，尽管新公共服务理论是在对新公共管理理论进行反思和批判的基础上提出和建立的，但是，这并不意味着它是对新公共管理理论的全盘否定。从理论视角来看，它本质上是对新公共管理理论的一种扬弃，它试图在承认新公共管理理论对于改进当代公共管理实践所具有的重要价值并摒弃新公共管理理论特别是企业家政府理论的固有缺陷的基础上，提出和建立一种更加关注民主价值和公共利益、更加适合于现代公民社会发展和公共管理实践需要的新的理论选择。正如新公共服务理论的主要创立者罗伯特·登哈特教授所言："即使在一种思想占据支配地位的时期里，其他思想也从来不会被完全忽略。然而，在民主社会里，当我们思考治理制度时，对民主价值观的关注应该是极为重要的。效率和生产力等价值观不应丧失，但应当被置于民主、社区和公共利益这一更广泛的框架体系之中。在这个框架中，其他有价值的技术和价值观（比如传统公共行政理论或新公共管理理论的核心思想）都可能粉墨登场。随着时间的流逝，这个争论肯定还会持续若干年。但新公共服务理论提供了一个令人振奋的观点，围绕这个观点，我们可以展望公共服务的前景。未来的公共服务将以公民对话协商和公共利益为基础，并与后两者充分结合。"① 这一点在我们接着要探讨的治理理论中将得到更为充分的体现。

2.2.4 公共治理理论

2.2.4.1 公共治理理论的兴起

随着农业社会向工业社会的过渡，尤其是近代资本主义社会的发展，政府公共管理的范围日趋扩展，规模不断扩大，大量社会事务被纳入公共管理之中，公共行政逐渐淡化阶级统治的色彩，进而获得了相对独立于政治之外的地位。

19世纪末20世纪初，为了适应公共行政的这种发展趋势，行政权力扩张，大量介入国家和社会事务，特别是30年代大危机以后，出现了"行政国家"。建立在"政治-行政"二分法基础上的官僚行政成为这一时期公共行政的组织工具。随着政府管理职能的不断增加，政府规模的不断膨胀，"大政府时期""福利国家"的时代到来了。

这种体制发展到20世纪70年代末，随着行政效率低下、财政支出严重增长和公众对政府不信任等公共管理问题的日益凸显，西方学者开始反思和质疑官僚制行政的有效性。在长期的社会发展中，在社会资源配置的问题上，他们看到了市场的失效和政府的失效。市场失效指的是仅仅运用市场的手段，无法达到帕累托最优；市场存在着信息不对称、垄断和极端的个人自私的行为，最终导致社会资源的闲置。政府失效指的是仅仅运用领先的计划和命令等行政手段，无法达到资源配置的最优化，集权的手段最终会带来无效率，不能促进和保障公民的政治利益和经济利益。于是，西方学者提出了治理的新概念，通过治理弥补政府和市场在调控、协调与管理社会事务过程中的不足。因此，伴随着西方福利国家出现的管理危机和市场与等级制的调解机制发生的危机，以及公民

① DENHARDT R B. The new public service. Public administration review，2000，60（6）：557.

社会的不断发育和众多社会组织集团的迅速成长而出现了一种新型的公共管理理论，即公共治理理论。

西方发达国家以治理理论为指导，重新调整国家与社会、政府与市场的边界，关注国家的竞争力、政府的合法性和公共部门对公众的回应力，掀起了行政改革的浪潮，“正在从统治走向治理，从善政走向善治，从政府的统治走向没有政府的治理，从民族国家的政府统治走向全球治理”①。因而，治理理论引起了学者、政治家和政治组织的极大关注。

从此，治理理论成为公共管理研究关注的焦点。“今天的国际多边、双边机构和学术团体以及民间志愿组织关于发展问题的出版物很难有不以它为常用词汇的。”② 世界银行1992年的报告就以“治理与发展”为标题；联合国开发计划署（UNDP）1996年的一份年度报告的题目是“人类可持续发展的治理、管理的发展和治理的分工”；经济合作与发展组织在1996年发布了一份名为“促进参与式发展和善治的项目评估”的报告，总结了经合组织国家的治理变革；联合国教科文组织（UNESCO）在1997年也提出了一份名为“治理与联合国教科文组织”的文件；《国际社会科学杂志》（英文版）1998年第3期刊发了一个名为“治理”的专号。

2.2.4.2 治理的含义

在学术研究中，也已出现一些代表人物的代表作，如詹姆斯·N. 罗西瑙的《没有政府的治理：世界政治中的秩序和变革》、R. 罗茨的《新治理：没有政府的统治》、盖伊·彼得斯的《政府未来的治理模式》、吉尔斯·佩奎特的《通过社会学习的治理》和沃尔特·基克等人的《管理复杂网络：公共部门的行动战略》等。在公共管理领域，“治理”一词也逐渐获得了话语权，在很多地方取代了“公共行政”和“政府管理”。

20世纪90年代以来，西方学者对治理做出了许多界定。治理理论的主要创始人詹姆斯·N. 罗西瑙在其代表作《没有政府的治理：世界政治中的秩序和变革》和《21世纪的治理》等中明确指出：治理与政府统治不是同义词，它们之间有重大区别。他将治理解释为一系列活动领域里的管理机制，它们虽未得到正式授权，却能有效发挥作用。与统治不同，治理指的是一种由共同的目标支持的活动，这些管理活动的主体未必是政府，也无须依靠国家的强制力量来实现。换句话说，与政府统治相比，治理的内涵更加丰富。它既包括政府机制，同时也包括非正式的、非政府的机制③。

R. 罗茨认为，治理意味着“统治的含义有了变化，意味着一种新的统治过程，意味着有序统治的条件已经不同于以前，或是以新的方法来统治社会”。他还详细列举了六种关于治理的不同含义，这六种含义是：第一，作为最小国家的管理活动的治理，它指的是国家削减公共开支，以最小的成本取得最大的效益；第二，作为公司管理的治理，它

---

① 俞可平. 全球化：全球治理. 北京：社会科学文献出版社，2003：2.

② 阿尔坎塔拉. “治理”概念的运用与滥用. 国际社会科学杂志（中文版），1999（2）.

③ ROSENAV J N. Governance without government: order and change in world politics. Cambridge: Cambridge University Press, 1995: 5; ROSENAV J N. Governance in the twenty-first century. Global governance, 1995, 1 (1).

指的是指导、控制和监督企业运行的组织体制；第三，作为新公共管理的治理，它指的是将市场的激励机制和私人部门的管理手段引入政府的公共服务；第四，作为善治的治理，它指的是强调效率、法治、责任的公共服务体系；第五，作为社会控制体系的治理，它指的是政府与社会、公共部门与私人部门之间的合作与互动；第六，作为自组织网络的治理，它指的是建立在信任与互利基础上的社会协调网络①。

格里·斯托克（Gerry Stoker）对各国学者关于治理概念的解释进行了梳理，提出了五种主要的观点：第一，治理意味着一系列来自政府，但又不限于政府的社会公共机构和行为者。治理是对传统的国家和政府权威提出的挑战，并认为政府不是国家唯一的权力中心，各种公共的和私人的机构只要其行使的权力得到了公众的认可，就都可能成为在各个不同层面上的权力中心。第二，治理意味着在为社会和经济问题寻求解决方案的过程中，存在着界限和责任方面的模糊性。它表明在现代社会，国家正在把原先由它独自承担的责任转移给公民社会，即各种私人部门和公民自愿性团体，后者正在承担越来越多的原先由国家承担的责任。这样，国家与社会之间、公共部门与私人部门之间的界限和责任便日益变得模糊不清。第三，治理明确肯定了在涉及集体行为的各个社会公共机构之间存在着权力依赖。进一步说，致力于集体行动的组织必须依靠其他组织；为达到目的，各个组织必须交换资源、谈判共同的目标；交换的结果不仅取决于各参与者的资源，而且也取决于游戏规则以及进行交换的环境。第四，治理意味着参与者最终将形成一个自主的网络。这一自主的网络在某个特定的领域中拥有发号施令的权威，它与政府在特定的领域中进行合作，分担政府的行政管理责任。第五，治理意味着，办好事情的能力并不仅限于政府的权力，不限于政府的发号施令或运用权威。在公共事务的管理中，还存在着其他的管理方法和技术，政府有责任使用这些新的方法和技术来更好地对公共事务进行控制和引导②。

全球治理委员会在《我们的全球之家》这一研究报告中对治理概念做出的界定是：治理是各种公共的或私人的个人和机构管理其共同事务的诸多方式的总和。它是使相互冲突的或不同的利益得以调和并且采取联合行动的持续的过程，它既包括有权迫使人们服从的正式制度和规则，也包括各种人们同意或以为符合其利益的非正式的制度安排，它有四个特征：治理不是一整套规则，也不是一种活动，而是一个过程；治理过程的基础不是控制，而是协调；治理既涉及公共部门，也涉及私人部门；治理不是一种正式的制度，而是持续的互动③。

1992年，世界银行对治理概念做出的界定是："治理是在一个国家中为了促进经济和社会资源的发展而运用的一种管理方式。"④ 非洲国家由于缺乏必要的法律制度和权力规范，无法为处理公共事务提供一个可靠而透明的框架而面临着"发展危机"。

从上述各种关于治理的解释中我们可以知道，治理概念的基本含义是指官方的或社

---

① RHODES R. The new governance: governing without government. Political studies, 1996, 44 (4): 652-667.

② 斯托克．作为理论的治理：五个论点．国际社会科学杂志（中文版），1999（1）.

③ 全球治理委员会．我们的全球之家．牛津：牛津大学出版社，1995：2-3.

④ World Bank. Governance and development, 1992: 1.

会的公共管理组织在一个既定的范围内运用公共权威维持秩序和实现公共利益最大化以满足公众的需要，治理的目的是要在各种不同的制度关系中运用权力去引导、控制和规范公民的各种活动，以最大限度地增进公共利益。因此，治理是一种公共管理活动、过程和方式，它包括必要的公共权威、管理规则、管理运行机制和管理方式。

2.2.4.3 公共治理理论的内容

作为一种新型的公共管理理论，公共治理理论是对作为传统公共管理理论的公共行政理论进行反思和批判，并且对新公共管理理论和新公共服务理论之合理内核进行整合的结果，其核心观点是主张通过合作、协商、伙伴关系、确定共同的目标等途径，实现对公共事务的管理，其主要内容包括：

第一，公共治理是由多元的公共管理主体组成的公共行动体系。这些公共管理主体不仅包括几乎长期垄断公共管理主体地位的政府部门，而且还包括诸如私人部门和第三部门等非政府部门的参与者。我们知道，在现代公共管理理论兴起之前的很长一个时期，对社会公共事务的管理主要都是由政府垄断并且强制实施的，政府在公共管理领域几乎成了独一无二的管理主体。公共治理理论则认为，政府并非公共管理的唯一主体，除此之外，私人部门、第三部门等非政府组织在公共事务的管理中也扮演着重要的角色，它（他）们在介于市场经济与公共部门之间的“社会经济”领域内积极活动并且依靠自身资源参与管理共同关切的社会事务，在某些领域，非政府组织和个人甚至比政府拥有更大的优势①；而政府则将大量任务和职权下放、转移给包括志愿团体、社区互助组织、非营利性组织在内的公共行动者。可见，公共治理的主体可以是公共部门、私人部门、第三部门，还可以是三者多种形式的合作。正如研究公共治理理论的权威学者斯托克所言：“治理意味着一系列来自政府但又不限于政府的社会公共机构和行为者。它对传统的国家和政府权威提出了挑战，政府并不是国家唯一的权力中心。各种公共的和私人的机构只要其行使的权力得到公众的认可，就都可能成为在各个不同层面上的权力中心。”② 不仅如此，公共治理理论还认为，现实中的政府具有复杂结构，地方、中央和国际层面的政府及其不同部门构成了多层级、多中心的决策体制。众多权威交叠共存是这一体制的主要特征。所以，利奇和珀西-史密斯说：“治理既涉及中央政府、地方政府和其他公共权威，也涉及在公共领域内活动的准公共行动者、自愿部门、社区组织甚至是私人部门。”③

第二，公共管理的责任边界具有相当的模糊性，这一点与第一点密切相关。在传统公共管理理论的视野中，公与私、政府与社会、政府与市场的责任界限是清晰的，管理社会公共事务的责任理所当然地被赋予政府。公共治理理论则认为，随着社会的进一步发展和人们认识水平的不断提高，尤其是公共选择理论等相关政府学说的出现，人们对“政府的失败”之处认识得更加清楚，对于政府全面履行社会公共管理责任的能力已不抱过高的期望；与此同时，非政府组织和个人因其在公共管理领域的杰出表现和勇于承担

---

① 赵黎青．非政府组织与可持续发展．北京：经济科学出版社，1998：86-89.

② 俞可平．治理与善治．北京：社会科学文献出版社，2000：3.

③ LEACH R，PERCY-SMITH J．Local governance in Britain．New York：Palgrave，2001：75.

公共义务的气魄而令世人刮目相看，部分公共责任便被转移至非政府组织和个人身上。这种责任的转移在体制方面的表现就是传统上“公私”界限的模糊和非政府组织的大量涌现。公私界限的模糊既表现为许多民营组织向传统公共领域的进军，也表现为政府对传统意义上的社会领域的干预，还表现为公共领域和市场领域的区分已不像以前那样明显。在市场和公共部门之间被称为“社会经济”的领域中，涌现了所谓非营利组织、非政府机构、志愿团体、社区企业、合作社、社区互助组织等大量的非政府组织，它们在社会中的作用和影响越来越大。这些非政府组织具有能够满足多方需要、解决社会问题，而又无须运用政府的资源和权威的明显优势，所以，伴随着非政府组织这些优势的日益显现和传统上由政府执掌的部分公共管理权向这些非政府组织的转移，传统上法律和制度规定由政府承担的公共管理责任便呈现出交由非政府组织和个人来承担的趋势。

第三，多元化的公共管理主体之间存在着权力依赖和互动的伙伴关系。在传统公共管理理论的视域中，人们常常认为，公共管理唯一的权力和责任中心在于政府，即便是存在着一些其他的社会公共机构，它们也只是扮演着政府的助手或下属的角色，它们必须服从政府的权威。公共治理理论则认为，多元化的公共管理主体之间存在着一种权力依赖的关系。所谓公共管理主体间的权力依赖，是指参与公共管理活动的各个组织，无论其是公共组织还是私人组织，它们都不拥有独立解决一切问题所需的充足知识和充足资源；它们必须相互依赖，进行谈判和交易，在实现共同目标的过程中实现各自的目的。正是由于公共管理主体之间存在着这种权力依赖的关系，所以公共管理过程便成为一种互动的过程。在这种互动过程中，政府与其他社会公共机构建立起各种各样的合作伙伴关系。这些伙伴关系主要有三种：一是主导者与职能单位之间的关系，即主导者雇用职能单位或以发包方式使其承担某一项目；二是组织之间的谈判协商关系，即多个平等的组织通过谈判对话，利用各自的资源在某一项目上进行合作以达到各自的目的；三是系统的协作关系，即各个组织之间相互了解，结合为一，树立共同的目标，通力合作，从而建立一种自我管理的网络。

第四，治理语境下的公共管理，是多元化的公共管理主体基于伙伴关系进行合作的一种自主自治的网络管理。与传统公共管理单一等级制下的协调方式和依靠“看不见的手”来进行操纵的市场机制不同，在公共治理理论的视域下，多元化的公共管理主体及其相互间的权力依赖和合作伙伴关系以及其中的协商、谈判和交易机制，最终必然会推动公共管理朝着一种自主自治的网络化的方向发展。在这种网络化的公共管理系统中，参与公共管理的各方主体为了获得他人的支持和帮助而必须放弃自己的部分权利。对于社会组织和个人来说，其放弃的是自己的部分经济自主权；而对于政府而言，它放弃的则是自己的部分强制权。通常，这些公共管理主体依靠自己的优势和资源，通过对话以增进理解，树立共同目标并相互信任，建立短期、中期和长期的合作以减少机会主义，相互鼓励并共同承担风险，最终建立一种公共事务的管理联合体。这种网络化公共管理的特征不再是监督，而是自主合作；不再是集权，而是权力在纵向和横向上的同时分散；不再是追求一致性和普遍性，而是追求多元化和多样性基础上的共同利益。

第五，治理语境下的政府在社会公共网络管理中扮演着“元治理”角色。关于政府角色和地位的研究是公共治理理论的重要内容之一。公共治理理论在关注公共管理主体多元化的同时，对政府的“元治理”角色进行了定位。所谓“元治理”，是指西方学者为寻求解决公共治理理论失灵所用的词，但实际上，“元治理”只不过是公共治理理论重视政府在社会公共管理网络中的重要功能的另一种表述而已。公共治理理论认为，在社会公共管理网络中，虽然政府不具有最高的绝对权威，但是它却承担着建立指导社会组织行为大方向的行为准则的重任，它被视为“同辈中的长者”。特别是在那些“基础性工作”中，政府仍然是公共管理领域最重要的行为主体。例如，世界银行《1997年世界发展报告：变革世界中的政府》就明确指出，建立法律基础、保持非扭曲的政策环境、投资于基本的社会服务与基础设施、保护承受力差的阶层和保护环境是政府的首要职责①。

综观公共治理理论的基本内容，我们不难发现，它不仅更新了公共管理的基本内涵，拓宽了公共管理的参与主体，而且也延展了公共管理的职能范围，充实了公共管理的方式和手段。尽管治理理论尚存在如鲍勃·杰索普所说的合作与竞争的矛盾、开放与封闭的矛盾、可治理性与灵活性的矛盾以及责任和效率的矛盾等内在困境，甚至因其在意识形态倾向、理论基础和实际操作等方面存在的不足而遭到了各种各样的批评，但是，作为合作型网络管理在理论上的映射，这种一开始就表现出强大生命力的新型公共管理理论，不仅为我们反思传统公共管理理论和超越新公共管理理论与新公共服务理论提供了一种新的认识图式，而且也是我们认识公共事务领域正在发生的显著变化的一种组织框架。作为当代公共管理理论的最新发展，作为一种新兴的公共管理理论范式，公共治理理论不仅已经在一些国家和地区发起治理变革的过程中发挥了重要的指导作用，而且正在并必将对人类社会的集体决策和公共活动产生深远的影响。

治理理论是当代国际社会科学领域出现的前沿理论之一，它所提倡的一些价值日益具有普遍性。治理理论是经济市场化和全球化、政治民主化、世界多极化的世界性潮流和发展趋势的产物，是新古典自由主义兴起的结果，它反映了20世纪70年代以来西方发达国家政治治理和公共管理的新趋势，成为当代西方国家行政改革的重要理论指导。合作网络的治理是一种新型的治理模式②，强调了治理的主体不只是政府一个中心，社会的治理是多中心的，每一个主体都是一个中心。合作网络为处理公共事务引入了新的机制，也为集体行动提供了新的途径。因此，治理理论对于创新中国公共管理体制，整合公共资源，提高公共管理水平，健全党委领导、政府负责、社会协同、公众参与的社会公共管理格局，具有一定的借鉴意义。

但是，治理理论尤其是全球治理理论，还是建立在政府的作用和国家的主权无足轻重、民族国家的疆界模糊不清这个前提之上的一种理论，强调了治理的跨国性和全球性。因此，在客观上可能为强国和跨国公司干涉别国内政、推行国际霸权政策提供理论上的支持③。

---

① 世界银行．1997年世界发展报告：变革世界中的政府．北京：中国财政经济出版社，1997：4.

② 提供公共物品和公共服务是网络治理的根本任务。合作网络的治理具有如下特征：多中心的治理体系、反思理性的“复杂人”假设、合作互惠的行动策略和组织学习的政策过程。合作网络的治理途径在当今世界流传得非常广泛，它主要应用于如下领域：全球治理（这是对国际合作网络的管理）、民族国家的治理、地方和社区治理。

③ 俞可平．治理与善治．北京：社会科学文献出版社，2000：15.

知识链接2-3

治理理论在发展中国家适用性分析

治理概念的提出是新古典自由主义兴起的结果。这一结果导致世界银行、国际货币基金组织等国际组织在开展基金扶助、贫困开发等国际援助时，均要求欠发展中国家和发展中国家按照它们提出的标准进行改革，提高政府的效率，如减少财政开支、鼓励竞争、市场化、私有化等。这种将政治与行政纳入发展的视域有其合理性和现实意义。因为发展是全面的、协调的、可持续的发展，而不是片面的、掠夺性的发展。事实上，只有考虑经济与政治的协调发展，实现政府与经济的良性互动，才是协调的发展。由此可以看出，治理和善治这些标准本身是正确的，问题在于西方国家和国际经济组织在向发展中国家提供援助时，在提出这些标准的时候，能否对症下药，能否避开"意识形态的考虑"来思考发展所需的政治条件；能否不脱离发展中国家的实际情况，如社群冲突、官僚机构不发达、国际贸易与技术依附等棘手的问题。因此，也有学者对此表示了担忧，认为善治只不过是发达国家将新自由主义意识形态强加于人的婉转做法，是西方国家将发展模式（尤其是政治制度）全球化的理论工具；在国际政治经济秩序不平等的环境中，"善治"塑造了一个市场万能的神话。

资料来源：蔡全胜．治理：公共管理的新图式．东南学术，2002（5）．

2.2.4.4　国家治理体系和治理能力现代化

作为当代公共管理学研究的重要理论内容，治理理论被学者们广泛接受。而这一概念的内涵却有不同的理解。关于对治理的研究，从理论视角看主要有三种：一是从语源学视角对治理内涵进行分析，二是从历史主义视角考察作为国家治理形态的现代官僚制的成长与变革历程，三是从价值目标视角对治理所内蕴的秩序追求进行研究。从不同的研究领域出发，对治理的理解分为：市场的治理、基于网络的治理和基于国家的治理。基于国家视角对治理的理解与公共管理学科的研究内容相契合。这一视角强调充分理解治理问题的关键是政府组织及其结构、功能方面的变化。国家治理是现代国家建设的重要目标，是解决政府、国家权力配置、行使和监督等问题的重要手段。

"治理"是20世纪末西方兴起的新政治概念，它不同于"统治"与"专政"。按照詹姆斯·罗西瑙的界定，治理是相对于政府统治而言的，是指一种由共同目标和多元主体支持的活动与过程，这种活动与过程未必由政府来实施，也不需要国家的强制力来实现。治理可以由多元主体、多种机制实现产品或服务的供给。

党的十八届三中全会通过的《中共中央关于全面深化改革若干重大问题的决定》指出"全面深化改革的总目标是完善和发展中国特色社会主义制度，推进国家治理体系和治理能力现代化"，明确提出了建设中国"国家治理体系和治理能力的现代化"总目标，第一次把"治理"写入执政党的最高文件。这激发了学者对"治理"的深入研究和促进人们对"善治"的向往与要求。"国家治理体系和治理能力现代化"被视为中国的第五个现代化。党的十九届四中全会公报中进一步指出"我国国家治理体系和治理能力是中国特色社会主义制度及其执行能力的集中体现”。“国家治理体系和治理能力现代化”是全新的政治理念，是马克思主义国家理论的重要创新。从实践上讲，治理改革是政治改革的重要内容，因此，国家治理体系现代化也是政治现代化的重要内容。

（1）国家治理体系现代化。

国家治理体系强调的是国家治理的结构，国家治理能力更多强调的是国家治理的功能。国家治理体系就是规范社会权力运行和维护公共秩序的一系列制度和程序。它包括规范行政行为、市场行为和社会行为的一系列制度和程序，政府治理、市场治理和社会治理是现代化国家治理体系中三个重要的次级体系。其次，国家治理体系也是一种制度体系，包括国家的行政体制、经济体制和社会体制。成功有效的国家治理包括三个要素：治理主体、治理机制和治理成效。现代国家治理体系是一个有机的、协调的、动态的和整体的制度运行系统。衡量一个国家治理体系现代化的标准至少有五个：第一是公共权力运行的制度化和规范化；第二是民主化，即公共治理和制度安排要以人民为中心，保障人民合法权利和权益，公共政策体现人民的意志和人民当家作主的地位；第三是法治，宪法和法律成为公共治理的最高权威，不允许任何组织和个人有超越法律的权力；第四是效率，即国家治理体系能够有效维护社会稳定和社会秩序，提升行政效率和经济效益；第五是协调，即现代国家治理体系是一个有机制度体系，从中央到地方，从政府治理、社会治理、经济治理到环境治理等制度安排和运行协调有序。在中国的国家治理中，国家治理体系是在党的领导下管理国家的制度体系，包括经济、政治、文化、社会、生态文明和党的建设等各领域体制机制、法律法规安排，也就是一整套紧密相连、相互协调的国家制度①。

（2）国家治理能力现代化。

国家治理能力包括政府能力。世界银行认为政府的核心责任是：确定法律基础；保持一个未被破坏的政策环境，包括保持宏观经济稳定；投资于基本的社会服务和社会基础设施；保护弱势群体和保护环境②。这是政府的职能，也是政府的基本能力。福山只认为政府能力就是制度能力，包括制定和实施政策以及制定法律的能力、高效管理能力，控制渎职、犯罪和行贿的能力，保持政府高度透明和诚信的能力以及执法能力③。福山后来修正了制度能力至上的观点，提出治理的四个评价标准：程序性、能力（汲取社会资源）、赎出和官僚机构自主性。世界银行学院的丹尼尔·卡夫曼（Daniel Kaufmann）的团队认为，治理能力包括三个方面：第一，政府的选举、监督和更替过程，具体包括表达权和问责（voice and accountability）、政治稳定性（politics stability）；第二，政府有效制定和实施合理政策的能力，具体包括政府效能（government effectiveness）、监管质量（regulatory quality）；第三，公民和政府对经济社会互动制度的遵守，具体包括法治水平（rule of law）、腐败控制（control of corruption）。无论是从制度还是以自主性角度出发，对于一个国家而言，治理能力都至关重要。

---

① 习近平．切实把思想统一到党的十八届三中全会精神上来．人民日报，2014-01-01（1）．

② 世界银行．1997年世界发展报告：变革世界中的政府，北京：中国财政经济出版社，1997．

③ 福山．国家构建：21世纪的国家治理与世界秩序，北京：中国社会科学出版社，2007：9．

中国国家治理能力，是运用国家制度管理社会各方面事务的能力，包括改革发展稳定、内政外交国防、治党治国治军等各个方面。中国国家治理能力建设的核心目标就是全面提升中国的制度能力和制度绩效，主要是指增强制度制定和执行能力，将国家制度优势转化为国家治理效能。当前中国国家治理能力在制度能力建设统领下，需要继续增强决策能力、执行能力、发展能力、分配能力、保障能力和统筹能力建设，进而完善合作治理机制，增强协作智力水平，形成统筹治理的新格局，从而保证国家治理的制度化、法治化和高效化。

综上所述，从国家治理体系和治理能力现代化的内在运作逻辑来看，其内涵主要包括五个方面：治理理念的现代化、治理制度的重构、治理主体的协作、治理过程的科学化和治理绩效的优化。其具体目标为：从国家层面看，增强政府的治理能力和自主性，实现行政管理的高质高效和有效治理；从社会层面看，提升社会的自治能力，增强社会活力和维护社会秩序；从个人层面看，提升公众参与公共事务管理的能力，扩大人民民主权利，提升人民的幸福感和获得感。

知识链接2-4

"一体四化"中国特色行政体制

"民之治乱在于吏，国之安危在于政"。行政体制是现代国家治理体系中最重要的组成部分之一，行政体系与行政能力的现代化水平，是衡量国家治理水平高低的重要指标，国家治理体系和治理能力现代化，首先是行政体系与行政能力的现代化。党的十九届四中全会通过的《中共中央关于坚持和完善中国特色社会主义制度　推进国家治理体系和治理能力现代化若干重大问题的决定》将"坚持和完善中国特色社会主义行政体制，构建职责明确、依法行政的政府治理体系"作为重要的任务提出来，并从完善国家行政体制、优化政府职责体系、优化政府组织结构以及健全充分发挥中央和地方两个积极性体制机制四个方面，对中国特色社会主义行政体制的内涵和要求进行了全面界定。从现代行政科学的角度来分析，结合各国行政体制改革的经验教训，基于国家治理体系和治理能力现代化背景下提出的中国特色行政体制建设，可以用"一体四化"来归纳，即以建设人民满意的服务型政府为中心，以推进行政组织一体化、行政流程简约化、行政方式效能化和行政关系分权化为四维支撑，从而建设高效、法治、透明、廉洁的中国之治体系，全面有效提升中国行政体系和行政能力的现代化水平，为实现国家治理体系和治理能力现代化奠定坚实的行政基础。

资料来源：杨开峰，等．中国之治：国家治理体系和治理能力现代化十五讲．北京：中国人民大学出版社，2020：22-23.

本章小结

1．公共管理理论的发展演进，既表现出公共行政与公共管理内在的发展演进规律，同时又受到外界环境条件的影响，从而使公共管理理论在不同的社会条件下具有不同的研究内容和重点，形成了不同的理论流派。公共管理理论的发展演进表现出从分立、批判到交叉融合与渗透并在批判中相互吸收的显著特点。

2. 从知识发展的逻辑，研究公共管理理论发展与社会环境的关联性，研究公共管理各种理论流派前后发展演进的规律，研究当代公共管理理论的主要焦点问题；从实践验证的逻辑，研究各种公共管理理论的贡献与局限性，把握公共管理理论的发展趋势。由此进行公共管理规范研究与实证研究。

3. 公共管理的发展演进过程表现出两种不同的研究取向：一种是民主主义取向，它秉承政治学和法学的传统，关注民主、社会公平等价值，强调公共权力的制约和限制；另一种是管理主义取向，它秉承管理学和经济学的传统，关注效率问题，强调公共行政的工具理性。通过学习，应分别列举民主主义取向和管理主义取向的代表人物及其理论观点，并能加以分析评价。

4. 公共选择理论、新公共管理理论、新公共服务理论和公共治理理论，既是当代公共管理理论的重要内容，又是西方各国公共管理改革的指导理论。新时代国家治理体系和治理能力现代化是当代我国公共管理理论的重要指导。

关键术语

管理主义　民主主义　官僚制理论　科学管理理论　POSDCORB　西蒙－沃尔多之争　新公共行政学　公共选择理论　新公共管理理论　企业家政府理论　公共治理理论　新公共服务理论　国家治理

复习思考题

1. 分析公共管理与公共行政的联系与区别。
2. 分析评价新公共行政学理论的基本内容。
3. 分析评价企业家政府理论。
4. 分析评价新公共服务理论。
5. 分析评价公共治理理论。
6. 官僚组织理论是马克斯·韦伯所倡导的一种理想的、完全建构在他对于“合法权威”观念基础之上的行政组织理论。有人认为官僚体制是与传统工业经济体制相适应的组织形态，而不适应网络经济和互联网时代。

(1) 请具体分析官僚制度的特征、优点和缺点。

(2) 论述在互联网时代应如何发挥官僚制度的作用和改进官僚体制。

7. 案例分析题：请认真阅读案例材料，然后按照要求分析并回答问题。

有一位官员A认为自己已经超负荷工作了，一般来说他有以下三种可能的解决方法：辞职、要求与官员B共同完成这项工作、要求增加两名下属人员C和D。可以推断，官员A肯定会采用第三种选择。如果辞职，就会失去晋升的机会和领取退休金的权利。如果将B作为自己的同级同事来共同负责这项工作，A实际上为自己增加了一个竞争对手，这也许会影响A的晋升。因此，A宁愿要C和D作为助手，他们的地位低于自己。不仅如此，A还可以将工作分成两类，分别让C和D完成，而自己就可以作为协调C和D的唯一主宰，其所从事的工作也就可以更多地由操作性工作变为管理性工作。这里有一点极为重要，即C和D是不可分割的。单独使用C是不可能的，否则C就与A平分工作，这样C与A的地位实际上就几乎平等了，而这恰恰是A不愿意看到的。由此看出，下级或助手必须是两个或更多，他们由于担心别人被提拔，所以会安分守己，服从上级。当有一天C感到工作太重时，A作为上司又会增派两名助手E、F给C，以减轻其工作负担。为了避免内部摩擦，A还得给D增派两名助手G、H，因为C和D原本是同级的。当增加了E、F、G和H后，A的晋升几乎是肯定的了。因此，不管政府机构的工作量是否增加，其工作人员的数量总会按几何级数增长。

问题：

（1）归纳材料的主要观点。

（2）运用帕金森定律检验、分析上述材料反映的事实。

参考文献

1. 陈振明. 公共管理学. 北京：中国人民大学出版社，2005.

2. 丁煌. 西方行政学说史. 武汉：武汉大学出版社，1999.

3. 休斯. 公共管理导论. 北京：中国人民大学出版社，2001.

4. 世界银行. 1997年世界发展报告：变革世界中的政府. 北京：中国财政经济出版社，1997.

5. 斯蒂尔曼二世. 公共行政学：概念与案例：第7版. 北京：中国人民大学出版社，2004.

6. 孙耀君. 西方管理学名著提要. 南昌：江西人民出版社，1995.

7. 俞可平. 治理与善治. 北京：社会科学文献出版社，2000.

8. 珍妮特·V. 登哈特，罗伯特·B. 登哈特. 新公共服务：服务而不是掌舵. 北京：中国人民大学出版社，2004.

9. FREDERICKSON H G. Comparing the reinventing government with new public administration. Public administration review，1996，May/June.

10. FREDERICKSON H G. New public administration. Tuscaloosa：The University of Alabama Press，1980.

11. HOOD C. A public management for all seasons?. Public administration，1991 (69).

12. KABOOLIAN L. The new public management：challenging the boundaries of the management vs. administration debate. Public administration review，1998，May/June.

13. KETTL D. The global revolution in public management：driving themes，missing links. Journal of policy analysis and management，1997，16 (3).

14. KICKERT W J，HANS E. Managing complex networks. Los Angeles：Sage

Publications, 1997.

15. OSBORNE D, GAEBLER T. Reinventing government: how the entrepreneurial spirit is transforming the public sector. Los Angeles: Addison-Wesley Publishing Company, Inc., 1992.

16. PETERS B G. The future of governing: four emerging models. Lawrence: University Press of Kansas, 1996.

17. RHODES R. The new governance: governing without government. Political studies, 1996, 44 (4).

18. SCHACHTER H L. Reinventing government or reinventing ourselves. New York: State University of New York Press, 1997.

19. SIMON H A. Administrative behavior: a study of decision-making processes in administrative organization. London: Macmillan Publishers Ltd., 1957.

20. TAYLOR F W. Scientific management. New York: Harper & Row, 1947.

21. TERRY L D. Administrative leadership, neo-managerialism, and the public management movement. Public administration review, 1998, May/June.

22. URWICK L. The elements of administration. London: Pitman, 1947.

23. WAMSLEY G L, WOLF J F. Refounding democratic public administration. Los Angeles: Sage Publications Inc., 1996.

24. WHITE L D. Introduction to the study of public administration. London: Macmillan Publishing Company, 1926.

25. WILSON W. A study of administration. Political science quarterly, 1987 (2).

第3章

公共组织

本章导读

公共管理是以政府为主的公共组织及其公务人员对社会公共事务进行的管理活动。理解公共管理，必须要对公共管理的主体进行分析。实施公共管理的主体，既包括以组织形式出现的公共组织，又包括以个体角色出现的公共领导者和一般的公共管理者。本章主要是对组织形态的公共管理主体进行阐述。

知识结构图

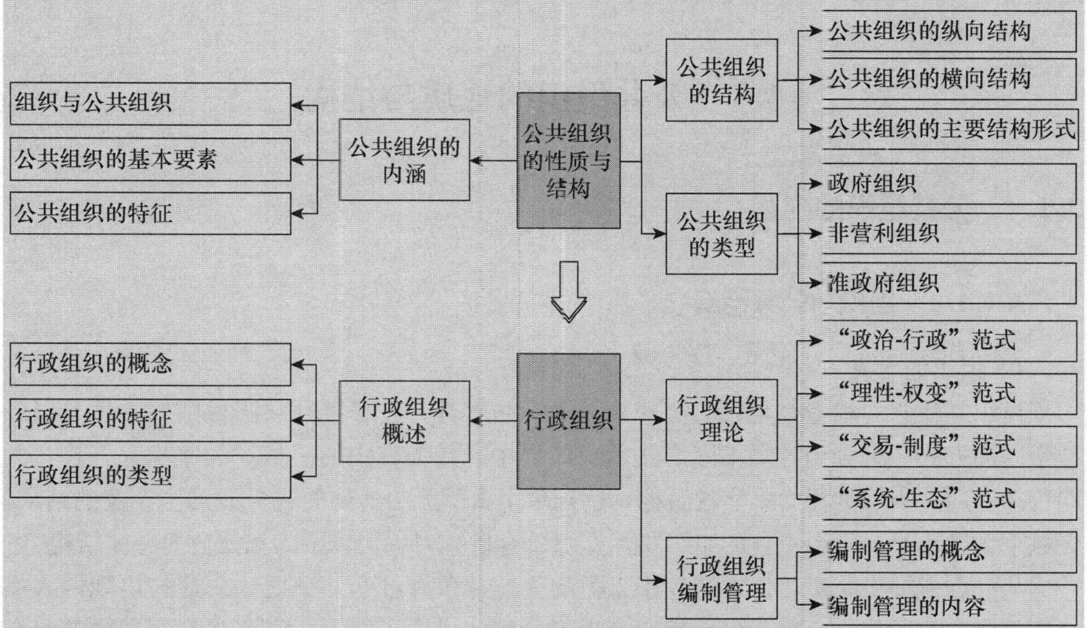

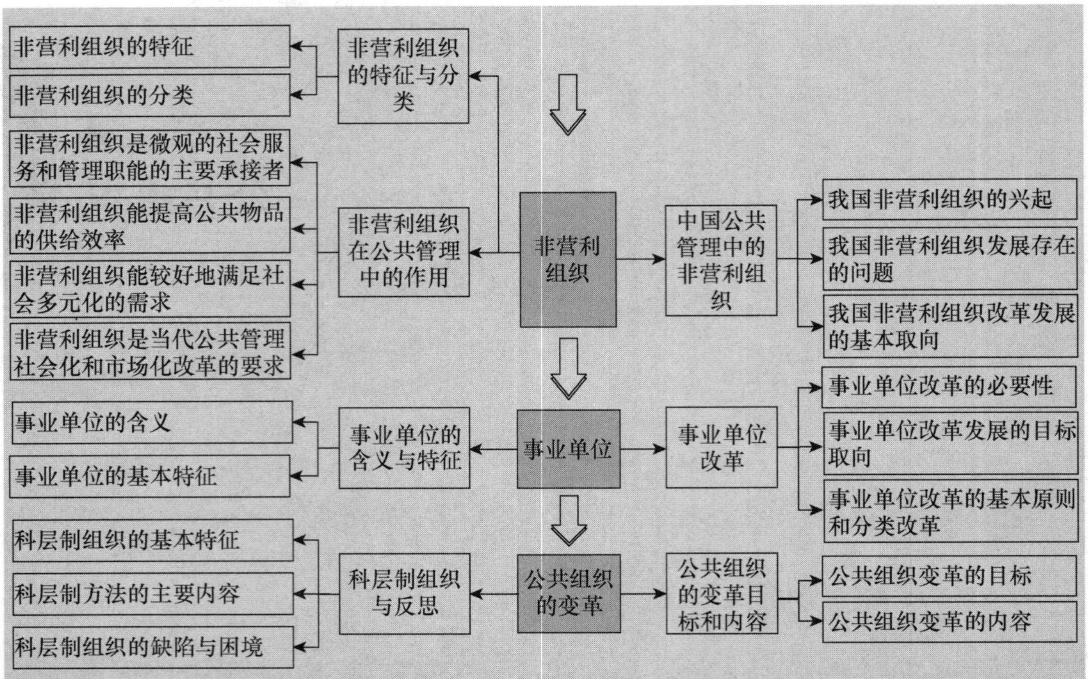

重点问题

- 公共组织的性质、特点与基本类型
- 公共组织的结构及其设计
- 我国事业单位及其管理体制的形成、存在问题与改革
- 科层制组织的特征、面临的困境
- 公共组织变革的目标、内容与趋势

3.1 公共组织的性质与结构

3.1.1 公共组织的内涵

3.1.1.1 组织与公共组织

1. **组织的含义**

组织是社会的细胞，是人们实现共同目标的工具。具有某种共同目标的人总是以各种不同的方式，聚合到各类不同形式的组织之中，成为其中的一员，大家相互合作，共同行动，通过集体的努力来实现目标，达到单个人所无法达到的目标或无法企及的结果。无数个大大小小、形形色色的组织相互交织、有机排列就构成了人类社会的总体结构。

从社会发展史来看，组织产生于人类的生产斗争和社会斗争之中。最初出现的人类组织是家庭、氏族、部落，以后逐渐产生了阶级，出现了国家，国家将其领域内的每个成员都编入一定的组织。同时，人们为了寻求更好的生活，建立和参加了越来越多的组织。就个人而言，一个人从生到死，在学习、生活、工作的各个阶段，要加入许多组织，同时为很多组织工作，接受很多组织的服务。特别是在进入现代社会之后，几乎已没有任何一个领域、任何一项事业、任何一个人能够处于与组织完全无关的地位。随着组织功能日趋分化、日臻完善，个人的每项追求、每种欲望，几乎都要在各种具有不同功能的组织中寻求实现的途径，或获得某种程度的满足。充分发挥组织功能，发展和完善人类社会的组织体系，已经成为改善人类生活条件、提高人的尊严和价值的一个重要途径。

从人类社会群体的角度看，所谓组织，就是人们按照一定的目的、任务和形式编制起来的社会集团，是处于一定社会环境中的各种组织要素的有机结合体，是为了实现某种目的而有意识地建立起来的人类群体。简单地说，组织是由两个以上的人、目标和特定的人际关系这三种要素构成的一种特殊的人群体系。

2. 公共组织的含义

在现代社会中，组织所追求的目标有公共目标与非公共目标之分。据此，人们可以把组织划分为公共组织和非公共组织。这两类组织在基本目标、结构模式、运行方式等方面都有很大的差异，表现出各自不同的特征。

公共组织是指不以营利为目的，以追求公共利益为其价值取向，以协调公共利益关系、提供公共服务、管理公共事务、维护公共秩序为基本职能的组织，它一般拥有公共权力或者经过公共权力的授权，负有公共责任。政府行政组织是最重要的公共组织。公共利益是公共组织发展的逻辑起点和终点，公共性是公共组织的本质。正如美国学者盖伊·彼得斯所说："对公共利益的关注也许是整个改革运动最重要的组成部分，政府工作人员在改革过程中应该思考的基本问题是，所采取的改革方案以及政策过程的结果能否使公众受益。"①

非公共组织一般不以公共利益为目标，它们所追求和维护的是组织成员的私人利益。在市场经济条件下，作为市场主体的企业是最典型的非公共组织，以营利为目的的社会中介组织也属于非公共组织。另外，在政治生活中，服务于非公共利益的特定利益集团也属于非公共组织；在社会生活中，基于特定的生活兴趣而形成的组织一般也属于非公共组织。

公共组织是各类社会组织中一种极为重要的组织形态。公共组织是社会组织中规模最大的，其管辖的范围涉及社会生活的各个方面、各种领域、各个团体。生活在现代社会中的每个人都直接或间接地受到各种公共组织的管理，接受公共组织所提供的各类服务。

3.1.1.2　公共组织的基本要素

与其他社会组织一样，构成公共组织的要素有物质要素和精神要素两大类。

1. 物质要素

（1）人员。在公共组织的物质要素方面，首先是人。各种不同素质、不同身份的人，

① 彼得斯. 政府未来的治理模式. 北京：中国人民大学出版社，2001：22.

只有按照各种不同的排列组合方式，结成一定的正式关系，才能成为组织。公共组织也是一样，它是由各种不同专业、水平、年龄的人按照组织目标、职能组合起来的。没有具体的人员，也就没有公共组织。所以，公共组织的第一个物质要素就是人。人是公共组织的主体、核心。离开了人的参与，一切组织都不存在，一切组织的活动都无法进行。因此，要建立公共组织，首先就要选择一定数量和质量的人，并对选择的程序和要求有明确的规定。

（2）经费。公共组织要开展活动离不开经费。从机构设置、人员编制、物资设备的购置，一直到日常的组织工作，都不能没有经费，不能没有一定的资金做保证。离开了经费，公共组织就会陷于瘫痪，组织的各项活动也无法开展。经费是维持公共组织运营与发展所不可缺少的因素。

（3）物资设备。物资设备是指公共组织开展活动所必须具备的技术设备、工具，所必须耗费的各类材料和能源。这些设备与工具包括办公建筑、住宅、文具、办公机械以及公文图书、档案等。它是公共组织赖以生存和发展的物质基础。

2. 精神要素

（1）目标。公共组织是根据一定目标设立的，其一切活动都是围绕着组织目标进行的。目标是组织赖以产生、发展的基础和原因，是组织存在的灵魂，是组织前进的方向。它从本质上反映了组织的基本功能。组织目标包括任务、目的、指标、数量、质量和时限等内容。组织目标分为总目标、分目标和工作目标三类。总目标是关于组织最根本性问题的原则性规定，是制定分目标和工作目标的依据，分目标和工作目标是组织总目标的分解和具体化。组织目标的分化形成了一个完整、严密的目标体系，具体规定了每个组织单位和每个成员在各个时间、空间内所要取得的最后成果。

（2）责权结构。责权结构指的是组织系统内部各子系统、工作单元，以及各组织成员、各工作职位之间在工作任务、权力和责任方面的一系列从属并列关系。它是为实现组织目标而进行的权责关系的安排。权责结构是形成组织纵向层级和横向部门体系的基础，是组织分工、组织法规与组织纪律的实际体现。组织纵向各层级、横向各部门、各职位的分权与分工是否科学、合理，对于组织功能的有效发挥至关重要。

（3）人际关系。和谐良好的人际关系状况，对于稳定组织的各种内在因素，调动组织成员工作的主动性、积极性，有效地实现组织目标具有不可忽视的作用。

3.1.1.3 公共组织的特征

公共组织是以实现公共利益为目的、以管理公共事务和提供公共服务为基本职能的社会组织。就其组织结构、组织要素、组织运行来说，公共组织具有与一般组织共同的特性，但是，公共组织的特殊性在于其“公共性”，这种公共性集中体现在其组织目标和组织基本功能上，同时也会影响到组织的形成过程、组织的规划和组织的效率等方面。这种公共性的存在，是公共组织与其他组织相区别的标志，也构成了公共组织的本质特征。

从社会管理角度来看，公共组织是社会组织中规模最大、管理范围最广的一种组织类型；从国家统治的角度来看，它又是社会公共利益的代表者，是国家意志的直接体现者和施行者。因而，公共组织在具有社会组织的一般特征的同时，也表现出自己独具的特征。

1. 以增进公共利益为目标

公共组织建立的目的与动机是增进公共利益，因而追求全社会的公平、公正，以及行为的公开就必然成为其一切活动和措施的基本准则。公共组织依据这一基本准则来为全体公众服务，并以服务的质量好坏来评判组织工作并取得公众的拥护和支持。私营组织的目标和动机则在于追求“个体利益”，具体体现为利润，其活动与决策的基本点是市场价格。

2. 公共组织的活动受法律的明确限制并具有权威性

任何一个公共组织的建立、撤销都以宪法和法律为依据，并要依据宪法和法律开展活动。公共组织的任务、责任、权力是由宪法和法律赋予的，公共组织成员的职责、权利、义务，行使职权和实施管理的原则、方式、方法、程序等，都必须以法律为基本依据，不得超越宪法和法律所规定的范围。法制既是公共组织活动的依据，又是公共组织活动的手段之一。

同时，公共权力是一种政治统治与社会管理权力，其基本作用就是维护公共利益和公共秩序，将矛盾和冲突控制在符合社会整体利益的秩序范围之内。公共组织的公共管理活动是以行使公共权力为基础的，因而带有强制性，如果不服从就要受到制裁。

3. 公共组织受到高度的公共监督

公共管理通过行使公共权力来管理公共事务、协调和维护公共利益、提供公共服务。因而，公共管理活动关系到社会公众的利益，受到社会公众的高度关注，必须接受来自舆论或公众的批评与监督。这就要求必须完善和发展公共组织的公共责任机制、强化公共监督，包括建立和实行严格的政务信息公开制度、公职人员财产申报制度、政府采购制度和重大工程公开招标制度等。

4. 公共组织的活动具有政治性

公共事务分为政治的、经济的和社会的事务，既是关系社会全体公众利益的事务，也是关系整个社会大局的事务。因此，公共组织所管理的公共事务中，不仅政治方面的事务具有政治性，如国防、公共安全、民族问题等，而且经济和社会方面的事务，由于其具有全局性的特点，关系到整个社会的安定与发展，其也在相当程度上带有政治性。就公共管理本身的活动来说，公共政策等的制定和形成本身就是一个政治过程，管理人员以其专业标准处理的公务问题和执行公共政策，其结果也不可避免地带有政治上的影响。就此而论，公共组织本质上是社会公共利益的代表和体现，这种整体性、全局性和通过行使公共权力解决问题的方法，都是政治性的充分体现。

5. 公共组织的目标在形式上清楚但实际中模糊，且行为绩效评估比较困难

公共组织以增进社会公共利益为组织目标，但由于公共利益大多是抽象的，加之人们对公共、公共利益以及多大范围内的或什么样的共同利益可以作为社会公共利益存在着不同的看法，因而公共组织的这一目标在实际中又是模糊不清的，似乎只是公共组织人员提醒自己负有公共责任以及必须为大多数人服务的一种象征符号而已。相应地，公共组织的活动结果是否达到组织的基本目标，公共组织人员是否公正和公开、顺应和体恤民意等，也难以通过准确量化的指标进行评估。

6. 公共组织具有一定的独占性

公共组织的独占性是指公共组织在公共管理中具有一定的垄断性。这一独占性主要表现在：在计划经济的条件下，公共组织可以通过政治权威或公共权力的行使来生产公共物品，不许私人加入竞争，从而形成一种独占公共物品生产的局面。在市场经济条件下，虽然政府可以放松管制，允许甚至鼓励私人企业进入公共物品生产领域，但是一方面，由于公共物品涉及社会公共利益，政府必须在总体上对这一物品的生产进行必要的控制，另一方面，由于公共物品的无排他性和无竞争性，很少有私人企业愿意赔本去生产，加之往往一些公共项目或工程又具有相当的规模，非私人组织所能承担，只能由政府来负责。因而，公共组织尤其是政府就成为公共物品唯一的生产者，客观上没有竞争，相当程度上变成了这一领域的独占者。如何在公共物品生产领域引入竞争，增加公共物品的数量并提高质量和服务水平，正是当代各国政府在着力探索和解决的问题。

3.1.2 公共组织的结构

"结构"一词是生物学上的名词，是指一个生物体对所具有的各种要素的科学的特定安排。公共组织结构则是指公共组织各种要素的一种特定安排，即公共组织各要素的排列组合方式。良好的公共组织结构是完成公共组织目标、提高行政效率的物质基础，具有重要的功能。合理的组织结构能有效地满足公共组织目标的需要；有利于稳定工作人员的情绪，调动工作人员的积极性；能使组织保持良好的沟通关系；是提高微观和宏观行政效率的前提条件。

为了充分发挥公共组织结构的功能，必须建立合理的组织结构。一般而言，合理的组织结构应该做到使组织的设置与职能、任务相平衡，按照工作量来设置单位和人员，使各个组织、职位之间比例协调、分工明确、合作良好。要使组织结构具有适应性、伸缩性和应变性，适应环境，具有弹性。合理的公共组织结构应该是以职能为中心，在数量上保持合理的比例关系，在运行上相互协调适应，呈现出一个有机的、充满活力的网络整体。

公共组织结构有纵向结构和横向结构之分，纵向结构形成公共组织的层级制，横向结构形成公共组织的职能制。它们之间各有优缺点，互相制约，互相补充，缺一不可。所以，各个国家的公共组织都将层级制和职能制结合起来，既设有层级的公共组织，又将各个层级的公共组织分设为平行的若干部门，力图使它们互相取长补短，发挥各自的优点，避免各自的缺点。

3.1.2.1 公共组织的纵向结构

公共组织纵向结构分工的职责分配关系是：最高层级的公共组织为决策层，负责制定本部门行政的总目标、总方针、总政策和总的实施方案，负责本机关人、财、物总的分配及其政策，尽最大努力满足社会对本部门的需要，最优地完成本部门的工作目标。因此，最高层级的公共组织，是一个开放的、面向社会的公共组织。

中层公共组织为协调指挥层，负责执行本部门最高公共组织制定的总决策、总目标、总方针和总政策等，以此为依据结合本单位具体工作对象的实际，制定本单位的具体工作目标、工作方案，并负责组织、协调、指挥等实施工作。因此，中层公共组织为半封闭、半开放系统，既要使本层级公共组织与上级公共组织保持一致，又要满足本单位工作对象的具体要求。

基层公共组织为技术操作层，其任务是执行中层公共组织的实施方案，在中层公共组织的协调、指挥之下，负责具体的带技术操作性的工作。其组织基本为封闭型，采用什么技术方法执行任务，纯属公共组织内部问题（见图 3－1）。

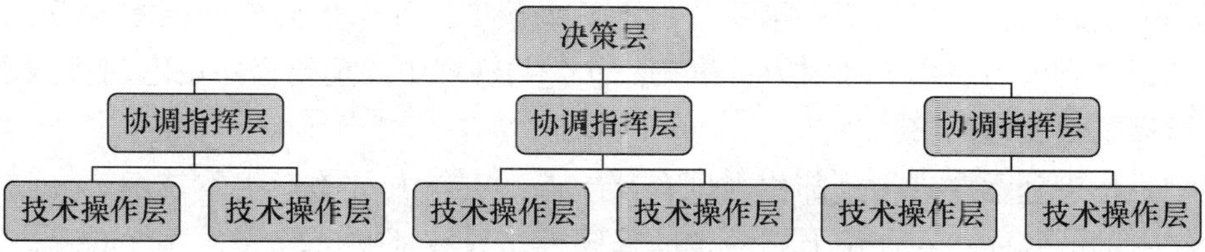

图 3－1　层级领导关系

公共组织纵向结构形成的公共组织层级制，在公共组织运行中有其优缺点。

其优点是：第一，分层负责，使各级政府在各自管辖地域范围内，能做到事权集中，统一指挥；第二，行动迅速，能及时地根据本地情况做出决策，就地组织实施，并有利于就地监督、控制；第三，能发挥各个层级公共组织的积极性、创造性，使其根据本地实际情况主动开展工作；第四，各层级行政首长负责全面管理工作，有利于培养全面型的管理人才。

但是，层级制也有缺点：第一，各层级行政首长管辖事务过多，责重事繁，难于事事精通；第二，容易形成地方的块块分割，不利于各地经济和文化的交流与发展；第三，容易犯地方主义的错误，不利于中央对地方的宏观控制。

3.1.2.2　公共组织的横向结构

公共组织横向分工的种类，一般常用的有下列三种：按业务性质分工、按管理程序分工、按管理对象分工。

（1）按业务性质分工。这是指按公共管理的业务性质异同来组成公共组织单位。例如：财政、外交等均为不同的业务，就以此为基础，设置不同的单位。根据业务性质的异同划分部门，是公共组织平行分部化的基本方式。公共组织中绝大多数部门，皆是按业务性质不同而设置的。

按业务性质进行分部化，其优点是：第一，符合分工专业化的原则，每个部门只负责某一项业务工作，有利于工作人员熟悉本专业工作，以提高管理效率；第二，有利于统一管理业务的方针、政策和法规，同一性质的业务由同一单位管理，使公共组织易于统一同一类业务的方针、政策和法规，避免政出多门的混乱状态；第三，体现事权一致的原则，便于协调。

但是，按业务性质进行分部化，也有其缺点：业务事权过于集中，容易形成条条分割，不利于不同业务性质工作之间的合作、协调；分工过细，易造成部门林立；有些业务性质混淆不清，不易做出明确的划分，易产生组织冲突。

（2）按管理程序分工。这是指按公共管理工作过程的程序不同来分别设置公共组织部门。公共管理过程有咨询、决策、执行、信息反馈和监督等环节，根据这些程序划分咨询部门、领导决策部门、执行部门、信息部门和监督部门等，每个部门在管理过程中各自发挥功能作用，使公共管理的功能齐全、过程井然有序。例如，各级政府的首脑机构就是决策部门，各级政府的政策研究室就是各级政府的咨询部门，一般的业务部门就是执行部门，统计局就是信息部门，监察部就是负责监督的部门。

按管理程序进行分部化，其优点是：第一，注重公共管理工作的技术方法，有利于提高管理人员的专业技术知识；第二，由于从事该项工作采用同样的技术设备、工作程序，有利于节省人力、物力和财力；第三，使公共管理中的重要程序由专门机构去完成，有利于提高公共管理的整体效能。

但是，按管理程序进行分部化，也有其缺点：工作人员易产生重技术、轻政策，重过程、轻目的的倾向；在使用上有一定的局限性，只有那些有较大独立性的程序才可以设置部门，而多数工作程序则无法独立出来。

（3）按管理对象分工。这是指按公共组织服务的人群、财物进行的部门设置。这一分工方式最常见的是政府经济行业主管部门的设置，如农业部、铁道部、交通运输部，均是按不同管理对象的类别实行分部管理。

按管理对象进行分部化的优点是：第一，根据服务对象分工，可使公共组织统筹考虑，满足其管理对象的需要；第二，群众对公共组织的职责一目了然，易于沟通和监督。

按管理对象进行分部化的缺点是：随着管理对象的日益增多，势必导致公共组织部门林立，不利于精简节约；容易忽视甚至割裂管理对象之间的相互联系，可能产生综合性的工作无人管理的现象；容易造成本位主义，考虑问题从本部门利益出发，有碍于整体的利益；按服务对象划分部门往往与按业务性质划分部门发生重复、交叉关系，可能出现互相推诿责任、踢皮球的情况，降低工作效率。

3.1.2.3 公共组织的主要结构形式

公共组织的结构形式，主要有直线制、职能制、直线职能制和矩阵制四种结构形式①。

（1）直线制。直线制组织又称“军队型组织”，它是最常采用的一种组织结构，在机关、学校、企业和医院随处可见。按照垂直系统建立组织形式，各级领导执行统一的指挥和管理职能，不设专门的职能机构。纵向直线是管理层级，横向是辅助职能科室。直线制组织的主要优点是：线条清楚，单一领导，结构简单，关系清晰，上下级权责明确；政令统一，行动迅速，决策快，效率高。其主要缺点是：缺乏专业化的分工管理，行政首长日理万机，往往顾此失彼；由于权力集中，且受专业、个人素质等方面的影响，也难以保证领导、决策、指挥不出现失误；由于信息只沿上下直线传递，对左右协调、沟通不利。因此，直线制组织适用的范围比较有限，它一般只适用于组织规模小、活动内

---

① 陈振明，孟华. 公共组织理论. 上海：上海人民出版社，2006：95-101.

容简单、工作程序少、同级单位较少合作的组织系统。

（2）职能制。职能制组织又称“参谋型组织”，是在行政主管的领导之下，按专业分工设置管理职能部门，各职能部门直接对行政首长负责，并在其业务范围内对下级有指挥、协调、监督的权力的组织形式。与直线制组织相比，职能制组织的优点是：实行了专业分工，解决了主管领导对专业指挥的困难，使其能集中精力处理本组织中较重要的问题，适应了现代行政管理活动复杂化的需要。其缺点是：各职能部门都有指挥权，易造成多头领导或多头指导，出现政出多门或考相互推诿、扯皮的现象，妨碍统一指挥，增加协调的困难，造成管理上的混乱。

（3）直线职能制。直线职能制组织是以直线制为基础，在行政首长领导之下设立相应的职能部门，分别从事专业管理，作为该级领导的参谋的组织形式。这种组织形式的运行机制由职能专业化程度决定，是一种集权度较高的组织形式。参谋部门只充当助手，对下级不能发号施令，没有决策权。直线职能制组织结构是一种以直线结构形式为主、以职能结构形式为辅的较为复杂的结构形式。它吸取了直线制和职能制两种结构的优点，既具有直线制组织统一指挥、职责清楚、秩序井然、效率较高、组织稳定的优点，又具有职能制组织专业化分工、适应性强的优点，更有利于组织效率的提高。其主要缺点是：直线的指挥系统与专业化的职能系统之间容易产生矛盾，使组织运转陷入混乱；各职能部门的横向联系较差，容易产生脱节或冲突。

直线职能结构之所以被广泛采用，最主要的是因为它简单、有效。最高指挥者因业务的需要可配备参谋人员，或固定的专业知识密集的“智囊团”，从而形成“直线—职能—参谋”结构。其横竖分工明确：直线方向从最高层至最低层层层下达任务，下级服从上级。由于路径短，如果上级做出的决策是正确的，则下级能在短期内创造效益。但倘若上级决策是错误的，则下级无条件执行的后果将十分严重。

（4）矩阵制。矩阵制组织又称“专案组织”，是由纵向的职能系统和横向的项目系统交叉形成的组织形式，它是由专门从事某项工作的项目组形式发展而来的。所谓项目组，一般是由一群不同背景、不同技能、不同知识、分别选自不同部门的人员组成的。通常人数不多，组成项目组后，大家为某个特定的任务共同工作。任务一旦完成，项目组的使命就结束了，下一次任务又重新组织项目组。矩阵制组织的主要优点是：可以迅速地对环境的变化做出反应；可以在各个不同的项目之间，共享稀缺且通常非常昂贵的人力资源和实物资源；有利于获得各种有效的信息；有利于发挥专业人员的潜能；有利于加强各职能部门的横向联系，实现各种专业人员优势互补，发挥综合优势。其主要缺点是：一方面，由于组织成员同时接受两个方向的指挥，当两个上级意见不一致时，会使工作人员左右为难，无所适从；另一方面，组织内部职权关系的模糊性要求组织的管理者具有高水平的协调、合作和沟通的技能，同时其组织成员也必须具备高水平的人际交往技能。矩阵制主要适用于那些工作内容变动频繁、每项工作的完成需要运用众多技术知识的组织，或者作为一般组织中安排临时性工作任务的补充结构形式。“矩阵型结构最适合于环境变化大且目标反映双重要求（如对产品和职能的双重目标要求）的组织中。”①

---

① 达夫特. 组织理论与设计. 北京：清华大学出版社，2003：121.

3.1.3 公共组织的类型

公共组织本身是一个复杂的系统，虽然其在本质上都是以增进公共利益为目标，但各自由于所依靠的资源（权力）、在社会中所处的地位、具体的组织目标并不完全相同，其行为方式也不完全一致，因而公共组织就具有了不同的类型。划分公共组织的类别，目的在于加强对公共组织本质的认识，把握各种不同类型的公共组织活动的特点和规律。对公共组织进行分类，将为实现组织的有效管理与组织本身的良性运作创造前提，并有利于在不同管理者、研究者之间构建统一的讨论平台。

关于公共组织的类型，由于划分的标准和侧重点不同，人们对公共组织的划分和表述都是不相同的①。公共组织是社会公共事务管理的主体，这一管理指向的是多元的利益关系，管理的目标首先是社会全局的公平、公正，因而在总体上以及在特定的层次和相当的范围内，仅仅以说服、动员等柔性手段是难以达到管理目标的，只有依靠公共权力的支持才能完成管理。相对其他标准而言，按公共组织是否拥有行政权力以及这一权力的大小来进行划分，更能反映出公共组织的本质特征以及不同类型公共组织的活动特点。按此标准进行划分，公共组织主要可以分为政府组织、非营利组织和准政府组织。

按是否具有行政权对公共组织进行划分，从一个特定的侧面反映出了公共管理的三个基本的层面。在公共管理中，只有政府组织、非营利组织和准政府组织协调发展，才能形成一个完备的公共管理体系，才能最大限度地增进公共利益。现代公共管理是在一定环境中产生的以政府组织为核心的，由政府组织、非营利组织和准政府组织共同构成的公共组织系统。这一公共组织系统在公共管理中的地位与作用的确定，源于政府的基本属性和职能，也与现代市场经济条件下政府与市场的关系、政府与社会的关系以及非政府公共组织的基本特性密切相关。在当代中国，这一公共组织系统正处于改革与发展之中，其目标就是正确界定政府组织、非营利组织和准政府组织在公共管理中的地位和作用，深化公共管理方式以及事业单位管理体制改革，大力发展和培育准政府组织、非营利组织，并强化对它们的规范管理，构建结构合理、职能科学、行为规范的公共管理主体系统，促进公共管理发展。

3.1.3.1 政府组织

政府有广义和狭义之分，对政府组织的分类也因此而有所不同。广义的政府是指国家进行阶级统治和社会管理的组织，是国家表达意志、发布命令和处理事务的机构体系。在广义层面，政府组织包括立法机关、司法机关与行政机关。其中，立法机关负责制定法律，行政机关负责执行法律，司法机关负责运用法律审判案件。

---

① 学术界对非官方的、非营利的、主要从事社会公共利益工作的组织，由于划分的角度和侧重点不同，存在着不同的表述和称呼。如有的将所有的社会组织分为政府组织与非政府组织两大类，然后再将非政府组织分为营利与非营利组织两大类；有的按是否营利和是否以增进公共利益为组织目标，将社会组织分为公共组织和私营组织，然后再按是否具有行政权将公共组织分为政府组织和非政府组织。

狭义的政府则仅仅是指国家的行政机关①，即根据宪法和法律组建的、行使行政权力、执行行政职能、推行政务、管理国家公共事务的机构体系。一般而言，公共管理中的政府是指狭义的政府，主要是指行政机关。在实践层面，从各国现行的政治体系来看，这一狭义上的政府是指总统制国家中的总统及其下属行政单位、议会制国家中对议会负责的内阁及其下属行政机关以及社会主义国家中的中央人民政府（如国务院、部长会议、联邦委员会）及其下属机关。在我国，政府是国家权力机关——人民代表大会的执行机关，其任务是负责贯彻执行人民代表大会所通过的法律、政策和决定，并接受国家权力机关的监督。

无论哪一种类型的政府组织，一般都具有以下基本特点②：(1) 政府组织的基本职能是对国家和社会公共事务进行管理；(2) 政府组织从事公共管理的手段是行政权力；(3) 政府组织有权支配和运用公共资源；(4) 政府组织提供的产品是公共物品；(5) 政府组织行为的价值取向是公共利益。

3.1.3.2 非营利组织

作为一种组织形式，非营利组织已经存在几个世纪。但是一般认为，现代意义上的非营利组织出现于第二次世界大战前后，并以1942年英国牛津乐施会的创立为标志③。作为一个概念，非营利组织最早见于1945年签署的《联合国宪章》。对非营利组织的界定，可以说纷繁多样，比较常用的界定有以下几种④：

第一种是给出法律上的界定。例如，美国税法规定，免税组织（非营利组织）必须符合三个条件：(1) 该机构的运作完全是为了从事慈善性、教育性、宗教性和科学性的事业，或者是为达到该税法明文规定的其他目的；(2) 该机构的净收入不能用于使私人受惠；(3) 该机构所从事的主要活动不是为了影响立法，也不干预公开选举。

第二种是依据组织的资金来源加以界定。例如，根据联合国国民经济核算体系的标准，如果一个组织一半以上的收入来自以市场价格销售的收入，那它是营利组织；如果一个组织的资金主要依靠政府的资助，那它是政府部门；如果一个组织一半以上的收入不是来自以市场价格出售的商品和服务，而是来自其成员缴纳的会费和支持者的捐赠，那它是非营利组织。

第三种是依据组织的"结构与运作"界定。具有代表性的是美国非营利组织研究专家莱斯特·萨拉蒙和安黑尔提出的"六特征法"。萨拉蒙和安黑尔在对12个国家的非营利组织进行比较研究的基础上，提出凡具有以下六个方面特征的组织都称为非营

---

① 按照美国公共管理专家格罗弗·斯塔林（Grover Starling）的观点，除了一般政府机构（行政机关），政府企业，又称公共企业（public enterprises），也可以同时归类到政府组织。政府企业全部或部分由政府资助，虽然具有企业特征，但一般为公众服务而建立。与企业相比较，公共企业具有企业的形态或者机构，但是其本质属性是公共性，而不是营利性。格罗弗·斯塔林认为，在美国典型的公共企业的例子有美国田纳西河流域管理局、美国农村电话银行等。STARLING G. Managing the public sector (sixth edition). Forth Worth: Harcourt College Publishers, 1998.

② 李文良. 我国公共部门与公共人力资源管理制度. 山东师范大学学报（人文社会科学版），2006 (6).

③ 英国牛津乐施会的宗旨是人道援助全球饥荒贫穷地区。

④ 王绍光. 多元与统一：第三部门国际比较研究. 杭州：浙江人民出版社，1999.

利组织[①]：一是正式组织性。必须正式设立并达到一定规模，一般应具有法人资格，而且要有事务所、代表者，组织能够持续运作。二是非政府性。在体制方面是从政府中脱离出来的民间组织，政府官员不能左右其理事会，组织的本质是民间性团体而不是官方机构。三是非利润分配性。非营利组织可以营利，但其所得的剩余额不在组织成员与理事会之间进行分配，而是继续用于组织的使命，目的是实现社会公益，而不着眼于营利。这一点将非营利组织与民间商业性组织区别开来。四是自主管理性。非营利组织内部实行自主管理，而不是受控于外部组织。五是自愿性。组织成员都是自愿地、无偿地参与组织的领导、计划、经营、管理等活动。六是公共性。组织不是为某些特定对象与人的利益服务，而是为公共利益服务。

从大量文献来看，与非营利组织类似的词还有非政府组织、志愿组织、公民社会组织、免税组织等。这些词的含义基本相同，可根据不同的语境选择使用。

由于非营利组织在我国公共事务管理、公共产品和公共服务提供中发挥作用的时间还比较短，符合我国实际情况的非营利组织概念的权威性界定还没有形成。如果严格按照萨拉蒙对非营利组织的界定，我国真正意义上的非营利组织将几乎不存在，因为很多社会团体可能都不完全符合非政府性、自主管理性这些特征。因此，国内学者大多更倾向于从推动和促进非营利组织发展的角度出发，不将界定限制得过于严格。有学者就认为，只要是依法注册的正式组织，从事非营利性活动，满足志愿性和公益性要求，具有不同程度的独立性和自治性，就可称为中国的非营利组织[②]；还有学者认为，只要从事非营利性活动，满足志愿性和公益性要求，具有不同程度的独立性和自治性，就可称为中国的非营利组织。

综上所述，非营利组织的含义是：以增进社会公共利益为组织目标，且是非官方的，即本身并不具有行政权力的公共组织。与政府组织相比，非营利组织的最大特点是非强制性和服务性。在市场经济条件下，非营利组织数量多，而且承担着极为重要的公共管理任务，占有极为重要的地位。因为在现代公共事务管理中，管理的一个基本要求就是必须按社会的规律来管理社会，因而在管理的基层，管理往往意味着经营和服务。非营利组织由于自身的性质特点，对基层公共事务的管理常常能比政府组织更具效率。

3.1.3.3 准政府组织

在政府组织和非营利组织之间还存在一种难以直接定位的组织类型，即准政府组织。准政府组织是介于政府组织和非营利组织之间的一种过渡型公共组织，即以增进公共利益为组织目标，通过授权等行使一定的行政权力或通过所具有的公共权威管理公共事务，对公共事务的管理具有一定强制性的非营利的公共组织。在市场经济条件下，政府管理的基本范畴是社会公共事务，超出这一范围以行政权力直接管理市场，则可能导致社会资源的巨大浪费，即出现“政府失灵”。但在利益多元化的市场乃至利益多元化的公共事

---

① SALAMON L M，ANHEIER H. Defining the nonprofit sector. New York：Manchester University Press，1997. 萨拉蒙在早期研究中，对非营利组织的界定还有“非政治性”（non-political）和“非宗教性”（non-religious）的限制，但后来他去掉了这两个特征，扩大了非营利组织的范围。

② 康晓光. NGO扶贫行为研究. 北京：中国经济出版社，2001.

务具体领域，仅靠柔性手段是难以达到管理目标的，因此，必须通过对一些公共组织进行行政权力授权，或通过当事人对契约的遵守或对公共组织权威的服从，以一定的强制性对当事人进行管理。

在我国的具体实践中，准政府组织包括工会、妇联、共青团、科协、工商联、青联、侨联、台联等群众团体，事业单位，村民自治组织和居民自治组织等。这些组织在历史上形成了与政府的特殊关系，虽然以其非营利的活动服务于公众，但在人员构成、组织管理以及运行方式上都带有政府组织性质，行使着一部分政府职能，行政色彩非常强。对事业单位来说，由于其政府背景（国家机关举办）或国资背景（利用国有资产举办），其身份与一般的社会团体也明显存在差异，突出表现在税收、行政费用给付、各种优惠政策等方面。村民自治组织与居民自治组织的“产生背景较特殊，而且是一个数量众多的同质群体，不同于一般意义上的非营利组织”①。

3.2 行政组织

行政组织是政府职能的重要承担者，也是公共管理的重要主体。行政组织是开展行政活动的主体，也是公共组织的重要构成部分。合理、高效的行政组织结构形态和运行机制是实现行政目标和提升行政效率的重要保障。

3.2.1 行政组织概述

3.2.1.1 行政组织的概念

组织是人类社会中一个普遍的现象，是人类为了实现特定目的，协调诸多参与主体行为活动而建立起来的机构。其目的在于团结组织内个体力量，完成组织任务实现组织目标。可以说，在人类社会发展历史中，没有组织，就没有社会。

“Organization”是从“organ”（器官）一词转化而来的。在20世纪30年代，组织理论兴起，被赋予了更为丰富的社会学内涵。在社会学和管理学中，组织是指在一定的社会环境中，人们通过相互交往而形成的具有共同心理意识，并为实现特定目标而按照一定的方式联合起来的有机整体。行政组织是众多社会组织类型中的一种。

行政组织是静态组织结构和动态组织活动过程的统一。从静态来看，行政组织又有广义和狭义之分。广义的行政组织是指除了政府组织之外，还包括立法、司法、企事业单位等部门及社会团体中拥有行政性职能的机构。狭义的行政组织是从“政治-行政”二分法的公共行政理论出发，专指为推行行政职能，依照宪法和组织法等法律建立的国家行政机关体系，是国家政治体系中的重要组成部分。从动态来看，行政组织是行政主体为完成行政任务而进行的组织活动和运行过程②。

---

① 王名，贾西津．中国非营利组织：定义、发展与政策建议．中国改革论坛网，2010-04-01.

② 夏书章．行政管理学．4版．北京：高等教育出版社，2008：72.

从行政组织的含义中，我们可以看出，行政组织可以由两个方面构成：一是行政组织的结构与体制，它包括组织机构设置、权责划分、人员配置等；二是行政组织的运行机制，包括行政组织内部的沟通、协调、评估等动态运作以及组织的改革与发展。行政组织是由诸多要素构成的一个有机整体。

行政组织目标和行政行为是行政组织的本质特征。尤其是行政组织目标是对行政组织开展系统研究的逻辑起点。

3.2.1.2 行政组织的特征

行政组织是由职责范围、权责体系、专业人员、法律规范和物质资源等要素依法构成的有机整体。行政组织属于公共部门的范畴，相较于其他组织而言，具有自身的显著特征，这些特征主要是政治性、权威性、执行性、法治性、公共性和系统性。

1. 政治性

行政组织是国家行政职能的执行主体，是国家政治体系中的重要构成。行政组织执行行政职能是以国家政权和强制力为后盾，与立法机关和司法机关共同维护国家利益，把国家政治意志和政治决策落到实处。行政组织的地位和角色，决定了行政组织的目标、职能、行为和任务都具有浓重的政治性色彩。

2. 权威性

根据“政治-行政”二分法的理论与实践要求，行政组织是国家权力机关的执行机关，其代表国家行使公权力。依法行政和强制服从是行政组织权威的突出体现。在管理公共事务时，行政组织依照法律规定，对社会中的组织和公众实施行政举措，被管辖者必须服从行政组织的指挥、领导和管理。若违反行政组织的管理行为，就要接受相应的法律制裁和惩戒。

3. 执行性

根据公共行政的概念和发展历程可知，行政组织是国家政治决策的执行者，在决策、执行和监督的权力体系中，行政组织的职能定位是权力的执行者。在我国，行政组织是贯彻执行中国共产党的路线、方针和政策，以及人民代表大会的决定和决议的主体。

4. 法治性

依法行政是行政组织执行权力的基本原则和要求。行政组织的法治性具体表现在：第一，行政组织自身建设和改革的法治性，即行政组织的组建、改革、撤销、人员编制、岗位设置等内容都要以宪法、行政组织法以及相关法规为依据；第二，行政组织管理社会公共事务要依法管理，做到“有法可依、有法必依、执法必严、违法必究”，以及“法无授权不可为”，即行政组织的行政行为都要符合法律规定，不能突破法律的刚性约束。

5. 公共性

行政组织的职能是提供公共产品和服务，组成人员是公职人员，使用的经费是公共财政资金，对外管理的对象是公共事务。因此，行政组织具有公共性，必须代表公共利益。行政组织代表公共利益的本质以及追求公共利益的目标，这决定了它与企业、非政府组织等其他社会组织具有本质差别。

6. 系统性

行政组织是依照宪法和行政组织法等法律法规依法设置的管理公共事务的机构。它是由法定的组织职能、组织架构、权力结构、人员结构、运行机制组成的有机整体。行政组织的纵向结构包括从中央到地方基层行政组织的多层级政府，基于职能分工的横向结构包括各行政职能部门的各司其职和分工协作，最终形成一个条块结合的庞大的、复杂的行政系统。各要素和子系统的运作都会影响到整个行政组织系统的整体效能。

3.2.1.3 行政组织的类型

行政组织系统是一个复杂的组织体系，其组织类型可以从不同的角度进行分类。比如，以上下级权限关系为标准，可以分为集权制和分权制；以组织职权性质和范围为标准，可以分为层级制和职能制；以领导决策人数为标准，可以分为委员会制、首长制和混合制；以组织的功能为标准，可以分为领导机构、执行机构、监督机构、咨询机构、信息机构、辅助机构和派出机构等。本节主要介绍以组织功能为标准的划分。

1. 领导机构

领导的职能是负责重要的战略决策、规划，对重大问题进行决策，并指挥、协调、监督和评估决策的实施。领导机构是行政组织中的中枢，是实现行政目标和完成行政任务的核心，也是提高行政效率的关键。

2. 执行机构

领导负责决策，职能部门负责执行。执行机构即行政职能部门，它是在领导机构领导下负责具体行政职能执行的机构，如公安、环保等部门。其主要职能就是按照法定职能分工和定位，贯彻执行领导机构的政策、决策方案。其具有执行性、专业性、局部性等特点。

3. 监督机构

绝对的权力将会导致绝对的腐败。行政权力的使用需要配套的权力监督。监督机构是对各种行政机构及其管理行为进行监督检查的执法性机构，如审计和监察机构。这是健全行政权力，使其规范有序运行的重要前提和保障，是促进行政机构和行政人员依法行政、忠于职守的重要保证。

4. 咨询机构

需求拉动和供给推动是咨询机构存在的两种重要因素。在政策制定过程中，需要具有由实践经验丰富的行政人员以及知识储备深厚的专家学者组成的咨询机构参与，为政府出谋划策、提供咨询意见和决策方案。这些机构就是咨询机构。其基本职能是负责调查研究、参谋咨询、提供决策方案、评估决策效能、辅助领导机构做好决策。这是由于客观世界发展和变化速度超过了任何领导者和管理者独自胜任领导任务的才智能力。由专家和学者组成的、多学科的、专门为决策者提供“外脑”作用的咨询机构应运而生，这是现代决策体制中不可或缺的重要组成部分。

5. 信息机构

行政决策需要完备、及时和准确的信息作为重要的决策依据。信息机构，特别是随着移动互联网时代的来临，作为行政组织体系中重要的构成部门显得尤为重要。信息机构主要负责数据的搜集、加工、传递、储存，随着大数据时代的来临，信息机构特别需要使用大数据挖掘技术，从海量的数据中提取有效的信息，为领导机构和各职能部门提供重要的决策依据。随着“数文明”时代的来临，信息机构在行政组织体系中的作用变得愈来愈重要，这是实现行政组织数字化、科学化和现代化的重要保障。

6. **辅助机构**

辅助机构主要是为辅助领导完成领导工作的机构，具体有两种类型：一是政府内部的办公厅（室），承担部门内部的政务、公文、人事、财务、接待、后勤保障等服务职能，具有综合性、执行性和服务性的特征。办公室在单位内部没有指挥权，经过领导授权后，可以代表领导。二是协助首长领导处理专门或特别事务的办公机构，如国务院侨务办公室、港澳事务办公室等。经过首长授权可以对外发布通知或下达指示。

7. **派出机构**

派出机构指一级政府按照管辖区域设立、授权实施某方面行政管理职能的代表机构。比如我国省人民政府下设的地区行政公署、县人民政府下设的区公所等。其性质比较特殊，它不是一级政府行政机关，主要负责承上启下的管理。

3.2.2 行政组织理论

行政组织出现较早，但对它进行科学系统的研究则是 20 世纪以来的事情。结合公共行政发展历程和行政组织理论实践和研究历史，可以将行政组织理论分为四个主要范式。

3.2.2.1 “政治-行政”范式

1. **“政治-行政”二分法**

伍德罗·威尔逊在 1887 年发表的《行政学研究》论文，奠定了早期公共行政的基调。他指出，“国家应该做什么”是政治哲学的问题，“了解国家如何做”是行政管理的问题。这篇论文是公共行政作为一门学科的开始，也奠定了“政治-行政”二分的思想基础。古德诺在 1900 年所著的《政治与行政》一书中，则明确指出“政治和政策有关，这是国家意志的表达，行政则与这些政策执行有关”。“政治-行政”二分法在实践性方面，为刚刚发展的行政管理专业提供了保护。这种理念为行政人员提供了意识形态的盾牌。在智识性方面，这种政治关联价值、行政关联事实的二分法，也受到了很多批判。公共行政的研究又重新定位在政府官僚制之上，试图重建政治学与公共行政之间的关联性。

2. **官僚制**

马克斯·韦伯认为合法权威包括三种类型：（1）传统型权威，依赖于对古老传统神圣的普遍信仰以及对凭借传统方式取得首领地位的个人的忠诚；（2）魅力型权威，依赖于因个人的超凡神圣、英雄主义或模范品质而产生的个人效忠；（3）法理型权威，依赖于合法固定的非人格化的规则。

韦伯认为，理想类型的官僚制是应对大规模组织兴起的重要手段。具体而言，正式的、合理化的科层制包括：固定和法定的管辖原则、公职等级制和权力等级化、档案管理原则、专业化公务管理等。这种科层式具有专业化、层级化、规则化、非人格化、技术化特点和明确的方向。

3. **突破官僚制**

官僚制由于其自身固有的局限性受到了诸多批判。沃伦·本尼斯发表的《未来组织》一文提出，为适应20世纪的工业化需要，需要对官僚制进行重构。巴泽雷在《突破官僚制》一书中指出，官僚制改革遗留下了一些根深蒂固的惯性思想，这些惯性思想和它们所构成的思想体系可以称为官僚制范式。而官僚制组织与20世纪90年代的用户驱动的机构之间存在着修辞上的分歧。建立基于“顾客、质量、服务、价值、创新、灵活性”等理念的新的后官僚制范式成为重要任务。从效率走向质量和价值，从行政到生产，从控制到职员主动遵守规范、超越职能权力和组织结构，从调适价值到创造价值，从加强职责到培养责任心、超越规范和程序、超越行政管理制度等后官僚范式的改革成为行政组织研究和实践的重点。

知识链接 3-1

政府再造的十条原则

1. 起催化作用的政府
2. 社区拥有的政府
3. 竞争型政府
4. 有使命感的政府
4. 结果导向型政府
6. 顾客驱使的政府
7. 企业化政府
8. 预知型政府
9. 分权的政府
10. 市场导向型政府

资料来源：奥斯本，盖布勒. 改革政府：企业家精神如何改革着政府. 上海：上海译文出版社，2006.

3.2.2.2 “理性-权变”范式

组织理论起源于泰勒的科学管理方法、法约尔的行政管理原则、韦伯的官僚制理念和西蒙的管理行为等理性科学管理内容。泰勒的科学管理方法为大规模生产管理提供了重要基础。法约尔在《工业管理与一般管理》中提出的等级、指令单一、控制范围和特例等原则试图通过行政管理原则的建构来实现祖师管理活动的理性化。韦伯的科层制体制为员工提供了稳定和可预期的管理结构。西蒙针对“经济人”提出的更为人性的“行政人”（有限理性）假设和组织满意决策模型，可以有效提高组织运行效率。

但组织面临着复杂多变的外部环境，保罗·R. 劳伦斯在《组织与环境》一书中，率先提出“理性-权变”的组织观念。他认为，不同的环境对组织有不同的要求，特别是环境的不确定性对组织结构和行为的影响很大。加尔布雷斯在《设计复杂组织》一书中进一步指出，环境的不确定性通过影响组织的运作而进入组织，这把环境挑战与组织信息系统关联起来。他进一步建构了组织的权变理论。权变理论的假设有三个：第一，不存在最佳的最值方式；第二，任何组织方式都不等效；第三，最佳的组织方式有赖于最值的环境特征。权变理论的核心命题就是：一旦组织的内在特征与所处的环境要求达到最佳匹配，组织就能最好地适应所处的环境。总之，理性观念加上权变思想，构成了组织的理性-权变模型，也就是把组织行为看成是在一定环境条件的约束下，组织寻求一系列目标实现的最优化途径。

3.2.2.3 “交易-制度”范式

柯武刚和史漫飞在《制度经济学》中指出，组织使单个合作者能够将他们所拥有的要素结合起来，在一个有序的、可预见的结构中与他人密切互动，并节约信息、交易和协作成本。罗纳德·H.科斯在《企业的性质》一文中指出，新古典经济学的市场概念是零交易成本，这与市场事实不符。在现实世界中，任何交易都是有成本的，即正交易成本。企业以层级制的方式来组织生产，其交易成本低于市场方式。奥利弗·E.威廉森在《资本主义经济制度》一书中，基于交易成本经济学，提出了组织连续体的概念，企业（层级制）和市场是组织连续体的两个极端，处于企业与市场之间的混合组织——既有层级要素又有市场要素，如战略联盟、网络组织和国有企业。

在政治和公共管理领域，公民、议会与政府就公共服务供给而言是双重委托-代理关系。首先，公民是委托人，议会是代理人；其次，议会是委托人，政府是代理人。这种双重委托-代理关系可以堪称公共服务供给的双边垄断模式，因为政客和官僚都有一定程度的垄断能力。公共选择经济学家认为，官僚在政策制定和执行政策过程中是利己主义者，他们不是效率的追求者，而是预算的最大化者。预算最大化意味着个人效应的最大化。这就是公共选择模型（public choice model）的内容。

菲利普·塞尔兹尼克提出，组织最重要的不仅在于组织是一种工具和手段，而在于每一个组织都有自己的生命。组织的制度化是指一个价值中立的过程，从不稳定的、组织松散的或有限的技术活动中产生出有序的、稳定的和社会的整体模型。其最大的意义在于使结构或行为变得有价值，并超过技术的需要。制度结构模型认为，组织是各种资源的结合体，它们具有一定的目的，并能在相当时期内持续存在。

3.2.2.4 “系统-生态”范式

罗伯特·L.司温斯认为，运作、控制和决策中心及其相互间流程是组织非常重要的内容，即将组织视为一个可控制的系统。组织中每个要素的设置都与其他要素之间的变化息息相关。但是，组织是在更为复杂的层次上运作的，组织又是一个功能模块，作为开放系统来运作。许多组织学者将系统论看作提高组织设计、已完成既定运作的思想源泉，就是确定适当的工作流程、控制系统、计划机制以及它们之间的相互关系。作为一个复杂的组织系统，其重要特征就是整体大于部分之和，即组织的协同效应。

高斯的《政府生态学》和里格斯的《行政生态学》借用生态学的类比，认为行政组织受到其政治、社会和文化环境因素的影响与制约，只有适应外界环境变化的行政组织才是有效的。

资源依赖模型根植于开放系统的分析框架，认为必须要了解组织运作的环境，否则就无法了解组织的结构和行为。所有的组织都不是自给自足的，都必须要为了生存而与环境进行交换。获取资源的需要就决定了组织对其外在单位的依赖性。资源的重要性和稀缺性就决定了资源依赖模型的性质和范围。

当代行政组织理论研究关于组织的研究，重点不是个人而是组织本身。基于公共行政研究的历史可以将行政组织理论的研究概括为："政治-行政"范式、"理论-权变"范式、"交易-制度"范式、"系统-生态"范式。每种范式都为理解行政组织的结构、过程、效能、环境及其相互关系提供了一套完整的概念体系和分析框架。

3.2.3　行政组织编制管理

3.2.3.1　编制管理的概念

编制可以从狭义和广义两个角度来理解。狭义的编制是指法定社会组织内人员的数额及职位的配置。广义的编制是指法定社会组织的职能范围、机构设置、隶属关系、规格级别、人员数额、人员结构及其职位的配置。行政组织编制管理，就是按照法律规定的制度和流程，对行政组织的职能范围、机构设置、人员配备等进行的管理。具体包括职能管理、机构管理和人员编制管理。

3.2.3.2　编制管理的内容

习近平总书记指出，机构编制资源是重要政治资源、执政资源，机构编制工作是党的重要工作。机构编制工作在加强党和国家机构职能体系建设、深化机构改革、优化党的执政资源配置方面发挥着至关重要的作用，对推进国家治理体系和治理能力现代化具有重大意义。

2019年8月，中共中央印发了《中国共产党机构编制工作条例》(简称《条例》)。《条例》的制定和实施对于落实党管机构编制原则，推进机构编制法定化，提升机构编制工作水平，巩固党治国理政的组织基础，具有重要意义。《条例》强化党对机构编制工作的集中统一领导，是新时代机构编制工作的基本遵循。

《条例》的具体内容如3－1所示：

表3－1　中国共产党机构编制工作条例

序号	章	条	内容	备注
1	第一章	1—4条	总则	目的和依据 指导思想 编制原则
2	第二章	5—7条	领导体制	党中央集中统一领导 中央机构编制委员会
3	第三章	8—9条	动议	机构编制工作动议应当根据党中央有关要求和工作需要，按照机构编制管理权限提出。
4	第四章	10—13条	论证	党和国家机构改革、重大体制机制和职责调整应当在党中央集中统一领导下组织论证。

续表

序号	章	条	内容	备注
5	第五章	14—16 条	审议决定	审批机构编制事项应当按程序报批，严格遵守管理权限。 党和国家机构改革方案、重大体制机制和职责调整方案必须报党中央审议批准。
6	第六章	17—22 条	组织实施	党和国家机构改革、重大体制机制和职责调整的实施工作由党中央统一部署，中央机构编制委员会按照党中央要求组织实施。 地方各级党委按照党中央统一部署研究制定本地区实施方案，按程序报批后方可实施，并对实施工作负领导责任。
7	第七章	23—30 条	监督问责	各地区各部门党委（党组）对本地区本部门机构编制管理和监督负责。
8	第八章	31—33 条	附则	

知识链接 3－2

中国共产党机构编制工作条例（节选）

《中国共产党机构编制工作条例》由总则、领导体制、动议、论证、审议决定、组织实施、监督问责和附则等八章组成。

第一条，为了加强党对机构编制工作的集中统一领导，规范党和国家机构编制工作，巩固党治国理政的组织基础，根据《中国共产党章程》，制定本条例。

第二条，机构编制工作必须坚持以马克思列宁主义、毛泽东思想、邓小平理论、“三个代表”重要思想、科学发展观、习近平新时代中国特色社会主义思想为指导，以坚持和加强党的全面领导为统领，以完善和发展中国特色社会主义制度、推进国家治理体系和治理能力现代化为导向，以推进党和国家机构职能优化协同高效为着力点，完善机构设置，优化职能配置，提高效率效能，为决胜全面建成小康社会、全面建设社会主义现代化国家、实现中华民族伟大复兴的中国梦提供有力制度和组织保障。

第三条，机构编制工作必须遵循以下原则：

（一）坚持党管机构编制。坚持党对机构编制工作的集中统一领导，坚决维护习近平总书记党中央的核心、全党的核心地位，坚决维护党中央权威和集中统一领导，坚持民主集中制，把加强党的领导贯彻到机构编制工作的各方面和全过程，完善保证党的全面领导，始终总揽全局、协调各方的制度安排，有效实施党中央方针政策。

（二）坚持优化协同高效。适应新时代新形势新要求，力求科学合理、权责一致，科学审慎设置党和国家机构，统筹谋划好党和国家机构职能体系建设；力求有统有分、有主有次，理顺党的领导体系和政府治理体系、武装力量体系、群团工作体系之间的领导指挥关系，明确其他各个体系的职责定位，完善党和国家机构布局；力求履职到位、流程通畅，统筹干部和机构编制资源，提高各类组织机构贯彻落实党的决策部署的效率，构建运行顺畅、充满活力、令行禁止的工作体系。

（三）坚持机构编制刚性约束。贯彻编制就是法制的要求，机构编制一经确定必须严格执行，录（聘）用人员、配备干部、核拨人员经费等应当以机构编制为基本依据。用法治思维和法治方式维护机构编制的权威性和严肃性，切实把机构编制工作纳入法治化轨道。加快完善机构编制党内法规和国家法律法规并有效实施，依据国家法律法规有关规定履行法定程序。

（四）坚持机构编制瘦身与健身相结合。适应经济社会发展变化和财政保障能力，管住管好用活机构编制，严控总量、统筹使用，科学增减，不断提升机构编制资源使用效益。妥善处理严控机构编制与满足发展需要之间的关系，围绕中心、服务大局，保障党和国家事业发展，更好满足人民日益增长的美好生活需要。

第四条，党和国家机构改革、体制机制和职责调整，各类机关和事业单位的机构、编制、领导职数的配备和调整，适用本条例。

前款所称各类机关是指党的机关、人大机关、行政机关、政协机关、监察机关、审判机关、检察机关和各民主党派机关、群团机关。

资料来源：中国共产党机构编制工作条例．机构与行政，2019（9）．

3.3 非营利组织

3.3.1 非营利组织的特征与分类

3.3.1.1 非营利组织的特征

联合国的国民经济核算体系将经济活动划分为五大类：金融机构的经济活动、非金融机构的经济活动、政府的经济活动、非营利组织的经济活动和家庭的经济活动。非营利组织与其他四类社会组织的区别在于，非营利组织的大部分收入不是来自以市场价格出售的商品和服务，而是来自其成员缴纳的会费和支持者的捐赠。如果一个组织一半以上的收入来自以市场价格销售的收入，那它就是营利组织；而如果一个组织的资金主要依靠政府的资助，那它就是政府部门。

萨拉蒙和安黑尔认为非营利组织具有六个特征：一是正式组织性，二是非政府性，三是非利润分配性，四是自主管理性，五是自愿性，六是公共性。

沃尔夫（Wolf）则认为非营利组织具有五个特征：一是有服务大众的宗旨，二是有不以营利为目的的组织结构，三是有一个不致令任何个人利己营私的管理制度，四是本身具有合法免税地位，五是具有可提供捐赠人减免税的合法地位。凡符合这五个特征的组织一般被认为是非营利组织。

3.3.1.2 非营利组织的“非分配性约束”

从萨拉蒙的定义可以看出，非营利组织的“非营利性”，主要体现在非营利组织的利润不得进行分配，即不分配给其成员或管理人员，换言之，非营利组织的利润不分配给特定的个体，而是为其章程所定的目的和宗旨而支出。因此，非营利组织虽然名为“非营利”，但并不表示它不进行营利活动。特定的营利活动可能是非营利组织的经常性活动，也是非营利组织资产保值、增值的重要方式。

美国法律经济学家亨利·汉斯曼（Henry Hansmann）将非营利组织的这一特征进一步提炼为非营利组织的“非分配性约束”①（non－distribution constraint）。所谓“非分配性约束”，是指非营利组织不能把获得的净收入（net earnings）分配给对该组织实施控制的个人，包括组织成员、管理人员、理事等，净收入必须保留，完全用于为组织的进一步发展提供资金。

在某种意义上，非营利组织的“非分配性约束”恰恰就是非营利组织区别于营利组织最重要的特征。非营利组织的这一特征使得非营利组织在提供存在信息不对称的商品和服务时，尽管有能力去提高价格或降低产品质量，但因为所获得的利润不能参与分配，它们仍然不会去损害消费者的利益。非营利组织的“非分配性约束”，实际上是在市场上可能出现“契约失灵”情况时，对生产者的机会主义行为的另一种有力的制度约束。

3.3.1.3 非营利组织的分类

与企业、政府组织相比，非营利组织的分类显得更为复杂，也更为多样。划分非营利组织的类别，目的在于加强对非营利组织本质的认识，把握各种不同类型的非营利组织活动的特点和规律。

1. 国外非营利组织的分类

从国外非营利组织的分类来看，目前比较普遍采用的是亨利·汉斯曼的标准，即按照组织收入来源和管理方式进行分类。从收入来源来看，如果组织收入的大部分来自外界公众的捐赠，则称为“赞助型”组织，如红十字会；如果组织通过销售产品或者服务来筹集大部分资金，则称为“商业型”组织，如医院。从管理方式来看，如果组织是由自己的顾客来进行管理，就称为“自理型”组织，如乡村俱乐部；如果组织成立专门的董事会，然后聘请总经理来管理，就称为“企业型”组织。在美国还有更简单的分类方法，即将非营利组织划分为会员制组织和非会员制组织两大类，再将非会员制组织分为服务型组织和资助型组织。

按照非营利组织承担的功能进行分类，主要分为：（1）宗教性组织：包括教会、教会的联合组织、协会。（2）社会性组织：包括奉献俱乐部、友爱团体。（3）文化性组织：包括美术馆、博物馆、交响乐团、歌剧团、美术联盟、动物园。（4）学术性组织：包括私立学校、研究机构。（5）保护性组织：包括同行业者联合会、工会。（6）政治性组织：包括政党、政治后援集团。（7）慈善性组织：包括私立福利团体、私立财团、慈善医院、老人院、看护中心。（8）社会运动组织：包括和平运动集团、家族计划推进组织、环境保护组织、人权运动组织、消费者运动组织、女权运动组织、犯罪扑灭运动组织。

---

① HANSMANN H. The role of nonprofit enterprise. Yale law journal，1980（89）：835-901.

知识链接 3-3

非营利组织的分类

郭国庆教授依据组织目标将非营利组织分为社区服务型、助他保健型、助他教育型、自我改造型、沟通传播型、科研学术型、助他社会福利型、社会底层自助型、环境保护型、消费者福利型、国际事务型、职业协会型、休闲娱乐型、资金筹集型14种，具体而言：

(1) 社区服务型非营利组织的主要目标是维持和改善社区总体环境或居民的经济和社会生活水平。

(2) 助他保健型非营利组织的主要目标是努力提高其他社会成员的生理和心理健康水平，包括疾病和事故预防、疾病治疗、术后护理以及康复治疗等。

(3) 助他教育型非营利组织的主要目标是提供教育和提高其他社会成员的知识水平，或者直接参与教育过程，或者间接做出相应贡献。

(4) 自我改造型非营利组织关注的是成员的个性及技能的发展，并通过自助或实践而不是通过正式教育来发展个人技能。

(5) 沟通传播型非营利组织关注的是通过大众媒体、文件或个人咨询来向其他社会成员传播信息。

(6) 科研学术型非营利组织的主要目标是汇集和重组现有知识，并创造出有关自然界的新知识、新发明和新发现。

(7) 助他社会福利型非营利组织的主要目标是向那些因自身的社会地位而面临严重社会问题或存在不满情绪的其他社会成员提供福利或服务，其服务目标不是整个社区，而是某些具有特殊需要的特定群体。

(8) 社会底层自助型非营利组织的主要目标是通过调整其成员的行为和心理使之与社会规范相适应，或通过改变社会对其成员的态度和看法，来提高成员的福利并改善他们的生活质量。

(9) 环境保护型非营利组织的主要目标是保护环境，恢复和改善公园、森林及野外环境，处理人类所制造出来的城市环境污染问题，关注土地使用及其他资源和能源的保护问题。

(10) 消费者福利型非营利组织的主要目标是维护消费者权益。

(11) 国际事务型非营利组织的目标是改善别国人和本国人之间的相互关系。

(12) 职业协会型非营利组织的目标是维护和提高其成员的社会经济条件和总体福利水平。

(13) 休闲娱乐型非营利组织的目标是寻求愉悦或为娱乐而参加某项活动。

(14) 资金筹集型非营利组织的目标是为了某个具体目标而向个人或组织筹集慈善捐赠，或向个人或组织分配慈善资金。

资料来源：郭国庆．国外非营利组织的界定与分类研究．市场与人口分析，1999（6）．

2. 中国非营利组织的分类

基于我国国情，我国非营利组织在组织类型上具有一定的特殊性。为了更好地了解这些组织类型，有必要对我国非营利组织进行专门分类。

目前，我国尚没有一个明确的非营利组织的分类标准，而现有的很多分类标准，往往存在着不同分类标准的交叉使用。为了避免分类标准的交叉冲突，我们认为对我国非营利组织的分类可以直接参照现有的非营利组织管理法规来进行。根据我国现行的法规和管理体制，非营利组织要在民政部门登记注册后才能成为合法的社会组织，因此，各种形式的非营利组织首先可以分为两个大类：一类是在民政部门登记注册的非营利组织，可以称为已登记非营利组织；另一类是未在民政部门登记或者转登记的非营利组织，可以统称为未登记非营利组织。此外，也有必要对一些尚存在争议的组织给予关注。

（1）已登记非营利组织。我国目前存在三个主要的非营利组织行政法规，包括《社会团体登记管理条例》（2016 年修订）、《基金会管理条例》（2020 年修订）、《民办非企业单位登记管理暂行条例》（1998 年），因此按照登记的形式，已登记非营利组织可以分为社会团体、基金会与民办非企业。

《社会团体登记管理条例》第二条规定，社会团体是“是指中国公民自愿组成，为实现会员共同意愿，按照其章程开展活动的非营利性社会组织”。按照社会团体的性质与任务，社会团体又可以划分为学术性团体、行业性团体、专业性团体与联合性团体四类。学术性社会团体，可分为自然科学类、社会科学类及自然科学与社会科学的交叉科学类三种，一般以学会、研究会命名；行业性社会团体，主要是经济性团体，可分为农业类、工业类和商业类等，一般以协会命名；专业性社会团体，一般是非经济类的，主要由专业人员组成或以专业技术、专门资金，为从事某项事业而成立的团体，一般以协会命名；联合性社会团体，主要是人群的联合体或学术性、行业性、专业性团体的联合体，一般以联合会、联谊会、促进会命名。

《基金会管理条例》第二条规定，基金会“是指利用自然人、法人或者其他组织捐赠的财产，以从事公益事业为目的，按照本条例的规定成立的非营利性法人”。第三条规定，“基金会分为面向公众募捐的基金会（以下简称公募基金会）和不得面向公众募捐的基金会（以下简称非公募基金会[①]）。公募基金会按照募捐的地域范围，分为全国性公募基金会和地方性公募基金会”。在分类上，有时候也将基金会统一归属到“社会团体”这一类而不单独列出。

《民办非企业单位登记管理暂行条例》第二条规定，民办非企业“是指企业事业单位、社会团体和其他社会力量以及公民个人利用非国有资产举办的，从事非营利性社会服务活动的社会组织”。我国的民办非企业单位主要分布在教育、卫生、文化、科技、体育、劳动、民政、社会中介服务业、法律服务业等行业，比如各类民办学校、文艺团体、福利院、人才交流中心等。

（2）未登记非营利组织。未登记非营利组织包括没有或不能在民政部门登记，或者转登记的非营利组织。从我国目前的情况来看，这是一个非常庞杂的体系。其中包括：在政府其他部门或相应的企业或事业单位挂靠的民办单位，如各种培训机构、咨询服务机构、教育机构等；在单位内部活动，不需要登记注册的社会组织，如单位内部的集邮协会、大学校园的学生社团；在工商行政部门以企业形式转登记的非营利组织；未登记

① 私募基金会。

的各种社区群团组织及境外在华非营利组织等。根据目前非营利组织的有关登记条件，这些组织中有相当一部分是因为找不到业务主管单位而无法去民政部门注册登记，因此往往会采取多种变通的方式以便生存和活动，包括注册为工商企业等。

虽然将非营利组织分成了已登记与未登记两大类，但要看到，我国非营利组织的法律地位与其实际属性存在一定程度上的不对等。比如，一些从事非营利活动的组织不得不以企业法人的身份存在，而一些从事营利性活动的组织又可以登记为民办非企业；同时，很多已经登记的社会团体往往缺乏"独立性"和"自治性"，而许多未经注册的组织却在不同程度上合乎一般意义上的非营利组织的定义。

知识链接3-4

中国非营利组织的登记条件

《社会团体登记管理条例》第二条规定，"本条例所称社会团体，是指中国公民自愿组成，为实现会员共同意愿，按照其章程开展活动的非营利性社会组织"。第三条规定，"成立社会团体，应当经其业务主管单位审查同意，并依照本条例的规定进行登记"。第六条规定，"国务院有关部门和县级以上地方各级人民政府有关部门、国务院或者县级以上的上地方各级人民政府授权的组织，是有关行业、学科或者业务范围内社会团体的业务主管单位"。

《民办非企业单位登记管理暂行条例》第二条规定，"本条例所称民办非企业单位，是指企业事业单位、社会团体和其他社会力量以及公民个人利用非国有资产举办的，从事非营利性社会服务活动的社会组织"。第三条规定，"成立民办非企业单位，应当经其业务主管单位审查同意，并依照本条例的规定登记"。第五条规定，"国务院有关部门和县级以上地方各级人民政府的有关部门、国务院或者县级以上地方各级人民政府授权的组织，是有关行业、业务范围内民办非企业单位的业务主管单位"。

《基金会管理条例》第二条规定，"本条例所称基金会，是指利用自然人、法人或者其他组织捐赠的财产，以从事公益事业为目的，按照本条例的规定成立的非营利性法人"。第七条规定，"国务院有关部门或者国务院授权的组织，是国务院民政部门登记的基金会、境外基金会代表机构的业务主管单位。省、自治区、直辖市人民政府有关部门或者省、自治区、直辖市人民政府授权的组织，是省、自治区、直辖市人民政府民政部门登记的基金会的业务主管单位"。第八条规定，设立基金会，应当具备下列条件：(1) 为特定的公益目的而设立。(2) 全国性公募基金会的原始基金不低于800万元人民币，地方性公募基金会的原始基金不低于400万元人民币，非公募基金会的原始基金不低于200万元人民币；原始基金必须为到账货币资金。(3) 有规范的名称、章程、组织机构以及与其开展活动相适应的专职工作人员。(4) 有固定的住所。(5) 能够独立承担民事责任。

3.3.2 非营利组织在公共管理中的作用

在某一特定领域中的诸多涉及公共利益、公共秩序的事务，构成了公共管理在这一特定领域或层面的公共事务。如果这类公共事务政府不能做或不常做，企业不愿做，而只能交由社会并最终交由非营利组织去做，那么，从人类历史发展看，非营利组织正是为适应这一类事务管理的需要而产生的。从根本上说，公共管理的本质要求和公共管理不同层次或领域的存在，以及非营利组织所具有的特性，决定了非营利组织是公共管理主体的必要组成部分。非营利组织在公共管理中的作用如下：

3.3.2.1 非营利组织是微观的社会服务和管理职能的主要承担者

公共事务作为涉及公众基本生活质量和公共利益的事务，本身就是产生于社会，这些事务的解决或公众需求的满足，也最终必然通过为公众提供服务，落实到社会，这一点在现代社会表现得十分突出。在现实中，面对广大公众丰富多样的需求，不仅诸多的具体服务，如社区服务等应交由非营利组织提供，而且在许多公共领域或是许多社会公共事务，如艺术院团、出版物、影视节目及各类体育活动等，如果根据政策法规与行业标准，交由社会中介组织办理，实现行业自律，管理效果往往要好于政府组织自己去做。因此，在现代社会，公共管理的最终实现离不开非营利组织。非营利组织承担微观的社会服务和管理职能，既是社会自我管理的本质反映，也是政府进行社会管理的内在需求。

3.3.2.2 非营利组织能提高公共物品的供给效率

从政府社会管理的角度分析，政府公共管理的一个基本目标，就是提高公共物品的供给效率与质量。在现代社会，由于政府组织往往受到各种制约，必须面对政府庞大的科层机构所带来的对新的社会需求和发展机会反应不够灵敏以及提供公共服务成本过高等问题，许多国家不得不进行公共物品的供给向社会转移的公共管理改革。许多过去由政府直接提供的公共物品，改由政府资助的非营利组织提供，即将具体的公共事务管理与公共服务提供的责任交由非营利组织承担。非营利组织在市场基础上的活动及其相互间的竞争，提高了公共物品供给的效率和质量。实践表明，在公共产品供给的操作、实施层面，非营利组织往往比政府部门具有更高的效率和灵活性，非营利组织已成为公共管理的主体并发挥了积极作用。

3.3.2.3 非营利组织能较好地满足社会多元化的需求

在现代社会，公众的兴趣、价值观念、经济利益等高度多样化，社会也分化为众多的阶级、阶层以及各种各样的利益集团。这样，一方面是政府社会管理日益丰富、复杂，另一方面是政府存在的基本价值又使其必须对社会全体成员负责，使自己的服务应该在所有的地方都一样，行为应该具有相当的普遍性，其结果是即便不断扩张机构，也很难对社会的多元需求做出及时、恰当的反应。政府组织的弱点恰恰就是非营利组织的优势。因为在公共产品的范畴内，主要分为纯公共物品和准公共物品两大类。一般来说，纯公共物品具有鲜明的公益性、不可分割性、规模性等特点，通常只能由政府提供，如有关的政策制定、大型的公共基础设施等。准公共物品是在市场的基础上，以现代的付费制度为基础的满足特定利益群体要求的产品，社会公众要求多元化主要集中在准公共物品这方面。非营利组织的产生和发展本身就是社会需求与利益格局多元化的结果。因此，从整个公共管理的角度分析，非营利组织作为公共管理的主体，有利于社会自己组织起来，生产一定社区内的公众所需要的产品或提供其所要求的服务，及时回应社会多元化的需求，从而缓解社会不同群体对政府不同要求的压力，使政府可以专心于决策和提供纯公共物品。政府组织与非营利组织的有机配合，为和谐社会的建立提供了可能和保障。

3.3.2.4 非营利组织是当代公共管理社会化和市场化改革的要求

在当今世界，随着社会的发展和进步所带来的公共物品范围的扩大，一些发达国家政府公共管理已出现了社会化和市场化模式，这一模式在相当程度上解决了社会需求日益丰富和多样化给政府带来的财政压力和管理压力，已越来越得到人们的认可和采纳。

公共管理的社会化和市场化，主要包括这样一些内容：一是明确政府的核心职能就是公共政策和法律的制定，将政府原有的一部分执行性和服务性的职能分离出去。相应地，改变政府直接办理和经营公共服务机构的做法，参照经济领域中“政企分离”的做法，重构政府与下属服务机关的关系，扩大服务机构的经营自主权。二是将公共服务尽可能交由社会组织，以扩大公共服务的总供给量，满足人们的需求。三是将经营性投资和能够开展市场竞争的领域，如煤气、供电、铁路、电信、城市交通等，通过相关法律并建立“使用者付费”制度，交给私人部门经营。总之，公共管理的社会化和市场化，就是要发挥社会力量在公共服务和管理中的作用。

另外，从整个现代社会的运行来看，非营利组织作为公共管理的重要主体，还具有扩大就业渠道、增强社会保障能力和提高公民民主意识、增加社会公民化程度等作用。在现代社会，非营利组织作为公共管理主体，既是公共管理本身发展的内在要求，也是社会发展的必然要求。非营利组织在与政府一起致力于公共服务和管理、维护公共秩序、增进公共利益的同时，也促进了社会本身的发育和发展，形成了良好的政府与社会的互动。

非营利组织是当代公共管理主体的重要组成部分，但非营利组织在公共管理中又具有双重身份：一方面，充当公共事务操作、实施层面的公共服务的提供者和管理者角色；另一方面，又在政府所制定的有关法律法规的范围内进行活动并受到政府组织的监督，是政府进行公共管理的对象之一。因此，政府组织既要发挥非营利组织提供公共产品和公共服务的作用，也要通过制定法律法规和公共政策为非营利组织提供普遍的行为准则和制度环境，并依此进行必要的干预、调节和监督。

3.3.3 当代中国公共管理中的非营利组织

在当代中国，随着社会主义市场经济体制的建立和完善，随着政府职能转变改革的日益深入，非营利组织获得了很大的发展，在公共管理中发挥了积极作用。但是，从构建科学的当代中国公共管理体制的要求来看，无论是非营利组织的发展，还是政府对非营利组织的培育和管理，都有待于进行深入的改革。

3.3.3.1 我国非营利组织的兴起

非营利组织是现代社会的组织载体，是公共管理主体的必要组成部分。就此而论，中国漫长的封建社会中不存在非营利组织；新中国成立后直到改革开放之前，我国在高度集权的政治体制和计划经济体制下，个人隶属于单位，单位隶属于国家，国家通过单位实现对社会的全面控制和管理，因而并不存在一个相对于国家权威的自治社会，不存在真正的非营利组织。

当代中国的非营利组织主要是在建立社会主义市场经济体制后逐步形成和发展起来的。社会主义市场经济在中国的出现和发展，为非营利组织的成长打下了必要的基础。社会主义市场经济体制的建立与完善、转变政府职能的改革不断深入，也对非营利组织的建立提出了要求。随着社会主义市场经济改革的深入，伴随着“单位人”向“经济人”和“社会人”的转变，以往属于单位管理但实际上应由社会管理的事务也随着政府职能的转变开始从单位中逐步剥离，这就大大增加了社会管理的任务。实践表明，传统的全面管理方式已不适合社会发展的要求，政府让出的空间也难以全部转交给营利性企业和公民个人，特别是政府和企业“不愿做、做不好，或不常做”的公共事务。市场缺陷无法全部通过政府来弥补，而政府缺陷同样也不能全部通过市场来解决，在政府和企业之外的属于社会领域的公共事务，就需要社会的自组织来承担。

为此，我国强化了培育和发展非营利组织的公共政策。中共中央、国务院对包括非营利组织在内的整个社会组织发展的需求有高度的认识并做出了回应，十分重视社会组织的发展和管理工作，要求各级党委和政府把社会组织管理工作当作促进经济和社会发展的大事来抓，从而为社会组织的发展提供了必需的、由政策法律构成的制度保证。

正因为如此，我国非营利组织应运而生，承担起了有关领域中的公共服务和公共管理任务。这些非营利组织主要表现为社会团体和非营利性民办单位，如非营利的学校、医疗机构、福利机构、研究机构，以及基金会、志愿者组织、环保组织等。随着政府职能转变的深入，以及政府公共管理方式的逐步改变，原来由政府承担的部分职能逐步向社会转移，非营利组织的职能得到了落实和加强，非营利组织得到了前所未有的发展机遇。

3.3.3.2 我国非营利组织发展存在的问题

在相当程度上，我国非营利组织从无到有，并在公共管理中发挥出了越来越重要的作用。但是，当前我国非营利组织总体上水平还是很低的，也显得较为弱小，且存在着不容忽视的亟待解决的问题，难以承担起它应承担的公共管理职责。这些问题可以大致分为非营利组织自身存在的问题和由相关政策、法律与管理等构成的外在环境问题两个方面。

1. 非营利组织自身存在的问题

（1）身份不清。这一问题的集中表现是不少非营利组织“亦官亦民”或以非营利的身份从事营利活动。就前者而言，民间性和自治性是非营利组织的两个基本特点，但由于历史原因，我国缺乏民间自组织的传统，加上资金因素的制约，非营利组织的建立成为适应政府精简机构的需要。现阶段我国非营利组织尤其是那些有一定规模和影响力的非营利组织大多从政府部门脱胎而来。因此，这些组织或与政府部门有着亲近的“血缘”关系，或有直接的隶属关系，从而具有明显的官方色彩，有的甚至成为政府的附属机构，自治化的水平很低，难以真正发挥其作为非营利组织的作用。

非营利性是非营利组织的另一个基本特征。但是，我国非营利单位管理的有关法律还有待完善，如对注册登记的非营利单位，让其在享受非营利单位的有关待遇而致力于社会公共管理活动时，对其活动过程的规定还不够明确和具体。这样，一些以非营利组织的性质进行登记并享受非营利组织待遇的团体却从事着营利活动，更有一些社团以非营利为名，采取各种手段谋取个人或小集团的不正当利益，损害了社会公平。

（2）非营利组织缺乏资金，内部组织不健全，行为缺乏代表性和规范性。现阶段我国的非营利组织普遍经费短缺，开展公益活动所需的经费开支与组织的资金能力之间有很大缺口。相当多的非营利组织的组织结构、管理体制、决策程序、财务制度、监督机制、自律机制等都不健全，人员老化、财务混乱是比较普遍的现象。因此，这些组织较难集中、综合地表达、捍卫所代表群体的利益，得不到成员和一定社区内公众的支持和拥护，组织行为缺乏代表性和规范性。相应地，它们在参与公共决策的能力上比较薄弱，也不能很好地提供公共服务和进行必需的公共管理。

2. 由与非营利组织相关的政策、法律与管理等构成的外在环境问题

（1）对非营利组织基本政策的实施存在着培育和监督管理脱节、重登记而忽视过程监督的现象。“培育发展和监督管理并举”是当前我国制定的针对包括非营利组织在内的整个社会组织的基本政策，这是十分适合我国现阶段基本国情和社会经济改革的正确政策。但是，在实施中也存在着一些不足：一些地方政府十分重视在登记上严格管理，但对如何积极地对非营利组织进行培育还着力不多；在非营利组织注册登记后，由于相关的法律不明确、不具体，往往只能以行政手段进行管理，而这种管理又常常只是在年终进行审查，而对非营利组织的整个活动过程缺乏必要的监督管理手段。

（2）法制薄弱。与非营利组织相关的法律过于简略、薄弱：一是有关非营利组织的法律规章过于简略，而各种相关的行政规定内容又较庞杂，且透明度较低。依法管理社会是现代法治国家的一个基本准则，但目前我国有关非营利组织的法律规章过于简略，实际中是以民政部及其他相关部委的行政规定为管理依据的，在相当程度上，这些行政规定代替了更为基本而透明的法律和行政法规发挥作用。而且，大多数行政机关的内部文件是上级机关对下级机关工作的指示。目前对这些规定进行制度化公布的渠道还不完善，从而使得行政机关在执法中有太多的随意性。二是有关非营利组织的民事关系调整的法律薄弱。非营利组织的内部组织、财产关系等是关系其发展的关键性因素，由于非营利组织是社会组织，这些关键的关系是社会的契约无法调整的，因而必须有政府必要的干预，即通过完善的民事实体法加以规定和制约。正因为如此，非营利组织的民事关系历来是各国相关法律中一个极为重要的部分。但目前，我国在这方面的情况是行政管理的规定占据了相关法律的大部分，而少有直接针对非营利组织内部结构、财产关系等的规定。这显然不利于非营利组织形成一个稳定的组织框架、减少内部纠纷，从而达到组织目标。

我国非营利组织发展之所以存在上述问题，从整个社会来看，主要是因为社会监督机制不完善、法制不健全、行为不规范、组织内部经费不充足、人民的结社意识不强等。非营利组织自身活动中存在的各种问题，在相当程度上又与政府基本政策实施和法律所构成的外部环境有关。因此，必须通过改革来进一步完善。

3.3.3.3 我国非营利组织改革发展的基本取向

非营利组织是公共管理主体的必要组成部分，从我国公共管理发展的基本需求，政府职能转变改革中已出现的大量社会性、群众性、公益性和服务性职能从政府职能中分离出来的情况，以及政府公共管理大量采用市场化和社会化方式的情况来分析，加强对非营利组织的培育和监督管理，促进非营利组织的发展和完善，是一项极为重要的改革任务。

发展和完善非营利组织的目标是在继续扩大数量的同时，重点加快非营利组织的自治化进程，使之成为比较规范的非营利组织。培育和监督管理好非营利组织应是政府公共管理改革的重要内容。因为只有通过政府公共管理方式的进一步改革和相关法律法规的健全与完善，才能为非营利组织的发展造就必需的外部条件，而非营利组织的充分发展，也将有利于实现政府公共管理的改革目标。

1. 大力培育非营利组织

大力培育非营利组织主要应抓好两项工作：第一，在社会领域推进“政社分开”改革。在社会生活的各个方面确立起相应的法律制度，政府逐步有序地从社会微观领域中退出，使非营利组织有必要的活动空间和平台，扩大非营利组织的数量，加快非营利组织的自治化进程。第二，重点在资金方面进行必要的帮助。资金不足是当前非营利组织发展中存在的一个突出的问题，从中国国情看，短期内社会自身难以解决，因而政府给予必要的资助是培育非营利组织的一项重要工作。政府提供一定的资金，有利于非营利组织通过自身的服务取得社会公众的认同，提高和壮大服务能力。实际上，西方国家非营利组织需要的资金中有30%以上来自政府，缺乏政府资助，许多非营利组织难以生存。因此，结合我国的具体情况制定具体的政策为非营利组织提供必要的资助，是培育发展我国非营利组织的一项重要工作。

2. 加强对非营利组织的监督管理

加强对非营利组织的监督管理，重点要抓好两方面的工作：第一，逐步完善有关非营利组织尤其是其活动的法律法规。针对不同类型的非营利组织，制定行为规范，包括制定各种非营利组织可以提供的公共产品和公共服务的种类标准、质量标准和行为规范标准。第二，在逐步完善有关法律法规的过程中，通过依法行政和强化法律追惩的制度建设[①]，强化监督管理，强化各种法律规范的实施和监督，特别是对非营利组织运行的规范化及质量、政府资金使用情况进行监督。

3.4 事业单位

事业单位是我国计划经济体制下产生的在社会公共事务领域实际提供公共服务和进

---

① 法律追惩是指通过法律法规对非营利组织的活动给出一个法律禁止的底线，凡是法律禁止的，一定要严格行政执法，如果违反法律和有关规定，政府将进行追查惩处。凡是法律不禁止的，非营利组织的任何活动都在允许之列，行政部门不予干涉。

行公共事务管理的，具有准政府组织的性质并对社会公共事务实施行政化管理的单位，是高度集中的政府管理体制的重要组成部分。当前，事业单位还是我国公共管理的重要承担主体之一。

3.4.1 事业单位的含义与特征

作为计划经济体制下政府对社会公共事务管理的承担者，事业单位具有自己特定的含义与特征。

3.4.1.1 事业单位的含义

事业单位是随着我国计划经济体制的建立而出现的、我国特有的、社会公共事务管理的实际承担者。与计划经济体制相适应，我国建立了高度集中的、统一的政府管理体制，由政府统一管理人权、物权和财权，政府直接配置社会资源、直接组织和管理经济活动和社会活动。因此，与这种政府管理体制相适应，将社会事务和活动视为政府的事业，即“没有生产收入”“所需经费由国库支出”，并逐渐形成了高度集中的对社会事务的管理体制——事业单位管理体制。

事业单位是指受国家行政机关领导，没有生产收入、所需经费由国库支出、不实行经济核算、主要提供非物质生产和劳务服务的社会组织。在计划经济体制下，整个社会组织主要被划分为行政单位、事业单位和企业单位三大类型，其中事业单位主要涉及科学、教育、文化、卫生和体育领域。相应地，事业单位管理体制就是政府办事业，即主要由各级政府及其工作部门直接举办；政府管事业，即事业单位的管理和经营活动均由其主管的政府部门直接控制；政府养事业，即经费开支均由国家财政拨付。这种国家所有、国家经营和国家管理的模式导致了政府和事业单位的一体化，事业单位成为准政府组织。

3.4.1.2 事业单位的基本特征

我国与计划经济体制相适应的事业单位管理体制，具有如下基本特征：

（1）事业单位活动的非经济性和政治性。我国的事业单位所从事的公共事务是不直接从事物质资料生产，但直接或间接地为上层建筑服务、为改善社会生产和人民物质文化生活条件服务的一种社会活动或工作。这种非经济化的定位，一方面使事业单位的活动都被视为社会活动而不是经济活动，事业单位所从事的科、教、文、卫、体等活动被排斥在经济活动之外，与经济发展相脱离。例如：科研单位只负责接受国家计划安排出研究成果，而推广应用则是政府的事；教育单位只负责按计划招生并将学生培养到毕业，而分配则由国家统一负责；等等。另一方面，在整个国家经济发展水平还比较落后、群众需求单一的情况下，事业单位的活动更主要的被要求服务于上层建筑，甚至被作为上层建筑的组成部分，因而具有了明显的政治性。

（2）事业单位由政府主办并主管。在计划经济体制下，由于政府统一管理人权、物权和财权，以行政的方式配置社会资源，加之全民所有制在所有制结构中占绝对优势，这就在制度安排上抑制甚至禁止了私人及社会团体管理这些事务的可能性，从而形成了国家包办一切公共事务管理的局面。除少数集体所有制的事业单位外，我国的科学研究机构、教育机构、文化机构、卫生医疗机构、体育机构等都由各级政府主办并主管。政府是事业单位的所有者，事业单位是政府主办并主管的公共事务管理的主体。

（3）事业单位经费由公共财政供给。既然事业单位由政府举办并被定位于从事非经济的没有生产性收入的社会活动，没有自我生存与发展的能力，同时，事业单位从事的公共事务也是政府职能的范畴，因而在计划经济体制下，政府必然通过公共财政对事业单位的经费全面负责。这主要表现在：一是事业单位的人员全部列入编制，由公共财政供养；二是事业单位所需的活动经费由财政负担；三是政府为事业单位制定了统一的事业财务制度，包括事业单位经费预算收支科目、预算级别，开展活动中有关经费的领拨、缴销、运用、管理、监督等，都进行了具体的规定。

（4）整个事业单位系统具有行政性。在计划经济体制下，为了发展各项事业，中央和地方各级政府都按各类不同的事业，设立了相应的事业行政管理部门进行管理。政府是事业单位的所有者，因而事业单位和事业行政管理部门在本质上是同一的。这样，在整个事业单位系统中，政府既是事业单位主办者或所有者，又是事业行政管理者、事业经营者或运行管理者，一身数任，扩大了政府事业管理职能范围。同时，政府包办并通过事业单位经费的财政供给直接控制事业单位的运行，使政府主管部门在其所管辖的领域内对事业单位处于绝对主导地位，事业单位成了政府部门的附属物，从而形成了事业单位与行政管理部门的一体化。

事业单位与行政管理部门的一体化，导致了政事不分。就政府事业行政管理部门而言，由于一身数任所形成的职能扩大化，往往是将事业单位的“事”作为“政”，直接以包括行政命令、指示、规定、条例、指令性计划等在内的行政手段进行管理，这些管理直接涉及事业单位具体而微观的活动，如事业单位的目标、任务、人员编制、活动经费、岗位设置、人事任免等，均由上级行政主管部门负责。就事业单位而言，由于人员列入编制，通过财政支撑并接受行政指令来运行，将自己范围内的“事”作为“政”，相当程度上也就成了行政管理部门的一个下级部门，因而事业单位都具有相应的行政级别，其财务制度、人事制度和社会福利制度也完全等同于行政单位，其职能行使也带有较为明显的行政性。所以，整个事业单位管理体制在其职能上表现出行政化，事业单位也就成为准政府组织。

我国事业单位管理体制的这些基本特点，既不利于社会公共事务的管理，也不利于事业单位本身的发展。事业单位的非经济化定位，使事业单位与经济发展相脱节，从而使发展科技经济、教育经济、文化经济等变为不可能，使事业单位失去了自我生存与自我发展的基础，使科学技术成果等不能迅速转化为现实生产力；事业单位全部由财政支撑，一方面使国家财政不堪重负，另一方面使事业单位既没有对经费的自主支配使用权，也没有自己独立的经费来源，从而严重压抑了事业单位的积极性；事业单位及其管理体制的行政性，一方面增加了政府的财政负担、降低了事业单位的运行效率，另一方面扩大了政府职能，导致政事不分。

我国所进行的历次行政体制改革，基本没有触及计划经济体制下形成的这种事业单位管理体制，使这种管理体制一直得到沿用。更有甚者，事业单位还成了接纳机构改革精减人员的场所，成了实行集中支付财政改革的障碍。因此，必须改革事业单位管理体制。

3.4.2 事业单位改革

3.4.2.1 事业单位改革的必要性

（1）事业单位规模巨大、增长过快，财政负担过重的困难没有得到根本性的缓解。改革开放以来，与经济改革相适应，对事业单位及其管理体制进行了一系列的改革。例如：针对事业单位管理体制高度集权所造成的各种弊端，分别采取了不同形式的“简政”“搞活”等改革措施，逐步扩大了各类事业单位的人权、事权、物权和财权等；针对事业单位的服务单纯公益化与福利化所带来的弊端，分别采取了“创收”“让利”“免税”等改革措施，鼓励和支持各类事业单位挖掘潜力，开展多种经营，这缓解了事业单位经费严重不足的困难局面，实际上也在一定程度上倡导了事业单位有偿服务的观念；针对事业单位的财政统包所造成的各种弊端，先后采取了一系列新的事业单位资金供给方式，逐步收缩财政资金供给范围，并对一部分事业单位停止财政拨款，从而出现了全额拨款事业单位、差额拨款事业单位和经费自理事业单位等不同形式，还有一些事业单位转为企业化管理；等等。但是，全额拨款的事业单位占绝大多数，事业机构和人员的快速增长使各级财政不堪重负。

（2）社会效益不高。由于事业单位总体上仍然由公共财政供给，且与行政管理部门的隶属关系没有得到根本改变。因而，一方面，国家对事业单位统得过多，管得过死，导致事业单位内部机制不完善，影响活力和效益的情况仍然存在。在国家财力紧张的情况下，事业单位得不到足够的经费，仅有的一点经费也主要为了养人，缺少必要的资金，从而使事业单位在从事本职工作时积极性不高，进而导致了事业单位服务社会的功能不断弱化、萎缩。另一方面，由于在对事业单位实施“放权”“搞活”等措施时对事业单位的根本性质缺乏明确的符合当代公共管理发展的定位，因而使不少事业单位热衷于通过各种方式甚至利用手中所执掌的行政权力去“营利”“创收”，弱化了公共服务，使社会对它们缺乏认同。

（3）与经济建设结合不紧密。由于没有改变计划经济体制下事业单位的非经济领域定位，科研单位的成果难以转化为生产力，或者科研单位难以有足够的经费从事经济建设基础性研究工作，事业单位长期游离于经济建设之外的情况没有得到根本改善。

这种政事职责不分、管理方式单一、社会化程度不高、布局和结构不合理、管理体制和运行机制不适应市场经济要求的现象都雄辩地说明推进事业单位管理体制改革已势在必行。

3.4.2.2 事业单位改革发展的目标取向

与我国社会主义市场经济体制建立、政府职能转变改革相适应，事业单位管理体制改革的目标定位应当是促进事业单位的社会化和事业单位运行的法制化与民主化。

（1）事业单位的社会化。事业单位的社会化有两层基本含义，即社会公共事业社会办和事业单位的资源配置与服务社会化。社会公共事业社会办，强调的是社会公共事业兴办的主体多元化，通过国办、民办和社会办等多种形式，建立事业单位参与公共服务提供的新格局。这必然要调整和规范事业单位与国家的关系，对事业单位自身的性质要重新定位。按照政事分开的原则，根据事业单位的性质和服务的基本内容，分清政府行政管理部门与事业单位的责、权、利，正确确定和理顺事业单位与政府行政管理部门的关系，使其成为在法律规范下提供社会公共服务和从事社会公共管理的自主活动的主体，而不再是政府的附属机构。

（2）资源配置和服务的社会化。在我国事业单位管理体制中，由于事业单位是政府的附属物，条块分割、部门分割的政府管理体制必然造成了事业单位管理的条块分割、部门分割局面。各个主管通过行政手段配置资源，也只为本部门、本地区、本行业服务，不为其他部门、地区、行业服务，更不为社会服务。因此，事业单位管理体制改革就必须打破资源的行政化分割与部门单位所有制，面向社会提供公共服务。

（3）事业单位运行的法制化与民主化。在原有的事业单位管理体制下，事业单位通过执行行政指令的方式完成国家计划，事业单位的发展主要取决于国家和政府领导人的重视程度，缺乏必要的法律保障和民主监督。事业经费要靠争取、事业机构的设立和撤销变化无常，完全缺乏必要的稳定发展机制。因此，在改变事业单位对政府行政管理部门的行政隶属关系、使事业单位成为独立地进行公共事务管理与提供公共服务主体的同时，还必须加强立法，建立和完善包括科学技术立法、教育法、文化法、卫生法、体育法等在内的法律法规体系。作为进行公共事务管理与提供公共服务的社会组织，事业单位不仅需要在其内部进行法律基础上的民主化运行，而且还必须向社会公开，接受政府行政管理部门的监督和社会的监督。

3.4.2.3 事业单位改革的基本原则和分类改革

要实现事业单位社会化以及运行法制化和民主化的目标，就必须以政事分开为基本原则，根据各类事业单位不同的性质，进行分步骤、分类别的改革。

（1）实行政事分开。原有的事业单位管理体制与当代公共管理不相适应的主要症结，是对事业单位从事公共事务的非经济定位，以及政府职能扩大化所形成的政事不分。政事不分的体制严重阻碍了事业单位独立地进行公共事务管理与提供公共服务。因此，政事分开应是事业单位改革的基本原则。

从根本上说，政事分开就是要解除政府与各事业单位的隶属关系，政府行政主管部门进行宏观管理，但具体事务则完全由事业单位自主解决，同时，要根据中央有关取消事业单位行政级别的精神和指示，有步骤地取消现行事业单位的行政级别。在这一基础上，重点进行政府和事业单位的职责分开、管理方式及手段分开工作。

第一，实行职责分开。职责分开是指原来在政事一体化的体制下由事业单位承担和行使的政府职能，应交回政府由政府履行；而原来各级政府机构承担和行使的一些技术性、服务性的工作，应交给事业单位去完成。要特别注意的是，凡是由行政机关建制改为事业单位的，或以往已经建立的列入事业单位范围、使用事业编制但承担了一部分行政职能的事业单位，必须把行政职能交回政府，同时，单位及编制也相应地不再属于事业单位和事业编制。对于那些与政府关系密切，执行某种行政延伸性事务的事业单位，如政策咨询、统计、信息等事业单位，应通过立法、行政授权等方式来进行处理，使这些单位成为公共管理中的准政府组织。

第二，实行管理方式及手段分开。这主要包括：政府行政主管部门对事业单位实行简政放权，对事业单位在宏观上按有关法律进行行政监督与管理；在事业单位的人事、工资、计划、编制、财务、项目、职能等具体事务的运作与安排上，由事业单位自己管理。在福利制度、单位名称等方面，事业单位也要与行政机关脱钩或有明显区别。就事业单位来说，除根据立法、行政授权按需要使用行政手段进行管理外，在进行社会公共事务管理和提供公共服务时应运用非行政手段。

（2）实行事业单位的分类改革。目前我国事业单位的社会服务和管理涉及的范围非常广泛，既包括纯公共物品和准公共物品，也包括纯社会性事务和经济事务。相应地，管理这些公共事务、提供这些公共产品和服务的事业单位，也应具有不完全相同的性质和特点。因此，在以政事分开为基本原则进行事业单位改革的同时，必须对不同性质和特点的事业单位采取不同的措施，推行分类改革，可按如下三类进行改革：

第一，具有准政府组织性质的事业单位，包括社会科学联合会、社会科学院、基础理论研究所、图书馆、博物馆、直接为政府决策和行政管理提供咨询和技术支持的机构、计划生育协会等，提供的是纯公共物品。虽然在现代社会可以通过提供有偿的公共服务获取一定的运行经费，但从根本上说，这类事业单位难以推向市场，而它们的存在又是必需的。要使这一类事业单位正常运转并提供良好的公共服务，就只能依靠公共财政的支持。因此，这类事业单位的改革，在解除与政府行政管理机关的直接隶属关系的同时，应根据立法，一方面，对其进行全额拨款，并在经济发展的基础上逐步加大公共财政对其的扶持力度；另一方面，强化对其行为及内部管理监督。这类事业单位通过立法或行政授权等方式执行和处理某种行政延伸性事务，是公共管理中的准政府组织。

第二，具有一定经济效益的公益性的事业单位，包括养老院、大专院校、中小学校、重要的医疗卫生单位、疗养院、考试管理中心等，提供的是准公共产品。对这一类事业单位，政府仍需通过差额拨款进行资助，其经济上的收入应实行收支两条线。这类事业单位应并入非营利组织之中，依法实行严格管理，避免其由公益性变为营利性，从而改变其作为社会公共组织的基本性质和宗旨。

第三，具有生产经营性和能力的事业单位，包括从事应用技术研究的科研院所，广播电视台，报社、杂志社和出版社，城市公用事业方面的市政管理单位、房产管理单位、园林设计单位等，以及规划、勘探等方面的公司，农业方面的种子站，科技服务中心，等等。这些事业单位实际上与企业的性质相同，其中有的还有较强的市场竞争力。因此，对这些事业单位的改革应促使其企业化，实行企业化运作和自收自支。但是，由于这类事业单位又从不同的角度涉及公共利益，提供的是准公共产品和服务，因此，在其实行企业化运作之后，总体上仍需将其纳入公共管理的范围，对这些单位实行不同于普通企业的管理。对城市的水、电、煤气、公交等单位，既要防止其形成垄断，又必须从保证公众基本需求出发进行直接的价格和服务质量的管理与监督。因而，要对其获得的最高利润予以规定，没有达到该标准时由政府财政补贴，达到该标准之后的盈利由政府支配。要通过这种方式加强对这些单位的财务监督和审计，加强行为规范和服务质量的监督，从而确保这些单位不利用管理公共事务、提供公共服务的机会谋取不正当的利益，损害社会公平。

通过在政事分开的基础上进行事业单位的分类改革，原有的事业单位就将分别转化为社会团体的准政府组织、民办非企业单位的非营利组织，以及涉足于公共事务的企业化运作单位。

3.5 公共组织的变革

3.5.1 科层制组织与反思

3.5.1.1 科层制组织的基本特征

被称为“组织理论之父”的马克斯·韦伯，创建了科层制（或官僚制）理论。这个理论是他庞大的政治社会思想的一个有机组成部分。韦伯认为，任何组织的存在都是靠权威来维持的，而合法的权威主要有三种：一是基于习俗惯例的传统型权威，二是基于领袖个人超凡魅力的超人型权威，三是基于理性法规的法理型权威。韦伯认为，建立在法理型权威基础上的合法型统治是最理性的统治类型，它扬弃了传统型统治和魅力型统治的非理性，成为既稳定又合理的统治形式。合法型统治的最纯粹类型，是那种借助官僚体制的行政管理班子进行的统治①。在这里，科层制组织是按法理原则建立的一种理想化、正规化的组织形态，而不是效率低下与作风不正的官僚主义的同义语。科层制组织的基本特征包括②：

1. 专门化

在科层制组织中，作业是根据工作类型和目的进行划分的，具有很清楚的职责范围，它科学地划分了每一工作单元，删除了那些无用的重复工作，并考虑到职能交叉的必要。各个成员将接受组织分配的活动任务，并按分工原则专精于自己岗位职责的工作。

2. 等级制

科层制组织拥有一大批官员，其中对每个人的权威与责任都有明确的规定。官员们“处于固定的职务等级制度之中”，“拥有固定的职务权限”③。这些官员的职位按等级制的原则依次排列，下属必须接受主管的命令与监督，上下级之间的职权关系严格按等级划定。

---

① 韦伯. 经济与社会：上卷. 北京：商务印书馆，1997：242-251.

② 魏娜. 官僚制的精神与转型时期我国组织模式的建构. 中国人民大学学报，2002 (1).

③ 同①246.

3. **规则化**

科层制组织的运行，包括成员间的活动与关系都受规则限制。“通过协议的或强加的任何法都可能以理性为取向，即以目的合乎理性或价值合乎理性为取向（或者两者兼而有之），并制订成章程，同时有权要求团体的成员必须尊重它”①。也就是说，每位成员都了解自己所必须履行的岗位职责及组织运作的规范。因此，科层制组织所采取的手段能最有效地实现既定的目标，领导人一时产生的错误想法或已经不再适用的程序，都不大可能危害组织的发展。

4. **非人格化**

在科层制组织中，官员不得滥用职权，个人的情绪不得影响组织的理性决策；组织成员都按严格的法令和规章对待工作和业务交往，以确保组织目标的实施。这样一来，官员的人身依附关系由于内部关系的程序化而弱化了，因为官员在体制内的流动和升迁不再主要由他的上司的好恶决定，而是由制度所规定的程序化、客观性的量化标准来决定。行政官员“没有憎恨和激情，因此也没有‘爱’和‘狂热’，处于一般概念的压力下；‘不因人而异’，形式上对‘人人’都一样，也就是说，理想的官员根据其职务，管辖着处于相同实际地位中的每一个有关人员”②。韦伯预言，官僚结构将越来越没有人情味，并且没有人情味被视为一种美德。

5. **技术化**

官员们“根据专业业务资格任命（不是选举）——在最合理的情况下，通过考试获得的、通过证书确认的专业业务资格”③。科层制组织中的成员凭自己的专业所长、技术能力获得工作机会，享受工资报酬。组织按成员的技术资格授予其某个职位，并根据成员的工作成绩与资历条件决定其晋升与加薪与否，从而促进个人为工作尽心尽职，保证组织效率的提高。

6. **公、私分明化**

官僚制的设计把官员与其管理的物资和生产资料完全分开，官员和职员自己不实际占有管理物资和生产物资。“行政管理班子同行政管理物质和生产物质完全分开的原则是适用的……同时存在着职务机关（企业）的财富（以及资本）与私人的财富（家庭预算）完全分开的原则，以及职务运作场所（办公室）与住所完全分开的原则。”④

3.5.1.2 科层制方法的主要内容

科层制是采用严格的规章制度来约束公共组织成员的行为，是高效完成工作任务的管理方法。规制型管理方法是工业革命的产物，它的出现是人类管理思想史上的巨大进步。在此前的传统农业社会，公共组织的管理往往是领导者凭借个人经验进行的，缺乏合理的分工、明确的制度与严格的制约，管理方法的零散杂乱在组织中造成了混乱无序、人心涣散、滥用权利、徇私舞弊、贪污腐败、裙带作风、效率低下等恶果。针对这种种

① 韦伯. 经济与社会：上卷. 北京：商务印书馆，1997：242.
② 同①250-251.
③ 同①.
④ 同①244-245.

缺陷，科层制管理方法强调对公共组织及其成员实行理性化管理，要求在公共组织内部进行专业分工、层级节制和严格规范，并以此作为提高组织绩效、实现组织目标的基本方式。具体而言，在公共组织的管理中，科层制方法的主要内容是：

1. 组织标准化

为了完成繁重复杂的工作任务，科层制管理在组织中推行标准化方法，以此提高工作绩效。它包括三个方面：第一，分工专业化。这是组织标准化的基础，它要求公共组织内每个职位的工作任务尽可能地简化、单一化，并把组织活动分解为各项比较细致的工序。第二，工作指标化。对各个职位的工作要求做出说明，规定完成工作的数量、质量、时间和程序。第三，人员统一化。组织中每个职位上的工作人员必须具有相应的能力，每个职位对任职者的素质和能力都有明确的统一标准，并要经过严格的培训，以使其能按质按量地完成职位任务。

2. 工作秩序化

秩序是一切组织存在和发展的基础。科层制管理方法强调在公共组织内部的各要素、环节之间形成有机的联系，使相关组织之间互相协调、密切配合，形成了一个无障碍的工作流。它要求理顺组织内外的各种关系，包括命令服从关系、信息沟通关系、意见反映与回应关系等。与此同时，它要求彻底清除人的随意性和传统组织的杂乱无章，使公共组织成为一架精密的机器。

3. 管理规范化

科层制管理严格按规章制度行事，坚决抵制人情关系的干扰。它包括：第一，组织成员之间的关系完全以理性准则为指导，坚决排斥一切人为的、情感的、偶然的因素，尤其是排斥不良人际关系的影响。第二，对所有的人都一视同仁，使组织成员具有平等感和公平感。所有的组织成员都必须遵守规则和纪律，不因个人情感的不同而不同。第三，明确规定每一成员的职权范围和协作形式，使各个成员正确行使职权，减少摩擦和冲突。第四，精确计算组织成员的工作成果，以业绩为依据进行奖惩，公正、客观、合理地处理问题。

3.5.1.3 科层制组织的缺陷与困境

科层制管理盛行于工业社会，它追求理性和效率，其目的是排除人的情感因素对组织运行的影响，尽可能地消除偶然性，使公共组织成为一种客观系统。这种管理方法试图在无序中建立秩序，适应了工业社会的需要。

1. 科层制组织的缺陷

通过总结与反思，科层制组织的缺陷主要表现为：（1）科层制管理造就了一种刚性的官僚系统，就像一部机器，没有灵活性和主动精神，只有齿轮之间的被动运转。（2）采用标准化的管理和服务，忽视人的差异性和多样性。（3）排除了竞争的必要与可能，组织成员照章办事、墨守成规、得过且过、不负责任。（4）依靠条块分割的专业化单位来解决不断出现的新老问题，导致机构不断膨胀，职能交叉重叠。

在《组织发展与官僚体系的命运》一文中，美国著名组织理论家沃伦·本尼斯总结了科层制组织的缺点：妨碍个人的成长和个性的成熟；鼓励盲目服从和随大流；忽视非正式组织的存在，不考虑突发事件；权力和控制系统陈旧过时；缺乏充分的裁决程序；无法有效地解决上下级之间特别是各职能部门之间的矛盾冲突；内部交流沟通（和创新思想）受到压制、阻隔和畸变；由于互不信任和害怕报复而不能充分利用人力资源；无法吸纳新的科学技术成果或人才；扭曲个性结构，使职工变成阴郁、灰暗、屈从于规章制度的所谓“组织人”①。

科层制曾经意味着组织方式的理性和效率。它给公共组织带来的逻辑规范，与装配流水线给工厂带来的逻辑规范一样，十分稳定、公平和精确。但是，公共组织的科层制，形成了一种典型的官僚体制，它专注于各种规章制度和等级节制的指挥系统，导致中央集权、层次繁多、行动迟缓的弊端。如果环境稳定，任务简单明确，社会需求单一雷同，那么传统的官僚体制还是可以胜任的。然而，在新兴的信息社会，每个人获得的信息量大大超过从前，人的自我价值大幅度提高，人的个性与要求更加多样化和复杂化，事物的变化幅度与速度也大大增加了，科层制管理模式已经不能有效地运转，必须采用新的管理方法。正如库珀等所说．“官僚制的设计主旨之一是保护政府部门和公民免受因价值、时尚、观念等方面突然发生破坏性变化而带来的冲击。我们为此付出的代价则是组织缺乏灵活性。官僚制能在一个已知规则的框架内有效地运转，但它无法应付超越已知规则的快速变化”②。

2. 科层制组织面临的困境

自18世纪以来，科层制作为一种占支配地位的组织形态，以其形式合理性和技术化的设计在西方社会取得了极大的成功，但由于其自身存在的缺陷以及现代社会环境的发展和变化，科层制的组织模式也面临着危机，具体表现如下③：

（1）从组织环境来看，政府组织的“内环境”与“外环境”均发生了急剧的、复杂的和不可预料的变化：一是科层制所弘扬的“官僚制精神”，即非人格化、理性化与制度化，妨碍了个人的成长和个性成熟，技术的普遍运用对个性的压制产生的非人格化与当代人们所渴求的个性的自由解放及对民主的追求产生了尖锐的矛盾。二是信息技术的高速发展使得经济和社会的节奏加快，陈旧的层级管理和控制系统、照章办事循规蹈矩的传统方式已无法适应越来越普遍的社会动态因素对政府的职能要求。因此，库珀认为，官僚组织的形状、形式、性质和规则因信息技术的进步而改变，这并不是某位未来学家的预言，而是目前活生生的现实。三是全球化的趋势使国内外的联系日益紧密，相对封闭和科层制组织建构与建立在主体交往、文化多元基础上的新时代格格不入。因此，沃伦·本尼斯认为官僚体制在“内适应”和“外适应”上均出现了当代困境④。

（2）从组织结构上看，在严格的非人格化的金字塔结构中，官员的职位是由上级权力当局任命的，并在公共机关的等级制度系统中实行终身制，而公职人员从政首先是一种谋生手段，有着自身的利益要求，普遍具有经济学预设的“理性经济人”的特征，他/她在大规模的科层制中会追求自身收益的增加或获得提升的职业机会。既然职业发展靠

① 孙耀君．西方管理学名著提要．南昌：江西人民出版社，1995：273．
② 库珀，等．二十一世纪的公共行政：挑战与改革．北京：中国人民大学出版社，2006：203．
③ 陈国强，张洁．转变中的公共行政范式：从官僚制行政走向后官僚制行政．浙江社会科学，2002（4）．
④ 朱国云．组织理论：历史与流变．南京：南京大学出版社，1997：249-253．

的是上司的有力推荐，以职业发展为目标的公务人员就会取悦他/她的上司。有利的信息将会发送，不利的信息将会受到控制。“信息扭曲将会减少控制，并产生偏离由行动产生的结果的期望。”① 也就是说，公职人员为了自身的或既得利益集团的利益会故意隐瞒详细的信息，导致行动偏离组织期望的目标。当然，得益的是官员，受损的是国家、社会和公民。

（3）从组织方式上看，行政控制是科层制行政的关键。它涉及财务系统、预算冻结、组织重组、汇报制度以及扼制公务员自由处理权的方法。如此严格、机械的控制观念受到科层制的推崇，其最根本的是为了维护金字塔结构的行政体系，只有加强控制，才能保证处于尖端的行政官僚的权威。因此，规则、中央集权、强制性成为科层制行政的特征。一方面，科层制对个体行为的控制扼制了组织成员的创新思想，成员的竞争不以个体的创新与成就为标准，其职权的重要程度和服从表现作为评价和晋升的条件，使组织内部竞争不公正；另一方面，组织的刻板性导致组织服务功能减弱，增加了用户即顾客、公众的困难②。

总之，“工业时代发展起来的官僚体制，专注于各种规章制度及其层叠的指挥系统，已不能有效运转；它变得机构臃肿、浪费严重、效率低下；它在变化迅速、信息丰富、知识密集的 90 年代已不能有效运转了。”③ 科层制组织已经日益不能适应急剧变动的外部环境，其变革势在必行。特别是进入 20 世纪七八十年代以来，以信息为基础的新文明动摇并改变了原有的政治、经济和社会运行方式。世界政治、经济、文化的巨变给科层制组织带来了前所未有的挑战，使它与时代发展不适应的方面日渐暴露出来。正如美国学者菲利普·J. 库珀等所言，“虽然一致性、持续性、预见性、谨慎性、执行重复性工作的高效性、平等性以及理性，都是非常重要的衡量标准，但它们仍不足以帮助我们应对 21 世纪组织所面临的挑战。由于政府的运作环境及政府的管理方式正在发生翻天覆地的变化，因而我们的组织结构、形式、程序和观念也要随之改变”④。

3.5.2 公共组织的变革目标和内容

公共组织是社会大系统中的一个子系统，是一个不断与公共组织环境⑤发生作用的开放系统。公共组织只有不断地与其环境进行能量和信息交换，把投入转化为产出，才能生存、发展和实现组织目标；同时，公共组织只有根据环境的变化不断进行变革、保持与环境的平衡，才可能维持自身的生存与发展。因此，正是公共组织环境的变化，促

---

① 奥斯特罗姆. 美国公共行政的思想危机. 上海：上海三联书店，1999：67.

② 朱国云. 韦伯官僚组织结构理论的新演变. 国外社会科学，1995（10）.

③ 奥斯本，盖布勒. 改革政府：企业精神如何改革着公营部门. 上海：上海译文出版社，1996：12-13.

④ 库珀，等. 二十一世纪的公共行政：挑战与改革. 北京：中国人民大学出版社，2006：201.

⑤ 公共组织环境是指所有能够直接或间接对公共组织的存在与发展产生影响作用的各种因素的总和。公共组织环境包括内部环境和外部环境。公共组织内部环境是指来自公共组织内部的组织目标、组织结构、人员、权力系统、规章、政策等对公共组织的存在与发展产生直接或间接影响作用的各种因素的总和。公共组织外部环境是指来自公共组织外部、对公共组织的存在与发展产生直接或间接影响作用的各种因素的总和。公共组织的外部环境分为国内环境与国际环境、社会环境与自然环境。政治环境、经济环境、文化环境、科学技术环境、法制环境、资源环境等外部环境因素对公共组织变革与发展具有重要的意义。

使了公共组织变革。

3.5.2.1 公共组织变革的目标

公共组织变革不是一个自发的过程，而是一个有组织、有计划和有意识的变化过程。就组织变革的行为来看，虽然组织变革在现象上总是表现为组织机构的调整，机构调整也的确是组织变革中量最大的工作，但公共组织变革绝不是一个简单的机构调整、人员增减问题，而是一个复杂的系统工程。机构调整只是手段，优化组织整体结构和功能才是目的。与此相应，所有变革都与公共组织的目标密切联系。

沃伦·本尼斯曾提出四个组织有效的标准，此标准同样也可适用于公共组织变革的目标。这四个标准分别是：第一，适应性——解决问题以及对环境需求的变化的灵活反应能力；第二，组织身份的认同感——从组织本身出发，对组织存在的目的、目标以及组织的下一步任务的了解程度；第三，对现实的认识能力——搜寻、精确感知和正确解释环境，尤其是那些关系到组织功能的因素的能力；第四，整合性——使组织中各个部分都服务于组织目标的整合程度①。其中，适应性与对现实的认识能力是衡量公共组织对外部环境的适应力与改造力的标准，而组织身份的认同感与整合性则是衡量公共组织自身稳定性与协调性的标准。

概括起来，公共组织变革的目标包括以下三个方面：

1. 提高公共组织适应环境的能力

公共组织为了生存和发展，要随环境的变化而变化。公共组织对外部环境的适应力就是适应环境的需要。公共组织的静态结构、动态过程都要顺应客观环境的现状及其发展变化规律。公共组织机构的组成方式、职责权限、工作程序、工作方法的设定都要立足于环境系统的要求，组织的各项调整和变革都不能与客观环境的发展规律相违背。公共组织对外部环境的改造力是指在适应外部环境的同时，能动地影响外部环境，推动社会发展。为此，首先，必须充分利用外部环境变化带来的机会，把握时机，采取各种相应的措施和方法引导外部环境向着好的方向发展。其次，应充分利用外部环境中的各种客观规律，顺应各方面事物的自然发展过程来实现公共组织的目标。

2. 提高公共组织自身的稳定性、协调性

这个目标包括两个方面的内容：第一，理顺公共组织自身的工作秩序。按照公共组织的整体目标科学地划分各层级、各部门、各单位的职、责、权、利关系，使这些关系得到合理组合，使组织既有严格明确的分工，又有和谐良好的合作，形成一个科学的、协调有序的系统。第二，理顺组织与个人的关系。把组织成员的个人目标纳入组织的目标体系之中，增强组织成员对组织目标的认同和支持程度，加强组织目标对成员的激励、约束作用。使成员个人目标与组织目标达到一种相互交融、相互促进的效果，使组织成员能通过组织目标的达成来得到个人的全面发展，使其在生理、安全、社交、尊重和自我实现这五个层次的需求上均能得到合理的满足。

3. 提高公共组织的工作绩效

在提高公共组织适应环境的能力、提高公共组织自身的稳定性和协调性的基础上，

---

① 库珀，等. 二十一世纪的公共行政：挑战与改革. 北京：中国人民大学出版社，2006：245.

促进公共组织及其所属人员的知识、技能和行为方式的改进，提高工作绩效和服务质量，是当代公共组织变革共同的、根本的目标。在这一变革目标的影响下，构建绩效型、责任型、学习型、服务型组织的变革浪潮正在席卷全世界。

3.5.2.2 公共组织变革的内容

1. 组织结构的变革

公共组织结构是指公共组织各个要素的排列组合方式。组织结构的变革就是要根据组织管理层次与控制幅度，对组织层级之间、部门之间的职权关系进行合理分配，以降低组织分化与整合的复杂程度。同时，引入现代管理方式，例如标杆管理、全面质量管理、绩效评估等管理方法和手段，更高效地发挥公共组织效能。

在横向部门结构上，公共组织的变革主要有以下两个方面：从公共管理的过程来看，正在由重决策、执行部门，轻监督、咨询、信息等部门的倾向，向重咨询、信息、监督部门转变，力求使其与决策、执行部门相平衡。一个体系完整的公共组织系统是由决策、执行、监督、咨询、信息这五类部门所组成的，它们相互联系、相互配合、相互协调，使组织形成一个有效的闭环管理网络，从而充分发挥公共组织对社会事务的整体控制功能。加强咨询、信息、监督部门的地位和力量，使其职能与社会环境发展的要求相适应，使其与决策、执行部门合理配套，已成为公共组织变革的一项重要工作内容。

在纵向层级上，整个公共组织结构有着从集权式、尖塔形的结构形式向着分权式、扁平型的结构形式发展的趋势。公共组织纵向层级的缩减既有政治上的考虑，也有管理上的考虑。从政治上考虑，纵向层级过多，组织高层级所辖事务过多，则有可能削弱对下级的控制；从管理上考虑，纵向层级过多会降低管理效率。而且，随着公共组织成员素质的提高，交通、通信条件的日益发达便利，加上组织内部民主化、分权化要求的发展，公共组织的控制幅度也可扩大；与之相适应，纵向层级也可以缩减，促进公共组织扁平化。

2. 权力关系的变革

随着职能的转变和纵横结构的调整，公共组织的权力分配关系也要相应地发生调整。公共组织权力关系的变革，在对一般事务的管理上是从集权型走向分权型，而在对宏观事务的管理上是从分权型走向集权型。

（1）公共组织向社会组织还权。公共组织是从社会中产生，又适应社会、服务于社会的。随着社会的发展变化，公共组织应不断调整自身的角色。库珀认为，目前的发展趋势非常明朗，过去仅由政府部门提供的物品和服务，现已通过承包、特许、颁发许可证、发放凭证或完全放权的方式交由私人企业或非营利组织，或通过组织间签订协议的方式来提供①。各类社会组织应有自己特定的作用范围，享有必要的特定权力，公共组织不能越俎代庖。只有这样，公共组织才能专注于处理有关社会宏观问题的大事，更好地推动社会全面发展。

（2）横向分权。公共组织中的权力体系逐步由单纯的直线权力关系向直线权力关系

---

① 库珀，等. 二十一世纪的公共行政：挑战与改革. 北京：中国人民大学出版社，2006：204.

和参谋权力关系并存的状态转变。公共组织变革应加大参谋部门一定程度的、相对独立的决策权、控制权和协调权，各级公共组织应逐步由过去单纯的直线权力关系转向直线权力关系与参谋权力关系相交织的状态，发挥参谋权的积极作用。

(3) 在纵向权力分配上，实行集权与分权的互相融合与共存。库珀认为，政府职能的改变，教育、培训项目的开发，员工计算机水平的提高，信息技术实际运用程度的提高，拓展了人的认知。因此，如今的政府工作人员知道的东西更多了，信息渠道更广了，对组织间相互关系的理解更深了，在信息、工作协调以及决策方面对上级的依赖程度也更低了。这些因素的变化对公共组织纵向权力分配提出了新的要求，包括给予组织基层一定的自主权，充分发挥每一层级机构和人员的自主性、积极性、创造性。在宏观调控权力上，各国都有一种由分权走向集权的趋势。国家的行政权力是一个统一的整体。对于那些关系到全体社会成员整体利益的重大事务，必须保持高度的协调性、一致性，要求公共组织在国家的宏观层次上进行统一的协调和控制，否则就会给整个社会秩序带来混乱。

3. 技术变革

在公共组织变革和运作过程中，以移动互联网、物联网、云计算、人工智能为代表的现代新技术发挥了重要作用。通过现代新技术实行业务流程再造、业务协同和资源共享，构建整体政府，根治传统组织形态中强调分工所造成的部门分割和官僚主义。同时，通过网络建立虚拟机构和客户信息系统，规范工作流程和简化行政程序，减去多余、重叠的机构和不必要的中间环节，实现“一网通办、一网统管”的管理与服务。

事实上，“受信息技术发展的影响，已有成千上万个中层管理职位被取消。该做法背后隐含的假设是，中层管理者执行的多数职能可以由经过培训的一线员工利用信息技术来完成，而且高层管理者可以通过网络来实现对一线员工的监督检查”①。这正体现了公共组织结构扁平化的发展趋势。

4. 产品和服务的变革

基于服务对象的需要，持续尝试发现更好的服务流程和服务方式，为社会提供最低成本、最好品质的产品与服务；或者通过创新公共服务方式，运用公共组织的技能与资源开发新产品与服务，使公共组织更好地满足顾客的需求。

5. 人力资源变革

人力资源是一个公共组织最重要的资源，公共组织的根本竞争力在于工作人员的技术与能力。应用在人力资源上的典型变革内容包括：(1) 投资于训练与发展活动，让工作人员获得新的技术与能力；(2) 使工作人员社会化，融入组织文化，从而使其学习到有助于提升组织绩效的新常规（routines）；(3) 改革组织的规范与价值，重视融合组织自身文化的多样化员工，激发创新精神；(4) 持续改进对多样化的员工所采取的晋升与奖励系统；(5) 对高层管理团队进行变革，改善组织学习与决策制定。

在当代社会信息化、经济全球化和市场化、管理国际化的条件下，公共组织通过变革获得发展与能力，已经成为一股世界性的潮流。但在新的社会背景条件下，公共组织

---

① 库珀，等. 二十一世纪的公共行政：挑战与改革. 北京：中国人民大学出版社，2006：203.

变革越来越表现出以下的发展趋势：一是着眼于知识经济时代组织特征及内部个体作用的变化，积极倡导学习型组织；二是着眼于组织结构的变化，倡导构建无缝隙组织、网络组织和虚拟组织；三是着眼于组织功能的变化，区分“掌舵职能”和“划桨职能”、决策职能和执行职能，强化公共组织的社会服务职能。

本章小结

1. 现代社会中的组织主要包括公共组织和非公共组织。非营利组织、社会自治组织、准政府组织、第三部门等公共组织，是以实现公共利益为目的、以管理公共事务和提供公共服务为基本职能的社会组织，是我国国家治理体系和治理能力现代化建设的重要社会力量。为了实现组织目标和充分发挥功能，这些公共组织必须建立科学、合理的组织结构及其形式。

2. 在公共管理中，由于公共管理层次、公共事务性质的不同，政府组织、非营利组织、社会自治组织和准政府组织构成系统的公共管理主体。现代公共管理主体是以政府组织为核心的，由政府组织、非营利组织、社会自治组织和准政府组织共同构成的公共组织系统。政府组织、非营利组织、社会自治组织和准政府组织只有协调发展，才能形成一个完备的公共管理体系，才能最大限度地增进公共利益。

3. 事业单位及其管理体制是我国在计划经济体制下形成的，具有非经济性和行政化等特性。当代我国事业单位改革，必须以事业单位社会化以及运行法制化和民主化为目标，以政事分开为原则，根据事业单位的不同特点推进事业单位及其管理体制的分类改革。

4. 科层制采用严格的规章制度来约束公共组织成员的行为，是高效完成工作任务的管理方法。它强调组织标准化、工作秩序化、管理规范化。现代新技术对组织变革产生重大影响，科层制越来越不能适应信息社会的管理要求，必须进行变革。

5. 公共组织变革的目标就是提高公共组织适应环境的能力，加强公共组织自身的稳定性和协调性，提高公共组织的工作绩效。公共组织变革的内容主要包括：组织结构的变革、权力关系的变革、技术变革、产品和服务的变革和人力资源变革，并呈现出共同的发展趋势。

关键术语

公共组织　　非营利组织　　事业单位　　公共组织环境　　公共组织变革　　学习型组织　　无缝隙组织　　网络组织

复习思考题

1. 联系实际分析准政府组织与非营利组织的联系与区别。
2. 如何理解公共组织纵向结构和横向结构的基本特点。
3. 联系实际分析非营利组织的主要特征与作用。

4．分析我国事业单位及其管理体制的形成原因、存在问题以及如何进行分类改革。

5．分析公共组织变革的目标和主要内容。

6．案例分析题：请认真阅读以下案例材料，然后按照要求回答问题。

近日，某地有关部门对市场上的猪肉和猪肝制品进行了检测，发现其中23%含有“瘦肉精”。记者追踪了该地猪肉从生产到上市的全过程，发现一头猪从养殖到走上百姓餐桌，要经过动检部门、质检部门、卫生部门、工商部门等多道关口，但每个环节都存在安全漏洞。

生猪养殖：猪肉源头。涉及管理部门：动检部门、质检部门。在该地规模最大的养猪场，该场负责人说打交道的主要是镇兽医检疫站，质检部门也有权来检查，但真正的管理很难实行，因为猪场是全封闭管理，检疫人员就算来了也进不了猪场。但每次生猪出栏时检疫人员肯定会来，按一头猪2元钱，开具检疫证明。“检疫员用什么方式检疫呢?”“目测。一般猪有什么毛病基本都能看出来，要么走路不稳，要么器官异常，仔细看，大部分毛病还是能看出来的。”“像饲料中添加‘瘦肉精’能查出来吗?”“那不可能。就是区检疫站也没那个技术能力。市局倒是可以，但检测费太高，一次好像要3 000元左右，去年市局只查过一次。这个事现在指望外界监督根本不行，只能靠自觉。”当地检疫站专职猪肉检疫员刘××告诉记者：作为猪肉安全的第一道关口，他们的岗位职责确实重要，但现在面临的问题太多，如工资是靠自收自支、收入极不稳定等，这就很难保证基层防疫工作中不出现违反职业道德、玩忽职守等情况。

屠宰厂：解决一头猪只需两分钟。涉及部门：动检部门、质检部门、卫生部门、商委专业执法队。国家规定：生猪出栏后必须进行定点屠宰。在一家定点屠宰厂，记者看到这里只有一排简陋的红砖房，屠宰器械血迹斑斑，作业台上布满了杂碎肉，紧邻作业车间的一条地沟腐物成堆，厂外的一条脏水沟臭气熏天。一名并无戒心的工作人员对记者说：“一头猪两分钟就可以解决。”“那检疫怎么搞呢?”“这个，按规定好像是有专人管的。我们出去的猪肉都有检疫章。”据了解，该地现有69家定点屠宰厂，其中具有产、供、销一条龙作业的定点厂只有10多家，大部分屠宰厂是“托屠代宰”，不管运来什么猪，一律照宰不误，然后让猪贩子运走。当地政府商委设有一支专门的执法队伍，负责定点屠宰厂的日常管理。但对于出现问题的厂家，他们并没有摘牌权，只能处以一定数额的罚款或建议当地相关部门处理。一些区县出于地方利益的考虑，尽可能地“保护”本地小屠宰厂的生存和利益。

集贸市场：猪肉流通地。涉及部门：工商部门、动检部门、质检部门、卫生部门、市场管理处。在集贸市场，几个猪肉摊贩向记者讲了大体相同的猪肉“安全检查程序”：检疫部门按每头猪15元的标准用“目测法”检疫盖章，工商部门也照此法复检并收取4元的摊位费，然后就可以放心地出售了。记者问：“除了有病的猪肉，注水肉他们管吗?”“这个不会吃出什么问题，一般不管。不过我们这乡里乡亲的，基本不这么做。”“那市场对你们的猪肉来源有要求吗?”“这个也不管，只要没病就行。”市场检疫人员对此的解释是：要求从定点屠宰厂进货不现实。以前管过一次，结果市场上没卖肉的了。负责市场管理的工商所则说：“我们不具备技术手段，只能凭经验检查，发现问题后要请食品检验、动物检疫等部门进行检测。比如查注水肉，从取样到出检测报告，至少一个星期，这个过程太麻烦，时间耗不起。”经过几天的追踪采访，记者了解到，从生猪养殖到猪肉上市，这一过程涉及农委、商委、动检、质检、卫生、工商六个部门和一个市场管理处，如果猪肉进入肉食厂进行加工，还要经过轻工部门一关。问题是，一关也好，八关也罢，老百姓企盼的是：能尽快吃上真正放心的猪肉。

资料来源：根据新华社电稿改编。

问题：

（1）从组织结构方面来看，“八个部门管不好一头猪”的症结是什么？

（2）如果你是该市市长，你将采取哪些措施解决猪肉食品的安全问题？

参考文献

1. 彼得斯. 政府未来的治理模式. 北京：中国人民大学出版社，2001.

2. 伯克. 组织变革：理论和实践. 北京：中国劳动社会保障出版社，2005.

3. 纳特，巴可夫. 公共和第三部门组织的战略管理：领导手册. 北京：中国人民大学出版社，2001.

4. 奥斯本，普拉斯特里克. 摒弃官僚制：政府再造的五项战略. 北京：中国人民大学出版社，2002.

5. 库珀，等. 二十一世纪的公共行政：挑战与改革. 北京：中国人民大学出版社，2006.

6. 傅明贤. 行政组织理论. 北京：高等教育出版社，2000.

7. 达夫特. 组织理论与设计. 北京：清华大学出版社，2003.

8. 登哈特. 公共组织理论. 北京：中国人民大学出版社，2003.

9. 韦伯. 经济与社会：上卷. 北京：商务印书馆，1997.

10. 巴泽雷. 突破科层制：政府管理的新愿景. 北京：中国人民大学出版社，2002.

11. 斯格特. 组织理论. 北京：华夏出版社，2002.

12. 奥斯特罗姆. 美国公共行政的思想危机. 上海：上海三联书店，1999.

13. 吉瑞赛特. 公共组织管理：理论和实践的演进. 上海：上海译文出版社，2003.

14. 朱国云. 组织理论：历史与流派. 南京：南京大学出版社，1997.

15. 竹立家，李登祥，等. 国外组织理论精选. 北京：中共中央党校出版社，1997.

16. JONES G R. Organizational theory: text and cases. Reading, Massachusetts: Addison Wesley Longman Publishing Company, Inc., 1998.

17. PETERS B G. The future of governing: four emerging models. Lawrence: Kansas the University Press of Kansas, 1996.

18. RAINEY H G. Understanding and managing public organizations. San Francisco: Jossey-Bass Publishers, 1997.

19. SALAMON L M, ANHEIER H K. Defining the nonprofit sector. New York: Manchester University Press, 1997.

20. SHAFRITZ J M, HYDE A C. Classics of public administration. Chicago, Illinois: Dorsey Press, 1987.

21. SHAFRITZ J M, OTT J S. Classics of organization theory. Orlando: Florida Harcourt Brace & Company, 1996.

第4章

公共领导

本章导读

领导贯穿于公共管理活动的全过程，领导也是公共管理活动重要的主体。要使公共管理和谐、有序地运行，就必须有统一的组织和指挥，就必须实施有效的领导。公共领导是公共管理学研究的重要内容。本章围绕领导的含义及作用、领导体制、领导的艺术与方法等内容进行阐述。

知识结构图

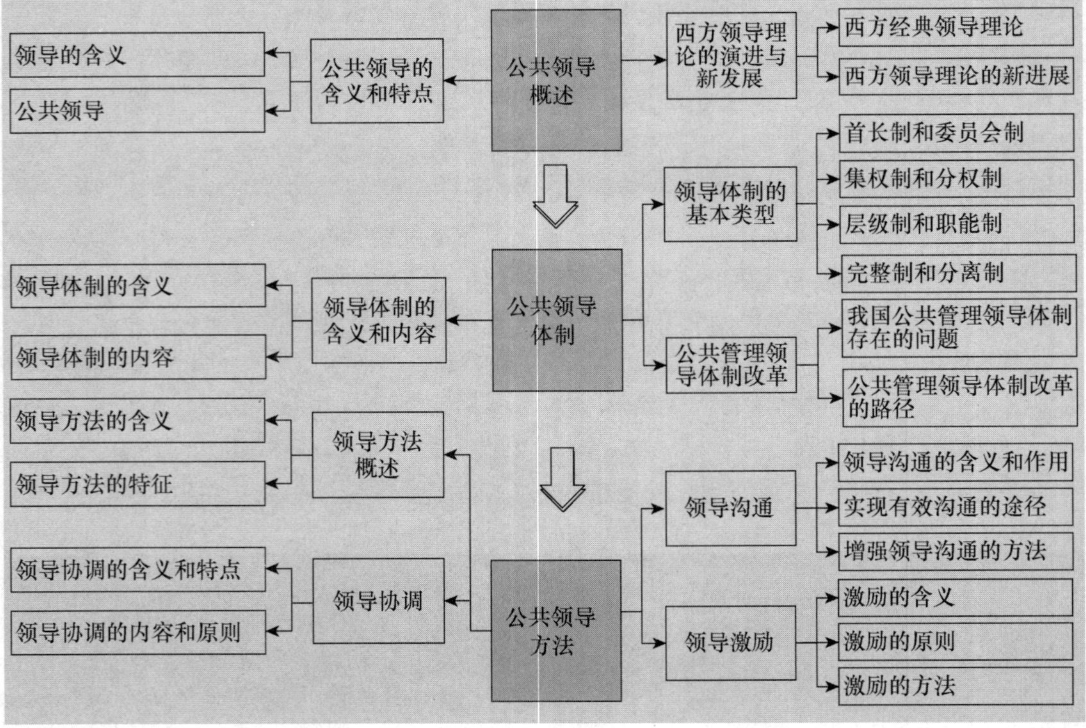

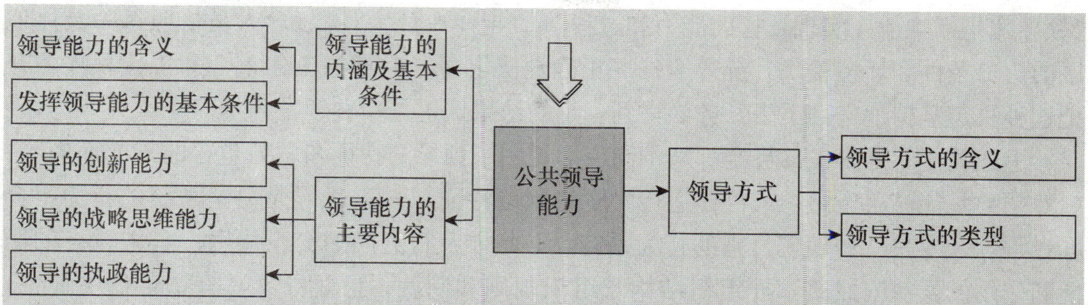

重点问题

- 公共领导的含义与作用
- 领导体制
- 领导方法、领导能力与领导方式

4.1 公共领导概述

4.1.1 公共领导的含义和特点

4.1.1.1 领导的含义

对公共领导的含义和特点的把握，离不开对领导的含义和特点的把握。仅从字义上理解，领导具有率领、引导之意。从词义上理解，领导既可以是名词，也可以是动词。作为名词，它是指领导者；作为动词，它是指统领与指挥活动。根据加里·尤克尔在其代表作《组织领导学》中的说法，对领导含义有九种具有代表性和影响力的界定，他认为领导是让其他人理解和同意必须去做什么和如何有效地去做的过程，以及促进个人和集体努力去实现共同目标的过程①；巴斯和斯托克蒂尔在合著的《领导手册》（1990 年）一书的序言中则指出，领导含义的界定至少有 12 种②。在已有的诸多界定之中，我们列举几个具有代表性的界定：

彼得·德鲁克认为，“领导就是创设一种情境，使人们心情舒畅地在其中工作。有效的领导应能完成管理的职能，即计划、组织、指挥、控制”③。斯蒂芬·罗杰斯认为，

① 尤克尔. 组织领导学：第5版. 北京：中国人民大学出版社，2004：3-8. 他说的九种含义是：（1）领导是个人指导一个团体朝着一个共同目标活动的行为；（2）领导是对组织日常生活活动的机制性影响；（3）当个人运用制度的、政治的、精神的和其他的资源去激起、促使和满足追随者的动机时，就实行了领导；（4）领导是影响一个有组织的团体朝着既定的目标活动的过程；（5）领导是一个对集体努力给予目的（意义指导）的过程；（6）领导是运用外界文化使组织更具适应变化的能力；（7）领导是给人们共同工作赋予意义的过程，因而人们能够理解它并为之献身；（8）领导就是在能实现的事情中阐明愿景、赋予价值和创造环境；（9）领导是个人影响、鼓动和促使其他人奉献于组织的效能和成功的能力。

② 陈振明，孟华. 公共组织理论. 上海：上海人民出版社，2006：144.

③ 德鲁克. 管理思想全集. 北京：中国长安出版社，2006：3.

“领导就是影响他人实现目标的能力和过程”①。毛泽东认为，“领导人员依照每一具体地区的历史条件和环境条件，统筹全局，正确地决定每一时期的工作重心和工作秩序，并把这种决定坚持地贯彻下去，务必得到一定的结果，这是一种领导艺术”②。

上述关于领导含义的界定都从不同层面说明了领导的特征和领导包含的三方面内容：（1）领导是能够决定组织或群体运行发展的职位特征；（2）领导是一个系统的行为组合和过程，领导是一种表现出来的行为系统，必然涉及行为间的交互作用；（3）领导的职能和作用的发挥固然离不开组织结构及组织规则和制度，但领导又具有浓郁的主体性，具有鲜明的个性特征。

因此，领导的含义可界定为：领导是领导者在一定环境下，为确定和实现既定目标，对被领导者进行统御和指引的行为过程。这种统御和指引表现为把方向、抓大事、谋全局，这种领导过程包含了领导者、被领导者和环境三个基本要素。

4.1.1.2 公共领导

从领导到公共领导，从字面来看，似乎只是增加了“公共”二字的限定，但这一限定绝不是可有可无的，而是表达了公共领导与传统领导、一般领导的界分，彰显了蕴含于公共领导中的民主精神③。就现代的“领导”置身于民主境遇和具有民主色彩来说④，现代的领导都可被视为公共领导。

1. 公共领导的含义

公共领导是指公共组织的领导者在一定的环境下，为确定和实现公共目标，通过对各种社会资源进行合理配置，对组织成员和公众进行统御和指引的行为过程。具体含义包括：

（1）公共领导是一个社会组织系统。这个系统由公共领导者、被领导者、环境三个要素构成。这个系统如用公式表示就是：公共领导＝f（公共领导者、被领导者、环境）。公共领导者就是在公共组织中，处在组织、决策、指挥、协调和控制地位的个人或集体。在领导活动中，领导者处于主导地位。被领导者就是按照领导者的决策和意图，为实现公共目标，从事具体实践活动的个人或集体。环境是指独立于领导者之外的客观存在，是对领导活动产生影响的各种因素的总和。领导者只有正确认识环境，适应环境，利用和改造环境，才能正确实现自己的预定目标。这三个要素缺一不可。它们只有相互结合，才能构成有效的领导活动。

（2）公共领导是一个动态的行为过程⑤。公共领导的三个要素构成两对基本矛盾：一是领导者与被领导者的矛盾，二是领导活动的主体（领导者与被领导者的统一体）与

---

① 罗杰斯．组织行为学．北京：中国人民大学出版社，1997：12.

② 毛泽东．毛泽东选集：第3卷．2版．北京：人民出版社，1991：901.

③ 弗雷德里克森．公共行政的精神．北京：中国人民大学出版社，2003：18-20.

④ 这种情形特别类似于马克思在其《〈政治经济学批判〉导言》中的表述：“一切社会形式中都有一种一定的生产决定其他一切生产的地位和影响，因而它的关系也决定其他一切关系的地位和影响。这是一种普照的光，它掩盖了一切其他色彩，改变着它们的特点。这是一种特殊的以太，它决定着它里面显露出来的一切存在的比重。”马克思，恩格斯．马克思恩格斯选集：第2卷．3版．北京：人民出版社，2012：707.

⑤ 王乐夫．领导学：理论、实践与方法．3版．广州：中山大学出版社，2007：33-34.

领导活动的客体的矛盾。领导者的“投入”（决策和推动其实施）要通过被领导者的行为效率“产出”。客观环境具有二重性（自在性与为我性），领导活动主体作用于客观环境的过程，表现为客观环境由“自在之物”不断地转化为“为我之物”的具体过程，是在能实现的事情中阐明愿景、赋予价值和创造环境的过程。

(3) 公共领导是公共领导者与被领导者之间的积极互动过程。公共领导是公共领导者通过影响、组织、决策、指挥、协调和控制行为，率领被领导者实现预定目标的过程。在这一过程中，一方面，领导有赖于领导者积极性和创造性的发挥；另一方面，领导的有效展开又有赖于领导者通过积极性和创造性的发挥，来调动整个组织的积极性和创造性。也就是说，领导要擅长将其理念和精神整合到组织之中，从而形成一种团队精神。

(4) 公共领导是权威和公共认可的关系。从传统意义上来看，领导者与被领导者的关系，就是权威和服从的关系。但这只是问题的一个方面，问题的另一个方面是领导者这种相对于被领导者的权威以及要求被领导者服从的力量，却是有赖于被领导者的公共认可。离开被领导者这一公众的公共认可，领导者的职权就形同虚设。罗伯特·达尔在其《现代政治分析》中就指出：“如果Y承认X控制Y的合法性，X就对Y有权威，或者，如果Y承认有义务服从X，X对Y也有权威。”

(5) 对公共领导的绩效评估存在着较大的困难。对如何评估领导绩效的问题一直没有简单的答案。选择合适标准取决于做这种评价的人的目的和价值，而人们又有着不同的价值观。因此，较难对公共领导在这方面的绩效进行评价。由于其提供的服务和产品的特殊性，公共领导绩效与组织绩效划界的模糊性，使得对公共领导的绩效评定显得较为困难。

2. 公共领导的特点

从公共领导含义的分析中，我们可以发现公共领导相对于“私人领导”“一般领导”来说，具有以下特性①：

(1) 公共领导者赖以发挥其领导作用的组织依托是公共组织或公共部门。因此，公共领导者掌握公共权力，行使公共管理职能，以追求和实现公共利益为目标。

(2) 公共领导职权的公共性、服务性。公共领导职权的来源、使用和后果，都具有公共性。从职权的来源来看，它来自人民的授权。既然职权来自人民的授权，那职权也就必须为民所用，只能服务于公共目的，只能用来为社会大众谋福利。这一点明显地区别于私人领导。就我国国情来说，公共领导者必须全心全意为人民服务，为人民承担应该承担的责任。

(3) 决策的“公断性”。与此相对应的是权力运作的民主性和公开性。尽管公共领导与领导一样具有领导者的鲜明个性，但公共领导却尽量淡化这种“个性”，以避免在决策上凸显个人意志和个人专断，力求民主的“公断”。

(4) 公共领导的价值取向是公共利益。与私人领导的个人利益导向和利润导向不同，公共部门尽管也存在关注利益和利润的一面，但公共领导更为注重的是整体的和社会的

① 陈振明，孟华. 公共组织理论. 上海：上海人民出版社，2006：164-165.

利益①。再者，公共领导职权的公共性，要求公共领导在任何时候、任何情况下，都不能把本组织的利益、部门利益、个人利益凌驾于广大民众利益、社会公共利益之上。制定公共政策、行使公共权力、提供公共服务、承担公共责任的首要目标，是公共利益的充实和扩大，而不是个人利益或特殊利益。“公共利益是政府存在的合法性依据”，“是公共组织发展的逻辑起点和终点”②，因而，它自然是公共领导的最终的价值取向。当然，以公共利益为首位，并不是否认人们的团体利益及个人利益存在的正当性。

3. 公共领导的作用

公共领导既是公共管理的核心和灵魂，也是组织工作关系、人际关系和多种社会关系的中心，肩负着协调它们之间相互关系的使命。总的来说，公共领导的作用主要表现为，公共领导是公共管理协调统一的保证，公共领导贯穿于公共管理活动的全过程，公共领导正确与否关系到公共管理活动的成败。具体来说，公共领导的作用主要表现为：

（1）导向、统领的作用。公共领导的基本职责是把握全局，确定组织和单位的发展方向，引领变革，引领创新，推动组织的进步和发展。再者，公共领导效能是由领导决策目标和组织效率决定的，而保证决策目标的正确，并不单单取决于决策时领导者的高瞻远瞩，更重要的是，在实现目标的过程中不断回应环境和修正目标。由于领导具有“统领”“引导”整体的管理功能，尤其是公共领导的决策规定了组织目标及其达到的途径和措施，因此公共目标的制定和修正是领导者的重要职责之一。

（2）影响、表率的作用。领导的职位决定了他必然是有影响力的人，领导者的领导风格、领导魅力、道德水准以及习惯爱好，都对团队成员产生重要的影响。对于领导影响力的强调，莫过于斯蒂芬·罗杰斯。这一点我们从他将领导界定为“影响他人实现目标的能力和过程”就可以看出③。领导要对其追随者施加影响，就不仅要借助其职权，而且要借助其专业能力、人格魅力等，以便对追随者形成一种综合性的影响。这也就是领导的表率作用。这种作用不仅体现在其应当拥有崇高的道德威望或道德人格，更在于公共领导者必须是守法的典范，而正是后面这一点体现出公共领导区别于传统领导的特色。

（3）协调、沟通的作用。在领导的管理活动中，不可避免地会遇到各式各样的冲突和矛盾，这就需要协调、沟通。协调主要是处理人与人、人与组织以及组织与组织之间的关系。要做好协调，就必须做好沟通。沟通是协调的前提。沟通也称信息交流，是指将某一信息传递给相关对象，以期做出回应的过程。对于现代领导者来说，沟通尤为重要。美国学者戴维·平卡斯（J. David Pincus）和尼克·得波尼斯（J. Nicholas Debonis）在《身在高层世界上最卓越的领导者》中提出了一个公式：领导＝建立关系＝沟通。因此，领导沟通能力的高低，会直接影响到他所领导的组织的发展。沟通的成败，往往决定了领导者未来的命运。

（4）迎接挑战，引发变革的作用。公共领导不同于管理，它面对和处理的是非结构

① 张康之，等. 公共管理导论. 北京：经济科学出版社，2003：26.

② 陈振明，孟华. 公共组织理论. 上海：上海人民出版社，2006：5.

③ 罗杰斯. 组织行为学. 北京：中国人民大学出版社，1997：12.

性问题，极具挑战性，公共领导实际上就是不断迎接挑战的过程①。提高效率需要进行一定程度的变革，但几乎所有人都不喜欢变来变去。但是，变革无处不在，变革在所难免。在这种情况下，催生变革，并促使变革成为发展核心的领导便成为提高工作效率的关键因素。“发动变革”是公共领导者的一项基本职责，它贯穿于公共领导活动的始终。公共领导者面对的是未来，他每时每刻都要准备迎接新的挑战。公共领导者必须发现时机以驱动变革、增长、创新和提升。

由此我们可以看出，公共领导是广泛存在的一种社会现象，它决定着公共管理的各个方面。随着经济全球化，各地区之间的联系日益紧密，人类的整合程度进一步提高，公共领导的作用也将越来越大。

知识链接 4-1

领导与追随

领导是权力的一面，但是，它本身又是一个独立而极为重要的过程。对他人实施权力的过程是：潜在的权力行使者，受到实现他们自己的特定目标的动机驱使，整合他们权力基础中能使他们影响权力对应者行为的各种资源（经济的、军事的、制度的或者技术的资源），通过激发权力对应者那些与这些资源和目标相关的动机，去影响权力对应者的行为。对人们实施领导的过程是：具有特定动机和目的的人们，在与其他人的竞争和冲突中，调动各种制度的、政治的、心理的和其他的资源，去激发、吸引和满足追随者的动机。这样做是为了实现领导者和追随者双方共同具有的目标。拥有动机和权力基础的领导者会激发起追随者的动机，以便实现领导者和追随者双方的目的。这里不仅要涉及动机，就像一般在权力中那样，而且其目标也必须被实现和满足。领导是在冲突或竞争的条件下被实施的，在这种条件下，领导者会尽力唤起潜在追随者的动机基础。而另一方面，赤裸裸的权力，由于不允许存在竞争或冲突——因而也就不存在承诺。领导，不同于赤裸裸的权力行使，因此是与追随者的需要和目标不可分割的。领导者与追随者关系的本质，就是具有不同水平的动机和权力潜能——其中也包括技能——的人们为了追求一个共同的或至少是共有的目的而进行的互动。

资料来源：伯恩斯. 领袖. 北京：中国人民大学出版社，2016：11-12.

4.1.2 西方领导理论的演进与新发展

自20世纪30年代以来，人们对于领导及其效能问题，有各种各样的解释或讨论，内容十分丰富。这些理论按照出现的时间顺序，大致经历了领导特质理论、领导行为理论、领导权变理论等的演进，至20世纪80年代，领导理论又获得了突飞猛进的发展，其中较有影响的主要有交易型和变革型的领导理论、转换型领导理论和领袖魅力理论。有学者把盛行于20世纪30—80年代的领导理论称为经典领导理论，而把盛行于20世纪

① 尤克尔. 组织领导学：第5版. 北京：中国人民大学出版社，2004：7-8.

80 年代之后的领导理论归为领导理论的新进展。

4.1.2.1 西方经典领导理论

1. 特质理论

长期以来，西方国家的管理学者们一直把领导者的各种个人性格和特征作为描述及预测其领导成效的标准。这种用以区分领导者与一般人的不同特征，并以此来解释他们成为领导者的真正原因的理论，就称为特质理论①。许多从事测评、招聘和选拔领导人员的人，深信这些理论的有效性。传统的特质理论认为，天赋是一个人能否成为有效领导者或卓越领导者的根本因素。因此，这种理论的研究目标就是“澄清什么样的身体和人格特征以及什么样的能力将成功和不成功的领导者区分开来”②。例如，他们认为领导者有六项不同于非领导者的特质：进取心、领导意愿、正直与诚实、自信、智慧和与工作相关的知识③。

应该说，这种有效领导理论是较为直观的，基本上是一种直觉主义的诉求，但是这种较为直观的领导理论也有它的优点：第一，它给人一种直觉的吸引力，在一定程度上和一定范围内合乎人们的常识。第二，把领导者作为领导系统的核心要素，作为领导过程的主宰，这有其合理性。第三，它在领导理论的发展中起到承上启下的作用。一方面，它是对以往的领导理论的归纳、整理，特别是对传统社会的领导理论的归纳和演进；另一方面，它所暴露出来的理论缺陷，也推进了在它之后的领导理论的发展④。

的确，这种特质理论是存在着明显的缺陷的，按斯蒂芬·罗宾斯在其《组织行为学》一书中的说法：第一，它忽视了下属的需要；第二，它没有指明各种特质之间的相对重要性；第三，它没有对因与果进行区分；第四，它忽视了情境因素。以本书的观点来看，其理论的失败主要在于两个方面：直觉性和形而上学性。直觉性既是它的一个优点，也是它的缺点，它使其对一些有效的领导行为能够做出可以接受的解释，但也因其更多的是诉诸经验直觉，从而难以具有普适性——能够解释一种情形，而无法解释另一种情形。形而上学性集中地体现在它对领导系统和领导过程的“切割”方面：说其是对领导系统的“切割”，是因为它只看到领导者的作用，而忽略或淡化了被领导者和环境因素的作用，缺乏从三者的互动上考虑问题；说其是对领导过程的“切割”，是因为它把领导看作静态的，而不是变化的，这使它将有效的特质归为天生的。

实践表明，具有某些特质确实能提高领导者成功的可能性，但没有一种特质是成功的保证。大量的经验研究也没有证实什么特质是领导者固有的。由于领导特质理论并未很好地解释和解决领导者的行为，因此人们开始关注领导行为本身，希望通过对领导行为的研究，找到领导者行为与领导效果之间的关系。

---

① 关于特质理论的研究，请参见：尤克尔．组织领导学：第 5 版．北京：中国人民大学出版社，2004：206-237；陈振明，孟华．公共组织理论．上海：上海人民出版社，2006：148-149；芮明杰．管理学：现代的观点．2 版．上海：上海人民出版社，2005：289-292.

② 吉瑞赛特．公共组织管理：理论和实践的演进．上海：上海译文出版社，2003：133.

③ 孙多勇．公共管理学．长沙：湖南人民出版社，2005：200.

④ 陈振明，孟华．公共组织理论．上海：上海人民出版社，2006：149.

2. 行为理论

由于特质理论潜在的理论缺陷和在现实中不断被证伪，在人际关系理论的影响下，研究者开始将考察有效领导的重点转移到领导者的行为和风格上来，形成了领导行为理论①。这种理论认为，真正决定一个人成为领导者的因素是他的行为，只有那些行为上表现出既关心工作（生产）又关心个人（下属）的领导者才是最有效的，同时认为领导行为是可以通过后天的培养和锻炼得到的。这些理论的主要研究成果包括勒温的三种领导方式理论、利克特的四种管理方式理论、斯托格迪尔的领导四分图理论、布莱克和默顿的管理方格理论、坦恩鲍姆和施米特的领导连续流理论等。下文将对三种领导方式理论、领导连续流理论和四种管理方式理论进行阐述。

（1）三种领导方式理论。心理学家勒温等人最早对领导方式进行研究。他们通过对儿童俱乐部进行研究，探讨了集权式领导、民主式领导和放任式领导三种领导方式。

第一，集权式领导，也称权威式领导。突出的表现是：所有政策均由领导者决定；所有工作的进行步骤和技术采用，均由领导者发号施令；工作分配及组合，多由领导者单独决定，领导者较少接触下属，如有奖惩往往对人不对事。第二，民主式领导。主要决策由组织成员集体讨论决定，领导者采取鼓励与协助态度；分配工作时，尽量照顾到组织中每个成员的能力、兴趣和爱好，领导者主要运用个人权力，而很少使用职位权力；领导者与下级之间的心理距离极小；在所设计的完成工作的途径和范围内，下属对于工作进行的步骤和所采取的技术的选择有相当大的自由，有较多的选择性和灵活性。第三，放任式领导。组织成员或全体有完全的决策权，领导者放任自流，只负责给组织成员提供工作所需要的资料条件或咨询，而尽量不参与，一般情况下不主动干涉，只偶尔发表一下意见。在这种领导方式下，工作几乎全部依靠组织成员个人自行负责。

（2）领导连续流理论。美国管理学家坦恩鲍姆和施米特提出领导连续流理论，即主管者-非主管者的行为连续流理论。他们认为领导方式各式各样，一个适宜的领导方式取决于环境与个性，依据领导授予下属权力的大小，一般分为以领导者为中心和以下属为中心的一系列领导方式；认为领导方式不是独裁与民主任选其一，而是有一系列连续流，并不是一种方式正确而另一种方式就总是错误的。另外，领导方式具有开放的性质，组织环境和社会环境也会对领导方式施加影响，主管人员必须做出决定或在管辖下属时适当考虑组织外部的利益。

（3）四种管理方式理论。密歇根大学伦西斯·利克特（Rensis Likert）教授和他的同事对领导类型和作风做了长达30年的研究，他们把领导者分为两种基本类型，即以工作为中心的领导和以员工为中心的领导。前者的特点是：任务分工结构化，严密监督，工作激励，依照详尽的规定行事；而后者的特点是：重视人员的行为反应及问题，利用群体实现目标，给予组织成员较大的自由选择的范围和权力。在此研究基础上，1967年他提出了领导方式的四种类型：第一，专制式的集权领导。领导者非常专制，很少信任

---

① 有关研究，请参见：孔茨，韦里克．管理学．北京：经济科学出版社，1993：499-516；罗宾斯．管理学．北京：中国人民大学出版社，1997：412-425；尤克尔．组织领导学：第5版．北京：中国人民大学出版社，2004：206-237；徐国华，赵平．管理学．北京：清华大学出版社，1989：248-266；陈振明，孟华．公共组织理论．上海：上海人民出版社，2006：150-152.

下属，采取使人恐惧与惩罚的方法，偶尔兼用奖赏来激励人们，采取自上而下的沟通方式，决策权也只限于最高层。第二，仁慈式的集权领导。领导者对下属怀有充分的信任和信心；采取奖赏和惩罚并用的激励方法；允许一定程度的自下而上的沟通，向下属征求一些想法和意见；授予下级一定的决策权，但牢牢掌握政策性控制。第三，协商式的民主领导。领导者对下属抱有相当大的但又不是充分的信任和信心，他常设法采纳下属的想法和意见；采用奖赏，偶尔用惩罚和一定程度的参与；从事于上下双向沟通信息；在最高层制定主要政策和总体决策的同时，允许下级部门做出具体问题的决策，并在某些情况下进行协商。第四，参与式的民主领导。领导者对下属在一切事务上都抱有充分的信心和信任，总是从下属获取设想和意见，并且积极地加以采纳；在确定目标和评价实现目标所取得的进展方面，组织群体参与其事，在此基础上给予物质奖赏；更多地从事上下级之间与同事之间的沟通；鼓励各级组织做出决策，或者，本人作为群体成员同他们的下属一起工作。

3. 权变（或情景）理论

在现实中，人们越来越认识到，要找到一种适合于任何组织、任何性质和任何对象的固定的领导特质和领导行为方式是不可能的。事实上，没有一成不变的、普遍适用的、“最好的”领导方式。领导行为效果的好坏，不仅取决于领导者个人的素质和能力，而且取决于诸多的客观因素，如被领导者的特征、领导的环境等。用一个公式表示就是：

$$领导=f(领导者、被领导者、环境)$$

它说明，领导方式是领导者、被领导者和环境的一个变数（函数）。因此，有效的领导行为是因时间、地点、条件的变化而变化的，这就是领导权变理论的实质。它是对领导特质理论和领导行为理论的发展和推进。它强化了为领导特质理论和领导行为理论所忽视的环境因素的作用；它关注的是领导者与被领导者的行为和环境的相互影响，特别是与各种领导方式相适应的环境条件；其研究的重点是分离出影响领导有效性的情境条件。在20世纪70年代以前，权变理论的主要研究成果有：弗雷德·菲德勒的领导权变模型、赫塞和布兰查德的领导生命周期理论、豪斯和米切尔的路径-目标理论、弗鲁姆和耶顿的领导者参与模型等。以下仅对菲德勒的领导权变理论和豪斯的路径-目标理论做一简介。

（1）菲德勒的领导权变理论。美国当代著名管理专家弗雷德·菲德勒从管理心理学和实证环境分析两方面研究领导学，提出了领导权变理论。菲德勒认为，任何领导行为都既可能是有效的，也可能是无效的，关键要看它是否与情境因素相适应。他认为，领导效果是领导者类型和领导情境配合的产物。如果领导者的类型与情境相容，领导者就是有效的，否则就是无效的。

为了测定领导者类型，菲德勒采用了一种最不愿意合作者（least-preferred coworkers，LPC）标准来测定领导者是属于任务取向型还是属于关系取向型，即领导者类型。根据菲德勒的观点，得分低的人对自己最不愿意合作者的评价较低，是任务取向型的。任务取向意味着一个人主要靠任务和成就来激发自己，这种人凭借完成任务实现自我。如果一个任务取向型的领导没有成功，那么他很可能苛刻地对待下属，通常是高惩罚性的。得分高的人对自己最不愿意合作者的评价较高，是关系取向型的。关系取向是指一个人主要以个人关系为目标来激发自己，这种人通过建立与他人良好的人际关系来实现自我，他们的最不愿意合作者是那些不忠诚、不支持的人，而不是那些不胜任的人。他们认为关系比任务更加重要。关系取向型的人容易对琐碎的细节产生厌倦情绪，他们更加关注社会交往。

此外，菲德勒还用了三种因素来描述领导——职位权力、任务结构、领导者与被领导者之间的关系。菲德勒认为，职位权力是指领导职位本身所具有的权力，它包括领导者所处的职位所能提供的权力是否明确充分，在上级和整个组织中所得到的支持是否有力等；任务结构是指工作任务的程序化程度或任务的清晰度；而领导情境中最重要的因素是领导与下属的关系好坏，因为职位权力与任务结构大多置于组织的控制之下，而上下级关系却可以影响下级对领导者的信任和爱戴程度，以及是否愿意追随其共同工作。

（2）路径-目标理论。路径-目标理论建立在被称为预期理论的组织动力理论基础之上，由美国管理学家罗伯特·豪斯提出。路径-目标理论认为，激励因素的大小受个人实现目标的可能性大小和目标的价值决定。这一理论的思想在于：有效的领导者通过明确指明实现工作目标的途径来帮助下属，并为下属清理路途中的各种障碍和危险，从而使下属的行动更为顺利。依据该理论，领导者不仅要帮助下属阐明并实现他们的目标，还要对下属提供必要的指导和支持，排除下属实现目标中的障碍，使其能顺利地达成目标；在工作中给下属多种满足需要的机会。简而言之，领导者的效率取决于他促使下属达成组织目标并使下属在工作中得到满足的能力。

按照路径-目标理论，领导者的行为被下属接受的程度取决于下属是将这种行为视为即时满足的源泉，还是作为未来获得满足的手段。领导行为的激励作用在于使下属的需要满足与工作绩效联系在一起，提供了提高工作绩效所必需的辅导、指导、支持和奖励。为此，豪斯区分了四种领导风格：

第一，指导型领导。领导做决策，下属不参与，领导发布指示，明确下属做什么、怎么做。第二，支持型领导。领导帮助下属解决个人问题，在下属工作完成好时给予赞赏和表扬，领导不坚持一定按照自己的方式去做，不拒绝有关变更的建议，公平对待所有的下属，愿意解释自己的行为，友好并且容易接近。第三，参与型领导。领导请下属提供有关决策建议，并且在最终决策中使用他们的建议。第四，成就取向型领导。领导为下属设置挑战性的目标，激励下属最大限度地发挥他们的潜力①。

这四种领导方式可能同时在一个领导身上出现，可以根据不同的情况酌情选择。领导在选择何种方式时主要考虑两个因素：环境因素和下属的个人特点。最富有成效的领导方式是领导者采取种种步骤去设计一种环境，使群体成员潜在地或明显地受到动机的激励，并能对它做出有效的反应。

从总体来看，领导权变理论强调没有唯一的、绝对合理的领导方式，关键取决于领导者、被领导者和环境三因素之间的互动是否较为合理。但领导权变理论在强调环境因素的同时，也忽视了领导者本身所具有的某些特质。

---

① HOUSE R J，MITCHELL T R. A path-goal theory of leader effectiveness. Administrative science quarterly，1971（16）：321-328.

4.1.2.2 西方领导理论的新进展

进入20世纪70年代，特别是80年代以来，学者们除了围绕领导特质理论、领导行为理论和领导权变理论进行研究之外，又对领导权力的来源和运用做了一定的研究，并取得了一些有价值的进展。这些进展主要有归因理论、领导魅力理论、认知资源理论、交易型和变革型领导理论、基于价值观的领导理论和团队理论。下文将介绍的是领导魅力理论、交易型和变革型领导理论。

1. 领导魅力理论

领导魅力理论既脱胎于马克斯·韦伯的领导魅力理论①，又进一步发展了领导特质理论。领导魅力理论是指当下属发现领导者的某些作为时，他们自然会把这些作为归因于领导者的伟大或杰出的领导能力。豪斯认为，魅力型领导是指对下属的情感产生深刻影响的领导者，下属不仅把他们当作上级看待，而且把他们当作一个英雄或楷模式人物。人们通常把宗教领袖和政治家描述成魅力型领导。沃伦·本尼斯研究了90位美国最杰出的领导者，发现他们有四种共同的能力：有令人折服的远见和目标意识；能清晰地表达这一目标，使下属明确理解；始终如一并全身心地追求这一目标；了解自己的实力，并以此为资本。

美国麦吉尔大学的康格（J. A. Conger）和卡努戈（R. N. Kanungo）也在做了全面研究之后指出，非凡领导者的关键特征是：自信，有远见，清楚表述目标的能力，对目标的坚定信念，不循规蹈矩的行为，激进变革的代言人，对环境的敏感性。

领导魅力理论有它的合理性和解释力，但是，这一理论没有具备普适性和可证伪性，在实践上也存在着风险性。（1）“当人们给一个领导者太多的权力，而且是非理性地希望他（她）真正有能力实现一个更好未来，这将有难以预见的结果。这个权力通常被误用，而愿景仍然是空洞的梦想。”（2）它“预示着组织战略的变化和文化的激进改变”。这“对于那些繁荣和成功的组织，可能是不必要的或不合适的”。（3）“魅力是稀有的、复杂的、很难把握的现象。”（4）引导现实的变化更多的是依赖变革型领导而不是魅力型领导②。

2. 交易型和变革型领导理论

正如加里·尤克尔所说，交易型和变革型理论奠基于伯恩斯和巴斯的思想。前者于1978年发表了经典著作《领导学》，提出了领导行为可以分为交易型和变革型两种，为这一理论的研究拉开了序幕；而后者在借鉴伯恩斯和豪斯思想的基础上，于1985年出版了专著《领导和超出预期的表现》(*Leadership and Performance Beyond Expectation*)，更是拓展了这一理论，使这一理论更加成熟和富有解释力。

在变革型领导中，领导帮助员工开阔眼界，鼓励下属为了组织的利益而超越个人的利益，激活他们对更高秩序的需要；而下属也对领导感到信任、羡慕、忠诚和尊敬，对任务目标充满期望和热情。在交易型领导中，领导的影响力主要来自领导能够使下属相信贡献和报偿是公平的、合理的，而下属对领导的顺服和忠诚也是建立在交换互惠的基

① 尤克尔. 组织领导学：第5版. 北京：中国人民大学出版社，2004：283-299.

② 同①298-300.

础上的，但不可能产生对任务目标的热情和支持。二者的区别主要体现在如下几个方面：(1) 基础假设不同。交易型领导是基于“理性人”“经济人”假设之上的，而变革型领导则建立在“人性的内在丰富性、可能性”的假设之上，因而更注重对下属自我实现的激励。(2) 价值取向不同。相比之下，交易型更为注重生产，具有把人当作工具的倾向；而变革型则具有视人为目的的倾向，表现为更注重人，更注重人的积极性和创造性的发挥。(3) 施加影响的方式不同。变革型领导更多的是运用了理想影响、个人考虑、精神鼓励以及知识激励，而交易型领导则多运用认知奖励、例外的积极管理和例外的消极管理等。

相比较来说，巴斯是相当推崇变革型领导的，依据他的观点，变革型领导在任何情境或文化下都是有效的。但是，也有学者对巴斯的这种观点表示怀疑，认为没有依据可以证明变革型领导在所有情境下都同样有效或同样可能产生，这要涉及诸多变量，如不稳定的环境、体制和文化传统等因素①。

4.2　公共领导体制

4.2.1　领导体制的含义和内容

4.2.1.1　领导体制的含义

体制是指国家机关、企事业单位在机构设置、领导隶属关系和管理权限划分等方面的体系、制度、方法、形式等的总称。领导体制是指公共组织中领导职能、领导权力和领导责任的配置制度、方法及其运行机制。

领导体制的好坏，直接关系到领导能否有效地履行职能，有效地调动组织成员的积极性，实现组织目标。在西方，领导体制是整个公共管理系统得以顺利运转的关键：选民、利益集团和政党的利益要求只有通过领导体制的转换，才能最后形成国家或政府政策；立法机关的大部分政策选择，也只有通过领导体制的转换才具有操作价值②。科学的领导体制是领导活动正常进行的组织保证；科学的领导体制是提高整体领导效能的重要因素，有助于克服官僚主义；科学的领导体制是正确规范领导行为的根本机制。

4.2.1.2　领导体制的内容

领导体制的内容，主要包括以下四个方面：

1. 领导结构

领导结构是指领导职能、领导权力和领导责任的配置结构。领导职能是指公共组织中的领导者管理社会公共事务和公共组织内部事务的职责和功能，包括具体的领导活动内容、领导方式与作用。领导权力是指公共组织中的领导者管理社会公共事务和公共组织内部事务所享有的合法资格与相应的强制力，包括领导与被领导的关系以及权力制衡。

---

① 尤克尔. 组织领导学：第5版. 北京：中国人民大学出版社，2004：301.

② 施雪华. 现代西方行政领导体制的特征及其启示. 社会科学，2006 (2).

领导责任是指公共组织中的领导者在没有履行或没有完全履行或错误履行其应履行的职责和功能时所要承担的后果，包括政治责任、法律责任、纪律责任和道德责任。

2. 领导的层次与跨度

所谓领导层次，是指纵向组织结构的等级层次。有多少等级层次，就有多少领导层次。领导跨度亦称“领导控制跨度”，是指一个领导者能直接、有效地指挥下级的幅度。现代领导工作，由于专业性强，涉及面广，工作量大，一个领导者能够直接、有效地领导与指挥的人数是有一定限度的。一般原则是：下层领导跨度可以大些，上层则应该小些，呈金字塔式的领导层次。但是领导跨度究竟以多大为宜，这要依据实际情况而定。

3. 领导机构中各部门之间的职责与权限划分

这种职权划分，要求建立严格的从上到下的领导行政法则和岗位责任制，对各个领导部门（领导干部）的职责权限做出严格而明确的规定。这是领导体制的核心问题。

4. 领导干部的管理制度

领导干部的管理制度属于狭义的人事制度，包括选举、招考、任免、考核、调动、轮换、回避、离（退）休等方面的制度。它是国家政治制度的组成部分。

4.2.2 领导体制的基本类型

领导体制类型可以按照不同的标准来划分：根据领导机关中最高决策权所属人数的多少，可以划分为首长制和委员会制；根据权力集中的程度和行使的特点，可以划分为集权制和分权制；根据公共组织构成单位的功能、职权性质与范围，可以划分为层级制和职能制；根据公共组织中同一层级各部门所受的指挥和控制，可以划分为完整制和分离制。

4.2.2.1 首长制和委员会制

一个组织的领导机关，其法定最高决策权力完全集中在一位行政首长身上的领导体制，称为首长制，或独任制。法定的决策权力由两位或两位以上的行政首长行使，则称为委员会制，或称合议制。我国实行的是首长制领导体制，瑞士实行的是委员会制领导体制。

首长制的优点是：权力集中，责任分明，行动迅速，指挥灵敏，冲突较少，效率较高，易于考核优劣。首长制可以有效地防止推诿和扯皮，消除或减少不负责任的现象。首长制的缺点是：过于倚重行政首长，容易影响工作的稳定性和连续性；在监督机制不完备时，容易产生个人专断；一旦决策失误，容易导致严重后果。

委员会制的优点是：能够集思广益，减少决策失误；委员来自不同的方面，有代表性，有利于系统内部的协调；各委员分工合作，既可以减轻主要负责人的工作负担，也可以避免个人滥用职权。委员会制的缺点是：权力分散，责任不明确，行动迟缓，效率较低，难于考核优劣。在现实生活中，其具体表现为：名为集体负责，实为无人负责；议而不决，决而不行，坐失良机，贻误工作等。

首长制与委员会制各有优势，在实际的领导活动中，应结合实际采用，发挥各自的长处。一般而言，首长制适合速决性的、执行性的、技术性的、纪律性的、突发性的领导活动，委员会制适合方针政策、规划制定以及立法性、协调性、综合平衡性的领导活动。

4.2.2.2 集权制和分权制

集权制是指一切最后决定权都属于上级领导机关和领导者，下级必须完全遵照上级的指示或决定办事的领导体制；分权制是指下级机关或下级领导者在自己管辖的范围内有较大的自由裁量权，上级对下级权力范围内的事不加干预的领导体制。

集权制的优点是：政令统一，标准一致，力量集中，指挥方便，能够统筹兼顾，利于重点建设；集权制的缺点是不能因地、因时制宜，不利于发展个性，适应能力不强。

分权制的优点是：可以使下级独立自主地工作，发挥自身的特长和创造性；分权制的缺点是：政令不统一，各方常常发生矛盾和冲突，难以协调，也容易产生本位主义、分散主义，使国家集体利益受到损害。

但是，集权制与分权制并没有一个绝对的分界线，而只是相对而言。它们双方是互相依存、相互作用的；没有上级，也无所谓下级，反之亦然。正确处理两者的关系，既要有必要的集中统一，又要有相对的独立自主。

4.2.2.3 层级制和职能制

层级制，又称分级制，是指公共组织纵向划分为若干层级，上下层业务性质相同，但有隶属关系，下级对上级负责，业务范围由上至下逐层缩小的公共领导体制。层次制的每个层级的领导者所管辖的业务性质相同，只是管辖的空间范围随层级降低而逐渐缩小。

职能制，又称为分职制，是指领导机关中平行地设置若干部门，每一职能部门所管辖的范围都以本行政机关的整体为对象，只是各部门所管辖的内容分工不同而已，如国务院设各部、委、办，省政府设各厅、局等，部队的军部设司令部、政治部、后勤部等。

层级制的优点是：指挥统一，步调一致，权力集中，节制严明，行动迅速；各层级领导者的业务性质基本相同，便于沟通领导；由于这种体制强调掌握与熟悉各方面业务，因此有利于培养具有统筹安排、综合平衡能力的“通才”；各级领导层业务性质大体相同，干部升迁或调动，均能很快胜任，对政府机构很合适。层级制的缺点是：缺乏专业分工，工作弹性小；权力过于集中，容易造成领导者事无巨细，事必躬亲；中间层次太多，信息传达容易失真，领导难以有效指挥。

职能制的优点是：分工精细，领导者各司其职，熟悉业务，工作效率高，有利于培养精通各门业务的专家和提高领导的专业化水平。职能制的缺点是：分工过细，容易造成机构臃肿，人浮于事；容易形成割据状态，滋生本位主义，导致政出多门，互相扯皮，难以协调各部门的矛盾与冲突；由于各专业部门只熟悉本身的业务，对整体与全局的情况不够了解，因此容易违反系统原则、经济原则与效率原则。

4.2.2.4 完整制和分离制

完整制又称集约制或一元统属制，是指同一领导层级的各个机关，受一个领导机关或一位首长指挥、监督的领导体制。在完整制下，实行分工协作，以取得协同一致的效果。中国实行的是完整制领导体制。

分离制，又称为独立制，或多元统属制，是指同一个领导层级的各机关，受两个以上的领导机关或首长的指挥、监督与控制的领导体制。在分离制下，按照各个公共领导机关的不同职责分别赋予相应的权限，各机关彼此独立，不存在隶属关系。美国是实行分离制最典型的国家，各州长以下的各部门工作，一般由选举产生的委员会来主持，州长很难对委员会大量行使指挥监督权；联邦政府的独立委员会也可以摆脱总统的某些控制。

完整制的优点是：权责集中分明，组织结构简单统一，机构之间分工合作好，有利于领导机构的统筹和决策的贯彻执行，可以减少相互推诿、扯皮，避免工作重复和减少"内耗"，有利于提高工作效率。完整制的缺点是：首长权力过分集中，容易滋生首长的独断专横，下属单位缺乏主动性、积极性和创造性，容易造成因循守旧的工作作风。

分离制的优点是：权力分散，各机关独立性大，措施灵活，有利于发挥各机关的优势，有利于防止专断与滥用权力，有利于发现和培养人才。分离制的缺点是：各机构之间协调合作有一定的难度，容易造成各自为政、权力冲突和工作混乱的现象，降低工作效率，造成人力、物力、财力的浪费。

在实践中，分离制迎合了多元化社会的需要。随着我国社会分工的不断发展、科技水平的不断提高，加上经济市场化，出现了利益关系在整体基础上的多元化，完整制领导体制也日益暴露出存在的问题。但由于各部门之间的密切合作是提高工作效率的前提，社会协调发展与高度综合的内在趋势日益明显，因而实践中仍然更多采用完整制。

4.2.3 公共管理领导体制改革

公共管理领导体制改革是公共管理领导活动中，对为完成领导职能、实现领导意图所设置的机构体系、运作机制和规章制度进行的合乎实际和适应社会发展要求的改革。从总体上说，当代我国公共管理领导体制是合乎我国国情和历史现实的，为我国政治、经济、文化和军事的发展做出过不可磨灭的贡献。但随着我国社会的发展，特别是经济体制改革的不断深入，领导体制还存在着不适应社会发展要求的问题①。这就有必要探讨在新时期下我国领导体制存在的问题及解决问题的可能路径。

4.2.3.1 我国公共管理领导体制存在的问题

1. 领导职能相互混淆

具体表现为：领导权力过于集中，领导权力的约束和监督滞后；组织机构高度膨胀，横向划分过细，职能重叠交叉；用人制度缺乏活力。因此，必须加强领导职能划分，在确保政令统一的前提下适当下放权力，改革组织人事制度，增强党和国家的活力；持续

---

① 于新恒. 我国领导体制改革存在的问题及其突破. 长白学刊，1997（2）；程雄. 浅论领导体制改革. 领导科学，2007（4）；侯琦. 略论邓小平对领导体制中封建主义的批判. 理论与改革，2000（3）.

推进机构改革，合理设置机构，加强权力制约与监督。

2. 领导权力过于集中

领导权力是公共领导体制的核心，是领导体制改革的关键和主要内容。权力实施以权限划分为前提。我国领导权限的最大弊端是权力过于集中。领导权力过分集中于公共领导机关和领导部门，而在领导机关和领导部门中，又过于集中在为数很少的几个主要负责人身上。可以说，权力过分集中也是我国领导体制的病根之一。

3. 领导权力的约束滞后

我国领导体制中一直缺乏对公共领导机关，尤其是领导者的有效的权力约束机制，领导者唯权为大的情况在不少地方程度不同地存在着。政府行政效率低下，缺乏足够的监督，以权谋私、贪污腐化等权力异化现象时有发生。

4. 公共组织机构膨胀

公共组织机构是实现领导职能的组织实体，是领导体制的组织表现形式，只有机构设置合理，领导工作才能完整有序地运转，才能达到工作质量和工作效率的统一。然而长期以来，我国公共组织机构臃肿、人浮于事，这不仅是我国领导体制的一个严重弊端，而且是加重政府的财政负担，使党和政府的领导机关产生官僚主义作风的一个重要原因。因此，领导体制改革要解决机构臃肿、效率低下的问题。

5. 用人制度缺乏活力

干部人事制度是我国领导体制的重要组成部分，增强工作活力，提高工作效率，离不开干部人事制度的改革。然而，我国的干部人事制度是为适应高度集中的计划经济体制而制定的，在社会经济迅速发展的今天，这种体制存在的弊端主要表现为：公共部门内部资源不能得到合理的开发和充分利用，造成人员素质低下、人才结构不合理、行政执法能力不足、工作效率不高；缺乏公平竞争的激励机制和优胜劣汰的内部环境，使公共管理人员的素质结构失调，队伍难以优化组合；在内部晋升流动上过于呆板，产生能进不能出、能上不能下、能官不能民的现象；人治色彩浓重，缺乏法治精神，产生了用人问题上的任人唯亲、裙带关系等腐败现象。用人制度缺乏活力会严重挫伤人的积极性，阻碍人才的正确选拔、培养和使用，对社会经济建设和社会全面发展的负面影响更是不言而喻的。

4.2.3.2 公共管理领导体制改革的路径

鉴于我国领导体制存在的问题，我国公共管理领导体制的改革可以考虑如下路径：

1. 完善领导职能分工，理顺各种关系

(1) 改善和加强党的领导。党要集中精力管党，负责统筹治国大纲，真正建立从国务院到地方各级政府的从上到下的强有力的工作系统。同时调整党的组织形式和工作机构，理顺党组织和政府、司法机关、立法机关、企事业单位等之间的关系，做到各司其职。(2) 要完善党委、人大、政府的关系。(3) 按照权责相称原则确定职权体系，理顺职权关系。一是理顺中央与地方的职权关系，二是理顺政府内部的职权关系。一方面，政府部门对自己职责范围内的事，要负责地做好；另一方面，要正确处理政府中的直线人员与参谋人员的关系。

2. **保证政令统一的前提下，适当下放权力**

解决我国现行领导体制中权力过分集中的问题，就要在科学划分权限的基础上进一步下放权力，这是克服领导机关陷于事务主义而不能自拔、基层缺乏自主权、人民群众的积极性难以充分调动等弊端的有效途径。要解决过分集权问题，就要彻底废除实际存在的或变相的家长制和干部领导职权终身制现象。此外，要划清中央与地方的职责权限，在保证全国政令统一的前提下，做到地方事务由地方管。

当然，下放权力并不是说要把所有的权力都往下放，而是要以放权为手段来改变权力过分集中的权力结构，建立新的权力结构系统，并通过法律和制度使这种结构相对稳定下来。因此，在权力下放的同时，应以巩固中央统一领导为前提。在当前，为保证社会稳定，加强宏观调控，还要强调适当的集中。中央必须掌握必要的权力。属于全局性的权力不应下放，也不能下放。一方面要进一步下放权力，另一方面要维护中央的权威，反对分散主义。

3. **改革组织人事制度，增强党和国家的活力**

组织人事制度是我国领导体制的重要部分。调动人们的积极性，提高效率，离不开干部人事制度的改革。当前，我国在用人制度上虽然有所改进，但干部的选拔、晋升的公开、公平、公正远远不够。为此在用人制度上，当前应重点抓好这样几个方面的改革：第一，在公务员序列之外全面推行聘任制；第二，减少关卡，允许干部自然流动；第三，坚决打破论资排辈，实行干部能上能下；第四，增加透明度，体现“三公开”，即除少数特殊职位以外，要把任职岗位、条件、拟选拔对象的情况向群众公开，并接受群众的评议与监督；第五，实行竞争式选拔，提高群众的参与程度，达到好中选优。

4. **继续推进机构改革，合理设置机构，克服机构臃肿**

按照精简的原则构建政府的组织结构，精简机构。按照精简原则，首先，纵向层次要尽可能地少；其次，横向部门划分不宜过细。实行精兵简政，提高各级领导机关和职能部门的工作效率，克服官僚主义。

5. **加强权力制约与监督**

政府应接受来自社会的各种力量的考察，如各类组织、社会大众、新闻舆论对权力的制约监督，从而着重解决组织的人事制度问题。

4.3 公共领导方法

4.3.1 领导方法概述

领导者要有效地实现目标，就要善于运用各种领导方法或手段去调动下属的积极性和创造性，善于有效地配置各种资源。毛泽东曾说过：“我们不但要提出任务，而且要解决完成任务的方法问题。我们的任务是过河，但是没有桥或没有船就不能过。不解决桥或船的问题，过河就是一句空话。不解决方法问题，任务也只是瞎说一顿。”① “一切工

① 毛泽东．毛泽东选集：第1卷．2版．北京：人民出版社，1991：139.

作，如果仅仅提出任务而不注意实行时候的工作方法……那末，什么任务也是不能实现的。”①

4.3.1.1　领导方法的含义

对领导方法，历来存在诸多界定和描述。有人认为，领导方法是领导者行使领导职能、完成工作任务的手段或途径；有人认为，领导方法是领导水平、执政能力和领导科学的重要组成部分；有人认为，领导方法是领导者在领导活动中所采取的各种手段、办法和程序的总称。

因此，可以说，领导方法是指领导者配置资源、沟通和协调关系、统筹安排时间、统御和激励下属的各种手段与途径。

4.3.1.2　领导方法的特征

根据领导方法内涵的阐释，领导方法具有以下特征：

（1）领导方法的目的性。领导方法是通向领导愿景或组织目标的方法，这就表明了方法的目的性，且这种目的性也内在于领导者的意愿之中。就现代领导者来说，领导者在目的性上所要做的就是如何将领导者的愿景整合为组织成员的愿景，从而形成组织的共同愿景。

（2）领导方法存在正确与错误、有效与无效之分。领导方法是领导者在领导工作中普遍运用的，不存在无领导方法的领导工作，然而存在着科学与不科学、正确与不正确、有效与无效的领导方法②。

（3）领导方法的多层次性。在一个领导系统中，存在着不同层级的、不同时期的领导目标以及不同要求的目标，这使领导目标相应地富有层次性，从而也使领导方法呈现出多层次性。

（4）领导方法的具体相关性。领导方法的多层次性也意味着领导方法的具体相关性，领导方法是依附具体目标的，目标不同，方法自然不同；另外，具体的领导方法也受制于领导情境和被领导者的特殊情形，这也使它具有了具体相关性。

（5）领导方法存在动态变异性。领导方法是客观的，客观事物是不断变化的，因而反映客观事物的领导方法也是经常变化发展的。

4.3.2　领导协调

公共领域的领导工作是一项极其复杂的创造性活动，牵扯到多种因素和条件。把这些因素和条件有机、和谐地组织好、利用好，避免矛盾的产生，离不开领导的协调。马克思就指出，“一切规模较大的直接社会劳动或共同劳动，都或多或少地需要指挥，以协调个人的活动”③。

---

① 毛泽东．毛泽东选集：第 1 卷．2 版．北京：人民出版社，1991：140.

② 王乐夫．领导学：理论、实践与方法．3 版．广州：中山大学出版社，2007：226.

③ 马克思，恩格斯．马克思恩格斯文集：第 5 卷．北京：人民出版社，2009：384.

4.3.2.1 领导协调的含义和特点

1. 领导协调的含义

协调是为了有效实现组织目标和提高组织的整体效能，对组织内外各单位和成员的工作活动和人际关系、利益关系进行协商、调节，化解矛盾，使之权责清晰、互相配合、相互适应的行为①。

领导协调是指公共部门领导者为了实现既定目标，通过调配、协调政府与社会之间、政府不同组织之间、政府各部门之间、公务员之间、政府不同职能之间等可能产生的阻碍公共事务的处理和社会和谐发展的因素，使社会和组织保持一种平衡状态以实现预定目标，发挥整体最大功效的过程。

用一句话概括，领导协调的作用就是内求团结、外求发展。从领导者自身来看，协调是领导者正确履行职能、行使权力的重要保证；从公共组织所处的社会来看，协调有利于化解社会矛盾，建设和谐社会。因而，强化领导协调具有十分重要的意义。

2. 领导协调的特点

（1）平等性。平等性是指协调双方处于平等位置，没有强制力的直接作用。即使参与协调的一方处于领导地位，只要他行使的是协调职能，也主要借助自然性影响力的发挥。在这种情况下，尽管不能排除存在领导强制力的影响，但这种影响也只能是起间接作用。这一点使它与领导的计划、指挥、控制等职能区分开来。

（2）互利性。协调活动能否收到预期效果，取决于协调措施对协调各方利益要求的满足度，最好的协调措施常常是能够最大限度地满足协调各方的利益要求。这使领导的协调活动在追求整体利益实现的同时，也必须尽量地满足成员的合理要求。

（3）结果不确定性。与决策、计划、指挥等职能不同，协调虽然也可能有既定的方案、措施，但这些方案和措施更加灵活，常常需要根据协调工作的进展情况做出调整甚至改变。协调可能有既定的目标，但这个目标却必须根据协调对象的态度和要求的改变而改变。这使协调的结果具有不确定性。

4.3.2.2 领导协调的内容和原则

1. 领导协调的内容

领导协调按照内容可分为：领导工作关系协调和领导人际关系协调。

（1）领导工作关系协调。领导工作关系协调主要是指领导者对在履行公共领导职能、实现其领导目标的过程中与组织内外相关的人与事在时间与空间上产生的工作关系的协调，包括对下达工作任务，完成工作任务的时间，以及影响工作任务的人力、物力、财力等要素的协调。领导工作关系协调主要包括部门任务协调、工作时间协调、政策措施协调和工作要素协调等方面。

由于各种主观方面的原因，各部门所分配的任务及完成任务的进度和质量必然存在差异。作为领导者，必须站在全局的高度为保证总体任务的完成，对不同部门和单位所

---

① 陈振明，孟华. 公共组织理论. 上海：上海人民出版社，2006：170.

承担的任务进行协调。在工作时间协调中，为了如期完成任务，领导者必须分清工作的轻重缓急和主次关系，对工作进行先后次序的安排；领导者必须合理分析和安排各项工作，协调工作时间，使各项工作能在一定时间内完成；应根据各项工作的重要程度和难易程度，针对工作的先后次序将时间的长短数量进行科学的分配，使时间得到充分利用。政策和措施既是完成任务的重要手段，也是承担工作任务的各部门所拥有的无形资源。在政策措施协调中，由于公共领导工作发展过程中的各种主客观原因，各部门完成任务的状况会与预期计划产生差异；领导者要根据实际情况进行必要的政策和措施的调整。任何工作任务的完成，除了信息、组织等无形要素外，还离不开人、财、物等基本的有形要素。因此，在工作要素协调中，领导者必须根据工作任务的具体情况，合理分配各种要素，使之在质量和数量的配置上达到最佳状态，从而保证公共领导活动整体效益的最佳化。

（2）领导人际关系协调。领导人际关系协调①是以领导活动中涉及的人际关系为对象和内容的协调。领导者是一定领导活动中的中心人物，同各个方面——上下级、同事等发生人际关系。因此，领导者协调包括上下级之间关系的协调、同级组织之间关系的协调、领导班子成员之间关系的协调、领导者与下属之间关系的协调。领导者只有在良好的人际关系条件下，才能更好地处理其日常事务，使领导活动的诸多因素达到最佳配合以实现其整体效益和系统功能，有力地调动广大干部、群众参与到政府的政务建设中来。

首先，对上下级之间关系的协调。领导者要想顺利地完成任务，必然要协调好他的上级和下级的关系，只有上下齐心协力，才能更顺利地实现政府组织的目标。如何协调上下级关系呢？协调好与上级的关系，应做到：顾全大局，尊重维护上级；适应上级特点，领会上级意图；面对上级要一视同仁，疏密有度，建立和发展正常的关系；尊重角色规范，出力不越位。协调好与下级的关系，应做到：平等待人，多听意见；互相沟通，互相支持；理顺结构，善于授权；公平公正，待人处事真诚；不拉帮结派。

其次，对同级组织之间关系的协调。领导者应该通过综合性的情况沟通和交换意见，使不同组织的领导成员之间建立起相互理解、支援、协作、配合的关系。具体做到：真诚待人，不虚伪；协同配合，不设障；批评帮助，不挖苦；宽容自制，不冲动；处理分歧，不计较；一视同仁，求平衡；淡化名利，不贪功。

最后，对领导班子成员之间关系的协调。一把手要针对不同的班子成员及其不同的性格特点，协调好正职和副职之间、副职和副职之间的关系；要在坚持原则和以制度、纪律为准绳的基础上，通过个别谈心和会议讨论等形式，调整相互之间的关系，统一班子成员的意志。只有这样，才能形成一个坚强的战斗堡垒。

2. 领导协调的原则

要做到有效协调，就必须遵循以下原则：

（1）以人为本。协调的实质在于处理好人际关系。因此，协调要紧紧围绕人来展开，以人为本。要把尊重人、关心人和理解人贯穿于协调工作的始终。

---

① 俞志平．协调能力：领导者素质的重要体现．社会主义论坛，2005（2）．

（2）客观公正。协调者能否被协调对象所接受，协调措施能否被协调对象认可，取决于协调者及其拟订的协调措施是否客观公正。背离客观公正原则的协调措施不可能被接受或达到良好效果。

（3）注重整体。领导过程中出现的不协调现象有时表现为个人与组织、局部与整体之间的利益冲突，当出现这种利益冲突时，不应以牺牲组织的整体利益去满足个人利益或部门利益。

（4）求同存异。求同存异，关键是求同。要客观、全面地分析各方面的情况，找准各方都认可、事关全局的共同点，促使各方统一思想，达成共识。在协调的时候，必须努力从被协调各方寻求共同点，以此来统一各方，同时允许各方保留不同点和差异性，只求大同，不求全同，在基本原则上达到一致，而次要的、非原则的东西则在某种程度上可以忽略。

（5）互惠双赢。在矛盾双方互相尊重和互相理解的前提下，在双方都有协调合作的诚意及有做出妥协让步的准备下，还要使协调方案能够让矛盾双方都获得一定的利益好处，从而使矛盾得到解决。

（6）灵活机动。协调固然必须遵循国家的方针政策和法律法令，必须遵循公共道德，必须遵循组织的规章制度，但也要求协调者依据实际情况灵活机动地采取合适的协调方式。

4.3.3 领导沟通

4.3.3.1 领导沟通的含义和作用

领导沟通既是科学领导体系的重要组成部分，也是实现公共领导职能的重要环节。在领导过程中，把握领导沟通的理论，提高领导沟通的水平和能力，是实现有效领导的前提条件。美国学者戴维·平卡斯和尼克·得波尼斯在《身在高层世界上最卓越的领导者》中提出了一个公式：领导＝建立关系＝沟通。领导沟通能力的高低，会直接影响到他所领导的组织的发展。沟通的成败，往往决定了领导者未来的命运。

1. 领导沟通的含义

所谓沟通，是为了一个设定的目标，把信息、思想和情感在个人或群体间传递，以取得理解、信任的过程①。“领导意味着用这样一种方式与他人沟通，即他人受到感染和激励并做出能促进形成共同目标并产生其所期望的结果的行动。”② 领导沟通，即领导者为实现其目标，通过一定的领导组织和领导手段与组织内外的追随者、被领导者进行信息、思想和情感的传递与互动，以保证公共利益和目标有效协调和实现的过程。

美国政治学者 K. W. 多伊奇受维纳思想的影响，于 1963 年发表了代表作《政府的神经：政治沟通与控制的模式》，形成了系统的领导沟通理论。多伊奇的理论，从信息沟通

---

① 美国主管人员训练协会把沟通解释为：它是人们进行的思想或情况交流，以此取得彼此的了解、信任及良好的关系。芮明杰．管理学：现代的观点．2 版．上海：上海人民出版社，2005：382.

② 林志颂，德特．领导学．北京：中国人民大学出版社，2007：301.

的角度，考察了领导系统的控制方式和决策过程，并提出了完善信息系统必须注意的一些主要环节，为人们了解、分析、研究和完善领导系统提供了一个新的角度和方法。

领导沟通有两层理解，即广义的理解和狭义的理解。从广义的角度来说，领导沟通即政府内部各部门和人员之间、不同政府组织之间、政府组织与其他社会组织之间，为实现一定的共同利益和公共目标，彼此交换意见，相互了解，求得共识所进行的工作和人际沟通。在多元化社会中想要整合各种不同社会组织的利益和意见，就需要通过充分调查，了解各方面意见和反馈，然后将其整合，依靠领导沟通，从而做出最优决策，维持社会稳定及发展。从狭义的角度来说，领导沟通即公共组织之间、公共组织与公务人员之间，以及公务人员之间，为实现共同的公共目标，彼此交换意见，相互了解，求得共识所进行的工作和人际沟通。通过有效的领导沟通，在政府内部可以减少内耗与矛盾，提高公共管理活动的效率，而且可以及时为公共决策、执行、监督等提供大量信息，提高公共管理的质量。

2. **领导沟通的作用**

领导沟通的作用可以简化为一句，就是通过营造一种和谐氛围或环境来达到领导目标。具体来说，主要有以下三个方面：

（1）沟通是科学决策的前提。领导者在做出决策之前，需要借助沟通，掌握决策的大量信息，既包括组织内的信息，也包括组织外的信息，既包括上级的信息，也包括下级的信息。只有掌握全面而正确的信息，才能做到科学决策。

（2）统一思想，提高绩效。由于各成员的地位、利益、知识、能力以及对组织目标的理解和掌握的信息不同，所以就会产生不同的个人目标，就会产生对决策的不同认识、不同态度。因此，为了使组织目标能顺利实现，就需要相互交流，统一思想，认清形势，提高工作效率，实现组织目标。

（3）沟通可以改善人际关系，鼓舞士气，增强组织的凝聚力。一个组织内的人际关系如何，除了要看群体意识、价值观和组织本身的吸引力之外，一个重要因素就是要看组织的沟通水平与方式等。因为通过沟通，组织成员之间可以消除误会、化解矛盾、增进了解、增强感情；同时，有效的沟通缩短了领导者与被领导者双方的心理距离，培养了下属对领导者的信赖和重视，在感情得到满足的同时，下属会坦诚地表达自己的感受和意见。这样必然会给组织成员带来一个令人心情舒畅的工作环境，鼓舞士气，提高组织成员的工作积极性，增强组织的凝聚力。

4.3.3.2　实现有效沟通的途径

1. **选择合理的沟通渠道**

（1）正式渠道。它是组织结构、层次及不同部门之间，上下级之间明文规定的信息与内容传递的路径。比如：公共领导部门发布法令、规章、命令、通告、公告，传达文件，召开正式会议，制定正式报告、手册；公共领导与下属人员因公务所进行的正式接触与会谈；下级机关对上级机关的报告、建议、申请；等等。正式渠道从沟通方向上看，有垂直沟通和横向沟通。垂直沟通是指上下级之间的沟通；横向沟通是一个组织内，同一层次的不同部门机构之间的沟通。横向沟通常常被人们忽视，其实它对于提高工作效率、减少浪费，以及相互配合协调与形成组织的合力十分重要。正式渠道沟通严肃可靠，约束力强，易于保密，信息量大，并且具有权威性，一般来说沟通效果好；但正式渠道沟通环节多、速度较慢，有时不能保证实现双向沟通，使一方意见不能充分发表或出现信息失真及扭曲。

（2）非正式渠道。它是在非正式组织范围内或非正式场合进行的沟通。比如公务人员间的日常接触、社交，非正式渠道的消息传播，等等。组织内的非正式团体是由于其成员类似的感情、兴趣爱好、经历，或精神上的相互需要而形成的，因此，沟通途径超越正式渠道，复杂多变。其方向既有横向沟通，也有垂直沟通，还有斜向沟通。在一些情况下，非正式渠道沟通反而受到重视，效果明显。非正式渠道沟通不拘形式、传递信息速度快、简单明了，但传递的信息不确切，容易失真，有时会出现“谣言”，难以控制，而且它可能导致小集团、小圈子的形成，影响人际关系，影响组织的凝聚力和人心稳定。

总的来说，在组织内，这两种沟通渠道是客观存在的，领导者要根据实际情况正确把握，合理采用。

2. 选择合理的沟通模式，构建信息沟通网络

“选择合理的沟通模式，构建信息沟通网络”历来为公共领导者和学者们所重视。因为沟通网络作为整合工具，能“把信息中经常冲突的要素结合起来以获得合作性的群体努力”①。行为科学家莱维特、巴维拉斯等对沟通问题做了专门的研究，提出了沟通网络的五种模式②：（1）链式沟通。也可称直线沟通，就是信息链条似地逐级传递。这种沟通的优点是速度快、准确性高、管理者的地位突出。但这种信息沟通过程实际上是信息的逐级“筛选”过程，因而，可能造成上级不太了解下级的真实情况，也可能造成下级不明确上级的真实意图，从而抑制组织成员的士气。（2）轮式沟通。也就是某一个居于核心位置的沟通主体分别与其他几个沟通主体进行沟通。这种沟通的优点是速度快、准确性高、管理者的地位突出，且能够全面了解情况。但组织成员之间缺乏了解、士气低、工作中的相互配合与支持困难。（3）全通道沟通。也就是组织成员都可以不受任何限制地互相沟通，各成员在沟通中享有平等地位。这种沟通速度快、准确性高、组织成员的满意度高。（4）环式沟通。也称圆周式沟通，即没有沟通核心，沟通主体只能和左右两个沟通对象进行沟通。这种沟通速度慢、准确性低，但组织成员的满意度高。（5）Y 式沟通。Y 式沟通是对沟通方式的形象化描述，这种沟通存在于纵向层级关系之中，采用上情下达和下情上传的逐级传达的沟通方式。这种沟通速度较快，但由于信息经过层层筛选，中间环节过多，可能使上级难以了解下级的真实情况，信息被过多的中间环节控制。

如果对这五种沟通模式进行比较，会发现：链式沟通速度最快，环式沟通在提高组织成员的满意度、激发士气方面有优势；轮式沟通和链式沟通在解决简单问题时效率较高，而在解决比较复杂的问题时，环式沟通和全通道沟通最为有效；Y 式沟通兼有轮式

---

① 斯蒂尔曼二世. 公共行政学：概念与案例：第 7 版. 北京：中国人民大学出版社，2004：390.

② 芮明杰. 管理学：现代的观点. 2 版. 上海：上海人民出版社，2005：386-387.

沟通和链式沟通的优缺点。沟通的效力在于沟通模式的正确性和尽可能小的“噪声”。因此，在协调中，领导者应从面对的矛盾或冲突的性质及其协调的难易程度入手，灵活地选择沟通方式。

3. **选择有效的沟通形式**

组织中的沟通形式多样，各有特点，领导者应该结合具体情况慎重选择。

（1）口头形式。这是最普遍、最常见的沟通方式。如交谈、讲座、讨论会、电话等都是口头形式沟通。口头形式沟通能使信息得到快速传递，并能快速获得反馈，其方式灵活、信息量大。但口头形式沟通传递中经过的层次越多，信息失真越严重，核实就越困难，事后难以准确查证。

（2）书面形式。书面形式沟通是指采用书面文字形式进行的沟通。如各种报告、备忘录、信件、文件、内部期刊、布告、条例、建议书等。书面形式沟通的优点是持久、有形、可以核实、逻辑性强、条理清楚、可以反复修改、可以反复阅读，缺点是效率低、缺乏反馈、应变性差、信息量少。

（3）非语言形式。非语言形式沟通是指采用声、光信号，体态（手势、肢体动作、表情），语调等形式进行的沟通。非语言形式沟通的优点是信息意义十分明确，内涵丰富，隐含意义灵活；缺点是传送距离有限，界限含糊，只能意会，不能言传。

（4）电子媒介形式。电子媒介形式沟通是指采用传真、闭路电视、计算机网络、电子邮件等形式进行的沟通。电子媒介形式沟通的优点是信息能快速传递、信息容量大、信息可同时传递给多人、廉价；缺点是单向传递，电子邮件可以交流，但看不到对方的表情。

4.3.3.3 增强领导沟通的方法

增强领导沟通的方法主要有：

（1）构建畅通的沟通网络①。要使政府内部高效运作起来，就需要在各部门和不同层次人员之间，通过一定的沟通工具（如各种会议、电子媒体、意见信箱、内部沟通、布告栏等），建立纵横交错的高效信息沟通网络，这样政府高层的方针政策才能快速、高效地传递到下级各处。同时，各层次、各部门的人员在执行过程中发现的问题也能及时反馈到政府各领导部门和职能部门，以得到解决、修正和统计分析。

（2）树立主动沟通的意识。领导者的沟通意识，直接关系到政府内部沟通的有效开展及政府与人民群众间的和谐沟通。公共组织的领导者应有主动的沟通态度，拓展各种沟通渠道，以促使上下意见一致，从而培养组织成员的整体利益观念。

（3）创造有利的沟通环境。营造一个相互信任、有利于沟通的氛围的关键是培育积极的文化。可通过政协、人大、纪检部门等，加强与人民的联系，营造一种有利于沟通的氛围。“开放式氛围使领导获得更多的机会同下属员工沟通，在积极倾听和辨别即将出现的话语信息方面有更多的实践，更多的使用丰富渠道的机会，以及通过非正式的沟通

---

① 斯蒂尔曼二世. 公共行政学：概念与案例：第7版. 北京：中国人民大学出版社，2004：390.

和象征性的行动而获得更多的机会来建立信任和对愿景的承诺。”①

（4）要完善民主监督机制，在知情环节、沟通环节、反馈环节上建立健全制度，进一步增强民主监督的实效。要提高专题调研的质量，加大反映社情民意的力度，拓宽建言献策的渠道，进一步提高参政议政的能力和水平。

（5）注意沟通与信息技术的关系。在现代科学技术条件下，信息技术已经彻底改变了公共领导沟通方式，提高了领导者沟通的有效性，明显改进了领导监控个人和公众监督政府的能力，它允许政府拥有更加完整的信息来更快地进行决策，为政府和公众共享信息提供了更多的机会②。政府和公众可利用互联网进行沟通、互访。

4.3.4 领导激励

哈佛大学威廉·詹姆士通过对员工激励进行研究发现，采取激励措施能够有效激发员工的工作能力。他的研究表明，在没有激励措施的情况下，下属一般仅能发挥工作能力的20%～30%，而当下属受到激励后，其工作能力可以提升到80%～90%，所发挥的作用相当于激励前的3～4倍。下属的潜能不被激励，藏着就是无能。下属的潜能对领导者来说是没有用的，领导者需要的是下属的效能，而不需要下属的潜能，因此领导者应将下属的潜能进行激发使之变成效能。但是，何为领导激励？又该如何充分发挥领导激励的艺术性呢？

4.3.4.1 激励的含义

激励就是运用各种刺激手段，唤起人的需求，激发人的动机，使人处于亢奋状态的过程。从心理学上讲，激励就是使人们在外部某种刺激的影响下，产生一股内在动力，朝着所期望的目标奋斗的过程。我们这里所讲的激励，就是领导者调动下属积极性和创造性的一种行为和手段。因此，我们认为，激励是指通过一定的方法来激发人们的动机，开发人的能力和潜力，充分调动人的积极性和创造性，使被领导者表现出高度的工作热情和创造精神。激励是领导者的重要职能，是提高下属积极性、提升人的能力和工作绩效、提升人的价值、增强组织的凝聚力、实现领导目标的主要手段，因而，激励具有十分重要的意义。

4.3.4.2 激励的原则

激励是一门科学，有效的激励应该遵循以下基本原则③：

1. 物质激励和精神激励相结合原则

人们存在着物质需要和精神需要，相应的激励方式应该是物质激励和精神激励相结

---

① 林志颂，德特．领导学．北京：中国人民大学出版社，2007：322.

② 斯蒂尔曼二世．公共行政学：概念与案例：第7版．北京：中国人民大学出版社，2004：407.

③ 学者们对激励原则进行了诸多的论述。具体参见：孙多勇．公共管理学．长沙：湖南人民出版社，2005：222；张世和．领导激励成本及其要求．领导科学，2000（2）；韩瑞林．对领导激励现状的认识与思考．领导科学，2004（24）；彭庆辉．浅析领导激励的方法与艺术．前进，2006（2）.

合。物质需要是人类最基本的需要，物质刺激的作用是表面的。随着生产力水平和人员素质的提高，应该把激励的重心转移到满足较高层次的精神需要上去。物质激励是基础，精神激励是根本，在两者结合的基础上，逐步过渡到以精神激励为主。要避免走极端，迷信物质激励容易导致拜金主义，迷信精神激励又可能导致精神万能。

2. 正激励和负激励相结合原则

斯金纳（B. F. Skinner）的强化理论把强化分为正强化和负强化，这里的强化就是激励。正激励就是对员工符合组织目标的期望行为进行奖励，以使得这种行为更多地出现。负激励就是对员工违背组织目标的非期望行为进行惩罚，以使这种行为不再发生。正激励和负激励都是必需而有效的。领导者在运用激励时应该把正激励和负激励巧妙地结合起来，坚持以正激励为主、负激励为辅。

3. 按需激励原则

激励的起点是满足员工的需要，但员工的需要存在着个体差异，因人而异，因时而异。只有满足最迫切需要的激励，才能起到激励效果。因此，领导者在激励时，不可搞多年一贯制，只有深入地进行调查研究，不断了解下属需要层次和需要结构的变化，有针对性地采取激励方式，才能收到较好的激励效果。一些单位出现奖金越发越多，群众意见越来越大的现象，正是违反了按需激励原则的表现。

4. 差别激励原则

激励的目的是提高下属工作的积极性。影响下属工作积极性的因素主要有工作性质、领导行为、个人发展、人际关系、报酬福利和工作环境等。领导者应根据不同的类型和特点制定激励制度，而且在制定激励机制时一定要考虑到个体差异，因人而异。如在文化差异上，有较高学历的下属一般比较注重自我价值的实现，除了物质方面的报酬，他们更看重精神方面的满足，如工作环境、工作兴趣、工作条件等，这是因为他们在基本需求能够得到保障的基础上会追求精神层次的满足；而学历相对较低的人则首要注重的是基本需求的满足。因此，领导者在制定激励机制时一定要考虑到本单位的特点和下属的个体差异，这样才能收到最大的激励效果。

5. 公正原则

公正是激励的一个基本原则，如果激励不公正，奖不该奖，罚不该罚，不仅收不到预期的效果，而且会产生许多消极的后果。公正就是要赏罚严明，奖惩适度。要做到不分亲疏、远近，一视同仁。赏罚适度就是从实际出发，赏与功相匹配，罚与罪相对应，既不能小功重奖，又不能大过轻罚。

激励除了要遵循以上的原则之外，还要注意激励的及时、明确、适度和区分度，使激励发挥到最佳效果。

4.3.4.3 激励的方法

激励的方法①，概括起来有如下几个类型：

1. 物质激励

这主要是指薪酬和奖金的制度激励。物质激励对政府工作业绩和公共组织运行产生

---

① 彭庆辉. 浅析领导激励的方法与艺术. 前进，2006（2）.

持续的影响。合理的奖金制度，在调动公共组织人员工作积极性、加强公共管理、提高工作绩效、改善政府运作机制等方面，都能够起到重要的促进作用。

2. 参与激励

领导者让下属和群众参与决策、管理和监督，鼓励人们提建议并予以重视，积极采纳，这便是参与激励。参与激励的关键是领导者要广开言路，允许、鼓励下级提意见，尤其是不同意见和反对意见。对创造性见解，要积极采纳，并给予及时的表扬。

3. 目标激励

它是指确定适当的目标，诱发人的动机和行为，从而调动人的积极性。目标作为一种诱因，具有引发、导向和激励的作用。因此，在进行政府工作时，相关领导应针对不同的对象及其不同的需要制定不同的目标进行激励，有目的地引导需要，更有针对性地做好下一步的工作。

4. 情感激励

它是指领导者与被领导者之间以感情联系为手段的激励方式。领导者和被领导者的关系既有规章制度和社会规范的成分，也有情感成分。人的情感具有两重性：积极的情感可以提高人的活力，消极的情感可以削弱人的活力。

5. 需要激励

需要激励理论认为，需要是产生行为的原动力，是个体积极性的源泉。从需要着手探求激励是符合心理规律的有效途径。需要层次理论将人的基本需要由低级到高级分为五个层次，即生理的需要、安全的需要、社交的需要、尊重的需要、自我实现的需要。需要层次理论告诉我们，需要的满足因一个人在组织中所做的工作、年龄以及员工的文化背景等因素的不同而有所差异。因此，领导者在激励下属时，应针对不同的对象及其不同的需要进行激励。只有掌握了下属的需要才能积极创造条件去满足它们，有目的地引导需要，才能有针对性地做好领导工作，从而达到激励下属的目的。

6. 榜样激励

这主要是指领导的个人形象对被领导者的思想和行为能够起到明显的激励作用，从而推动各项工作的开展。领导者应当身先士卒，以身作则。由于领导班子的榜样作用具有更强的感召力，因此充分发挥领导者的榜样激励作用对提高整个公共组织成员和人民群众的积极性具有重要意义。

7. 荣誉激励

荣誉激励在激励公共组织成员的措施中占有十分重要的地位。同报酬激励一样，荣誉激励仍然必须遵守公平、公正的原则。荣誉激励如果不能做到公平、公正，则对其他公共组织成员非但不能起到激励作用，反而会产生消极影响，使其绩效水平下降。此外，荣誉评选的不公正将使荣誉获得者人际关系紧张、在同事中受到孤立，使其社会需要得不到满足，从而可能导致其通过降低绩效水平的方式获得社会需要。

8. 信心激励

很多时候下属可能对自己缺乏信心，不能清楚地认识和评价自己，尤其是对自己的能力认识不清，往往不清楚自己的优势和劣势以及实现目标的可能性有多大。因此，下属需要外界尤其是自己信赖的、尊重的、敬佩的人的鼓励，而来自上级的鼓励则更加可贵，它意味着上级会给自己提供成功的机会和必要的帮助，这无疑会激发下属的需要和激励下属努力进取。因此，领导者对下属要充分信任，大胆使用，善于发现、培养、使用骨干，团结群众。领导者要言而有信，敢于承担责任。对下属工作上和生活上的难处，要关心备至、热情相助，努力创造一个宽松的工作环境和人际关系氛围。

9. **赏识激励**

赏识是比表扬、赞美更进一步的精神鼓励，是任何物质奖励都无法比拟的。赏识激励是激励的最高层次，是领导激励优势的集中体现。社会心理学原理表明，社会的群体成员都有一种归属心理，希望能得到领导的承认和赏识，成为群体中不可缺少的一员。赏识激励能较好地满足这种精神需要。威廉·詹姆士说："人性的第一原则是渴望得到赞赏。"领导者应会赏识激励下属。当下属有进步时，他最需要得到的是认可；当下属获得成功时，他最需要的是赞赏；对下属的智力贡献，如提建议、批评等，也要及时地给予肯定的评价。只有这样做，赏识激励才能产生预期效果。

在影响相关领导活动人员积极性的激励机制中，金钱固然很重要，但社会、组织和心理因素起着关键的作用，包括人际比较、网络关系、工作安全感、群体归属感、社会认可等因素。现代社会领导活动不仅要重视利用金钱的激励作用，更要认真研究其他方面的激励，采用综合激励途径。

知识链接 4-2

干部的基本功——密切联系人民群众

要领导就要有威信，没有威信就不能真正地领导。领导的威信从哪里来？靠上级封不出来，靠权力压不出来，靠耍小聪明骗不出来，只有全心全意、尽心竭力、坚持不懈为人民办事，才能逐步地树立起来。领导要有水平，水平从哪里来？水平来自对客观规律的认识和掌握，而规律性的东西，正是蕴藏在广大群众的实践中。因此，要提高领导水平，就要眼睛向下，善于从群众的实践中汲取营养，获得真知。所以，无论是从发挥党的领导作用，还是从调动群众积极性这两方面说，都要求我们的各级干部始终同广大人民群众保持密切的血肉联系。这就是干部的一项十分重要的基本功。我们的干部都应当苦练这一基本功。

资料来源：习近平．摆脱贫困．福州：福建人民出版社，1992：10-11.

4.4 公共领导能力

4.4.1 领导能力的内涵及基本条件

4.4.1.1 领导能力的含义

领导能力，就是领导者的个体素质、思维方式、实践经验、对领导方法的把握程度等影响具体公共领导活动效果的个性心理特性的总和，它是领导者素质的核心。

现代社会发展对领导能力提出了高要求，领导能力的作用主要表现为：一是通过民主、准确、合理的决断能力的发挥，可以增加公共政策的科学性和公共性，减少政府部门的工作失误，提高工作效率。二是组织能力的发挥，有助于合理地安排各种资源，提高下属的工作积极性，使部门工作人员通力合作，使工作条理清晰，保证组织工作的协调统一，同时增强整个部门或团队的凝聚力，进而解决公共组织工作一直存在的僵化俗套、领导效率低下等问题。三是领导者具备良好的指导能力，可以主动给予下属指导，使其更好地完成工作，提高整个部门的绩效水平和领导效能，实现良好的工作和社会效益。四是通过领导协调能力的发挥，与下属实现良好的交流沟通，有利于做好各种协调工作；通过制定各种活动程序来控制组织成员，与下属建立起良好的互动关系；整合各单位、各部门之间的利益，有利于政策措施的顺利推行。

4.4.1.2 发挥领导能力的基本条件

发挥领导能力需要有这样几个方面的基本条件：

（1）领导能力的发挥，必须在一定的环境和组织结构中进行。要发挥好领导的能力，就需要对领导体制进行改革，实行机制和制度的创新，建立高效、廉洁、公正的制度。现代政府制度包括政府运行机制和政府行政制度，后者包括公共领导制度、公共决策制度、人事管理制度、财政管理制度、行政机关管理制度、公共管理法规的制定和执行制度、公共监督制度以及公共部门廉政建设责任、公共执法责任和安全责任追究制度。领导体制是领导活动正常进行的组织保证（领导体制可以协调领导机构的内部分工，协调领导者和被领导者的关系），是发挥领导能力的重要条件。

（2）领导能力的发挥，需要领导者明确组织的目标、责任与价值。领导者因被授予职位而有了职权，因被赋予一定权力而有了支配性影响，但职位与职权都需要有相应的约束，需要负相应的责任。这有利于领导者把握好职权、职责的标准和尺度，为正确发挥领导能力奠定基础。

（3）领导能力的发挥，离不开领导者的基本素养。领导者的素养是领导者自我完善的需要，是有效发挥领导能力的重要保证，是增强领导者影响力的客观要求，是提高领导艺术水平的基础。领导者的基本素养包括政治素养、知识素养、能力素养和心理素养。在领导活动和实践中加强自身修养，善于学习，有利于领导在团队组织中发挥其领导能力，因为一个人的知识越多，能力就越强，同事、下级和群众就对他越尊敬和信任，他就越有感召力和影响力，从而更好地发挥其领导能力。

总之，领导能力的发挥，不仅需要国家和社会提供一个完善的制度体系和环境，更离不开领导者自身素养和影响力的提升。这既是一门学问，也是一个在实践中不断探索的过程。

4.4.2 领导能力的主要内容

领导的能力包含多方面的内容，主要有以下几个方面：

4.4.2.1　领导的创新能力

创新是一个民族的灵魂，是一个国家兴旺发达的不竭动力。现在，建设创新型国家、企业创新已经成为最热门的话题；领导的创新能力，尤其是公共领导的创新能力的时代意义也日益凸显。创新对于一个国家、民族和政党来说，具有决定兴衰成败的重大作用。对于政府来说，创新关键在领导。从一定意义上说，领导就是创造，领导工作就是一项创造性工作，创新是领导者必备的素质，是一个合格领导者的重要特征。

所谓公共领导创新，就是公共部门为适应公共管理与环境的需要，与时俱进地转变观念与职能，探索新的方法与途径，形成新的组织结构、业务流程和规范，全面提高公共领导效率，更好地履行政府职责的实践过程。领导者的创新能力在于根据对环境变化的探测，及时提出新观念、新方案和新办法。他们应有敏锐感知新环境、新事物、新问题的能力，尤其当出现某种新的动向、征兆时应有特别灵敏的觉察力，善于捕获信息，加工出新观念、新设想。他们要思维活跃，富有胆识，不迷信权威，不崇拜偶像，不为过时的老观念、老框框所束缚，敢想、敢说、敢改革，不断探索新世界的奥秘，走出新路子，在工作中有所发现、有所创新、有所突破。公共领导创新能力的特征主要是求异性、独创性、突破性、风险性、变通性、攻坚性。

领导的创新能力主要体现在五个方面：广阔的知识面、敏锐的问题意识、全新的思想观念、良好的精神状态和敢于承担风险的胆识。

4.4.2.2　领导的战略思维能力

1. 领导战略思维能力的含义

战略思维，作为一种着眼于全局和长远来观察、思考和处理问题的科学思维方式和领导艺术，是每个领导者必须具备的能力。21 世纪，一个有效的领导者，必须具有较强的战略意识，善于制定战略规划，并能够正确地确立战略目标，从而不断取得事业的辉煌。战略思维能力既是当今世界形势发展对各级领导干部提出的迫切要求，也是顺利推进改革进程和全面建设小康社会的需要，还是新时代领导必备的思维素质。

2. 领导战略思维能力的内容

（1）战略洞察力和战略判断力。战略洞察力是指对战略问题及其因素高度的敏感性和深刻的洞察力。它是战略思维能力中的“前导”部分，对开辟战略方向和战略目标起着决定性作用。战略判断力是通过分析和综合比较、抽象概括，进行判别和鉴定的认识能力。它对领导干部科学判断形势至关重要。领导者的战略洞察与判断能力，最主要的表现是在纷繁复杂的形势下能够做出正确的战略抉择。

（2）战略分析力与战略综合力。战略综合力是指在分析的基础上，把对各个部分、方面、要素的认识统一起来，形成对客观事物整体认识的思维能力。综合的要求就是从宏观和整体上把握并认识事物，也就是从系统和全局上把握并驾驭对象之间相互联系的思维能力。但综合绝不是各个部分或侧面的机械相加，也不是主观地捏合，而是要经过分析，深入整体的内部。

综合能力是一种基本的思维能力。它以分析为基础，没有分析就没有正确的综合。

综合的思维进程是从简单到复杂，从部分到整体。分析在完成了它的职能以后，就转化为综合；综合完成了它的职能以后，又开始进一步的分析。分析—综合—再分析—再综合，循环往复，直至认识事物的本质。分析和综合也经常是交叉进行的。

（3）战略预见力和战略创新力。战略的着眼点，不是事物短期的发展，而是事物的中长期发展，所以战略思维能力就要求有战略预见力。最重要的是要有时代的敏感性，要善于见微知著，在事物初露端倪时，就敏锐地把握它的本质和走向。善于从世界的变化中把握时代的脉搏，对客观事物未来发展有正确的认识。

战略创新是当代战略理论中的新的生长点。从更宽的视野来看，战略创新力在战略发展能力中处于最重要的位置。这首先是因为战略创新最符合战略的本性。战略是通过设置新的目标和战略措施，通过效用结构去改变现状，它是面向未来的。其次是因为战略创新往往是最好的战略发展，它使得战略主体处于最有利的战略格局之中，常常是一种最有效的战略导向。所以，提高战略创新能力，积极进行战略上的创新，是战略思维极为重要的方面。

（4）战略统筹力和战略决断力。战略统筹力是战略综合力与战略决断力的“中介”，对领导者而言，具有内在的规定性。战略统筹力表现为总揽全局、组合局部、筹划工作的能力。领导者要提高统筹能力，就必须学会从全局出发看问题。站在制高点上，统筹思考各方面的情况。纵向上从最高点走到最低点，横向上从一个端点走向它的尽头，抓住纵向与横向的结合点，从中找出工作的重点，然后以重点为坐标，向外延伸，梳理工作思路。

战略决断力是战略洞察力与战略判断力、战略分析力与战略综合力、战略预见力与战略创新力的综合反映。或者说，战略决断力是上述诸种战略思维能力的最终体现，因而也是战略思维能力的最终体现。一般来说，战略思维过程，总是可以区分为既相对独立又有内在联系的若干阶段。就其内在逻辑而言，它们依次是：战略洞察—战略分析—战略综合—战略统筹—战略决断。从这一过程来看，战略决断既是战略思维的终点，又是战略思维的直接目的。当然，战略决断作为战略思维过程中的最后阶段，也有其特殊性，它既要以战略洞察、战略分析、战略综合、战略统筹为前提，又要考虑决断时机、决断标准、决断原则、决断方法等。因此，战略决断力还包括掌握决断时机和决断标准以及运用决断原则和决断方法的能力。

3. 领导战略思维能力的培养

培养领导的战略思维能力，一是加强哲学修养，提高辩证思维能力；二是努力拓展知识面，把丰厚的知识积累作为战略思维的材料；三是在实践中锻炼；四是善于利用外脑。

4.4.2.3 领导的执政能力

1. 领导执政能力发挥的重要性

领导执政能力可以具体阐释为领导通过执掌权力，管理公共事务的能力。2004 年 9 月 19 日，中国共产党第十六届中央委员会第四次全体会议通过《中共中央关于加强党的执政能力建设的决定》，其中提到的执政能力，也包含着对领导执政能力的理解：当前和今后一个时期，加强党的执政能力建设的主要任务是：按照推动社会主义物质文明、政治文明、精神文明协调发展的要求，不断提高驾驭社会主义市场经济的能力、发展社会主义民主政治的能力、建设社会主义先进文化的能力、构建社会主义和谐社会的能力、应对国际局势和处理国际事务的能力。全党要紧紧围绕上述任务，立足现实、着眼长远，抓住重点、整体推进，不断研究新情况、解决新问题、创建新机制、增长新本领，全面加强和改进党的建设，使党的执政方略更加完善、执政体制更加健全、执政方式更加科学、执政基础更加巩固。

2. 制约领导执政能力发挥的因素

领导的执政能力与三个因素有关：（1）政府所具有的强制力，即政府拥有军队等暴力机构来支持政府执行其要推行的政策、法律等，这样才有可能具备执政能力；（2）政府存在的合法性，只有这个政府是被被统治者所接受的，它才是正当存在的，因此它的领导也就具备了强制力，其政策与法律等也都有了实施的可能性；（3）政府合法性的来源，即民众的支持，也可以称其为政府的政绩问题，一个政府只有回馈给社会良好的政绩，这个政府才能长久，它的领导执政能力也才能相应的加强。

3. 领导执政能力所包含的内容

概括来讲，在新的历史时期，领导执政能力的主要内容应包括：推动社会主义物质文明、政治文明、精神文明协调发展的能力，驾驭社会主义市场经济的能力，发展社会主义民主政治的能力，建设社会主义先进文化的能力，构建社会主义和谐社会的能力，应对国际局势和处理国际事务的能力。具体体现在如下几个方面：第一，推动社会主义物质文明、政治文明、精神文明协调发展；第二，驾驭社会主义市场经济；第三，发展社会主义民主政治，坚持“执政为民”“以人为本”；第四，建设社会主义先进文化，努力提高人民大众的科学文化素质；第五，构建社会主义和谐社会，努力化解社会矛盾；第六，应对国际局势、处理国际事务，具有国际视野。领导执政能力建设是一个复杂、漫长的过程。在这一过程中，领导者必须重新定位，努力加强自身的领导执政能力建设。

知识链接 4-2

领导美德必要性

一个拥有高超智识能力和社交技能的领袖可能是最糟糕的领袖，因为他或她很可能会找到实现其不道德目的的最佳办法。显然，任何脱离了伦理学的领导理论都是有缺陷的。阿道夫·希特勒高超的演讲技能让他在国家社会主义党的同事中鹤立鸡群，他能够一连几个小时口若悬河，令民众听得如醉如痴。他的演讲技能加上超群的智力，可能会令他找到更加有效的战略，甚至打赢战争（幸亏历史不是这样）。更贴近实际生活的情况是，那些没有良心约束的反社会分子能够而且也往往会通过理性的成本-效益分析手段取得成功，支配他人为自己的利益服务。因为拥有高超的能力能够猜透他人的心思，预计不同行动可能造成的结果，他们往往能够超越他人，获得自己想要的东西。问题是，这些反社会分子完全没有同情心，对他人也没有任何感情，只有对于自身利益的理性算计能阻止他去伤害他人。

中国法家代表人物韩非子（约公元前280—前233年）认为，政治领袖就应该像理性的反社会分子那样行事。他为那些渴望掌权的统治者编写了政治手册，认为国家权力需要通过严酷的法律和惩罚机制来巩固。他的目标就是实现对国家的绝对控制，他一再强调道德考量不应该挡路。残酷无情的秦国国王就是听取韩非子的建议征服并统治了整个中国，在公元前246年登上帝位，号称秦始皇。但是，这个朝代非常短命，秦始皇在中国历史上因为过分残暴和妄自尊大而臭名昭著，法家思想也跟着声名扫地。仅仅不到一个世纪，汉朝皇帝汉武帝罢黜百家、独尊儒术，正式认同儒家学说作为占统治地位的政治哲学，而儒家学说也在此后的皇权时代成为主流政治传统。任何善治理论的必要条件都是，政治领袖应该使用国家权力改善民众的生活，而不是捞取个人利益。政治领袖也需要高超的智识能力和社交技能，但他们应该使用这些技能为民众的利益服务。

资料来源：贝淡宁．贤能政治：为什么尚贤制比选举制更适合中国．北京：中信出版集团，2016：83-84.

4.4.3 领导方式

提高领导能力，除了完善领导制度、提高领导者的素质之外，还必须选择合适的领导方式。领导行为可以有不同的方式、形态或作风、风格。在现实中常有这样的感受：有的领导和蔼可亲、平易近人，给下级以充分的信任和自主权；有的领导则严厉粗暴、高高在上、独断专行。领导风格的差异，不仅因为领导者的素质不同，更由于他们对权力的运用方式及对任务和人员之间的关系有着不同的理解、态度。不同的人，以及同一个人在不同的时期和场合，都可能表现出不同的领导风格。利克特在《管理的新模式》（1961）中认为，管理的核心问题是如何领导和管理人，而领导水平的高低在很大程度上取决于领导方式。

4.4.3.1 领导方式的含义

领导方式是指在特定环境中领导者采用的作用于被领导者的行为方式，具有策略性和指向性。领导者的行为方式既受被领导者的制约和影响，又受一定环境的制约。领导方式具有指示组织操作层面工作基本方向的功能，而在什么情况下采用什么样的领导方式才能得到预期效果，又是一个动态的策略性的问题。

4.4.3.2 领导方式的类型

领导方式大体上有三种类型：

1. 集权型领导方式

它是指领导者个人决定一切，要求下属绝对服从，以完成任务为直接目的，以权力控制手段为主要形式的一种领导方式，表现为领导决策及实施过程中的意志力量。其特点是：有明确的目标，有严格的组织制度，严密控制下级的行为过程，注重物质成果，行为方向是自上而下的。

2. 民主型领导方式

它是指领导者发动下属参与讨论、共同商量、集思广益，然后进行决策，做到上下融洽、和谐一致地工作。这种领导方式以调动人的主动性为直接目的，以激励手段为主要形式，表现为被领导者对决策目标的自觉接受、对决策实施方法的自主选择。领导者“同别人一起行使权力，而不是对别人行使权力”，是一种以依靠、激发下级和群众能动性为主的领导方式。其特点是：领导者对下属给予感情支持；进行心理渗透；提供参与机会；实施能力培养；注重思想政治教育；行为方向是双向的且上下结合；领导者把关心人放在首位，力求促进人际关系的和谐，让被领导者参与。

3. 放任型领导方式

它是指领导者撒手不管，下属享有完全自由，领导者的职责仅仅是为下属提供信息并与外部进行联系。古代有一种统治之术，称为无为而治。就是说，当事情已经顺着确定的方向发展的时候，统治者就顺其自然，不再干涉。今天我们把它改造一下：当事情已经按照它固有的规律发展的时候，领导者就不要再左右它，而是让它按自己的方式发展。这便是放任型领导方式。其实质是形放实不放，放小不放大。领导者超脱于具体事物之上，只管带有全局性、方向性、关键性的大事情。在具体操作上，只要一线的工作人员按既定方针办，就绝不干预。应该说，这是一种高超的领导艺术。

对于上述领导方式的运用，不存在一种绝对的标准。美国管理学家菲德勒认为，任何形态的领导方式都可能有效，其有效性完全取决于领导方式与环境是否适应。

本章小结

1. 公共领导既是公共管理活动的重要内容，也是公共管理的重要主体。领导科学是一门综合性、时代性和实践性很强的应用学科。各种领导因社会制度、历史条件等不同，既具有共同的诸如领导活动的职能、职责、职权和任务等自然属性，又有不同的诸如领导活动的指导思想、路线、方针、政策等社会属性。由此形成了有关领导的综合的、系统的知识和理论流派。

2. 围绕公共领导，本章在汲取国内外同行、同类研究成果的基础上，从领导活动的科学化和艺术化两个层面、从领导科学视野上，对公共领导的概念、领导体制、领导的权力与影响力、领导理论、领导艺术、领导方法等方面进行了系统的阐述。研究和学习公共领导，有助于提升科学制定公共政策和重大决定的水平，有助于培养公共领导能力和战略思维能力。

3. 在公共管理中，领导对实现公共管理目标起着至关重要的作用，具体表现在导向与统领作用、影响与表率作用、协调与沟通作用、控制与促进组织变革作用等方面。领导能力直接影响公共管理能力。

4. 影响领导能力的因素是多方面的，进一步改革和完善领导体制、提升领导艺术、改进领导方法、提高领导者的素质，是提高领导能力的重要途径。

关键术语

公共领导　领导体制　首长制和委员会制　完整制和分离制　领导协调　领导沟通　领导激励　领导能力　特质理论　权变理论

复习思考题

1. 分析公共领导的含义与特点。
2. 联系实际分析公共领导在公共组织发展中的作用。
3. 分析特质理论、权变理论的优缺点。
4. 分析公共领导体制的含义、内容和各种类型领导体制的优缺点。
5. 分析和理解我国的公共领导体制存在的问题和改革路径。
6. 分析和理解协调、沟通、激励等领导方法及其实现途径。
7. 分析领导能力的内容和提高领导能力的途径和方法。
8. 案例分析题：请认真阅读以下案例材料，然后按照要求回答问题。

张处长1992年调到A市公安局交通处任处长。张处长上任后，针对各队普遍存在顶撞交通处领导，处领导没有威信、软弱无力等问题，采取了一系列措施：(1) 请环保局有关部门到各主要马路测量空气污染程度，要求上级给交通处每人每月10元钱的空气污染补贴费；(2) 为每个交通岗亭安装电风扇和扩音器，为每个交通队配备小汽车、事故勘察车和携带式通话机；(3) 派人到各省市和国外学习先进的交通管理经验，制定岗位责任制；(4) 对少数违法乱纪的干警进行必要的惩处，同时派工作组进驻一些不听指挥的交通队，对领导班子进行调整。张处长采取这四条措施后，威信倍增。各科队和几位副处长大事小事都要请示张处长，似乎没有他点头，许多事情就很难办。按照张处长本人的说法，作为一名领导干部，就是要利用手中的权力来树立一定的威信，这样才有号召力。但自1996年张处长退休后，他的威信也随之消失了。

问题：

(1) 为什么张处长退休后其威信也随之消失了？

(2) 行政领导者怎样才能建立持久有效的威信？

参考文献

1. 诺斯豪斯. 领导学：理论与实践：第6版. 北京：中国人民大学出版社，2014.
2. 德鲁克. 管理思想全集. 北京：中国长安出版社，2006.
3. 孔茨，韦里克. 管理学. 北京：经济科学出版社，1993.
4. 明茨伯格，等. 领导. 北京：中国人民大学出版社，2000.
5. 本尼斯，耐纳斯. 领导者：成功谋略. 北京：九州图书出版社，1999.
6. 尤克尔. 组织领导学：第5版. 北京：中国人民大学出版社，2004.

7. 弗里根，杰克逊. 领导的科学与艺术：培养有效领导必需的技巧与个人品质. 上海：上海人民出版社，2000.

8. 尼克松. 领导者. 北京：世界知识出版社，1997.

9. 林志颂，德特. 领导学. 北京：中国人民大学出版社，2007.

10. 海费茨. 并不容易的领导艺术. 北京：商务印书馆，2016.

11. 乔沃斯基. 领导圣经：关于领导力深层意义的探索. 成都：西南财经大学出版社，1999.

12. 罗杰斯. 组织行为学. 北京：中国人民大学出版社，1997.

13. 王乐夫. 领导学：理论、实践与方法. 3版. 广州：中山大学出版社，2007.

14. 科恩. 领导者的艺术. 北京：光明日报出版社，2001.

15. 宏恩. 领导力：平衡工作关系与目标. 北京：经济管理出版社，2001.

16. 伯恩斯. 领导论. 北京：中国人民大学出版社，2006.

17. 朱立言，孙健. 领导科学与艺术. 2版. 武汉：华中科技大学出版社，2009.

18. HOUSE R J，MITCHELL T R. A path-goal theory of leader effectiveness. Administrative science quarterly，1971（16）.

第5章 公共政策

本章导读

公共政策是当代公共管理的一种重要方式。在相当程度上，公共管理的实施及其价值的实现主要是通过适时制定和执行各种符合公共利益最大化价值取向的、效率与效能兼具的公共政策来完成的。制定和实施公共政策是公共管理的重要内容，公共政策过程是公共管理运行的重要过程。本章围绕公共政策的性质特征、政策工具及其分析方法、公共政策的风险评估及管控进行阐述。

知识结构图

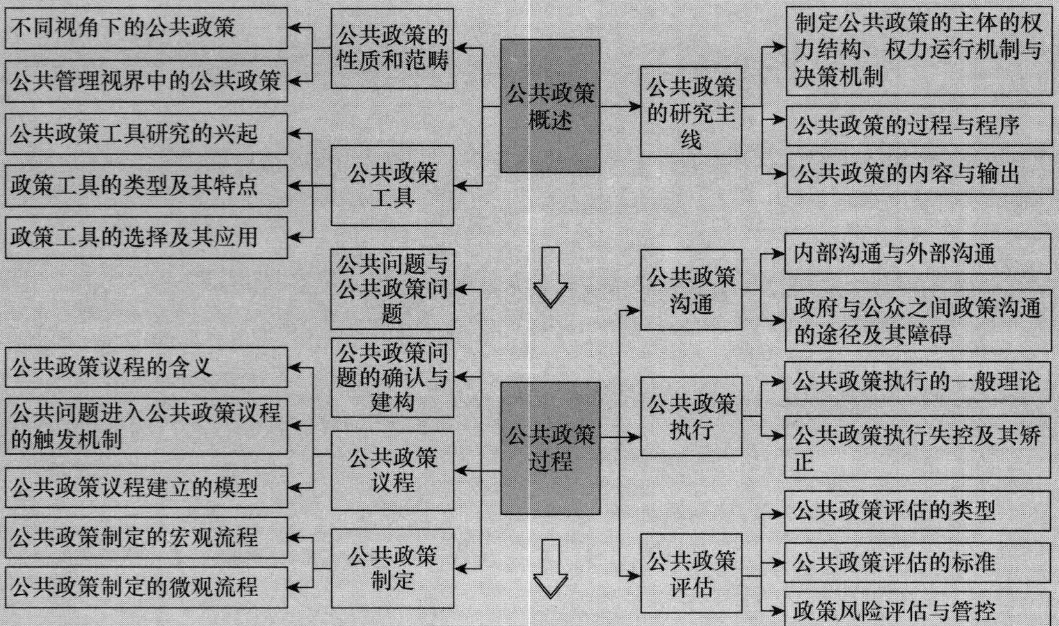

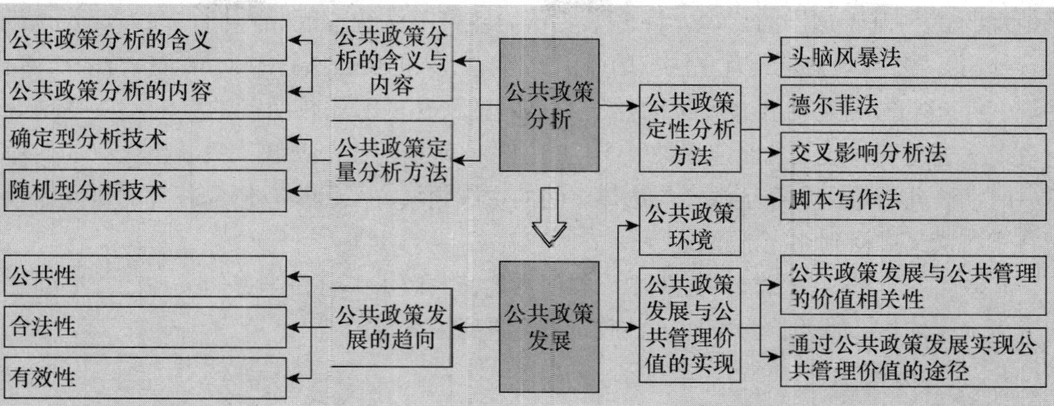

重点问题

- 公共政策的含义与范畴
- 公共政策过程：公共政策过程所包含的各个环节
- 公共政策的分析工具与分析方法
- 公共政策的风险评估与管控
- 公共政策发展

5.1　公共政策概述

5.1.1　公共政策的性质和范畴

1943年，美国学者拉斯韦尔首次提出了“政策科学”的概念，1950年，他在与卡普兰（A. Kaplan）合著的《权力和社会：政治研究的框架》一书中正式提出了这个概念，1951年，他在与勒纳（Daniel Lerner）合编的《政策科学：范围和方法的新近发展》一书中对政策科学的研究对象、性质和研究任务等做了比较具体的界定。该书的出版被认为是公共政策学或政策科学诞生的标志。然而，长期以来关于公共政策的性质和范畴的界定一直存在着较多争议。

5.1.1.1　不同视角下的公共政策

公共政策的性质和范畴论说反映了人们对公共政策的认知程度、公共政策学科的科学化程度及政治学与行政学的发展方向。从词源上考察，在英语的传统中，“政策”曾被用于表示“策略”“计谋”“权宜之计”等，可见“政策”一词在英语语境中最初与权术相关。在欧洲大陆一些国家的语言中，如法语和意大利语中，“政治”与“政策”甚至使用同一个词（politique）表征，可见政策更多地从属于政治的范畴。西方传统政治学用历史的、法律的及制度的方法研究政治生活。“如果政治由于法律的性质而颇具特点，那么政治学家特别重视政治系统中法律方面的研究就是合乎情理的。"[①] 基于这样的认识，许多学者认为政策与法律法规相等同。例如，W. 威尔逊曾提出："公共政策是具有立法权的政治家制定出来的由公共行政人员所执行的法律和法规。"[②] 这可以视为对公共政策的性质和范畴的最初的、比较明确的界定。在"政治-行政"二分时期，政策的制定权被赋予立法机构，政府对于公共政策只承担执行的使命。这一时期公共政策成为介于政治与法律之间的次级领域，虽然没有形成独立的研究体系，但在学科交叉中受到相当的重视。

在政策科学形成和发展的过程中，如何界定公共政策一直是学者们关注的重要问题。研究者众说纷纭，从不同角度对公共政策概念进行了界定：

1. 价值分配论

D. 伊斯顿从对政治活动的研究切入，从动态的政治系统角度考虑权力、价值等政治因素，将公共政策界定为："对全社会的价值所做的权威性分配。"[③] 他认为，"政策是由决定和行动组成的网络，并以此分配价值"[④]。

2. 目标方法选择论

与价值分配论不同，一些学者强调公共政策是对目标与实现目标的方法的选择。拉斯韦尔认为："公共政策是具有目标、价值与策略的大型计划。"[⑤] W. I. 詹金斯则进一步明确，政策是"一系列互相联系的决定。这些决定与选择目标和在一定的形势下为实现目标所需的方法相关"[⑥]。L. 林恩的看法与之相似："公共政策是关于目标的声明、关于目标的计划、关于将来的重要的政府决策行为的一般准则、可选择的行动路线或方针、采取或不采取行动的结果甚至政府的所有作为。"[⑦]

3. 立场论

这种界定将公共政策视为一种立场。J. K. 弗兰德等人认为，"政策实质上是一种立场。一项政策一旦宣示，即可以此为依据来做出一系列相关的决定"[⑧]。T. R. 戴伊认为，"公共政策是政府决定做的或不做的事情"[⑨]。

4. 过程论

这种界定将公共政策视为一种动态过程。C. 弗里德里奇认为："公共政策是在某一特定的环境下，个人、团体或政府有计划的活动过程，提出政策的用意就是利用时机，克服障碍，以实现某个特定的目标，或达到某一既定的目标，或达到某一既定的目的。"[⑩] 詹姆斯·E. 安德森指出，公共政策是一个有目的的活动过程，而这些活动

---

① 艾萨克. 政治学：范围与方法. 杭州：浙江人民出版社，1987：42.

② 伍启元. 公共政策：上. 台北：台湾商务印书馆，1985：4.

③ EASTON D. The political system. New York：Knopf，1953：129.

④ Ibid.，130.

⑤ LASSWELL H D，KAPLAN. Power and society. N. Y.：Mc Graw-Hill Book Co.，1963：70.

⑥ JENKINS W I. Policy analysis. London：Martin Robertson，1978：36.

⑦ LYNN L. Managing public policy. Boston：Little，Brown and Company，1987：28.

⑧ FRIEND J K，POWER J M，YEWLETT C J L. Public policy：the inter-corporate dimension. London：Tavistock，1974：40.

⑨ DYE T R. Understanding public policy. Englewood Cliffs，N. Y.：Prentice Hall，Inc.，1987：3.

⑩ FRIEDRICH C J. Man and his government. N. Y.：Mc Graw-Hill Book Co.，1963：79.

是由一个或一批行为者，为处理某一问题或有关事务而实施的①。H. 海克洛甚至直截了当地指出，政策"通常可以被看作一个行动或无行动的过程，而不是一种特别的决定或行动"②。海克洛这里所说的行动或无行动，是指对某一面临的问题做出反应或不反应。

5. 政治合法性实现论

W. 帕森斯认为，政策是一种政治合理性的表述和表现。"制定一项政策就是要使某种理由或主张合理化。这些理由或主张包括两方面：对一个所面临的难题的认识和解决这一难题的方案。政策界定问题并指出应该如何去做。一项政策意味着提出一种理论或原则，基于这些理论或原则，某种需要取得合法性的要求得以实现。"③ 这一认为政策是某种政治合理性的表述和表现的观点具有特别的意义，它提出了一个在更深的层次把握政策性质的视角，即不仅需要从公共管理而且需要从政治层面上对公共政策的性质进行透视和界定。

从政治学视角考察公共政策的性质，研究者以不同模式对其做出阐释④。制度主义认为政策是制度的输出，过程理论视政策输出为一种政治活动，理性主义确认政策输出是寻求社会效益的最大化，渐进主义把政策输出看作过去政策的补充和修正，团体理论指明政策是团体利益的平衡，精英理论揭示政策是精英的价值偏好，公共选择理论把政策定性为自利个人的群体选择，博弈理论强调政策是竞争状态下的理性选择。这些看法都各有其特别的、有深意的参考价值。

我国的公共政策研究自20世纪80年代起随着政治学、行政学研究的复兴而逐步展开。对公共政策内涵的界定已有许多论述。台湾学者林水波、张世贤认为："公共政策是指'政府选择作为或不作为的行为'。"⑤ 伍启元认为："公共政策是一个政府对公私行动所采取的指引。"⑥ 他们对公共政策范畴的界定基本上延续了西方学者的思路。进入90年代后，大陆学者尝试从本土现实的视角对公共政策的性质和范畴予以界定。张金马认为，政策是"党和政府用以规范、引导有关机构团体和个人行为的准则或指南。其表现形式有法律、规章、行政命令、政府首脑的书面或口头声明和指示以及行动计划与策略等"⑦。陈振明认为："政策是国家机关、政党及其他政治团体在特定时期为实现或服务于一定社会政治、经济、文化目标所采取的政治行为或规定的行为准则，它是谋略、法令、措施、办法、方法、条例等的总称。"⑧ 这些论说主要从公共政策结果出发，强调了公共政策的主体、目标、表现形式等。黄健荣从多层面探讨公共政策的含义，强调公共政策是"寻求能使决策者和决策者所代表的群体的利益最大化的目标的选择，或是选择

---

① 安德森. 公共决策. 北京：华夏出版社，1990：4.

② HECLO H. Review article：policy analysis. British journal of political science，1972（2）：85.

③ PARSONS W. The public policy，an introduction to the theory and practice of policy analysis. Cheltenham：Edward Elgar，1997：15.

④ 戴伊. 理解公共政策. 北京：中国人民大学出版社，2004：11-29.

⑤ 林水波，张世贤. 公共政策. 台北：五南图书出版公司，1982：9.

⑥ 伍启元. 公共政策：上. 台北：台湾商务印书馆，1985：1.

⑦ 张金马. 政策科学导论. 北京：中国人民大学出版社，1992：18-19.

⑧ 陈振明. 政策科学. 北京：中国人民大学出版社，2003：50.

为实现所追求的目标而需要的最适宜的措施或手段；政策是在政策适用范围内对不同群体间的利益矛盾或冲突的协调；政策是区分不同群体的利益和利益需求，这种区分在任何有差别的社会都是不可避免的和必要的；政策是应对内外事务（包括偶发和突发事件）的策略和措施。政策为决策者的根本和长远的利益服务，为实现决策者的最终价值目标服务。如果决策者与其所领导或所代表的群体的利益相吻合，那么，其所制定的政策就应当代表后者的根本的和长远的利益”①。

5.1.1.2 公共管理视界中的公共政策

从公共管理的视野考察公共政策，可以将公共政策的含义和范畴界定如下：

第一，公共政策的性质是以政府等为代表的决策主体运用被赋予的公共权力区分社会利益需求，协调社会利益矛盾与冲突的方略。公共政策的实质就是决策主体在其法定权限范围内采取措施解决公共问题，公共政策的制定和执行是整个社会公共管理权力网络相互作用的结果。公共政策实现了利益的区分、分配与协调。

第二，公共政策的主体是决策者，一方面，除了具体的决策人外，还包括具体决策机构，如政府、执政党、社会团体等，美国政策形成的主体就包括政府部门、总统班子、国会和利益集团；另一方面，除了政策制定层面的决策者外，政策主体还包括政策沟通、政策执行等过程中的次级决策主体。

第三，公共政策的客体是政策问题和政策受众（政策目标群体）。“政策问题可以被定义为某种条件或环境。这种条件和环境引起社会上某一部分人的需要或不满足，并为此寻求援助或补偿。”② 政策问题涉及政治、军事、经济、外交等社会生活的各个方面，有的较容易界定和解决，如节约能源，有的则同时涉及社会生活的多个方面，较难分析与解决，如犯罪问题、环境保护问题等。

第四，公共政策的范围，从横向上划分，主要包括经济政策、财政税收政策、环境政策、教育政策、健康与福利政策、刑事司法政策等；从纵向上看，不同层级的决策主体的权限范围决定了相应决策的范围。有必要指出的是，各国中央与地方政府的关系对公共政策范围所形成的制约，体现在通过法规制定、经费划拨、机构设置等规定公共政策的纵向运行框架。

第五，公共政策的目标直接指向公共政策制定者所领导或代表的国家、社会或共同体的利益最大化。制定公共政策必须从公共利益出发，即使在公共政策过程中出现争议，也应基于对“公共利益”的不同理解或公共利益在各个方面的不同侧重的认识而探索实现公共利益最大化的可行途径。“公共性”是公共政策的本质属性。

第六，公共政策的核心是一种选择。这种选择既可以是积极的作为也可以是暂时的、消极的不作为。这种选择是基于理性的、渐进的或是综合的决策模式而产生的决策者所认为的最适宜的选择。

---

① 黄健荣．政策、决策及其研究．理论探讨，2001（1）.

② 安德森．公共决策．北京：华夏出版社，1990：65.

5.1.2 公共政策工具

公共政策工具研究的兴起与 20 世纪 70 年代末新公共管理运动的勃兴密切相关。在新公共管理运动的发展进程中，改革者倡导用私营工商企业的管理方法和管理工具来改进公共部门的管理，如合同出租、契约外包、公私合作、凭单制度、使用者付费等。当这些管理工具被应用于公共政策目标的实现时，实际上也就转化为政策工具。政策工具的选择直接关系到公共政策目标的实现，它的选择需要综合考虑政策环境的具体情况。

5.1.2.1 公共政策工具研究的兴起

公共政策工具又称为治理工具或政府工具。20 世纪 90 年代以来，政策工具的研究日渐成为西方政策科学研究的一个焦点。政策工具研究兴起的主要原因有：一是政策执行的复杂多变性以及经常出现的政策失败引发人们对政策执行工具和方式的反思；二是政府组织对于政策的制定与执行的实践知识的需求日益增长，使人们更为关注从目标和工具的角度思考如何改进政策过程的质量；三是在一些社会福利国家中，由于对某些政策部门绩效的失望以及政府工作的低效率，人们产生了解政策失败原因的强烈要求，这样的研究长期以来获得了来自政治和意识形态方面的支持；四是随着经济、社会的发展，长期以来在经济学中盛行的工具研究渗入社会科学各个领域，尤其是促成了它在政策科学领域的发展和应用①。

公共政策工具研究的兴起，有助于推动政策科学这门应用性很强的学科不断发展，有助于更新公共政策执行所必需的知识储备，有助于探索矫正公共政策失灵的对策、提升公共政策的质量和执行绩效，有助于矫正传统公共行政将政府组织视为唯一的政策执行工具的缺失和改善参与政策过程的方式。

5.1.2.2 政策工具的类型及其特点

目前，对政策工具的理解主要有如下三种：一是“因果论”，认为政策工具是系统探讨问题症结与解决方案间因果关系的过程。这种观点对于政策工具含义的理解比较宽泛。二是“目的论”，认为政策工具是有目的的行为的蓝图，即政策工具是目的导向的，是一套解决问题和实现政策目标的蓝图。三是“机制论”，认为政策工具是将政策目标转化为具体政策行动的机制。这种观点比较突出政策工具的特点，认为政府在不同的场合可以运用不同的政策工具组合来实现政策目标②。

对于政策工具，不同的学者依据不同的标准进行了分类。加拿大学者霍利特和拉米什在《公共政策研究：政策循环与政策子系统》一书中，依据提供公共物品和公共服务过程中政府介入程度的高低，将公共政策工具分为自愿性、强制性和混合性三种类型③。

---

① 彼得斯，等．公共政策工具．北京：中国人民大学出版社，2007：12－13；陈振明．公共政策分析．北京：中国人民大学出版社，2002：47.

② 李允杰，丘昌泰．政策执行与评估．台北：空中大学，1999：163－164.

③ 霍利特，拉米什．公共政策研究：政策循环与政策子系统．北京：三联书店，2006：141－174.

这种分类最具代表性。

1. **自愿性政策工具**

自愿性政策工具以不受或很少受政府影响为主要特征。在政策实践中，政府经常有意识地不去介入某些公共问题，因为它们相信市场、家庭或志愿组织是解决问题的最佳渠道。自愿性政策工具是经济政策和社会政策的重要补充。自愿性政策工具包括：家庭与社区、志愿组织和市场。

2. **强制性政策工具**

强制性政策工具也被称为直接工具，强制或直接地作用于目标个人或组织，后者在响应措施时只有很小的或没有自由裁量的余地。政府在履行其管理权威时，可以命令某个公民从事特定的活动，可以组建政府控制的公司来完成政府确定的职能，或者通过政府直接提供物品和服务。强制性政策工具包括：管制、公共企业和直接提供。

3. **混合性政策工具**

混合性政策工具兼有自愿性政策工具和强制性政策工具的特征，混合性政策工具在允许政府将最终决定权留给私人部门的同时，可以不同程度地介入非政府部门的决策形成过程。介入程度从最低的发布导向信息到最高的对不服从的行为进行惩罚性课税，介于二者之间的是对鼓励行为采取的补贴措施和在一些领域建立价格机制等，使用这些工具在某种程度上体现了自愿性政策工具和强制性政策工具所共有的优势。混合性政策工具包括：信息与劝诫、补贴、产权拍卖、征税和用户收费。

5.1.2.3 政策工具的选择及其应用

1. **政策工具的选择**

政策工具的选择受到各种主客观因素的制约。R. 巴格丘斯在《在政策工具的恰当性与适配性之间权衡》一文中提出了政策工具选择需要考虑的四种因素，即政策工具的特征、政策问题、政策环境、目标受众的特征。根据这一理论，一种政策工具只有在以政策工具特征为一方与以政策环境和目标受众为另一方相匹配的时候才是有效的。在这样的情况下，有关的政策工具被称为有效的政策工具①。

从根本上说，政策工具的选择是一种理性行为。理性是人类自主选择并为此调节自我行为的能力，即“阐述行为的理由并依此行动的能力及其运用”②。政策工具的选择是一种以公共理性为主导和优先取向的多元综合理性。这种选择并不排斥经济理性，也不拒绝社会理性。经济理性是追寻个人效用最大化的选择，社会理性是在社会构成和社会制度的框架之下寻求社会参与和社会共享的选择，而公共理性则是以政治正义为主导的维护和增进社会平等、自由和权利的选择③。

政策工具的选择需要考虑如下方面：第一，应基于以公共理性为主导的多元综合理性的原则；第二，应与政策环境相适应；第三，应能有利于协调政策目标群体，即政策受众的当前利益、中期利益和长远利益；第四，政策工具的选择应具有灵活性，针对某

---

① 彼得斯，等．公共政策工具．北京：中国人民大学出版社，2007：49.

② 米勒，波格丹诺．布莱克威尔政治学百科全书．北京：中国政法大学出版社，1992：630.

③ 黄健荣，叶芬梅．知识公务人：政府官员角色跃迁的新愿景．公共管理学报，2006（4）.

一政策问题是使用单一的政策工具还是综合应用多种政策工具，抑或是以一种为主其他为辅，取决于对以上三方面条件要求的满足程度；第五，政策工具的性质和效用在实际应用的过程中因受到环境和目标群体变化的影响而有可能发生变化，因此使用有关工具的方式或力度应及时予以调整。

2. **政策工具选择的应用**

为有利于政策工具的选择和应用，霍利特和拉米什通过设置两个变量来构建政策工具选择与应用模型。一个变量是国家能力，或者说是国家影响社会行为者的组织能力；另一个变量是政策子系统的复杂程度，特别是政府在执行政策时面对的行为者的类型和数目①。他们所区分的政策工具的选择与应用模型如下所述：

(1) 国家能力强，政策子系统高度复杂。当政府面对的社会行为者的类型和数目很多而且彼此相互冲突时，政府很难辨别孰优孰劣。在这种情况下，如果政府具有较强的管制能力，可以利用市场工具实现自由竞争，通过市场来配置资源。(2) 国家能力强，政策子系统低度复杂。当政府的管制能力比较强，而面对的社会行为者的类型比较单一、数量不多时，决策者可以采用管制、公共企业、直接提供等强制性政策工具。(3) 国家能力弱，政策子系统高度复杂。在这种情况下，政府没有足够的能力进行管制，只能选择自愿性政策工具，如家庭与社区、志愿组织，借助社会力量来实施政策。(4) 国家能力弱，政策子系统低度复杂。在这种情形下，决策者可以根据实际情况选择混合性政策工具，如信息与规劝、补贴、产权拍卖、征税和用户付费等。

5.1.3 公共政策的研究主线

公共政策研究涉及多个与政治、行政有关的视角。尼古拉斯·亨利考察与公共行政有关的公共政策文献，将其分为两类：第一类旨在分析制定和实施公共政策的过程，这种分析的基调是描述性的而不是诊断性的；第二类旨在分析公共政策的输出和效果，评论多于描述②。迈克·希尔则认为，有关公共政策的研究应包括以下七个方面：政策内容、政策过程、政策输出、政策评估、政策制定信息、政策过程倡导和政策倡导。其中政策内容、政策过程、政策输出属于政策研究的范畴，政策评估、政策制定信息、政策过程倡导、政策倡导则可归为政策分析③。概而言之，公共政策的研究主线主要包括以下三个方面：

5.1.3.1 制定公共政策的主体的权力结构、权力运行机制与决策机制

从政治科学中分离出来的公共政策研究，在决策权和决策机制方面的研究与传统政治学中对权力结构与运行的研究有诸多相似之处。现实生活中的某个政治过程，既可看

---

① 霍利特，拉米什．公共政策研究：政策循环与政策子系统．北京：三联书店，2006：281-289.

② 亨利．公共行政与公共事务．北京：华夏出版社，2002：292.

③ HILL M. The policy process in the modern state. London：Prentice Hall/Harvester Wheatsheaf，1997：2-5.

作（作为特定政策展开过程的）政策过程，又可看作（特定行为者间）权力过程①。权力结构、权力运行机制与决策机制作为影响公共政策的框架性基础，成为公共政策研究的主线之一。

公共政策过程离不开由政党、政府各部门以及利益集团等所构成的权力体系，其中每一个环节在体现权力运用的同时，更体现了权力的张力和限度。权力结构首先通过对不同决策参与者的权力范围及其相互的制衡关系的规制对重大政策产生影响，包括确定由谁获得正式的权力，做出选择、做出决定前应遵循哪些程序，以及人们能否和如何以合法的方式影响那些拥有正式权力的人来进行利益分配。

在既定的权力结构下，权力运行的动态过程是相关主体运用权力的过程。权力运行机制所构筑的政治选择框架对公共政策的制定产生重大影响。公共决策机制可按最高决策权的人数划分为首长制与委员会制，也可按决策权力分配关系划分为集权制与分权制。在一国现行权力结构及权力运行机制基础上的决策权力的制度设计，直接影响到决策的程序及其结果。公共政策作为一种政治输出，与社会环境——如与政策有关的经济、文化、技术环境，现有的权力结构和政策制定者、决策者的构成，进行决策所需的各种必要的资源等——密切相关。因此，通过对如利益集团、民主方式、民主机制、治道变革等与公共政策关系的研究，可以了解这些方面与公共政策过程的内在关联。

5.1.3.2 公共政策的过程与程序

尽管公共政策的最终形式是法律法规、计划、决定和措施等，对公共政策的研究却需要特别关注和分析其静态和动态的运行过程。静态研究是以系统理论为基础，探讨公共政策过程的科学化。目前较为常用的政策分析模型主要有八种。制度主义模型：认为政策是制度的输出；过程理论模型：认为政策是政治活动；理性主义模型：认为政策是社会效益的最大化；渐进主义模型：认为政策是过去政策的补充和修正；群体理论模型：认为政策是群体利益的平衡；精英理论模型：认为政策是精英的价值偏好；公共选择理论模型：认为政策是自利个人的群体选择；博弈理论模型：认为政策是竞争状态下的理性选择②。

公共政策的动态研究聚焦于有关公共政策的某一具体事件或特别领域，也可关注某一组织内的政策过程或社团、社区影响政策的过程，或是关注微观的政策信息、政策沟通、政策倡导等。这样的观察分析试图通过对如何优化政策过程具体环节的研究，改善公共政策过程。动态研究在分析方法上通过找到相应实际政策过程中各种变量的性质、影响及其相互关系，探讨其对政策过程的制约作用。这一研究需要收集各类统计数据，进行定性或定量研究，或运用对比分析、回归分析等统计方法分析政策实际运行过程。这一研究方式对公共政策研究的学科化、系统化的深入发展起到了重要的推动作用。

---

① 大岳秀夫. 政策过程. 北京：经济日报出版社，1992：125.

② 戴伊. 理解公共政策：第10版. 北京：中国人民大学出版社，2004：12-27.

5.1.3.3 公共政策的内容与输出

这一方面的研究更多地关注政策形成的因果关系与政策的实际效果。政策内容研究针对某一具体领域，探寻政策的起源、历史发展与演变，分析政策的过去、现在和将来，并试图找到政策发展变化的原因。政策输出研究则考察不同国家或地区政府的费用水平与提供的服务的现状、变化和差异，并将政策视为一种因变量，从社会、历史、政治、经济、技术等方面解释不同国家与地区产生不同政策输出的原因。针对引起政策变化与差异的变量，许多学者进行了深入的探究。例如，伊斯顿从动态政治系统出发，研究输入、决策、输出、反馈的不同过程；阿尔蒙德研究政治文化，即政治系统成员的行为取向或心理因素；戴伊则试图通过对社会、经济、技术等多种因素的分析，比较各国政策输出，特别是分析影响发展中国家政策输出的因素。总体而言，影响政策输出的变量主要有：政治生态变量（地理位置、人口、文化、历史等）、政治结构变量（权力结构、政府效能、治理方式等）、社会经济变量（经济竞争力、产业结构、市场发育水平、现代化程度等）。这类研究通过对既定政策的影响因素进行分析与评价，为该政策的进一步发展奠定了基础，并为其他相关政策的改善提供了参考。

5.2 公共政策过程

研究公共政策必须理解公共政策过程。公共政策过程是由一系列相互关联的环节所构成的一个实际运作过程。因此，我们“必须持续努力致力于把理解政策过程视为将政策过程置于控制之下的关键性的第一步，无论这一过程看起来是怎样的不合理和无法控制”①。

5.2.1 公共问题与公共政策问题

公共政策的重要特征之一是问题取向性。公共政策问题的确认和建构既是公共政策过程的起点，也是现代政策分析的中心环节。这一问题需要政策分析人员“在不同的利益相关者所持的相互分歧的意见中连续地、反复地探究”，因为其直接影响到后续的政策分析阶段能否成功②。公共政策问题泛指实际状态与社会期望之间的差距，这种差距往往是产生社会紧张状态的原因③。公共问题的基本特征是公共性，它超越了个人特定的环境和范畴，而与人类整个的社会生活、制度和全部历史有关，同时也与既定社会中的大众的价值、观念和利益相关。这些也是公共政策问题的基本特征。安德森认为：“政策问题可以被定义为某种条件或环境。这种条件或环境引起社会上某一部分人的需要或不

① HILL M. The policy process in the modern state. London：Prentice Hall/Harvester Wheatsheaf，1997：5.
② 邓恩. 公共政策分析导论. 北京：中国人民大学出版社，2002：156.
③ 张金马. 政策科学导论. 北京：中国人民大学出版社，1992：133.

满足，并为此寻求援助或补偿。”① 公共问题不等于公共政策问题，公共政策问题只是诸多公共问题中的一部分。公共问题成为公共政策问题的条件是：公共问题促使人们行动，特别是向政府及公共部门表达，同时该问题又在特定政府权限范围之内，在特定时期被列入政府政策议程。可见，政策问题是通过公共活动可以实现的但尚未实现的需要、价值或改进的机会②。从这个意义上说，政策问题具有选择性、动态性和时效性。由于公共机构所拥有的解决社会公共问题的资源、手段和能力有限，在特定社会发展阶段和时期被政策所关注的问题只是大量社会公共问题中的一部分。

公共政策问题的提出与社会中一定的政策资源、政策要素密切相关。人们所关注的一个公共问题如果没有必要的政策资源和政策要素予以处置，这一问题就不能成为政策问题。同时，同一领域中或不同领域之间的政策问题常常是相互联系的，因此在进行政策分析时，需要将政策问题放在整个社会系统中考察，用系统思维的方式寻求解决问题的途径。政策问题是人们对客观的问题情境进行分析和选择的结果，是那些由社会公众与政策制定者从诸多社会公共问题中筛选出的被认为最有普遍性、严重性或紧迫性的问题。因此，政策问题的产生与特定时期人们的认知能力与价值取向密切相关。

公共政策问题还具有动态性。公共政策问题的动态性来源于问题的性质与解决方案的变化。一方面，在某一时段上突出的社会问题有可能发展成为政策问题，而政策问题的状态在政策过程中会发生变化，它既可能趋于缓和以至于得到解决，也可能因处理不当而激化；另一方面，由于政策环境与政策条件的变化以及人们对政策问题认识的深化，人们对于政策问题性质和状态的界定和评估也会发生相应的变化，从而修正原有的政策，提出新的解决方案。从这一意义上看，对政策问题的研究和处置，即界定问题→形成决策→执行政策，是一个持续不断的过程。

公共政策问题的时效性体现为政策制定者必须善于体察民情，审时度势，对于那些民意要求及时处置的公共问题应当以政策措施迅速、有效地予以回应和解决，不可错失时机，否则这样的公共问题就有可能酿成难以治理的社会矛盾，甚至成为社会动荡的根源。也正因为这样，政策风险及其管控越来越受到重视。

5.2.2 公共政策问题的确认与建构

公共政策问题的确认是公共政策过程的基础，而公共政策问题的建构则是政策分析的基础和起点。公共政策问题的确认是在特定的“政策问题情境”中，了解与政策问题相关的社会变化过程中的权力关系、利益群体及资源配置等方面的因素，从而对问题的性质、领域、范围和程度做出基础性判断。一般而言，一个国家的政策问题按问题的类型可分为内政问题和外交问题，按其领域和性质界限可分为政治问题、经济问题、科技问题、教育问题、民生问题和军事问题等。政策问题的范围是政策问题在空间上的纵向

---

① 安德森. 公共决策. 北京：华夏出版社，1990：65.

② ADAMS J L. Conceptual blockbusting. Stanford，CA：Stanford Alumni Association，1974.

或横向区域的覆盖面，即政策问题涉及的社会层面、行政区域、部门或群体。

公共政策问题的建构是对政策问题的理性分析。政策问题的建构需要首先对政策问题进行分类。邓恩按照决策者、备选方案、价值、结果、概率等要素将政策问题分为三类：结构优良的问题、结构适度的问题、结构不良的问题①。结构优良的问题涉及一位或数位决策者，在少数几个备选方案中选择，政策制定者的价值取向趋于一致，政策结果确定，不存在多大风险，而且风险可事先测量或计算。公共机构中较低层面的部分操作性问题可被视为结构优良的问题。结构适度的问题涉及一位或数位决策者，在数量相对有限的备选方案中选择，政策制定者的价值取向也趋于一致，但政策结果既不确定又无法在可接受的误差范围内计算风险。这类问题的原型是类似于“囚徒困境”的政策模拟或博弈。结构不良的问题涉及许多不同的决策者，由于其价值取向不可知，所要实现的目标之间存在争议或冲突，政策结果有风险和不确定，并且无法进行评估，因此，这类问题难于选出一个最优方案。

对于结构优良的问题通常有常规性的可选用的分析方法，政策问题的建构着重于结构不良问题。政策问题的建构有四个相互衔接的步骤：问题搜索、问题界定、问题详述和问题感知。整个过程是在认识或“感知”问题情势的前提下，搜索出问题网。由于是结构不良的问题，故只能找出“元问题”——一个问题的问题。接着对元问题进行界定，即在一定观念指导下，从最基本的或一般的方面确定问题。在将元问题转化为实质问题后，将实质问题进一步明确化，使其成为更详细、更具体的规范问题。

5.2.3 公共政策议程

公共政策议程与公共政策问题的界定和决策是一个连续的过程，在现实生活中，我们往往面临着各种各样的政策问题，但并不是所有的政策问题都能进入政府的决策视野，被纳入政府的议事日程，那些被选中的政策问题进入具体决策的过程即为公共政策议程。

5.2.3.1 公共政策议程的含义

在社会公共事务的管理运行中，公众总是希望政府能及时采取政策措施，尽可能多地解决他们所面临的各种各样的问题。但是，政府或是限于政策资源或是限于决策能力，往往只能对一部分政策问题做出回应。于是，“那些被决策者选中或决策者感到必须对其采取行动的要求构成了政策议程”②。公共政策议程与政策规划密切相连，它意味着当局对某一公共政策问题性质的确认。不同的政策主体往往从不同的利益和价值观念出发对同一政策问题做出不同性质的界定，而问题性质的不同往往会导致决策主体在一定的时限内决定是否采取行动以及如何采取行动。帕森斯通过处置街头露宿问题的案例描述了政策议程建立的逻辑顺序及其重要性：问题（露宿街头者）→问题的性质（无家可归）→

---

① 邓恩．公共政策分析导论．北京：中国人民大学出版社，2002：163-164．

② 安德森．公共决策．北京：华夏出版社，1988：69．

政策（提供更多住房）。然后他指出："问题是什么，我们可能形成一致的意见。但是问题的性质是什么，以及应该制定怎样的政策来解决问题，则无法形成一致的意见。如果我们将露宿街头的人看成是一个流浪问题，那么有关的政策反应可能是运用法律手段，动用警察。"①

查尔斯·琼斯从政策活动的功能方面，将公共政策议程分为四类②：第一，为使问题得到积极、严肃的研究和认可而提出的问题确认议程；第二，明确问题进展及发现解决办法的提案议程；第三，使提案得到支持和发展的协商议程或讨价还价议程；第四，使问题得到持续检验的持续议程。

科布和埃尔德区分了两种基本的政策议程——系统议程和正式议程。系统议程即公众议程，是指某个社会问题已经引起社会公众和有关团体的普遍关注，他们向政府提出政策诉求，要求采取措施予以解决的一种政策议程。从本质上说，公众议程是一个公众参与的协商对话过程，是一个问题从与其具有特殊联系的群体逐渐扩散到社会普通公众的变化过程。一个问题要进入公众议程应具备三个条件：一是该问题必须在社会上广泛传播并受到广泛关注，或者至少必须为公众所感知；二是大多数人认为有采取行动的必要；三是公众普遍认为，这个问题是某个政府职能部门权限范围内的事务，而且应当给予适当关注③。正式议程又称政府议程，是指某些社会问题已经引起决策者的密切关注，他们认为有必要对其采取相关行动并将这些社会问题纳入政策范围的过程。在政策议程建立的过程中，公众议程一般由一些较抽象的项目组成，主要是发现问题和提出问题，它可以不提出具体的解决办法，往往表现出众说纷纭的特点；而政府议程基于公共权力的运用，它的建立是对政策问题进行认定或陈述的最后阶段，一般比较具体。一个政策问题得到确认的过程通常需要经历这样的环节：某一社会问题首先进入公众议程，被公众关注和讨论；然后，由于该问题自身的特殊性、重要性和紧迫性，引起政府决策者的关注，由公众议程进入政府议程；或者政府组织系统内部发现问题，直接建立政策议程。

公共政策议程由一定的政策行为主体提出并促成其最后确定，这一过程就是政策议程的建立过程。依据这些主体推进议程建构的行为方式，政策议程建构主体可以分为四种类型：政治主导型、外部压力型、内部促成型和合力推进型。

因此，执政党或政府的各级领导和核心人物以及各级立法机构中的常设委员会、各专门委员会主要负责人，各级立法机关中的代表、委员，政府机构中的部门负责人以及公务员，广大公众群体都可以通过互动协商的方式，提出政策创议，形成合力促使社会问题进入政策议程，成为政策议程建构的主体。

5.2.3.2　公共问题进入公共政策议程的触发机制

公共问题要成为政府决策者着手解决的政策问题，往往需要相应的"催化剂"，那些

---

① PARSONS W. Public policy: an introduction to the theory and practice of policy analysis. Cheltenham: Edward Elgar, 1997: 87.

② JONES C. An introduction to the study of public policy (third edition). Belmont, Calif.: Wadsworth, 1984.

③ 林水波，张世贤. 公共政策. 台北：五南图书出版公司，1997：117.

诱发公共问题进入政策议程的因素和条件构成了政策议程建立的触发机制。拉雷·格斯顿认为："在政治过程的背景中，一种触发机制就是一个重要的事件（或整个事件），该事件将例行的日常问题转化或一种普遍共有的、消极的公众反应；公众反应反过来成为政策问题的基础，而政策问题随之引起触发事件。当一个事件把一种消极状况催化为要求变化的政治压力时，就会因触发机制的持久性而发生性质改变。"① 格斯顿将公共问题进入政策议程的因素分为国际和国内两个方面。

詹姆斯·E. 安德森的分类方法别具特色。他把公共问题进入政策议程的触发机制分为如下四种②：一是政治领袖的触发，无论是出于政治优先权的考虑，还是因为对公众利益的关切，或者两者兼而有之，政治领导人可能会密切关注某些特定问题，将它们告知公众并提出政策问题的解决方案。二是危机事件，某种危机事件或突发事件会使某些社会问题加快进入政策议程，如自然灾害、煤矿事故等。危机事件可能使公共问题升温激化，迅速引起公众广泛的关注，从而迫使政府当局做出回应，使公共问题迅速被推入政策议程。三是抗议活动，包括暴力事件，是促使公共问题引起决策者注意并提上政策议程的另一种手段，如20世纪60年代在美国不少城市中因黑人社区缺少社会关注而引发的大规模骚乱和抗议活动，促使黑人的人权问题被提上政府的议事日程。四是通信媒介的注意，当一些社会问题引起新闻媒介的注意并予以突出地持续报道后，这些问题就很可能进入政策议程。

政策议程建构的影响因素很多，从参与政策过程的相关主体的角度看，包括问题当事人、利益集团或相关组织、政党、政治领导人、大众传媒、专家学者等。公共问题能否进入政策议程，也与政府系统的决策体制和一个社会的开放度密切相关，二者起着"过滤"作用。在实践中，公共问题能否进入政策议程并使决策者最终采取行动，是多方政策诉求主体博弈和多种因素影响的结果。

5.2.3.3 公共政策议程建立的模型

科布等在区分公众议程和政府议程的基础上依据政策诉求主体的不同提出了建立政策议程的三种模型，即外在创始型、政治动员型和内在创始型③。外在创始型是指政策诉求由政府系统以外的一些问题当事人和团体最先提出，然后扩散到更大的范围，引起公众注意，进入公众议程，再通过公众诉求引起决策者的注意，最终进入决策视野。政治动员型是指政策诉求主要是由政治领导人最先提出并使政策问题直接进入政府议程。内在创始型是指政策诉求由政府系统内部的人员或部门提出，在这种模型下，一般仅限于政府内部的各级官员或接近决策者的人员才能提出政策问题，并促使其不经公众议程而直接进入政府议程。

金登对政策议程的建构过程进行了详细的分析，他在马奇和奥尔森提出的"垃圾桶"模型基础上构建了议程建立的多源流分析模型。在他的分析模型中，政策之窗是在问题

① 格斯顿．公共政策的制定：程序和原理．北京：商务印书馆，1990：23.

② 安德森．公共决策．北京：华夏出版社，1988：72－75.

③ COBB R，ROSS J-K，et al．Agenda building as a comparative political process．American political sciences review，1976（70）：126－138.

流、政策流和政治流三种信息流汇合的基础上打开的。金登在 1984 年提出的关于政策议程的多源流分析模型既不同于传统的理性决策模式，也不同于渐进决策模式，而是对“垃圾桶”模型的修正。他所提出的议程建构的三大源流彼此独立，具有各自的动力机制和特点。

1. 问题源流

问题之所以能够引起人们的重视首先在于指标，正是指标表明了这些事情的重大意义。譬如，当一国的基尼系数超过 0.4 时就表明这个国家的贫富差距问题达到了警戒状态。其次是焦点事件、危机以及符号使得问题凸显出来。最后，根据现行项目运作的反馈，问题可能被意识到。当然，在问题界定的过程中，价值观（如是保守的还是自由的）、对问题的分类（如残疾人乘车问题是属于“交通”问题还是“民权”问题）也发挥重要的作用。

2. 政策“原汤”（政策源流）

问题能够引起重视并不能保证其能进入决策者的政策议程，还需要由特定领域的专业人员来制定有足够吸引力的备选方案和政策建议。在这个过程中，备选方案和政策建议并非能够一次性完成，它是一个不断提出议案、讨论、修改，然后再提出的反复过程。其间，这些专业人士要试图“软化”议案的反对者以及普通公众，这个“软化”过程就是使这些人习惯新的思想并接受他们的建议[①]。方案要想获得人们的接纳就必须符合技术可行性和价值可行性标准，整个过程犹如一种生物自然选择的过程。

3. 政治源流

政治源流由国民情绪、利益集团、政府的变更、国会议席的重大变化、行政机构的重大人事调整等因素构成。国民情绪可以让某些问题进入政策议程，甚至可以让这些问题处于议程的显著位置。国民情绪并不如我们所理解的那样一定存在于公众之中，模糊的但又实实在在存在的国民情绪，在金登看来可能往往在政治精英那里可以寻得。政治源流中的各种力量在寻求平衡时并不是依靠科学和理性的说服，而是通过政治的艺术——妥协和讨价还价来完成的。

这三股独立的源流最后在政策窗口汇聚，当政策窗口打开时，政策问题就会被提上政策议程。政策之窗打开时是政策建议的倡导者们提出有效解决办法的机会，或者是他们促使特殊问题受到关注的机会[②]。政策之窗打开后会很快关闭，如果不能把握住这次机会，参与者就只能等待政策之窗下次的开启。

金登的政策之窗就类似于拉雷·N. 格斯顿的触发机制，触发机制就是公共政策的催化剂。在政治过程中，一种触发机制就是一个重要的事件，该事件将例行的日常问题转化成一种普遍共有的、消极的公众反应。但并不是所有的重大事件都可以起到催化作用，这种催化剂的作用取决于范围、强度和触发时间三个因素的相互作用[③]。政策之窗的开启在很大程度也是因为问题源流和政治源流的重大事件，正是一系列政治事件的出现导致政策之窗被打开。这些政治事件有些是可以预测的，如政府的更替、国会的选举，而

---

① 金登. 议程、备选方案与公共政策. 北京：中国人民大学出版社，2004：160.

② 同①209.

③ 格斯顿. 公共政策的制定：程序和原理. 重庆：重庆出版社，2001：23-25.

有些则是不可预测的。因此，政策之窗的开启有些可以预测，有些则不然。参与者要把握住机会还需要政策“原汤”中漂流的合理的政策建议。缺乏政策建议的问题往往难以受到重视，也难以进入政策议程。因此，将这三股独立的源流汇合，冲开政策之窗就需要政策企业家的努力。政策企业家是指那些愿意投入自己的资源从而促进某一主张来换取以物质利益、达到目的或实现团结为表现的预期未来收益的倡导者①。政策议程的多源流分析及其关系如图 5－1 所示。

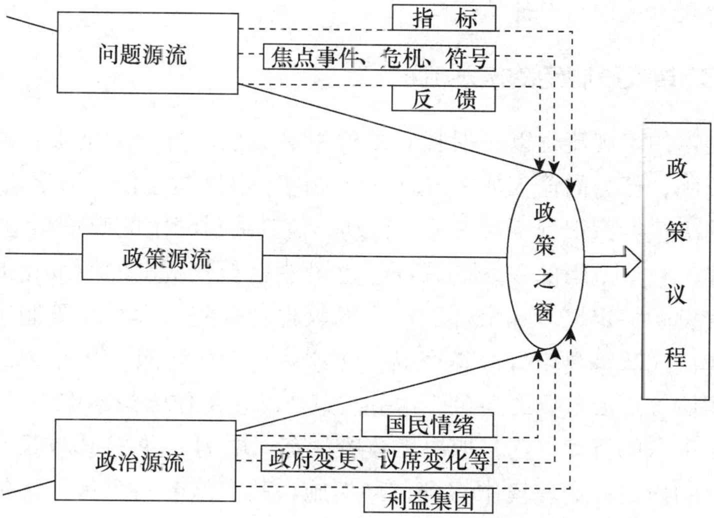

图 5－1 金登政策议程多源流分析示意图

金登提出的政策议程多源流分析模型具有较强的解释性，安妮·蒂尔曼（Anne Tierman）和特里·伯克（Terry Burke）用这一理论分析了澳大利亚房屋政策的制定过程②。扎哈里尔迪斯和艾伦则以这一模型为摹本分析了英国和德国的私有化过程，并在此基础上拓展了多源流分析的适用范围③。

除此之外，公共政策议程建立过程中还涉及公共政策隐蔽议程④，以及“不决策”⑤等问题。公共政策议程的建构是政策相关各方或是积极或是被动参与博弈，并受到多种环境因素制约的复杂过程。从根本上说，公共政策议程的建构和政策问题的优先秩序都应基于维护和促进公共利益的立场，但是在现实政策过程中存在着大量的隐蔽议程和“不决策”现象，这些问题亟待深入研究和有效遏制。

---

① 格斯顿. 公共政策的制定：程序和原理. 重庆：重庆出版社，2001：269.

② TIERMAN A，BURKE T. A load of old garbage：applying garbage—can theory to contemporary housing policy. Australian journal of public administration，2002，61（3）：86-97.

③ ZAHARIADIS N，ALLEN C S. Ideas，networks，and policy streams：privatization in Britain and Germany. Policy studies review，1995（14）：71-98.

④ 隐蔽议程是指政策问题受到社会和政府主要领导人的扼制而很少能被提出来。隐蔽议程常常隐匿于虚假的共识之中，从而扭曲了公共政策的公共性。隐蔽议程与民主的政策过程相违背，它通常意味着少数人基于非公共利益而封闭地界定政策问题和建构政策议程。

⑤ “不决策”是指旨在改变社会现行利益和特权分配的政策主张尚未提出以前就予以抑制，或在这种需求尚未到达政策制定领域以前，就予以阻止的一种方法。BACHRACH P，BARATZ M. Power and poverty. New York：Oxford University Press，1970：44.

5.2.4 公共政策制定

公共政策制定是指包括从政策方案规划设计、政策形成到政策合法化在内的一系列步骤的过程，以政府为核心的公共机构是公共政策制定和实施的主体。公共政策制定是整个公共政策过程中的重要阶段。公共政策制定的流程包括宏观的政治体系中的政策制定流程和微观的政策规划与设计的流程。

5.2.4.1 公共政策制定的宏观流程

公共政策制定的宏观流程以伊斯顿对政治生活的系统分析为基础，他将政策制定视为政策信息、资源、行为的输入加工与政策产品的输出反馈过程。当政策诉求产生以后，公共事务管理的决策者意识到要对其采取行动，使其通过特定的政策渠道进入政策议程。这种议程既可能是立法范围的系统的议程，也可能是行政范围的制度化的议程，还可能是针对偶发和突发的特定情境和事件而产生的议程。这些议程在政策制定系统中经过加工，产生政策建议或政策决定等政策产品。在这一过程中，政治体系内的立法者、公共管理者和利益团体等扮演重要的角色。这一政策产品包括作为与不作为，“公共政策不仅取决于政府实际采取的行动，而且取决于政府没有采取的行动”①。政策产品经过公布和合法化过程后，输出到社会环境中得到贯彻实施，其实施的结果得到评估后，相关信息又重新输入政策制定过程系统中。如此循环，政策不断调整更新。

5.2.4.2 公共政策制定的微观流程

公共政策制定的微观流程是从决策的视角对政策的规划与设计，包括确立政策目标—方案拟订、评估与抉择—政策合法化几个阶段。

1. 确立政策目标

在政策问题产生并被纳入政策议程后，确立公共政策目标成为公共政策制定的第一步。由于政策具有延续性，对原有政策的评估和分析是后续政策的重要依据。由于公共政策具有关联性，政策目标也不可能是孤立的。所以，政策目标的设立需要全面考察现有的政策环境和政策资源，形成相关的政策目标体系，确立有针对性、规范性、系统性和可行性的明确目标。

2. 政策方案拟订、评估与抉择

拟订政策方案是政策制定的中心环节。拟订可供抉择的备选方案体现了决策的科学性。拟订方案的过程也是通过调查研究提出科学假设的过程。对政策方案的评估是对已拟订方案的科学性、可行性及可能产生的实施效果的评定与预测。西蒙的有限理性决策理论认为，决策者无法寻找到全部备选方案，也无法完全预测全部备选方案的后果，并且还不能建构一个明确的、完全一致的偏好体系，以便能在多种多样的决策环境中选择最优的决策方案。因此，决策者会提出满意标准，即应有能达到应选择方案的最低限度

---

① 安德森. 公共决策. 北京：华夏出版社，1990：76.

的要求，纳入研究的备选方案要达到或超过这样的满意程度的最低要求。西蒙的“有限理性”决策模式与“令人满意的准则”具有重要意义，使决策者注意到人类决策的性质与局限性。认识到这种局限性，就需要在拟订方案的过程中，既注重信息资料的完整、及时和可靠，运用科学的方法进行预测，又结合政策问题的实际确保所拟方案的可行性①。对政策方案的评估要在充分论证的基础上，对政策方案实施的环境、条件、可能出现的困难和副作用、可能出现的后果等做具体分析和综合评价。最后经过分析比对，确定令人满意的方案。

3. **政策合法化**

政策合法化是经过抉择的政策方案通过法定的程序获得法律地位和法定效力的过程。政策合法化要经过一系列政策审查、批准、签署和发布等环节。政策合法化的主体是相应的获得法定授权的国家机关。政策合法化除了包括通过立法程序的政策法律化或法规化的形式外，还包括以政府为核心的公共管理主体实施的政策合法化过程。

知识链接 5-1

中国式共识性决策：“开门”与“磨合”

研究发现，中国政策形成参与结构和沟通机制的变化，对中央政府决策模式具有巨大影响：由过去的“个人决策”“集体决策”转向民主化、科学化水平更高的“公共决策”。我们认为，中国已经形成了一种可以称之为“共识型”的重大公共政策决策模式。它有两个关键特征：一是参与结构方面的“开门”，二是沟通机制方面的“磨合”。

“开门”相对于“关门”而言。首先，开门决策意味着打通门里门外，不再由少数领导者关起门来决策。其次，开门决策意味着开启“进善之门”，允许、欢迎、鼓励利益相关群体进来，在政策形成的各个阶段，通过各种方式对议。最后，开门决策意味着决策者要放下身段，迈出户外，深入基层、深入群众，广泛展开调研。这是一种与政治参与相映成趣的逆向参与：决策者不是坐等他人上门参与，而是主动出门，体会民情、听取民意、吸收民智。用中国人熟悉的语言说，逆向参与就是群众路线。简而言之，“开门”的含义是：开放与双向参与。与单向参与相比，双向参与能更充分地发挥利益相关群体对决策的影响力，尤其是弱势利益相关群体的影响力。

“磨合”相对于“制衡”而言。在“开门”的条件下，在决策的每一个层次、每一个环节都会有很多利益、偏好、想法、意见、资源不同的参与方。制衡机制强调个体本位，强调竞争，在决策过程中设置多个“否决点”（或多个拥有否决权的玩家），并最终诉诸票决、多数决。在这种机制下，不同参与方倾向于各自追求自身利益最大化，并为此而相互制衡、掣肘，想方设法否决其他参与方提出的方案。特殊利益集团在这种机制下如鱼得水，它们可以通过影响拥有否决权的玩家绑架决策过程，阻止有可能损害其利益的政策出台，哪怕这些政策有利于绝大多数人。磨合机制则不同，它强调总体本位，强调合作，把决策过程中各方的交汇点作为“输入点”“商议点”，而不是“否决点”。

① 黄健荣．决策理论中的理性主义与渐进主义及其适用性．南京大学学报（哲学社会科学版），2002（1）．

在这种机制下，不同参与方只能通过充分表述、反复协商、高层协调，求大同存小异，最终达成融合各方意见的政策共识。特殊利益集团在这种机制下用武之地不多，它仍可以参与决策，但很难按照自己的意愿左右或阻碍决策进程。

中国式“共识型”决策模式如图5－2所示：

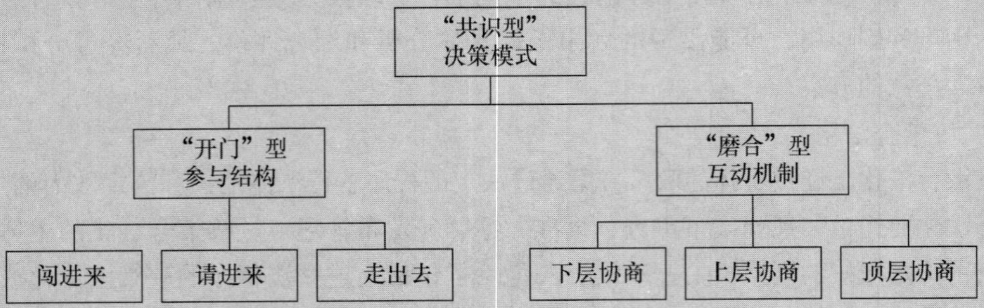

图5－2　中国式“共识型”决策模式

资料来源：王绍光，樊鹏．中国式共识型决策：“开门”与“磨合”．北京：中国人民大学出版社，2013：2－3，297.

5.2.5　公共政策沟通

“沟通”的概念源自系统论和控制论，在应用于政策科学领域时，人们将其与决策和控制联系在一起。政策沟通是在公共政策制定和实施的过程中，决策系统内部及其与外环境之间的信息传播与交流的过程。政策沟通强调通过政策相关主体的积极互动，促进政策过程的有序和有效推进。政策沟通的根本意义在于，一方面通过决策信息子系统中信息收集、加工处理、传递过程的完善促进公共决策的科学化，另一方面通过公共决策的公开化、透明化，扩大整个政策过程的公民参与，从而促进公共决策的民主化。

5.2.5.1　内部沟通与外部沟通

公共政策沟通依据其沟通的范围可分为内部沟通和外部沟通。内部沟通是决策系统内部与政策相关的信息传播和交流，即组织内部通过各种现代信息载体和通信工具以制度化的沟通渠道实现信息的传播与交流。内部沟通包括纵向与横向两个方面。纵向沟通是决策体系中不同层级之间的沟通，横向沟通则是在同一层面中相关部门机构及其参与人员的沟通。相关机构与人员由于在价值取向、利益关系，以及知识水平、经验和性格等方面存在差异，所以对需要决策的问题的看法会有分歧，甚至会产生矛盾冲突，如果不及时进行有效的沟通与协调，就有可能导致歧见加深、决策难以推进，甚至无法整合组织资源，使组织运行特别是公共政策制定的效率受到制约。无论是纵向还是横向的沟通，都有赖于决策体系内部建构一个平等、民主和宽松的组织环境与制度化沟通渠道，使不同层面的决策参与者和决策相关人员都能通过平等的方式实现有效的沟通，从而有益于改善和优化决策效率与决策质量。

外部沟通是决策系统内部与外部环境之间的直接的或通过媒介间接进行的信息传播与交流。外部环境主要是指决策系统以外的个人及各类社会组织。对政府而言，外部环境就是公众、媒体和各类工商企业组织、非政府组织或私人组织，以及国际组织等。从根本上说，公共政策的有效性取决于它是否以及能在多大程度上体现公众的愿望和要求，体现、维护和增进公众的利益。因此，在决策过程中充分实现政府与公众和各种社会组织的有效沟通与互动，使决策者能真正体察民情、把握舆情，是至关重要的。

5.2.5.2　政府与公众之间政策沟通的途径及其障碍

1. 政府与公众之间政策沟通的途径

依据现代公共管理理念，公众与政府是委托-代理关系，政府应由过去的发号施令者转变为与公民平等合作的具有高度责任意识的公共服务与公共产品的提供者。大数据等现代信息技术的发展为沟通提供了技术支撑，沟通的方式和途径趋向多元化和便捷化。按沟通的信息流向，政府与公众间的政策沟通可分为如下三种类型：

（1）政策发布和信息公开。政府角色定位的转变要求政府以积极、负责的方式处理与公众切身利益密切相关的公共政策，这就要求政府必须及时进行信息公开和政策发布。这一工作应基于以民为本和以服务为本的理念，运用现代技术并采取多样化的方式实施。

（2）政策反馈和信息反馈。这是公众向政府有关部门、政府中的下级执行部门向上级主管部门进行的反馈。反馈的主要内容是对政策内容、政策执行方式和政策执行后果的意见或建议，以及与政策过程有关的其他信息。公共管理理念的转变、现代信息技术的应用和电子政务的建设为反馈提供了有利条件。

（3）双向互动的政策沟通和政府回应机制。随着现代社会民主化进程的不断发展，在政策发布和政策反馈的政策沟通途径不断健全和发展的同时，一种新的政策沟通形式——双向互动式的政策讨论成为新的重要的沟通途径。这是现代参与式民主和协商式民主发展的重要体现。双向互动的政策沟通提供了现代社会实现政民互动的新模式，政策沟通可以通过建构双方平等对话的平台，直接而迅速地传递政策信息、解答政策疑问、表达政策意愿和化解政策矛盾，以便及时调整政策或政策实施方式，使其适应政策的现实环境。

2. 政府与公众之间政策沟通的障碍

政策沟通途径的多元化发展提高了公民的政策参与程度，进一步增强了公共决策的科学化、民主化及政策合法化的基础。然而，由于种种因素的制约，政策沟通也存在不少障碍。

（1）沟通的技术障碍。这主要表现为政策信息传递过程中难以克服的技术因素造成的信息的耗损或失真等问题，以及由于受到技术发展和经济条件的限制，公众参与沟通的方式不同程度地受到限制甚至无法实现。因此，信息传播与政策沟通的效果之间形成了内在联系。

（2）沟通的心理障碍。这主要是由于传统政治体系的权力本位、官本位、管制本位与等级观念以及政策信息的封闭性增强了决策者及其决策过程的神秘性，这种神秘性加深了公众对政府的隔膜感，强化了部分公众对政府的盲从。此外，传统的控制式的政府管理模式所导致的政府决策者在决策过程中的专断性和随意性，以及政策过程透明度的缺失，不仅给政策形成带来不良后果，而且也削弱了公众对政策过程的信任基础。公众作为政策目标群体对政府部门和公共政策体系认同感的缺失或缺乏将可能诱发非常规性的逆向反应，进而拒绝接受甚至排斥正常的政策信息传递，产生政策沟通的心理障碍。

（3）沟通渠道的阻塞。一是由于制度的缺失，一些相关的法律法规有待于建立和健全；二是政府与社会之间良好协调互动关系还有待于发展推进，政府与公民合作治理的格局尚未形成；三是信息、技术、人力和物力等各种资源的限制，传统决策体制与观念的影响，以及一些政府、政府部门或官员对既得利益的维护等，可能造成政策信息的流动被阻塞、截断或扭曲的严重状况。例如，公众的意愿表达受到压抑，弱势群体上访无门或受阻，电子政府运作迟缓，听证过程由权威部门主导，等等。

上述种种沟通渠道阻塞的情况，需要从根本上进行治理。一是需要加强政策沟通的制度建设，特别是要制定相关的法律规范，使政策沟通的制度规范成为政府与公众的共识和共同的价值。二是要促进社会自治团体与第三部门的发育和成长，使之成为与政府进行政策沟通的重要民意组织。三是要通过多种力量推动和加强对政府及政府部门的有效监督与制约，促使其转变观念，增强以民为本和以服务为本的意识，加快建设和完善政策沟通渠道，使政府与公众之间的政策沟通能真正实现畅通无阻。

5.2.6 公共政策执行

公共政策执行是将已经合法化的政策方案付诸实施，将政策内容转变为现实，以解决实际问题、实现政策目标的过程。因此，政策执行既是整个公共政策过程的重要阶段，也是政府公共管理活动的中心环节。

5.2.6.1 公共政策执行的一般理论

在公共政策研究兴起初期，政策执行只被认为是政策制定与政策评估之间的过渡阶段，在政策研究中缺少了执行这一环节，易导致政策制定与公共管理之间的联系被忽视。20世纪70年代后，西方学界政策研究领域的“执行运动”发轫，政策执行研究得以勃兴。政策执行研究不仅是政策分析领域的重大进步，也为重新探索公共政策与公共管理关系提供了新视角。西方政策学者从不同角度对政策执行过程进行分析，其研究主要围绕两条研究途径展开。

一是“自上而下”途径，或称“政策制定者透视”途径。这一途径以“有限行政”为基础，以政策制定者为中心，认为政策执行是下层行政人员遵循既定政策方案与原则，完成政策的具体指令的过程。因此，这一方法是在对政策本身不存异议的前提下，聚焦于研究如何圆满完成任务。这其中需要探讨政策执行的前提和条件，包括如何准确把握政策内容和实质，如何健全和完善政策执行组织，如何对政策执行者实施有效的控制，以及如何优化政策执行组织的内外环境等。

二是“自下而上”途径。这一途径以确认执行网络中组织成员的目标、战略、行动的差异及其联系为出发点，抛弃“自上而下”途径对政策制定与执行之间因果关系的预设，认为政策成败的关键是参与执行的组织及其成员的适当选择、协调与互动。研究的焦点是政策执行的行为者及其机构本身对政策的再创造过程，如选择政策问题的中心、政策执行的规则与程序，以及政策执行的适宜方式、适宜的政策目标等。

20世纪80年代后期，这两种途径出现了一定的综合趋势。在这些政策执行途径研究的基础上，人们还力图通过理论模型的设计指导执行过程，保证有效的政策执行。在此基础上出现了过程模式、互动模式、调适模式、博弈模式、循环模式、系统模式、综合模式等多种执行模式。

5.2.6.2 公共政策执行失控及其矫正

政策执行是整个政策过程的关键环节。受制于执行过程中的诸多因素，公共政策执行的效果可能与原先的政策预期产生不同程度的偏差，甚至可能出现政策执行的失控。政策执行的失控不仅影响政策目标的实现，而且有可能导致经济、政治、社会生活的运行失衡和社会动荡。政策执行的失控也与公共管理中存在的问题相关。

1. 公共政策执行失控

公共政策执行失控主要表现为：(1) 政策敷衍。政策执行者只做表面上的应付和宣传，并未采取具有可操作性的具体措施去落实。这样做是对政策的阳奉阴违，使政策成为一纸空文，无法得到真正的贯彻执行。(2) 政策附加或阻截。在政策执行过程中没有真正依照政策规定的实施对象、范围、目标和力度进行，而是受制于某种利益的需要，如地方政府利益、部门利益、官员自身利益或其权力寻租对象利益。这样的政策执行使政策的完整性、合理性甚至合法性受到破坏，使既定政策达不到应有的效果。(3) 政策抵制。政策执行者从局部或自身利益出发对某些政策有意不执行或变相不执行。由于缺乏强有力的内部和外部监督制约力量，这样的抵制在很多情况下能大行其道。这样的政策抵制使得国家政令不畅，政策无法实施，影响极为恶劣。(4) 政策扭曲。政策执行者对政策精神或部分内容故意曲解，以对自身有利的方式解释政策，或以扭曲的方式执行政策。这样做就导致从公共利益出发制定的政策成为满足部门、局部或小团体利益的工具，违背了公共政策的根本宗旨。

从以政府为核心的公共管理组织的角度分析，影响公共政策执行的因素主要有：一是对政策执行的总体力度及推进速度、进度实施控制和管理的权限；二是以组织的变更体现政策取向和政策执行，如某些行政部门的撤并、重组或设置会带来相应的加快、加强或迟缓、弱化政策执行的后果；三是行政部门内部组织运行机制的调整可能影响政策实施；四是行政机构与政策目标群体之间的关系与沟通程度也影响了政策执行的效果；五是传统管理方式遗留的弊端在新时期社会利益矛盾和冲突的平台上会进一步放大并对政策执行产生不利影响。

2. 公共政策执行失控的矫正

矫正公共政策执行失控，需要完善和优化公共政策执行体系，改善和优化公共管理体制。从改善公共政策执行体系的视角分析，矫正公共政策执行失控的措施主要有：(1) 加强公共政策执行体系的组织建设。一方面，要减少政策执行机构的组织结构层级，使之扁平化、网络化并简化政策执行程序；另一方面，要理顺政策执行机构组织内部及与其他组织机构的关系，加强相互间的交流互动，使执行体系运转得更为协调，使政策执行获得制度保障。（2）提高公共政策执行者的素质。这主要是通过建立一个完善的、规范的、法治严明的公务员制度和公务员体系来实现的，包括完善公务员的选拔任用、培训开发、绩效评估和晋升制度，加强对公务员的职业伦理与道德教育，使正确的价值观和道德理念内化为他们行为的准则，提高他们的综合素质。（3）强化对公共政策执行体系的监控。这就要加强对政策执行全过程的科学预测和对实际执行状况的及时跟进督察，完善相应的政策预案或应对措施，加强执行体系与公众及各种社会团体的沟通，建立公开、透明的执行体系，加强责任机制建设等。（4）促进公共政策执行的法治化和民主化建设。政策执行的法治化有利于政策执行的规范化，防止官员的自利性可能导致的滥用自由裁量权，以及克服主观随意性；政策执行的民主化有利于公众对政策的认同和目标群体对政策执行过程的监督，防止政策偏移和政策目标错位，实现公共利益的最大化。

5.2.7 公共政策评估

公共政策评估是依据一定的标准和程序，对政策过程的运行方式、效果、效益、效率和公众回应等进行绩效评估和价值判断的活动。政策评估旨在为改善公共政策质量、改善公共政策制定和执行的方式提供必要的信息，在公共政策过程中具有重要地位。

5.2.7.1 公共政策评估的类型

一般而言，评估强调用某种价值观念来分析政策运行。“更为确切地说，评价提供政策运行结果所带来的价值方面的信息。”① 从功能的角度来说，政策评估发生在整个政策过程中，而不仅是在其最后阶段。政策评估主要是指政策绩效的评估，它不仅是对先前支持的政策过程的总体价值评价，更为修正完善或中止现行政策提供依据，以开始新一轮政策过程。

政策评估的类型可以分为如下五种：第一，聚焦于政策或项目的结果（结果评估或影响评估）；第二，评估政策项目形成与实施的过程（过程评估）；第三，对政策预期效果的评估（事前评估）；第四，对政策执行结果的评估（事后评估）；第五，在决策的各个阶段对公共政策进行的评估，如对政策问题的提出、用于抉择的备选方案、既定政策方式的实施及政策后果的影响等的评估②。

5.2.7.2 公共政策评估的标准——价值理性与工具理性的选择

拉斯韦尔认为：“政策科学的研究方法不仅强调基本问题和复杂模型，而且在相当大的程度上需要澄清政策中的价值目标。”③ 在政策评估中，也同样需要协调工具理性与价

---

① 邓恩．公共政策分析导论．北京：中国人民大学出版社，2002：435.

② 费希尔．公共政策评估．北京：中国人民大学出版社，2003：2.

③ LASSWELL H D. The policy orientation，in the policy sciences：recent developments in scope and methods. CA：Stanford University Press，1951：9-10.

值理性取向的关系。工具理性与价值理性取向反映到政策评估领域就成为实证评估与规范评估的统一问题。在大多数情况下，这一问题与公共管理领域中效率和公平的争论相对应，成为公共政策与公共管理共同面临的重大问题。

在实践中，会出现两者既相互补充又相互冲突的状况。在较多情况下，这两类政策评估标准常常难以统一，形成工具理性和价值理性的两难。

1. 关注政策效率与效果：以工具理性为主的政策评估

这样的工具理性取向主要关注政策实施后产生的各种实际结果与影响，以及政策过程中各种投入与效果间的对比关系。这类评估主要考察技术和事实层面，主张用实证的技术方法来考察公共政策过程，特别强调行为与结果、成本与收益之间的对比，主要关注的是效率、效能、效益等。这些量化统计分析方法能应用于政策评估，主要是因为，在某种程度上为可解答问题的形成提供了可能性（形成假设），能提出收集答题信息的策略（研究设计），为确定答题信息以及如何收集它提供指导方针（测量和收集数据），提供适当的数据分析技术（统计分析）①。

2. 关注政策价值效应：以价值理性为主的政策评估

价值理性取向的政策评估主要关注政策实施后对社会产生的影响。价值理性将事实与价值整合在一起，将实证评估与规范评估相统一，使政策评估成为更加系统的分析模式，以“4E”（经济、效率、效果和公平）为重要评估标准，使政策评估能更好地为公共管理与政策实践服务。这种评估更多地强调公共政策过程中的公民参与、公共政策的复杂性，以及公共利益目标实现的程度，认为单纯的经济考量和量化分析难以成为符合这类标准的政策评估方法。

5.2.7.3　政策风险评估与管控

政策对利害关系人的利益产生重大影响。政策利害关系人之间由于存在利益博弈，因而难免就政策产生冲突。应该密切联系政策过程，在每个具体的阶段上，深入分析利害关系人的利益所在，找出风险点，并对风险点进行评估，在评估的基础上形成化解风险的具体管控措施。

尤其在我国社会转型时期，大多数社会群体性事件的发生，是与政策风险没有得到有效分析、没有得到有效防范和管控有关。因此，在政策形成、政策制定和政策实施过程中，对政策风险点进行评估并采取有效的防范措施，是非常必要的。

知识链接 5-2

第四代公共政策评估

埃贡·G. 古贝（Egon G. Guba）和伊冯娜·S. 林肯（Yvonna S. Lincoln）从范式（paradigm）变迁的角度出发，将公共政策评估的发展分为四代。

① 韦尔奇，科默. 公共管理中的量化方法：技术与应用. 北京：中国人民大学出版社，2003：5-6.

1. 第一代政策评估：测量性评估

第一代公共政策评估主要是指1910年至第二次世界大战期间的以效率为价值取向的评估。这一阶段的评估主要是基于效率测量的研究。无论是科学管理原理的泰勒还是行为科学主义的梅奥，都注重的是对组织生产效率问题的研究。其研究不仅重视生产和管理技术等技术性要素对生产效率的影响，而且更重视策略对于小团体与管理策略之间的互动影响。这一时期，效率的测量不仅在企业得到重视，在教育和政府工作中也得到充分运用。

2. 第二代政策评估：描述性评估

第二代政策评估主要是指二战结束以后到20世纪60年代期间的以描述关于某些规定目标的优劣模式为特征的评估方法。针对第一代评估中以封闭的实验室研究带来的缺陷，研究者开始质疑测量性评估与实际现象之间的差距，并认为政策评估者必须从封闭的实验室中走出户外，因此，田野实验成为这一时期的重要研究方法和内容。

3. 第三代政策评估：判断性评估

第三代政策评估主要是指从20世纪60年代到70年代的以判断为主要特征的评估方法。自20世纪60年代起，政策评估在社会科学领域中有了重大进展。这一时期主要以社会实验为研究方法，在研究焦点方面，主要是评估社会行动计划能否有效实现预期目标并解决社会问题。如斯泰克所言，描述和判断是评估的两个基本方面。在最终的分析中，不能忽视对判断的要求。这一时期的评估出现了斯泰克的全貌评估模型、差异评估模型、决策导向评估模型、效果导向评估模型和直接判断评估模型。这些模型多主张评估者不仅是描述者，更应该是判断者。这些模型在判断是评估整体的一部分方面达成了一致。

4. 第四代政策评估：回应性评估

总体而言，三代评估的总体特征各有侧重：第一代评估重视技术和数量，第二代评估主要依靠理论叙述，第三代评估强调价值判断。上述三代政策评估方法都充分揭示了时代发展的步伐和实践需求。但是，这三代评估都缺乏对政策的价值、目标、内容、过程和方法的深刻思考。前三代政策评估存在着管理主义倾向、忽略价值多元性和过分强调调查的科学范式等三个重大缺陷。形势迫切需要新的评估方法的诞生，20世纪70年代，第四代评估——回应性评估因势而生。在20世纪70年代，政策评估已逐渐在社会科学领域确立了自己的独立主体地位。第四代政策评估重视政策利害人的参与，利害关系人内心感受的回应以及政策所涉及利害关系团体的要求、关注与议题。在评估指标方面，统计数字的社会指标也逐渐转向强调民意参与的政策指标。政策评估成为一个如何将事实与价值整合在一起的更加系统化的分析模式的问题。

资料来源：古贝，林肯．第四代评估．北京：中国人民大学出版社，2008：8-9.

5.3 公共政策分析

按照美国政策科学家克朗的说法，系统分析可以被视为由定量和定性分析方法结合起来而组成的一个集合体。其中，定量分析方法侧重于用数字来描述、阐释和揭示问题；而定性分析方法则侧重于对研究对象进行“质”的方面的分析，它的任务主要是解决研究对象“有没有”某种事物的特征或者“是不是”某种事物的问题。政策分析过程中往往需要定性分析方法与定量分析方法的有机结合。

5.3.1 公共政策分析的含义与内容

政策分析在第二次世界大战后迅速发展，主要是由于工程师、一线研究人员、系统分析专家和应用数学家的推动，这些人受到社会科学领域外的正规训练，这些专家对政策问题的定位常是狭义的，“分析”这一想法往往与把问题分解成基本成分的尝试联系在一起①。随着政策科学的发展，学者们对“政策分析”概念的含义提出了不同的看法。

5.3.1.1 公共政策分析的含义

戴伊认为，“政策分析者所希望发展的理论，绝不只适用于对某一项政策或个案的解释，而是要能适用于对不同时间、不同空间的政策进行解释”②。

奎德认为，公共政策分析是一种分析形态，其功用在于产生与提出信息，用来改进决策者进行判断的基础③。

怀特认为，政策分析的目的不是产生某种一锤定音的政策建议，而是帮助人们在现实可能性和期望之间产生逐渐一致的认识，产生一种新型的社会相互关系与“社会心理模式”。这种模式使人们对政府的职能有了新的共同认识，其结果是使政治集团之间的活动或行为更趋一致，冲突逐渐减少④。

帕顿和沙维奇认为，政策分析是一种时常从问题界定而不是从所有广泛内容的规划阶段开始的过程。它也提出选择性方案，但最终的文本形式可能是一份备忘录、论文或者立法草案。它有一个特定的客户、一种单一的观点、一个短暂的时间限度和一个公开的政治上的处理办法。这一过程的最终成果就称作政策分析⑤。

戴伊将政策鼓动和政策分析放在一起进行了比较：政策鼓动需要修辞、劝说、组织和积极行动；政策分析则鼓励研究者运用系统研究的方法，对一些关键性的政策提出批评。他认为，政策分析的一个隐含前提，即关于形成公共政策的各种力量，以及对公共

---

① 邓恩．公共政策分析导论．北京：中国人民大学出版社，2002：49.

② DYE T R. Understanding public policy. Englewood Cliffs，N. J.：Prentice Hall，1975：5-7.

③ QUADE E S. Analysis for public decision. N. Y.：American Elsevier Publishing Co.，1975：4.

④ 陈庆云．公共政策分析．北京：中国经济出版社，1996：45.

⑤ 帕顿，沙维奇．政策分析和规划的初步方法．北京：华夏出版社，2001：19.

政策后果的科学知识的增长，它们本身就是与社会紧密相关的活动，是开出处方、政策鼓动和积极行动的前提条件①。具体而言，戴伊认为政策分析的特征主要关心的是解释而不是开处方，理解是开处方的前提；政策分析是对公共政策产生的前因后果进行严格的研究，以及大胆地提出并小心地验证有关公共政策前因后果的一般性命题。

威廉·N. 邓恩在《公共政策分析导论》一书中认为，“政策分析，从最广泛的意义上讲，包括政策过程和政策过程中的知识提供”。“在历史上，政策分析的目的是给政策制定者提供信息，并以此为依据运用推理判断发现和解决政策问题。”②

综上所述，我们将公共政策分析的含义界定为：公共政策分析是通过运用一定的技术手段和分析方法来进行的，旨在认识政策形成原因、理解政策内容和价值、深化对政策过程的认知、研判和评价现有政策得失、寻求改进决策效率和质量的方法路径、改善公共政策运行效率和效能的一种研究方式和研究工作。

公共政策分析是一个跨学科的、应用性很强的研究领域，它是一门旨在创造与政策相关的知识、关注社会问题并寻求解决之道、帮助决策者做出更好的抉择以提高决策效率的学问；公共政策分析的主要目的不是对政策过程做出精准的描述，而是要更好地认识和解决现实的政策问题；作为应用性很强的一个研究领域，公共政策分析与经济社会的发展密切相关。

5.3.1.2 公共政策分析的内容

政策分析是分析、评价、创造和交流政策过程中的相关知识的活动，其目的在于利用这些活动的成果改善公共政策的制定和执行及其绩效。政策分析者关注的重心有所不同，例如有的倾向于分析如何理解政策，有的致力于分析如何改进政策质量，有的把这两个方面结合起来分析，还有的关注分析政策制定的目的和方式，等等。霍格伍德和冈恩在借鉴戈登（Gordon）早期分析的基础上，提出了以下七种主要的政策分析类型③：

（1）对政策内容的研究。致力于描述和解释所研究政策的起源和发展。通过案例分析，检视政策形成的原因、执行情况及其结果。

（2）对决策过程的研究。探讨在政策形成（决策）的过程中，何种因素对决策产生和如何产生有影响。这些影响表现于决策过程的各个阶段。对决策过程的研究可涉及某一特别的政策领域，或是聚焦于一个组织、社区或社会中决策过程对政策形成的影响。这是对实然或应然状态的研究。

（3）对决策输出的研究。致力于解释不同国家或地区的政府的费用水平或所提供的服务不同的原因。在这里，政策被看作一种因变量，研究者试图从社会、经济、技术和其他因素诸方面来理解和解释政策。对决策输出的研究在美国受到特别的关注，在英国和其他西欧国家也日益为人们所重视。大量的研究文献表明，这一方式被应用于一个特别复杂的领域，即人们致力于探讨和解释各国社会福利政策形成和发展的差异及其原因。

---

① 戴伊. 理解公共政策：第10版. 北京：华夏出版社，2004：5.

② 邓恩. 公共政策分析导论. 北京：中国人民大学出版社，2002：60-61.

③ HILL M. The policy process in the modern state. London：Prentice Hall/Harvester Wheatsheaf，1997：2-5.

(4) 对政策的评估。介于为理解政策而做的分析和为改进政策而做的分析之间的研究，旨在探讨政策的效用和影响。对政策的评估可包含描述性和规定性两方面的研究。

(5) 对决策信息的研究。探讨决策信息如何汇集、整理和分析以支持决策。决策信息可来自政府部门常规的信息监测系统、决策支持部门，亦可来自学术界对研究实际问题有兴趣的分析人员。

(6) 对决策过程倡导的研究。这是为改进政策所做的分析的一种变式，致力于探寻如何改进决策系统的机能。研究如何通过重新分配功能和职责来改进政府机制，通过发展计划规划体系和完善新的对备选政策方案的评估方法来增强和改善决策选择的基础。

(7) 对政策倡导的研究。探究如何通过政策分析人员个人，或联合有关人员，或通过压力集团的作用，推动某项特别的政策方案或使某种政策观点在决策过程中被所吸纳或采用。

5.3.2 公共政策定量分析方法

定量分析方法是运用现代数学方法对有关的数据资料进行加工处理，据以建立能够反映有关变量之间规律性联系的各类预测模型的方法体系，它侧重于并且较多地依赖于对研究对象的测量和计算。定量分析方法种类很多，克朗依据决策类型的不同将定量分析技术分为确定型分析技术和随机型分析技术①。

5.3.2.1 确定型分析技术

确定型分析技术是指那些可用于只有一种态势，并在做出可接受的假定之后，其变量、限制条件和不同的选择都是已知的，可以按一定的统计置信度预见问题的方法或技术。

1. 线性规划（linear programming）

线性规划的思想起源于经济学家列昂捷夫在1936年提出的“投入-产出”方法，最早被称为线性结构相关活动的规划，是运筹学的一个重要分支。线性规划是辅助人们进行科学管理的一种数学方法。一般而言，求线性目标函数在线性约束条件下的最大值或最小值的问题，统称为线性规划问题。公共政策的线性规划分析模型的结构有三个基本构成要素：一是决策变量，在给定的政策问题中，每个政策问题都将对应着一组未知数，这组未知数与问题的目标和从事的活动有关，是非负数变量；二是目标函数，这是决策目标的数学表述，主要是为了求得政策目标的极值；三是约束条件，即实现政策目标的客观条件和限制因素，对模型中的决策变量起约束作用，可分为资源、需求、结构和边界约束等。利用线性规划所求得的解中，满足线性约束条件的解叫作可行解，由所有可行解组成的集合叫作可行域，使目标函数达到极大的可行解，称为最优解。

线性规划的方法在政策制定中应用广泛，尤其在经济管理、交通运输、工农业生产等经济活动中。它的局限性主要是目标函数的确定并非易事，尤其是在公共决策中。公

① 克朗．系统分析和政策科学．北京：商务印书馆，1987.

众对公共决策的政策目标往往具有不同的效用追求，难免出现选择偏好的冲突。因此，在公共决策中往往只能实现满意而很难做出最优的选择。

2. 排队论（queuing theory）

排队论起源于20世纪初丹麦数学家埃尔朗（A. K. Erlang）用数学方法研究电话作业，肯德尔（D. G. Kendall）在20世纪50年代从理论上进一步推动了排队论的发展。排队论是数学运筹学的分支学科，是用来研究服务系统工作过程的一种数学理论和方法，其研究内容主要有三个方面：统计推断，即根据资料建立模型；系统的形态，即和排队有关的数量指标的概率规律性；系统的优化问题。排队现象在生产和生活中广泛存在，当顾客的数量超过了“服务台”的容量时，即当到达的顾客不能立即得到服务时就形成了排队现象。排队会造成资源的浪费，公共政策和各种规划应寻求有效的途径，尽力避免排队现象的产生。但是在等候时间与服务能力关系尚未明确时，盲目增加服务设置又会带来新的浪费。排队论就是通过对每个随机服务现象的统计研究，找出反映这些现象的平均特性规律，从而改进服务系统的工作状态。排队论广泛应用于计算机网络、生产线、运输、库存等资源共享的随机服务系统中，其目的是正确地设计和有效地运行各个服务系统，使之发挥最佳效益。

3. 马尔可夫预测法（Markov-chain forecasting model）

以俄国著名数学家马尔可夫的名字命名的马尔可夫预测法，是一种利用某一系统的现在状态及其发展去预测该系统未来状况的一种分析技术和方法。事物的发展状态总是随着时间的推移而不断变化，在一般情况下，要了解事物未来的发展状态，不但要看到事物现在的状态，还要看到事物过去的状态。马尔可夫认为，还存在另外一种情况，即人们要了解事物未来的发展状态，只需知道事物现在的状态，事物未来的发展状态与事物以前的状态毫无关系。例如，A产品明年是畅销还是滞销，只与今年的销售情况有关，而与往年的销售情况没有直接的关系。这种情况就称为马尔可夫过程，即一个系统由一种状态转换至另一种状态的过程中，存在着转移概率，且此概率可依据其紧接的前一种状态推算出来，即第n次转移获得的结果取决于第$n-1$次转移的结果，而与该系统的原始状态和此次转移以前的有限次或无限次的转移无关。系统的一系列马尔可夫过程的整体称为马尔可夫链，马尔可夫分析就是对作为预测对象——马尔可夫过程或马尔可夫链的运动、变化进行研究分析，进而推测研究对象的未来状况和变化趋势的工作过程。系统状态转移的概率，也许会更多地受到系统的前一个状态的影响，但在不同程度上总会受到该系统前若干个状态的影响。对此，马尔可夫做出了层次性的规定，通常用“阶次”表示其深入的程度。一阶马尔可夫过程是指假定系统转移至次一状态的概率，仅取决于该系统前一状态的结果；同理，n阶马尔可夫过程是指假定系统转移至次一状态的概率，仅取决于该系统前n次状态的结果。

科学的预测方法不仅有利于避免和防止公共政策非预期的、消极的后果，而且有利于总结历史经验和教训，避免公共政策失误。公共政策分析的预测方法十分丰富，马尔可夫预测法只是其中的一种。马尔可夫分析在满足公共政策分析需要的基础上，主要是应用随机状态事件的各状态的转移概率矩阵来进行推算，它不需要大量的历史数据，既可用于短期的预测，也可用于对长期趋势的研究。

4. **成本-收益分析**（cost-benefit analysis）

成本-收益分析通过将公共政策的货币成本和货币收益进行量化比较，提出政策建议。成本-收益分析既可用于建议政策的分析，也可用于政策执行后的评估。用于备选方案的择取是一种前瞻性的运用，政策执行后的运用则是一种回溯性的分析。当收益大于成本时，一般认为政策是有效的；当收益等于或小于成本时，则政策还有进一步改进的余地。成本-收益分析试图衡量一个公共项目可能对社会产生的所有成本和收益，包括很多难以货币化的成本和收益，集中体现了经济理性的特征。成本-收益分析的优势主要体现在成本和收益都以货币为共同的计量单位，因此容易对成本和收益进行客观比较，使分析人员能够在广泛的政策领域间进行比较。但是，公共决策不同于市场中的私人决策，成本-收益分析在公共政策分析中也存在诸多局限：绝对的强调经济效率意味着对公平价值的忽视甚至否认；货币价值不能对政策回应性做出估量，因为收入的实际价值因人而异；当重要物品不存在市场价值时，分析人员常常被迫去主观估计公众愿意支付的价格，即影子价格，这一主观判断可能因分析人员的价值观的不同而不同。因此，成本-收益分析有可能让我们知道“每一件东西的价格，同时却对其价值一无所知”①。因此，在应用成本-收益分析方法来分析公共政策时，应当区分不同政策的属性和特点，它不适用于不能用收入性收益来表达的情况。在这种情况下，应辅之以成本-收益分析，既要看到政策的经济效益，也要看到政策的社会效益。

5.3.2.2　随机型分析技术

与确定型分析技术相对应，随机型分析技术是指应用于不确定型或风险型决策的分析技术和方法。当需要估计和确定不同情境中每一种可能的决策情境时，便会碰到随机模型问题。同时，随机分析技术和方法还要确定和计算不同的政策选择将会产生的影响和结果，以求最大限度地减少不确定性。随机型分析技术主要有动态规划、决策树、灵敏度分析、计算机模拟、随机库存论、贝叶斯定理等。下面主要介绍动态规划、决策树和灵敏度分析三种随机型分析技术。

1. **动态规划**（dynamic programming）

动态规划是运筹学的一个分支，是求解决策过程最优化问题的一种数学规划方法。20 世纪 50 年代初，美国数学家贝尔曼等人在研究多阶段决策过程的优化问题时提出了著名的最优化原理，把多阶段过程转化为一系列单阶段问题，逐个求解，从而创立了解决这类决策过程优化问题的新方法——动态规划。动态规划技术是通过建立动态规划的随机模型来分析如何以最短的时间和最少的投资消耗来完成整个系统的预期目标，以取得良好的经济效益。“时间”因素是动态规划考虑的中心，同时综合考虑费用、劳力分配问题以及多个项目并列的问题等。因此，动态规划适用的对象是含有时间因素的决策问题，即动态决策问题。对于静态决策问题，我们可以人为地引进“时间”因素，将其划分为阶段，将其作为多阶段决策过程用动态规划去处理。如果在多阶段决策的每个阶段中含有随机因素的影响，那么决策就不可能用一个确定的数值来表示，而需要用一些可

① 邓恩. 公共政策分析导论. 北京：中国人民大学出版社，2002：318-319.

能的值及相应的概率来描述。

2. **决策树**（decision tree）

决策树也称为分层决策图，是用二叉树形图来描述决策问题。它将各种方案以及这些方案可能性的大小、可能出现的状态和可能产生的结果都绘制在一张树状结构图上，其决策标准可以是损益期望值或经过变换的其他指标值。决策分析面对的是大量结构不良的社会问题，一般的决策方法难以适用，而决策树法则有利于对复杂的政策问题进行决策分析。决策树法把待决定的问题以决策树的形式绘出图形，表示出具有一定顺序的决策和机会事件，显示可能发生的所有情形和在决策点可供选取的所有方案，并将方案可能产生的结果标在决策树的节点上，同时标出每一状态出现的概率。因此，决策树就是描述决策问题的逻辑结构的流向图，它能直观地显示整个决策过程的可能走向——在不同时间和阶段可能出现的问题及其概率、相应的备选方案及其可能的结果等。特别是在应用于复杂的多阶段决策时，决策树可以比较直观、清晰地表达决策的逻辑要求，以便于进行决策分析。

3. **灵敏度分析**（sensitivity analysis）

在公共政策分析中，如果在政策方案被选定后，与政策问题有关的某些因素或者所构造的模型中的系数或参数发生了变化，就表明需要进行灵敏度分析，以确定其中何为最敏感的因素、可能出现的偏差以及结论的可信度。在风险型决策中，实际所运用的概率基本上是估计的，灵敏度分析是在估计的主观概率中，选取许多不同的主观概率值进行试算，据此研判何种因素的变动不会影响最优方案的选取；相反，何种因素稍加变动，最优策略就会变化，从一个策略变为另一个策略。在这种情况下所提供的数据称为灵敏性数据，必须重新审查原来估计的主观概率是否正确，以做出最优的政策选择。

5.3.3 公共政策定性分析方法

政策过程是一个复杂的系统过程，受到诸多因素的影响，有的能进行量化分析，通过建立模型来择取最优的策略，而其他很多影响因素则无法进行量化分析，必须进行定性分析。定性分析方法着重对分析对象进行“质”的研究，即运用归纳和演绎、分析与综合以及抽象与概括等方法，依靠专家的知识、能力和经验来对公共政策进行评估与判断。公共政策定性分析方法主要有头脑风暴法、德尔菲法、交叉影响分析法和脚本写作法四种。

5.3.3.1 头脑风暴法（brain storming）

头脑风暴法又称智力激励法、BS法、专家会议法，是通过专家微观智能结构之间的信息交流和相互启发所引起的“思维共振”来获取决策的信息和意见。运用头脑风暴法旨在保证群体决策的创造性，提高决策质量，它是改善群体决策的一个典型方法。

头脑风暴法又可分为直接头脑风暴法（通常简称为头脑风暴法）和质疑头脑风暴法（也称反头脑风暴法）。直接头脑风暴法是在专家群体决策时尽可能激发其创造性，使其产生尽可能多的设想的方法；质疑头脑风暴法则是对前者提出的设想、方案逐一进行质疑，分析其现实可行性的方法。采用头脑风暴法进行决策时要集中有关专家召开专题会议，主持者应以明确的方式向所有参与者阐明问题，说明会议的规则，尽可能创造融洽轻松的会议气氛。主持人一般不发表意见，以免影响会议的自由气氛，而由专家们自由地提出尽可能多的方案。

实践经验表明，头脑风暴法可以排除折中方案，对所讨论的问题通过客观、连续的分析，可以找到一组切实可行的方案，因而头脑风暴法在政策实践中得到较广泛的应用。头脑风暴法能够发挥专家的共同智慧，产生专家智能互补效应；它容易通过“思维共振”产生出创造性的解决方案。头脑风暴法实施的成本（时间、费用等）较高，对参与者的素质要求也比较高，这些都是应用头脑风暴法的制约因素。

5.3.3.2 德尔菲法（Delphi method）

德尔菲是借用“Delphi”即古希腊神话中的神谕之地来命名的一种政策行动预测方法。德尔菲法依据系统的程序，采用匿名发表意见的方式，即专家之间不得互相讨论，不发生横向联系，只能与调查人员发生关系，通过多轮次调查专家对问卷所提问题的看法，再经过反复征询、归纳、修改，最后将汇总成的专家基本一致的看法作为预测结果。德尔菲法从一定意义上说也是一种专家分析方法，只不过它不是直接的专家分析，而是间接的。它的主要特点如下：一是匿名性，被征询意见的专家在不公开的情况下提出自己的见解或修改自己的看法；二是巡回反馈，专家的个人意见经过汇总传递给参加讨论的所有专家，这个过程要经历多轮，汇总的意见以调查表的形式在专家之间进行传递。

德尔菲法应用于公共政策分析的具体步骤包括：第一，组成专家小组，专家人数可依据具体政策问题的大小、范围的宽窄和专业程度而定，一般应不超过20人。第二，设计问卷，明确所要预测的问题及有关要求并附上与问题有关的所有背景材料。第三，各专家基于所收到的材料，以独立和匿名的方式填写调查表，提出自己的预测意见，并说明自己是如何利用这些材料并提出预测意见的。第四，将各专家第一次填写的问卷汇总，列成图表，进行对比，再分发给各专家，让专家们比较自己同他人的不同意见，修改自己的意见和判断。第五，专家们在看过第一次汇总的意见后再次发表预测意见。逐轮收集意见并为专家反馈信息是德尔菲法的主要环节，收集意见和信息反馈一般要经过三四轮，直到每一位专家不再改变自己的意见为止。第六，对专家的意见进行综合处理。

德尔菲法的采用是为了避免委员会、专家小组等群体性决策方法中个人意见受制于某些人的地位和权威压力，而让个人可以充分地、真实地发表自己的意见，为决策提供多方面的有效信息。德尔菲法花费时间较长，故不适宜于特别受到时限制约的决策。

5.3.3.3 交叉影响分析法（cross-impact analysis）

交叉影响分析法又称交互影响矩阵法，它试图建构一种新方法以使在其预测集之中的一个事件的概率可以根据与被预测的事件之间的潜在的相互作用而加以调整①。交叉影响分析法是根据事件发生或不发生来对未来事件的发生概率进行判断，其目的在于对那些促进或阻碍其他相关事件发生的条件加以确认，通过考虑事件的相互作用来预测事件发生的概率，它依据的是条件概率原则（条件概率认为，一个事件发生的概率依赖于其他事件，也即两个事件不是相互独立的）。

交叉影响分析法的预测程序是：第一，利用专家的经验估计应该考虑的事件及其概率，并确定事件之间的相互作用；第二，用矩阵的形式来描述各事件之间的逻辑关系，用概率的变化表示各事件相互影响的强度，并分析各事件之间相互发生作用的时间；第三，依据事件之间相互影响的结果修正各事件发生的概率并做出最后的预测。

交叉影响分析法的优势，主要在于能够使分析人员注意到在其他情况下会被忽略的事件之间的相互关联，也使分析人员能根据新的假设或证据对以前的概率进行修正。它的主要局限是，分析人员不能保证在分析中将所有潜在的相互关联的事件都包括进去，这会影响预测的准确性；同时，还有与德尔菲法同样的弱点，即不现实地强调专家意见的一致性②。

5.3.3.4 脚本写作法（script writing）

脚本即政策研究者对有些将要发生的情况进行描述或预言，而这些情况与研究者所要分析、设计和评估的系统或政策密切相关。脚本写作法是通过对从现在到未来某个时间的假定（例如 5 年、10 年）来编写脚本，将有关信息和对未来的假设等材料进行组织，以得到对未来的预测描述。脚本本身包括很多定量和定性的情景描述，按照发生事件的逻辑顺序进行排列。

脚本写作法是用于政策分析的一种重要方法，其主要特征有：一是以一系列的假设为基础，而不是以某一假设为基础，这些假设是对未来的特定时间内系统或政策及环境的发展趋势或状况的描述和预测；二是由于未来环境中存在很多的不确定性，而任何脚本又只能描述一种可能的未来情景，因此在写作脚本时必须按照概率分布同时编写几个可供选择的脚本，而不只是编写一个脚本，这是脚本写作与其他政策分析方法的根本不同点。

脚本写作法可以降低对未来判断的不确定性，提高对所要处置问题的认知水平和决策能力。脚本写作法的典型运用范畴是探索潜在的军事和外交上可能出现的危机情况。脚本写作法可以与专家讨论、德尔菲法结合使用，它通过提供一个未来的偶发事件的样本和一系列脚本，警示未来可能出现的危险，从而使决策者能防患于未然并从容应对。

5.4 公共政策发展

公共政策是政治系统对社会价值与资源的权威性分配，其发展必须遵循公共性、合

---

① 邓恩．公共政策分析导论．北京：中国人民大学出版社，2002：269.

② 同①270-271.

法性和有效性的价值诉求。公共政策的发展需要适宜的政策生态环境，同时公共政策发展应能发挥其对环境变迁的导引和建构作用。公共政策发展对于实现公共管理的价值至关重要。

5.4.1 公共政策发展的趋向

5.4.1.1 公共性

"公共性"是现代公共政策首要的规范性价值取向。从根本上说，制定和执行公共政策旨在整合和优化社会资源配置以实现、增进和维护公共利益。尼古拉斯·亨利借助本恩和高斯关于"公共性"与"私人性"的结构理念，从行为者（agency）、利益（interest）、可进入性（access）三个维度对公共性进行了分析，提出了理解公共性的三种递进的界定，即制度性的、规范性的、组织性的公共性[①]。公共政策的公共性体现为政策制定的公共利益取向、政策运行的公共服务导向以及政策过程的公共参与性。

5.4.1.2 合法性

公共政策的合法性可体现为两个方面：一是形式上的合法性，即合法律性；二是实质上的合法性，即政治学意义上的合法性——公共政策得到公众发自内心的认可和接受。在现实生活中，在很多情况下，后一种合法性更需要予以特别的重视。合法性与公共性密切相关。现代意义的法律是调节和维系公共生活秩序的准则，合法律性本质上就是符合公共性——当然这样的法律应当是"良法"而不是"恶法"。公共政策发展的实质上的合法性应符合以下规范：价值的正当性、目标的可理解和可接受性以及绩效的合理性。

5.4.1.3 有效性

公共政策的发展应当体现有效性。这就意味着，公共政策规划、制定和发展在满足公共性和合法性要求的基础上，还必须实现有效性——正确、合理的公共政策能够得到及时、完全和有效的执行，能真正实现政策目标。应当注意的是，有效性不仅是指政策实施的效率，更重要的是指其实施在道德伦理上的可接受性。正如登哈特所指出的，不应认为有效率的才是合道德的，而是合道德的才是有效率的。从这个意义上说，当公共政策目标在公共领域中经受伦理检验后，"效率在价值观念系统中是第一位的"[②]。公共政策的效率可以体现在两个方面：一是组织取向，二是结果取向。前者称为组织效率，后者称为管理效率。组织效率是指公共组织通过内部管理和资源的内部配置而实现的政策效率，它为公共政策高效分配和整合公共资源创造了可能性前提；管理效率注重结果导向，强调政策所取得的绩效而不是政策资源的投入，结果取向的检验标准是推动公共政策发展的强劲动力。

---

① 亨利. 公共行政与公共事务. 北京：中国人民大学出版社，2002：71-75.

② 范瓦特. 公共管理的价值根源. 经济社会体制比较，2002（4）.

公共政策的本质特征决定了公共政策的发展必须以公共性为首要的价值导向，在公共性价值目标的引导下追求合法性和政策资源分配的高效率。

5.4.2 公共政策环境

公共政策的价值实现及其变迁和发展会受到整个政治系统与社会环境的影响，政策问题归根到底是从政策的生态环境中产生出来的，政策运行的条件和资源都离不开相应的政策生态环境。如果政策生态环境发生的变化已经对现有的政策价值实现产生了制约或新的要求，那么政策就应当根据政策生态的变化适时做出调整和发展。

政策生态环境可以分为两类：一类是社会总环境，包括经济资源环境、政治法治环境、社会文化环境和国际环境等；另一类则是与特定的公共政策过程直接相关、与决策和政策执行直接相联系的输入–输出环境，即工作环境。

社会总环境是政策过程的大环境，是政策过程的根本条件和基础，它直接影响公共政策的总体趋势和基本走向。社会总环境中的价值观、意识形态、历史因素、文化传统、权力结构和权力运行机制等能对政策的变迁和发展产生重大影响。公共政策的变迁和发展必然涉及与利益博弈相关的竞争性价值体系，这些不同的体系被利益集团加以系统化，成为影响公共政策发展方向的“意识形态”；历史上形成的特定社会的文化传统与社会生活模式构成了人们对国家干预与仲裁的程度与形式的特定看法，从而形成了影响政策体系的社会观念；特定政治体制基础上的权力结构与权力运行机制，通过对政策过程参与者及其参与方式、程度、程序的设计影响着政策的走向和前景。

工作环境是特定时期、特定区域的公共决策和政策执行面临的具体环境，也是政策制定和执行的现实条件。工作环境实际上是社会总环境在一定时间与空间上的分布。同一社会总环境下，工作环境可能产生很大差异。其原因是多方面的，如各种政策资源在时间、空间上分配不均匀，现存政策基础的不同，突发事件的发生，等等。对公共政策工作环境的忽视易造成公共政策的失败，在政策制定前没有对特定政策的经济、社会状况和可利用资源的状况及可持续性做充分的调研和分析，政策制定过程中忽视政策的可行性研究，政策执行过程中机械地照搬照抄、缺乏灵活性，等等，都会影响政策目标的实现。公共决策要重视决策过程以外的信息输入与输出，关注决策体系中与投入和产出相关的环境，以利于充分实现公共政策的预期价值目标。

公共政策发展需要适应和顺应其生态环境，它不仅仅是一种被动的回应，而是需要从多方面体现其引领时代的创新性和开拓性，充分发挥公共政策对社会公共生活的调节功能、分配功能、规制功能、建构功能和导向功能。

5.4.3 公共政策发展与公共管理价值的实现

公共政策作为公共管理的重要组成部分，是公共组织管理公共事务、实现价值目标的主要方式。公共管理包括一系列的价值取向——公共性、公平、正义、法治、责任和效率等，公共政策是实现这些价值的重要方式和途径。

5.4.3.1 公共政策发展与公共管理的价值相关性

1. 学科渊源

在传统公共行政时期的欧美国家中，市场经济已有较充分的发展，对公共行政的研究偏向于将其作为一种管理手段，而公共政策则更多地作为传统政治学视角中的立法、司法、行政和政党等组织运行输出的产物，较多地体现出法律性、普遍性和强制性。换言之，传统公共政策研究比公共行政更多地偏向政治。随着政策科学的兴起，人们对公共政策重要性的认识日渐清晰，政策分析更关注分析的方法与数字，更关注公共政策的建构及其对社会的实际影响。自20世纪40年代起，公共行政学发展最为重要的变化是价值反思的出现。随着赫伯特·西蒙和罗伯特·达尔对传统行政的批判，60年代末新公共行政宣示其对“政治-行政”二分和效率至上的批判，以及强调对民主行政和公共行政价值伦理的关怀，公共行政与公共政策所关注的价值日益相近。进入20世纪80年代以来，新公共管理的发展使政策科学与行政学有了更为一致的发展趋势。公共政策的伦理、价值再次成为公共政策科学的主题之一。公共政策在公共管理中的作用以确认公共管理存在政治过程为基础，成为现代公共管理的重要组成部分。

2. 公共政策在公共管理中的功能与地位

公共政策与公共管理具有密切的相关性。公共政策功能的实现既受制于特定时空范围内的政治、经济、文化等环境要素，也能对这样的环境要素起到重要的反作用。政府公共部门在建构公共生活的制度框架、进行宏观经济调控、保障和促进良性的市场竞争、协调和解决社会矛盾和群体冲突的过程中，离不开制定和实施相应公共政策这一重要途径。此外，传统的国家中心主义已发生动摇，社会利益的分层化和多元化与公众利益诉求意愿日愈增强的格局更为凸显；同时，社会自治力量不断发展，社会公共生活由以国家为中心转向以社会为中心。在这样的时代背景之下，公共政策的制定实施不再是以往的强制性的国家控制手段，而是以政府为核心的社会多元主体互动合作的结果。当代社会矛盾尖锐复杂，日益增长的社会不可治理性挑战各国政府，公共政策问题更为复杂，公共政策的内容更为丰富，公共政策制定与实施的方法必须与时俱进，变革创新，以回应时代需要，实现现代公共管理的目标和价值。从根本上说，公共政策的发展在现代公共管理中主要发挥以下几方面功能：

（1）公共政策的行为引导功能。公共政策是在公共领域中以社会、群体和个人为对象制定并实施的具有约束导引性的规范和准则。公共政策是现实社会条件与环境的产物，是公众利益的体现，同时公共政策目标也指出整个社会生活的发展方向。公共政策针对特定的公共问题，通过政治的、道德的、文化的和法律的等诸多公共管理途径或以这些方式为载体，逐步推进和实现对社会价值的引导和社会行为的规范。

（2）公共政策的利益协调与分配功能。随着现代社会中利益多元化和分层化的加剧，利益冲突与矛盾日益尖锐复杂，公共政策的发展需要在建构于良好制度之上的、透明公正的公共平台上对社会利益进行合理的区分与协调，并通过一定的分配与再分配手段实现效率与公平，维护社会正义。从公共管理的视角看，公共政策过程也是以公共价值为导向协调相关公共管理机构运行的过程。政府通过既定公共政策的实施，公正、有序地实现对社会利益的分配、协调和整合。

（3）公共政策的调控和规制功能。公共政策过程以公共问题为起点，而公共问题则是社会公共生活领域（包括政治、经济、社会、文化和宗教等各个领域）中的非平衡状态。在不同的时期，这种非平衡状态有可能出现在上述某个领域中，或某一领域中的某些方面。公共政策过程就是要通过对局部或整个社会发展局势的调控使特定领域或范围的非平衡状态得到调整或控制在一定程度之内，或逐步缓和达到平衡，实现社会机体的协调和社会运行的稳定与和谐发展。

5.4.3.2 通过公共政策发展实现公共管理价值的途径

公共政策发展对实现公共管理的价值具有重要意义。具体而言，实现途径主要体现在实现公共管理的价值与构建公共管理稳定的运行平台两个层面。

1. 实现公共管理的价值

公共政策的价值应与公共管理的整体价值相一致。公共政策通过外化的形式使公共管理的整体价值得以具体体现和实现，即通过价值导向实现公共管理的价值。

公共管理的价值观是公共管理的主体及对象在情感上和认知上对某种价值目标的认同与追求。公共性、服务性和合作共治性是现代公共管理的本质特征。公共管理的价值理念具体来说就是人们认可的公共管理的方向、原则和标准，也就是在公共管理过程中人们对正义、公平、责任性、回应性、服务性和民主参与性等基本理念的认同和实践。对公共政策主体而言，通过公共政策的实施实现公共管理的价值，需要对上述价值理念有正确的认知、情感和态度，并把这些价值理念贯穿于公共政策之中。价值观是它们共同遵守的价值标准，共同的价值观是公共政策过程得以顺利推进的保障。对社会公众而言，公共管理的价值观直接影响公众对公共管理主体（特别是政府）的认可、支持和信任的程度。价值领域是公共管理必须正视与反思的重要领域。公共管理的价值观在公共管理过程中居于核心地位，它必然会对政府公共政策规划的目标和方向产生基础性和规定性的影响。

公共政策发展的价值导向首先建立在对政策进行价值分析的基础之上。政策的价值分析是贯穿政策过程始终的重要主线。价值性规范既是公共政策制定、执行的总体导向，是影响公共政策正确性、有效性的一个重要指标，也是评价公共政策质量优劣及其执行结果的关键性因素。随着政策研究的深入，这种对具体政策的价值分析必然会促进政策主体与公众对公共管理价值的深层次思考，从而有利于在宏观上引导公共管理运行的方向。

在对具体政策进行价值分析的基础之上，实现公共政策价值观的整合。公共政策主体与公共管理主体在相当程度上是一致的，价值观整合的过程是公共政策主体通过决策这一公共管理的重要机制，为整体和具体的公共管理活动提供指导性思路。公共政策过程通过制度性规范实现公共管理价值观的整合，整合的主要方式包括：协调、说服与强制。协调是两个或两个以上的公共生活主体（利益群体、族群或阶层）彼此调整立场或态度以适应对方的某种需要，从而达成协议。这一过程是博弈的结果。说服是一方通过劝说获得另一方或多方的理解与支持。强制是公共管理主体运用公共权力与公共资源迫使另一方或多方支持某一立场。通过这些方式的整合，公共政策及公共管理的价值得以实现。

2. **构建公共管理稳定的运行平台**

公共政策是公共管理的重要和主要组成部分。公共管理系统性的运行活动，包括计划、组织、指挥、控制、协调等多个功能环节，而所有这些都是决策和实施决策的过程。因此，从这一意义上看，西蒙说“管理就是决策”[①]。公共政策过程，即公共政策制定、执行、反馈和评估的过程构建起公共管理这些功能得以发挥作用的稳定平台。

（1）公共决策是公共管理的起点。整个公共政策过程构成公共管理的重要路径。公共决策涉及政策问题的产生、政策制定、政策沟通、政策执行、政策评估等环节。通过这些环节，公共组织与外部环境（政策对象与政策环境）之间进行信息交换与互动，不断地进行政策输入与输出、再输入与再输出的循环。依据这一路径，公共管理不同领域中的目标在公共政策过程中的不同阶段被分解为具体的管理目标，通过管理活动实现公共利益。

（2）公共决策贯穿公共管理过程的始终。公共决策不仅为公共管理的展开提供了起点，而且公共管理的其他环节也包含着决策活动，从而构成了行政决策。在现代社会，两者的边界已很难明确区分，公共决策和行政决策已经渗入公共管理的细节之中。例如，在公共管理过程中某一方案在执行时由于实际环境的变化而出现与预期相偏离的情况，需要及时进行纠正，这本身就是再决策的过程。从这个意义上说，公共管理与公共决策存在互相渗透的密切关系，公共管理的实际运行是一系列公共决策的结果。

（3）公共决策是公共管理履行各项功能的基础。公共管理要为实现管理目标做出计划安排，要为实现目标动员整合各种资源并组织相应的人员、机构，要建立统一、有效的指挥与领导中心，要对管理过程的各种行为进行控制，要使相关的不同机构、人员分工合作并协调相互间的关系。这些功能的履行都要以公共决策为基础，形成系统的管理过程，以实现高效的管理。

（4）从根本上说，在现代社会公共生活的生产和再生产的过程中，即人类的社会性和生物性的生产和再生产的过程中，人们对于所需资源的获取、生产、分配或交换会在不同范围和层面产生冲突和矛盾，这就需要必要和适当的公共政策对其进行规制和调节，从而实现对社会资源配置的整合和优化。正是这样的公共政策形成和实施的过程，以及通过公共政策发展实现对社会资源配置的整合和优化的过程，构建了公共管理的运行平台。

本章小结

1. 公共政策、公共管理和公共行政三者之间具有密切的内在联系。公共政策在现代公共管理中的作用日益显著。从根本上说，公共管理的实施及其价值的实现主要通过适时制定和执行各种符合公共利益最大化价值取向的、效率与效益兼具的公共政策来完成。

---

① 西蒙. 管理决策新科学. 北京：中国社会科学出版社，1982：33.

制定和实施公共政策是公共管理的重要内容。

2. 公共政策过程是由问题确认与建构、政策议程、政策制定、政策沟通、政策执行、政策评估等一系列相互关联的环节所构成的实际运作过程。信息传播与政策沟通效果之间构成了相互作用的内在联系。

3. 公共政策分析既是一门科学，也是一门艺术，是一个复杂的系统过程，需要科学的分析方法作为支持。在政策分析中，定量与定性分析方法是两种最基本的方法类型。政策分析作为解决社会问题的一种方法产生于有意识地积累知识，从而能够对联系知识与行动的可能性进行清晰和深入的检验的阶段。公共政策分析具有较强的实践性和应用性；政策分析的方法不断发展丰富，定量分析方法与定性分析方法有机结合、相辅相成。

关键术语

公共政策　　公共政策工具　　公共政策过程　　公共政策议程　　公共政策制定　　公共政策沟通　　公共政策执行　　公共政策评估　　公共政策分析

复习思考题

1. 分析选择公共政策工具应该考虑的因素。
2. 如何理解金登的多源流分析模型?
3. 分析公共政策沟通的障碍、原因以及如何克服障碍。
4. 分析政策执行失控的主要表现、原因以及如何矫正政策执行的失控。
5. 比较分析公共政策分析的不同方法以及各种分析方法的优缺点。
6. 论述公共政策发展的价值取向。
7. 论述通过公共政策发展实现公共管理价值的具体途径。
8. 案例分析题：请认真阅读以下案例材料，然后按照要求回答问题。

2006 年以来，中国房地产政策显出更趋系统化综合调控的特点，主要表现为以下四个方面：一是从关注一级市场到格外强调加强二级市场和租赁市场的建设。2006 年的一些房地产政策主要是针对一级市场的重要缺陷而采取的，如解决投资规模过大、房价上涨过快、住房供给结构不合理及房地产市场秩序混乱等。这些政策集中针对增量市场进行调控。2007 年以来，房地产政策格外强调加强二级市场和租赁市场的建设，推动广大社会群体梯级改善居住条件。从现实来看，大多数人改善居住条件，一般要经历从租到买的过渡，也将经历逐步调整的梯级改善，房地产政策的辐射范围从一级市场拓展到二级市场以及租赁市场，将惠及更多人的居住问题。二是从关注房价到更多关注住房保障体系。2006 年房地产政策关注的焦点主要是房价，而 2007 年的相关政策在关注房价的同时，也对住房保障体系进行重点关注，加强非市场化和半市场化配置资源。对经济适用房、廉租房的建设供应，有一些推动政策。完善住房保障成为 2007 年房地产市场的一个重要发展方向。三是从关注多数人住房为主到更加突出地关注少数人住房。这主要体现在完善廉租房制度、关注低收入人群和特困群体的保障措施方面。有限的资源要首先解决困难群体的住房问题。在过去的20年已经解决了“大多数人有房子住”的问题，今后则要着力解决“所有人有房子住”和“大多数人都有自己住房”的问题。目前，解决最困难群体的住房问题将成为这种政策施行的突破口。四是从对房地产市场独立调节到将房地产领域紧密结合宏观经济运行状况的综合调控。2007年房地产政策更加系统化，把调整结构和稳定房价作为政策的重要部分。制定房地产政策应更加注重廉租房体系建设，从实际来看，我国大部分城市的中低档房产存量资源可满足5～10年内廉租房资源周转的需求，政府无须投入更多的土地和资金。

资料来源：本案例由作者根据有关材料整理编写而成。

问题：

(1) 请运用公共政策的有关理论分析中国房地产政策变化的原因。

(2) 请运用公共政策的评估工具对中国房地产政策及其变化进行评估。

参考文献

1. 艾萨克. 政治学：范围与方法. 杭州：浙江人民出版社，1987.
2. 陈庆云. 公共政策分析. 2版. 北京：北京大学出版社，2011.
3. 陈振明. 政策科学. 北京：中国人民大学出版社，2003.
4. 费希尔. 公共政策评估. 北京：中国人民大学出版社，2003.
5. 格斯顿. 公共政策的制定：程序和原理. 重庆：重庆出版社，2001.
6. 李允杰，丘昌泰. 政策执行与评估. 台北：空中大学，1999.
7. 霍利特，拉米什. 公共政策研究：政策循环与政策子系统. 北京：三联书店，2006.
8. 戴伊. 理解公共政策：第12版. 北京：中国人民大学出版社，2011.
9. 王春福，陈震聃. 西方公共政策学史稿. 北京：中国社会科学出版社，2014.
10. 邓恩. 公共政策分析导论. 北京：中国人民大学出版社，2002.
11. 伍启元. 公共政策：上. 台北：台湾商务印书馆，1985.
12. 谢明. 公共政策导论. 4版. 北京：中国人民大学出版社，2015.
13. 金登. 议程、备选方案与公共政策. 北京：中国人民大学出版社，2004.
14. 安德森. 公共决策. 北京：华夏出版社，1990.
15. 张国庆. 现代公共政策导论. 北京：北京大学出版社，1997.
16. 张金马. 政策科学导论. 北京：中国人民大学出版社，1992.
17. 赵德余. 实施公共政策：来自跨学科的声音. 上海：上海人民出版社，2013.
18. 彼得斯，等. 公共政策工具. 北京：中国人民大学出版社，2007.
19. EASTON D. The political system. New York：Knopf，1953.
20. FRIEND J K，POWER J M，YEWLETT C J L. Public policy：the inter-corporate dimension. London：Tavistock，1974.
21. HILL M. The policy process in the modern state. London：Prentice Hall/Harvester Wheatsheaf，1997.

22. JENKINS W I. Policy analysis. London：Martin Robertson，1978.

23. JONES C. An introduction to the study of public policy (third edition). Belmont，Calif.：Wadsworth，1984.

24. KINGDOM J W. Agenda，alternatives，and public policies. Boston：Little，Brown and Company，1984.

25. LYNN L. Managing public policy. Boston：Little，Brown and Company，1987.

26. PARSONS W. Public policy：an introduction to the theory and practice of policy analysis. Cheltenham：Edward Elgar，1997.

27. ZAHARIADIS N，ALLEN C S. Ideas，networks，and policy streams：privatization in Britain and Germany. Policy studies review，1995.

第6章

公共人力资源管理

本章导读

公共人力资源是重要的公共资源，公共人力资源管理是公共管理的重要内容。20世纪60年代以后，在企业界，人力资源管理逐渐取代了人事管理，使对人的管理理念和内涵发生了重大的变化，这种变化随之扩展到公共管理领域。本章围绕公共人力资源管理的基本理论、公共人力资源管理的主要内容、公务员制度、公共人力资源管理的变革等进行阐述。

知识结构图

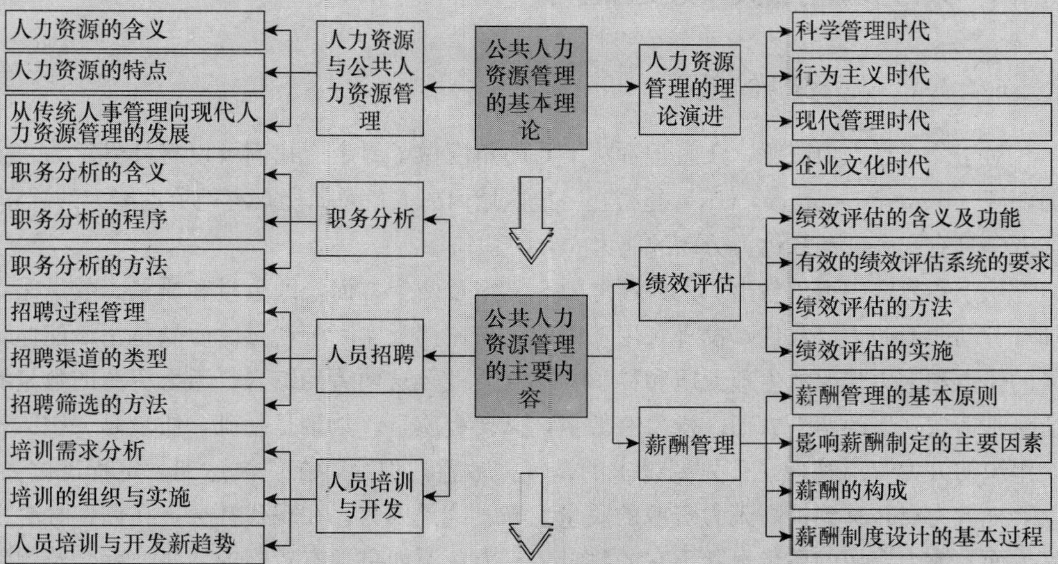

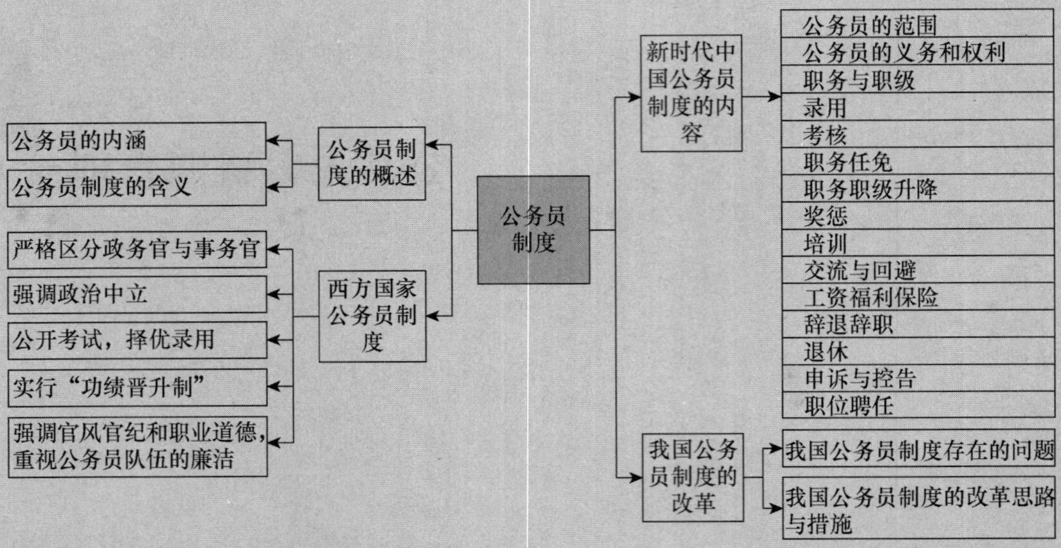

重点问题

- 人力资源与公共人力资源管理的含义、特点
- 公共人力资源管理的主要内容
- 公务员制度
- 公共人力资源管理的变革

6.1 公共人力资源管理的基本理论

6.1.1 人力资源与公共人力资源管理

6.1.1.1 人力资源的含义

对于什么是人力资源，众多学者从不同的角度做了界定。我们可以将其界定为：人力资源（human resource，HR）是指在一定区域内的人口总体所具有的劳动能力的总和，或者是具有智力劳动和体力劳动的能力的人的总和。

从上述界定中可以看出，人力资源的含义涉及两个方面，即数量和质量。数量是指拥有劳动能力的人口数量，投身有用工作的人口比例及实际劳动量。质量是指最能体现人的体力和脑力状况的生理素质和科学文化素质以及这两者的综合。人力资源的数量和质量是密切联系的两个方面。既要有数量，又要有质量。数量是基础，质量是关键。一个组织的人力资源管理，首先要谋求的是规模效益。但是，在规模达到一定程度之后，就要把着力点转移到提高人力资源的质量上来。这是因为，在现代社会，在创造社会财富方面，人力资源的质量远胜于它的数量。人力资源如果没有较高的质量，就会给组织造成负担。数量与质量相统一，数量适中且素质精良，这是人力资源管理的目标之一。

6.1.1.2 人力资源的特点

与物质资源和其他生物资源相比，人力资源具有以下特点：

1. **生物性**

人力资源的载体是人，从而决定了它是有生命的、“活”的资源，与人的自然生理特征息息相关。

2. **能动性**

这是人力资源的一个最重要的特征，是人力资源与其他一切资源最根本的区别。人是有思想、有感情的，具有主观能动性，能够有目的、有意识地进行活动，能动地认识自然和改造自然，并能有意识地对所采取的行为、手段及结果进行分析、判断和预测。这种意识不是低水平的动物意识，而是对自身和外界具有清晰看法、对自身行动做出抉择、调节自身与外部关系的社会意识。

人力资源的能动性主要表现在自我强化、知识和技术创新以及功利性的投向三个方面。趋利避害是动物的一种本能，但动物只能被动地接受周围环境的影响，而不能主动选择、积极适应。人则不仅拥有而且也能自主地支配自身的人力资源，以一定的功利性目的为依据，有目的、有意识地控制和选择人力资源的投向。

3. **时效性**

人力资源的形成、开发和利用都要受时间方面的限制。从个体角度来看，作为生物机体的人，有其生命周期，如幼年期、青壮年期、老年期，各个时期的劳动能力各不相同。从社会角度来看，人力资源也有培养期、成长期、成熟期和老化期。这要求我们研究人力资源运动的内在规律，使人力资源的形成、开发、配置和使用等处于一种动态的平衡之中，从而更好地发挥人力资源的效用。

4. **智力性**

人类在劳动中创造了机器和工具，通过开发智力，使自身的功能大大扩展。人的智力具有继承性，人的劳动能力随着时间的推移得到积累、延续和增强。

5. **再生性**

资源可以分为可再生资源和不可再生资源两大类。不可再生资源如矿藏（煤矿、金矿、铁矿、石油等），可再生资源如森林。人力资源基于人口的再生产和劳动力的再生产而具有再生性，这决定了人力资源的再生性不同于一般生物资源的再生性。除了遵循一般生物规律之外，还受到人类意识的支配和人类活动的影响。

6. **社会性**

从人类社会活动的角度来看，任何人都生活在一定的群体之中。人类的劳动是群体劳动，劳动者一般都处于劳动集体之中，这是人力资源社会性的微观基础。从宏观上来看，人力资源总是与一定的社会环境相联系的。它的形成、开发、配置和使用都离不开社会环境和社会实践，是一种社会活动。从本质上讲，人力资源是一种社会资源，应当归社会所有，而不是归于某一社会经济单位。

6.1.1.3 从传统人事管理向现代人力资源管理的发展

人事管理（personnel management）与人力资源管理（human resource management）在一定程度上具有相近的含义，都是指为了实现管理目标而运用各种方法和技术对管理工作中所涉及的人或人事进行有效开发、合理配置、充分利用和科学管理的制度、法令、程序和方法的总和。以前，大都用“人事管理”这一概念。但是，随着时间的流逝和时代的发展，随着人事管理的内涵、外延、理念和方法的不断变化，人们发现，“人事管理”这个名词已经不能很好地表达其工作内容了，“人力资源管理”便逐渐取而代之。传统人事管理与现代人力资源管理的基本差别如下：

1. 关于人性的假定不同

传统的人事管理以物为中心，把人看作一种成本，管理的主要任务就是如何尽可能减少人工成本。受人本主义和人力资本理论影响，现代人力资源管理视人为最核心的资本，认为人力资本的投资收益率高于其他形态资本的投资收益率。人是第一资源，是支配和利用其他资源的资源，是唯一可以连续投资、反复开发利用的关键性资源。人力资本是生产力中最活跃的因素，人力资本的积累是经济得以持续发展的决定性因素，是产业发展的真正源泉①。

2. 工作的性质不同

传统的人事管理基本上属于行政事务性的工作，活动范围有限，短期导向，主要由人事部门职员执行，很少涉及组织高层战略决策。人事部门扮演的是控制人工成本的“成本中心”的角色。现代人力资源管理重视对人的能力、创造力和智慧潜力的开发和发挥，扮演的是增加产出的“利润中心”的角色。并且，由于人在生产中的重要性突出，人力资源越来越多地进入了组织的战略决策领域。一个组织的战略规划如果离开了人力资源的因素，就会成为空中楼阁而难以实现。随着信息技术的发展，人力资源部门将事务性的工作标准化、自动化和程序化，而更注重设计和实施各种有利于提高员工生产力和组织整体绩效的方案，努力为组织创造价值。比如：结合组织战略，调整和优化组织结构；通过准确的绩效评估、有效的激励来加强员工的团队协作，提高员工的满意度和忠诚度；通过培训和教育提高员工的能力和水平以及进行员工职业生涯设计；等等。

3. 管理内容不同

传统的人事管理主要存在于雇佣关系从发生到结束的运动过程。人员的招聘、录用、委任标志着雇佣关系的建立，之后的考核、奖惩、职务升降、工资福利待遇、申诉控告等构成了管理阶段的主要内容，而辞职、辞退、解雇、退休等则意味着雇佣关系的结束。人力资源管理不仅涵盖了传统人事管理的这些基本内容，而且纵深发展，大大拓宽了原有人事管理的内容，形成全方位的管理。比如在西方国家流行的员工援助计划（employee assistance plan，EAP），就是要帮助员工解决心理问题、家庭经济问题和法律纠纷等问题。此外，还有知识管理、文化管理、业务流程再造、学习型组织的构建等。人力资源管理视野广阔、内容丰富，不局限于本组织，注意“进、管、出”，而且注重全社会人力资源的规划与生产，重视人与事、人与环境的协调配合。

4. 管理部门的地位不同

传统的人事管理把人事部门视作非生产、非效益部门，地位较低，且从事管理的人

① 倪星，揭建旺．试论政府人事管理的治道变革：从传统人事管理到现代公共人力资源管理．探索，2003(5)．

员进不了决策层。现代人力资源管理部门已经成长为除了落实具体人事事务之外，还负责协调管理系统、提供决策预案的拥有咨询专业技术的中枢性机构，且人力资源管理者不仅能够进入高层领导，还可以成为核心成员之一①。此外，传统人事管理的职责主要由人事部门承担，造成管人与管事的脱节，而人力资源管理强调它的放射性和渗透性，强调各部门主管承担人力资源管理的主要职责，实现管人与管事的合理统一。人力资源部门与各业务部门形成战略同盟关系，为各部门提供智力支持。

5. **管理的方式和手段不同**

传统的人事管理强调标准化的管理，管理手段较为刚性，主要运用行政命令的办法。人力资源管理强调管理的人性化，理解员工的需要，采取柔性的、参与式的民主管理，注重人文关怀。

美国学者菲利普·J. 库珀认为，“在传统上，人事管理被定义为将员工配置到组织中适当职位的一套具体程序或功能”。与此相适应，传统人事管理职能主要包括：一是工作分析，即明确工作的核心要素以及完成工作所需的技能；二是对职位进行分类，即根据一套既定的工作名称和头衔等级规则定义不同的岗位；三是进行人员安排，包括招聘和安排职位；四是为员工提供岗位培训；五是对工作岗位进行重新设计。具体如图 6-1 所示②。

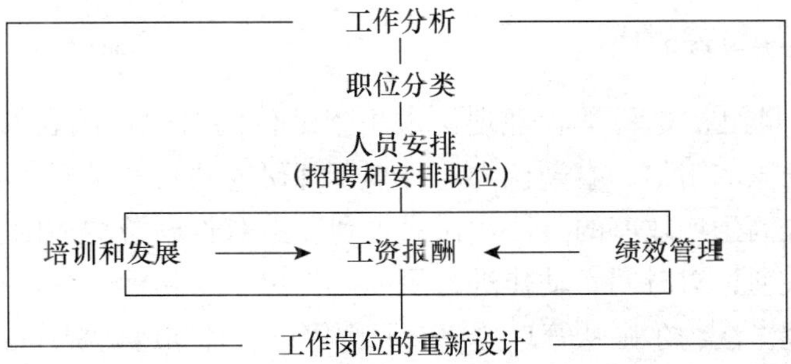

图 6-1 传统人事管理职能

政府工作环境中的人事职能已逐渐超越了图 6-1 所列出的传统内涵，甚至名称也由“人事管理”变成了“人力资源管理”，具体如图 6-2 所示③。

现代人力资源管理与传统人事管理的区别主要体现在：传统人事制度的一个核心目标是防止管理层的权力滥用，保护员工的利益，维护制度的公正。现代人力资源管理者成了顾客，人事制度应该为他们服务，以便使管理者能更好地服务于大众。传统人事制度强调的是控制，现代人力资源管理强调的是灵活性；传统人事制度关注的是保证程序的统一，现代人力资源管理关注的则是目标的实现；传统人事制度把员工视为劳动力，现代人力资源管理把员工视为组织的重要资源；管理制度所扮演的角色也逐渐由保护者转变成了激励者。

---

① 徐晓丹. 从传统人事管理到公共人力资源管理：转轨时期我国政府人事管理改革的一种思路. 甘肃行政学院学报，1999（3）.

② 库珀，等. 二十一世纪的公共行政：挑战与改革. 北京：中国人民大学出版社，2006：269.

③ 同②284.

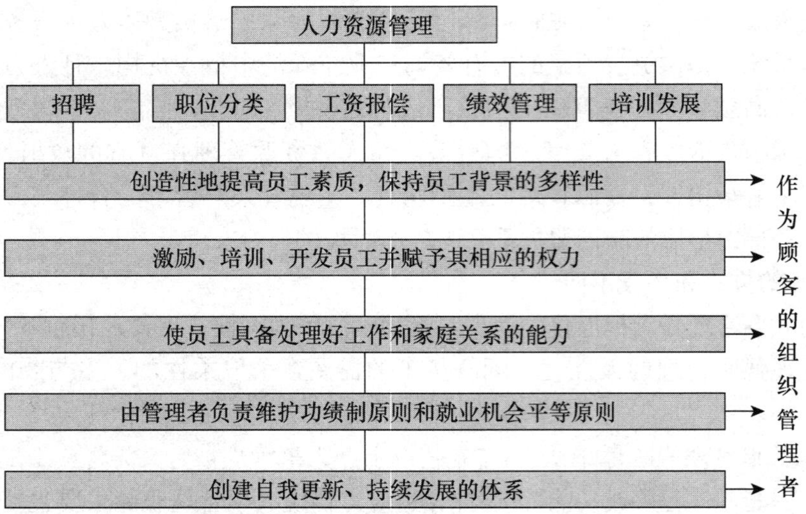

图 6-2　重建人力资源管理

6.1.2　人力资源管理的理论演进

6.1.2.1　科学管理时代

19 世纪末 20 世纪初是科学管理理论占主宰地位的时代，代表人物有美国的泰勒、法国的法约尔和德国的韦伯。泰勒认为，科学管理研究的目的是要去发现生产与分配的规律，从中找到提高生产效率的方法，让雇主和雇员获得利益均沾因而建立起和谐的劳资关系。泰勒等人通过对时间、动作进行研究，提出了工作标准化、规范化、定额化和计件工资制等原理。法约尔则从管理的一般原则探讨管理问题，提出了管理的五大要素，即计划、组织、指挥、协调、控制，并提出管理人员的个人素质问题。韦伯的组织理论主要是从组织结构的有关问题入手探讨改进效率的途径。

上述三位代表人物的理论虽各有侧重，但有着以下的共同点：第一，都把人看成是被动的、纯理性的，任由管理者用“大棒加胡萝卜”（纪律规章加经济刺激）进行控制和摆布，人和物为同一性质，人只不过是会说话的工具；第二，都把重点放在管理的“物”的、“硬”的方面，如结构、控幅、工艺、奖酬等；第三，都认为存在着一种适用于一切组织与环境的通用的“最佳”管理模式，如行政层级结构、管理通则、标准的动作和流程、科学定额等。

科学管理提倡标准化、定额化和差别性计件工资制，强调管理控制和合理的组织结构，在一定程度上有利于提高生产效率，改善人们的物质待遇。但它也存在着很大的局限性：第一，科学管理把人看作“经济人”，只有物质利益需要，而不是有思想、有感情、有多种需要的；第二，科学管理把人当作机器的附属物，生产线的运转过程是有规律的，要求人的动作标准化，跟上机器的节奏，随着机器连续不停地运转，人的活动就成了一种本能，劳动者实际上成了机器的零部件，因此，科学管理虽然较之以前的管理行为重视人的因素，但实际上仍是以物为中心的管理，其任务始终是探讨如何让人更好地适应机器的运转，而不是把工作和机器设计得更适合人，因而抑制了人的积极性和创造性；第三，在奖惩制度方面，科学管理主张主要用金钱来刺激员工的积极性，同时对消极者采用严厉的惩罚措施，而没有考虑人的精神方面的激励作用；第四，人事管理着重于雇佣、控制和考核等日常事务性环节，忽视了人的潜能的开发。这些缺陷为行为主义理论的出现留下了很大的空间。

6.1.2.2 行为主义时代

20世纪20—40年代是行为主义理论的时代。行为主义的早期为人际关系学派，是通过霍桑实验而形成的。其代表人物是梅奥，主要观点是：人是“社会人”而不是“经济人”，生产效率在很大程度上取决于人的工作态度或士气，“非正式组织”对职工的积极性有很大影响。人际关系理论奠定了行为科学理论的基础，此后产生了许多有代表性的行为主义理论，包括：第一，马斯洛的需要层次理论。该理论认为人的需要分为生理、安全、社交、尊重和自我实现五个层次，管理工作必须把满足人的需要作为根本出发点。第二，赫茨伯格的双因素理论。该理论认为影响人的行为的因素有两类，即激励因素和保健因素，管理者要充分调动人的积极性，把重心放在激励因素上面。第三，弗鲁姆的期望价值理论。该理论认为各种激励因素作用的大小，取决于人们对他所期望得到的结果的全部预期价值乘以他认为得到结果的概率，这就要处理好三种关系，即个人努力与绩效的关系、绩效与奖励的关系、奖励与满足个人需要的关系。第四，麦格雷戈的X-Y理论。该理论把传统管理理论归结为X理论，把建立在对人信任的基础上，主张通过诱导、鼓励的方式调动人的积极性的管理理论归纳为Y理论。第五，布莱克和穆顿的“管理方格图”理论。该理论认为领导对工作或对人的关心程度，可通过纵横坐标图表示出来，从而形成有纵横81个方格的图形。

总之，行为科学运用心理学、社会学和人类学等理论研究人们行为的动机、人们对外界刺激的反应等，以求在组织内部妥善处理人际关系，减少冲突，发挥人的积极性。

6.1.2.3 现代管理时代

第二次世界大战后，出现了现代管理理论或学派，包括：

第一，以巴纳德为代表的社会系统学派。该学派认为社会的各级组织都是由相互进行协作的各个人组成的系统，而系统的效率是指系统成员个人目标的满足程度，是个人效率的结果。一个协作系统的效率的尺度，就是它生存的能力，即它继续为其成员提供使他们的个人需要得到满足的诱导，以便使集体目标得以实现的能力。巴纳德把正式组织的要求同个人的需要联结起来了。这一观点，被西方有些管理学者誉为管理思想的里程碑。

第二，以德鲁克为代表的经验主义学派。该学派认为组织的管理者要树立目标，建立组织机构和选拔人员，利用奖金、报酬、提拔等手段来激励人们做好工作，利用自上而下和自下而上的沟通工作来协调组织活动，还要对人员的工作进行评价，等等。总之，管理者的工作就是激励、指挥和组织人们去做他们的工作。在这里，对人的管理和人力资源开发被认为具有非常重要的地位。

第三，以卡斯特和罗森茨韦克为代表的系统管理理论学派。该学派在一定程度上克服了以往管理理论的某些片面性，把对人的管理放在科学的地位上。它把组织看成是一个物质的、人力的、信息的各种因素相互作用的综合体，探讨其中各因素相互运动的规律，并对人力资源管理这一子系统予以充分的重视。

第四，权变管理理论。它以超 Y 理论为基础，以行为科学中的“复杂人”假设为依据，强调人的复杂性，认为不仅每个人所处的社会环境、生活条件各有其特点，而且同一个人本身在不同的年龄、时间、地点也会有不同的表现，人的需要和才智会随年龄的增长、知识的增加、地位的改变，以及人与人之间关系的变化而各不相同。因此，只有根据这些不同采取不同的管理方法，才能充分调动人的积极性。

这一时期，在经济学界出现了人力资本理论，它对人力资源管理学科的成熟起了十分重大的作用，其代表人物是美国经济学家西奥多·舒尔茨和加里·贝克尔等。舒尔茨认为，单纯从自然资源、实物资本和劳动力的角度，无法解释经济增长的全部原因，还必须考虑人力资本这个重要的生产要素。对这个领域进行具体的实证分析的则是爱德华·E. 丹尼尔。人力资本理论的创立和发展对实践领域的意义除了在宏观领域使许多国家把人力资源开发纳入国家经济社会发展规划中之外，在微观领域还涉及人力资本的吸引、选用、保值、增值和评价等方面。正是因为有了人力资本理论，才使人力资源管理建立在更加坚实的基础上，因而具有了强大的实证解释力。

6.1.2.4 企业文化时代

企业文化是 20 世纪 80 年代出现的一种理论思潮，它起因于对日本管理模式的研究。进入 20 世纪 70 年代之后，美国在世界经济竞争中遇到了来自西欧、日本等的挑战，其中，日本对美国第一经济强国地位的威胁最大。日本的成功迫使美国人不得不去研究日本的成功之谜。通过实地考察和研究，美国人得出一个共同的结论：在日本最成功的企业里，居第一位的因素并不是严格的规章制度，也不是计算机或任何一种管理科学技术，而是“企业文化”，它是企业成功的关键。

企业文化理论的代表人物和代表作包括：大内的《Z 理论：美国企业界怎样迎接日本的挑战》、迪尔和肯尼迪合著的《企业文化：现代企业的精神支柱》、帕斯卡尔和阿索斯合著的《日本企业管理艺术》、彼得斯和沃特曼合著的《成功之路：美国最佳管理企业的经验》、舒斯特的《A 战略：人与效益的关系》和米勒的《美国企业精神：美国未来企业经营的八大原则》等。

企业文化理论使人力资源管理理论上升到注重对人的观念的影响上，用群体价值观激励员工。企业文化强调个人的自由全面发展，实行自主管理、自我诊断、自我启发和自我完善，从而调动组织成员的积极性、主动性和创造性。对员工的激励，虽然与组织给予其成员的物质预期有关，但归根到底取决于组织内在的共同价值观念。如果一个组织有了良好的群体价值观，管理就会起到事半功倍的效果。企业文化理论的落脚点是人，是人对行为规范、管理理念和组织愿景的认知，强调管理者要注重对员工在这些领域的认知培养，从而化外部强制性的管理为员工内在的自觉行为。它要求我们把着眼点放在满足员工的高层次需要、精神需要上来，实现以人为中心的管理，用高尚的组织目标和组织精神塑造人才、凝聚队伍、激励员工，取得人力资源管理的效益。企业文化理论的诞生，使管理理论完成了由以物为中心向以人为中心的转变。

6.2　公共人力资源管理的主要内容

6.2.1　职务分析

6.2.1.1　职务分析的含义

职务分析又称工作分析，是指对某一特定的职务做出明确规定，并确定完成这一职务需要什么样的行为的过程。也就是说，它是全面了解一个职务的管理过程，是对该职务的工作内容和工作规范（任职资格）的描述和研究过程，即制定职务说明和职务规范的系统过程。

具体地说，职务分析就是全面收集某一职务的有关信息，对该职务的工作从六个方面开展调查研究，即工作内容（what）、责任者（who）、工作岗位（where）、工作时间（when）、怎样操作（how）、为什么要这样做（why），然后再将该职务的任务要求进行书面描述，最后整理成文的过程。

职务分析旨在确保：职务分类适当，招聘和选拔过程能够建立在对该工作所需知识、技能和能力标准的精确理解的基础上，能够开发有助于提高工作绩效的培训项目①。职务分析是公共人力资源管理中的一个基础性工作，它直接关系到公职人员工作效率的提高和其他一系列人力资源管理环节的科学开展，如人员规划、招聘、培训、绩效评估、薪酬设计等。因此，任何组织欲建设健全的人力资源管理系统，都必须下大力气做好这一阶段的工作。

6.2.1.2　职务分析的程序

1. 目标选择与组织

这一阶段主要应解决以下几个问题：确定所获取工作信息的使用目的，确定职务分析时信息收集的类型和范围，选择职务分析人员，取得各管理层次和有关人员的认同和合作，制定规范用语。

2. 制定职务分析的计划和方案

这一阶段的工作主要包括以下几个方面：制定职务分析的计划，选择分析的目标职务，选择信息来源，选择信息收集的方法。

3. 信息的收集和分析

这一阶段的任务是按照规定的程序和方法收集工作信息，信息收集的内容应根据前

---

① 库珀，等．二十一世纪的公共行政：挑战与改革．北京：中国人民大学出版社，2006：270．

面已确定的职务分析的目的而定。一般来说，工作信息包括：工作内容、工作职责、有关工作的知识、灵巧程度、经验和适宜的年龄、所需教育程度、技能训练的要求、学习要求、与其他工作的联系、作业姿势、工作环境、作业对身体的影响、所需的心理品质、劳动强度等。

4. **结果表达**

这个阶段的任务就是把前一阶段的分析结果用文字的形式表达出来，使它成为可以使用的管理文件，也就是编写职务说明书。编写职务说明书的主要目的在于：使公职人员了解工作与工作成绩的标准，说明任务、责任及职权范围，确定评估人员工作成绩的主要标准，为招聘与安排人员提供依据，帮助公职人员熟悉业务和执行工作，提供有关培训与改善管理的资料。

5. **结果的运用**

这个阶段的主要工作是根据职务分析的结果，制定人力资源管理的各种应用性文件，并培训文件的使用者，使他们能够按照文件的具体规定实施管理，使职务分析的成果运用到工作实际中去。这些应用文件包括招聘录用文件、培训文件、人员发展和晋升文件、薪酬规划文件等。

6.2.1.3 职务分析的方法

1. **工作实践法**

这是职务分析者通过直接参与某项工作，从而细致、深入地体验、了解、分析工作的特点和要求以达到职务分析的目的的方法。它可以克服一些有经验的人员并不总是很了解自己完成任务的方式的缺点，也可以克服有些人员不善于表述的缺点，还可弥补一些观察不到的内容。它的缺点是由于现代组织中的许多工作高度专业化，职务分析者往往不具备从事某项工作的知识和技能，这时就无法采用工作实践法。因此，工作实践法适用于对一些比较简单的工作进行分析，也可以与其他方法结合起来运用。

2. **观察法**

观察法是指由有经验的人，在工作现场运用感觉器官或其他工具，观察职员的实际工作过程，用文字或图表形式记录某一时期工作的内容、程序、形式和方法，并在此基础上分析有关的工作因素并达到分析目的的一种方法。观察法的优点是可以了解广泛的信息，如工作活动内容、工作中的正式行为和非正式行为、工作人员的士气等。采用这种方法收集到的资料多为第一手资料，排除了主观因素的影响，比较客观和正确。观察法适用于大量标准化的、周期短的、以体力活动为主的工作。观察法的缺点是：首先，它不适用于脑力劳动成分比较高的工作和处理紧急情况的间歇性工作。有些工作内容中包括许多思想和心理活动、创造性活动和分析能力的运用，如教师、律师、急救站的护士等，这些工作就不适合使用观察法。其次，在观察中，被观察人员的行为表现会出现跟平时不一致的情况，从而影响了观察资料的可信度。最后，观察法的工作量太大，要耗费大量的人力和财力，时间也过长。

3. **访谈法**

这是一种通过分析者与任职者之间面对面的交谈获得工作信息，从而达到职务分析的目的的方法。访谈法的种类包括个别访谈法、集体访谈法和主管访谈法三种。访谈法的优点有：第一，应用广泛，它可广泛运用于以确定工作任务和责任为目的的职务分析；第二，通过面谈，可以发现一些在其他情况下了解不到的工作活动和行为；第三，为组织提供了一个向大家解释职务分析的必要性及其功能的良好机会；第四，访谈法相对来说比较简单，但却可以十分迅速地收集到有关的信息；第五，可控性强。访谈法的缺点主要有：第一，职务分析者对某一工作固有的观念会影响其做出正确的判断；第二，被访问者出于自身的利益考虑有时会采取不合作的态度，或有意无意夸大自己所从事工作的重要性和复杂性，从而导致所提供的工作信息失真；第三，会打断被调查者的工作；第四，分析人员的问题可能会因不够明确或不够准确而造成误解，从而影响工作信息的收集。

4. **问卷法**

这是职务分析中最常用的一种方法，就是采用问卷来获取职务分析中的信息，实现职务分析的目的。问卷既可以是结构化的，也可以是开放性的。问卷法的优点在于费用低、速度快、节省时间和人力；问卷可在工作之余填写，不会影响正常工作；分析的样本量可以很大，因此适用于需要对很多职务进行分析的情况；分析的资料可以数量化，由计算机进行数据处理；可用于多种目的、多种用途的职务分析。问卷法的缺点是：设计问卷要花费大量的时间、人力和物力，费用较高；可控性较差，被调查者可能因对问卷的理解不同而产生信息误差。

5. **典型事例法**

这是由职务分析专家向一些对某职务各方面情况比较了解的人员进行调查，要求他们描述该职务半年到一年内能观察到并能反映其绩效好坏的一系列事件（典型事例）来获得工作信息，从而达到分析目的的方法。这种方法可直接描述人们在工作中的具体活动，揭示工作的动态性；由于所研究的工作可以观察和衡量，所以用这种方法获得的资料适用于大部分的工作。但收集归纳事例需要大量的时间，而且所描述的是具有代表性的工作行为，而忽视了一些不显著的工作行为，难以完整地把握整个工作实体。

6. **工作日志法**

这种方法一般由工作者本人按工作日志的形式，详细地记录自己的工作内容、责任、权力、人际关系、工作负荷及感受等，然后在此基础上进行综合分析，实现职务分析目的。它对于高水平和高复杂性工作的分析，显得比较经济和有效。但可能存在误差，要求事后对记录和分析结果进行必要的检查。检查工作可由工作者的直接上级来承担。

7. **定量分析方法**

不少组织在进行职务分析时都运用上述的一些定性方法，但在许多情况下，定性方法并不适用，如在要通过对各项工作进行比较来决定薪酬和待遇高低的时候，就需要采用定量的分析方法。定量分析方法最为常用的是职位分析问卷法（position analysis questionnaire)、功能性工作分析方法（functional job analysis）和管理岗位描述问卷法（management position description questionnaire）。

6.2.2 人员招聘

6.2.2.1 招聘过程管理

1. 组织的用人策略

组织用人策略直接决定了将采用什么样的招聘方式以及招聘何种类型的人才。不同的组织会根据自身的不同性质、特点、发展阶段等决定不同的用人策略。用人策略包括：是内部招聘还是外部招聘，如何处理德与才的关系，学历与能力孰重孰轻还是二者并重，招聘应届生还是有工作经验的，需要通才还是专才，着重能力还是潜力，短期用工还是长期用工，等等。

2. 招聘人员的选择

一般来说，招聘组成员应包括组织人力资源部门的人员和用人部门的主管，也可以包括招聘的工作岗位的同事和下属。在招聘管理者时，还应包括高层领导。有研究显示，招聘人员的个人风度是否优雅、知识是否丰富、办事作风是否干练等都将直接影响申请人对组织的感受和评价。一个优秀的招聘人员不是仅仅待在办公室就够了，他要和各部门积极沟通，正确地评估职位需求，明了职位对人员的要求；他要不断开拓自己的活动区域，建立关系网并树立良好的形象，对人才市场的情况了如指掌，能够预测到人才的走势并能未雨绸缪；他要不断学习新科技，传统的招聘方式正在逐步失去往日的光环，他应掌握一些新技术，从而使招聘更加科学、快捷和客观。

3. 真实工作预览

真实工作预览是指组织通过实地参观、小册子、录像带、光盘、广告、网站和面谈等方式让求职人员直观接触组织的一些环境和相关背景，以便提高招聘工作的有效性。在准备真实工作预览的内容时，应注意真实性、详细程度、内容的全面性和求职人员关心的问题等。

4. 招聘的一般程序

招聘的一般程序包括：招聘职位分析；选定相应的招聘渠道；审查求职申请表和进行初步筛选；确定测试内容、测试人员、测试方式、测试程序、测试人员名单；安排笔试或面试；组织测验或测评；对拟录用的候选人进行体检和背景调查；试用；录用决策，签订劳动合同。

5. 招聘工作责任的划分

传统的人事管理与现代人力资源管理在人员招聘工作中的职责分工是不同的。在传统的人事管理中，人员招聘录用的决定权在人事部门，而在现代人力资源管理中，决定权一般在业务部门，人事部门起组织和服务作用。

6.2.2.2 招聘渠道的类型

1. 内部招聘

内部招聘又叫内部选拔，就是从组织内部选拔合适的人才来补充空缺或新增的职位，它包括晋升、职务调动和岗位轮换等。内部招聘的优势在于：减少招聘信息的不对称性；有利于加强组织文化，提高公职人员的忠诚度；招聘成本低、效率高、流失率低；有利于人员的职业生涯发展，提高士气。内部招聘的不足是：公职人员之间的竞争不利于内部团结；容易出现“近亲繁殖”和“长官意志”现象，阻碍思想和管理方法的更新；论资排辈的选拔会削弱人员前进的动力。

2. **外部招聘**

外部招聘是从组织外部招聘德才兼备的能人。外部招聘的渠道主要有招聘广告、职业介绍机构、招聘会、猎头公司、校园招聘、网络招聘、职员推荐与申请人自荐等。其优势是：新职员会带来不同的价值观和新观点、新思路、新方法，可以给组织带来更多的创新机会；外聘人才可以在无形当中给组织原有人员施加压力，从而产生“鲶鱼效应”；可以缓和与平息内部竞争者之间的紧张关系；外部挑选的余地较大，能招聘到更加优秀的人才。外部招聘的不足是：由于信息不对称，往往造成筛选难度大、成本高，可能出现被聘者的实际能力与招聘时的表现不符合的现象；外聘人员需要花费较长时间来进行培训和定位，可能挫伤内部人员的积极性，或者引发外聘人才与内部人才之间的冲突；外聘人员有可能出现“水土不服”的现象。

6.2.2.3 招聘筛选的方法

1. **求职申请表的筛选**

求职申请表的筛选是招聘筛选的基础方法。筛选时要注意是否具备空缺职位的任职资格，评估简历中的客观信息，包括个人信息、受教育经历、工作经历和个人成绩等，如果这些客观指标不能达到，通常可以排除在外。对一些主观性、抽象性的描述，如具备团队精神、诚信勤奋、踏实努力等可作为参考指标，因为它们在面试或背景调查时才能得到测试。此外，还要注意以下几点：其一，不应迷信良好的工作背景；其二，要注意工作的转换；其三，要注意申请表中的细节。

2. **测试**

测试主要是预测求职者的能力特征及其在今后特定领域的工作表现，以帮助组织选择对工作职位特别适宜的人员。它主要借助于一些技术方法和手段，对求职者的专业知识和一般知识、智力、能力、个性特征等方面做出客观的评价。传统的测试大都采用笔试的方法，测量应聘者的专业知识。随着现代心理学、社会组织管理学及测试技术和方法的交叉结合及其在人员招聘中的大量运用，现代测试方法越来越多，如能力测试、运动和身体能力测试、个性与兴趣测试、成就测试、工作样本法等。最近几年，随着信息技术的发展，还涌现出了许多测评软件。

3. **面试**

面试是经常被使用的选拔工具。面试有其他方法难以比拟的优点，它可以使招聘人员有机会直接接触工作申请人，判断申请人是否具有热诚和才智，还可以评估其面部表情、仪表以及情绪控制能力等，从而获得直观的认识，最终判断是否可以录用。因此，许多组织在决定录用人员之前，都必须与申请人面谈一次。

按照面试的人员及方式，常用的面试可分为五种：个人面试、小组面试、测验面试、组合式面试和渐进式面试。按照面试的内容，可分为结构化面试和非结构化面试。按照提出问题的切入点，可分为一般面试、行为面试、状态面试。此外，还有一种是情景模拟面试方法，包括角色扮演、公文筐、无领导小组讨论、案例分析等。

为提高面试工作的质量，面试要做好以下几项工作：第一，面试的准备，如确定面试主考官、设计面试提纲、制定面试评价表等；第二，控制面试过程；第三，面试结果的处理；第四，避免面试过程的评价误差。

4. 对求职者的背景调查

所谓背景调查就是通过打电话、要求工作申请人提供推荐信或到求职者现在或原来工作单位实地考察等方式对求职者的个人资料进行验证。通过调查，可以使组织掌握申请者的教育和工作履历、个人品质和人际交往能力、从事工作的能力以及过去或现在的工作单位重新雇用申请人的意愿等信息。运用背景调查的方法来了解求职者的真实信息，应该遵循以下原则：只调查与工作相关的情况；在进行调查之前，要征得求职者的书面同意以尊重其个人隐私权。调查中要忽略对求职者个性的主观评价内容；要充分估计背景资料来源的可信程度；要求对方尽可能使用公开记录来评价申请人的工作情况和个人品行；要运用合法的手段调查申请人的有关情况，特别要注意了解申请人离开原单位的原因。

6.2.3 人员培训与开发

6.2.3.1 培训需求分析

培训需求分析就是对组织的未来发展、任务的内容以及人员个人情况进行分析，以发现培训需求。它包括三个方面的内容：第一，组织层面的分析。组织层面的分析是依据组织战略、目标、结构、内部文化、政策、绩效及未来发展等因素，分析并找出组织中存在的问题，进而探究问题的根源，以确定培训是否是解决此类问题的最有效方法，分析的目的在于揭示组织中哪个部门需要培训以及在什么背景下进行培训①。第二，任务层面的分析。任务层面的分析是通过查阅职位说明书或任职资格标准等具体分析完成某一项工作需要的技能，了解员工有效完成该项任务必须做什么以及如何做，需要什么样的素质，找出差距，确定培训需求，弥补不足，其目的在于揭示与绩效有关的工作的详细内容、标准，以及为了有效完成工作任务所应具备的知识、技能等②。第三，个人层面的分析。个人层面的分析是将人员目前的实际工作绩效与组织的人员绩效标准进行对照，或者将人员现有的技能水平与未来对人员技能的要求进行对照，发现两者之间是否存在差距。

6.2.3.2 培训的组织与实施

它包括以下工作：第一，确定培训目标，如技能培养目标、知识的传授和态度的转

---

①② 彭正龙. 公共部门人力资源管理. 上海：同济大学出版社，2007：122.

变等；第二，拟订培训计划，培训计划应涉及的内容包括培训目标、培训课程名称、培训的组织者、培训方式、培训时间、培训地点、培训对象名单、培训费用预算、培训的组织实施等；第三，选择受训者；第四，选择培训者；第五，选择培训方式和方法；第六，实施培训计划；第七，培训效果评估；第八，制定培训激励政策。

6.2.3.3 人员培训与开发新趋势

随着信息社会的发展和管理理念的创新，国际上的培训与开发出现了以下一些新趋势：第一，组织借助培训和教育的功能，使组织成为“学习型组织”，这给人员培训与开发带来了革命性变化，意义非常深远；第二，培训呈现高科技和高投入趋势；第三，培训日益走向社会化；第四，培训向纵深发展，如组织文化培训、团队精神等；第五，培训质量成为培训的生命力。

6.2.4 绩效评估

6.2.4.1 绩效评估的含义及功能

人员的工作绩效是指在履行其岗位职责过程中产生的、被组织认可的工作行为、表现及结果，它具有多因性、多维性和动态性的特点。

绩效评估是指运用综合的指标体系对人员履行岗位职责所产生的工作业绩、工作能力、工作态度进行考察、测定和评价的过程，即组织根据岗位绩效目标来比较和评价人员在一个确定的绩效周期内完成岗位职责、实现绩效目标程度的过程。

绩效评估具有以下功能：第一，控制功能。组织通过绩效评估，为各项人事管理提供了一个客观而公平的标准，并依据这个考核的结果决定晋升、奖惩、调配等，也可以使人员牢记工作职责，养成按照规章制度工作的自觉性。第二，激励功能。通过考核，无论对成绩突出者还是对落后者都会起到鞭策他们尽心尽责完成组织所交给的任务的作用。第三，开发功能。绩效评估是按既定的绩效标准进行的，评估结果显示的不足之处就是人员的培训需求，管理者可以据此制订有针对性的培训计划，达到提高人员素质的目标。第四，沟通功能。评估结束以后，管理者把考核的结果反馈给被评估人，听取他们的申诉和看法，这就提供了领导与职员之间的沟通机会，有利于增进相互之间的了解，解决管理中存在的一些问题。

6.2.4.2 有效的绩效评估系统的要求

绩效评估是一个系统的过程。它不仅包括应用某种方法考核人员的工作绩效这一核心过程，而且还包括组织文化、组织战略以及人力资源政策对考核的影响等方面，同时把评估结果的反馈这一较孤立的环节和人员培训与开发紧密联系起来。

绩效评估系统一般由三部分组成，即定义绩效、考核绩效和反馈绩效。定义绩效指的是界定绩效的具体维度及各维度的内容和权重，也就是让各层次的人员都明白自己努力的方向。这是绩效考核的基础和关键。考核绩效是考核系统的主体部分，表现为制定出一个切实可行的、健全的考核方案并实施考评过程。反馈绩效是向被考核人反馈其工作绩效评估结果。

一个有效的考核系统应该满足五个方面的要求：第一，敏感性。它是指绩效评估系统具有区分工作效率高的人员和工作效率低的人员的能力，否则既不利于组织进行管理决策，也不利于人员的自身发展，而只会挫伤管理人员和职员的积极性。第二，可靠性。它是指评价者评价的一致性，即不同的评价者对同一个人员所做的评价基本相同。第三，准确性。它是指应该把工作标准和组织目标联系起来，把工作要素和评价内容联系起来，以确定一项工作成败的界限。第四，可接受性。它是指绩效评估体系得到各级管理人员和职员的支持。第五，实用性。它是指考核系统的设计、实施和结果利用要考虑其收益必须大于成本。

6.2.4.3 绩效评估的方法

1. 排序法

排序法是按被考评者绩效的相对优劣程度，通过比较确定每人的相对等级或名次。可由最优排至最劣，或由最劣排至最优。比较时可循某个特定的绩效维度进行，但更常见的是对各人的整体工作状况进行综合比较。排序法又可分为简单排序法、交替排序法、配对比较法和强制分布法。

2. 量表法

量表法是应用最为广泛的评估方法。它通常做维度分解，并沿各维度划分等级，通过设置量表（尺度）来实现量化评估。评估量表的设计过程为：一是选定评估维度并赋予权重，二是确定量表的尺度，三是确定量表等级的意义。

3. 关键事件法

所谓关键事件法是负责评价的主管人员把某人在完成工作任务时所表现出来的特别有效的行为和特别无效的行为记录下来，形成一份书面报告，每隔一段时间（通常为六个月），主管人员和其下属人员面谈一次，根据记录的特殊事件来讨论后者的工作绩效。需要注意的是，所记载的事件必须是较突出的、与工作绩效直接相关的事（关键事件），而不是一般的、琐碎的、生活细节方面的事；所记载的应是具体的事件与行为，而不是对某种品质的评判。

4. 行为对照表法

在运用行为对照表法考核人员时，考评者要先设计一份描述人员规范的工作行为的表格，考评者将人员的工作行为与表中的描述进行对照，找出准确描述人员行为的内容，这些内容就是现成的评语。

5. 行为锚定评价法

行为锚定评价法（BARS）实质上是把量表法和关键事件法结合起来，使其兼具两者之长。它为每一职务的各考评维度都设计出一个评分量表，并有一系列典型的行为描述句与量表上的一定等级尺度（评分标准）相对应和联系（所谓锚定），供考评者在给被考评者实际表现评分时参考。其主要优点是同时提供了具体行为的描述性文字和评分尺度，这不仅有利于考评者更为客观地进行记录，也有助于被考评者深刻地了解自己工作的现状，找到具体改进的方向①。

6. **目标管理评估法**

目标管理评估法的依据是目标管理理论，该理论认为只有每位员工成功，才可能有管理人员的成功、各个部门的成功和整个组织的成功。目标管理法鼓励在个人、部门和组织目标协调一致的前提下实现每一位员工的成功，通过使每个员工都为完成组织使命而努力来实现组织的有效性。运用目标管理法来评估公务人员的绩效，是通过将组织目标层层分解，将人员的日常工作活动与组织目标紧密地结合起来，以完成工作任务为评估的重点，从而达到个人绩效与组织业绩的不断提升。

7. **360度评估法**

360度评估法是一种通过多层次、多角度、多渠道、全方位的立体交叉方式来全面评价员工绩效的评估方法。凡是与被评估者存在工作关系的主体，包括上级、同事、下级、员工自身以及来自组织外部的服务对象，都可以被纳入绩效信息的评估和反馈的体系中来。同时，这种方法还结合了多种考核方法的优势，将各种考核方法所得到的信息加以综合运用。这种多渠道的信息来源在评价员工绩效的不同侧面时具有不同的效力，所以应尽可能地提供所有方面的信息，从而得出尽可能全面的评估结果。

6.2.4.4 绩效评估的实施

1. **实施绩效评估过程中的职责分工**

人力资源部门的主要职责有：设计、试用、改进和完善绩效考评方案；组织宣传考评方案的内容、目的和要求，并对考评者进行培训；督促、检查和协助各部门按计划实施考评；及时收集各种考评信息，并对它们进行整理和分析；根据考评结果和组织的人事政策，向决策部门提供人事决策的依据和决策建议；负责所有考评资料的档案管理。

其他管理部门在绩效考评中的职责：负责实施本部门的考评工作；审核本部门人员的考评结果，对考评的最终结果负责；协调和解决本部门人员在考评中出现的各类问题，向本部门人员解释考评方案；向人力资源管理部门反馈本部门人员对考评方案的看法和意见；根据考评结果和组织的人事政策做出本部门职权范围之内的人事决策。

组织管理决策层的职责：重视并给予充分的政策支持，并提供人力、物力和财力支持；关注考核的内容和考核方案的设计，并给予指导，使绩效评估与组织的发展战略、组织文化所倡导的目标相一致；在制定人力资源政策时，注意与绩效评估工作的关联性，从而保证绩效评估工作发挥应有的效能。

2. **考评者的选择**

考评者的选择直接关系到考核的成败。一般来说，对考评者的要求包括以下几个方面：公正客观，不具偏见；了解被考评者的工作性质、工作内容、要求以及考核标准、与组织的有关政策；熟悉被考评者本人的工作表现，尤其是本评估周期内的，最好有直接的近距离观察其工作的机会。

考评者主要有以下六类：被考评者的直接主管、被考评者的同事、被考评者的下级

---

① 彭正龙．公共部门人力资源管理．上海：同济大学出版社，2007：159．

人员、被考评者本人、服务对象、外界考评专家或顾问。

3. **培训考评者**

挑选有良好素质的考评者对于保证考核工作的有效性无疑是非常关键的，但由于一些主客观的原因，仍然难免出现误差。为了最大限度地减少考评误差，在考核工作正式开始之前，有必要对考评者进行培训，提高他们的考评能力。培训内容主要有以下几方面：认真讲解考核内容及考核标准；列举常见的考核误差；提高考评者的观察力和判断力；加强对评估者有关考核重要性的教育，使他们重视考核工作。

4. **评估时间的确定**

考核时间的选择没有统一的标准，评估周期可以是一季、半年或一年，也可在一项特定的任务或项目完成之后进行。评估频率不宜太密，周期太密不但浪费精力和时间，还会给人员造成过多的、不必要的干扰和心理负担。如果周期太长，对人员的绩效反馈太迟，则不利于改进绩效，评估的功能也就得不到充分发挥，甚至会流于形式。一般以半年一次较宜，可把两个半年评估得分的平均值作为全年的总分，据此实施奖惩。如果对人员的表现有日常的、连续的记录和考察，同时特别注意关键事件，再结合定期评估，则效果将更佳。

5. **绩效面谈**

在评估完成之后，应该及时与人员进行沟通，提供反馈。一般来说，可由被考评者的上级、人力资源工作者或者外部专家，根据评价的结果，面对面地向被考评者提供反馈。通过绩效面谈，将绩效表现回馈给被考评者，使他了解自己在过去一年中工作上的得与失，将其作为改进的依据；为部属提供一个良好沟通的机会，借以了解部属工作的实际情形或困难，并确定组织可以给予部属的协助；共同研商部属未来发展的规划与目标，确定组织、主管、个人在这些计划中的角色和行为并提供必要的建议与协助。

6.2.5 薪酬管理

6.2.5.1 薪酬管理的基本原则

1. **公平性**

公职人员对薪酬的公平感，也就是对薪酬发放是否公正的认识与判断，是设计薪酬制度和进行薪酬管理时必须首先考虑的。公平感取决于人员所获得的报酬和他所做出的贡献之比与某一衡量标准相比是高还是低。这种衡量标准既可以是组织内的其他人员或组织外部人员获得的报酬与他们的贡献之比，还可以是对自我价值的估价或者是组织所做出的许诺。公平有三种表现形式，即外部公平、内部公平和个人公平。

为了保证薪酬的公平性，要做到：第一，薪酬制度要有明确一致的原则做指导，并有统一的、可以说明的规范做依据；第二，薪酬制度要有民主性和透明度；第三，要为职员创造机会均等、公平竞争的条件。

2. **竞争性**

竞争性是指在社会上和人才市场上，一个组织的薪酬标准只有具备吸引力，才能招到和留住组织所需的人才。因此，有条件的组织，在制定薪酬政策时，应采取高于其他类似组织的薪酬政策。

3. **激励性**

这是指在确定内部各类、各级职务的报酬水准时，要适当拉开差距，体现按贡献分配的原则。只有这样，才能不断激励员工掌握新知识、提高业务能力、创造出更佳的业绩。如果他们业绩突出，就能获得比别人更多的报酬。

4. **经济性**

提高报酬水平固然可以提高组织的竞争性与激励性，但过高的劳动报酬必然会提高组织的经营成本，最终影响其服务的质量。报酬制度不能不受经济性的制约。

5. **合法性**

合法性是指组织的薪酬制度要符合国家的法律和政策，不能有一些性别、民族、地区等方面的歧视性政策。目前，我国已有一些这方面的法律法规，如《中华人民共和国妇女权益保障法》等，但总的来看，这方面立法的完备性、成熟性和执行程序上的严格性等，还存在诸多不足，有待逐步完善。

6.2.5.2 影响薪酬制定的主要因素

决定薪酬水平高低的因素可以分为外在和内在两大类。外在因素包括：当地的生活水平、劳动力市场的供求状况、地区和行业间通行的薪酬水平、国家的法律和政策。内在因素包括：组织的经营和财务状况、职员的工作性质和劳动量、年龄和工龄、工作的时间性和危险性等。

6.2.5.3 薪酬的构成

广义的薪酬可以分为经济性薪酬和非经济性薪酬。经济性薪酬主要是组织提供的工资、奖金、津贴、福利等；非经济性薪酬是指工作本身和工作环境所提供的各种条件，包括工作的趣味性、挑战性，组织的政策和管理等。我们平时所说的薪酬主要是经济性薪酬。

6.2.5.4 薪酬制度设计的基本过程

1. **付酬原则与策略的确定**

这是组织文化的一部分，对之后的各个环节具有重要的指导作用。它包括对人本性的认识（人性观）、对职员总体价值的评价、对管理人员及高级技术人才所起作用的估计等组织的核心价值观。要建立真正按贡献大小决定收入分配的共识，并在它的指导下制定薪酬分配的政策与策略，如薪酬等级之间的差距，工资、奖金和福利费用的构成比例等。

2. **职务分析**

这是工资制度建立的依据，其操作程序和方法如前述，这里不再重复。

3. **职务评价**

这是保证内在公平的关键一步，要有必要的精确性，以具体的金额来表示每一职务在本组织内部的相对价值，它反映了组织对各职务任职者的要求。但是，这些表示职务相对价值的金额，并不就是各个任职者的真正工资额。职员的真正薪酬额要经过第六个步骤之后才能确定。

4. 薪酬率设计

经过职务评价之后，可得到表明每一职务对本组织相对价值的顺序、等级、分数或象征性的金额，使组织内所有职务的薪酬都按同一的贡献率原则定薪，保证组织薪酬制度的内在公平性。但这是属于理论上的价值，它必须转换成实际的薪酬值，才有实用价值。这就需要进行薪酬率的设计。

所谓薪酬率，是指组织结构中各项职位的相对价值与对应的实付薪酬间的一种关系。这种关系以某种原则为依据，形成一定的规律。这种关系和规律通常以薪酬曲线来表示，使其更直观、更清晰、更易于分析和控制，也更易于理解。

5. 外部薪酬状况调查及数据分析

外部薪酬状况调查主要是对本地区、本行业的薪酬的调查，目的是要保证薪酬制度的外在公平性。调查的数据来源及渠道首先是公开的资料，如国家和地区统计部门、劳动人事部门、工会等公开发布的资料，图书馆及档案馆中的统计年鉴等工具书，人才交流市场、有关组织、有关高等学校、研究机构及咨询单位等的资料。其次，可以通过抽样调查等方式获取第一手的资料。最后，还可以通过招聘过程获得外部薪酬状况的一些数据资料。

6. 薪酬分级和定薪

在职务评价之后，根据其确定的薪酬曲线，将众多类型的职务薪酬归并组合成若干等级，形成一个薪酬等级（或称职级）系列，就可以确定组织内每一职务具体的薪酬范围，保证个人的公平性。

7. 薪酬制度的执行、控制与调整

薪酬制度建立后，把它付诸实施并进行适当的控制和调整，真正发挥其应有的功能，是一个长期而复杂的工作，需要根据制度的运行状况和管理环境的变化进行灵活处理。

6.3 公务员制度

6.3.1 公务员制度的概述

现代意义上的国家公务员制度，最初形成于西方资本主义国家。国家公务员制度的出现，是公共人力资源管理走向现代化的标志。西方国家从19世纪后半叶开始逐渐建立和完善公务员制度，其基本原则可以概括为：政治中立，政务类与业务类公务员分类管理，公开考试和择优录用。1993年，我国颁布了《国家公务员暂行条例》，开始了公务员制度的探索。《中华人民共和国公务员法》于2005年颁布并于2006年1月1日起正式实施，标志着我国公务员制度走向成熟。2018年12月29日，第十三届全国人民代表大会常务委员会第七次会议表决通过了《中华人民共和国公务员法（修订草案）》；2019年

3月，中共中央、中共中央办公厅印发了《党政领导干部选拔任用工作条例》和《公务员职务和职级并行规定》，标志着我国公务员制度顺应新时代发展潮流，进入了更加科学、成熟的阶段。与西方国家的公务员制度相比，我国公务员制度不搞政治中立，坚持党管干部的原则，没有政务官与事务官之分。

6.3.1.1 公务员的内涵

公务员是公共管理的重要主体。公务员是由英文“civil servant”翻译而来。“公务员”是这一英文概念的意译。从世界范围来看，公务员的概念和范围大小不一。从已有的文献资料中，可以分为三类：

第一类是小范围的，公务员仅指中央政府系统中非选举产生和非政治任命的常任官员，或称为事务官，并不包括由选举产生或政治任命产生的内阁成员及各部政务次官、政治秘书等政务官。英国及英联邦国家基本属于这种类型。

第二类是中等范围的，公务员包括政府中所有公职人员，包括政务官与事务官都称为公务员。但适用于公务员法规的只是事务官。美国和德国基本属于此类。著名的美国《彭德尔顿法案》（Pendleton Civil Service Reform Act）的适用范围仅限于事务官的范围。

第三类是大范围的，公务员包括从中央到地方政府机关的公职人员以及国会除议员之外的工作人员、审判官、检察官、国有企业和事业单位的工作人员。其中，公务员又分为国家公务员和地方公务员、特别职公务员和一般职公务员。一般职公务员是指政府系统中非选举产生和非政府任命的工作人员，是国家政府系统中的事务官，即非选举产生和非政治任命的政府工作人员。适用于国家公务员法规的，只是一般职公务员。日本和法国基本属于此种类型。

由于政治体制的差异，中西方对公务员概念和范围的理解与界定差异较大。中国公务员是中国干部队伍的重要组成部分，是社会主义事业建设的中坚力量，是人民的公仆。2018年12月29日第十三届全国人民代表大会常务委员会第七次会议表决通过的《中华人民共和国公务员法（修订草案）》第二条规定，公务员是指依法履行公职、纳入国家行政编制、由国家财政负担工资福利的工作人员。根据这一概念的界定，我们可以看出，一个人员是否属于公务员必须同时符合以下三个标准：

（1）依法履行公职。公务员是依法履行公职、从事公务活动的人员，他们既不是为自己工作，也不是为私人企业或组织工作。

（2）纳入国家行政编制。依法履行公职是公务员的必要条件。一些在国家公共部门如行政机关、事业单位工作的人员，也从事公务活动，但未纳入国家行政编制的，仍不是公务员身份。

（3）由国家财政负担工资福利。也就是，这些人员的工资和福利等保障是由国家财政提供。公务员是由国家财政供养的人员，但并非说只要是财政供养的人员都是公务员。在我们国家，相当一部分由财政供养的人员不是公务员，如公立学校中有编制的老师、公立医院中有编制的医生、科研机构中的科研人员等，都是由国家财政负担工资，但他们都不是公务员身份。

根据《中华人民共和国公务员法》和《〈中华人民共和国公务员法〉实施方案》的规

定，我国公务员的范围包括：中国共产党机关、人大机关、行政机关、政协机关、审判机关、检察机关和民主党派中的工作人员。

西方国家有明确的政务官和事务官的分类，这也是两个不同的管理体系。我国公务员中有领导职务和非领导职务的分类，但没有政务官和事务官的区分。

6.3.1.2 公务员制度的含义

公务员制度是国家政治制度的重要组成部分。我国公务员制度坚持党管干部的原则，根据党的组织人事路线、方针、政策制定，坚持党对人事工作的领导。各级政府组成人员的国家公务员是由各级常委及其组织部门负责考察，依法由各级人民代表大会及其常务委员会选举或决定任免。西方国家公务员制度（文官制度）对公务员的管理强调“与党派脱钩”，公务员职务晋升不受政党干预。

公务员制度是对公务员进行管理所依据的法律、法规和规章制度的总称，具体包括公务员考试、录用、考核、奖惩、待遇、培训、晋升、调动、解职、退休以及分类管理等制度，其实质是制度化、法律化的公务员管理。正确理解公务员制度需要把握以下三个方面的内容：

第一，公务员制度是一个历史范畴。随着人类社会的快速发展，特别是西方工业革命兴起后经济快速发展，为保障经济社会有序发展，政府职能日益扩大。传统的“恩赐官职”与“政党分赃”等制度与不断兴起的资产阶级诉求和经济社会发展需求严重不匹配。19世纪中叶，英国开始不断推进包括考试录用、终身任职等政府人事制度改革，建立了世界上第一个公务员制度。

第二，公务员制度是一个逐步规范化和程序化的法律制度。世界上诸多国家公务员制度的建立，基本都是以“公务员法”的颁布为标志。为革除任人唯亲、卖官鬻爵的腐败现象，1870年6月，英国政府颁布了“第二枢密院令”，明确规定非经考试者，一律不准担任事务官职。美国为应对长期以来“政党分赃”造成的社会弊端，于1883年颁布了《彭德尔顿法案》，规定对文官录用实行公开考试竞争的方法，择优录取；规定定期考核、文官常任、不与执政党共进退等内容。这标志着美国公务员制度的建立。

第三，公务员制度是国家依法管理公务员的依据和规则。公务员制度明确规定了公务员的职责、权利义务关系，公务员与国家、机关之间的法律关系。这一方面为公务员充分履行职责、发挥其管理社会公共事务的作用创造了条件；另一方面，公务员制度在公务员的工作原则、标准、程序、方法、绩效评估、激励等方面提出了明确的要求，为公务员履职和工作开展提供了清晰的指引。通过公务员制度，可以科学管理公务员，选贤任能，激发公务员工作的积极性，提高公务员工作的效率，满足政府廉政与效能建设的需要以及公共人事管理工作科学化和法治化的需要。

建立系统完善的公务员制度，可以革除传统人事管理的弊端，改变不合理的公务员管理方式，建立符合国家公共管理需要和公务员人性需求的管理体系，实现对公共部门人力资源管理的科学化和法制化，保证公务员正确履职尽责，促进各级政府和各类职能部门有效担负经济社会发展和提供公共产品与服务的职能。因此，建立完整的公务员制度有利于按照分类管理的原则，建立符合政府机关特点的人事管理制度，提高工作效率；

有利于选拔德才兼备的公务员，以胜任公共管理工作的需要；有利于加强国家机关的廉政建设，保证公务员选拔和管理过程中的公平公正；有利于保障公务员的合法权益，提供科学合理的职业发展规划，提高公务员工作的主观能动性。这对建设信念坚定、为民服务、勤政务实、敢于担当、清正廉洁的高素质、专业化、职业化公务员队伍具有重要的意义。

6.3.2　西方国家公务员制度

19世纪中叶，公务员制度首先在英国创立。随后在欧美等资本主义国家适用，主要特点包括：

1. 严格区分政务官与事务官

政务官与事务官的分类是西方国家公务员制度的显著特征。政务官通过选举产生，承担政治责任，有任期，随着选举的胜负而进退。事务官是通过公开考试、择优录用产生的，不随政党的进退而进退，实行职务常任。一个人一旦进入公务员队伍，就像端上了“铁饭碗”，“无过失不受免职处分”。职务常任制既有利于政府工作的稳定性和连续性，也有利于使公务员认真钻研业务，提高业务水平和工作效率。但职务常任制也有消极的一面。例如：它使一部分公务员不思上进，不求有功但求无过，按年头论资历，办事拖拉推诿，形成官僚主义作风；某些部门的公务员凭借自己的专业技术，架空政务官，拥揽实权等。

2. 强调政治中立

它是指事务类公务员不参与党派政治斗争活动，不参加党派竞选，不成为某一执政党实现其政治目标的工具，不得以党派偏见影响决策，忠诚地为国家服务。坚持政治中立有利于公务员以超脱党派斗争的公正态度处理公共事务，保证政府工作的正常稳定性和执行国策的连续性，同时也保证了文官的相对独立性，使文官不为党派所左右，秉公执法，取得公众的合作与支持。因此，西方许多国家都以立法的形式确立了政治中立原则。例如，美国的《文官制度法》规定：“政府公务员在政治上必须采取中立态度，禁止参加竞选等政治活动。”日本《国家公务员法》规定公务员“不得作政党或其他社会政治团体的负责人、政治顾问或有同等作用的成员”①。

当然，真正的政治中立在现实中是难以做到的。因为，事务官也会在一定程度上参与公共政策的制定过程，如利用自己的专业技能和实践提出政策建议、参与政策的拟定和讨论，在这些过程中他们也可能会从自身或某些集团的利益去理解。公务员毕竟生活在党派或集团政治的社会环境之中，让他们完全摆脱其影响是不可能的。他们在执行公共政策的过程中会表现出消极怠工或积极拥护，完全不偏不倚的超然立场是不可能存在的。因此，西方国家的“政治中立”只是在一个特定的范围里实行的原则，也只具有相对的意义。例如，法国公务员在工作之余可以参加政党及其活动，可以参加各种竞选，竞选失败后还可回原部门工作。法国的公务员比英、美两国的公务员享有更多自由和政

---

① 李和中．比较公务员制度．北京：中共中央党校出版社，2003：58.

治权利①。

3. 公开考试，择优录用

这是西方公务员制度的又一个重要原则。它是指事务类公务员的产生都采用向社会公开招考的形式，所谓“凡进必考”。按照考试成绩由高到低排列，择优录用，排除了过去那种“政党分肥”中以党派倾向为录用依据的弊端，保证录用的公正，克服用人之中的不正之风。西方国家都是通过法律的形式把这一原则固定下来，使其成为一种制度化的安排。英国政府规定，凡符合规定的人都可以报名参加公开竞争考试，然后择优录取。凡未经过公开竞争考试，未持有文官事务委员会颁布的及格证书者，一律不得从事任何事务官职。美国在1883年颁布的《彭德尔顿法案》的核心要点就是强调要通过“竞争性考试”选拔公职人员。日本公务员制度也强调“公开考试，择优录用”原则。日本人事院每年都要在日本各地举行数百场次的公务员招考报告会，解释考试事项，并且动员人们参加公务员考试②。当然，以考试形式评价一个人有时也存在弊端，如它易于测定应试人员的文化知识水平，而对应试者的能力则较难测定。因此，西方在录用公务员时，不断改进其测评方式，如运用心理测试、聘请一些心理学家进行面试，还引进演讲答辩、无领导小组讨论、情景测试等，以弥补考试方法的不足。

4. 实行“功绩晋升制”

“功绩晋升制”是西方各国公务员制度最重要的原则，它是在铲除“恩赐官职制”和“政党分肥制”弊端的过程中建立起来的。根据这一原则，在决定公务员职务晋升的时候，应着重考虑拟晋升人选的才干和能力，强调权责一致、奖惩结合、公平对待。各国公务员的晋升都以考核为依据，坚持功绩主义原则。美国公务员的考核结果分为三等，按照等级高低，决定奖惩与升降的程度。美国的《考绩法》规定：工作超过规定标准者评为“优等”，提薪一级并有优先提职机会；评为“满意”者，视为工作符合规定标准，提薪一级；工作没有达到标准的为“不满意”，将视具体情况减薪、降级，特别恶劣者将被免职③。功绩主义原则完全以实实在在的工作成绩为考核的依据，体现了“任人唯贤”和“奖优罚劣”的思想。

5. 强调官风官纪和职业道德，重视公务员队伍的廉洁

不少国家还对此从法律上做出规定，以强化良好的职业操守。如美国国会在1978年通过了《政府道德法案》，对政府工作人员的职业道德加以规范；加拿大于1994年颁布了《加拿大公务员利益冲突与离职后行为法》；韩国于1981年颁布了《韩国公职人员道德法》等。在立法的基础上，许多国家还成立了相应的道德建设与管理机构，如美国于1978年设置了隶属于人事管理局的政府道德办公室，并在1989年将其转为独立机构；英国在1994年成立诺兰委员会，专门负责公共部门中行为准则的调查；加拿大在1994年成立了专门的政府道德咨询办公室；一些国家则是通过设立伦理道德巡视官来纠正公务人员的过失行为④。

---

① 詹成养．西方国家公务员制度建立的四大共同特点．嘉应大学学报（社会科学版），1998（4）．

② 钱再见，等．公务员制度创新与实施．广州：广东人民出版社，2002：363-364．

③ 李和中．比较公务员制度．北京：中共中央党校出版社，2003：57-58．

④ 刘仁春．论公共部门人力资源管理发展的新趋势．四川行政学院学报，2005（6）．

6.3.3 新时代中国公务员制度的内容

根据2018年最新修订的《中华人民共和国公务员法》和《〈中华人民共和国公务员法〉实施方案》的规定，我国公务员制度的主要内容为：

1. **公务员的范围**

根据《公务员法》的规定，我国的公务员是指依法履行公职、纳入国家行政编制、由国家财政负担工资福利的工作人员。

2. **公务员的义务和权利**

公务员的法定义务包括：(1) 忠于宪法，模范遵守、自觉维护宪法和法律，自觉接受中国共产党领导；(2) 忠于国家，维护国家的安全、荣誉和利益；(3) 忠于人民，全心全意为人民服务，接受人民监督；(4) 忠于职守，勤勉尽责，服从和执行上级依法做出的决定和命令，按照规定的权限和程序履行职责，努力提高工作质量和效率；(5) 保守国家秘密和工作秘密；(6) 带头践行社会主义核心价值观，坚守法治，遵守纪律，恪守职业道德，模范遵守社会公德、家庭美德；(7) 清正廉洁，公道正派；(8) 法律规定的其他义务。

公务员的法定权利包括：(1) 获得履行职责应当具有的工作条件；(2) 非因法定事由、非经法定程序，不被免职、降职、辞退或者处分；(3) 获得工资报酬，享受福利、保险待遇；(4) 参加培训；(5) 对机关工作和领导人员提出批评和建议；(6) 提出申诉和控告；(7) 申请辞职；(8) 法律规定的其他权利。

3. **职务与级别**

国家实行公务员职务与职级并行制度，根据公务员职位类别和职责设置公务员领导职务、职级序列。这一制度是我国公务员制度的重要改革内容。公务员领导职务根据宪法、有关法律和机构规格设置。领导职务层次分为：国家级正职、国家级副职、省部级正职、省部级副职、厅局级正职、厅局级副职、县处级正职、县处级副职、乡科级正职、乡科级副职。

公务员职级在厅局级以下设置。综合管理类公务员职级序列分为：一级巡视员、二级巡视员、一级调研员、二级调研员、三级调研员、四级调研员、一级主任科员、二级主任科员、三级主任科员、四级主任科员、一级科员、二级科员。综合管理类以外其他职位类别公务员的职级序列，根据本法由国家另行规定。

公务员领导职务、职级与级别的对应关系，由国家规定。根据工作需要和领导职务与职级的对应关系，公务员担任的领导职务和职级可以互相转任、兼任；符合规定资格条件的，可以晋升领导职务或者职级。公务员的级别根据所任领导职务、职级及其德才表现、工作实绩和资历确定。公务员在同一领导职务、职级上，可以按照国家规定晋升级别。公务员的领导职务、职级与级别是确定公务员工资以及其他待遇的依据。

4. **录用**

录用担任一级主任科员以下及其他相当职级层次的公务员，采取公开考试、严格考察、平等竞争、择优录取的办法。中央机关及其直属机构公务员的录用，由中央公务员主管部门负责组织。地方各级机关公务员的录用，由省级公务员主管部门负责组织，必要时省级公务员主管部门可以授权设区的市级公务员主管部门组织。

5. **考核**

公务员的考核应当按照管理权限，全面考核公务员的德、能、勤、绩、廉，重点考核政治素质和工作实绩。考核指标根据不同职位类别、不同层级机关分别设置。公务员的考核分为平时考核、专项考核和定期考核等方式。定期考核以平时考核、专项考核为基础。定期考核的结果分为优秀、称职、基本称职和不称职四个等次。定期考核的结果作为调整公务员职位、职务、职级、级别、工资以及公务员奖励、培训、辞退的依据。

6. **职务任免**

公务员领导职务实行选任制、委任制和聘任制。公务员职级实行委任制和聘任制。选任制公务员在选举结果生效时即任当选职务；任期届满不再连任或者任期内辞职、被罢免、被撤职的，其所任职务即终止。委任制公务员试用期满考核合格，职务、职级发生变化，以及其他情形需要任免职务、职级的，应当按照管理权限和规定的程序任免。公务员任职应当在规定的编制限额和职数内进行，并有相应的职位空缺。

7. **职务职级升降**

公务员晋升领导职务，应当具备拟任职务所要求的政治素质、工作能力、文化程度和任职经历等方面的条件和资格。公务员领导职务应当逐级晋升。特别优秀的或者工作特殊需要的，可以按照规定破格或者越级晋升。

公务员晋升领导职务，按照下列程序办理：

（1）动议；

（2）民主推荐；

（3）确定考察对象，组织考察；

（4）按照管理权限讨论决定；

（5）履行任职手续。

公务员晋升领导职务的，应当按照有关规定实行任职前公示制度和任职试用期制度。公务员职级应当逐级晋升，根据个人德才表现、工作实绩和任职资历，参考民主推荐或者民主测评结果确定人选，经公示后，按照管理权限审批。公务员的职务、职级实行能上能下。对不适宜或者不胜任现任职务、职级的，应当进行调整。公务员在年度考核中被确定为不称职的，按照规定程序降低一个职务或者职级层次任职。

8. **奖惩**

对工作表现突出，有显著成绩和贡献，或者有其他突出事迹的公务员或者公务员集体，给予奖励。奖励坚持定期奖励与及时奖励相结合，精神奖励与物质奖励相结合、以精神奖励为主的原则。奖励分为：嘉奖、记三等功、记二等功、记一等功、授予称号。给予公务员或者公务员集体奖励，按照规定的权限和程序决定或者审批。公务员或者公务员集体有弄虚作假、骗取奖励、申报奖励时隐瞒严重错误或者严重违反规定程序的，或有严重违纪违法等行为影响称号声誉的撤销奖励：

机关应当对公务员的思想政治、履行职责、作风表现、遵纪守法等情况进行监督，开展勤政廉政教育，建立日常管理监督制度。对公务员监督发现问题的，应当区分不同情况，予以谈话提醒、批评教育、责令检查、诫勉、组织调整、处分。对公务员涉嫌职务违法和职务犯罪的，应当依法移送监察机关处理。处分分为：警告、记过、记大过、降级、撤职、开除。对公务员的处分，应当事实清楚、证据确凿、定性准确、处理恰当、程序合法、手续完备。

9. 培训

机关根据公务员工作职责的要求和提高公务员素质的需要，对公务员进行分类分级培训。国家建立专门的公务员培训机构。机关根据需要也可以委托其他培训机构承担公务员培训任务。机关对新录用人员应当在试用期内进行初任培训；对晋升领导职务的公务员应当在任职前或者任职后一年内进行任职培训；对从事专项工作的公务员应当进行专门业务培训；对全体公务员应当进行提高政治素质和工作能力、更新知识的在职培训，其中对专业技术类公务员应当进行专业技术培训。公务员的培训实行登记管理。公务员的培训情况、学习成绩作为公务员考核的内容和任职、晋升的依据之一。

10. 交流与回避

国家实行公务员交流制度。公务员可以在公务员和参照本法管理的工作人员队伍内部交流，也可以与国有企业和不参照本法管理的事业单位中从事公务的人员交流。交流的方式包括调任、转任。国有企业、高等院校和科研院所以及其他不参照本法管理的事业单位中从事公务的人员，可以调入机关担任领导职务或者四级调研员以上及其他相当层次的职级。回避制度包括亲属回避、职务回避和地域回避三种。

11. 工资福利保险

公务员实行国家统一规定的工资制度。公务员工资制度贯彻按劳分配的原则，体现工作职责、工作能力、工作实绩、资历等因素，保持不同领导职务、职级、级别之间的合理工资差距。国家建立公务员工资的正常增长机制。公务员工资包括基本工资、津贴、补贴和奖金。公务员按照国家规定享受地区附加津贴、艰苦边远地区津贴、岗位津贴等津贴。公务员按照国家规定享受住房、医疗等补贴、补助。公务员在定期考核中被确定为优秀、称职的，按照国家规定享受年终奖金。公务员工资应当按时足额发放。公务员的工资水平应当与国民经济发展相协调、与社会进步相适应。

公务员按照国家规定享受福利待遇。国家根据经济社会发展水平提高公务员的福利待遇。公务员执行国家规定的工时制度，按照国家规定享受休假。公务员在法定工作日之外加班的，应当给予相应的补休，不能补休的按照国家规定给予补助。公务员依法参加社会保险，按照国家规定享受保险待遇。

12. 辞职辞退

公务员可以根据自己的意愿向任免机关提出申请，辞去公职。国家任免机关也可以根据公务员的职务履行情况辞退公务员。公务员辞去公职，应当向任免机关提出书面申请。任免机关应当自接到申请之日起三十日内予以审批，其中对领导成员辞去公职的申请，应当自接到申请之日起九十日内予以审批。担任领导职务的公务员，因工作变动依照法律规定需要辞去现任职务的，应当履行辞职手续。

担任领导职务的公务员，因个人或者其他原因，可以自愿提出辞去领导职务。领导成员因工作严重失误、失职造成重大损失或者恶劣社会影响的，或者对重大事故负有领导责任的，应当引咎辞去领导职务。领导成员因其他原因不再适合担任现任领导职务的，或者应当引咎辞职本人不提出辞职的，应当责令其辞去领导职务。

辞退公务员，按照管理权限决定。辞退决定应当以书面形式通知被辞退的公务员，并应当告知辞退依据和理由。被辞退的公务员，可以领取辞退费或者根据国家有关规定享受失业保险。公务员辞职或者被辞退，离职前应当办理公务交接手续，必要时按照规定接受审计。

13. 退休

公务员达到国家规定的退休年龄或者完全丧失工作能力的，应当退休。公务员符合规定条件的，本人自愿提出申请，经任免机关批准，可以提前退休。公务员退休后，享受国家规定的养老金和其他待遇，国家为其生活和健康提供必要的服务和帮助，鼓励发挥个人专长，参与社会发展。

14. 申诉与控告

公务员申诉是指公务员对所在机关做出的涉及本人权益的人事处理决定不服时，依照有关法律法规的规定，向原处理机关、原处理机关的上一级机关、同级公务员主管部门或者监察机关提出重新处理要求的行为。申诉是公务员的一项基本权利，同时也是维护自身权利的一项重要的法律制度。公务员控告是指公务员对所在机关及其领导人员侵犯其合法权益的行为，向上级机关或者监察机关提出控告的行为。控告权既是鼓励和保护公务员同不法行为作斗争的有力武器，也是公务员保护自己不受他人非法侵害的有效手段。

15. 职位聘任

机关根据工作需要，经省级以上公务员主管部门批准，可以对专业性较强的职位和辅助性职位实行聘任制。前款所列职位涉及国家秘密的，不实行聘任制。机关聘任公务员可以参照公务员考试录用的程序进行公开招聘，也可以从符合条件的人员中直接选聘。

6.3.4 我国公务员制度的改革

6.3.4.1 我国公务员制度存在的问题

从《国家公务员暂行条例》到2006年的公务员法，以及2018年修订的《中华人民共和国公务员法》，中国的公务员管理取得了巨大成效。但目前我国公务员管理中仍未完全摆脱传统人事管理的窠臼，还存在诸多管理问题：第一，没有进行整体性的人力资源管理体系的构建，“头痛医头，脚痛医脚”，导致人力资源管理工作支离破碎，难以发挥其在组织管理中系统整合和提升效能的功能。第二，人力资源管理的基础工作薄弱，难以进行规范化和科学化管理，进而阻碍了管理的深化变革。如缺乏系统和规范的职位分析，制约着人力资源管理其他环节——人员编制、招聘管理、业务能力培训、职业生涯规划、薪酬设计、绩效评估等——的开展；人员测评体系因缺乏足够的专业支持，测评手段单一、规范化水平低甚至出现千篇一律的现象，导致测评结果信度和效度低；考核的定性化、表面化和盲目性严重，不能合理评价员工的贡献；薪酬制度存在平均主义。

第三，没有形成以绩效为本的现代人力资源管理理念。重过程，轻结果；不求有功，但求无过；官僚主义，办事拖拉。第四，重使用、轻开发的传统用人观念仍然存在。第五，人事管理权力过于集中，管人与管事相脱节，用人单位缺乏调节和激励员工行为的必要手段。第六，业务部门主管缺乏人力资源管理的技能。

6.3.4.2 我国公务员制度的改革思路与措施

针对公务员管理过程中存在的问题，为适应中国特色社会主义建设的要求，我国推进了公务员制度从传统人事管理向现代科学管理制度的转型。

1. 强化党的领导和党管干部的原则

相较于西方国家公务员制度，我国的公务员制度是在中国的经济社会、历史文化和政治制度等内外环境和实践经验基础上，为适应中国特色社会主义制度和市场经济发展而构建和完善的，是"中国式治理"的重要体现。与西方国家公务员制度相比，中国公务员制度改革的首要原则是加强党的领导和党管干部原则要求。

首先，公务员制度改革与完善必须坚持中国共产党的领导。党的十九届四中全会强调，党政军民学，东西南北中，党是领导一切的。中国特色社会主义最本质的特征是中国共产党领导，中国特色社会主义制度的最大优势是中国共产党领导，党是最高政治领导力量。中国共产党是中国特色社会主义事业的领导核心。党的领导是中国国家治理的基本事实，也构成了国家治理工具运用的基本特色。党在中国国家治理方面的领导，既表现在对国家机构的领导，也表现在对国家公务员的领导。《中华人民共和国公务员法(修订草案)》第四条明确规定："公务员制度坚持中国共产党领导，坚持以马克思列宁主义、毛泽东思想、邓小平理论、'三个代表'重要思想、科学发展观、习近平新时代中国特色社会主义思想为指导。"公务员是中国政策制定和执行的重要主体，坚持党的领导，是尊重中国国家治理的事实、发挥中国国家制度优势、体现中国特色治理工具、切实为人民谋利益的重要保证。

其次，必须坚持党管干部原则。贯彻社会主义初级阶段的基本路线，贯彻新时代中国共产党的组织路线，坚持党管干部原则是中国公务员管理的重要特征。《中国共产党章程》规定，党的领导主要是政治、思想和组织的领导。加强组织领导，就是强化党对干部和公务员队伍的领导。党管干部原则是我国公务员制度的基本原则，也是党的组织路线为政治路线服务的重要保障。《中共中央关于加强和改进新形势下党的建设若干重大问题的决定》强调在公务员管理中要坚持党管干部原则。党的十九大报告强调，坚定不移全面从严治党，不断提高党的执政能力和领导水平。这是加强党的长期执政能力建设、巩固党执政地位、实现执政使命必须解决好的重大课题。要坚持党管干部原则。坚持德才兼备、以德为先，五湖四海、任人唯贤，坚持事业为上、公道正派的标准。我国公务员队伍要自觉接受中国共产党的领导，坚持社会主义道路，不搞政治中立。

2. 把先进的管理理念引入公共部门，变传统的人事管理为现代意义的人力资源管理

我国公务员管理以前秉承传统人事管理理念，把人看作是被管理对象，是一种成本。而现代人力资源管理强调人力资本是社会发展的核心资本。人不再成为制度的附属，不再被当作物化成本而加以控制，而被视为具有无限增值潜力的一种最重要的资源。开发和激励人力资源，释放人的潜能，实现人的自我价值，应该成为政府人事管理的核心①。

传统人事管理往往是在组织确立了基本的使命和战略目标之后才开始的，人事管理部门在组织中不过是一个普通的部门，主要扮演的是一种行政性的角色，在制定战略规划时，高层管理者往往很少考虑组织现有的人力资源能否满足组织的未来发展，人事管理部门仅仅是组织人事政策的贯彻执行者，人事管理活动在很大程度上只是对组织的战略规划做出被动的反应②。现代人力资源管理最显著的特征是，它已成为组织战略管理的一个重要组成部分。人力资源管理在提高组织的核心竞争能力、使组织获得持续的竞争优势、帮助组织实现战略目标等方面，理应扮演一个更为重要的角色。正如派恩斯所言，通过调动起战略人力资源管理，各种机构就能够更好地使它们的人力资源要求适应于市场和机构本身的需要。人力资源的重点并不限于有关个体雇员的问题，也专注于人力资源的重点整合到组织战略之中的问题。人力资源已经成为组织树立远景目标的一部分③。因此，公共部门在进行战略规划时，首先应把人作为第一位的因素，保证组织层面的人力资源管理与组织战略之间高度协调一致。

此外，目前出现了许多新的管理理念，如“以人为本的管理”、文化管理、组织的第一任务是满足员工的需要、柔性管理、弹性管理、富有人情味的管理、诱导式管理等，这些理念的提出和运用充分展示出了现代管理模式的人文色彩，与传统人事管理模式下冷冰冰的见物不见人的管理形成了鲜明的对照。

当然，我们在肯定管理转型并在公共管理领域倡导更具有人性化意义的管理制度和方式时，并不否定管理的规范化和标准化的建构，而是体会到需要对传统过于刚性化的模式注入人文因素，做到两者相得益彰。提升人力资源管理的价值，坚持人性化与规范化同步、柔性管理与刚性管理并重，才是目前适合我国国情的人力资源管理理念。

3. 从管理的基础工作抓起，整体配套，系统推进

目前，我国公务员制度虽也实行了分类管理，但是直到今天，尚未对政府公务活动进行全面系统的工作分析，没有制定出科学、规范的职位说明书，这就使公务员管理中的录用、考核、升迁、薪资管理等环节失去了基石。我国之所以一直未能在政府中进行科学的职位分类，主要是因为对传统工业经济下职位分类的繁文缛节的畏惧和长期以来漠视私人部门职位分类与工作分析上的成就。此外，诸如岗位测评、人才甄选技术、市场薪酬调查等基础性工作在公务员管理中均不完善。

因此，我们需要从这些基础工作做起，为人力资源管理构建一个规范的操作平台。此外，还应把人力资源管理当作一个系统来建设，克服那种急功近利和断章取义的取向。只有坚持不懈和系统推进，才能逐渐把人力资源管理系统建立和完善起来，发挥其应有的效能。

4. 下放人事管理权力

下放权力是我国改革开放40多年来成功的重要原因。因此，根据人事财权相适应的

---

① 倪星，揭建旺. 试论政府人事管理的治道变革：从传统人事管理到现代公共人力资源管理. 探索，2003（5）.

② 刘仁春. 论公共部门人力资源管理发展的新趋势. 四川行政学院学报，2005（6）.

③ 派恩斯. 公共和非营利组织的人力资源管理. 北京：清华大学出版社，2002：15.

原则，适当下放人事管理权力在改革中是必然的选择。当然，在我国这样一个单一制的国家结构形式下，需要保持一定的相对集中，保证全国公共管理的基本规范，如有关公务员管理的原则、基本的政策（如职位分类、公职人员的基本权利与义务）以及公职人员的基本行为规范等方面。但具体的公务员管理执行和操作层面的制度和办法方面的权力是可以下放的。我国公共管理涉及的范围大，各地区、各行业的情况各不相同，那种大统一的管理思维是脱离了中国公务员管理的实际的。

5. 有选择地借鉴企业和市场化方法，提升公务员管理效能

通过引入私人部门的管理理论、管理技术来克服传统人事管理制度的某些固有弊端，谋求更具灵活性和适应性的公务员管理，不仅是西方各国政府改革的一个重要内容，也是我国公务员管理改革的一个趋势。其中最引人注目的一些改革措施包括：改变国家公务员的终身雇佣制度，开始逐步实行有弹性的入职和离职制度，另外，合同雇佣制和临时聘用制也成为公共部门用人的一种常见方式；改革传统的等级工资制，实行以绩效工资为主的灵活工资制度；建立以工作表现为基础的激励制度。此外，在人事录用、职位分类、员工培训等方面，通过放松规制、消除繁文缛节、减少层级控制等措施来提高效率、增强灵活性等[①]。同时，其他私人部门人力资源管理的一些方法也可以为公共人力资源管理提供一定的启迪和参考，如目标管理、全面质量管理、平衡计分卡、360 度考核、关键业绩指标、标杆管理等。

但是，公共部门与私人部门有很大的差别，如目的的公益性、公平的价值观、管理的法制化、绩效标准的非刚性等，从而使公务员管理不能完全照搬私人部门的方法。这就是为什么对一些公职人员需要实行职务常任制，如一部分公务员和教师等，对公职人员的考核也不能一味地强调量化考核并以此决定其报酬。本书的观点是，传统公共部门的一些管理方法和市场化的方法各有一定的适应范围，它们可以并存于公务员管理中，我们应根据实际的需要和条件灵活运用两种管理机制，任何绝对化和全盘照搬的做法都是错误的。

6. 树立以绩效为导向的管理理念

制定科学、客观、公平的绩效评估制度体系，构建以绩效为导向的公务员评估与激励机制，激发公务员工作动机，提升公务员工作的积极性与主动性是公务员制度改革的出发点。这其中有几点值得注意：第一，提高认识，大力倡导讲实话、求实效的工作作风，形成一种以绩效为本的管理文化；第二，做好岗位分析工作，简化工作程序，制定工作标准和服务承诺；第三，实施绩效评估；第四，实施业绩与报酬、培训和职务升降等挂钩。需要指出的是，我们强调以绩效为本，不是不要规则。在公共管理领域，规则是必要的，它是防止公共权力被滥用和维护公平价值观的重要保证。我们强调绩效与规则的辩证统一，在制定规则时应以绩效为本。再完善的规则如果不利于公共管理效果的提高，也是没有价值的，不能离开效果空谈规则、为规则而规则。

7. 实施立足于能力和素质的公共部门人力资源开发模式

第一，要建设学习型组织，这是信息时代的要求。由于社会生活日新月异，只有不

① 刘仁春. 论公共部门人力资源管理发展的新趋势. 四川行政学院学报，2005 (6).

断学习的组织才能适时地进行变革，保持生机和活力。只有形成了团队学习，组织成员在共同的工作中，面对不断变化的环境探讨新的对策时才会有共同语言，从而提高自身的适应能力。第二，改变传统集中运动式的培训方式。一个有效的培训应该是具有个性特点的培训。培训应立足公职人员的能力提升。为此，有必要对任职人员的能力结构进行定位，然后针对其中的不足实施培训。第三，培训立足于任职人员综合素质的提高。为了提高对外部环境的适应性，当代的组织设计趋向于扁平化和柔性化，提倡工作的整体性和团队结构，这就要求组织成员比高度分工时代具有更好的综合素质结构。因此，培训只立足于岗位能力是不够的，也应面向未来、面向综合素质的培养。

8. 培育公共伦理，弥补硬性管理之不足

私人部门人力资源管理的目的是通过调动员工的积极性，提高他们的技能水平，使他们更好地完成工作任务，最终实现组织的利益和自身的发展，带有明显的“经济人”和“自利人”的特征。虽然企业的发展在客观上也有利于社会福利的增长，我们也不否定一些私人部门的公益性取向和贡献，但这种公益性在其整个经营过程中不占有重要的地位。公共部门人力资源管理的目的就是要为社会提供更多、更好的公共物品和公共服务。除此之外，它不应有自私自利的企图。虽然我们也不否定科学的公共人力资源管理也可以促进公职人员个人生涯的发展和公共组织的良性运作，即实现个人利益和集体利益的统一，但归根到底，这种统一的最终目的是要提高公共部门的工作效率和工作效果，更好地为全体民众服务，而不是为了谋求部门自身利益。公共部门的这种公益性特点要求公职人员在其职业生涯的发展过程中，必须具有公共精神，即为人民服务的精神。

按照人力资源管理的一般原则，我们要根据人的内在需要的变化，实施有针对性的管理行为，健全各种管理制度，综合运用物质激励和精神激励，使员工的辛勤付出与合理回报相匹配，从而调动员工的积极性。这些原理在公共人力资源管理中同样适用。但我们同时也认为，在一定的条件下，制度的硬性约束的作用是有限的，只有与一定的软约束相配合才能发挥最佳的效果。对公职人员而言，软约束更为重要。这种软约束就是我们所说的公共精神和公共伦理。由于官僚制本身无法克服的弊端，如办事拖拉、不对结果负责等，如果没有公共伦理，很难持久保持公职人员的献身精神。公共部门人力资源本质上说是一种公共资源，公职人员的权力来源于人民的授权，其享有的职业保障、物质回报和较高的社会地位均源自人民，我们有充足的理由要求他们具有为人民服务的公共精神。

培育公共伦理可以从以下几方面着力：一是把一些成熟的、重要的公职人员的伦理上升到法律的高度；二是克服长期以来让人厌倦的教化式的灌输，而把公共伦理精神的培育渗透到现实生活之中；三是从传统文化中吸取精华，让中国几千年的伦理精髓得以发扬光大，重现其心灵启迪价值；四是完善公共物品和公共服务供给体系，让社会公众感觉到公共物品和公共服务给自己带来的福利，这样才能使其更好地认同和支持公共体系的建设，形成良好的社会氛围，才能使公共伦理在公职人员中化作永恒的精神动力源泉。

本章小结

1. 从传统人事管理到现代人力资源管理的发展变化，不只是概念本身的发展变化，更重要的是管理理念、管理理论的发展变化。学习和把握公共人力资源管理与社会发展之间的内在联系，是准确理解人力资源理论及其发展演进的有效途径。

2. 现代人力资源管理必须融入科学的管理方法与技术，包括人力资源预测技术、人力资源测评技术、人力资源绩效评估方法、职务分析方法、心理测试方法和人力资源管理信息系统等，从而实现人力资源的科学化管理。

3. 完善现代人力资源管理制度，实现人力资源管理的制度化、法治化。

关键术语

人力资源　　公共人力资源管理　　公务员制度　　职务分析　　公务员　　《公务员法》　　公共人力资源管理变革

复习思考题

1. 分析、理解人力资源的特点。
2. 比较分析传统人事管理与现代人力资源管理的差异。
3. 列举职务分析的基本程序与内容。
4. 分析提高面试工作质量的方法。
5. 通过具体实例分析说明如何实施对求职人员的背景调查。
6. 列举培训需求分析包含的层次。
7. 列举并分析一个有效的绩效评估系统应满足的要求。
8. 联系实际，分析行为主义理论对人力资源管理的意义。
9. 比较分析中西方公共人力资源管理变革的原因、主要内容。

参考文献

1. 伯曼，等．公共部门人力资源管理：第2版．北京：中国人民大学出版社，2008.
2. 陈振明，孟华．公共人力资源管理．福州：福建人民出版社，2003.
3. 姜海如．中外公务员制度比较．北京：商务印书馆，2003.
4. 谢夫利兹，罗森布卢姆，等．政府人事管理．北京：中共中央党校出版社，1997.
5. 李和中．比较公务员制度．北京：中共中央党校出版社，2003.
6. 李文良．公共部门与人力资源管理．长春：吉林人民出版社，2003.
7. 刘俊生．公共人事管理比较分析．北京：人民出版社，2001.

8. 克林格勒，纳尔班迪. 公共部门人力资源管理：系统与战略. 北京：中国人民大学出版社，2001.

9. 洛丝特. 人力资源管理. 北京：中国人民大学出版社，1999.

10. 派恩斯. 公共和非营利组织的人力资源管理. 北京：清华大学出版社，2002.

11. 彭正龙. 公共部门人力资源管理. 上海：同济大学出版社，2007.

12. 钱再见，等. 公务员制度创新与实施. 广州：广东人民出版社，2002.

13. 孙柏瑛，祁凡骅. 公共部门人力资源开发与管理. 4版. 北京：中国人民大学出版社，2016.

14. 可林纳，等. 公共部门人力资源管理：系统与战略：第6版. 北京：中国人民大学出版社，2013.

15. 腾玉成，俞宪忠. 公共部门人力资源管理. 北京：中国人民大学出版社，2004.

16. 梶原丰. 人才开发论. 北京：中央编译出版社，2001.

17. 吴琼恩，等. 公共人力资源管理. 北京：北京大学出版社，2006.

18. 吴志华. 美国公务员制度的改革与转型. 上海：上海交通大学出版社，2006.

19. 舒尔茨. 论人力资本投资. 北京：北京经济学院出版社，1990.

20. 萧鸣政. 人员测评与选拔. 上海：复旦大学出版社，2005.

21. 阎树森. 日本公务员制度研究. 北京：国家行政学院出版社，2001.

22. 沃克. 人力资源战略. 北京：中国人民大学出版社，2001.

23. 张爱卿. 人才测评. 北京：中国人民大学出版社，2005.

24. 周敏凯. 比较公务员制度. 上海：复旦大学出版社，2006.

25. BEAUMONT P B. Public sector industrial relations in Europe //BELMAN D. , et al. Public sector employment in a time of transition. Madison：Industrial Relations Research Association，1996.

26. HORTON S. The civil service. //HORTON S，FARNHAM D. Public management in Britain. Houndmills：Macmillan Publishers Ltd. ，1999.

第7章

公共预算管理

本章导读

公共预算管理作为公共管理的重要内容和国家治理模式变迁的重要组成部分，正在扮演越来越重要的角色。一个国家的公共预算管理体制不仅是一国政治、经济体制的映射，也反映了国家的性质和能力，甚至还在很大程度上塑造了社会个体的行为。中国财政改革的主要方向由收入制度的调整转向支出管理的不断完善，逐步建立起全面规范透明、标准科学、约束有力的现代公共预算制度。本章详细介绍了公共预算管理的一些基本理论，并结合中国公共预算管理的实践，对公共预算过程的各个环节涉及的行动主体、程序、规则和操作进行逐一剖析。

知识结构图

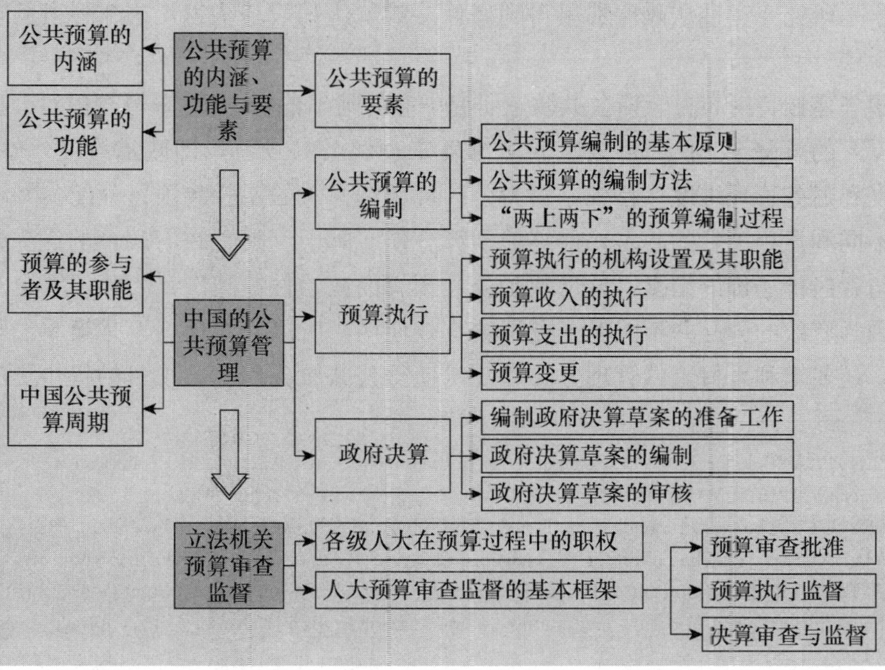

重点问题

- 公共预算的内涵、功能及要素
- 公共预算的编制与执行
- 政府决算
- 预算的审查和监督

7.1 公共预算的内涵、功能与要素

7.1.1 公共预算的内涵

克利夫兰（Cleveland）对预算做了一个通俗的解释："预算是一门决策的艺术。"① 1940 年，政治学家基（Key）在批评公共预算缺乏理论的过程中指出：公共预算的基本问题就是要回答"应该以什么为基础来决定把 X 数量的预算资金分给 A 项目，而不是 B 项目"②。以美国著名政治学家、公共管理学家威尔达夫斯基为代表的早期公共管理学家认为：公共预算是为了实现一定的公共政策目标而进行的财政资源分配活动③。这个定义指出了公共预算的两个关键：其一，预算分配的公共政策导向，即财政资源的分配是围绕公共政策的目标而进行的；其二，公共预算活动实质上是一系列资源的分配决策过程。从实际操作的角度看，公共预算是指经法定程序批准的政府年度财政收支计划，以及政府的资金筹集、使用计划及相关的一系列制度等。一种观点认为：财政就是政治，而政治学是研究究竟谁从政府那里得到好处。威尔达夫斯基认为，这个答案就在公共预算里。

美国华盛顿特区布鲁金斯公共政策研究中心的阿尔伯特·C. 海德教授对公共预算概念做了深入的解释④：我们可以从四个维度来理解公共预算，即政治维度、管理维度、经济维度和财务管理维度。首先，因为公共资源是稀缺的，公共预算分配公共资源时必须考虑不同利益相关者的需求，最终的预算分配实际上反映了政府政策的优先性，是不同的参与者讨价还价的结果，这反映了公共预算的政治性。其次，公共预算也是管理的工具，因为有效的分配并不能保证资源被有效使用，所以公共预算不是简单的财政资源的分配，还要求利用特定的管理方法和技术使得公共服务和公共项目的提供更有效。再

① CLEVELAND F. Evolution of the budget idea in the United States. Annals of the American academy of political and social science，1915：15-35.

② KEY V O. The lack of a budgetary theory. The American political science review，1940（34）：1137-1144.

③ WILDAVSKY A. The politics of the budgetary process. Boston：Little，Brown and Company，1964.

④ HYDE A. The development of budgeting and budget theory：the threads of budget reform//HYDE A. Government budgeting：theory，process，and politics（second edition）. Pacific Grove，Calif.：Brooks/Cole Publishing Company，1992：1-6.

次，公共预算还是经济平衡工具，因为公共预算的分配往往承担着刺激经济增长、稳定经济、促进就业、抑制通货膨胀等宏观经济职能。最后，公共预算也是一种财务管理工具。政府的收入和支出数量庞大而繁杂，为了合理获得每一笔收入和安排每一笔支出，必须通过微观的财务管理工具来明确约束参与者的行为。公共预算的这四个维度不但概括了公共预算管理的内涵，也反映了公共预算不同于企业或私人预算的特点。

7.1.2　公共预算的功能

艾伦·希克（Allen Schick）把政府预算的职能划分为三种[①]：计划、管理和控制。计划是指确定组织目标、测算实现这些组织目标所需要的资源，以及决定怎样获取、使用这些资源等一系列决策过程，主要回答“做什么”的问题。管理是指确定了组织目标后，项目管理者确保有效地获得和利用资源以实现组织目标的过程，是解决“怎么做”的问题。控制的功能是指为了确保有效实施特定的工作任务而进行的对具体的人、财、物的控制，所以控制职能通常是建立在对预算支出的详细分类基础上的。早期的线性预算（line-item budget，也叫分项列支预算）就是为了满足这个目的而产生的。线性预算也是现代预算的编制基础。

前克林顿政府财长鲁宾（Robert Rubin）认为，除了这三个功能，现代公共预算还必须具备另外两个职能：优先性排序和预算问责[②]。优先性排序和资源的稀缺性有关，相对于有效需求，公共资源是稀缺的，因而公共支出只能满足部分公共需求，这就需要对预算申请进行优先性排序。优先性排序反映了决策者的政策偏好，决定了预算分配的结果。预算问责职能包括四个方面的内容：第一，对上负责，是指一级政府预算要符合上级政府的相关政策法规；第二，对公众负责，要及时向公众全面公开；第三，要对预算的结果负责，主要是指预算官员；第四，保证公民对预算分配过程和结果的直接影响或控制。

阿尔伯特·C. 海德认为预算决策是政府部门最重要的决策。那么，公共预算到底做哪些决策？这就需要我们了解公共预算的功能，因为所有的预算决策都是围绕着实现预算的功能而进行的。

虽然所有的公共预算系统都具备公共预算的这五个功能，但是，这五个功能在不同的公共预算系统中所处的地位是不同的，不同的预算系统总是强调预算的特定功能。例如，计划-项目预算系统强调的是计划功能，而结果导向的预算强调的是预算的管理和问责功能。

7.1.3　公共预算的要素

自从威尔达夫斯基把公共预算定义为对预算决策的过程，对预算参与者决策行为的

---

① 阿伦·希克在1996年发表的文章中是战略计划（strategic planning）、管理控制（management control）和操作控制（operational control），预算领域的学者通常简述为计划、管理和控制。

② RUBIN R. Budgeting for accountability：municipal budgeting for the 1900s. Public budgeting and finance，1996（18）：112-312.

分析就成为预算分析的重点。那么，应该怎样分析预算参与者的决策行为呢？这就需要我们了解公共预算的要素。艾伦·希克认为，公共预算有三个要素：资源申请、资源分配和资源保护。不论什么样的国家，其公共预算必有这三个要素，与之相对应的，预算的参与者可以分为资源申请者、资源分配者和资源保护者①。这些预算的参与者根据一定的规则和程序提出预算申请、进行预算分配并保护预算资源合理使用，从而构成了一个完整的预算体系。

在实践中，资源申请、资源分配和资源保护三个要素虽然是独立的，但是参与这三个行动的主体很难被分开。在公共预算过程中，通常是政府的各支出部门作为预算申请者提出预算申请。同时，面对众多的预算需求，支出部门在提请预算申请时，必须考虑资源的有限性和持续发展的需要，避免对资源的过度申请和使用，从这个意义上讲，支出部门也是资源保护者。财政部门主要扮演资源分配者和资源保护者的角色，但是，某些公共项目是由财政部门提出，而不是由支出部门提出，这时财政部门就变成了资源的申请者。在现代公共预算体系中，议会（或代表公众利益的最高权力机关）是公共预算分配的最终决策者，所以议会（或代表公众利益的最高权力机关）是资源分配的最终决策者。但是，一些国家的立法机构有独立的预算委员会，也提出预算申请。所谓的预算制度就是围绕公共预算的上述三个基本要素构建的一系列规则和程序，用于引导和约束参与者的行为。

知识链接 7-1

预算资金的分配模式

19 世纪的预算改革建立了一套行政控制和问责机制，确保公共资金用于公共目的。不过，在资金分配上，采取的是一种“基数加增长”的分项列支预算，即在上一个预算年度形成的预算基数之上增加一个“公平”的增长份额。这种模式细化了预算，有助于控制，但是，它不利于资源再配置，不利于实现资源配置效率。20 世纪 50 年代以来，出现了多次预算改革，探索改进资源配置效率的道路：50 年代出现的绩效预算将资源分配与产出绩效联系起来；60 年代的计划-项目预算运用战略计划引导资金分配，使得公共预算开始以超越年度预算的视野考虑资金分配问题，并为政策引导资金分配创造了条件；70 年代出现的零基预算主张按照活动的轻重缓急对支出申请进行排序，取消预算基数对资金分配的影响，实现资源的再分配——将资金从低效率的活动转向高效率的活动；80 年代以来出现的新绩效预算充分吸收了以前这些预算改革中的有价值的成分，强调运用战略计划引导资金分配，将预算资金分配的重点转移到最终的结果上，所以，也被称为以结果为导向的预算。

资料来源：中国发展研究基金会．公共预算读本．北京：中国发展出版社，2008：11-12.

① SCHICK A. An inquiry into the possibility of a budgetary theory//RUBIN I. New directions in budget theory. New York：State University of New York Press，1988：59-69.

7.2　中国的公共预算管理

在介绍了公共预算的一些基本知识后，下面让我们一起来看一下中国的公共预算管理。《中华人民共和国预算法》（简称《预算法》）和《中华人民共和国预算法实施条例》（简称《实施条例》）是各级政府进行预算管理的根本依据和操作指南。因此，本章根据《预算法》和《实施条例》的相关规定，结合中国各级政府的实践进行介绍①。

7.2.1　预算的参与者及其职能

根据前文的介绍，公共预算有三个要素，由此得出三类参与者：资源申请者、资源分配者和资源保护者。那么，在实践中，这三类参与者到底是哪些具体的部门或组织，这些部门或组织到底承担哪些具体职能呢？下面以中国的省级政府为例来回答这个问题。

根据《中华人民共和国宪法》，人民代表大会是权力机关。因此，省人民代表大会（简称“省人大”）对省政府的预算行使最高决定权，这些权力具体包括：第一，审查本级总预算草案及本级总预算执行情况的报告；第二，批准本级预算和本级预算执行情况的报告；第三，改变或者撤销本级人民代表大会常务委员会关于预算、决算的不适当的决议；第四，撤销本级政府关于预算、决算的不适当的决定和命令。因为人民代表大会每年一般只召开一次会议，而每次会议只持续短短的几天，因此在休会期间，由省人大的常务委员会（简称“省人大常委会”）具体开展预算监督和决算审查批准工作。省人大常委会的主要职能包括：监督本级总预算的执行，审查和批准本级政府决算，审查和批准本级预算的调整方案，撤销本级政府和下一级人民代表大会及其常务委员会关于预算、决算的不适当的决定、命令和决议。

在省长领导下的省政府主要负责的预算管理工作包括：编制本级预算、决算草案，向本级人民代表大会做关于本级总预算草案的报告，决定本级预算预备费的动用，编制本级预算的调整方案，监督本级各部门和下级政府的预算执行，向本级人民代表大会、本级人民代表大会常务委员会报告本级总预算的执行情况，改变或者撤销本级政府各部门和下级政府关于预算、决算的不适当的决定、命令。

财政厅作为核心预算机构，承担的职责包括：编制本级预算、决算草案，具体组织本级总预算的执行，提出本级预算预备费动用方案，具体编制本级预算的调整方案，定期向本级政府和上一级政府财政部门报告本级总预算的执行情况。

政府各部门是指一级预算单位，它们是预算资金的使用者，负责编制本部门预算、决算草案，组织和监督本部门预算的执行，定期向本级政府财政部门报告预算的执行情况。各部门的下属单位，也是预算资金的使用者，负责编制本单位预算、决算草案；按

① 由于篇幅所限，本章会根据需要选择不同层级政府的制度和实践进行介绍。在整体的预算管理制度框架下，各层级政府的预算过程和管理方法会有一定的差异。

照国家规定上缴预算收入，安排预算支出，并接受国家有关部门的监督。表 7－1 以省级政府为例，对省级政府预算的参与者及其职责进行了详细说明。

表 7－1　地方政府预算参与者及其职责（以省级政府为例）

参与者	主要职责
A. 省人民代表大会	1. 审查本级总预算草案及本级总预算执行情况的报告； 2. 批准本级预算和本级预算执行情况的报告； 3. 改变或者撤销本级人民代表大会常务委员会关于预算、决算的不适当的决议； 4. 撤销本级政府关于预算、决算的不适当的决定和命令。
B. 省人大常委会	1. 监督本级总预算的执行； 2. 审查和批准本级政府决算； 3. 审查和批准本级预算的调整方案； 4. 撤销本级政府和下一级人民代表大会及其常务委员会关于预算、决算的不适当的决定、命令和决议。
C. 省政府	1. 编制本级预算、决算草案； 2. 向本级人民代表大会做关于本级总预算草案的报告； 3. 决定本级预算预备费的动用； 4. 编制本级预算的调整方案； 5. 监督本级各部门和下级政府的预算执行； 6. 向本级人民代表大会、本级人民代表大会常务委员会报告本级总预算的执行情况； 7. 改变或者撤销本级各部门和下级政府关于预算、决算的不适当的决定、命令。
D. 财政厅	1. 编制本级预算、决算草案； 2. 具体组织本级总预算的执行； 3. 提出本级预算预备费动用方案； 4. 具体编制本级预算的调整方案； 5. 定期向本级政府和上一级政府财政部门报告本级总预算的执行情况。
E. 各部门（一级预算单位）	1. 编制本部门预算、决算草案； 2. 组织和监督本部门预算的执行； 3. 定期向本级政府财政部门报告预算的执行情况。
F. 各单位（一级预算单位下属的各单位）	1. 编制本单位预算、决算草案； 2. 按照国家规定上缴预算收入，安排预算支出； 3. 接受国家有关部门的监督。

资料来源：《中华人民共和国预算法》。

7.2.2　中国公共预算周期

同许多国家一样，中国的一个完整的预算周期包括四个阶段：预算编制、审批、执行、决算和审计。中国的预算年度为 12 个月，从每年的 1 月 1 日起至同年 12 月 31 日止。下面根据 2018 年修正的《预算法》和 2020 年修订的《实施条例》，以省级政府为例，对中国公共预算周期的阶段和大致时间节点进行梳理。

预算编制阶段。这个阶段的主要参与者包括省政府、财政厅和各支出部门及其下属单位。根据《实施条例》的规定，每年6月15日前，财政部部署编制下一年度预算草案的具体事项，规定报表格式、编报方法、报送期限等。随后，省政府按照国务院的要求和财政部的部署，结合本地区的具体情况，提出本行政区域编制预算草案的要求。财政厅应当于6月30日前部署本行政区域编制下一年度预算草案的具体事项，规定有关报表格式、编报方法、报送期限等。之后，财政厅召开由所有支出部门参加的预算编制工作会议。在财政厅的预算编制指导原则下，各部门组织编制本部门及其所属单位的预算草案并上报财政厅审核。财政厅审核本级各部门的预算草案，具体编制本级预算草案，汇编本级总预算草案，经本级政府审定后，于下一年度1月10日前报财政部。

预算审批阶段。这个阶段是指各级人民代表大会对本级预算草案的审查和批准。通常在每年人民代表大会会议举行的30日前，省财政厅将本级预算草案的初步方案提交省人大常委会有关专门委员会进行初步审查，提出初步审查意见。省人大举行会议审查预算草案前，采用多种形式组织省人大代表听取选民和社会各界的意见。省人民代表大会举行会议时，省人大有关专门委员会向大会主席团提出关于总预算草案及上一年总预算执行情况的审查结果报告。参会的人大代表根据会议议程对本级总预算草案及本级总预算执行情况的报告进行审议，批准本级预算和本级预算执行情况的报告。

预算执行阶段。根据《预算法》的规定，各级预算由本级政府组织执行，具体工作由本级政府财政部门负责。各部门、各单位是本部门、本单位的预算执行主体，负责本部门、本单位的预算执行，并对执行结果负责。预算经本级人大批准后，按照批准的预算执行。根据《预算法》的规定，各级预算经本级人大批准后，本级政府财政部门应当在20日内向本级各部门批复预算。各部门应当在接到本级政府财政部门批复的本部门预算后15日内向所属各单位批复预算。在预算年度开始后，各级预算草案在本级人大批准前，可以安排下列支出：一是上一年度结转的支出；二是参照上一年同期的预算支出数额安排必须支付的本年度部门基本支出、项目支出，以及对下级政府的转移性支出；三是法律规定必须履行支付义务的支出，以及用于自然灾害等突发事件处理的支出。

决算和审计是预算循环的最后一个阶段。根据《预算法》的规定，决算草案由各级政府、各部门、各单位，在每一预算年度终了后按照国务院规定的时间编制。根据《实施条例》的规定，财政部应当在每年第四季度部署编制决算草案的原则、要求、方法和报送期限，制发中央各部门决算、地方决算以及其他有关决算的报表格式。省财政厅按照国务院的要求和财政部的部署，结合本地区的具体情况，提出本行政区域编制决算草案的要求。各部门对所属各单位的决算草案，审核并汇总编制本部门的决算草案，在规定的期限内报省财政厅审核。省财政厅编制本级决算草案，经省审计厅审计后，报省政府审定，由省政府提请省人大常委会审查和批准。

预算过程各阶段的具体时间安排、参与者和主要工作，如表7-2所示。

表 7-2　中国省级政府预算循环

阶段	时间安排	参与者	主要工作
预算编制	每年 6 月—12 月	1. 省政府 2. 省财政厅 3. 各部门、各单位	1. 省政府提出本行政区域编制预算草案的要求。 2. 财政厅部署本行政区域编制下一年度预算草案的具体事项。 3. 各部门组织编制本部门及其所属各单位的预算草案，按照规定报本级政府财政部门审核。 4. 财政厅审核本级各部门预算草案，具体编制本级预算草案，汇编本级总预算草案，经省政府审定后，应当于下一年度 1 月 10 日前报财政部。
预算审批	下一年第一季度之前	1. 省人大有关专门委员会 2. 省人大常委会有关工作机构 3. 省人民代表大会	1. 财政厅应当在省人民代表大会举行的 30 日前，将本级预算草案的初步方案提交省人大有关专门委员会进行初步审查。 2. 省人大举行会议审查预算草案前，应当采用多种形式，组织省人大代表听取选民和社会各界的意见。 3. 省人大有关专门委员会向本级人民代表大会主席团提出关于总预算草案及上一年总预算执行情况的审查结果报告。 4. 省人民代表大会审查本级总预算草案及本级总预算执行情况的报告，批准本级预算和本级预算执行情况的报告。
预算执行	下一年 1 月 1 日—12 月 31 日	1. 省政府 2. 省财政厅 3. 各部门、各单位 4. 省人大有关专门委员会 5. 省人大常委会	1. 预算经省人大批准后，省财政厅应当在 20 日内向本级各部门批复预算。 2. 各部门应当在接到省财政厅批复的本部门预算后 15 日内向所属各单位批复预算。 3. 预算草案在省级人大批准前，可以安排《预算法》规定的支出。 4. 省政府组织省级预算执行，具体工作由省财政厅负责。 5. 各部门、各单位是本部门、本单位的预算执行主体，负责本部门、本单位的预算执行，并对执行结果负责。 6. 省财政厅应当在省人大常委会举行会议审查和批准预算调整方案的 30 日前，将预算调整初步方案送交省人大有关专门委员会进行初步审查。 7. 省级预算的调整方案应当提请省人大常委会审查和批准。 8. 省级预算的调整方案经批准后，由省政府报国务院备案。 9. 省级政府应当在每年 6 月至 9 月期间向省级人大常委会报告预算执行情况。
决算和审计	预算年度终了后	1. 省政府 2. 省财政厅 3. 各部门、各单位 4. 省审计厅 5. 省人大有关专门委员会 6. 省人大常委会	1. 省政府提出本行政区域编制决算草案的要求。 2. 省财政厅部署编制省级政府各部门和下级政府决算草案的原则、要求、方法、报表格式和报送期限。 3. 各单位编制本单位决算草案，在规定期限内上报。 4. 各部门汇编本部门决算草案，在规定期限内报省财政厅审核。 5. 省财政厅编制本级决算草案，及时报送省审计厅审计。 6. 审计厅依法对省级预算执行情况和决算草案，省级各部门、各单位和下级政府的预算执行情况和决算，进行审计监督。 7. 省人大有关专门委员会对本级决算草案进行初步审查，提出初步审查意见。 8. 省人大常委会审查和批准本级决算。

7.2.3 公共预算的编制

预算编制是公共预算过程的第一步，是指各级政府、部门和预算单位制定筹集和分配预算资金计划的活动，反映了政府预算收支计划的预测及确定，是整个预算过程的核心部分。具体包括在某一财政年度内政府的收入和支出规模以及收入的具体来源和支出的安排使用去向。预算编制的形式包括单式预算和复式预算两种，其原则主要包括：合法性原则、真实性原则、完整性原则、科学性原则、重点性原则、绩效性原则、透明性原则。政府、部门和各级预算单位须按照《预算法》及其相关的法律规定、程序、办法进行预算编制，并经过法定程序予以批准。

7.2.3.1 公共预算编制的基本原则

《预算法》第十二条明确规定："各级预算应当遵循统筹兼顾、勤俭节约、量力而行、讲求绩效和收支平衡的原则。各级政府应当建立跨年度预算平衡机制。"在此基础上，第三十五条进一步规定："地方各级预算按照量入为出、收支平衡的原则编制，除本法另有规定外，不列赤字。"

公共预算编制的原则在各个时期有不同的内容，不同层级政府的预算编制的基本原则也有所不同。按照构建社会主义和谐社会和建立完善公共财政体制的要求，公共预算编制的基本原则主要有：

1. 合法性原则

政府预算资金从哪里筹集，筹集多少，分配到哪里去，每一项预算收支的安排，都要有其法律依据和政策制定依据。因此，政府预算的编制要符合《预算法》和国家其他法律、法规的要求，充分体现党和国家的方针政策。

2. 真实性原则

政府预算收支的预测必须以国家社会经济发展计划和履行部门职能的需要为依据，对每一收支项目的数字指标都应认真测算，力求各项收支数据真实准确。

3. 完整性原则

政府预算编制要体现综合预算的思想。应将所有收入和支出全部纳入部门预算，取消收支挂钩的预算核定方法，对各类财政资金统一管理，统筹安排，统一编制综合财政预算。

4. 科学性原则

政府预算编制要具有科学性和可行性，预算收入的预测和安排预算支出的方向要科学，要与国民经济和社会发展状况相适应，要有利于促进国民经济协调健康、可持续发展。各项预算的核定要科学，基本支出预算定额要依照科学的方法制定，项目支出预算编制中要对项目进行遴选，按轻重缓急排序，科学合理地选择项目。

5. 重点性原则

政府预算编制要做到合理安排各项资金，在兼顾一般的同时，优先保证重点支出。根据重点性原则，要先保证基本支出，后安排项目支出；先重点、急需项目，后一般项目。基本支出是维持部门正常运转所必需的开支，因此要优先安排预算，不能留有缺口；项目支出根据财力情况，按轻重缓急进行优先次序排列和安排。

6. 绩效性原则

全面实施预算绩效管理，编制预算时要制定明确的绩效目标，并对预算的执行过程和完成结果实行全面的追踪问效，不断提高预算资金的使用效益，促使预算资金的安排由“重分配”向“重管理”转变。

7. 透明性原则

政府预算的制定过程是透明的、受公众监督的。政府预算作为公开性的法律文件，其内容必须真实、详细和准确，以便于公民及其代表能理解和审查。同时，政府预算的执行、审计以及决算、绩效也须向公众全面公开。

7.2.3.2 公共预算的编制方法

根据《预算法》的规定：“各级预算应当根据年度经济社会发展目标、国家宏观调控总体要求和跨年度预算平衡的需要，参考上一年预算执行情况、有关支出绩效评价结果和本年度收支预测，按照规定程序征求各方面意见后，进行编制。”“各部门、各单位应当按照国务院财政部门制定的政府收支分类科目、预算支出标准和要求，以及绩效目标管理等预算编制规定，根据其依法履行职能和事业发展的需要以及存量资产情况，编制本部门、本单位预算草案。”从实践来看，各级政府的部门预算支出由三个主要的部分组成，即人员支出、公用支出和项目支出，每一部分支出采用不同的方法编制。

1. 人员支出和公用支出

人员支出包括基本工资、津贴及奖金、福利费、社会保障缴费、离退休费、助学金、医疗费、住房补助支出和其他人员经费等。公用支出包括办公费、专用材料及一般设备购置费、水电费、邮电及通信费、取暖费、交通费、差旅费、维修及租赁费、物业管理费、会议费、专项业务费和其他费用。这两项支出合起来构成基本支出。定员定额是编制基本支出的基本方法。定员是指根据行政事业单位的工作性质和业务量确定的机构人员的编制数；定额是指各部门履行职能、开展业务工作的各项基本费用支出（包括人员经费和公用经费）的人均额度标准。

对每一个部门而言，其基本支出的核算非常简单，等于定员与定额的乘积（见公式7-1）。举例来说，如果一个部门有100位职员，它的人均定额标准是30 000元，那么它的基本支出就是3 000 000元（30 000×100）。

$$\text{基本支出}=\text{支出定额}\times\text{定员} \tag{7-1}$$

从实际操作来看，因为除了编制部门之外，包括财政部门在内，其他部门都没有权力决定本部门的编制数，所以定额标准的核定就成为定员定额方法的核心。人员定额部分往往根据编制部门的相关规定来确定，因此公用经费定额标准的确定是核定基本支出的重要内容。从理论上讲，一个部门的公用经费应该根据一个部门的实际工作量来测算，但实际上并非如此。目前地方政府确定定额标准的依据主要有：（1）部门的职能和工作量。财政部门根据其职能将各部门分成若干个档次，不同的档次适用不同的标准。例如，五大班子通常属于一类一档，公安部门的经费标准通常也很高。(2) 总体财力。定额标准之所以不能完全按照部门实际需要核定的一个主要原因就是财力不足。随着政府职能的转变，各职能部门承担着越来越多的职能，而财力的增长是有限的，在这种情况下，总体财力必然成为核定经费的主要约束因素。(3) 往年的支出标准。这种做法实际上承认了历史数据的合理性，是“基数加增长”方法的延续。在财力有限、测量技术不足的情况下，这也是一个权宜之计。(4) 其他地区的标准。除了本地区的财力和历史数据，一些地方政府在确定公共经费定额标准时，也参考了其他地区尤其是相邻地区的定额标准。

定员定额的编制方法增加了部门基本支出的刚性。人员经费除了调资影响，通常具有较强的稳定性，财政通常都是按实批复①。对于公用经费来讲，由于部门的支出总额限制，定额标准通常变化不大，年度间只做微调，实际上仍然是“基数加增长”的渐进模式，而不是根据每年的工作量重新测算。严格来讲，各部门并不需要做基本支出的测算，因为部门在定员和定额两个因子的确定上，没有任何讨价还价的权力。而且，一旦定额标准确定了，部门也不涉及任何的测算，只要按照软件的设计更新人员、办公条件的基础数据即可。因此，定员定额的方法加强了财政部门对部门基本支出的控制。

2. 项目支出

项目支出指的是除了日常工作需要和经常发生的维护费用以外的公共项目支出。项目支出预算同人员支出和公月支出的编制方法不同，没有定员定额的限制。它从部门的基层预算单位开始编起，各单位根据工作任务确定项目，并根据项目的重要性进行优先性排序，最后将结果上报给上级单位或部门。同时，支出部门本身也编制自己本级的项目预算，然后把本级的项目预算和各下属单位的项目预算整合起来，按照优先性排序，建立项目的一揽子计划，将其作为部门预算的一部分上报给财政部门。在各部门上报的项目预算内，要有详细的项目计划书，包括项目的可行性分析、项目的预算和筹资计划等，它们作为项目预算的辅助材料一起递交到财政部门。由于专项支出通常涉及的资金量很大，所以财政部门对每个项目预算都要审查得很详细。财政部门审查预算的主要依据是：其一，总额控制。一些地方为了控制支出的增长，在年初编制预算时就规定专项支出零增长。但是，只要是部门的项目预算在总额的控制之内，财政部门并不审查项目的排序。其二，形式审查。也就是审查项目预算的编制是否符合规定的形式，例如是否有可行性计划等。其三，绩效评估。财政部门要严格绩效目标审核，未按要求设定绩效目标或审核未通过的，不得安排预算。

各部门确定项目的主要依据包括：第一，政府的工作计划和政策规划；第二，部门自主确定的工作计划；第三，计划部门确定的项目；第四，涉及法定支出的项目。以上所有内容都包括在部门的年度工作安排中，部门专项经费的预算是根据部门的工作安排确定的。从这个意义上讲，与人员和公用经费比较起来，部门在项目预算上具有更大的自主性。

按照部门预算改革的设想，财政部门在所有部门上报的项目基础上，建立一个包括所有部门所有项目的项目库。对于未被列入项目库的项目，财政部门在预算中不予考虑，

① 这里的按实批复包括两种情况：一是按照核定编制数批复；二是在某些地方，有些部门的实际工作人数可能少于编制数，在“短编”的情况下，财政部门按照实际人数批复人员经费。

在本年度未能批准预算的项目，下一年度予以考虑。虽然有些地方建立了项目库，但是实施的效果并不理想。其一，各部门的项目在项目库中是独立的，财政部门并没有把所有部门的项目整合起来按重要性排序，所以并没有达到资源优化配置的目的。其二，没有批准的项目虽然保留在项目库中，但是对下一年度的部门项目安排并没有什么影响。因为部门工作任务的计划性并不强，所以很难预测到下两年的工作安排。

但是，人员、公用和项目三种支出中也有优先性排序。各部门在有限的预算条件下，通常先满足人员支出，然后是公用支出，最后才考虑项目支出。当然，在定员定额的限定下，财政部门严格控制了日常公用支出的规模，这就迫使一些部门“吃专项”。为了避免“吃专项”，满足临时大额公用支出，有些地方在项目支出下设“公用专项”，如大型会议、重大科研项目等。

各地对可行性报告的写作都有严格的要求，报告需要包括项目的很多具体细节，这很像零基预算的第一步——确定决策单位，对优先性排序的过程也符合零基预算的要求。但是，项目预算编制的过程中还存在很多问题，这使得这个过程并不是自下而上的。

首先，一个部门的专项经费的总数是自上而下确定的。因为人员和公用经费属于刚性支出，年度间的变化不大，财政部门下达的控制数限制了一个部门的专项经费的额度，而且，由于控制数是通过渐进的方法确定的，即根据往年的基数调整得来，所以，专项经费总额实际上还是通过“基数加增长”的方式确定的。有些地方财政部门明确规定专项经费的零增长。虽然说财政资源的供给和需求的矛盾永远存在，不管经济发展到什么水平，财政永远不可能满足部门的所有需求，但是，很多地方政府的财力十分有限，这也是“先保吃饭、后搞建设”成为各地编制预算的普遍原则的原因。事实上，人员和公用支出已经占了部门预算的很大一部分，部门预算用于项目的很有限。因此，部门实际上并不能真正按照实际工作的需要安排项目。

其次，部门的有些项目并不是自下而上由部门自主确定的。原因之一在于受法定支出的影响，部门的部分项目支出是相关部门分配的，如教育部门、科技部门。部门不能对这部分资金做统筹安排，只能将其用于相关的项目。对于部门来讲，主要的考虑是如何立项，以花掉这笔钱。原因之二在于涉及基建的项目基本上都是由计划部门确定的。各地的财政部门内部都设有基建处，负责对基建项目进行审查，但是大部分是形式上的审查，只要是计划部门审批的项目且形式合格，通常财政都会统一拨款。

以上的分析说明部门的专项支出虽然融入了零基预算的一些成分，但是由于财力的限制和法定支出以及计划部门的影响，部门在做项目预算时的权力十分有限，专项经费的预算仍然是自上而下，而不是自下而上的过程。表 7－3 展示了三类支出的编制方法和优先性排序。

表 7－3　公共预算三类支出的编制方法和优先性排序

支出类型	基本支出		专项支出
	人员支出	公用支出	
预算方法	定员定额	定员定额和渐进预算	零基预算和渐进预算
优先性排序	一	二	三

知识链接 7-2

零基预算

所谓“零基预算”，正如它的名称所言，意味着“从零开始”。派尔（Pyhrr）称零基预算为“一种从零开始的编制政府预算的方法”，这种方法要求每个部门系统地评估和审查所有的项目和活动（包括现有的和新的项目）；审查以项目的产出/绩效和成本为基础进行；强调以管理决策为核心，以数字导向（number-oriented）的预算为辅；并且要求加大技术分析的比重。基于此，零基预算把组织管理的重点放在评估组织的项目和寻求资源配置的最佳决策方案上。根据政府项目的重要性对预算支出进行排序，提供管理决策的不同替代方案，这是零基预算的核心内容。

在公共部门实行零基预算需要四个基本步骤：步骤一：确定“决定单位”（decision unites）。部门用来做出预算决策的任何“有意义的要素”（meaningful elements）都是决策单位。它们是预算编制过程中最小的分析单位。步骤二：建立决策包（decision packages）。一个决策包是一份文件，用来确认并描述每个决策单位，进行评估和排序：(1) 在资源有限的情况下对每个决策单位进行评估和排序；(2) 决定是否对这个决策单位拨款。步骤三：通过对所有的决策包进行评估和排序来确定预算拨款请求。步骤四：编制和预算决策包相对应的业务预算。零基预算模式不但提供了财政计划，而且为部门项目的实施提供了业务预算方案，使其能够顺利通过立法机关的审查和修正。

资料来源：牛美丽. 中国地方政府的零基预算改革：理性与现实的冲突和选择. 北京：中央编译出版社，2010：8-12.

知识链接 7-3

中国政府预算绩效管理

21世纪初，中国政府开始探索适合我国国情的政府预算绩效管理模式，通过对地方政府试点实践来积累经验，经历了初步探索阶段、重点推进阶段和全面实施阶段。

第一，初步探索阶段（2001—2010年）。

自2000年，地方政府开始试点预算绩效评价，以期改进政府管理。随后，党的十六届三中全会提出“建立预算绩效评价体系”，在党的十七届二中、五中全会上又分别提出“推行政府绩效管理和行政问责制度”和“完善政府绩效评估制度”。这个阶段，从中央政府部门层面正式引入政府绩效评价，建立相应体系，由财政部部署开展具体工作，并经历由浅入深的过程。2005年，财政部颁布了《中央部门预算支出绩效考评管理办法（试行）》，率先在中央部门进行试点，后于2007年全面推行。2009年，财政部印发了《财政支出绩效评价管理暂行办法》，用于指导地方政府绩效评价工作。同时，借鉴发达国家经验，引入政府绩效审计，审计部门也依法尝试开展绩效审计工作，使之成为政府绩效管理的重要工具和手段。2006年修订的《中华人民共和国审计法》第二条和2010年修订的《中华人民共和国审计法实施条例》第二条，都提到审计监督的内容包括财务收支真实、合法和效益的规定，这里的效益审计指的就是绩效审计。政府审计内容不仅包括真实合法性的传统财务审计，还包括注重效益的绩效审计。

第二，重点推进阶段（2011—2016 年）。

2011 年财政部出台了《财政支出绩效评价管理暂行办法》，合并了之前的指导性文件，统一明确绩效评价的对象、内容、目标、指标、评价标准和方法、组织管理、工作程序、绩效评价报告、绩效评价结果及其应用等，并提出根据需要，专家、中介机构等第三方可以承担政府绩效评价工作，将绩效评价的内涵进行扩展，形成全过程的绩效评价。同年，财政部首次召开了全国预算绩效管理工作会议，并下发了《关于推进预算绩效管理的指导意见》，提出“将绩效理念融入预算管理全过程……逐步建立‘预算编制有目标、预算执行有监控、预算完成有评价、评价结果有反馈、反馈结果有应用’的预算绩效管理机制”，这是一种新的预算绩效管理机制，这份文件也成为推进预算绩效管理的重要指导纲领。

2012 年，党的十八大报告提出“推进政府绩效管理”，在财政部《预算绩效管理工作规划（2012—2015 年）》中，确定“建立一个机制”、“完善两个体系”、“健全三个智库”和“实施四个工程”的重点任务。中央政府继续将绩效评价工作深入重大民生政策和项目中去，如制定《财政扶贫资金绩效考评试行办法》等。

2015 年，随着新《预算法》对“绩效”的关注，以法律形式明确一般公共预算收支中的绩效管理，将绩效评价纳入法治化轨道，要求各级政府对预算支出开展绩效评价，预算绩效首次被赋予了最高的法律地位。

第三，全面实施阶段（2017 年至今）。

2017 年，党的十九大报告提出“建立全面规范透明、标准科学、约束有力的预算制度，全面实施绩效管理”。2018 年，中共中央、国务院发布了《关于全面实施预算绩效管理的意见》，进行了顶层设计和部署，力争用 3～5 年时间基本建成全方位、全过程、全覆盖的预算绩效管理体系，对“全面”做出更为详尽的解释。由此，国家预算绩效改革进入全面实施绩效管理阶段。

2019 年国务院政府工作报告中指出“预算绩效管理改革全面启动”，随后地方政府紧跟其后，并开始陆续发布实施全面预算绩效管理政府文件。

资料来源：王莉莉．中国政府预算绩效管理制度优化研究．北京：中国财政经济出版社，2020.

7.2.3.3 “两上两下”的预算编制过程

“两上两下”是大部分政府使用的典型的预算编制过程。“两上两下”的具体过程如下：

“一上”：支出部门在收到财政部门的年度预算编制通知之后，对部门下一年度的支出进行测算，然后报送财政部门。

“一下”：财政部门收到各个部门的预算后，由职能处室对各个部门的预算进行审查，然后将审查意见反馈给各部门。在下达反馈意见的同时，财政部门根据往年的预算情况和对未来年度收入的预测，给各个部门下达一个控制数，要求各个部门在控制数内修改部门预算。

"二上"：各个部门在财政部门下达的控制数内重新编制本部门的预算，然后将修改后的预算报送财政部门。财政部门审查各个部门的预算后，汇总编制政府预算，然后报政府常务会议讨论。财政部门根据政府常务会议的意见修改预算，然后报同级党委审查。最后，财政部门将政府预算草案报人大常委会初审。人大常委会初审后形成的政府预算在人大会议召开时被提交给大会审议通过。

"二下"：人大通过预算后，由财政部门批复给各个部门，各个部门开始预算执行。图7-1展示了"两上两下"的预算过程。

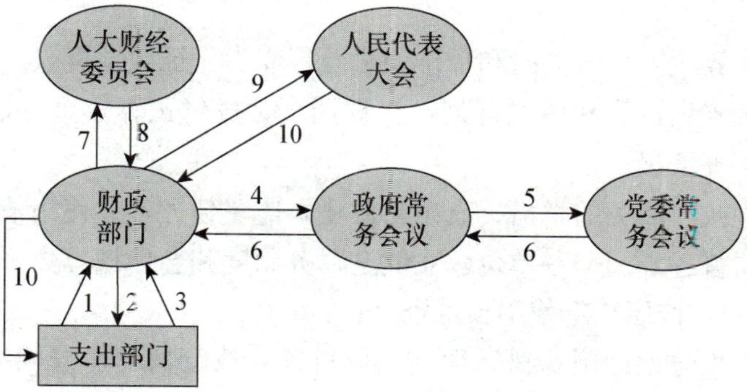

图7-1　"两上两下"的预算过程

注：1——支出部门向财政部门提交预算（"一上"）；
2——财政部门向支出部门反馈审查意见并下达控制数（"一下"）；
3——支出部门向财政部门提交修改后的预算（"二上"）；
4——财政部门把预算提交给地方政府常务会议审议；
5——政府把预算提交给地方党委常务会议审议；
6——政府和党委常务会议的意见反馈；
7——财政部门将政府预算提交给地方人大财经委员会进行初审；
8——人大财经委员会将初审意见反馈给财政部门；
9——财政部门将最后的政府预算草案提交给人大；
10——人大通过的预算通过财政部门批复给各个部门（"二下"）。

7.2.4　预算执行

预算批准后，财政部门批复给各支出部门，预算执行就开始了。预算执行是实现预算收入支出平衡和监督过程的总称，主要包括预算收入执行、预算支出执行和预算变更。

在预算执行过程中，地方政府通常遵循以下几个原则：（1）依法组织收入。要依照国家相关法律法规，及时足额征缴各项预算收入，做到应收尽收，保证收入预算的完成。（2）合理调度预算支出。要严格按预算安排和项目的进度及时、合理拨付预算资金。（3）确保预算收支平衡。在预算执行的过程中，要及时分析财政、经济发展形势，采取有力措施，确保财政收支的平衡。（4）加强预算监督。要建立健全预算执行的监督体系，严肃财经纪律，定期分析预算执行情况，及时解决预算执行中出现的问题，确保预算的顺利执行。

7.2.4.1　预算执行的机构设置及其职能

预算执行是一个十分复杂的过程，到底有哪些机构参与，它们又有哪些与预算执行相关的职能呢？为了便于解释，下面我们以省级政府为例考察预算执行的机构设置及其职能。

首先，省政府是省级预算执行的组织领导机关，负责组织省级预算的执行。财政厅是具体的组织机构，是预算执行过程中的核心机构，具体负责省级预算执行。根据《实施条例》的规定，财政厅在预算执行过程中的主要任务包括：

（1）研究和落实财政税收政策措施，支持经济社会健康发展；

（2）制定组织预算收入、管理预算支出，以及相关财务、会计、内部控制、监督等制度和办法；

（3）督促各预算收入征收部门和单位依法履行职责，征缴预算收入；

（4）根据年度支出预算和用款计划，合理调度、拨付预算资金，监督各部门、各单位预算资金使用管理情况；

（5）统一管理政府债务的举借、支出与偿还，监督债务资金使用情况；

（6）指导和监督各部门、各单位建立健全财务制度和会计核算体系，规范账户管理，健全内部控制机制，按照规定使用预算资金；

（7）汇总、编报分期的预算执行数据，分析预算执行情况，按照本级人民代表大会常务委员会、本级政府和上一级政府财政部门的要求定期报告预算执行情况，并提出相关政策建议；

（8）组织和指导预算资金绩效监控、绩效评价；

（9）协调预算收入征收部门和单位、国库以及其他有关部门的业务工作。

从上面这九项内容来看，财政厅的预算执行职能十分复杂，这些职能分别由财政厅内部的各职能处室完成。

其次，财政部门的大部分预算执行职能集中在支出上，另外还包括收入征收。具体的预算收入征收部门还包括：税收部门、海关、社会保险费征收机构和社会保险经办机构、中国人民银行以及各专业银行。它们的职能包括：

（1）按照省财政厅批复的收入预算，及时落实到所属的基层征管单位；

（2）组织预算收入，按照财政管理的相关制度和规定及时将预算收入缴入国库或财政专户；

（3）按照规定的标准依法征收各项预算收入；

（4）建立健全财务制度和会计核算体系，加强对基层收入征收单位的考核和监督；

（5）提出收入预算变更的建议和方案；

（6）建立健全收入征收基础数据库，提高收入预算预测的准确性和收入征收的效率；

（7）按月编报、汇总预算收入执行数字，分析预算收入执行情况，定期向省政府和省财政厅报告预算执行情况，并提出加强收入征管的建议。

最后，各支出部门是具体的用款单位，根据《实施条例》，它们在预算执行中的职能主要包括：

（1）制定本部门、本单位预算执行制度，建立健全内部控制机制；

（2）依法组织收入，严格支出管理，实施绩效监控，开展绩效评价，提高资金使用效益；

（3）对单位的各项经济业务进行会计核算；

（4）汇总本部门、本单位的预算执行情况，定期向本级政府财政部门报送预算执行情况报告和绩效评价报告。

7.2.4.2 预算收入的执行

根据《实施条例》的规定，“各级政府财政部门和税务、海关等预算收入征收部门和单位必须依法组织预算收入，按照财政管理体制、征收管理制度和国库集中收缴制度的规定征收预算收入，除依法缴入财政专户的社会保险基金等预算收入外，应当及时将预算收入缴入国库。”那么，预算收入是如何入库的呢？目前我国预算收入主要通过两种方式入库。第一种叫作直接缴库，是指由缴款单位或缴款人按有关法律法规规定，直接将应缴收入缴入国库单一账户或财政专户；第二种叫作集中汇缴，是指由征收机关按有关法律法规规定，将所收的应缴收入汇总缴入国库单一账户或财政专户。

这两种入库方式也有所不同。直接缴库的税收收入，由纳税人或税务代理人提出纳税申报，经征收机关审核无误后，由纳税人通过开户银行将税款缴入国库单一账户。直接缴库的其他收入，比照上述程序缴入国库单一账户或财政专户。集中汇缴程序主要用于小额零散税收和法律另有规定的应缴收入，这些收入由征收机关于收缴收入的当日汇总缴入国库单一账户。非税收入中的现金缴款，按此程序缴入国库单一账户或财政专户。

在预算收入执行的过程中有时需要将已经入库的预算收入退还给原缴款单位或缴款人，这个过程叫作预算收入退库。国家规定的预算收入退库项目范围是：（1）由于对工作疏忽，发生技术性差错需要退库的；（2）改变企业隶属关系办理财务结算需要退库的；（3）企业按计划上缴税利，超过应缴数额需要退库的；（4）按规定可以从预算收入中退库的国营企业计划亏损补贴；（5）财政部明文规定或专项批准的其他退库项目。

在省级政府，预算收入的退库要由省财政厅或者其授权机构批准。中央与省级共享收入由财政部或其授权机构批准。省级与市县共享收入的退库，由省财政厅或其授权机构批准。办理预算收入退库，应当直接退给申请单位或者申请个人。任何部门、单位和个人不得截留、挪用退库款项。

7.2.4.3 预算支出的执行

预算支出的执行直接决定了政府提供公共服务的质量，是公共预算管理的重要环节。预算支出执行过程中，财政部门主管资金的分配和拨付，各支出部门各单位按照预算规定的用途负责资金的具体使用。预算单位是预算执行的主体。根据《实施条例》的规定，各级政府财政部门应当加强对预算资金拨付的管理，并遵循下列原则：

（1）按照预算拨付，即按照批准的年度预算和用款计划拨付资金。除《预算法》第五十四条规定的在预算草案批准前可以安排支出的情形外，不得办理无预算、无用款计划、超预算或者超计划的资金拨付，不得擅自改变支出用途；

（2）按照规定的预算级次和程序拨付，即根据用款单位的申请，按照用款单位的预算级次、审定的用款计划和财政部门规定的预算资金拨付程序拨付资金；

（3）按照进度拨付，即根据用款单位的实际用款进度拨付资金。

根据支付管理需要，具体分为：（1）工资支出，即预算单位的工资性支出；（2）购买支出，即预算单位除工资、零星支出之外的购买服务、货物、工程项目等支出；（3）零星支出，即预算单位购买支出中的日常小额部分，除《政府采购品目分类表》所列品目以外的支出，或列入《政府采购品目分类表》所列品目，但未达到规定数额的支出；（4）转移支出，即拨付给预算单位或下级财政部门，未指明具体用途的支出，包括拨付企业补贴和未指明具体用途的资金、中央对地方的一般性转移支付等。

按照不同的支付主体，对不同类型的支出分别实行财政直接支付和财政授权支付。（1）财政直接支付，是指依据部门预算和资金使用计划，在预算单位提出用款申请后，由财政部门开具支付令，通过代理银行将财政资金直接支付到收款人（商品和劳务供应者，下同）或用款单位账户。预算单位实行财政直接支付的财政性资金包括工资支出、基本建设支出和政府采购支出，以及其他按规定纳入财政直接支付的支出。（2）财政授权支付，是经财政部门授权，由预算单位在批准的用款额度内自行开具支付令，通过单位零余额账户将资金拨付到收款人账户。财政授权支付包括未纳入财政直接支付的购买支出、零星支出、特别紧急支出和经财政部门批准的其他支出。

7.2.4.4 预算变更

由于一些不可预见的因素，预算执行中可能确需进行预算变更。预算变更中属于预算调整的，要严格按照法定程序经人大常委会批准后调整预算；其他不属于预算调整的预算变更事项，要按有关规定权限和程序予以变更。

预算调整是指经人民代表大会批准的预算，在执行中因特殊原因需要增加支出或减少收入，变更原来批准预算的过程。预算执行过程中，如果出现《预算法》规定的下列情况之一的，应当进行预算调整：第一，需要增加或者减少预算总支出的；第二，需要调入预算稳定调节基金的；第三，需要调减预算安排的重点支出数额的；第四，需要增加举借债务数额的。

根据《预算法》的要求，在预算执行中，各级政府一般不制定新的增加财政收入或者支出的政策和措施，也不制定减少财政收入的政策和措施；必须做出并需要进行预算调整的，应当在预算调整方案中做出安排。预算调整方案应当说明预算调整的理由、项目和数额，并提请本级人大常委会审查批准。

在预算执行中，由于发生自然灾害等突发事件，必须及时增加预算支出的，应当先动支预备费；预备费不足支出的，各级政府可以先安排支出，属于预算调整的，列入预算调整方案。

各部门各单位要切实落实《预算法》的要求，不断强化预算约束，严格控制不同预算科目、预算级次或者项目间的预算资金的调剂，原则上不得突破政府预算经济分类“类”级科目。执行中如确需对政府预算经济分类“类”级科目调剂的，应当报财政部门批准；需要对政府预算经济分类“款”级科目调剂的，由各部门自行审核办理，并报财政部门备案。此外，年度预算执行中除救灾等应急支出和少量年初未确定事项外，一般不追加当年项目预算支出。如部门认为必须追加当年支出的，应首先在已批复的预算额度内，通过调整当年支出结构解决并按程序报财政部门审批。各部门各单位要加强预算执行监管，提高预算资金使用的规范性、安全性和有效性，并将预算执行结果与以后年度预算安排相结合。

7.2.5 政府决算

政府决算是指经法定程序批准的年度政府预算执行结果的会计报告，既是政府年度内预算收入和支出的最终结果，也是国家经济活动在财政上的集中体现。编制政府决算有利于预算决策者考察评价资源使用者的绩效，同时为以后的预算决策提供依据，因而有利于促进民主理财。

按照不同的划分方法，政府决算有不同的组成：（1）按政府决算的级次划分。所有编制政府预算的地区、部门和单位都要编制政府决算，按统一的政府决算体系逐级汇编，包括总决算、本级决算、部门决算和单位决算。（2）按政府决算的内容划分。根据全口径预算的要求，政府决算包括一般公共预算收支决算、政府性基金收支决算、国有资本经营预算收支决算、社会保险基金收支决算。

7.2.5.1 编制政府决算草案的准备工作

政府决算的编制要求准确、完整、及时。在政府决算编制前，各部门要做好以下准备工作：

首先，财政部应当在每年第四季度部署编制决算草案的原则、要求、方法和报送期限，制发中央各部门决算、地方决算以及其他有关决算的报表格式。省、自治区、直辖市政府按照国务院的要求和财政部的部署，结合本地区的具体情况，提出本行政区域编制决算草案的要求。县级以上地方政府财政部门根据财政部的部署和省、自治区、直辖市政府的要求，部署编制本级政府各部门和下级政府决算草案的原则、要求、方法和报送期限，制发本级政府各部门决算、下级政府决算以及其他有关决算的报表格式。

其次，地方政府财政部门根据上级政府财政部门的部署，制定本行政区域决算草案和本级各部门决算草案的具体编制办法。各部门根据本级政府财政部门的部署，制定所属各单位决算草案的具体编制办法。

最后，各级政府财政部门、各部门、各单位在每一预算年度终了时，应当清理核实全年预算收入、支出数据和往来款项，做好决算数据对账工作。

7.2.5.2 政府决算草案的编制

政府决算的编制程序和政府预算的编制类似，自下而上由基层单位编起，层层审核、汇总后成为一级政府的政府决算报告。细节在此不做赘述。主要内容如下：

第一，基层单位决算报告按数字内容可分为：（1）预算数字，用来考核预算执行和事业计划完成情况的依据，根据年终清理核对无误后的年度预算数填列；（2）会计数字（决算数字），反映全年预算执行结果的决算数，各基层单位在年终结账后根据决算表格的内容要求分别将有关科目的年终月或全年累计数字填入决算表格的有关栏内；（3）基本数字，是反映行政事业单位的机构数、人员数以及完成事业计划的成果数字，用来考核事业规模和预算资金的使用效果。

第二，除了决算报告，基层单位还要向上级主管部门提交单位决算说明书。基层单位决算说明书主要包括：（1）各项事业发展的成果和费用开支水平、定员定额的分析比较情况；（2）预算管理、财务管理等方面采取的主要措施、取得的经验和存在的问题，以及今后提高管理水平的改进意见；等等。

财政部门在收到各支出部门的决算报告和决算说明书后，要汇总编制一份总决算报告。总决算报告反映了各级预算的执行结果。

第三，财政部门也要编制总决算的说明书。总决算说明书一般包括的内容有：

（1）预算收入执行情况，主要分析各项预算收入执行情况及其超收短收的原因；

（2）预算支出执行情况，主要分析定员定额的执行情况和各项主要支出的结余或超支的原因；

（3）预算结余情况，主要分析全年总预算收支结余的情况、原因以及决算收支平衡情况和问题；

（4）预算变动情况，主要说明预算的追加追减、上划下划、预算科目之间的经费留用以及动用预备费和上年结余安排支出等预算调整情况；

（5）总结一年来贯彻执行各项财政方针政策和规章制度的情况以及存在的问题，总结在组织收入、掌握支出、管好用好资金、提高经济效益方面的主要经验以及今后加强预算管理监督等方面的意见；

（6）其他变动因素，例如调整工资和物价、经济体制和管理体制的改革、制度办法的变动等对预算收支的影响；

（7）编制决算工作的主要经验和问题等。

7.2.5.3 政府决算草案的审核

为了使政府决算草案编制得及时、准确、完整，保证决算的质量，必须在各个环节上加强决算的审核分析工作，做到逐级审核，层层负责。

政府决算草案审核的基本流程是：（1）预算部门审核。各部门对所属单位的决算草案进行审核，并汇总编制本部门的决算草案，在规定期限内报本级财政部门审核。（2）财政部门审核。各级财政部门对本级各部门决算草案进行审核，对不符合法律、行政法规的，有权予以纠正。（3）审计部门审计后报政府审定。国务院财政部门编制中央决算草案，经国务院审计部门审计后，报国务院审定。县级以上地方各级政府财政部门编制本级决算草案，经本级政府审计部门审定后，报本级政府审定。

政府决算草案审查的方式包括：就地审查、书面审查和派人到上级机关汇报审查。其中书面审查是最常用的方式。政府决算草案审查的具体形式有三种：自审、联审互查和上级部门审查。自审是指预算单位自己组织对本单位的决算进行审查；联审互查是指主管部门或财政部门把本部门或本地区的预算、财会人员组织起来，对本部门或本地区的决算进行审查；上级部门审查是指上级部门对所属的单位或地方的决算进行审查。

政府决算审查分为政策性审查和技术性审查。前者主要是从贯彻执行党和国家的方针、政策、财政制度法规的角度进行审查，后者是对决算报表的项目分类、具体数字等技术环节的内容进行审查。

7.3 立法机关预算审查监督

克利夫兰认为，没有预算的政府是看不见的政府，看不见的政府是不负责的政府。在现代社会，建立责任政府主要有两个途径：一是在代议制政体下，充分发挥立法机关的作用，赋予立法机关审查监督预算的权力；二是建立公民参与的预算模式。二者比较起来，前者的模式比较传统，发挥的作用也更大。从世界各国的实践来看，赋予立法机关审查批准预算的权力是保证政府责任的普遍做法。在现代公共预算中，“钱袋子”的权力是属于立法机关的最重要的权力。

立法机关的预算审查监督权主要体现在以下几个方面：第一，在预算批准前，是否有权力制定中长期财政预算或管理战略规划，是否具有预算修正权，组织讨论政府预算报告的时间长短，是否有足够的专业人士和技术力量来开展预算审查；第二，在预算执行过程中，立法机关是否具有批准预算调整的权力；第三，预算执行后，立法机关是否具有独立的预算审计权。这几个方面是预算的审查和监督权最明显的体现。

7.3.1 各级人大在预算过程中的职权

党的十九大报告明确指出：“人民代表大会制度是坚持党的领导、人民当家作主、依法治国有机统一的根本政治制度安排，必须长期坚持、不断完善。要支持和保证人民通过人民代表大会行使国家权力。发挥人大及其常委会在立法工作中的主导作用，健全人大组织制度和工作制度，支持和保证人大依法行使立法权、监督权、决定权、任免权，更好发挥人大代表作用，使各级人大及其常委会成为全面担负起宪法法律赋予的各项职责的工作机关，成为同人民群众保持密切联系的代表机关。完善人大专门委员会设置，优化人大常委会和专门委员会组成人员结构。”审查、批准政府预算并监督其执行，是宪法和法律赋予各级人大及其常委会的一项重要职责。深化预算管理制度改革，需要充分发挥各级人大及其常委会在预算过程中的职权。

《中华人民共和国宪法》规定全国人大“审查和批准国家的预算和预算执行情况的报告”；全国人大常委会“在全国人民代表大会闭会期间，审查和批准国民经济和社会发展计划、国家预算在执行过程中所必须作的部分调整方案”；县级以上地方人大“审查和批准本行政区域内的国民经济和社会发展计划、预算以及它们的执行情况的报告”。

《预算法》对各级人大及其常委会在预算过程中所具有的职权做了更为具体的规定。第二十条规定全国人大“审查中央和地方预算草案及中央和地方预算执行情况的报告；批准中央预算和中央预算执行情况的报告；改变或者撤销全国人民代表大会常务委员会关于预算、决算的不适当的决议”；全国人大常委会“监督中央和地方预算的执行；审查和批准中央预算的调整方案；审查和批准中央决算；撤销国务院制定的同宪法、法律相抵触的关于预算、决算的行政法规、决定和命令；撤销省、自治区、直辖市人民代表大会及其常务委员会制定的同宪法、法律和行政法规相抵触的关于预算、决算的地方性法规和决议”。

《预算法》第二十一条规定县级以上地方各级人大“审查本级总预算草案及本级总预算执行情况的报告；批准本级预算和本级预算执行情况的报告；改变或者撤销本级人民代表大会常务委员会关于预算、决算的不适当的决议；撤销本级政府关于预算、决算的不适当的决定和命令”；县级以上地方各级人大常委会“监督本级总预算的执行；审查和批准本级预算的调整方案；审查和批准本级决算；撤销本级政府和下一级人民代表大会及其常务委员会关于预算、决算的不适当的决定、命令和决议”；乡、民族乡、镇的人大“审查和批准本级预算和本级预算执行情况的报告；监督本级预算的执行；审查和批准本级预算的调整方案；审查和批准本级决算；撤销本级政府关于预算、决算的不适当的决定和命令”。

7.3.2 人大预算审查监督的基本框架

近年来，随着预算管理制度不断健全和完善，各级人大及其常委会逐渐形成了预算审查监督的基本框架。2018 年，中共中央办公厅印发的《关于人大预算审查监督重点向支出预算和政策拓展的指导意见》（简称《指导意见》）强调，各级人大对支出预算和政策开展全口径审查和全过程监管。各级人大及其常委会所进行的预算审查监督工作，贯穿预算过程的各个阶段。在预算过程的各个阶段，人大及其常委会对预算的审查和监督各有侧重。

7.3.2.1 预算审查批准

人大审查和批准政府预算实质上就是对政府下一年的政策和活动进行事前审查和批准。通过审查和批准政府预算，人大及其常委会就能够发挥为人民看好“钱袋子”的重要作用，确保公共资金“取之于民，用之于民”，确保政府履行财政责任，促进依法理财和民主理财。

各级人大对预算草案的审查和批准，大致包括四个阶段：

（1）预算审查的前期工作。预算审查是一门专业性特别强、信息性特别高的工作，通过提前介入预算编制，深入调查研究，尽可能掌握充分的信息，人大可以在预算审查中争取主动，及时发现和解决预算编制中存在的问题。同时，这也有利于财政部门贯彻人大的要求。《指导意见》要求各级人大常委会“每年在政府预算草案编制前，应当通过召开座谈会、通报会等多种形式，认真听取本级人大代表、专家智库等社会各界关于重点支出、重大投资项目、重大支出政策等方面的意见建议”。

（2）初步审查。《预算法》第四十四条对初步审查做了具体的规定：“国务院财政部门应当在每年全国人民代表大会会议举行的四十五日前，将中央预算草案的初步方案提交全国人民代表大会财政经济委员会进行初步审查。省、自治区、直辖市政府财政部门应当在本级人民代表大会会议举行的三十日前，将本级预算草案的初步方案提交本级人民代表大会有关专门委员会进行初步审查。设区的市、自治州政府财政部门应当在本级人民代表大会会议举行的三十日前，将本级预算草案的初步方案提交本级人民代表大会有关专门委员会进行初步审查，或者送交本级人民代表大会常务委员会有关工作机构征求意见。县、自治县、不设区的市、市辖区政府应当在本级人民代表大会会议举行的三十日前，将本级预算草案的初步方案提交本级人民代表大会常务委员会进行初步审查。”

（3）大会审查。《预算法》第四十七条规定：“国务院在全国人民代表大会举行会议时，向大会作关于中央和地方预算草案以及中央和地方预算执行情况的报告。地方各级政府在本级人民代表大会举行会议时，向大会作关于总预算草案和总预算执行情况的报告。”在大会审查期间，全国人大财政经济委员会向全国人大主席团“提出关于中央和地方预算草案及中央和地方预算执行情况的审查结果报告”；省、自治区、直辖市、设区的市、自治州人大有关专门委员会，县、自治县、不设区的市、市辖区人大常委会，向本级人大主席团“提出关于总预算草案及上一年总预算执行情况的审查结果报告”。

（4）表决批准。政府预算草案经人大全体会议表决批准后，才成为具有法律约束力的预算文件，并由政府财政部门依法及时批复给各部门去执行。人大代表要为党和人民看好“钱袋子”，就需要把好“表决关”，通过对提交人大全体会议表决的预算草案及报告投以支持票、反对票或弃权票，表达其对预算草案及报告的最终意见。

根据《指导意见》，各级人大对预算主要审查以下内容：

（1）支出预算的总量与结构。审查支出预算总量，重点审查预算安排是否符合党中央确定的年度经济社会发展目标、国家宏观调控总体要求、国民经济和社会发展相关规划、中期财政规划，审查支出政策的可持续性，更好发挥政府职能作用。审查支出预算结构，重点审查支出预算和政策是否体现党中央就各重要领域提出的重大方针政策和决策部署要求，切实提高财政资金配置效率。

（2）重点支出与重大投资项目。加强对重点支出与重大投资项目的审查，保障党中央重大方针政策和决策部署确定的重点支出与重大投资项目。推动政府健全重点支出与重大投资项目决策机制，合理确定重点支出与重大投资项目范围。加强对重点支出与重大投资项目执行情况的监督，督促实现支出绩效和政策目标。

（3）部门预算。重点审查监督部门预算贯彻落实党中央重大方针政策和决策部署情况，部门预算编制的完整性情况，项目库建设、项目支出预算与支出政策衔接匹配情况，部门重大项目支出绩效目标设定、实现及评价结果应用情况，审计查出问题整改落实情况，等等。

（4）财政转移支付。重点审查监督贯彻党中央重大方针政策和决策部署情况，转移支付与财政事权和支出责任划分的匹配情况；转移支付对促进实现各地区财政平衡及基本公共服务均等化情况；专项转移支付的清理整合情况；专项转移支付的整体绩效情况。监督转移支付预算执行和政策实施，重点是预算批准后在法律规定时间内批复下达以及资金使用绩效与政策实施效果情况等。

（5）政府债务。硬化地方政府预算约束，坚决制止无序举债搞建设，规范举债融资行为。结合地方政府债务规模、全国经济发展水平等情况，合理评估全国政府债务风险水平。地方政府债务审查监督要重点审查地方政府债务纳入预算管理的情况；要根据各地的债务率、利息负担率、新增债务率等风险评估指标体系，结合债务资金安排使用和偿还计划，评价地方政府举债规模的合理性。积极稳妥化解累积的地方政府债务风险，坚决遏制隐性债务增量，决不允许新增各类隐性债务。

（6）政府预算收入编制。政府预算收入编制要与经济社会发展水平相适应，与财政政策相衔接，根据经济政策调整等因素科学预测。强化对政府预算收入执行情况的监督，推动严格依法征收，不收“过头税”，防止财政收入虚增、空转。推动依法规范非税收入管理。

7.3.2.2 预算执行监督

各级人民政府编制的预算草案一经人大审查批准之后，就成为具有一定法律效力的文件，并进入预算执行阶段。具体来说，各级人大预算执行监督的内容主要包括如下几部分：

（1）对预算批复进行监督。人大批准预算之后，预算是否及时批复到政府各个部门和具体的项目管理单位，关系到各个部门能否及时开展活动、提供公共服务、落实党和国家的政策，也关系到资金能否发挥使用效益。在实际工作中，人大对预算批复的监督应抓住以下几个重点：部门是否按照规定及时向所属单位批复预算；部门向所属单位批复的预算与财政部门批复本部门预算的科目和项目是否一致，有无随意调整预算项目、调增调减预算金额、擅自改变资金用途的现象；部门向所属单位批复的预算是否足额完整，有无预留预算资金的问题。

（2）对预算执行进度进行监督。在预算执行中，财政部门应加强预算执行进度的监督与管理，同时定期向人大常委会报送收支进度表和预算执行情况分析报告，协助人大加强对预算执行进度进行监督。人大常委会专门机构应分析政府是否及时按批准的预算执行，运行状况是否正常，收支进度是否均衡，是否存在重大的问题，不定期地与财政部门召开预算执行分析会，向政府提出建议或意见。

（3）对预算执行合规性进行监督。各级人大常委会要监督政府的预算执行是否与人大通过的预算保持一致，是否与各种法律、法规和管理制度的规定保持一致。

（4）对重点支出进行监督。重点项目一般都与国计民生及和谐社会建设紧密相关，很多都涉及公民最关心的社会经济问题，而且资金量都比较大。因此，对列入预算支出的重点项目进行专项监督，是人大及其常委会监督工作的重要内容。

（5）对预算变更进行监督。在预算执行中，预算变更是不可避免的。然而，预算变更改变了人大通过的预算，因此，人大及其常委会需要加强对预算变更的监督。

7.3.2.3 决算审查与监督

对政府决算草案的审查和批准是各级人大常委会每年工作的重要内容之一。各级人大常委会对决算的审查和批准，实质上是对年度预算执行情况的最终结果进行监督。

《中华人民共和国各级人民代表大会常务委员会监督法》第十五条规定：“国务院应当在每年六月，将上一年度的中央决算草案提请全国人民代表大会常务委员会审查和批准。县级以上地方各级人民政府应当在每年六月至九月期间，将上一年度的本级决算草案提请本级人民代表大会常务委员会审查和批准。决算草案应当按照本级人民代表大会批准的预算所列科目编制，按预算数、调整数或者变更数以及实际执行数分别列出，并作出说明。”

各级人大常务委员会每年审查和批准决算的同时，还要听取和审议本级人民政府提出的审计机关关于上一年度预算执行和其他财政收支的审计工作报告。我国目前采用的是行政审计模式，人大常委会对政府决算的审查，主要是结合审计工作报告进行的。在审查期间，各级人大常委会有权力针对决算中的重大事项或者特定问题组织调查，有关的政府、部门、单位和个人有义务如实反映情况并提供必要的资料。人大常委会及其组成人员可以依照法律规定程序就决算中的有关问题提出询问或者质询，受询问或者受质询的有关的政府或者财政部门必须及时给予答复。

近年来，各级人大常委会还进一步确立了审计查出突出问题整改情况向人大常委会报告的制度和机制。通常在人大常委会会议听取和审议审计工作报告后的 6 个月内，人大常委会会议听取审计查出突出问题整改情况报告。各级人大常委会把听取和审议审计查出突出问题整改情况报告，同开展专题询问等监督形式结合起来，把督促审计查出突出问题整改工作同审查监督政府、部门预算决算工作结合起来，不断增强监督实效。

本章小结

1. 公共财政预算管理是公共管理的重要内容，公共财政预算从来都不是一个单纯的技术问题，而是一个政治问题。提高财政与预算管理水平是提高公共治理水平的重要内容。

2. 我国目前的预算管理还处在起步阶段，20 世纪 90 年代开始的一系列预算改革，包括综合预算改革、政府采购制度改革、国库集中支付制度改革，特别是部门预算改革，以及由此拓展的人民代表大会在预算审查与监督方面的一系列努力，构建了建立现代预算管理制度的基本框架。地方政府近年来开展的零基预算、绩效预算①、参与式预算②改革借鉴了国际上公共预算管理的经验，形成了中国特色的预算管理制度。

3. 预算改革是一项非常复杂的系统工程。正如威尔达夫斯基所说的：预算改革必然涉及预算权力的重新调整。我们在不断追求预算管理创新的同时，不能忽略公共预算过程中的政治问题，建立全面规范、公开透明的现代预算制度。

---

① 财政绩效预算是指根据成本收益比较的原则，决定支出项目是否必要及其金额大小的预算形式。具体地说，就是有关部门先制定所要从事的事业计划和工程计划，再依据政府职能和施政计划选定执行实施方案，最后确定实施方案所需的支出费用。绩效预算由绩、效、预算三个要素构成。“绩”是指财政支出所要达到的目标，“效”是指用具体指标评估达成目标的情况和取得的成绩，“预算”是指财政为这一支出目标提供的拨款额。绩效预算关注的不是预算的执行过程，而是执行的结果，不是政府的钱够不够花、怎么花，而是政府在这些地方花了钱，老百姓最终得到了什么。因此，绩效的衡量是实行绩效预算的基础。

② 参与式预算是一种创新的预算模式和政策制定方式，它以民主投票的形式，拓宽公众对公共支出提出建议的途径和渠道，使得社会公众参与分配资源，决定各种社会政策优先次序等政策制定过程，并对这个过程实施社会公众监督。

关键术语

公共预算　公共预算管理　公共预算编制　预算执行　政府决算　预算审查与监督　绩效预算

复习思考题

1. 如何理解公共预算的基本问题？
2. 我国政府编制预算的基本方法和过程是怎样的？
3. 人民代表大会在预算过程中应该发挥怎样的作用？
4. 案例分析题：请认真阅读以下案例材料，然后按照要求回答问题。

民主恳谈是温岭市基层政府扩大民主参与，提高公共决策科学性、有效性的创新。从1999年开始，温岭人就开始了公共事务的民主恳谈。民主恳谈的核心内容就是在公共事务决策的过程中，把公共事务的利益相关人召集到一起，通过多种形式的沟通、讨论，充分表达各利益群体和个人的意见和建议，政府的最终决策要充分考虑这些意见和建议。温岭市自从开展民主恳谈以来，公众通过恳谈形式参与的公共决策领域包罗万象，涉及教育、国企改革、城镇规划等多个方面。但是，集中在预算问题上的民主恳谈（预算民主恳谈）还是一个新的尝试。

一、温岭新河镇预算民主恳谈基本过程

温岭新河镇2005年开始推行预算民主恳谈。但是，由于是第一次尝试，新河镇2005年的预算民主恳谈并没相应的制度来规范和指导。在2005年预算民主恳谈的基础上，2006年新河镇预算民主恳谈的主要任务有两个：一是从程序上规范预算民主恳谈，既要充分发挥民主恳谈的优势，又要符合现有的《预算法》框架。二是把预算民主恳谈制度化。专家设计好的预算民主恳谈的程序要在镇人民代表大会上表决，通过后即成为一项正式的制度，长期遵照执行。这里所研究的主要是2006年预算民主恳谈的情况。

为了提高预算民主恳谈的效果，在民主恳谈之前，新河镇政府做了如下几方面的准备工作：

(1) 由专家起草《新河镇财政预算民主恳谈实施办法（草案）》。这个草案是新河镇预算民主恳谈的指导性文件，具体规定了预算民主恳谈和预算的执行与监督的原则、程序、形式、内容。

(2) 对人大代表和公民进行培训。镇政府邀请了高校教授和其他地方政府、人大相关人员对新河镇人大代表和老百姓进行了为期半天的培训。培训的主要内容包括政府预算和百姓之间的关系，政府预算的编制、执行和监督，公民参与和政府治理，地方人大代表的权利和义务。

(3) 在各村发布预算民主恳谈的告示，广邀百姓参与。

(4) 向镇人大代表和各村的村委会发布民主恳谈的消息，邀请他们参加。

(5) 重新组织镇人大的财经小组，在原有的三名成员的基础上，又吸收三名新成员，具体负责初期预算民主恳谈的组织工作，并在人代会期间向全体代表报告初期预算民主恳谈的情况。

2006年，新河镇预算民主恳谈的一个突出特点就是把民主恳谈和人大对预算的审查结合起来。地方人大对预算的审查分为两个阶段：预算初审和大会审。前者是指人大的预算工作委员会在每年人代会召开前的一个月左右对各部门的预算进行初期审查；后者是指每年人代会期间全体代表对预算的审议，并最终投票对预算草案进行表决。与之相对应，此次预算民主恳谈分为两个阶段：预算报告初审民主恳谈和人民代表大会期间的财政预算民主恳谈。

预算报告初审民主恳谈安排在人大的预算初审阶段，但是和正常的人大预算初审有很大的不同。首先，正常的预算初审是人大预算工作委员会（乡镇一级是财经小组）组织召开，对政府预算报告草案的初稿进行审查，如果预工委或者财经小组对预算有疑义，财政部门和支出部门负责做出解释，必要时对预算报告进行修改。其次，温岭的预算报告的初审民主恳谈虽然是由镇人大财经小组主持召开，但是对所有对政府预算感兴趣的人士敞开大门，让他们自由表达意见。最后，政府在这个阶段并不介入，不对预算做出任何解释或者更改。人民代表大会期间的财政预算民主恳谈和正常的预算审查的第二个阶段（大会审）相结合，参与者主要是人大代表和列席代表。下面的内容介绍了这两个阶段的预算民主恳谈的详细情况。

（一）预算报告初审阶段的民主恳谈

预算报告初审阶段的民主恳谈由镇人大财经小组在2006年3月6日组织召开。预算初审民主恳谈分四个步骤进行（见图7-2）：

首先，根据参与者的职业，预算初审民主恳谈分为三个小组分别进行，包括工业组、农业组和社会组。工业组成员是私营企业老板，农业组成员是村主任、村支书，所有其他参与者被安排在社会组。镇人大财经小组成员担任三个小组组长。

其次，小组长宣读《新河镇2005年财政收支预算执行情况和2006年财政预算（草案）的报告》和《2006年度新河镇财政预算细化说明》。

再次，所有参会者自由发表意见，小组长及时记录每一项意见和建议。

最后，在每个小组成员充分表达他们的意见后，小组长向小组成员宣读初审意见，以确保初审意见全面、真实反映小组成员的意见和建议。

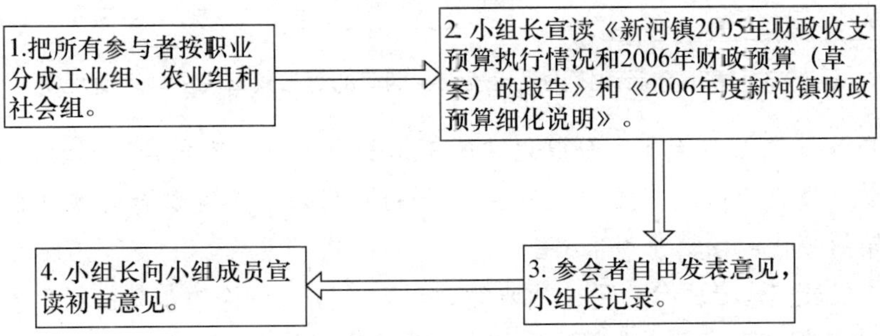

图7-2 2006年新河镇预算初审民主恳谈流程图

（二）人民代表大会期间的财政预算民主恳谈

2006 年 3 月 8 日，新河镇第十四届人民代表大会第七次会议正式召开，按照大会的日程，预算民主恳谈从 3 月 8 日下午开始。自此，预算民主恳谈进入第二阶段——人民代表大会期间的财政预算民主恳谈，这个过程实际上就是人代会的预算审查，所以参加恳谈的人都是人大代表。为了从程序上对这一过程进行规范，并使这个过程制度化，人代会首先对《新河镇财政预算民主恳谈实施办法（草案）》进行审议表决。表决通过后，接下来的预算审查和修正都是按照这个办法来进行，这个过程具体如下（见图 7－3）：

（1）首先由分管财政的副镇长代表镇政府做了《新河镇 2005 年财政收支预算执行情况和 2006 年财政预算（草案）的报告》和《2006 年度新河镇财政预算细化说明》。

（2）财经小组农业组、工业组、社会组组长分别向大会报告 3 月 6 日预算初审民主恳谈的情况。

（3）代表们自由发表意见，对 2006 年预算草案提出疑问、意见和建议。镇长和分管副镇长现场解答。

（4）2006 年 3 月 8 日晚，镇人大主席团成员和镇政府代表召开了联席会议。政府根据预算初审报告和 3 月 8 日下午的预算恳谈会上代表们提出的意见和建议，对《新河镇 2005 年财政收支预算执行情况和 2006 年财政预算（草案）的报告》做了部分修改，提出《新河镇 2006 年财政预算（草案）报告的修改方案》。

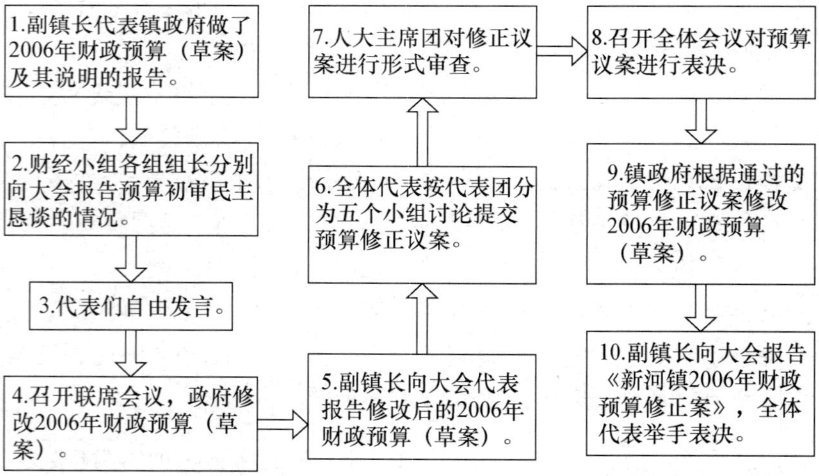

图 7－3　2006 年新河镇人民代表大会期间的财政预算民主恳谈流程图

（5）2006 年 3 月 9 日上午，分管财政的副镇长向大会代表报告了《新河镇 2006 年财政预算（草案）报告的修改方案》。主要的目的是让代表们了解政府对预算报告的修改情况，为下一轮的分代表团讨论做准备。

（6）全体代表按代表团分为五个组进行讨论。在分组讨论的基础上，代表们对《新河镇 2006 年财政预算（草案）报告的修改方案》中不满意的部分，联名提出预算修正议案。

（7）人大主席团对代表提出的修正议案进行形式审查，通过的议案可以提交人代会表决。

(8) 3月9日下午，召开人民代表大会的全体会议，对上述两项预算议案进行表决，结果两项议案都以多数通过表决。

(9) 镇政府根据人代会表决通过的预算修正议案修改2006年财政预算（草案）。

(10) 3月9日下午，分管财政的副镇长向大会报告《新河镇2006年财政预算修正案》，由全体出席的代表举手表决。

（三）预算民主恳谈实施方案的要点

温岭新河镇2006年预算民主恳谈实施方案的设计，主要考虑了以下几个方面：

(1) 确保普通百姓参与的机会。这是实现预算民主化的核心内容之一。在预算初审民主恳谈阶段，所有公民都有平等的机会参与讨论。而且在人代会期间，他们的意见通过财经小组的汇报，如实地反映到大会上，供代表们讨论和投票表决时参考。

(2) 激活人大代表的作用。在中国地方政府的预算过程中，人大好似一只沉睡的狮子，一直没有发挥应有的作用。在历时两天的人代会期间，有一天半的时间是在讨论政府的预算报告。所有的代表都可以在大会上自由发言，也可以通过分组讨论表达他们的意见。最重要的是，他们可以联名提出预算修正议案，要求政府对部分预算做出修改。我国的《预算法》虽然赋予地方人大在预算决策中的最高权力，但是并没有对预算的修正权做出任何规定。修正权是人大在预算过程中最重要的权力。新河镇的做法在中国的预算管理史上还是第一次。

(3) 确保人大在预算决策过程中的权威地位。首先，在3月8日下午的人代会讨论期间，所有代表提出的问题，镇长和副镇长必须现场回应。其次，如果代表对修改后的预算草案仍不满意，可以联名提出预算修正议案，一旦议案由全体代表表决通过，政府必须遵照执行。最后，确保人大主席团在恳谈过程中的主导地位。例如，由人大主席团负责召集联席会议，负责对代表提出的议案进行形式审查。

(4) 增进公众、人大代表和政府官员之间的相互沟通和理解。公众、人大代表通过参与恳谈增加了对国家政策和政府工作的了解。政府官员的参与使得他们更加了解百姓的需求。民主恳谈的最终目的是加强各参与方之间的沟通和理解，从而提高预算决策的科学性，同时减少不同利益群体之间的矛盾。

二、新河镇预算民主恳谈的主要成果

在预算民主恳谈会后，我们做了一份民意调查。我们发放了221份问卷，收回了149分，回收率达67.4%。根据这份调查，新河镇2006年预算民主恳谈的成果主要包括以下几方面：

首先，从参与率上看，两次民主恳谈的人数加起来共有410人。其中61人参与了联名提出议案，占调查人数的40.9%。

其次，从参与的效果上看，39.6%的人在恳谈会上发了言。没有发言的人当中，有56.6%的人认为自己想说的已经被别人说过了。只有4.8%的人认为说了也没用。

再次，从对预算的影响上看，根据民主恳谈的意见和建议，镇政府调整预算支出项目13项，调整预算资金828万元，约占当年预算支出总额的8.9%。其中：调减7项，数额414万元；调增6项，数额404万元；新增1项，数额10万元。最具历史意义的是，人代会通过了两项预算修正案。这在中国的预算史上还是第一次。此外，从满意率上看，调查人数中的95.7%对此次的民主恳谈表示满意。

最后，此次预算民主恳谈增强了公众的参与意识，92.5%的被调查者认为公民应该参与政府的预算过程。从问卷本身来看，我们的最后一道题是自由发挥题，询问大家对将来的预算民主恳谈的意见和建议。61个人写下了他们的意见，占回应人数的40.9%。只有1人认为预算民主恳谈是多此一举。

资料来源：本案例由作者根据有关材料整理编写而成。

问题：

（1）如何设计预算民主恳谈的实施方案。

（2）根据2006年浙江温岭市新河镇预算民主恳谈的过程及成果，请运用公共预算管理的有关理论知识分析预算民主恳谈对落实国家权力机关预算审查与监督权的现实意义。

参考文献

1. 马骏，赵早早．公共预算：比较研究．北京：中央编译出版社，2011.

2. 徐旭川．政府预算管理．上海：复旦大学出版社，2019.

3. 李燕．政府预算理论与实务．北京：中国人民大学出版社，2018.

4. 中国发展研究基金会．公共预算读本．北京：中国发展出版社，2008.

5. 马骏，李黎明．为人民看好“钱袋子”：一本有关地方人大预算审查监督的书．哈尔滨：黑龙江人民出版社，2010.

6. 李炳鉴．政府预算管理学．北京：经济科学出版社，2003.

7. 马骏，牛美丽．重构中国公共预算体制：权力与关系．北京：中央编译出版社，2007.

8. 马骏，谭君久，王浦劬．走向预算国家：治理、民主和改革．北京：中央编译出版社，2011.

9. CLEVELAND F. Evolution of the budget idea in the United States. Annals of the American academy of political and social science，1915，62（1）.

10. HOU Y L. Budgeting under central economic planning in China，1949－1978. Public budgeting，accounting & financial management，2006（18）.

11. HYDE A. The development of budgeting and budget theory：the threads of budget reform //HYDE A. Government budgeting：theory，process，and politics（second edition）. Pacific Grove，Calif. Brooks/Cole Publishing Company，1992.

12. KEY V O. The lack of a budgetary theory. The American political science review，1940（34）.

13. RUBIN I. Budgeting for accountability：municipal budgeting for the 1990s. Public budgeting & finance，1996（18）.

14. SCHICK A. An inquiry into the possibility of a budgetary theory //RUBIN I. New directions in budget theory. New York：State University of New York Press，1988.

15. SCHICK A. The road to PPB：the stages of budget reform. Public administra-

tion review，1966 (26).

16. WILDAVSKY A. Political implications of budgetary reform. Public administration review，1961 (21).

17. WILDAVSKY A. The politics of the budgetary process. Boston：Little，Brown and Company，1964.

第 8 章

政务信息资源管理

本章导读

政务信息资源是公共信息资源的重要组成部分。随着移动互联网、大数据、云计算和人工智能等现代科学技术应用的越来越深入普及，政务信息资源在促进公共管理模式转换以及实现公共部门业务流程再造、组织结构重组及职能配置、提高行政效能和推动互联网＋政务服务改革等方面越来越发挥积极的作用。在数字化时代，政务信息资源管理尤为重要。习近平总书记明确提出了“推动新型工业化、信息化、城镇化、农业现代化同步发展”的新发展理念，强调要“善于运用互联网技术和信息化手段开展工作”。这表明政务信息资源管理的理论、管理过程、开发利用和法制建设是公共管理亟待深入研究的新课题。本章围绕政务信息资源管理的理论、具体内容及过程、开放共享、开发利用和法制建设等方面进行阐述。

知识结构图

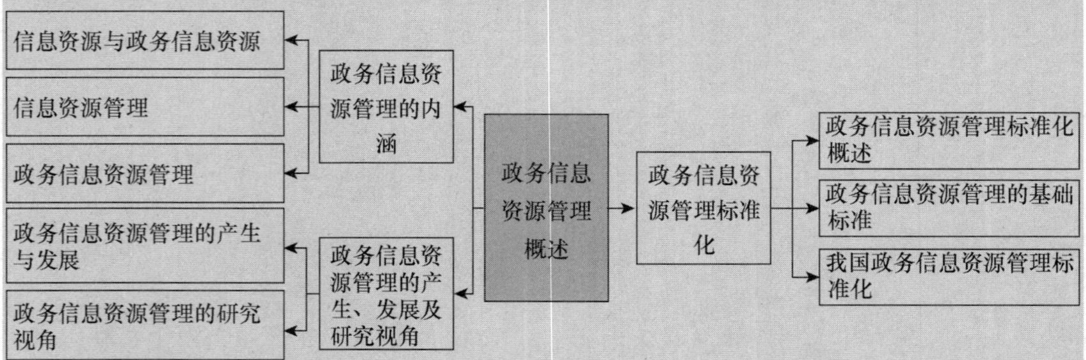

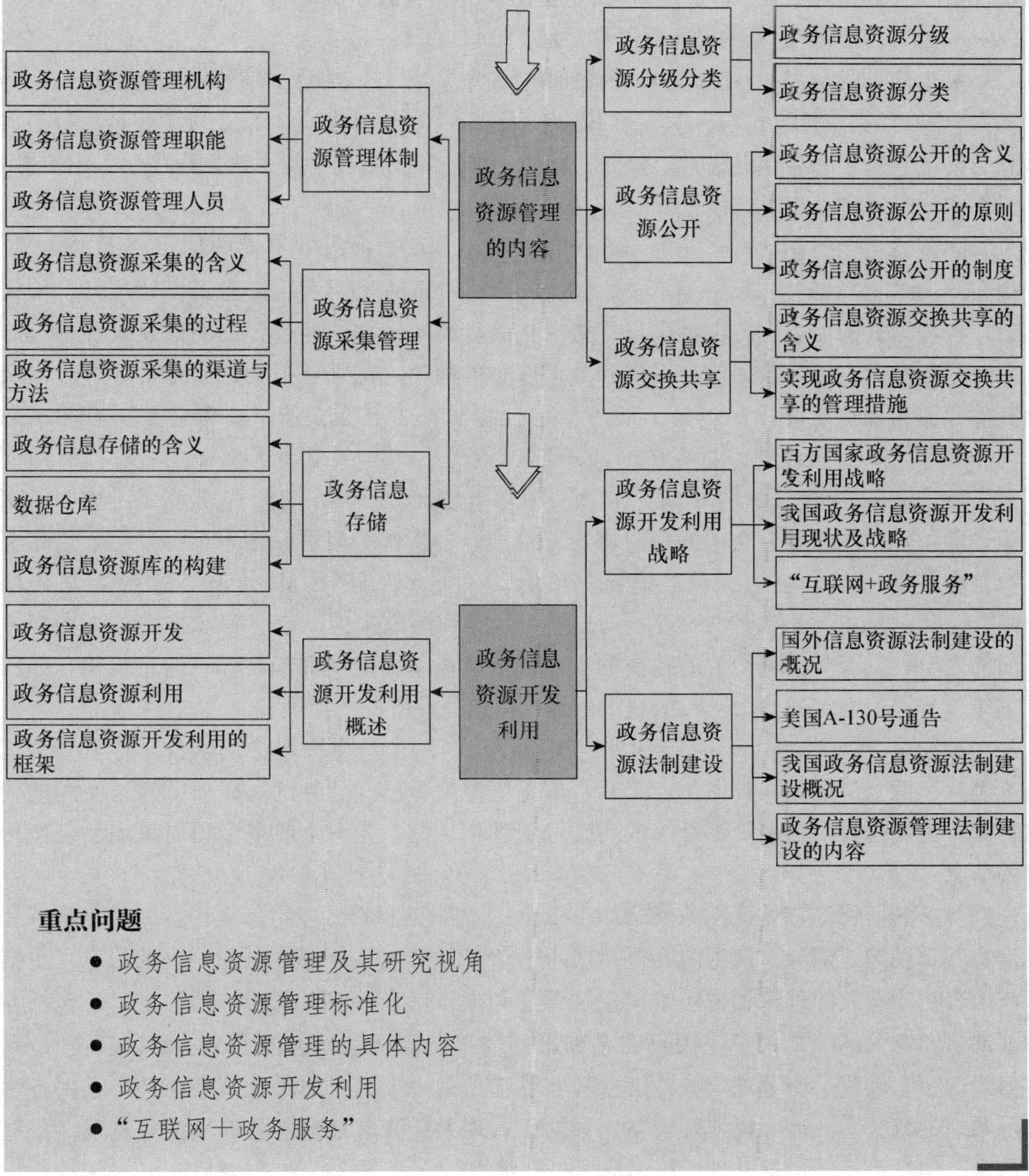

重点问题

- 政务信息资源管理及其研究视角
- 政务信息资源管理标准化
- 政务信息资源管理的具体内容
- 政务信息资源开发利用
- “互联网＋政务服务”

8.1　政务信息资源管理概述

8.1.1　政务信息资源管理的内涵

8.1.1.1　信息资源与政务信息资源

1. 信息资源

“信息资源”这个术语最早由鲁尔克（J. O. Rourke）在《加拿大的信息资源》（Information Resources in Canada）一文中提出，该文刊载于美国《专业图书馆》（*Special Libraries*）1970 年 2 月号（61 卷 2 期）第 59-65 页①。

关于信息资源的含义，目前国内外还没有形成统一的认识。美国里克斯（Betty R. Ricks）和高（Kay F. Gow）在《信息资源管理》一书中认为，信息资源包括所有与信息的创造、采集、存储、检索、分配、利用、维护和控制有关的系统、程序、人力资源、组织结构、设备、用品与设置。

随着信息化的发展，小霍顿（F. W. Horton，Jr.）提出了不同的信息资源的含义。他在 1974 年提出的含义是：信息资源包括各种信息的生产者、供应者、处理者、传播者，各种形式的信息——文献化与非文献化的，原始数据，经过评价的信息，图书馆的库藏，信息中心的库藏，信息系统和数据库中的数据、记录，报刊、录音带和电影以及其他存储和处理媒介中的信息。1979 年，他提出的含义是：信息资源包括所有的信息源、服务、产品和各种信息系统。1985 年，他提出的含义是：从政府文书管理的角度看，信息资源具有两层意思：第一，当资源为单数（resource）时，它是指某种内容的来源，即包含在文件和公文中的信息内容；第二，当资源为复数（resources）时，信息资源是指支持工具，包括供给、设备、环境、人员、资金等。1986 年，霍顿与马钱德（P. A. Marchand）提出的含义是：对于整个社会和国家来说，信息资源包括如下四个方面的内容：具有与信息相关的技能的人才；信息技术中的硬件和软件；信息机构，如图书馆、计算中心、通信中心和信息中心等；信息处理服务的提供者。

1982 年，列维坦（K. B. Levitan）提出了著名的信息生产生命周期说。他认为，无论是从字面上讲还是从具体角度来看，信息资源就是已经建立的，因而能够再使用的信息源。也就是说，信息资源是一系列已经制度化了的，为一个或多个用户集团反复使用的信息。

德国的斯特洛特曼（K. A. Stroetmann）认为，信息资源包括信息内容、信息系统和信息基础设施三部分：信息内容包括产生于信息服务或从外部信息源获取的信息，包括与内容活动有关的理论和方法论信息、管理和操作信息、与决策相关的信息，还包括与外部活动有关的交易信息、用户信息和市场信息；信息系统包括系统目标、操作人员、信息内容、硬件、内部规则等；信息基础设施是指一个组织的信息基础结构，它由各种可共享的数据库、计算机硬件设备、数据库管理系统和其他软件、局域网等构成。信息内容、信息系统、信息基础设施形成了一个组织信息管理的三位一体结构。

中国学者孟广均从广义和狭义两个角度提出了信息资源的含义②。他认为，狭义的信息资源仅指信息内容本身；广义的信息资源不仅包括信息内容本身，还包括与其紧密相连的信息设备、信息人员、信息系统、信息网络等。

上述国内外学者关于信息资源概念的界定，我们可以归纳为狭义的信息资源概念和广义的信息资源概念。

狭义的信息资源仅指记录在载体上的信息内容，是指限于信息本身的文献资源或数

---

① 陈畴镛. 信息资源管理. 杭州：浙江大学出版社，2004：14.

② 孟广均. 信息资源管理导论. 北京：科学出版社，2003：29.

据资源，或者说各种媒介和形式的信息集合，包括文字、声像、印刷品、图形、图像、电子信息等。信息资源狭义的理解，突出了信息内容这一信息资源的核心和实质。

广义的信息资源是与信息内容产生、利用有关的一切资源，包括与信息相关的人员、设备、技术、资金和信息资源管理体制等各种要素的总称。也就是说，信息资源是一个贯穿于人类社会信息活动中信息生产、分配、交换、流通、消费的全过程的多要素集合，包括信息劳动的对象——信息（数据），信息劳动的设备——计算机等工具，信息劳动的技术——网络、通信和计算机技术等信息技术手段，信息劳动者——信息专业人员，如信息生产人员、信息管理人员、信息服务人员、信息传递人员，以及信息资源管理体制等。广义的信息资源概念把信息活动的各种要素都纳入信息资源的范畴，这更有利于全面、系统地管理和开发利用信息资源。

狭义的信息资源与广义的信息资源的关键区别在于是否将与信息内容有关的设备、技术、人员和管理体制也纳入信息资源的范畴。信息内容、信息内容的表达和组织方式、信息表达所依附的载体以及信息资源管理体制是信息资源的构成要素。本书从管理的角度出发，采用了广义的信息资源的含义。信息资源不仅具有经济学意义上的需求性、稀缺性和可选择性特征，而且还包括共享性、时效性、动态性、不可分性、不同一性、支配性等独有特征。

2. 政务信息资源

政务信息资源作为信息资源的组成部分，是各类公共部门及其授权的公共组织等在依法履行职能过程中制作或获取的、以一定形式记录与保存的信息，以及制作或获取信息的技术、设备、网络、人才资源和信息化管理体制。具体来说，政务信息资源包括以下方面：一是各类公共部门及其授权的公共组织等公共管理主体为履行职能而采集、加工和使用的信息资源，二是公共部门在办理业务和事项过程中产生与生成的信息资源，三是公共部门直接管理的信息资源，四是各公共部门投资建设的政务信息资源，五是与政务信息资源的制作和获取有关的技术、设备、网络、人才等信息资源，六是信息化管理体制及其运行机制。

因此，政务信息资源是指公共管理活动所涉及的、对公共管理活动产生影响作用的信息资源的集合，它包括政务信息内容资源以及与信息采集、处理、储存、分级分类、交换共享和开发利用活动有关的信息人员、信息设施、信息技术、信息资金和信息管理体制。政务信息资源与公共管理活动息息相关，与社会生活息息相关，是信息资源中最核心的资源，在人类社会经济发展和公共管理中具有特殊的重要地位。政务信息资源的构成包括：政务信息内容、政务信息人员、政务信息技术设施、政务信息资金和政务信息资源管理体制。

8.1.1.2 信息资源管理

1. 信息资源管理的含义

信息资源管理（information resources management，IRM）作为一种社会实践，起源于20世纪中期；作为一种学科理论，形成于20世纪70年代后期，并成熟于80年代中后期和90年代。1979年，美国学者迪博尔德（J. Diebold）发表论文《信息资源管理：

新的挑战》(Information Resource Management：The New Challenge)，首先提出了信息资源管理的概念。自此，经过近 30 年的发展，其理论和实践研究已影响和扩展到世界许多国家和地区。但目前学术界对“信息资源管理”的含义尚未形成统一的认识。概括起来，主要有以下几种学说①：

(1) 管理哲学说。管理哲学说认为信息资源管理是一种哲学或思想。1988 年，美国信息管理学家马钱德、克雷斯林 (J. C. Kresslein) 认为，信息资源管理是一种对改进机构的生产率和效率有独特认识的管理哲学。史密斯 (A. N. Smith) 和梅德利 (D. B. Medley) 认为，信息资源管理比管理信息系统复杂得多，它可能被认为是整合所有学科、电子通信和商业过程的一种管理哲学。

(2) 系统方法说。系统方法说将信息资源管理看成是一种方法或者技术。1984 年，美国信息资源管理学家里克斯和高认为，信息资源管理是为了有效地利用信息资源这一重要的组织资源而实施的系统方法，包括对资源的规划、组织、用人、指挥和控制。施瓦茨 (C. Schwartz) 和赫农 (P. Hernon) 认为，信息资源管理是一种对组织机构内部生产出的信息的生命周期进行综合化和协调化的方法；广义地说，它包括获取、保留和利用那些为了完成组织的使命、实现组织的目标所需的各种资源。戴维斯 (G. B. Davis)、奥尔森 (M. H. Olson) 认为，信息资源管理是基于信息来组织资源而形成的管理方法。伍德 (C. Wood) 认为，信息资源管理是信息管理几种有效方法的综合，即意味着将一般管理、资源控制、计算机系统管理、图书馆管理以及政策制定和规划方法结合起来，并加以运用。

(3) 管理过程说。管理过程说认为信息资源管理是一种管理过程。1982 年，怀特 (M. S. White) 从信息资源管理的过程提出了管理过程说，认为信息资源管理是有效地确定、获取、综合和利用各种信息资源，以满足当前和未来的信息需求的过程。霍顿认为，信息资源管理是对信息内容及其支持工具的管理，是对信息资源实施规划、组织、预算、审计和评估的过程。

(4) 管理活动说。管理活动说认为信息资源管理是一种管理活动。比思 (C. M. Beath) 认为，信息资源管理是把合理的信息在合适的时间提供给决策或协调工作的活动，信息资源管理可被视为一种生命周期或价值链活动，包括信息的识别和存取，信息的质量、时效性和相关性的保证，未来信息的存储以及信息的处理。1992 年，博蒙特 (J. R. Beaumont) 和萨瑟兰 (E. Sutherland) 认为，信息资源管理是一个集合词，在开展业务和进行决策时，它包括所有能够确保信息利用的管理活动。沃森 (B. Watson) 认为，信息资源管理是一个术语，它被用于描述与公司信息资源的管理和利用有关的全部活动，以及为那些有权利用和控制这类信息的人提供便利的活动；他还将信息资源管理分成行政管理、数据词典管理、数据库行政管理、信息存取服务四类活动。1998 年，小麦克劳德 (R. Mcleod，Jr.) 从组织机构信息资源管理的角度，认为信息资源管理是组织机构各层次管理人员为识别、获取和管理信息资源而开展的一种活动，以满足各类信息需求。

---

① 李绪蓉，徐焕良. 政府信息资源开发与管理. 北京：北京大学出版社，2006：14.

我国学者认为，信息资源管理是人类管理活动的组成部分，是为了确保信息资源的有效利用，以现代信息技术为手段，对信息资源实施计划、预算、组织、指挥、控制、协调的各种管理活动的总称。

综上所述，信息资源管理的含义可概括为：信息资源管理是一种系统的管理思想和方法，是一种基于信息技术的、为满足信息需求而实施的集约化管理活动，包括对信息活动要素（信息、人员、技术设备、资金等）的规划、组织、控制和协调，以实现资源的最佳配置和提高信息资源的开发利用水平为目的。

2. 信息资源管理的层次

信息资源管理是一个结构复杂的系统工程，涵盖经济、人文、技术等多种因素，因而信息资源管理活动必须实行合理的分层、分级和分类管理。信息资源管理包括微观、中观和宏观三个管理层次①：

微观信息资源管理是最基层的信息资源管理，它以基于政务部门、信息机构等具体组织层面的信息资源管理为对象；以分析组织内部各类人员对信息资源的需求，采用综合的管理手段对信息资源实施规划、开发、集成和控制为主要任务。微观管理体现的是环节管理。

中观信息资源管理是介于宏观和微观之间的一个管理层次，具有承上启下的功能和明显的地区性、行业性特点。中观信息资源管理以地区、行业的信息资源管理为对象，以制定地区或行业政策法规和条例来组织和协调本地区、本行业内部的信息资源开发和利用活动，以通过本地区和本行业与其他地区或行业间的信息资源交流、协作，实现本地区或本行业的信息资源的利益最大化为主要任务。中观管理体现的是系统管理。

宏观信息资源管理是一种战略管理，由国家信息资源管理部门通过经济、法律、有关政策、法规以及相应的技术手段，从总量和结构上组织、协调信息资源的开发利用的活动，管理效果带有总量和全局的性质。其内容主要包括：确定目标、进行投资决策，并为各公共管理主体的中观层次的信息资源管理提供条件；确定信息资源管理的标准，制定保密和保存制度，协调与其他国家的信息资源交流合作关系；以资源的最优配置原理确定信息资源分布。宏观管理体现的是产业管理。

3. 信息资源管理的要素

信息资源管理的核心任务就是要在兼顾信息资源现有配置与管理状况的条件下，对分散异构信息资源系统实现无缝整合，并在新的信息交换与共享平台上开发应用，实现信息资源的最大增值。信息资源的管理过程如图8-1所示，一是基于信息用户的业务过程而产生的信息需求，通过需求分析进而实施的对信息资源的采集、加工、存储、检索、传递及其使用的全过程；二是基于信息资源用户、信息技术、信息资源设备、信息资源再开发以及知识资源开发等进行的一切与信息资源有关的提升和增值信息资源的管理过程。因此，信息资源管理包括了架构、组织、环境、服务、技术五大要素。

---

① 李绪蓉，徐焕良．政府信息资源开发与管理．北京：北京大学出版社，2006：26.

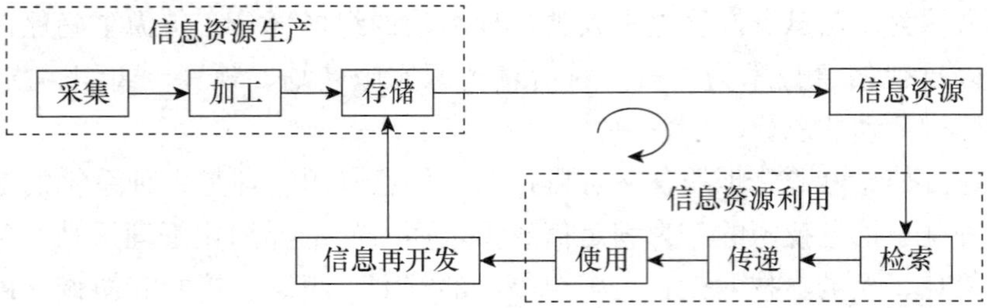

图 8－1　信息资源的管理过程

（1）信息资源管理的架构。信息资源规划是以架构设计为主线而不是以进程计划为主线，总体架构的设计是信息资源管理的关键。信息资源管理的总体架构，如图 8－2 所示。

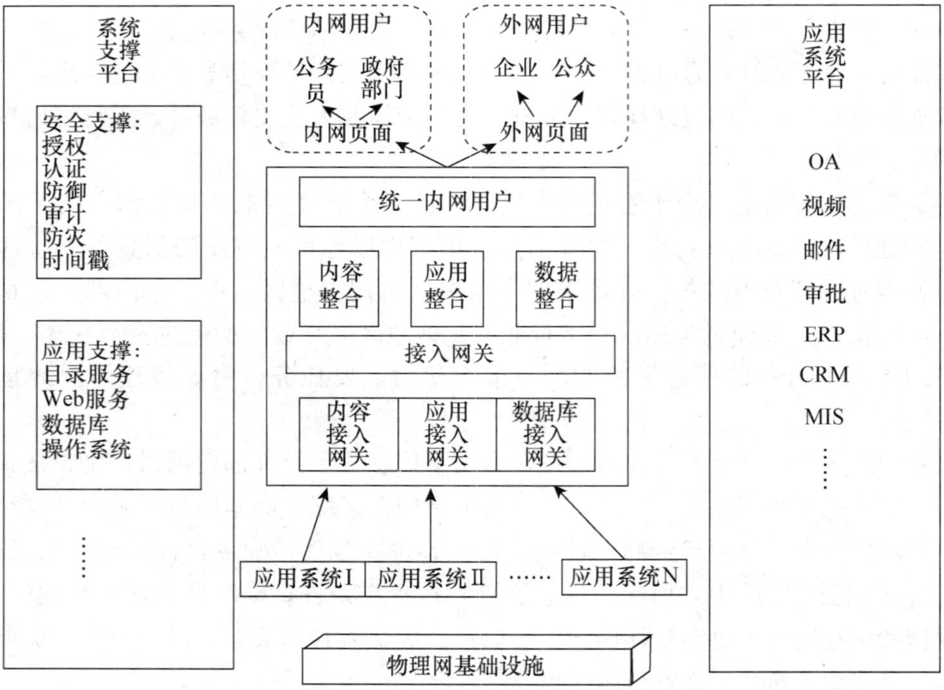

图 8－2　信息资源管理的总体架构图

从图 8－2 可以看出，信息资源管理的架构包含了门户体系架构、数据体系架构、应用体系架构。这些架构从不同的层次和角度入手，给信息资源管理设计了一套合理的框架。只有在这个框架下进行系统的设计与布局，才能有效满足信息资源管理的需求。

（2）信息资源管理的组织。它是信息资源管理的基础。信息主管（CIO）作为信息资源管理系统高级主管，代表了信息资源管理的整个组织体系，包括管理组织体系、管理组织规则、管理组织授权等。在信息资源管理中，CIO 作为信息资源管理系统高级主管，必须从公共管理的大局与战略出发来全盘统筹信息资源的整合与提升。

（3）信息资源管理的环境。这是指通过制定统一、强制、自上而下的法规、标准以及规范来明确与信息资源管理有关的各种技术框架与规范。在相应的组织上，也设立了电子政务领导小组、技术顾问组、协同工作小组、元数据工作小组、政府流程工作小组、政府标准工作小组等，以有效保障 e-GIF 的执行。

（4）信息资源管理的服务。这是指通过服务记录数据库、服务知识库、服务管理对象资源目录库、服务管理规则库，搭建服务管理平台，在这个平台上，实现求助响应管理、变更管理、资产管理、服务等级协议管理等多项功能。鉴于服务技术性与专业性的不断提升，一些单位越来越不能胜任服务管理的要求，因此催生了外包式系统服务管理，把服务管理外包出去是信息资源管理阶段的新趋势。

（5）信息资源管理的技术。这是信息资源管理的支撑平台。信息资源管理实现信息资源整合的技术就是基础架构平台软件技术，它包括整合平台、安全平台、系统支撑平台。基础架构平台位于硬件网络平台和系统平台之上、应用平台与应用软件之下，用于实现门户整合、数据整合、应用整合、内容整合及流程整合。

8.1.1.3　政务信息资源管理

1. 政务信息资源管理的含义

政务信息资源管理（government information resources management，GIRM）是一种集成性和综合性的管理活动，是公共部门为了实现特定的目标，以现代信息技术为手段，对政务信息进行采集、加工、存储、交换共享、开发利用和服务，对信息活动各要素（信息、组织机构、人员、设施、资金、技术等）进行规划、预算、组织、协调、指导、培训和控制，以实现政务信息资源的合理配置，有效地满足公共部门自身和社会信息需求的活动过程。

政务信息资源管理的这一含义包括了以下几个方面：（1）管理覆盖着政务信息资源开发和利用等环节和全过程。政务信息资源的有效利用是政务信息资源管理的目的；信息资源开发是信息资源利用的手段和前提，信息资源利用为信息资源开发提供动力和方向。（2）政务信息资源内容是政务信息资源管理的核心对象。政务信息资源管理的对象，包括信息内容及其有关的资源，如人员、设备、资金和技术等。技术资源是基础，组织与人员资源是关键，信息内容资源是核心和重点。政务信息内容资源始终贯穿政务信息资源管理的全过程，并处于支配地位。对政务信息内容资源进行管理，就是按照政务信息资源的生命周期，以现代信息技术为手段对政务信息资源的采集、加工、存储、交换共享、开发利用和服务进行合理的计划、组织、指挥、协调和控制等。加强政务信息资源的管理，核心的要求就是提高公共部门政务信息的采集、处理、利用和交换共享的能力。（3）政务信息资源管理是一种集成性和综合性的管理。政务信息资源管理就是协调和控制政务信息的活动，将政务信息活动中的各要素包括信息、设备、机构、技术、人员、资金等作为管理对象，并且强调把它们作为一个整体来看待，以保证政务信息资源的合理运行和充分利用。

政务信息资源管理由于管理对象的广泛性、管理内容的综合性，涉及公共管理过程中与所有公共部门和公众有关的各类信息，以及公开、采集、交换共享、开发利用、保存、检索等各类信息活动，同时，由于管理对象的专业性，不仅涉及一般管理的知识及原理，而且还涉及现代信息技术，需要多种学科领域的交叉渗透，因此，政务信息资源管理具有了广泛性、综合性、复杂性、管理性、技术性、人文性和多学科知识交叉的特点。

总之，随着各类政务信息应用系统的建立、完善和普遍运用，人们对于政务信息资源管理的认识进一步扩充了管理信息系统的传统概念，进一步增强了政务信息资源管理的功能，不是为将政务信息资源管理局限于当前已经电子化的信息，而是将所有政务信息资源作为一个整体，突出了信息的集成整合，以发挥资源的整体性效益。信息化建设的过程也呈现出从分散建设到统一整合的发展演进规律，具体表现为从各部门、各行业根据不同需求的、各自为政的分散式建设与应用，发展到跨部门、跨业务、跨应用系统的集成整合，再发展到以数据中心形式实现的数据共享。与这种演进过程相联系，公共部门也实现了由以分散的、各自为政的方式进行公共管理和提供公共服务向以集中的、整体的和无缝的方式进行公共管理和提供公共服务的转变①。

2. 政务信息资源管理的目标

政务信息资源管理是当代公共管理的一项重要职能，具有战略意义。概括地说，政务信息资源管理的目标就是要在确保国家秘密和信息安全的前提下，增强信息意识，实现政务信息资源最大限度的共享，提高政务信息资源开发利用水平，促进政务信息化发展，提高公共管理能力和服务质量。

具体地说，政务信息资源管理目标包括以下四个方面：（1）实现政务信息资源的科学管理，这是政务信息资源管理的基础性目标；（2）提高政务信息资源开发利用的能力，这是政务信息资源管理的根本目标；（3）最大限度地降低公共部门信息活动的费用，这是政务信息资源管理的直接目标；（4）促进公共管理正常运转、经济良性运行和社会和谐发展，这是政务信息资源管理的终极目标。

8.1.2 政务信息资源管理的产生、发展及研究视角

8.1.2.1 政务信息资源管理的产生与发展

1. 政务信息资源管理的产生

20世纪中叶是信息革命的起点。可以说，信息资源管理就是在信息革命发生并兴起的特定背景条件下产生的。信息革命的两个主要标志：一是信息论的提出被视为科学发展的一大突破，它对众多研究领域产生了重大影响，奠定了信息革命的理论基础。信息论是一种研究信息的定义、实质、度量以及有关信息传输、处理、存取和利用规律的科学理论，最重要的代表人物有美国数学家申农和维纳。二是计算机的诞生为信息革命提供了技术条件，以计算机技术和通信技术为代表的信息技术为信息革命奠定了技术基础。迅猛发展的信息技术开始摆脱从属于其他技术的地位，逐渐成为现代技术中的关键技术，引领现代科学技术的发展潮流。

信息技术的迅速发展，从客观上为信息资源管理提供了有力的工具和手段。正是在信息革命的时代背景下，政府公共部门和工商企业开始把注意力投向信息资源的科学管

① 蔡立辉．电子政务：信息时代的政府再造．北京：中国社会科学出版社，2006：15.

理、合理开发和有效利用。

20世纪70年代末，以美国为代表的西方发达国家开始从工业经济向知识经济(knowledge-based economy)转化。信息社会为知识经济的产生和发展创造了不可或缺的前提条件，知识经济是信息社会发展的必然产物，是建立在知识和信息的生产、分配与使用之上的经济。知识成为支撑经济增长的最重要因素，是一种崭新的社会经济形态，它以信息化为基础，以全球化、网络化、知识化为基本特征。为了更好地发挥信息对经济发展和社会进步的作用，必须在对信息进行深刻认识的基础上，再对信息进行管理。在这样的社会背景条件下，政务信息资源管理这一概念在美国被提了出来。在随后的80年代，政务信息资源管理的研究得到了迅速的发展，90年代信息高速公路概念的出现，更进一步带动了政务信息资源管理的发展。政务信息资源管理着眼于对政务信息过程的综合性、全方位控制和协调，强调以自动化信息处理和信息系统建造为主要内容，着眼于信息流的控制。显然，今天人们所说的政务信息资源管理，是因纯粹的技术手段不能实现对政务信息的有效控制和利用而提出的一种新型管理模式，是在当代社会经济发展使信息成为一种重要的经济资源背景下，从经济角度思考问题而对这种资源进行的优化配置和管理。

2. 政务信息资源管理的发展阶段

从世界范围来看，源自美国政府文件管理的政务信息资源管理从20世纪中叶起步，其发展经历了萌芽、形成和成熟三个阶段，各阶段均有鲜明的特点。

(1) 从20世纪40年代中期至70年代中期，是政务信息资源管理的萌芽阶段。政府文件数量剧增的现实压力迫使美国等西方发达国家开始关注文件的管理和利用问题。政府文件管理的起步和发展揭开了政务信息资源管理的序幕。在政务信息资源管理的萌芽阶段，政府文件管理是政务信息资源管理的核心对象。

(2) 从20世纪70年代中期至80年代末期，是政务信息资源管理的形成阶段。在这个阶段，政务信息资源管理从狭隘的政府文件管理中独立出来，演变成为一种管理对象有明确概念、管理地位有法律保障、管理主体有明确机构和职能界定、管理内容有理论指导的专门管理活动。1980年，美国国会通过关于联邦政府的信息收集、维护、使用和传递服务的《文书削减法案》(Paper Work Reduction Act)，首次明确提出了“信息资源管理”的概念和实施的具体框架。1985年，美国联邦政府管理与预算局发布了A-130号通告，即《联邦信息资源管理》，首次从政府的角度对信息资源管理的概念进行了界定，这标志着现代政务信息资源管理思想已经形成。

在学术界，霍顿和马钱德是信息资源管理理论的奠基人，是最有权威的研究者和实践者；威廉·德雷尔(William Durell)在1985年出版了《数据管理》一书，论述了信息资源管理的基础标准。政务信息资源管理形成的四个标志：一是提出了“信息资源管理”的概念；二是确立了政务信息资源管理的法律地位；三是设立了政务信息资源管理的专门机构，并配置专门职能；四是形成了政务信息资源管理的理论，涌现了大量有关政务信息资源管理的研究成果，它们阐述了政务信息资源管理的基本原理和方法。

(3) 从20世纪90年代开始，政务信息资源管理进入成熟发展阶段。负责信息资源管理的职位——信息主管开始在公共部门中设立。这一时期的特点主要表现为：一是政务信息资源管理由美国蔓延到世界各国，发展成为一种世界性的潮流和世界各国普遍重视并推行的一项管理活动，显示了全球化的特点；二是在现代信息技术发展的推动下，各国延伸和扩展了20世纪七八十年代产生和应用的“办公自动化”，实现了现代信息技术的应用与公共部门组织结构、管理方式、管理体制和服务方式变革的一体化融合；三是政务信息资源管理开始向电子化政府迈进，逐步形成了面向社会的“一站式”互动服务、面向公共部门的跨部门“一体化”业务集成和“流程化”的协同办公、面向业务应用的“统一平台”信息交换与资源共享、面向数字化管理的“可持续发展”公共管理体制和运行机制；四是以移动互联网、云计算、大数据和“互联网＋”为时代特征的政务信息资源高度整合和集中，形成了“一网通办、一网统管”的政务办理格局。2011年以来，美、英等国政府制定政府云战略、大数据建设等规划，推动政务信息资源的高度整合与信息资源开放共享；充分利用大数据优化政府服务提供方式，提高政府效能和政府公信力，以解决长期以来政府信息化基础设施使用效率低、资源需求分散、系统重复建设等问题。

到目前，世界各国把搞好政务信息资源管理置于极其重要的战略地位，政务信息资源管理都朝着政务信息化和开放共享的方向发展。一方面促使公共管理公开、高效、透明、廉洁和资源共享，提高服务质量；另一方面为政务信息资源管理提供新的手段和机会。

知识链接8-1

大数据

从狭义角度而言，大数据是一种新技术，它是一种海量的数据状态以及应对这种状态的数据处理技术，是数据大爆炸的产物。随着物联网的发展和便携移动终端的普及，人人都成为数据的制造者。不仅数据量、数据种类在以惊人的速度增长，数据产生的速度也在日益加快。它需要云计算等数据处理技术的支持，通过对数量巨大、来源分散、格式多样的数据进行采集、储存和分析，赋予人们更强大的认识世界和改造世界的能力。

更进一步来讲，大数据是一种思维方式，它成为近年的热词，不是因为数据量的陡然增长或者数据处理技术的突飞猛进，而是因为人们在数据利用思维方面实现了质的飞跃。大数据还是未来社会的一项重要基础设施。在大数据时代，云计算、泛在网络、数据中心等成为新一代的基础设施。数据的采集以数以万计的传感器来完成。从社会运行角度来看，大数据还是一种基础性社会制度。这是一种能够制约、派生或影响其他制度的原生性行为规则，对其他层面的制度运行和体制改革具有深刻影响。此外，大数据还是一种重要的战略资源、一种数据驱动的管理模式、一项将给各行各业带来纵深影响的发展战略。

资料来源：徐继华，冯启娜，陈贞汝．智慧政府：大数据治国时代的来临．北京：中信出版社，2014：前言．

8.1.2.2 政务信息资源管理的研究视角

可以从多个视角开展政务信息资源管理研究，政务信息资源的管理过程是政务信息资源管理的主线，组织与人员资源是政务信息资源管理的关键，信息内容资源是政务信息资源管理的核心和重点，技术资源是政务信息资源管理的基础。基于此，结合政务信息资源的特点、内容，其研究视角归纳起来包括内容视角、技术视角、经济视角和人文视角四个层面。

1. **内容视角**

以内容视角研究政务信息资源管理，主要是从政务信息生命周期出发，以政务信息生成后收集、加工整理、储存、交换共享、开发利用和服务的一系列环节为主要对象，研究如何高效、高质地开展信息资源管理活动，它与信息管理科学、情报学、传播学等学科内容密切相关。美国信息管理专家霍顿认为，基于人类需求的信息生命周期是由需求定义、收集、传递、处理、存储、传播、利用七个阶段组成的①。

2. **技术视角**

以技术视角研究政务信息资源管理，主要是指研究如何在政务信息的获取、传输、存储、处理和检索，以及利用政务信息进行决策、控制、指挥、组织和协调等方面合理地运用信息技术，从而达到有效地开发和利用政务信息资源的目的。政务信息资源管理的技术应用领域主要有各种计算机政务信息系统建设、政务信息网络建设和数据库建设等，它与管理信息系统、信息技术等领域的研究密切相关。

3. **经济视角**

政务信息作为一种资源，无疑与利益密切相关。以经济视角研究政务信息资源管理，主要是将政务信息资源作为一种无形资产和社会财富，研究政务信息供求规律、配置政策以及政务信息资源开发利用水平、政务信息化的经济效益、政务信息系统研发和管理的经济手段等问题，它与信息经济学等领域的研究密切相关。研究内容涉及：（1）政务信息价值问题；（2）政务信息生产与信息服务的投资问题；（3）政务信息资源的成本与利用效率；（4）政务信息活动的经济机制和经济规律；（5）政务信息活动的经济管理；（6）政务信息、政务信息系统、政务信息服务的经济效益，以及提高政务信息资源的开发利用水平的措施；（7）政务信息供求及影响因素；（8）政务信息资源配置的经济手段。

4. **人文视角**

以人文视角研究政务信息资源管理，主要是研究政务信息资源管理活动中人的作用、行为和心理，研究的主要内容是政务信息资源管理以及开发利用的有关政策问题、法律问题、管理过程中涉及的伦理道德和心理认同问题、政务信息资源的用户需求以及供求双方的关系问题、政务信息资源管理的标准化问题等。

8.1.3 政务信息资源管理标准化

要充分、有效地利用信息资源，对政务信息资源进行科学、合理的管理，首要的就是加强政务信息资源标准化建设与管理。

---

① 冯惠玲. 政府信息资源管理. 北京：中国人民大学出版社，2006：20.

8.1.3.1 政务信息资源管理标准化概述

1. 标准的分类与分级

标准化（standardization）是指在经济、技术、科学及管理等社会实践中，对重复性事物和概念通过制定、发布和实施标准来达到统一，以获得最佳秩序和社会效益。

常见的标准分类方法包括层次分类法、性质分类法和对象分类法三种：层次分类法，就是按照标准发生作用的有效范围进行分类，把标准区分为不同的层次，通常又称为标准的级别。从世界范围来看，标准层次区分为国际标准、区域标准、国家标准、行业标准、地方标准与企业标准①。我国目前将标准分为国家标准、行业标准、地方标准和企业标准四级。性质分类法就是按照标准发生作用的强制性程度而进行的标准分类，区分为强制性国家标准，其代号为“GB”；另一类是推荐性国家标准，其代号为“GB/T”。对于强制性国家标准，国家要求必须执行；对于推荐性标准，国家鼓励自愿采用。对象分类法就是按照标准化对象的不同而进行的分类，通常把标准分为技术标准、管理标准和工作标准三大类。

2. 政务信息资源管理标准化内容

政务信息资源管理标准化的内容十分丰富，大体上可分为标准化技术、标准化设施、标准化术语和标准化管理过程四部分。

信息技术标准化是整个政务信息资源管理的重点，是政务信息资源开发利用的基础和保证。信息技术标准化是围绕信息技术开发、信息产品的研制以及信息系统建设、运行与管理而开展的一系列标准化工作，主要包括信息资源的生产、识别、提取、检测和分类编码、交换或传输、处理、存储、显示、打印、控制以及信息资源的利用等技术。信息技术标准一般包括：信息采集、编码与记录标准，中文信息处理标准，数据通信与开放系统互联标准，软件工程标准，信息的安全与保密标准，声像技术标准，文献标准等内容。

标准化设施是政务信息资源管理活动的物质基础，其内容包括：学习和执行有关国际标准、国家标准、行业标准和地方标准，制定和贯彻实施操作规程和制度等。术语的标准化，是指对信息活动中某一事务或过程的称谓或代号的标准化和国内术语的统一，避免术语的二义性。

---

① （1）国际标准。由国际标准化或标准组织制定、为大多数国家认可并公开发布的标准是国际标准，例如信息技术领域的ISO/IEC/IEEE标准。（2）区域标准。由某一区域标准化或标准组织制定并公开发布的标准，如欧洲标准化委员会（CEN）发布的欧洲标准（EN）就是区域标准。（3）国家标准。由国家标准团体制定并公开发布的标准（ISO/IEC第2号指南）。如GB、ANSI、BS、NF、DIN、JIS是中、美、英、法、德、日国家标准的代号。（4）行业标准。由行业标准化团体或机构制定并发布的、在某行业的范围内统一实施的标准是行业标准，又称为团体标准。如美国的材料与试验协会标准（ASTM）、石油学会标准（API）、机械工程师协会标准（ASME）以及英国的劳氏船级社标准（LR），都是国际上有权威性的团体标准，在各自的行业内享有很高的信誉。中国的行业标准是“对没有国家标准而又需要在全国某个行业范围内统一的技术要求所制定的标准”，如JB、QB、FJ、TB就是机械、轻工、纺织、铁路运输行业的标准代号。（5）地方标准。由一个国家的地方部门制定并公开发布的标准。中国的地方标准是指对没有国家标准和行业标准而又需要在省、自治区、直辖市范围内统一制定的标准，它由省级标准化行政主管部门统一组织制定、审批、编号和发布。（6）企业标准。它又称为公司标准，是由企事业单位自行制定并发布的标准，是对企业范围内需要统一协调的技术要求、管理要求和工作要求所制定的标准。

管理过程标准化是使政务信息资源管理工作的全过程按规范化的程序进行，包括学习和贯彻标准、制定标准，以及制定工作流程、管理制度等。

3. **政务信息资源管理标准化的方法**

政务信息资源管理标准化的方法主要包括：简化法、统一法、组合法、综合法和程序化法。

简化法是在一定范围内缩减对象事物的类型，使之在既定时间内满足一定领域需要的标准化方法；统一法是把同类事物的不同表现形态归并为一种的标准化方法，强调归一；组合法是将两个以上具有特定信息资源功能的单元，按照预定的要求，有选择地结合起来，使其成为一个具有新功能的单元或系统的标准化方法；综合法是针对系统标准化对象的整体及其相关要素有目的、有计划地构建某一标准系统的标准化方法；程序化法是将信息资源管理工作的全过程按照严格的逻辑关系形成规范化程序的标准化方法。

8.1.3.2 政务信息资源管理的基础标准

政务信息资源管理的基础标准是指那些决定信息系统质量的，因而也是进行信息资源开发利用的最基本的标准，包括数据元素标准、信息分类编码标准、用户视图标准、概念数据库标准和逻辑数据库标准。

1. **数据元素标准**

数据元素（data elements）是最小的不可再分的信息单位，是一类数据的总称。统一数据元素标准，可大幅度减少数据处理系统中所使用的数据元素的总数，并可大大简化其结构。数据元素的质量是建立坚实的数据结构基础的关键。数据元素标准包括：数据元素命名标准、标识标准和一致性标准。

2. **信息分类编码标准**

信息分类编码（information classifying and coding）对象是一些最重要的数据元素，它们决定着信息自动化处理、检索和传输的质量与效率。信息分类编码是标准化的一个领域，信息分类编码标准是信息标准中最基础的标准。

信息分类是把具有某种共同属性或特征的信息归并在一起，以便与不具备这种共同属性或特征的信息区别开来。对某一类信息赋予代码的过程叫编码。信息编码是将表示信息的某种符号体系转换成便于计算机识别和处理的另一种符号体系；或在同一体系中，由一种信息表示形式变为另一种信息表示形式的过程。

一个编码系统的代码应具有唯一性、可延展性、稳定性、简短性和可操作性等特征。在对信息资源进行规划时，应采用已颁布的标准代码，采用顺序为国际标准、国家标准、行业标准、地方标准和企业标准。信息分类编码的步骤包括：一是确定分类编码对象；二是制定编码规则，即对每一编码对象要制定码长、分层和各码位意义的取值规则；三是编制编码表，即按既定的编码规则编制出每一编码对象数据元素的所有可能的取值表。在有些情况下，要考虑多组代码的兼容性；必要时，要进行多组代码的转换。数据元的长度应尽可能简短，以便节省空间，缩减数据传送时间，减少冗余。

3. **用户视图标准**

用户视图（user view）是一些数据元素的集合，它反映了最终用户对数据实体的看法。用户视图是数据在系统外部的样子，是系统的输入或输出的媒介或手段，常用的用户视图有纸面的（单证、报表等）和电子的（屏幕格式、表单等）。

用户视图命名是用一短语表达用户视图的意义和用途；用户视图分类编码是标识和分析处理的根据；用户视图组成是指顺序描述其所含的数据元素，一般格式是：序号—数据元素名称—数据元素定义。对于规范化的存储类用户视图应该标出主关键字；在EDI标准中，格式化报文是一种规范化的用户视图，在采用UN/EDIFACT国际标准时，必须按其数据元、段、格式化报文来设计标准的业务单证。

4. 概念数据库标准

概念数据库（conceptual database）是最终用户对数据存储的看法，反映了用户的综合性信息需求。概念数据库一般用数据库名称及其内容（简单数据或复合数据）的列表来表达。

5. 逻辑数据库标准

逻辑数据库（logical database）是一组规范化的基本表（base table）。把概念数据库演化为逻辑数据库的主要工作是采用数据结构规范化原理与方法，将每个概念数据库分解成三范式的一组基本表，一个逻辑数据库就是这一组三范式基本表的统一体。逻辑数据库标准涉及各基本表的命名标识、主码、属性列表及基本表之间的结构关系。

8.1.3.3 我国政务信息资源管理标准化

从其他国家信息化发展的历史来考察，信息资源标准化的发展先于计算机和网络技术的发展，这成为信息化发展的一般规律。但是，我国信息化发展采取的是技术优先的路径，在发展过程中明显表现出重技术轻标准规范和管理、缺乏有效的标准维护机制、各部门各自为政、没有统一信息资源标准等问题。例如，各部门对组织机构名称的描述各不相同：工商部门使用企业名称（qymc），银行部门使用单位名称（dwmc），组织机构代码库使用组织机构名称（jgmc）等，这直接导致系统间不能进行互联互通、信息资源无法共享。

政务信息资源管理的标准化建设问题是我国政务信息化建设和开展政务信息资源管理的重要问题。2002年1月，国务院信息化工作办公室和国家标准化管理委员会在北京成立了电子政务标准化总体组，负责电子政务标准化工作的总体协调，以及电子政务所涉及的重要标准研究和制定及专项的组织和推进工作。2002年5月，总体组编写了《电子政务标准化指南》第一版。该指南分为六部分：总则、工程管理、网络建设、信息共享、支撑技术、信息安全。总体组设计的电子政务标准体系框架，包括总体标准、应用标准、应用支撑标准、信息安全标准、网络基础设施标准和管理标准六个方面。总体组秘书处于2002年8月8日在北京召开了首批六项标准项目的启动会。2003年2月，国务院信息化工作办公室和国家标准化管理委员会联合向全国发出了《关于〈电子政务标准化指南〉和6项电子政务标准试用通知》。指南的第二版包含工程管理、支撑技术和信息安全三部分内容以及六项标准项目——基于XML的电子公文格式规范、XML在电子政务中的应用指南、电子政务业务流程设计方法通用规范、信息化工程监理规范、电子政务数据元、电子政务主题词表编制规范。

同时，我国还注重制定符合我国国情的政务信息资源标准化发展战略，将培养高水平、复合型人才，制定完善的政策法规体系和标准规范体系，建立对标准的指导、监督和执行机制，制定标准化评价体系等都提高到标准化发展战略的高度。

8.2 政务信息资源管理的内容

政务信息资源管理是与政务信息有关的规划、预算、组织、指导、培训和控制等活动的总称。政务信息资源管理的具体内容包括对政务信息、信息技术、信息人员和信息设施等在内的信息资源的管理。

8.2.1 政务信息资源管理体制

建立和完善政务信息资源管理体制，包括明确政务信息资源管理的主体、职能配置及其运行机制，主要解决“谁来管”的问题；制定相关的法律、法规和政策，主要解决“如何管”的问题。这是实现政务信息资源有效管理的途径。

8.2.1.1 政务信息资源管理机构

健全政务信息资源管理机构、落实组织，是西方发达国家完善政务信息资源管理体制的重要特点。例如，在美国，政务信息化建设基本上是由联邦政府统一发起、组织和协调的。美国联邦政府设立了“联邦信息委员会”（Federal Information Council），联邦管理与预算局局长为联邦信息委员会主席。在加拿大，政务信息资源管理的职能部门主要有财政部秘书处（TBS）、国家档案局（NAC）、国家图书馆（NLC）和统计局（SC）等。TBS是财政部下属的一个中央政府机构，统一领导政府的人力、财力、信息和技术资源管理。在TBS中，设有信息主管及其办公机构（CIOB）。

为实现政务信息资源管理的宏观和微观管理职能，我国也建立了相应的组织机构，基本形成了自上而下的由政府主要领导牵头和各相关部门负责人共同参与的信息化管理机构，统一领导和协调政务信息资源管理工作。一是在国务院和地方各级政府成立了信息化领导小组，国务院总理和各级政府最高行政领导担任组长；二是在国务院成立了负责政务信息化建设的专门管理部门——国务院信息化工作办公室以及与信息化推进有关的信息产业部和事业单位性质的信息中心，与此相适应，地方各级政府都成立了信息产业厅（局）、信息中心；三是在各公共部门内部成立了政务信息资源管理的工作部门或机构，一般是部门内部的信息中心、信息部或情报中心。

但是，严格来说，我国目前的政务信息资源管理机构设置还不能适应政务信息化建设从技术导向到政务、管理导向的发展需要，缺乏自上而下的管理政务信息化建设的综合性部门设置。各级地方政府没有与国务院信息化工作办公室相对应的机构设置；国务院信息产业部以及各级地方政府的信息产业厅（局），其职能的重点在发展信息产业；各级政府、各部门内部的信息化管理机构——信息中心，在机构编制性质上都属于事业编制单位，缺乏综合协调能力。尽管近年来，有些地方政府为了适应信息化发展的需求，将信息中心改为信息化工作办公室，但只是名称的变化，有的还是属于事业编制单位；有的虽然是政府部门，但在统筹规划、组织协调、监督控制方面缺乏能力和具体措施。

我国目前的政务信息资源管理机构的设置还不能适应政务信息化发展的综合管理需要，这些机构在协调能力、综合职能定位及其相应的职权赋予方面都有严重的局限，无法行使组织、指挥、协调和控制的职能。因此，应改善政务信息资源管理机构设置，将其纳入政府组成部门，在性质上将其确定为综合部门，赋予其组织、指挥、协调和控制的职能。

8.2.1.2 政务信息资源管理职能

科学、合理地配置职能是完善政务信息资源管理体制的重要内容，西方发达国家十分重视政务信息资源管理职能的配置①。明确和强化政府信息资源管理职能，关系到政府职能的转变、办公效率的提高，关系到信息安全、有效、有序的流通和使用，关系到政务信息化的可持续发展，有利于发挥政务信息资源在履行经济调节、市场监督、社会管理、公共服务等公共管理职能方面的积极作用。政务信息资源管理职能主要包括宏观管理和微观管理两个方面。

1. 政务信息资源宏观管理职能

政务信息资源宏观管理，主要是从宏观层次上通过国家、地方或系统有关政策、法规、管理条例等来组织、协调国家、地区或系统内部信息资源管理工作，使信息资源按照宏观调控的目标，在不影响国家的信息主权和信息安全的前提下得到最合理的开发和有效利用。政务信息资源宏观管理职能主要包括统筹规划职能、组织协调职能、业务指导职能和监督控制职能。各项职能相互联系、相互作用，从而达到管理目的。

2. 政务信息资源微观管理职能

政务信息资源微观管理职能主要是指各公共部门内部管理机构对本部门政务信息资源实施具体管理和开发利用工作的职能。政务信息资源微观管理的主要职能是在政务信息资源宏观管理的指导下，根据本部门政务信息资源利用需求，合理开发信息资源管理系统，通过对政务信息资源的采集、组织、检索、开发、传播和服务等，实现政务信息资源的有效利用。

8.2.1.3 政务信息资源管理人员

政务信息资源管理人员是指在政务信息资源管理部门从事政务信息资源管理规划、

---

① 例如，美国联邦信息委员会的主要职责包括：听取联邦和地方政府以及企业关于信息资源管理与信息技术的建议和意见；向联邦管理与预算局局长提出与联邦信息资源管理有关的政策与实践的建议；决定政务信息基础设施的战略方向和优先领域；协助 CIO 制定和执行政府信息资源管理的有关计划；协调联邦政府以及跨部门的信息系统工程计划和项目；协调政府部门共用信息基础设施的计划和实施，如通信、政府电子邮件、电子支付、电子商务以及数据共享等；在各政府部门着手重大信息系统工程项目之前，评估该部门现有的业务流程及行政管理过程，并辨识改进和优化政府业务流程的机会和可能性；对各政府部门信息资源管理的实际情况进行监督和指导；就各政府部门信息资源管理的情况和问题向 CIO 提出改进意见和开展试点项目的建议；就联邦和地方政府各部门共享信息资源问题进行研究并提出建议；在与信息有关的国际活动中确保美国的利益，包括协调美国参加国际信息组织的活动。

信息系统研发与管理、信息系统运行与维护、信息资源管理具体业务工作等活动的政务信息资源管理专业人员，主要包括信息技术专业人才和信息管理专业人才。

信息技术专业人才是在政务信息资源管理中从事信息系统研发、运行、维护、信息安全等相关信息技术工作的人员，例如信息系统程序设计员、网络技术人员、信息安全技术人员。信息管理专业人才是从事信息资源规划、信息资源组织等管理工作的人员，如各部门内部的CIO①。

8.2.2　政务信息资源采集管理

8.2.2.1　政务信息资源采集的含义

政务信息资源采集是指各政务部门在各自的职责范围内根据政务信息用户的需求，从有关信息源或载体内对各种形态的信息进行选择、提取并加以聚合和集中的过程，即在“需求驱动”下，根据目的和要求采掘、加工处理和积聚蕴含、分布在不同时空域的政治、经济、社会、文化领域的各种政务信息的过程。政务信息采集是实现政务信息资源交换共享、提高政务信息资源开发利用水平的前提和基础。

政务信息资源涵盖面广、内容复杂。因此，政务信息资源的采集应当遵循职能原则（形成信息采集分工负责制）、目的性与及时性原则、真实性与可靠性原则、时间上的连续性和空间上的完整性原则、计划性与预见性原则。

8.2.2.2　政务信息资源采集的过程

按照上述采集原则，政务信息资源采集的过程如图8－3所示，包括以下阶段：

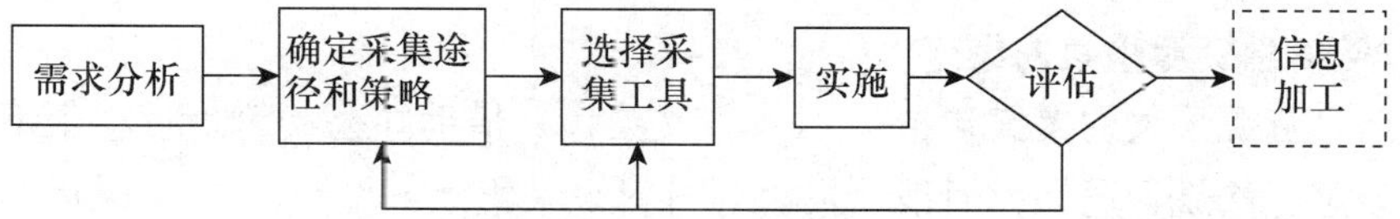

图8－3　政务信息资源采集的过程

1. 政务信息采集的准备阶段

在政务信息采集的准备阶段，政务信息资源管理的主要工作是：进行政务信息资源需求分析、明确采集目标、确定政务信息采集源、选择采集方法和采集工具以及制定政务信息资源采集策略。

① CIO是各部门中的最高信息资源管理者，是基于信息资源的战略管理者，而非一般技术管理者。CIO职位的设立起源于美国，按照美国学者史密斯和梅德利的观点，CIO的职责包括：一是提供技术。负责为组织中所有层次的管理者提供必要的计算机技术资源。二是与用户有关的职责。包括为用户提供设备、软件和培训等。三是与提供者有关的职责。包括与硬件、软件和服务提供者发展伙伴关系，参与制定产业标准、契约谈判、不同硬件和软件的集成、支持层次的谈判等。四是与管理有关的职责。包括推广技术、提供远见、对外代表单位、教育员工和发展信息价值观等。五是与技术有关的职责。包括理解信息技术的发展现状，预测信息技术的发展及其对组织机构可能产生的影响，了解基本的技术因素对未来信息系统的影响等。我们认为，CIO的职责主要有：参与本部门的管理决策，组织制定本部门的政务信息政策和信息基础标准，组织开发和管理信息系统，协调和监督本部门的信息工作，负责组织和领导本部门政务信息资源管理的具体业务工作，等等。

政务信息资源需求分析是政务信息资源采集的起点，决定政务信息资源采集工作的效率及成败。政务信息资源需求分析过程可划分为问题分析、需求描述和需求配置三个阶段。需求分析过程所要做的工作包括：一是确定政务信息资源的服务对象，公共部门、企业以及其他组织和个人对政务信息资源的需求各不相同；二是明确政务信息资源采集的内容，根据服务对象的不同，兼顾重点原则和全面原则，合理确定采集的内容；三是明确政务信息资源采集的范围和数量；四是明确政务信息资源的语种要求；等等。

2. 政务信息采集的实施阶段

在政务信息采集的实施阶段，政务信息资源管理的主要工作是：识别信息，根据采集的要求、目标，先予以识别、筛选；提取信息，运用不同的方法、采取不同的途径将所需要的政务信息从政务信息源中提取出来；汇集信息，将提取的政务信息进行汇合、集中。

3. 政务信息采集的评估阶段

这一阶段是对政务信息采集成败得失的一个全面总结，并为以后的采集工作积累经验；可以衡量政务信息资源采集过程前半部分的采集方法、采集策略和采集工具的选择是否恰当，从而使其得以及时调整和修改，以更好地满足信息用户的需求。通过评估的政务信息资源采集，将进入信息加工阶段。

评估的核心是确定评估指标体系，该指标体系一般主要包括采全率、采准率、及时率、费用率和劳动耗费等。采全率、采准率用于衡量采集的质量和水平，及时率、费用率、劳动耗费则用于衡量信息采集的效率和效益。

8.2.2.3 政务信息资源采集的渠道与方法

1. 政务信息资源采集的渠道

政务信息资源采集的渠道包括：（1）行文渠道。借助在公共管理过程中下发或上报的文件、政策、法规、通知、简报、报表等材料来采集政务信息。（2）媒体渠道。一是通过采集各新闻媒体的公开报道以及由它们发送的内部参考、内部稿件、内部摄像等获取信息；二是网络媒体渠道，这种渠道体现了信息采集渠道通畅、检索快捷方便的特点，是政务信息采集的一条非常重要、有效的渠道。（3）机构性渠道。通过公共部门设立的各种机构来获取政务信息，主要包括信访办公室、政策研究室、驻外办事处、内部处（科）室渠道。（4）制度性渠道。各公共部门之间、上下级之间所建立的互通情报、信息专报等联系制度。（5）公共部门交流渠道。各公共部门之间建立的政务信息交流关系，各地、各部门工作动态往往通过各种信息交流刊物反映出来，这类信息对公共管理决策具有较高的参考价值。（6）个人渠道。公共管理人员直接看到、听到、了解到的各种政务信息。这条渠道虽不如其他渠道正规，但往往能捕获到有重大价值的信息或线索，有意想不到的效果。

2. 政务信息资源采集的方法

政务信息资源采集的方法，是获取政务信息过程中各个环节所要求的基本操作和特有方法。信息源不同，采集的方法也有所不同。比如：原始信息的采集，基本方法有观察、调查、走访、实验、检测和科学研究等；文献信息的采集，基本方法有索取、交换、检索、咨询、复制、购买、网络查询等。

政务信息资源采集有以下几种基本方法：（1）观察法。这是一种借助于人的视觉、听觉、感觉，对被观察对象进行分析、判断，从而获取信息的方法。（2）调查法。这是一种信息人员深入基层、调查研究、收集第一手材料，进行加工整理，从而提炼出有价值信息的采集方法。（3）阅读法。这是通过阅读文件、报纸、报表、资料或收看电视、收听广播等形式获取信息的采集方法。（4）检索法。这是通过检索工具查找文献信息的方法。（5）交换、索取法。这是各公共部门之间、各地方之间、上下级之间，通过相互交换有关信息资料来获取信息的采集方法。（6）与会法。这是通过召开各类会议获取信息的采集方法。

在大数据时代，政务信息资源采集管理需要有效整合、充分运用政府数据和社会数据，健全政府运用大数据的工作机制，将运用大数据作为提高政府治理能力的重要手段，不断提高政府服务和治理的针对性、有效性。

8.2.3　政务信息存储

8.2.3.1　政务信息存储的含义

政务信息存储是政务信息资源管理中继加工之后的重要内容或环节，是指将加工处理后的政务信息资源（包括文件、图像、数据、报表、档案等）按照一定的规则，记录在相应的信息载体上，并按照一定的特征和内容性质将其组织成系统化的检索体系的过程。政务信息存储是政务信息资源检索和有效利用的基础。

因此，政务信息存储包括两层含义：一是将加工后的政务信息，按照一定规则，记录在相应的信息载体上；二是将这些信息载体，按照一定的特征和内容性质组织成系统有序的、可供自己或他人检索的集合体。科学、合理的政务信息存储，有利于用户检索，有利于延长信息使用寿命，有利于资源共享，有利于政务信息资源管理。政务信息存储是政务信息资源管理中重要的一环，它是信息采集与信息利用之间的纽带。政务信息资源存储应遵循统一性原则、记录准确原则、编排有序原则、便捷性原则和安全原则。

8.2.3.2　数据仓库

政务信息资源需要借助一定的介质实现存储的目的。从存储介质的形式来看，政务信息资源存储方式有：纸张印刷存储、缩微（胶片）存储、声像存储、磁盘存储、光盘存储和基于数据仓库存储。其中，数据仓库是大容量、高效率的新材料载体存储方式。

数据仓库提供集成化的和历史化的数据、集成种类不同的应用系统、组织和存储数据以供信息化和分析处理之用。数据仓库的相关技术包括联机分析处理、决策支持系统和数据挖掘。因此，数据仓库既是一个信息资源的存储机制，也是一个信息资源分析、处理的支持决策系统，基于数据仓库的政务信息资源存储将会成为主流的存储方式，如图 8-4 所示。

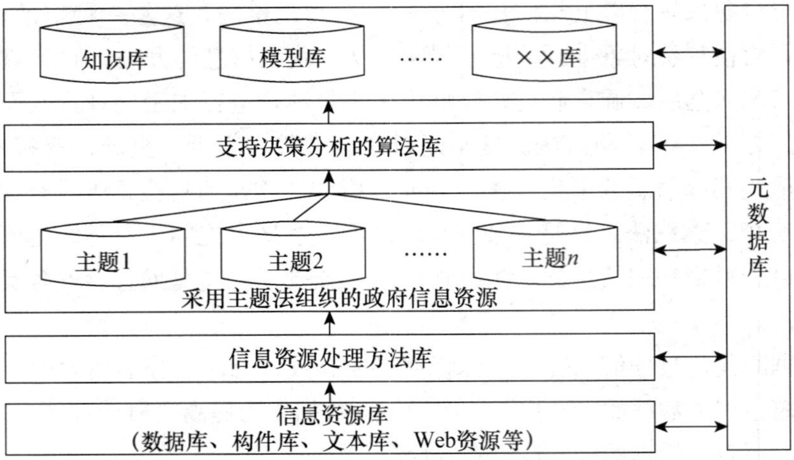

图 8-4 基于数据仓库的政务信息资源存储机制

传统意义上的数据库也是信息资源库的一种形式，它主要用于构造适合于一组数据的模式，即数据库的逻辑结构；不同类型数据库的逻辑结构描述方式也不同。目前常见的数据库类型有关系数据库、事务数据库、面向对象数据库、对象-关系数据库、空间数据库、时间数据库和时间序列数据库、文本数据库、多媒体数据库。

8.2.3.3 政务信息资源库的构建

1. 政务信息资源库构建的目标

政务信息资源库归根结底是以服务于公共管理和社会为宗旨的。具体地说，政务信息资源库构建的目标是：（1）实现政务信息公开和面向社会服务，提高社会服务质量；（2）提高公共管理能力、回应社会需求的能力，做到科学、高效的宏观管理和决策；（3）对社会及时发布大量有价值的政务信息，引导企业自主走向市场，对经济发展和社会进步进行引导，减少盲目性。

2. 构建政务信息资源库的措施

构建政务信息资源库，对政务信息资源的存储、交换共享和利用具有极为重要的意义。统筹建设政务信息资源库不是技术性问题，而是管理体制问题。体制性问题主要包括：强调部门利益、条块分割的管理体制，造成了政务信息资源的部门控制、条块分割，有些领导者常常把本部门拥有的政务信息资源看成是自己的私有财产而不愿意对外公开和在部门之间共享，不同部门的多头管理也形成了信息资源的重复建设、重复投资和信息不畅。因此，构建政务信息资源库，需要长期的规划和强有力的组织协调，要从国民经济和社会发展的全局出发，统筹兼顾，综合协调。应采取的具体措施包括以下方面：

（1）健全和完善政务信息资源管理的统一标准和规范，打破部门分割、条块分割的管理体制。应采用标准化的方式进行政务信息资源管理，必须制定和施行严格的、统一的政务信息资源管理标准和政策，并监督该政策的执行过程，促进政务信息资源管理原则、方针的实施；评估相关政务信息化管理部门的信息管理活动并确定其适用性、有效性，以及是否符合国家颁布的政策、原则、标准、方针等；以公共投入和市场化运作相结合的手段推进政务信息资源开发利用。（2）遵循由易到难、分步实施的原则，建立具有适应能力的政务处理系统，实现公共部门与企业、公众的互动式交流和服务，实现公共部门业务的重组和优化，建立集成系统以及方便使用的技术体系。（3）加强对政务信息资源库系统的管理，包括建立和完善运行规范来管理和控制信息系统的运作。这些基本规范包括：信息系统操作规程、系统修改扩充升级规程、系统定期维护制度、安全保密制度以及运行状态记录和日志归档等。（4）建立高效、可操作的政务信息资源质量评价体系，特别是要注重可操作的和内容实用的评价。

8.2.4 政务信息资源分级分类

8.2.4.1 政务信息资源分级

政务信息资源分级是指根据政务信息资源的不同性质来确定政务信息资源公开与保密的级别。明确哪些信息是可以向社会公开的、哪些信息是只可以在公共部门之间进行共享的、哪些信息是局限于部门内部自用的，是政务信息资源分级的重要内容。政务信息资源分级是实现政务信息资源公开和交换共享的基础。

1. 社会公开类政务信息资源

它是指依法应当向社会公开的政务信息资源。根据公开的程度不同可划分为完全向社会公开的政务信息和依据申请向特定对象公开的信息。完全向社会公开的政务信息，没有任何密级；依据申请向特定对象公开的政务信息，应该根据申请而向特定的对象公开，并且有特定的用途。

与社会公开类政务信息资源相对应的是国家秘密信息。国家秘密信息不向社会公开，具有最大的密级。涉及国家秘密的信息不得直接或间接在国家互联网络或其他公共信息网络上传播。如果公共部门的国家秘密信息需要进入计算机系统进行处理、传递，则要单独建一个设密的计算机系统，而且设密系统与互联网系统之间要实行物理隔离。

2. 部门共享类政务信息资源

它是指根据各部门职能行使的需要在公共部门之间进行交换共享的政务信息资源。部门共享类政务信息资源是基于职能行使的需要，各部门都具有向其他部门提供本部门拥有的政务信息资源的责任和从其他部门获得本部门所需政务信息资源的权利。从其他部门获得的政务信息资源，只能用于本部门履行职能，未经信息提供部门的许可，不得自行向公众发布，不得转给第三方，也不得用于商业目的。

3. 依法专用类政务信息资源

它是指依据法律法规的规定只与本部门职能行使有关、只在本部门内部使用而不对外的政务信息资源。

根据政务信息资源的分级，各部门应编制本部门政务信息资源目录体系和本部门政务信息资源需求体系，并对本部门政务信息资源目录内容进行及时更新和维护。社会公开类政务信息资源应面向社会及时、准确地公开，部门共享类政务信息资源应集中到公共数据中心进行交换共享。

在政务信息资源的分级管理方面，西方国家的经验值得我们借鉴。例如，俄罗斯根据开放程度将国家信息资源分为两级：一是可公开的和人人都能获取（询索）的国家信息资源，二是限制获取的文件信息。为了避免一些政府部门以“限制获取”为理由而侵蚀公民的知情权，俄罗斯还以列举的方式明确“禁止列入限制获取的信息”①。我国许多地方政府所制定的政务信息公开规定，虽然对不予公开的信息也做了列举，但却没有对除外事项以及配套制度加以明确，这些除外事项在实践中往往成为行政机关躲避公开的理由，公共部门往往以保护国家秘密为由拒绝向公众提供信息。

8.2.4.2 政务信息资源分类

政务信息资源分类是以政务的知识内容为主要依据，把具有某种共同属性或特征的政务信息资源归并在一起，将海量无序的信息变成可利用的有序信息。它为实现政务信息资源的共享、政务信息资源开发利用水平的提高奠定了基础。

政务信息资源采用不同的分类方法，以满足政务信息使用者、政务信息提供者和政务信息管理者等不同方面组织、揭示、识别和使用政务信息资源的需要。因此，政务信息资源分类应满足归类正确、归类一致、充分揭示和方便检索等要求。

政务信息资源分类要以有利于政务信息资源的组织和管理为出发点，根据公共部门业务和信息资源特点来进行。国家电子政务标准化总体组制定的电子政务标准草案——《政务信息资源目录体系》提出了主题类、行业类、服务类和资源形态类四种分类体系标准。(1) 主题类政务信息资源，是以主题词为基本单元，用表达文献信息内容特征的主题词按其字顺系统进行组织的一种方法，常见的主题法有标题法、单元词法、关键词法和叙词法。这种主题法体现了政务信息资源的内容属性或特征。(2) 行业类政务信息资源，是根据各公共部门和行业管理公共事务的对象及业务性质的不同，而对政务信息资源进行的分类。(3) 服务类政务信息资源。这是公共部门面向企业、公众和其他社会组织，体现公共部门社会服务职能的政务信息资源。服务类政务信息资源应体现政务信息资源面向用户提供功能服务的特点。(4) 资源形态类政务信息资源。这是以信息的存在形式为依据而形成的政务信息资源类别。

8.2.5 政务信息资源公开

8.2.5.1 政务信息资源公开的含义

政务信息资源公开也称政务信息资源开放，是指政务部门以及法律法规授权的具有管理公共事务职能的公共组织主动或根据公众的申请公开政务信息，并方便社会公众获取和使用政务信息的各种活动与制度的总称。

由法律确定的、现代意义的信息公开制度，产生于 18 世纪的欧洲。1766 年，瑞典

① 俄罗斯《联邦信息、信息化和信息保护法》。

颁布了《出版自由法案》(The Freedom of the Press Act)，规定了行政信息的公共存取(public access)原则，这是世界上最早的信息公开法。此后，政务信息公开制度并未受到世界各国的重视。直到20世纪60年代，现代信息技术和通信技术的飞速发展及广泛应用，引起了新的信息公开和保护的问题，政务信息公开制度开始得到世界各国政府的重视。1967年，美国颁布了《信息自由法案》(The Freedom of Information Act)，规定各联邦政府有将其拥有的信息资料向公众公开的信息义务。它被认为是世界上第一部现代意义上的信息公开方面的法规。强调政务信息公开、最大限度地共享政务信息资源，已经成为当今世界政务信息化发展的共同趋势。

2009年，奥巴马签署了《透明和开放政府法案》，120天之后，data.gov上线发布。其主要目标就是开放联邦政府的数据，通过鼓励新的创意，让数据走出政府，得到更多的创新性应用。data.gov致力于政府透明，全力把政府推向一个前所未有的开放高度。2013年，美国发布的行政命令《政府信息的默认形式就是开放并且机器可读》，把数据开放上升到了法规层面。该命令要求政府全面开放数据，而且明确规定：未来的政府信息一经产生，其默认形式就应该是开放的、机器可读的。政务数据的开放"巩固了民主制度，提升了公共服务的效率和效果，并促进了经济的增长"。这标志着美国的数据开放又上升了一个台阶，迈入政务数据开放3.0时代。

知识链接8-2

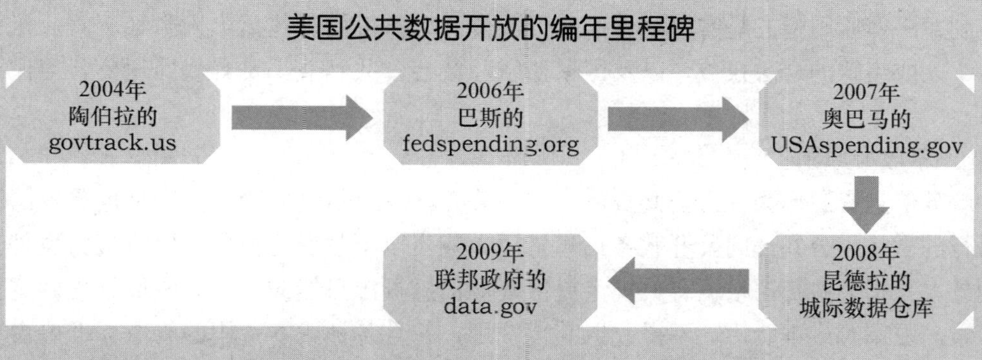

资料来源：涂子沛．大数据．桂林：广西师范大学出版社，2012：203.

就我国而言，推行政务信息公开，是提高科学执政、民主执政、依法执政能力和水平、深化行政体制改革、健全权力运行制约和监督体系的必然要求；是推进社会主义民主、建设法治政府的重要举措，是人民知情权、参与权、表达权、监督权和公共权力正确运行的重要保证；是建立行为规范、运转协调、公正透明、廉洁高效的行政管理体制的重要内容。2007年颁布了《中华人民共和国政府信息公开条例》。2017年2月6日，中央全面深化改革领导小组第三十二次会议通过了《关于推进公共信息资源开放的若干意见》。

8.2.5.2　政务信息资源公开的原则

政务信息资源公开必须按照一定的原则来进行。政务信息资源公开的原则是公共部门在公共管理过程中必须遵守的准则，在效力上它高于具体的政务信息资源公开操作规则，并对具体的政务信息资源公开操作规则起着宏观指导和控制作用。概括起来，政务信息资源公开原则包括以下方面：

1. **合法性原则**

合法性原则是指政务信息资源必须是依法公开，包括政务信息公开的范围、内容、程序和途径等，都必须有法可依、有章可循，即通过具体的法律、法规、制度和规范等，对政务信息资源公开做出明确规定，并在实践中贯彻执行。加强政务信息资源公开立法、健全和完善政务信息资源公开制度，是促进政务信息资源公开的法制条件。

2. **及时性原则**

政务信息资源公开作为公共管理活动的一个有机组成部分，也要求做到及时、迅速。在现实社会中，公众不但要求信息内容真实、可靠，而且要求公共部门及时公开信息，从而消除政务信息资源的闲置和浪费，实现政务信息资源的价值。

3. **真实性原则**

这一原则指的是公开的政务信息必须是真实、可靠的，而不是虚假的或错误的。只有依据真实的政务信息，公众才能合理选择自身的行为，才能对公共管理活动做出客观的评价，并对其进行有效的监督。虚假的政务信息只能误导社会公众，引发社会的混乱甚至动荡，最终影响政府在人民群众心目中的形象。

4. **利益平衡原则**

利益平衡原则指的是实施政务信息资源公开时不得侵犯包括个人隐私、商业秘密等其他个人或组织的合法权益，以及国家秘密和社会公共利益，要有效处理公开与保护的关系。

5. **不收费原则**

政务信息资源作为社会公共资源，它的公开，一般不收取费用。这是世界各国和地区通行的做法。公共部门公开政务信息资源，应当以不收费为原则、以收费为例外。所谓例外，是指公共部门根据有关规定提供政务信息资源只能向申请人收取预先确定标准的检索、复制等成本费用，不得收取其他费用，并且各种成本费用的收取标准要由物价部门核准。对于经济特别困难的申请人，还可以减免收费。

6. **责任原则**

公开政务信息资源是公共部门的一种责任。公众知情权的有效实现取决于对违反政务信息资源公开规定行为责任的严肃追究和对侵犯公众信息获取权的有效救济。责任原则要求必须有督促、监督和保障措施，如考核、评议、监察、行政相对人举报、申请行政复议和提起行政诉讼等。公众对政务信息有知情权，公共部门对公众有公开政务信息的义务。

8.2.5.3 政务信息资源公开的制度

1. **政务信息资源公开制度的主要内容**

政务信息资源公开制度的主要内容包括：（1）确立和强化政务信息资源公开是政务部门的义务和责任；（2）采用列举式的方法，明确政务信息资源公开的范围，包括明确政务部门应主动公开的政务信息资源范围、依申请公开的政务信息资源范围和不予公开的政务信息资源范围；（3）确立政务信息资源公开的监督和保障制度，包括健全与完善对政务部门实施政务信息资源公开的考核、评议、监察制度，公众的举报、投诉制度，行政复议和行政诉讼制度，责任追究制度，等等。

2. 政务信息资源公开的措施

总的来说，政府根据实际，采用多种方式公开政务信息资源，包括建立统一的政务信息公开和开放平台，明确公开范围，提高数据质量，促进数据利用，建立完善制度规范，加强安全保障，等等。具体措施包括：（1）及时、准确地公开政务信息，发现影响或可能影响社会稳定、扰乱社会管理秩序的虚假或不完整信息，政务部门要在其职责范围内发布准确的信息予以澄清；（2）建立健全政务信息发布协调机制，发布的政务信息涉及其他公共部门的，要与有关部门进行沟通、确认，保证发布的政务信息准确一致；（3）通过公报、网站、新闻发布会以及报刊、广播、电视等便于公众知晓的方式和大众传播媒介公开政务信息资源；（4）在国家档案馆、公共图书馆设置政务信息资源查阅场所，配备相应的设施、设备，为公众查阅、获取政务信息资源提供方便；（5）根据需要设立公共查阅室、资料索取点、信息公告栏、电子信息屏等场所、设施，公开政务信息资源；（6）编制、公布政务信息资源公开目录和政务信息资源公开指南，并及时更新。

在大数据时代，数量巨大、来源分散、格式多样的大数据对政府服务和治理能力提出了新的挑战，也带来了新的机遇。公共管理既要高度重视信息公开和信息流动带来的安全问题，也要充分认识推进信息公开、整合信息资源、加强大数据运用对维护国家统一、提升国家治理能力、提高经济社会运行效率的重大意义。充分运用大数据的先进理念、技术和资源，是提升国家竞争力的战略选择，是提高政府服务和治理能力的必然要求。

知识链接 8-3

《开放数据宪章》战略原则

2013年6月18日，奥巴马和其他七国集团（G7）领导人签署了《开放数据宪章》。该宪章提出了五个战略原则：

（1）默认开放数据——开放政府数据的公布，并继续维护隐私；

（2）注重质量和数量——发布高质量、及时、介绍完善的开放数据；

（3）让所有都可以用——发布尽可能多的数据，并尽可能多地支持不同的数据格式；

（4）为改善治理发布数据——共享知识并使数据的采集、规范和发布过程透明化；

（5）为创新发布数据——与用户协商，并为未来创新的一代授权。

资料来源：周民．电子政务发展前沿．北京：中国经济出版社，2015：146.

8.2.6 政务信息资源交换共享

8.2.6.1 政务信息资源交换共享的含义

政务信息资源交换共享包括全社会交换共享和各公共部门之间的交换共享。本章所研究的政务信息资源交换共享是指各公共部门之间的政务信息资源交换共享。

政务信息资源交换共享是指一个部门为其他部门履行公共管理职能的需要而提供政务信息资源，以及为履行公共管理职能的需要从其他部门获取政务信息资源的行为。实现政务信息资源交换共享是充分开发利用政务信息资源的有效途径。一个部门从另一个部门获取的政务信息资源，只能用于本部门履行职能的需要，不得转给第三方和用于商业目的。政务信息资源交换共享要避免出现过度的、不合理的交换共享要求和现象。政务信息资源交换共享包括两个阶段，如图 8－5 所示。

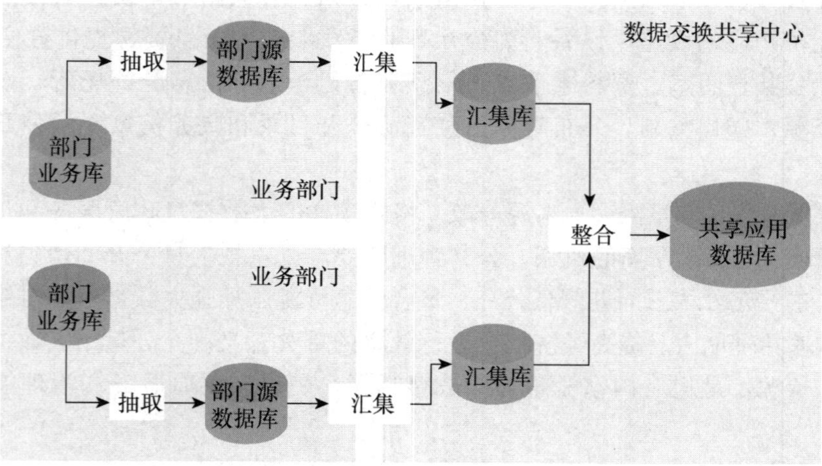

图 8－5 政务信息资源交换共享过程图

第一阶段：数据抽取汇集阶段。在这个阶段，首先，充分掌握各部门现有数据情况，了解各部门的需求和可供共享的数据，明确各部门的数据格式、业务表结构详细说明、字典表等。其次，根据实际需求和数据格式制定数据抽取规则，从业务系统中进行数据抽取，形成部门可供交换共享的源数据库。最后，通过数据交换将源数据库汇集到数据交换共享中心，形成各部门的业务数据的汇集库，从而完成第一阶段的数据的抽取汇集工作。

第二阶段：数据整合共享阶段。通过数据共享交换中心，进一步将汇集库的数据进行清洗、整合等处理，形成共享应用数据库。在此基础上，编制共享数据目录，注册后通过政务信息资源交换共享平台对各部门提供数据目录查询、数据共享等服务。

8.2.6.2 实现政务信息资源交换共享的管理措施

1. 编制政务信息资源交换共享目录体系

由于政务信息资源产生于公共管理活动的各个环节和部门，它的存在和分布是多行业、多部门、多地域的，且政务信息资源由相关机构分权管理，储存地点分散，搜寻不易。因此，为实现政务信息资源的共享，就需要一种可分可合的工具来管理政务信息资源。这个工具就是政务信息资源目录体系。

政务信息资源目录体系是以元数据为核心，以政务分类表和主题词表为控制词表，通过规范的元数据与政务分类表和主题词表，运用 XML 标识语言以及资源描述框架 RDF，对政务信息资源进行网状组织，实现从分类、主题、应用等多个角度对政务信息资源进行管理、识别、定位、发现、评估与选择的工具。政务信息资源目录体系是管理信息资源、实现共享和服务的一种工具，是向信息使用者提供政务信息查询、检索和定位服务的工具。借助目录系统，可以对政务信息资源进行识别、导航和定位，支持公众方便、快捷地检索、获取和使用公开的政务信息资源，支持公共部门之间共享政务信息资源。例如，美国为整合公共部门的公共信息资源，为公众提供单一窗口的政务信息导航、检索与定位服务，将政府信息定位服务（government information locator service，GILS）[①] 作为联邦政府信息处理标准（FIPS192），形成 GILS 检索系统。

政务信息资源交换共享目录体系是政务信息资源目录体系中的一个子系统，是借助目录系统和按照政务信息的密集程度，将各公共部门应向社会公开和应在部门之间进行共享的政务信息进行汇集所形成的体系。政务信息资源交换共享目录体系为各公共部门之间提供与获取政务信息资源提供了便利，对政务信息资源的共享起标引、检索和导航作用，并在规定的安全机制下，通过交换体系来实现政务信息资源的提供与获取。编制政务信息资源交换共享目录体系具体包括：

(1) 科学构建政务信息资源目录体系框架。根据图 8-6 所示，政务信息资源目录体系框架包括：资源层，包括各类共享信息库、共享文件库、门户网站等资源；目录层，包括专项资源目录库和资源总目录库，具体有各部门根据协同应用需要建立的部门间共

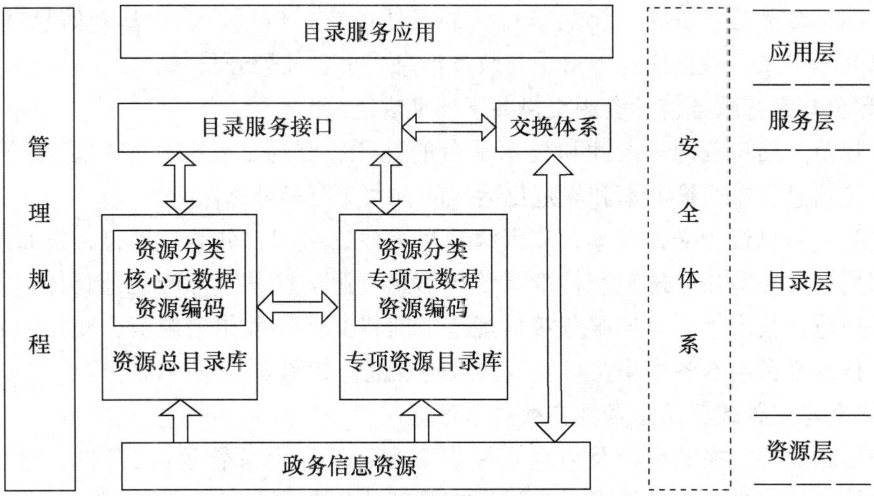

图 8-6　政务信息资源目录体系框架

① 政府信息定位服务是一种支持公众检索、获取和使用政府公开信息资源的分布式目录管理及利用体系。1994 年 12 月，美国商务部将政府信息定位服务计划作为联邦政府信息处理标准（FIPS192）予以颁发，正式建立 GILS，并在 1995 年 12 月 31 日前正式使用 GILS 检索系统。各政府机构利用 GILS 标准描述自己拥有的信息资源（包括数字化和非数字化资源），建立相应的信息资源目录和检索系统。如果信息资源本身是数字化资源，则在资源目录和实际资源之间建立链接；公众可以通过互联网直接检索这些目录数据，并通过链接直接获得有关数字化资源。

享目录库、根据对公服务应用需要建立的门户网站服务目录库、根据本领域应用特点建立的专项资源目录库；服务层，包括目录体系向应用层或其他应用系统提供各类应用服务接口，以方便信息的调用、目录体系与交换体系的互通、目录体系之间的信息交换和访问；应用层，这是目录服务向用户的展示层，用户使用应用层提供的各类工具进行政务信息资源的检索、查询、访问，也可进行政务信息资源的著录和注册，以及对目录库进行管理。

政务信息资源目录体系是向信息使用者提供政务信息查询、检索和定位的服务平台，并在规定的安全机制下，通过交换体系获得信息资源，向信息使用者提供信息访问服务。

（2）科学构建目录体系服务模型。目录体系主要包括目录体系生产系统、目录体系管理系统和目录体系查询系统三个部分。其使用者包括元数据生产者、目录体系管理者和信息查询者三类，如图 8－7 所示。

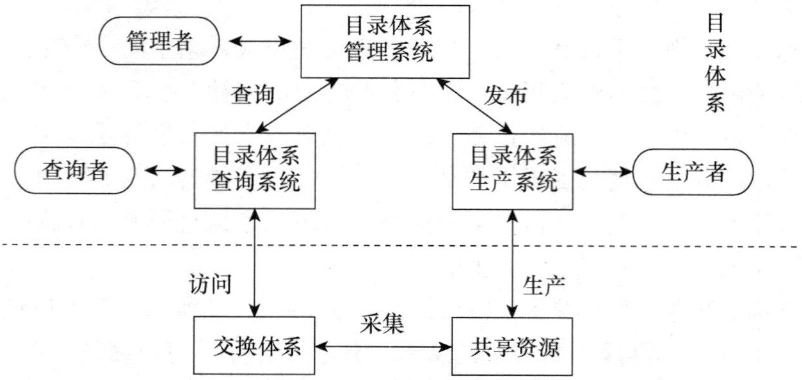

图 8－7　目录体系服务模型

（3）明确政务信息资源交换共享目录的具体内容，包括：政务基础信息共享目录、应用信息共享目录、数据库管理目录与政务信息采集责任公开目录。

2. 健全与完善政务信息资源交换共享标准规范

标准规范为信息资源一致性和技术平台的互联、互通、互操作提供了基本的保证，是实现政务信息资源交换共享和规范化运行的有力支撑和可靠保障。

促进政务信息资源交换共享，应围绕信息采集、组织、分类、保存、发布与使用等信息生命周期各环节建立规范和标准。政务信息资源交换共享标准规范具体包括：信息资源相关规范、技术平台对外服务接口规范、前置交换环境相关规范、交换中心环境相关规范、技术平台内部各模块接口规范和编码规范，如图 8－8 所示。

3. 健全与完善政务信息资源交换共享管理制度

政务信息资源交换共享涉及信息资源提供方、信息资源管理方、信息资源使用方、技术平台管理运行维护方、技术平台建设方等其他相关部门及人员，管理对象包括政务信息资源、技术平台。实现政务信息资源交换共享，应在部门间建立起通畅的内部信息交换制度，各公共部门应当树立政务信息资源属于公共资源和“信息越流通，大家都受益”的观念，强化信息交换共享意识，确保政务信息准确、全面、及时。健全与完善政务信息资源交换共享管理制度是形成政务信息资源交换共享机制、确保政务信息资源交换共享长效的重要制度条件。如图 8－9 所示，政务信息资源交换共享管理制度包括政务信息资源管理维护制度、技术平台管理维护制度和政务信息资源分级管理制度。

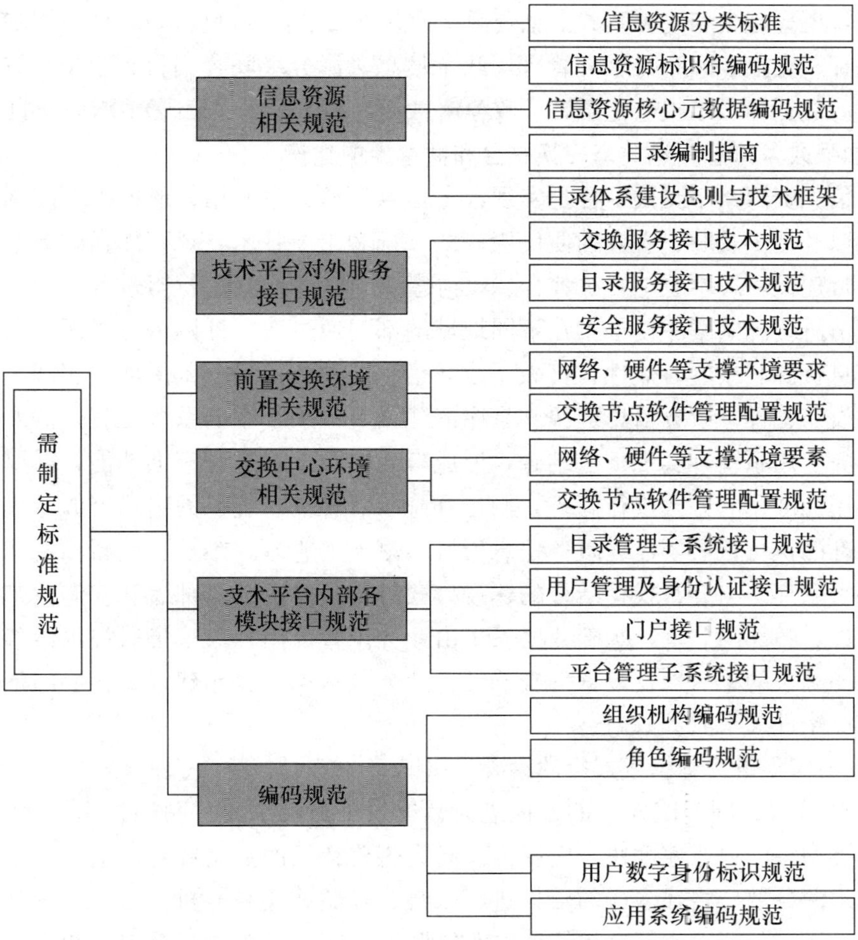

图 8-8　政务信息资源交换共享标准规范

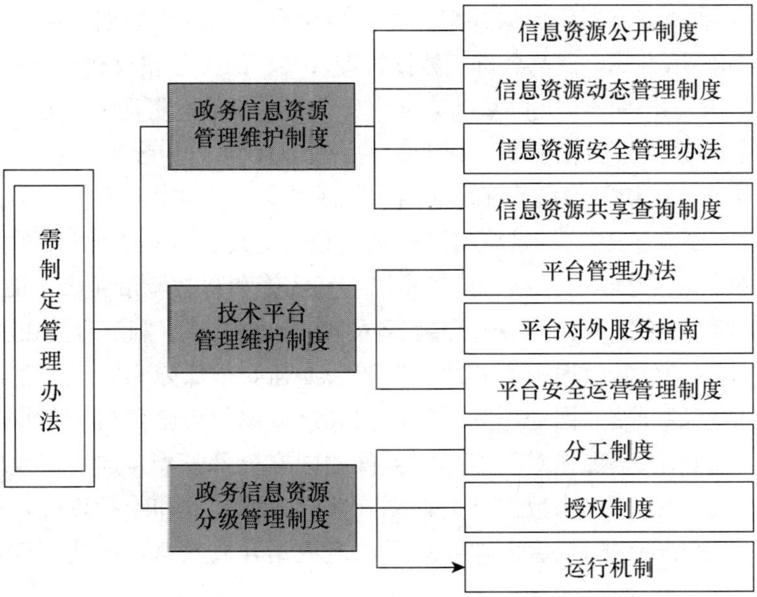

图 8-9　政务信息资源交换共享管理制度

同时，还应健全和完善政务信息资源交换共享目录管理制度。包括：信息资源采集、组织、储存、交换、发布与服务管理，政务信息资源分级联合编目、申报、登记，政务信息资源元数据标准申报登记备案，政务信息资源唯一标识（编码）申请、分配。

4. 加强政务信息资源共享交换平台和共享库的建设

政务信息资源共享交换平台是实现政务信息资源共享共用、形成跨部门网络化协同办公环境以及提供及时、有效的便民服务的基础和重要技术支撑。加强政务信息资源共享交换平台建设，应本着“资源整合、集约建设”的原则，统筹建设。

政务信息资源共享库使分布在不同地域的部门通过政务外网进行资源的共享，提高了政务信息资源利用的时效性，打破了政务信息资源的条块分割局面，实现了信息资源的协同建设与管理。政务信息资源共享库的建设是一项复杂的系统工程，需要科学地整合各类业务应用系统，实现条块结合，形成有效的数据报送和查询功能；需要对政务信息资源采用标准化的方式进行管理，制定和施行严格的、统一的信息资源管理标准，并监督该标准的执行；需要建立政务信息资源共享库的管理、维护、更新和使用的长效机制；需要采取集中与分布式相结合的建设模式进行具体的分级部署和实施，基础性数据库集中建设、各部门共享，基础数据采集由业务主管部门一家采集后提供给各部门共享以保证数据源头的单一性及数据的准确性，业务性数据库分布建设，各部门依据履行职能的需要有条件共享业务数据①。

5. 发布《促进大数据发展行动纲要》

2015 年 8 月，国务院发布的《促进大数据发展行动纲要》明确指出：“大数据是以容量大、类型多、存取速度快、应用价值高为主要特征的数据集合，正快速发展为对数量巨大、来源分散、格式多样的数据进行采集、存储和关联分析，从中发现新知识、创造新价值、提升新能力的新一代信息技术和服务业态。”该纲要还明确提出了“加快政府数据开放共享，推动资源整合，提升治理能力”的任务：

第一，大力推动政府部门数据共享。加强顶层设计和统筹规划，明确各部门数据共享的范围边界和使用方式，厘清各部门数据管理及共享的义务和权利，依托政府数据统一共享交换平台，大力推进国家人口基础信息库、法人单位信息资源库、自然资源和空间地理基础信息库等国家基础数据资源，以及金税、金关、金财、金审、金盾、金宏、金保、金土、金农、金水、金质等信息系统跨部门、跨区域共享。加快各地区、各部门、各有关企事业单位及社会组织信用信息系统的互联互通和信息共享，丰富面向公众的信用信息服务，提高政府服务和监管水平。结合信息惠民工程实施和智慧城市建设，推动中央部门与地方政府条块结合、联合试点，实现公共服务的多方数据共享、制度对接和协同配合。

第二，稳步推动公共数据资源开放。在依法加强安全保障和隐私保护的前提下，稳步推动公共数据资源开放。推动建立政府部门和事业单位等公共机构数据资源清单，按照“增量先行”的方式，加强对政府部门数据的国家统筹管理，加快建设国家政府数据统一开放平台。制定公共机构数据开放计划，落实数据开放和维护责任，推进公共机构数据资源统一汇聚和集中向社会开放，提升政府数据开放共享标准化程度，优先推动信

① 蔡立辉. 电子政务应用中的信息资源共享机制研究. 北京：人民出版社，2012：193.

用、交通、医疗、卫生、就业、社保、地理、文化、教育、科技、资源、农业、环境、安监、金融、质量、统计、气象、海洋、企业登记监管等民生保障服务相关领域的政府数据集向社会开放。建立政府和社会互动的大数据采集形成机制，制定政府数据共享开放目录。通过政务数据公开共享，引导企业、行业协会、科研机构、社会组织等主动采集并开放数据。

知识链接 8-4

政府数据资源共享开放工程

(1) 推动政府数据资源共享。制定政府数据资源共享管理办法，整合政府部门公共数据资源，促进互联互通，提高共享能力，提升政府数据的一致性和准确性。

(2) 形成政府数据统一共享交换平台。充分利用统一的国家电子政务网络，构建跨部门的政府数据统一共享交换平台，到2018年，中央政府层面实现数据统一共享交换平台的全覆盖，实现金税、金关、金财、金审、金盾、金宏、金保、金土、金农、金水、金质等信息系统通过统一平台进行数据共享和交换。

(3) 形成国家政府数据统一开放平台。建立政府部门和事业单位等公共机构数据资源清单，制定实施政府数据开放共享标准，制定数据开放计划。2018年底前，建成国家政府数据统一开放平台。2020年底前，逐步实现信用、交通、医疗、卫生、就业、社保、地理、文化、教育、科技、资源、农业、环境、安监、金融、质量、统计、气象、海洋、企业登记监管等民生保障服务相关领域的政府数据集向社会开放。

资料来源：作者自行整理而得。

第三，统筹规划大数据基础设施建设。结合国家政务信息化工程建设规划，统筹政务数据资源和社会数据资源，布局国家大数据平台、数据中心等基础设施。加快完善国家人口基础信息库、法人单位信息资源库、自然资源和空间地理基础信息库等基础信息资源和健康、就业、社保、能源、信用、统计、质量、国土、农业、城乡建设、企业登记监管等重要领域信息资源，加强与社会大数据的汇聚整合和关联分析。推动国民经济动员大数据应用。加强军民信息资源共享。充分利用现有企业、政府等数据资源和平台设施，注重对现有数据中心及服务器资源的改造和利用，建设绿色环保、低成本、高效率、基于云计算的大数据基础设施和区域性、行业性数据汇聚平台，避免盲目建设和重复投资。加强对互联网重要数据资源的备份及保护。

知识链接 8-5

国家大数据资源统筹发展工程

(1) 整合各类政府信息平台和信息系统。严格控制新建平台，依托现有平台资源，在地市级以上（含地市级）政府集中构建统一的互联网政务数据服务平台和信息惠民服务平台，在基层街道、社区统一应用，并逐步向农村特别是农村社区延伸。除国务院另有规定外，原则上不再审批有关部门、地市级以下（不含地市级）政府新建孤立的信息平台和信息系统。到2018年，中央层面构建形成统一的互联网政务数据服务平台；国家信息惠民试点城市实现基础信息集中采集、多方利用，实现公共服务和社会信息服务的全人群覆盖、全天候受理和“一站式”办理。

（2）整合分散的数据中心资源。充分利用现有政府和社会数据中心资源，运用云计算技术，整合规模小、效率低、能耗高的分散数据中心，构建形成布局合理、规模适度、保障有力、绿色集约的政务数据中心体系。统筹发挥各部门已建数据中心的作用，严格控制部门新建数据中心。开展区域试点，推进贵州等大数据综合试验区建设，促进区域性大数据基础设施的整合和数据资源的汇聚应用。

（3）加快完善国家基础信息资源体系。加快建设完善国家人口基础信息库、法人单位信息资源库、自然资源和空间地理基础信息库等基础信息资源。依托现有相关信息系统，逐步完善健康、社保、就业、能源、信用、统计、质量、国土、农业、城乡建设、企业登记监管等重要领域信息资源。到2018年，跨部门共享校核的国家人口基础信息库、法人单位信息资源库、自然资源和空间地理基础信息库等国家基础信息资源体系基本建成，实现与各领域信息资源的汇聚整合和关联应用。

（4）加强互联网信息采集利用。加强顶层设计，树立国际视野，充分利用已有资源，加强互联网信息采集、保存和分析能力建设，制定完善互联网信息保存相关法律法规，构建互联网信息保存和信息服务体系。

资料来源：作者自行整理而得。

8.3 政务信息资源开发利用

8.3.1 政务信息资源开发利用概述

8.3.1.1 政务信息资源开发

政务信息资源作为信息资源的重要组成部分和公共资源，其有效开发和充分利用直接关系到国家经济与社会发展的状况和水平，对于提升公共管理效率、增强公共部门的应变能力和创新能力、提高公共服务质量，都具有十分重要的意义。

1. 政务信息资源开发的含义

狭义的政务信息资源开发与狭义的政务信息资源概念相联系，仅仅是指对政务信息内容资源的开发，主要包括政务信息的生产、表示、搜集、整序、组织、存储、检索、重组、转化、传播、评价、应用等。可以通过这些环节来提升政务信息资源的质量，完善信息服务，方便政务信息资源利用，有效挖掘政务信息资源的潜在价值和显在价值。

广义的政务信息资源开发与广义的政务信息资源概念相联系，不仅包括了狭义的政务信息资源开发的一切相关内容和含义，还包括了信息技术研究、信息系统建设、信息设备制造及信息机构和管理体制建立、信息规则设定、信息环境维护、信息人员培养等活动。广义的政务信息资源开发含义，系统考虑了以政务信息资源为核心的开发活动及与其联系紧密的其他社会行为，能够揭示政务信息资源开发过程的系统性、复杂性和交叉性。

2. 政务信息资源本体开发和应用开发

政务信息资源开发可划分为政务信息资源的本体开发和政务信息资源的应用开发。政务信息资源本体开发就是政务信息资源的内容开发，主要是对政务信息本体的生产、创造、识别、搜集、整理、排序、组织、检索、加工、重组、总结和评论等活动，这些是以客观的政务信息为对象的行为活动，目的是揭示信息、组织信息、评价信息，从而为利用信息做准备。由于开发过程中的本体存在方式、表现形式不同，政务信息资源本体开发可以分为一次开发、二次开发和三次开发这三个相辅相成的层次。政务信息资源一次开发的任务是使原始信息①或者蕴含在原始信息中的潜在信息成为便于人们认识的显性信息；政务信息资源的二次开发是对政务信息资源一次开发的结果进行分析、排序、整理、标引、归类等；政务信息资源的三次开发是指依靠人类的知识、智慧、技术对客观的政务信息资源进行研究、变形、宣传、推广、传播的活动。

政务信息资源本体开发策略包括数字化采集、主题化存储、知识化提升和协同化利用四个方面。政务信息资源本体开发的具体流程如下：一是根据需求分析，确定信息内容和范围；二是明确目标，制订计划；三是选择政务信息来源，疏通信息渠道；四是明确开发方法，如媒介开发法、咨询开发法、预测开发法和网络开发法。

政务信息资源的应用开发是探讨将政务信息资源应用于公共管理活动的可能性、问题、途径和方法，为政务信息资源应用于公共管理建立理论模型，解决技术问题，制订实施方案，并在一定的范围内取得模型、样品、原始样机等。一般说来，应用开发主要是指围绕着如何利用政务信息资源本体进行的辅助性开发活动，其实质是为了更准确、更高效、更全面、更深层次地利用政务信息资源。

政务信息资源本体开发担负着“原材料”的生产和挖掘任务，为政务信息资源应用开发提供“原材料”——政务信息资源；政务信息资源应用开发将政务信息资源转化为直接生产力，同时为信息资源本体开发反馈信息需求，提供技术条件和手段，起着指导、促进信息资源本体开发的作用。

3. 政务信息资源开发评价

政务信息资源开发评价就是运用评估指标体系，按照严格的评估程序对政务信息资源开发行为与开发成果本身及其社会效应进行检测的活动。政务信息资源开发评价包括对政务信息资源开发成果质的评价、量的评价和社会效应评价。

政务信息资源开发成果质的评价，是对政务信息资源开发成果（典型的成果形式有管理信息系统、业务应用系统、数据传输网络、Web网站、数据库、业务数据库、决策支持系统、检索系统、搜索引擎、信息服务组织等）是否实现开发目标和期望价值等，从开发深度、使用满意度等角度所进行的评价。常用的评价指标包括是否提高了公共管

① 原始信息就是以图形、符号、数据等形式存在的一种“信息元”，是一种客观存在的、没有经过人类加工的或者没有被明确认识表达的、难以被人类活动直接利用的信息。它是一种用来构成其他信息的最基础的信息单元，主要包括数据信息、实物信息、口头信息、头脑信息等。

理决策水平与质量、是否改善了公共管理效率、是否规范了公共管理行为、是否提高了公众满意度等。

政务信息资源开发成果量的评价，是对政务信息资源开发成果从开发广度、数量等角度所进行的评价。常用的评价指标包括是否增加了政务信息量和丰富了政务信息内容、开发的政务信息资源满足公众以及公共管理需求的程度、投入与产出的比例等。

政务信息资源开发成果社会效应评价，是对政务信息资源开发行为与开发成果所产生的社会效益、经济效益进行的评价。

专家评价方法是政务信息资源开发评价最常用的方法，通常采用定性评价、定量评价、定性和定量相结合的评价三种手段。

8.3.1.2 政务信息资源利用

政务信息资源管理过程，是一个从政务信息采集开始，经过信息加工、信息存储，形成符合需要的信息产品的信息开发过程。但政务信息开发本身不是目的，其最终是为了更加充分有效地利用政务信息资源。

1. 政务信息资源利用的含义

政务信息资源利用是公共部门、企业、其他社会组织和个人有意识地利用政务信息资源实现自身的需求、解决各自问题的过程。政务信息资源利用的主体非常广泛，目的非常明确，利用的结果就是实现政务信息资源的价值。政务信息资源利用的着眼点是利用效率、利用水平、利用过程的评价和维护等。政务信息资源的使用价值是由政务信息的真实性、时效性和适用性所决定的。

根据政务信息资源利用的主体及其信息需求的不同，政务信息资源的利用可划分为以下几个层次：一是社会利用，即政务信息资源进入社会生产力系统，成为一种生产力要素。二是组织利用，即在机构组织内部根据信息流动方式和信息需求特点划分成不同的管理层次，而不同的管理层次在利用信息的过程中也形成了自己的特色。组织内部的领导层、中间协调层和执行层分别需要不同的信息，这些信息在三个层次间循环流动，这种流动既增强了组织结构的稳定性，也提高了组织机构利用信息资源的效率。三是个体利用，即公众个人利用政务信息资源的行为，这种行为因人而异，但拥有共同的政务信息需求意识。

2. 政务信息资源开发与利用的关系

政务信息资源开发是手段，政务信息资源利用是目的，二者是相辅相成、互相促进的辩证统一关系。政务信息资源的开发是指对政务信息进行采集、加工、传输、存储、转换、分析等生成有用信息的过程以及人们智力创意活动生成信息的过程。政务信息资源的利用是指将信息用于管理、决策、生产、学习以及文化娱乐等活动以实现信息价值的过程。政务信息资源开发是政务信息资源利用的前提，政务信息资源利用为政务信息资源开发提供了动力和方向。开发是为了更好地利用；反之，用户强烈的利用欲望和行动，必将促使开发工作的进一步推进，利用是开发的延续。

8.3.1.3 政务信息资源开发利用的框架

信息技术的发展为政务信息资源开发利用提供了先进的手段。但是，实践证明，单纯的技术驱动思路不能完全做好政务信息资源的开发利用工作，而必须从更广阔的视角，形成政务信息资源开发利用的各种框架，包括机制框架、经济框架、建设工程框架和建设内容框架。

1. **机制框架**

合理的机制是推动政务信息资源开发利用的动力。政务信息资源开发利用机制是指政务信息资源开发利用各主体之间相互作用的方式。政务信息资源开发的主体主要是公共部门、公益机构和信息企业，相应地，也就形成了行政机制、公益机制和市场机制。由此构成了政务信息资源开发利用的机制框架，如图8-10所示。根据社会经济发展和信息化发展水平，形成合理的政务信息资源开发利用机制，包括政府公共部门主导的、政府公共部门与市场结合的机制，或市场主导的、政府公共部门与市场结合的机制。

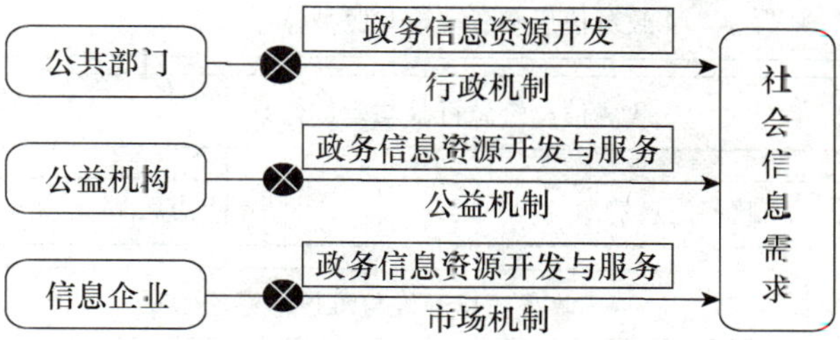

图8-10 政务信息资源开发利用的机制框架

2. **经济框架**

政务信息资源开发利用包含政务信息资源开发和政务信息资源利用两个相互联系、辩证统一的方面。从经济学角度看，政务信息资源开发是政务信息的生产，政务信息资源利用是政务信息的消费。推动信息资源开发和利用的实质是提高全社会信息资源的开发水平和利用程度，保障信息产品的供给，满足全社会不断增长的信息需求。“保障供给”就是要不断开发出丰富的、高质量的政务信息产品，“满足需求”就是要满足全社会对政务信息资源的需要，如图8-11所示。

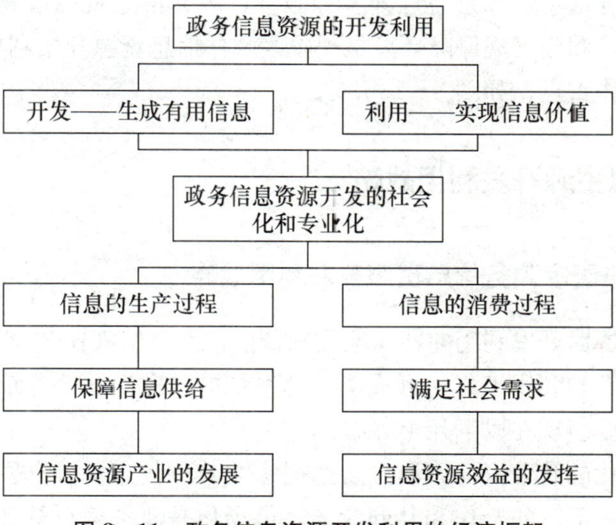

图8-11 政务信息资源开发利用的经济框架

显然，政务信息资源开发利用的结果，一是形成新时期国民经济的增长点——信息产业，二是实现信息资源效用的最大化。这一经济框架说明在政务信息资源开发利用中要有产业的思想、资源配置的思想，不限于公共部门自行开发、供自己使用，还要发挥其他机制，特别是市场机制的作用。

3. **建设工程框架**

从工程建设角度看，政务信息资源开发利用建设框架包括六个体系，如图 8－12 所示，政务信息技术支撑体系、政务信息开发与维护体系、政务信息资源目录与定位体系、政务信息资源交换与服务体系、政务信息资源管理制度体系以及政务信息资源安全保障体系。

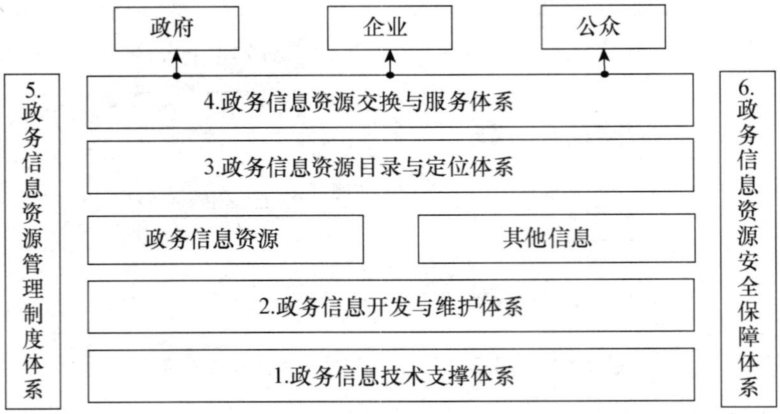

图 8－12 政务信息资源开发利用的建设工程框架

目前，我国政务信息资源目录与定位体系的建设仍然十分薄弱和滞后，应加强政务信息资源目录与定位体系的建设，并在信息搜索定位技术及相关服务上寻求较大突破。同时，要加强政务信息交换共享制度的建立与完善，以及政务信息服务标准的制定。

4. **建设内容框架**

建设内容框架表明的是现阶段政务信息资源开发利用工作的重点。政务信息资源公开与交换共享、政务信息资源公益性开发和服务、政务信息资源市场和信息资源产业以及政务信息资源开发利用宏观保障环境是现阶段政务信息资源开发利用工作的重点领域，各个领域又有其工作重点，如图 8－13 所示。

8.3.2 政务信息资源开发利用战略

8.3.2.1 西方国家政务信息资源开发利用战略

由于政务信息资源开发利用的特殊地位和价值，西方国家在 20 世纪中叶就十分注重政务信息资源的开发和利用工作，形成了一套系统的、完整的政务信息资源开发利用战略。概括起来，主要表现在以下几个方面：

（1）推行市场化的政策取向。西方发达国家在政务信息资源开发利用过程中，普遍强调公共部门和私人部门的合作和共同参与，市场化是政务信息资源开发利用的主要政策取向。

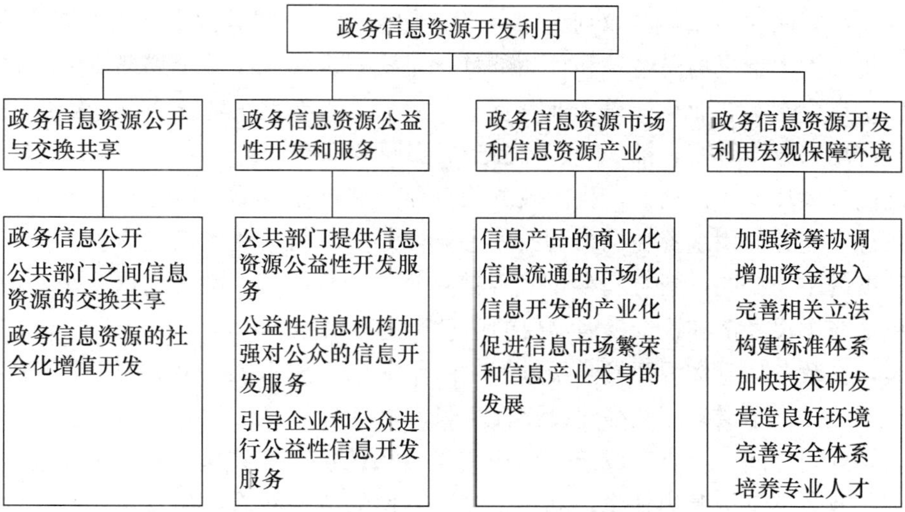

图 8－13　政务信息资源开发利用的建设内容框架

(2) 以先进的信息技术为依托，科学开发政务信息资源。西方发达国家的信息技术和信息产业在世界上都占有绝对优势。强调信息技术和信息产业发展的核心地位、加强通信基础设施建设、建立高性能的信息网络、采取一系列振兴电子信息产业的扶植政策、重点发展电子信息服务业、开发和利用电子信息源等，为西方发达国家制定和实施政务信息资源开发战略提供了充分而必要的技术基础和经济基础。

(3) 重点建设数据库资源，促进网络信息资源的开发。丰富而宝贵的数据库资源为西方发达国家信息高速公路的建设奠定了广泛而坚实的物质基础，提供了可靠的数据保障。而且，各大联机数据库系统、信息存贮和处理系统正纷纷进入互联网中，网络信息检索和共享系统、实时多媒体系统、虚拟系统等也已经产生并正在进一步完善之中，这必将带动网络信息资源开发、利用和管理的进一步发展。

(4) 完善政务信息政策法规，为政务信息资源开发创造了良好环境。随着信息交流范围的日益扩大，信息活动中出现了一系列新的矛盾和冲突，如信息安全、信息保密、信息犯罪、信息污染、信息经济利益等问题，严重影响了信息资源的有效开发和合理利用。这些问题不能只凭技术手段解决，必须辅之以政策的管理和法规的约束，只有这样才能创造一个开发和利用信息资源的良好环境，促使政务信息资源开发利用法治化。

(5) 重视信息人才开发和培养。西方国家把信息人才的教育和培训问题看成是国家经济振兴的根本动力所在。采取了普及计算机技术、网络技术等先进的信息技术教育，培养高层次的信息技术人才，强化信息资源管理，设立 CIO 职位，培养业务精湛的信息经纪人和信息管理者队伍等措施，从而不断扩大信息人才力量和提高信息人才的水平。

8.3.2.2　我国政务信息资源开发利用现状及战略

1. 我国政务信息资源开发利用现状

1984 年 9 月 18 日《经济参考报》的头版刊发了邓小平“开发信息资源，服务四化建设”的重要题词。

1997 年，第一次全国信息化工作会议召开。2004 年 10 月 27 日，在北京召开国家信息化领导小组第四次会议，会议讨论了《关于加强信息资源开发利用工作的若干意见》等文件，提出大力推进国民经济和社会信息化是覆盖现代化建设全局的重大战略，其举措包括以信息化带动工业化，以工业化促进信息化，走新型工业化道路，推进经济结构调整和经济增长方式转变，推动经济社会全面协调可持续发展，等等。

在国内外大环境的促动下，我国政务信息化发展迅速。政务信息资源开发以各类管理信息系统、业务应用系统和网络为技术基础，逐步发展。随着现代信息技术在公共部门应用程度的不断提高，新生和存量政务信息资源的数字化、网络化比重明显增加，提供了大量适应国民经济和社会发展需要的信息产品和服务。

但是，在政务信息资源开发利用过程中仍存在着以下问题：网络应用平台重复建设；技术标准不统一；基层政府网络建设比较薄弱；发展不平衡，地区、部门之间差别很大；各地区、各部门之间还没有形成统一的应用平台和信息交换共享机制；重硬轻软，信息资源匮乏；政务信息资源的开发、利用、管理方面的法规滞后，没有建立统一的规则和标准，信息保密与信息安全存在潜在危险，等等。

2. 我国政务信息资源开发利用战略

我国政务信息资源开发利用战略主要包括以下方面：

(1) 完善有关政务信息资源开发利用政策法规。国家应制定政务信息资源开发利用的法规和条例，对政务信息公开原则、开发信息资源的组织机构及其职责、政务信息的发布、政务信息的保密等涉及政务信息资源管理的各个环节，都做详细全面的规定，以确保政务信息资源的开发利用遵循统一的规定，确保政务信息资源开发利用工作的健康进行。

(2) 完善管理体制，建立政务信息资源管理机构。根据我国政务信息化建设和应用的发展阶段，实现从技术导向到管理导向、政务导向的转变，强化政务信息资源管理；完善管理体制，建立全国性的政务信息资源管理体系和从上到下的综合性管理机构；在部门内部设立 CIO 职位并明确其地位与作用。

(3) 重视政务信息内容的完善和服务。重视政务信息资源的开发，重视网上政务信息的发布和更新维护，在内容和服务上取得突破，包括强化政务信息内容的筛选，明确标准和进行分类分级，挖掘信息内在潜力，拓展政府信息内容的深度与广度，等等。这是实现政务信息资源开发目的的重中之重。

(4) 进一步改进政务信息资源基础建设。政务信息资源基础建设，包括加快信息资源的数字化建设，对现有各种资料进行数字化、网络化改造，逐步实现政务信息传输的网络化；搞好政务信息资源网络建设，完善政府机关的内部办公网、政府办公业务资源网和政府公众信息网；加强数据库建设，对原有数据库进行规范化、标准化和内容的完善，强化政务信息资源目录体系建设；围绕网络环境下的政务信息采集、处理、管理和服务，加强政务信息资源应用系统建设。

(5) 强化政务信息资源的标准化建设。政务信息资源标准化是政务信息资源开发利用的基本战略决策。政务信息资源标准化建设有助于提高政务信息管理、电子政务管理和服务的水平。为此，政务信息资源管理要设立数据管理部门来集中控制和统一管理数据的定义和结构的规范化，指导、协调信息系统开发以及使用标准和规范。

（6）重视人才的开发利用。政务信息资源开发利用的主体是人。人才的开发利用是政务信息资源开发利用战略中的关键。因此，实现政务信息资源开发利用战略，必须强化人才培养、人才发掘、人才使用和人才配置。

8.3.2.3　“互联网＋政务服务”

随着行政审批制度改革的日益深入，各级政府及部门积极推进网上政务服务平台建设，开展网上办事，有效优化了政务服务、方便了公众办事，优化了政务发展和营商环境。但同时也存在网上政务服务内容不规范、服务不便捷，网上政务服务平台不互通、数据不共享，线上线下联通不畅，政务服务的标准化规范化程度不够高等问题。为此，2016年9月25日，国务院发布了《国务院关于加快推进“互联网＋政务服务”工作的指导意见》（国发〔2016〕55号），明确提出：推进“互联网＋政务服务”，是贯彻落实党中央、国务院决策部署，把简政放权、放管结合、优化服务改革推向纵深的关键环节，对加快转变政府职能，提高政府服务效率和透明度，便利群众办事创业，进一步激发市场活力和社会创造力具有重要意义。

1. 指导思想

依据创新、协调、绿色、开放、共享的发展理念，以促进简政放权、放管结合、优化服务改革措施落地为目标，进一步规范行政权力运行，优化政务服务供给，降低制度性交易成本，解决影响企业和群众办事创业的难点堵点，进一步激发社会和市场活力；以运用现代信息技术创新行政审批和公共服务方式为手段，坚持问题导向，强化顶层设计，注重资源整合，优化各地区各部门网上政务服务平台建设，不断简化优化企业和公众办事流程，促进网上政务服务运行规范、程序严密、过程透明、结果公开、监督有力，切实增强政务服务的主动性、精准性和便捷性，为推进政府治理创新提供有力支撑和保障。

2. 总体目标

2017年底前，各省（区、市）人民政府、国务院有关部门普遍建成网上政务服务平台。2020年底前，建成覆盖全国的整体联动、部门协同、省级统筹、一网办理的“互联网＋政务服务”技术和服务体系，实现政务服务标准化、精准化、便捷化、平台化、协同化，政务服务流程显著优化，服务形式更加多元，服务渠道更为畅通，公众办事满意度显著提升。

3. 重点任务

围绕构建统一、规范、多级联动的“互联网＋政务服务”技术体系，以服务驱动和技术支撑为主线，重点建设“互联网＋政务服务”业务支撑体系、基础平台体系、关键保障技术体系、评价考核体系四个方面内容。以服务事项标准化提升规范化发展能力，以互联互通和信息共享提升协同化治理能力，以一体化政务服务平台建设提升整体化服务支撑能力，以强化权力运行监督提升流程化约束能力，以政务数据开放和应用提升智慧化服务能力。

4. “互联网＋政务服务”的主要内容

“互联网＋政务服务”的主要内容是指各级政务服务实施机构运用互联网、大数据、云计算等技术手段，构建“互联网＋政务服务”平台，整合各类政务服务事项和业务办理等信息，通过网上大厅、办事窗口、移动客户端、自助终端等多种形式，结合第三方平台，为自然人和法人以及其他组织提供一站式办理的政务服务。

“互联网＋政务服务”平台主要实现政务服务统一申请、统一受理、集中办理、统一反馈和全流程监督等功能，逻辑上主要由互联网政务服务门户、政务服务管理平台、业务办理系统和政务服务数据共享平台四部分构成，如图 8－14 所示。

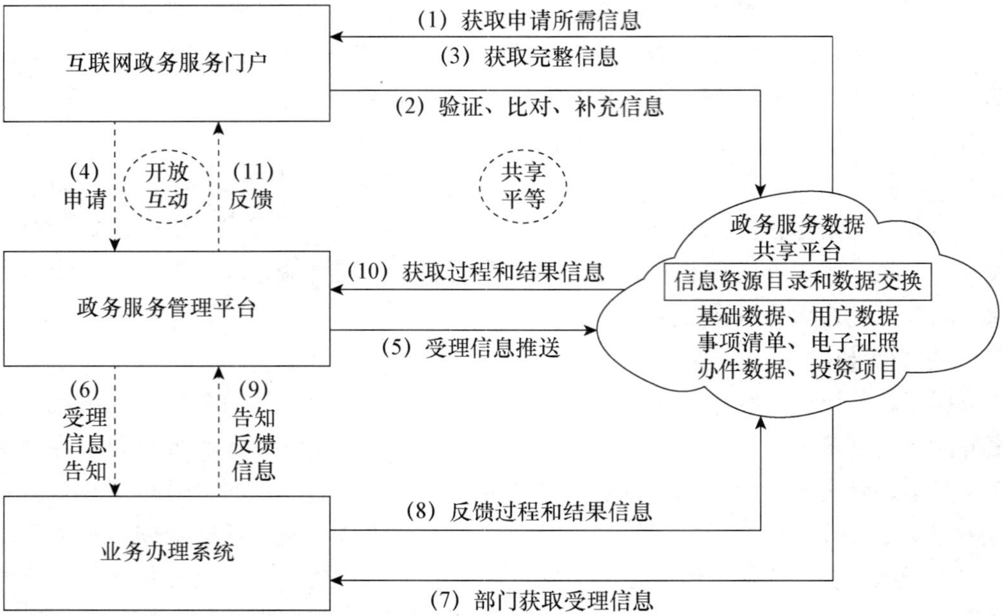

图 8－14 “互联网＋政务服务”平台系统组成图

互联网政务服务门户是政务服务实施机构为自然人、法人提供互联网政务服务的入口。政务服务管理平台是承担政务服务管理职能的机构（政务服务中心或审批局等）进行政务服务事项管理、运行管理、监督考核等工作的平台，是政务服务门户信息的来源，是业务办理系统接入的通道。业务办理系统是政务服务实施机构进行内部审批的专业系统，分为国务院部门业务办理系统、省级政府统建业务办理系统及其部门业务办理系统、地市级统建业务办理系统及其部门业务办理系统。政务服务数据共享平台是支撑互联网政务服务门户、政务服务管理平台、业务办理系统运行的基础数据平台，包括集中汇聚的政务服务事项库、办件信息库、社会信用等业务信息库和共享利用的人口、法人、地理空间信息、电子证照等基础信息库，以及政务服务数据共享交换的支撑系统。

“互联网＋政务服务”平台技术架构由基础设施层、数据资源层、应用支撑层、业务应用层、用户及服务层五个层次组成，如图 8－15 所示。

网上申请，申请信息均为用户验证过的信息，申请人提交网上申请后，通过政务服务管理平台受理，受理通过后由政务服务实施机构工作人员通过业务办理系统进行审批办理，并将审批过程、结果反馈给政务服务管理平台，窗口人员统一办结，审批结果通过物流递送，整个办事过程无须到大厅。政务服务业务办理全过程依托政务服务数据共享平台支撑，业务数据在互联网政务服务门户、政务服务管理平台、业务办理系统之间

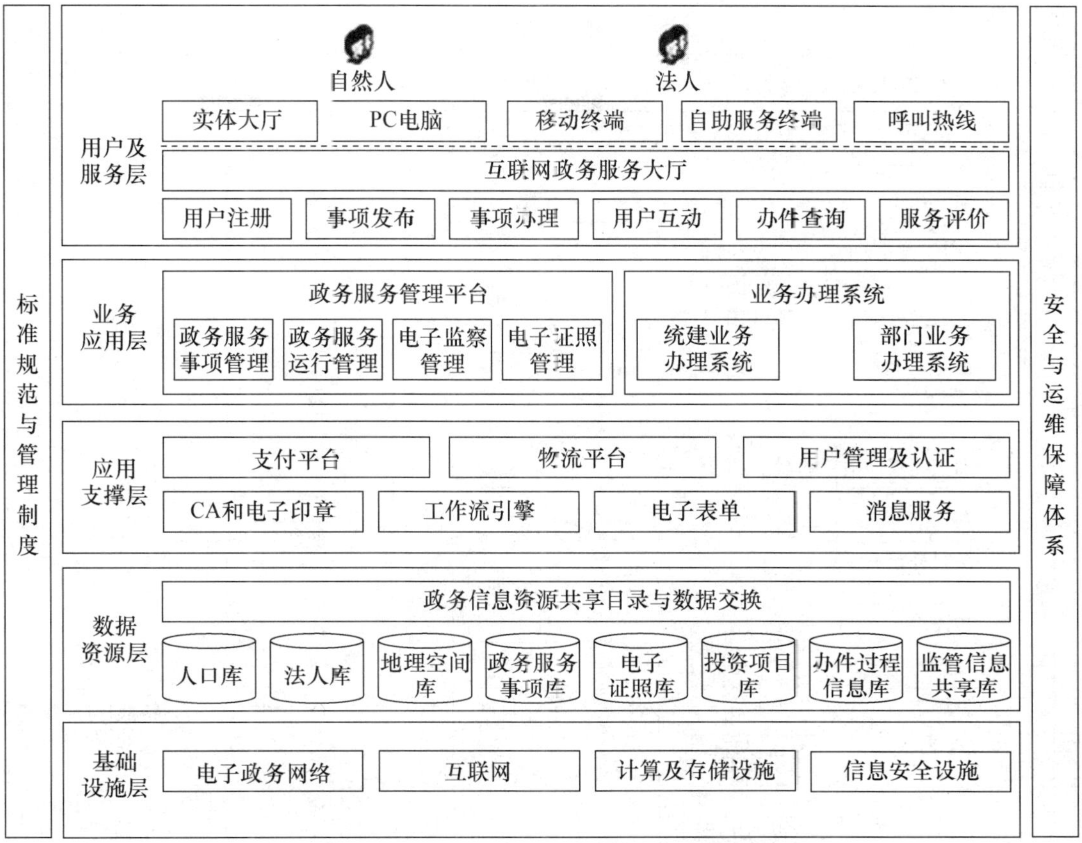

图 8-15　“互联网＋政务服务”平台技术架构图

流转，全程网办流程，如图 8-16 所示。

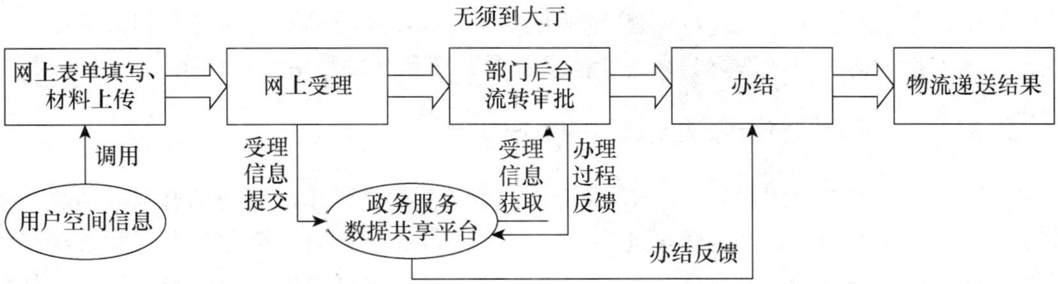

图 8-16　全程网办流程

政务服务运行管理包括网上预约、受理、审核、审批、收费、送达、评价等环节的管理。集成大厅各类智能化设备，实现线上线下融合的一体化办理。办理流程如图 8-17 所示。

8.3.3　政务信息资源法制建设

政务信息资源法制建设是信息社会健康发展和提高政务信息资源开发利用水平的重要保障，法制化已成为政务信息资源管理的发展趋势。在实际管理过程中，应运用法律

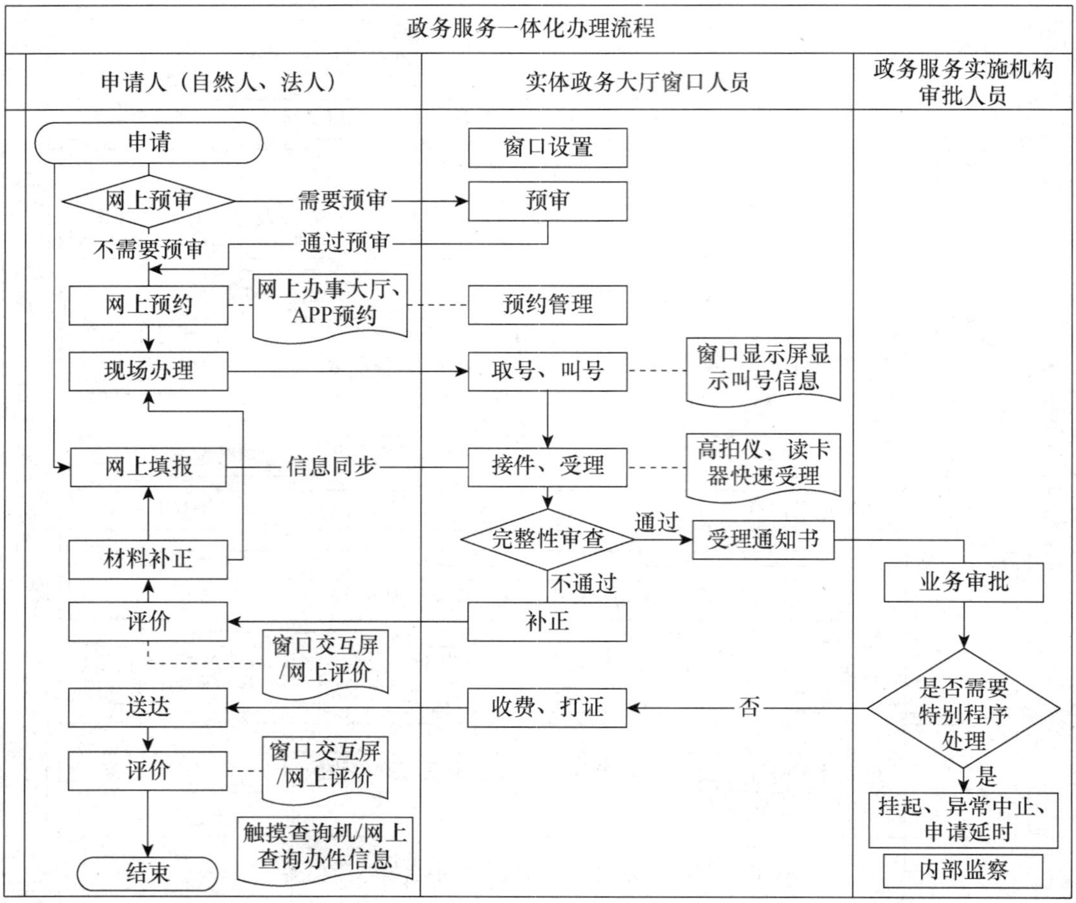

图 8-17　一体化办理流程

手段调整政务信息资源管理过程中新出现的法律关系，并通过制定和完善相关的法律法规、实施严格的司法与执法行为来建立信息资源管理和开发利用的新秩序。

8.3.3.1　国外信息资源法制建设的概况

现代信息资源法制建设兴起于20世纪。西方一些发达国家法制历史悠久、信息技术水平高、信息化发展快，因此较早地形成了较为完善的政务信息资源管理政策、法律体系，在促进信息产业和信息环境发展，知识产权保护，信息的生产、处理、传播和利用等信息活动过程中的诸多方面，都形成了较完善的法制。

最初，各个国家都是从各自的国情出发制定信息资源法律，因此各个国家的法制带有明显的本国特色。但在全球经济一体化和信息经济全球化发展的影响下，信息资源法制建设也开始逐步形成全球一体化的规范和标准，并逐步由发达国家向发展中国家和落后国家延伸，许多国际性的组织，如欧盟、世界贸易组织等也在信息资源法制建设方面取得了具有重要参考和借鉴意义的经验。

西方发达国家政务信息资源法制建设主要集中在信息公开、信息自由、信息交换共享、信息安全和知识产权保护等方面，形成了诸多信息政策、法律和“公约”，在促进信息技术发展、推动信息化进程、规范信息市场等方面都起到了巨大的作用，值得我国借鉴与参考。

8.3.3.2 美国 A-130 号通告

美国是世界上最早形成政务信息公开等完善的政务信息资源管理政策、法律体系的国家。1946 年，美国《行政程序法》规定了公众可以得到政府的文件，但是同时规定了非常严格的限制。1966 年，美国制定了《信息自由法案》，确定了政府信息以公开为原则、以不公开为例外，获得政府信息的权利人人平等，政府对拒绝提供的信息应当负举证责任，政府机关拒绝提供信息时申请人可以向法院请求司法救济等原则。

1975 年，美国国会成立了联邦文书委员会（Commission on Federal Paperwork）。根据联邦文书委员会的报告和建议，1980 年，美国国会通过关于联邦政府的信息搜集、维护、使用和传递服务的《文书削减法案》，明确提出了“信息资源管理”的概念和实施的具体框架，并且将记录管理的对象从记录扩展到文件、报告和记录中的信息。该法案包括信息资源管理的七个方面，即简化文书工作、数据处理和通信、统计、记录管理、信息共享和公开、信息政策和监督、组织发展和管理。

1985 年 12 月 24 日，美国管理与预算局正式发布了 A-130 号通告，即《联邦信息资源管理》。该通告为联邦信息资源管理规定了一个总的政策框架，它规定联邦政府信息资源管理的总体目标是：最大限度地减轻公众的文书负担；在使政府信息得到充分利用的同时，降低政府信息活动的费用。A-130 号通告首次从政府的角度将信息资源管理定义为“与政府信息相关的规划、预算、组织、指挥、培训和控制”，并且将信息资源的范围扩展到信息本身以及与信息相关的人员、设备、资金、技术等方面。

1985 年 A-130 号通告之后，美国联邦政府实施了许多涉及电子化信息收集和电子化信息发布的新计划，国会也批准了一些与此通告相关的法律。1994 年、1996 年和 2000 年，对 A-130 号通告进行了三次修订。因此，A-130 号通告是在美国联邦政府有关信息管理和信息安全的法律法规以及管理与预算局发布的许多相关通告的基础上制定的。

A-130 号通告的政策要点有：全面阐述了联邦政府的信息资源管理政策，主要包括信息管理政策、信息系统和信息技术管理政策。信息管理政策包括信息管理规划、信息收集、电子化信息收集、档案管理、向公众提供信息、信息传播管理系统、避免不恰当的限制、电子化信息传播、安全保卫。信息系统和信息技术管理政策包括战略性信息资源管理规划、信息系统的管理和监督、信息资源的利用以及信息技术的采购、监督、职责等。在“安全保障”一节中，A-130 号通告明确规定，“所有机构应当保证信息受到保护，以消除由于信息丢失、滥用、非法存取或非法修改而带来的危险和损害”。这就在政策上明确规定所有联邦政府机构对信息安全负有法律责任，充分体现了美国政府对信息安全的高度重视。

A-130 号通告适用于所有联邦政府部门的所有机构，也是美国联邦政府信息资源管理和信息安全的政策大纲，已经形成较为系统的信息安全保障体系。

8.3.3.3 我国政务信息资源法制建设概况

我国政务信息化建设具有起步晚、发展迅速的特点。我国为积极促进社会信息化的发展，制定了很多相关的信息政策，推进了信息技术和信息产业的发展。除此之外，我国还制定、颁布了大量调整信息活动行为的法律规范，法规内容涉及信息获取、信息传播、信息加工处理、知识产权保护、信息市场行为规范和信息安全等方面。

但是，根据发展的需要，我国政务信息资源法制化建设的任务还相当繁重，政务信息管理的立法还存在着许多空白点、政务信息资源管理的实践和理论还不成熟，政务信息管理法制建设和司法的实践环节还有缺陷。归纳起来，我国政务信息资源管理法制建设存在的问题主要有：

第一，分散性。我国还没有一部专门针对政务信息资源管理的统一法典。对政务信息资源管理的法律法规大多散见于其他若干法律、法规条文中。第二，不配套性。政务信息资源的采集、处理、存储、分类分级、交换共享和利用等方面的权利、义务不衔接、不配套，缺乏完整的、功能上互相支持补充的法律条文，更没有形成对政务信息资源管理的法律、法规体系。第三，间接性。对政务信息资源管理的法律规定主要是通过其他法律、法规中的有关条文表现出来，其中有些条款并不专门针对政务信息资源，而是针对所有的信息或信息系统。因此，在调整和规范信息的采集、处理、存储、交换共享、利用和保护的行为时，常常需要援引相关法规中的相关条文，针对性不强，有的根本不符合政务信息资源管理的要求。第四，模糊性。现有法律法规对政务信息资源管理的一些基本理论，如概念的界定、分类分级的规定、保护政务信息的权利与义务的规定、违法行为的惩处与法律救济等问题，均无明确的规定，从而难以对政务信息资源管理产生有针对性的规范约束作用。

8.3.3.4 政务信息资源管理法制建设的内容

政务信息资源管理法制建设的关键是要处理好政务信息资源管理过程中所形成的一系列社会关系，包括对“管什么”“谁来管”“如何管”的问题进行规范。

1. 将信息资源法确定为一个独立的法律部门

依据法学理论，法是用来调整社会关系的。相同的社会关系或者说相同的调整对象，由同一类法律规范来调整。因此，社会关系或者说调整对象是划分独立的法律部门的最重要标准。在我国现行法律部门中，尚未有信息资源法这一独立的部门法，这并不是因为信息资源法没有自己独特的调整对象，而主要是因为信息资源立法和司法的实践环节尚不完善、信息资源法理论尚不成熟和人们对信息资源法的认识还不够充分。与我国社会信息化发展进程相适应，信息资源法也必将成为一个独立的法律部门。

信息资源法具有特定且独特的调整对象即信息资源关系，它不仅包括围绕信息技术所进行的信息活动在人们之间产生的社会关系，而且也包括围绕信息资源所进行的各种信息活动在人们之间产生的社会关系。因此，信息资源法的调整对象具有特殊性，不能为其他法律所调整。从这个角度来看，信息资源法完全可以独立于其他法律部门而存在于法律体系之中。

信息资源法是一个独立的、新的法律部门，也就必然形成信息资源法体系。信息资源法体系是国家制定的调整信息的采集、加工处理、分级分类、交换共享、公开、开发利用等活动过程以及信息技术活动领域中所形成的各种社会关系、利益关系和安全问题的全部法律规范的总和。

信息资源法体系是由各种信息资源法律规范所构成的有机整体，信息资源法体系按不同的标准，可由不同的部分构成①。

俄罗斯学者B. A. 科佩洛夫认为，信息资源法体系由以下部分组成：(1) 知晓权，关于信息资源检索、获取和应用权的信息关系；(2) 处理知识产权体系中的信息关系，包括生产、传递、传播、消费信息时知识产权机制的应用特点；(3) 大众传媒关系的法律调节；(4) 形成和利用信息资源过程中对信息关系的法律调节；(5) 处理构成国家机密的信息时所发生的关系的法律调节；(6) 处理个人资料时所发生的关系的法律调节；(7) 处理构成商业秘密的信息时所发生的关系的法律调节，处理商业秘密信息时所发生的信息关系；(8) 处理信息系统、技术及其保障手段建立及使用过程中发生的关系的法律调节②。

信息资源法体系应包括哪些具体法律规范或制度，取决于信息技术及信息活动过程中产生的一系列社会关系所形成的法律需求。从信息化发展的现阶段来考察，主要有信息技术发展问题、信息产业发展问题、信息流通问题、信息资源管理问题、信息人员问题、信息机构组织问题、信息物资管理问题、信息安全保密问题、信息产权问题、国际信息交流与合作问题等社会关系问题需要信息资源法加以规范③。

2. 政务信息资源管理法制建设的内容框架

信息资源法体系决定政务信息资源管理法制建设的内容。为此，政务信息资源管理法制建设的内容框架主要包括：

(1) 政务信息资源管理法律制度。政务信息资源管理法律制度就是通过规范各信息活动主体的行为，来避免权利纠纷的产生、维持秩序和促进政务信息资源的合理配置和充分的开发利用。政务信息资源管理法律制度主要规定政务信息资源保护和开发的基本原则、调整范围和对象，各参与主体的权利、义务，侵权责任的承担，政务信息资源安全等基本问题，包括政务信息资源的采集、加工处理、存储、分级分类、交换共享、公开、开发利用等。

(2) 政务信息机构组织管理法律制度。政务信息资源管理机构主要是负责对政务信息活动进行直接管理。政务信息机构组织管理法律制度主要包括档案馆法、政务信息资源管理机构组织工作条例，以及各类信息机构组织管理条例，如信息协会、信息网络组织、信息咨询服务机构组织条例等。

(3) 政务信息安全、保密法律制度。随着信息技术的普及、信息系统的扩大和互联网的普及，政务信息的安全、保密日益困难。计算机犯罪在数量增加的同时，开始渗透到军事、国家安全等公共领域，已经不能单纯运用技术手段维护政务信息资源的安全。在这种情况下，如何利用法律保护国家秘密和个人隐私，如何在保证政务信息公开的基础上，保障计算机信息系统和信息网络的安全，维护政务信息安全，已成为政务信息资源法所要解决的棘手问题之一。政务信息安全、保密法律制度主要包括国家秘密法、档

---

① 周庆山．面向21世纪的信息法学．情报理论与实践，1998 (1)．

② 科佩洛夫．论信息法体系．国外社会科学，2000 (5)．

③ 黄瑞华．信息法．北京：电子工业出版社，2004：52．

案法、隐私法、计算机信息系统安全保护条例、信息加密与解密管理条例、信息网络安全保护条例和身份认证条例等。

（4）国际信息合作与交流法律制度。随着网络技术的迅猛发展，信息活动已超越国界表现出国际化的倾向，信息跨国自由流动变得极为容易，这引起了一系列的新问题。例如，在利用境外信息资源、信息产品进出口、科技人员对外联系和通信等涉外信息流通过程中，有可能泄露国家秘密或商业秘密，侵害国家主权、政治和经济利益，同时还伴有发达国家利用现代信息技术和信息资源进行文化侵略、经济侵略和损害知识产权的行为。因此，在进行国际信息合作与交流的同时，必须运用信息法律法规进行必要的法律限制，以防止这些情况的发生。国际信息合作与交流法律制度主要包括涉外信息交流法、信息产品出口管理条例、科技人员对外联系和通信问题的规定、关于各国合理使用太空资源的国际公约、关于各国利用人造地球卫星进行自接电视转播的国际公约、跨国数据传输管理规定、国际信息交流合作协议、信息技术引进和设备进口标准化管理条例等。

本章小结

1. 政务信息资源管理是公共管理领域的新探索。应全面、准确地理解政务信息资源管理的内涵、理论学说与研究视角，掌握政务信息资源管理的前沿知识及其发展。

2. 运用实证分析方法，根据实践验证的逻辑，分析和检验政务信息资源管理在促进公共管理模式转换、实现公共部门组织结构重组和业务流程再造、促进信息资源交换共享、提高信息资源开发利用水平和公共服务能力等方面发挥的实际作用。

3. 从国际视野出发，运用比较分析的方法，把握政务信息资源管理在管理体制、采集、存储、公开、交换共享、开发利用以及法制建设等方面的正确理念与实际操作。

4. 政务信息资源管理具有综合性，充分体现了技术应用和业务处理的有机结合，以及多学科知识交叉渗透的取向。

关键术语

信息资源　政务信息资源　信息采集　数据开放　信息交换共享　信息存储　A-130号通告　政务信息资源目录体系　政务信息资源开发利用　大数据　《促进大数据发展行动纲要》　“互联网＋政务服务”

复习思考题

1. 如何理解政务信息资源管理的含义？
2. 列举政务信息资源管理标准化的内容。
3. 分析影响政务信息资源采集的主要因素。
4. 列举构建政务信息资源库的具体措施。

5. 列举并分析实现政务信息资源交换共享的管理措施。
6. 分析政务信息资源开发利用的框架。
7. 分析政务信息资源管理法制建设的主要内容。

参考文献

1. 蔡立辉. 电子政务：信息时代的政府再造. 北京：中国社会科学出版社，2006.
2. 蔡立辉. 电子政务应用中的政务信息资源共享机制研究. 北京：人民出版社，2012.
3. 陈畴镛. 信息资源管理. 杭州：浙江大学出版社，2004.
4. 崔保国. 信息社会的理论与模式. 北京：高等教育出版社，2003.
5. 冯惠玲. 政府信息资源管理. 北京：中国人民大学出版社，2006.
6. 甘利人，朱宪辰. 电子政务信息资源开发与管理. 北京：北京大学出版社，2003.
7. 黄瑞华. 信息法. 北京：电子工业出版社，2004.
8. 李绪蓉，徐焕良. 政府信息资源开发与管理. 北京：北京大学出版社，2006.
9. 马费成. 信息资源管理. 武汉：武汉大学出版社，2003.
10. 马海群. 信息法学. 北京：科学出版社，2003.
11. 孟广均. 信息资源管理导论. 北京：科学出版社，2003.
12. 秦铁辉. 企业信息资源管理. 北京：北京大学出版社，2006.
13. 司有和. 行政信息管理学. 重庆：重庆大学出版社，2003.
14. 孙建军. 信息资源管理概论. 南京：东南大学出版社，2003.
15. 张广钦. 信息管理教程. 北京：北京大学出版社，2005.
16. 周晓英，王英玮. 政务信息管理. 北京：中国人民大学出版社，2004.

第9章

应急管理

本章导读

当今社会变得日益错综复杂，不确定性和不稳定性因素日益增加，是一个风险社会。各种风险对人类的生命健康与财产安全构成了严重威胁。影响人类生存和发展的全球性突发事件，如“9·11”恐怖袭击、新冠疫情、禽流感病毒、海啸、地震和极端天气等，使风险的形式、规模、传播速度和影响程度急剧升级和扩大。同时，随着新技术和互联网的飞速发展，网络和自媒体得到了日益普遍的应用，风险的演进路线与发展方向更具有了不确定性，各种突发事件耦合叠加，传统安全与非传统安全交织，更增加了处置的难度。因此，风险治理与应急管理越来越成为当代公共管理的重要内容，是社会治理的重要方面。正如习近平总书记所指出的：要发挥我国应急管理体系的特色和优势，借鉴国外应急管理有益做法；推进国家安全体系和能力现代化，坚决维护国家安全和社会稳定。要加强队伍指挥机制建设，大力培养应急管理人才，加强应急管理学科建设。本章从应急管理的内涵出发，围绕应急管理体系建设、应急管理体制机制和法制、应急管理过程等方面进行阐述。

知识结构图

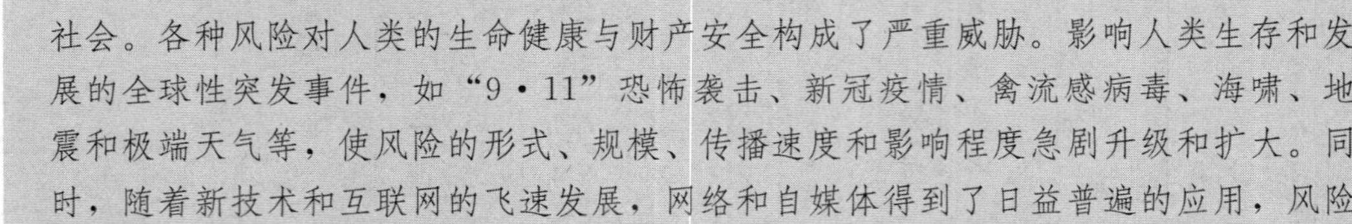

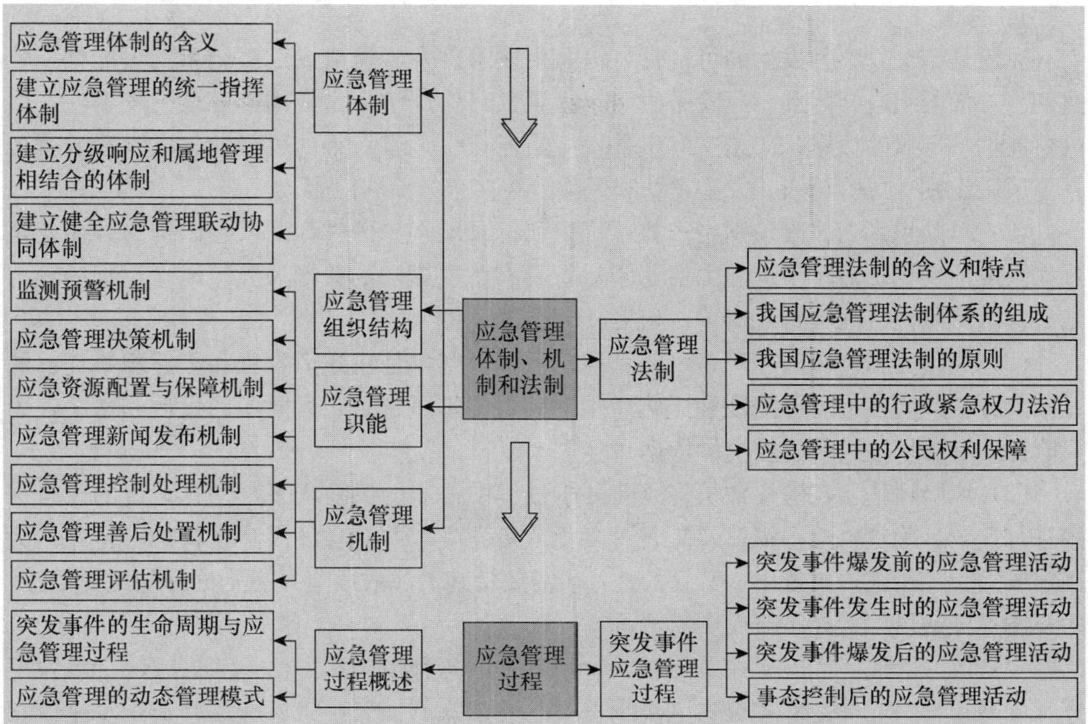

重点问题

- 风险、突发事件、公共危机和应急管理的关系
- 应急管理的组织结构、应急体系、应急管理体制机制和法制
- 应急管理过程
- 应急处置、应急指挥、应急联动、应急沟通与媒体应对
- 应急处置中行政紧急权力的法律规制

9.1　应急管理概述

9.1.1　风险、突发事件、公共危机和应急管理

风险、突发事件、公共危机、应急管理是具有紧密内在关联的四个概念。风险是突发事件爆发前生成和发展阶段上的一种状态和可能性，包含了突发事件发生的可能性、突发事件爆发后产生危害的可能性；突发事件是指突然发生、给人们的生命和财产造成或者可能造成一定危害的事件，突发事件的生成和发展阶段一般称为风险状态；突发事件爆发后造成了一定危害，使生产和生活进入一种非常态的状态，这种非常态的状态就是公共危机；风险、突发事件是应急管理的对象。任何突发事件都有生成、发展、演化、爆发、衰退的过程，这构成了应急管理的生命周期。风险反映的是突发事件生成和发展阶段的一种状态，突发事件爆发后，使社会进入紧急状态或非常态的状态，从而诱发公共危机。采取措施摆脱危机的各种活动就是应急处置，也称为狭义的应急管理。

1. **风险**

风险是指突发事件发生的可能性，以及突发事件发生后造成危害结果的可能性，是这两个方面的组合。因此，风险是由两个因素共同作用组合而成的：一是突发事件发生的可能性，即风险概率；二是突发事件发生后所产生危害后果的可能性。风险管理就包括了风险识别、风险分析、风险评估和风险管控四个方面的内容。

（1）风险识别。风险识别是查找、认识和记录风险源的过程。风险识别的目标就是最大限度地辨识出对于生产和生活正常运行具有重要影响的关键风险。风险识别的输出结果包括风险源（或灾害）清单、相关风险事件情景。

（2）风险分析。风险分析是风险管理的重要内容，是在详细收集和掌握相关资料的基础上分析风险发生的可能性和影响后果，其目的是了解每个风险源的性质和水平，为风险评估和对风险进行管控提供依据和支撑。

（3）风险评估。风险评估是将风险分析过程中得出的风险水平与预先设定的风险准则进行比较，确定风险等级以及是否可接受或可忍受，并对各种风险进行综合排序，为制定风险管控措施提供依据，其目的是找出需要特别关注的风险并识别处理的优先顺序，为开发良好的风险管控策略提供依据。

（4）风险管控。风险管控是指风险管理者采取各种措施和方法，消灭或减少风险事件发生的各种可能性，或者减少风险事件发生时造成的损失，将风险控制在正常生产和生活秩序范围内的管理活动。风险管控的基本方法有：风险回避、损失控制、风险转移和风险保留。

2. **突发事件**

根据《中华人民共和国突发事件应对法》的规定，突发事件是指突然发生，造成或者可能造成重大人员伤亡、财产损失、生态环境破坏和严重社会危害，危及公共安全和社会秩序的紧急事件。

按照发生过程、性质和机理，突发事件可分为以下四类，如图 9-1 所示：

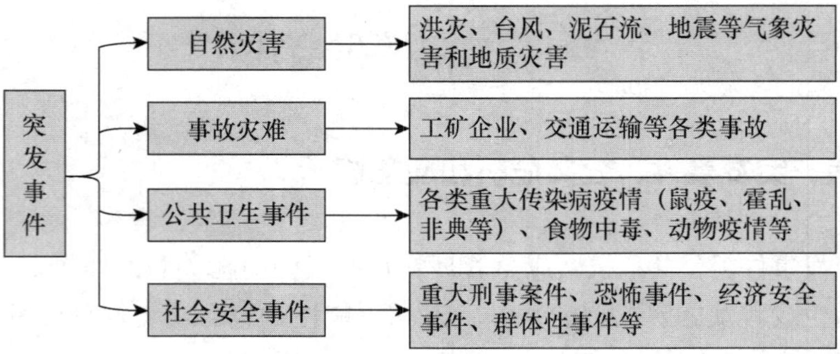

图 9-1　突发事件类型

（1）自然灾害类突发事件：主要包括水旱灾害、气象灾害、地震灾害、地质灾害、海洋灾害、生物灾害和森林草原火灾等。

（2）事故灾难类突发事件：主要包括工矿商贸企业的各类重大安全事故，重大交通运输事故，公共设施、设备事故，核与辐射事故，重大环境污染和生态破坏事故。

（3）公共卫生类突发事件：主要包括重大传染病疫情、群体性不明原因疾病、食品安全和职业危害、动物疫情以及其他严重影响公众健康和生命安全的事件。

(4) 社会安全类突发事件：主要包括恐怖袭击事件、经济安全事件、涉外突发事件、重大刑事案件以及规模较大的群体性事件。

值得注意的是，以上四类突发事件并不是截然对立的，相互之间呈现多元与共时的特征，在特定的情境下可能相互转化和叠加，即带来所谓的"涟漪效应"(dimple effect)①。应急管理就是以突发事件为中心，在科学总结、归纳各类突发事件的特点、发展规律和应对机理的基础上，加强各类突发事件的应急管理机制建设以及相互之间的协调、配合和衔接②。

按照各类突发事件的性质、危害程度、可控性和影响范围等因素，突发事件可分为四级：(1) 特别严重的是Ⅰ级，用红色表示；(2) 严重的是Ⅱ级，用橙色表示；(3) 较重的是Ⅲ级，用黄色表示；(4) 一般的是Ⅳ级，用蓝色表示。

3. 公共危机

"危机"一词最初来源于希腊，普遍应用于医学领域③，是一个医学术语，是指人濒临死亡、游离于生死之间的状态。《朗曼现代英语词典》对"危机"的解释是：严重疾病突然好转或者恶化的转折点，或者事物发生过程中的一个转折点，不确定的时间或者状态、非常危险或者非常苦难的时刻，用来形容一种至关重要的、需要立刻做出相应决断的状态④。到18世纪，"危机"一词逐步被引入政治领域，是指政治体制或政府面临的紧急状态，是相对于政府常规性决策环境的一种非常态的社会情境⑤。

在公共管理领域，国内外学者对"危机"概念从各种不同的角度进行了界定。荷兰罗森塔尔(Rosenthal)等人认为，"危机就是对一个社会系统的基本价值和行为准则架构产生严重威胁，并且在时间压力和不确定性极高的情况下，必须对其做出关键决策的事件"⑥。巴顿(Barton)认为，危机是"一个会引起潜在负面影响的具有不确定性的大事件，这种事件及其后果对组织及其人员、产品、服务、资产和声誉造成巨大的损害"⑦。赫尔曼(Hermann)认为，危机就是一种情境状态，其决策主体的根本目标受到威胁，在改变决策时可获得的反应时间很有限，其发生也出乎决策主体的意料⑧。R. J. 斯蒂尔曼二世认为，公共危机是指社会偏离正常轨道的过程与非均衡状态。

我国台湾学者孙本初认为，危机是指组织由内外环境因素所引起的一种对组织生存

① 所谓"涟漪效应"，就像一粒石子投进池水引起阵阵涟漪那样，初始的危机会对外部产生一系列的负面影响，所引起的冲击破坏性可能包含石子撞击赤地、在水面及周边溅出水花而引起的波动。米特罗夫(Mitroff)和皮尔森(Pearson)把这种由于危机初期管理不善而造成的涟漪效应称为"连锁反应"。希斯. 危机管理. 北京：中信出版社，2001：13.

② 薛澜，钟凯斌. 突发公共事件分类、分级与分期：应急体制的管理基础. 中国行政管理，2005 (2).

③ 冯慧玲. 公共危机启示录：对SARS的多维审视. 北京：中国人民大学出版社，2003：2-3.

④ 龚维宾. 公共危机管理. 北京：新华出版社，2004：2.

⑤ 张小明. 公共部门危机管理. 北京：中国人民大学出版社，2006：11.

⑥ ROSENTHAL U，CHARLES M T. Coping with crises：the management of disasters，riots and terrorism. Springfield：Charles C. Thomas，1989.

⑦ 希斯. 危机管理. 北京：中信出版社，2001：18-19。

⑧ HERMANN C F. International crises：insights from behavioral research. New York：Free Press，1972.

具有立即且严重威胁性的情境或事件[①]。张成福认为，“所谓危机，是这样一种紧急事件或者紧急状态，它的出现和爆发严重影响社会的正常运作，对生命、财产、环境等造成威胁、损害，超出了政府和社会常态的管理能力，要求政府和社会采取特殊的措施加以应对”[②]。薛澜等学者认为，“在危机情境下，突发紧急事件以及不确定前景造成了高度的紧张和压力，为使组织在危机中得以生存，并将危机所造成的损害降至最低限度，决策者必须在相当有限的时间约束下做出关键性决策和具体的应对措施。相对于政府的常规性决策而言，危机事件往往处于一种非常态的社会情境，是各种不利情况、严重威胁、不确定性的高度积累”[③]。

综上所述，公共危机是指由于突发事件诱发的、给人们的生命财产造成严重威胁的一种紧急或者非常态的社会情境（社会状态）。公共危机通常都具有三个共同要素：一是突然爆发的一种意外或非常态的社会情境，人们未曾料到；二是具有严重的危害与社会影响；三是在情况急剧转变之前，可供反应的时间有限。突发事件诱发危机，随着时间的推移，突发事件经由突发、扩散发展到爆发，公共危机的程度也不断提高，如图 9－2 所示。

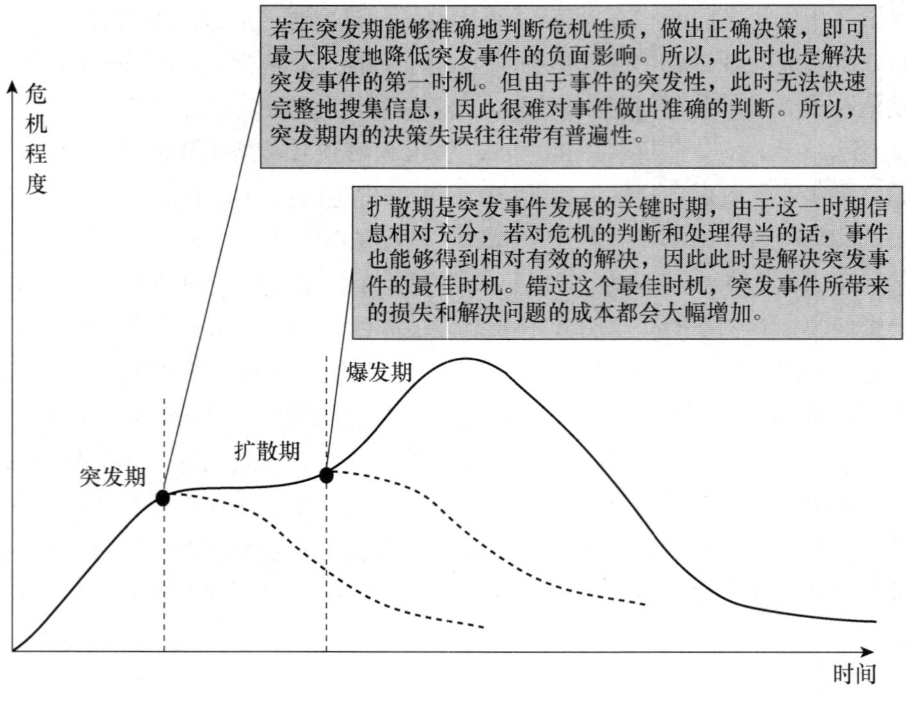

图 9－2　突发事件与公共危机关系示意图

公共危机是一种非常态的社会情境或状态，是各种不利情况、严重威胁、不确定因素的高度积聚。公共危机一般具有以下特征：

（1）突发性和紧急性。公共危机虽然存在着发生征兆和预警的可能——它是由一系列细小事件逐渐发展而来的，但由于真实发生的时间、地点具有一定的不可预见性，而

---

① 孙本初. 公共管理. 台北：智胜文化事业有限公司，2001：338.

② 张成福. 公共危机管理：全面整合的模式与中国的战略选择. 中国行政管理，2003（7）.

③ 薛澜，张强. 直面危机：SARS 险局与中国治理转型. 人民网，2003-05-19.

且正因为出乎通常社会秩序或人们的心理惯性，所以形成了某种程度上的危险性。突发事件的演变达到了一个临界值，要求公共管理者必须在信息、资源和时间有限的条件下寻求“满意的”危机处置方案，快速做出决策和采取有效行为。公共管理必须迅速地从正常情况转换到紧急情况（从常态到非常态）①。

（2）高度不确定性。突发事件发生的时间、形态、性质和发展过程无法用常规性规则进行判断，其后的衍生和可能涉及的影响也没有经验性的知识可供指导，一切似乎都瞬息万变，并且很可能产生各种“涟漪效应”。典型的例子就是环境污染事件，如1986年发生的苏联切尔诺贝利核泄漏事故。

（3）影响的社会性。公共危机对一个社会系统的基本价值和行为准则架构产生严重威胁，引起社会恐慌，破坏社会正常秩序与运转机制，其影响和涉及的主体具有社会性。

9.1.2 应急管理

1. 应急管理的含义

关于应急管理的含义，有学者认为，应急管理是为应对公共危机而采取的预先防范措施、事发时采取的应对行动、事发后采取的各种善后措施及减少损害的行为。也有学者认为，应急管理是以政府为主导的应急管理主体，以保护人民群众生命财产安全和维护社会稳定为重要使命，通过预防、预警、预控来防止突发事件发生，或者通过风险监测、风险评估和管控、应急处置救援、恢复补偿等措施来减少损失，避免危机扩大和升级，使社会恢复正常秩序的一整套管理体系。

因此，对应急管理含义的理解包含了对以下几个问题的理解：一是由谁来实施管理，即管理的主体；二是管什么，即管理的对象；三是怎么管，即管理活动的具体内容与方式。据此分析，应急管理是指公共管理主体为避免或减少风险和突发事件所造成的损害而实施的预防管理、风险识别与管控、监测预警、应急响应、应急处置、灾害恢复、总结评估、应急学习等活动的总称，目的是提高突发事件发生前的防范能力、突发事件发生后的处置能力以及事后的恢复能力②。

从已有关于应急管理的分析中发现，应急管理有广义和狭义之分。狭义的应急管理就是应急救援处置，是突发事件发生后，通过采取应急联动、应急处置措施控制事态、减少或降低人民生命财产损失的各种应急处置活动的总称。

广义的应急管理是一个通过预防、预警、应急响应、处置救援和恢复的活动过程以实现避免或减少突发事件所产生的危害和损失，并从危机中开拓出发展机遇的过程，包括预防、准备、监测预警、应急响应、应急处置及恢复等几个阶段，是一种全面的管理。

习近平总书记2016年在河北唐山进行调研考察时明确提出了关于防灾减灾救灾“两

---

① 薛澜，张强，钟凯斌. 防范与重构：从SARS事件看转型期中国的危机管理. 改革，2003（3）.

② 应急管理，也有人称之为公共危机管理。我们认为公共危机管理与应急管理是两个内涵和外延不同的概念。因为公共危机是由突发事件诱发的，而应急管理包括了事前的预防、事发的监测预警、事中的处置、事后的恢复重建与总结评估等四个阶段。所以，公共危机管理不足以表达今天所说的大应急、全面应急的全周期管理本质内涵。

个坚持、三个转变”的重要论断：“坚持以防为主、防抗救相结合，坚持常态减灾和非常态救灾相统一，努力实现从注重灾后救助向注重灾前预防转变，从应对单一灾种向综合减灾转变，从减少灾害损失向减轻灾害风险转变。”习近平总书记的重要论述强化了将防灾减灾救灾联结起来并形成完整的应急管理过程，强化了从直接救灾转为全面应急管理的工作理念、从灾害修复转为灾前防范的应急管理工作重心。

因此，广义的应急管理包含了：（1）事前的预防；（2）事发的监测预警；（3）事中的处置救援；（4）事后的恢复重建与总结评估。这样，就形成了应急管理的四个阶段，如图 9－3 所示。

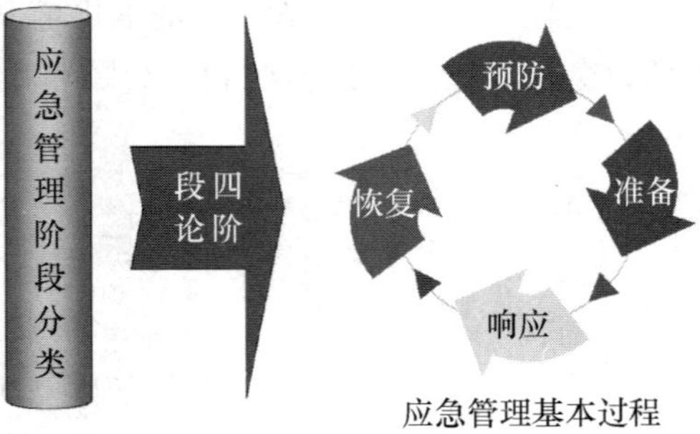

图 9－3　广义的应急管理的四个阶段

2. 应急管理的定位和使命

2019 年 11 月 29 日，中共中央政治局就我国应急管理体系和能力建设进行第十九次集体学习。习近平总书记在主持学习时强调，应急管理是国家治理体系和治理能力的重要组成部分；应急管理承担防范化解重大安全风险、及时应对处置各类灾害事故的重要职责，担负保护人民群众生命财产安全和维护社会稳定的重要使命。

因此，应急管理的具体定位是：应急管理是国家治理体系和治理能力的重要组成部分，是社会治理的重要方面。

应急管理的使命是：应急管理承担防范化解重大安全风险、及时应对处置各类灾害事故的重要职责，担负保护人民群众生命财产安全和维护社会稳定的重要使命；是各级地方党委政府“促一方发展、保一方平安”的政治责任。

3. 应急管理体系与应急体系

（1）应急管理体系。

2005 年，我国开始推行以“一案三制”为核心的应急管理体系建设。“一案”就是指应急预案，“三制”就是指应急管理体制、机制和法制。

因此，应急管理体系是从规章制度、规则和标准等层面所作的界定，主要包括应急管理法律法规和标准体系、应急管理职能和组织体系、应急管理工作机制和应急预案体系等方面的内容。

（2）应急体系。

2017 年我国发布的《国家突发事件应急体系建设“十三五”规划》对应急体系做了明确的规定，主要包括以下方面：

第一，应急管理基础能力。应急管理基础能力主要是指突发事件风险管控体系及能力、城乡社区和基础设施抗灾能力、突发事件监测预警服务体系及能力、城市公共安全风险管理能力、基层应急管理能力等方面，核心是应急管理基础能力和水平。

第二，核心应急救援能力。核心应急救援能力主要是指公安、军队和武警突击力量应急能力和重点行业领域专业应急救援能力，核心是要形成我国突发事件应对的核心力量，承担急难险重抢险救援使命。

第三，综合应急保障能力。综合应急保障能力主要是统筹利用社会资源，强化应用新技术，推进应急协同保障能力建设，进一步完善应急平台、应急通信、应急物资和紧急运输保障体系。

第四，社会协同应对能力。公众通过自防自治、群防群治、自救互救，支持和引导社会力量规范有序参与应急救援行动，完善突发事件社会协同防范应对体系。社会协同应对能力主要包括公众自救互救能力、支持引导社会应急力量发展的能力、应急管理科技支撑能力、促进应急产业健康发展的能力等。

第五，应急管理体系。应急管理体系主要是指以“一案三制”为核心的应急管理体系和应急管理标准体系，包括应急管理法律法规和标准体系、应急管理组织体系、“统一领导、综合协调、分类管理、分级负责、属地管理为主”的应急管理体制、应急管理工作机制（信息报告机制、应急联动机制、信息发布机制、应急评估机制、资金投入机制、风险分担机制）、应急预案体系、应急预案评估、应急预案演练机制。

9.2 应急管理体制、机制和法制

9.2.1 应急管理体制

1. 应急管理体制的含义

应急管理体制是国家党政机关、企事业单位、社会组织、公众等各类主体在从事应急管理时在机构设置、领导隶属关系、管理权限划分和运行程序等方面的职责划分、制度、方法、形式等的总称。《中华人民共和国突发事件应对法》第四条规定：国家建立统一领导、综合协调、分类管理、分级负责、属地管理为主的应急管理体制，如图9-4所示。

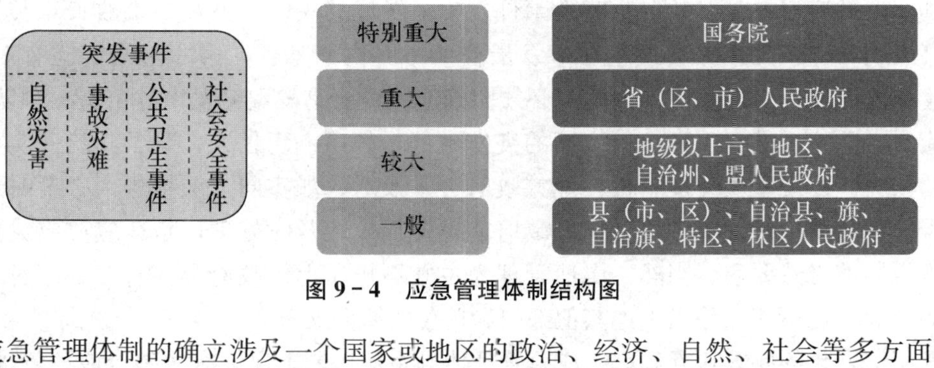

图9-4 应急管理体制结构图

应急管理体制的确立涉及一个国家或地区的政治、经济、自然、社会等多方面因素，而且随着人类社会的进步和应对突发事件能力的提高而不断变化和调整。在我国，应急管理体制的确立和调整要把握好以下几项基本原则：

（1）统一领导。突发事件应对处置工作，必须成立应急指挥机构统一领导。有关各方都要在应急指挥机构的领导下，依照法律、行政法规和有关规范性文件的规定，展开各项应对处置工作。突发事件应急管理体制，从纵向看，包括组织自上而下的组织管理体制，实行垂直领导，下级服从上级的关系；从横向看，同级组织有关部门形成互相配合、协同应对、共同服务于指挥中枢的关系。

（2）综合协调。在应急管理过程中，参与主体是多样的，既有国家党政机关，也有社会组织、企事业单位、基层自治组织、公民个人，甚至还有国际援助力量，要实现反应灵敏、协调有序、运转高效的应急机制，必须加强在统一领导下的综合协调能力建设。综合协调人力、物力、财力、技术、信息等保障力量，形成统一的突发事件信息系统、统一的应急指挥系统、统一的救援队伍系统、统一的物资储备系统等，以整合各类行政应急资源，最后形成各部门协同配合、社会参与的联动工作局面。

（3）分类管理。由于突发事件有不同的类型，因此，在集中统一的指挥体制下还应该实行分类管理。从管理的角度看，每一大类的突发事件，应由相应的部门实行管理，建立一定形式的统一指挥体制，比如在具体制订预案时，就明确了各专项应急部门要收集、分析、报告信息，为专业应急决策机构提供有价值的咨询和建议，按各自职责开展处置工作。但是重大决策必须由组织主要领导做出，这样便于统一指挥，协调各种不同的管理主体。

（4）分级负责。对于突发事件的处置，不同级别的突发事件需要动用的人力和物力是不同的。无论是哪一种级别的突发事件，各级政府及其所属相关部门都有义务和责任做好预警和监测工作，地方政府平时应当做好信息的收集、分析工作，定期向上级机关报告相关信息，对可能出现的突发事件做出预测和预警，编制突发事件应急预案，组织应急预案的演练和对公务员及社会大众进行应急意识和相关知识的教育及培训工作。分级负责明确了各级政府在应对突发事件中的责任。如果在突发事件处置中发生了重大问题，造成了严重损失，必须追究有关政府和部门主要领导和当事人的责任。对于在突发事件应对工作中不履行职责，行政不作为，或者不按照法定程序和规定采取措施应对、处置突发事件的，要对其进行批评教育，必要时追究其行政或法律责任。

（5）属地管理为主。强调属地管理为主，是由于突发事件的发生地政府的迅速反应和正确、有效应对，是有效遏止突发事件发生、发展的关键。大量的事故灾难类突发事件统计表明，80%死亡人员发生在事发最初 2 小时内，是否在第一时间实施有效救援，决定着突发事件应对的关键。因此，必须明确地方政府是发现突发事件苗头、预防发生、先行应对、防止扩散（引发、衍生新的突发事件）的第一责任人，赋予其统一实施应急处置的权力。出现重大突发事件，地方政府必须及时、如实向上级报告，必要时可以越级报告。实行属地管理为主，让地方政府能迅速反应、及时处理，是适应反应灵敏的应急管理机制的必然要求。当然，属地管理为主并不排斥上级政府及其有关部门对其应对工作的指导，也不能免除发生地其他部门和单位的协同义务。

按照综合化的要求建立和完善应急管理体制，从体制上保证有效整合应急管理资源，提高全社会应对突发事件的动员能力，实现政府公共部门、各类组织、社区、公民共同参与和相互合作，形成统一指挥、分工协作的应急管理组织结构，是建立高度组织化的应急管理体系、加强应急管理的需要。

应急管理体制建设所要解决的核心问题是：第一，明确指挥关系，按照统一指挥、分工协作、协调行动的要求，建立一个规格高、有权威的应急管理指挥机构，合理划分各相关机构的职责，明确指挥机构和应急管理各相关机构之间的纵向关系，以及各机构之间的横向关系；第二，明确管理流程，合理设定一整套应急管理响应的程序，形成运转高效、反应快速、规范有序的应急处置行动管理；第三，明确管理责任，通过组织整合、资源整合、信息整合、业务整合和行动整合，形成应急管理的统一责任体系。为适应这种需要，应急管理体制应包括监测预警体制、信息管理体制、决策指挥体制、组织协调体制、行动响应体制、处置救援体制、社会动员体制等。

2. 建立应急管理的统一指挥体制

建立统一指挥体制适应了应急管理的需要。突发事件应急管理涉及不同部门、不同行政区域，分散的、部门化的管理模式难以适应应急管理的要求。统一的指挥体制，便于快速、高效地决策和调动资源，减少管理环节，减少相互推诿、扯皮现象的发生；便于把个体的力量转化为整体的力量，从而发挥整体效能。强化应急管理的统一指挥、综合协调，是当代世界各国提高应对危机能力的普遍做法和发展趋势。

集中统一的指挥体制，要求以一定的行政区域为单位，凡在此地域范围内发生的突发事件都应该由当地党委、政府统一管理。具体来说，当地党委、政府的主要领导有权处置辖区内所发生的突发事件。一个行政区域内有不同的单位和部门，存在着不同的行政隶属关系，有的属于上一级政府管辖，甚至中央政府管辖，有的属于军队管辖。在紧急状态下，无论平时它们与当地政府是什么关系，都要听从当地党委、政府的统一指挥和调度。只有这样，才能保证步调一致、行动统一，构筑一道严密的防控网络。统一指挥体制具有不同的形式：

（1）设置领导机构、总体协调机构。西方发达国家在国家层面均设有名称形式各异，但都具有统一指挥和协调职能的专门机构，如美国的联邦国土安全部、俄罗斯的紧急事务部、英国的内阁办公室国内紧急状态秘书处、德国的联邦公民保护局、日本的内阁应急管理总监和内阁应急管理中心等。

国际经验表明，在国家层面设立一个专门机构来处理应急管理事务，就是为了解决部门分割、条块分割、力量分散等体制性因素所造成的应急管理难以整合资源、协调指挥力度不够等问题。应加强领导机构和总体协调机构建设，强化综合协调、统一指挥能力，从而形成从中央到地方上下对口、相互衔接、共同行动、运行协调的应急管理体制。

正是基于我国对公共安全广泛的现实需求，基于我国应急管理体制机制的局限与不完善性，2018年2月，党的十九届三中全会审议通过了《中共中央关于深化党和国家机构改革的决定》和《深化党和国家机构改革方案》。《方案》提出：将国家安全生产监督管理总局的职责，国务院办公厅的应急管理职责，公安部的消防管理职责，民政部的救灾职责，国土资源部的地质灾害防治、水利部的水旱灾害防治、农业部的草原防火、国家林业局的森林防火相关职责，中国地震局的震灾应急救援职责以及国家防汛抗旱总指挥部、国家减灾委员会、国务院抗震救灾指挥部、国家森林防火指挥部的职责整合，组建应急管理部，作为国务院组成部门，不再保留国家安全生产监督管理总局。

（2）建立分类管理应急事务的专业机构。按照诱发突发事件的原因的不同，将突发事件分为自然灾害类事件、事故灾难类事件、公共卫生类事件、社会安全类事件四类。对突发事件进行分类，有助于了解相关性强的突发事件所具有的共同性质，有助于把握应急管理的规律和应对的重点。专门的应急管理部门牵头负责自然灾害类事件和事故灾难类事件，卫生健康部门牵头负责公共卫生类事件，公安部门牵头负责社会安全类事件。这种将原来多个部门管理某一类突发事件整合到一个部门管理、建立起以一个部门为主、相关部门配合的应急管理体制，对于提高突发事件应对处置能力具有极为重要的意义。

在设立应急管理专门机构的同时，为了加强组织协调，还分别设立了自然灾害类应急管理委员会、事故灾难类应急管理委员会、公共卫生类应急管理委员会、社会安全类应急管理委员会。同时，这种分类管理突发事件的专业机构应该从中央到地方都统一地、上下衔接地、自上而下地进行调整。这样，新时代中国特色应急管理组织体系已经形成，党中央组建应急管理部的意图和要求得到实现。从总体看，新体制的综合优势初步显现，增强了应急管理工作的系统性、整体性、协同性，推进了国家治理体系和治理能力现代化。

3. 建立分级响应和属地管理相结合的体制

建立分级响应和属地管理相结合的体制是适应突发事件的特点，为有效解决条块结合的问题而建立的管理体制。一方面，对于跨行政区域、跨行政层级、跨部门的突发事件的管理，需要由更高层次领导机构、协调机构来领导和协调，因而需要建立以应对突发事件能力为依据的分级响应体制；另一方面，属地管理体制是一项基础性制度，处理任何突发事件都应该遵守，即使是特别重大的突发事件，由中央派人或组织专门机关进行直接指挥和协调，也要充分尊重所在地党委、政府。

建立分级响应和属地管理相结合的体制，还需要有一个主管部门牵头负责、其他部门予以配合的管理体制，以及跨部门、跨地区重大突发事件的处置由更高层次领导机构、协调机构来统一指挥和协调的响应体制。

4. 建立健全应急管理联动协同体制

建立健全应急管理联动协同体制，对提高应对突发事件能力具有非常重要的意义，它为建立统一指挥、分工协作、资源共享的应急管理体制提供了体制保障。通过建立健全应急管理联动协同体制，可以加强各部门、各地区应急管理体系建设的统筹规划、资源整合和整体协同，使各种资源和力量能够协调和互相支援配合，避免了重复建设和资源闲置。

9.2.2 应急管理组织结构

应急管理组织结构是应急管理体系组成机构之间的职责划分及其相互关系。一般而言，应急管理活动主要包括指挥（command）、控制（control）和沟通（communication），即“3C”活动。与“3C”活动相适应，应急管理组织结构包括五个部分：指挥与协调机构、实际操作机构、信息传递机构、物资保障机构和财务管理机构，如图 9－5 所示。

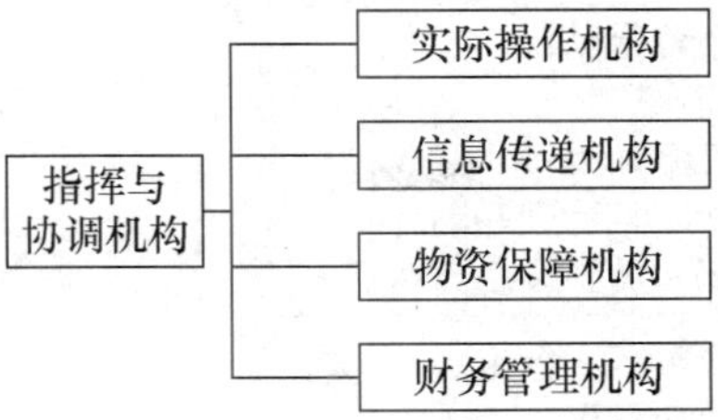

图 9－5　应急管理组织结构

根据图 9－5，应急管理指挥与协调机构居于核心位置，负责统一指挥、统一协调各个应急管理操作机构的行动；应急管理实际操作机构是主体，负责应急响应的各项具体作业。各个部分按照职责划分履行各自的职责，并相互配合、相互支持，共同应对突发事件。

应急管理组织结构应根据实际需要，加以放大、缩小和补充。在实践中，随着突发事件规模的扩大与升级，应急管理将会形成属地管理、逐级响应的组织结构，管理层级也将从现场位置逐步上移，直至上升到国家层面，如图 9－6 所示。

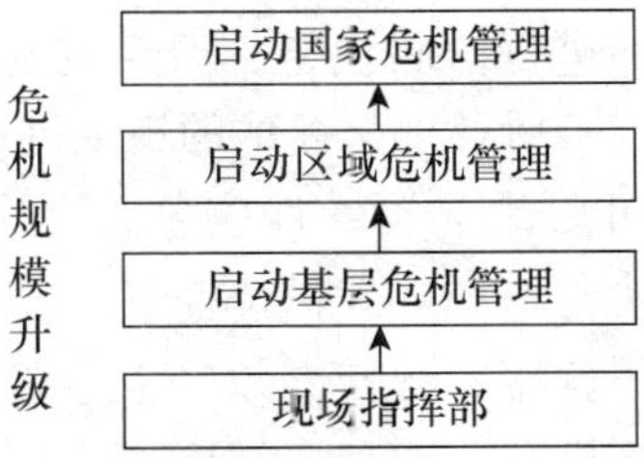

图 9－6　应急管理逐级响应组织结构

9.2.3　应急管理职能

应急管理职能是指应急管理主体施行应急管理的职责与功能，包括职责权限和行为方式。应急管理理论强调对突发事件实施综合化管理，主张给予政府“一揽子授权”，往往采取在法律中确立政府管理公共危机的抽象的集中权限和具体的工作权限的方式。抽象授权只适用于危机状态，而具体授权体现在任何时间和空间。政府在应急管理过程中的职能如表 9－1 所示。

表 9－1　应急管理职能

预防	(1) 将应急管理纳入经济社会发展规划； (2) 加强土地、建筑、工程的标准化管理； (3) 组织实施减灾建设项目； (4) 进行公共安全和风险评估； (5) 监测监控风险源，排查隐患； (6) 进行减灾防灾教育、宣传、培训。

准备	（1）发布预测、预警信息； （2）组织演习培训； （3）编制应对危机的预案； （4）部门之间订立应急管理联动计划； （5）准备应急管理人员、装备、物资等。
响应	（1）启动应急管理预案和措施； （2）实施紧急处置和救援； （3）协调应急管理组织和行动； （4）向社会通报危机状况及政府采取的措施； （5）恢复关键性公共设施项目。
恢复	（1）启动恢复计划和措施； （2）进行重建、修复； （3）提供补偿、赔偿、社会救助； （4）进行评估、总结和审计。

9.2.4 应急管理机制

应急管理机制是对突发事件进行监测预警、面对突发事件进行应急决策和有效配置资源、应急救援处置、事后进行善后处理与评估的一系列机构和职能运行的路径与程序，是涵盖了事前、事发、事中和事后的突发事件应急管理全过程的各种系统化、制度化、程序化、规范化和理论化的方法与措施。我国应急管理机制建设的目标是：形成统一指挥、反应灵敏、功能齐全、协调有序、运转高效的应急管理机制。应急管理机制主要包括监测预警机制、应急管理决策机制、应急资源配置与保障机制、应急管理新闻发布机制、应急管理控制处理机制、应急管理善后处理机制、应急管理评估机制等。

1. 监测预警机制

"预警"一词起源于军事领域，原指提前发现、分析和判断敌人的进攻信号，并把这种进攻信号的威胁程度报告给指挥部门，以提前采取应对措施。后来，这一概念逐渐运用到政治、经济、社会、自然等多个领域。

监测预警是指应急管理主体根据有关风险现象过去和现在的数据、情报和资料，运用逻辑推理和科学预测的方法、技术，对某些风险现象出现的约束性条件、未来发展趋势和演变规律等做出估计与推断，并发出确切的警示信号或信息，使公共部门和公众提前了解风险发展的状态，以便及时采取应对策略，防止或消除不利后果的一系列活动。

建立和完善应急管理的监测预警机制，就是要使风险监测预警成为应急管理的一项重要职能。这既是建立现代化应急管理体系的前提基础，也是实现应急管理从被动应付灾害向主导防范风险转变、从"事后救火"管理向"事前监测"管理转变、从突发事件发生后的"救火员"角色向突发事件发生前的"监测员"角色转变的需要。监测预警机制的功能主要包括信息收集与分析、风险预报、风险监测、信息发布与媒体管理、信息沟通。

（1）信息收集与分析。监测预警机制通过一个多元化、全方位的信息收集网络，将真实的信息以完整的形式收集、汇总起来，并加以分析、处理，去粗取精、去伪存真，并通过快捷、高效的信息网络将风险信息和事态发展情况传送到应急管理指挥系统和相关部门，从而保证风险信息的时效性、准确性和全面性，为应对与处置突发事件提供可靠的信息基础。

（2）风险预报。在信息收集与分析的基础上，对得到的信息进行鉴别和分类，全面、清晰地预测各种危机情况，捕捉危机征兆，对未来可能发生的风险的类型、等级、涉及范围及危害程度做出研判，并在必要时向决策者建议发出危机警报，启动响应和处置程序。

（3）风险监测。在确认突发事件发生后，对引起突发事件的各种因素和事态的发展进行严密的监测，及时搜集事态的有关信息，特别是要监控掌握能够表示事态严重程度和进展状态的特征性信息，对突发事件的演化方向和变化趋势做出分析判断，以便使突发事件处置指挥机构能够及时掌握事态发展动向，调整对策。

（4）信息发布与媒体管理。当突发事件发生时，在情况不明朗、信息不完整的情形下，人们极易凭主观进行猜测，从而导致种种传闻。信息发布与媒体管理要求恰当地选择媒体，尽量及时、准确、全面、客观地发布有关信息，即使在突发事件发生初期不能确切、全面地掌握情况，也应及时、客观地发布有关信息。这样做，有利于保障公众的知情权，有利于树立权威的信息源头形象和设立权威的信息传播途径，减少流言和谣言传播及其负面影响，避免出现不利的舆论导向。漠视公众的知情权，封锁突发事件的信息或不能客观地发布信息，是导致事态扩大、陷入被动的重要原因之一。

（5）信息沟通。应急管理中与利益相关者及有关的政府部门、社会组织及时、有效地沟通信息，是取得相关人员和机构理解、配合与支持的前提。在对抗性危机事件的处理中，信息沟通包括两个方面：一是建立冲突双方之间的谈判沟通渠道，增进交流沟通，减少误解；二是洞悉对方的动机、实力和决心，有针对性地拟订有效的危机处理方案。

完善的监测预警机制主要包括：监测系统、咨询系统、组织网络和法规体系。

（1）监测预警的监测系统。建立监测系统的主要目的是及时发现危机征兆，准确把握危机诱因、未来发展趋势和演变规律。应用大数据等现代科学技术，实现监测的科学性、精准性非常重要。公共危机预警流程如图9-7所示。

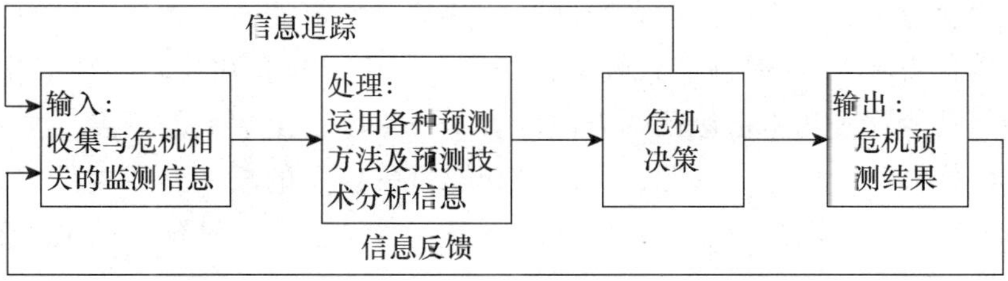

图9-7 监测预警流程

监测预警流程包括：收集、分析信息；将加工整理后的信息和指标与风险预警的临界点进行比较，从而对是否发出警报进行决策；发出警报。因此，预警监测系统包括以下几个子系统：

第一，信息收集子系统。该系统的任务主要是对危机风险源和危机征兆等信息运用大数据技术及理念进行收集。包括：一是预警对象和领域选择，即这种信息收集工作以哪些对象为重点，以什么类型的情况和内容为重点；二是预警目标选择，即初步判断这些对象可能引发哪类危机或契机；三是预警重点选择，即确定哪一个对象最为重要，哪一种潜在的危机或契机可能构成重大影响等。

第二，信息加工子系统。该系统的任务主要是对收集来的信息进行整理和归类、识别和转化，以保证信息的准确性和及时性。

第三，决策子系统。该系统的任务是根据信息加工子系统的结果（信号和指标）决定是否发出危机警报和危机警报的级别，并向警报子系统发出指令。

第四，警报子系统。该系统的任务是当监测结果显示社会中有冲突或危机的征兆时，立即向危机反应者和潜在受害者发出明确无误的警报，使他们采取正确的措施。只有当危机反应者和潜在受害者在接到警报信息后，在事件发生之前做出有效的预防和准备，预警才是有效的。

在大数据时代，为了提高公共危机监测预警的精准性，应采用大数据技术与方法，通过强化数据之间的内在关联来提高预警决策的能力。

（2）监测预警的咨询系统。公共危机预警的咨询系统主要承担的功能是定期沟通信息，提供与危机有关的研究报告，提出危机处置的建议和意见，等等。专家和智囊团可以通过自身专业方面的知识和经验，对危机预测对象的外部环境（包括社会环境和自然环境）以及预测对象的过去、现在的状况及变化发展的过程进行综合分析和研究，为应急决策提供信息，发挥危机预警作用。在各种危机和潜在危机面前，充分发挥咨询系统的作用是保证政府决策民主化、科学化的重要条件。政府危机预警所涉及的领域极具复杂性、广泛性和专业性，这决定了在很多情况下，医学专家、军事专家、地震专家、气象专家、水利专家、管理专家、电脑专家、公关专家和法律专家的作用是其他人难以替代的。为此，应建立畅通的信息沟通渠道，健全专家咨询机制和途径，使应急决策和管理建立在科学的基础之上。

（3）监测预警的组织网络。公共危机预警的组织网络主要包括：一是专门的机构和工作人员，长期从事危机预警的分析、研究与及时报告工作；二是规范化、制度化的监测、防范体系；三是畅通、准确的信息沟通与处理渠道。

（4）监测预警的法规体系。建立和健全公共危机预警的法规体系，目的在于保障公共危机预警“有法可依”，促进信息收集、处理、分析、报告和公开的规范化、法制化。完善的公共危机预警法规体系包括两方面内容：一是制定出相关的制度与法规，规定预警机构有从相关部门、行业、企业、单位等获取有关信息的权利，相关部门、行业、企业、单位等也有向预警机构提供真实信息的义务；二是公共危机预警的法规制度要体现出激励奖惩作用。

2. 应急管理决策机制

应急管理面临着事态的严峻性、时间的紧迫性、信息的不充分性和可用资源的有限性，这决定了应急管理决策在本质上是非程序化决策。与正常状态下的决策相比，应急管理决策具有以下特点：

（1）应急管理决策是要在信息、资源和时间有限的条件下寻求“满意的”处理方案。一旦危机被察觉和认定，它就必然被列入公共政策议程，而且会排在最优先的位置，其他一切政策问题都必须为之让路，因为事态的严重性不允许决策者拖延不决。

（2）在常态决策过程中，决策目标的设定、决策方案的拟订、决策方案的评估与抉择等，不是直接决策者单独的行为，而是需要相关领域的专家、不同的利益群体、传媒和公众的广泛参与，需要较长时间的反复讨论、磋商、论证。但在紧急状态下，利益群体和公众的参与将非常有限，媒体也主要是协助政府进行社会动员；同时，在应急决策中，为决策者提供咨询的专家数量不多，但他们的作用更为突出。

（3）在紧急状态下，政策的合法化主要是通过已有法律事先授权，即通过事先制定的法律明确规定在危机状态下决策机关及其首脑的决策权限。一旦发生危机，只要所做的决策不违背有关基本法律、不超出这些权限范围，就自动具有合法性，而不需要像常态决策那样，再经过复杂的审议程序。一个国家或地区如果事先没有建立相关的法律制度就必须在危机发生后进行紧急授权。

应急决策主体是指为避免和应对突发事件而履行决策职责、参与决策过程的特定个人（如总统、总理）和组织机构。应急决策机制中的决策主体包括三个方面或者说三个系统：一是依法拥有做出最终决定权力的中枢决断系统，二是辅助中枢决断系统的参谋咨询系统，三是为促进中枢决断系统和参谋咨询系统有效运转、获取决策所需各种资源的协调系统。在有些国家，后两者是合在一起的。

第一，中枢决断系统。

中枢决断系统是指按照一个国家或地区的有关法律，在出现危机状态时，拥有做出最终决定的权力并承担相应责任的特定个人和政府机构。根据所要处理危机类型的不同，构成中枢决断系统的人员和机构的范围也不一样。在面临严重危机或者所做决策高度敏感时，中枢决断系统只是由最高行政首脑及其高级助理和少数核心部门的负责人构成，他们往往组成应急决策特别小组。

第二，参谋咨询系统。

参谋咨询系统由具有专业知识和相关经验的参谋咨询人员组成，为中枢决断系统提供有关知识和建议，协助其做出最终的决定，有助于提高应急决策的科学性、有效性。

构成参谋咨询系统的可以是特定职位的个人，如行政首脑的顾问或特别助理，也可以是组织机构，如俄罗斯联邦安全会议科学委员会。一般来说，对于一些发生概率比较高的公共危机，如国家安全危机，可以设置专门的职位和组织机构进行决策；对于一些发生概率很低的偶发性危机，只能在预见某种危机可能发生时或者危机发生后，再临时聘请有关人员或设置临时机构为决策提供咨询。

第三，协调系统。

公共危机涉及不同的部门、不同的行政区域，预防和处理危机需要多个部门的配合。因此，应急决策也必然涉及不同的部门、不同的行政区域，需要有相关的人员或部门负责开展协调工作，以促进应急决策过程，保证应急决策质量。在机构设置上，一是不设置独立的协调机构，而是在相关机构设立专门的部门负责协调工作。例如，美国的白宫办公厅实际上也承担着协调中枢决断系统、参谋咨询系统的工作。二是为协调危机处置与应对工作而设立的专门性综合协调机构，它们在实践中也承担着部分应急决策的协调职能，成为应急决策机制的一部分。例如，美国联邦紧急事务管理署、俄罗斯联邦紧急情况部等都在国家应急管理决策中发挥着一定的协调作用。

应急决策行为也是一种重要的公共管理行为，同样也必须依据法律进行。应急决策行为的法律制度应明确以下内容：一是就防范或处理特定的突发事件而言，谁是决策主体，最终做出决定的是哪个层次的个人和机构、什么范围的人员，是特定决策机关的首脑还是核心群体；二是决策主体的决策权限；三是应急决策的程序；四是最终决策采用的方式，包括决策表决方式等。

应急决策所涉及的上述内容，都应以法律法规的形式加以明确规定。从其他国家的情况来看，涉及这些制度的法律法规可分为几个层次，主要包括：第一，宪法的相关条款对涉及上述内容的问题所做的原则性规定；第二，专门的紧急状态法，例如，美国1976年制定的《全国紧急状态法案》（The National Emergencies Act），规定了全国紧急状态的宣布程序、紧急状态的时间限制、紧急状态下总统的权力、政府财政支出等问题；第三，就有关应急决策机构的构成、权限以及运作方式等制定的法律法规，如俄罗斯制定的《俄联邦安全会议机关条例》；第四，针对具体领域的突发事件制定的法律，例如，美国分别于1950年和1977年制定的《灾害救助法》和《地震灾害减轻法》等；第五，在其他相关法律中拟定的针对性条款，例如，新西兰的《民防法》规定有紧急状态制度，许多国家在战争法、国防法、战争动员令等战争或军事法规中规定战时紧急状态制度。

通过这些法律法规，明确了危机状态下的决策主体及其权限，规范了应急决策行为，从而可以避免在出现紧急危机的情况下决策主体不明、责任不清、权力滥用、程序混乱等现象，减少应急决策失误，尽可能提高应急决策的成功概率。

3. 应急资源配置与保障机制

（1）应急管理资源及其配置问题。

应急管理过程所涉及的资源配置问题，既包括狭义资源，如人力、财力、物力等有形资源，也包括广义资源，如各种社会文化与政治资源。公共管理应对公共危机的能力，不仅取决于所掌握资源的数量与质量，更取决于其配置资源的效率。因此，应急管理中的资源配置与管理的主要问题就是如何使各种资源得到有效配置。

与通过市场机制来配置资源不同，应急管理的资源主要是通过权威机制来配置的。利用权威机制进行资源配置时，并不存在一个相对客观的信号引导体系。因此，要解决应急管理的资源配置效率问题，关键在于引入一个比较客观的评估机制，建立健全一整套资源获取与管理的组织、制度体系，建立和完善综合性的资源协调机制。

（2）应急管理的资源配置与管理机制。

应急管理是政府公共部门的一项基本职能，为了强化应急管理的能力，必须建立统一领导、分工协作的组织体制和资源整合机制，从而有效地把国内资源与国际资源、政府公共部门资源与社会资源整合在一起。

建立一个良好的应急管理资源配置与管理机制，可以从广义与狭义两个方面来理解。从广义上看，应急管理不是某一个或几个公共部门的事情，而是整个公共管理的一种基本职能，应将应急管理融入公共管理的每一个层级和每一个公共部门，即从公共管理的每一个层级和领域内全面地把应急管理与日常事务管理融为一体，把应急管理看成是日常管理的一部分。这就需要通过广义的公共管理体制改革，形成一种及时、高效且具有一定学习能力因而能不断自我革新和自我进步的资源动员与配置机制。从狭义上看，就是要对现有的有关应急管理机构和组织进行优化重组，并适应新的应急管理形势组织新的机构、组建新的队伍，优化应急管理的人力资源结构。在此基础上，建立健全相关的制度，包括适应现代应急管理的财政预算与支付制度、监督与审计制度等，形成规范化、法治化和制度化的应急管理的资源动员与分配、使用、监督、审计和评估机制。

第一，应急管理资源的整合机制。

危机处置的关键，一是反应快速，二是资源整合。就当代各国的应急管理实践来看，危机的类型逐渐从单一型向复合型发展，而复合型危机的处置往往需要多个部门的紧密协作；同时，公众对公共管理绩效的要求越来越高。这些都要求应急管理的职能设置从权力分散向集中领导转变。因此，现在一些发达国家纷纷设置了专门领导和协调应急管理的机构，对危机处置的各项事务进行统一安排。根据国际经验，资源整合重在组织保障，即确保组织内信息通道畅通、信息得到及时反馈、各部门及人员责权清晰、有专门的危机反应机构和专门授权，从而使危机先兆均能得到及时的关注和妥善的处理。

信息资源作为一种重要的战略资源，在当代应急管理中具有越来越重要的作用。结合电子政务建设，建立应急管理的信息系统，形成全国统一的应急管理信息平台和信息共享机制，这对于及时、快速、高效地应对各种公共危机具有重要意义。

我国应急管理是分灾种、分部门进行的，其权力的运作流程相对分散。因此，从中央到地方和基层县市，逐级建立常设性综合应急管理机构，是实现应急管理机制由非常态转向常态、由单项分类管理向系统综合管理转变的重要条件。

第二，公共财政预算与支付制度。

在应对公共危机中，公共财政支出的根本作用在于化解风险，维护社会稳定。有效的应急管理是建立在充分的资源保障基础之上的。因此，在转变政府职能、推动公共管理体制改革的同时，要合理地调整公共财政支出范围，专款专用，确保复杂危机事件得到有效应对。一方面，要在健全应急管理机构体系和对相关职能部门进行整合与机构调整的基础上，把应急管理所需要的经费纳入公共财政预算体系之中；另一方面，要建立公共危机风险防范基金，基金来源可以多元化，主要是公共财政，其次是社会各界及国际社会的捐助。

第三，应急管理的监督与审计。

就当代应急管理的国际经验来看，解决浪费、挪用、滥用乃至盗用和贪污各种应急管理资源问题的主要途径包括：内部控制、第三方评估、社会和舆论监督。这三方面是相辅相成的，只有把这三方面的力量结合起来并使之制度化、法治化，才能形成比较有效的监督机制，片面强调内部控制是不够的。

内部控制的主要任务是在应急管理实践中把相应的公共预算分配和划拨体系、人事管理、组织运行与设施维护计划、应急管理项目评估、成本与管理的审计、对各种物资供应商的支付、现金管理体制等制度性的安排整合起来，使其统一运行。在此基础上，强化科学评估、过程监督与事后审计，而且这种监督与审计结果还必须与事后责任追究相联系。内部控制属于自上而下的控制，只有与外部监督结合才能更好地发挥其作用。

结果（绩效）评估是应急管理的重要方法。在我国应急管理中引入评估机制，特别是第三方评估，可以减少下级部门虚报、谎报危机或灾害而骗取救灾款的行为。

媒体监督是公众监督的一个有效手段。在公共危机处置过程中，对媒体实行管制与发挥媒体的舆论监督作用之间的确存在着矛盾，需要一系列细致的制度安排予以解决。但不能因为应急管理的特殊性而只讲媒体管制、只讲媒体的宣传作用而排斥其舆论监督作用。

4. **应急管理新闻发布机制**

应急管理的新闻发布是应急处置和管理工作的重要组成部分。加强应急管理新闻发布工作的规范化、制度化建设，及时、准确地发布信息，对于妥善处理危机事件、减少损害和维护公共部门的良好形象，具有重要意义。

（1）新闻发布应急响应机制。

公共危机发生后，在启动紧急处置机制的同时，要迅速启动新闻发布工作，在负责处置事件的指挥部下面，设立专门的新闻发布机构，确定专人负责新闻发布工作。新闻发布是处置公共危机的重要组成部分。在研究和决定处置公共危机的方案时，要根据公共危机的不同应急响应级别，成立相应的新闻发布机构，确定新闻发布方案，明确新闻发布内容，组织新闻发布工作，使新闻发布工作更好地为处置公共危机服务。

（2）新闻发布机制。

公共危机新闻发布要坚持及时、准确、适度、"于我有利"的原则。公共危机的报道一定要抢时间，争取先声夺人。只有及时地报道，才能有效地引导舆论，避免和减少猜测性和歪曲性报道，争取主动权。

快速、及时一定要以准确为前提。要认真细致地核查事实，为确保发布信息的准确，对一些尚未弄清全部情况、较为复杂的突发公共事件，可先发简短消息，再做后续报道。

新闻发布要注意适度，讲究策略，认真策划，循序渐进，充分考虑到公众的心理接受能力，注意消除和化解公众的恐慌情绪，维护社会的稳定。

新闻发布应该"于我有利"，有利于事件的妥善处置，有利于保护人民的生命和国家财产安全，有利于树立公共部门的形象。达到上述目的，需要我们有较高的政策水平和新闻发布专业知识，需要去学习和在实践中摸索总结。

新闻发布要得到授权，发布的内容要按程序报批，无新闻发布职能的部门和个人，不得擅自就公共危机事件处置工作接受记者采访或发表谈话，以避免说法不一，造成信息混乱。负责新闻发布工作的部门，应及时把新闻发布的内容和有关答问口径向参与处置公共危机的其他部门通报。

新闻发布可由新闻发言人通过新闻发布会、吹风会、散发新闻稿、接受记者采访或书面回答记者提问等多种方式进行，采访应优先安排中央或当地的权威新闻媒体。要注意针对不同媒体，如电视、广播、报纸、互联网等各自特点，接受采访，发布新闻。

（3）中外记者采访管理机制。

新闻工作机构要及时受理中外记者的采访申请，采取符合国际惯例的、科学的、有效的管理方式，主动向记者提供危机事件的有关信息；如果有必要，还应设立新闻中心，并提供电话、传真、上网以及电视信号传输等服务，为记者的采访提供方便。要使记者有正式的渠道获得权威信息，避免根据猜测和传闻做报道；要使记者清楚在哪里了解情况、找谁了解，而不必四处打探消息。

要加强对记者采访的组织、现场管理工作。出于抢救工作及其他因素考虑，可以划定区域，不让记者进入现场，但应该对记者说明原因；在不影响事故抢险和记者安全的情况下，则可以尽量安排一些记者进入现场，并为其提供便利。对记者的管理要避免简单生硬，要把管理工作与正面信息的提供与采访安排结合起来。

(4) 境内外舆情跟踪和通报机制。

负责新闻发布工作的机构要密切关注境内外媒体的报道，汇编舆情简报，及时向上级和有关部门通报，并组织有针对性的舆论引导工作，澄清事实，解疑释惑，驳斥谣言。

知识链接 9-1

舆情管理六原则

第一，时间原则："黄金4小时"。在以报纸、广播、电视为典型的传统媒体时代，处置突发事件有"黄金24小时"之说，即在事发24小时内发布权威信息，引导舆论走向，对于成功平息危机事件、应对舆情具有决定意义。在互联网时代，信息传播速度飞快、传播广度空前，这一有效应对时间变为"黄金4小时"，只有把握最佳处置时机才能顺势而为、主动作为。

第二，公开透明原则：流言止于公开。路演是一种畸形的舆论形态。坚持公开透明原则，阳光应对舆论事件，不仅可以防止流言的产生，还可以在流言四起的不利条件下化解危机、扭转局面，甚至重塑形象。

第三，坦诚原则：心诚、话诚、身诚。坦诚不只是立身之本，做人底线，还是立于不败之地的舆论应对技巧，也是在舆情危机形势下实现扭转的最佳策略。

第四，口径一致原则：用一个声音说话。口径不一、言语互相矛盾，是舆论管理的大忌。信息的矛盾会造成公众的困惑、猜疑甚至恐慌，导致舆论秩序混乱，进而导致政府权威性和公信力的丧失。

第五，留有余地原则：不要过度承诺。这是指在舆论的引导过程中，不要把话说得绝对，不能把承诺说过度，为后续的跟进和回应留下空间。要做到心中有数、心里有底，能够张弛有度，应对自如。

第六，切割原则：断开与负面信息的联系。通过断开与负面信息的联系，将主体部分抽离出来，保存元气，避免负面舆论进一步扩散，伤及整体，全军覆没。切割不是推卸责任，切割过度也会导致弄巧成拙。

资料来源：艾学蛟．领导干部读懂舆情管理的第一本书．北京：台海出版社，201[illegible]：140-166.

(5) 互联网信息安全管理机制。

互联网作为一种新兴和特殊的媒体，具有传播快、影响大、互动性强、管理困难等特点。一方面，要充分发挥和利用互联网的优势，及时传达政策、举措以及各种正面信息，主动引导舆论，同时利用互联网信息汇聚的特点，将其作为了解、搜集舆情的重要来源；另一方面，要警惕并及时删除各种歪曲事实、煽动矛盾、影响公共危机处置的有害信息，及时封堵境内外一些采取恶意攻击和敌视态度的网站。

(6) 突发事件分类处理新闻发布机制。

对自然灾害、事故灾难、公共卫生事件等危及公共安全并对全局有重要影响的突发公共事件，应及时组织新闻发布；对于一些涉及重大政治性、群体性、危害国家安全、损害国家形象的社会安全事件的新闻发布要十分谨慎，并要得到统一的授权。

在公共危机事件应对处置过程中，新闻媒体作为应急管理组织的主要合作对象之一，在危机状态下，发挥着极其重要的作用，承担着多重任务。应急管理组织要从控制社会秩序、防治危机升级和不必要的恐慌等实际出发，有目的、有选择地控制信息源和信息传播渠道，这就涉及妥善利用新闻媒体力量的问题。

媒体应对就是在危机发生前后及过程中，管理者面对组织内部、大众媒体和社会公众展开的信息交流。媒体应对的主要任务是：第一，缓和恐慌情绪；第二，维护正常秩序；第三，创造舆论环境；第四，修复组织形象。

危机传播的第一原则是将公众的利益置于首位；第二原则是局部利益要服从全局利益；第三原则是危机应对单位应立即成为有关危机事件的第一消息来源人，掌握对外发布信息的主动权——在最快的时间、最小的范围内将危机事件的影响控制在最低限度。

5. 应急管理控制处理机制

应急管理的控制是指应急管理者通过监督、监察等行为，保证突发事件应对处置活动按照应对计划进行、实现应急管理目标，并不断纠正各种偏差的活动过程。从管理学的角度分析，在行动之前进行控制，称为前馈控制；在行动之中进行控制，称为同期控制；在行动结束之后进行控制，称为反馈控制。

应急管理的前馈控制能够在实际工作开始之前防止问题的发生，而不是出现问题后再补救。应急管理的同期控制是指活动开始以后，对正在进行的管理活动进行检查监督，及时采取纠偏措施，加以控制。当然，在这一过程中，越早发现问题，越早纠偏，就越能及早防止出现重大问题，避免发生重大损失，将问题消灭在萌芽状态。应急管理的反馈控制是指在应急管理过程结束以后，按照危机应对计划要求检查各项危机应对的结果，进行总结评价。反馈控制的主要作用，是通过总结过去的经验、教训，为未来危机应对计划的制订和活动的安排提供借鉴①。

知识链接 9-2

突发事件中网络民意的应对

突发群体性事件在发生蔓延初期，网络上都会有端倪，应做好网络舆情的监测研判和分析，避免其扩大和全面爆发，甚至转化为现实行动。具体的应对方式如下所示：一是加强网络舆情监测。建设舆情监测站和舆情分析团队，及时发现网络舆情热点并跟踪负面言论和行动，掌握信息源，建立即时动态的舆情跟踪和处理机制。在移动互联网快速发展的新媒体环境下，群体性事件经网络动员在短时间内会产生海量的信息，信息种类和话题繁杂，传播速度快，难以掌控，因此，做好监测预警，在一定程度上可有效防止事态升级。二是建立网络舆情快速反应机制。提高政府对网络民意“敏感点”“热点”“爆发点”的监控，建立针对突发事件、热点事件、重大事件的网络舆情快速反应机制。三是建立网络民意导入政治决策程序。网络民意只是部分民意，或者说是民意的一种表达形式，其特点是直接、快速、方便。把网络民意转化为公共意见和公共利益，需要有

---

① 肖鹏军．公共危机管理导论．北京：中国人民大学出版社，2006：97.

一个特定程序。四是建立网络民意和传统民意衔接机制。虽然互联网在表达民意方面的影响和作用越来越大，但网络民意的局限性也十分明显。必须始终坚持从“主渠道”途径了解民意，建设沟通民意的制度化、程序化通道。

资料来源：庞宇．移动互联时代突发群体事件动员结构及其治理路径//国家行政学院博士后管理委员会办公室．政府治理体系与治理能力现代化研究．北京：国家行政学院出版社，2015：354．

6．应急管理善后处理机制

当危机事态得到控制，人们从紧张和失衡状态中恢复后，并不意味着应急管理的过程已经结束，此时应急管理进入一个新的阶段——善后处理阶段。应急管理有两个重要的任务：一是以危机问题的解决为契机，进行危机后的恢复重建和危机责任人员的责任追究，慰藉公众的惊恐心理和恢复其生活信心，巩固应急管理的成果，防止危机的复原和反弹；二是从危机中总结经验教训，堵塞应急管理中的制度、机构和政策漏洞，制定长期的反危机战略，真正从危机事件中受益。

公共危机的善后处理机制主要包括以下几个方面的内容：一是灾后生产、生活基础设施的重建和秩序的恢复；二是按照程序清算损失；三是赔偿损失，抢救受伤人员，救济群众，对住房、食品、用水、医疗、生产资料等进行妥善安排；四是对公众灾难心理创伤进行安抚和慰藉；五是进行事故调查与危机直接责任人员的处理。危机事件的发生和灾害影响的扩散，往往是由于官员玩忽职守、官僚主义、行政腐败、制度漏洞等。事故调查机构应客观地甄别事故发生的原因，界定事故的性质和责任，提出对事故责任者的处理建议，提出事故处理以及防止类似事件再度发生的政策建议。处理的结果要尽快公之于众，既给受害者一个明确的说法，又维护了法律的尊严和责任政府的良好形象。

因此，应急管理应采取各种策略和措施，通过对直接责任者的追究、社会保险和社会保障资金的援助、心理咨询机构的心理慰藉，抚平受灾和受害公众的心理创伤，使他们尽快恢复生产和生活信心。

7．应急管理评估机制

应急管理的评估机制是应急管理的一个阶段性总结。将危机防范的意识和应急管理的评价专门化、制度化，使其成为一项常规工作，这有助于避免将来不必要的损失。

应急管理评估是指依据科学与综合的评估指标体系，运用严格的程序和科学方法，对公共危机处置结果进行测量的活动。公共危机处置结果包括：做了什么——业绩，做得怎么样——质量、水平、效率，社会影响和公众的反应。

应急管理评估应坚持客观性、准确性和时效性原则，评估的内容主要包括：应急管理架构的评估、公共危机预警情况的评估、应急管理计划完备性的评估、应急管理沟通的评估、公共危机的媒体管理评估、应急管理措施的评估和应急管理效果的评估。

科学构建评估指标体系，既要考虑应急管理的经济效益和社会效益，也要考虑短期效益和长期效益、直接效益和间接效益；要建立统一性指标与专业性和特殊性指标相结合的、综合的、多层次的绩效评估指标体系，避免出现评估指标对被评估者产生逆向激励效应；要建立和完善评估指标体系和评估基础资料数据库，使应急管理目标能够量化和具体化，从而为评估提供技术支持。

应科学、合理地运用评估方法，注重评估过程中定量评估与定性评估有机结合、内部管理评估与社会效应评估相结合。

9.2.5 应急管理法制

应急管理是非正常状态下的公共管理。应对危机，既要采取非程序化决策和充分行使自由裁量权，又必须依法行政。应急管理法制是整个国家法律体系的重要组成部分。应急管理法制是事发、事中和事后的突发事件应对全过程涉及的法律、行政法规及相关制度，各领域的应急管理法制如图 9－8 所示。

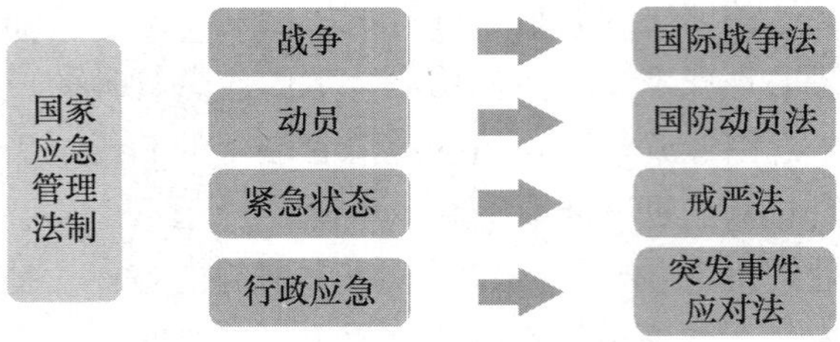

图 9－8 应急管理相关法制

1. 应急管理法制的含义和特点

应急管理法制属于非常态法制，是针对突发事件引起的公共紧急情况制定或认可的处理国家权力之间、国家权力与公民权利之间、公民权利之间的各种社会关系的法律规范和原则的总和。作为预防、控制、处置危机的法律手段，应急管理法制是整个国家法律体系的重要组成部分，是一个国家或地区在非常规状态下实行法治的基础。

应急管理法制的基本功能就是在公共危机状态下，保障全社会能够恢复正常的社会生活秩序和法律秩序，维护和平衡社会公共利益与公民合法权益①。

应急管理法制具有以下特点：

（1）内容和对象上的综合性、边缘性。由于公共危机产生原因的多方面性、表现形式的多样性、损害程度的多层次性、危机性质的差异性、调控任务的多目标性，因此应急管理的法律规范必然具有很强的综合性、边缘性。

（2）适用上的临时性和预备性。一般的法律部门调整的是社会的常态，它经常性地在法律规定的时间和空间区域内发挥调整作用；应急管理法律就是要在难以预计的情况下，预计可能发生的危机事件，规定应急处置、化险为夷的方法，调整的是社会的非常态。

（3）实施过程具有很强的行政紧急性。在非常规状态下，与立法、司法等其他国家权力相比，与法定的公民权利相比，行政紧急权力具有某种优先性和更大的权威性，例如可以限制或中止某些法定公民权利。即便没有针对某种特殊情况的具体法律规定，行政机关也可进行紧急处置，以防止公共利益和公民权利遭受更大损失。而且，行政紧急权力在行使过程中遵循一些特殊的行为程序，例如，可通过特别简易程序紧急出台某些

---

① 韩大元，莫于川. 应急法制论：突发事件应对机制的法律问题研究. 北京：法律出版社，2005：4-5.

政令、措施和决策。这一特性，不言而喻地存在着对公民权利造成严重伤害的可能性①。

（4）立法目的上更强调对权利的保障。常态法制要保护权利，应急管理法制更需要强调对公民权利的保障。因为，在紧急状态下比在常态下权力更容易被滥用，公民权利更容易受到紧急权力的侵害。因此，各国的应急法律都强调对公民权利的保障。

（5）法律制裁具有更大的严苛性。应急管理法律是针对突发事件对社会的高度破坏性和对公众利益的严重损害性而制定的，它调整的是社会非常规状态下的权利义务关系，所以它与社会常态下的法律相比应当具有更大的严苛性。同样的违法行为，在社会常态下其产生的后果要轻得多，因而其制裁就轻一些；而在危机情形下就会产生更为严重的后果，因而处罚就必须重一些。

2. 我国应急管理法制体系的组成

我国从1954年首次规定戒严制度至今，已经颁布了一系列与应急管理有关的法律、行政法规、部门规章，各地方根据这些法律、法规又颁布了适用于本行政区域的地方法律、法规，从而初步构建了一个从中央到地方的突发事件应急处理法律规范体系。其组成主要包括：

第一，战争与政治突发事件法律规范；第二，恐怖性突发事件法律规范；第三，骚乱性社会突发群体事件法律规范；第四，灾害性突发事件法律规范，主要针对地震灾害、洪涝灾害、环境灾害、地质灾害等自然灾害引发公共危机所制定的法律规范；第五，各种安全事故引发的危机法律规范，主要有交通运输安全方面的法律、法规，核事故、放射性污染防治方面的法律、法规，公共卫生事故、剧毒物品管理方面的法律、法规，火灾事故方面的法律、法规，生产安全事故方面的法律、法规等；第六，其他有关应急管理的法律规范，包括公民权利救济法律规范、金融危机防治方面的法律规范等。

此外，在我国批准和签署的国际条约、协议中，涉及一般紧急状态法的有20余个。这些法律法规，在防治和处理各种公共危机中发挥了积极作用。

3. 我国应急管理法制的原则

一般来说，应急管理法制的原则分为两个层次：第一个是从宏观方面对应急管理进行全面指导的“基本原则”，它们贯穿于应急管理法制的始终和诸方面；第二个是从微观方面对应急管理的某一领域进行单项指导的“具体原则”，它们的适用范围仅限于应急法制的某一方面②。

（1）我国应急管理法制的基本原则。

1）法治原则。法治原则不仅是其他形态法制通用的原则，而且是应急管理法律体系的原则。现代政府的权力是受到严格制约的，在危机状态下，为了使政府能够带领民众战胜危机，需要依法授予政府“紧急权力”，但紧急权力同样受到紧急状态法的严格制约。因此，现代的法治政府是通过实施法律、通过公民的参与、通过政府与公民的良性互动来维护公共秩序和公共安全的。现代应急管理都是建立在法治基础上的管理，它的一切管理理念、管理手段、管理方法都要服从法律的规范。

---

① 莫于川. 公共危机管理与应急法制建设. 临沂大学学报，2005，27（1）.

② 韩大元，莫于川. 应急法制论：突发事件应对机制的法律问题研究. 北京：法律出版社，2005：51.

2）应急性原则。应急性是应急管理存在的前提，是紧急权力存在的前提。应对公共危机之所以动用紧急权力，是因为不采取紧急措施就无法控制危机的扩散和升级。与应急管理有关的一切法律制度，都必须与应急性原则相适应。在行政法上，应急性原则是法治原则的必要补充，即在必要情况下为了国家利益和社会公共利益，政府可以运用紧急权力，采取有效的应急措施，甚至可能给行政相对人的法定权利和合法利益带来某些限制和影响。应急性原则的另一层含义在于：为保障重大公共利益，维护正常的经济、社会和法律秩序，政府可以在面临重大突发危机事件时采取紧急措施，既包括实施法律法规明确授权的行为，也包括先予实施没有法律授权的紧急措施并于事后请求追认，甚至包括暂停某些法律规范的实施；既可以对公民的某些宪法权利加以限制或剥夺（但不能剥夺公民的基本人权），也可以设置一些较平常时期更为简易的紧急程序（当然也不排除针对某些特殊行为设置比常态下更严厉的程序约束）。应急性原则改变了日常法律确定的国家机关与公民之间的权利与义务关系，将重心向国家机关倾斜，使政府可以在第一时间采取紧急处置手段，有助于及时、迅速、有效地控制危机事态的发展。

3）基本权利保障原则。紧急权力是一把“双刃剑”，它既能增强政府带领民众战胜危机的能力，也可以使政府这个“利维坦”① 变得更加可怕，从而侵犯或剥夺公民的基本权利。这样就会使应急管理失去现代社会不可或缺的政治基础，使政府的紧急权力失去合法性。因此，保障人权和基本权利既是民主法治精神的核心理念之一，也是任何紧急权力不可逾越的界限。

当然，政府使用紧急权力，必然会使公民的一些权利受到影响和限制，这种人权的克减与基本权利保障原则并不矛盾，因为使用紧急权力最终也是为了对公民的人身安全和财产安全提供保护。但是，这并不意味着在紧急状态下所有的人权都可以予以克减，也不意味着政府可以随心所欲地施加这种克减。某些人权是绝对的，即使在紧急状态下也不能予以限制和剥夺②。

（2）我国应急管理法制的具体原则。

我国应急管理法制的具体原则，是应急管理法制基本原则的细化和延伸。它主要是根据应急管理的特征，从目的、方法、手段和后果等方面对应急管理法律制度提出的较为细致的要求，它不能违背应急管理基本原则的精神③。

应急管理法制的确立和运行应遵循以下具体原则：

1）公共利益原则。公共危机是发生在公共领域的危机事件，危机威胁到的是全社会，或者局部社会的利益，可能给全体民众，或者部分民众的生命健康和财产造成巨大损失。因此，公共危机影响到的是公共利益，而应急管理的目的就是维护公共利益，维护公共安全，使公共利益和公共安全免受公共危机的损害，这是进行应急管理、运用紧急权力、对人们的部分权利进行限制的正当基础。

2）比例原则。比例原则是指对人民基本权利的限制必须使目的与手段之间符合一定

---

① “利维坦”（leviathan）的词意为裂缝，在《圣经》中是象征邪恶的一种海怪，通常被描述为鲸鱼、海豚或鳄鱼的形状。托马斯·霍布斯（Thomas Hobbes，1588—1679）借用此名，用以比喻一个强大的国家。

② 郭春明. 紧急状态法律制度研究. 北京：中国检察出版社，2004：195.

③ 韩大元，莫于川. 应急法制论：突发事件应对机制的法律问题研究. 北京：法律出版社，2005：57.

的比例，使限制和保护之间达到某种均衡。也就是说，即使国家机关行使的紧急权力是合法的，也应当保证紧急权力的行使有一个合理的限度，与紧急危险和危害的性质、程度与时间相适应，尤其是限制公民权利的紧急措施，其性质、方式、强度和持续时间等必须以有效控制危机为必要，不能给公民带来不必要的损害，应尽可能将损失和侵害降到最低限度。

3）主动性和防范性原则。主动性和防范性既是现代应急管理的原则，也是现代应急管理与传统危机应对的一个重要区别。传统危机应对的重要特征是被动应对，而现代应急管理的一切思路和方法，都建立在主动和防范的基础上。在应急管理的机制里，危机预防、危机预警、危机预案使危机爆发后有关主体按照事先准备好的各种方法去处理。因此，应急管理法制必须在制度上确保应急管理把重心放在主动性和防范性上。

4）积极责任原则。与常态法制一般比较注重政府的消极责任有所不同，应急管理法制更强调政府科学、及时、有效应对危机的积极责任。政府在应急管理中承担着主要责任，发挥着核心和领导作用，应急管理的成败与否，在很大程度上取决于政府部门和公务人员履行职责的效果和效率。为此，应急管理法制应建立健全比常态法制更为积极、更为严厉的政府行政责任，督促紧急权力的积极规范行使。

5）权益救济原则。应急管理法制的权益救济原则与行政法层面的权益救济原则有所不同。行政法层面的权益救济通常是指行政管理相对人的权利受到行政机关侵害时，依法通过行政救济方式（如行政复议）和司法救济（如行政诉讼、行政赔偿）方式来纠正违法或不当的行政侵权行为，使受损害的权益得到恢复或补救①。应急管理法制的权益救济原则包括：一是当公共危机对群众的权利造成侵害时，如果是企业的生产事故造成的危机，企业必须承担对受害者的权利进行赔偿的责任。二是当政府对危机爆发负有某种责任时，政府应当承担对受害者的权利进行赔偿的责任。三是当公共危机的引发源于自然灾害，没有特定的责任者时，政府应尽其所能，发动所有的力量应对危机，使危机的损害降到最低。四是在危机应对的紧急情况下，人们为了控制危机蔓延，防止危机升级，往往会牺牲一些较小的利益来保护较大的利益。在危机之后，应根据情况对受害人的损失做出一定的补偿。

从我国应急管理法制的现实情况看，各种应急管理法律制度中对应急管理法制的原则并未做出系统和详细的规定，仅在少数单行法规中就“积极责任原则”和“主动性和防范性原则”中的预防内容做了一些简单的规定，其他方面大都还是立法的空白领域，加之作为“非常状态基本法”的“紧急状态法”和一些重要领域的基本法律，如“国家减灾基本法”都未出台，因此，很难在应急管理法律制度中形成人们处理问题的基本准则和系统的行为标准。实践证明，应急管理法制具体原则的缺失是我国应急管理的法治化水平不高的重要原因，这是今后完善我国应急管理法制的努力方向。

4. 应急管理中的行政紧急权力法治

应急管理中的行政紧急权力法治指的是行政紧急权力的法律规制。

---

① 邓国良，贾江滔．公共安全危机事件处置研究．北京：中国人民大学出版社，2004：64.

（1）应急管理中的行政职责。

公共管理的基本目标就是实现公共利益、维护公共秩序。因此，当公共秩序、生命健康和财产安全受到威胁的时候，公共管理必须采取可能的手段给予救助。虽然对公共事务的治理已出现了主体多元化趋势，对于许多突发公共事件而言，私人或其他社会组织在预防、制止与摆脱危机方面都发挥着不可忽视的作用，但政府公共部门作为公共管理的核心主体，承担着有效防止突发公共事件的主要责任。积极应对公共危机、保护人民生命财产安全、维护公共利益和社会秩序，正是作为公共利益代表的政府公共部门责无旁贷、义不容辞的天职，这也正是各国危机法律中赋予行政机关广泛的行政紧急权力的目的所在。

在公共危机事件出现后，各级政府及其部门应当按照相关法律法规的要求积极主动履行应对危机的法定职责，包括迅速启动应急预案，组织突发事件信息的收集、分析、报告和发布、交换共享，采取对突发事件现场予以控制、紧急救助以及防止危害扩大等各种措施，组织应急设施、设备、救治药品、医疗器械及其他物资和技术的储备与调度等。这些法定职责具体落实到应急管理的全过程，分为事前、事中、事后职责三部分。事前职责是指对突发事件的预防和应急准备职责，事中职责是指对发生或可能发生的突发事件的应急预警和应急处置职责，事后职责则主要是指突发事件结束后的恢复与重建职责。

正确理解应急管理中的行政职责，应注意以下两点：第一，为了应对危机，必须赋予政府公共部门权力和责任，使其能够根据紧急情况依法限制公民的权利、增加公民的义务。第二，应急管理中政府公共部门的各项职责与其他常态事务的管理职责一样，具有法定性、不可随意处分性。不履行、怠于履行、不完全履行或不依法履行其应当履行的职责，将构成为违法或犯罪，要承担相应的法律责任。

（2）应急管理必须依法行政。

依法行政就是行政机关依法行使权力，或者说，行政机关行使权力、管理公共事务，必须有法律授权，并依据法律规定行使权力。职权法定、法律优先、法律保留、依据法律、职权与职责统一，是依法行政的重要原则。

依法行政是法治的具体体现，依法行政的实质在于行政权力要受到法律的约束。正常状态下需要依法行政已是众所周知的，而在非常态或紧急状态下要不要依法行政，具体说是行政紧急权力要不要受到法律的控制，则无论是在理论上还是在实践中都经历了漫长的讨论。行政紧急权力在相当长的历史时期内都不受法律的规制，而且这种现象被视为理所当然。但是，各国的政治制度和民主法治发展的轨迹表明，行政紧急权力及其运用正在不断地被纳入法治的轨道。行政紧急权力要受到法律的控制，其原因在于：

第一，同其他行政权力一样，行政紧急权力同样有被滥用的可能性。行政紧急权力既是紧急状态下一种必要的权力，又是一种最危险的权力。如果认为情况特殊，政府公共部门就可以为所欲为，各部门、各地区可以各行其是，权力就会无序行使，社会就会出现新的混乱。而且，行政紧急权力是一种影响力和支配力极大的权力，稍有不当就可能影响国家的命运和人民的根本利益。行政紧急权力在一些国家的运用实践表明，它是一种最容易被滥用的权力。

第二，行政紧急权力如果没有合法的权力来源，就不会具有普遍的、持久的感召力；行政紧急权力如果没有必要的规范和约束，就难以取得法律强制力的支撑；行政紧急权力如果没有必要的自律和他律，就得不到国民的普遍认同和支持。

第三，紧急事件的不断出现以及各国之间的相互学习，使人们逐步认识到了处理紧急事件的一些基本规律，从而为紧急状态下的法治化创造了条件，也打破了紧急行政权力不能或难以规范的神话。

因此，将行政紧急权力纳入法治轨道，建立相应的应急法制，同样是应急管理所必需的。一个有较高治理水平的法治政府，不仅能在正常社会状态下运用法律维护好社会秩序和国民权益，而且在非常时期也能做到依法办事。

(3) 行政紧急权力的法律规制。

在紧急状态下，为了有效、及时地控制和消除突发事件引起的社会危害，有必要赋予政府公共部门较平时更多、更广泛和更具强制性的公共权力——行政紧急权力，包括对一定突发事件或紧急状态的确认权、紧急立法或紧急命令权、限制或禁止公民部分基本权利和自由的权力、紧急征用征收的权力以及采取其他紧急处置措施的权力等，从而保证政府公共部门拥有必要的权力和充分的行为能力来防治和应对公共危机。但是，按照依法行政的法治原则和精神，行政紧急权力必须在法律规制下行使，并受到必要的监督。只有这样，才能既保障政府公共部门有效地应对公共危机，又能防止和尽量避免相应权力被滥用和对公民基本权利及自由的侵犯。行政紧急权力在应急管理中受到的法律规制主要体现在以下几方面：

第一，范围规制。这实际上是法律保留原则的体现。法律对于政府在紧急状态下有效、及时处理各种突发事件，应对危机所必须具有的权力，事前都尽可能加以详尽、明确的列举规定，如制定和发布具有限制人身自由的强制措施及处罚的条例、决定、命令的权力；做出对疫区实施封锁、对被污染水源实施封闭决定的权力；命令停止集市、集会，停工、停业、停课，征用房屋和交通工具，以及强制疏散、强制隔离、强制检疫、强制治疗的权力；等等。现代法治既不允许政府公共部门即使在紧急状态下任意确定自己行使何种权力，也不允许随意伤害公民的权利，而是要框定行政紧急权力限制公民权利的范围和边界。

第二，程度规制。行政紧急权力的行使不仅有范围的限制，还有程度上的约束，这主要是要求行政紧急权力以及紧急措施要符合比例原则。比例原则又称“禁止过度”原则，具体含义包括：(1) 适当性或妥当性原则，是指行政主体采取的措施及方法应有助于行政目的的实现；(2) 必要性或最小侵害原则，是指行政行为应以达到行政目的为限，不能给相对人造成过度的不利影响，在有多种可以达到行政目标的手段和方法可选择时，应选择对相对人权益损害最小的，不能超过必要限度；(3) 均衡或相当性原则，是指采取行政措施所造成的损害，不得与达成的行政目的的利益明显失衡，即行政主体所采取的措施产生的损害，不可以超过所采取措施带来的好处，即不能为实现目的而不择手段。比例原则的核心是要求行政自由裁量权的行使要保持在适当、必要的限度之内。

规制行政紧急权力的比例原则主要是强调紧急应对措施的“必要性”，即使是不突破人权的底线，政府公共部门应对突发事件采取的措施，也应当与突发事件可能造成的社会危害的性质、程度和范围相适应；有多种措施可供选择的，应当选择造成损害最小的措施。

第三，程序规制。正当程序原则在紧急状态下受到限制已是国际惯例，然而政府公共部门行使行政紧急权力应当遵循必要的、明确的法律程序规定，也已被很多国家的立法机关所接受。履行正当程序的重要保障是政务公开制度。政务公开是现代公共管理发展的一个重要趋势，有时政务公开程度也被称为透明度。政务公开在突发事件与紧急状态下较平时更为重要。公共危机事件与紧急状态下行政紧急权力的行使要遵循一些特殊的行为程序，但不能不受到程序的规制。权力必须按照一定的程序行使，程序的公正、公开是现代法治的应有之义，也是我国目前行政紧急权力法律规制所缺乏和急需完善的。

第四，目的和条件规制。现代行政法规范和控制政府权力的重要方式之一，即在法律授予政府公共部门权力时明确规定授权的目的，在授予政府公共部门紧急权力时尤其如此，以制约政府公共部门及其工作人员在法定目的范围内行使所授权力，防止其滥用紧急权力。同时，通过紧急状态法和其他有关法律确定政府公共部门行使紧急权力的条件。在紧急状态下，政府公共部门虽然享有比平时更多且更具强制性的权力，但是，法律授予政府公共部门这些权力是附有条件的。如果政府公共部门违反法定条件行使权力，即构成滥用权力，将因此被追究法律责任。

5. 应急管理中的公民权利保障

（1）应急管理中公民权利保障的必要性。

现代应急管理以法治为原则，以保障人权为核心。在应急管理中强调公民权利保障的必要性主要体现在以下几点：

第一，公共危机的出现意味着一种可以对公民权利加以必要限制的正当的国家紧急权力，而且这种权力比正常权力更具权威性、强制性。但是，这种权力比正常权力更容易被滥用，而紧急权力滥用的最直接后果就是对公民权利的过度侵害。因此，在应急管理中，在保证有效地应对危机的同时对紧急权力加以必要的约束，从而保障公民权利不受非法的、过度的侵害，就显得非常必要和重要。

第二，无论是行使紧急权力，还是限制公民权利，最终还是为了更好地实现对人权的保障。从公共部门角度讲，无论是增强应急管理能力，还是行使行政紧急权力采取紧急措施，归根结底都是为了更及时、有效地保护人民的生命财产安全；从公众角度讲，紧急状态下对其权利加以必要的限制并不是不保障人权，而是维护个人权利的方式改变了。因此，保障公民权利是应急管理及其立法的终极目标和价值。

第三，我国第四次宪法修正案不仅写进了“紧急状态”条款，同时也写进了“国家尊重和保障人权”条款，这一原则在非常态下仍然适用。因此，在应急管理中保障公民权利也是落实宪法的需要。

（2）应急管理中的公民权利及其救济。

目前，世界上最主要的三个人权公约——《公民权利和政治权利国际公约》《欧洲人权公约》《美洲人权公约》都对紧急状态下的人权保障做出了原则上的规定。我国在1998年10月5日签署了《公民权利和政治权利国际公约》。该公约所确立的紧急状态下人权保障的原则有比例原则、非克减原则、非歧视原则等。应急管理中的公民权利主要包括：

第一，不可克减的基本人权。从法理上讲，人权既有绝对性也有相对性，人权的绝对性在紧急状态下得到了最好的体现：某些人权是绝对的，即使在紧急状态下也不能给予限制。不可克减的基本人权既划定了人权保障的最低标准，也划定了政府行使紧急权力限制人权的底线或范围，如果应急措施或紧急权力限制或剥夺了宪法或法律规定的这些人权，其就构成了违宪或违法行为，将受到法律追究。当然，从各国宪法和紧急状态法来看，不可克减的人权范围和种类不一。

第二，知情权。在民主政治体制下，政务公开是公共部门的义务与责任，知情权则是公民的基本权利。在紧急状态下，建立健全政务信息公开制度能够使广大公众迅速、及时、准确地了解突发危机局势的真相以及相关信息，这不仅有助于动员社会成员万众一心、同舟共济，自觉投入处置和应对突发事件的行动中，还有利于减少因信息闭塞而造成的不必要的损失，有利于遏制谣言的传播，最大限度地稳定人心，维护社会安定。

当然，知情权是有限制的，涉及国家秘密、商业秘密或者个人隐私的信息不在知情权的范畴内，依法不予公开。应急机制下政务信息公开的本质仍然集中在知情权以及知情权的限制问题上。

第三，监督权。在我国，公民对国家机关，特别是对行政机关及其工作人员的监督，是宪法规定的公民的基本权利。国家紧急权力主要是法律规定下的行政机关的自由裁量权，但任何权力都必须受到监督和控制。虽然公民个人监督形式在紧急状态下与平常时期有所不同，但是国家应建立突发事件举报制度，任何单位和个人都有权向上级人民政府及其有关部门举报地方人民政府及其有关部门不履行突发事件应急处理职责，或者不依规定履行职责的情况。和知情权一样，公民拥有了监督权，就可以积极地投身到抗击危机局势的斗争中，成为消除危机局势不可忽视的力量。

第四，紧急救助请求权。当发生突发事件或紧急状态，处于危难中的公民或组织有权利向有关政府及其职能部门请求救助，国家有义务提供必要的救助，如组织营救和救治受害人员，疏散、撤离、安置受到威胁的人员，提供生活必需品、临时避难场所等保证公众基本生活的措施，等等。具体来说，紧急救助过程分为两个阶段：一是救助生命阶段，二是帮助被救助人维持生存并恢复正常生活阶段。在危机状态下，每个公民都享有平等的紧急救助请求权，有关行政机关不履行紧急救助的法定职责，将构成违法行为，要承担相应的法律责任。

第五，申请行政复议或提起行政诉讼权。应急管理中的公民权利保护，除了划出对公民权利保护的底线外，还必须明确紧急状态下公民权利受侵害时的救济手段和途径，这里主要包括行政复议和行政诉讼。由于最高人民法院关于执行《中华人民共和国行政诉讼法》若干问题的解释中把“经宪法和法律授权的国家机关宣布紧急状态、实施戒严和总动员等行为”界定为“国家行为”，而《中华人民共和国行政复议法》和《中华人民共和国行政诉讼法》均明确把“国家行为”排除在行政复议和行政诉讼的受案范围之外。因此，决定和宣布紧急状态本身不具有可诉性。但是，在宣布紧急状态决定做出之后行政紧急权力的行使应该具有可诉性，行政相对人可以依法申请行政复议或提起行政诉讼。由于我国目前的行政诉讼制度仅限于对具体行政行为的合法性进行审查，因此，我国公民只能对具体行政紧急措施向法院起诉，而行政机关抽象的紧急决定、命令则不在诉讼范围之内。

在建立了实质性的司法审查制度的国家中，司法机关对于行政机关在紧急状态下的权力行使仍然享有审查权，不仅有权审查其具体紧急措施，而且有权审查其抽象的紧急命令，甚至有的国家（如菲律宾）的法院对于宣布紧急状态的决定也有权审查。《公民权利和政治权利国际公约》第二条第三款要求缔约国“保证任何一个被侵犯了本公约所承认的权利或自由的人，能得到有效的补救，尽管此种侵犯是以官方资格行事的人所为”，并要求“发展司法补救的可能性”。目前，我国公民的行政诉讼权范围还是很窄的。

在现代权利救济体系中，最重要的应是司法救济，世界各国纷纷把请求司法救济的权利即诉讼权本身视作现代人权的重要内容之一。因此，我国应尽快扩大行政诉讼的受案范围，这既是保障公民诉讼权的需要，也是对公民权利救济途径的完善。当然，由于突发事件与紧急状态有不同于平时的特殊条件，所以需要在诉讼程序上做出更具体或特殊的安排。

第六，补偿和赔偿请求权。在公共部门处置各种突发事件时采取一些紧急征用或征收行动，这对于维护公共利益是非常必要的，但对一些公民的合法权益受到的特别限制或损害，应做公正、合理的补偿。紧急状态下的损失补偿来源于国家赔偿理论上的“特别牺牲说”或“公共负担平等说”。“特别牺牲说”认为，“行使公权力的国家在其活动中使人民的利益受到损害是必然的现象，人民应当为公共利益忍受各种可能的牺牲，但这些牺牲应当公平，如有不公平的情形，则应由国家补偿”。“公共负担平等说”认为，“人民为了公共利益应当承受各种负担，但负担应当平等，对于遭受不平等负担的人，国家应予补偿”。对此，我国第四次宪法修正案做了明确规定：“公民的合法的私有财产不受侵犯。”“国家为了公共利益的需要，可以依照法律规定对公民的私有财产实行征收或者征用并给予补偿。”

如果应急措施的实施违法造成相对人合法权益损害，受害人可以依照《中华人民共和国国家赔偿法》的规定请求国家赔偿。为了最大限度地限制和避免公共紧急状态给民众的生命和财产、政府的正常管理活动以及社会的基本秩序所造成的危害，世界各国都采取了相应的措施和对策来处理与各国紧急状态有关的危机事件。主要措施包括两个方面：一是制定相关的法律，统一规定政府在处理危机事件中的职权和职责，确定依法对抗紧急状态的法治原则；二是建立有效的国家对危机的预警和快速反应机制，最大限度地减少由于公共紧急状态给民众生命和财产所造成的损失以及给正常的社会秩序造成的巨大破坏。特别是在全球化的时代，随着信息技术的发展，危机状态下的政府管理特别要注重和媒体的交往，政府要争取做媒体的盟友和合作者；同时，考虑到公共危机所波及的社会范围巨大，建立和健全社会的危机应对网络，提升社会的整体抗逆水平，也显得极为重要。

9.3 应急管理过程

9.3.1 应急管理过程概述

1. 突发事件的生命周期与应急管理过程

风险和突发事件是应急管理的对象。任何一个具体的突发事件都不是从来就有的，也不是永远存在下去的，都有一个从生成、发展、演化、爆发到衰退的过程，这个过程就构成了突发事件的生命周期。因此，生命周期理论是我们从事应急管理的一个重要指导理论，突发事件的生命周期包括了：潜伏期—爆发期—扩展期—衰退期，与此相适应的应急管理阶段也就表现为：事前的风险症状探查和预防准备阶段，事发的监测预警和响应阶段，事中的处置救援和事态控制阶段，事后的恢复重建和总结评估阶段。

从时间序列的角度分析，突发事件遵循一个特定的进程或者发展周期。突发事件是不可能忽然形成的，也不可能从失衡状态立刻就回到正常秩序，突发事件的形成与事件的最终解决都需要时间。突发事件所具有的周期性，使应急管理者在突发事件生成、发展、演化、爆发、衰退的各个阶段需要采取相应的管理行为和应对策略，因地制宜、对症下药。从最广泛的意义上说，应急管理包含对事前预防、事发监测预警、事中处置救援、事后恢复重建与总结评估所有事务的管理；应急管理的首要任务是控制事态，把损失控制在一定的范围内，在事态失控后争取重新控制；应急管理的基本目标和出发点就是将人民生命财产的损失降到最低；应急管理在本质上是一种非程序化管理和非程序化决策。

因此，应急管理是一个通过预防、监测预警、处置救援来实现避免或减少突发事件所造成的危害和损失，并从中开拓出发展机遇的过程。

突发事件发展演变的过程构成为突发事件的生命周期：(1) 前兆阶段：突发事件发生之前各种危机先兆出现的阶段，也是突发事生成、发展的阶段，这个阶段也称为预防阶段；(2) 发生阶段：突发事件已经发生，演变迅速，出人意料；(3) 应急响应和处置阶段：通过应急决策、应急联动，开展应急救援，提供充分的应急保障，这是应对处置突发事件、控制事态的阶段；(4) 恢复和总结评估阶段：事件得到完全解决，社会价值和行为准则回归到常态。

应急管理的过程，正如罗伯特·希斯（Robert Heath）用一个简单的几何图形所描述的，如图 9-9 所示[1]：

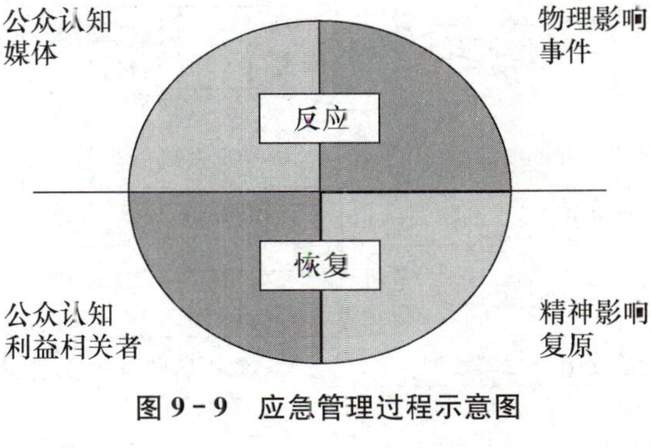

图 9-9　应急管理过程示意图

在应急管理过程示意图中，左边两个象限代表应急管理的沟通活动；右边两个象限表示应急管理的行为构成；上面两个象限反映的是处理危机事件的初期阶段，以生理上可见的影响为主；下面两个象限反映的是恢复管理时期，在该阶段精神影响更加突出，

① 希斯. 危机管理. 北京：中信出版社，2001：31.

反应和恢复管理中强调的重点是公众认知。需要说明的是，应急管理针对的是利益相关者，因为在危机不可预见的影响中，只有对每一利益相关群体进行分析，才能够做出相对准确的判断，从而降低不确定性。

应急管理过程示意图，有助于公共管理者从总体战略高度进行应急管理。公共管理者如何减少危机情境的发生、如何做好应急管理的准备工作、如何规划以及如何培训有关人员以应对危机局面，构成了应急管理的基本方面。应急管理的重点在于预防；应急管理的功能是防范、化解危机，在危机出现后，采取及时、有效的措施减少危机带来的损失，恢复社会秩序，保障人们的正常生产和生活秩序，维护社会稳定，促进社会的和谐、健康发展。

2. **应急管理的动态管理模式**

应急管理是一种动态的过程，包括了事前预防、事发监测预警、事中处置救援、事后恢复重建与总结评估等管理内容。努纳梅克（Jay Nunamaker）强调突发事件发展的三个阶段，即突发事件爆发前、爆发时和事态控制后，并分别规划各阶段所需的管理活动，建构出如图 9－10 所示的应急管理的动态模式。

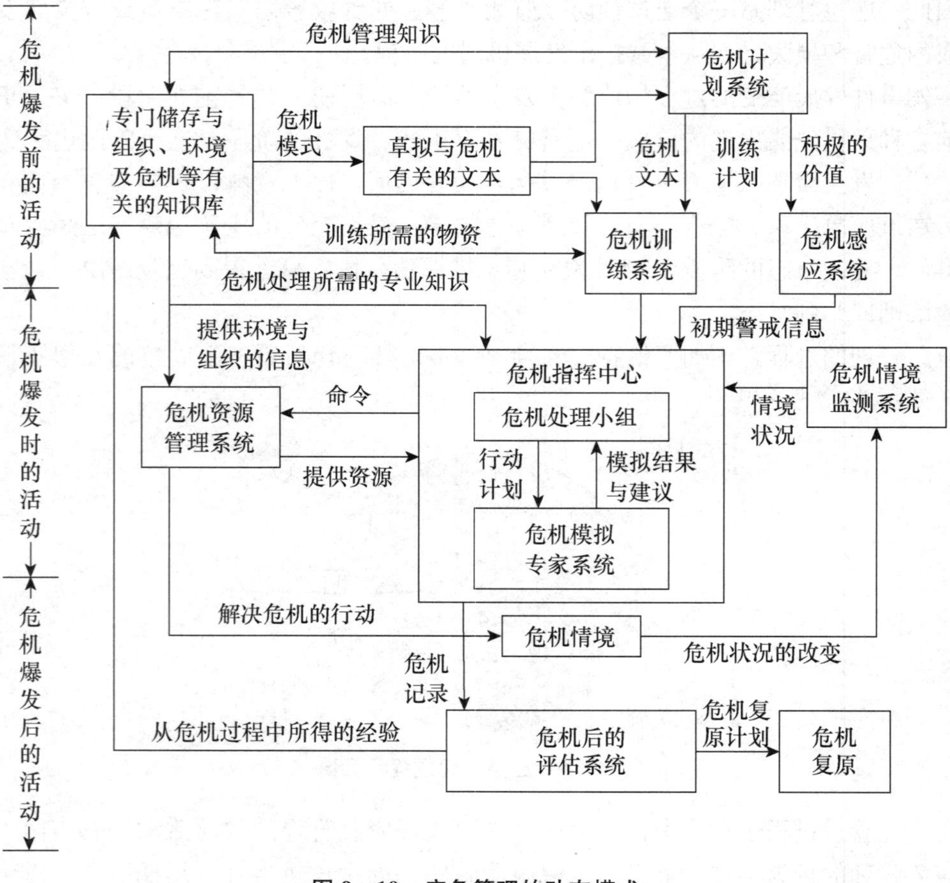

图 9－10 应急管理的动态模式

从图 9－10 中可分析出，应急管理者将组织所能承受的突发事件侵害的程度传递到突发事件感应系统，再由该系统依据组织的主要价值来拟订相关的感应程序；当外界环境所传递的突发事件信息超出组织所能承受的程度时，突发事件感应系统便会将此警讯通过一定的管道传达到突发事件处置小组，使得突发事件处置小组采取适当的措施予以回应。

9.3.2 突发事件应急管理过程

1. 突发事件爆发前的应急管理活动

突发事件爆发前的活动主要是预防和准备。应急预防的具体活动包括：（1）动态预测、安全隐患排查；（2）应急体制和机制的建设、应急管理机构的建立、应急预案的编制；（3）应急演练；（4）应急知识普及与人员培训；（5）应急救援支撑体系的构建。

应急准备的具体活动包括：（1）应急机构的设立和职责的落实；（2）应急预案的编制、预案的培训和演习；（3）安全隐患的排查与风险评估及管控；（4）应急队伍建设、应急设备和物资的准备与维护；（5）与外部应急力量的衔接，其目标是保持重大事故应急救援所需的应急能力。

2. 突发事件爆发时的应急管理活动

突发事件爆发阶段是指从突发事件的第一个征兆出现到突发事件开始造成可感知的损失这段时间。这个时期的特点包括：一是人们很难在这个时期有较高的警惕性；二是如果能认识到这个阶段并采取有效的措施，就能有效地减少危机带来的损失。要达到这个目的，核心是要进行监测预警和做好准备工作，包括：

（1）迅速成立处置小组是突发事件处置的首要任务。当突发事件来临时，公共部门应该迅速根据突发事件的类型，按照预先制订的应急管理计划，迅速组成突发事件处置小组，以便迅速调查分析突发事件产生的原因及其影响程度，全面实施突发事件控制和管理。

突发事件处置小组是应急处置中的信息枢纽，发挥领导和协调作用。它的主要任务是针对突发事件情况做出研判，制定决策并发布执行，不断监测突发事件发展、演化进程，适时调整措施或制定新政策，对整个突发事件应对起到全面指导和决策的作用。一般来说，应急处置小组要由公共部门高层管理者、相关部门负责人以及外部专家组成。另外，还可以调配训练有素或有某方面专长的相关人员和公关人员、法律顾问等。如果有必要的话，还可以在应急小组下面再进行具体的任务和职责划分，成立公共医疗组、交通运输组、后勤物资组以及专家组等。各小组实行首席长官负责制，执行决策，完成本组的管理目标。

（2）建立专业监测和社会监测相结合的突发事件监测体系，完善突发事件监测制度。根据突发事件种类和特点，建立健全各行业（领域）基础信息数据库，完善监测网络，配备必要的设备设施，明确专（兼）职人员，对可能发生的突发事件进行监测，并对监测数据汇交共享。对于涉密的重要信息，负责监测收集数据的部门和单位应遵守相关管理规定，做好保密工作。

搜集突发事件相关信息，着手事件调查。获取准确、有效、全面、真实、及时的信息是应急处置有效进行的保障。深入的事件调查是制订应急处理方案的前提。调查的主要内容应该包括以下几个方面：一是突发事件的种类、发生时间、详细经过以及突发事件发生的地点和原因；二是突发事件已经造成的后果和影响；三是突发事件的现状，包括突发事件发展、控制的情况及其原因等；四是突发事件所牵涉的利害关系人，甚至包括突发事件的见证人以及见证人的姓名、单位、电话号码及通信地址。

（3）制订应急处置计划。这是迅速控制事态发展的关键和保证。在充分收集信息的基础上制订全面的、科学的应急处置计划，要对组织领导体系、现场处理方案、后勤保障、新闻媒体报道、善后处理等进行详细的安排。应急处置计划一般包括：确定应急处置的目标和原则；选择应急处置的策略，制定对受害人的赔偿措施；明确应急沟通的对象、方式、策略；明确应急的回应策略；确保应急处置的人、财、物；等等。应急处置计划是面向未来的，所以在制订过程中要注意计划的弹性，以面对诸多难以确定的因素；还要进行科学的预测——方案会出现什么样的后果，会不会超出大众的心理承受能力，会不会失控，以随时掌握实施的方案在社会、政治、经济方面的影响和可行性。

在突发事件发生阶段，对于大部分突发事件来说，由于种种原因无法成功地阻止其爆发，最终我们不得不面对突发事件的蔓延。为了减少损失，消除突发事件的消极影响，公共管理者应该在突发事件发生阶段采取改善危机情境的控制技能和策略，包括：

（1）终止策略。当突发事件发生后，应及时发现突发事件产生的根源和扩散途径，采取积极、有效的手段阻断其发展，终止其危害。例如，如果突发事件的根源在于产品的质量出现问题、生产经营过程中造成污染等，就应立即实施终止策略，如停止销售、回收产品、关闭有关工厂或分支机构等，主动承担相应的损失。

（2）隔离策略。由于突发事件的发生往往具有“涟漪效应”，因此如果不加以控制，突发事件影响的范围将不断扩大。隔离的策略主要有两种：一种是危害隔离，即对突发事件采取物理隔离的方法，将突发事件所造成的财产损失尽可能控制在一定的范围之内。比如，当火灾发生之后，采取果断措施切断火源，以避免火势蔓延。另一种是人员隔离。当突发事件发生后，应进行有效的人员隔离，迅速组成应急管理小组专门负责处理事件，让其他人继续从事正常的活动，以防止突发事件对正常的活动造成巨大的冲击。

（3）消除策略。消除策略旨在消除突发事件所造成的各种负面影响，这种影响包括物质上、财富上的损失和精神上的打击。例如，生产场地遭受破坏、产品大量积压等。

（4）利用策略。利用策略就是要转危为机，越是在危机时刻，越能反映出一个优秀组织的整体素质、综合实力和博大胸怀。对突发事件处置得当、表现得体、诚实负责，往往有可能使坏事变为好事。

3. 突发事件爆发后的应急管理活动

（1）应急处置的活动内容。

突发事件爆发后的应急管理活动主要是应急响应，也叫应急处置或应急救援，是指突发事件爆发后，有关组织或人员采取的控制事态的各种应急处置行动，包括信息报送与信息管理、情况通报、应急决策、人员疏散、应急联动、急救与治疗、外部救援等各种处置措施的采取，如图 9－11 所示。在应急处置过程中，应急指挥系统、情境监测与信息管理系统、应急资源保障和管理系统，是三个不可或缺的系统，具有重要的意义。

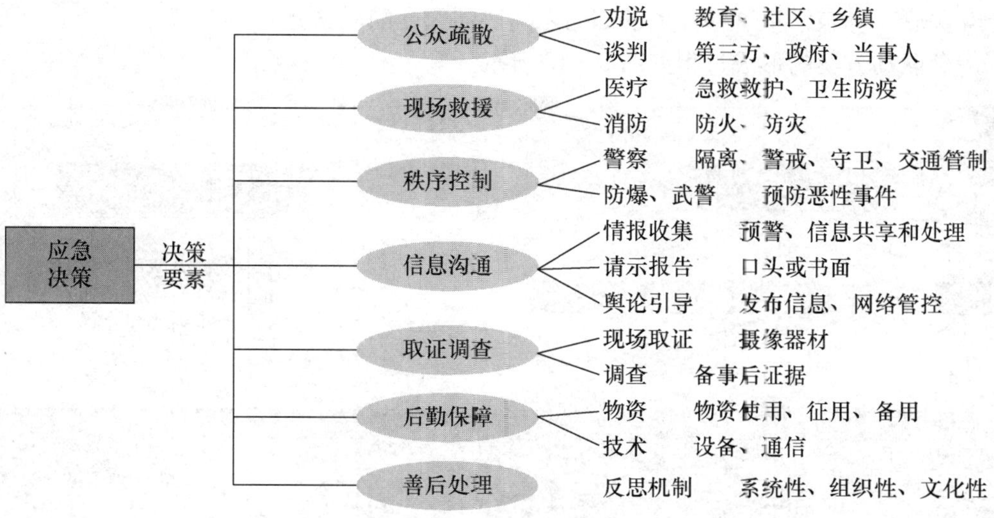

图 9-11 现场处置活动内容

(2) 应急处置的对象范围。

突发事件的应对处置包括两个方面：一是对突发事件本身的处置，需要做对；二是对新闻媒体和社会舆情的处置，需要说对。

(3) 应急联动。

应急联动是与突发事件应急响应中多个利益相关单位之间通过相互合作、履行本单位应急管理职责，实现共同的应急目标和对突发事件进行干预与抑止的一种集体行动。应急联动机制的建设是按照“分工＋整合”的模式，整合行政辖区内多个不同类型的应急管理参与组织，协调一致、协同配合。采用的主要手段包括：一是明确责任（分工），确定在预防与应急准备、监测与预警、应急响应与事件恢复四个阶段的责任清单，确定责任与权力边界，解决部门之间职责不清、相互推诿的问题；二是建立应急联动机制，促进不同应急管理参与单位之间的协调与合作；三是按照“后方＋现场”的方式形成整体性的应急联动体系，如图 9-12 所示。

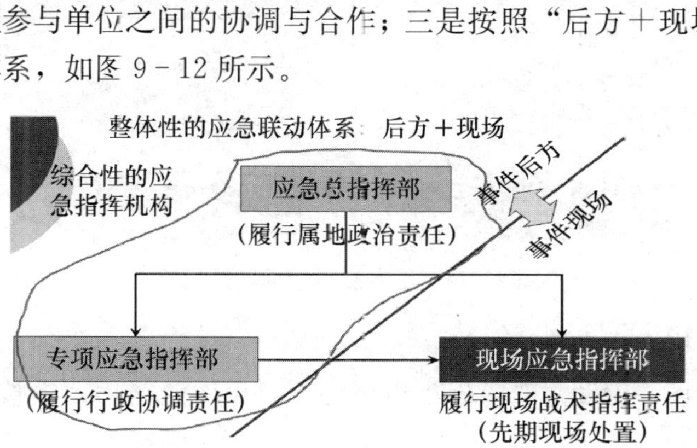

图 9-12 “后方＋现场”的整体性应急联动体系

以现场处置过程中的人员转移为例，应急联动方案的形成包括：一是将人员转移的现场处置措施进行任务分解，分解为搜索、安置、交通管制、医疗、治安管理；二是按照应急预案，找到这些任务具体对应的承担部门；三是按照每个任务在现场处置流程中的相互关联，确定承担这些任务的部门之间协同配合的联动方案。

应急联动方案的形成过程如图 9 - 13 所示。

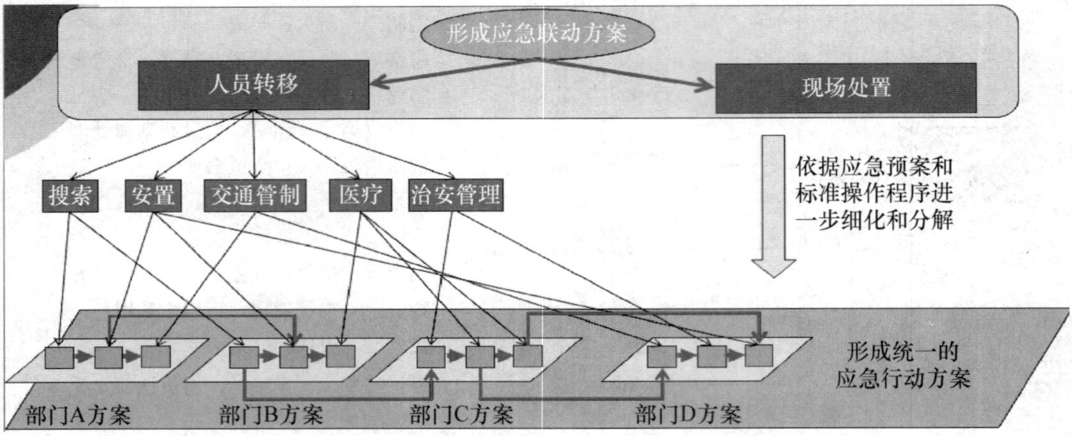

图 9 - 13　应急联动方案的形成过程

（4）后方应急指挥部的运行。

后方应急指挥长由一级党委政府的主要领导担任，对参与应急管理工作的各个职能部门进行指挥与控制。应急指挥部设立办事机构，履行应急值守、信息汇总与综合协调的职责；应急指挥部将该突发事件应急管理工作的各个功能小组编组为承担不同应急功能的小组；各功能小组设立主要牵头负责部门与辅助支持部门，按照部门之间的合作协调机制开展工作。后方应急指挥部的运行，如图 9 - 14 所示。

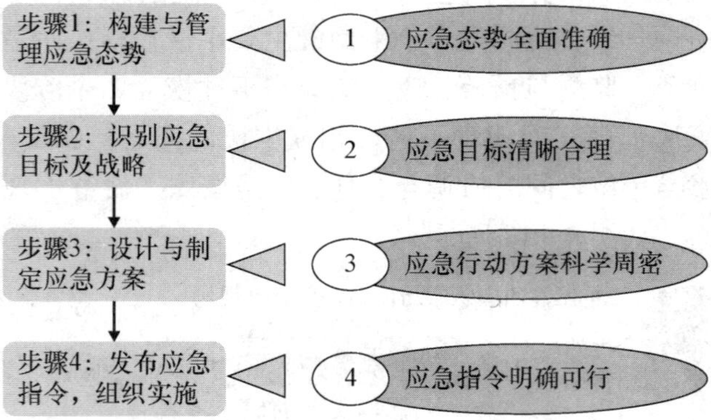

图 9 - 14　后方应急指挥部的运行

（5）现场应急指挥体系及其运行。

在突发事件现场，应设立现场应急指挥部。现场应急指挥体系按照以下模式运行，如图 9 - 15 所示。

第一，现场应急处置人员报到与编组。各应急管理责任单位派往现场的人员到达现场后，应在报到处向综合协调组报到，并接受现场应急指挥官的编组安排，对分配应急任务做出承诺，执行指挥官下达的指令。

第二，设置警戒区域。治安组根据现场地形、应急态势等因素，划定警戒区域。警戒区域一般以灾害现场为中心，呈现辐射状向外延伸，设置三层封锁区域，避免非救灾

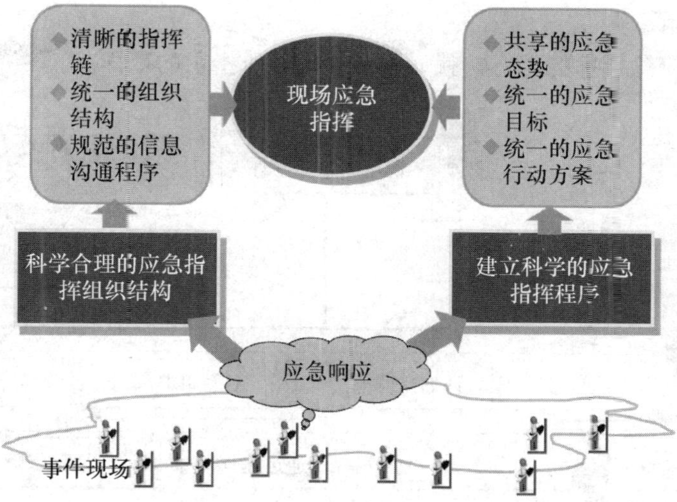

图 9-15 现场应急指挥体系

人员、车辆进入现场影响救灾。第一层为执行应急抢险工作的区域；第二层为现场应急指挥所，救灾单位报到处；第三层为媒体、各利益相关者聚集区域。治安组每一层区域入口设立警戒岗哨，并利用管制带进行隔离。

第三，设置事件现场设施与场所。综合协调组根据应急专家组建议，在分析突发事件规模、应急态势等的基础上，报告并获得现场应急指挥官批准，设置以下设施与场所，并设置标识和确定管理人员，这些设施和场所包括：应急处置人员报到处、现场应急指挥所、医疗救护站、新闻中心、应急装备与物资存放场地。

第四，信息汇总与应急指挥。现场指挥官定期组织召开指挥部会议，听取各编组了解到的现场灾情信息，听取各编组汇报，评估应急态势，制订应急行动方案，评估应急资源是否满足应急处置工作的要求，视情况决定请求支援。现场应急指挥官应掌握现场应急响应参与单位及资源配置情况，任务分配情况，应急处置进度，事件现场的受困、失踪与伤亡情况，以及评估应急态势的发展趋势。

第五，与后方应急指挥部联络与互动。综合协调组应在现场应急指挥官的指示下向有关政府应急指挥部报告灾情，实施申请支援。

第六，新闻发布与管理。新闻管理组负责现场媒体协调与联系，协助现场应急指挥官定时对外说明救灾进度等。必要时，经现场应急指挥官授权，其他各编组主要负责人应配合新闻管理组，共同在新闻中心对外说明救灾状况。

第七，指挥权限转移。现场应急指挥权限转移交接时，原现场应急指挥官及综合协调组应向新的现场应急指挥官报告以下内容要素，以利于进一步开展现场应急处置工作。各内容要素包括：一是现场应急态势、影响范围，二是现场应急响应进度，三是人员伤亡、财产损失、环境破坏的情况，四是现场应急处置人员的应急能力与资源状况，五是可能遇到的问题，等等。

第八，应对领导前往现场视察。当政府领导安排现场视察，慰问灾民，激励救灾人员时，为维持现场应急响应工作有序进行，避免影响救灾行动，应按照以下程序予以应对：综合协调组负责接待政府领导，并规划视察流程；新闻管理组负责配合协调安排媒体采访与新闻报道。

这样，现场应急指挥的运行，就如同图 9－16 所指示的那样。

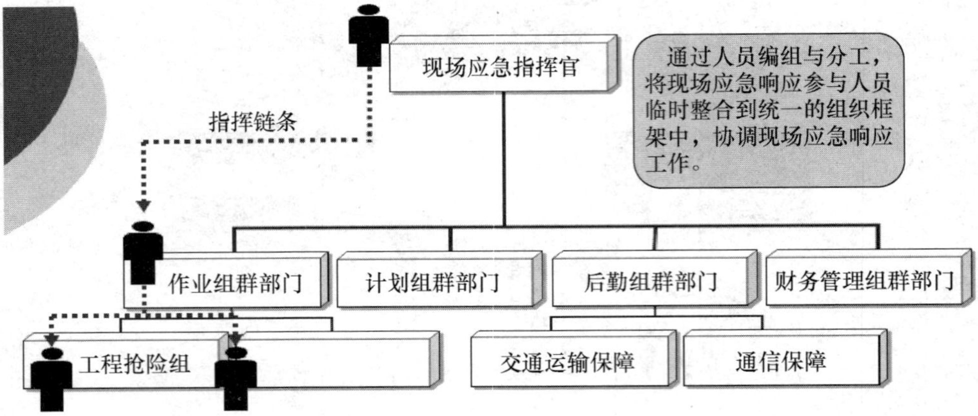

图 9－16　现场应急指挥的运行

4. 事态控制后的应急管理活动

事态控制后的应急管理活动，也就是后期处置活动。事态得到控制以后，应急管理进入恢复与重建阶段。这个阶段的主要任务有：（1）实施善后处置工作，及时制定恢复重建计划和善后处置措施，并组织实施。（2）开展社会救助，做好灾民安置和生活救助工作，切实维护受灾群众的基本生活保障。按照有关规定，及时处理和焚化遇难者尸体，并做好死亡人员遗属的抚恤工作。（3）调查评估，对突发事件发生的原因、影响范围、影响程度及突发事件应对过程进行全面客观的调查、分析、评估，提出改进措施，形成调查评估报告。（4）组织开展危机学习，从应急管理过程中总结经验教训，化危机为发展的机遇，将教训凝练为知识，将知识转化为制度。

本章小结

1. 风险治理与应急管理是公共管理不可或缺的重要组成部分和政府全面履行公共管理职能的重要体现，是推进国家治理体系和治理能力现代化、构建国家安全体系、实现国家长治久安的迫切要求。应急管理能力是国家治理能力的充分体现。这是我们强化学习与研究风险与应急管理、理解其意义的应有态度。

2. 有效的应急管理是一项非常复杂的动态管理过程，要以习近平总书记关于应急管理、安全生产、防灾减灾救灾的系列重要论述为指导，以“凡事预则立，不预则废”的态度来面对风险和突发事件；要在进一步强化应急体系建设、完善应急预案、机构设置、职能和资源配置，完善体制，健全应急管理机制，健全应急管理法制等方面做出努力。

3. 要以长期规划的观点来对可能发生的突发事件做准备，并建构一套周详、科学的应急管理策略；要培养人们的危机意识、应对危机的能力和心理素质。

4. 应急管理就是公共部门为避免或减轻危机情境所带来的严重损害与威胁而从事长期的规划，不断学习与适应，采取各种管理措施与策略的动态过程。因此，应急管理学科建设要强化新文科、新理科和新工科建设理念，通过技术应用与应急管理的有机结合、多学科知识融合的学习与操作研究，探索新安全格局下国内安全与国际安全、传统安全与非传统安全的统筹应对路径，探索各类突发事件发生的原因、突发事件的各种类型、可能造成的危害与影响、最适当的应急管理模式。

关键术语

风险突发事件　公共危机　应急管理　监测预警　应急响应　应急处置　应急决策　应急联动　“一案三制”　应急体系　应急管理体系

复习思考题

1. 分析风险、突发事件、公共危机与应急管理之间的关系。
2. 根据我国行政体制的情况，分析如何合理构建应急管理体制。
3. 分析应急管理各个阶段的管理内容与措施。
4. 如何科学剖析应急管理的动态模式？
5. 列举应急管理包含的各种机制及功能。
6. 如何正确处理突发事件应对处置与行政紧急权力规制之间的关系？
7. 如何全面理解应急管理的意义和使命？
8. 如何科学理解习近平总书记关于“两个坚持、三个转变”的重要论述？
9. 案例分析题：请认真阅读以下案例材料，然后按照要求回答问题。

2004年12月26日早上8时，在印尼苏门答腊岛西北部海域，大洋深处突发强烈9级地震，使几乎整个苏门答腊岛、马来半岛的很多地方以及震中附近的一些岛屿都震颤起来。在海边休闲、劳作的人们惊奇地瞪大了眼睛。谁也没想到，一场灾难就要降临。

根据科学知识，大地震可能引发海啸，而且，地震引起的海啸一定是发生在地震之后，并需要一段时间传播。这次海啸的传播速度是800公里/小时。从震中到斯里兰卡需要2个多小时。因此，只要不是离地震源太近，就可以有时间逃避。然而，当海啸降临时，人们同样无以应对。斯里兰卡的一名灾民说，当时他们刚干完早晨的活，正在休息，不知不觉间，海水逼近了他们的房子，随后又很快退去，一切都很平静。村民们从没见过这种情况，都感到莫名其妙。没过多久，海浪又咆哮着扑来，把成年大象大小的石头卷了起来，还将成吨的海鱼抛到岸上。几分钟后，海面又趋于平静。很多渔民跑去看自己的渔船，有的人则到海滩上抓鱼。就在此时，更大的海浪冲了过来，“房屋眨眼间变成了垃圾”。

遭受地震和海啸袭击的印度洋沿岸各国官员承认，他们没能在苏门答腊岛附近海域发生9级地震后及时向国民发出海啸预警，否则，定将挽救成千上万人的生命。印度内政部负责人说，从印尼苏门答腊岛附近发生强烈地震到海啸抵达印度海岸，需要一个半小时的时间。如果在这段时间内政府能够通知人们海啸可能抵达的地区，很多生命就可以获救。印度尼西亚官员坦白说，他们根本不知道大地震会引发海啸，也不知道这种自然灾害到底有多恐怖。据泰国《国家报》消息，泰国气象部门曾有45分钟时间对苏门答腊岛附近的地震进行分析并决定是否发出海啸警报，但担心如果发出警报而未发生海啸可能影响国内旅游业，因而没有发出。一名泰国气象局官员称，印度洋地区已经数十年没有发生海啸，因此他们不愿意发出海啸警报。事实上，就在地震发生的 30 个小时前，一份包含 14 条减小海啸危害措施的报告就张贴在泰国气象部门。报告明确指出，在海达曼海发生海下地震后，泰国气象部应当立即准备应对海啸，但泰国政府由于担心影响旅游业而没有发出警报。斯里兰卡负责灾后救援工作的一位高级官员说，斯里兰卡没能认真对待地震预警，应对破坏性海啸来袭的准备工作也没有做好。

印度尼西亚气象和地质部门的一位官员承认，该国在监控灾害性天气工作上存在薄弱之处，他说："很不幸，我们没有能预警海啸来袭的设备。这些设备都太贵了，我们没有钱来买。"泰国官员称，该国没有在受海啸袭击的泰南部地区西部海岸部署海浪监控传感器，因此当地民众和游客无法得知海啸预警。

2004 年 12 月 26 日发生的印度洋特大地震及海啸灾害先后殃及十余个国家，死亡约 30 万人，造成 140 亿美元的财产损失。

问题：

（1）分析海啸造成生命财产损失与应急管理之间的关系。

（2）结合案例，运用应急管理机制的有关理论分析预警机制、信息沟通机制的作用。

参考文献

1. 科塞. 社会冲突的功能. 北京：华夏出版社，1989.

2. 北京太平洋国际战略研究所. 应对危机：美国国家安全决策机制. 北京：时事出版社，2001.

3. 陈华栋. 转型期中国网络公共危机管理对策研究. 上海：上海交通大学出版社，2014.

4. 丁烈云. 中国转型期的社会风险及公共危机管理研究. 北京：经济科学出版社，2012.

5. 菲克. 危机管理. 台北：经济与生活出版事业公司，1987.

6. 冯惠玲. 公共危机启示录：对 SARS 的多维审视. 北京：中国人民大学出版社，2003.

7. 龚维宾. 公共危机管理. 北京：新华出版社，2004.

8. 韩大元，莫于川. 应急法制论：突发事件应对机制的法律问题研究. 北京：法律出版社，2005.

9. 黄顺康. 公共危机管理与危机法制研究. 北京：中国检察出版社，2006.

10. 蒋宗彩. 城市群公共危机管理应急决策理论与应对机制研究. 北京：经济管理出版社，2015.

11. 希斯. 危机管理. 北京：中信出版社，2001.

12. 林德尔. 公共危机与应急管理概论. 北京：中国人民大学出版社，2016.

13. 肖鹏军. 公共危机管理导论. 北京：中国人民大学出版社，2006.

14. 肖群鹰，朱正威. 公共危机管理与社会风险评价. 北京：社会科学文献出版社，2013.

15. 薛澜，张强，钟凯斌. 危机管理：转型期中国面临的挑战. 北京：清华大学出版，2003.

16. 张小明. 公共部门危机管理. 北京：中国人民大学出版社，2006.

17. 张永华. 教育系统突发公共事件应急管理. 广州：广东高等教育出版社，2007.

18. BLAND M. Communicating out of a crisis. London：Macmillan Publishers Ltd.，1985.

19. FISHMAN D A. Crisis communication theory：blended and extended. Communication quarterly，1999，47 (4).

20. HERMANN C F. International crises：insights from behavioral research. New York：Free Press，1972.

21. MITROFF I I. Managing crisis before happened. New York：American Management Association，2001.

22. ROSENTHAL U，CHARLES M T. Coping with crises：the management of disasters，riots and terrorism. Springfield：Charles C. Thomas，1989.

第 10 章

公共管理技术与方法

本章导读

管理的本质是目标与手段关系的理性化。从组织管理的角度看，理性化是指合适地使用一切可调动的资源达到既定目标，这是工具理性的体现；从公共治理的角度看，理性化包含工具理性与内涵理性。后者要求公共治理参与者共同考虑现有发展目标是否值得追求、是否适合发展趋势和现有管理手段能否在新的社会条件下实现理应争取的目标。本章就战略管理、传统的行政方法和当代公共管理新方法进行阐述。

知识结构图

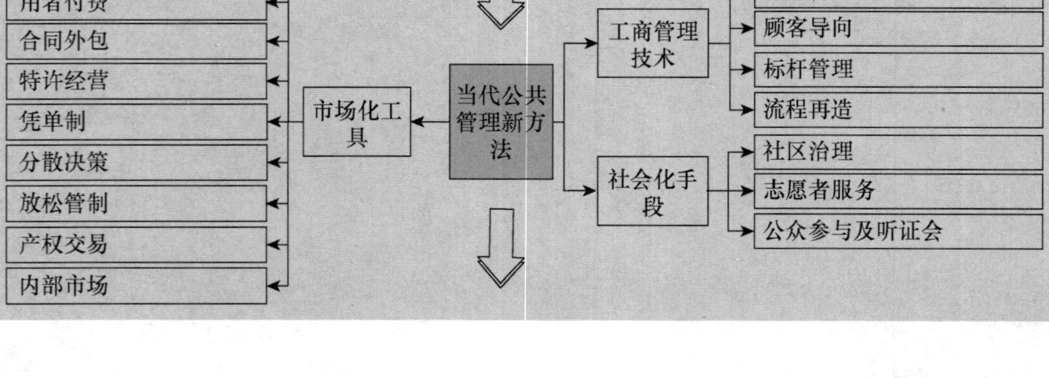

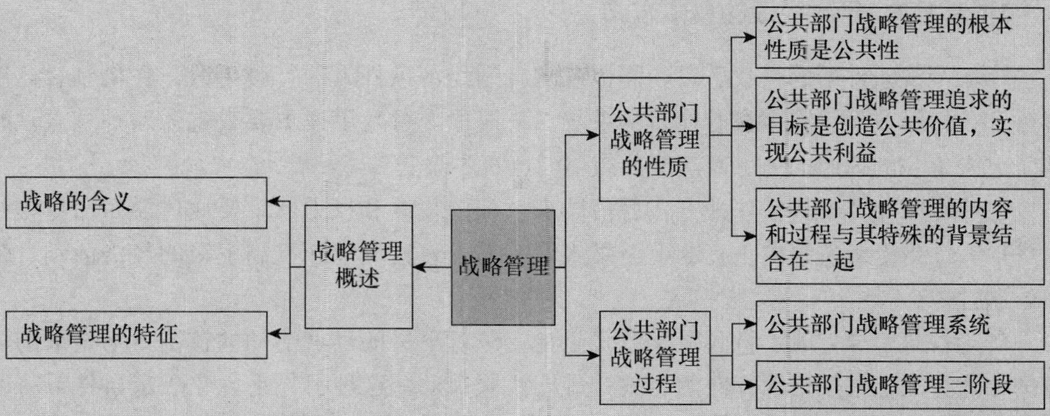

重点问题

- 传统行政方法：行政手段、法律手段、经济手段和思想教育手段
- 当代公共管理新方法：市场化工具、工商管理技术、社会化手段
- 战略管理

10.1　传统行政方法

10.1.1　行政手段

10.1.1.1　行政手段的含义和特点

作为一种普遍使用的公共管理方法，行政手段是指政府公共部门凭借行政权力，依靠从上到下制定、颁布、运用政策、指令、计划的方法，来实现国家对公共事务的领导、组织和管理的目的。行政手段具有以下特点：

（1）权威性。行政手段以权威和服从为前提，行政命令接受率的高低在很大程度上取决于行政主体的权威大小。提高领导者的权威有助于提高行政手段的有效性。

（2）强制性。行政强制要求人们在行动目标上必须服从统一的意志命令、指示、决定等，下级必须坚决服从和执行。

（3）垂直性。行政指示、命令按行政组织系统的层级纵向直线传达，体现了垂直隶属关系，横向结构之间一般无约束力。

（4）具体性。一定的行政命令、指示只在特定时间对特定对象起作用。

（5）非经济利益性。行政主体与行政对象之间的关系不是经济利益关系，而是一种无偿的行政统辖关系，两者之间不存在经济利益利害关系的纽带。

（6）封闭性。行政方法依靠行政组织和行政机构，以行政区划和行政系统的条块为基础实施，具有系统的内化约束力，因此具有封闭性。

10.1.1.2 行政手段的具体方式

市场经济条件下的行政手段，同传统的计划经济条件下的行政手段，在机制、运用界限和条件等方面，都存在着显著的差异。现阶段，行政手段主要表现为四种方式，改变了过去单一的纵向的情况，其机制与功能也随之改变。

（1）行政命令方式。这种方式凭借国家政权的权威和权力，主要通过发布命令、指示等形式，由上级按纵向垂直的上下级隶属关系，直接调节和控制下级的经济活动，带有强制性。

（2）行政引导方式。行政引导方式是指上级对下级的经济活动的控制，不是采用命令的方式，而是采用指明方向的方式，进行说服规劝。这种引导手段在一定条件下将取代行政命令手段，并日益显示出其在行政手段中的重要性。

（3）行政信息方式。这一方式的主要特征是，上级对于下级的经济活动，存在加以调控的必要，但既不采用行政命令的方式，也不采取说服、引导的方式，而是通过各种信息渠道和工具，提示下级在经济活动中应按照上级意图自行抉择，从而起到宏观调控的某种作用，这种方式将突破行政手段纵向联系的典型运用方式，而向横向联系方面发展。

（4）行政咨询服务方式。这是指行政系统的上下级之间或地方政府之间，就经济活动的某些疑难问题提供咨询服务，如提出可行性论证的建议，对重大工程日提出关键性的个性意见，从而提高某些经济活动的科学性、可行性和完善程度。这也是值得提倡与发展的行政手段。

行政手段对于维护公共部门的权威、保证国家的集中统一领导、建立稳定的社会公共秩序、实现公共管理的预期目标都是十分必要的。在计划经济体制下，行政手段发挥过重要作用；在市场经济条件下，行政手段也有其重要的积极意义。事实上，当今各种不同类型的市场经济体制，一般都不是完全自由放任的。随着生产、劳动社会化程度和垄断程度的提高，以及国际竞争的加剧，行政手段还将发挥其积极作用。在我国现阶段，行政手段对于建立起有效的宏观经济调控机制、引导和监控市场运行、保证国民经济的合理布局、节约资源和市场有序运行，具有十分重要的意义。

与法律手段相比，行政手段具有简便、灵活的特点，能迅速、有效地处理各种新情况、新问题，具有一定的弹性；与经济手段相比，行政手段具有无偿性的特征，上级可根据管理工作的需要，无偿调拨使用下级的人、财、物、技术，不用考虑价值补偿问题；与思想教育手段相比，行政手段更能直接、迅速、有力地贯彻上级的方针、政策，有助于组织内部统一目标、意志、行动，有效控制全局，时效性强。

当然，行政手段也是有其局限性的。行政手段不利于发挥下级的积极性、主动性和创造性。纵向层级信息传递迟缓，易失真，横向沟通困难。此外，它缺乏平等、协商的民主精神，容易挫伤下属和公众的积极性。所以，在公共管理中不能滥用行政手段，不能随意扩大行政手段的适用范围。要特别注意将行政手段与强迫命令、个人专断、主观主义瞎指挥区别开来，将行政手段的权威与滥用职权区别开来，将行政手段的强制性与有效性结合起来，将行政手段实现的目标与维护行政对象的利益结合起来，使行政手段建立在科学的基础上，以规律为依据。同时，要将行政手段同经济手段、法律手段、思想教育手段等结合起来综合运用，创造一个稳定的、安全的和公正的社会环境。

10.1.2 法律手段

10.1.2.1 法律手段的含义与特点

法律手段是指公共部门在公共管理领域内，依照法定职权和程序，把国家法律、法规实施到具体的公共管理活动，以实现有效而合理的管理。它是依法治国、行政法制的工具，是公共部门以法律为武器，根据法律的程序和特点实施公共管理的方法。法律手段所依据的法律法规既包括国家立法机关制定的宪法、法律，也包括国家行政机关在职权范围内制定颁布的各种行政法规、自主性法规。法律手段的特点主要有：

（1）权威性。法律作为一种社会行为规范，是上升为国家意志的统治阶级意志，对全体公民具有普遍的约束力，比行政手段具有更高的权威性。

（2）强制性。法律手段凭借国家政权力量强制实施，违者必究，比行政手段更严厉。

（3）规范性。法律以明确的、不能产生任何歧义的语言严格规制人们的社会行为，是所有组织和个人行为的统一准则。

（4）稳定性。法律一经制定颁布，便具有相对的稳定性和严肃性，不得因人而异、随意更改。

10.1.2.2 法律手段的具体方式

行使法律手段具有不同的方式，按行政执法方式进行分类，法律手段主要有行政决定、行政检查、行政处置和行政强制执行等不同类型。

（1）行政决定。它是指行政机关及其公务员经法定程序依法对行政相对人的权利和义务做单方面处分的行为。其特点是：具有强制性和单方性，直接处分相对人权利和义务，须依法定程序，通常不能及时做出。其具体表现为行政许可、行政奖励、行政命令和行政处罚四种。

（2）行政检查。它又称为行政监督检查，是指国家行政机关依法对相对人遵守法律、法规的情况和行政机关的具体行政决定所进行的能够间接影响相对人权利和义务的检查、了解行为。它具有义务性、限制性和单方自主性。

（3）行政处置。它又称为即时强制，是指国家行政机关及其公务员在国家安全受到威胁、社会公共利益受到危害的紧急状态已经出现或将要出现的情况下，临时采取特别行政命令、特殊强制措施的行为。它具有紧迫性、即时性和直接强制性三个特征，是紧急状态下行政管理的一种特殊的必要手段。

（4）行政强制执行。它是指特定行政机关采取强制手段保障法律、法规和行政决定得到贯彻落实的一种执法行为。其特点表现为：行政性——发生于执行管理过程中，由特定行政机关实施；强制性——基于国家行政机关的权力作用，强行抑制行政相对人的意志，迫使负有义务的行政相对人履行义务；执行性——旨在确保实现法律、法规或行政决定所要求达到的行政管理的目的和状态。这是行政强制的最本质特征。

法律手段是公共管理中运用其他方法的基础、前提和保障，为公共管理活动提供基本的规范程序；它调节各种管理要素之间的关系，使公共管理的各个方面都纳入法制化轨道，有助于公共管理的集中统一，保证行政管理工作和社会生活的秩序。法律手段的权威性、强制性使人们自觉抑制、摒弃不合法的思想和行为，提高公共管理的效率。

但是，法律手段的规范性、稳定性，使其缺乏处理特殊问题的弹性和灵活性，对管理系统的发展可能起阻碍作用。在公共管理实际活动中，往往产生合理与合法之间的矛盾。因此，运用法律手段不仅要健全立法、强调科学立法，坚持有法可依、严格执法、违法必究，而且要与其他方法结合使用，以扬长避短，发挥更大的作用。

10.1.3 经济手段

10.1.3.1 经济手段的含义与特点

经济手段是公共管理主体根据客观经济规律，运用价格、信贷、利率、税收、工资、奖惩等经济杠杆和方式，通过调整经济利益关系而实施管理的方法。它是经济部门按经济运行规律的要求来管理下属经济组织及其活动的一种方法，强调利益诱导和间接管理。在市场经济条件下，也就是要通过市场机制引导企业和其他经济组织，使它们的活动符合整个宏观经济发展的目标。经济手段的特点主要有：

（1）利益性。物质利益是经济手段的核心，通过按劳取酬、物质刺激来调动人们的积极性是经济手段不同于其他方法的最根本特点。

（2）间接性。公共管理中运用经济手段，通过对人们经济利益的调节来间接影响组织或个人的行为，间接调控经济运行。

（3）多样性。经济手段多种多样、丰富多彩。一是简政放权，政企分开，使企业和经济组织真正成为自主经营、自负盈亏、自我发展、自我完善的法人实体，充分发挥企业和经济组织的主观能动性。二是发挥政府的经济职能，根据价值规律，利用经济政策，如经济计划、财政政策、货币政策、产业政策、区域政策、收入分配政策等，进行宏观调控与管理。政府或者根据拟订的经济计划，从现实经济生活出发，选择相应的与商品、货币、价值范畴相联系的经济参数（税率、利率、汇率等等）具体实施经济政策，从而指导和影响经济活动；或者根据财政政策对经济运行的不同影响，在不同的时期采取不同的财政政策（扩张性财政政策或紧缩性财政政策）；等等。

10.1.3.2 经济手段的具体方式

经济手段以物质利益为基础，包括物价调整、利率升降、税收调控等方式，能充分、有效地调动组织和个人的积极性和主动性，促进横向组织间的沟通、联系与合作。但它不能解决人们的精神和社会需求问题，作用领域主要限于经济领域，如果运用不当，还可能对人们的思想产生消极影响。因此，运用经济手段必须符合客观经济规律的要求，坚持按劳取酬，正确处理各种利益关系，有效处理好效率与公平的关系。经济手段特别要与思想教育手段相结合，加强对全体公民的社会公德、责任心和文化等方面的教育。

10.1.4　思想教育手段

10.1.4.1　思想教育手段的含义与特点

思想教育手段是指依靠宣传、说服、沟通、精神鼓励等，激励人们的积极性，使公共管理者和被管理对象自觉自愿地去从事政府公共部门所鼓励的工作或活动，以实现公共管理目标的方法。它通过对人们进行确定的、有目的的、有系统的政治思想教育、心理引导和行为激励，引导被管理者自觉为实现组织目标而努力。其方法有：启发教育、说服劝告、建议协商、树立典范、舆论抑扬等。

思想教育手段的特点主要包括：一是潜在性和长期性。思想教育往往要通过反复、细致、长期的工作才能取得效果，其作用程度还依赖于教育对象对教育内容的吸纳、消化程度。二是内在稳定性。思想教育手段能使管理要求逐步内化为管理对象内心的自觉意识，从而产生一种稳定的动力，激励、指导管理对象的行为。三是主动超前性。思想教育手段一旦生效，便能在基本管理手段相对滞后的情况下，使管理对象预先主动地规范自己的行为。

10.1.4.2　思想教育手段的具体方法

1. 行为激励方法

行为激励方法属于行为科学的方法。从 20 世纪 30 年代开始，国外的学者，特别是美国的学者，对激励理论中的人类需求、动机和激发以及组织中的人性等问题进行了大量的研究。

行为激励方法主要有：(1) 目标激励法：根据公共管理人员正当的物质利益和精神需求，设置一定的目标，引发他们的期待，激励他们去努力追求。(2) 奖惩激励法：通过实施奖惩所产生的示范效应来影响被诱导对象，调动其工作积极性。(3) 竞争激励法：竞争激励是一种催化力很强的方法，由于这种方法是在条件基本相同的公共组织、人员间进行的，因此，一定要保证竞争是在公平的基础上进行的，要保证竞争的结果得到公正的评判。(4) 反激励法：通过设置一种强烈的危机情境，使行为者产生一种反作用力，进而形成强大的内压，以取得置之死地而后生的效果，例如，破釜沉舟、背水一战就是这种方法的充分体现。

2. 参与管理方法

它是通过让下级公共管理主体或客体参加管理和决策来提高人们的积极性和管理效率的一种公共管理方法。这种方法也可被视作一种特定的激励手段，它与我们长期提倡的“从群众中来，到群众中去”的路线相吻合，也是当今公共管理民主化趋势的具体体现。参与管理方法的主要途径包括：团体决策、咨询制度、建议制度、信访制度等。

3. 公共责任方法

公共责任方法是传统公共行政中的一种综合性的管理方法，它利用公共管理体制中的权责机制将公共部门中的目标与人事中的职位有机地结合起来，从而使公共管理中的权、责、利诸要素相统一。公共责任方法的本质内容是权力与责任的关系，它将以事为中心的事务主义和以人为中心的人本主义方法相统一，综合了强制性与诱导性的方法所具备的积极效应。

公共责任方法包括公共部门责任制与岗位责任制两个方面。公共部门责任制的实质主要是有效、合理地解决各公共部门上下左右之间的工作关系；岗位责任制强调的是公共部门内部各个工作岗位自身的特殊要求，以有效解决各岗位相互之间的工作关系。

公共责任方法是一种行之有效的综合管理方法，它对于公共管理工作实现正常化、制度化与程序化，对于发挥公共管理人员的主动性和创造性起着积极的作用。但是，公共责任方法又需要有相应的组织体系、人力资源管理制度以及相应的体制来配套。

思想教育手段能帮助人们明辨是非、消除隔阂、加强沟通和凝聚力，能从根本上调动人们的主观积极性，其作用持久稳定。但思想教育需要时间长、工作艰巨，而且效果具有不确定性。因此，思想教育手段要取得实效，就必须按人的思想活动规律，采取正确的原则和灵活的方法进行教育，强调思想教育的艺术性。不但要关怀体贴、耐心细致，晓之以理、动之以情，情理结合，将自我教育和典型示范教育相结合，而且要注意因材施教、对症下药，将思想教育与实践相结合，以说服教育为主，以多种方法为辅，刚柔相济，恩威并施，特别是教育主体本身要以身作则，率先垂范，这样效果更佳。

10.2　当代公共管理新方法

当代公共管理新方法，也被人们称为当代公共治理的新工具。对于如何对当代公共管理新方法进行分类，学者们做了深入的研究。本节采用了市场化工具、工商管理技术和社会化手段的划分方法①。

10.2.1　市场化工具

市场化工具指的是公共部门利用市场这一资源有效配置手段来达到提供公共物品和公共服务的目的的公共管理方法。民营化、用者付费、合同外包、特许经营、凭单制、分散决策、放松管制、产权交易、内部市场，都是市场化工具的具体方法。

10.2.1.1　民营化

民营化有时被用作私有化的同义语。民营化是指将原先由政府控制或拥有的职能交由企业承包或出售给私人，通过市场的作用，依靠市场的力量来提高生产力；公共服务

① 陈振明. 公共管理学. 北京：中国人民大学出版社，2005：509.

及垄断行业向私人部门开放。世界上推行民营化最为典型的国家就是新西兰、英国和其他欧洲国家。

民营化的方式主要有两种：一是采取向公众出售股份的形式，实现国有企业的撤资；二是通过特许投标、合同承包，鼓励私人部门提供可市场化的公共产品或公共服务。

因此，这种民营化有利于缩小公共部门的规模，在短期内减轻财政支出，并获得出售股份的收入；有利于放松公共部门对企业的管制，企业有了较大的自主权；有利于将竞争机制引入公共部门，提高公共管理绩效。但是，必须注重民营化的制约因素，注重选择可以实施民营化的领域，不能盲目推行；同时，还要加强对民营化之后经营行为的监督，以维护公共秩序和社会公平，促进公共利益的实现。

知识链接 10－1

民营化形式

政府服务活动、政府企业和国有资产的民营化通常可以分为三类：委托授权、政府撤资和政府淡出。每一类又包括几种具体的方式（见表 10－1）。

表 10－1　民营化的形式

委托授权	合同承包	部分服务
	特许经营	全部管理
		场域特许使用
		租赁
	补助	
	凭单	
	法令委托	
政府撤资	出售	给合资企业
		给私营业主
		给公众
		给雇员
		给使用者或消费者
	无偿赠予	给合资企业
		给公众
		给雇员
		给使用者或消费者
		给原来的拥有者（归还）
		给特定的群体
	清算	
政府淡出	民间补缺	
	撤出（卸载）	
	放松规制	

资料来源：萨瓦斯．民营化与 PPP 模式：推动政府和社会资本合作．北京：中国人民大学出版社，2015：121－122.

10.2.1.2 用者付费

用者付费就是通过把价格机制引入公共服务之中，对一些公共服务采取收费的方式。用者付费工具有如下优点：一是有利于公众显示对公共产品和服务的真实需求，有效配置资源和提高服务质量；二是能够克服免费提供公共服务所导致的对资源的不合理配置和浪费；三是无偿提供公共服务将导致无目的的补贴和资助，对社会公平造成损害；四是可以使价格真正起到信号灯的作用，使市场机制在公共服务领域得到有效应用；五是可以增加公共财政收入，缓和公共财政危机。西方国家在许多公共服务领域推行用者付费工具。

在美国，用者付费在自来水、电力、天然气、垃圾收集、污水处理、娱乐设施、公园、电信服务、港口、机场、道路、桥梁、公共汽车等公共服务领域得到广泛应用。在法国，城市间的公路由私人投资、建造、拥有、管理和保养，向使用者收费。在我国，许多公共服务领域也推行了用者付费制度。

10.2.1.3 合同外包

合同外包把民事行为中的合同引入公共管理的领域中来，它以合同双方当事人协商一致为前提，变过去单方面的强制行为为一种双方合意的行为。政府与其他组织一样都以平等主体的身份进入市场。政府的职责是确定需要什么，然后依照所签订的合同监督绩效。合同外包被认为既能提高服务水平又能缩小政府规模，是降低成本、节约开支的有效公共管理工具。

合同外包常常使用竞争性招标投标（竞标）的方式。竞标一般包括四个步骤：一是先确定有哪些公共事务可以承包出去让私营公司承担，也就是私营公司有多少投标的机会；二是私营公司提出应标书，明确以多大的成本、什么样的质量来提供何种服务；三是涉及定价问题时，私营公司必须向政府做出明确的定价意向；四是在上述步骤的基础上，通过评审由政府决定该项服务由哪家私营公司承包。招标是充分开放的，除了私营公司之外，公营服务公司也可以参加投标。西方各国在政府采购、车辆维护、饮食服务、会计、财务管理、建筑设计等领域普遍采用这一方式。在美国，至少有200种服务是由承包商向政府提供的。在英国，1988年的《地方政府法》要求，六种基本的市政服务必须经过竞争性招标来安排，包括生活垃圾收集、街道清洁、公共建筑清扫、车辆维修、地面维护和饮食服务。

知识链接 10-2

美国 PPP

美国PPP模式应用领域和范围非常宽广，目前已经覆盖了如交通（收费公路）、私营监狱和拘留所，教育政策的优先制定、福利供给、健康和医疗服务以及一系列的社区活动和服务，学校教育、城市重建和环境政策等领域。具体如表10-2所示。

表 10-2　美国 PPP 应用

领域	PPP 案例
交通	在政策层面的合作，已经制定出一系列交通模式（如城市轨道交通、铁路、高速公路和内河航行）的投资和运营条例。例如：在综合地面运输效率方案（ISTEA）下的联邦高速公路援助项目、城市公共交通援助项目和措施。 项目层面的合作侧重于具体项目或具体情况。例如，1988—1999 年，加利福尼亚州和弗吉尼亚州开始针对公用收费公路的设计、融资、发展、建造和运营提出收费融资特许经营，州政府的职能仅限于授权及对收费费率（toll rates）和/或盈利进行监管。例如，弗吉尼亚州采用 BOO 模式特许经营的 Dulles 收费公路延伸段、加利福尼亚州采用 BTO 模式特许经营的州际道路 91 和 125。
技术	技术合作通常分为两种形式。第一种是政府出资帮助私人部门进行行业研发。例如：开始于 1982 年并在 1992 年得到进一步拓展的小企业创新研究项目（SBIR），1990 年实施的旨在使新科学发明成果商业化的先进技术计划（ATP），成立于 1987 年的半导体行业联合体 Sematech（1997 年该合作关系转成了第二种类型）。在第二种技术合作中，政府和各行业科研工作者建立直接合作关系。例如，20 世纪 90 年代涉及国家实验室和私营企业之间正式协议的合作研发协议（CRADAs），始于 1993 年旨在研发环境友好型汽车的新一代汽车伙伴关系计划（PNGV），旨在建立制造业企业和政府机构之间合作关系的制造扩展合作计划（MEP）办公室。
水务	许多城市已经建立了合作模式以保证污水处理系统的运营和维护。例如：密尔沃基城市排水区域的项目涉及一个为期 10 年的运营和维护（O&M）合约，印第安纳波利斯市污水处理的运行、维护和管理合约模式涉及一个为期 10 年的 O&M 合约，布法罗市水处理系统涉及一个为期 5 年的 O&M 合约及客户计费和收费服务。
监狱	截至 2001 年 9 月，在全美 32 个州共有 151 座私营监狱设施，可容纳 119 023 个犯人或被拘留者。与所在的州政府签订合约后，一些私营监狱逐步发展起来。更为常见的是，某个私营企业在某个特定的州建造此类设施，然后和那个州或另外的州、县或联邦机构签订合约，负责安置或留出地方给依法惩处的犯人，相关机构按日给予津贴。
医疗	在美国医疗保险制度（medicare）和公共医疗补助制度（medicaid）中，尽管随着管理式医疗的出现，合作形式已经发生改变，但实际上，政府却总是依靠私营企业提供医疗服务。 提供管理式医疗的各组织机构（既有商业健康护理组织，也有提供商资助的健康计划）竞争公共医疗补助业务。政府挑选最好的健康计划来签约。反过来，该健康计划招募、管理医疗服务提供商。受益人可在几个相互竞争的计划中挑选其满意的计划。每个（病人）客户都有一个主要的医疗护理提供商提供护理服务。在健康计划合约中明确相关规定，这些规定设定了健康计划参与的相关条款和条件。
福利	现在，各种福利计划都有私营实体的参与。例如，“小卡片”用于食物券津贴、母婴健康服务以及其他政府补助服务的电子给付转账（EBT）。私人承包商负责开发并实施这些电子系统。许多非营利性组织提供儿童福利服务，包括调查研究、寻找寄养家庭和提供医疗服务。许多就业和培训服务都可转包给职业学校和社区大学（如 Jobs Corps）。自从 1996 年《个人责任与就业机会折中法案》（PRWORA）实施以来，国家或地方福利机构可以外包全部的福利计划，包括合格人选的招募和服务供给。这便使得一些公司（如 EDS、IBM）得以进入福利市场。
城市重建	20 世纪 50 年代，地方政府和商业银行间的城市再发展合作关系建立，并在政策层面运营，共同为中心市区的再发展做规划。在项目层面上，私人部门开发商和当地政府合资，共同建造政府办公楼、住房和运动设施。20 世纪 80 年代起，开发公司已经与个体房地产开发商在具体的项目上展开合作。例如，Battery Park City 项目、时代广场的再发展项目、波士顿住房合作项目、“明日克利夫兰”计划、重建洛杉矶项目和“Dev Co 新泽西”项目。

资料来源：格里姆赛，刘易斯. PPP 革命：公共服务中的政府和社会资本合作. 北京：中国人民大学出版社，2016：7-9.

10.2.1.4 特许经营

公共管理中的特许经营是由公共部门授予私人企业经营和管理某项公用事业的权利，通过特许协议明确双方的权利与义务，从而达到公共管理目的的一种工具。《1994 年世界发展报告》把特许经营解释为一种私人团体为提供服务而从公共部门长期租赁资产的安排。私人团体在此期间有责任为特定的新固定投资提供资金，这些新的资产在合同期满时将返还给公共部门。

在近代西方，委托经营方式大量应用于港口、运河、桥梁、铁路、供水、照明、城市交通等公用设施的建设。19 世纪 80 年代以后，许多城市开始将垄断性特许经营权授予有轨电车、排水系统、天然气以及电力等公共事业公司。20 世纪 70 年代后期以来，随着新公共管理运动的兴起，特许经营在公共部门管理中得到广泛应用，尤其是应用于高速公路、铁路、供电、通信、有线电视、城市供暖、垃圾处理、污水处理、停车场、监狱等设施的建设和经营中，在公共物品提供和生产中发挥着重大的作用。近几年来，特许经营在我国公用事业的改革与发展中应用得越来越普遍。

10.2.1.5 凭单制

凭单制是一种借用私人市场凭单的理念和技术来改造公共服务供给的公共管理方法。凭单也称为有价证券、代金券、消费券，是“政府公共部门向有资格消费某种物品或服务的个体发放的优惠券”。有资格接受凭单的个体在特定的公共服务供给组织中“消费”他们手中的凭单，然后政府用现金兑换各组织接受的凭单。它的基本特征是：凭单是围绕特定物品而对特定消费者群体实施的补贴；凭单不同于补助，是直接补贴消费者而非生产者；凭单通常采取代金券的方式而非现金。

凭单制的优势很明显。较之于政府服务、补助等传统行政方法，凭单制是一种崭新的理念和技术，它从根本上改变了公共服务供给与消费的模式。凭单制及其应用也有种种问题和缺陷，如成本和效益问题、公平问题、服务提供者选择最好的或唾手可得的顾客的倾向问题、信息不对称问题、政府责任限度问题等。

10.2.1.6 分散决策

分散决策就是分权与权力下放的过程，其主要目的是通过政治和执行的分离来赋予执行者更大的自主权，使被授权的下级组织或单位能够更加独立，自由地与其他组织进行竞争。分散决策通过财政分权和建立内部代理机构及其他组织来实现。这种方法既涉及中央与地方的关系，例如美国联邦政府向州和地方政府放权，又涉及政府公共部门内上下级之间的关系，例如英国的“下一步行动方案”和新西兰的公司化改革。

英国和新西兰的做法体现了奥斯本和盖布勒所倡导的“起催化作用的政府——掌舵而不是划桨”“分权的政府——从等级制到参与和协作”这两大原则。丹麦的“政治性分权”也比较典型，其基本做法是把权力交给另一民选的政治实体等。此外，英国的财务管理也采取了财政分权的形式。

10.2.1.7 放松管制

管制是由行政部门制定并执行的直接干预市场配置机制或间接改变企业和消费者的供需决策的一般规则或特殊行为。大部分管制通过行政法规来进行，并由政府公共部门或特别的机构（如美国的独立管制委员会）来管理。管制采取不同的形式，如规章、标准、许可、禁止、法律秩序和执行程序等。政府管制遍及社会生活的许多领域，尤其是物品和服务的价格和标准等方面。从总体上看，管制大致可以划分为经济管制和社会管制两大类型。经济管制是管制的传统形式，它控制诸如产品的价格和数量、投资回报、某一产业中公司的进入或退出一类的事项；社会管制是一种较新的管制类型，它控制诸如健康、安全、职业歧视一类的社会事项。

管制在特定历史时期发挥了积极的作用，然而随着管制的进一步加强，其弊端也逐渐暴露出来。20世纪80年代以来，放松管制就成为西方各国公共管理改革的一个重要方面。放松管制就是在市场机制可以发挥作用的行业完全或部分取消对价格和市场进入的管制，使企业在制定价格和选择产品上有更多的自主权。

美国是推行和应用放松管制最为典型的国家。由于过多的管制束缚了企业的活力，管制的成本也有所上升。从20世纪70年代起，美国放松了对很多行业的管制（证券、航空、铁路、卡车、公共汽车、能源、银行、电信等）。中国的改革实践也在逐步放松管制，如1978年放松对农业的管制，1990年以后在城市的许多行业放松管制。

10.2.1.8 产权交易

财产权利指的是人们操纵一项事物的排他性权利，它由使用权、收益权、占有权和处分权等组成。因此，所谓产权的交易与变更，并不是单纯指产权整体的转让。事实上产权的划分越明细，就越能够发挥出产权的整体效益，所以只有实现对产权的明晰与重组，最大限度地发挥产权所有者的积极性，才能实现资源配置的最大化。比如，对于一些公共设施，在财产所有权、收益权不变的前提下，通过使用权的出让，就可以取得巨大的经济效益。

长期以来，产权交易作为一种管理渔业、电波波段、环境的方法而在实践中得到应用。加拿大、冰岛、澳大利亚、新西兰最早应用这种方法来进行渔业管理，运用可交易性配额解决了渔业中过度捕捞、政府管制成本高的难题。这种可交易性配额是政府公共部门通过产权市场的系统变更达到政策目标的重要体现。现在，许多国家都用产权交易方法来控制有害物的排放，最典型的是美国。1990年修正的《清洁空气法》允许每一个企业排放不超过一定量的二氧化硫，但该法案允许一个排放量少于许可限度的公司出售未用完的许可限度给另一家公司。

10.2.1.9 内部市场

内部市场是将提供公共服务的公共部门人为地划分为生产者和购买者两方以形成“公对公的竞争”，这在政府组织内部便产生了“生产者”和“消费者”两个角色，促使内部组织之间进行竞争，达到提高服务质量的目的。英国、新西兰、瑞典等是应用这种方法比较典型的国家。

内部市场是市场化工具中应用范围比较窄的一种方法。英国公费医疗拨款制度改革是建立内部市场的一次有益尝试。从1992年开始，英国政府把原来给医院的大部分款项拨给家庭医生。医院的手术和住院服务明码标价，形成医疗服务的内部市场。家庭医生与病人协商选择医院，然后从自己的预算中向医院交付手术费和住院费。在不影响公众接受免费医疗权利的前提下，这一改革彻底改变了医院效率越高越容易亏损的局面，促使各医院提高服务质量、降低价格，为吸引更多的“顾客”而展开激烈的竞争。

10.2.2 工商管理技术

工商管理技术是把企业的管理理念和方式引入公共部门中，吸取有效经验以达成公共管理目标。全面质量管理、目标管理、顾客导向、标杆管理和流程再造等，都是工商管理技术的具体方法。

10.2.2.1 全面质量管理

1. 全面质量管理的含义与PDCA循环

“质量”（quality）是指产品或服务的优劣，是“反映实体满足明确和隐含需要的能力的特性之总和”①，包括产品质量、服务质量、过程质量、工作质量等。质量管理（quality management）是指“确定质量方针、目标之后，在质量体系中通过诸如质量策划、质量控制、质量保证和质量改进，使组织实施其全部管理职能的所有活动”②。全面质量管理（total quality management，TQM）就是以质量为中心、以全员参与为基础，通过让顾客满意和本组织所有成员及社会受益而达到长期成功的管理途径③。全面质量管理的特点是：对象的全面管理、全过程的管理、全员的管理、全面运用各种管理方法和提高全社会的效益④。全面质量管理有助于改进公共管理、提高服务质量和改善公共部门的形象。

为了实现全面质量管理，许多管理者采用由戴明最先提出的PDCA循环。PDCA循环具体应用分为四个阶段。PDCA循环的应用意味着该组织的任何部门以及任何阶段都存在着PDCA循环，不断解决问题的过程就是质量逐步上升的过程。P阶段是计划制订阶段，工作内容包括对质量现状进行分析，找出存在的质量问题；分析造成产品质量问题的各种原因和影响因素；从各种原因中找出影响质量的主要原因；拟订相应的管理和技术组织措施，提出执行计划。D阶段是计划执行阶段，即共同按照预定的质量计划、目标和措施，完成具体的作业工作，生产出最终产品。C阶段是执行结果检查阶段，即根据计划的要求，对工作的执行结果进行对比检查，确定存在的问题。A阶段是处理阶段，即对存在的问题进行深入的剖析，确定其原因，并采取相应措施。

---

① 龚益鸣．质量管理学．上海：复旦大学出版社，2000：42．

② 魏娜，张璋．公共管理中的方法与技术．北京：中国人民大学出版社，1999：4．

③ 隋丽辉，舒喆醒．21世纪全面质量管理的新模式．管理科学，2003（6）．

④ 余明南，丁正平．质量管理．大连：大连理工大学出版社，2005．

2. **政府全面质量管理的主要内容**

20世纪90年代以后，伴随西欧各国公众对社会公共服务需求的增加和对公共服务质量要求的提高，在"用企业精神重塑政府"理论的推动下，许多国家开始将企业全面质量管理的理念、方式和方法进行加工改造后运用于政府公共管理①。从欧美各国的实践来看，政府全面质量管理主要包括四大核心内容：以顾客满意为目的、以质量为中心、取得高层支持是关键、以全员参与为基础。

当然，政府在实施全面质量管理的过程中不可避免地会遇到一些困难或限制，包括政府的天然垄断地位、公共服务的质量测定或衡量上的困难、公共服务的消费者不同于一般市场上的消费者以及公共服务领域顾客的劣势地位等。

政府实施全面质量管理包括六个步骤：第一，高层领导带头推动；第二，和上级疏通并征得同意；第三，聘请质量评估中心专家培训指导；第四，培训结束后各部门成立质量改进小组；第五，实践全面质量管理之后进行再学习；第六，试点成功后大面积推广②。

因此，政府公共部门推行全面质量管理必须注意以下事项：注意循序渐进，做好思想转换和教育培训工作，重视激励机制的作用，需要制度的、文化的支持。

我国公共部门对全面质量管理的实践应用较晚，范围较小，层次较低。直至20世纪90年代末，我国公共部门全面质量管理实践才开展起来。其应用范围主要集中在我国政府中的服务性部门，并且多采用国际标准化组织的质量管理体系。目前，对我国公共部门实施全面质量管理的研究多是以理说理的宏观定性论证，还未涉及以全面质量管理推动组织变革的方案和方法。全面质量管理所倡导的组织文化的实现问题、公共服务的精确度量问题、供给技术的改进问题、充分授权问题、团队合作问题、人力资源问题、内部各职能部门间的合作问题等还没有得到很好的解决③。全面质量管理遇到的困难或限制说明它也并不是灵丹妙药④。因此，仅仅引入全面质量管理体系并不能立即解决公共部门产品与服务质量的问题，还需要更多地关注中国背景下公共部门的更深层次问题，并结合现行体制、部门利益、公务员观念、行政伦理、社会公众意识等诸多方面进行探讨。

10.2.2.2 目标管理

1954年，管理学大师德鲁克（Peter Drucker）在其代表作《管理的实践》中首次提出"目标管理与自我控制"（management by objective and self-control）的主张，并建构起目标管理的理论体系。从此，目标管理就作为一种管理模式、管理思想和管理哲学风靡于世界。

目标是一定时期内期待于每个部门，需要每个人的努力才能完成的工作结果。目标

① 施美萍．政府全面质量管理：服务型政府的新理念．华东经济管理，2006：9．

② 张卫国．在公共组织引入全面质量管理探讨．合作经济与科技，2006（2）．

③ 杨林岩，詹联科．全面质量管理理论在我国公共部门的运用分析．科学学与科学技术管理，2006（6）．

④ POWELL T C. Total quality management as competitive advantage：a review and empirical study. Strategic management journal，1995，16（1）：15-37.

管理（management by objectives，MBO），是通过参与式的目标设置、实施和评价等活动来管理组织的一种方法。目标管理是一个由多种要素组合起来的综合体，目标的作用仅仅是一种手段，一种达到有效管理的手段。从过程角度看，目标管理由制定目标、实施目标、评价成果和支付报酬等步骤组成，中间穿插着各种计划、组织、指挥、协调、激励、监督、控制等活动。只有将这些步骤、活动综合起来，形成一整套系统的制度，才能实现组织的目标。

因此，目标管理基于行为科学的管理原则，如尊重人格、意见沟通、贡献与满足的平衡、自我实现的需求等，其理念结合了数量学派的绩效取向及行为科学中团队与个人的概念。其对人性有如下假设：第一，人都希望能有机会亲身参与；第二，人都希望能享受工作的乐趣；第三，人都希望有成长、发展的机会并愿承担较大的责任；第四，人都希望获得赞许与奖励。目标管理理论强调人人参与管理和激发员工的潜能①。

德鲁克认为，管理的原则是能让个人充分发挥特长，凝聚共同的愿景和一致的努力方向，建立团队合作，调和个人目标和共同福祉的原则。“目标管理和自我控制是唯一能够做到这一点的管理原则。”② 在他看来，组织是为了某些使命而存在，而目标确定具体工作，因此组织的使命必须转化为目标和任务，经分解，组织成员便有明确的工作。

目标管理作为一种新型的管理模式和管理思想，是一种综合的、以工作为中心和以人为中心的系统管理方式。目标管理的中心思想是让具体化展开的组织目标成为组织每个成员、每个层次、每个部门行为的方向和激励，同时又使其成为评价组织每个成员、每个层次、每个部门工作绩效的标准。正如杰克·贝蒂所说：“从根本上讲，目标管理的一个重要假设是把经理的工作由监控下属变成给下属设定客观的标准和目标，让他们依靠自己的积极性去实现目标。这些共同的衡量标准，反过来又使得被管理的经理用目标和自我控制来管理。”③

目标管理的具体方法与形式是多种多样的，实践中可采用的模式主要有：组织中心模式、个人中心模式和成果中心模式。

目标管理具有以下四个特征：第一，目标管理是一种分权与自我控制的管理。德鲁克认为：“（目标管理）能让追求共同福祉成为每位管理者的目标，以更加严格、精确和有效的内部控制取代外部控制。”④ 目标管理要求组织目标在高层管理、中层管理、基层管理和基层工作中具体展开，即将组织目标逐步分解成一个与组织层次、组织分工相适应的层次体系，让组织的每一个层次、每一个部门、每一个成员都有具体的目标与工作⑤。因而，在本质上，目标管理是一种凡事以现有目的为中心点的世界观。作为一种管理方法，目标管理涉及修订目标、制订行动计划、选定绩效指标、制定财政预算、监控行动计划的执行及进行整体的计划评估，继而循环往复，不断提高管理工作的质量，并以结果为导向激励组织成员及强化自我控制。第二，目标管理是一种参与式管理。目

---

① 王正东．目标管理及其实践模式．电大教学，1998（6）．
② DRUCKER P F. The practice of management. New York：Harper Press，1954：128-129.
③ BEATTY J. The world according to Peter F. Drucker. London：Simon & Schuster Inc.，1998：162.
④ 同②．
⑤ 芮明杰．管理学：现代的观点．2版．上海：上海人民出版社，2005：368.

标管理是一种民主参与式管理，它要求上级部门充分发挥下级的能动作用，吸收下级参与到各项管理决策中来。正如奥迪奥恩（Odiorne）所说，目标管理的优点在于实行“参与式管理”，通过上下结合的方式进行反复协商和综合平衡，以便所确定的目标更加具有动员性和激励性，更加便于实现①。第三，目标管理是一种面向成果的管理。目标管理引导管理者从重视流程、管理制度等细节问题转向重视组织的目标。德鲁克认为，必须用目标来统一员工的意志和工作，让每个部门、每个员工都将注意力转向组织的目标。目标管理不是要求被管理者怎样干，而是注重从达到一定的目的出发，去采取措施保证获得实现目的的成果。目标管理可以充分调动各方的积极性。第四，目标管理是一种系统化的管理。目标管理通过完整的目标体系来指导和安排工作，有利于明确和保障工作重点，同时又能够统筹，防止各部门、各单位甚至各个组织成员各行其是，从而达到整体和谐，提高管理绩效。

目标管理被广泛应用于私人部门和公共部门。它以目标为基础，实行以成果为中心的人事考核制度，是提高组织绩效的有效方式。它能够激励工作人员的积极性，加强组织内部的信息沟通，通过明确组织目标，并予以具体化，避免个别部门将自己的目标当成整个组织工作的最终目标，从而有利于整合组织内的各种力量，改善各种关系，为实现组织的最终目标而努力。

10.2.2.3　顾客导向

公共部门管理以顾客满意为导向，最初是从企业管理中借鉴过来的，其基本取向是：以顾客为中心，即从顾客的角度出发开展活动和提供服务，以追求顾客满意为基本精神，以社会和顾客的期待为理想目标。这些基本取向被发达国家引入政府公共部门的管理中。

新公共行政学的代表人物弗雷德里克森认为，在组织形态的设计上，要坚持顾客导向，即将公众——公共行政服务对象的需求作为组织存在和发展的前提。以奥斯本、盖布勒为代表的企业家政府理论强调，应引入竞争机制，树立顾客意识，制定顾客驱使政府的制度，使政府自觉地为顾客服务。

在当代，公共管理活动已不是简单的公共物品和服务的提供，而是必须及时了解公众需求并设法满足需求，即从“供应顾客”到“创造顾客”的转变。所以，顾客导向要求在进行公共物品和服务创新、制度创新、管理创新时，立足于顾客。

作为一种公共管理方法，顾客导向要求公共部门像管理其他资源那样对顾客进行管理，做到顾客至上，公众优先，了解顾客，针对顾客的需求生产和提供公共物品和服务，以顾客价值为政策的基点，注重与顾客的互动和沟通，依据收集到的顾客相关信息改善公共部门的产品和服务，为顾客创造利益和价值。

10.2.2.4　标杆管理

标杆（benchmarking）是一种业绩标准。标杆管理是一个认识和引进最佳实践，以

---

①　ODIORNE G S. The human side of management: management by integration and self control. Lexington, Massachusetts: Heath, 1984.

提高绩效的过程，是一个帮助机构发现其他组织更高绩效水平（标杆）的过程，在此过程中尽量了解其他组织是怎样达到那种水准的，以便使产生那种水准的做法和程序得以运用到自己的组织机构中。

标杆管理不是一种简单的比较研究，不只是看得出的结果数据，更注重借鉴、适应、采用他人的方法；它不是简单地抄袭其他组织的做法，而是经过分析、理解和调整，将先进经验与自己的特点相结合而进行的借鉴；它不是单纯的绩效评估、业绩测定，绩效评估仅是实践的一个要素或一个步骤，它给组织提供用于改进工作程序的数据基础；它也不是静止的，出于工作的需要，应将所获得的知识、修改了的任务和已经发生的机构变化融为一体。

威廉·盖伊认为，标杆管理是“消费者给公共部门的报告”。他说，标杆给市民——消费者提供了精确的、可靠的信息，通过这些信息，消费者可以建立标准，做出比较，评判绩效。他将标杆管理说成是一种“推动行业具备高水准的质量、生产力、管理竞争力的产物”。公共部门之间不存在为争夺市场份额而发生的生存竞争，这样，公共部门内部明显缺少一种激励机制。对标杆管理的运作不仅可以改变公共部门的运行节奏，而且可以促使它及时改进——使它能应对各种根本性的变革，以便继续满足市民的期望和避免福利的净损失。

10.2.2.5 流程再造

“再造”概念最早出现在计算机软件工程领域，与现代信息技术紧紧联系在一起。1993年，美国学者迈克尔·哈默（Michael Hammer）和詹姆斯·钱皮（James Champy）在《改造企业》（*Reengineering the Corporation*）一书中给出的定义是：业务流程再造（business process reengineering，BPR）就是对企业的业务流程进行根本性（fundamental）的再思考和彻底性（radical）的再设计，从而使企业获得成本、质量、服务和速度等方面业绩的戏剧性（dramatic）的改善，从而达到削减成本、提高利润、对市场变化做出灵活的反应和提高企业市场竞争力的目的①。

企业流程再造是基于网络信息技术等现代科学技术的、为满足用户需要而系统化地改进企业业务流程的一种管理哲学。企业流程再造以流程为导向，它替代了原有的以职能为导向的组织结构形式，为企业管理活动提出了一个全新的理念。正如哈默所说，企业流程再造是企业的一场革命，流程再造绝对不是在原有流程上进行改善和优化，而是要把原有流程彻底推倒，重新建立一个新的流程。因此，企业流程再造不是一般的管理工具，不是仅对管理的某一方面发挥作用，它既是一种新的管理思想和管理理念，又是一种新的管理方法。公共管理改革从企业的变革中吸取经验，将企业流程再造的理论引入公共管理改革的分析之中，并以此为基础逐步形成了公共管理流程再造的方法。

流程再造是用成本、质量、服务和速度等衡量和改善工作业绩，对业务流程进行的根本性再思考和彻底性再设计。公共部门流程再造是要对公共治理的理念、原则、组织

---

① 哈默，钱皮．改造企业：再生策略的蓝本．北京：牛顿出版公司，1995：45-50；王玉荣．流程管理．北京：机械工业出版社，2002：45.

结构、行为方式等管理模式、组织结构模式、业务模式和服务传递方式进行根本性再思考和彻底性再设计，以提高公共管理的绩效和服务质量，而不是简单的组织精简和结构重组①。为此，形成了“服务链”的流程再造模式。

“服务链”是公共部门流程再造的核心，其基本思想是：首先，将公共部门内部的上下级和部门之间的业务关系由原来的单纯行政机制转变成平等的相互服务关系。公共部门内部的每个部门和个人既是服务“提供商”又是服务的接受者，即互为“客户”，但公众是他们共同服务的最终客户。其次，将公众的每一次服务请求当成是向公共部门下的一次“订单”（称“外部订单”），将每次公共部门提供服务的过程看成是一次执行“订单”的过程，公共部门提供服务获得的“支付”是公众对公共部门的认可、拥护和忠诚。最后，将“外部订单”转变成公共部门相关服务部门或个人的一系列的“内部订单”，从而形成以“订单”为中心，上下级和岗位之间相互咬合、自行调节运行的“服务链”。在网络空间，作为“服务链”上的一个节点，每个部门或个人实际是在收到订单后的规定时间内提供一个响应数据（如一个问题的答复，一个审批的结果），因此“服务链”变成了一个“服务响应数据链”，简称“服务响应链”。

10.2.3 社会化手段

社会化手段是指公共管理更多地利用社会资源，在一种互动的基础上来实现公共管理目标的方法，社区治理、志愿者服务、公众参与及听证会，都是社会化手段的具体方法。

10.2.3.1 社区治理

加强社区建设是政府管理的重要课题。随着市场经济体制的逐步建立和完善，从政府和企业分离出来的社会职能，大部分需要依托于城市社区来承担，许多社会问题的解决都需要发展和完善社区治理。

在我国大力发展社区建设和社区服务的实践中，社区治理是一种重要的政策工具，其具体内容包括：在社区内通过建立各种敬老院、福利院、康复中心、医疗站、托儿所、幼儿园等设施，对老年人、儿童和残疾人等实行社区照顾；调动社区居民不定期地参加保护社区环境的清洁卫生工作，美化居住环境；加强社区治安管理；等等。

社区治理的优点在于：不花或者很少花政府的钱；调动公民积极地参与，受到广泛的支持和欢迎。

10.2.3.2 志愿者服务

作为一种政策工具，志愿者组织的活动免受国家强制力和经济利益分配的约束。志愿者组织提供某些社会服务，例如，慈善机构为穷人提供医疗保健、教育和食品，志愿者团体提供海滩和公园的公益服务，等等。

---

① 蔡立辉. 电子政务：信息时代的政府再造. 北京：中国社会科学出版社，2006：92.

在传统社会里，志愿者或非营利组织就提供了大量的社会服务，尤其是公益服务。现代福利国家的出现曾一度降低了它们的重要性程度。但是，在当代社会中，它们仍然被广泛地当作一种处理社会问题的重要手段。在我国，随着政府职能的转变，志愿者或非营利组织作为一种政策工具，其地位和作用也将日益重要。

由志愿者提供社会服务可以减少对政府行动的需要或减轻政府的负担。但是，其应用范围有限，大量的经济与社会问题不能通过这种手段来处理；志愿者组织容易蜕化变成准官僚机构，从而降低它的效能和效益。

10.2.3.3 公众参与及听证会

政府决策民主化要求提高政府决策的透明度，建立公众参与的制度，赋予公众在国家决策中的发言权。公众依照法律赋予的民主权利，通过各种形式反映社会生活中的各种问题，提出各方面的建议。

公众参与是衡量现代社会民主化程度和水平的一项重要指标，它的具体形式很多，既包括直接选举和全民公决，还包括公共决策听证会。其中，公共决策中的听证制度是现代民主社会普遍推行的用于保证各方利益主体平等参与公共决策过程，最终实现决策民主化、公开化、科学化和公正的一种重要制度安排。

作为一种政策工具，听证会提高了决策的民主性和科学化，扩大了决策参与，增加了决策透明度和公开性。但是，作为一项全新的工具和制度，它在我国还有待于被逐步推广。我国现在尚不具备将所有的政府决策都纳入听证程序的经济实力，公民的民主和法律观念也有待提高。

10.3 战略管理

战略管理作为一种管理方法，在当代公共管理发挥着越来越重要的功能。我国提高公共管理能力、构建和谐社会及实现全面建成小康社会等重要战略，都需要战略管理理论的支撑和引领，应借鉴、吸收、学习与创新西方企业战略管理及公共部门战略管理理论与方法。

10.3.1 战略管理概述

10.3.1.1 战略的含义

“战略”（strategy）一词来源于希腊语“strategos”或由其演变出的“stragia”，前者意为“将军”，后者意为“战役”“谋略”，二者均指军队指挥的艺术和科学。其后，战略在政治学中得到应用，被用于描述有计划地运用权力和影响贯彻国家目标的活动。在现代管理科学中，战略是指组织在复杂多变的环境下，为实现组织目标而制定的一系列长远性和全局性的关于组织发展方向和行动方案的规划。

战略管理是为应对环境变化需要和实现目标而进行的一种管理方式。公共部门战略管理是公共部门在分析内外环境变化的基础上，通过确立和调整长期战略目标、进行适当的政策选择、整合资源来实现公共管理战略目标的政策决策与实施过程。

现代意义上的战略管理思想，最早出现在美国管理学家巴纳德的代表作《经理的职能》(*The Functions of the Executive*，1938) 一书中，他运用战略的思想对企业诸因素以及它们之间的相互影响进行了分析，首开企业经营战略研究之先河。自20世纪60年代企业战略作为一种理论出现以来，随着研究的深入和理论的发展，各种学派纷纷出现，目前主要有三类理论。第一类是说明性的学派，如设计学派、计划学派、定位学派，关注的是应如何明确地表述战略，而不是战略形成过程中的一些必要工作；第二类学派对战略形成过程中的具体方面进行了思考，如企业家学派、认识学派、学习学派等，侧重于描述战略的实际制定和执行过程，而不是侧重于描述理想的战略行为；第三类是结构学派，这是其他学派的综合，将战略的各个相关内容如战略制定过程、战略内容、组织结构和组织关系等集中起来，归结为清晰的阶段或时期，有时也按时间顺序来描述组织生命周期。

公共部门战略管理兴起于20世纪80年代。公共部门战略管理的兴起绝不是偶然的，也不只是对私人部门战略管理的一种响应，而有其自身逻辑和内在根源，是对公共部门面临的不确定的复杂环境的能动适应，是公共管理改革的产物。正是由于面临着诸多复杂而难以厘清的困境，公共部门开始感受到改变传统运作方式、进行战略性思考与行动的必要性。随着公共部门战略管理实践及研究的深入，公共部门战略管理呈现了以下深入发展的趋势：战略管理将成为政府重塑的主要战略选择；战略管理不仅关注战略计划的构思和制定，而且更关注战略计划的执行和战略结果的实现；战略规划的参与主体走向多元化和分散化；战略过程变得更加灵活、迅速，目标结果指向更加明确；战略计划更多地融入了内部取向的因素，如对组织文化特征和竞争优势的阐明；政府和非营利组织广泛合作，逐渐发展为战略联盟；等等。

因此，公共部门战略管理是作为"新公共管理运动"以及公共管理范式的一个重要组成部分而出现的，是公共部门对急剧变迁的不确定环境的能动适应。保罗·C. 纳特、罗伯特·W. 巴可夫从环境、交易、组织程序三个方面阐述了公共部门引入战略管理的必要性①。

10.3.1.2 战略管理的特征

战略管理作为高层次的管理，不是各种专业职能管理的简单相加，而是整体层面、宏观层面的综合管理；关注现在发展、潜在威胁和未来机会，是对生存和发展具有决定性意义的决策管理，它具有七个主要特征：

(1) 战略管理注重整体目标的达成。战略管理超越了各部门的日常管理活动，更为重视公共管理整体的发展方向，通过对各具体职能部门进行协调和整合，集中全部资源来实施整体战略规划。

---

① 纳特，巴可夫. 公共和第三部门组织的战略管理：领导手册. 北京：中国人民大学出版社，2001.

（2）战略管理是未来导向的，它着眼于长远的、总体的谋略。战略管理为公共管理的未来发展绘制了蓝图，是在对外部环境变化和内部资源状况进行分析和预测的基础上形成的，着眼于今后相当长的一段时间内管理实践与外部环境的协调问题。目标一旦形成便不会轻易改动，而是作为长期的战略来实施。

（3）战略管理是寻求发展机会以及识别威胁的过程。公共战略管理的一个基本宗旨就是利用外部机会来化解或回避外部威胁。也就是说，它关注外部环境，如政治、经济、社会、文化、人口、技术、国际竞争等方面的变化对公共管理的影响，及时地识别、监视、评估和处理外部机会与威胁。

（4）战略管理是多重目标的统一。公共管理存在着各个阶段、层次的目标，制定统一的战略目标需对众多目标进行协调，这避免了因为目标模糊和矛盾冲突而造成的资源浪费，可以在统一的战略目标框架下整合各方面的努力。

（5）战略管理是直觉分析和理性分析的产物。战略管理从决策角度可以视为进行重大决策的客观、有逻辑的方法，因为它旨在对定性和定量的信息进行分析，以便在不确定的情况下做出决策。然而，战略管理不是一种采用精密、明晰方法进行的纯粹科学研究。因为未来的事情不可能用理性分析完全推测出，这就需要战略制定者的直觉分析。经验、判断、感觉甚至直觉都成为战略管理中至关重要的因素。

（6）战略管理是一个持续性和循环性的过程。外部环境是不断变化的，因此战略管理也是一个持续不断的过程。战略管理者要密切关注内外环境的变化，预测其发展趋势，以便及时地调整战略管理的目标，使之对内外环境的变化应对自如。战略管理过程不是一个线性过程，而是循环进行的。战略形成后，在实施阶段如果发生偏差，就会返回到制定阶段，也就是说战略管理各阶段之间是可以逆向进行的。

（7）战略管理要求公共管理者主动搜集外部环境信息，根据外部环境的变化，主动调整战略发展规划。公共管理者在推行战略管理模式后，搜集外部信息、整合内部资源、影响外部环境变化等活动都是处于主动的状态。尤其是在战略规划进入实施阶段后，公共管理者不仅要适应环境，还要通过宣传、沟通等来主动影响外部环境因素的变化，同时继续对外部环境的变化保持监测，并根据战略实施的效果，对战略规划进行修正和调整。

10.3.2 公共部门战略管理的性质

公共部门战略管理是在私人部门战略管理的影响下发展而来的，但公共部门战略管理与私人部门战略管理在需要方面存在着差异，具体如表 10－3 所示①。

表 10－3 公共部门和私人部门战略管理需要的不同

因素	私人部门战略管理	公共部门战略管理
环境市场	市场由顾客的购买行为决定，资金来源于收费，市场信号清晰，战略制定和实施依赖于市场的变化。	市场由监督机构构成，资金来源于预算拨款，市场信号弱，战略制定和实施必须认清权威网络成员的信仰和需求。

① 纳特，巴可夫. 公共和第三部门组织的战略管理：领导手册. 北京：中国人民大学出版社，2001.

续表

因素	私人部门战略管理	公共部门战略管理
制约	战略制定和实施具有自主性和灵活性，只受法律和内部多数人意见的限制。	授权和义务经常限制自主性和灵活性，战略制定和实施过程中需要维持资金来源渠道的安排。
政治影响	影响间接且只是当作例外处理，没有特别安排。	影响直接，需要应对外部影响，采用讨价还价和谈判技巧以做出重要决定。
交易强制力	根据市场自愿消费的变化来制定和实施战略。	将强制机会当成制定和实施战略变革的一部分。
影响范围	战略的社会影响范围较小。	战略的社会影响范围广泛。
公众审查	战略计划的制订和实施可隐蔽进行并保密，不必对外公开。	战略计划的制订和实施要受到公众的审查，并寻找可让外界参与和检查的途径。
所有权	所有权属于股东，除了股东外几乎没有利益相关者，战略只需要考虑股东的利益。	利益相关者众多，每个公民可能都是利益相关者，战略要了解公众对服务的要求和期望，有效和高效地识别利益相关者。
组织程序目标	目标清晰，且上下一致认同，战略最关注效率和利润。	长、短期目标不断变化且难以界定，战略关注效率，但更关注公平，战略要找出目标替代物，以克服目标不明确及潜在的冲突。
权力限制	执行被授权给有权力行动的权威人物，机构管理基本不受外界影响，战略管理者控制管理资源，行动基本没有限制。	执行依据利益相关者而定，行动受政府控制下的机构管理，战略要学会应对有限的行动空间，战略管理者没有控制管理资源，因而要辨明和管理行动所需要的资源。
绩效期望	战略绩效目标清楚，且长期稳定不变，因此战略使管理者和员工有紧迫感。	战略绩效目标模糊且处于不断变化中，受政治影响较大，因此战略管理要创造紧迫感，明确绩效目标并采取行动实现它。
激励	主要以金钱激励为主。	很难实施基于个人成就的激励机制，通过稳定的工作、角色和任务以及战略参与使员工得到激励并获得工作动力。

公共部门战略管理和私人部门战略管理在需要方面之所以存在着这些差异，最主要的原因就在于公共管理是运用公共权力进行的管理。从现实来看，公共部门引入战略管理的实践只是管理方式上的变革，并没有影响到公共部门的性质。公共部门战略管理的性质是公共性的。

10.3.2.1　公共部门战略管理的根本性质是公共性

私人部门战略的性质是自利性的，即其产生、存在的目的是追求合理的自身利益的最大化。公共部门战略的性质是公共性的，即其产生、存在是为了公共利益、公共目标、公共服务以及创造具有公益精神的意识形态等。政府在其公共战略中从来不会公然宣布自己丧失公共目的而沦为私人机构。政府必须保护国家安全，提供法律手段惩治违规者，提供社会福利以及保护国民财产等。

“公共性”是现代公共管理的首要规范性取向，公共性是衡量公共管理活动性质和基本价值的分析工具，具体表现在公共管理的长远目标、公共管理人员的职业道德以及公共决策与管理过程的开放性对于保障公共利益的完整性和完全性的作用等方面。公共部门战略管理的公共性质是由公共管理的公共性所决定的，公共部门引入战略管理依然是在法律和相关规章的制约下采取公共行动以实现公共利益。与此同时，公共部门战略管理在公共性的选择上，在维护正义和提供公共物品之间，即公平和效率之间，必须首先维护社会正义，如：运用司法手段，维护一个独立的、公正的司法审判；运用舆论宣传手段，对公平、民主、权利等价值进行宣传、灌输；运用社会福利手段，对弱势群体提供社会保障；运用税收手段，采取累进税制调节社会分配；等等。在公共部门中推行战略管理也是为了更好地实现公共管理的公共性。

10.3.2.2 公共部门战略管理追求的目标是创造公共价值，实现公共利益

效率和利润是私人部门战略管理最直接也是最根本的终极目标。然而，公共部门战略管理的目标确定具有相对的模糊性。由于公共部门所处的政治环境具有复杂性、多元性和不确定性，同时不同的利益集团对政治的各个方面具有不同程度的影响，加上政治的不断变迁等，公共部门通常同时具有很多模糊的、处在不断变化中的目标，这些不同的目标以及长期与短期的目标常常是相互冲突且难以界定的。对于公共部门来说，公平地对待每一位委托人并为其提供服务是其首要宗旨，即从公共部门本身的价值目标来说，公共性和公平是最重要的。但在市场化需求下，公民对公共物品呈现多样化和个性化的需求，同时公共部门越来越处在与私人部门竞争提供公共物品的位置上。因此，效率的提高也将为公共部门战略管理所关注，公共部门在体现公平和公共性的同时还必须做到高效。公平与效率又往往是冲突的，公共部门的战略管理目标往往要在公平与效率的冲突中进行权衡判定，因而又具有了模糊性。

正如保罗·C. 纳特、罗伯特·W. 巴可夫所说：“组织的公共性越高，其目标也越模糊不清。”在管理过程中，公共部门不仅要追求效益和效率，而且要追求公平和公正，在必要的时候，公共管理还必须牺牲效率以换取公平。公共部门效率和公平的模糊性和矛盾性决定了在公共部门推行战略管理的必要性。公共部门战略管理目标的模糊性，要求公共部门的战略管理必须找出其目标的替代物，以克服目标的不明确及潜在的冲突。公共管理者应致力于确定和创造公共价值，他们应该注意自己行动的有效性和优先顺序，同时也应考虑与组织紧密相关的政治环境，以确定什么是公共价值。同时，公共部门战略管理的直接目标是获取成果、增进责任和让顾客满意，而其最终目标便是实现战略管理的目标，即创造和实现公共价值。所以，在公共部门战略管理过程中，要求管理者在做出各种重大决策和处理各种具体问题时，都注重从整体、长远的角度去考虑问题，以便于在通盘考虑各种利害关系时，做出最佳决策，避免顾此失彼，因小失大，从而有效保证社会公共利益、公共价值的实现。由于这种公共性，公共部门战略管理不能像私人部门战略管理那样仅仅考虑经济增长，而必须把经济增长与经济平等、社会进步联系起来。

10.3.2.3 公共部门战略管理的内容和过程与其特殊的背景结合在一起

（1）在战略内容上，公共部门战略管理的公共性表现在：第一，私人部门的战略管理相对来说是一种微观上的规划和管理，在内容上它往往追求的是一种具体的、可见的利润，而公共部门的战略管理是一种宏观上的规划和管理，其内容往往涉及对人类某些价值和理想的追求。第二，较之私人部门来说，公共部门战略管理无论是在内容的广度上还是在深度上都更具有广泛性和复杂性。私人部门战略管理仅仅涉及本企业在一定行业领域、市场范围内的竞争活动，而公共部门的战略管理在内容上往往涉及社会各个领域的团体与个人，其中所包含的利益关系要比私人部门更加广泛、复杂。第三，私人部门的战略管理是为了获得更多的顾客而进行的一种竞争性的战略管理，其内容具有明显的竞争性。相对来说，公共部门为了获得顾客而进行的竞争既不是最直接的也不是最根本的，而是与公共背景相结合的，在战略规划中它与其他机构更多的是一种协作关系而非竞争关系。因此，公共部门的战略管理在内容上更多体现的是一种协作性的规划和管理。

（2）在战略的制定实施过程中，公共部门会受到不同于私人部门的特有因素的制约，这些制约因素是公共部门管理者在战略制定中必须要考虑的。这些制约因素包括：政策、法令的制约，资金来源的制约，政治权威的制约。

（3）公共部门战略管理的公共性还表现在战略管理过程的公开性上。公共部门本着为公众服务、维护公共利益的宗旨，其运作的公开化、透明化以及公民参与是基于价值的一种取向。公共部门的战略管理无论是在内容上还是在过程上都必须保持一定的公开性，让公民在知情的前提下进行参与、监督、检查，而私人部门的战略管理则完全可以在保密的情况下进行。因此，公共部门的战略管理必须寻求可以让外界参与战略制定、战略实施和战略控制的有效途径，通过公民的广泛参与来保证实现公众利益的最大化。

综上所述，公共部门战略管理虽然大量借鉴私人部门战略管理的方法和经验，但其根本性质没有因此改变，它的主要价值目标仍是创造公共价值，实现公共目标。公共部门战略管理借用私人部门战略管理的方法和手段是为了让公共部门更好地履行其功能，实现其目标，二者是手段和目的的关系。我们不能因为战略管理来源于私人部门，就否定其公共性。

10.3.3 公共部门战略管理过程

10.3.3.1 公共部门战略管理系统

公共部门战略管理系统是公共部门战略管理实施的载体，是战略管理过程展开的基础。该系统中的各要素联系是否得当，直接影响战略管理的运行，并决定战略管理的目标能否实现。

公共部门战略管理系统主要由以下要素组成：公共部门战略管理的主体、公共部门战略管理的客体、公共部门战略管理的环境。公共部门战略管理系统的这三部分相互依赖、相互影响、相互作用，共同构成了战略管理的有机系统。战略管理主体在整个战略管理过程中起主导作用；战略管理客体不仅影响主体的性质和规模，也制约着主体的结构、功能和活动方式；战略管理主体要实现战略管理目标，就必须正确认识和把握环境。

10.3.3.2 公共部门战略管理三阶段

战略管理是一个客观、系统、有逻辑的过程与步骤。从系统的观点出发，可将战略管理分为三个阶段：战略规划、战略实施、战略控制。它们之间相互联系、不可分割，共同形成一个循环的、持续上升的过程（见图 10－1）。

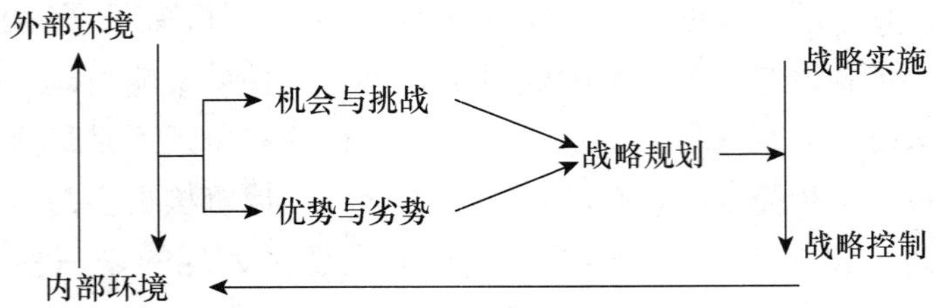

图 10－1 战略管理的过程

1. 战略规划

战略规划是战略管理的第一步。战略规划阶段所要完成的任务是明确地表达战略，并对战略演变加以适当的管理。战略规划就是对公共部门内外环境进行分析，在此基础上研究拟订战略的过程，也就是寻找发展的趋势，发现发展的威胁和机会，以使潜在利益最大化的过程。战略规划立足于实然状态和应然状态的差距，目的是寻求公共部门与外部环境的最佳结合。一般而言，它包括主要决策者对制定战略规划达成共识；了解相关法律制度，明确组织（可以是一个部门、一个行业，也可以是一级政府）的使命；战略分析（内外部环境分析）；列举战略清单，并按优先顺序排列，确定组织的战略；在综合分析的基础上，选择具有可能性和可行性的战略，确定战略方案。战略分析是其中最重要的一环，PEST 分析方法和 SWOT 分析方法是常见的战略分析方法。

（1）PEST 分析方法。PEST 分析方法是一个宏观环境分析模型：首先，搜集对组织战略产生影响的政治法律（politics）、经济（economy）、社会文化（society）和技术（technology）四个方面的因素；其次，对这四个因素进行仔细分析，厘清这些因素对战略的影响，找到本组织需要考虑的因素；最后，对这些因素进行评价（比如专家打分法），确定关键战略因素。

在因素分析中要重点厘清本组织的战略环境因素，并确定这些战略环境因素对本组织的影响程度。不同组织的战略因素会有差别，战略因素的确定与每个组织的性质、职能、服务范围等有很大关系。政治法律分析是指对国内外政治环境的分析，内容有国家领导人的新指示，新政策的颁布，新法律法规在立法部门的通过，国家间的战争、缔约，首脑的会晤，等等。经济分析是对国内外经济状况、发展趋势的分析，包括国内经济是增长、停滞还是衰退，通货是紧缩还是膨胀，国际经济状况如何，是否存在金融风险，等等。社会文化分析的内容包括国内风俗、习惯、观念、信仰的现状及转变趋势，国家间的文化交流与合作等。技术分析的内容包括国内外的科技进步、开发与利用，以及相互交流等。

（2）SWOT 分析方法。SWOT 分析法（自我诊断法）是目前战略管理与规划领域广泛使用的分析工具，是一种综合考虑组织内部条件和外部环境的各种因素，进行系统分析评价，进而选择最优战略的常用方法。S 是指组织内部的优势（strengths），W 是指组织内部的劣势（weaknesses），O 是指组织外部环境的机会（opportunities），T 是指组织外部环境的威胁（threats）。从整体上看，SWOT 可以分为两个部分：第一部分 SW，主要用来分析内部条件；第二部分 OT，主要用来分析外部条件。另外，每一单项又可以分为内部因素和外部因素，这样就可以对组织情况有比较完整的了解。SWOT 分析是通过了解本组织的优势和劣势，抓住组织外部的机会，规避组织外部的威胁，从而制定行动战略的方法。进行 SWOT 分析时首先应进行环境描述，确认影响组织的所有外部因素，预测组织未来情势之演变与评估未来外部因素之变化，掌握组织面对的机会和威胁；随后检视组织内部之优势与劣势，根据内外部因素轻重缓急或影响程度等排序。一般是将对组织发展有直接的、重要的、大量的、迫切的和久远影响的因素优先排列出来，再把那些间接的、次要的、少许的、不急的、影响短暂的因素排列在后，最后按其重要性加权计算或按战略直觉直接考虑是投入资源加强优势能力以争取机会、降低威胁，还是投入资源改善劣势能力以争取机会、降低威胁，从而得出一系列组织未来发展的可选择战略与对策①。通过 SWOT 分析可以明晰组织所具备的能力，正视组织的弱点和威胁，直面组织所面临的压力，以促使组织人员更积极地寻找有助于实现组织目标或理想的各种机遇。

进行 SWOT 分析并将分析结果用于战略决策，要遵循以下四个原则：一是使各种优势相互结合、有机联系，在结构上建立耦合关系；二是扩大优势，使系统功能更加完善，运转更加良性；三是抓住机会，绕开不利因素的干扰，化解和防范风险；四是两害相权取其轻。

SWOT 分析法为组织提供了可供选择的战略。战略管理者经过对内外部环境的 SWOT 综合分析，可以制定多层次战略，促使战略管理者更了解组织的独特能力（distinctive competencies）。能力（competence）是指办事的综合能力，而核心能力（core competence）是组织把某些事情（如生产某类产品或提供某类服务）办得非常好的“构成技能”（constituent skills）。图 10-2 是英国伯明翰城市议会的 SWOT 分析实例②。

战略规划的结果是形成组织的战略计划。一般来讲，一个好的战略计划包括：（1）战略范围，它规定了本组织与外部环境因素之间发生作用的范围，即说明了要达到哪些方面的目标；（2）资源部署，要阐明如何部署资源；（3）战略范围的机会与威胁，说明如何把握机会，克服或回避威胁；（4）最佳协调作用，在战略范围内，要使资源部署与竞争优势相互协调。由于公共部门普遍面临资源短缺的问题，所以选择一种资源消耗较少或者是所需资源较容易获得而达到的效果却较大的战略方案就成为战略管理者的首要任务。

---

① WHEELEN T，HUNGER J. Strategic management and business policy（eighth edition）. Upper Saddle River，N. J.：Prentice Hall，2003.

② 陈振明. 公共部门战略管理. 北京：中国人民大学出版社，2004：11.

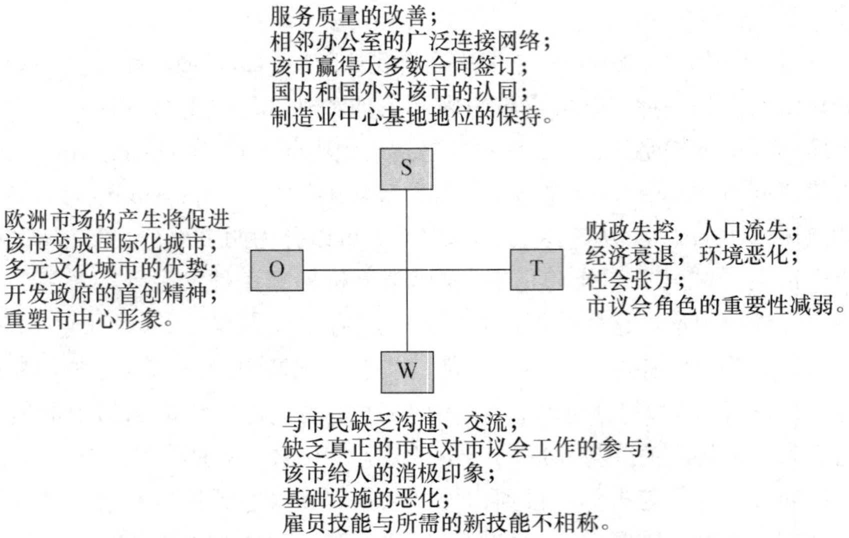

图 10-2　英国伯明翰城市议会的 SWOT 分析

资料来源：英国伯明翰城市 1992 年的《城市战略与报告》。

战略规划模式是战略规划的主要工具，是针对组织的具体情况，使该组织的决策者制定决策方案的一种科学依据。战略规划模式主要有以下三种：（1）理性模式，即通过对不确定性环境的分析和对组织资源能被充分用于确定环境的程度进行评价而形成战略；（2）过程模式，又称适应性模式或渐进模式，它是按照理性方法制定出战略规划，并根据实际发生的新情况不断调整战略计划；（3）行动模式，即认为未来是不确定的，是难以预测的，在掌握有关信息的基础上，及时抓住机会，确立目标，采取行动。在现实的公共部门战略规划中，往往是三种模式结合起来使用，首先尽量用理性模式来制定战略规划，其次依据行动模式，结合环境发生的新变化不断调整，最后还要注意行动模式的重要性，要善于使用行动模式把握先机，进行创新管理。

战略规划在公共管理中的应用大致分为三层：（1）涉及全国（省）的应用。这种较高层次的应用，通常需要公民广泛参与，而且有赖于各组织之间的合作与协调。（2）以部门为基础的策略性长期规划，关注部门的战略目标与计划。（3）以部门为主的战略议题管理。此种应用是在前面战略计划中选择特定的议题，而非全面性的战略规划。随着层次的降低，宏观性逐渐降低，内容的具体操作性逐渐增加。

2. **战略实施**

战略实施是将战略管理方案付诸实践，逐步实现战略规划的过程。战略规划是战略实施的基础；战略实施是战略规划的执行，实施过程中往往渗透着规划。

战略实施是一个复杂的过程，它可能会受到组织结构、组织文化、信息沟通、资源分配、领导人员素质等因素的影响。战略实施包含了战略发动、制订行动计划、组织保障、物质基础保障、营造战略实施软环境、战略实验和全面实施。

组织战略设计的合理性、组织结构与战略的匹配程度、组织体制因素、组织文化、成员对战略的实际支持程度及其能力状况、组织中沟通与协调的程度都有可能影响战略实施的效果。如果战略实施的效果不佳，就应该从上述几个方面入手进行调查分析，适时调整，尽量避免战略实施不佳造成的不良后果。

3. **战略控制**

战略控制是建立在战略管理前期工作基础上的管理活动，是一个不断监视和控制战略实施进程，评价实施结果是否符合原定目标和要求，发现问题并及时采取措施，以保证战略实施结果与战略规划的要求相吻合的过程，具体如图 10－3 所示。战略控制主要涉及前提控制、实施过程控制和建立明确的绩效评估指标三个方面的活动。

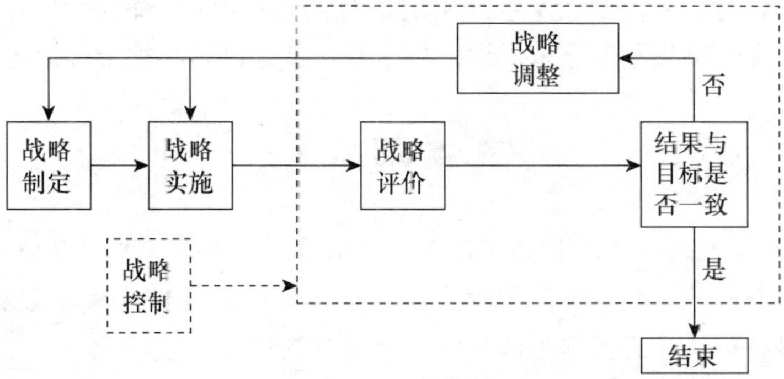

图 10－3　战略控制

战略控制程序由确立标准、衡量绩效、纠正偏差三个基本环节构成：

（1）确立标准。要使控制发挥作用，就要建立标准，明确标准的具体内容。概括起来，基本标准主要有：第一，目标的一致性。这主要是指战略评价系统中，战略目标与评价目标和评价标准三者之间要保持一致。第二，环境的协调性。这主要是衡量预测的环境变化是否应验，战略是否适应环境变化的要求。第三，经济的可行性。经济可行性首先要衡量战略实施的结果是否达到了公共部门的预期目的；其次，要对战略实施进行成本-收益分析和评估。第四，战略的可接受性。评价战略实施后是否满足了人们的需求，公共部门可用公众回应度和社会公正这两个政治标准来衡量。

（2）衡量绩效。衡量绩效处于整个战略控制的中间位置。这一步骤实际上是一个比较、测定的过程。它首先制订考核计划，明确考核目的和对象，确定考核内容和方法等；其次做好技术准备，主要是选择或设计考核方法与工具等，然后对战略执行情况进行评价，收集评价信息并将这些信息反馈给有关部门作为分析问题的依据，最后将实际结果与战略规划要求的预期结果进行比较，以确定战略实施过程中取得的成绩，并找出存在的问题和差距。如果实际结果和预期结果存在偏差，就要考察这种偏差是否在允许范围内。若偏差在允许范围内，战略就可以继续实施，但也要找出出现差距的原因，以便进一步缩小差距，完善战略实施。若偏差不在允许范围内，则要认真分析产生偏差的原因。有些偏差是由规划或标准制定得过高或过低造成的，有些是由战略实施过程中的问题造成的，还有一些可能是由偶然的、暂时的、区域性的因素造成的。对于不同问题造成的偏差，应该针对其原因，及时进行调整，克服偏差。对绩效的衡量应该是全面的、多指标的，并且是动态地衡量战略实施的成效。战略管理者对公共部门战略实施的绩效评估，要根据绩效周期来考虑时间因素。

（3）纠正偏差。战略控制的第三个步骤是反馈纠正，就是通过前面的一系列程序，得到战略执行情况的信息后，返回到前面战略规划和战略实施阶段的相关步骤，针对战略实施的实际情况和出现的问题，及时采取相应的措施，以保证战略实施的结果与战略规划一致，从而保证组织按照既定目标更好地前进。这一反馈过程不是一次性完成的，而是要在整个战略实施的过程中不断地进行检测、衡量、反馈、再检测……如此循环进行，直至战略实施过程圆满结束为止。反馈纠正主要包括两个环节，即根据反馈信息分析偏差和根据分析采取纠正措施。采用何种措施来纠正偏差，取决于所出现偏差的性质。根据问题的大小，有时只需要在基层或中层进行调整；而对于较重大的问题则需要在战略层进行调整。和战略规划的制定一样，确定纠正偏差措施必须十分慎重。

本章小结

1. 公共管理技术与方法是公共管理不可缺少的组成要素，是实现公共管理目标的重要途径。随着社会政治、经济和文化的发展，公共管理的各种技术与方法在不同时期表现出不同的内涵，体现了工具理性和价值理性的有机统一。

2. 战略管理是将环境变化与公共管理目标实现有机结合的管理方式，是公共部门在分析内外环境变化的基础上确立和调整战略目标、进行政策选择、整合资源以实现公共管理目标的过程；目标管理是一种综合的、以工作为中心和以人为中心的系统管理方式，是一种组织成员自我控制的管理、参与式管理、注重效果的管理和系统化的管理；全面质量管理是对象的全面管理、全过程的管理、全员的管理、全面运用各种管理方法和提高全社会效益等方面的有机统一；公共伦理和法治是公共管理的保障机制，公共伦理强化公共管理者的内省制约机制，法治强化社会权利、公民权利对公共权力的制约机制。

3. 公共管理的各种工具与方法，都是从不同角度去促使公共管理实现目标。从分散地、单独地使用到综合使用各种工具和方法，是公共管理发展的必然趋势。

关键术语

传统行政方法　市场化工具 PPP　工商管理技术　社会化手段　战略管理
PEST 分析方法　SWOT 分析方法

复习思考题

1. 比较分析传统行政方法与当代公共管理新工具之间的联系与区别。
2. 举例说明市场化各种工具在当代公共管理中的具体应用。
3. 举例说明工商管理技术的各种方法在当代公共管理中的具体应用。
4. 举例说明社会化手段的各种方法在当代公共管理中的具体应用。
5. 分析战略管理各学派的特点，并正确区分“战略的管理”与“管理的战略”。
6. 请分析在采用市场化工具推行公共服务民营化过程中，应考虑的限制因素或条件。

参考文献

1. 萨瓦斯. 民营化与PPP模式：推动政府和社会资本合作. 北京：中国人民大学出版社，2015.

2. 纳特，巴可夫. 公共和第三部门组织的战略管理：领导手册. 北京：中国人民大学出版社，2001.

3. 陈振明. 公共部门战略管理. 北京：中国人民大学出版社，2004.

4. 格里姆赛，刘易斯. PPP革命：公共服务中的政府和社会资本合作. 北京：中国人民大学出版社，2016.

5. 罗森布鲁姆，等. 公共行政：管理、政治和法律的途径. 北京：中国人民大学出版社，2002.

6. 戴维. 战略管理：概念与案例：第13版. 北京：中国人民大学出版社，2012.

7. 韩伯棠，张平淡. 战略管理. 北京：高等教育出版社，2004

8. 莱恩. 公共部门：概念、模型与途径. 北京：经济科学出版社，2004.

9. 萨拉蒙. 政府工具：新治理指南. 北京：北京大学出版社，2016.

10. 刘正权. 公私合营模式（PPP）理论与实务. 武汉：武汉大学出版社，2016.

11. 基利，等. 公共部门标杆管理. 北京：中国人民大学出版社，2003.

12. 魏娜，张璋. 公共管理中的方法与技术. 北京：中国人民大学出版社，1999.

13. 皮尔斯二世，鲁滨逊. 战略管理：制定、实施和控制：第12版. 北京：中国人民大学出版社，2015.

14. 周三多，邹统钎. 战略管理思想史. 上海：复旦大学出版社，2003.

15. KETTLE. Sharing power：public governance and private markets. Washington，D.C.：Brookings Institution，1993.

16. SALAMON L M，ELLIOT O V. Tools of government：a guide to the new governance. Oxford：Oxford University Press，2002.

第11章

公共管理规范

本章导读

公共管理行为一旦游离于人民以及表达其意志的法律监督之外，或其他政治机构和力量的监督之外，就会发生扭曲，其所承担的公共责任就无法实现。“法安天下，德润人心”，规范公共管理行为、促进行为公正、提高管理效能和社会服务质量，这是现代公共管理的本质要求。鉴于公共管理行为受到必要约束的他律和自律两种机制，本章围绕公共管理伦理、公共管理法律和公共管理监督等内容阐述公共管理规范。

知识结构图

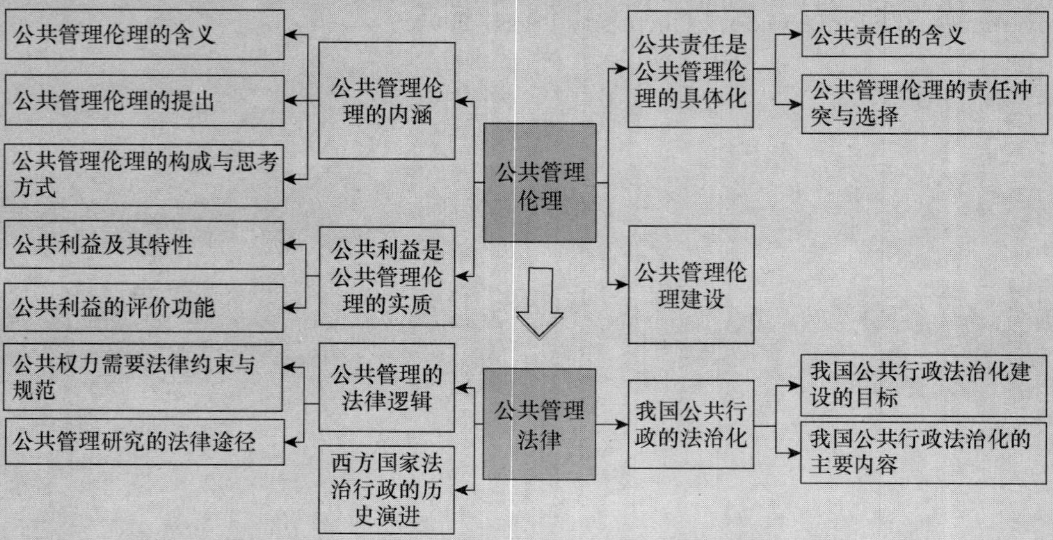

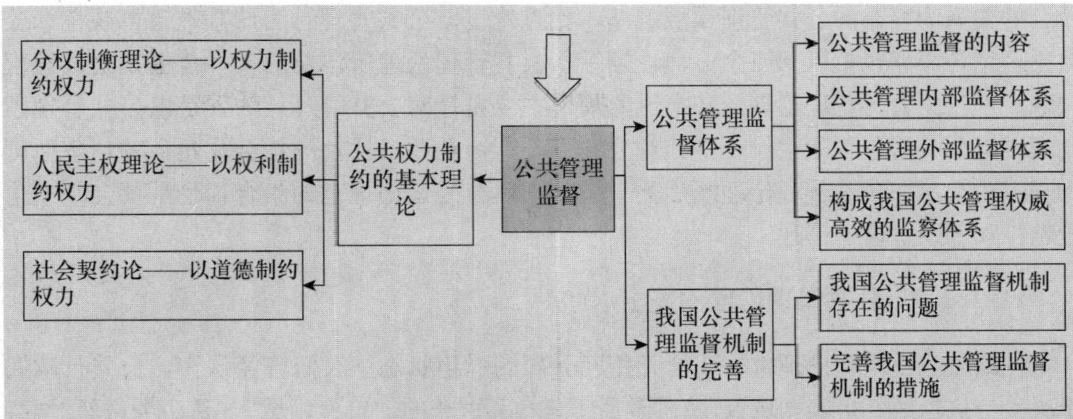

重点问题

- 公共管理伦理在规范公共管理中的作用、形式及途径
- 公共管理的法律途径及其价值
- 公共管理监督体系及其完善

11.1　公共管理伦理

11.1.1　公共管理伦理的内涵

11.1.1.1　公共管理伦理的含义

在中国现代语境中，“道德”与“伦理”两个概念并没有严格的区分，“伦理学”也常常称为“道德哲学”或“道德科学”。一般来说，伦理有其普适性，但不同领域有着不同的伦理，如经济伦理、行政伦理、私人部门的伦理、公共部门的伦理、企业管理伦理和公共管理伦理等。就此而论，公共管理伦理是公共管理领域的规范体系，它所针对的基本对象是公共管理行为，虽然它不可避免地涉及管理者与管理对象之间的关系，但作为公共管理对象的公民、社会群体和公共场所的道德行为或伦理关系不是公共管理伦理所要考虑的主要问题。

公共管理伦理通过赋予公共管理行为的价值规范体系，引导、规范公共管理行为，从而促进公共管理活动目标的有效实现和维护公共利益。公共管理伦理关注的是公共管理的行为及其结果，并对其提供价值上的判断与评定，从而为公共管理活动提供一般意义上的价值参照系统。通过这个价值参照系统，实现对公共管理活动的规范、引导和调节，促使其实现目标。因此，公共管理伦理与公共管理活动的目标有着密不可分的联系。公共管理伦理所提供的价值判断与规范，内在地与公共管理目标具有一致性，否则，受其规范调节的公共管理行为就绝不可能产生公共管理所期望的结果。

因此，公共管理伦理是以“责、权、利”的统一为基础，以协调个人、公共部门与社会的关系为核心的公共管理领域的基本伦理维度、公共管理行为的基本道德规范和公共伦理精神。它包括以下三个方面：第一，公共管理伦理所涉及的基本范围是公共管理领域；第二，公共管理伦理的基本道德规范主要是针对公共管理行为，是以公共管理系统或者以公共管理者为主体，是针对公共管理行为和政治活动的社会化角色的伦理原则和规范；第三，公共管理伦理既是关于公共管理行为道德规范的集合，也是社会基本伦理精神和普遍价值的体现。

11.1.1.2 公共管理伦理的提出

在欧美，行政和伦理曾长期处于相互分离的隔绝状态。人们曾经认为，公共行政属于决策与执行的“事实领域”，伦理学属于哲学和道德的“价值领域”，是两个截然对立、完全不同的领域。把技术管理和实际效率视为最终目标的公共行政，将伦理价值排斥在科学管理的大门之外①。这的确有助于政府工作的改进和政府行政效率的提高，但随着时代的发展和社会的进步，社会发展的速度和节奏越来越快，社会管理的复杂程度较以前大为增加，公共管理面临着越来越多的挑战与困境。

（1）公共管理伦理是现代公共管理理论和实践催生的产物，是现代公共管理本身的内在组成部分。传统的公共行政寻求效率最高的技术化组织管理方式，这已经满足不了公众日益高涨的价值诉求。在现代民主政治社会中，公共行政的本质是指政府行政组织、行政人员，运用公共权力，按照法定程序，实现和维护社会公共利益的调控过程（活动）。这意味着公共行政是代表社会施政，是源于社会公共事务管理的需要。它从社会中获取公共权力，以独有的“服务性管理”的方式实现和增进社会公共利益；运用公共权力，按照法定程序公平地分配利益。因此，行政在拥有公共权力的同时也被赋予相应的责任，从这一意义上说，民主行政即责任行政。在一个民主的社会，公共权力的行使必须直接或间接地对人民负责，实行责任行政，这是民主的内在要求。责任行政意味着政府能积极地回应、满足和实现公民的正当要求，履行其社会义务和职责，承担道德的、政治的、行政的、法律的责任②。行政权力的公共性，决定了其运作的主要目的是提供公共政策和发展公共服务，维护公共秩序和实现公共利益。因此，新公共行政以其强调社会公平和正义，以其对公共利益的扩展性理解而与传统公共行政区别开来③。

（2）公共行政的自由裁量权强化了公共伦理的诉求。行政与伦理的二元对立完全否定了公共管理者自由裁量权的现实存在，认为在民主政治的运行体制下，正当的政治意图能完全体现在行政组织的规则、程序以及职务与职能的界定中，任何超越这些政治意图的行为与决策都是不允许的。然而，现代行政国家的政府行政事务越来越趋于多样化、复杂化，行政管理的专业性、技术性不断增强，立法机关不可能制定出包罗万象、严谨周密的法律法规来满足行政管理各个方面的需要。在这种情况下，行政自由裁量权作为确保政府充分发挥能动作用的重要方式，就得以合理存在并不断扩大。它允许行政主体依据赋予其权力的法律、法规所确定的法律目的、精神、原则和行政合理性的法治原则，

---

① 吴翠丽．试论公共行政的伦理诉求．东南大学学报（哲学社会科学版），2004（7）．

② 张成福．责任政府论．中国人民大学学报，2000（2）．

③ 王云萍．伦理理论的整合与公共利益的伦理学论证．安徽大学学报（哲学社会科学版），2005（5）．

在法律规定的范围内自行判断、自行选择和自行决定具体行政行为。为此，自由裁量权应构成现代行政权的核心①。这就使现实中行政权力运作的方式，在很大程度上取决于权力行使者个体的主观判断和自我裁量，行政自由裁量权的行使能否做到及时、公正、有效，往往与权力运行者的个人能力、学识和道德素质密切相关。因此，公共行政与伦理价值并非截然不同的两个领域，它们拥有相融共通的基础。努力增进行政与伦理的沟通融合，是行政活动的内在需要和必然要求。

（3）公共管理内在地包含着对公共伦理的诉求。在现代民主政治社会中，“公共管理的目的和本质在于维护、实现、增进和公平地分配公共利益，不断满足社会的公共需要”②。它从社会中获取公共权力，以独有的“服务性管理”的方式实现和增进社会公共利益；运用公共权力，按照法定程序公平地分配利益。但是，公共管理在拥有公共权力的同时也被赋予了相应的责任，其存在的合理性及合法性就在于对公共利益的保护和促进。因此，公共利益也就理所当然地成为判断公共管理行为是否正当的价值标准，成为公共权力运行的价值基石和道德基础。

11.1.1.3　公共管理伦理的构成与思考方式

1. 公共管理伦理的构成要素

公共管理伦理是一个有机联系的整体，由诸多层面的要素所构成。

（1）观念形态。观念形态就是伦理意识，是用来指导公共管理者做出行为选择的价值观，包含伦理准则意识、伦理责任意识和伦理目标意识。准则意识是对公共管理所持的原则立场和根本态度，通过对伦理主体的调控实现由内及外的统一；责任意识是关于公共管理责、权、利的系统认识，是公共管理伦理的核心；目标意识是对公共管理理想的追求，是激励人们进取的精神力量，人们在公共管理这一岗位上追求什么样的目标和理想，选择什么样的社会价值和自我价值，对公共管理系统起着调节和导向的作用。

（2）实践形态。实践形态就是以一定的伦理规范为指导的公共管理行为，它将公共管理价值规范和公共管理义务以及这些义务所导向的最终目标统一起来。公共管理伦理意识和规范，通常是通过公共管理活动以及公共管理活动过程中形成的各种关系、态度、作风、效果等表现出来。一般来说，公共管理行为和公共管理伦理要与地位、职责、权利和义务相一致。

（3）准则评估形态。准则评估形态是观念与实践的结合形态，目的是检测实际公共管理活动的正确性、公平性和合理性，是依据一定的历史标准和公共管理伦理标准，通过社会舆论、传统习惯和内心信念的作用，对公共管理者行为以及对整个公共管理系统的现状进行价值判断的活动。社会舆论、传统习惯、内心信念是道德评价的三种主要形式。社会舆论反映整个社会对公共管理行为的监督，具有明显的行为约束的优势，它表现了社会发展对公共管理行为的客观要求，表达了社会和集体中绝大多数人的愿望和意

① 章剑生．现代行政程序的成因和功能分析．中国法学，2001（1）．

② 王乐夫．试论公共管理的内涵演变与公共管理学的纵向学科体系．管理世界，2005（6）．

志；传统习惯是长期形成的，由于重复或沿袭而巩固下来，与民族情绪、社会心理交织在一起，具有稳定性的特点；内心信念是人们对公共管理行为进行善恶评价的精神力量，是公共管理伦理评价中最重要的力量。

2. **公共管理伦理的思考方式**

公共管理伦理重在实践。在公共管理实践中，什么是正确的、什么是应该做的、如何对所面临的具体伦理问题做出决策，都是要着力思考和解决的问题。特里·L. 库珀将人们进行伦理思考的方式分为四个区别明显的层次①：

（1）情感表达层次。在日常的公共管理行为中，自发的、未经思考的情感表达也许是价值判断最常见的形式。这些情感表达既不想引起回应，又不想劝阻别人；既不提供有关事态的证据，又不提供详细的事态描述。

（2）道德规则层次。根据被奉为道德指导准则的规则、格言、谚语来思考公共管理行为过程及其可能的后果，指出与问题相关的恰当的行为方式并开始评估各种可能的办法及其后果；各种不同的道德规则和格言会作为参考观点帮助做出决策。

（3）伦理分析层次。当可利用的道德规则无助于解决具体问题时，或者当它们互相冲突时，就需要对道德规则进行基本的再思考并重新审查公共管理行为标准中隐含的伦理准则。例如，公共管理伦理准则是为实现某一价值所必须具有的行为方式，它明确地将一种价值和一种行为方式联系在一起；公正是一种重要的价值，但公正这一术语本身并没有告诉人们该采取什么样的行为规则，这就需要对公正进行分析，以向人们明示什么样的行为方式才能将公正这一价值体现出来。

（4）后伦理层次。“为什么人们应该遵守道德规范”这一问题是后伦理层次的例证。大多数公共管理人员都不会到达这一最为基本的哲学思考层次。它要求培养和巩固建立在哲学之上的世界观。当我们确认自己“遵守道德游戏规则”的充足理由时，后伦理层次的任务就完成了。

由上述四个层次构成的公共管理伦理分析框架，是一个高度动态的系统，各个层次并没有明确的前后顺序。这个分析框架指导公共管理者努力厘清什么是正确的、什么是应该做的以及如何对所面临的具体伦理问题做出决策等。

11.1.2 公共利益是公共管理伦理的实质

11.1.2.1 公共利益及其特性

公共利益作为判断公共管理行为是否正当的价值标准，是公共权力赖以运作的价值基石和道德基础，反映了公共管理伦理的实质。

经济学家假定一切社会主体都在理性地追求自身利益的最大化——不仅个人是“经济人”，社会团体和公共部门也是“经济人”。经济分析的方法是否可以概括问题的全部，这固然是一个值得讨论的问题，但至少，各个社会主体的经济属性是很难被否

① 库珀. 行政伦理学：实现行政责任的途径. 北京：中国人民大学出版社，2001：8-18.

认的。有多少利益主体，就有多少利益层次，由此就有了个人利益、团体利益和社会利益的划分方法。其中“社会利益”在我国常用“社会公共利益”来代替，简称“公共利益”。在利益主体的对应上，公共利益就被直接对应于公共部门，特别是政府行政机关。

公共部门的双重性，使得公共部门除了集中代表和体现公共利益之外，还代表自身的利益。代表公共利益是它的法定义务，体现了公共管理伦理道德的属性；代表自身利益则体现了它的“经济人”属性。当公共部门代表其自身利益的时候，它所代表的就不再是“公共利益”，而是“权力利益”。“权力利益”既包括公共部门作为一个整体在与公众的矛盾之中体现出的利益，也包括不同公共部门之间发生矛盾时所表现出的各自的利益，还包括公共部门工作人员凭借权力为个人获取的利益。“权力利益”与“公共利益”不一定一致，它们在很多情况下是不完全一致甚至完全不一致的。例如：政务信息公开是“公共利益”的要求，却使公共部门的行为置于公众的监督之下；廉政符合“公共利益”，却不符合权力者“寻租”的利益需求；纠正一个已经被确认的错误的公共管理行为符合“公共利益”，却会影响有关部门的“政绩”，从而有损于权力利益。因此，“权力利益”不是“公共利益”，强调公共利益是公共管理伦理的实质，就是要运用这一伦理规范约束公共部门追求“权力利益”的行为，保证其公共利益代表的本质。

公共利益不一定就是公共部门所认定的利益，也不一定就是多数人的利益。如果认为公共部门所认定的利益就是公共利益，就会导致“公共权力培育真理”的结果；认为多数人的利益就是公共利益，就会抹杀公共利益的整体性、全局性特征。只有在排除“权力利益”的前提下，公共部门所代表的利益才能被推定为“公共利益”。尽管公共利益就如同“普洛透斯似的脸”一样，抽象而变幻莫测①，但在一般意义上，“公共利益就是社会的不同利益主体间的共同利益。也就是说，它不是个人利益的相加总和，也不是特定的团体利益或部分人的利益，而是具有社会公共性和社会共享性”②。或者说，“公共利益是一定的社会群体存在和发展所必需的，并能为他们中不确定多数人所认可和享有的内容广泛的价值体”③。

公共管理伦理和法治社会，是要实现社会各方利益的动态平衡。因此，界定“公共利益”的关键并不在于明确“公共利益”的准确内容，而在于在公共部门与公众之间达成共识；达成共识的前提是承认公共部门“权力利益”的客观存在。权力利益与私人利益之间的平衡是解决“公共利益”问题的关键。这一关键问题的解决，只能是为公众提供充分的参与机会，让他们的意见通过合法途径得到表达并最终体现于为一切社会主体所共同遵守的法律之中。经过这个途径而确定的“公共利益”，不论它的内容怎样随着时代的变化而不同，它在公共部门与公众之间将达到尽可能高程度的共识，因而被认为得到了最大限度的实现，而这个程序本身也是“公共利益”的一部分。

因此，公共利益是在一定社会条件下或特定范围内各种社会主体间利益关系的平衡

① 孙笑侠．论法律与社会利益．中国法学，1995（4）．

② 马永庆．公共利益：行政伦理建设的根基．山东师范大学学报（人文社会科学版），2004（5）．

③ 王太高．公共利益范畴研究．法学研究，2005（5）．

性与一致性，公共利益能够超越不同利益主体和地域，对社会中的不确定人或团体产生普遍的非特定的影响。公共利益总是和一定社会群体的存在和发展所必需的社会价值有关，是一定社会群体存在和发展的前提。公共利益具有社会公共性、辐射地域范围和主体范围的广泛性、内容的广泛性、超越个体性和一定层次性等特征。

11.1.2.2 公共利益的评价功能

公共利益是公共管理伦理的实质，是公共管理的价值准则和评价尺度①。如果一个公共管理行为真的是为了“公共利益”，那么它是可以被接受的，否则，就会遭到谴责，有关主体会运用有效的手段制止此类行为再度发生。因此，公共利益在公共管理伦理中的地位和作用突出地表现在它的评价功能上。

1. 维护公共利益是公共管理伦理主要的实体内容

利益矛盾和冲突是人类社会的普遍现象，是公共管理及公共管理主体产生和发展的根据。在现代社会，公共管理主体运用所掌握的公共权力来调节社会各种利益关系问题，解决社会各种利益矛盾和冲突，维持社会的长期稳定和发展。同时，公共管理主体也毫不例外地置身于利益矛盾和冲突之中。调节公共管理主体、公共权力和公共利益之间的关系成为公共伦理的主要内容。作为具体履行公共管理职能的公共管理者，必须时时处处坚持道德化的价值取向，其中最为根本的就是要公正地处理个人利益与公共利益之间的关系，维护公共利益，以公共利益为价值取向，并将这种价值观念贯彻在公共管理的日常实践中②。在个人利益、团体利益与公共利益的紧张关系中，规范公共权力的运行，使之始终按照公共意志行事，是公共伦理规范的主要内容。

2. 公共利益是判断公共管理行为是否正当的价值标准

公共管理是为了公共利益，由社会上发展出来的多元管理主体以及它们所组成的网络结构，在公民广泛参与、参加、制约的条件下，对公共事务所进行的一种多层次、多方法的管理活动③。公共管理存在的合理性及合法性就在于对公共利益的保护和促进。可见，公共管理的这种特性决定了其运作的主要目的是提供公共政策和发展公共服务，维护公共秩序和实现公共利益。这是公共权力运行的价值基石和道德基础。公共利益也就理所当然地成为判断公共管理行为是否正当的价值标准。

3. 公共管理伦理的最终目的在于促进公共利益的实现

就公共管理伦理的研究对象来看，它指向的是社会整体，或者说共同体；就其内容而言，它指涉的是公共利益。公共利益的出现，是以大规模国家政权的建立、广泛的社会互动的增加以及市场经济的繁荣等为条件的。公共利益自其产生之日起，就成为公共权力的基础和价值导向。政治哲学家洛克认为，“政治权力的目的，在于保护个人权利，保障公共利益，政府的权力不过是来自最高权力的委托，而最高权力则掌握在人民手中，社会或由他们组成的立法机关的权力绝不允许扩张到超出公众福利的需要之外”④。

---

① 王家峰．公共利益：公共伦理的价值基础．伦理学研究，2006（5）．

② 张康之．寻找公共行政的伦理视角．北京：中国人民大学出版社，2000：215-219.

③ 刘熙瑞．中国公共管理：概念及基本框架．中国行政管理，2005（7）．

④ 洛克．政府论：下篇．北京：商务印书馆，1993：91-92.

当代公共行政学的最新理论——“新公共服务”理论秉承了这一传统，“重新肯定公共利益在政府服务中的核心地位”，并将其视为公共行政理论的核心原则之一，强调“公共行政人员必须建立一种集体的、共同的公共利益观念”①。这也同时使公共伦理将公共利益纳为它的基本准则和价值追求。

11.1.3　公共责任是公共管理伦理的具体化

11.1.3.1　公共责任的含义

公共管理伦理与公共责任（public accountability）是紧密联系、内在统一的，从某种意义上说，公共责任是公共管理伦理的具体化。为了实现公共管理的目标，必须具有为之服务的公共责任制度。现代公共责任在整个公共管理中具有不可忽视的地位。

公共责任包含两个层次的含义：第一个层次是指公共部门在公共管理过程中，依法应当履行的职责。因此，从这个角度来说，公共管理既是一种权力，也是一种责任，权力是手段，责任是目的，责任是第一位的。第二个层次是指公共部门在公共管理过程中由于不履行、不完全履行或违法履行其应当履行的职责而引起不良后果时所必须承担的责任。公共责任第二个层次的含义是由第一个层次的含义派生出来的，是以第一个层次的公共责任为前提条件的。公共责任是公共管理伦理的具体化、契约化，公共责任是公共管理的基础。

公共责任是建构公共管理伦理的关键概念。公共责任具有多种表现形式和丰富内涵，既不是孤立的、单纯道德意义上的，也不是完全法律意义上的，而是具有多种善恶价值判断，涉及国家、政府以及人民利益关系。因此，公共责任具有以下基本特征：

第一，公共责任是一种普遍的义务。公共责任在法律、法规和伦理道德的约束下，表现为一种普遍的义务。作为公共管理主体，承担公共责任的过程，就是一个为社会尽义务的过程，承担着为其服务对象尽责效力、谋取利益的义务。

第二，公共责任是一种任务。公共管理者在承担义务的基础上，还必须通过认真履行自己的义务和职责的方式，对行为后果承担责任。公共管理过程，实际上就是具体完成依法应全面完成的任务的过程。因此，公共责任是公共部门及其内部成员的职责，每一职位都是职务、职权和责任的集合体，其中责任规定了担任一定职务的人员必须做什么和不能做什么。

第三，公共责任是一种监督、控制和制裁的方式。公共责任是一种以外在的约束力为支撑的约束方式。公共责任是以外力甚至国家强制力为支撑的约束方式，通过应用法律制度来制止公共部门及其成员的权力寻租行为，监督公共部门及其管理活动，防止公共部门肆意追求特殊利益而置公共利益于不顾。

按照公共责任压力来源的不同，公共责任可以划分为主观责任和客观责任两种形式。主观责任根植于公共责任主体自身内在的良知、认同的价值观或信仰。主观责任作为对

---

① 登哈特. 新公共服务. 北京：中国人民大学出版社，2004：40.

信仰、个人与职业价值观以及性格特征的一种表达，是公共责任主体自己对责任的感受，强调公共责任主体的伦理自主性。客观责任则源于公共责任主体基于法律规章、社会期待或上级交付的义务责任，强调公共责任主体的规则体系。客观责任为所有接受公共管理职位的人提出了总的义务和规则体系，正是通过这些外在的义务和规则体系，公共管理人员角色得以形成并被赋予了特定的内容。客观责任最根本的方面是服务于公共利益的义务。所有公共管理人员的行为都要以是否符合公共利益为标准来衡量是不是负责任。

库珀认为，客观责任主要有以下三种责任关系：一是由公共组织结构中上下级关系决定的责任。“公共管理人员最为直接地对他们组织的上级负责，贯彻上级的指示或相互之间业已达成一致的目标任务，也要对他们的下属的行为负责。”二是“对民选官员负责，把他们的意志当作公共政策的具体表现来贯彻”。这是公共管理人员更为基本的职责。民选官员的公共管理活动从根本上说体现了公共意志，而公共管理人员按照公众的意志履行自己的职责，对民选官员负责，也就是对公众意志负责。三是“对公民负责，洞察、理解和权衡他们的喜好、要求和其他利益”。这是最基本的职责，因为公民是主权委托人，公共管理人员是受托人，所以维持公正的立场、维护普遍的公共利益是公共管理人员的基本立场①。库珀对客观责任的分析为我们厘清公共领域的责任关系提供了借鉴。

11.1.3.2 公共管理伦理的责任冲突与选择

责任冲突是公共管理伦理困境最典型的表现形式。在公共管理实践中，公共责任冲突最常见的三种形式是：权力冲突、角色冲突和利益冲突。

1. 权力冲突

库珀关于客观责任的分析显示，客观责任具有多种权力来源，包括法律、组织上级和公众等。法律要求一个公共管理人员这样做而上级却又要求他那样做，或者上司指导一个公共管理人员朝某一个方向活动但公众却希望他朝相反的方向活动，这就明显地产生了冲突。

在权力冲突中，公共管理人员面临着由两种矛盾的权力资源所带来的两种不同的客观责任之间的冲突。这时公共管理者的任务就是在具体情况下负责任地行动，并意识到这些不是角色表现的常规的、典型的形式。无论何时，当发现所供职的组织没有为公众的最大利益着想时，所有的公共管理人员，实际上是所有的公共雇员都有责任去维护公众利益。做不到这一点就是违背了受托责任，也是对公共责任的否定。这是最基本的伦理关怀问题。公共管理最主要的考虑应该是如何才能够与更广大的公共利益相符合。

面对客观责任的权力冲突，公共管理者必须澄清自己的主观责任并考虑更为广阔和更为基本的客观责任。运用价值观和原则来确定哪一种措施最可取以及如何才能证明自身的做法是正当的。通过对主观责任的评估和对更为基本的客观责任的确定，努力找到一个能同时履行客观责任和主观责任的办法。

2. 角色冲突

角色概念是角色责任冲突的关键原因。在特定的情形中，公共管理者所体验到的特

---

① 库珀．行政伦理学：实现行政责任的途径．北京：中国人民大学出版社，2001：68-69.

定角色的价值观是不相容的或者是互相排斥的。现代社会中的社会关系和个人身份认同变得越来越复杂，人们不再将自己的身份认同为某一个角色或某一些角色，而是认同为复杂的网络系统中相互关联的角色群。然而，每一种角色都有自己的行为方式，这些不同的角色之间时常会发生冲突，必须有效地处理这种冲突以防止一种角色对另一种角色的否定。

在现代社会中，公共管理人员既是公民的雇员又是公民中的一员。公共管理者既有责任为公众提供服务，同时作为公众中的一员又有权接受服务。另外，公共管理者角色十分容易受制于特定组织，并被特定组织界定。当这种情况发生时，效忠组织的义务与维护公众利益的职责之间的关系就被混淆了。公共管理者是一个受托人角色，任何接受这一职业的人都有对所管辖区公众负责的义务。公共管理人员就是负有特殊责任的公民。公共管理人员最首要的义务是公民义务，仔细考虑人们如何设计或重新设计角色、各种角色之间的关系以及组织的制度和文化。这一切都对角色予以限制并给角色提供机会。

3. **利益冲突**

责任冲突的另一种情况是，在现代社会中，公共管理人员必须是不同利益的管理者，这是价值相对性和社会多元化的必然产物。公共政策的制定与执行都是不同利益关注的焦点。公共部门越来越被深入地卷入管理这些不同利益的问题当中。这些冲突包括角色冲突和各种权力资源之间的紧张关系，但这些冲突中较典型的就是以权谋私，即个人利益与作为一个公共管理者的义务之间产生了冲突。它们表现为公共角色与私人利益之间的冲突、客观责任与个人可能利益之间的冲突。大概说来，这种冲突的解决方式在很大程度上依赖于与我们生活的私人领域和公共领域相关的价值观。

在利益冲突中，公共管理必须处理伦理问题和法律问题。法律所提供的道德最低标准足以解决现时的困境。然而，为了防止用法律思考替代伦理思考，公共管理必须权衡公共管理者的个人利益与其所承担的公共责任之间的关系。

11.1.4　公共管理伦理建设

公共管理伦理建设是一个涉及政治、经济、法律、文化、道德等诸多方面的综合的系统工程。因此，公共管理伦理建设需要从实际出发，加强各种措施的协调配合，特别是要根据市场经济条件下公共管理伦理建设的内容、形式、特点和规律，使公共管理伦理建设具有较强的针对性和可操作性。

1. **加强公共管理伦理教育**

良好的公共管理伦理，有赖于正确的公共管理价值观的确立。公共管理的意识、理论、认知、情感、态度和道德等文化要素，构成了公共管理模式取向，直接决定着公共管理伦理的状况。因此，应加强公共管理伦理教育和促进公共管理文化建设，使公共管理者树立正确的公共管理伦理观，从而形成内在的约束机制。

加强公共管理伦理教育，是学习、教育和培训相结合的过程，具体包括：第一，加大公共管理伦理建设的力度，提高公共管理人员对公共管理伦理的认知水平，使公共管理人员认识到良好的公共管理伦理是为政之本。第二，加强公共管理人员的思想政治教育，使其树立科学的世界观、人生观、价值观，树立正确的理想信念，并把理想信念和现阶段的历史任务与本职工作结合起来。第三，强化公共管理人员的道德自律意识，道德是他律和自律的统一，自律是内在的约束机制，只有提高自律意识，才能将外在的强制变为内在的自觉，形成良好的道德习惯。因此，培养公共管理人员正确的伦理信念和价值观，是现代公共管理伦理建设的重要内容。第四，公共管理伦理教育的内容应当体现时代精神，把握时代的脉搏，内在地显示时代的本质和历史发展趋势。如果公共管理伦理不能反映出社会主流，与时代步伐一致，就不会被人们所认同。公共管理伦理精神要汲取民族文化传统的优秀成分，体现民族特征。第五，改进和健全公共管理伦理教育的方式，形成把法制教育、文化知识教育和道德教育整合贯通、协调互补的公共管理伦理教育机制，防止把伦理教育泛化为政治教育，防止形式主义的道德灌输，防止以政治性的宣传代替多层面、多形式的伦理教育本身。

2. 加强立法，将更多的伦理规范纳入法律规则体系

公共管理伦理立法把公共管理伦理规范的一部分通过立法程序确认为法律，使公共管理伦理具有与上层建筑的政治、法律同等地位的效力和作用。道德信念作为“软件”只有通过政治法律等“硬件”系统的功能才能很好地发挥作用，如果没有相应的“硬件”设施，再好的道德体系也很难对社会产生实际的影响。因为人的道德品质的不完善性和认识客观事物的局限性，不能保证公共管理人员永远正确地行使权力而不发生失误和偏差。权力落到道德恶劣者手中，就极易变成谋取私利的工具。所以，需要有一种外在的力量来避免公共权力运行过程中的负效应和被滥用的现象。

在现代国家中，越来越多的公共管理伦理规范被纳入法律规则体系之中。当代一些文明发达、法制完善健全的国家，其公共管理的法律规则有相当大一部分是来自伦理规则。通过法律的赏罚机制来行使道德规范的作用，从而保证公共管理伦理规范不被破坏。

3. 完善社会对公共管理活动的干预和监督机制

公共管理活动有两个基本方面：公共管理结果与公共管理行为的关系。所谓公共管理结果，是指公共管理主体做了什么——业绩，做得怎么样——质量、水平、效率，以及社会影响和公众的反应如何，这些方面的基本问题是公共管理的效率与质量问题，即是不是把该做的事都做好了的问题。所谓公共管理行为，是实现公共管理目标的具体过程，这方面的基本问题是公共部门是否能获得公众的基本信任，它包括两层相互联系的含义：一是指公共管理所做的事是不是该做的事，二是指公共管理该做的事是不是都做了。

公共管理的民主化趋势要求公共管理人员的公共管理活动应当面向整个社会而不是一部分与自己“有关系”的人。发展和完善这种公共型管理体制是消除公共管理中私人化倾向和无契约、无承诺、无准则的行为倾向的基本方法。因此，要创造出更多的途径和机会来促进公众对公共决策的干预和参与；要特别注重发挥社会舆论的监督作用，社会舆论主要通过对某一公共管理行为的褒贬向有关成员传达社会反应，指明行为准则，引导行为方向，从而起到规范公共管理行为方式的作用。

4. 把公共管理伦理作为公共管理人员任职、升降、奖惩的必要条件

在公共管理人员的任免、升降等行为中引入道德赏罚机制，是公共管理伦理得以发挥其规范作用的重要保证。它是社会以利益为标准对公共管理主体行为责任或道德品质高低进行道德评价和调控的一种特殊方式。对于公共管理人员来说，职位的升降是其最关注的利益函数。在人员使用上，形成赏善罚恶的道德赏罚导向和机制，对那些道德模范给予重用和提拔；对那些品行不端、道德不良者，绝不提拔重用。这样，倡导和禁止并用，内引与外压结合，形成了公共管理行为趋善避恶的强大动力。当公共管理人员因其高尚的公共管理行为或品质而受到重用或提拔时，就会激励和推动其向更高的道德阶梯攀登；当公共管理人员因其不道德行为或恶劣的品质而受到处罚时，这一处罚作为强大的外部压力迫使行为主体不得不慎重考虑自己的行为后果，并基于这一利害权衡而弃恶从善。因此，在公共管理人员任免、升降中引入道德赏罚机制，可以使善恶与利害产生恒常联系，使公共管理人员在此基础上感受、理解和把握公共管理伦理的必然性，进而转化为个体的内驱力，形成你追我赶、争当先进、奋发向上的公共管理伦理风尚，进而使公共管理伦理真正起到抑恶扬善的作用。

11.2　公共管理法律

近代以来，随着法治主义的兴起和行政权力的发展，公共管理与法律的关系变得日益紧密起来。如何通过法律使公共部门拥有的公共权力不被滥用，同时促进公共部门有效地发挥作用，已成为现代公共管理的重要课题。在现代社会，公共管理与法律的结合是维护公民权利和实现公共利益的根本保障，是公共管理走向法治化管理的重要标志。

11.2.1　公共管理的法律逻辑

11.2.1.1　公共权力需要法律约束与规范

公共权力从产生起就具有双重性，是一把“双刃剑”，这就产生了对其加以约束的必要性问题。将公共权力列入法律裁判的范畴，强调法律对公共权力的规范和约束，是现代公共管理的重要特点。在现代社会，只有公共管理严格按照法律行使权力，并为自己的所有违法行为承担责任，才能形成真正的法治社会。

现代公共管理的根本目标，就是更有效地提供公共物品或公共服务，促进公共利益的最大化。要保障公共管理者不偏离其根本目标、不以权谋私，致力于促进社会公共利益的实现，就需要法律加以保障。正如著名学者奥斯特罗姆所说：“在人类社会中，没有立宪秩序和法治，就不存在负责的公共行政。”在现代法治社会中，法律的功能一方面是使公共部门受到严密的控制，体现出有限的特征；另一方面就是保障公共权力的正确运行，使公共部门能够增进社会公共利益，体现出有效的特征。

公共管理走向法治化是现代公共管理方式的重大变革，更是现代公共管理模式的一场深刻革命。建设法治国家，首先要建立法治政府，把公共管理纳入法治化的轨道。法治通过预先制定的规则来划分政府和个人的权利范围，建立决策和解决纠纷的程序。通过这种方式，公共管理受到约束。当然，法治并不是约束政府的唯一方式。还有另外两种方式：通过非政府组织、舆论、媒体等途径约束政府；以投票的方式，根据少数服从多数的原则确定政府人员，做出决策和决定，从而约束政府。

当然，公共管理的法律从属性特征，并不是对一切公共管理行为特征的概括；相反，这只是现代民主体制下公共管理的特征。在专制政体下，公共权力结构是行政权高于立法权和司法权，甚至立法权、司法权同时寓于行政权之中，形成行政专权和专横。在这种专制体制下就不存在公共管理的法律从属性特征。因此，公共管理的法律从属性是现代民主和法治的基本要求，任何公共管理行为都必须有法律根据，都必须根据体现人民意志和利益的法律办事。

西方国家从“自然法”假设出发，提出国家权力归属于人民。马克思主义从社会主义的国家本质出发，提出了国家一切权力属于人民。但权力所有者与权力行使者的脱离，必然要求权力所有者对权力行使者进行制约与约束。因此，一切权力属于人民的原则必然导致公共管理的法律从属性①。

11.2.1.2 公共管理研究的法律途径

1. 公共管理的研究途径

从历史的观点来分析，公共管理存在着三种主要的研究途径，即管理途径、政治途径和法律途径。管理途径又称商业途径，它秉承管理学和经济学的传统，主要从组织结构和功能、程序、技术方法以及效率和产出的角度来理解公共管理，强调工具理性；政治途径又称政策途径，它秉承政治学和法学的传统，关注民主、社会公平等价值，强调公共权力的制约和限制；法律途径将公共管理视为法律在具体环境中的应用和实施，赋予了公共管理法治和裁决的主题。

2. 公共管理法律途径的兴起

公共管理法律途径的兴起主要是由于：(1) 宪法和行政法对公共管理调节和规范的力度不断加大。宪法和行政法确立了公共权力，特别是政府行政权力的边界，把政府行为的合法性建立在保护公共利益的基础上。(2) 司法机制对公共管理的裁判作用越来越明显，以至于出现了“公共行政司法化”的趋势，即将行政运作程序视为与司法程序一样，目的在于确保个人合法权益不受侵犯。(3) 现代公共管理改革的一个重要特点，就是“政府从权威的源泉和法律权威的享有者转变为市场合同的缔结者”。换言之，过去属于私法调整范畴的工具，如合同制、民营化和公司化等，在公共部门改革中发挥着日渐重要的作用，这也促使人们更深入地探索公共管理与法律之间的关系。

3. 公共管理法律途径的基本理念

公共管理法律途径强调法治，重视对个体权利的保护。正如英国学者 H. 韦德所揭示的，“法治”的主要目的“就是控制政府的权力不超出它们的法律规范，以此来保护公民不因权力滥用而受到侵害”②。公共管理法律途径包含的基本理念有：(1) 维护公众的基

---

① 蔡立辉. 政府法制论：转轨时期中国政府法制建设研究. 北京：中国社会科学出版社，2002：145.

② 韦德. 行政法. 1982：38，4.

本权利、个人应享有的实质权利和法律的平等保护。(2) 具有正当法律程序，“不按照正当的法律程序不得剥夺任何人的生命、自由和财产”①。(3) 建立畅通、有效的救济渠道，包括建立司法审查制度、撤销制度、违宪审查制度、权力制约与监督制度、律师制度等②。

由此，我们可以把公共管理法律途径的基本理念概括为：法律至上、善法之治、自然公正、平等适用、制约权力、权利本位、正当程序。具体地说就是在法律与国家、政府之间，运用法律约束国家、政府的权力；在法律与公民之间，运用法律合理地分配利益；在法律与社会之间，运用法律确保社会公共秩序和公共利益不受权力的侵犯，其核心的理念是运用法律约束国家、政府的权力。

4. 公共管理法律途径的主要内容

公共管理法律途径主要包含以下方面的内容：(1) 强调宪法层面的公正、程序、权利和平等价值。(2) 把公共部门视为一种能够通过公正的抗辩程序来解决争端的结构形式。(3) 注重建立明确的公共管理行为准则和监督机制。(4) 把公共管理的对象看作完整和独立的个体，关心个人宪法权利和法律权利的保障。(5) 重视公共管理结果的合理性，不仅要求公共管理行为的主体和程序合法，还要求有利于保护公共管理相对人的合法权益和提高效率。

11.2.2 西方国家法治行政的历史演进

法治行政是资产阶级政治运动的产物。在资产阶级革命胜利以后，法治成为人类目前所能认识到的一种治国方法，法治原则也作为一个重要的宪法原则得以确立。没有行政法治，就不会有法治国家的存在。

西方国家法治行政的基本要义、基本精神体现在法律制度和具体的法律规范之中，体现和贯彻实施于公共行政活动之中且不断变迁。在自由资本主义时期，与反对国家干预的自由主义的统治方法和议会至上的资本主义政治制度相适应，法治行政的基本要义表现为：(1) 行政权的作用不得与法律相抵触；(2) 行政权没有法律依据，不得使人民负担义务，或分割其权力；(3) 行政权没有法律依据，不得免除特定人在法律上应负的义务，或为特定人设定权利；(4) 一切行政权力的行使都必须根据法律、服从法律、遵守法律。这反映了自由资本主义时期“无法律即无行政”的法治行政现实，也是“政府法治主义”③ 的充分体现。

因此，我们说自由资本主义时期的法治行政是“指政府行政机关及其工作人员，在组织、职权以及公共行政活动的原则、制度、程序、方式等各个方面，都由宪法、法律

---

① 参见美国宪法修正案第五条的规定。

② 罗森布鲁姆，等．公共行政学：管理、政治和法律的途径．北京：中国人民大学出版社，2002：37.

③ 自由资本主义时期，自由主义的统治方法以及“管事最少的政府就是最好的政府”的观念，使政府的一切活动均应严格置于制定法之下，国民议会所制定的法律只就政府行政的一些而并非所有的事项进行规定。这样，实行“法治”的结果，就是政府的权力及其活动被限制在比较狭窄的范围内，政府职能仅限于维护公共安全和基本秩序、消除社会危险等方面。这就是“政府法治主义”的全部内涵。

加以规定，政府行政机关严格依照规定设置机构、划分职权、配备人员，依法组织与管理国家和社会公共事务，以及政府行政组织内部事务”①。

随着资本主义自由经济的发展，资本主义所固有的矛盾日益激化，并已开始危及资本主义的统治。自由竞争的极端化制造了可以摧毁自由竞争制度本身的社会矛盾和冲突。客观上需要一个超脱于所有竞争主体来扼制垄断的协调执行官，需要一个维持基本社会公正的社会产品分配者。生产高度社会化和科技进步成为经济发展的第一动力，这又需要一个执行共同社会事务的组织者。正如日本社会学家真田足教授所说：“国家在经济领域的出场是垄断资本主义的资本积累和集中，这比资本主义积累一般规律速度更快、规模更大、竞争更剧烈，从而越发增强了资本增值的冲动，为此就必然要动员一切方法和手段，其中最有利的是实现对国家的动员。”② 因此，从维护资本主义生产关系的需要出发，垄断资产阶级不得不采用对社会经济事务的积极干预，充分运用和强化政府的政治统治职能。在经济领域，过去那种依靠“无形的手”来调节社会经济发展的做法已远远不够了。这一时期，生产资料和社会财富集中到了少数垄断资本手中，垄断代替了自由竞争。垄断资本和国家政权紧密结合在一起，政府的经济职能和社会服务职能均扩大和加强了。例如，政府通过行政手段和法律手段来保证市场秩序的维持，通过预算、高额税收、发行公债等方法承担起某些社会公共事务。在收入再分配领域采取一系列福利措施等，以维护社会经济的发展和政治稳定。政府行政权力正是在这种背景下日益强化。政府的职能急剧扩张，政府涉足的领域急剧扩大，政府干预社会公共事务的程度也急剧加深。这就使政府公共行政的权限范围以及公共行政活动所依之法发生了变化，法治行政的要义明显表现为：(1) 凡有关人民自由、财产权的法规，应受法律的支配；(2) 以法律指导行政，行政行为与法律相抵触时，不产生效力；(3) 行政活动虽非必须全部从属于法律，但基本权力的限制非以法律制定不可。

垄断阶级面对尖锐的矛盾冲突，既要求授予政府广泛的委任立法权和自由裁量权，同时又要在根本上坚持资产阶级的民主政治原则，对政府行使委任立法权和自由裁量权加以控制。因此，法治行政原则就包括了既强调行政权威，授予政府必要的行政权力，以应付日趋复杂的社会关系和各种利益冲突，又强调控制政府，防止政府滥用行政权力的双重要义。正如列宁所说，“资产阶级从一种方法转而采用另一种方法，并不是由于个别人的恶意，也不是由于什么偶然的原因，而是由于它本身地位的根本矛盾性。正常的资本主义社会要顺利发展下去，就不能没有稳固的代议制度，就不能不使人民有相当的政治权利”③。适应社会条件的发展变化，垄断资本主义法治行政在坚持法对行政权力进行规制和约束的前提下，又强调扩大行政权力，把政府变为集中主要权力的“万能政府”，由此政府的官僚机构和军事机构不断扩大，权力过分集中到政府首脑一人身上，导致了行政国家的产生。

由此可见，从自由资本主义时期发展到垄断资本主义时期，随着社会条件的变化，资产阶级法治行政的原则，在含义上和应用上也发生了变化。政府不再以议会制定的法

---

① 蔡立辉. 中西方法治理念下的政府公共行政比较研究. 人文杂志，2002 (1).

② 王惠岩. 政治学概论. 北京：高等教育出版社，1999：114.

③ 列宁. 列宁全集：第16卷. 北京：人民出版社，1959：349.

律为行政权力的唯一依据。政府可以依照职权在法定的范围内活动，并按照法定程序行使权力。法治行政所依之法，已由议会制定的成文法律扩展到政府行政机关根据议会或法律授权而制定的规章。这种变化表明：一方面，法治行政作为公共行政的核心原则，依然强调凡行政应本于法，基于法律的规定而活动。行政权限的扩大，并不等于“法治行政”的原则不要了。行政权日益膨胀，仍然要以法治进行适度控制；仍然强调保护公民的合法权益，反对政府行政机关滥用权力；仍然要体现法治原则和国民主权。另一方面，行政固然应该依据法律从事，但不能说“无法律即无行政”，而是要“合法及适法行政”，即由根据法律行政变为法律支配下的行政。行政权的目的也不再限于对社会的管理控制，而是要主动地为公众谋福利，实现对社会公众“从摇篮到坟墓”的关怀，由“最好政府最少管理”进而发展到“最好政府，最多服务”。这样，“法治行政”就不能只是恪守现行的法律。法治行政原则的这种发展变化，对保护行政机关有效地行使职权、为社会提供更多的服务起到了非常积极的作用。但是政府行政权力的日趋强化，使“三权分立”的传统观念逐渐被打破，国家公共权力日趋向政府行政部门倾斜，政府除了享有行政权外，还拥有委任立法权和司法权。这无疑是对资产阶级议会至上的政治制度原则的极大威胁。资本主义一步一步走上国家资本主义或资本垄断之路，它的政治将不可避免地要极权化、官僚主义化①。

这种极权化、官僚主义化，形成了政府垄断，从而导致了公共行政的低效率；带来了巨额的政府财政支出与赤字，从而导致政府干预的高额成本。针对这种社会现实，自20世纪70年代以来，西方国家掀起了政府改革运动。改革所采取的措施就是：使民主政治对公共权力的限制与制约在形式上不局限于刻板的法律条文，而是寓市场竞争机制于公共管理之中，强化公共部门的责任和“服务意识”；变过去的过程控制和单纯的规则控制为绩效控制、结果控制。这样，既适应了当今社会发展的要求，充分调动了政府公共部门及其公务人员的主动性、积极性，又保证了对公共权力的制约。

11.2.3　我国公共行政的法治化

11.2.3.1　我国公共行政法治化建设的目标

1. 法治行政的必要性

（1）法治行政是法治国家的基本要求。法治行政是现代公共管理的必然要求。在当代，公共管理内容最为丰富，涉及的社会范围最为广泛，与社会民众的联系最为普遍，在社会经济生活中具有重要的影响力。因此，必须通过完善的法治系统来规范和约束公共管理，把其潜在的对公众权益的危害降到最低限度。行政能否依法进行，直接关系到公共管理体制能否正常运转，关系到一个国家能否实现法治。任何法治国家都以法治行政为自己最基本的特征而与非法治国家相区别，法治行政是法治国家的重要标志。

---

① 蔡立辉. 政府法制论：转轨时期中国政府法制建设研究. 北京：中国社会科学出版社，2002：158-162.

（2）法治行政是市场经济运行的基石。市场经济本质上是一种法治经济。没有法治，市场经济就不能正常运行。因此，公共行政必须为市场经济的健康发展提供公平、合理的法律规则，并通过有效地执行与市场规则有关的公共政策来维护合理的市场交易规则。如果公共行政缺乏法律约束或不按照法律法规行事，就意味着维系市场经济基础的契约失衡，共同投入、共担风险并共享收益的制度安排将遭到破坏，市场经济就无法正常运行或者要付出高昂的成本。法治行政是市场经济的必然选择，违法行政会给国民经济、市场秩序和公众的合法权益带来严重危害。

（3）法治行政是实现公共利益的保障。法治行政是公共治理的基本要求，是实现公共利益的重要保证。从公共性的角度分析，公共行政存在的目的就是提供公共服务、促进公共利益的实现。没有法治行政的保障，公共利益往往会被私人利益所侵蚀，公共目标也会被经济人的自利动机扭曲，最终降低公共行政的合法性。行政行为变化无常，缺乏法律约束，表面上是行政权威的丧失，实质上是公共利益的严重损害。

2. 法治政府建设

法治行政建设，最根本的就是要建设法治政府。法治政府是具有“法律性”的法律意义上的政府，是严格按照法定权限和程序行使权力、履行职责、接受监督的政府。国务院2004年颁发的《全面推进依法行政实施纲要》，将法治政府的含义明确为：合法行政、合理行政、程序正当、高效便民、诚实守信和权责统一六个方面。2015年12月中共中央、国务院印发的《法治政府建设实施纲要（2015—2020年）》将法治政府的衡量标准概括为：政府职能依法全面履行，依法行政制度体系完备，行政决策科学民主合法，宪法法律严格公正实施，行政权力规范透明运行，人民权益切实有效保障，依法行政能力普遍提高。2021年9月，中共中央、国务院印发了《法治政府建设实施纲要（2021—2025年）》，强调了法治政府建设是全面依法治国的重要任务和主体工程，是推进国家治理体系和治理能力现代化的重要支撑。

法治政府建设的主要原则是：坚持党的全面领导，确保法治政府建设正确方向；坚持以人民为中心，一切行政机关必须为人民服务、对人民负责、受人民监督；坚持问题导向，用法治给行政权力定规矩、划界限，切实解决制约法治政府建设的突出问题；坚持改革创新，积极探索具有中国特色的法治政府建设模式和路径；坚持统筹推进，强化法治政府建设的整体推动、协同发展。

法治政府建设的总体目标是：到2025年，政府行为全面纳入法治轨道，职责明确、依法行政的政府治理体系日益健全，行政执法体制机制基本完善，行政执法质量和效能大幅提升，突发事件应对能力显著增强，各地区各层级法治政府建设协调并进，更多地区实现率先突破，为到2035年基本建成法治国家、法治政府、法治社会奠定坚实基础。

3. 法治政府建设的主要任务和具体措施

（1）依法全面履行政府职能。建设目标是：牢固树立创新、协调、绿色、开放、共享的发展理念，坚持政企分开、政资分开、政事分开、政社分开，简政放权、放管结合、优化服务，政府与市场、政府与社会的关系基本理顺，政府职能切实转变，宏观调控、市场监管、社会管理、公共服务、环境保护等职责依法全面履行。具体措施有：第一，深化行政审批制度改革；第二，大力推行权力清单、责任清单、负面清单制度并实行动态管理；第三，优化政府组织结构；第四，完善宏观调控；第五，加强市场监管；第六，创新社会治理；第七，优化公共服务；第八，强化生态环境保护。

（2）完善依法行政制度体系。建设目标是：提高政府立法质量，构建系统完备、科学规范、运行有效的依法行政制度体系，使政府管理各方面制度更加成熟更加定型，为建设社会主义市场经济、民主政治、先进文化、和谐社会、生态文明，促进人的全面发展，提供有力制度保障。具体措施有：第一，完善政府立法体制机制；第二，加强重点领域政府立法；第三，提高政府立法公众参与度；第四，加强规范性文件监督管理；第五，建立行政法规、规章和规范性文件清理长效机制。

（3）推进行政决策科学化、民主化、法治化。建设目标是：行政决策制度科学、程序正当、过程公开、责任明确，决策法定程序严格落实，决策质量显著提高，决策效率切实保证，违法决策、不当决策、拖延决策明显减少并得到及时纠正，行政决策公信力和执行力大幅提升。建设措施有：第一，健全依法决策机制；第二，增强公众参与实效；第三，提高专家论证和风险评估质量；第四，加强合法性审查；第五，坚持集体讨论决定；第六，严格决策责任追究。

（4）坚持严格规范公正文明执法。建设目标是：权责统一、权威高效的行政执法体制建立健全，法律法规规章得到严格实施，各类违法行为得到及时查处和制裁，公民、法人和其他组织的合法权益得到切实保障，经济社会秩序得到有效维护，行政违法或不当行为明显减少，对行政执法的社会满意度显著提高。建设措施有：第一，改革行政执法体制；第二，完善行政执法程序；第三，创新行政执法方式；第四，全面落实行政执法责任制；第五，健全行政执法人员管理制度；第六，加强行政执法保障。

（5）强化对行政权力的制约和监督。建设目标是：科学有效的行政权力运行制约和监督体系基本形成，惩治和预防腐败体系进一步健全，各方面监督形成合力，人民群众的知情权、参与权、表达权、监督权得到切实保障，损害公民、法人和其他组织合法权益的违法行政行为得到及时纠正，违法行政责任人依法依纪受到严肃追究。建设措施有：第一，健全行政权力运行制约和监督体系；第二，自觉接受党内监督、人大监督、民主监督、司法监督；第三，加强行政监督和审计监督；第四，完善社会监督和舆论监督机制；第五，全面推进政务公开；第六，完善纠错问责机制。

（6）依法有效化解社会矛盾纠纷。建设目标是：公民、法人和其他组织的合法权益得到切实维护，公正、高效、便捷、成本低廉的多元化矛盾纠纷解决机制全面形成，行政机关在预防、解决行政争议和民事纠纷中的作用充分发挥，通过法定渠道解决矛盾纠纷的比率大幅提升。建设措施有：第一，健全依法化解纠纷机制；第二，加强行政复议工作；第三，完善行政调解、行政裁决、仲裁制度；第四，加强人民调解工作；第五，改革信访工作制度。

（7）全面提高政府工作人员法治思维和依法行政能力。建设目标是：政府工作人员特别是领导干部牢固树立宪法法律至上、法律面前人人平等、权由法定、权依法使等基本法治理念，恪守合法行政、合理行政、程序正当、高效便民、诚实守信、权责统一等依法行政基本要求，做尊法学法守法用法的模范，法治思维和依法行政能力明显提高，在法治轨道上全面推进政府各项工作。建设措施有：第一，树立重视法治素养和法治能力的用人导向；第二，加强对政府工作人员的法治教育培训；第三，完善政府工作人员法治能力考查测试制度；第四，注重通过法治实践提高政府工作人员法治思维和依法行政能力。

11.2.3.2 我国行政法治化的主要内容

“建设中国特色社会主义法治体系，建设社会主义法治国家，发展中国特色社会主义法治理论，坚持依法治国、依法执政、依法行政共同推进，坚持法治国家、法治政府、法治社会一体建设”，是习近平新时代中国特色社会主义思想的重要组成部分。概括来说，我国公共行政法治化包括以下几方面的内容：

1. 行政法治意识的培养

美国著名法学家伯尔曼说过：“法律必须被信仰，否则形同虚设。”在我国推进行政法治化的进程中，一个重要的方面就是在行政人员中培养法治意识和精神，把作为外在控制的法上升为内心的信仰，最终达到法的形式约束和自我约束的有机统一。法治意识包含三个方面的内容：

第一，法律至上意识。任何行政行为都不能逾越法所规定的界限，都必须接受法的审查和裁量，承担法律责任。同时，在法律面前人人平等，任何人，无论其拥有的权力多大，都不能在法律之上或法律之外。只有树立这种法治精神，行政活动才能按法律规定来正确执行，整个国家的法律规范体系才能在公共行政领域得到落实。第二，服务意识。当代公共管理的一个发展趋势就是放松规制，把服务作为其本质，作为其生命根基和灵魂。只有树立公共服务的价值理念，才能把法的意志领会彻底，才能真正实现国家和社会的和谐与长治久安。第三，责任意识。随着社会的发展，行政职能也不断扩张，担负起更多的调节经济社会发展的使命，这就要求行政组织人员树立良好的责任意识。责任意识是一种法律赋予的沉重使命感，既要求在法律的指导下积极行政，也要求承担相应的法律责任。

2. 行政组织法治

行政组织是行政行为的载体和基本构架。因此，实行行政组织法治具有影响全局的关键作用。行政组织法治就是要严格按照编制法、行政组织法等法律规范来管理行政机构的设立、职能和职权配置、行政编制和管理幅度、管理方式；处理中央与地方的权力分配及相互关系，处理各级政府之间、各政府部门之间的关系。为此，必须加快行政组织的法治化进程，从内外两方面实现行政组织的法治化。行政组织内部管理的法治是行政组织外部管理法治的基础，行政组织外部管理的法治是行政组织内部管理法治的目标。

3. 行政职权法治

职权是行政组织施行管理的基础，是实现公共管理任务的依据。行政组织一旦设立，即享有法律赋予的职权，掌握相应的权威资源，并据此拥有了可以直接对公民、法人或其他组织的人身、财产权利予以直接干预的强制权力。行政职权法治是规范公共管理行为、促进行为公正、实现公共管理目标的保障。

行政职权法治，就是要坚持行政职权来源于法。行政组织的各项职权都是由法律明文规定的，行政组织自身不能为自己设置任何权限。行政权力是国家公共权力的组成部分，坚持行政职权法治就是要从根本上杜绝国家公共权力部门化、部门权力个人化的做法。因此，行政职权法治，必须从立法、执法和监督三个方面进行规范：

第一，职权立法。通过制定完善的法律体系，规范职权行使的对象、程序、方式、时限以及救济途径。完善的职权立法对于增强行政组织职权设定的科学性、分类的完整性、制约的全面性具有重要作用，是行政职权法治的必要前提。第二，执行管理。依法执行是行使职权的基本要义，是落实法治行政和法治国家的必由之路。执行管理法治，意味着执法者首先要懂法和守法，并根据法律的实质要求和形式要求进行正确的执法。第三，行政监督。要使法律规范变为现实的法律秩序，发挥真正的约束作用，就必须加强行政监督建设。从目前我国面临的问题看，建立更加有效的行政权力制约机制，完善行政监督制度、行政执法责任制度、行政复议制度、行政司法审查制度等，进一步提高行政监督的成效，及时、有效地纠正行政违法行为、行政不公行为、行政侵权行为，是行政监督法治的重要任务。

4. 行政程序法治

行政程序是行政主体在行政活动中由行政行为的方式、步骤、时间、顺序等要素所构成的行为过程，包括行政行为程序、行政组织程序和行政诉讼程序。行政行为程序是行政组织对行政相对人实施管理活动以及行政相对人申请行政组织实施某种法定行为时所遵循的程序，是行政活动中最主要的程序。行政组织程序是行政组织自身实现组织、管理、协调等内部机能的程序，是保障行政活动顺利进行不可缺少的程序。行政诉讼程序是行政活动的监督程序，是在行政活动引起相对一方的异议，而由司法机关介入予以处理的程序，是预防和消除行政活动本身所产生的不良后果的程序。

行政程序法治，从民主政治意义的层面考察，是行政活动民主化、法治化的体现和反映。从行政法意义的角度考察，行政程序法治的意义就表现为：行政程序合法、适当是行政行为的有效要件之一；行政程序违法、失当既可以构成行政相对人申请复议、提起诉讼的理由之一，也可以构成权力机关或上级行政机关撤销其行为的理由之一；行政程序还是司法审查的内容之一。因此，行政程序法治涉及规范行政权力和保障公民权利的核心问题①。在当代国际社会，行政程序已经成为监督和制约行政权力最为重要的手段，制定全国范围内统一的行政程序法典来确保行政组织的日常活动乃至在处理紧急突发事件时都有章可循，已经成为一个基本的趋势。总之，法律必须明确规定每一种行政行为所要遵循的程序，而行政行为的实施必须符合法定的程序。

11.3　公共管理监督

公共管理监督是指各类监督主体依法对政府和公共事业组织等公共组织及其工作人员行使公共权力的行为是否合法、合理所实施的监察和督导活动。公共权力失去监督就容易产生腐败，正如孟德斯鸠所言："一切有权力的人都容易滥用权力，这是万古不易的一条经验。有权力的人们使用权力一直到遇到有界限的地方才休止。"② 因此，加强对公

① 蔡立辉. 政府法制论：转轨时期中国政府法制建设研究. 北京：中国社会科学出版社，2002：123.

② 孟德斯鸠. 论法的精神：上册. 北京：商务印书馆，1961：154.

共管理过程的监督和控制，对保证公共管理的公正、稳定、高效具有重要意义。

11.3.1 公共权力制约的基本理论

公共权力是公共管理主体管理公共事务所享有的合法资格和相应的强制力，用来实现和维护公共利益，维持、调整与管理社会基本秩序。公共权力制约的基本理论最早可以追溯到古希腊时期，现代意义上公共权力制约的基本理论则是由资产阶级思想家提出的。

11.3.1.1 分权制衡理论——以权力制约权力

分权制衡论也称为权力制约论，它是西方国家的立法、行政和司法三种公共权力各自独立又相互制约和均衡的理论。这一理论强调，为防止公共权力的腐败或滥用，必须对它进行合理分割，并建立相互制约和监督的关系。分权制衡理论是近现代西方国家政治制度和监督制度的重要理论基础，它既为西方国家的权力架构提供依据，又为各种监督方式的拓展奠定基础，从而成为西方国家重要的行政监督理论基石，并受到后世很多西方思想家的推崇、继承与发展。在实践中，分权制衡是西方国家政治体制的普遍原则，对近现代西方政治民主化进程产生了深远的历史影响。

权力制衡学说源于分权思想，可追溯到古希腊的柏拉图和亚里士多德，但真正创立这一学说的是17—18世纪的资产阶级启蒙思想家及后来的政治家、理论家，其代表人物是英国的洛克、法国的孟德斯鸠、美国的杰斐逊和汉密尔顿。亚里士多德开创了分权理论的先河，其理论孕育了以分权进行监督、以监督达到制约的基本精神。在分权思想基础上发展起来的制衡学说，形成于资产阶级革命时期。

分权制衡论主导下的以权力制约权力的权力制约模式虽然能有效制约权力，但不可能解决所有的权力滥用问题。就三权分立自身而言，立法权、行政权和司法权三者虽然是并列的，但在事实上，司法权是其中最弱的，而行政权则是其中最具有扩张性的，因此，很难达到理想的制衡效果。可见，对权力的制约不能只寄托于分权与制衡。

11.3.1.2 人民主权理论——以权利制约权力

人民主权理论是西方思想家基于社会契约论和主权论所提出的民主理论，是近代西方政治发展史上一个重要的理论成果。这一理论强调人民拥有主权，国家的主权源于人民权利的让渡，人民对国家有天然的监督权。人民主权理论是人类在政治发展历史经验的基础上获得的并经检验为真理的认识，它意味着对“家天下”和野蛮政治的彻底否定，是较好的解释权力来源的理论学说。自从资产阶级高举人民主权的旗帜号召人民起来推翻封建专制统治并取得历史性的胜利后，资本主义国家就以人民主权为核心来强化以公民监督、社团监督为代表的社会监督。马克思主义在创建社会主义理论时，也充分肯定了人民主权的历史进步意义，并将它作为社会主义革命和建设的共同信仰和追求。

法国的莫奈、英国的洛克、法国的孟德斯鸠都是人民主权理论的著名代表。孟德斯鸠将主权在民学说及其监督理论推向高潮，而系统提出人民主权理论的是法国资产阶级启蒙思想家卢梭。卢梭认为，人民主权是“公意的运用”，“公意”所保护的是全体人民的“公共福利”，是公正的和以公共利益为依归的。权力的表现和运用只能以符合人民意志的社会契约为基础，公共权力的行使必须是为了维护“公意”，不得违反主权意志，必须对人民负责，必须接受人民的监督和控制①。

可见，人民主权是公共权力的逻辑基础，没有人民主权就不可能有公共权力。政府是人民缔结契约、转让权力的结果；一切权力属于人民；公共管理者只是人民权利的具体执行者，其权力是人民赋予的，他们必须承担维护人民权利的义务；为了防止政府滥用职权和侵犯民权，人民可以通过各种形式来监督政府的行为；在公共权力体系中，应建立有效的监督机制对政府的行为进行监督。

现实中，虽然人民主权理论很好地解释了权力的真正来源，并引申出人民应该起到监督政府和制约政府权力的作用，但在事实上，由于作为委托人的人民本身处于权力约束的弱势，因此，很难有效地制约公共权力。政府作为代理人在实际上很难做到按照其委托人——人民的意志行事，其原因有三：首先，在人民主权的委托-代理关系中，代理人的目标函数并不总是与委托人相一致。当一种行动不是直接代表公共利益，而是代表着行为者时，就可能会出现代理者的行为偏差，存在着代理人偏离甚至背弃委托人利益的危险。其次，在委托代理中，人民或代议机构与政府之间的信息始终是不对称的。作为代理人的政府可能通过提供不真实的信息来追求自身效用的最大化。由于信息不对称，委托人人数众多且相当分散，缺乏采取统一的集体行动的动力，从而加大了监督约束政府的困难和风险。最后，在承接公共权力的代理中，不存在代理权的竞争，政府是独家垄断的，即享有垄断代理权。在任何国家都只存在一个统一的行政系统，人民不能在多个行政系统中进行选择，这种垄断性使政府处于明显的优势，从而扭曲了人民与政府的委托-代理关系。政府凭借这种优势，常常不顾人民的利益，追求集团或个体利益的最大化。处于劣势地位的委托人难以对代理人的行为方式及其结果加以约束、监督。另外，体现委托人意志的法律通常只给法律执行者——政府提供原则性的规定和指导，政府具有较大的自由裁量权。

11.3.1.3　社会契约论——以道德制约权力

在西方，契约一开始就被人们看作一个社会的最高制度伦理，它制约一切具体的行为规范。虽然这种社会契约论的政治形式常常被人们指责为一种虚构，但是，由于这一理论较多地涉及人与人之间的关系，因此人们普遍认为它为责任提供了一种即使不充分也是必要的条件②。

知识链接 11-1

新加坡反腐政策：新加坡模式

新加坡的反腐模式主要由以下六个要素构成：强有力的政治意愿、绩优官僚制、独立的反贪局、腐败零容忍的法律和政策、行政改革、反腐廉政文化。

---

① 卢梭. 社会契约论：政治权利的原理. 北京：商务印书馆，1994：23.

② 格沃斯. 伦理学要义. 北京：中国社会科学出版社，1988：90.

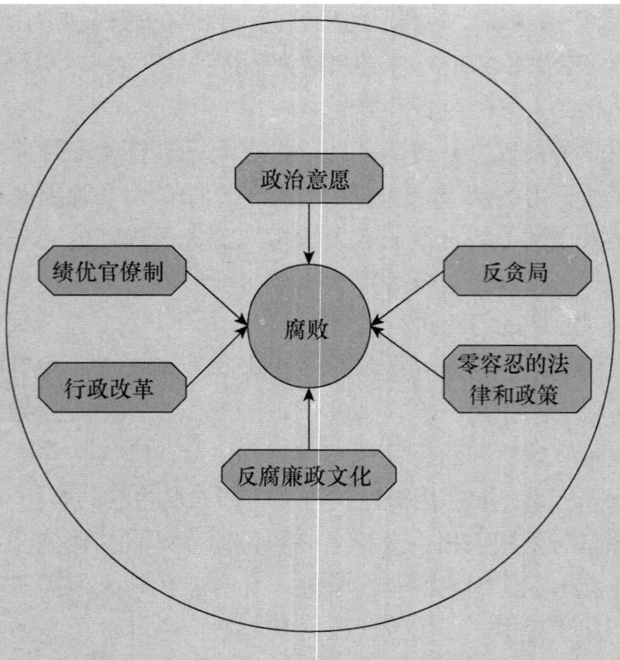

资料来源：于文轩. 道法无常：新加坡公共管理之道. 上海：上海三联书店，2015：17-46.

在西方政治思想史上，霍布斯、斯宾诺莎、洛克、卢梭、康德和罗尔斯等都从不同层面探讨了社会契约论。虽然各种契约理论的形式有所差别，但从其契约价值上讲，它们至少包含以下两个共同点：

第一，契约签订的直接动力在于契约双方当事人之间要达到某种目的。社会契约论中，政府权力的产生是公民与政府之间订立契约的结果，其直接动力和目的都是维护全体公民的利益，政府权力的行使必须服从这个目的，为公民的利益负责。因此，维护社会公共利益是社会契约论对行政道德的内在规定。

第二，契约意味着双方当事人之间权利义务的对称，政府掌握管理社会的公共权力，同时必须担负维护公共利益的义务、责任，公民有服从政府公共权力管理的义务，同时公民有被保护公共利益的权利，有监督和制约公共权力的权利。因此，政府公共权力的执行者必须对自己的行政行为负责。布坎南认为，在公共权力机构担任公职的是既有理性，又很自私的人。为保障公权的使用具有节制和理性，避免公权的滥用，除了通过政治契约的监督以外，还须通过价值的洗礼、道德的升华，消除公共权力使用者心理灰色的一面。

以社会契约论为基础的、以道德制约公共权力的权力制约模式主要通过两种方式来实现对公共权力的约束，即权力执掌者的自律和他律。权力执掌者的自律是在其行使公共权力中以内在道德的力量来进行自我约束，促使公共权力的正确使用。它的约束范围非常广，在法律难以或无法干预的领域，都能够发挥约束作用。权力执掌者的他律主要是公民、社会团体等对权力执掌者做出肯定、批评和建议，迫使其遵守道德规范。但是，由于权力执掌者的道德水平是无法衡量的，而且道德的约束是一种软约束，缺乏刚性，因此，虽然道德是对公共权力进行制约所必不可少的因素，但其制约的能力还是非常有限的。

11.3.2　公共管理监督体系

公共管理监督体系是指具有法定监督权的多元监督主体在对公共部门及其工作人员进行监督时的任务和权限划分体系。根据不同标准，可以将公共管理监督体系划分为不同的类型。本节中，我们根据公共管理监督主体与监督客体的关系，将公共管理监督体系划分为内部监督体系与外部监督体系。

11.3.2.1　公共管理监督的内容

公共管理监督的对象是一切公共部门及其所属工作人员和一切公共管理活动，其内容主要有以下四方面：

1. 监督决策是否科学、合法

在公共管理活动中，决策贯穿于管理活动的全过程，公共权力的运行，总是从决策开始。此外，公共领导最重要的职责就是决策。决策科学，公共管理就高效；决策失误，就会导致公共事业失败或公共管理低效。因此，必须将公共决策监督纳入公共管理监督的范围。监督公共决策是否科学、合法，应当成为公共管理监督最重要的内容。

监督公共决策是否科学、合法，在具体内容上，就是要对决策目标、决策依据、决策方案，以及决策的程序是否合法、科学、民主，特别是对公共决策是否严格遵循发现问题、确立目标，集思广益、拟订方案，分析评估、选择方案，实施方案、完善决策的决策步骤实行监督。实施决策监督的目的就是要防止主观盲目的决策，尤其要防止一些公共领导为了追求政绩而做出急功近利的决策，坚决杜绝“三拍现象”（拍脑袋决策、拍胸脯保证、拍屁股走人）和“形象工程”。为此，要合理界定公共部门的决策权限，进一步健全重大事项集体决策、专家咨询、社会公示与听证、决策评估等制度。

2. 监督公共管理行为是否合法、合理

公共管理行为可区分为抽象的行为和具体的行为，这两种行为都必须受到切实有效的监督。对抽象行为的监督要以防止国家政策部门化为重点。国家政策部门化是指公共部门利用法定职权和掌握的国家立法资源，在起草国家法律、行政法规时过于强调本部门的权力而弱化相应的责任；制定部门规章、编制行业规划、实施宏观政策时，偏离了整体的国家方针政策和公共利益，力图通过国家法律、法规、规章来巩固和扩大本部门的各种职权以及本部门、相关企业、相关个人的既得利益。只有切实加强对抽象公共管理行为的监督，才能从源头上清理“公共权力部门化、部门权力个人化、个人权力商品化”的“权力三化”现象。“权力三化”的现象在地方政府中时有发生，“上有政策，下有对策”便是其集中的表现，必须通过公共管理监督使这类现象减少到最低限度。

对具体行为的监督，一是要对具体行为的合法性进行监督，确保公共管理行为严格依照法律行事；二是要对具体行为的合理性进行监督，确保公共部门在法律、法规没有明确规定时能以民为本，在不损害国家及公共利益的前提下适当考虑照顾被管理对象的眼前利益。

3. 监督公共部门及其工作人员是否廉洁勤政、不滥用权力

廉政和勤政历来是公共管理的基本要求。任何公共部门及其工作人员不廉或不勤，便失去行使公共权力的资格。

腐败的本质是公共权力的滥用。公共部门及其工作人员必须用人民赋予的权力为人民谋利益，不能以权谋私。但在现实中，存在着以权谋私、贪污腐败的问题。有的利用行政审批、政府采购、执法监督等方面的权力搞权钱交易，或参与干预企事业单位的经营活动谋取非法利益，甚至利用手中的权力索贿受贿；一些不法商人盯住公共管理者手中的权力，使出各种手段拉拢腐蚀，搞官商勾结，损害国家和人民利益。这些问题的发生，有个人品质原因，也与制度不够完善和权力缺乏监督约束有直接关系。因此，要加强公共管理监督的力度，从根本上解决滥用权力的问题，从而实现廉政。

此外，要促使公共部门及其工作人员切实地、完全地履行职责，对那些精神状态不佳、两袖清风不干事、遇事推诿扯皮、该作为时不作为的失职渎职行为，进行有效的监督，发挥公共管理监督治懒、治庸的功能，促使公共部门及其工作人员勤政为民。

4. 监督自由裁量权是否被违规滥用

自由裁量权是指公共部门及其工作人员在法律、法规、规章规定的范围内依据立法目的和公正合理原则自行判断行为的条件、自行选择行为的方式和自由做出相应决定的权力。自由裁量权是社会、经济发展的必然产物，并且随着社会、经济的发展而不断扩大，已成为当代公共管理中不可或缺的一种权力。自由裁量权可弥补立法的不足，使公共部门及其工作人员充分发挥积极性和主动性，从而卓有成效地提高行政效率，更好地管理公共事务。然而，在关注自由裁量权的合理性与必然性的同时，我们不能忽视自由裁量权被滥用所产生的损害被管理对象的合法权益、助长官僚作风和特权思想、公共管理者法律观念淡薄、自由裁量行为反复无常与宽严不一、形成不良社会风气和滋生腐败等负面影响。

罗伯特·克利特加德（R. Klitgaard）在其著名的“腐败条件”公式中就明确指出这一点：腐败条件＝垄断权＋自由裁量权－责任制。这一公式的意思是：当官员享有垄断权和自由裁量权而又无须对权力的行使承担必要的责任或无须对滥用权力负责任时，官员便具备了从事腐败行为的条件。大量事实表明，滥用自由裁量权与发生在公共部门及其工作人员中的腐败现象存在着内在联系。因此，必须加强对自由裁量权行使的监督，特别是对执法部门及其工作人员在执法活动中行使自由裁量权的监督，杜绝滥用自由裁量权的行为。

11.3.2.2 公共管理内部监督体系

公共管理内部监督是指上级公共管理部门对下级公共管理部门、专门公共管理监督机关对一般公共管理机关及其所属工作人员进行的监督，它是公共管理系统内部建立的检查、督促等自我约束、自我制衡等自体监督体系。专门公共管理监督机关在我国主要是指行政监察机关和审计机关。

公共管理内部监督体系具有监督内容更具全面性、监督方式更具多样性和监督程序更具时效性等独特的优势和特点。世界各国都建立了形式各异的公共管理内部监督体系，它们发挥着重要的监督作用。例如，政府部门内设的监察机构，其职责是监督本部门的审计和调查，指导协调本部门的工作，纠举违法行为，并提出改正措施。

当然，公共管理内部监督是一种自我监督，是由公共部门自身来发现并处理公共管理过程中出现的违法或不当行为，这就违背了“任何人都不得做自己案件的法官”这一公认的原则，其公信力通常弱于权力机关、司法机关和其他监督主体所实施的外部监督。在公共管理监督实践中，公共管理内部监督通常很难避免或消除偏袒的可能性。即使公共管理内部监督的主体完全遵守相关法律法规，但由于监督权力本身的行使允许相当程度的自由裁量空间，监督机关也会出于尽可能减少违法或不当行为对公共管理带来的负面影响的考虑，而无法完全满足合法利益受到损害的公众的正当请求。

公共管理内部监督体系是一个国家政治体制、行政体制的重要组成部分。因此，政治体制、行政体制不同，公共管理内部监督体系也不同。在一些单一制国家，中央设有主管地方事务的机构，如日本的自治省，主要负责指导和监督地方政府实施法制，完成中央政府下达的任务，监督地方预算计划的制订并检查其完成情况。由政府设立专门监察机构，主要负责全面推进政府管理工作；了解公民意见、解决问题；通过对话，解决不良行为造成的后果。在联邦制国家，如在美国，各州政府享有很大的自治权，依法建立了一套监督体系。

基于司法制度的不同，各国的内部监督体系构成也呈现出不同特点。以大陆法系为司法制度的欧洲大陆国家，一般在政府组织内部设立行政法院，审查和裁定政府机关公务人员的违法案件。英美法系的国家，其公共管理中的违法案件，包括行政案件，由独立于政府部门的司法机关裁决。

我国的公共管理内部监督体系主要有一般监督、专门监督和特种监督三种基本形式：

（1）一般监督。一般监督是指基于组织层级和隶属关系，上下级公共管理部门之间、同级公共管理部门之间以及公共管理部门对其自身或所属公务员进行的监督。一般监督的种类主要有：上下级之间的监督、一级政府内部平行机关之间的监督和公共管理部门对其自身或所属公务员的监督。一般监督的形式主要有：审查批准，备案，听取、审议工作报告，实施执法检查，行政复议，信访，惩戒。

行政复议是指行政相对人认为行政主体的具体行政行为侵犯其合法权益而依法向行政复议机关提出复查该具体行政行为的申请，行政复议机关依照法定程序对被申请的具体行政行为的合法性、适当性进行审查并做出行政复议决定的一种行政监督法律制度。行政复议的目的是纠正行政主体做出的违法或者不当的具体行政行为。因此，它是一种行政自我纠错机制。

我国各级行政机关普遍设立行政复议机构。加强行政复议工作，是化解社会矛盾、促进社会和谐的必然要求，是维护公众合法权益的重要途径，是建设法治政府的重要内容，是促进政府自身建设的重要手段。当前，各级政府及各部门加强行政复议工作，应着重抓好以下几方面：1）必须坚持“以人为本、复议为民”，忠实履行行政复议职责，依法、公正、高效地解决行政争议；2）必须畅通行政复议渠道，积极受理行政复议案件；3）必须提高行政复议的办案质量，努力做到“定纷止争、案结事了”；4）必须创新行政复议方式、方法，提高解决行政争议的效率；5）必须加强基层行政复议能力建设，提高行政复议总体水平；6）必须不断完善行政复议制度和机制，进一步规范行政复议行为①。

（2）专门监督。专门监督是指在公共管理主体内部设置的专门监督机关即专门监察机关实行的监察活动。目前，我国公共管理专门监督中，最为核心、常用、有效的是国家行政监督机关实行的行政监察活动。国家行政监察机关以宪法和法律为依据，在我国县级以上各级政府中都有设立。它在上级行政监督机关和所属人民政府的领导下，独立地行使监察权，只服从国家有关法律、法规和政策等，因而其监督地位具有公正性和权威性。

我国行政监察机关实行双重领导体制。监察部主管全国监察工作，县级以上地方各级人民政府监察机关负责本地区的监察工作；地方行政监察机关同时对本级人民政府和上一级监察机关负责，而在监察业务方面以上级监察机关领导为主。我国行政监察形式主要有：检查监督执法情况、受理控告和检举、调查处理违纪行为和受理申诉。

我国行政监察机关的权限包括：检查监察对象贯彻执行国家政策、法规的情况，查处其违法行为；受理对监督客体违法、违纪行为的申诉和控告；审议本级政府任命人员的纪律处分事项；教育监察对象遵纪守法；制定、颁布监察工作相关的规章、命令和指示②。行政监察是公共管理监督中不可缺少的一种重要形式，它在确保政令通畅、维护行政纪律、推动廉政建设、促进公共管理等方面发挥着基础性作用。

（3）特种监督。特种监督是指公共管理主体内部依法实行的针对某种专门的公共管理活动进行的专业性监督，如审计监督、物价监督等。其中审计监督就是国家审计机关进行的一种经济监督，是审计机关依法对政府组织、企事业单位以及其他与国家财政有关单位的财政财务收支的真实、合法和效益进行审核、稽查的活动。如果发现有违法行为，审计机关有权责成有关单位予以纠正，并有权对其做出没收非法所得、处以罚款、停止财政拨款、终止银行信贷等处理。

我国审计机关实行双重领导体制，审计机关不仅对本级人民政府负责，还要对上一级审计机关负责，在审计监督业务上以上级审计机关领导为主。审计机关的职责主要包括：审计本级政府各职能部门和下级政府预算的执行情况和决算以及预算外资金的管理和使用情况，审计监督中国人民银行的财务收支情况，审计监督国家建设项目预算的执行情况和决算，审计监督政府部门管理的和社会团体受政府委托管理的社会保障基金、社会捐赠资金以及其他有关基金、资金的财务收支情况，审计监督公共管理机关接受的国际组织和外国政府援助、贷款项目的财务收支情况，审计其他法律法规规定应当进行审计的公共管理机关财政、财务收支情况③。

我国审计机关的权限包括：第一，调查权。审计机关可以要求被审计单位报送预算或财务收支计划、预算执行情况、决算、财务报告，社会审计机构出具的审计报告，以及其他与财政或财务收支有关的资料；检查被审计单位的会计凭证、会计账簿、会计报表以及其他与财政或财务收支有关的资料和资产；就审计事项的有关问题向有关单位和

---

① 华建敏．加强行政复议工作，促进社会和谐稳定．求是，2007（2）．

② 《中华人民共和国行政监察法》第四章“监察机关的权限”。

③ 见《中华人民共和国审计法》第三章“审计机关职责”。

个人进行调查取证。第二，强制权。审计机关有权制止被审计单位正在进行的违法的财政财务收支行为；审计机关发现审计对象转移、隐匿、篡改、毁弃会计凭证、会计账簿、会计报表以及其他与财政或财务收支有关的资料的，有权制止或采取强制措施；审计机关发现审计对象转移、隐匿违法取得的资产的，在法定权限内有权制止或申请法院采取保全措施。第三，建议权。审计机关认为监督对象所执行的上级主管部门有关财政财务收支的规定与法律法规相抵触的，有权建议有关主管部门予以纠正；审计对象有违法的财政财务收支行为的，或转移、隐匿、篡改、毁弃会计凭证、会计账簿、会计报表以及其他与财政或财务收支有关的资料的，或转移、隐匿违法取得的资产的，审计机关有权对负有直接责任的主管人员和其他直接责任人员提出行政处分的建议；审计对象有违法的财政财务收支行为的，审计机关有权做出审计建议书，向有关主管机关提出处理意见。第四，出具审计意见和做出审计决定权。审计机关对审计事项必须出具审计意见书；若认定审计对象有违法的财政财务收支行为，需要依法进行处理的，除对审计事项做出评价、出具审计意见书外，还可以对违法的财政财务收支行为在法定职权范围内做出处理①。

11.3.2.3 公共管理外部监督体系

公共管理外部监督是指公共管理组织以外的各种监督主体对公共组织及其人员的管理活动所进行的多渠道的、多种形式的异体监督。外部监督体系主要包括权力机关监督、司法机关监督、政党监督、社会监督等形式。

1. 权力机关监督

权力机关监督是指国家立法机关对公共管理机构及其活动实施的监督，是具有法律效力的最高层次的异体监督。由于世界各国的政体和国体不同，国家权力机关的监督内容与模式也存在着差异性。在实行“三权分立”体制的国家，立法权、司法权、行政权分别交由不同的国家机关行使，以实现权力的相互制约、相互监督。议会或国会作为国家权力机关，行使立法职能并享有某种监督政府的权力。世界各国权力机关监督的方式主要有质询、诘问、不信任表决、弹劾、审批、调查等。

我国实行的是人民代表大会制度。在公共管理监督中，人民代表大会是通过中央和地方各级人民代表大会及其常务委员会来实施监督权。各级人民政府、人民法院和人民检察院都由人大产生，并对人大负责和报告工作。人民代表大会的监督既是代表人民意志和国家利益的监督，也是最高层次、最具权威以及享有最高法律效力的监督。

我国由人民代表大会及其常务委员会对政府进行监督的主要方式有：（1）听取和审议同级人民政府的工作报告，其中包括年度报告、财政预算报告、各项重大措施和政策报告、政府各部门负责人工作活动报告等。（2）审查并撤销本级行政机关发布的不适当的法规、规章、命令和决议。（3）向政府及所属部门提出质询和询问，发表意见，同级政府组织的有关人员必须负责答复。（4）视察和检查政府工作，处理公民对政府的申诉、控告和检举。（5）罢免政府组成人员。罢免是最为严厉的惩戒方式。

① 见《中华人民共和国审计法》第四章“审计机关权限”。

2. 司法机关监督

司法机关的监督是指国家司法机关作为监督的主体对公共管理机构及其活动实施的强制性的监督。司法监督是一种兼具公正性与合法性的监督形式，对于保障国家法治秩序的稳定、完善法治建设都有重要意义。其监督主体与监督内容都由国家法律明确规定，具有特定性。这种监督形式的重点是监督公共管理主体及其人员具体行为的合法性，监督主体主要是国家检察机关和国家审判机关即国家法院。

目前，世界各国的司法监督实践主要包括两个方面：一是由专门的宪法法院或普通法院系统对政府颁布的行政管理法规和行政措施进行审查，以判断其是否违反宪法；二是由司法机关对与政府管理有关的行政纠纷进行审理和裁判，以维护当事人的合法权益，即行政诉讼和行政裁判。

在我国，司法机关是指人民法院和人民检察院，它们对政府机关及公务员的具体的、违法的行政行为行使审判权和检察权。人民法院作为我国的审判机关，它通过审理、判决与公共管理组织机构及其人员相关的案件，处罚公共管理人员的违法犯罪行为，对公共管理活动实行监督。人民法院监督的具体方式有：第一，对刑事案件进行审理和判决，依法追究公共管理主体及其工作人员在刑事案件中所应负的刑事责任；第二，对民事案件进行审理和判决，依法追究公共管理主体及其工作人员在民事活动中所应负的民事责任；第三，对行政案件进行审理和判决，依法追究政府管理主体及其工作人员在行政活动中所应负的行政责任，保证行政工作的公正、合法进行；第四，通过司法建议通知书、司法建议书等形式，向有关机构及其主管部门提出改进工作的意见和建议。

人民检察院作为我国的法律监督机关，肩负着维护国家法制的职责。人民检察院主要是通过对公共管理组织机构人员触犯法律的罪行和利用职权犯罪的事件进行侦查、批捕和提起公诉来实施监督。检察机关的具体监督方式有：第一，对公共管理中触犯刑法的管理主体及其工作负责人进行批捕和提起公诉，以此来实行监督；第二，对利用职权徇私舞弊、贪污受贿、失职渎职以及重大责任事故之类的案件进行调查、批捕和提起公诉，履行监督职能；第三，依法监督刑事案件的判决、判决的执行以及监狱、看守所、劳改劳教机关的行为是否公正、合法；第四，对专门负责侦察的公安机关的侦查活动实行监督，保证侦查工作的合法性与公正性。

3. 政党监督

政党在监督领域中占有重要的地位。在西方实行两党制和多党制的国家中，政党对政府组织的监督主要是通过两个方面来进行的：一是制造社会舆论来支持或反对政府的某些决策和行为，二是政党议员代表本党利益对政府工作进行监督。

我国的政党制度与西方国家的两党制或多党制不同，我国实行的是共产党领导的、多党合作的政党制度，相应地，我国的政党监督是以共产党监督为主、以各民主党派监督为辅的政党监督形式。中国共产党作为执政党，对公共管理实行监督是不可回避的政治责任，具体通过以下三个方面来实现：第一，通过制定正确的路线、方针和政策来规定行政活动的方向；第二，通过党的纪检机关检查处理组织中党员的违法违纪行为；第三，通过对党员的教育，促进和保证公共组织中的公务人员依法办事，自觉履行党员的义务和职责，充分发挥党员先锋模范作用。

各民主党派在中国共产党的领导下，对公共管理活动进行监督，成为我国公共管理外部监督体系的一个重要组成部分。民主党派的监督是政治民主的体现，它在一定程度上是对民主党派代表的特定阶层和范围的民众利益的尊重。民主党派通过以下几种方式来监督公共管理活动：(1) 以人民政协的方式实行监督；(2) 民主党派通过其在人民代表大会中的代表来监督政府工作，对政府工作提出批评和建议；(3) 出席国务院和地方各级政府召开的重要会议，提出自己的意见和建议；(4) 向国家高层领导人直接提出意见和建议，民主党派的领导人定期与国家领导人进行会晤，就某些重要的问题交换意见；(5) 民主党派党员作为国家公民，还可以通过其他途径实行监督。

4. 社会监督

社会监督是指由各种社会组织和团体及公民作为监督的主体对公共部门及其所属人员实施的监督，这也是公民行使权力、参与管理的一种形式。虽然这种监督不具有任何法律强制力，不能直接改变和撤销公共管理机构的决定和行为，但这种监督的广泛性和灵活性仍然会对公共管理机构的权力形成一定的制约作用。

社会监督包含以下三种：(1) 社会团体的监督，主要是群众性组织、行业性组织、公益性组织对公共部门及其所属人员实施的监督。(2) 公民的监督，主要是指按照宪法和法律所规定的公民权利，对公共管理实行的监督。公民监督是社会监督中一种最经常、最普遍的监督。公民对公共管理实行监督的方式主要有：通过信访对公共管理活动实行监督，通过人民代表向公共管理机构提出批评、建议对公共管理活动实行监督，通过向人民法院提起诉讼对公共管理活动实行监督，以向有关机关提出申诉、控告、检举等方式实行监督。(3) 社会舆论的监督，是指通过各种大众传播媒介形成舆论来对公共部门及其所属人员实行监督。社会舆论监督具有社会影响力大、迅速及时、覆盖面广以及公开透明等特点，在公共管理监督中发挥着重要作用。西方国家将其视为与立法权、行政权、司法权三权并立的第四种权力。

11.3.2.4 构建我国公共管理权威高效的监督体系

2017 年 10 月 18 日，习近平总书记在党的十九大报告中明确指出："构建党统一指挥、全面覆盖、权威高效的监督体系，把党内监督同国家机关监督、民主监督、司法监督、群众监督、舆论监督贯通起来，增强监督合力。"这些论述深刻阐明了法治框架下深化国家监察体制改革的基本思路和方向。

为构建统一的国家监督机构，应健全国家监察组织架构。为适应未来的发展需要，将监察部、国家预防腐败局、反贪污贿赂总局共同组建为统一的国家监督机构——国家监察委员会。同时，明确中央纪委书记领导国家监察机构的工作，明确一名中央纪委副书记担任国家监察委员会主要负责人。省地（市）县参照中央体制格局设置相应机构，国家监察委员会领导地方各级监察委员会工作。按照机构设置科学、人员配备合理、装备手段先进的要求构建反腐败国家监察体系，需要在《宪法》中明确国家监察委员会的法律地位，并制定《国家监察委员会组织法》《反贪污贿赂法》，以明确国家监察机构的组织体系和职权配置。

11.3.3 我国公共管理监督机制的完善

公共管理监督机制是指由公共管理监督的主体、对象、内容、程序、方式、手段等各要素之间相互依存、相互制约和相互作用所构成的有机联系。完善我国公共管理监督机制，就是要协调各公共管理监督子系统的功能并发挥其作用，减少和避免各监督主体之间的摩擦与冲突，使各监督主体相互协调配合，形成结构合理、功能互补、和谐统一的监督体系。

11.3.3.1 健全和完善我国公共管理监察体系

习近平总书记在十八届中纪委六次全会上指出："要坚持党对党风廉政建设和反腐败工作的统一领导，扩大监察范围，整合监察力量，健全国家监察组织架构，形成全面覆盖国家机关及其公务员的国家监察体系"，并强调"要做好监督体系顶层设计，既加强党的自我监督，又加强对国家机器的监督"。这一论述深刻阐明了构建中国特色社会主义国家监察制度的基本思路，指明了法治框架下反腐败体制机制改革的方向。

构建统一的国家监督机构，健全国家监察组织架构，核心是要改变监督权配置模式，具体包括以下几个方面：

（1）在"健全国家监察组织架构"的基本思路方面，要坚持党的统一领导，扩大监察范围、整合监察力量，形成全面覆盖国家机关及公务员的国家监察体系。在我国人民代表大会制度和"一府两院"的权力结构中，监察组织隶属政府，国家监督职能是通过行政权派生的监察权、检察权派生的侦查权来实现的。健全国家监察体系，就要改变监督权的配置模式，将部分审计、监察、侦查等执法权能从行政权和检察权中分离出来，提升整合为集中统一的国家监督权，在国家层面上拓展和丰富监督对象和监督内容。

（2）在"健全国家监察组织架构"的基本职能方面，国家监察体系设计既要体现党的绝对领导，从组织体制上确保国家监察职能在纪委负责的框架下开展；又要体现人民主权原则和人民代表大会制度。建立国家监察机构，意味着进一步调整现行纪检监察合署办公体制，明确监察机构的国家职能。纪律检查职能属于党内监督，在参与党的领导过程中实施，以保证党的先进性、纯洁性；国家监察职能属于国家监督，在参与国家机器运行中实施，以确保国家机关和公务员廉政勤政。

（3）在"健全国家监察组织架构"的基本要求方面，既要加强党的自我监督，又要加强对国家机器的监督。现行的国家监督体制为党风廉政建设和反腐败斗争的深入开展提供了有力的政治保障和组织保证，特别是随着纪检监察体制改革的深入，党委主体责任和纪委监督责任得到落实，党的自我监督空前加强。但是，对国家机器和公务员的监督还不够完善。

（4）在"健全国家监察组织架构"的基本原理方面，要确保国家政权的人民性，这是中国共产党的执政使命。无论是党的领导权还是国家政权，都要服从人民的意志，受人民意志的约束。改革我国反腐败机构体制，健全国家监察组织架构，就是将党的反腐败意志转化为国家意志，从而支配国家监督权力对国家机器和公务员是否"为人民谋利益”实施监督。

11.3.3.2　强化监督机构的动力机制

强化监督机构的动力机制，一是要全面提高监督人员的素质，加强道德自律教育，包括进行理想、信念教育和权力观教育，弘扬先进，使其树立爱岗敬业的奉献精神；二是要明确监督主体的职责，建立和完善责任追究制度，包括责任确定机制和责任奖惩机制，并与晋升任用制度和物质利益分配政策紧密结合。这样，促使监督主体形成强大的压力和动力，高效地实施监督。

11.3.3.3　建立公共管理监督体系的协调机制

只有建立监督体系的协调机制，使隶属于各系统的监督主体互相配合，协调一致，形成合力，才能充分发挥公共管理监督的整体功能，取得良好的监督效果。具体要做好两方面工作：一是要从加强监督立法入手，从法律上具体规范和明确各监督主体的地位、职责、权限以及监督活动的范围、方式和程序等，建立监督主体之间以及监督主体与客体之间的责任、利益、权利、义务相统一和相协调的关系，形成一个全方位、多层次、强有力的行政监督体系网络。加强监督的总体规划和避免不同监督机制间的重叠和冲突，增强其整体合力，使不同主体的监督体系各司其职、各负其责，明确监督目标。二是为了更好地加强各监督主体的整合，应建立一个专司公共管理监督协调的权威机构，赋予其相对独立的地位和较大的权威来统一协调各个监督主体对公共权力的监督问题。监督的独立性是保证监督公正性的前提，较大的权威则可以打破公共管理运行监督机制长期失衡的状态，并能对各监督主体进行综合指导和协调，使它们在监督过程或在案件受理、调查、移送、处理方面能互通情况、互相配合，形成有机整体，发挥整体效能。

11.3.3.4　健全和完善公共管理监督法律机制

健全和完善公共管理监督的法律机制，从总体上说，要在公共管理监督立法、守法、执法三个环节齐抓共管。具体来说，是要制定一系列专门用于监督的法律，既要制定实体法规，还要制定公共监督程序法。这些法律中会明确监督的主体、监督的内容、监督的手段和方法，以及可操作的监督的程序等，将监督纳入法治化的轨道，形成科学、合理而又完善的监督机制。只有完善监督法制，才能为健全行政监督法律机制、依法实行行政监督提供基本的规范程序和保障。

11.3.3.5　强化人大监督机制

人大及其常委会是代表人民行使国家权力的机关，行使对公共权力的监督职能，它是以人民作后盾、以国家强制力为保证对国家权力实施监督，因此，强化人大监督机制是制约公共权力的重要途径。具体来说，一是要健全组织机构，如建立人大监督委员会等专门监督机构，以担负起日常监督工作，保证人大监督权的落实；二是要提高人大代表的素质和监督能力，如通过培训等方式，让人大代表和人大常委会成员熟悉有关监督的法律、法规，了解监督的形式、程序和方法，在选举人大代表时引入公开竞争机制，强化代表责任感和使命感；三是要加强人大代表的质询权、罢免权等监督权的落实，提高制约和监督力度；四是要改进监督方式，变被动监督为主动监督、变抽象监督为具体监督、变一般监督为重点监督，尤其是要把公众关心的热点或者焦点问题作为人大监督的重点，提高监督质量和效果。

11.3.3.6 完善新闻舆论和人民监督制约机制

充分发挥新闻舆论的监督作用，一是要加强新闻立法，以法律形式明确规定舆论的监督权、审稿权、批评权，采访、报道的程序、方法，以及侵权责任等，从而为舆论监督提供法律保障，使舆论工作者能更好地依法履行监督职责。二是要实现舆论监督与其他监督相结合。舆论监督是一种非权力型的监督形式，要保证其有效性就需要通过权力监督机制的制衡。因此，权力机关监督、司法监督以及政府部门内部专门监督，既要充分重视舆论监督的作用，又要善于主动从舆论揭露出的问题中发现重要案件线索，并进行有力查处。

充分发挥人民监督的作用，一是要强化人民监督的法律保障，通过制定专门法律，确立人民监督的法律地位，明确人民监督的权限和程序，使之能够依法行使监督权，并受法律应有的保护。二是要进一步提高公共管理机构工作的公开性和透明度，建立更广泛的公开办事制度，使社会各界切实参与到监督活动中，从多方位直接实施监督。三是要继续加强信访举报工作，通过健全人民信访举报的体系和网络、保护和保密制度、举报奖励反馈机制等保证言路畅通、举报有门，保护举报者的合法权限，使举报者免受打击报复，维护正义。四是要科学推行群众评议制、领导干部任前公示制等制度。

11.3.3.7 深化国家监察体制改革

国家监察体制改革作为一项重大政治体制改革，始终由党中央集中统一领导、谋划、部署和推动。2014 年 6 月，党中央审议通过《党的纪律检查体制改革实施方案》。2016 年 1 月，习近平总书记在十八届中央纪委六次全会上强调，坚持党对党风廉政建设和反腐败工作的统一领导，扩大监察范围，整合监察力量，健全国家监察组织架构，形成全面覆盖国家机关及其公务员的国家监察体系。习近平总书记在党的十九大报告中指出："深化国家监察体制改革，将试点工作在全国推开，组建国家、省、市、县监察委员会，同党的纪律检查机关合署办公，实现对所有行使公权力的公职人员监察全覆盖。"这是对国家监察体制改革提出的具体要求，也为改革指明了方向。根据党中央和全国人大常委会授权，国家监察体制改革分为三个阶段：

第一阶段：三省市试点阶段。2016 年 11 月，党中央成立国家监察体制改革试点工作领导小组，决定在北京、山西、浙江开展改革试点。2016 年 12 月 25 日，十二届全国人大常委会通过《关于在北京市、山西省、浙江省开展国家监察体制改革试点工作的决定》。到党的十九大召开之前，三省市圆满完成试点任务，形成了许多可复制推广的经验。

第二阶段：试点工作在全国推开。习近平总书记在党的十九大报告中做出深化国家监察体制改革、将试点工作在全国推开的战略部署，在党的十九届二中、三中全会上提出了明确要求。2017 年 11 月 4 日，十二届全国人大常委会通过《关于在全国各地推开国家监察体制改革试点工作的决定》。在全国各地推开国家监察体制改革试点工作，具体内容包括：

（1）设立监察委员会，行使监察职权。

按照《全国人民代表大会常务委员会关于在全国各地推开国家监察体制改革试点工作的决定》规定，在各省、自治区、直辖市、自治州、县、自治县、市、市辖区设立监察委员会，行使监察职权。将县级以上地方各级人民政府的监察厅（局）、预防腐败局和人民检察院查处贪污贿赂、失职渎职以及预防职务犯罪等部门的相关职能整合至监察委员会。监察委员会由本级人民代表大会产生。监察委员会主任由本级人民代表大会选举产生；监察委员会副主任、委员，由监察委员会主任提请本级人民代表大会常务委员会任免。监察委员会对本级人民代表大会及其常务委员会和上一级监察委员会负责，并接受监督。

（2）监察委员会的职权。

监察委员会按照管理权限，对本地区所有行使公权力的公职人员依法实施监察；履行监督、调查、处置职责，监督检查公职人员依法履职、秉公用权、廉洁从政以及道德操守情况，调查涉嫌贪污贿赂、滥用职权、玩忽职守、权力寻租、利益输送、徇私舞弊以及浪费国家资财等职务违法和职务犯罪行为并做出处置决定；对涉嫌职务犯罪的，移送检察机关依法提起公诉。为履行上述职权，监察委员会可以采取谈话、讯问、询问、查询、冻结、调取、查封、扣押、搜查、勘验检查、鉴定、留置等措施。

（3）监察委员会的性质。

监察委员会实质上就是反腐败工作机构，和纪委合署办公，代表党和国家行使监督权，是政治机关，不是行政机关、司法机关。按照《全国人民代表大会常务委员会关于在全国各地推开国家监察体制改革试点工作的决定》规定，监察委员会按照管理权限，对本地区所有行使公权力的公职人员依法实施监察。

为实现对本地区行使公权力的公职人员监察全覆盖，主要监察以下六大类人员：第一，国家公务员法所规定的国家公职人员；第二，由法律授权，或者由政府委托来行使公共事务职权的公务人员；第三，国有企业的管理人员；第四，公办的教育、科研、文化、医疗、体育事业单位的管理人员；第五，群众自治组织中的管理人员；第六，其他依法行使公共职务的人员。

到 2018 年 2 月底，省市县三级监察委员会全部完成组建，共划转编制 6.05 万个，实际转隶干部 4.23 万人。

第三阶段：国家监察体系总体框架初步建立。2018 年 3 月，十三届全国人大一次会议通过宪法修正案和监察法，国家监察委员会依法组建、正式挂牌。国家监委组建后，在内设机构、人员融合、措施使用、制度建设等方面探索实践，加强对地方改革的指导，改革取得重大阶段性成果。

本章小结

1. 公共管理规范可以从两个方面进行理解，一是制定公共管理的行为准则，主要是通过对公共管理主体进行伦理的和法律的规约，形成完善的公共管理规范体系，促使公共管理者秉承一种乐业爱岗的敬业精神和高度的责任心与使命感去从事公共管理；二是对公共管理行为过程及其结果的规制与监督，这主要体现为公共管理监督。

2. 公共管理伦理理论、强调伦理实践、不断提高公共管理人员的伦理意识和伦理实践能力，是现代公共管理的重要组成部分。公共管理伦理建设的重点，就是要把公共管理伦理规范渗透到公共管理中，对公共管理者的伦理行为进行严格的管理、评价和奖惩，增强公共管理伦理的权威性，为促进公共管理制度化、规范化、秩序化提供伦理保证。

3. 公共管理法治的内容丰富，涉及范围广泛，与社会公众的联系最为密切与普遍，在社会经济生活中具有重要的影响力。因此，通过完善的法治系统来规范公共管理行为、促进行为公正、提高行为效率，把其潜在的对公众权益的危害降到最低限度，成为必要。

4. 公共管理监督体制机制是一个国家政治体制、公共管理体制的重要组成部分。公共权力必须受到监督，这是普遍的，但与各个国家政治体制、公共管理体制以及发展阶段相适应，公共管理监督体制和监督方式也存在特殊性。健全和完善适合本国情况的公共管理监督体制和监察体系、处理好公共权力监督与发挥公共权力积极作用的关系，是当代公共管理研究的重要课题，是发挥“中国之治”制度优势的重要体现，也是全面从严治党的重要内容。对公共权力的制约方式主要有：以权力制约权力、以权利制约权力、以道德制约权力。

关键术语

公共伦理　公共责任　公共管理法律途径　法治　分权制衡理论　人民主权理论　社会契约论　内部监督　外部监督

复习思考题

1. 分析公共利益、公共责任在公共管理伦理中的地位和作用及其具体体现。
2. 分析法治行政的科学内涵以及推行法治行政的具体措施。
3. 分析公共管理监督体制的构成。
4. 分析我国公共管理监督机制存在的问题，并论述如何健全我国的公共管理监督机制。
5. 分析公共管理伦理规范与法律规范的内在联系及其作用形式。
6. 分析对公共权力进行监督的原因与具体措施。
7. 案例分析题：请认真阅读以下案例，然后按照要求回答问题。

2007 年 6 月 27 日，审计署审计长李金华向全国人大常委会报告了 2006 年度中央预算执行和其他财政收支的审计情况。本次审计发现部门本级存在的问题 348.53 亿元。其中：管理不规范问题 331.15 亿元，占 95%；违法违规问题 15.24 亿元，占 4%；损失浪费问题 2.14 亿元，占 1%。主要是：(1) 环保总局、烟草局、民航总局 3 个部门多报多领财政资金 8 489.2 万元；(2) 南水北调办、海关总署等 33 个部门挤占挪用财政资金和其他专项资金等8.59亿元；（3）供销总社等15个部门截留、少报和转移资金等3.94亿元；（4）卫生部、国家信息中心等12个部门存在违规收费或未严格执行非税收入管理规定的问题，涉及金额1.85亿元；（5）烟草局、教育部等19个部门存在预算不细化、不完整和批复不及时等问题，涉及金额190.03亿元。同时，审计还发现部门所属单位存在的问题120.27亿元。其中：管理不规范问题41.66亿元，占35%；违法违规问题53.48亿元，占44%；损失浪费问题25.13亿元，占21%。主要是：（1）铁道部等6个部门所属的9个单位采取虚列项目、虚报支出或多报人数等方式套取财政资金1 404.54万元；（2）发展改革委、文化部等25个部门所属的92个单位挪用财政资金和其他专项资金等27.54亿元；（3）电监会等23个部门所属的33个单位采取隐瞒收入、虚列支出等方式转移资金5.91亿元；（4）中科院、水利部等13个部门所属的50个单位对外投资管理不严，转制不规范，少计国有资产和权益等，涉及金额22.84亿元；（5）农业部、国资委等11个部门所属的16个单位违规收费或未严格执行非税收入管理规定，涉及金额2.49亿元；（6）民航总局、信息产业部等4个部门所属的5个单位存在未经批准和超标准、超概算建设办公楼、培训中心等问题，涉及金额17.39亿元。

已经有种种迹象表明，李金华以及由他发布的审计报告，已经或正在“击碎”着什么。

首先，审计的不断强化推动了“阳光政府”的建设，促使政府的行政行为更加公开、透明。有人认为，审计报告本身的内容固然重要，但比报告内容更重要的是它的公开性。这次报告在报纸上进行了公开的报道，在不同的网站上公开传播。伴随着报告的公开的是舆论界的公开报道、专家学者们的公开分析以及社会各阶层人士的公开议论。由于有了这种公开性、透明性，公众更多地了解到一些政府机构是怎样行使权力，纳税人的钱又是怎么花的。如此，政府机构不得不面对公众的审视，拉近与公众的距离，并回归到它应有的位置上。正如李金华所言：“惩治腐败也好，惩治官僚主义也好，最好的办法就是公开透明，这是全世界都认同的看法。”

其次，“看门狗论”从另一个角度表述了公仆的责任。有人说，李金华自称“看门狗”是用自嘲的方式来进行自我保护。李金华说，“看门狗论”不是他的发明，是德国前审计长扎威伯格的名言。从西方的审计观念来看，“看门狗”不仅表现为一种忠心，更表现为一种责任。事实上，这次审计报告公开后，人们更为关心的是应该追究谁的责任和怎样追究责任的问题，提出必须将审计结果与问责制联系起来的合理要求。人们心里在比较，如果李金华能当好“看门狗”的话，难道其他部门机构的领导们就不能当好公仆，把人民的利益放在首位吗？

再次，审计署的作为是执政为民观念的具体化。李金华感慨地说，审计公开主要是揭露了一些问题，老百姓感到为他们说了话。其实，审计报告是受国务院的委托而做的，通常可以看作审计机关的“例行公事”。然而，由于这份审计报告认真、尽责，揭露的问题与老百姓的利益息息相关，其分量就不一样了。据了解，李金华正在酝酿“审计变法”，决心从“收支审计并重”向“支出审计为主”的方向转化，加强效益审计的力度。这意味着，审计工作不再只是站在政府财政的立场上监督下面的工作，而是站在纳税人的角度上监督政府怎样把老百姓的钱用到位、用得好。

最后，李金华以一种前所未有的方式挑战“潜规则”，在彼此默契、厚幕重重、盘根错节的官场之中扔下了一颗炸弹。部门之间、地方之间各有各的利益。尽管它们相互之间也有利益冲突，但在不少人看来，既然同在官场上“混”，彼此就要心照不宣，自己有了问题别人少管闲事，别人出了问题自己也闭口不言。正是由于这种官场“潜规则”积重难返，国家政法体制改革步履维艰。恰在此时，李金华毫不留情地向一批人开火，勇于揭露政府自身的问题，让人顿感耳目一新。人们不禁期望，如果我们认清战略机遇期稍纵即逝的形势，下定“再干一个20年”的决心，那就必须以破釜沉舟的勇气打响改革的攻坚战。此外，有关审计监督的担心和争论集中在如下几个方面：

其一，在审计报告与被审计单位的意见出现矛盾的时候，人们相信谁？审计署有关官员曾表示，审计有两种风险：一是查错了，二是查不出问题来。实际工作中查不出来的情况是主要问题，查错的情况也有。为此，有学者建议，应该建立一种“报告-申辩”机制，允许被审计单位对自己的问题进行申辩，把问题说清楚。

其二，出了问题，责任由谁承担？在现行体制下，明明是一把手或主要领导起决策的主要作用，但“集体决策”这一形式往往成为事后推卸责任的借口。为此，有学者建议应加强决策的科学化，解决领导责任界限不清的问题。同时严格实行问责制，使主要领导承担相应的领导责任。

其三，审计机关能否独立于政府之外？在欧美一些国家，审计机关独立于政府之外，只对议会负责，通过公开、透明的审计报告和舆论的力量发挥监督作用。我国目前的审计机关是政府的一个组成部分，虽然审计机关可以联合司法、行政监察等部门一道工作，而且审计机关还拥有一定的处罚权，但它缺少独立性，当审计涉及政府强势部门，涉及政府相关领导时，不免遇到阻力。

其四，谁来监督审计机关？李金华说，他在任期内最想做的事情之一是加强内部的控制和管理，加强审计队伍的建设。同时，建议将来设立专门的部门对审计机关进行监督，以保证审计工作的客观和公正。

资料来源：审计报告：25个部门共挪用资金27.54亿元.（2017-06-27）. http://news.xinhuanet.com/politics/2007－06/27/;《2006年中央预算执行情况审计报告》.

问题：

(1) 结合案例事实，分析审计监督的性质和内容。

(2) 从本案例反映的审计监督的效果，分析市场经济下更好地发挥审计监督作用的措施。

(3) 结合本案例，分析审计监督的具体途径。

参考文献

1. 格沃斯. 伦理学要义. 北京：中国社会科学出版社，1988.

2. 博登海默. 法理学：法律哲学与法律方法. 北京：中国政法大学出版社，1999.

3. 蔡立辉. 政府法制论：转轨时期中国政府法制建设研究. 北京：中国社会科学出版社，2002.

4. 侯志山，侯志光．行政监督与制约研究．北京：北京大学出版社，2013.

5. 凯尔森．法与国家的一般理论．北京：中国大百科全书出版社，1996.

6. 卢梭．社会契约论：政治权利的原理．北京：商务印书馆，1994.

7. 孟德斯鸠．论法的精神：上册．北京：商务印书馆，1961.

8. 库珀．行政伦理学：实现行政责任的途径．北京：中国人民大学出版社，2001.

9. 韦斯特．控制官僚．重庆：重庆出版社，2001.

10. 亚里士多德．政治学．北京：商务印书馆，1996.

11. 张康之．公共行政中的哲学与伦理．北京：中国人民大学出版社，2004.

12. 张康之．寻找公共行政伦理之道．修订版．北京：中国人民大学出版社，2012.

13. ARGYRIADES D. Good governance，professionalism，ethics and responsibility. International review of administrative sciences，2006.

14. DE VRIES M S. The changing functions of laws and its implication for government and governance. International review of administrative sciences，2002，68 (4).

15. HARLOW C. Law and public administration：convergence and symbiosis. International review of administrative sciences，2005，71 (2).

16. SALWAY P. Reporting on public sector ethics and values：a new public management model in practice. International review of administrative sciences，2001，67 (3).

17. WHEELEN T L，HUNGER J. Strategic management and business policy. Englewood：Prentice Hall，2002.

第 12 章

公共部门绩效评估

本章导读

公共部门绩效评估（performance measurement of public sector）是一种新型的公共管理模式，体现了时代发展对公共管理改革的要求，推行公共部门绩效评估制度已经成为一种世界性的潮流。从社会发展阶段上说，借鉴西方发达国家政府绩效评估的经验，更加注重履行社会管理和公共服务职能，谋求建立服务政府、责任政府、法治政府、廉洁政府、绩效政府，是当代中国深化公共管理体制改革、强化和创新社会治理、提高政府公信力的重要内容和措施。本章主要讨论公共部门绩效评估的含义、特征、指标体系构建、评估程序设计以及发展完善等。

知识结构图

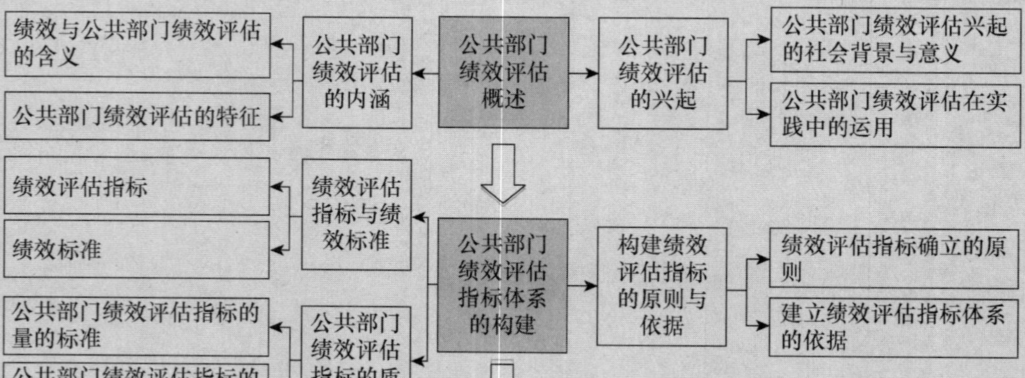

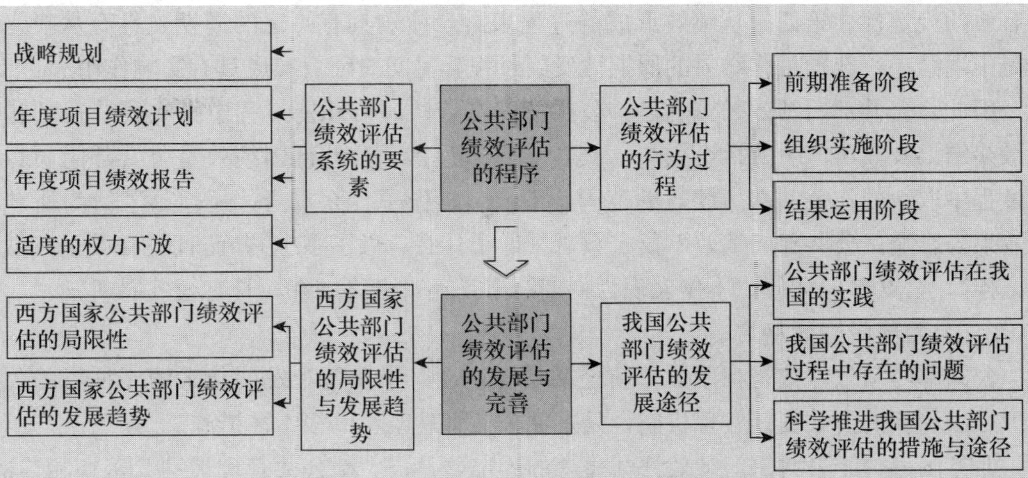

重点问题

- 公共部门绩效评估的含义和特点
- 公共部门绩效评估指标体系的构建
- 公共部门绩效评估的程序与评估结果的运用
- 西方国家公共部门绩效评估的发展趋势
- 当代中国公共部门绩效评估存在的问题与推进途径

12.1　公共部门绩效评估概述

12.1.1　公共部门绩效评估的内涵

12.1.1.1　绩效与公共部门绩效评估的含义

1. **绩效**

绩效是一个多义的概念，人们对于绩效的认识经历了一个不断发展的过程：从单纯强调数量到强调质量再到强调满足顾客需要，从强调“即期绩效”发展到强调“未来绩效”。这说明，不论是对公共部门还是对公共管理人员来说，都应该以综合的、发展的眼光来认识和理解绩效的含义，包括综合考虑绩效产生的过程、方式、时间以及结果等。

我们可以从以下方面来理解绩效的含义：第一，从绩效内容与外延的规定性来看，绩效反映的是公共部门及其人员在履行其职能或岗位职责过程中，在一定时间内以某种方式实现某种结果的过程。在职能或岗位职责履行以外所产生的结果不能视为绩效。第二，从绩效产生的主体来看，绩效包括了公共部门整体绩效、公共管理人员个人绩效和项目绩效。第三，从绩效质与量的本质属性来看，绩效既不等于产出本身，也不等于任务或产品本身，绩效是投入所获得的产出及其所产生的社会效果，不仅有量的规定性，也有质的规定性。第四，从绩效形成的过程来看，绩效具有一定的周期，具有从投入—获得中期结果—获得最终结果的周期性发展过程，时间对绩效形成具有影响作用。

因此，公共部门绩效的概念是：公共部门在依法履行职能过程中投入所获得的初期和最终结果及其所产生的社会效果。其含义具体包括：公共部门绩效是公共部门履行职能过程中取得的；公共部门绩效的范围，不仅包括做了什么本身，还包括了行为所产生的效果与影响；公共部门绩效不仅有数量（做了什么、做了多少），而且还有质量（做得怎么样）；公共部门绩效，不仅表现为初期结果，还有最终结果，具有绩效周期。

2. 公共部门绩效评估

公共部门绩效评估是在西方"新公共管理运动"中孕育和发展起来的一种新的公共管理方法和新的公共责任实现机制，是一项公共管理改革的根本性措施。

西方国家关于公共部门绩效评估概念的界定，是与"新公共管理运动"密切相连的，是放松规制、调动公共部门及公务人员积极性和主动性、强化公共责任的重要改革措施。西方国家公共部门绩效评估概念主要表现出以下三种类型：

第一类是西方国家学者对公共部门绩效评估内涵的界定。例如，詹姆斯·Q. 威尔逊（James Q. Wilson）认为，公共部门绩效评估意味着这样一种制度设计，即在该制度框架下以取得的结果而不是以投入要素为判断公共部门的标准。

第二类是以美国为代表颁布的一系列政府报告、法案对公共部门绩效评估所做的具体规定所形成的公共部门绩效评估内涵。例如，1993 年的美国《国家绩效评论》把公共部门绩效评估界定为公共部门对结果负责，改变照章办事的组织，谋求有使命感的组织；改变过程控制、规则控制的责任追究机制，谋求以结果为导向的责任实现机制，以取得的结果而不是以投入为评价公共部门的标准；其目的在于把公共部门从繁文缛节和过度规制中解脱出来，发挥它们的积极性和主动性。

第三类是西方国家以绩效预算、绩效审计为内容的绩效评估内涵。例如，英国 1983 年公布的《英国国家审计法》将公共部门绩效评估定义为："检查某一组织为履行其职能而使用所掌握资源的经济（economic）、效率（efficiency）和效益（effectiveness）情况。"①

我国关于公共部门绩效评估的研究，具有起步晚、研究热情高的特点。学者们从不同的角度对公共部门绩效评估的含义进行了讨论，但至今还没有形成一个统一的概念。

我们认为，公共部门绩效评估就是根据绩效目标，运用综合的评估指标体系和科学的评估方法，按照严格的评估程序对公共部门履行职能所产生的结果及其社会效果进行测量（evaluating）、划分绩效等级（grading）、提出绩效改进计划和运用评估结果改进绩效的活动。因此，公共部门绩效评估就是要对公共部门做了什么——业绩，做得怎么样——质量、水平、效率以及社会影响和公众的反应（外部反应）等方面进行评估。公

① "3E"评价法是公共部门绩效评估在方法探索上的开端，是 20 世纪 60 年代由美国会计总署提出来的，它将政府工作的审计重心率先从经济审计转向经济、效率、效益审计并重，渐渐地形成了"3E"评价法，后来为许多国家所效仿。但由于政府在社会中所追求的价值理念和"3E"评价法单纯强调经济效率之间存在矛盾与冲突，"3E"评价法在实践中暴露出一系列的不足。随着管理民主化的深入发展，在"3E"评价法的基础上逐渐形成了"4E"评价法，增加了第 4 个"E"，即公平（equity）。"公平"指标关注的是接受服务的团体或个人是否都受到公平的待遇，需要特别照顾的弱势群体是否能够享受到更多的服务。在此基础上，各国制定了相对比较具体的评估指标体系。

共部门绩效评估强调以结果为本，评估是为了规范公共管理行为、提高效能，使公共部门在管理公共事务、提供公共服务和改善公众生活质量等方面具有竞争力。

根据评估主体的不同，公共部门绩效评估可分为内部评估和外部评估两种方式：公共部门内部绩效评估主要表现为上级部门对下级部门及其分支机构和所属人员绩效的评估。在我国，中国共产党作为执政党对其他公共部门绩效的评估，人民代表大会作为国家权力机关对其他公共部门绩效的评估，也都是公共部门内部绩效评估的重要组成部分。

公共部门内部绩效评估方式对于促进公共部门全面履行职能、完善监督机制、规范管理行为、提高管理效率与效能、提高服务质量，对于谋求结果的实现、提高公共部门的自主性和创造性，从而保证对公众负责、对结果负责，实现效率、责任和法治的内在统一，都具有十分重要的意义①。但是，公共部门内部绩效评估也有局限性。这种内部评估作用发挥的大小与公共权力监督制度的完善程度有着密切的关系，存在着对上不对下、对内不对外的责任缺位现象，并表现出自上而下的单向性特征和长官意志色彩。

公共部门外部绩效评估是基于委托-代理关系的一种责任评估，主要表现为中介机构、学术研究机构、社会公众对公共部门及其所属人员绩效的评估。强化公共部门绩效外部评估，是发展公共部门的责任和加强社会监督的重要方式，是吸收公众参与公共管理、参与公共决策的重要途径与形式，也是公众表达利益与意志的重要方式，评估结论对公共管理起着重要的咨询和参考作用。

公共部门外部绩效评估的推行，需要具备一定的社会条件，具有一定的局限性。就推行的社会条件而言，首先，外部绩效评估能否推行与社会发展的程度有着密切的关系。社会发展的程度包括社会企事业组织的独立和成熟的程度，社会群体组织的独立程度和参与意识，大众传播媒介对社会的介入程度和自身的现代化程度以及公众的综合素质等方面。在社会发展程度不高的情况下过分强调这种外部评估，容易加剧公共管理的整体利益与公众个人利益最大化之间的对立。其次，公共部门外部绩效评估的推行取决于一个国家的监督机制，特别是社会监督机制是否完善。最后，实施外部绩效评估，必须以建立健全公共部门的行为标准、服务质量标准等制度规范为前提。公众作为评估主体对公共部门绩效进行评估时，是以公共部门行为标准、服务流程和服务质量标准等制度规范为评价尺度，而不是以公众个人利益的实现程度为评价尺度。公众作为绩效评估者所评判的就是公共部门的实际行为是否符合法律规范的规定、是否符合服务标准。因此，要实施公共部门外部绩效评估就要进行公共部门绩效目标、绩效标准、行为规范、服务质量标准的立法。

就公共部门外部绩效评估的局限性而言，中介机构和社会公众对公共部门及其所属人员绩效的评估不可能很深入，因为社会组织的权限有限，包括调查取证和获得评估资料存在一定难度，信息不对称；评估可能得不到社会的理解、配合和支持。这都会直接影响评估结果的客观性、准确性和公正性，导致社会组织的绩效评估结论或成果只可以作为公共部门的参考。

因此，要施行以结果为导向的公共部门绩效评估方法，就要使公共部门明确地知道

---

① 蔡立辉．政府绩效评估：理论、方法与应用．北京：中国教育文化出版社，2006：9.

其行为要达到什么样的结果（进行绩效计划，确定绩效目标和绩效标准），如何调整组织结构以实现这些结果（实施绩效计划），如何构建和运用评估指标来评估绩效结果以及所处的绩效等级和所存在的绩效问题（进行绩效评估与绩效反馈），做出决策都需要收集什么样的资料、使用什么样的激励手段和责任机制（有效使用评估结果）①。

12.1.1.2 公共部门绩效评估的特征

公共部门绩效评估作为公共管理的一种新方法，其特别之处在于它对目标、任务的定位和对结果的测量已经推动公共部门用一种新的眼光去思考对管理计划或具体目标完成情况的判定②。公共部门绩效评估具有复杂性、多层次性、难量化性、利益性、评估主体的多元性和客观性等特征。

1. 公共部门绩效评估的市场责任机制性质

菲利普·J. 库珀将公共部门绩效评估所具有的市场责任机制性质概括为：一是“经济学的效率假设”；二是“采取成本-收益的分析方式”；三是“按投入和产出的模式来确定绩效标准，注重对产出的评估”；四是“以顾客满意为基础来定义市场责任机制，这种定义方法是把公民视为消费者”③。因此，简而言之，公共部门绩效评估所体现的市场责任机制就是消费者对公共服务的直接控制和直接选择，公共部门对消费者负责。没有消费者的选择就难以形成市场机制，就不能激发公共服务供给者的竞争，最终也就难以使公共服务的供给者对公众负责。

公共部门绩效评估的市场责任机制就是消费者对公共服务的直接控制和选择。公共部门对消费者负责，形成了委托-代理关系。公共部门由公众选举产生，公共部门活动所需经费开支得到了人民的同意；公共部门是公众事务和公众服务的受托人。在这种委托-代理关系下，公共部门作为受托人，同时又是执行人，必须忠实于委托人（公众）的利益，在委托范围内按照委托人的需求切实履行各种受委托的职责，包括维护公共秩序，治理不良行为，最大限度地实现公共利益等。同时，对于受托人履行职责的情况如何、提供公共产品和公共服务的质量如何，委托人具有评判的权利。正是基于这种评判权利所形成的监督机制，保证受托人——公共部门按照委托人的需求切实履行各种受委托的职责。这样，公共部门及其所属人员就需要处理委托代理过程中面临的各种问题，包括信息不对称、利益冲突、公共责任、逆向选择和道德风险等问题。只有正确处理这些问题，才能建立良好的责任关系。公共部门绩效评估强化了公共部门的责任意识，有助于构建和完善责任实现机制。这对于建立和完善中国特色的问责制，也具有非常重要的意义。

2. 公共部门绩效评估意味着公共部门职能的具体化

查尔斯·K. 科（Charles K. Coe）认为，公共部门绩效评估还具有使公共部门职能

---

① General Accounting Office. Major management challenges and program risks：a governmental perspective，1999 (January)：33-34.

② NEWCOMER K E. Using performance management to improve public and nonprofit programs. San Francisco：Jossey-Bass Publishers，1997.

③ COOPER P J. Accountability and administrative reform：toward convergence and beyond//PETERS B G，SAVOIE D. Governance in a changing environment. Ottawa：Mc Cill-Queens University Press，1995.

具体化的性质，它指向某一部门所具有的特殊职能①。

因此，合理界定公共部门职能、科学进行工作分析是确定绩效目标、设计绩效评估指标的前提与基础。否则，就会把本来不属于某一部门职能和岗位职责及其履行所产生的"绩效"当成是绩效来加以评估，而某一部门职能和岗位职责及其履行所产生的绩效却没有被纳入绩效的范围加以评估，导致绩效评估与职能行使之间严重脱节。

确定绩效目标和绩效标准、建立绩效评估指标体系是有效施行公共部门绩效评估的核心环节；而确定绩效目标和绩效标准、建立绩效评估指标体系是与公共部门和岗位的具体职能、岗位职责密切联系的。不同部门、不同岗位的绩效评估虽然存在着许多相同的地方，但是，由于每一个部门、每一个岗位的具体职能和具体工作内容、提供的公共服务种类和管理的公共事务性质都不尽相同，这就必然要求绩效评估既有反映共性的评估指标，又根据职能、职责的不同来确定具体不同的绩效目标、评估指标和绩效标准。离开了具体职能和岗位职责，就不可能构建科学的绩效评估制度。

公共部门绩效评估针对的是每一个公共部门所具有的特殊职能，评估过程实际上就是测量被评估主体在其职能范围内做了什么——业绩（是不是职能范围内的事都做了），做得怎么样——质量、水平、效率（是否符合职能的规定性），社会影响和公众的反应（是否符合社会与公众的要求）。公共部门绩效评估指向每一个部门的特殊职能和岗位职责的特征，有助于发现绩效问题、规范公共管理行为和为决策提供科学依据，有助于促进职能转变、科学设置岗位和进行编制管理。科学界定公共部门职能和进行工作分析是公共部门绩效评估的基础，公共部门绩效评估反过来又进一步检验职能定位和岗位设置的科学性、合理性。

3. 公共部门绩效评估意味着政务信息的交流与沟通

信息资料是影响评估指标层级划分、评估内容选定和评估结果的关键因素②，因而信息交流与沟通也是公共部门绩效评估特征的重要体现。公共部门绩效评估意味着一种信息的交流与沟通③，现代信息技术在公共部门绩效评估中得到了广泛运用。评估者只有完全了解被评估者的行为过程及各项服务，才能对其绩效做出客观的评估；公共部门也只有完全了解公众用户和其他用户的需求，才能保证他们所需要的服务得到有效供给。没有充分的信息沟通就不可能获得充分的信息，也就不可能获得准确、客观的绩效评估结果。

这种信息沟通机制包括信息传递机制、信息反馈机制和信息回应机制三个层面。在内容上主要包括公共部门向公众传递的各类信息，如公共机构的组成、职能、办事规程、行为流程、政策与法规、服务承诺、服务种类及质量、工作计划与方案、工作报表、重大决策过程、物质投入与消耗、绩效评估结果等；公众向公共部门反馈的各类信息，如

---

① COE C K. Performance measurement：grading report cards and single performance measurement. Paper of the 2001 Annual Meeting of the American Political Science.

② NEWCOMER K E. Using performance management to improve public and nonprofit programs. San Francisco：Jossey -Bass Publishers，1997：7.

③ KETTL D F. Putting performance measurement to work in the federal government. Paper of the 2001 Annual Meeting of the American Political Science.

对服务种类和服务质量的要求、满意程度、抱怨、建议、对公共服务与资源的选择；公共部门对公众的回应，如解答问题的信件与决定、电话记录、会议记录、管理方法的改进及程度等。

信息资料是选定评估内容和进行绩效评定的关键因素。没有完善的信息交流与沟通机制也不可能科学地施行绩效评估。收集信息资料的关键，一是要在公共部门之间、公共部门与公众之间建立起一种广泛的信息沟通机制；二是要建立和完善绩效评估指标体系和绩效评估基础资料数据库，使绩效目标能够量化和具体化，从而为评估公共部门绩效提供技术支持。正是这种信息交流沟通机制，提高了公共管理的透明度，使公共管理置于社会的监督之下。哈里（Harry P. Hatry）认为，绩效评估的目的就是提高公共服务的质量①。

12.1.2 公共部门绩效评估的兴起

20 世纪 80 年代，在西方国家，公共项目及其产生的结果成为公共管理活动的核心和人们关注的焦点。“社会公众和媒体对选举产生的官员在公共项目管理中的责任要求提到了一个新的高度。克林顿政府的《国家绩效评论》和国会通过的《1993 年政府绩效与结果法案》（Government Performance and Results Act of 1993）都反映了政党中的各个政治家和联邦政府各部门对公共项目执行的关心，各种迹象需要使社会公众确信政府所开展的各种公共项目。”② 面对公共管理问题，以美国、英国、澳大利亚、新西兰、日本、荷兰等为代表的西方国家掀起了公共管理运动。以结果为本的公共部门绩效评估正是这一运动所普遍推行的一项根本性措施。随着市场经济体制的建立和改革开放日益深入开展，我国借鉴西方国家公共部门绩效评估的经验并加以创新，形成了中国特色的绩效评估方式和公共管理监督机制。

12.1.2.1 公共部门绩效评估兴起的社会背景与意义

公共部门绩效评估作为公共管理改革的重要内容和根本性措施，是在西方国家新公共管理运动中产生和发展起来的。

1. 公共部门绩效评估兴起的社会背景

当自由资本主义发展到垄断资本主义，自由竞争的极端化制造了可以摧毁自由竞争制度本身的社会矛盾和冲突。从维护资本主义生产关系和正常社会秩序的客观需要出发，西方国家不得不采用对社会公共事务的积极干预主义。垄断资本和国家政权紧密结合在一起，公共部门的经济职能和社会服务职能均扩大和加强了：通过行政手段和法律手段来保证市场秩序，通过预算、高额税收、发行公债等办法承担起某些社会公共事务的管理，在收入再分配领域采取一系列福利措施以维护社会经济的发展和政治的稳定。行政权力正是在这种社会背景下日益强化。

---

① HATRY H P. Tracking the quality of services//PERRY J L. Handbook of public administration（second edition）. San Francisco：Jossey-Bass Publishers，1996.

② SAWICKY M. What's new paradigm? a guiding theory of the new right. Social policy，1992（Winter）.

公共部门职能急剧扩张、涉足的领域急剧扩大，干预社会事务的程度也急剧加深。日益极权化、官僚主义化和垄断化的公共管理导致了高额成本与低效率，公共支出日益增长给社会带来了沉重的财政负担，公众对公共部门失去了信心。针对这种社会现实，公共管理必须寻求一种新的公共责任实现机制——既能提高公共管理的效率，又能切实保证公共部门对公众负责、对结果负责，这是一种高难度的体制变革和制度创新。这种体制变革和制度创新就是通过公共管理运动中发展起来的公共部门绩效评估措施来实现的。

公共部门绩效评估作为公共管理的一种新方法和公共管理的一场革命，在公共部门中的广泛运用并不是偶然的。它既是社会政治、经济、文化发展的结果，也是公共部门与社会公众之间、公共部门之间、公共部门与其所属工作人员之间等一系列社会关系发展的结果。从社会背景上说，它主要缘于三个方面：

（1）新公共管理理论的出现是公共部门绩效评估兴起的先导。古典管理理论采用权力节制、纪律约束、制度规范、经济刺激等管理方法，强调专业分工、层级节制和严格规范，并以此为提高效率、实现管理目标的基本方式。但这种管理理论专注于各种规章制度和等级节制的指挥系统，形成了一种典型的官僚体制，导致了中央集权、层次繁多、行动迟缓、效率低下等弊端，不利于公务人员积极性、创造性的发挥。行为科学管理理论强调人格尊重、人性激发、民主参与、上下沟通的管理方法。但这种管理理论过分偏重于对人的行为的研究，贬低了组织结构、规章制度对公共管理的重要意义，同时这一管理理论仍然未解决管理者与公众之间联系与沟通的问题，带有浓厚的封闭性。

20 世纪 70 年代出现的新公共管理运动以公共部门管理问题的解决为核心，融合了多学科相关的知识和方法，创立了一个新的公共管理理论框架，以适应当代公共管理实践发展的迫切需要。新公共管理理论强调通过经济学的途径来研究公共管理问题，被人们称为“以经济学为基础的新政策管理理论”或“市场导向的公共行政学”。新公共管理强调民主参与、民主管理的理念，强调以公众的需要为导向，强调公共管理引入市场竞争机制和利用社会与市场力量实现公共服务市场化，强调公共部门引入私人部门的管理理念与方法。公共部门绩效评估正是在这种理论指导下被引入公共部门的。

（2）解决公共管理问题是公共部门绩效评估兴起的重要推动力。严重的财政赤字、政府管理的低效率、公众对政府的不信任以及科学技术的飞速发展，共同成为公共管理面临的重要问题。解决公共管理面临的这些重要问题是公共部门绩效评估兴起的重要推动力。公共部门绩效评估兴起的首要推动力就是经济压力造成的财政困境。“从历史上看，任何以提高效率为主要目的的行政改革运动，其直接动因都是经济状况不佳而造成的政府财政拮据、政府管理危机和公众对政府的信任危机。”[①] 例如，就美国的实际情况来说，严重的财政赤字在事实上开始践踏美国的政治，公共部门绩效赤字使公众对公共部门有效地、有回应力地和高质量地提供公共服务的能力失去了信心[②]。为了解决国家的赤字问题，美国把公共部门绩效评估视为重新调整公共部门与社会关系能否取得成功、

① 胡宁生. 中国政府形象战略. 北京：中共中央党校出版社，1998：1015.

② DILUIO J J，JR.，GARVEY G，KEETL D F. Improving government performance：an owner's manual. Brookings Institution，1993：79.

能否再造出有效公共责任实现机制的决定性条件。

公共部门绩效评估隐含的公众导向理念，强调绩效指标设计的外向特征和多样化的满意度调查，强调社会组织对公共部门进行独立评价和审视。因此，公共部门绩效评估作为改善公共部门与公众之间信任关系的有效措施，强化了公共责任机制的政治理念和顾客至上的管理理念，并促进了二者的有机融合。

（3）放松规制、提高公共部门的主动性是公共部门绩效评估的功能目标。自近代法治观念确立以来，西方国家为加强政府公共管理，制定了大量的行政规章、制度和条例，用以约束、规制公共部门及其公务人员的公共管理行为。以规制控制、过程控制为特征的公共管理又在后来的历次改革中得到了强化和补充。到20世纪70年代，西方国家有关规章制度几乎达到泛滥的地步。随着知识经济和信息时代的到来，随着公务人员素质的普遍提高以及独立决策和经办能力的增强，这种规制管理越来越表现出与时代发展要求的不相适应性，甚至压制了公共部门及其公务人员的积极性和创造性。

在这种社会背景条件下，以美国为代表的西方发达国家在放松规制理论的指导下，采取了公共部门绩效评估的改革措施，以求改变公共部门的规制模式——从单纯的法律规则控制转变为法律支配下的绩效控制、从过程控制转变为结果控制，从而导致了以结果为导向的公共部门绩效评估措施的普遍推行。公共部门绩效评估就是要寻求一种新的公共责任实现机制：既要放松具体的规制，又要谋求结果的实现；既要提高公务人员的自主性，又要保证公务人员对公众负责、对结果负责；既要提高公共管理效率与能力，又要切实保证服务质量，实现效率、责任和法治的内在统一。

总之，公共部门绩效评估强调以结果为本和以公众为中心，强调公共管理活动要以公众的需要为导向而不以公共部门自己制定的规则为导向，强调纳税人是为公共部门的工作结果而纳税，强调公共部门不再是高高在上的官僚机构，强调公共部门应增强对社会公众需要的回应力，更加重视公共管理活动的产出以及提供公共服务的效率和质量。

2. 公共部门绩效评估的意义

公共部门绩效评估是经济市场化、管理民主化和社会信息化条件下公共部门为提高公共管理效能和公共服务质量而做出的客观选择。公共部门绩效评估为公共管理改革实践和公共管理理论研究提供了新的视野，并在相当程度上带来了西方国家公共管理效率的提高和能力的增强，各种社会危机和矛盾得到了相对缓和①。

美国颁布的《1993年政府绩效与结果法案》把施行公共部门绩效评估的意义概括为以下六个方面：第一，通过绩效评估制度使联邦政府部门负责任地达到项目成果目标，以提高美国人民对联邦政府的信任度；第二，推行绩效改革，在设定绩效目标、按照目标衡量项目的绩效、公开报告进度方面采取一系列试点措施；第三，重点关注成果、服务质量和公众的满意度方面，改善联邦政府部门的工作效果与公开性，从而提高政府计划项目的效力和对社会公众的责任心；第四，通过要求政府工作人员的工作计划与社会公众的需求相符合，以及通过要求制定项目绩效目标计划和为公众提供有关项目成果与服务质量的信息，帮助联邦政府改进公共服务的提供；第五，通过提供更多的关于实现

① 蔡立辉．西方国家公共部门绩效评估的理念及其启示．清华大学学报，2003（1）．

法定目标和有关联邦政府项目和支出成效及效率方面的信息，来改善国会的政策制定，特别是每个公共部门每年的经费预算，将与其制定的战略规划、绩效规划和绩效评估结果直接相联系；第六，要求联邦政府部门从法定任务和工作预期的最终结果出发，设定明确的定量绩效目标，并对照预设目标来检查工作进展和成果，以改善联邦政府的内部管理。

公共部门绩效评估的理论意义和实践意义，我们可以概括为如下几方面：

（1）公共部门绩效评估是公共管理方法的一种创新。公共部门绩效评估包括：建立和完善以改变公共服务网络结构、关注顾客服务、建造高绩效体系、合理配置公共部门职能为实质内容的制度建构[①]；建立健全公共部门与公众之间的信息沟通机制；改善权力制约形式，寓市场竞争机制和公共责任机制于公共管理之中；对公共管理行为的实际状况进行了解、考察和评估，分析实际效果与预期目标之间的偏离和划分绩效等级，将绩效评估结果反馈给有关公共部门，以便发现绩效问题，为未来的公共决策及实施积累经验和提高绩效；等等。这些都充分体现了公共管理方法的创新。

公众对公共服务质量与成本的关注，有助于促进公共管理行为规范化、程序化和民主化；绩效目标的确立、绩效评估程序的施行以及评估结果的公开与应用，有助于强化公共部门的责任，有助于促进公共管理监督方式的创新与变革，完善监督机制和提高监督的有效性。

（2）公共部门绩效评估是公共管理的一场革命。公共部门绩效评估所包含的公共部门要以上升为国家意志的公众需求为导向而不以自己订立的办事规则为依归的观念、公众为公共部门有实际意义的绩效结果纳税而不是为公共部门所做的工作而纳税的观念、成本与效率观念、公共责任观念、顾客至上的服务观念、在公共部门及其管理中引入竞争与市场机制等具有新时代气息的观念，完全适应了以市场化为取向的公共管理改革。

这些观念，都表明了公共部门绩效评估作为公共管理改革的重要内容和根本性措施，实质上是公共管理的一场革命。公共部门绩效评估在加强和完善公共部门责任实现机制的基础上，建立和发展社会公共责任机制，促进社会管理格局和机制的形成；通过促进公共部门自身切实承担和履行公共职责，来促进公众完全履行其应履行的社会义务；通过实现公共利益来加强与维护基本的社会秩序，增强公共部门的动员能力和公众的凝聚力。公共部门绩效评估将公众对公共部门的信任度和公共部门的权威建立在可衡量的绩效基础上。

（3）公共部门绩效评估提供了新的公共责任实现机制。公共部门绩效评估不是脱离政治与现实制度框架的纯粹的管理技术与方法，其所包含的绩效目标、评估指标、绩效标准都是国家意志的体现。这种新的公共责任实现机制就是：改变权力制约和公共部门问责方式，实行以结果为导向的问责方式。这样既提高了公共部门的自主性、积极性和公共管理效率，又能够保证公共部门对公众负责、对结果负责和提高服务质量。因此，

---

① PERRY J L. Handbook of public administration (second edition). San Francisco: Jossey-Bass Publishers, 1996: 197.

公共部门绩效评估有助于实现和落实公共部门的责任，包括公共支出必须获得公民的同意并依照正当程序、资源必须有效率地利用、资源必须用于达成预期的结果[①]。公共部门绩效评估为实现和落实公共部门的责任提供了有效的机制和途径。

（4）公共部门绩效评估为提高公共管理绩效提供了动力机制。在市场化条件下，根据社会的发展要求和社会公众的需要提供公共服务成为公共部门最重要、最广泛的职能和根本性任务，公共部门成为公共服务的供给者，而不再是高高在上的官僚机构。对公共部门职能范围内管理活动的绩效进行评定，也就是要对公共部门以下几方面活动的绩效进行评定：确定公共服务供给的质量和价格标准；抓好绩效管理；把好市场准入关，以保证供给者无法利用提供公共服务的机会谋取不正当的利益；保障社会公平；增加顾客选择的机会；更好地满足顾客需要；等等。这就需要打破原有公共部门对公共事务管理与公共服务供给的垄断，采用合同出租和非国有化等多种形式，把原先由公共部门垄断的部分职能市场化，由企业主体通过竞争来提供，或者通过合同与采购等形式，以竞争招标方式交由社会承担[②]。

公共部门绩效评估为公共服务供给部门（包括政府部门、非政府公共部门和私人部门）之间展开竞争、创造市场动力、利用市场机制解决公共管理低效率问题提供了有效途径[③]，从而有利于提高公共服务的质量和效率。

（5）公共部门绩效评估有助于改进政府公共部门与社会公众之间的信任关系。根据社会发展的现实需要，一方面，公共部门同时是公共服务的提供者、监管者和公共事务的管理者。特别是在市场经济条件下，公共部门作为公共服务提供者的核心任务并不是要致力于直接向社会提供公共服务与公共产品，而是要致力于提供一种保证公共服务与公共产品有效供给的环境。从强调公共部门直接向社会提供公共产品与公共服务到强调公共部门保证公共产品与公共服务的有效供给，表明了公共部门职能和角色定位的变化。另一方面，公众既是公共服务的消费者、顾客，也是公共管理的参与者和评判者。这样，“权力是对公共服务供给的直接控制”[④] 的客观事实使公共部门绩效评估蕴含了以公众为导向，通过公众的评判来改善公共部门与公众的关系、增强公众对公共部门信任的民主内涵。

服务水平的高低来自顾客（消费者）的评判[⑤]。提高服务水平最有效的方法就是倾听顾客的声音——按照顾客的要求提供服务、让顾客做出选择[⑥]。为此，公共部门绩效评估在“3E”评估法的基础上，随着管理民主化的发展，逐渐形成了“4E”评估法，增加的第 4 个“E”，即公平。公平指标关注的是接受服务的团体或个人是否都受到公平的对待，需要特别照顾的弱势群体是否能够享受到更多的服务。

---

① NORMAN F. Public management (third edition). New York: Prentice Hall, 1997: 166.

② 蔡立辉. 公共部门绩效评估的理念与方法分析. 中国人民大学学报，2002 (5).

③ Report of the national performance review: “from red tape to results: creating a government that works better&costs less”. 1993: 44-64.

④ SAWICKY M. What's new paradigm? a guiding theory of the new right. Social policy, 1992 (Winter).

⑤ CLINTON B, GORE V A. Report of the national performance review, 1994: 7.

⑥ 奥斯本，盖布勒. 改革政府：企业精神如何改革着公营部门. 上海：上海译文出版社，1996：163.

知识链接 12-1

合法性与政府绩效评估

政府绩效评估是改进政府管理的战略工具。在中国的民主政治改革没有取得实质性进展的情况下，地方政府转而依靠提高政府管理效率和吸引公民参与政府管理来提高政府的合法性是合理的。哈贝马斯在对合法性理论进行综述后得出的结论是，合法行为已是当今世界各国面临的一个普遍性问题，无论是西方发达国家还是处于现代化进程的发展中国家都难以逃脱合法性的困扰。

在中国，随着市场经济体制的确立和逐步完善，公民的经济和生活自由空间不断扩展，利益诉求日益多元化。由于并没有在社会转型过程中建立与上述情况相一致的利益表达机制和政治体制，一些社会群体缺乏参与政治系统的机会，不同利益群体之间的利益冲突不能持续地借助稳定的制度安排得到整合，这些都使得原有制度的合法性受到威胁，政治秩序存在潜在的合法性危机。同时，政治秩序的主导者不会盲目地开放政治系统，而是根据自己的利益和意愿以及对潜在的合法性危机程度和构成的判断有选择地开放政治系统。中国一些地方政府开展的“万人评议政府”活动作为执政者基于对自身战略目的的判断和“民主集中制”原则而采取的理性行为，具有政治理性。低烈度、低成本、低技术含量、可控程度高的公民参与式绩效评估增加了政府所推行的战略计划的合法性，为实现其战略目的提供了便利。

资料来源：倪星. 中国地方政府绩效评估创新研究. 北京：人民出版社，2013：172-173.

12.1.2.2　公共部门绩效评估在实践中的运用

在工商企业管理中，绩效管理制度可以追溯到20世纪初期泰勒《科学管理原理》的时间研究、动作研究与差异工资制。后来，法约尔的《工业管理与一般管理》以更宏观的研究把这种绩效管理从工商企业推广到各种人类组织。从此，绩效管理的理论与方法成为适用于包括经济、行政、军事和宗教组织在内的一般的管理理论与方法。但绩效评估与绩效管理真正运用到公共管理中，则是始于20世纪50年代美国的绩效预算制度。自20世纪70年代以来，西方国家普遍推行的新公共管理运动使绩效评估在公共部门中得到了广泛运用。

1. 英国公共部门绩效评估实践

英国在20世纪70年代后期推行的以效率为中心的公共管理体制改革，包括了组织结构、工作程序、监督机制、公共责任机制、管理方法等方面。1979年，撒切尔政府开展了著名的“雷纳评审”①，雷纳效率评估分析小组的改革方案推动了公共部门绩效评估

---

① 雷纳评审是对政府公共部门工作特定方面的调查、研究、审视和评价活动，其目的是提高组织的经济和效率水平；其性质是“以解决问题为导向”的“经验式调查”，调查的起点是“人们已经了解的东西而非不了解的东西”。正是针对那些人们相当熟悉并似乎司空见惯的东西，评审者提出问题和质疑，以便发现存在的问题。雷纳评审的重点是经济和效率，目的是通过提高效率来降低公共部门的开支和运营成本。雷纳评审取得了巨大的成就，大大减少了发文数量，提高了质量和效果。

的开展。

1982年，英国财政部颁发了《财务管理新方案》(Financial Management Initiative, FMI)，标志着公共部门绩效评估的正式推行。1983年，英国公布的《英国国家审计法》进一步明确：公共部门绩效评估是检查公共资金使用的方式与效果，其中对经济的评估主要是关注在保证质量的前提下降低资源消耗量，将政府支出降到最低水平；对效率的评估主要是对比产出或服务与资源投入的关系——是否以一定的投入实现最大的产出或实现一定的产出使用最少的必要投入，以保证资金支出的合理性；对效益状况的评估，则主要是通过对比资金支出后所实现的实际效果和预期效果，保证资金支出达到理想效果。

当代英国已经建立起了比较成熟和完善的绩效评估与管理机制，这一机制广泛运用于中央、地方各层级的政府部门以及其他诸如学校、国民保健等公共部门。特别是在公共部门人事制度改革方面用根据工作结果确定工资及奖励代替统一的等级工资制等措施。

2. 美国公共部门绩效评估实践

1993的《国家绩效评论》、《戈尔报告》(Report of the Nation Performance Review: "From Red Tape To Results: Creating a Government that Works Better &Costs Less")和《1993年政府绩效与结果法案》是美国推行公共部门绩效评估的纲领性文献。概括起来，美国公共部门绩效评估制度主要应用于财政预算、采购和公共人力资源管理三个领域。

(1) 推行绩效预算制度。美国公共预算体制具有专款专用的特点①。几十年来美国采取了多种预算制度，包括20世纪50年代的绩效预算制、60年代的规划设计预算制和70年代的零基预算制。20世纪80年代以来，美国全面推行了绩效预算制度。在联邦，建立了新的绩效预算制度，颁布了一系列法律、法规；在州政府与各级地方政府，通过立法来建立和推行以绩效为基础的预算制度。该预算制度就是要淡化明细分类账目，实行公共部门的绩效愈佳拨款就愈多，从而改变了那种花得越多得到越多的状况。绩效预算制度通过选择性项目评估、支出转移规定、规定预算上限和分享节余等措施来加以具体化。

(2) 推行绩效采购制度。1993年的《戈尔报告》对改革采购体制提出了六条建议：重新起草采购条例，简化采购过程，通过"电子市场"和绩效信息简化采购程序，小额采购由部门自主决策，更多地依赖商业市场，制定新的联邦采购法等②。1993年10月，克林顿总统签署了一份备忘录，指出在1997年1月尽可能在整个联邦政府建立电子化商业采购体制。1994年国会通过《联邦采购改善法案》(The Federal Acquisition Improvement Act)。

(3) 推行以绩效为基础的公共人力资源管理制度。绩效管理应用于公共人力资源管理体制的目的就是降低体制的运作成本，提高政府绩效，充分发挥和调动公共人力资源的创造性与积极性。为此，《1978年文官改革法》废除了文官委员会，设立人事管理局、

---

① CLINTON B, GORE A. Report of the national performance review, 1993: 11.

② Ibid., 14-20.

功绩制保护委员会、联邦劳工关系局、高级文官处，确立了中层管理者的绩效工资制。1984 年，美国国会通过绩效管理和确认体制进一步改善绩效工资制。1990 年，人事管理局增加“行政专业公职考试，注重工作职能、逻辑推理、性格以及个人的绩效记录”。1993 年，美国成立全国绩效审查委员会，提出具体建议方案以提高政府效能，节省成本。根据 1993 年的《国家绩效评论》，克林顿与五个内阁部长和两个独立机构签订了绩效合同，明确绩效测评的目标，确立奖惩的标准①，使所有的政府雇员对结果负责。

美国“以绩效为本”“以结果为本”的公共人力资源管理体制改革的主要内容包括：淡化职位分类，增加工资级别；按绩效付酬；公务员管理的分权以绩效为基础，人力资源管理受到定期评审，只有达到绩效标准基线指标者才能继续拥有权力；新型的公务员通过绩效合同对公众负责，以达到基本的绩效标准等内容，有效地推进了公共部门绩效评估制度的开展。

根据经合组织的统计，除了美国和英国外，当代公共部门绩效评估在加拿大、丹麦、芬兰、挪威、德国、法国、新西兰、澳大利亚、荷兰等国都得到了广泛运用。荷兰学者瓦尔特·基克特在总结荷兰行政现代化进程时指出：“改革可以说具有管理主义的特点，改革的主要目标是提高政府组织的绩效与效率。”② 也有西方学者认为“评估性国家”或“审计性国家”正在西方出现。

3. 我国公共部门绩效评估的实践

为有效推进服务型政府建设、改进机关作风、构建和谐社会，我国积极推进公共部门绩效评估。在整体绩效的评估方面，主要表现为上级对下级的层层考核式评估，以及推行财政预算体制改革，实行项目绩效预算和绩效审计；在公务员绩效的评估方面，各级政府及部门的主要领导班子成员由党委组织部门进行考核评估，一般公务员由政府人事部门进行考核评估，国有企业干部由国有资产管理部门进行考核评估。党委组织部门、政府人事部门、国有资产管理部门彼此分割，负责公共部门绩效评估的专门机构还没有真正建立。与这种分割的管理体制相适应，我国公共部门绩效评估形成了自己的类型及方式。

当代中国公共部门绩效评估的类型，主要表现为三类：（1）普适性的公共部门绩效评估。这类绩效评估是公共管理机制中的一个环节，通常表现为目标责任制、社会服务承诺制、效能监察、效能建设、行风评议、干部实绩考核等评估形式；这类绩效评估主要在政府组织内部进行，目的是要通过目标责任制等评估手段追求传统行政模式下行政效率的提高，存在着对上不对下、对内不对外的责任缺位现象。（2）行业绩效评估。这类绩效评估是将评估应用于具体行业，由政府主管部门设立评估指标，并组织对所管辖的行业的定期评估，具有自上而下的单向性特征。（3）专项绩效评估。这类绩效评估是针对某一专项活动或政府工作的某一方面而展开；这类绩效评估主要强调了外部评估，

---

① 1993 年温特委员会（The Winter Committee）倡导建立“以团队为基础的绩效奖励体制”（Team-based Pay-for-Performance System）。目前美国有三种奖励绩效的奖项：联邦质量研究所（FQI）负责总统管理质量奖，总统管理改善委员会负责管理优秀奖（The Award for Management Excellence），人事管理办公室负责总统质量奖和管理改善奖。

② 宋世明．西方国家行政改革评述．北京：国家行政学院出版社，1998：178.

目的是要通过社会调查、满意度评估等方法提高公众对政府工作的满意程度，这类绩效评估存在着顾客资源识别、满意度评估是否适用于所有党政机关，是否能够表征所有被评估对象的绩效等问题。

当代中国公共部门绩效评估的方式，主要包括以下几种：（1）与目标责任制相结合的绩效评估，例如目标管理方式。（2）以改善政府及行业服务质量、提高公民满意度为目的的公共部门绩效评估，例如行业行风评议方式。（3）专业职能部门开展的公共部门绩效评估，例如审计部门进行的管理审计、效益审计，人事部门在国家公务员考核中加入的量化评估内容，组织部门对领导班子的考核中引入的绩效评估等。（4）以效能监察为主要内容的绩效评估。效能监察主要是国家纪检监察部门对国家行政机关和公务员行政管理工作的效率、效果、工作规范情况进行监察。（5）由“第三方”专业评估机构开展的公共部门绩效评估。（6）引入通用模型和评估方法进行的绩效评估。例如，国家行政学院在研究欧盟成员国使用的多种绩效评估模型的基础上，结合我国国情，构建了绩效评估框架（CAF）。

12.2 公共部门绩效评估指标体系的构建

形成科学的公共部门绩效评估制度的一个核心工作就是根据公共部门的职能履行和公共管理业务的实际情况设计科学的绩效评估指标体系。如果评估指标错误或者不科学，评估的结果就不客观、不准确。因此，科学、合理地构建公共部门绩效评估指标体系对科学开展公共部门绩效评估、使绩效评估具有可操作性、树立科学的政绩观，都具有十分重要的意义。

构建公共部门绩效评估指标体系的一个重要出发点就是把公共部门绩效所涉及的所有领域的复杂关系简单化，用综合的评估指标获取尽可能多的评估信息，为把握和了解公共部门绩效现状提供科学的测量依据。同时，完善的公共部门绩效评估指标体系还应反映公共部门绩效所涉及的各个方面的变化趋势和变化程度，通过不同指标上的具体得分来发现阻碍和影响公共部门绩效持续提高的不利因素、存在的问题及原因，并为应采取什么样的有效措施来提高公共部门绩效提供科学的数据分析。

12.2.1 绩效评估指标与绩效标准

12.2.1.1 绩效评估指标

1. 绩效评估指标的含义

绩效评估指标就是评估因子或评估项目。绩效评估指标指的是从哪些方面来对被评估对象的工作绩效进行衡量或评估，解决的是评估什么的问题。

在绩效评估过程中，指向被评估对象绩效的各个方面就是评估指标。绩效评估指标是用于衡量被评估对象的实际行为结果是否达到绩效目标或达到了什么程度。针对一个具体的绩效目标，需要建立众多的相关评估指标，包括数量、质量、时效、成本、产出等方面。因此，评估绩效的指标不是单一的，而是由多个相关评估指标构成的评估指标体系。

要准确、科学地评估公共部门绩效，就要建立一套科学、综合的绩效评估指标体系。实践证明，建立科学、综合的公共部门绩效评估指标体系，有助于落实科学发展观和树立科学的政绩观，否则，片面地将经济指标等同于公共部门绩效评估指标的全部，会给公共管理以错误的引导。

2. 绩效评估指标的分类

绩效评估指标有多种分类方式。为了更好地构建公共部门绩效评估指标体系，我们应熟悉各种评估指标，并将各类评估指标纳入公共部门绩效评估指标体系之中。

（1）根据绩效评估的内容分类。

公共部门绩效评估的内容是公共部门职能与职责的具体体现，从通用标准的角度，一般可以将绩效评估指标划分为反映履行职能与职责情况的业绩指标、能力指标和工作态度指标三类。

第一，业绩指标。所谓公共管理业绩就是指公共部门履行职能与职责所产生的结果及其所产生的社会影响。公共管理业绩的评估结果直接反映了绩效管理的最终目的——提高公共部门绩效以实现既定的公共管理目标。

反映公共部门业绩的评估指标，具体表现为公共部门完成工作的数量指标、质量指标、效率指标以及成本-收益指标。确定业绩指标时应主要考虑部门职能特征、部门职能范围、部门一般公共管理活动和所实施项目的技术决定因素，以及部门工作流程的设定等。

第二，能力指标。公共管理业绩较高，很可能是由于所从事的工作较为简单；相反，那些从事的工作较为困难的部门无法获得较高的公共管理业绩，但并不意味着它们的贡献就一定小于前者。不同的部门行使不同的职能，所要求的公共管理能力也是不同的。因此，只有在公共部门绩效评估指标体系中加入能力方面的评估指标，才可能使绩效评估结果真正反映出公共部门的整体绩效。另外，还应通过能力指标的设计引导公共部门提高与职能履行相关的公共管理能力，并根据能力评估的结果做出各种有关的职能调整、培训决定等。

第三，工作态度指标。在实际的公共部门绩效评估中常常会发现工作态度是影响公共部门绩效等级、公共部门在公众中的形象的重要因素，是反映公共管理和服务质量的重要方面。因此，为了对公共部门的行为进行引导从而达到绩效管理的目的，在公共部门绩效评估中应有对工作态度进行评估的指标。

业绩、能力和工作态度是相互影响的有机整体。公共管理能力与工作态度在一定程度上共同决定了一个部门的实际业绩。但是，即使工作态度很好，公共管理能力也未必能够全部得到发挥，转化为相应的业绩。这是因为从公共管理能力、工作态度向业绩转化的过程中，还会受到许多其他因素的影响，包括职能配置是否合理、管理体制是否健全、业务流程是否优化高效、管理手段是否先进有力，以及文化、观念、社会环境、设备条件和资源配置情况等。这进一步说明了公共部门绩效评估的复杂性。

（2）软指标和硬指标。

第一，硬指标。所谓硬指标指的是那些可以以统计数据为基础，把统计数据作为主要评估信息，建立评估数学模型，以数学手段求得评估结果，并能够以数量表示评估结果的评估指标。硬指标也就是可以量化的指标，其中以经济审计为主要内容和评估的主要途径。尽可能建立定量指标，是当代公共部门绩效评估的发展趋势。

使用硬指标进行绩效评估能够摆脱个人经验和主观意识的影响，具有相当的客观性和可靠性。当处理硬指标的评估结果时，如果需要完成复杂或多变的计算过程，还可借助电子计算机等工具来进行数据的挖掘与分析，并能够有效地提高绩效评估的准确性。

第二，软指标。软指标指的是只有通过运用人的知识、经验进行判断和评估才能得出评估结果的评估指标。软指标是难以具体量化的指标，其中以专家评估为主要内容，评估的主要途径是中介组织进行的社会调查。这种评估指标完全依赖于评估者的知识和经验来做出判断和评估，容易受各种主观因素的影响。所以，软指标的评估通常由多个评估主体共同进行，有时甚至由一个特定的集体共同做出一个评估结论，以彼此相互补充与印证，从而产生一个比较准确、客观的结论。

在实际的绩效评估过程中，这种软指标的主观评估往往表现为专家评估，是因为这种主观评估在客观上就要求评估主体必须对被评估对象所从事的工作相当了解，能够通过不完整的数据资料，在利用大量感性资料的基础上看到事物的本质，做出相对准确的评估。

第三，硬指标与软指标相结合。在实际公共部门绩效评估中，单纯使用硬指标或单纯使用软指标进行评估，都是不可取的。因此，要将硬指标与软指标各自的长处加以综合应用，实行硬指标与软指标的有机结合，以弥补各自的不足。这种结合表现为：

在数据比较充足的情况下，以硬指标为主，辅以软指标进行评估；在数据比较缺乏的情况下则以软指标为主，辅以硬指标进行评估。在绩效评估中，对于硬指标评估的结果也需要一个定性分析的过程，对于软指标评估的结果也需要应用模糊数学进行一个定量化的换算过程。在建立指标体系的时候，应尽量将指标量化，收集相关的统计资料，提高评估结果的精确度。同时还要考虑评估对象的具体情况，将硬指标和软指标的评估技术有效地结合起来使用。需要注意的是，软指标与非量化指标并非一个概念。软指标和硬指标的区分强调的是评估方式上的区别，量化指标和非量化指标则强调评估结论表现方式上的区别。

12.2.1.2 绩效标准

1. 绩效标准的含义

绩效标准指的是在各个指标上分别应该达到什么样的水平，解决的是要求被评估者做得怎样、完成多少的问题，也就是在各个指标上所应达到的具体的绩效要求。绩效标准不仅要包括基本标准，还要有卓越标准，只有这样才能发挥绩效管理的激励作用。

2. 绩效标准的意义

绩效标准的确定，对于科学、有效地配置人力资源、设置机构与工作岗位具有重要的意义。人力资源数量需求与整个工作业务量之间有一定的数量关系，这种关系表现为：

(1) 基本工作业务量增长，会引起人力资源数量的一定增长；(2) 这种增长关系可以用若干数学曲线来表达，比如米斯彻里齐（Mitscherlich）增长曲线、罗吉斯蒂曲线等，这类曲线的共同特征是表达“开始增长较快，然后增长逐渐减缓，最后增长逐步接近于一条渐进线”；(3) 可以采用米斯彻里齐增长曲线来描述人力资源数量增长过程，人力资源数量增长过程“先快后慢直至趋于稳定在一个渐进线（$Y=M$）值附近”。基本工作业务量增加将引起机关业务处室人员数量增加的量化关系（见图12-1）。

$$Y=M-ae^{-bX}$$

式中，M，a，b 均大于零。

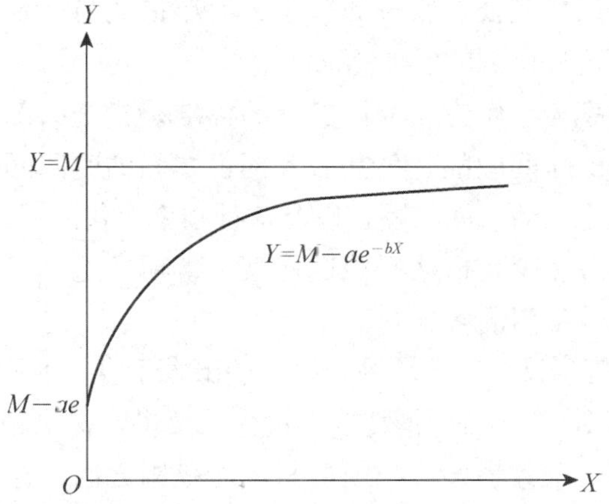

图12-1 米斯彻里齐曲线

首先，在初期，基本工作业务量在一定数值下，要求必须达到一定的人力资源数量，这时人力资源数量增加较快，绩效标准较低。

其次，在中期，基本工作业务量增加达到一定数量，在已有人力资源完整配备的基础上，开始进入人员素质提升，工作经验、工作效率提高，管理手段现代化的阶段，绩效标准得到相应提高。这时，随着基本工作业务量增加而引起的人力资源数量增加幅度减小。

最后，在成熟期，人力资源素质提升，工作经验、工作效率提高，管理手段现代化达到一定程度，绩效标准得到进一步提高。这时，随着基本工作业务量的进一步增加，反而只引起人力资源数量的略微增加。

在所完成的工作量一定的情况下，绩效标准越高，所需人力资源的数量、岗位数量就越少；绩效标准越低，所需人力资源的数量、岗位数量就越多。因此，可以把绩效标准、人力资源数量、所需完成的工作量，以及影响绩效标准确定的业务性质、工作的难易与规范化程度、工作环境条件、工作手段与方法、工作流程、人的素质等变量间的关系通过数学模型来反映，从而构建人力资源的配置模型、机构与岗位的设置模型。这样可以解决以往人力资源配置缺乏科学性、机构和岗位设置缺乏科学性的问题。

12.2.2 公共部门绩效评估指标的质量标准

12.2.2.1 公共部门绩效评估指标的量的标准

量作为公共部门绩效评估的标准，表明的是公共管理绩效的效率大小，是指公共部门在公共管理活动过程中，投入与产出的比例，或是指公共部门单位时间、单位物质所提供的公共物品或公共服务的数量。因此，公共部门绩效评估量的标准可以表示为：

（1）效率比例。它包括投入与产出的比例、单位时间提供公共产品或公共服务的数量、单位物质提供公共产品或公共服务的数量、无形损耗与一定的公共产品或公共服务之间的数量比例，以及这种比例的发展趋向。

（2）频率大小。频率大小作为绩效评估量的标准是指公共部门活动节奏的快慢。它包括公共产品提供之间的时间间隔、公共服务提供之间的时间间隔、公众提出要求与公共服务供给者做出反应之间的时间间隔，以及这种频率变化的情况和趋向。

（3）环节多少。环节多少是指从开始进行某一事项到这个事项全部结束之间的距离远近、步骤多少和所经过部门的多少。

量的标准的确定，应当符合以下原则：（1）产出大于投入原则，即以最少的资源消耗取得同样多的效果，或以同样的资源消耗取得最大的效果，提供最多的服务①。（2）职能原则。公共部门所取得的服务绩效，必须在其职能范围之内，这是我们在进行绩效评估时考虑所取得的实际绩效是否有效的重要原则。是否有效与是否按照职能的要求去做有关。更进一步说，有效的关键是要做对，是要按照职能的要求去做。

12.2.2.2 公共部门绩效评估指标的质的标准

1. 质的标准的含义

公共管理绩效质的标准是指公共部门进行公共管理活动、提供公共服务和公共产品过程中的态度、所使用的方法与手段、管理能力，以及公众对其所提供的公共产品和公共服务的满意程度的总称。它的核心是公共服务与公共产品是否满足了公众精神的和物质的需求。哈里认为公共部门绩效的“质量”包含着服务质量和结果两方面的意义。“质量”是指公共服务是如何提供的，例如，提供公共服务是否及时与准确、是否让顾客感到方便以及提供服务时的态度等；“结果”是指公共服务供给之后所产生的社会效果，例如，公共部门供给公共服务之后社会、环境和人们的需要等是否得到了发展与改进及其程度，以及公众满意的程度等②。质的标准包括：

（1）态度。这是指公共部门进行公共管理活动、提供公共服务和公共产品时的精神状态。它包括指导公共部门进行公共管理活动的观念与指导思想，也就是公共管理理念；

---

① 美国副总统戈尔在1993年的《国家绩效评论》中把“工作更好而又花钱更少的政府”作为政府改革、再造政府的目标。GORE A. Creating a government that works better & costs less，1994.

② HATRY H P. Tracking the quality of services//PERRY J L. Handbook of public administration（second edition）. San Francisco：Jossey-Bass Publishers，1996：537.

对公众提出的要求和抱怨是否及时予以回答、解释、处理与解决，处理与解决的程度；等等。

（2）使用的方法和手段。这是指公共部门进行公共管理活动的行为方式。公共管理的方法和手段是为公共管理活动所要达到的目的服务的，即这些方法和手段应充分体现公共管理为公众服务、对公众负责、满足公众需求和实现公共利益的目的。因此，这些方法和手段包括自由裁量权的使用与限制，吸收公众参与管理和决策的过程，与公众进行信息沟通与交流的机制，对公众需求的回应力、与社会进行物质与能量交换的过程等方面。

（3）管理结果。这是指公共部门实施公共管理活动所使用和所消耗的各种投入、所取得的中期和最终成果、所产生的社会效果。它包括所提供的公共产品和公共服务是否符合社会发展和公众需求的情况、实施公共管理的手段与方法改进的情况，公众所处的社会环境与自然环境的改善状况，促进社会发展、提高社会效益的状况，公共管理能力体现的情况，公众需求的满足程度等方面。

2. 评估指标的相对性与公众的满足度

绩效评估指标所包含的量的标准与质的标准是对立统一的。虽然也有许多质的标准无法用量来描述和衡量，但量可以用来衡量质，量也体现了质的积累，量是相对的，质也是相对的。公共管理对公众需求的满足也只能是相对的满足，而不可能做到绝对的满足。所以，有许多公共部门都向它们的顾客做出这样的服务承诺：它们所提供的服务是“世界级服务”，而不是“最好的服务”或“一流的服务”；它们在努力不断提高服务水平①。

12.2.3 构建绩效评估指标的原则与依据

12.2.3.1 绩效评估指标确立的原则

（1）综合性、全面性原则。所谓综合性，就是指不能以某一个方面的指标代替公共部门绩效评估指标的全部，不是从一个方面而是从多个方面综合地对公共部门绩效进行评估；所谓全面性，就是指公共部门绩效评估指标要全面、合理、客观，要能涵盖和全面反映公共部门职能行使的情况。

（2）系统性原则。根据这一原则，公共部门绩效评估指标体系实际上就是分解公共管理的绩效目标而形成的一个由一定数量的绩效评估指标所组成的集合。组成这个集合的各个评估指标既相互独立，又相互作用，构成一个有机联系的整体；组成这个集合的各个评估指标并不是胡乱地堆积在一起，而是有轻重之分，划分为不同的层次。

（3）硬指标与软指标相结合、定量与定性相结合的原则。公共部门绩效具有多维性，绩效评估指标应既有硬指标，又有软指标；既要定量评估，又要定性评估。

（4）可操作性原则。绩效评估指标是用来测量公共部门绩效的一个特定数值或特性。

---

① CLINTON P B，GORE A. Report of the national performance review，1994：14.

这就要求所建立的评估指标体系具有可行性、可操作性，包括评估指标所涉及的数据容易采集、计算公式科学合理、评价过程简单、利于掌握和操作，也就是数据资料可获得、数据资料可量化、评估指标不宜过细和复杂。

（5）与职能行使保持一致的原则。这个原则是指所构建的绩效评估指标体系必须与被评估对象的职能、工作职责相符合，能够真正反映被评估对象职能行使的实际，体现公共部门绩效的本质或主要特征。

（6）导向性原则。公共部门绩效评估的目的就是通过绩效评估，获得有效的绩效信息，了解和把握公共部门绩效的现状，发现问题，找出差距，降低公共管理成本，规范公共管理行为，改进和提高效率与服务能力，促进经济、社会全面协调和可持续发展。评估指标的选择要为实现公共部门绩效评估的目的服务。

（7）独立性与差异性原则。独立性原则指的是评估指标之间的界限应清楚明晰，不会发生含义上的重复；指标体系的各项指标都具有独立的信息，相互不能代替。差异性原则指的是评估指标之间的内容可以进行比较，评估者能明确分辨各个指标的不同之处以及内涵上的差异。

12.2.3.2 建立绩效评估指标体系的依据

绩效评估指标体系是绩效评估制度中的关键内容。在构建绩效评估指标体系时应依据以下几个方面：

1. 职能依据

公共部门绩效评估就是依据科学、综合的绩效评估指标体系，运用严格的程序和科学方法，对公共部门履行职能的情况进行全面、客观和公正的测量，进而划分绩效等级的活动。因此，评估指标必须直接指向公共部门所具有的职能，能够检测公共部门完全履行、部分履行、错误履行职能的情况。

究竟如何检测公共部门在实际工作中出现的“错位”“越位”“缺位”现象，及其严重程度？这就需要通过指标体系来衡量。根据指标体系测量的结果采取措施——强化角色意识，从“错位”的地方“让位”，强化职责意识，从“越位”的地方“退位”，强化服务意识，在“缺位”的地方“补位”，从而保证政府部门全面、依法履行政府职能。

2. 绩效目标

公共部门职能的履行及其程度，应通过要达到的绩效目标表现出来。因此，绩效评估的过程实际上就是在应该怎样（目标）和事实是怎样（履行职能的实际结果）之间进行对照和比较。这样，绩效目标就成了绩效评估的方向、参照系数。绩效评估就是测量履行职能的行为实现目标到了什么程度。要进行绩效评估，就必须首先建立明确的、可以量化的绩效目标，根据绩效目标建立评估指标体系。评估指标应与整个政府目标的内容一致，与部门目标的内容一致。

3. 评估的目的

公共部门绩效评估的目的是多种多样的。就部门整体绩效评估而言，目的包括衡量公众信任度，衡量公共部门履职情况，衡量服务质量、满意程度和公共管理效率，确定绩效预算，制定公共政策等。就公共管理人员个体绩效评估而言，目的包括衡量个人优缺点，衡量目标完成情况，确定个人工作，实现薪酬管理，决定晋升、调任或解雇，帮助实现工作目标。评估的目的不同，评估指标体系就会有差异。

另外，绩效评估的指标体系还应当从社会发展的整体价值取向和社会发展的程度出发，从每个地区、每个部门、每个工作岗位的实际出发。

总之，在构建评估指标体系时，既要考虑公共管理的经济效益和社会效益，也要考虑短期效应和长期效应、直接效应和间接效应；要建立定性与定量相结合、统一性指标与特殊性指标相结合的多层次的绩效评估体系；要充分听取各方面专家和社会公众的意见；要避免出现绩效评估指标对被评估者产生逆向激励效应。

知识链接 12-2

美国公路安全目标和绩效指标

美国国家公路交通安全管理局（National Highway Traffic Safety Administration，NHTSA）负责减少在国家公路上因撞车事故而导致的人员伤亡和经济损失。为了完成这一使命，该局制定和实施了机动车辆设备安全标准，并向州和地方政府授权，以使它们有能力实施有效的公路安全管理计划。下面的管理计划大纲概括地说明 NHTSA 的根本目的、中间目标，以及该局为实现这些目标而建立的有效的考评指标。

1. 公路安全目标和绩效指标

（1）在国家公路上挽救公民生命。

每亿机动车行驶英里数（VMT）的死亡数量；

（恶性交通事故中）每 10 万人中的死亡数量。

（2）在国家公路上防止公民受伤。

每亿 VMT 的受伤数量；

每 10 万人的受伤数量。

2. 中间目标和考评指标

（1）减少撞车事故发生（避免撞车事故）。

每亿 VMT 的撞车事故数量；

每 10 万辆登记车辆的撞车事故数量；

每 10 万名有驾照司机卷入撞车事故的数量；

每 10 万名有驾照司机的酒后驾车撞车事故数量。

（2）降低撞车后果的严重性（撞车损失）。

每 1 000 次撞车事故的死亡数量；

每 1 000 次撞车事故的受伤数量；

违章驾驶撞车事故中的严重和较大伤亡的百分比。

（3）提高关键路段的安全性。

每亿 VMT 的机动车驾驶者死亡数量；

每亿 VMT 的机动车驾驶者受伤数量；

每 10 万人中骑自行车者的死亡数量；
每 10 万人中骑自行车者的受伤数量；
每 10 万人中步行者的死亡数量；
每 10 万人中步行者的受伤数量。

资料来源：波伊斯特. 公共部门绩效评估. 北京：中国人民大学出版社，2016：49-50.

12.3 公共部门绩效评估的程序

公共部门绩效评估是一个范围相当广泛的术语，评估所指向的是公共部门在管理公共事务和供给公共服务过程中的投入、产出、中期成果、最终成果及其社会影响；评估活动主要集中在通过对公共管理活动的花费、运作过程及其社会效果等方面的测定来测量公共管理实现绩效目标的程度并由此划分绩效等级、发现绩效问题，从而改进绩效。公共部门绩效评估过程并不是一个单一的行为过程，而是包含了确定绩效目标，阐明评估的目的、要求与任务，构建可量化的评估指标和评估标准，划分绩效等级，公布评估结果，运用评估结果等环节在内的综合行为系统，具体如图 12-2 所示。

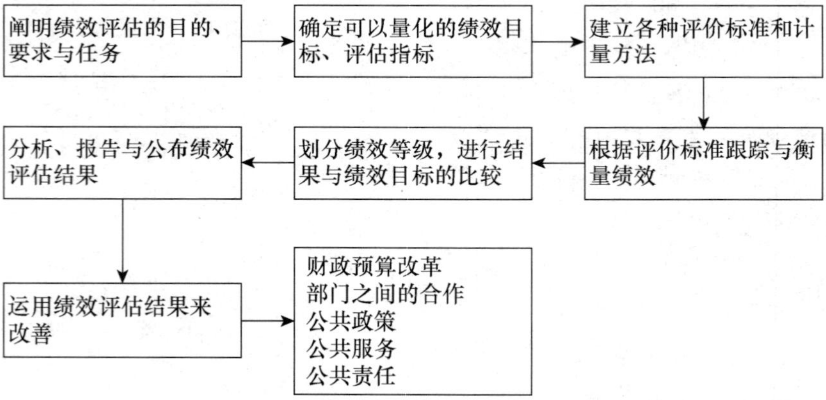

图 12-2　公共部门绩效评估行为系统

在这个行为系统中，确定绩效目标、进行工作分析是起点和基础，建立一套能够反映行政效能的评估指标、绩效标准和计量方法是核心。绩效评估的过程就是公共部门绩效评估的方式、方法、步骤、时间和顺序等要素所构成的行为过程。绩效评估程序是影响评估结果客观性、公正性和准确性的重要因素，完善绩效评估程序对于促进公共部门绩效评估结果的客观、公正具有非常重要的意义。评估程序的规范化、科学化和程序化是公共部门绩效评估规范化、科学化和程序化的前提，评估程序透明是通过公共部门绩效评估建设透明型政府的重要保证。

12.3.1　公共部门绩效评估系统的要素

一个有效的公共部门绩效评估并不是单一的行为过程，而是由许多环节所构成的评估过程系统。组成这个评估过程系统的要素包括：战略规划、年度项目绩效计划、年度项目绩效报告、适度的权力下放。

12.3.1.1　战略规划

战略规划既是公共部门绩效评估的起点和基础，也是公共部门绩效评估开展的方向。在本质上，公共部门绩效评估是以目标为导向的。一个多年的战略规划（例如我国的五年发展规划）将详细说明一个部门的基本任务，布置完成该任务的长期基本目标，并安排完成这些目标需要的资源。

显然，这些明确的目标将有助于公共部门有效地保持正确的方向和政策的连续性，即使是更换负责人也不会有太大影响。

12.3.1.2　年度项目绩效计划

年度项目绩效计划提供了公共部门长期目标（如同战略规划中规定的）和管理者及职员日常工作之间的联系。这些计划往往按等级排列，表明了按照顺序哪些年度绩效目标必须完成，以确保完成下一级别目标。

绩效目标类似于"产出"或"成果"，后者通常而言是政策目标的重中之重，前者往往是有效的管理工具（尤其是当核算每一部门成本时）。以往公共部门绩效计划常出现的问题是过于依赖对成果的评估，忽略了产出。这就导致了在实践中往往只注重某项具体活动的成果，但并没有把这项活动放在系统的一个环节上考虑。

年度项目绩效计划必须包括目标。没有绩效目标，绩效评估就失去了方向。目标应当细致和可量化，要来自公共部门的日常工作并以完成长期战略规划中的总目标为目的。

在绩效计划中考虑达成目标所需的资源也是非常重要的。但是有些公共部门按照法律的规定具有某种职责，却没有充分地执行其职能。正确的解决方法可以是增加分配的资源，但关键是保持职能行使与资源、手段之间的平衡。否则，公共部门无法全面履行其应当履行的职能、无法实现其应当实现的绩效目标。因此，年度绩效计划应表明完成绩效目标所得到的一切支持，包括足够的技术支持、人力资源、预算资源、物质资源和管理手段。

12.3.1.3　年度项目绩效报告

年度项目绩效报告是对管理者、决策者和公众的一种反馈，它负责报告所花费资源和取得的成果，换言之，就是报告完成绩效目标的过程、现状、存在的问题及原因。

公共部门为了管理的需要，常常会追踪年度报告以外的很多绩效信息。但是，年度项目绩效报告和以前的绩效计划目标必须一致，否则，将无法确定绩效的发展趋势，而发展趋势对于管理者和决策者而言是最能反映具体情况的。为了清晰地描述公共部门的绩效和改进绩效，年度项目绩效报告应该将绩效评估信息和绩效评估结果联系到一起。

12.3.1.4 适度的权力下放

推行公共部门绩效评估措施的基本宗旨是显示绩效评估以结果为本的管理本质，使公共部门绩效评估由以过程为导向的控制机制转变为以结果为导向的控制机制，发挥公共部门及所属公务人员的积极性和主动性，以使他们对结果负责。因此，推行公共部门绩效评估，管理灵活、适度权力下放就成为必不可少的要素。

通过推行管理灵活、适度权力下放的措施，可以在公共部门内部引进市场竞争机制，划分责任中心，形成一个个相对独立的自治性单位，实现项目管理制。这样下级部门及所属人员的自由裁量权增加了，公共部门的内部管理从过程导向的管理转向了结果导向的管理，充分体现了责任明确、结果导向、合同约束、用户至上的特点。

12.3.2 公共部门绩效评估的行为过程

公共部门绩效评估的实施是由多个主体、多个环节、多种方法和技术组成的行为过程，绩效评估过程主要表现为前期准备阶段、组织实施阶段和结果运用阶段，如图 12-3 所示。

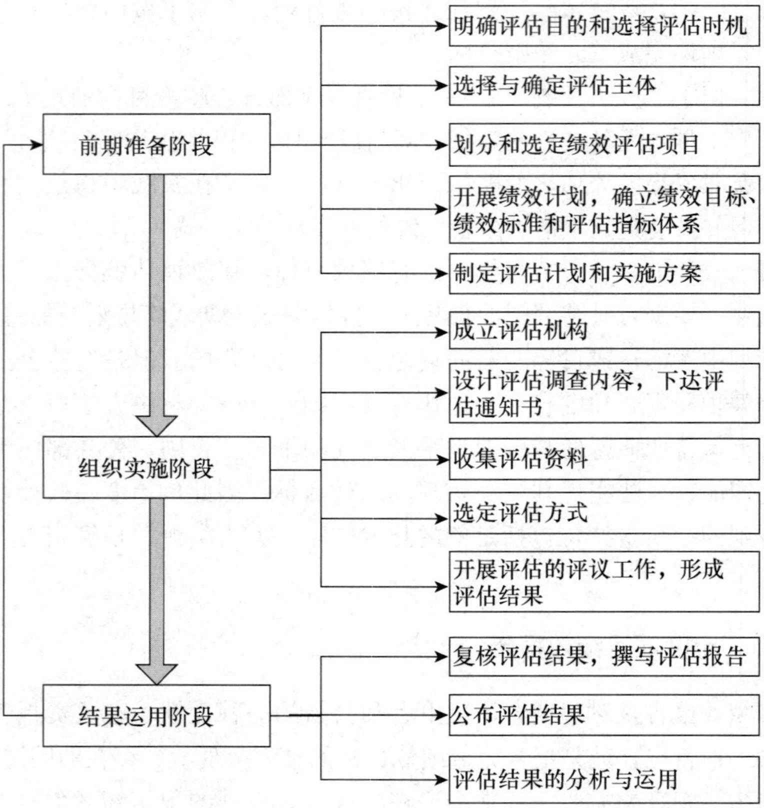

图 12-3 公共部门绩效评估程序运行图

12.3.2.1　前期准备阶段

1. **明确评估目的和选择评估时机**

明确公共部门绩效评估的目的，是实施公共部门绩效评估的基础，具有非常重要的意义。第一，绩效评估的目的决定评估活动的内容，有不同的评估目的，就会有不同的被评估者、不同的评估重点、不同的评估指标和不同的评估时间；第二，只有明确了评估目的，才能突出评估工作的针对性，使评估工作真正起到应有的激励和规范作用；第三，只有明确了评估目的，才能确定该评估所要达到的效果；第四，评估的目的也不是单维度的，不同利益相关者可能有不同的评估目的，对评估的标准有不同的要求。

绩效评估的时机是否妥当是保证绩效评估有效、顺利进行的重要因素。绩效评估的时机随评估目的的不同而不同，比如公共部门业绩情况的评估可以在绩效管理结束时进行，主要服务于未来的绩效规划；对政府公共部门政治方面或为特定目的的评估，可以在特定的时间进行。应该把绩效评估的时机与评估目的和效果统一起来，通过评估时机的选择做到兼顾和均衡不同目的，如对业绩评估的时机选择可以考虑同时兼顾对部门进行奖惩或对部门领导进行调整。这样的评估一方面可以很好地确定评估的时机和评估目的，另一方面可以很好地利用评估资源以及节约评估资源①。

2. **选择与确定评估主体**

评估主体及其对被评估者的期望值，对被评估者来说具有导向作用。谁是评估主体，谁就拥有了话语权。因此，谁是评估主体，以及评估主体的专业素质、价值观念和主观态度都会对评估结果的客观性、准确性、公正性和科学性产生重要影响。因此，必须科学选择评估主体，确定不同评估主体在评估中的权重，确定公共的评估尺度与标准。

公共部门绩效评估主体多元结构是保证绩效评估有效性的一个关键。一般而言，公共部门绩效评估主体必须具备以下基本条件：第一，具有一定的政治素质和政策水平，熟悉国家和相关部门的方针、政策；第二，具有基本的公共行政、财务会计、数学统计及法律等方面的专业知识；第三，熟悉公共部门绩效评估指标体系，与被评估者具有管理与被管理、服务与被服务的关系，有较强的综合分析能力和沟通协调能力；第四，坚持原则，清正廉洁，秉公办事，公道正派；第五，由于评估的信息化发展趋势，需要具备基本的计算机专业知识。为保证评估人员达到以上资格要求，需对评估人员进行培训，使其掌握所需的评估技术，以确保评估结果的真实、有效②。

3. **划分和选定绩效评估项目**

绩效评估项目是指绩效评估指向的具体内容，表明的是从哪些方面来对被评估者绩效进行评估的问题，因此，评估项目划分与绩效评估之间存在着密切的联系。使公共部门绩效的优势与缺陷都涵盖到不同的评估项目中，是使评估客观、公正，发挥评估导向作用的关键。确定和划分评估项目与建立评估指标是紧密相关的③。评估项目的划分与选定，是评估指标体系建立的基础；评估指标是对评估项目中绩效的量与质进行的规定，

---

① 卓越．公共部门绩效评估．北京：中国人民大学出版社，2004：79．

② 张旭霞．公共部门绩效评估．北京：对外经济贸易大学出版社，2007：137．

③ 蔡立辉．政府绩效评估：理论、方法与应用．北京：中国教育文化出版社，2006：60．

是评估项目的进一步细化或具体化。只有确定了评估项目，才会根据评估项目构建一级评估指标、二级评估指标，甚至三级评估指标。一般而言，绩效评估项目可划分为业绩项目、效果项目、能力项目等。

4. 开展绩效计划，确立绩效目标、绩效标准和评估指标体系

绩效计划既是公共部门绩效评估的起点和基础，也是公共部门绩效评估开展的方向和依据。绩效计划就是要明确公共部门及其公务人员在一定时间内所要达到的工作目标，目的是使每个部门和每个员工都知道自己追求的目标，并且知道“做什么、怎么做、做到什么程度”。

绩效目标是指被评估者履行职能或岗位职责所应达到的程度。绩效评估就是将被评估者履行职能或职责的实际结果与其应达到的程度（绩效目标）进行对照或比较。因此，明确绩效目标是科学实施绩效评估的第一步和前提。没有绩效目标，行为就失去了方向；没有绩效目标，绩效评估就没有参照系，评估就只能测出“绩”而不能测出“效”。

在评估指标遴选上，一般应把握好以下几个结合关系：第一，内部指标和外部指标相结合；第二，定性指标和定量指标相结合；第三，肯定性指标和否定性指标相结合；第四，技术性指标和民主性指标相结合；第五，支出指标和回收指标相结合；第六，客观指标和主观指标相结合；第七，工作指标与业绩指标相结合；第八，行政成本指标与业务成本指标相结合；第九，数量指标与质量指标相结合。在此基础上根据绩效评估理论和方法，采用专家分析法、相关分析法和辨别力分析法等多种方法对评估指标进行实证筛选和修正，并对评估指标体系进行信度和效度分析，最后确定公共部门绩效评估指标体系①。

5. 制定评估计划和实施方案

为了保证绩效评估的顺利进行，在绩效评估开始之前要对评估对象的政策、目标、主要活动、主要资源以及开展这项评估的主要风险、有关的政策进行大量的调查研究和论证，并制定政府绩效评估计划。该计划包括评估内容、评估方法、评估中可能发现的问题、怎样解决发现的问题、评估的结果将会是什么、评估时要向评估对象提出哪些问题、预计将得到怎样的回答、各种答案的说明等。有了这样详尽的计划，到了调查阶段就用搜集到的信息和资料证明评估的计划。在这个阶段还要对评估的人力、物力、财力，评估的时间，涉及的部门和人员进行安排。在绩效评估计划中，要重点回答四个问题：为什么要进行绩效评估、由谁去评估、评估什么、如何进行绩效评估。

确定绩效评估的计划后，要制定出详细而具体的实施方案。制定绩效评估的实施方案并不是一个困难的任务，特别是在有明确的评估目的、对象和计划的前提下，但是也需要谨慎行事。它需要建立一种形式和结构，并按照以下内容来限定：评估的频率，评估的标准，评估本身的布局及内容，解决评估者与被评估者争端的程序，记录评估结果的安排，指导该方案的引入、执行及继续的安排②。具体的评估实施方案根据

① 范柏乃. 政府绩效评估理论与实务. 北京：人民出版社，2005：323.

② 于军. 英国地方政府行政改革研究. 北京：国家行政学院出版社，1999：206.

具体评估情况而制定，既要注意评估阶段的划分，也要注意评估中标准和方法的使用等问题。

12.3.2.2　组织实施阶段

1. 成立评估机构

为确保客观、公正和科学地开展绩效评估工作，树立评估的权威性和严肃性，需要在评估开始之前建立一个评估机构。需要特别指出的是，虽然评估机构的成员可能同时也是评估主体，但是评估机构并不等同于评估主体，评估主体是评估行为的实施者，评估机构是评估活动的组织者。

在评估过程中，评估机构的主要职责是：第一，拟订评估方案；第二，制定评估工作实施计划；第三，组织实施绩效评估工作。总之，评估机构就是要组织实施和执行绩效评估的方案与计划，既要防止走过场，也要防止评估过程中出现不良现象，及时纠正方向性偏差，具体指导每个步骤和环节的评估工作①。

评估机构又可分为评估领导机构和日常实施机构。评估领导机构的职责是负责绩效评估的整体指导和协作工作，从宏观上对评估实施机构和评价对象进行监督和指导。

2. 设计评估调查内容，下达评估通知书

为科学评估公共部门绩效，使定性评估建立在充分而有效的信息资料分析的基础上，从而提高绩效评价结果的客观性和公正性，评估机构就需要根据定性评估指标的要求具体设计出相关调查内容。调查内容的设计，一要考虑调查对象与被评估者是否存在管理与被管理、服务与被服务的关系；二要紧密围绕评估目的、任务和宗旨；三要根据评估指标的具体内容和要求，调查的资料要能够作为区分不同绩效等级的依据。

通知书是评估组织机构出具的行政文书，是公共部门接受评估的依据。如果委托社会中介机构实施评估，通知书也是由中介机构对公共部门进行评估的依据。通知书主要说明本次评估的目的、评估的时间安排以及通知被评估部门做好评估工作的前期准备工作，包括整理本部门的基本资料、相关的财务等内容并向评估机构提供；同时要求政府部门对自身进行总结，做到心中有数；确定评估工作的联系人，根据评估管理机构的安排，做好评估者需要了解的人员安排等②。

3. 收集评估资料

准备和收集评估资料是开展公共部门绩效评估极为重要的一环，只有取得详细丰富、具有说服力的相关资料才能确保评估结果的准确、客观。绩效评估所依据的资料主要包括有关法律法规、服务承诺、工作计划与方案、工作报表、回复与解释公众提出问题或抱怨的信件和电话的数量与记录、解决实际问题的数量、实际取得的服务结果与社会效果、会议记录、物质投入与消耗、成果鉴定结果、管理方法的改进与调整等③。

绩效评估资料要从量和质上反映公共部门及其公务人员的绩效，特别是要能反映公

---

① 周凯．政府绩效评估导论．北京：中国人民大学出版社，2006：135.

② 卓越．公共部门绩效评估．北京：中国人民大学出版社，2004：80-81.

③ 蔡立辉．政府绩效评估：理论、方法与应用．北京：中国教育文化出版社，2006：59.

众对公共产品与公共服务的满意程度；公共服务的质量、效率与能力；公共管理所取得的社会效果，以及公共管理过程中所存在的问题。绩效评估所收集的资料必须全面、客观与真实。为此，要应用大数据的理念和技术，加强绩效信息的采集与沟通，建立和完善绩效评估指标体系和绩效评估基础资料数据库，使公共部门绩效目标量化和具体化，从而为评估公共部门绩效提供技术支持。收集资料要围绕绩效评估的目的来进行，否则会造成收集工作的盲目性和收集资料的离散性，重点主次不分，也不一定有用。收集资料可以采取公共部门上报或者评估工作机构自行收集的方式，收集资料的方法通常包括访谈法、问卷调查法、统计资料法、个案法、研讨会和专家听证会等。为了保证资料的真实和可靠，通常需要多种方法相互印证和相互补充，评估主体应根据评估目的和所选择的评估视角对收集的资料加以筛选、核实和整合①。

评估资料的准备是指全面收集、整理涉及被评估对象——公共部门绩效的各方面信息和资料。一般来说，划分一级评估指标和选定所要评估的内容取决于两个关键因素：一是绩效评估所欲使用的资料，二是绩效评估者根据其价值观选择和确定的评估事项②。因此，准备评估资料是开展公共部门绩效评估极为重要的一环。

4. 选定评估方式

具体包括：第一，选择适当的评估策略，包括开展以问题为基础的调查、选择评估的时机等；第二，选择评估工具，包括审计、经济与效率评论、评估说明、成本-收益分析、成本-效率研究、努力程度评估、执行过程评估、效能监察、案例研究、实验设计、过程分析、平衡计分卡等；第三，根据评估所要解决的问题、评估目的、评估任务，确定是采取内部评估方式还是采取外部评估方式。

5. 开展评估的评议工作，形成评估结果

在收集完数据以后，评估工作小组根据评估指标，运用评估资料，独立进行分数评定；并根据所取得的分数划分绩效等级。因此，开展评估工作，形成评估结果的过程，实际上就是根据评估指标运用评估资料的过程。

知识链接 12-3

平衡计分卡及其夏洛特市实践

1990年，美国哈佛大学商学院的卡普兰教授与诺顿教授开发了包括整个组织各方面活动（顾客、内部业务流程、员工活动和股东利益）的绩效评价系统，即平衡计分卡。平衡计分卡是以信息为基础，系统考虑企业业绩驱动因素，多维度平衡评估的一种新型的企业绩效评估系统。同时，它又是一种将企业战略目标与企业绩效驱动因素相结合，动态实施企业战略的战略管理系统。平衡计分卡为组织衡量绩效提供了四个基本的维度：财务维度、客户维度、内部管理维度及学习和成长维度。

① 范柏乃. 政府绩效评估理论与实务. 北京：人民出版社，2005：324.

② NEWCOMER K E. Using performance management to improve public and nonprofit programs. San Francisco：Jossey-Bass Publishers，1997：7.

美国北卡罗来纳州夏洛特市从 1995 年以来就致力于运用平衡计分卡进行战略规划和绩效评估。夏洛特市政府将市议会的减少犯罪、强化社区管理、促进治安和便捷交通、促进经济发展等为全体市民提供服务的内容列为工作重点。这些工作主要是基于为市民服务，因而它采用了以客户为导向的维度。市议会明确了财务责任、内部管理、组织学习和成长方面的目标。其他维度的工作重点，如扩展基金、提高生产率和缩减技能差距等也很重要。但更为重要的是，这些都是为实现客户导向这个优先目标服务的战略措施（见图 12－4）。

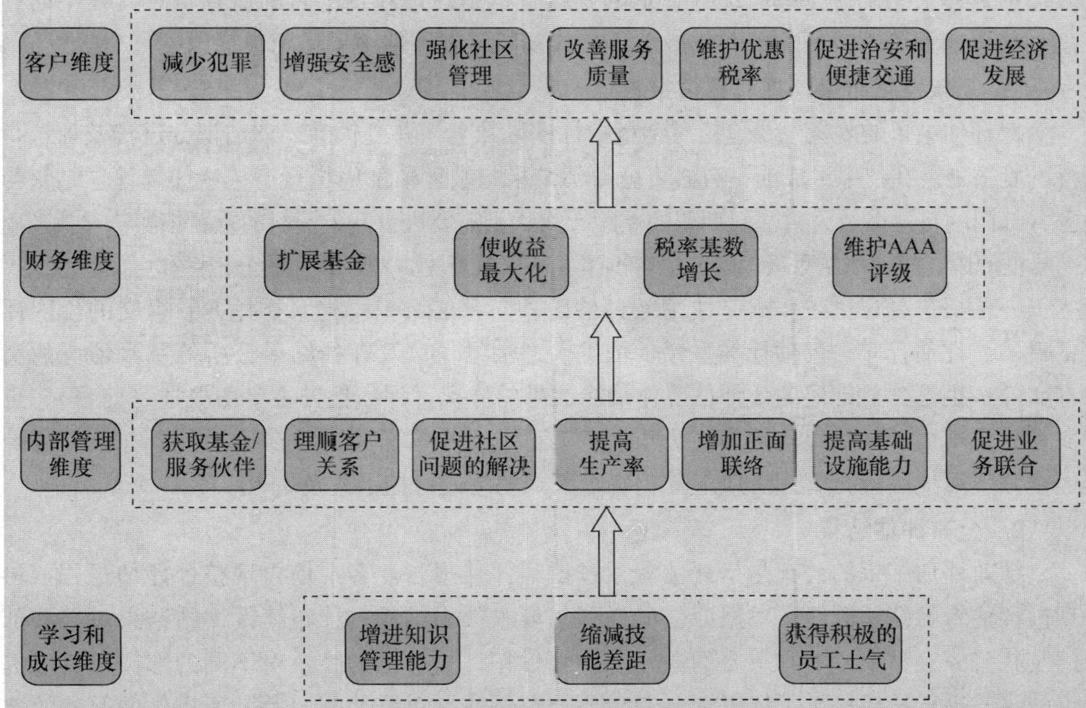

图 12－4　美国北卡罗来纳州夏洛特市平衡计分卡战略规划与绩效评估示意图

资料来源：波伊斯特. 公共与非营利组织绩效考评：方法与应用. 北京：中国人民大学出版社，2005.

评估小组根据掌握的被评估者的情况，首先，对评估资料进行判断、处理，将已记录的各种分散的资料进行分类汇总，汇集成有用的评估资料，一般包括对资料进行手工检查校正、编码、录入、利用计算机对录入数据进行再次核对检查等过程①。数据处理的最终结果反映形式是编制成的各种表格。在编制了各种交互表之后，评估小组就需要对这些经过处理的资料以及收集到的其他一些资料进行初步讨论和分析，以确定其准确性和全面性。其次，根据选定的评估标准，计算出基本指标的分值，再进行修正，得出实际分数。最后，根据指标模型权重以及维度指标得出绩效评估的总分。

与此同时，评估工作者在整个评估过程中，必须听取专家咨询组的意见：一方面，评估指标的设立、评估方法的运用以及评估结果的分析应充分征求专家咨询组意见，发

① 邓国胜. 非营利组织. 北京：社会科学文献出版社，2001：210.

挥专家前期的智力支持和辅助作用；另一方面，在评估工作者所依据的基础资料一致，但综合评议结论存在较大争议的情况下，应提请专家咨询组对评估结论进行论证，听取他们对结果的分析和建议。在此基础之上，会同有关被评估者和相关评估参与者进行反馈和协商，最终形成科学性较强的评估结果。

12.3.2.3 结果运用阶段

公共部门绩效评估不同于传统的管理方式，它强调以结果为导向，是一种结果管理。政府绩效评估结果既是政府绩效评估的延续，也是绩效评估的目的所在，对其利用的程度直接影响评价本身的功能和权威性。公共部门绩效评估结果运用包括以下三个阶段：

1. 复核评估结果，撰写评估报告

对评估结果的复核主要包括对定量指标基础数据、评分标准、评估记分过程及评议指标的复核等。在结果形成前，有必要就评估结果与被评估部门进行商榷。如果评估结果与公共部门的自评以及公共部门期望的差距较大，则需要进行基础资料的重新核实，寻找产生差异的原因，把评估结果反馈给专家咨询组并征求其意见，增强评估的公正性和可接受性。

评估报告是评估工作组完成绩效评估后，向评估组织机构（委托方）提交的说明评估目的、评估程序、评估标准、评估依据、评估结论以及评估结果分析等基本情况的文本文件，也是公共部门绩效评估工作最终成果的体现。评估报告主要由概述（前言）、正文和附录组成。评估报告内容应力求言简意赅、重事实分析、重激励功能，并区分可控因素和不可控因素，管理者应对其负责范围内的绩效可控因素负责①。

2. 公布评估结果

绩效评估结果的公布是指评估者通过撰写评估报告，客观地再现整个评估过程，再现被评估者的绩效等级，根据评估的任务与要求得出结论。公布绩效评估结果对公共部门及其公务人员来说具有重要的激励和监督作用，同时也为公众对不同的部门及其所提供的服务进行选择提供了依据和参考。公众正是通过对公共部门及其所提供的服务的选择来促进公共部门责任的实现和绩效的提高。

在公共部门绩效评估的实践中，公布绩效评估结果应当成为政务公开和行政程序公正的重要内容。绩效评估结果的封闭性会使公共部门难以通过绩效评估真正发现公共管理的绩效问题，公众和利益相关者由于对公共部门绩效评估信息不甚清楚，也难以对公共部门起到监督作用。评估书或者评估报告不仅要对被评估者所处的绩效等级进行分析和说明，而且还要有对公共行政过程中存在的问题的说明及其原因分析，并提出改进建议。在此基础上，政府部门通过网络、电视和报纸等媒体向社会进行公布，并设立相应的沟通渠道，收集社会公众和有关部门的反馈意见，以利于改进下次的绩效评估活动。

3. 评估结果的分析与运用

评估结果的分析是正确运用评估结果的重要一环。“测量目前后果的水平是重要的，但仅靠它自身还不够，最好是将目前的业绩和适当的标准相比较。”② 这就要求我们对公

---

① 卓越．公共部门绩效评估．北京：中国人民大学出版社，2004：80.

② 纽科默，等．迎接业绩导向型政府的挑战．广州：中山大学出版社，2003：112.

共部门绩效评估结果进行分析比较，可以根据历次评估结果进行纵向的比较，也可以进行横向部门之间的比较。在对公共部门绩效评估结果进行分析时，除了对评估总分进行比较，还应该对评估对象的基本建设、运作机制、业务实绩等指标分别进行分析评述，从而厘清公共部门绩效与环境因素影响的关系，力求得出一个客观、公正的评估结论。

公共部门绩效评估结果的运用是公共部门绩效评估权威性和评估目的的体现，是通过绩效评估来促进被评估者全面履行职能或职责的重要途径，也反映了公共部门绩效评估对公共管理实践活动的导向性作用。

公共部门绩效评估作为一种结果导向的管理工具，其最终目标就是为了促进公共部门整体绩效和工作项目绩效的改进。完整的公共部门绩效评估结果运用流程如图 12－5 所示。

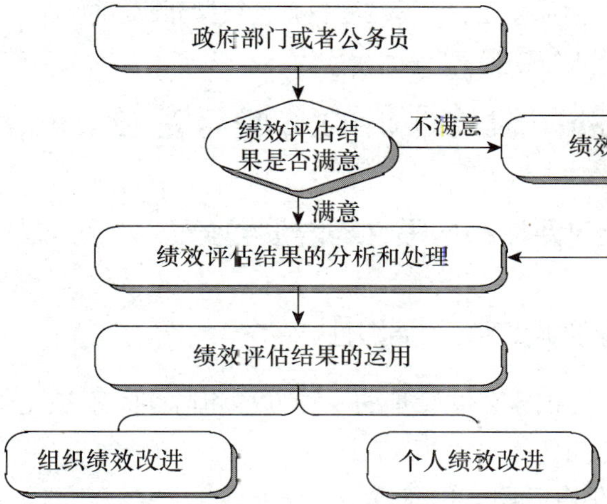

图 12－5　公共部门绩效评估结果运用流程

资料来源：蔡立辉．政府绩效评估．北京：中国人民大学出版社，2012：129.

一般而言，我国政府绩效评估结果的运用包括两个层面：就政府组织发展而言，政府绩效评估结果的运用能诊断组织存在的问题，从而改善财政预算，改善公共部门之间的合作，改善公共政策，改善公共服务和公共责任等，如图 12－6 所示。就公务人员个体发展而言，要将政府绩效评估结果充分运用到公务人员人力资源管理过程中来，从而促进公务人员绩效的改进。

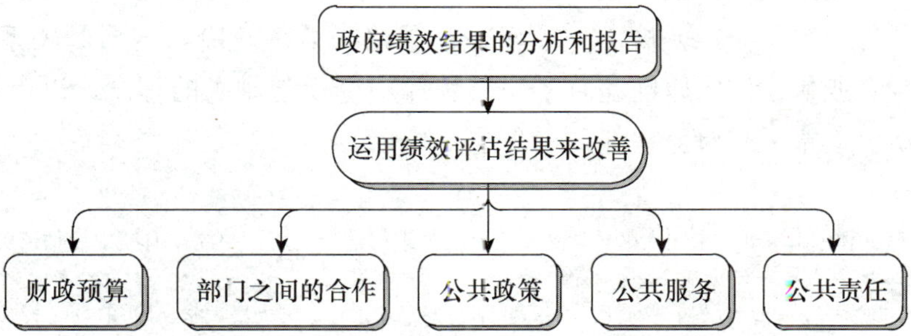

图 12－6　政府绩效评估结果运用

资料来源：蔡立辉．政府绩效评估．北京：中国人民大学出版社，2012：130.

评估结果的运用具体包括：第一，对于监管部门，可以作为改善监督的手段，将事后监管变为日常监管；第二，对于上级部门和组织人事部门，可以作为被评估者责任人晋升、任免、奖惩和待遇的参考依据，可以作为部门预算的参考依据；第三，对于被评估者，可以作为其发现问题、改进工作业绩的参考依据；第四，对于社会公众，通过定期有选择地发布评估结果可以作为加强社会舆论监督的手段①。

因此，绩效评估结果必须与被评估者的利益挂钩。通过对被评估者绩效的评估，可以为职务任免、奖惩、各项待遇制定提供可靠的依据，还可以帮助被评估者发现工作中存在的问题，为上级部门的有关决策和部门工作的改进、个人绩效的提高提供必需的依据与指导，从而从根本上改变能上不能下、能进不能出的状况。正如卡罗尔·H. 韦斯（Carol H. Weiss）所认为的，“根据项目结果的客观信息，在预算分配及项目规划上就可以做出明智的决策，产生好结果的项目会扩展，而那些表现不好的项目则会被抛弃或进行大幅度修改”②。

12.4 公共部门绩效评估的发展与完善

12.4.1 西方国家公共部门绩效评估的局限性与发展趋势

12.4.1.1 西方国家公共部门绩效评估的局限性

公共部门绩效评估作为当代西方国家公共管理的一种方法和措施，不是完美无缺的，还存在着难以解决的矛盾和种种缺陷。

1. 西方国家公共部门绩效评估自身隐含的矛盾

（1）公共部门绩效评估既要提高公共管理效率和能力，又要确保社会公平和对公众负责、提高服务质量，这种效率目标和解决各种利益冲突的民主目标在实际运作上是无法达到统一的；（2）公共部门绩效评估以绩效结果为导向的问责方式与西方国家民主共和制的问责方式、西方文官制度的核心价值存在冲突；（3）公共部门、公众、企业在价值目标上有冲突，公众个人和企业追求自身利益最大化的“经济人”特性与公共管理追求整体利益、公共利益的特性之间也会产生冲突。

为此，西方学术界对公共部门绩效评估的理论与实践存在着许多不同的争论。凯特尔认为戈尔的《国家绩效评论》报告存在着两个令人伤脑筋的问题：一是没有明确提出如何提高公共部门绩效，二是缺乏一个清楚的战略来处理政府与国会的关系③。莫尔也认为，效率或企业化运作的原则违背了民主程序中分权与制衡的理念，以市场机制解决公共问题基本上违背了政府公共部门存在的目的④。

① 中华人民共和国人事部，中国人事科学研究院行政管理科学研究所，中国政府绩效评估研究课题组. 中国政府绩效评估. 2002年5月—2003年12月：107-112.

② 费斯勒，凯特尔. 行政过程的政治：公共行政学新论. 北京：中国人民大学出版社，2002：313.

③ KETTL D F. Reinventing government? appraising the national performance review. Brookings Institution，1994.

④ MOER C. The reinventing government exercise：misinterpreting the problem，misjudging the consequences. Public administration review，1994，54 (2).

2. 西方国家公共部门绩效评估自身存在的缺陷

(1) 公共部门绩效作为被评估的对象内容，难以量化。绩效评估的一个重要前提就是必须将被评估的绩效都以量化的方式呈现出来。但作为公共部门绩效的公共产品、公共服务及其社会效果，难以通过量化的方式表现出来。同时，公共部门绩效一般没有进入市场交换领域，这导致公共部门绩效评估难以用市场价格来直接标示必要的公共管理成本。公共部门绩效难以量化，越追求精确的量化就越可能偏离科学。

(2) 公共部门绩效评估所依据的测量标准难以确立。由于公共部门绩效难以量化的特点，公共部门绩效评估所必需的绩效目标确定、评估指标体系的建立、绩效标准的确定以及公共部门绩效结果的测量，都存在着相当大的困难。

(3) 公共部门绩效评估所依据的信息资料难以收集和识别，存在信息不对称的问题，包括绩效评估时应当收集哪些信息与资料、有根据的和可信赖的信息与资料的价值是什么等。信息不对称会严重影响公共部门绩效评估的质量。

(4) 其他问题，包括如何最大限度地使用绩效评估的结果来改进公共部门绩效，越来越高的评估费用以及实施绩效评估与已有的制度之间的冲突和体制性障碍如何解决等。

公共部门绩效评估自身存在的缺陷既有技术性的因素、费用支出增长的因素，也有公共部门及其所属工作人员、绩效评估者主观的因素和现行体制的因素，这使公共部门绩效评估比较复杂、困难和难以操作。正如凯瑟琳・纽科默所说，绩效评估是试图冷静、客观地评价行政行为所产生的效果，但是，由于努力的复杂性和各种地方利益，这种冷静、客观的评价很难实现①。

因此，即便是在西方发达国家，也还不能说公共部门绩效评估已经是一项成熟的、完善的措施与制度，它有着自身难以克服的缺陷，还需要进一步丰富与发展，还需要与其他制度、措施相互配合。

12.4.1.2　西方国家公共部门绩效评估的发展趋势

西方国家公共部门绩效评估是针对当代西方国家普遍面临的公共管理问题而采取的公共管理改革措施。它在公共部门的广泛运用，显示了强大的生命力并成为一种世界性的潮流和趋势，公共部门绩效评估的理念、方法和技术逐步向世界各主要发达国家扩展。

总的来说，西方国家公共部门绩效评估的发展趋势表现为：评估的价值取向由注重经济与效率、追求投入产出比的最大化向注重综合效益、顾客满意程度和政府服务质量方面发展；注重多层次的绩效评估指标体系的确立，由经济、效率和效益“3E”评估向经济、效率、效益和公平“4E”评估发展；评估的方法更加注重定性评估与定量评估相结合、科学运用数学模型，更加注重信息化手段的充分运用，注重评估策略和评估工具的选择；评估的程序更加注重规范化、系统化、程序化和民主化，呈现出法制化、制度化和科学化的发展趋势；更加趋向公民导向，强化绩效指标设计上的外

① NEWCOMER K E. Using performance management to improve public and nonprofit programs. San Francisco: Jossey-Bass Publishers, 1997: 1, 91.

向特征和多样化的满意度调查，强化社会组织对公共部门进行独立评价和审视；等等。具体来说：

1. **强调结果导向**

传统公共管理由于受官僚制的影响，多注重过程和规则，而很少衡量结果。公共部门绩效评估作为公共管理改革的根本性措施和公共管理方法，强调结果导向的问责方式。公共部门绩效评估就是要建立一种新的公共责任实现机制。如1983年英国在721个评估指标中，效益性评估指标和服务质量评估指标分别是7个和15个；到1989年，在2 327个评估指标中，效益性评估指标和服务质量评估指标分别是556个和110个，大大提高了效益和服务质量方面的评估比重。

2. **主题更加趋向公民导向**

20世纪90年代以来，有关质量和顾客满意度指标在评估指标体系中大幅度增长，公共部门绩效评估的焦点逐渐转向了效益和“顾客满意”方面，质量被提到了重要地位。加拿大等国家还进行了大范围的顾客满意度调查，将提升顾客的满意度作为公共部门绩效的重要目标和公共部门绩效评估的重要内容。

3. **评估主体逐步走向多元化**

在公共部门绩效评估过程中广泛吸收公众和服务对象参与，从而使公众成为重要的绩效评估主体。公共部门绩效评估正在由单纯的公共部门内部评估发展到由社会机构对公共部门绩效进行评估。美国民间机构锡拉丘兹大学坎贝尔研究所自1998年以来就与美国《政府管理》杂志合作，每年对各州或市的公共部门绩效进行评估，并发布评估报告，引起了公共部门和民众的广泛关注，一些州政府在对其部门年终业绩进行评估时，也往往请专门的社会评估机构参与。公共部门绩效评估的主题趋向公民导向和评估主体趋向多元化，绩效指标设计的外向特征和多样化的公民满意度调查，以及社会组织对政府绩效的独立评价和审视，促进了绩效评估的客观性和公正性。

4. **逐步走向制度化、法制化**

这主要表现在两个方面：一是建立和健全绩效评估机构。除各公共部门根据预先确定的标准和程序进行自我评估外，多数国家还设立了专门的机构、人员及固定的程序。一方面对各部门的绩效评估结果进行整合汇总，以便公众比较评价；另一方面有选择地对一些部门的绩效进行独立评估，避免部门自我评估可能导致的失准现象。二是健全公共部门绩效评估的法制，使绩效评估成为公共部门的法定要求。美国的《1993年政府绩效与结果法案》和《以绩效为基础的组织典范法》、荷兰的《市政管理法》、英国1997年的《地方政府法》、日本2002年的《政府政策评价法》等，都以法律的形式要求公共部门提交年度绩效规划和报告，将财政预算与公共部门绩效挂钩，进行绩效评估。立法支持既是绩效评估推进的法制基础，也是绩效评估制度化的重要形式。

5. **评估技术和方法不断成熟、科学化程度提高**

评估技术和方法包括针对不同部门的不同评估方式和方法技术。绩效信息的获取和处理是公共部门绩效评估的关键，而信息技术在此方面具有无可比拟的优势。现代信息技术的飞速发展使公共部门绩效评估的信息化成为可能，为建立科学、便捷、实用的绩效管理信息系统提供了技术支持。通过政务信息化等电子政务手段实现公共部门绩效，已成为一个普遍的趋势，这有助于绩效评估更加高效、公正、顺利地进行。

12.4.2　我国公共部门绩效评估的发展途径

12.4.2.1　公共部门绩效评估在我国的实践

党的十一届三中全会以后，随着我国改革开放的深入开展，委托代理理论、人民主权理论和人民代表大会制度为政府绩效评估措施在我国政府部门中的广泛运用提供了充分的理论依据和制度条件，极大地促进了我国政府管理创新。

历史地看，政府绩效评估工作从 20 世纪 80 年代初我国试行机关工作人员岗位责任制开始，至今已有 40 年的历史①。1982 年，劳动人事部下发通知要求国家行政机关都制定岗位责任制，将岗位责任制同考核制度、奖惩制度及工资改革结合起来，在此基础上还普遍实行了目标管理责任制。1998 年，我国开始建立财政投资评审制度体系，明确了评审对象，建立了相对独立的投资评审机构队伍。2001 年，湖北省财政厅率先在恩施土家族苗族自治州选择 5 个行政事业单位进行了评价试点，开始了我国真正意义上的预算支出绩效评价。2007 年，党的十七大明确提出推进政府绩效管理与评估的要求。2008 年，党的十七届二中全会发布的《关于深化行政管理体制改革的意见》明确指出，要推行政府绩效管理和行政问责制度，建立科学合理的政府绩效评估指标体系和评估机制。这表明推行政府绩效评估事实上已经成为我国党和政府议事日程中的重要内容。2011 年，国务院批准北京、吉林、福建、四川、杭州、深圳和财政部、国土资源部、环保部、农业部、质检总局等 14 个地区和部门开展试点工作②。

2013 年 11 月，《中共中央关于全面深化改革若干重大问题的决定》进一步细化了党的十八大关于政府绩效评估顶层设计的内容，提出未来我国要改革政绩考核机制，着力解决“形象工程”“政绩工程”以及不作为、乱作为等问题。随着顶层设计的不断细化、制度化，政府绩效评估在我国逐渐落地生根并开始茁壮成长。2014—2016 年，李克强总理在政府工作报告中，先后提出要完善政绩考核评价体系，切实把各方面积极性引导到加快转方式调结构、实现科学发展上来，不断增加就业和居民收入，不断改善生态环境，使经济社会发展更有效率、更加公平、更可持续。完善政绩考核评价机制，对实绩突出的要大力褒奖，对工作不力的要约谈诫勉，对为官不为、懒政怠政的要公开曝光、坚决追究责任。这意味着我国政府绩效评估工作已经从地方政府自行探索逐步走向全国统一规划和管理，从舆论、操作层面开始走向体制、制度层面。

12.4.2.2　我国公共部门绩效评估过程中存在的问题

客观地说，当前我国公共部门绩效评估还很不成熟，其主要问题是：

（1）我国当前施行公共部门绩效评估还处于自发、半自发状态，缺乏全国统一的、

---

① 中国地方政府绩效评估体系研究课题组．中国政府绩效评估报告．北京：中共中央党校出版社，2009.

② 刘晓洋，谭海波．政府绩效管理：权力配置与模式选择：基于“控权论”的理论视角．学术研究，2013(5).

相应的制度和法律做保障，缺乏系统的理论做指导，表现出盲目性，照搬西方国家或企业绩效评估措施的现象普遍存在。

（2）在公共部门绩效评估主体方面，我国还缺乏评估主体的具体制度建构；党委组织部门、政府人事部门、国有资产管理部门在评估公务员的绩效时彼此分割，负责公务员绩效评估的专门机构还没有真正建立。

（3）公共部门绩效评估的内容不全面，没有建立科学、综合的评估指标体系，片面地将经济业绩等同于政绩，或者将公众的满意度评估等同于公共部门绩效评估的全部；评估指标的建立没有考虑在满足共同指标的同时，根据部门职责或岗位的不同科学区分不同的指标，导致绩效评估与政府职能或岗位职责的行使严重脱节。公共部门绩效一般还没有进入市场交换领域，导致公共部门绩效评估难以用市场价格来直接标示必要的公共管理成本。

（4）评估程序没有规范化、程序化，存在着很大的随意性；评估过程具有封闭性、神秘性，缺乏透明度与公开性，缺乏应有的监督。

（5）评估方法单一，没有实现定性方法与定量方法的有机结合，或者只有定性而没有定量，或者没有定性而只有定量；评估方法不科学，忽视了时间因素对绩效产生的影响，评估大多采取“运动式”“评比式”“突击式”，忽视了公共部门绩效的持续性评估。

（6）绩效评估的应用没有注重通过科学合理的绩效目标、绩效标准来规范行政行为，不是把绩效评估作为提高行政水平、规范行政行为的正面措施，而是把它作为消极防御、事后监督与制裁的手段，因而总是陷于被动。

（7）在科学的政绩观、绩效目标和绩效标准没有确立的前提下，表面化的绩效评估进一步助长了公共部门及其领导者把公共部门的主要精力放在见效快、表面化程度高的事务上，不考虑经济效益和社会效益，挥霍公共财政，刻意制造政绩工程。

12.4.2.3 科学推进我国公共部门绩效评估的措施与途径

西方发达国家公共部门绩效评估的实践经验与问题，对于正确把握我国未来公共部门绩效评估发展的方向并使之有效地发挥作用，具有重要的借鉴与启发作用。我们应在借鉴西方发达国家公共部门绩效评估经验的基础上，完善我国公共部门绩效评估，具体措施包括：

1. 促进公共部门绩效评估理论研究科学化

构建适合我国国情的、科学化的绩效评估理论体系，对有效推行公共部门绩效评估起着关键性的作用。公共部门绩效评估理论研究科学性的具体体现就是：结合公共管理的特征把企业绩效评估的理论与方法加以改造，形成有效的公共部门绩效评估理论与方法，而不是机械照搬；把西方国家公共部门绩效评估措施本土化，使其符合我国经济社会发展的实际，而不是简单移植。要促进公共部门绩效评估理论研究科学化，就要做到：

（1）注重公共部门绩效评估与企业绩效评估的差异。公共部门绩效评估不仅包含了公共管理中民主价值与效率价值的冲突，也包含了公共部门、公众、企业在价值目标上的冲突。公众、企业追求自身利益最大化的“经济人”特性与公共管理追求整体性、公共性的特征之间往往隐含着整体利益、公共利益与个人利益之间的对立。因此，公共部门作为全社会利益的集中代表及其所应承担的普遍责任，决定了公共部门绩效评估与企业绩效评估的差异。只有注重这二者之间的明显差异，才能科学地建构公共部门绩效评估的相关制度，才能真正形成良好的激励机制。否则，就会诱发更多的问题，甚至削弱公共管理的有效性。

（2）注重我国所处的发展阶段和具体国情。这里所说的发展阶段，主要是指经济、政治和法治的发展阶段。西方国家的市场经济、民主政治和法治经历了两三百年的发展，已经处于成熟阶段。发展阶段和具体国情的差异必然导致我国所要解决的社会问题、社会主要矛盾和中心任务不同；发展阶段和具体国情的差异必然引起公共部门职能定位、绩效目标、绩效标准、评估指标、绩效评估目的与任务等方面的差异，甚至包括公共部门实施途径的差异。西方发达国家公共部门绩效评估呈现的公民导向发展趋势，是与其社会成熟度紧密联系的。因此，西方国家和企业虽然都有绩效评估的实践经验，但在我国开展公共部门绩效评估研究必须有原创性，不能机械地套用；公共部门绩效评估具有系统性、综合性，不能以其中某一方面的评估来代替所有方面的评估。表象化的研究只会对我国公共部门绩效评估实践造成误导。

（3）清晰界定我国公共部门绩效评估的功能价值。公共部门绩效评估措施不是万能的，它之所以具有强大生命力不是因为它是一股世界性的潮流，而是因为它是针对公共管理所面临的具体问题而采取的解决措施。因此，研究中国的公共部门绩效评估必须明确我国政府公共管理面临的问题及其成因，结合中国社会所处的发展阶段，围绕我国开展公共部门绩效评估的历史使命来探索公共部门绩效评估的具体功能、实现途径及其价值，从而构建中国特色的公共部门绩效评估理论体系和指标体系。

2. 促进公共部门绩效评估实施的科学化

（1）要按照立法程序构建公共部门绩效目标和通过工作分析确定岗位工作职责。没有明确的绩效目标和绩效标准，公共部门绩效评估就失去了方向，绩效等级就无法确定。为了真实、准确、完整地反映公共管理的成本和绩效，应在部门职能和岗位职责配置中引进权责发生机制。

同时，要根据公共部门职能、工作岗位职责与绩效标准、绩效评估指标之间的内在关联性，科学构建绩效评估指标体系。职能、工作岗位职责是绩效评估指标确立的基础；反之，实施公共部门绩效评估能够进一步检验职能定位、工作岗位职责配置的科学性与否，从而促进职能转变、规范公共管理行为和树立科学的政绩观。绩效评估就是通过具有法律效力的绩效目标、绩效标准和评估指标来规范公共管理行为，并把公共管理对法律负责、对行为结果负责与对人民负责统一起来。

（2）要建立和完善公共部门绩效评估中信息系统和信息沟通机制。信息资料是影响绩效评估的重要因素，收集信息资料的关键是在公共部门之间、公共部门与公众之间建立起一种广泛的信息沟通机制。通过推行和完善政务信息公开机制、政务信息共享机制，提高公共部门收集、处理信息的能力和实现资源共享，建立和畅通公众表达利益与意志的渠道，提高公共部门对公众需求的回应力。

（3）要根据当前中国社会经济发展阶段和具体国情，按照“积极试点，先易后难，分步实施，逐步推进”的原则来推进和实施公共部门绩效评估，包括选择若干专业性强、业务水平高的行政行业进行试点，在总结各行业公共部门绩效评估工作经验的基础上，逐步扩大试点范围。建立与社会主义市场经济体制相适应的公共管理体制既是深化改革的重要内容，也是社会发展的需要，而科学、规范、高效的公共部门绩效评估机制应是公共管理体制中不可缺少的组成部分。

公共部门绩效评估，应该按照基础性阶段—过渡性阶段—成熟阶段的发展规律逐步推进。在基础性阶段，公共部门绩效评估主要表现为公共部门内部评估，以达到规范行为与管理、提高管理效能的目的；在过渡性阶段，公共部门绩效评估逐步表现为内部评估与外部公众评估并重的特征；在成熟阶段，公共部门绩效评估主要表现为外部公众评估和社会评估。

3. 积极营造公共部门绩效评估有效施行的环境

公共部门绩效评估作为公共管理体制中的组成部分，不是孤立存在的，而是不可避免地要与其他部分发生联系；也不是单独产生作用的，而是要与其他部分、其他措施相互作用、相互配合。因此，营造公共部门绩效评估有效施行的环境，就要解决制约我国公共部门绩效评估的体制性障碍，就要采取相应的配套措施来促进公共部门绩效评估发挥积极作用和避免公共部门绩效评估本身的缺陷。具体包括：

（1）创新公共管理观念，树立以绩效为导向的理念。创新公共管理观念，就是要摒弃那些在计划经济条件下形成的、被实践证明与社会主义市场经济发展不相适应的管理观念，形成新的、能适合市场经济和 WTO 规则的公共管理理念，要实行从管制向管制与服务并重转变，从单一主体的公共管理向党委领导、政府负责、社会协同、公众参与的社会公共管理转变，从效率型公共管理向绩效型、责任型、法治型公共管理转变，从部门分割、地方分割向一体化的业务协同和资源共享转变，经济生产与管理方式从工厂经济、注重实物向知识经济、注重品牌与服务转变。

（2）根据社会的需要，科学界定公共部门职能。这里所说的社会的需要，主要是指经济体制的需要。在当今市场经济条件下，市场经济体制具有配置资源、提高生产率、促进效益分配的功能，对社会经济生活起着基础性的调节作用。市场经济体制所表现出来的配置资源和对经济生活的基础性调节作用，决定了公共部门必须由过去无所不包发展为将一些职能交给社会去承担和由市场机制去指挥调节，实现从社会的部分撤退。

只有根据社会的需要确定公共部门职能，才能科学地确定公共部门的绩效目标、绩效标准，科学构建评估指标体系，才能将原有公共部门行使的部分职能交给社会组织、企业或个人承担，收缩公共部门的社会职能和经济职能及其相应的机构，才能真正明确政府绩效的内容和范围，也才能保证公共部门有足够的精力和资源去实现其绩效目标。

（3）打破制约公共部门绩效评估施行的体制性障碍，营造公共部门绩效评估有效施行的体制环境。公共部门绩效评估措施的施行及其作用的发挥，在相当程度上取决于体制环境的持续改善，同时，体制环境条件还会影响公共部门绩效评估的实际效用。

因此，营造体制环境是推进公共部门绩效评估有效施行的关键。打破体制性障碍最根本的途径就是通过制定相关的法律法规来解决绩效评估与已有制度和措施之间的矛盾冲突，通过立法来确认公共部门绩效评估的效力与地位。

4. 着力推进行政业务流程再造

要有效推进并发挥政府绩效评估的作用，就必须着力推进行政业务流程再造。行政业务流程再造是在一定的政治环境下通过行政改革与现代科学技术应用有机结合的方式来实现的，它为有效推行政府绩效评估并使它发挥积极作用营造了制度环境。在网络化、信息化的社会条件下，网络信息技术的应用为实现行政业务流程再造提供了动力、载体和技术支撑。行政业务流程再造的过程就是对传统管理模式、组织结构模式、业务模式和服务传递方式进行根本性的重新设计、改革，并通过网络信息技术对重新设计和改革后的管理模式、组织结构模式、业务模式和服务传递方式进行固化的过程。

行政业务流程再造是一种系统的、综合的提高政府部门绩效的方法，它不是单纯的网络信息技术解决方案，而是网络信息技术的应用与行政改革的有机结合；它以顾客为中心，十分重视公众和利益相关者，能够回答公众需要什么、能实现什么、什么将受到影响、变化将在何时发生等问题；行政业务流程再造是通过优化政府组织结构、打破条块分割体制和部门界限来实现政府部门资源共享和跨部门的网络化协同办公，使那些没有关联的、权限上分离的、地理上经常分散的政府部门与服务整合起来以至于从表面上来看天衣无缝。行政业务流程再造强调的是政府绩效和服务质量的显著提高，从而使政府与公众和企业之间的互动变得十分容易，大大提高了政府对社会需求的回应能力、科学决策能力和沟通协调能力，并从根本上把政府管理从封闭的行政系统中拓展出来，改变了以往手段落后的问题。

正如图 12－7 所示，行政业务流程再造越复杂、涉及机构越多，其所受到的制度性障碍就越大。

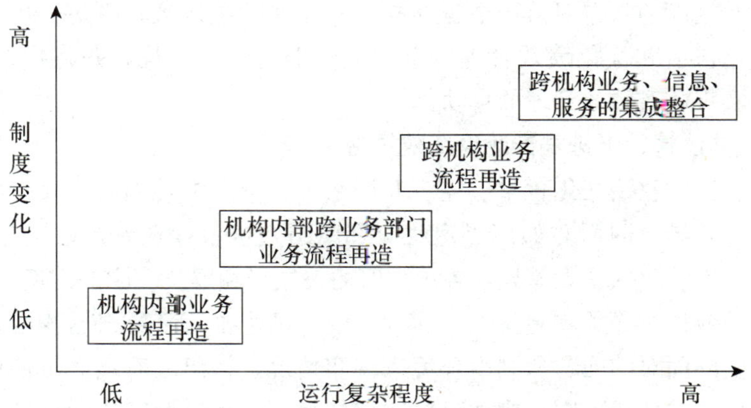

图 12－7　行政业务流程再造、运行复杂程度与制度性障碍之间的关系

行政业务流程再造作为实施政府绩效评估的一项有力措施，体现了管理体制的革命，必定会遇到来自政府内部的阻力。无论是过去还是现在，体制的因素、人的因素以及旧的行政文化，都会极大地影响行政业务流程再造的程度而成为政府绩效评估的障碍，使实践不会轻易地触动那些更深层的组织结构和行政运行程序，包括权力关系、政治关系和监督程序，由此常常表现出政府组织倾向于以一种提高效率和服务质量，同时又维持现状的方式对新的管理方式、管理技术加以运用。

5. 实现信息技术应用与政府绩效管理的有机结合

绩效管理不同于传统的管理方式，它强调以结果为导向，是一种结果管理；它强调以问题为导向，通过评估以及每个评估指标上的具体得分来发现绩效问题，从而提升绩效；它强调通过绩效目标和评估指标来规范行为，提高政府的执行力和公信力。因此，实现信息技术应用与政府绩效管理有机结合，就是要改进传统的绩效管理方法，提高政府绩效管理信息化水平；就是要通过绩效管理信息系统建设、数据交换平台建设和绩效管理数据库建设实现绩效管理信息系统与业务应用系统、办公自动化系统以及公共数据库的无缝链接，将行政管理行为所产生的数据资料自动交换到绩效管理信息系统和数据库，实现行政管理行为与绩效管理的同步，实现信息技术对绩效管理和自动化评估的支撑；就是要运用信息技术收集信息、处理信息的能力提高政府绩效管理的效率、水平、科学性，消除或减少重复劳动；就是要将绩效管理环节、内容和功能进行设计、编程和IT化形成系统软件以弥补人在执行绩效管理过程中的主观缺陷①。

在大数据时代，要实现信息技术应用与政府绩效管理的有机结合，就要做好以下工作。一是加强信息化环境下的政府绩效管理顶层设计，设计内容包括：绩效管理体制机制、绩效目标订立、绩效实施、绩效评估、绩效结果反馈、结果应用、管理程序，以及政府整体绩效评估、公共项目绩效评估和人力资源（个人）绩效评估的目标设立，评估指标设立和筛选，评估主体的选择与确定，评估指标权重确定，评估标准和评估方法确定，评估绩效等级划分，评估结果分析与公布，评估结果运用，评估程序等的设计。二是充分运用大数据、云计算等技术，注重绩效管理数据整理、数据库建设与数据交换共享，实现信息系统对绩效管理和自动化评估的有力支撑，包括根据绩效管理自动化所需数据，构建绩效评估所需的数据库，实现绩效管理信息系统与业务应用系统、办公自动化系统和各类数据库的数据对接、数据交换。三是实行绩效流程再造，按照绩效管理的内容环节要求，再造和优化绩效管理每个环节内部的管理流程，并将再造后的流程IT化，从而最终实现政府绩效管理的自动化。

6. 立足我国国情，渐进推行政府绩效评估

事实上，各国的政治文化背景、经济发展水平、国内主要矛盾、政府公共管理能力等方面存在较大差异，因而对如何界定政府部门绩效也就存在着行政文化、行政理念、管理制度和管理方法上的重大差异，各国政府的关注点和解决问题的角度也有很大不同。我国政府开展绩效评估必须立足国情，深入研究，渐进推行。要根据我国政府公共管理的历史传统、实际面对的问题和制度环境等现实情况，提出政府绩效评估稳妥可行的实施方案，选择恰当的评估范围，构建科学的评估指标体系，形成科学化的政绩观念。在此基础上，进行充分论证和试点，分步骤、有重点地实施。

在绩效评估的具体指导思想上，我国政府绩效评估要坚持经济建设与社会公平并重、管理职能与服务职能兼顾、发挥政府部门的主动性与行政权力的适度制约相结合。在我国近期阶段，还要强化寓社会管理于公共服务之中的职能行使；随着我国制度的逐步完善、社会发展的逐步成熟，政府的公共服务职能也将越来越重要。

在评估指标体系的构建上，开展政府部门绩效评估，应当按照政府部门的职能分类设计绩效评估指标体系；开展公务员绩效评估，应当按照公务员的不同类型（包括管理类、专业技术类和行政执法类）分类设计绩效评估指标体系。同时，要坚持定量指标与

① 蔡立辉，吴旭红，包国宪. 政府绩效管理理论及其实践研究. 学术研究，2013（5）.

定性指标并重，尽量做到量化；客观指标和主观指标并举，客观指标优先；既要防止设计过简，又不要搞得过繁；要注重指标的可操作性，难易适中，先易后难。

政府绩效评估体系具体应包括：评估指标体系、绩效评估标准、评估方式体系、评估程序体系、评估组织体系、评估制度体系、评估信息系统等。政府绩效评估体系的设计从长远看应致力于建立一套开放性和竞争性的公共资源配置机制，通过有效的绩效信息的提供，引导公共资源的有效配置和合理流动。从预算的高度，提高公共财政资源的配置效率和利用效率；从人力资源配置的高度，提高人力资源配置、岗位设置的科学性和有效性，从而推进公共管理型和服务型政府的建设进程。

在具体方法和步骤上，就全国范围来看，根据社会经济发展的不平衡性，要大体区分东、中、西部地区的不同实施水平和进度，并体现绩效标准、评估指标等方面的明显差异。就一个地区来说，其各个地方在实施中也要允许差别，体现差别。从行政层级上说，中央、省、市（地）、县（市）、乡（镇）五级政府机构，各个层级的绩效指标要有明显区别。要选择比较贴近实际、贴近社会、工作比较具体的部门，先行开展政府绩效评估工作；在同级政府部门中，要选择行业化、专业化强，易于进行量化评估的部门首先进行标准化的政府绩效评估试点，以便从中取得经验，带动一般。在此基础上，总结各地政府和部门那些科学化、公正化、操作性强的方案和具体方法，形成具有指导作用的一般性原理，并逐步向其他部门推行。同时，要总结政府绩效评估实践中存在的原有体制障碍，及时采取配套措施，从而使政府绩效评估措施有效发挥作用。

政府绩效评估是一项综合的系统工程。要使绩效评估形成长效机制，就要建立科学合理、结构完整、措施配套、操作易行的评估体系。这一体系既要关注政府绩效的总体部署、战略目标和规划，又要选择适当的绩效评估模式；要体现出分部门、分项目、分层次、分地区、公务员分类管理的特点，还要完善配套措施和规章制度，建立绩效评估报告制度、问责制度、奖惩制度等。

从社会发展阶段上说，树立服务型政府的理念，更加注重履行社会管理和公共服务职能，谋求建立绩效型、责任型政府是当代中国深化行政体制改革和进行政府管理创新的重要内容和根本性措施，也是构建党委领导、政府负责、社会协同、公众参与的社会公共管理格局的重要内容和根本性措施。因而，政府绩效评估在我国具有广阔的发展空间和前景。

政府绩效评估理论研究及其实践需要对政府公共管理与社会环境之间的相互渗透进行重新思考，不仅要注重绩效评估之于政府公共管理的影响，而且要注重工业经济时代形成的行政观念、行政理论、行政官僚体制对绩效评估有效发挥作用的阻碍。

我国现阶段推行政府绩效评估措施，要尊重政府绩效评估施行的发展规律，不能一刀切，不能一哄而起；要注重实施政府绩效评估的现实条件、具体进程与方法，促进政府绩效评估实施的科学化；要注重与政府绩效评估措施配套的其他措施的完善，注重选择业务规范、单一的行业或部门进行绩效评估试点，取得经验后再逐步推广，实施“分步实施、逐步推进”的策略。

本章小结

1. 以结果为导向的公共部门绩效评估，作为公共部门内部改革的措施，是一种新的责任实现机制，有助于提高公共部门的自主性；作为改善公众与公共部门之间关系的措施，有助于提高公共管理的效率和服务质量，有助于构建公共部门负责、社会协同、公众参与的社会公共管理格局；作为公共管理的一种新方法，它对目标、任务的定位和对结果的测量已经推动了公共部门用一种新的眼光去思考对管理计划或具体目标完成情况的测量。

2. 科学、合理地建构公共部门绩效评估指标体系是确保绩效评估结果客观、准确、公正的关键。构建公共部门绩效评估指标体系的一个重要出发点就是将公共部门绩效所涉及的所有领域的复杂关系简单化，用综合的评估指标获取尽可能多的绩效信息，为公共管理提供行为规范，为把握和了解公共部门绩效现状提供科学的测量依据。

3. 公共部门绩效评估过程并不是一个单一的行为过程，而是包含了确定绩效目标、阐明评估的任务与目的要求、构建可量化的评估指标和评估标准、划分绩效等级、公布评估结果、运用评估结果等环节在内的综合行为系统。在这个行为系统中，确定绩效目标、进行工作分析是起点和基础，建立一套能够反映行政效能的评估指标、绩效标准和计量方法是核心，运用大数据技术等信息化手段是重要支撑。

4. 公共部门绩效评估是针对当代西方国家普遍面临的公共管理问题而采取的公共管理改革措施，在公共部门被广泛运用，显示了强大的生命力并形成一种世界性的潮流和趋势。在我国开展公共部门绩效评估研究必须有原创性，不能机械地套用；要根据当前中国社会经济发展阶段和具体国情，按照“积极试点，先易后难，分步实施，逐步推进”的原则科学推行。

关键术语

绩效　绩效评估　绩效计划　绩效目标　绩效标准　评估指标体系　绩效改进　评估结果运用　《国家绩效评论》　《1993 年政府绩效与结果法案》

复习思考题

1. 分析西方国家公共部门绩效评估对我国的启示与参考意义。
2. 联系实际论述绩效标准的作用。
3. 构建公共部门绩效评估指标体系应考虑哪些依据？
4. 论述在当代中国推进公共部门绩效评估的具体措施与途径。
5. 为什么说绩效管理是一种激励管理？

参考文献

1. 哈拉契米．政府业绩与质量测评：问题与经验．广州：中山大学出版社，2003.
2. 威尔达夫斯基，凯顿．预算过程中的新政治学：第 4 版．上海：上海财经大学出版社，2006.

3. 财政部财政科学研究所《绩效预算》课题组. 美国政府绩效评价体系. 北京：经济管理出版社，2004.

4. 蔡立辉. 西方国家政府绩效评估的理念及其启示. 清华大学学报，2003 (1).

5. 蔡立辉. 政府绩效评估的理念与方法分析. 中国人民大学学报，2002 (5).

6. 蔡立辉. 政府绩效评估概论. 北京：高等教育出版社，2017.

7. 蔡立辉. 政府绩效评估：理论、方法与应用. 北京：中国教育文化出版社，2006.

8. 范柏乃. 政府绩效评估理论与实务. 北京：人民出版社，2005.

9. 郭济. 绩效政府：理论与实践创新. 北京：清华大学出版社，2005.

10. 刘旭涛. 政府绩效管理：制度、战略与方法. 北京：机械工业出版社，2003.

11. 刘颖，杨文堂. 绩效评估制度与设计. 北京：中国经济出版社，2005.

12. 马国贤. 政府绩效管理. 上海：复旦大学出版社，2005.

13. 孟华. 政府绩效评估：美国的经验与中国的实践. 上海：上海人民出版社，2006.

14. 倪星. 中国地方政府绩效评估创新研究. 北京：人民出版社，2013.

15. CLINTON B，GORE A. Report of the national performance review：putting customers first，standards for serving the American people，1994.

16. COOPER P J. Accountability and administrative reform：toward convergence and beyond//PETERS B G，SAVOIE D. Governance in a changing environment. Ottawa：Mc Cill-Queens University Press，1995.

17. General Accounting Office. Major management challenges and program risks：a governmental perspective，1999.

18. GORE A. Creating a government that works better & costs less：federal emergency management agency，1994.

19. GORE A. Creating a government that works better & costs less：reengineering through information technology，1994.

20. GORE A. Creating a Government that works better & costs less：reinventing support services，1994.

21. GORE A. Creating a government that works better & costs less：status report，1994.

22. GORE A. Report of the national performance review，1993.

23. Government Performance and Results Act of 1993.

24. NEWCOMER K E. Using performance management to improve public and nonprofit programs. San Francisco：Jossey-Bass Publishers，1997.

25. POLLITT C，BOUCKAERT G. Public management reform：a comparative analysis. Oxford：Oxford University Press，2000.

第13章

公共部门改革

本章导读

公共部门改革作为一个热门的话题，是一个全球化的术语，不管是国外还是国内都使用公共部门改革这个概念来解释公共部门自身职能、结构及其与社会、市场、企业之间关系的调整。就中国而言，随着经济体制改革和政治体制改革的深入开展，与这种“体制化”概念相对应，常常使用行政体制改革这个术语，我国公共部门改革注重的是对现有行政体制所进行的调整；新时代公共部门改革，提出了“完善和发展中国特色社会主义制度，推进国家治理体系和治理能力现代化”的全面深化改革的总目标。本章围绕公共部门改革的含义和内容、西方国家公共部门改革及其评价、中国行政体制改革等方面进行阐述。

知识结构图

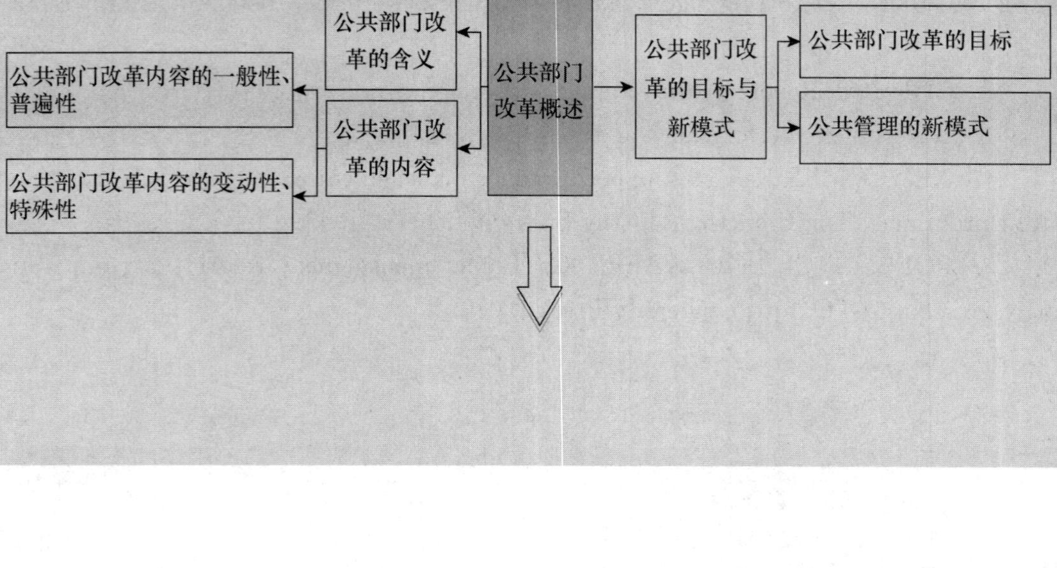

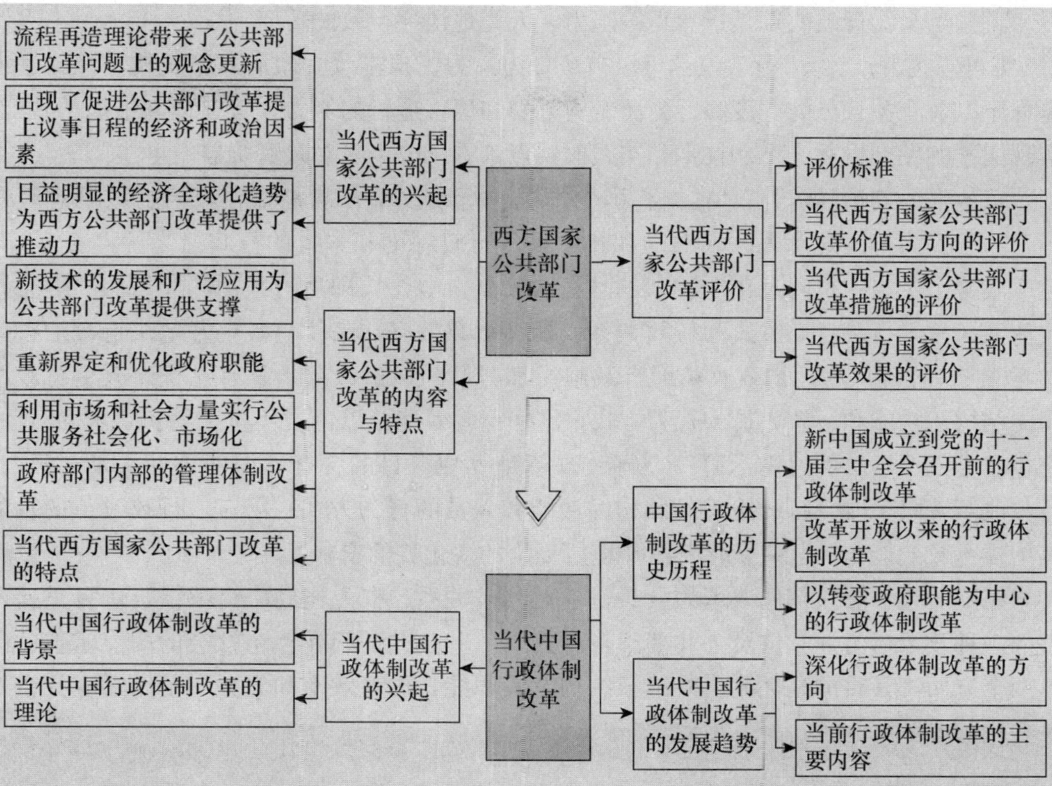

重点问题

- 公共部门改革的含义
- 当代西方国家公共部门改革的内容、特点及评价
- 我国行政体制改革的发展历程、内容及发展趋势

13.1　公共部门改革概述

13.1.1　公共部门改革的含义

公共部门改革，又称行政改革。关于行政改革的含义，具有代表性的观点有以下几种：

美国学者蒙哥马利认为，行政改革是一个政治过程，是指调整行政机构与社会其他要素之间的关系，或者调整行政机构内部的关系；改革的目标和所提出的种种弊病都随着政治情势的不同而改变①。

① 蒙哥马利．行政改革的根源．印第安纳州布鲁顿比较行政学研究组，1967：1.

凯顿认为，行政改革是指“克服阻力，人为地诱导行政的转变”①。

K. R. 霍普认为，“行政改革可以被解释为：为了根本改变政府官僚机构的结构和办事程序以及有关人员的态度和行为而专门筹划和慎重进行的努力，旨在提高组织的效能，实现国家的发展目标……从技术和实践的观点来看，改革是对政府机器的重建”②。

黄达强、刘怡昌认为：“根据我国的情况，行政改革一般是指在政府行政管理范围内，为了提高行政效率，改变旧的和建立新的行政制度和方式的行政行为。”③ 王沪宁、竺乾威提出了与“行政改革”相似的“行政发展”概念，即通过采用科学方法、健全行政体系、改善行政活动方式和行政关系、提高行政效率，来使行政更好地执行政治权威的意志④。任晓认为，行政改革即行政组织和行政人员的改革，是有意识地改变行政组织的结构、功能和行政人员的行为方式，增强行政效能，以适应环境变化和要求的活动。它包含了三个层次的意思：第一，行政改革是一种有目的、有意识的理性活动；第二，行政改革着眼于改变行政组织的结构、功能和人员的行为方式；第三，行政改革的目的是增强行政效能，以适应变化着的环境所提出的变化着的要求⑤。

综上所述，公共部门改革的含义是：对利益关系、权力格局、组织结构进行重新调整的一种政治行为，它涉及公共部门自身的改革和公共部门在整个社会的职能定位的改革两个方面，其目的是优化公共组织结构及其职能，提高效率和服务质量以适应社会发展变化的要求。

13. 1. 2　公共部门改革的内容

13. 1. 2. 1　公共部门改革内容的一般性、普遍性

公共部门改革内容的一般性、普遍性，指的是任何公共部门改革都涉及公共部门自身和公共部门在整个社会的职能定位这两个方面。公共部门自身的改革一般都包括优化与调整组织结构、改革管理体制、健全公共权力运行机制、改革人事管理制度。公共部门在整个社会的职能定位的改革一般都包括明确公共部门职能、改革各种职能关系（诸如政府与企业、政府与市场、政府与社会、政府与各类中介组织的职能关系）、优化职能配置、重新塑造公共管理行为模式。

公共部门改革内容的一般性、普遍性，为我们认识各种公共部门改革的共性提供了理论指导。许多学者对当代西方国家公共部门改革内容的概括，也都是从一般性、普遍性角度提出的。学者们认为，当代西方国家公共部门改革体现了政府退缩与市场回归这个主线，在关注公共部门内部改革的同时，也强调了政府与社会、政府与市场关系的改革。美国学者帕特里夏·英格拉姆把当代西方公共部门改革的内容概括为四个方面：

---

① CAIDEN G E. Administrative reform. Chicago：Aldine，1969：8.

② 霍普. 发展中国家的政府腐败与行政改革. 国外社会科学，1988 (9).

③ 黄达强，刘怡昌. 行政学. 北京：中国人民大学出版社，1988：381.

④ 王沪宁，竺乾威. 行政学导论. 上海：上海三联书店，1988：382.

⑤ 任晓. 中国行政改革. 杭州：浙江人民出版社，1998：16.

(1) 预算和财政改革；(2) 结构改革，包括中央机构的重组、中央向地方分权化改革、私有化和其他卸载（off-loading）改革、规模缩小（down-sizing）或适度化（right-sizing）改革；(3) 程序或技术改革，包括简化程序、增加灵活性、实行绩效工资；(4) 相互关系方面的改革，包括政治家与公务员之间的关系、公务员与公民之间的关系。每一类改革都涉及公共部门内部运转及其与外界的关系，每一类改革都试图从不同的角度解决公共管理和公务员中的问题①。

美国学者B. 盖伊·彼得斯则从组织结构、人事管理制度、政策制定和公共利益四个方面来讨论当代西方公共部门改革的内容②。

美国学者赫伯特·考夫曼提出，公共部门改革的内容包括七个方面：(1) 限制行政机构直接管辖下的人员数量；(2) 将有关职能置于统一的指挥之下；(3) 为公共管理人员配备充分的辅助人手（各级行政部门都曾经一贯地不断增加这类人员）；(4) 授权公共部门公正而自主地改组其所领导的机构；(5) 减少某些单位和单位领导人对政治领导人所承担的责任，保持政策的稳定性；(6) 分散行政权限；(7) 增加公众对公共管理的参与③。

我国学者周志忍把当代西方国家公共部门改革的基本内容归纳为三方面：(1) 社会、市场管理与政府职能的优化（包括非国有化、自由化、压缩式管理等）；(2) 社会力量的利用和公共服务社会化（包括政府业务合同出租，以私补公，打破政府垄断，建立公共部门与私营企业的伙伴关系，公共服务社会化）；(3) 公共部门内部的管理体制改革（包括利用信息技术革命成果建立与完善公共行政信息系统，分权与权力下放，部门内部的组织结构改革，公共人事制度改革，提高服务质量以改善公共机构的形象，实现公共行政传统规范与工商企业管理方法的融合等）④。

13.1.2.2 公共部门改革内容的变动性、特殊性

公共部门改革内容的变动性、特殊性，指的是不同国家的公共部门改革，其内容及侧重点有所不同；同一个国家在不同时期，公共部门改革的内容及侧重点有所不同。也就是说，就某一次特定的公共部门改革来说，总是有其侧重点和不同的内容。

在不同的国家，改革的内容无疑是有差异的。美国的公共管理体制早已定型并稳定地延续了多年。20世纪90年代的公共部门改革是在既定的体制框架下所进行的一种调整和修补，侧重于公共部门服务方式与公共管理模式的改革以及机构和人事管理的改革，所涉及的大多是具体的技术性层面的问题。其他发达国家所进行的当代公共部门改革也具有大致类似的情况。在发达国家，由于政治和经济的二元化程度较高，公共部门改革通常着眼于削减公共财政开支、提高效率、以较少的投入（人力、财力）获取较高的产

---

① 英格拉姆. 公共管理体制改革的模式//国家行政学院国际合作交流部. 西方国家行政改革述评. 北京：国家行政学院出版社，1998：48.

② 彼得斯. 政府管理与公共服务的新思维//国家行政学院国际合作交流部. 西方国家行政改革述评. 北京：国家行政学院出版社，1998：2.

③ 斯蒂尔曼. 公共行政学：下册. 北京：中国社会科学出版社，1989.

④ 周志忍. 当代国外行政改革比较研究. 北京：国家行政学院出版社，1999：30-37.

出（良好的政策和服务）。但在正经历着经济和社会大转变的发展中国家，除了技术性地削减开支、提高效率外，公共部门改革更多的是着眼于调整公共部门功能、增强公共管理效能、推进国家发展，较多地涉及重新估价和认识公共部门的作用、回应国际环境提出的挑战、塑造有效的公共管理队伍以及反腐败等主题。

在同一个国家，公共部门改革在不同的历史时期也有不同的内容。因为一个国家公共部门改革的内容是由这个国家所处的社会发展水平、发展阶段和所面临的主要社会问题与根本任务所影响和决定的。一个社会成熟度越高，一般说来其公共管理体系的发展也越完善，越不需要做出重大的变革。对于一个处于社会转型中的国家来说，其公共管理体系的重新塑造往往是社会变革的重要内容。同时，一个国家的公共部门改革还要受到这个国家历史和文化传统的制约。

以美国为例，19 世纪后期，美国面临着政党分赃制所带来的种种弊端。政党分赃制起源于 19 世纪 20 年代，由当时的美国总统安德鲁·杰克逊首开先例，其主要表现是：以党派或私人利益为标准而不是以履行公职的能力为标准任命官员，党棍们支配重要官职的任命，官职轮流等。每一次新总统一上台，便对政府官员进行大清洗、大换班。在政党分赃制下，能力对大多数官职来说，已不是必要的先决条件，对政治老板的效忠胜过了对职务的关心。分赃制同镀金时代那种贪得无厌的商业作风交织在一起，发展到登峰造极的地步，给政府行政和社会风气带来了极大流弊[①]。因此，建立以能力和考试为基础的官员队伍、保持行政的稳定性成为美国当时迫切的社会需求，于是便有了 1883 年《彭德尔顿法案》的制定和常任文官制度的建立。到 20 世纪 30 年代的资本主义经济大萧条时期，为了挽救和恢复国内经济，罗斯福推出了一系列“新政”，使得政府干预空前强化，在行政体系上表现为一系列新机构的建立、行政权力的扩大与广泛渗透。第二次世界大战结束后，美国公共部门改革的内容又发生了变化。1947 年成立的以赫伯特·胡佛总统为首的第一届胡佛委员会和 1953 年成立的第二届胡佛委员会则是对新政和第二次世界大战时期公共部门改革的一种修正。1946 年，共和党重新控制国会，并认为，伴随着政府职能的广泛扩大，已产生了一个臃肿的官僚制度。因此，第一届胡佛委员会着眼于：(1) 设法削减政府开支；(2) 消灭重复交叉；(3) 合并类似职能；(4) 取消多余职能；(5) 规定和限定行政活动。共和党人建立第二届胡佛委员会则是为了取消新政时期成立的许多行政机构。显然，这时候的美国公共部门改革，已不再是从政党分赃制到常任文官制的革命性变革，而是着眼于组织结构和工作程序的改良。

在克林顿时期，美国公共部门改革——重塑政府运动的目标是创造一个“花钱少、办事好”的政府，并坚持顾客导向、结果控制、简化程序和一削到底原则。改革的重点是联邦行政体制的完善和政府服务的改进方面。这一改革包括四部分内容：

第一部分内容是消除官样文章。具体包括：(1) 有效率地简化预算过程，联邦财政开支改为两年期预算，允许各部（委员会）保留 50%当年未用完的行政经费。(2) 人事制度分权化，逐步取消篇幅浩繁、内容复杂的《联邦人事手册》，简化现有联邦人事分等制度，给予各部门在人员聘雇和薪资上更多的弹性。(3) 有效率地简化联邦政府的采购

---

① 王锦瑭. 美国文官制的改革. 世界历史，1985 (3).

方式，重新修改联邦采购管制法规，从原则规定改为原则指导。（4）调整各行政部门调查官的职责，从严格作业审查改为帮助改进行政管理。（5）消除过滥的管制规章，三年内减少半数以上各政府机关之间的管制法规。（6）授权给各州及地方政府，赋予其若干选择性的权力以暂时规避联邦管制法规等。

第二部分内容是以服务“顾客”为中心。具体包括：（1）给予“顾客”选择机会，聆听“顾客”反映；遵守“顾客服务标准”，加速改善对纳税人的服务。（2）把竞争机制引入公共服务机构，逐步消除公营独占事业（如联邦政府印制局），统一各联邦机构的成本会计标准。（3）把部分公营事业私有化（如将航管局改组为私人公司）。（4）利用自由市场机能来解决问题，鼓励用市场机制来代替直接管制（如解决环境污染问题以及工作环境的安全与卫生问题等）。

第三部分内容是充分授权和追求结果。具体包括：（1）充分授权，扩大管理人员的权限。（2）联邦政府职员必须担负追求结果的责任，联邦政府必须设定和追求一个可以衡量的目标并定期提出结果报告。（3）给予联邦职员适当的资源以完成使命；各机构将获得适当的权力以自行获得和运用人员训练经费，发展一套可运用于联邦政府之内的信息技术策略。（4）提高工作环境的质量，确保工作机会均等，促进劳工多样化。（5）建立管理阶层和劳工阶层的合作关系，成立国家合作关系委员会来负责联邦管理人员与劳工之间的合作和联系。（6）发挥领导能力，每个联邦机构应任命一名实际执行主管，推广质量管理训练。

第四部分内容为回归基本——裁汰冗赘计划和机构。具体包括：（1）消除不必要的支出，赋予总统更多的裁减支出项目的行政权力；关闭多余设施，削减过时计划；统一权责，合并功能相似的联邦机构（如将缉毒局等的功能移交给联邦调查局）。（2）增加联邦政府征收的金额，扩大各部门自行设定服务费用以及运用所征收金额的权力，允许联邦机构委托社会债务公司追讨债务。（3）允许联邦各机构成立创新投资基金以从事长期投资。（4）运用“企业再改造工程”方式降低计划成本，支持迅速发展一个全国性的资信系统，以“电子化政府”的方式传递政府服务与信息①。

13.1.3 公共部门改革的目标与新模式

13.1.3.1 公共部门改革的目标

关于公共部门改革目标的学习与研究，应当树立如下总的观点：一是公共部门改革都要有目标，没有目标公共部门改革就会失去方向；二是公共部门改革目标不是固定不变的，公共部门改革目标会因各个国家政治、经济、社会状况的不同而有所不同，会因一个国家所处的发展阶段、所面临的社会问题和根本任务的不同而有所不同。不同国家或同一个国家在不同时期，对公共部门改革的目标都有不同的选择。

概括起来，公共部门改革目标包括以下方面：

---

① 李中兴．克林顿的政府改革计划．美国月刊，1993，8（12）．

1. 促使公共管理更富有创新、开拓精神

对挑战的积极回应意味着创新与开拓，意味着摒弃陈旧的思维方式和思想观念，摒弃陈规陋习，创造新模式，走出新路子。创新、开拓表现为观念与理论创新，职能优化与管理体制创新，公共管理方法、手段创新与管理能力提高这三个相互联系、相互作用的层次，如图 13－1 所示①。

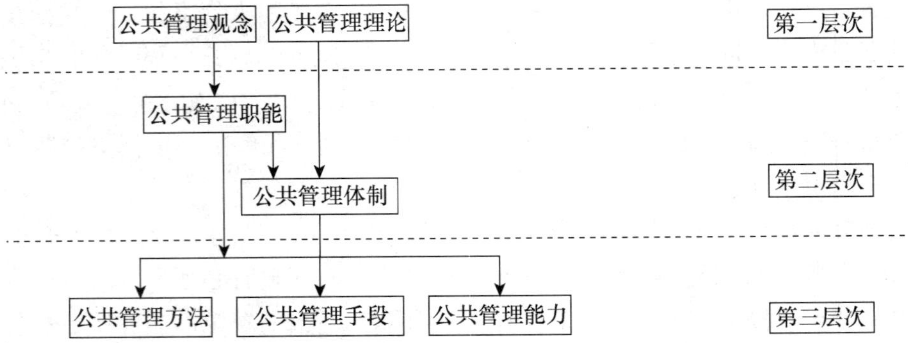

图 13－1　公共管理创新的内容及目标

2. 促使公共管理更为经济，降低人力、物力和财力投入

这是公共部门改革最常见的目标之一。公共部门不堪财政支出上升的重负，往往寻求改革。可以说，历史上的公共部门改革多是以财政危机为契机而被提出的，在很大程度上都是迫于财政的压力②。因此，公共部门改革通常都包括削减行政开支的内容。

3. 提升公共部门绩效，提高公共管理效能

这是公共管理结果方面的目标，强调通过改革促进公共管理制定出更为科学的政策，为社会提供更高质量水平的公共产品与服务，提高公众对公共部门的满意程度。这个目标反映了社会需要和公共管理目标的多重性。为实现这个目标，公共部门改革就要涉及公共部门内部结构的重组、组织间协调的增强、公共管理模式和行为的改进等。

4. 促使公共管理提高效率

公共管理效率是指公共管理活动过程中投入与产出的比例，或公共部门在单位时间、单位物质所获得的产出数量。具体包括：（1）效率比例，即投入与产出的比例、单位时间内提供公共产品或公共服务的数量比例、单位物质提供公共产品或公共服务的数量、无形损耗与一定的公共产品或公共服务之间的数量比例；（2）频率大小，即公共部门活动节奏的快慢，包括公共产品或公共服务提供之间的时间间隔、公众提出要求与公共部门做出反应之间的时间间隔；（3）环节多少，即某个行政活动从开始进行到这个全部结束之间的距离远近、步骤多少和所经过的公共部门多少。提高公共管理效率最根本的是要提高纳税人的办事效率、降低纳税人的办事成本③。

5. 促使公共管理系统更具适应性

当今世界科学技术的飞速发展、社会生活复杂性的日益增强以及社会的不断变化，

---

① 蔡立辉．应用信息技术促进政府管理创新：内涵、目标与任务．中国人民大学学报，2006（4）．

② 秦郁彦．日本官僚制研究．北京：三联书店，1991：205．

③ 蔡立辉．政府绩效评估：理论、方法与应用．北京：中国教育文化出版社，2006：44．

都要求公共管理系统根据环境的变化及时做出反应，积极回应社会变革对公共管理系统提出的挑战。因而，增强公共管理系统的适应能力成为公共部门改革的应有之义。

6. **促使公共部门更为负责**

公共管理的民主精神和适应管理民主化的发展要求，越来越强调公共管理向公共服务的方向转化。公共部门服务的对象是公众，而且不具有选择性。因此，公共部门改革就必然要促使公共管理体系更加贴近公众、对公众更为负责，提高公众对公共部门的满意和信任程度，发展公共责任。

当代中国行政体制改革的目标就是通过改革，建立与社会主义民主政治体制相配套、与社会主义市场经济体制相适应的中国特色社会主义的行政体制，主要包括：造就高素质的专业化行政管理干部队伍；把依法施政贯穿于公共行政全过程；建设廉洁、勤政、务实、高效的人民满意的政府；进一步转变政府职能，改进管理方式，推行电子政务，提高行政效率，降低行政成本，形成行为规范、运转协调、公正透明、廉洁高效的行政管理体制。

13.1.3.2　公共管理的新模式

当代西方国家的新公共管理运动形成和造就了新的公共管理模式。由于各国情况的不同、各位学者研究角度的不同，形成了不同的新模式。主要包括：

1. **戴维·奥斯本等人的“企业家政府”模式**

戴维·奥斯本、特德·盖布勒在《改革政府：企业精神如何改革着公营部门》一书中，全面阐述了“企业家政府”模式：（1）起催化作用的政府：掌舵而不是划桨；（2）社区拥有的政府：授权而不是服务；（3）竞争性政府：把竞争机制注入提供服务中；（4）有使命感的政府：改变照章办事的组织；（5）讲究效果的政府：按效果而不是按投入拨款；（6）受顾客驱使的政府：满足顾客的需要，而不是官僚政治的需要；（7）有事业心的政府：有收益而不浪费；（8）有预见的政府：预防而不是治疗；（9）分权的政府：从等级制到参与和协作；（10）以市场为导向的政府：通过市场力量进行变革。奥斯本和盖布勒强调借用私人部门的管理理论、管理模式、管理原则、管理方法和技术，包括录用私人部门的管理人员来“重塑政府”，认为这是提高政府工作效率和管理水平的根本途径。

2. **欧文·E. 休斯的公共管理新模式**

欧文·E. 休斯将公共管理新模式概括为以下六个方面：（1）意味着一种与传统公共行政不同的重大变化，较为引人注意的是结果的实现和管理者的个人责任；（2）明确表示了脱离古典官僚制的意图，目的是使组织、人事、任期和条件更具灵活性；（3）明确规定组织和人事目标，以便用明确的绩效指标评估工作业绩，以及对项目进行系统评估，其背后的推动力是经济、效率和效益的“3E 标准”；（4）公共管理人员更有可能带有政治色彩地致力于政府工作，而不是政治中立或无党派立场的；（5）政府职能更有可能受市场检验（如合同外包），或如奥斯本所说的“将掌舵与划桨分开”，政府介入并不是指政府一定要通过官僚制手段；（6）通过民营化或市场检验以及合同外包等方式减少政府职能①。

---

① 休斯. 公共管理导论. 北京：中国人民大学出版社，2001：62.

3. B. 盖伊·彼得斯的以新公共管理为取向的治理模式

美国学者B. 盖伊·彼得斯在《政府未来的治理模式》中提出了当代西方公共部门改革及公共管理实践中正在出现的以新公共管理定向的四种治理模式：市场化政府模式、参与型政府模式、弹性化政府模式、解制化政府模式。他从组织结构、管理过程、政策制定和公共利益四个方面来刻画和比较这四种模式的特征，具体如表13－1所示[①]。

表13－1 四种模式的主要特征

	市场化政府	参与型政府	弹性化政府	解制化政府
主要的诊断	垄断	层级节制	永久性	内部管制
组织结构	分权	扁平型组织	虚拟组织	没有特别的建议
管理过程	绩效工资制及私人部门管理技术	全面质量管理	管理临时人事	更大的管理自由
政策制定	内部市场	咨询、谈判	试验	企业化政府
公共利益	低成本	参与、咨询	低成本、协调	行动主义

4. 费利耶等人的“新公共管理”模式

英国学者E. 费利耶等人在《行动中的新公共管理》一书中认为，在现实中并不存在统一的新公共管理模式，而是有着各种不同类型的新公共管理模式。由此他们论述了在当代西方国家公共部门改革过程中，至少有过四种不同于旧的公共行政模式的新公共管理模式。这些模式都包含着重要的差别和明确的特征[②]。

第一，效率驱动模式（the efficiency drive）。这是当代西方政府改革运动中最早出现的模式，往往被称为撒切尔主义的政治经济学。它在20世纪80年代初、中期居于支配地位，但目前受到了挑战。这种模式代表了将私人部门管理（工商管理）的方法和技术引入公共部门管理的尝试，强调公共部门与私人部门一样要以提高效率为核心。效率驱动模式的基本内容及特征是：强烈关注财政控制、成本核算和效率问题，关心信息系统的完善，强调建立更强有力的一般管理中心，采用层级管理和“命令与控制”的工作方式；强化明确的目标定向和绩效管理，权力向资深管理者转移，推进和改善正式的绩效评估方法，强调对顾客负责；让非公共部门参与公共物品的提供，以市场为基础和顾客导向；解除劳动力市场的规制，加快工作步伐，采用绩效工作制以及短期聘用合同；雇员自我调节权力减少，权力向管理者转移，吸收部分雇员参与管理过程，采用更透明的管理形式；增加更具有企业管理色彩而较少官僚色彩的授权，但更强调责任制；采用公司治理的新形式，权力向组织战略顶层转移；等等。

第二，小型化与分权模式（downsizing and decentralization）。这种模式在20世纪80年代虽然没有像效率驱动模式那样处于支配地位，但其影响力不断增强，地位日益重要。这种模式的出现与强化，与20世纪70年代中后期出现的组织的分散化和分权、对组织灵活性的追求、脱离高度标准化的组织体制、日益加强的战略和预算责任的非中心化、

① PETERS B G. The future of governing：four emerging models. Kansas：University Press of Kansas，1996：19.

② FERLIE E，ASHBURNER L，FITZGERALD L，PITTIGREW A. The new management in action. Oxford：Oxford University Press，1996：10－15.

日益增加的合同承包、小战略核心与大操作边缘的分离等组织发展新趋势有密切关系。

小型化与分权模式的主要特点是：从早期强调以市场为中心向更精致和更成熟的准市场的扩展，从计划到准市场的转变成为公共部门配置资源的机制；从层级管理向合同管理的转变，较松散的合同管理形式的出现；小战略核心与大操作边缘的分离，市场检验和非战略职能的合同承包；小型化与分权——公共部门领取薪金者的大量减少，向扁平型组织结构转变，组织高层领导与低层职员减少；公共资助与独立部门供应相对分离，购买者和提供者分离，出现了购买型组织形式；从“命令与控制”的管理方式向如影响式管理等新风格的管理方式的转变，日益重视组织间的战略；从标准化的服务向灵活多样的服务系统的转变。

第三，追求卓越模式（in search of excellence）。这种模式的出现与 20 世纪 80 年代兴起的企业文化的管理新潮有关，也部分反映了强调组织文化重要性的人际关系管理学派对公共部门管理的影响。

追求卓越模式的主要特点是：在由下而上的形式中，强调组织发展和组织学习，将组织文化看作组织发展的黏合剂；强调由结果判断绩效，主张分权和非中心化；在由上而下的形式中，努力促进组织文化的变迁，管理组织变迁项目；重视领导魅力的影响和示范作用；强化团队精神，强调更具战略性的人力资源管理职能。

第四，公共服务取向模式（public service orientation）。这种模式将私人部门管理观念和公共部门管理观念相融合，既强调公共部门的公共服务使命，又采用私人部门的“良好的实践”中的质量管理思想。这种模式的基本内容及特征是：主要关心提高服务质量（如应用质量诱因，采用全面质量管理方法），强调产出价值，但必须以实现公共服务使命为基础；在管理过程中反映使用者（而不是一般的顾客）的愿望、要求和利益，以使用者的声音而非顾客的退出为反馈回路，强调公民权理念；怀疑市场机制在公共服务中的作用，主张将权力由指派者转移到民选的地方委员会；强调对日常服务提供的全社会学习过程（如鼓励社区发展、进行社会需要评估）；要求一系列连续不断的公共服务的使命与价值，强调公民参与和公共责任制；等等。

5. 罗兹（Rhodez）等人的公共治理模式

20 世纪 80 年代美国新公共管理运动之后，治理开始流行。新公共管理的理论家们认为，治理代表了公共行政的转型。“治理”这一概念自出现以来，一直在不断发展，并应用于许多问题。克利夫兰是公共行政领域中最早使用治理这一概念的学者。他在 20 世纪 70 年代中期就提出“人民想要的是更少的政府、更多的治理”。奥斯特罗姆夫妇所创立的布鲁明顿学派也是美国提倡治理的先驱之一。但治理并不存在着一个可以通约的定义。一个基本的共识是“伴随着治理模式的发展，公共部门与私人部门之间以及公共部门内部的边界已经模糊了。治理的本质在于它关注治理机制，而这一机制并不依赖于求助政府的权力和制裁”①。奥斯特罗姆夫妇认为，治理是多中心秩序，它体现为个人间、组织间和政府间自然出现的秩序。罗兹认为，对治理的描述包括以下内容：（1）组织间

---

① STOKER G. Governance as theory：five propositions. International social science journal，1998（50）：17-28.

相互依存。治理比政府更为宽泛，涵盖了非政府的行为主体。治理意味着公共部门、私人部门和志愿部门之间的边界改变并且模糊了。（2）因为互换资源以及协商共同目标的需要，网络成员使彼此持续互动。（3）根植于信任，受制于博弈规则的谈判，在网络成员之间达成共识。（4）一种脱离国家的、最大限度的自治。这一网络是自组织的，不对国家机关负责。尽管国家机关没有特权，但能够间接、不完全地引领网络[①]。英国政治学和公共行政学者斯托克认为，治理不仅仅是一套新的管理工具，不仅仅是追求公共服务生产的更高经济效率，不仅仅是福利国家财政恐慌的单纯产物。治理应该是一个制度性框架：（1）治理指的是既源自政府又超越政府的制度和行为主体的集合；（2）治理承认处理社会和经济问题时边界和责任的模糊性；（3）治理理论阐述那些介入集体行动的制度间的权力依存；（4）治理是关于行为主体自主的自治网络的理论；（5）治理意味着可以不依赖政府的权威和权力把各种事情做好，政府有能力运用新的工具和技术来掌舵和指导治理[②]。

道特（Duit）和格拉兹（Galaz）将复杂性系统的适应能力引入治理，以探索能力和利用能力两个维度，将治理分为四种：刚性治理（rigid governance）、柔性治理（flexible governance）、鲁棒性治理（robust governance）和脆弱性治理（fragile governance），如图 13－2 所示。

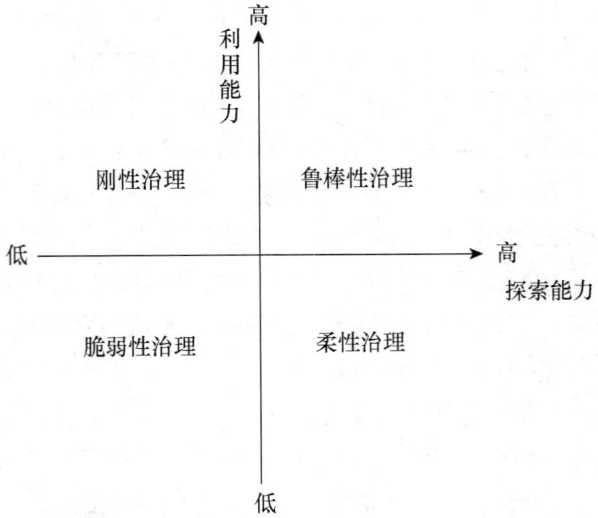

图 13－2　基于复杂性系统适应能力的四种治理模式

资料来源：孙宇. 现代西方公共行政思想简史. 北京：中国社会科学出版社，2015：308.

新公共管理或管理主义以一种新的视野为当代西方国家公共部门改革提供了有力的指导理论，并促进了西方国家公共部门改革的重大变化。公共管理的新模式取代旧的管理模式，不只是在公共行政内部实行技术性专业化，不只是对公共部门进行改革，而且

① RHODESR A W. Understanding governance：Buckingham and Philadelphia. Open University Press，1997：53.

② STOKER G. Governance as theory：five propositions. International social science journal，1998（50）：17-28.

还要求公共部门转换机制并改变其与政府和社会的关系。

作为人类政治文明、管理文明的共同遗产，形成于西方国家的当代公共管理新模式，对转轨时期的中国公共部门改革，也同样具有一定的借鉴意义和参考价值。事实上，当代中国所进行的公共部门改革在一定程度上也受到了西方国家公共管理新模式的影响。在中国转轨时期进行的完善社会主义市场经济体制、引入市场竞争机制实行间接化管理、转变政府职能、推行服务型政府建设和电子政务、改进管理方式、提高行政效率等各项改革，既涉及公共部门内部管理机制与方式的转换与完善，涉及机构改革，也涉及改进政府公共部门与社会、市场、企业关系的改革。

但是，基本国情不同、所处发展水平和历史发展阶段不同，决定了转轨时期的中国行政体制改革不能照搬、照抄西方国家的公共管理模式，而必须结合中国的具体国情。在全球化和信息化时代，对西方国家政治文明的成果包括现代公共管理理论和公共管理新模式采取一概排斥的态度，无疑是不符合社会发展潮流和发展规律的，但忽视基本国情的差别而一味照搬，甚至以西方的理论与做法为标准来比附中国的公共部门改革，也是十分不科学的。任何国家的公共部门改革都必须立足于自己的国情。

13.2 西方国家公共部门改革

自 20 世纪 70 年代末以来，为迎接经济全球化、社会信息化、管理民主化、国际竞争加剧的挑战，摆脱财政困境，提高公共管理效率，西方国家掀起了公共部门改革的浪潮。根据 1993 年世界经济合作与发展组织的调查，该组织的 24 个成员国都处于公共部门改革的浪潮中。该组织 1995 年度的公共行政发展报告《转变中的治理：OECD 国家的公共部门改革》指出，经合组织国家的公共部门改革具有一个已经发展起来的共同的议事日程，那就是管理主义或新公共管理。西方国家公共部门改革以采用工商企业的管理理论、方法和技术，引入市场竞争机制，提高公共管理水平与公共服务质量为特征，是一场追求“3E”目标的改革运动。这场改革成为当代西方国家政府改革的基本趋势，促使西方国家的公共管理模式重新回到“管理主义”，并萌发了公共治理的新模式。

13.2.1 当代西方国家公共部门改革的兴起

从企业再造到公共部门改革的发展，将工商企业的管理理论、方法和市场竞争机制引入公共管理之中，是当代西方国家公共部门改革的突出特点。当代西方发达国家公共部门改革以及新公共管理模式的兴起有其深刻的背景和原因。

总的来说，西方国家公共部门改革缘于大致相同的社会背景，主要是由于政府职能膨胀、规制过多、基于分工的业务流程和公共管理模式已越来越不适应社会发展的要求，财政支出增长给社会带来沉重负担，现代科学技术的飞速发展以及要求加强市场机制的作用等。公共部门改革从英国、美国、澳大利亚和新西兰逐步扩展到其他西方国家乃至全世界。正如著名公共管理学者胡德所说，公共部门改革成为 20 世纪 70 年代中期以后公共管理领域中出现的一种显著的国际性趋势[①]。

13.2.1.1 流程再造理论带来了公共部门改革问题上的观念更新

基于“劳动分工原理”和“制度化管理理论”的业务流程与管理模式[②]，是以职能为中心进行设置的，已越来越不适应信息时代的发展要求。这种以职能为中心进行设计的方法，实行组织结构层级节制，具有效率高、便于控制和指挥、避免人财物分散等优点，但也具有使一个业务流程横跨多个部门、人为地把业务流程割裂开来等严重缺陷。

随着信息时代和知识经济的发展和到来，传统“领导下达目标，有关人员给出相应计划，计划到期检查”的事后的、表态的、各个部门之间缺乏及时信息交流和沟通的流程管理模式日益显露出其与社会发展的不相适应性和种种弊端。这些弊端主要包括：分工过细，造成权力交叉，导致层次重叠、冗员多、成本高、浪费大、对外界反应迟缓和行政效率低下；只注重局部环节，缺乏整体协调，导致了本位主义和相互推诿现象；强调以职能为中心进行组织机构设计，形成了科层制的组织结构，组织机构臃肿；公务人员技能单一，适应性差，缺乏积极性、主动性、责任感；形成条块分割的管理体制，公共部门内部信息沟通不畅，资源共享程度差和重复劳动。分工理论在不断提高效率的同时，也给公共部门的持续发展套上了一道无形的枷锁。传统的组织结构形式、业务流程和管理模式使政府公共部门之间沟通不畅、缺乏协调，造成了很多问题。

传统官僚体制（科层制）的失效和商业管理模式的示范性影响对西方公共部门改革的兴起产生了重大影响。企业流程再造理论是具有革命性的、创新的管理理论，同时，又是不断发展和完善的理论[③]。当代西方国家公共部门改革吸取了企业再造的经验，也有人因此把政府公共部门改革称为政府再造。以往的改革大多将注意力集中于人员精减、组织结构调整以及组织的自我更新，却忽视了公共部门与环境的关联，使改革处于“不推不动，推也不动”的被动状态。

再造理论带来了公共部门改革问题上的观念更新。戴维·奥斯本和特德·盖布勒以企业型政府的理念提出了重塑政府理论，提出了官僚主义体制作为工业时代的产物已不适应信息时代的发展要求，提出了与传统公共管理范式不同的企业型政府管理范式[④]。凯特尔把这种公共管理范式称为“新治理”[⑤]。这种新的治理范式强调实行解除过度规制、引进市场机制、增强政府活力、顾客至上、充分授权、业务流程再造等改革方案。

---

① HOOD C. A public management for all seasons?. Public administration，1991（69）：3-9.

② “劳动分工原理”和“制度化管理理论”是由18世纪亚当·斯密和19世纪弗雷德里克·泰勒所提出的。分工理论首先由亚当·斯密在《国富论》中提出。他认为劳动生产率上最大的增进，以及劳动时所表现的在熟练度、技巧和判断力方面的改进，都是分工的结果。泰勒的“制度化管理理论”强调专业化分工，强调把业务过程分解为最简单、最基本的工序，这样员工只需重复一种工作，熟练程度大大提高，同时对各个业务过程实施严格控制。在当时工业经济时代，由于员工素质低、劳动力廉价和技术水平有限，在这种理论的指导下形成了科学管理，极大地提高了劳动生产率。这种理论也因此而得到了迅速推广，泰勒因而被誉为“科学管理之父”。

③ 彭东辉. 流程再造教程. 北京：航空工业出版社，2004：8.

④ MOER C. The “reinventing government” exercise：misinterpreting the problem，misjudging the consequences. Public administration review，1994（2）.

⑤ KETTL D F. What will new governance mean for the federal government?. Public administration review，1994（2）.

重塑政府理论对西方国家公共管理改革产生了重大的影响，再造业务流程成为西方国家公共管理改革的重要内容。

13. 2. 1. 2　出现了促使公共部门改革提上议事日程的经济和政治因素

英国人普遍把第二次世界大战后的时代称为“战后社会福利的年代”（the postwar settlement）。但是，到 20 世纪 70 年代石油危机之后，其经济开始衰退，在这个年代随着政府背负沉重的财政赤字负担、政府公共部门规模庞大且运作失灵，以及公众对政府公共服务的需求急速扩张而彻底崩溃①。西方各国出现的高额财政赤字、福利国家不堪重负和一系列新的社会与政治问题是引发公共部门改革的直接原因。按照奥斯本和盖布勒在《改革政府》一书中的说法，解决财政赤字问题从原则上说有三种办法：一是限制开支和终结公共任务；二是增加岁入尤其是税收；三是用较少的开支来实现公共使命，即“少花钱多办事”。只有第三条途径才是现实的可供选择的出路，公共部门改革所选择的正是这条道路。

13. 2. 1. 3　日益明显的经济全球化趋势为西方公共部门改革提供了推动力

全球化趋势加强了各个西方国家对本国经济竞争力的高度重视，而政府能力是一国综合国力和竞争力的一种主导性因素，政府如何引导和调控国民经济运行，参与国际经济竞争，促进经济发展，自然成为人们关注的焦点。可以说，经济全球化对政府的公共管理提出了更高的要求。经合组织把公共部门改革当作其成员国在国际市场上进行有效竞争的一个重要途径，认为顺应经济的全球化和保持国际竞争力的内在需要，为公共部门改革提供了新的强大动力；处理国际问题不再是传统的涉外部门的专门职责，所有公共部门以及地方政府都必须具有跟踪、理解和处理国际问题的能力；经济资源的稀缺和为避免不稳定而保持经济竞争力是公共部门改革的直接推动力。

13. 2. 1. 4　新技术的发展和广泛应用为公共部门改革提供支撑

正如理查德·赫克斯所说，信息技术与公共部门改革之间具有两种联系方式，信息技术的运用能够支持公共部门改革，公共部门改革能够影响信息技术发生作用的方向和社会效果。它们之间的相互关系、相互作用如图 13－3 所示②。

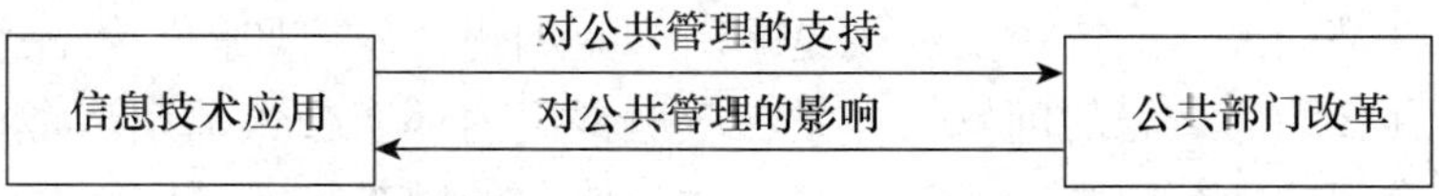

图 13－3　信息系统与公共部门改革之间的联系

信息技术的快速发展为建立起灵活、高效、透明的政府创造了可能性。信息时代的

---

① GARSON G D，OVERMAN E S. What is public management today? The search for an organizing paradigm//OTT J S，HYDE A C，SHAFRITZ J M. Public management：the essential readings. Chicago：Lyceum Books/Nelson Hall，1991.

② HEEKS R. Reinventing government in the information age：international practice in it：enabled public sector reform. New York：Routledge，2001：259.

来临以及“数字化生存”方式要求公共部门对迅速变化的经济做出反应，这打破了长期以来公共部门对公共信息的垄断。新通信技术以及接收公共部门信息的便利使公民和社会团体更容易参与公共管理活动，这要求对公共部门及其运作过程做出变革与调整。信息技术被普遍运用来再造政府、改革公共部门和实现公共管理目标①。

知识链接 13-1

政府接受信息化改革的六个主要原因

对政府而言，接受信息化改革主要有六个原因：

（1）政府承认采用信息化的结果是社会有根本的改变，因此，政府应该抓住信息化机会主动寻求自身转型；

（2）政府看到了信息化会大幅度提高行政效率；

（3）政府想成为公众的中心，对公民和企业提供质量更高、方便快捷、使用简易、花费时间更少的公共服务；

（4）政府想改善公共部门数据的有效性和可获取性；

（5）政府引进了通用的技术平台，巩固和支持信息化服务；

（6）在信息化服务的发展和传播中，政府承认了确保安全和保护隐私的需要。

资料来源：格雷厄姆，达顿．另一个地球：互联网+社会．北京：电子工业出版社，2015：164-167.

13.2.2 当代西方国家公共部门改革的内容与特点

当代西方国家公共部门改革涉及许多国家，改革内容涉及公共部门自身的改革，公共部门与社会、市场、企业的关系的改革等多方面，具有普遍性和范围广泛性的特点。根据已有对西方国家公共部门改革的研究成果和改革内容的共性特征，我们将当代西方国家公共部门改革的内容进行如下概括。

13.2.2.1 重新界定和优化政府职能

20世纪70年代，导致西方国家公共管理面临困境的一个重要原因就是政府职能扩张。因此，公共部门改革的第一要务就是重新界定和优化政府职能，解决政府应该管什么、不应该管什么和怎么管的问题。一是在政府部门内部实行大部制，将相近的职能尽可能集中到一个部门，精简政府机构，减少横向协调的困难；二是政府从大量社会事务中解脱出来，将这些职能交给或归还给社会，由社会经济组织或中介组织去承担，政府则制定法律和规章制度，执行法律和监督社会经济组织、中介组织的行为。

当代西方各国优化政府职能的基本途径就是通过采取非国有化即公有企业和公用事

---

① HEEKS R. Reinventing government in the information age：information Practice in it：enabled public sector reform. London and New York：Routledge，2001：8.

业的产权转移或私有化①、自由化以及压缩式管理（cutback management）等途径将政府兴办和管理的大部分公共企业交给市场和社会，放松对市场的管制，尽可能地将公共部门承担的社会服务出租和承包出去，实现政府从社会的部分撤退。经过职能的优化和调整，西方发达国家政府的经济社会管理职能仅限于：一是建立全面而系统的经济立法体系，把社会经济活动纳入法制轨道；二是通过计划、财政、金融干预等手段，加强对经济的宏观调控；三是提供公共物品以及公共服务。

13.2.2.2 利用市场和社会力量实行公共服务社会化、市场化

政府充分利用市场和社会的力量推行公共服务社会化、市场化是当代西方国家公共部门改革的重要措施和发展趋势。政府公共服务市场化是通过市场化工具来实现的，政府公共服务社会化则是通过政府与社会构建伙伴关系、将部分社会型的公共服务交由社区或非政府组织来实现的。

1. 市场化工具：公共服务市场化的实现方式

引入市场机制或市场手段是西方各国公共部门改革的重要举措，我们把那些在某一方面具有明显市场特征（如价格、利润、私有产权、金钱诱因、自由化等）的方式、方法和手段，都称为市场机制的表现。主要运用的市场化工具有：私有化、使用者付费、合同外包、招标投标、委托代理、分散决策、产权的交易和内部市场。

2. 公共服务社会化的实践形式

（1）政府业务合同出租。利用合同承包的方式把政府的一些工作任务推向市场，其基本运作方式是政府将需要或者适合出租的公共项目向私营企业以及社会中介组织招标投放，由竞争获胜的私营企业与政府主管部门签订合同，企业完成任务并达到合同规定的标准，政府主管部门则按照合同约定支付报酬。政府业务合同出租范围由过去的机关后勤事务扩大到政府的业务工作，包括环境保护、公用设施维护、消防和救护服务、讨还债务、选民登记、公共管理人员录用、犯人的监护管理、决策咨询与政策设计、公共项目的论证与规划、政策效力评价、项目影响评价、公共部门绩效评估等方面。合同承包使某些具体公共服务的供给过程按照市场逻辑运作，其实质在于政府通过合同的形式在公共领域引入市场机制，通过投标者的竞争和制约行为完成公共服务提供的“准市场化”。

（2）以私补公，打破政府垄断。通过说服、宣传表彰、政策优惠等手段鼓励和吸引私人资本投入原来由政府包揽的事业中，如中小学教育、社会保险、退休保障、廉价住宅建设、医疗服务等领域，以弥补政府财力和服务能力的不足。

（3）建立政府部门与私营企业的伙伴关系。正式明确为固定伙伴关系的私营企业履行政府所要求的特定的管理职能，政府合作部门则在土地征用等方面给其“伙伴”以某种形式的优惠；非固定的伙伴关系与合作则采取核发许可证时提出一些附加条件等形式，要求私营公司提供特定的社会服务。

（4）公共服务社区化。公共服务社区化改革包括鼓励各社区建立公益事业，如养老

① “私有化”包含两方面的含义：一是指国有企业的产权转移，二是包括自由化、合同出租、财源替代（financial substitution）等形式。

院、残疾人福利中心等；政府机构如社会工作部门、警察局出面组织邻里互助、街道联防等，以改进社会服务或控制犯罪活动。公共服务社会化是在维持一定职能和服务水平的前提下实现政府机构和人员消减的有效途径，对提高行政效率、降低财政支出、利用市场对公共机构形成竞争压力等方面具有十分重要的积极意义。

13.2.2.3 政府部门内部的管理体制改革

政府部门内部的管理体制改革包括组织机构改革、权责关系调整、人事制度改革、管理方法和技术改革等方面，其目的是提高政府工作效率和服务质量。改革内容主要有：

1. 利用信息技术革命新成果，建立公共行政信息系统

当代西方国家政府部门内部管理体制改革的一个显著特征就是充分体现了管理主义倾向，即引进现代化管理技术尤其是私人部门的管理技术、管理理论、原则和方法来“重塑政府”，实现政府管理现代化。1993年，美国提出了应用先进的网络信息技术克服美国政府在管理和提供公共服务方面所存在的弊端，构建“以顾客为中心”的电子政务，走向在线服务的政府改革目标。题为《运用信息技术改造政府》的报告明确提出了借助信息技术实现政府信息化、提升政府生产力和效率等13项利用网络信息技术革新政府的建议。英国也出台了《政府现代化》白皮书和《政府信息服务计划》。

西方国家政府纷纷利用信息技术革命新成果推进电子政务建设，建立决策支持信息系统和管理信息系统等公共行政信息系统。英国部长管理信息系统（Management Information System for Ministers）是西方各国建立的多样化政府信息系统和政策方案分析选择系统的突出代表。在这里，电子政务不是一个单纯的技术概念，而是一种以信息技术为基础的政府治理新模式。西方各国的公共部门改革广泛应用信息技术，并实现了技术应用与公共部门改革的一体化①。

2. 实行分权

当代西方国家公共部门改革的目标之一在于分散公共部门管理职能、缩小公共部门管理范围。因此，改革必然要实行分权与权力下放。分权与权力下放的改革既涉及中央与地方的关系，又涉及政府内部上下级的关系。政府部门内部上下级关系的改革是当代西方国家公共部门改革的热点。在政府机构改革中，许多政府经济部门被改为准政府机构或分离出去。英国的《下一步行动方案》和新西兰的公司化改革把原部门内的中下层组织转变为具有独立性质的单位，实行经理负责制——经理被赋予了机构、编制、人事管理和财务等方面的极大自主权。政府部门内部上下级关系改革实现了上下级由直接隶属到合同关系的转变，上级对下级的控制实现了由着眼于工作过程到着眼于工作结果的转变，体现了决策与执行分离和分权制度化的趋势。

---

① “技术应用与公共部门改革的一体化”表达的是技术应用与公共部门改革二者相互作用的关系，并从本质上揭示了政府部门对网络信息技术的运用不能只追求自动化技术水平的提高，而是要提高为公众办事的工作效率和改善行政绩效；也不能只为了解决本部门内部的需求，形成自动化的孤岛，而是要能够加强与其他各部门的协作，形成跨部门的网络化协同工作的办公环境。因此，运用网络信息技术的力量对政府组织结构、运行方式、服务范式和行政业务流程进行优化重组和再造构成了“一体化”的核心内涵，即从现有的、工业时代的政府形态和官僚体制结构向以信息技术等现代科学技术为主要特征的信息化政府组织结构和运行方式转变。蔡立辉. 电子政务：信息时代的政府再造. 北京：中国社会科学出版社，2006：13.

3. **推行部门内部的组织结构改革**

部门内部的组织结构改革主要包括推行不同部门的层级结构多样化、减少中间管理层次、限制并削弱幕僚机构的权力、改变上下级权责关系及控制方式等方面。

4. **推行公共人事制度改革**

在公共人事制度改革方面，随着传统公务员制度的一些重要原则，诸如公务员的永业原则、政治中立原则、独立管理原则被动摇，西方国家采取了如下改革措施：一是放松管制、增强灵活性。西方各国在人事录用、报酬、职位分类、培训等方面放松管制，增强灵活性，包括消除繁杂的规则，减少繁文缛节以及克服办事拖拉等。二是公共管理者的非职业化，加强公共部门与私人部门管理者之间的交流，合同雇佣制和临时聘用成为公共部门以及政府机构用人的常见方式。三是实行绩效评估以及灵活的付酬制度，注重结果而非过程控制，重视绩效评估，并采取灵活的付酬与奖励措施。由此构成了人力资源开发、公共部门劳工关系、代表性官僚制（representative bureaucracy）、公务员激励机制等方面的改革内容。

5. **提高服务质量，改善公共部门形象**

这一改革措施强调以顾客取向和服务对象为中心，具体内容包括公共服务提供小规模化，打破传统划片服务的办法，从而为公众提供自由选择服务机构的机会；在公共服务机构之间引进市场竞争机制；推行公众参与管理，并借用“市场检验”方法，定期广泛调查公众的满意程度。英国保守党政府的公民宪章（Citizens Charter）运动体现了明确的服务标准、公开性与透明度、礼貌服务、公众自由选择、完善的投诉受理机制、“金钱的价值”（value for money）六个特点，被认为是提高公共服务质量的有效途径。

6. **实现公共行政传统规范与工商企业管理方法的融合**

一方面，通过各种方法，吸引私人部门管理人才到政府部门任职或兼职；另一方面，大力引进私营企业的管理技术和方法，如绩效评估、全面质量管理、顾客管理、成本管理、标杆管理等，以提高公共部门的效率和整体绩效。

13.2.2.4　当代西方国家公共部门改革的特点

任何公共部门改革都是为了适应外部环境的变化，之所以采取组织内部结构的调整，也是因为人们对外部环境急速变迁束手无策，只能对其所创设的组织加以再造①。因此，如果从宏观的历史视野进行考察，任何时代的改革理念，都是对那个时代环境挑战的一种回应。根据这种分析方法，当代西方国家公共部门改革也就是对后资本主义社会（post－capitalist society，也称为后工业主义社会、后现代主义社会及后福特主义社会）所出现的各种问题的回应。面对新时代的各种挑战，旧的公共行政显然已经欲振乏力，只有通过公共部门改革的途径才能适应时代发展的新要求②。为此，我们从以下几个方面来阐述当代西方国家公共部门改革的特点。

---

① ELCOCK H. Change and decay? public administration in the 1990s. New York：Longman，2001：61.

② FARNHAM D，HORTON S. Managing people in the public services. London：Macmillan Publishers Ltd.，1996：24-25.

1. 有计划、渐进式地推进公共部门改革，使公共部门改革持续开展

日本政府从1968年至今，已经实施了多次削减定员的计划，而每次都是由总务厅经过详细的调查研究并与各省厅充分协商，制定出削减定员计划，大藏省据此进行调整预算后，提交内阁会议审定，最后发布“定员令”，由各省厅组织实施。由于日本每次的削减定员计划都有统一规划和逐年计划，采取有计划、渐进式的渐减方式，因而可以较好地避免由于一次性地、大幅度地减少机构及编制而引起的震动，防止复增带来的种种弊端，同时又能做到人员编制的“负增长”，达到压缩人员编制、调整人员结构的目的。美国调整改革联邦与州关系的方式也是渐进式的，如还权于州的“新联邦主义”改革，从20世纪60年代末尼克松总统上台起，已有40多年的时间，目前还在有条不紊地进行之中。

2. 组建精干、高效的改革机构，重视发挥参谋咨询机构的作用

1993年3月，克林顿入主白宫不久便组建了由副总统戈尔领导的国家绩效评估委员会，该委员会由200多名高级官员和资深专家组成，专职负责指导美国联邦政府推行重塑政府运动，对联邦政府的行政运作及工作效率进行考察分析，做出评估，提出改革建议。国家绩效评估委员会提出重塑政府的改革方案后，克林顿又通过总统令等方式，要求各行政部门都成立一个由部门首长牵头的重塑政府小组，研拟本部门的具体改革方案，并在有关部门进行试点改革。2001年，小布什总统重组总统管理委员会，以推进“总统管理议题”在政府各机构的改革①。英国撒切尔政府时期也成立了精干的首相效率小组，小组机构不大但很精干，效率也较高。这些小组直接对首相的顾问负责，有关报告可以直接呈送最高层。这些精干的机构在推动英国的公共部门改革中发挥了重要的作用。其后，梅杰政府设立了宪章运动领导小组，专门负责推动和协调公民宪章运动的开展。1999年，布莱尔政府建立了政策与创新部门（PIU），将其作为一个协调各个部门改革的中枢机构；同时还在内阁办公室成立了公共服务改革办公室，重点负责推进公共服务改革。日本的公共部门改革也有其健全的组织保证体系。

此外，各国公共部门改革普遍重视参谋咨询机构的作用，注意倾听参谋咨询机构提出的改革建议和改革方案。这些参谋咨询机构有的隶属于行政首脑或行政部门；有的则是社会组织，具有相对的独立性。它们承担政府交来的咨询任务，为公共部门改革出谋献策，促进了公共管理的科学化。

3. 重视与改革配套的立法建设，把改革纳入法制轨道

在西方国家，公共部门改革的每个步骤、措施，都要有国家权力机关通过的相应的法律作依据才能具体实施。美国宪法明确规定，总统和政府行政机构的权力是宪法和法律授予的，其一切改革活动必须以法律为依据，未经授权不得擅自采取任何行动。美国为了推进绩效评估改革，克林顿总统于1993年颁布实施《1993年政府绩效与结果法案》。法律的强制性和权威性，大大减少了来自公共部门内部的抵触，解决了实行新的改革措施与旧制度之间的矛盾冲突问题。英国政府在公共部门改革中也积极推行“先立法后改革”的做法，强调改革要有法律依据，从而大大减少了公共部门改革的随意性。

---

① 吴志华. 美国公务员制度的改革与转型. 上海：上海交通大学出版社，2006：168.

4. 注重提高公共管理效能和服务质量，改善公共部门与公众之间的关系

西方各国公共部门改革都非常注重提高公共管理效能和服务质量，强调用尽可能少的投入来换取尽可能多的产出，少花钱多办事。1993年克林顿上台后，即以企业化政府理念为指导，以顾客为导向，发动了政府重塑运动，其目标就是要建设一个“工作更好、花钱更少”的政府。2001年初小布什上任后，推出了“改进联邦政府管理和绩效战略”的政府改革——“总统管理议题”，它包含了五个涉及整个联邦政府的基本议题：人力资本战略管理、运用竞争资源、改进财政绩效、推广电子政务、预算和绩效整合。

日本从1980年开始，以“亲切、廉洁、效能”为宗旨，以窗口服务为中心，开展完善公共部门服务的活动。1988年又推行“高质量公共服务运动”，要求与国民有接触的公共服务要做到明白易懂、方便公众、办事迅速、服务周到、保证安全，为公众提供所需的各种公共服务。为此，各省厅及特殊法人都设置了服务窗口。从1990年开始，日本又把每年的5月定为“高质量公共服务推进月”，集中实施改善公共服务的总检查。20世纪80年代，欧洲国家提出了建设“回应性国家”的口号。近年，丹麦还提出了“零成本改革”的口号。

5. 注重内外部监督，形成以结果为本的公共部门绩效评估机制

20世纪80年代以来，西方国家把公共部门绩效评估作为消除改革阻力、提高公共管理效率和公共服务质量、建立和发展公共责任机制、提高社会公众的满意程度、改善社会公众对公共部门的信任的重要手段。公共部门绩效评估经过数十年的实践和发展，已经成为公共管理行为标准的约束体系。

美国的《1993年政府绩效与结果法案》和《国家绩效评论》，改变了政府部门自身的规制模式。小布什接任总统后，仍然以关注政府绩效为重点。在其他西方国家，公众也可以读到大量由立法部门、利益集团、社会团体和专业人士发布的针对公务人员和专职办事机构的绩效评估报告，并通过各种媒体和渠道发表其对公共部门绩效改革的意见和看法，以促进公共部门的改革。在这种内外部评估相结合、多元评估主体并存的立体评估体系的监控下，绩效评估“不仅要评估政策、计划和项目自身存在的必要性和合理性，并用数据来加以表示，而且强调事前评估的结果必须向公众公布，如果事后评估显示政府的政策、计划或项目未能产生预期的效果，则有关部门和人员将不可避免地被追究责任”①。这使公共管理人员迫于绩效评估的压力和个人福利损失的可能，而对公共部门改革不敢懈怠，取得了化解改革阻力的效果。

13.2.3 当代西方国家公共部门改革评价

当代西方国家公共部门改革是公共管理研究关注的焦点，研究者们从不同的视角进行了分析总结。有的学者认为，西方国家公共部门改革中出现的新公共管理实践模式是公共部门管理特别是政府管理中出现的一次重大突破或一次深刻的变化；也有学者从反面对西方国家公共部门改革的新公共管理理论基础、价值取向、具体改革措施及其内在

① 张定安，谭功荣. 绩效评估：政府行政改革和再造的新策略. 中国行政管理. 2004 (9).

矛盾，进行了批判性评价。那么，我们应如何认识和对待当代西方国家的公共部门改革呢？

13.2.3.1 评价标准

对同一个客观事物有不同的评价结果，主要是因为评价者采用了不同的评价标准。因此，从已有的评价结果出发来认识某一事物，可能会出现对该事物认识的偏差。所以，我们对当代西方国家公共部门改革的认识，也不能简单地从已有的评价结果出发，先入为主，而必须首先确定评价当代西方国家公共部门改革的标准。

1. 内部标准和外部标准

评价公共部门改革的内部标准是从政府的角度出发、以政府为中心，由此对政府内部的完善与合理化形成了以职能优化、规模适当、结构合理、人员精干、运转协调、效率提高为主要内容的价值判断。外部标准是从社会的立场和视角评价公共部门改革、以社会为中心，其核心是评价改革是否给社会和公众带来了实惠。这两类标准在一定程度上具有统一性，但也有矛盾。因此，从不同的标准出发对西方公共部门改革进行评价，就必然会有不同的评价结果。

2. 政治层面上的标准和操作层面上的标准

任何公共部门改革的目标都包括政治层面上的目标和操作层面上的目标。政治层面上的目标主要用于改革的政治动员并为改革赢得广泛的政治支持，具有全局性、抽象性的特征。操作层面上的目标则是政治目标的分化和具体化。如果以公共部门改革在多大程度上实现了既定目标来评价其效果，就会涉及评价改革的政治层面上的标准和操作层面上的标准问题。政治家倾向于从定性分析出发设立抽象的政治目标而避免具体量化指标，单纯定性的政治标准难以对改革效果做出客观、科学的评价。对于评价改革效果时如何将政治层面上的标准具体化为操作层面上的标准，人们存在着分歧与差异，包括经济、效率、质量、效益等具体化的测定方法还处在实验摸索之中。

3. 公平标准和效率标准

从公共行政发展的历史来看，传统公共行政及其改革是以效率为目标的；20 世纪 60 年代末期和 70 年代初期的新公共行政是以公平为目标的，力图用以公平为核心价值的“社会性效率”取代传统的“机械性效率”①。当代西方公共部门改革主体上体现了“效率至上”价值的回归，但在一定程度上也体现了加强公共部门责任的民主价值。效率目标与公平目标之间的矛盾，必然引起效率标准与公平标准之间的矛盾分歧。私人部门以追求效率至上为目标，公共部门作为社会利益、公共利益的集中体现和代表，在什么情况下追求效率目标、在什么情况下追求公平目标、在多大程度上可以牺牲公平来换取效率，对这些问题的不同看法必然会带来对公共部门改革的不同评价。

13.2.3.2 当代西方国家公共部门改革价值与方向的评价

对当代西方国家公共部门改革价值与方向的评价，主要是运用上述的评价标准对

① 弗雷德里克森. 论新公共行政学//彭和平，竹立家，等. 国外公共行政理论精选. 北京：中共中央党校出版社，1997：298-316.

改革的指导理论与指导思想、改革目标等进行的评价。评价所关注的焦点是公共部门改革的价值、方向及其措施的合理性，改革是否能够适应时代需要和公共管理发展趋势。

客观地说，市场化和管理主义是当代西方国家公共部门改革的两大方向。私有化、自由化、公共服务社会化、公共部门市场机制的引入和顾客导向等，都体现了改革者对"市场价值"、市场机制和管理主义的推崇。

欧文·E. 休斯从积极方面高度评价了当代西方国家公共部门改革，认为 20 世纪 80 年代中期以来，许多发达国家公共部门的管理发生了变化，新公共管理的应用意味着在公共部门中出现了一种全新的典范；并认为，当代西方国家公共部门改革是应对全球化挑战的结果。在这种改革中，存在着两种密切联系的趋势：一是公共部门向市场化发展的趋势，将公共活动转入私人部门；二是脱离官僚制的趋势，不再把它作为公共部门内的组织原则①。学者约翰·哈里森认为，当代西方国家公共部门改革体现了公共管理方式的根本性、方向性的调整②。

但是，这种市场化和管理主义的改革取向，也有不尽完善之处，正在受到怀疑和批评。

波利特认为：新公共管理是一种意识形态的思想体系，是一种新保守主义或新自由主义的公共管理哲学；这种公共管理新模式以公共选择理论和新制度经济学为其理论基础，滥用经济学的假设、理论和方法，是经济学帝国主义向公共领域的扩张③。

美国学者汉森（S. Hansen）认为，推崇和效仿私人部门管理方式，是把教科书中对私营企业的理想描述与现实混为一谈④。

帕特里夏·英格拉姆批评说，"管理主义"片面追求效率；对许多公共组织来说，效率不是追求的唯一目的，还存在其他目标；有效的改革追求更高的效能和生产率，但必须认清其中的政治和经济约束以及对稳定带来的影响⑤。

对市场化和管理主义改革总方向的批评还涉及公共部门和私人部门之间是否存在本质区别的问题。管理主义立论的基础是否认或淡化这种区别；但阿里森研究得出的结论是：公共事务管理和私营企业管理的不同之处比相同之处更多，并且不同之处比相同之处更为重要⑥。英国学者格林沃德和威尔逊从公共责任、公平、合法性和多样性四个方面论证公共部门与私人部门之间的差别，指出不能照搬私人部门的管理方式⑦。"管理主义"的改革取向忽视了公共部门与私人部门的本质差别，照搬私人部门管理模式，实质

---

① 休斯. 公共管理导论. 北京：中国人民大学出版社，2001：1，22.

② 陈振明. 政府再造：西方"新公共管理运动"述评. 北京：中国人民大学出版社，2003：39.

③ POLLITT C. Managerlism and the public service：the Anglo-American experience. Oxford：Basic Blackwell，1990：121.

④ HANSEN S. Public policy analysis：some recent development and current problems//FINIFTER A. Political science：the state of the discipline. Washington D. C.：American Political Science Association，1983：227.

⑤ 英格拉姆. 公共管理体制改革的模式//国家行政学院国际合作交流部. 西方国家行政改革述评. 北京：国家行政学院出版社，1998：62-63.

⑥ 阿里森. 公共事务和私营企业管理：它们在所有不重要的方面是否基本上是相同的//彭和平，竹立家，等. 国外公共行政理论精选. 北京：中共中央党校出版社，1997：356.

⑦ GERNWOOD，WILSON. Public administration in Britain today. London：Hyman，1989：7-10.

上是一种“新泰勒主义”。

显然，如果市场化、管理主义的立论基础站不住脚，市场化、管理主义指导下的公共部门改革就会面临挑战。在当代西方国家公共部门改革中，解决公共管理问题的市场途径备受青睐，私营企业被奉为公共部门的楷模。为此，莫尔对戈尔提出的创造市场机制、让市场机制解决政府公共管理问题进行了批评，认为以市场机制解决公共问题基本上违背了政府存在的目的①。

我们认为市场化、管理主义作为一种管理方法和管理现象，它本身有一个发展完善的过程，也并不是放之四海而皆准的绝对真理。因此，关键在于这些方法的运用是否适应时代发展的需要、是否符合基本的国情、是否有助于解决一定时期政府面临的社会问题和根本任务，也就是我们是运用什么评价标准来认识和对待市场化、管理主义。

13.2.3.3 当代西方国家公共部门改革措施的评价

市场机制与竞争是当代西方国家公共部门改革的重要指导原则和措施，合同出租、竞争招标、私有化等则是这一原则的主要表现形式。这些实现市场机制与竞争的表现形式，对于减小政府开支与规模、提高效率与服务质量、优化政府职能，都具有很好的积极意义。

但是，这些反映和实现市场机制的具体措施，依然面临各种批评。英国学者斯图亚特认为合同出租对公共责任具有负面影响。在他看来，这种负面影响表现在两个方面：第一，合同出租缩小了公共责任的范围；第二，它妨碍了当选官员与公众的联系与沟通②。

分权化是当代西方国家公共部门改革的一个主要方向，有利于增强自主性和灵活性。但是，“分权化的一个危险在于，公共服务机构会集中关注自己所提供的服务领域，没有人能够对社区需求进行全面分析并做统筹安排”③。也就是说，分权化可能导致公共服务的分散化和相互割裂。分权和增加管理的灵活性有利于提高效率，也导致本位主义、分散主义、保护主义以及公共开支和行政成本的提高；半自治性的执行机构成为管理、服务水平的促进因素，但未实现减少检验、控制与协调的初衷，而出现了一系列失调和失控④。

私有化有助于精简政府机构，增强公共部门的活力，但也损害了公民参与，妨碍了政治导向，并产生了公共责任方面的问题；放松管制为各部门机构松绑，增加了灵活性，但也带来新的控制问题；结果导向等企业化管理方式提高了效率，但也产生了如何与公共职能有机结合的问题；顾客至上提供了回应性、多样性的服务，却把公民降低为一般

---

① MOE R C. The reinventing government exercise：misinterpreting the problem，misjudging the consequences. Public administration review，1994（2）.

② FLYNN N. Public sector management（third edition）. London：Prentice Hall/Harvester Wheatsheaf，1997：132.

③ FLYNN N，STREHL F. Public sector management in Europe. London：Prentice Hall，1996：170.

④ 国家行政学院国际合作交流部. 西方国家行政改革述评. 北京：国家行政学院出版社，1998：10-11.

的消费者[①]；新的管理技术有助于提高公共管理的科学性，但还有一个与公共管理业务相结合的消化、吸收和改革过程；把企业文化融入行政文化之中，给公共部门注入了创造性，但也会滋生腐败。

还有学者认为，公共部门改革中形成的“新公共管理”模式在理论上存在着内在的矛盾，正如贝伦（C. Bellon）等人所揭示的，“企业化政府”模式包含四大价值冲突和价值矛盾：（1）企业自主与民主负责之间的价值冲突；（2）公共企业远景与公民参与价值之间的冲突；（3）企业运转的隐蔽性与民主所要求的开放性之间的冲突；（4）企业管理要求敢于承担风险与公共财政处置责任之间的冲突[②]。

13.2.3.4 当代西方国家公共部门改革效果的评价

无论如何，当代西方国家公共部门改革在价值、方向、措施和实践模式方面，都存在着相当程度上的不完善性，有着内在的缺陷或局限性。但改革所取得的效果则是客观存在的，这场新公共管理运动对当代西方政府公共管理实践及模式所产生的深刻影响却是不可否认的。例如，在英国，依据费利耶等人的评价，20 世纪 70 年代末 80 年代初开始的公共部门改革给英国的公共部门管理以及公共服务带来了四个方面的重大变化：第一，随着许多国有企业卖给工人和股东以及在经济活动中实行大规模的私有化，公共部门已从直接的经济活动中撤离。第二，在公共部门中保留的社会政策职能已服从于市场化的过程，在以前属于在线管理组织的公共部门出现了创造“准市场”的种种尝试，这些准市场的财政仍然是公共的，但引入了竞争机制，如招标和合同承包。第三，在公共部门及公共服务领域出现了注重“少花钱多办事”、让钱更有所值、竞争绩效和成本指标的使用、加强成本核算和强化审计系统的趋势，绩效的评估更加公开化，并受中央指导系统的严密控制。第四，出现了一种由“维持现状的管理”向“变迁的管理”的转变。人们更强烈地要求透明的、积极的和个性化的领导方式，人力资源管理开始使用战略性的管理方式，组织发展不断地提出各种替代方案和更人性化的管理方式，学习型的组织也开始出现[③]。

又例如，在美国，依据经合组织 1997 年度公共管理发展报告《公共管理的问题和发展：1996—1997 美国概况》的评估结果，“重塑政府”运动的成效主要表现在政府的精简、机构的重建、顾客至上原则的确立、市场机制的引入、以绩效为基础的组织的出现

---

① 市场化和管理主义取向的行政改革用“消费者”（顾客）的概念取代了“公民”概念，期望公共服务中的市场机制会导致“顾客主权”并促进服务水平和质量的提高。然而在许多学者看来，这种新文化并不是一种进步。波利特认为，公民是个人在宪法和相关法律框架下拥有的权利和义务的统一体，顾客则是市场情境中个人需求和需求满足的统一体。顾客需求的满足有赖于产品和服务的供求状况及个人的支付能力。“公民是社会契约的一部分，顾客是市场契约的一部分。顾客仅仅是公民的一部分。公民位居顾客之上。新公共管理完全颠倒了二者之间的关系。”彼得斯也认为，“公民如今只不过是政府服务的消费者了，公民相对于国家的个人权利和法律地位无形中被降低了”。POLLITT C，BOUCKAERT G. Defining quality//POLLITT，BOUCKAERT. Quality improvement in European public services. London；Thousand Oaks，Calif.：Sage Publications，1995：6-9. 彼得斯. 政府管理与公共服务的新思维//国家行政学院国际合作交流部. 西方国家行政改革述评. 北京：国家行政学院出版社，1998：18.

② BELLON C，HOERL G. In defense of civic—regarding entrepreneurship of helping wolves to promote good citizenship. Public administration review，1992，53（4）.

③ FERLIE E，et al. The new public management in action. Oxford：Oxford University Press，1996：3-6.

和“重塑政府”实验室的建立等方面①。

与此同时，当代西方国家公共部门改革推动了旧的公共行政模式的变化。旧的公共行政模式被人们看作一种与西方工业社会的政府管理相适应的实践模式，加拿大学者唐纳德·萨维称之为“工业社会的政府组织模式”“19世纪的行政技术”。这种旧的公共行政实践模式有如下四个基本特征：一是政府组织及其结构应根据韦伯的官僚制（科层制）原则建立起来，严格遵守这一原则是政府运作的最佳方式；二是公共物品及服务应由政府机构（官僚机构）来提供，即政府是公共物品的唯一提供者；三是政治（政策制定）与行政（政策执行）分开，并且文官在政治上保持中立，这有助于责任制的落实；四是行政被当作一种特殊的管理形式，必须由终身受雇的职业化的官僚来负责。尽管这种模式曾在公共管理中发挥过重要的、积极的作用。但是，随着西方国家由工业化社会向后工业社会与信息社会的转变，旧的公共行政模式越来越不适应社会的发展，它的基本原则受到了严峻的挑战，并在实践中逐渐失效或过时。公共部门改革形成的“新公共管理”模式在某种意义上正是为了克服旧的公共行政模式的弊端而出现的，它是公共管理实践变化的产物，与旧模式相比，这种“新公共管理”模式充分显示了其现实性和生命力。西方国家公共部门改革对旧的公共行政模式的改变，进一步丰富了公共管理的理论内容，拓宽了研究视野，并正在逐步推进公共管理范式的形成。

13.3 当代中国行政体制改革

公共部门改革是一个持续不断的过程。改革能解决某一时期内存在的问题，但在改革的过程中又会出现一些新的问题，进而又引发后续的改革②。20世纪70年代末以来，世界各国不同程度地进行了公共部门改革。相比较而言，有些国家的改革是由公共部门内部自行启动的，有些国家的公共部门改革却是在外部因素的推动下而被迫进行的。但不管改革的主要推动力是什么、出于什么目的、手段是什么、以什么方式推进，世界各国都在进行改革，这是事实；也不管这些改革冠以什么样的称号，如“新公共管理”“企业化政府”“重塑政府”等，一个公共部门改革的新时代来了③，中国也不例外。

13.3.1 当代中国行政体制改革的兴起

从新中国成立到1978年党的十一届三中全会以前，中国一直坚持社会主义制度和计划管理制度，对经济、政治、文化和社会生活都实行中央高度集权的管理体制，计划是资源配置的唯一手段。党的十一届三中全会以后，中国进入了以经济建设为中心和改革开放的新时期。

---

① 陈振明. 政府再造：西方“新公共管理运动”述评. 北京：中国人民大学出版社，2003：39.

② KAUFMAN. Reflections of administrative reorganization//PECHMAN J A. Setting national priorities：the 1978 budget. Washington，D. C.：Brookings Institution.

③ CAIDEN G E. Administrative reform comes of age. N. Y.：Walterde Gruyter，1991.

13.3.1.1　新时代中国行政体制改革的背景

新时代中国行政体制改革有其深刻的背景，国内社会经济、政治变化发展因素，国际因素以及科学技术飞速发展等多种因素对政府管理提出了新的要求，体制改革日益迫切。

1. 逐步建立的市场经济体制要求进行相应的行政体制改革

1992年，党的十四大正式提出了在中国建立社会主义市场经济体制，把建立社会主义市场经济体制作为改革的目标，并指出社会主义市场经济体制就是要使市场在国家宏观调控下对资源配置起基础性作用①。社会主义市场经济理论为深化经济体制改革和推进行政体制改革指明了方向。

中国经济关系、经济体制的发展变化，引起了政府与企业之间、中央与地方之间、政府与市场之间、政府与公众之间、政府与社会之间关系的变化。与经济体制的转变相适应，公共行政也要由适应计划经济的行政体制转变为适应社会主义市场经济的行政体制。这是推动中国行政体制改革的首要的、直接的动因。党的十八届三中全会通过的《中共中央关于全面深化改革若干重大问题的决定》把适应社会主义市场经济的要求确立为行政改革的具体指导，并把改革行政体制、转变政府职能、实现政企分开作为行政改革的着力点，开启了全面深化改革、系统整体设计推进改革的新时代，开创了我国改革开放的新局面。

2. 民主化政治体制改革为中国行政体制改革提供了广阔的空间

中国经济关系、经济体制的发展变化激发了改革政治体制的要求；经济体制改革过程中遇到的深层次问题，也需要通过政治体制的改革才能得到解决，经济体制改革的成果也需要通过政治体制改革来确认和保证。这样，政治体制改革在经济体制改革的推动下，在中国各个领域得以展开。政治民主化、法制化的发展促进了政府与国家权力机关的关系、政府与党的关系、政府与事业单位的关系、政府与群众团体的关系的改革。这为进一步理顺职能关系奠定了基础。

3. 行政效率低下导致公众的满意度降低，从而为行政体制改革提供了社会动力

高度中央集权的行政体制有以下弊端：一是权力高度集中；二是把太多的社会功能赋予政府，大大扩充了政府的职权范围，使政府权力日益强化，政府机构愈加臃肿庞大。

在特定的历史时期，这种管理体制对开创中国新生的社会主义建设事业有过一定的积极作用。但这种与计划经济体制相适应的高度集权的行政体制，在市场化的改革进程中，日益暴露出其不足：表面上政府无所不包、无所不能，实际上却是管了许多管不了、管不好的事，弱化了宏观调控能力；政府部门林立、机构臃肿、人浮于事、事浮于人，使财政不堪重负；官僚主义盛行、效率低下，甚至为腐败滋生提供了温床。要求建立精干、高效、廉洁的行政体制的呼声日益高涨。

4. 西方国家公共部门改革的理论与实践给中国提供了参考

西方国家公共部门改革措施，包括在政府公共行政中引入市场竞争机制、改善公共

---

① 回眸世纪潮：中国共产党“一大”到“十五大”珍典纪实：下册．北京：国家行政学院出版社，1998：2354．

部门的管理方式、提高公共部门服务质量、实行公共服务竞争制度（诸如非垄断化、适度管制、推动竞争、公共部门与民营部门竞争、公共组织间的竞争）、推行政务信息化建设和在线电子化服务等，以及公共管理理论，给中国行政改革提供了参考。在管理国际化、市场化和全球化的影响下，市场化、合同承包、企业化政府等概念、理论、改革措施和新公共管理取向及模式对深化中国行政体制改革，都具有一定的参考。

5. 现代科学技术发展为中国行政体制改革带来了机遇和挑战

以移动互联网、物联网、大数据、云计算、人工智能为代表的现代新技术的普遍和深度应用，为倒逼行政体制改革提供了重要的支撑。实践表明，与工业社会相适应的官僚机器难以运行在互联网时代。互联网时代的行政组织必须具有结构简单、层次较少、反应灵敏、运转协调、高效廉洁的特点，世界各国公共部门改革都致力于实现这一目标。深化我国行政体制改革正是顺应这一时代发展潮流的需要。

13.3.1.2 新时代中国行政体制改革的理论

把当代公共管理理论与中国的具体国情相结合，构建中国特色的行政体制改革理论，是新时代中国公共管理理论研究和实践的迫切任务。

1. 新时代中国行政体制改革的基本价值体系

新时代中国的行政体制在本质上是社会主义的行政体制，坚持以人民为中心。社会主义行政体制是在社会主义国家制度基础上建立起来的一整套组织管理政治、经济、文化事务的权力划分体系、组织体系和制度体系的综合体。社会主义行政体制具有双重性：一方面，它要体现社会主义政治制度的本质，这是政治层面的内容；另一方面，它又要反映古今中外行政活动、行政发展的一般规律，这是技术层面的内容。由于所处的时代不同、面临的公共管理问题不同、要解决的社会矛盾和根本任务不同，因而，在社会主义发展的不同阶段，所表现出来的行政研究与行政发展实践也就存在不同的着力点。一般而言，在创建社会主义理论和取得社会主义政权时期，比较多地从政治层面思考问题，因而较多地重视行政体系政治层面的内容；而在社会主义建设时期，则比较重视在社会主义制度框架内从技术层面思考问题。因此，新时代中国行政体制改革，既要强调其是社会主义制度的自我完善，又要从技术层面完善和改进行政体制、政府职能定位、管理方式和机构设置等问题。

据此，新时代中国行政体制改革的基本价值体系包括：（1）社会公仆观念是社会主义国家机关建设及改革的重要价值，坚持以人民为中心，生命至上；（2）“廉价”政府是社会主义国家机关的重要标志，也是改革追求的重要目标；（3）高效率的管理是保证社会主义能够创造比资本主义更高生产率的一个基本条件；（4）反对官僚主义是社会主义国家机关的一项艰巨任务；（5）坚持不懈地改革和调整国家机关是完善社会主义政权组织及其管理体制的主要方法，也是一项长期的任务；（6）在经济全球化与市场化、政治民主化、管理国际化和社会信息化的时代背景下，中国行政体制改革还必须坚持市场经济的发展取向、民主化的法治取向、以人为本的民本取向和公共服务取向等扩大民主、健全法制和科学发展、协调发展的价值取向。

2. 新时代中国行政体制改革的理论构想

围绕新时代中国行政体制改革的基本价值体系，坚持以习近平新时代中国特色社会主义思想为指导，形成了改革的具体理论构想。

（1）行政体制改革的基本理论。中国旧的适应计划经济的行政体制存在严重的弊端，如权力高度集中，不善于运用市场，官僚主义严重，行政效率低下，人民民主参与不够，决策失误，生产力发展缓慢，等等。为此，必须在进行经济体制改革和政治体制改革的同时，推进行政体制改革。

一是要明确我国行政体制改革的原则与目标。当代中国行政体制改革的根本原则和目标是建立与社会主义市场经济体制相配套、与社会主义民主政治制度相配套的法治国家。正如邓小平所说："我们要在大幅度提高社会生产力的同时，改革和完善社会主义的经济制度和政治制度，发展高度的社会主义民主和完备的社会主义法制。"① "必须使民主制度化、法律化，使这种制度和法律不因领导人的改变而改变，不因领导人的看法和注意力的改变而改变。"② 行政体制改革的目标主要包括三个方面："第一，党和行政机构以及整个国家体制要增强活力，就是说不要僵化，要用新脑筋来对待新事物；第二，要真正提高效率；第三，要充分调动人民和各行各业基层的积极性。"③

当代中国行政体制改革要达到的一个重要目的就是克服官僚主义，提高行政效率。官僚主义的总病根是权力过分集中的行政体制，因而，克服官僚主义必须从改革权力过分集中的管理体制做起。提高行政效率，则要从上到下建立和加强责任制，采用先进的管理方法。

二是要确定当代我国行政体制改革的内容。邓小平指出："解决党如何善于领导的问题。这是关键，要放在第一位。第二个内容是权力要下放，解决中央和地方的关系，同时地方各级也都有一个权力下放问题。第三个内容是精简机构，这和权力下放有关。"④ 同时，要改革干部人事制度。邓小平指出："干部缺少正常的录用、奖惩、退休、退职、淘汰办法，反正工作好坏都是铁饭碗，能进不能出，能上不能下。这些情况，必然造成机构臃肿，层次多，副职多，闲职多，而机构臃肿又必然促成官僚主义的发展。因此，必须从根本上改变这些制度。"⑤

根据邓小平的概括，当代中国行政体制改革的内容应包括：改革行政权力体制，理顺党与政府的关系、立法机关与行政机关的关系、司法机关与行政机关的关系；推进政府职能转变，理顺政府与企业、政府与社会、政府与公众的关系；推进权力下放，建立中央与地方合理分权的权力体制，保证中央宏观调控和地方自主权，调动中央与地方两个积极性；推进行政组织体系改革，精简机构，精简政府部门与内设机构；推行社会生活的民主化，让公众参与公共产品的提供，推进基层自治；建立国家公务员制度与岗位责任制；等等。

（2）政府职能转变的理论。政府职能转变的理论是当代中国行政体制改革的指南。中国官僚主义的"总病根"是中央高度集权的管理体制，这种管理体制主要表现为政府对经济、政治、文化、社会事务的全面的集中统一管理，这是一种"无所不能、无

① 邓小平．邓小平文选：第2卷．2版．北京：人民出版社，1994：208.
② 同①146.
③ 邓小平．邓小平文选：第3卷．北京：人民出版社，1993：241.
④ 同③177.
⑤ 同①328.

所不管”的“全能政府”体制。中国转轨时期政府职能转变的理论主要包括以下基本观点：

第一，在政府职能范围方面。1）改革“无所不能、无所不管”的全能政府，政府要集中精力为社会提供公共产品与公共服务；减少政府对企业、事业、社会单位的直接管理、微观控制和审批干预。2）处理好政府与市场的关系，发挥市场在资源配置中的决定性作用。在市场经济条件下，政府职能要实现公共化，集中精力管理公共事务，而不要干预市场事务与社会自我协调处理的事务，这样有利于调动各方面的积极性。3）促进政府职能转变。政府职能转变的核心是实行制度管理和规则管理。要将能够促进生产力发展的政策制度化和规则化，变政策管理为制度管理和规则管理，用制度去管人与事，从而使人民群众有明确的预期，调动群众积极性。规则管理的核心是完善法律。

第二，在政府职能行使方式方面。1）政府公共管理要引入经济管理、企业管理的方法和手段，改变管理手段落后的问题；2）积极吸收和借鉴国外先进的公共管理经验与国际惯例，构建中国特色的政府公共管理职能体系。

第三，小康社会的政府职能主要是宏观管理职能。走向小康社会的宏观管理，是对政府职能动态发展过程的描述，是对政府角色的不断重新定位。在走向小康社会的过程中，政府的宏观管理职能应该是不断提高政府公共服务在政府工作中的比重，不断适应市场经济深化发展的需要，弥补市场缺陷，提供公共产品，不断提高政府宏观调控的能力和水平，最后达到建立与市场经济相适应的政府公共产品体系的目的。与政府职能的这种转变过程相适应，要同时建立公共财政体制和公共行政体制。公共财政体制是以提高财政收入占国内生产总值的比重，提高中央财政收入占全国财政收入的比重为基础的，在此前提下，要加大中央政府财政政策、税收政策、金融政策的力度，有效进行适应市场经济的宏观调控；公共行政体制就是建立在法治基础上的，政府主要提供公共产品、管理公共事务、行使公共权力、承担公共责任的政府体制。

第四，建设服务型政府、强化社会管理和公共服务职能是构建社会主义和谐社会的重要措施和具体职能。按照转变职能、权责一致、强化服务、改进管理、提高效能的要求，深化行政体制改革，优化机构设置，更加注重履行社会管理和公共服务职能。以发展社会事业和解决民生问题为重点，优化公共资源配置，注重向农村、基层、欠发达地区倾斜，逐步形成惠及全民的基本公共服务体系。创新公共服务体制，改进公共服务方式，加强公共设施建设。深化行政审批制度改革，进一步减少和规范行政审批事项，简化办事程序，创新管理制度，为群众和基层提供方便、快捷、优质的服务。推行政务公开，加快电子政务建设，推进公共服务信息化，及时发布公共信息，为群众生活和参与经济社会活动创造便利条件。完善公共服务政策体系，提高公共服务质量，增强政府公信力。推进政事分开，支持社会组织参与社会管理和公共服务。加强市场监管，整顿和规范市场经济秩序。

知识链接 13-2

从“三证合一”走向“五证合一”

改革中国行政审批制度，推进工商注册便利化，是中国推进市场化改革的重大举措，对于加快政府职能转变、创新政府监管方式、促进中国经济社会发展具有十分重要的意义。2014 年 7 月 8 日，国务院发布的《关于促进市场公平竞争维护市场正常秩序的若干意见》在“改革市场准入制度”中提出“简化手续，缩短时限，鼓励探索实行工商营业执照、组织机构代码证和税务登记证‘三证合一’登记制度”。2015 年 8 月 13 日，工商总局、中央编办、国家发展改革委、税务总局、质检总局和国务院法制办六部门联合印发通知，要求加快推进“三证合一”登记制度改革，确保“三证合一、一照一码”登记模式如期实施。2016 年 7 月 5 日，国务院办公厅颁发《国务院办公厅关于加快推进“五证合一、一照一码”登记制度改革的通知》，指出改革将全面实现“五证合一”，全面实行“一套材料、一表登记、一窗受理”的工作模式，申请人办理企业注册登记时只需填写“一张表格”，向“一个窗口”提交“一套材料”。这是继 2015 年 10 月 1 日全面实行“三证合一”后，再度整合社会保险登记证和统计登记证，实现“五证合一、一照一码”。各地各部门自 2016 年 10 月 1 日起全面实施，如图 13-4 所示。

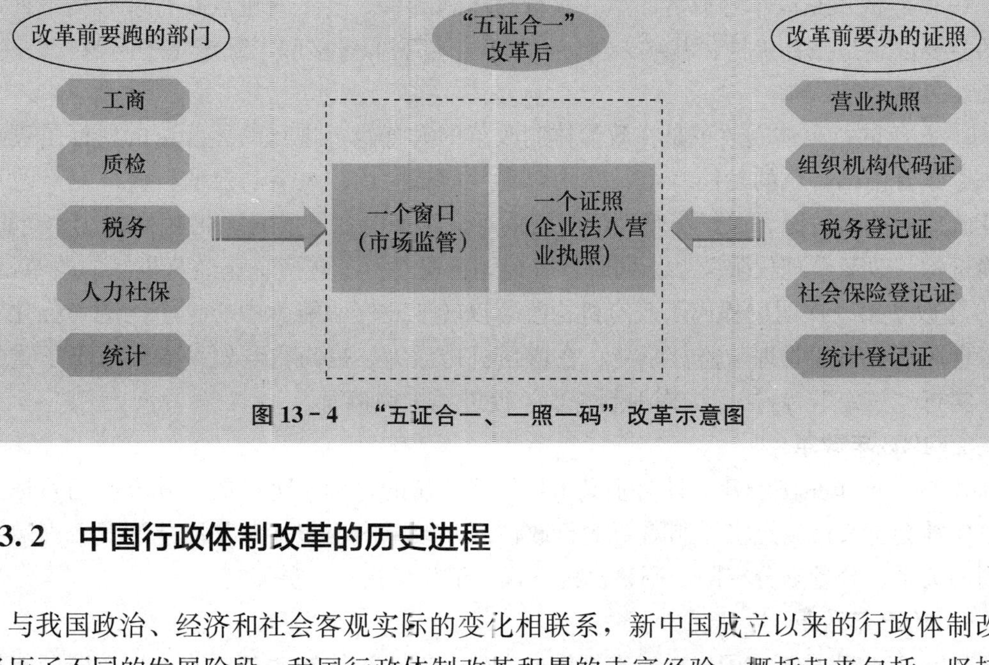

图 13-4 “五证合一、一照一码”改革示意图

13.3.2 中国行政体制改革的历史进程

与我国政治、经济和社会客观实际的变化相联系，新中国成立以来的行政体制改革也经历了不同的发展阶段。我国行政体制改革积累的丰富经验，概括起来包括：坚持以科学理论为指导，坚持从中国国情和实际出发，坚持以人民为中心和执政为民，坚持统筹规划、协调推进，坚持提高改革决策的科学性。

13.3.2.1 1949 年新中国成立到 1978 年实行改革开放

从 1949 年新中国成立到 1978 年实行改革开放，是中国特色社会主义行政体制创立和奠基的时期。这一历史时期，建立了新中国各级政权，制定了各项行政管理制度，确立了基本行政体制。这个时期，先后经历了 1951 年、1954 年、1960 年、1968 年四次行政体制的调整和变革，建立和完善了与社会主义国家性质要求相适应、与计划经济体制相适应的行政体制，为这一历史时期我国社会主义革命和建设取得伟大成就提供了行政体制保障。

13.3.2.2 改革开放以来的行政体制改革

从 1978 年党的十一届三中全会到现在，是中国特色社会主义行政体制不断改革与完善的时期。这个时期大体经历了三个阶段：一是从党的十一届三中全会召开到党的十四大之前，主要是冲破高度集中的计划经济体制和行政管理模式；二是从党的十四大召开到党的十七大，主要是按照发展社会主义市场经济的要求全面推进行政体制改革；党的十八大以来，行政体制改革主要是完善和发展中国特色社会主义制度，推进国家治理体系和治理能力现代化，推进服务型政府和法治政府建设。伴随经济体制、政治体制、文化体制、社会体制等改革的不断推进，我国改革开放以来的行政体制改革也不断深化，与社会主义市场经济体制和社会主义民主政治建设相适应的行政体制不断完善。在这个时期，为建立一个办事高效、运转协调、行为规范的行政体制，我国进行了八轮改革。

1. 1982 年改革

1982 年改革是改革开放后的第一次行政体制改革。改革的重点在行政机构方面，改革的主要内容是撤并机构、裁减人员，以解决干部副职过多和干部老化等问题。

2. 1988 年改革

1988 年的行政体制改革是在政治体制改革的大背景下进行的。改革的目标是逐步建立一个具有中国特色的功能齐全、结构合理、运转协调、灵活高效的行政体制，改革以转变政府职能为关键、以经济管理部门为重点，改革内容包括理顺职能关系、转变职能、精简机构、改革管理权限关系。同时，各地还普遍进行了转换企业经营机制的改革试点。1988 年改革第一次明确提出了政府机构改革以转变政府职能为中心这个问题，强化了宏观管理职能、行业管理与监督职能；在增强机构活力、提高行政效率方面迈出了重要一步；实行“三定”，严格了机构编制管理，促进了机构精简。

3. 1993 年改革

1993 年改革是围绕建立社会主义市场经济体制的目标来进行的，其方向与目标是建立适应社会主义市场经济体制需要的行政体制。改革内容包括调整职能配置、理顺各部门间的关系、合理划分权限、调整机构设置、精简机构和人员编制。

4. 1998 年改革

1998 年改革是新中国成立以来规模最大的一次行政体制改革，明确把政府职能界定为宏观调控、社会管理和公共服务；政企分开有了新的突破，党政机关与所办的经济实体和所管理的直属企业脱钩；中央各部门的部分审批权和具体事务性工作下放给地方政府，国务院机构和人员大幅减少。1999 年底，我国启动了又一个重大行政改革项目——行政审批制度改革，着力减少行政审批事项，转变政府职能。

5. 2003 年改革

2003 年改革按照党的十六大精神进行。党的十六大报告将政府的主要职能归纳为经济调节、市场监管、社会管理和公共服务四个方面，进一步把转变政府职能、深化行政管理体制改革作为未来国家建设的重要任务。改革的内容和目标是按照精简、统一、效能的原则和决策、执行、监督相协调的要求，进一步转变政府职能，调整政府机构设置，理顺部门职能分工，减少行政审批，提高政府管理水平，努力形成行为规范、运转协调、公正透明、廉洁高效的行政管理体制。2004年4月，国务院颁发《全面推进依法行政实施纲要》，确立了建立法治政府的目标，要求政府按照合法行政、合理行政、程序正当、高效便民、诚实守信、权责统一的原则，规范行政行为，提高行政效能，防止权力滥用。2005年4月颁布的《公务员法》，对规范行政主体、加强公务员队伍建设产生了重要影响。

6. 2008年改革

2007年，党的十七大明确提出了着力转变职能、理顺关系、优化结构、提高效能，形成权责一致、分工合理、决策科学、执行顺畅、监督有力的行政管理体制的改革目标。党的十七大报告指出："加大机构整合力度，探索实行职能有机统一的大部门体制，健全部门间协调配合机制。精简和规范各类议事协调机构及其办事机构，减少行政层次，降低行政成本，着力解决机构重叠、职责交叉、政出多门问题。"这一改革新思路被称为大部制改革。大部门体制，或称为"大部制"，就是在政府部门设置中，将那些职能相近、业务范围趋同的事项相对集中，由一个部门统一管理，并在该部门形成决策权和执行权的权力梯度，从而最大限度地避免政府职能交叉、政出多门、多头管理，以提高行政效率、降低行政成本。

7. 2013年改革

党的十八大明确提出，行政体制改革是推动上层建筑适应经济基础的必然要求。要按照建立中国特色社会主义行政体制目标，深入推进政企分开、政资分开、政事分开、政社分开，建设职能科学、结构优化、廉洁高效、人民满意的服务型政府。党的十八届三中全会明确提出将"推进国家治理体系和治理能力现代化"列为"全面深化改革的总目标"。这一目标是一个纵观全局的更高层面的国家发展目标和价值追求，是与现代国家的责任和职能相一致的，因此成为当前中国行政体制改革和政策分析的出发点。科学的宏观调控、有效的政府治理，是发挥社会主义市场经济体制优势的内在要求，必须切实转变政府职能，深化行政体制改革，创新行政管理方式，增强政府公信力和执行力，建设法治政府和服务型政府。

2013年行政改革在党的十八大精神指导下进行。2013年政府工作报告提出，要切实加强政府自身建设，进一步深化行政体制改革。推进政府机构改革，建立职能统一的大部门体制框架。把实行科学民主决策、坚持依法行政、推进政务公开、健全监督制度、加强廉政建设作为政府工作的基本准则。大力推进规范行政权力运行，建设服务政府、责任政府、法治政府和廉洁政府。坚持科学决策、民主决策、依法决策，健全公众参与、专家论证、风险评估、合法性审查和集体讨论决定等政府决策程序。深化行政审批制度改革；大力推动政务公开，重点推进财政预算决算公开和公务接待、公务车购置使用、因公出国出境经费公开，让人民群众更加全面地了解政府工作，更加有效地监督政府行为；全面加强审计监督和反腐倡廉建设，加强领导干部廉洁自律的监督管理；探索建立科学政府绩效管理制度，建立并切实执行以行政首长为重点的行政问责制度，提高行政效能。

8. 2018年改革

根据党的十九大和十九届三中全会部署，深化党和国家机构改革的总体要求是，全面贯彻党的十九大精神，坚持以马克思列宁主义、毛泽东思想、邓小平理论、“三个代表”重要思想、科学发展观、习近平新时代中国特色社会主义思想为指导，适应新时代中国特色社会主义发展要求，坚持稳中求进工作总基调，坚持正确改革方向，坚持以人民为中心，坚持全面依法治国，以加强党的全面领导为统领，以国家治理体系和治理能力现代化为导向，以推进党和国家机构职能优化协同高效为着力点，改革机构设置，优化职能配置，深化转职能、转方式、转作风，提高效率效能，为决胜全面建成小康社会、开启全面建设社会主义现代化国家新征程、实现中华民族伟大复兴的中国梦提供有力制度保障。

2018年深化机构改革着眼于转变政府职能，坚决破除制约使市场在资源配置中起决定性作用、更好发挥政府作用的体制机制弊端，围绕推动高质量发展，建设现代化经济体系，加强和完善政府经济调节、市场监管、社会管理、公共服务、生态环境保护职能，结合新的时代条件和实践要求，着力推进重点领域和关键环节的机构职能优化和调整，构建起职责明确、依法行政的政府治理体系，提高政府执行力，建设人民满意的服务型政府。

知识链接 13-3

“最多跑一次”改革：从“以政府为中心”到“以人民为中心”

浙江省各级政府自1992年开始从重构纵向政府间的行政权力、创新行政审批的工作机制、规范职能部门的权力行使等不同的视角切入，较为有效地回应了不同时期经济社会发展的客观需要。不过，这些改革仍然有着较强的政府中心主义特征，改革成果较难转化为民众获得感。为了更好地将政府改革成果转化为民众的获得感，浙江省在2016年12月省委经济工作会议上提出“最多跑一次”改革的倡议，要求树立“以人民为中心”的改革新理念，以群众感受倒逼政府变革，由此更好地执行“八八战略”，再创浙江体制机制优势。“最多跑一次”是指“群众和企业到政府办理‘一件事情’，在申请材料齐全、符合法定受理条件时，从政府部门受理申请到做出办理决定、形成办理结果的全过程一次上门或零上门”。实现群众和企业到政府办事“最多跑一次是原则，跑多次是例外”的要求。2017年2月，浙江省出台《加快推进“最多跑一次”改革实施方案》，改革正式启动。

“以人民为中心”，提高民众对于政府改革的获得感，是“最多跑一次”改革的出发点和落脚点。以前，行政服务中心尽管较好地回应了民众关于优化政务服务质量、提高政务服务效率的诉求，但始终没有能够彻底清理大量不必要的、重复的行政审批事项，始终难以实质性地降低民众获得政务服务的成本，甚至常常出现“证明你妈是你妈”的现象。在政府层级间分权、部门间分工的碎片化行政体制中，以政府为中心的改革模式始终难以避免地方化、部门化。这一碎片化的体制特征使得政府尽管经历了相当长时间的行政审批制度改革，民众仍然需要在多个部门、多个地点之间多次奔波办事。“最多跑一次”改革正是致力于将政府改革的成果转化为民众获得感。与以往改革相比，“最多跑一次”的主语由政府转变为民众，即“按照群众和企业到政府办事‘最多跑一次’的理念和目标”，“从与群众和企业生产生活关系最紧密的领域和事项做起”。可见，“最多跑一次”具有“需求导向”“问题导向”“效果导向”等突出特点。

推动“最多跑一次”改革面临诸多困难和障碍。“最多跑一次”改革从直接面向民众的政务服务事项出发，其目标的实现，既要求有管理意义上的流程再造，也要求更好地协调各职能部门的工作，实现较大范围内的信息共享和权力重构，而且要求跨地区、跨层级之间的合作。“‘最多跑一次’改革已经在诸多方面取得重大实质性突破，显现出牵一发动全身、一子落满盘活的示范带动效应。”“最多跑一次”改革尽管始于政府直接面向民众的政务服务，但它不再是以往“在政府外围开辟一片缓冲区域”意义上的机制创新，而是旨在以结果为导向、需求为导向系统优化经济体制、社会体制、权力运行机制等的全面变革。也正因此，“最多跑一次”改革被称为“刀刃向内的政府自我革命”。

资料来源：郁建兴．“最多跑一次”改革：浙江经验，中国方案．北京：中国人民大学出版社，2019.

13.3.2.3　以转变政府职能为中心的行政体制改革

1. 政府职能的含义与内容

政府职能的含义是：根据社会需求，政府在国家和社会管理中承担的职责和功能，包括管理的公共事务的范围（管什么）以及采取什么方式进行管理（怎么管）这两个方面。政府职能具有整体性、执行性、多样性、动态性、程序性、依法性等特点。

关于政府职能的内容，有着不同历史文化传统、处于不同发展阶段上的国家会有不同的规制。为此，学术界自 19 世纪以来形成了对政府职能内容的不同理解及划分标准。

按照斯密的理论，政府的作用只在于这样三大职能：君主的义务，首在保护本国社会的安全，使之不受其他独立社会的暴行与侵略；君主的第二个义务，为保护人民不使社会中任何人受其他人的欺侮和压迫，换言之，就是设立一个严正的司法行政机构；君主或国家的第三种义务就是建立并维持某些公共机关和公共工程①。

按照布坎南的理论，政府的职能（集体行动）可以分为三个层次：“第一，执行现行法律的那些行动。这一类行动包括霍布斯所说的君主的合法行动，即包括在我称之为‘保护性国家’、诺齐克称之为‘最低限度国家’和 19 世纪哲学家称之为‘守夜人国家’的那些行动。打一个熟悉的体育比赛上类似的比喻，这里的任务是裁判员的任务，指定他来执行规则，督促比赛的进行。第二，包括现行法律范围内的集体行动的那些活动。……用经济学家熟悉的话来说，这一套活动包括提供资金、供给和提供‘公众所需的商品和服务’。个人和私人团体在现行法律范围内的活动可能不足以充分供应那些商品

① 斯密．国民财富的性质和原因的研究．北京：商务印书馆，1994：254，272，284.

和服务。第三，包括改变法律本身和现行成套法律规定的那些活动。……用体育比赛作比喻，这里所说的活动是指改变过去和现在实行的比赛规则的那些活动。”①

台湾地区张金鉴教授认为，在一般的意义上，行政职能大体可以分为维持、保卫、扶助、管制、服务、发展六个范畴。

市场经济条件下适应 WTO 要求，经济调节、市场监管、社会管理和公共服务构成了当代中国的政府职能体系：

（1）经济调节职能。这是指政府保持宏观经济环境的稳定、调整国民经济结构、弥补市场失灵的职能。经济调节职能是政府资源配置职能的充分体现②。政府通过宏观经济调控手段，保证总需求与总供给的平衡和国民经济总体结构的合理性，促使国民经济和社会发展良性循环。主要包括：政府运用货币政策、公共支出政策、税收政策、社会保障政策、大产业管理政策、综合治安政策等对经济、社会、政治生活进行的宏观管理与调控。

（2）市场监管职能。这是指政府健全市场规制、加强市场监管的职能。政府以法律制度界定和保护产权，打破地方和部门的行政垄断，建立统一、公平、开放的市场经济秩序，为参与市场运作的各方提供一个有基本信用的、可预期的、透明的、公平竞争的市场竞争环境，创造各类市场主体平等使用生产要素的环境，促进商品和生产要素在全国市场自由流动；政府要运用法律手段及其相应的强制措施制定、执行各类市场规则，对违规行为进行处罚。

（3）社会管理职能。这是指政府处理社会冲突、协调社会利益、保持社会稳定的职能，包括维持社会秩序、保障人身安全和私人财产安全的职能，确保社会公平分配的职能，环境保护职能，社会保障职能。具体做法包括：要加强社会保障和社会救济职能，逐步建立和完善覆盖全社会的高效率的社会保障制度，通过有效的税收和转移支付制度，调节国民收入分配，促进社会公正与和谐；增强政府社会冲突管理职能，倡导政府与经济社会生活中不同利益集团的沟通与交流，统筹协调各方面利益关系，妥善处理社会矛盾，为困难群体提供必要援助，形成与社会多元发展趋势相适应的多渠道、多层次的社会利益协调机制，促进社会稳定和全面进步；完善应急管理体制机制，有效应对各种风险；加强社会治安综合治理，增强公众安全感。创新社会管理体制，整合社会管理资源，提高社会管理水平，健全党委领导、政府负责、社会协同、公众参与的社会管理格局，是社会管理职能最重要的内容。

（4）公共服务职能。这是指政府提供公共产品（如科技发展、义务教育、卫生保健、公共工程、公用事业、就业培训）和公共服务的职能。政府应以发展社会事业和解决民生问题为重点，优化公共资源配置，逐步形成惠及全民的基本公共服务体系；创新公共服务体制，改进公共服务方式，健全社会组织，增强服务社会功能；为市场经济服务，加强教育和人力资本投资，促进科技发展，加强公共设施建设，通过公共财政投资来扶

---

① 布坎南．自由、市场和国家：80 年代的政治经济学．上海：上海三联书店，1989：244.

② 政府资源配置职能指的是政府公共部门通过收支活动以及相应政策的制定、调整和实施，实现对社会现有人力、物力、财力等社会资源结构与流向的调整和选择。科斯，阿尔钦，诺斯，等．财产权利与制度变迁：产权学派与新制度学派译文集．上海：上海人民出版社，1994.

植和培育基础教育、公民基本保健、卫生防疫和计划生育等事关全民族素质的基础性文教事业建设。

2. **政府职能的发展规律与政府职能转变改革**

政府职能的内容、范围和行为方式源于社会的需求，随着社会的变化，政府职能也不断发展和变化。不同社会形态国家的政府，同一社会形态不同国家的政府，同一国家不同发展阶段的政府，其职能的重点、内容、范围和行使职能的方式都是不同的。政府职能的发展变化是由其承担职能的条件变化决定的，其中经济条件的变化起着决定性的作用，随着经济条件的变化，社会的阶级结构、主要矛盾和任务等都会发生变化，这就要求对政府职能进行相应的调整。这是政府职能发展变化的一条重要客观规律。政府职能转变是指政府职责和功能为适应社会条件的变化而发生的转换、变化和发展。

政府职能决定着行政机构的设置及管理方向、内容、范围、方式，对政府职能及时做出调整是政府行政系统赖以生存和发展的前提条件。因此，在不同的历史时期、不同的环境条件下和不同的发展阶段，尽管政府的基本职能维持一定的稳定性，但政府职能的重点、内容、强度和行为方式都表现出差异。各国政府管理的历史与实践表明，政府的具体职能不是一成不变的，它根据经济、政治和社会的发展而发展，根据不同时期形势和任务的变化而变化。

政府职能发展的规律可以从以下五个方面来考察：(1) 从政府职能作用的领域来看，政府职能由以政治职能为重心，逐渐向以经济职能、社会事务管理职能、科技文化职能为重心转移；(2) 从政府职能作用的性质来看，政府职能由以保卫性、统治性职能为主向以管理性、服务性职能为主转变；(3) 从政府职能的分化程度来看，其变化的规律是由原来混淆不清的职能向高度分化的职能转变；(4) 从政府职能的行使方式来看，其变化的规律是由以人治、行政手段为主转向以法治为主，综合运用法律、经济和管理手段；(5) 从政府职能作用的深度与广度来看，政府职能的变革呈现出“守夜警察”—“万能政府”—“有限政府”的发展规律。

政府职能变化的规律，同样适应中国以职能转变为中心的行政体制改革。推进政府职能转变、确定中国现阶段的政府职能要以公共管理的基本要求为指南，具体要求包括：一是要求私人组织、非政府组织与政府组织一起参与公共服务与公共产品的提供，打破政府对公共管理权力的垄断；二是要求实行职能下属化原则，即尽可能多地把管理权力下放给下一级的政府与组织，直至乡村与社会团体；三是自治事务高于公共权力的原则，即在能以自治原则解决问题的情况下，尽量不采用权威原则。也就是说，公共事务应尽量在自治范围内处理，由企业、公民、非政府组织自行解决。因此，转变政府职能的改革，要求明晰各级政府职能的重点和界限，将原有的部分管理职能下放给企业、非政府组织和公民个人，实现政府从社会的部分撤退。

3. **中国实行政府职能转变的内容**

政府职能的转变是经济体制改革的必然要求，是机构改革的重要前提和基础。政府职能转变，主要是指中国各级行政机关为适应由计划经济体制向社会主义市场经济体制过渡过程中客观条件的变化，在政府职能的重心、性质、内容和行使方式上的转变。具体包括：

（1）政府职能重心的转变。1978年党的十一届三中全会明确提出了把党和国家的工作重点转移到经济建设上来。为此，各级政府紧紧围绕经济建设这个中心，实现了政府职能重心的根本转变。

（2）职能关系的转变。职能关系问题是指不同的管理职能该由谁来行使以及管理主体之间职责权限的划分问题。转变政府职能关系主要是：理顺中央与地方、上级与下级政府之间的关系，政府与市场的关系，政府与企业的关系，政府与社会的关系以及政府内部各部门的关系。

（3）职能方式的转变。职能方式是政府公共部门如何行使职能的问题。转变职能方式主要是：由以行政手段为主转向以经济手段为主，由以微观管理、直接管理为主转向以宏观管理、间接管理为主，促进行政审批制度改革。行政审批制度改革是形成与市场经济相适应的政府管理模式的关键一步。

（4）构建人民满意的服务型政府必须实现中国政府职能重大战略转变。当代中国，推进政府职能转变的行政改革成就显著。但是，还存在着需要解决的问题：第一，政府对微观经济特别是国有企业的直接干预过多；第二，投融资管理体制改革滞后，规范、监管市场秩序的力度不够；第三，公共服务职能弱化；第四，依法行政的统一性和透明度不高；第五，政府应急职能不完善；第六，地方保护主义盛行，消费者主权地位尚未明确；第七，权本位、官本位现象严重；第八，政府“越位”“缺位”“错位”等现象并存。

服务型政府是以社会发展和人民群众的共同利益为出发点，以为人民服务为宗旨并承担相应服务职责的现代政府治理模式。建设服务型政府是我国政府职能转变的基本方向和行政改革的重要内容。改革开放40多年来，我们党不断深化对服务型政府建设的认识，持续推进政府职能的转变，取得了重大成就，积累了宝贵经验。特别是党的十八大以来，我国各级政府职能加速向服务型转变，大量减少对经济活动的微观管理和直接干预，更加注重加强宏观调控、市场监管和公共服务等职能建设，有力推动了改革开放向纵深发展。中国特色社会主义进入新时代，我国社会主要矛盾发生转化，这对服务型政府建设提出了新的更高的要求。

党的十八大提出了“建设职能科学、结构优化、廉洁高效、人民满意的服务型政府”，进一步将服务型政府建设的内容具体化，服务型政府建设进入全面深化的崭新阶段。党的十八届三中全会提出“使市场在资源配置中起决定性作用和更好发挥政府作用”，明确把服务型政府建设作为国家治理体系和治理能力现代化的重要组成部分。党的十九大提出，建设人民满意的服务型政府。在这个阶段，各级政府牢牢抓住简政放权这个“牛鼻子”，以全面深化“放管服”改革为引领，加强监管创新，优化政府服务，提高办事效率，加强各类公共服务供给。党的十八大以来，国务院部门行政审批事项削减了44%，非行政许可审批彻底终结，进一步激发了市场活力和社会创造力，极大提高了服务型政府建设的实效。党的十九大报告指出：“党的一切工作必须以最广大人民根本利益为最高标准。我们要坚持把人民群众的小事当作自己的大事，从人民群众关心的事情做起，从让人民群众满意的事情做起，带领人民不断创造美好生活！”这为建设人民满意的服务型政府指明了方向。站在新的时代方位，我们将继续坚持以人民为中心，总结历史经验，针对服务型政府建设中的短板，围绕持续转变政府职能，全方位推进服务型政府建设，以满足人民群众日益增长的美好生活需要。

因此，必须实现政府职能的重大战略转变。只有这样，才能解决以往政府职能转变过程中存在的问题，才能适应社会发展的要求。

政府职能的重大战略转变不是一般性的改变和转换，而是一种具有方向性、根本性、长期性和全局性的战略转变。这种转变包括：由以经济增长为中心的发展职能向经济增长和社会发展并重的发展职能转变，由以物质资本为中心的发展向以人力资本为中心的发展转变，由以产业干预政策为中心促进经济增长向创造平等竞争的市场环境促进经济社会全面进步转变，由非规范性的为人民群众服务向制度性的公共服务转变，由单一推进市场化进程向完善市场竞争机制与完善社会安全网并重转变。

推动实施政府职能重大战略转变，必须做到：

一是要坚持和加强党的全面领导，充分发挥党总揽全局、协调各方的领导核心作用。实践证明，党的坚强领导是政府职能转变和充分发挥的根本保证，是我们建设服务型政府的独特政治优势。二是要坚持以人民为中心。服务型政府建设的宗旨是全心全意为人民服务。无论是深化简政放权、全面提高政府效能，还是规范行政行为、优化办事流程，服务型政府建设聚焦的都是人民群众普遍关心的问题，人民群众的公共服务诉求是服务型政府建设的根本动力。在推动实施政府职能转变过程中，我们党和政府始终注重在提供公共服务的同时实施有效管理，在政府有效管理中实现公共服务的充分供给，两者相互补充、相互增效，不断增强人民群众的获得感、幸福感、安全感。三是要持续转变政府职能。政府职能转变一直是服务型政府建设的核心。当前，政府职能转变的重心在于围绕使市场在资源配置中起决定性作用、更好发挥政府作用的目标，构建起高效廉洁的体制机制。为此，就要继续深入推进简政放权改革，提高资源配置效率，切实将政府工作重点转到创造良好发展环境、提供优质公共服务、维护社会公平正义上来。进一步优化政府机构设置和职能配置，形成职责明确、依法行政的政府治理体系，全面提升政府效能。四是要完善公共服务体系。人民群众对美好生活的需要日益增长，相应地也对政府公共服务供给的内容、类型及途径提出了更高要求。要通过政府公共政策的有效引导增强基本公共服务供给能力，调动市场力量增加非基本公共服务供给，围绕教育、卫生健康、养老等领域为人民群众提供便捷高效、公平可及的公共服务。进一步完善区域发展政策，加大基本公共服务投入，健全政府主导、社会参与、全民覆盖、普惠共享、城乡一体、可持续的基本公共服务体系，在逐步缩小城乡区域发展差距基础上建立起权责清晰、财力协调、标准合理、保障有力的基本公共服务制度体系和保障机制。

13.3.3　当代中国行政体制改革的发展趋势

行政体制改革是全面深化改革的重要环节。加快行政体制改革是全面深化改革和提高对外开放水平的关键；不深化行政体制改革，经济体制改革难以顺利向前推进。

13.3.3.1　深化行政体制改革的方向

行政体制改革是一个持续不断的过程和复杂的系统工程。在新的历史条件下，深化行政体制改革，必须紧紧围绕建设服务政府、责任政府、效能政府、法治政府的目标，在进一步转变政府职能、加快行政体制改革和制度建设、不断创新管理方式上下功夫，努力建设一个适应社会主义市场经济体制需要，符合民主法制要求和精简、统一、效能原则的行政体制。

2006 年，我国“十一五”规划纲要对下一步深化体制改革做了具体部署：以转变政府职能和深化企业、财税、金融等改革为重点，加快完善社会主义市场经济体制，形成有利于转变经济增长方式、促进全面协调可持续发展的机制。纲要还明确指出了我国未来行政体制改革的主要方向，即按照精简、统一、效能的原则和决策、执行、监督相协调的要求，建立决策科学、权责对等、分工合理、执行顺畅、监督有力的行政体制，加快建设服务政府、责任政府、法治政府。2007 年，党的十七大又进一步明确了“加快行政管理体制改革，建设服务型政府”的行政体制改革方向和具体改革内容。2013 年，党的十八届三中全会明确指出，科学的宏观调控、有效的政府治理，是发挥社会主义市场经济体制优势的内在要求。必须切实转变政府职能，深化行政体制改革，创新行政管理方式，增强政府公信力和执行力，建设法治政府和服务型政府。2019 年，党的十九届四中全会提出要完善中国特色社会主义体制，构建职责明确、依法行政的政府治理体系。

1. 服务政府

服务政府是指能够公正、透明、高效地为公众和全社会提供优质公共产品和服务的政府，是按照公众的需求提供公共产品和服务、以回应公众和社会的需要为政府职能定位的现代政府。服务政府的基本特征是：政府是公共利益的代表，政府的主要职责是实现和保障社会公正，政府的职能主要是提供公共产品与公共服务，政府财政资源主要向公共产品和服务领域投入。

因此，深化行政体制改革，要以服务型政府建设为切入点。完善公共财政体制，健全公共服务体系；创新公共服务体制，改进公共服务方式。以发展社会事业和解决民生问题为重点，着力解决就业、就学、就医、社会保障、社会治安、安全生产、环境保护等人民群众最关心的利益问题，强化公共服务职能，优化公共资源配置，加强公共设施建设，完善社会管理制度，提高社会管理水平，为全体人民提供更多、更好的公共服务；全面推行政务公开，使其成为各级政府及部门的一项基本制度和基本责任，贯穿行政权力运行的全过程；加快电子政务建设，建立高效的政务服务体系，完善各级政府及部门的“政务大厅”，推行“一站式服务”，在基层建立“政务超市”，提供在线政府服务。

2. 责任政府

责任政府是指能够回应社会和公众的正当要求并加以满足，承担政治责任、行政责任、法律责任和道德责任的政府。责任政府的基本特征是：政府必须通过体制机制创新和完善政策，创造良好的制度和政策环境，回应社会公共需求；具有完善的责任控制机制，强化对行政权力的监督和制约，如立法监督、司法监督、舆论监督等；政府必须对行使职权过程中所产生的不当行为或不良后果承担直接或间接的法律责任。

因此，要创新监督制度，建立健全政府绩效评估制度，实行结果管理。通过科学确定政府绩效目标、政府绩效标准、政府绩效评估内容和政府绩效评估指标体系，实行政府公共部门系统内部评估与外部社会评估相结合，完善绩效评估程序和方法，强化评估结果的运用，从而实现政府部门及其工作人员对结果负责、对法律负责和对公众负责的统一。

3. **法治政府**

在我国，法治政府包括合法行政、合理行政、程序正当、高效便民、诚实守信和权责统一六个方面的要求。对于行政体制改革而言，法治政府意味着：用法律手段推动改革进程，把机构改革过程和改革成果法制化；按照法定权限和程序行使职权、履行职责，既不能失职不作为，又不能越权乱作为；坚持和自觉地接受人大监督、政协的民主监督、司法监督、新闻舆论监督、群众监督，实行行政复议制度，加强审计、监察等专门监督。

因此，要树立法治观念，做到行政行为的规范化、行政关系的法制化；健全和完善行政法治的规范；完善行政法治程序；强化行政法治的监督，构建完备的权力监督法律体系；转变观念，在人民和政府关系认识上，注意向公民权利和政府责任转变，在法治理念上，注重向依法规范和制约行政权转变，在责任意识上，注意向强化政府责任转变，特别是要避免以往立法比较重视设定公民责任、对设定政府责任重视不够，行政执法过于重视行使行政权力、不太重视承担行政责任的现象。

4. **透明政府**

人民知道得越多，政府官员可能更加负责任。打造透明开放政府是我国行政改革的重要目标，这也是公共治理的重要标准。政务信息公开和数据开放是建设透明政府的重要手段。政务信息公开，是指政府把政务管理过程中产生的信息公之于众。不仅包括让公众知晓公共事务管理和公共服务供给过程中的输入、输出、中期成果、最终成果以及绩效评估结果，而且还包括公共管理主体的各种公共事务管理活动及其公共服务的供给过程都必须置于公众、立法机关、司法机关、新闻媒体的检查、调查和监督之下。具体包括预算（财政）公开、权力公开、官员（公务员）财产申报等。政府数据开放是政府信息公开在大数据时代的延伸和拓展，在深度和广度上都达到新的阶段。开放数据具有重要的价值：第一，在一个良好运作的社会，公民应当能够了解政府在做些什么。透明化不止关乎是否能够访问信息，还关乎着分享和重用这些资讯的权利。只有数据足够开放，无论是技术上还是法律上，才能使人们得以自由地进行分析和利用这些资讯。第二，在数字时代，数据无疑是社会活动和经济活动的重要资源。通过开放数据，政府可以激活社会创新，鼓励新的创新产品和服务，从而释放数据的社会价值和经济价值。第三，通过开放数据，民众得以更为直接地了解政策制定的资讯甚至直接参与政策的制定。公民不再仅仅被动接受讯息，而且可以通过利用数据来向社会、政府直接做出自己的贡献。

13.3.3.2 当前行政体制改革的主要内容

2013 年，党的十八届三中全会提出的全面深化改革的总目标是“完善和发展中国特色社会主义制度，推进国家治理体系和治理能力现代化。必须更加注重改革的系统性、整体性、协同性，加快发展社会主义市场经济、民主政治、先进文化、和谐社会、生态文明，让一切劳动、知识、技术、管理、资本的活力竞相迸发，让一切创造社会财富的源泉充分涌流，让发展成果更多更公平惠及全体人民”。同时，党的十八届三中全会还明确指出：“全面正确履行政府职能。进一步简政放权，深化行政审批制度改革，最大限度减少中央政府对微观事务的管理，市场机制能有效调节的经济活动，一律取消审批，对保留的行政审批事项要规范管理、提高效率；直接面向基层、量大面广、由地方管理更方便有效的经济社会事项，一律下放地方和基层管理。”

1. 着力转变职能、理顺关系

转变职能、理顺关系的主要内容包括：

健全政府职责体系，完善公共服务体系，推行电子政务，强化社会管理和公共服务；加快推进政企分开、政资分开、政事分开、政府与市场中介组织分开，规范行政行为，加强行政执法部门建设，减少和规范行政审批，减少政府对微观经济运行的干预。只有这样，才能解决政府职能“越位”“缺位”“错位”的问题，才能把政府职能切实转到经济调节、市场监管、社会管理和公共服务上来。

加快事业单位分类改革，加大政府购买公共服务力度，推动公办事业单位与主管部门理顺关系和去行政化，创造条件，逐步取消学校、科研院所、医院等单位的行政级别。建立事业单位法人治理结构，推进有条件的事业单位转为企业或社会组织。建立各类事业单位统一登记管理制度。

优化政府组织结构。优化政府机构设置、职能配置、工作流程，完善决策权、执行权、监督权既相互制约又相互协调的行政运行机制。严格绩效管理，突出责任落实，确保权责一致。

统筹党政群机构改革，理顺部门职责关系。积极稳妥实施大部门制。优化行政区划设置，有条件的地方探索推进省直接管理县（市）体制改革。严格控制机构编制，严格按规定职数配备领导干部，减少机构数量和领导职数，严格控制财政供养人员总量。推进机构编制管理科学化、规范化、法制化。

2. 完善机构设置

完善机构设置是行政体制改革的重要组成部分，其主要内容是：规范垂直管理部门和地方政府的关系；加大机构整合力度，探索实行职能有机统一的大部门体制，健全部门间协调配合机制；精简和规范各类议事协调机构及其办事机构，减少行政层次，降低行政成本，着力解决机构重叠、职责交叉、政出多门问题；统筹党委、政府、人大、政协机构设置，减少领导职数，严格控制编制。具体包括：一是优化同级政府组织结构。加强和完善从事经济调节和社会管理的机构，撤销直接从事或干预微观经济活动和社会事务的机构。二是理顺上下级政府机构设置。按照各级政府的性质和中央统一领导、充分发挥地方积极性的原则，合理划分中央和地方经济社会事务的管理职权。三是减少行政层级。积极进行省直管县、乡镇机构改革等探索，逐步形成科学的行政层级构架；优化行政区划结构，增强具备条件地区的引领带动作用。

3. 健全科学、民主的决策机制

这具体表现为建立健全决策权、执行权、监督权既相互制约又相互协调的权力结构和运行机制；建立决策调查研究制度，涉及经济社会发展全局和群众切身利益的重大事项，经过实际调查研究后再纳入决策程序；完善集体决策制度，在领导班子集体讨论的基础上，按照少数服从多数的原则进行决策；推行政务公开，实行决策事项公示、听证和专家咨询制度，完善政府新闻发布制度和信息披露制度；建立健全行政问责制，严格实行决策失误引咎辞职、经济赔偿和刑事处罚制度；推行政务公开并逐步实现制度化，完善政府新闻发布制度，提高政府工作透明度，保障公民对政府工作的知情权、参与权、表达权和监督权。

4. 完善政府管理法制体系

建立健全规范经济社会活动，特别是涉及市场主体行为、产权保护、交易秩序及劳动、就业、保障等的法律法规，为政府全面依法行政创造完备的法制环境；建立健全规范政府行政活动，特别是涉及机构编制、职责权限、行为方式、奖励处罚等的法律法规，强化对政府行为的监管；强化行政人员法律素质培训，切实提高行政人员的执法能力，改革行政执法体制，推进综合执法试点，实行执法责任制和执法过错追究制，做到严格执法、公正执法和文明执法。

5. 改进行政方式

改进行政方式，就是要注重从技术性的管理方式入手，包括合理借鉴西方国家的政府工具理论、企业的工商管理技术与方法，充分发挥现代信息技术在政府管理创新中的作用，推行电子政务，设计出指导行政体制改革的操作性工具，通过细微措施的改革引领政府职能的重新整合、调整、转变，并最终实现运作机制和行政体制的完善。

政府要加强发展战略、规划、政策、标准等的制定和实施工作，加强市场活动监管，加强各类公共服务提供。加强中央政府宏观调控职责和能力，加强地方政府公共服务、市场监管、社会管理、环境保护等职责。推广政府购买服务，凡属事务性管理服务，原则上都要引入竞争机制，通过合同、委托等方式向社会购买。

6. 创新社会治理

治国安邦重在基层，基层是我国社会治理的基础和重心。构建中国基层社会治理新格局是夯实我国基层社会治理的基础。创新社会治理主要是指健全党委领导、政府负责、社会协同、公众参与的社会管理格局，健全基层社会治理体制；重视社会组织建设和管理；完善突发事件应急管理机制；健全社会治安防控体系，加强社会治安综合治理；实现社会治理主体模式从政府中心主义模式向政府、社会、公众多元主体互动协同治理模式转变，从主观主义、经验主义的模糊治理方式向大数据等现代科学技术支撑的精准治理方式转变，构建“互联网＋社会治理”新模式，从而实现动态化、精准化和高效化的社会治理成效。

7. 建设数据驱动“数字政府”推进政府改革与创新

大数据、云计算、区块链等信息技术的突飞猛进，信息技术极大地推动了各国社会生产力的发展和生产关系重塑，引发各国在政治、经济、社会、文化等重要领域的深刻变革，显著改变着政府、市场与社会关系。数字经济成为带动经济增长的核心动力，成为国家创新发展、提升国际竞争力的重要影响因素。推进新型数字技术在政府治理创新中的深化应用，以公众需求为导向，以提升政府治理与政府服务能力为目标，建设开放、共享、高效、协同的数字政府是中国行政改革的重要内容。落实党的十八届五中全会提出的“互联网＋行动”计划，大力推行“互联网＋政务服务”“互联网＋市场监管”，用信息化推进政府治理体系和治理能力的现代化。党的十九届四中全会提出运用互联网、大数据、人工智能等技术手段进行行政管理的制度规则，推进数字政府建设。以移动互联网、大数据、云计算等新技术为手段，统筹发展政府信息化，构建一体化的在线服务平台，打破政府部门间的信息壁垒，构建全国信息资源开放共享体系，更好地用信息化手段感知社会态势、畅通沟通渠道和辅助科学公共决策，进而推动我国政府信息化建设与应用从“工具的转型”走向“系统的转型”①。

建设数据驱动的数字政府，坚持以人民为中心发展思想，强化政务新基建的神经中枢，以服务为导向牵引政务协同，实现决策科学化、执行高效化和监督立体化，以数字化推进政府治理能力现代化。这已成为新时代推进国家治理体系和治理能现代化，提升政府行政效率和履职水平的必然要求。

本章小结

1. 公共部门改革作为一个全球化的术语，反映了公共管理改革的普遍趋势和共性；但是，就各个国家而言，因国情不同、所处的发展阶段不同，其会表现出不同的特点。因此，我们关注公共部门改革，除了关注普遍性、规律性的东西之外，更要结合各国的具体实际，以比较研究的方法来学习和研究公共部门改革。

2. 公共部门改革作为持续不断的政治过程，在不同时期、不同发展阶段会表现出不同的重点。公共部门改革并不是简单地重复，随着问题的解决，又会产生新问题或者改革本身也会引发问题，所以改革必须坚持以系统的思想为指导，坚持改革的持续性。

3. 公共部门改革过程中形成了各种类型的公共管理模式，我们不应当把总结出来的这些模式作为一种标准运用于不同的国家、不同的发展时期。

4. 公共部门改革在内容上，不仅要着眼于公共部门系统内部，而且要注重公共部门与社会、市场、企业、公众之间关系的建构。与我国现阶段社会发展要求相适应，要注重研究如何建立统一管理的大部门体制、如何科学开展当前我国行政体制的各项改革。

关键术语

公共部门改革　政府职能　行政体制　业务流程再造　法治政府　责任政府　效能政府　服务型政府　大部门制　“互联网＋行动”计划“数字政府”

复习思考题

1. 比较瓦格纳法则和帕金森定律在分析政府规模扩张方面的差异。

2. 比较分析彼得斯与费利耶的“新公共管理”模式。

3. “顾客理论”是当代西方公共管理理论的重要内容，请分析评价“顾客理论”的贡献；同时，从批判学派的角度分析评价“顾客理论”的缺陷与不足。

---

① “工具的转型”是指将现有行政机构、信息管理和政府机构服务交付实践的巨变；“系统的转型”则意味着公共部门现有的治理安排，包括宪法规定的责任和职责以及财政管理、法规和对公共资源的决策权。格雷厄姆，达顿. 另一个地球：互联网＋社会. 北京：电子工业出版社，2015：163.

4. 当代西方国家行政改革也被称为“新公共管理运动”“政府再造运动”。随着社会主义市场经济体制的深入发展以及其他内外因素的发展变化，行政体制改革在我国社会经济发展过程中也日益重要，并推动着政府管理模式的变换和政府职能转变，特别是推动政府管理模式从“管理型”向“服务型”转变。请分析说明下列问题：

(1) 请根据当前学术界关于“新公共管理”的论述，列举三个具有代表性的人物及其代表性观点，分析评价这些观点并阐述你自己对“新公共管理”内涵的理解。

(2) 请分析在从“管理型”政府管理模式向“服务型”政府管理模式转变过程中，所发生的重大变化是什么以及管理与服务的关系。

5. 在政府与社会关系中，一方面，如果社会自主性缺失，可能造成社会的虚弱及社会对政府的依赖，从而使社会最终失去其自身发展的动力；那些不同于政府的个人目标受到强力的压制而不能实现，最终将造成个人、社会对政府的疏远与冷漠，甚至引发社会对政府的反抗；社会将在政府之外创造自身满足的机制，这导致政府与社会的离异以及社会对自身发展的冷漠。另一方面，如果政府权威不足，则可能使国家的社会政治生活呈现出一种愈益明显的分散化倾向，其结果是社会政治生活中的矛盾与困难、多民族国家的分裂。请运用政府职能的有关理论分析如何处理政府与社会的关系。

6. “掌舵而不是划桨”“服务而不是掌舵”，这是当代西方公共管理理论中关于政府职能定位的两类观点。请比较分析在这两种理论观点支配下政府职能的具体定位，并对这两种观点进行分析评价。

7. 结合信息化发展实践，分析“数字政府”建设的重要意义。

参考文献

1. 蔡立辉. 信息化时代的大都市政府及其治理能力现代化研究. 北京：人民出版社，2014.

2. 沃尔沃. 市场，还是政府：不完善的可选事物间的抉择：第 2 版. 重庆：重庆出版集团，2007.

3. 陈振明. 政府再造：西方“新公共管理运动”述评. 北京：中国人民大学出版社，2003.

4. 奥斯本，普拉斯特里克. 摒弃官僚制：政府再造的五项战略. 北京：中国人民大学出版社，2002.

5. 奥斯本，盖布勒. 改革政府：企业精神如何改革着公营部门. 上海：上海译文出版社，1996.

6. 彼得斯. 政府未来的治理模式. 北京：中国人民大学出版社，2001.

7. 国家行政学院博士后管理委员会办公室. 政府治理体系与治理能力现代化研究. 北京：国家行政学院出版社，2015.

8. 国家行政学院国际合作交流部. 西方国家行政改革述评. 北京：国家行政学院出版社，1998.

9. 哈贝马斯. 公共领域的结构转型. 上海：学林出版社，2004.

10. 彭和平，竹立家，等. 国外公共行政理论精选. 北京：中共中央党校出版社，1997.

11. 人民论坛. 大国治理：国家治理体系和治理能力现代化. 北京：中国经济出版社，2014.

12. 任晓. 中国行政改革. 杭州：浙江人民出版社，1998.

13. 宋世明. 美国行政改革研究. 北京：国家行政学院出版社，1999.

14. 薛刚凌. 行政体制改革研究. 北京：北京大学出版社，2006.

15. 颜廷锐，等. 中国行政体制改革问题报告. 北京：中国发展出版社，2004.

16. 詹中原，等. 新公共管理：政府再造的理论与实务. 台北：五南图书出版公司，2000.

17. 张德信，薄贵利，李军鹏. 中国政府改革的方向. 北京：人民出版社，2003.

18. 周志忍. 当代国外行政改革比较研究. 北京：国家行政学院出版社，1999.

后　记

在学界同人的关心下，我们完成了公共管理学科核心课程教材——《公共管理学（第三版）》的修订工作。在此之际，我们亦感慨万千。

我们认为，与撰写专著相比，编写教材的要求更高。严格说来，教材不应是编写者个人的创造或成果，而是应该通过编写工作把教材所涉及领域中最优秀、最前沿和最新的研究成果吸收到教材中来，通过编写工作来梳理思路，使教材内容更加清晰，构建一个完整的、系统的、对读者具有指导作用的体系。因此，教材内容的取舍、逻辑结构的编排、知识体系的构建，都不应取决于编写者个人的喜好。正是在这种意义上，教材编写要求更具规范性和严谨性；编写过程也并不是简单拼凑，而是必须有开阔的学术视野和较强的甄别能力。摆在读者面前的这本教材，在这方面做了积极探索，充分体现了结构体系的系统性、知识梳理的条理性、理论阐释的前沿性、内容组织的全面性、问题分析的多学科性和问题解决的可操作性等特点。

我们认为，一个学科的规范自教材编写开始。公共管理学科在我国还是一个新兴学科，如何建立起这个学科应有的学术规范，包括学科的概念范畴体系、价值体系、研究方法和知识体系，都应该在教材中得到体现。我国以往在编写和出版教材时，试图通过教材编写来促进学术规范形成的意识还不强，本教材在这方面做了一些探索。

我们认为，任何一本教材都应该有其特定的体系和知识边界，而不是本学科所有知识理论的汇集，它既要体现与学科中其他课程之间的内在联系，又要有其特定的知识结构体系。我们为这本教材所构建的知识结构体系，是作为公共管理一级学科的公共管理学，而不同于以往的行政管理学教材。本教材以习近平新时代中国特色社会主义思想为指导，全面体现了习近平总书记“治国理政”的系列重要论述，体现了党的二十大的相关内容和精神，体现了当代“中国之治”的公共管理范式，体现了公共管理价值与工具的有机结合、公共管理基本理念与具体管理环节的有机结合；课程思政贯穿于本教材的全部内容，既有系统理论知识的熏陶，又有实际问题的分析和解决能力的培养与训练。

综上所述，这本教材与其说是编写者编撰而成，还不如说是国内外公共管理理论研究和“中国之治”实践的总结，教材编写广泛受惠于国内外许多专家学者的研究成果。清华大学薛澜教授、中国人民大学张成福教授、厦门大学陈振明教授为本教材的编写提供了大力指导，教材吸收了他们的成果。中国人民大学出版社为本教材的出版给予了大力支持。在教材即将出版之际，我们谨向公共管理学术界的各位同人和为教材编写提供了支持帮助的同志表示最衷心的感谢。

本教材由中山大学、南京大学、武汉大学、四川大学、华南理工大学的部分教授合作完成。主编蔡立辉教授、王乐夫教授负责草拟大纲、统稿和定稿工作。各章的撰稿人分别是：蔡立辉教授（第1章、第8章、第9章、第12章、第13章），丁煌教授（第2章），倪星教授（第3章），王乐夫教授（第4章），黄健荣教授（第5章），陈天祥教授（第6章），牛美丽教授、林慕华教授（第7章），周敬伟教授、蔡立辉教授（第10章），蔡立辉教授、吴克昌教授（第11章）。

虽然我们在编写教材的过程中尽可能地吸取了学术界各位专家学者的研究成果，但限于编写者的研究水平且由于时间仓促，本教材不免存在不足、疏漏和错误，恳请专家、读者批评赐教。

人大版公共管理类教材

公共管理类专业教材——学科基础课教材

书名	作者
现代管理学原理（第三版）（“十一五”国家级规划教材）	娄成武　魏淑艳
一般管理学原理（第四版）	张康之　周　军
管理学基础（第三版）	方振邦
政治学原理（第三版）	景跃进　张小劲
现代政治学原理（第四版）	石永义　刘玉萼　张　璋
公共管理学（第二版）	陈振明
公共管理学——一种不同于传统行政学的研究途径（第二版）	陈振明
公共管理学（第三版）（数字教材版）（“十二五”国家级规划教材）	蔡立辉　王乐夫
公共管理学（精编版）	王乐夫　蔡立辉
公共管理学（第三版）	张康之　郑家昊
公共管理概论（第二版）	朱立言　谢　明
公共政策导论（第六版）（数字教材版）	谢　明
公共政策概论（第二版）	谢　明
公共政策学——政策分析的理论、方法和技术（“十一五”国家级规划教材）	陈振明
公共政策学（第二版）	杨宏山
政策科学——公共政策分析导论（第二版）	陈振明
公共经济学（第三版）（“十二五”国家级规划教材）	高培勇
公共经济学教程	秦立建
政府经济学（第四版）（“十一五”国家级规划教材）	郭小聪
政府经济学（第四版）	潘明星　韩丽华

公共管理类专业教材——方法课教材

书名	作者
公共管理研究方法	何兰萍　张俊艳
行政学研究方法与应用案例	萧鸣政　等
管理定量分析：方法与技术（第三版）	刘兰剑

公共管理类专业教材——行政管理、公共事业管理专业教材

书名	作者
行政法学导论（第二版）	姜晓萍
公共部门人力资源管理（第四版）	孙柏瑛　祁凡骅
公共部门人力资源开发与管理（第五版）（“十二五”国家级规划教材）	孙柏瑛　祁凡骅
公共部门人力资源管理（第三版）	滕玉成　于　萍
公共部门人力资源管理概论（第二版）	方振邦
公共部门人力资源管理案例	周均旭
行政管理学（第五版）（数字教材版）	郭小聪
公共行政学（第五版）	彭和平
公共行政学（第二版）	张康之　张乾友
行政学导论（第三版）	齐明山

书名	作者
行政管理学导引与案例	陈季修
管理心理学（第三版）	范逢春
公共组织行为学（第三版）（“十一五”国家级规划教材）	孙　萍　张　平
公共组织学（第四版）	李传军
行政组织学（第二版）	张　昕　李　泉
公共组织理论	陆明远　冯　楠
公共事业管理概论（第三版）	朱仁显
公共组织财务管理（第三版）（“十一五”国家级规划教材）	王为民
国家公务员制度（第五版）（数字教材版）（“十二五”国家级规划教材）	舒　放　贾自欣
国家公务员制度概论（第二版）	刘碧强　郗永勤
公务员制度概论	李如海
公务员制度	温志强　王彦平　郝雅立
当代国家公务员制度：理论与实践	胡春艳
行政领导学（第三版）	朱立言　李国梁
领导学（第五版）	邱霈恩
领导学	孙　健
现代市政学（第五版）（数字教材版）	王佃利
市政管理学（第五版）（“十一五”国家级规划教材）	杨宏山
社区管理（第四版）	汪大海　魏　娜　郇建立
社区管理原理与案例	魏　娜
电子政务教程（第三版）（“十一五”国家级规划教材）	赵国俊
电子政府与电子政务（第二版）（“十一五”国家级规划教材）	张锐昕
行政伦理学教程（第四版）（“十二五”国家级规划教材）	张康之　李传军
公共危机管理概论（第二版）	王宏伟
公共危机管理	唐　钧
非营利组织管理（第二版）	康晓光
当代中国政府与政治（第二版）	景跃进　陈明明　肖　滨
当代中国政府与行政（第三版）	魏　娜　吴爱明
地方政府学概论（第二版）	方　雷
地方政府管理（第二版）	陈瑞莲　张紧跟
管理秘书实务（第三版）	赵锁龙
行政秘书学	唐　钧
公文写作与处理	赵国俊
机关管理的原理与方法（第三版）	赵国俊　陈幽泓
公共部门绩效管理（第二版）	方振邦
政府绩效管理（第二版）	方振邦　葛蕾蕾
政府绩效评估	蔡立辉
政府公共关系（第二版）（“十一五”国家级规划教材）	廖为建　张　宁
西方行政学理论概要（第二版）（“十一五”国家级规划教材）	丁　煌
公共行政学史（第二版）	何艳玲
西方公共管理名著导读	汪大海
文化管理学（第三版）（“十二五”国家级规划教材）	孙　萍
文化创意产业导论	魏鹏举
卫生事业管理（第二版）（“十一五”国家级规划教材）	李　鲁
现代公用事业管理	崔运武

公共管理类专业教材——劳动与社会保障专业教材

书名	作者
社会保障概论（第七版）	孙光德　董克用
社会保障学	戴卫东
劳动经济学（"十一五"国家级规划教材）	董克用　刘　昕
劳动法与社会保障法	黎建飞
社会保险学（第四版）	孙树菡　朱丽敏
社会保障基金管理	李春根
社会保障国际比较	仇雨临

公共管理类专业教材——土地资源管理专业教材

书名	作者
土地经济学（第八版）（"十一五"国家级规划教材）	毕宝德
土地法学（第二版）	严金明
土地资源学	张正峰　赵文武
土地资源管理学（第二版）	张正峰
国土空间规划学	张占录　张正峰
国土空间规划学导论	刘润秋　唐　鹏
不动产估价（第二版）（"十一五"国家级规划教材）	叶剑平　曲卫东
土地信息系统	曲卫东　韩　琼
地籍管理（第五版）（"十一五"国家级规划教材）	谭　峻　林增杰

公共管理类专业教材——城市管理专业教材

书名	作者
城市管理学（第四版）	杨宏山
城市管理学：公共视角	陆　军 等
城市经济学（第二版）	叶裕民　周　麟
城市总体规划原理	郐艳丽　田　莉
中国城市管理史概论	郑　国

公共管理类专业教材——应急管理专业教材

书名	作者
应急管理导论：原理与案例	李燕凌　朱正威 张海波　章文光
应急管理概论	王宏伟
应急管理理论与实践	唐　钧
突发事件风险管理	张小明
应急管理新论	王宏伟
新媒体时代的应急管理与危机公关	唐　钧
公共安全风险治理	唐　钧

公共管理硕士（MPA）教材——核心课教材

书名	作者
全国公共管理硕士（MPA）核心课程教学指导纲要	全国公共管理专业学位研究生教育指导委员会
社会主义建设理论与实践（第三版）	李景治　蒲国良
公共管理英语（修订版）	顾建光
学术规范和论文写作	胡宏伟
公共管理学（第三版）（全国优秀教材二等奖）	张成福　党秀云
公共管理学原理（修订版）	陈振明
公共管理导论	竺乾威　朱春奎　李瑞昌
公共政策分析	陈振明
公共政策分析导论	陈振明
公共政策分析概论（修订版）	谢　明
公共部门经济学（第三版）	高培勇　崔　军
公共经济学	唐任伍
行政法学（修订版）	皮纯协　张成福
行政法学概论（第三版）	胡锦光
非营利组织管理概论（修订版）	王　名
非营利组织管理	王　名　王　超
公共管理伦理学（修订版）	张康之
社会研究方法	陈振明
电子政务理论与方法（第五版）	金江军
公文写作概论	高永贵

公共管理硕士（MPA）教材——专业方向必修课、选修课教材

书名	作者
公务员制度教程（第六版）	舒　放　王克良
比较政府与政治（修订版）	卓　越
当代中国政府与政治（第三版）	吴爱明　朱国斌　林　震
公共部门人力资源管理及案例教程（第三版）	陈天祥
公共部门绩效评估（修订版）	卓　越
公共部门危机管理（第三版）	张小明
应急管理通论（第二版）	李雪峰
公共部门战略管理（修订版）	陈振明
MPA 学位论文写作指南	汪大海

图书在版编目（CIP）数据

公共管理学/蔡立辉，王乐夫主编. --3版. --北京：中国人民大学出版社，2022.1
新编21世纪公共管理系列教材
ISBN 978-7-300-30161-7

Ⅰ.①公… Ⅱ.①蔡… ②王… Ⅲ.①公共管理-高等学校-教材 Ⅳ.①D035-0

中国版本图书馆CIP数据核字（2021）第279579号

“十二五”普通高等教育本科国家级规划教材
教育部普通高等教育精品教材
新编21世纪公共管理系列教材
公共管理学（第三版）
蔡立辉　王乐夫　主编
Gonggong Guanlixue

出版发行	中国人民大学出版社		
社　　址	北京中关村大街31号	**邮政编码**	100080
电　　话	010－62511242（总编室）		010－62511770（质管部）
	010－82501766（邮购部）		010－62514148（门市部）
	010－62511173（发行公司）		010－62515275（盗版举报）
网　　址	http://www.crup.com.cn		
经　　销	新华书店		
印　　刷	北京七色印务有限公司	**版　　次**	2008年4月第1版
开　　本	787 mm×1092 mm　1/16		2022年1月第3版
印　　张	33插页1	**印　　次**	2025年8月第9次印刷
字　　数	751 000	**定　　价**	79.00元

中国人民大学出版社　理工出版分社

教师教学服务说明

中国人民大学出版社理工出版分社以出版经典、高品质的统计学、数学、心理学、物理学、化学、计算机、电子信息、人工智能、环境科学与工程、生物工程、智能制造等领域的各层次教材为宗旨。

为了更好地为一线教师服务，理工出版分社着力建设了一批数字化、立体化的网络教学资源。教师可以通过以下方式获得免费下载教学资源的权限：

- 在中国人民大学出版社网站 www.crup.com.cn 进行注册，注册后进入“会员中心”，在左侧点击“我的教师认证”，填写相关信息，提交后等待审核。我们将在一个工作日内为您开通相关资源的下载权限。

- 如您急需教学资源或需要其他帮助，请加入教师 QQ 群或在工作时间与我们联络。

中国人民大学出版社　理工出版分社

教师 QQ 群： 229223561(统计2组) 982483700(数据科学) 361267775(统计1组)
教师群仅限教师加入，入群请备注（学校+姓名）

联系电话： 010-62511967，62511076

电子邮箱： lgcbfs@crup.com.cn

通讯地址： 北京市海淀区中关村大街 31 号中国人民大学出版社 507 室（100080）